申报

清末安徽教育史料辑录

上

周乾 编著

时代出版传媒股份有限公司
安徽教育出版社

图书在版编目（CIP）数据

《申报》清末安徽教育史料辑录 / 周乾编著. —合肥：安徽教育出版社，2023.12

ISBN 978-7-5336-9903-1

Ⅰ.①申… Ⅱ.①周… Ⅲ.①教育史－史料－安徽－清后期 Ⅳ.①G527.54

中国版本图书馆CIP数据核字（2022）第247235号

《申报》清末安徽教育史料辑录
《SHENBAO》QINGMO ANHUI JIAOYU SHILIAO JILU

出 版 人：费世平
责任编辑：徐　宇　江　舟　徐　鹏
　　　　　陶忠娣　付　静　罗翔宇
美术编辑：许海波
技术编辑：陈善军

出版发行：安徽教育出版社
地　　址：合肥市经开区繁华大道西路398号　邮编：230601
网　　址：http://www.ahep.com.cn
营销电话：(0551)63683012,63683013
排　　版：安徽时代华印出版服务有限责任公司
印　　刷：安徽联众印刷有限公司

开　本：787 mm×1092 mm　1/16
印　张：61
字　数：1400千字
版　次：2023年12月第1版
印　次：2023年12月第1次印刷
定　价：188.00元（全二册）

（如发现印装质量问题，影响阅读，请与本社营销部联系调换）

前　言

《申报》于1872年4月30日在上海创刊，1949年5月停刊，为近代中国境内最先创办的中文报纸之一，也是清朝晚期中国境内发行量最大、影响力最大的中文报纸之一。

《申报》创刊后，通常在头版刊载论说，对国内外近期发生的重大事件进行分析和评论，在其他版面刊载发生在全国各地的各类消息，内容极为丰富，涉及社会各个层面和人民生活的方方面面。《申报》创刊不久，开始全文转载以记录皇帝谕旨、大臣奏疏和官吏任免消息为主要内容的《京报》。因此，学界普遍认为《申报》是储存极为丰富的中国近代历史资料的宝库。

安徽与江苏毗邻，清初同属江南省，两省在政治、经济、社会和文化方面联系极为密切。《申报》在上海创刊之后，对安徽境内发生的重要事件一直予以积极关注并及时报道，有关安徽的消息报道和对安徽发生的重大事件的叙述、分析和评论，在这一时期的《申报》中占有相当大的篇幅。

19世纪70年代初到1912年清王朝灭亡，是近代安徽历史发展中极为重要的时期。1876年，《中英烟台条约》签订，安徽境内的芜湖被辟为对外通商口岸，开始设置海关，管理安徽境内的对外贸易，由西方国家派驻税务司，并在事实上控制芜湖海关。英国开始在芜湖设立领事馆，派驻领事，划定租界。传统的、相对封闭的、自给自足的安徽开始被迫向西方列强敞开门户。西方列强的入侵和清王朝封建专制压迫的不断加剧，导致安徽境内各种社会矛盾激化，社会危机严重加剧，人民群众反对外来侵略和封建压迫的斗争与起义此起彼伏。与此同时，一些知识分子和统治阶级的部分人士也开始意识到恪守传统和抱残守缺将不可避免地导致民族和社会的更大灾难，他们尝试通过学习西方和维新变法来缓和甚至摆脱危机。《申报》这一时期刊载的大量与安徽有关的各类新闻报道、论说、函电、文稿,极为生动地向我们展示了晚清安徽境内政治、经济、军事、教育、文化等领域缓慢地从传统社会迈向近代社会的历史画面。

  本卷为教育卷,内容主要包括清末安徽地方科举、书院教育,戊戌变法前后安徽巡抚邓华熙、皖南道袁昶主持的教育改革,以及清末新政时期新式教育在安徽全面展开后普通教育、师范教育、实业教育、军事教育及出国留学等方面的情况,展现了近代安徽从传统教育向新式教育全面过渡的历史进程。

  受编者水平和条件局限,本书在编排方面难免有不当之处,辑录和点校也可能存在不准确之处,敬希读者批评指正。

凡 例

一、本书辑录的文献资料均出自上海书店出版社出版的影印本《申报》。《申报》影印本共计400卷,本书辑录自其清代部分的第1—116卷。

二、本书辑录的文献资料均出自《申报》,包括《申报》转载的《京报》《北华捷报》《字林西报》《晋源报》《文汇报》等中外报刊的内容。

三、凡与晚清安徽教育有关文献(如章程、公告、告示、广告、试题、名录、奏折、谕旨、信函、札批、合同等),以及新闻报道或相关评论,均为本书收录对象。

四、本书编排时间始于1872年4月30日《申报》创刊,止于1912年2月12日清王朝灭亡。

五、本书按照专题分类,共计19大类,依次编排。

六、各专题内按照公元纪年,以时间先后为序进行排列,各篇篇末均注明刊载该篇文献的具体年、月、日以及版面,另外还包括上海书店影印本的具体卷数和页码。

七、《申报》的一些篇目标题,仅指明事件发生地区,与内容无关。为便于读者阅读,在原标题后添加编者自拟标题,并加括号和＊号,以示区别。

八、《申报》的许多篇目为综合性报道,涉及众多领域,编者仅摘取与本专题相关内容,并加括号和＊号,以示区别。

九、凡篇目附有原作者姓名或化名的,一律在该篇标题下行右侧注明。

十、凡为《申报》转载其他报刊的篇目,一律在篇末注明转载于何刊。

十一、原稿为繁体字或异体字,除个别人名外,一律转化为现代通用规范汉字。

十二、同一人物、同一地区,在同一篇目或不同篇目中人名、地名不一致者,均维持文献原状,不予更改。

十三、凡文献中无法辨认或缺失的文字，均在原处以"□"标识；如缺两字，则以"□□"，以此类推。

十四、文献原文中如有衍字，则在该字外加小括号，表示删去，如"安徽（徽）合肥"，"徽"为衍字；如出现缺字，则在增补的文字外加六角括号，如"安〔徽〕合肥"，缺"徽"字。文献原文中如出现错别字，则在该错别字外加小括号，更正的字外加六角括号，例如"安徽毫州"，更正后为"安徽（毫）〔亳〕州"。文献原文中如出现文字颠倒，则在颠倒的文字外加小括号，更正的文字外加六角括号，如"安徽州徽"，更正后为"安徽（州徽）〔徽州〕"。

十五、本书中"（注：……）"一律为编者注。

目 次

一 科举与拔萃 | 001

二 武举 | 376

三 传统教育机构——私塾、府学、州学与书院 | 425

四 学政、劝学所、学务处与教育机构 | 487

五 新学起源 | 545

六 初等教育（小学堂、蒙学堂与简易识字学塾）| 554

七 中等教育 | 604

八 高等学堂 | 631

九 师范教育 | 669

十 女子教育 | 686

十一 法政学堂 | 704

十二 实业教育 | 714

十三 军事教育 | 729

十四 巡警学堂 | 779

十五 其他办学形式 | 793

十六 皖省在外教育 | 811

十七 出国留学和考察 | 867

十八 地方学务 | 897

十九 教育会 | 944

后 记 | 963

一 科举与拔萃

1. 安徽学政景奏报岁试完竣举行科试折子

安徽学政臣景其濬跪奏,为恭报岁试完竣举行科试仰祈圣鉴事:窃臣上年考过十一棚各情形,业经恭折具奏在案。今春正月下浣出省,先考徽州府,次宁国府。广德一州向系随宁国棚考试。文风以徽州为上,宁国、广德次之,武场弓马技艺均属平常。惟二郡一州地方从前被扰甚重,至今户口凋残,臣驰骋载道,终日不见一人,村舍为墟,荆榛碍路,积学久已无闻,文风迥非昔比。是以各学文武进额缺者尚多。臣惟有多方董劝,出示招集流亡士子之迁徙在外者,并饬地方官广为招徕,妥筹安插。各棚文武生童尚称安静。查本届科试系应行选拔之年,向来拔萃一科关系人才尤重,臣仰蒙恩命,畀以文衡,莅任以来,夙夜冰兢,未敢稍懈。现将岁考一律完竣,已由宁国渡江接办科考。所有岁试已毕,接办科试缘由,敬谨缮折具奏,伏乞圣鉴。谨奏。

军机大臣奉旨:知道了,钦此。

同治十一年六月初五日《京报全录》,壬申六月廿六日《申报》
载 1872 年 7 月 31 日《申报》,第 5 版,1 卷 311 页

2. 安徽学政景奏报皖北科考五棚情形即日遵旨交卸折子

内阁学士臣景其濬跪奏,为恭报皖北科考五棚情形即日遵旨交卸仰祈圣鉴事:窃臣于四月间将岁考完竣,奏报在案。当即接办科考,由庐州、六安、颍州、寿州、凤阳按临三府二州,共计五棚,所有各处选拔一场,皆择其殊尤,遴选如额。文风以庐、六为优,凤阳之寿州、怀远、定远各属均皆可观,惟颍之蒙、亳为稍次。士习近日则皆知守法奉公,恪遵功令,较前安静多矣。查寿州虽系凤阳分棚,而榜示揆府进额颁造红案,皆须一府试毕,始能挨照宪纲汇齐合办,历届如此。臣于六月中旬途次接奉部文,其时凤阳生童数千人早经齐集多时,寒士旅费艰难,势难遣散,且一府公事未了,臣仍照旧章将凤阳一府考试完竣,即日回省交卸,合并声明。所有考过科考五棚情形,谨缮折具奏,伏乞皇太后、皇上圣鉴。谨奏。

军机大臣奉旨:知道了,钦此。

同治十一年八月十四日《京报全录》,壬申九月初二日《申报》
载 1872 年 10 月 3 日《申报》,第 4 版,1 卷 530 页

3. 江南乡闱头场题目

首题:菲饮食而致孝乎鬼神。次:武王缵大王、王季、文王之绪。三:以天下养,养之至也。诗题:赋得"波光摇海月",得"摇"字,五言八韵。

载 1873 年 10 月 7 日《申报》,第 2 版,3 卷 337 页

4. 江南乡试第一场经题

《易》:各正性命,保合太和,乃利贞。《书》:不刚不柔,厥德允修。《诗》:矢其文德,洽此四国。《春秋》:春王正月,隐公元年。《礼》:乃命有司,趣民收敛。

载 1873 年 10 月 13 日《申报》,第 2 版,3 卷 357 页

5. 江南闱中情形

江南文风素盛,而今科人数尤多,虽经添设号舍,尚遗去六千余人,合上下江进场者二万有奇。头场封门尚早,二场略更新样,遂至拥挤不开,几乎生事。旋复照依前式,甫得安贴。场中颇不安静,士子死者十余人,内中(中)因病身故者少,冤业索命者多。其昏迷不得终场者不一而足。兹特略举数端,用昭炯戒,俾知因果之说信而有征。或有曰:何不报之于平时,而必施之于场屋?不知平时报应历历不爽,人特未周知耳。场中人众,共见共闻,一时传遍。况士人造孽于科场时,尤不容放过。天道不远,可不畏哉?谨录数条于左:

一、于试卷上写五言四句:一二三四五,明远楼上鼓,姐在床上睡,郎在场中苦。发狂而卒。

一、夜半忽呓语,既而似与多人辩论,邻号窃听不清,知其怪异,蒙被不敢作声。末后,但闻叫曰:"我去便了。"遂寂然。迨天明往视,浑身青黑,气已绝矣。

一、以两手自批其颊不已,旋以裁纸小刀自剜其心,血涌而绝。

一、完卷后,高声朗诵,得意非常,自命必中。持卷欲交,过火炉旁,遽将卷子投入。旁人见夺,已焚其半,恍如梦醒,云:"是至此处,有人告曰,此系受卷所,因即投入。及闻旁人喧嚷声,始知为火炉也。"询以有何冤业,默然而出。

一、完卷后用小刀将卷子划花如篆文丝网,遂犯贴。

一、将卷子浓圈密点而后交,亦贴出。

种种情形,未能尽述,亦不忍书,惟望士子触目警心,勇于为善,毋谓果报之无凭也。勉旃。

载 1873 年 10 月 17 日《申报》,第 2 版,3 卷 373 页

6. 记友述江南闱中某生污卷事

徽州知非子

"因果"二字,昔贤为下等人说法,然报应之理,实有昭昭不爽者。试即仆所闻一事

言之。仆应秋试毕,拟至上海访友,于八月二十四日乘"气拉渡"轮船南下,舟中应试者五十余人。据上海人云:"我邑某君首场坐'基'字十五号,至初九夜三鼓,毕三艺,先将首艺誊正,出号煮茶。闻号军云,二十几号扬州先生卷上大书'十一代'三字。某君即奔视,见此人形如木偶,问之亦不答。某君素诵《感应篇》阴骘文及《大悲咒》,遂对之合掌虔诵。甫毕《大悲咒》三遍,此人如梦初醒,称谢者再。询之,但云不必言,且云:'君初来时,予欲言而不能启口。旋见君向予作喃喃状,而嘱予书此三字者,即瑟缩而去。设非君来,正不知若何矣?但至开号尚有半夜,君其何以处我?'某君又诵《大悲咒》数遍于茶内,嘱其饮之,且令号军守护,许代给钱三百文。号军许诺,且两人环视之。此生云:'感君申救,无以仰报,予命薄,必贴蓝榜。首艺已誊好,二三亦脱稿,借以奉赠可也。'至初十天明开号,此生即匆匆而去,同号诸君方拟其至公堂交卷,再行收拾考具,孰料竟然不复返,已置考具于度外。"予又闻上海友云:"我乡某君三世为善于乡,今某君复视他事如己事,或亦有中机乎?"榜尚未发,其得中与否固不可知,而如扬州生者,实可借此为鉴戒云。

载1873年11月6日《申报》,第2版,3卷441页

7. 江南乡试题名全录

汪昌蒱,休宁;王祖畬,镇洋;黄宗起,嘉定;翟伯恒,泰兴;相璪,扬州;范锡恭,定远;窦士镛,无锡;朱遵迻,泾县;过铸,金匮;归㸕,常熟;张鹤章,荆溪;殷树森,昭文;殷李尧,昭文;孙步迻,阜宁;许鸣盛,怀宁;陈名珏,江阴;贺则循,宿松;沈福同,华亭;晏振恪,仪征;李佩洵,高邮;朱恩辅,休宁;周宝珪,嘉定;朱崇庆,山阳;禹时俊,淮安;赵鼎臣,镇江;曹庆恩,昭文;江学普,歙县;黄玉振,泰州;芽同晋,丹徒;殷殿扬,山阳;唐鸣庆,丹徒;程标,婺源;余殿英,婺源;陈槐林,扬州;华鸿模,常州;于齐庆,江都;杨楫,常州;王肇临,江都;夏光楣,怀宁;唐汝璟,太平;储廷槐,宜兴;张保琛,含山;王福海,庐江;高玉昌,江都;汪曾荫,镇洋;彭祖润,长洲;倪淑,阜阳;吴瞻青,泾县;余德秀,霍山;沈云沛,海州;洪钧,怀宁;傅汉章,盱眙;程登甲,婺源;张乔云,嘉定;延清,京防;徐子惠,潜山;闻福增,太仓;董珪,庐州;刘玉顺,上海;陈桂馨,扬州;黄葆年,扬州;胡廷琛,祁门;舒诵元,泾县;王诩,沭阳;李建寅,盐城;杨福臻,高邮;刘文府,合肥;凌梦魁,定远;张西普,丰县;李运昌,丰县;詹嗣贤,仪征;倪望重,祁门;张赞纶,武进;鲍庆元,庐江;汪光淇,霍山;余登瀛,安庆;周凤藻,江都;曹璜,绩溪;吕佩芬,旌德;周家谦,合肥;仲福谦,扬州;朱鸿绶,苏州;吴郁生,元和;蔡凌云,庐州;姚大士,歙县;冯俊升,通州;张是彝,长洲;苏士贞,凤台;朱作渭,华亭;徐日华,苏州;何士俊,丹徒;龙宗敏,靖江;朱鸣灿,休宁;成肇麐,宝应;孙锡第,六合;方铸,桐城;王如松,宿松;章鸣莺,来安;程梦元,婺源;黄铎,滁州;张骏,清河;浦炳勋,常熟;房兆麟,桐城;任曾培,宜兴;郭福衡,娄县;狄廷鉴,镇江;洪宜昌,祁门;王士翘,太湖;何维楷,定远;朱百道,宝应;陈允熙,武进;张祖仁,常熟;华文汇,金匮;徐希仁,常州;王灿如,江阴;陈仁望,高邮;赵继和,镇江;王体仁,庐州;唐秀森,丹徒;陆世淮,青浦;谢庆增,芜湖;路履祥,宜兴;王念祖,太湖;杨熙,镇江;丁崇业,兴化;吴鸣甲,江阴;徐凤阶,青阳;何五飞,松江;李学申,睢宁;宋安书,定

远;沈炼青,盐城;宁本瑜,休宁;顾谦,上海;刘浙,太湖;乔廷诰,海州;沈德昧,霍山;黄光纶,舒城;沈汝奎,通州;戴怡,丹徒;李怀清,桐城;王训,英山;承勋,厢白;王周桢,高邮;於培度,盱眙;陈敏政,怀宁;俞宗海,荆溪;杨春蔚,华亭;何延庆,江宁;王朝栋,吴县;姜书钦,盐城;李世虬,桐城;周锷廉,昭文;戈珍,安庆;胡建枢,凤阳;宋承昭,华亭;倪先庚,无为;查瑾,太湖;张同福,宝山;黄群杰,泰州;游铛,泰州;戈静安,泰州;石寿祺,宿松;郑炽昌,宿松;高惟寅,清河;萧锦庆,定远;潘熙,泾县;周镛,海州;姜定镐,丹阳;张德沛,全椒;钱炯福,青浦;孙眺仪,黟县;崔湘,太平;储凤藻,宜兴;曹国振,泗州;许懋和,黟县;孙维堃,江都;姚肇瀛,松江;吴震,怀宁。

载 1873 年 11 月 10 日《申报》,第 2 版,3 卷 453 页

8. 顺天乡试中式题名录

……高肇麟,安舒城……程夔,安歙县……李汝穗,安太湖……江桂高,安婺源……赵梦奇,安泾县……鲍德俊,安凤台……方遇宾,安歙县……吴荫培,安歙县……

（注:共 361 名,其中皖生 8 名。仅录皖生姓名、籍贯。）

载 1873 年 11 月 14、15、17 日《申报》,第 2 版,3 卷 469、473、477 页

9. 皖抚英奏乡试年老生诸未中循例奏恳恩施折子

太子少保安徽巡抚臣英翰跪奏,为乡试年老诸生三场完竣,榜发未中式,循例奏恳恩施,仰祈圣鉴事:窃照乡试年老诸生,届八十、九十以上,三场完竣,榜发未经中式,例应详查年岁,开单具奏,由部核明请旨,分别赏给举人副榜,历经遵照办理在案。兹届同治十二年江南省举行癸酉正科文闱乡试,臣入闱监临。榜发后,查明应试年老诸生三场完竣未经中式,年届九十以上者:泾县（副）〔附〕生胡世肇等十三名;年届八十以上者:天长县贡生董墀一名;又年届八十以上者:怀宁县学附生江城等五十一名。调阅原卷,均各正草完全,文理明顺,饬据江宁布政使行查诸生年岁,均与学册相符,取造册结具详请奏前来。伏维典重抡才育才,际昌期之盛;礼隆尚齿恩荣,昭文治之华。江邦既多士,风蒸耆宿,亦观光云萃。该生胡世肇等青衿奋志,皓首穷经,未荒占毕于芸编,弥切观摩于棘院,幸涵濡夫圣教诵习久安,允鼓舞夫儒林宠施合沛。除造册咨送礼部外,谨会同两江总督臣李宗羲、江苏巡抚臣张树声、安徽学政祁世长、江苏学政马恩溥恭折具奏,并将诸生姓名、年岁、籍贯另缮清单恭呈御览,伏乞皇上圣鉴,饬部核复施行。谨奏。

奉朱批:礼部议奏单并发,钦此。

同治十三年新正月廿一日《京报全录》,甲戌二月十一日《申报》
载 1874 年 3 月 28 日《申报》,第 3 版,4 卷 274 页

10. 甲戌科会试题名全录·上

顷"山东"轮船回申,得接甲戌科会试题名全录,因不及全载,先将前半摆列,余俟明

日续刊可也。

秦应逵,湖北孝感;米协麟,山东济宁;路金声,顺天武清;陈光煦,浙江钱塘;张明毅,江西萍乡;冯钟岱,江苏武进;宝昌,正黄满洲;杨怀震,永富;朱百遂,江苏宝应;牟阴乔,山东福山;陈赞图,福建长乐;刘传福,江苏吴县;许普济,镶黄汉军;林绍年,福建闽县;檀机,安徽望江;刘凤华,湖北武县;谭光黎,河南商县;曾秀翘,福建南安;张坤其,岳州华容;徐汧章,湖北;徐兆逵,江苏江都;陈荣仁,福建晋江;凤鸣,正黄旗满;王烈,陕西城固;赖焕辰,江西饭戟(注:原文如此);何子云,广东香山;罗锦文,四川崇宁;孔广鉴,山东宁海;殷源,江苏吴江;郑恩贺,河南祥符;高继光,广西岑溪;陈华聚,广东新会;叶如圭,浙江西安;陈秀,江苏吴县;彭亿清,直隶永平;钟家彦,湖北咸宁;何才价,安徽霍县;袁韵春,贵州贵筑;郭安仁,山西五台;刘凤纶,湖北兴国;郭兆福,福建侯官;陆润祥,江苏元和;杨廷潦,河南舞阳;陈建常,浙江严州;傅丞宪,四川重庆;周良玉,广东高要;吉康,正黄汉军;张曾庸,直隶南皮;陶清安,云南昆明;胡鸿泽,安徽泾县;吴征鳌,福建侯官;王聚奎,河南洛阳;陈文骧,直隶大兴;庞庆麟,江苏震泽;龙起涛,江西永新;曾延里,湖南邵阳;谭铨,河南裕州;孙葆田,山东荣城;洪应祥,浙江鄞县;王萼,安徽泾县;安盘金,贵州;杨凝钟,广东广德;孙其正,四川邛县;张鹏举,陕甘兴国;孙盘政,山东胶州;顾文基,江苏江宁;贺勋,山西洪同;武登第,直隶天津;石寿祺,安徽宿松;锡良,厢蓝蒙古;楼杏春,浙江义乌;陈松龄,福建闽县;华铸,直隶天津;庆瑞,厢红满洲;朱昌霖,山东蓬莱;赵舒翘,陕甘长安;倪望重,安徽祁门;于民新,奉天铁岭;王亦曾,江苏吴县;蔡德芳,台湾彰化;俞寿祺,陕甘平罗;陈宗郑,江苏清浦;李兆梅,山东历城;孙常春,河南巩县;许涵度,直隶青苑;汤鼎烜,浙江萧山;恩寿,厢白满洲;滕经,江西兴安;梁肇晋,广东番禺;倪惟钦,云南昆明;王振声,直隶通州;詹嗣贤,江苏仪征;江南金,江西都昌;张鹏鬵,湖南湘潭;诸可炘,云南昆明;李策清,湖北汉川;张玉绶,云南晋宁;钟懿春,广西苍梧;贾汝谦,山东费县;冯健,正白汉军;夏震川,浙江富阳;李念兹,直盐山县;王季球,江苏宿迁;刘执德,河南陈留;郑葆恬,陕甘洛川;延清,厢白蒙;朱紫佩,福建建安;刘廷镜,广东南海;何兆熊,四川南充;王鸿诰,云南临安;俞培元,直大兴;陈浩恩,江苏甘泉;张协曾,陕甘河川;曾道唯,江西南丰;魏普桢,奉天吉林;尹序长,山东肥城;乌拉布,厢黄满;李裕泽,河南信阳;梁嵘椿,广西苍梧;唐登瀛,贵州贵筑;胡燏棻,安徽泗(川)〔州〕;徐庆,正红满;冯光遹,江苏阳湖;倪晋麟,山东海阳;辛家彦,直天津;陈望曾,台湾;赵惟善,江西南丰;尚贤,正白蒙古;萧铺,四川雷波;章德藻,浙江金华。(选录香港《循环日报》)

载1874年6月5日《申报》,第2版,4卷511页

11. 续刊题名全录·共计三百四十五名

周文浚,河南商城;刘发岐,广西全州;杨鼎昌,陕甘长安;傅培基,云南昆明;梁锦澜,广东高要;董余三,直隶丰润;吴宣开,福建侯官;萧宪章,奉天复州;时庆莱,江苏仪征;王怀曾,山东临淄;赵尔震,正蓝汉;陆元鼎,浙江仁和;于蘅霖,奉天都讷;崔湘,安徽太平;王会英,山东利津;彭□瑞,江西太和;赵锡恩,直隶永年;海锟,正蓝满;萧射斗,贵

州贵阳;吴耀万,陕甘会宁;吴讲,浙江山阴;李之藩,江西南城;陈元芳,陕甘;翟伯恒,江苏泰兴;唐德俊,广西灵川;黄大中,云南昆明;常文敏,河南武陟;孙赋谦,直隶衡水;郑秉成,湖南邵阳;崇泰,正蓝满;李廷访,山西孟县;曹志清,直隶满城;杨德春,山东诸城;张礽杰,江苏娄县;施炳修,台湾彰化;席珍,陕甘蒲城;何其敬,广东顺德;赵宗鼎,贵州贵阳;宋安书,安徽定远;钟烈,浙江仁和;路履祥,江苏宜兴;张旭东,直卢龙;钱登云,贵州贵筑;林焕曦,广东高要;保昌,正红旗汉;郑钫,浙江镇海;王仁枢,陕甘安定;张西园,山西平定;张德延,河南罗山;程其珏,江西宜黄;张景杞,浙江钱塘;李熙文,云南文山;曾行松,江西长宁;赵尔巽,正蓝汉军;张绍华,安徽桐城;陈宝树,直迁安;赵曾荣,四川宜宾;黄抟扶,福建晋江;白遇道,陕甘高陵;沈汝奎,江苏通州;王汝霖,浙江钱塘;李光斗,直祁州;陈明伦,陕甘高陵;王雨谷,山西平定;黄卓元,贵州安顺;倪观阑,江苏靖江;程开运,安徽歙县;张绍渠,河南罗山;石渠,四川巴州;郑襄宸,江西临川;林文炳,福建福清;舒恺,安徽泾县;刘鹏鸣,直隶迁安;翁萼钱,湖南东□;靳元瑞,广西临桂;时永新,陕西华州;张鉴衡,山西寿阳;赵昌言,浙江诸暨;陈其宽,云南昆明;戴锡钧,江苏长洲;桂霖,正黄满;洪敖,湖北黄梅;关廷弼,直隶宣化;李宗连,浙江归安;谢秉钧,山西繁峙;谭为霖,江西余干;吴杰,陕甘商南;沈锡晋,广东番禺;陈其昌,福建闽〔县〕;梁廷栋,广西苍梧;胡瀛生,江西奉新;蔡叙功,浙江鄞县;诸登赢,安徽当涂;王惟翰,广西临桂;林星赓,福建闽县;李昭帏,安徽婺源;崔仑,直隶霸州;马毓芝,山东寿光;毛鸿藻,河南武陟;秦猗春,直隶真化;尹丽枢,江西永新;叶应祥,福建南安;姚绳武,陕甘大荔;潘颐福,湖北罗田;胡廷翰,河南光州;袁锡龄,湖南长沙;何钟相,贵州遵义;宁廷弼,四川健为;王隆道,陕甘砖坪;陈兆焕,福建长乐;赵培因,山西忻州;王兰昇,山东莱阳;田苏游,湖南益阳;朱沛,江苏泰州;应振绪,浙江永康;王培心,贵州贵阳;马中律,陕甘金县;杨庆琪,江苏太仓;田赢海,四川安岳;陈保德,云南蒙自;鲍临,浙江山阴;王烟□,四川汉州;顾怀壬,江苏江都;杨炽昌,云南昆明;任步月,山东临清;张其翼,广东新会;官懋和,贵州遵义;屠仁宇,湖北孝感;吴锡璋,广西临桂;马逢亨,福建闽县;姜璧臣,湖北蒲圻;孙鹏仪,安徽黟县;梁奋雷,山西灵璧;孙希逊,陕甘石泉;王缙卿,河南裕州;金学献,广东番禺;周晋其,浙江慈溪;刘集勋,湖南益阳;刘云章,陕甘临潼;姚恭寿,江苏崇明;涂庆澜,福建莆田;傅观光,江西新建;朱毓松,贵州都匀;樊璟,河南南阳;谭宗俊,广东南海;谈松林,直隶宁河;王绰,山东诸城;舒朝昆,江西进贤;管桂林,陕甘澄城;王麟书,浙江钱塘;孟宪章,山东章丘;龙驹,湖南益阳;陈天骥,湖北黄冈;朱光吉,浙江平湖;邓构声,江西奉新;蒲春铭,四川广安;姚礼泰,广东番禺;梁天昂,福建闽〔县〕;魏云桂,山东临朐;高燮曾,湖北孝感;黄贻楫,福建晋江;麦宝常,广东南海;张福恒,湖南善化;许寿牲,广西苍梧;张德沛,安徽全椒;郝世俊,山西壶关;安守和,陕甘安定;牟懋圻,广西郁林;吴克昌,四川井研;段晋熙,安徽英山;张开锦,湖南沅江;陈士炳,山东历城;彭庆飚,湖北潜江;朱宝书,浙江乌程;刘粲,江西安福;郑连寿,贵州思南;黄灿,安徽合肥;孙念曾,云南南宁;刘本植,广西临桂;何崇光,广东顺德;周维新,福建闽县;张百熙,湖南长沙;李时杰,江西南城;李佩金,云南呈贡;石成峰,广西临桂;焦云龙,山东长山;黄玉堂,广(西)〔东〕顺德;王嘉善,安徽怀宁;罗萧,四川南溪;胡胜,直隶宝坻;高华,云南昆明;孙桢,陕西长安;任贵震,湖南浏阳;万锡珩,湖北黄冈;陈存懋,江西赣县;林钟华,浙江鄞县;庞玺,山西代州;方连珍,河南罗山;汪庆长,山东泰安;顾曾述,江苏通州;胡廷玉,江西都昌;张交楷,河南扶沟;张驹贤,直隶赵州;冯应寿,山西汾阳;敖名震,湖北天门;李三捷,河南武安;张心铭,陕甘中卫;蒋壁方,四川合州;胡钧学,湖南长沙;唐元恺,贵州思南;詹鸿璜,浙江仁和;杨玉相,山东宁海;何祖华,福建长乐;陈昌,四川铜梁;李蕊,湖南祁阳。

载1874年6月6日《申报》,第2—3版,4卷515页

12. 安徽学政祁奏考试情形并移回太平府驻扎以归旧制片

祁世长片:再,臣于正月二十四日举行安庆府岁考,谨将考试情形并试毕移回太平府驻扎衙门以归旧制具折奏报在案。拟于四月初四日渡江,先试庐江府属。查庐属五州县,惟首县合肥应试文童二千余人,舒城、庐江、无为、巢县四处或千人,或数百人不等。合肥生童文气开〔厂〕〔敞〕,诗赋亦多讲求法律,各属试卷可采者亦能足额。武童应试者合肥二百余人,其余或百余人,或不及百人。马步箭弓刀石亦有可观。已于五月初九日试毕,初十日臣即赴六安州按试。查六安所属英山、霍山二县,惟六安文童应试者一千余人,英、霍二县均不及千人。英山文尚时墨,句调圆熟者多;六安、霍山试卷亦颇讲求理路,生童古作及武童马步箭稍逊于庐,已于五月二十八日试毕两属,士子均能恪守场规。臣复严切训谕,责成廪保一如试安庆时办法。惟英山县文童赴州试时,在路滋事之王荣焰等,由抚臣英翰将滋事情形移咨到臣,当即查明扣考。其余童卷内有夹递诗章禀词,均系不谙例禁,即交各该学教官传到戒饬,以儆将来。所有臣考试一府一州情形理合附片陈明,伏乞圣鉴训示。谨奏。

奉朱批:知道了,钦此。

同治十三年八月十二日《京报全录》,甲戌八月廿七日《申报》
载1874年10月7日《申报》,第5版,5卷341页

13. 安徽学政祁奏陈考试情形折子

内阁学士兼礼部侍郎衔安徽学政臣祁世长跪奏,为恭陈考试情形仰祈圣鉴事:窃臣自四月初十日渡江,按试庐州府、六安府两处情形,业已恭谢天恩折内附片陈明在案。臣于六月二十七日考毕颍州府,即接试凤阳府属之专棚寿州、凤台二处。七月十三日试毕,次即接试凤阳,八月初六日试毕。泗州考棚向在盱眙县,自凤阳水路行抵该县开考,八月一十日试毕。次滁州,次和州,两属人数较少,均系十余日蒇事。十月初三日,即渡江回太平府驻扎衙门,举行该府属岁试。查皖北文风,寿州最盛,颍州府属之阜阳、霍邱,凤阳府属之定远次之,凤颍士习向称粗率,然性情偏于爽直,一力晓以利害,谕以礼义,尚易就范。泗、滁、和三属,臣前岁接办科试时,均经巡历,仍照前严密关防,生童均能安静。惟颍州府阜阳县正场拿获枪冒张玉树一名,泗州虹乡正场拿获枪冒杨其渊一名,凤阳府宿州正场拿获枪冒王承淑一名,当即发交各该提调官从严惩办。其余童卷内夹递诗章说帖干求者,均交各学教官传饬,以儆陋习。太平府所属三县,当涂人数较多,

芜湖、繁昌两县不过五百余人,学政衙门驻扎此间,吏役人等多系本地民人,一两〔里〕内外,关防较他处尤宜严密。臣先期札饬提调官太平府知府周绍濂、当涂县知县张攀桂,会同营员密查,凡寺观旅店舟次,毋令容匿外郡招摇匪徒;临时复派员役,于试院周围昼夜巡查,务令内外严肃。至稽查考试各弊,仍饬各教官责成廪保认真查察办理。现于十月十九日,文武生童一律试竣。又查各属武童,弓马技艺以颍州为最,人数亦多,凤阳、寿州次之,泗、滁、和又次之。太平府属人数较少,弓马技艺亦不及皖北劲健。臣于下学讲书及试毕发落日,剀切晓谕文武诸生各安本分,毋得交接地方官长,武断乡曲。凡在学有案者,重则批革,轻则注劣。仍饬各学教官随时查访儆饬,以仰酬圣主作育人才之至意。所有臣岁试颍州府、凤阳府、太平府、泗州、滁州、和州及凤阳府属之专棚寿州、(阳)〔凤〕台二州情形,理合恭折奏闻,伏乞皇上圣鉴。再,臣来往经过地方,秋初稍旱,八九两月阴雨颇多,岁称中稔,粮价平平。节届小雪,已得雪一次,约计寸许,民情尚属安帖。臣于太平府试毕,照例在署清厘案册,明岁开篆后,即出棚举行皖南各属岁试,合并陈明。谨奏。

奉朱批:知道了,钦此。

光绪元年正月初十、十一两日《京报全录》,乙亥二月初三日《申报》

载1875年3月10日《申报》,第5版,6卷215页

14. 上江学宪取齐

上江录遗,闻已定于七月初十日齐集省垣,十五日开考。学宪祁已于月之十一日抵省,系由太平府起旱来省,故各文武官弁均于是日辰刻在聚宝门内官厅上恭迓宪驾也。

载1875年8月23日《申报》,第2版,7卷181页

15. 安徽学政祁奏为皖南各属岁试既周恭陈考试情形折子

内阁学士兼礼部侍郎衔安徽学政臣祁世长跪奏,为皖南各属岁试既周恭陈考试情形仰祈圣鉴事:窃臣去岁举行安庆、庐州、颍州、凤阳、太平、六安、泗、滁五府四州岁试,业将各属情形先后奏报在案。臣于今年二月十五日自太平府驻扎衙门起程,先试宁国府属并向例附考之广德州属,次徽州府,次池州府。查三府一州人数,惟徽州府之婺源、池州府之贵池二县应试文童千余人,此外各县或数百人,或数十人不等。臣严密关防,按期开考,于五月初一日一律试竣。徽、宁两属向多朴学,兵燹后较前虽逊,而生童文艺诗赋亦自清畅可观,入场颇守规矩。惟池州府贵池县文童正场,臣拿获枪替储铨一名,当即交提调官池州府知府廉能从严讯办,其余各县生童均能安静守法。至各属应试武童,多不过二百余人,少只数十人,马步箭弓刀石虽不及皖北劲健,而入彀合式者亦颇可取。又查徽、宁、池三府向有缓葬风气,臣两次来往,见道旁净厝甚多,竟有目不忍睹者,地方官亦极力劝谕,无如惑于风水,积习难挽。臣于下学讲书及试毕发落日,剀切为生童言之,士为四民之首,冀其有所感发,以为乡愚化导之先。臣池州蒇事,即渡江由安庆赴六安、庐州两属,办理科试。所有臣举行皖南三府一州岁试告竣并考试情形,理合恭

折报闻。再,自春徂夏,臣经过地方,皖南雨水调匀,农田按时布种;江北一带,秧已插齐,田水亦足,粮价中平,民情安帖,抚臣裕禄定于本月中旬出省查阅营伍,合并陈明,伏乞皇太后、皇上圣鉴。谨奏。

军机大臣奉旨:知道了,钦此。

光绪元年七月十七日《京报全录》,乙亥八月初一日《申报》
载 1875 年 8 月 31 日《申报》,第 3—4 版,7 卷 210 页

16. 江南乡试情形

江浙两省乡试人数,前报曾已述及。兹复得金陵来信,谓上下两江乡试之贡院,向与别省较大,故号舍亦多。兵燹后又复屡收民间基地,增添号舍至两万一二千间之谱。是以居民准拟今科人数必较上届加增,莫不扫除舍宇,以图寓考。不料,上江来省应试者较癸酉科人数不过七折,下江人数亦仅八九折耳,所以寓考之家多有空屋不曾赁出,即东牌楼大街开设考店,虽与上科仿佛,而生意则比上科清淡矣。连日各外府士子到齐,稍觉热闹。早数日则颇形寥落也。推原其故,想因癸酉科遗才苦于无多号舍,以致空劳跋涉者多,或各处寒士因此裹足也,亦未可知耳。

载 1875 年 9 月 7 日《申报》,第 2 版,7 卷 233 页

17. 江南考帘官题目

苏抚宪吴中丞抵金陵后,于月之初二日扃门考试帘员,其题目兹特开列于左:官事无摄取士必得。诗题:不将今日负初心。

载 1875 年 9 月 10 日《申报》,第 2 版,7 卷 245 页

18. 江南乡试第一场题目

首题:子谓子夏曰:女为君子儒。
次题:官盛任使,所以劝大臣也。
三题:王子垫问曰:士何?孟子曰:尚志。
诗题:重与细论文。得"论"字。

载 1875 年 9 月 14 日《申报》,第 2 版,7 卷 257 页

19. 江南乡试入帘单

内监试:候补府陈大浩。
内收掌:候补县胡瀛生。
外收掌:候补县杨福鼎、谭廷献。
内帘官:东流县林福祚,桐城县王泽曹,江阴县沈伟田,溧水县丁维,山阳县陆嗣龄,

泰兴县张兴诗,安徽候补县廖洪鋆、曾道维、林调阳、周良玉、江苏候补直隶州杨锡麒,候补县王树棻、苏超□、张绍渠、陆元鼎,江宁候补县舒朝冕、廖佐卿、张振镔。

受卷官:潜山县蒋其莺,泾县杨志询,宣城县黄祺年,安徽候补县刘炳辰、马廷棫,江苏候补县王观光、刘汝贤,直隶州卢骧云。

弥封官:南汇县顾□,知县孙念曾、邓泽培,正任桃源县孙梦麟。

誊录官:娄县徐,宝山县冯,正任山阳县孙云,安徽同知傅炳坤。

对读官:安徽知县魏金标、王道年、欧阳霭,江苏知县傅方驹。

载1875年9月15日《申报》,第1—2版,7卷261页

20. 江南乡试二场题

《易》:圣人养贤以及万民。

《书》:至治馨香,感于神明。黍稷非馨,明德惟馨。

《诗》:八月其获。

《春秋》:夏叔弓如晋,昭公二年。

《礼》:大乐与天地同和,大礼与天地同节。

载1875年9月17日《申报》,第2版,7卷269页

21. 江南乡试内帘官单

江南乡试入帘官衔,本馆经已刊印。兹接苏省辕门抄得知分房之信,特列于左:第一房,溧水县丁维;二,候补县陆元鼎;三,候补县张绍渠;四,候补县周良玉;五,候补县苏超才;六,候补县曾道唯;七,候补县舒朝冕;八,候补县王树棻;九,东流县林福祚;十,江阴县沈伟田;十一,候补县廖洪鋆;十二,候补县廖佐卿;十三,泰兴县张兴诗;十四,候补县林调阳;十五,山阳县陆嗣龄;十六,候补县张振镔;十七,桐城县王泽普;十八,候补直隶州杨锡麒。

载1875年9月18日《申报》,第2版,7卷273页

22. 金陵闱中琐闻

有友人赴江南省试回者,述闱中有三事焉:一为号军自撞死也。号军泗州人,头场时忽见该号军头包青布数层,撞于石上,砰然有声,迨后脑浆迸裂,然气尚未绝,吃语模糊,了不可辨。逾时而殒。一为士子发疯也。有某士子者,翩翩裙屐,颇有修饰,忽嘻笑不止,竟将衣裤全行卸去,仅穿马褂一件,手摇折扇,高声唱花鼓调不休,兼戏侮邻号诸生。邻号生不堪其扰,禀知号官,因为之整衣扶出。该生又戏唱于外监试一侧,遂圈禁于龙门口。比放头牌,则该生神识如恒,倘佯而出矣。一为题诗被贴也。当将放牌时,向例诸生纳卷于至公堂,然后给签放出。有某副贡者,年已七十外,大约欲中寿榜者也,乃手无照出签,强要出场,门者阻之,该生仍坚欲出。及搜其卷,则固明明在夹袋之中

也。视之三艺,皆完殊无疵累。询其何以不交,则言语含糊而已。因为代交领签放出,乃受卷。所查其卷后,有七律一章,云:昔年月下订佳期,彼此同心只自知,燕尔新婚方合卺,怜侬怨鬼独含悲。当初已负三生约,今日难成一举时,几度欲将君命索,思量妾怎忍心为。遂将此诗粘诸蓝榜而贴出云。按,棘闱中此种事往往有之,问心无愧者,固坦然不疑。偶有微瑕,断难幸免。世创为无鬼之论者,非也。顾士子题名雁塔,身立显荣,鬼之报怨固宜。若号军者,既非应试之人,并无成名之望,而亦遭此阴谴,殆前此倖逃法网者耶。

载1875年9月20日《申报》,第1版,7卷277页

23. 江南乡试第三场题目

第一问经学,第二问史学,第三问训诂,第四问算法,第五问江苏水利。

载1875年9月20日《申报》,第1版,7卷277页

24. 江南榜期

顷闻本科江南乡试闱中一切均已齐备,定于十三日揭晓。查揭晓先一日主试将所取中各卷之红号发交知贡举者,饬书誊册,然后请主试升堂,置册于前,与卷面查对。每填一卷,对取墨卷,拆弥封后,交原荐同考官书条,发缮书持示公座,谓之"跳魁星"。公座阅已,乃付司书照填榜上。而同考所书之条由监临标判,即发省提塘录报,盖意甚郑重也。想今日金陵候榜固有千门走马之观,而上下江之静听报锣声者,此数日间又不知其心之若何忐忑矣。又闻得粤东揭晓之期,已奉监临张抚军示定于初九日云。

载1875年10月11日《申报》,第2版,7卷349页

25. 乙亥恩科江南乡试题名全录中式举人一百七十五名

万人杰,盐城贡;沈霖溥,华亭贡;朱联甲,当涂贡;钱福苏,常州附;陈寿祺,含山增;高树常,凤阳廪;钱斯珍,靖江附;陈作霖,江宁廪;俞宗诚,含山增;沈士淦,无为贡;孙培元,崇明附;钱锦渠,荆溪贡;陈灿林,泰兴附;王鸿卿,宝应附;潘钟辉,宜兴附;贝允章,吴县附;朱紫佐,南汇增;夏衔,松江廪;赵登诒,阳湖(付)〔附〕;汪时深,旌德廪;刘步元,潜山(付)〔附〕;孙赞尧,无锡(付)〔附〕;刘启瑞,宝应廪;黄宝恩,长洲廪;孙雁仪,黟县廪;汪庆生,镇江附;朱颉云,靖江廪;方正,歙县贡;朱诒泰,宝山贡;潘永受,庐州廪;汪达钧,六合增;王倬,江都监;姚冰渊,贵池贡;潘祖荣,荆溪贡;冯仲侯,荆溪附;张庆同,镇洋优;沈焕章,泰兴附;贾梦华,青阳附;庞洪书,常熟监;同春,京口旗;汪林昌,长洲附;韩绍奎,江都(付)〔附〕;陈衍庶,淮宁附;徐永炘,泰州监;郑保恒,宝应恩;齐之溪,婺源(付)〔附〕;华型芳,无锡附;江芬,通州廪;高继生,江都优;吴维藩,泾县贡;沈德荣,徐州廪;刘展程,兴化官;张凤池,宿迁岁;钱恩华,镇江廪;杨志濂,无锡附;石长春,宿松增;徐振镛,兴化廪;曾之撰,常熟贡;吴增锡,盱眙拔;成佩,泰兴廪;黄元芝,震泽附;黄

樨,泰州附;朱铭镛,宜兴附;段继辉,宿松附;朱运生,宝应附;谢霖,江宁附;黄卿云,安东廪;高准,常州廪;吴家璟,太湖附;支达,昆山廪;赵源宾,阳湖监;周龄,苏府廪;何荣,仪征廪;邵心豫,宿州拔;陈名典,常州廪;褚宗亮,常熟附;王承谷,庐州增;姜保庸,华亭贡;巢银钧,武进贡;蒋蕚,宜兴增;董晋贞,婺源增;王树番,震泽附;殷树珠,扬州贡;包昌祺,丹徒附;李用曾,淮宁附;郭守身,颍州附;王增禧,上海附;夏其钊,松江附;李世光,泰兴廪;查文标,泾县贡;刘鼎臣,山阳附;吴钟麟,昆山增;郑衍熙,英山附;周光尊,宜兴廪;钱福年,长洲贡;胡灿林,宿松付;顾敦蕚,丹徒附;吴锤峻,武进廪;叶寿松,昭文岁;胡贞廷,泾县附;范大治,和州廪;宣敬熙,金匮廪;钮崇庆,兴化附;俞冠群,宣城廪;何尔寿,泰州廪;程官云,太湖廪;胡世章,泾县廪;王瑀,太湖贡;邓嘉□,江宁优;张镇华,合肥优;孙赞清,通州廪;董桂馨,高邮廪;何模,歙县廪;王寿楠,镇洋增;陈敬羔,太湖附;赵炳华,庐州岁;葛南,潜山廪;朱葆时,荆溪增;姚锡浧,如皋附;范壁光,颍州廪;周丙炎,定远廪;秦兆鹏,海门附;怀他布,江宁旗;陈崇俊,黟县附;王景翰,新阳廪;章宝璐,铜陵廪;顾友焘,吴江廪;倪廷庆,桐城岁;韩肇熙,东台附;查元辉,婺源附;夏汝楫,丹阳廪;侯受芝,当涂廪;蒋师轼,上元廪;胡守宽,合肥贡;沈秉衡,武进附;沈焯,舒城增;周子英,高邮附;金官仪,滁州廪;徐世勋,震泽附;朱薰,太湖贡;储宝玮,宜兴附;邵心良,宿州拔;吴钟瀚,如皋廪;王豫修,英山增;刘汝霖,上元廪;程荣照,徽州增;薛培树,常熟附;贺欣,宿松廪;姜定保,丹阳贡;李钊,太平廪;陈彝范,泰州附;江培恩,六安廪;张炳荣,仪征廪;吴之莺,泾县附;张文杰,泰州附;查德培,泾县廪;崔应科,太平贡;顾儒基,通州附;刘芸孙,庐州廪;李培荣,桐城廪;陈美棠,靖江贡;王梦球,英山贡;葛兆堃,当涂贡;文瑞,江宁旗;张清泰,长洲附;徐人骥,青阳廪;俞汝谐,铜陵廪;江志伟,□州增;孙荣光,寿州附;蔡金声,奉贤附;巴堂谊,歙县贡;顾绍成,无锡(付)〔附〕;章泽鸿,泾县附;吴似麟,苏州廪;吴莹,海州贡。

副榜:

汪体源,黟县贡;赵完璧,泾县(付)〔附〕;张锡钊,昭文(付)〔附〕;郑承熙,霍山(付)〔附〕;徐联容,通州廪;吴观宝,泾县廪;潘汝霖,丹徒廪;叶汝霖,青浦廪;刘应元,凤阳廪;谈烺,江宁廪;张灿垣,宿松岁;吕德忱,东台附;叶富春,宿松增;屠朝干,吴县附;洪焕廷,婺源贡;刁宗楷,奉贤廪;方绍猷,望江附;黄光照,江阴廪;冯熙,镇江增;詹廷桂,高邮附;丁焕章,常熟附;李麦青,丹徒(付)〔附〕。

载1875年10月14日《申报》,第2版,7卷361页

26.条陈江南乡场事宜

科场事宜迭经贤有司筹划周详,本无待庶人之议,然管窥所及愿献刍荛,冒昧布陈,谅荷涵容于格外也。谨举四条,虑不及万分之一,尚希高明鉴之。

一、中路宜建木桥也。贡院面临秦淮,乡试时用木筏编成浮桥,无论不能坦平,苟遇阴雨,更易倾跌,老者苦之,少者亦未必称便。况栅栏闭时,人已涌满,一经开放,蜂拥而入,首先者自主无由,后挤者足不停趾,且恐步趋稍后便须补点,匆遑之际,又安顾地之平陂高下,倘一失足,为害匪浅。宜先事筹焉。

一、更换起数灯旗不宜参差也。点名既分三路,则人数多寡原不能齐,向例俟最多之路点完,然后更换旗灯,人不张皇,时有定准。近年稍有变易,遂感不能裕如,临事贵有主持焉。

一、龙门稽察宜严也。士子应名接卷,自宜各归本号,息心静养,以待作文。乃近年有先将考具送至明远楼下,然后再出接卷者。有一人代接数卷者,甚至有归号后将考具布置停妥,仍混出龙门,归寓休息,搬运怀挟入场者。士风如此,假使辗转效尤,其弊伊于胡底?贵严察以杜其萌焉。

一、买誊录之风宜禁也。各府州县所送书手,类皆招募充当,倘数尚不足,临场先两日出示再招,深恐试卷过多,抄写潦草,纵有佳文,辄为所掩,慎重之至,无待再筹。乃近闻有书识者流,冒充誊录,往往各考寓诱无识士子谓:出资数洋,可将三场朱卷格外清誊。功名热心者每为所愚,其实能买通线索与否,究不可知,而撞骗招摇,实不可因此而开其渐,须出示首先禁止焉。

光绪二年丙子四月　江南下士谨启

载1876年5月6日《申报》,第3版,8卷414页

27.光绪二年恩科会试题名全录

第一名〔至第十名〕:陆殿鹏,江苏兴化;姜渭春,山东历城;茅景荣,江苏泰兴;涂官俊,江西东乡;谢祖源,直隶丰宁;顾加相,浙江会稽;朱卓英,湖南湘潭;廷杰,正白满洲;屈传衔,浙江平湖;周盛典,四川灌县。

第十一名〔至第二十名〕:廖廷相,广东南海;张瑞,福建晋江;余麟书,湖北汉阳;刘曾骙,河南祥符;朱善祥,浙江秀水;梁亿年,福建长乐;陶锐,湖北黄冈;王舒萼,山西灵石;郭汝材,广东南海;赵树禾,江苏丹徒。

第二十一名〔至第三十名〕:赵曾重,安徽太湖;尹锡纶,湖南邵阳;闻福增,江苏太仓;李濂,浙江镇海;春溥,正黄蒙古;傅锟,河南祥符;朱镜清,浙江归安;王瑀,安徽太湖;景瀛,内务正白;郑衍熙,安徽英山。

第三十一名〔至第四十名〕:(廖)〔缪〕荃孙,江苏江阴;罗配章,广东顺德;陈懋侯,福建闽县;李应紫,甘肃礼县;周华林,河南裕州;窦先仪,陕西蒲城;高赓恩,顺天宁河;吴成周,浙江缙云;吕贤桢,安徽旌德;庆恩,镶黄满洲。

第四十一名〔至第五十名〕:黄国瑾,贵州贵筑;章志坚,江苏吴县;陈自新,福建侯官;郑芝,湖南长沙;张炳琳,湖北武昌;林其翔,广东南海;周材芳,云南楚雄;刘宇清,直隶栾城;郭万俊,四川清溪;贾璜,山西夏县。

第五十一名〔至第六十名〕:顾璜,河南祥符;顾其行,江苏通州;袁昶,浙江桐庐;王永清,安徽天津(注:原文如此);常山,镶黄满洲;彭倬,安徽全椒;李应奎,福建福安;曹荣,山西临汾;张志龙,江西临川;黄肇宏,湖北大冶。

第六十一名〔至第七十名〕:胡湘林,江西新建;曹鸿勋,山东潍县;那桂,镶黄满洲;刘锋,湖南浏阳;袁镇南,奉天辽阳;承荫,镶黄汉军;叶庆增,浙江慈溪;李世寅,直隶深州;徐玮文,江苏宜兴;刘心源,湖北嘉鱼。

第七十一名〔至第八十名〕：潘彬，江西铅山；周绂麟，湖南长沙；贵贤，镶黄汉军；王建言，山东博山；段理，陕西华州；孔宪曾，山东曲阜；陈图，河南光山；彭学皆，四川綦江；王弼潘，直隶卢龙；惠登甲，甘肃安化。

第八十一名〔至第九十名〕：陆宝忠，江苏太仓；王善泽，山东东阿；何德溙，福建闽县；李日跻，云南易门；李廷实，山西榆次；徐桂辛，江西奉新；黄均隆，湖南湘潭；潘江，安徽婺源；唐肇午，福建侯官；赵宜琛，贵州平越。

第九十一名〔至第一百名〕：潘奎廉，广东番禺；涂锷廉，江苏金匮；林穗，福建闽县；冯文蔚，浙江乌程；唐选皋，贵州贵筑；张汝熙，顺天武清；吴福保，江苏吴县；党兰修，陕西邠阳；谢元俊，广东东莞；庄福，正黄汉军。

第一百一名〔至第一百十名〕：谢家政，广东高要；李要章，广西象川；呼鸣盛，陕西清涧；唐大琬，湖南零陵；庞鸿文，江苏常熟；高第甲，直隶盐山；高寅生，河南邓州；贺熙心，陕西渭南；周兆璋，广东顺德；罗经学，四川泸州。

第一百十一名〔至第一百二十名〕：宋德泽，直隶枣强；冯崧生，浙江仁和；杨际清，山东胶州；朱启凤，江苏宜兴；裕祥，镶黄满包衣；路朝霖，贵州毕节；叶愈，福建闽县；高钊中，河南项城；殷李尧，江苏昭文；邵谦和，广西苍梧。

第一百二十一名〔至第一百三十名〕：黄彝年，河南商城；聂江，直隶唐县；朱一新，浙江义乌；张振期，江西南昌；区士彬，广东番禺；蒋元杰，广西全州；王炳燮，江苏元和；楚登鳌，山东历城；李嘉瑞，云南恩安；武人道，山西太谷。

第一百三十一名〔至第一百四十名〕：邓倬堂，湖北沔阳；戴鸿慈，广东南海；王赞元，福建闽县；陈南，四川叙永厅；朱彭年，浙江富阳；王贤书，云南昆明；管廷鹗，山东沂州；杨鸿元，浙江仁和；陈昌言，四川万县；谢立本，安徽芜湖。

第一百四十一名〔至第一百五十名〕：贾联堂，直隶蔚州；林启，福建侯官；徐锡祺，浙江仁和；王炳奎，山西荣河；沈霖溥，江苏华亭；谢希铨，江西崇仁；陈兆文，湖南桂阳；陈熙恺，福建侯官；曹昌燮，浙江镇海；熊继轩，安徽六安。

第一百五十一名〔至第一百六十名〕：李维诚，顺天大兴；陈德薰，湖北黄陂；王赓荣，山西朔州；樊春林，山东长清；周景曾，浙江海宁；沈恩棨，江苏吴江；刘镛，直隶清苑；况桂馨，江西新建；李国赓，河南光山；林元赓，福建侯官。

第一百六十一名〔至第一百七十名〕：诚鉴，正黄满洲；刘中策，山东沂水；袁希璋，四川安岳；钟德祥，广西宣化；陶方琦，浙江会稽；冯汝骐，河南祥符；万际轩，湖北潜江；张主敬，贵州贵筑；郑大章，广东瑷山；熊祖诒，江苏青浦。

第一百七十一名〔至第一百八十名〕：王金映，湖南长沙；丁毓琛，福建侯官；施士浩，福建台湾；长萃，厢蓝旗满洲；李步云，奉天宁远；王豫修，安徽英山；文廷烻，山西黎城；安永松，贵州大定；黄漾芝，湖南善化；马翻，山东德州。

第一百八十一名〔至第一百九十名〕：崔奎瑞，甘肃隆德；但弼，湖北蒲圻；郑绍成，安徽英山；陈琇莹，福建侯官；宋汉凌，河南新蔡；金星桂，浙江桐乡；杨翼孙，陕西府谷；王颖方，山东临清；酒龙章，直隶安肃；刘藜光，云南昆明。

第一百九十一名〔至第二百名〕：徐致靖，顺天宛平；锡珍，厢白旗蒙古；曾长治，江西南城；杨德馨，安徽六安；徐允升，河南罗州；李桂林，直隶临榆；黄辉龄，广东香山；陶撘

一 科举与拔萃

绶,江西南昌;陈一鹤,福建罗源;钱禄泰,江苏常熟。

第二百一名〔至第二百十名〕:艾庆澜,山东济阳;潘江,直隶盐山;陈嘉璜,广东东莞;郑子龄,江西武宁;秀荫,正蓝蒙古;郑树荣,福建侯官;钱锡庚,江西震泽;周宗洛,浙江归安;魏起鹏,江西南昌;王开甲,四川富顺。

第二百十一名〔至第二百二十名〕:胡瀛涛,四川云阳;刘鸿达,直隶昌黎;苏统武,甘肃秦州;杜宝善,贵州石阡;张仲良,广西临桂;蔡文田,湖北安陆;尹椿,直隶玉田;任祥麟,河南汝阳;傅超衡,广西临桂;莫浚,浙江上虞。

第二百二十一名〔至第二百三十名〕:王步瀛,陕西郿县;汪麟昌,江苏长洲;胡俊章,正蓝包衣;张懋澄,山东栖霞;葛之覃,直隶南皮;杨国璋,广东大埔;王凤沼,直隶青县;余嵩庆,湖南武陵;王宝田,山东即墨;高昭瑞,河南祥符。

第二百三十一名〔至第二百四十名〕:曹燮,湖南桂阳;薄绍绪,山东利津;黄绍谦,四川泸州;蔡宝书,江西新昌;陈思相,云南楚雄;段荣勋,云南昆明;吴传绂,安徽怀宁;廖燻,江西石城;善庆,正白满洲;王锡蕃,山东黄县。

第二百四十一名〔至第二百五十名〕:翁锡祺,浙江金华;刘步元,安徽潜山;卢乐成,山东莱芜;徐振翰,河南延津;荣光世,江苏无锡;裕德,正白旗满;凌兆熊,安徽定远;冯金鉴,浙江桐乡;刘宗标,广西贺县;李郁芬,湖北安陆。

第二百五十一名〔至第二百六十名〕:吴树梅,山东历城;白昶,河南武安;吴兆泰,湖北麻城;施典章,四川泸州;黄汝香,山西平定;李鹤亭,正红汉军;贾国桢,奉天锦县;李士瓒,江苏昭文;闵荷生,江西奉新;阮佩兰,湖北武昌。

第二百六十一名〔至第二百七十名〕:周锦心,湖北罗田;李清鉴,甘肃镇原;涂景清,湖南长沙;刘成诵,直隶乐亭;党蒙,陕西韩城;朵如正,云南昆明;陈鬻,福建闽县;黄秉钧,江西新建;乐理莹,贵州贵阳;韩大铺,山西徐沟。

第二百七十一名〔至第二百八十名〕:于澄瀛,甘肃皋兰;王敞,山东安邱;胡瀛,陕西汉阴;马鉴,广西临桂;封汝弼,云南思茅;杨兆祺,福建闽县;黄显瓒,湖南宁乡;谭维铎,广西苍梧;黄裳华,福建台湾;汤子坤,陕西汉阴。

第二百八十一名〔至第二百九十名〕:廖廷珍,江西高安;张维翰,四川遂宁;欧景芬,福建连江;刘琪芬,贵州遵义;王齐海,湖北罗田;王朝俊,江苏吴县;陈树勋,陕西长安;刘际唐,直隶丰润;袁叶茂,山东长山;唐椿森,广西宣化。

第二百九十一名〔至第三百名〕:刘世昌,贵州安化;倪恩龄,云南昆明;欧炳琳,江西萍乡;杨澄鉴,安徽桐城;郭廷谨,陕西蒲城;林嵩尧,浙江镇海;武达材,山西文水;陈鸣谦,广东三水;吴焘,云南保山;邓思哲,四川大竹。

第三百一名〔至第三百十名〕:刘一桂,浙江慈溪;陈履亨,山西临汾;杨群杰,江苏泰州;陈焕新,湖北□陵;杨凤朝,云南宝宁;陶福祠,江西新建;徐玉山,云南嶍峨;朱显廷,奉天锦县;高维岳,陕西米脂;万永康,甘肃皋兰。

第三百十一名〔至第三百二十名〕:聂兴礼,江西清江;王毓龄,安徽含山;张向辰,陕西临(桐)〔潼〕;杨朝松,广西岑溪;张世恩,河南光州;申尚毅,贵州婺川;郑思赞,河南祥符;颜预春,甘肃皋兰;郭敬优,山东乐陵;周绳武,四川巴州。

第三百二十一名〔至第三百三十名〕:陈邦瑞,浙江慈溪;陈世求,江西义宁;周照,贵

15

州毕节；何明璋，四川铜梁；陈毓麟，陕西蒲城；陆筠，江苏通州；李持柏，江西南昌；龙朝言，广西临桂；刘东美，直隶滦州；周桢，江西安福。

第三百三十一名〔至第三百三十九名〕：凌锦章，安徽庐江；师义方，直隶安肃；王元超，安徽舒城；艾廷选，河南信阳；路敬亭，山东历城；严钦，广西岑溪；黎荣翰，广东顺德；钱文骥，云南昆明；张继，甘肃陇西。

载 1876 年 5 月 13 日《申报》，第 2—3 版，8 卷 437—438 页

28. 辩论《乡场条陈》

前见贵报中有江南下士《乡场条陈》一则，但所论似皆浙江事，非江南事也。如所言，士子先送考具，再出接卷，及一人代接数卷，甚至归号后混出龙门，归寓休息，搬运怀挟等事。无论龙门左右稽察严密，士子尚未接卷，如何进去，即使已经进去，安置考具，而空身外出，甚至一接数卷，虽送考教官不尽本学，犹易蒙混，而书斗认识，自有专司，岂无顾而一问？且所接之卷，苟无其人风檐寸晷中构草誊正，未必有此兼人之量。倘仅系枪替，想其人既具官骸应试，即或不能接卷，谅堪承乏，何必并此代倩，自张其秽？至若归寓休息，搬运怀挟，是直以临场拥挤之区为自在流行之地，各路栅栏门口，何处不蜂屯蚁聚？由此以往，更觉肩摩踵接。启闭晷刻，必待更换旗灯，何能掉臂游行，取携自便。买誊录一项，江南向无是弊，即使该誊录果有诱买情事，而各士子怀才欲试，莫不争自濯磨，谁肯受其愚弄？中路搭盖浮桥，颇称坚固，从无倾跌入水，何庸更造桥梁，致多周折。惟灯旗一项，必三路同时更换，方能按(郡)〔部〕就班。自癸酉英中丞一有更章，遂至茫无趋向，亟宜规复旧制，以符定例。所陈四条，此事不为无见，顾予尚有两端赘及。一为珍惜米粒也。常见号底馈饷之饭不可胜计，虽已置桶收储，不至满地践踏，然试毕之后，纷纷挑出，半喂牲畜，亦是暴殄。如贪利茶食店取去，炒焦研粉，改作干糕，害更难问。夫国家养士，每人每日食米若干，谅有定制，供给所照例备办不能短少。无如士子携带饭干，往往自行炊爨，所以余粮堆积，臭败不堪。凡人入场，构思精神，时刻皆有一定，多一分烦杂，即少一分工夫。脱粟苟堪下咽，何暇计其精粗？况自梅方伯提调以来，事事体贴周到，晚稻红陈，殊足餍饫。计自封号之日，人人仰食于官，既可免劳碌之苦，又不至于有狼藉之害，讵不甚善？一为洁清粪秽也。臭号龌龊，急宜整顿。现已添用坑盖，设法不可谓不周。特恐疾抱河鱼不及如厕，致有遗臭，人每望而远之，五步一却，十步一退，满地污秽，后来者几难侧足。此等情形轮坐号底，各位掩鼻又不能过，安保不因之感疾。倘能每号各添号军一名，给悬粪夫腰牌，遇有上项情事，责令随时打扫，不使略有积滞，则登厕者易于如法，底号者亦无难向迩，所费尚不甚巨，弭患造福何可限量。兹因前议之失，而类陈管见如此，所望当路君子宥而教之。

载 1876 年 5 月 24 日《申报》，第 3 版，8 卷 474 页

29. 殿试分甲

奉天承运皇帝制曰，光绪二年丙子恩科，四月二十□日策试天下贡士陆殿鹏等三百

二十四名,第一甲赐进士及第,第二甲赐进士出身,第三甲赐同进士出身。故兹告示。

第一甲赐进士及第。

第一名:曹鸿勋,山东潍县;〔第二名〕:王赓荣,山西朔州;〔第三名〕:冯文蔚,浙江乌程。

第二甲赐进士出身。

第一名〔至第十名〕:吴树梅,山东历城;章志坚,江苏吴县;顾璜,河南祥符;戴鸿慈,广东南海;刘中策,山东沂水;陶福同,江西新建;春溥,正黄蒙古;唐椿森,广西宣化;殷李尧,江苏昭文;倪恩龄,云南昆明。

第十一名〔至第二十名〕:金星桂,浙江桐乡;谢祖源,直隶丰宁;吴兆康,湖北麻城;庞鸿文,江苏常熟;高钊中,河南项城;贾联堂,直隶蔚州;朱卓英,湖南湘潭;王锡藩,山东黄县;徐玮文,江苏宜兴;陈琇莹,福建侯官。

第二十一名〔至第三十名〕:黄绍谋,四川泸州;陈兆文,湖南桂阳;冯汶骐,河南祥符;黄国瑾,贵州贵筑;茅景容,江苏泰兴;张世恩,河南光州;黄群杰,江苏泰州;张炳琳,湖北武昌;廖廷相,广东南海;朱一新,浙江义乌。

第三十一名〔至第四十名〕:周材芳,云南楚雄;潘宝锁,广东番禺;陈赞图,福建长乐;陈焘,福建闽县;管廷鹗,山东沂州;谢家政,广东高要;刘心源,湖北嘉鱼;闻福曾,江苏太仓;陈懋侯,福建闽县;魏晋桢,奉天吉林。

第四十一名〔至第五十名〕:陈树勋,陕西长安;裕德,正白满洲;黄彝年,河南商城;冯金鉴,浙江桐乡;杨澄鉴,安徽桐城;莫峻,浙江上虞;张主敬,贵州贵筑;陈履亨,山西临汾;李桂林,直隶临榆;应振绪,浙江永康。

第五十一名〔至第六十名〕:吴福林,江苏吴县;周桢,江西安福;崔登,安徽太平;王元超,安徽舒城;黄汝香,山西平定;袁镇南,奉天辽阳;罗经学,四川泸州;顾其行,江苏通州;曹昌燮,浙江镇海;王用钦,直隶天津。

第六十一名〔至第七十名〕:刘宗标,江苏吴县;葛子覃,直隶南皮;陆宝忠,江苏太仓;尹锡纶,湖南邵阳;陆朝霖,贵州毕节;王炳燮,江苏元和;傅锟,河南祥符;张继,甘肃陇西;陶方琦,浙江会稽;杨鸿元,浙江仁和。

第七十一名〔至第八十名〕:叶庆增,浙江慈溪;陈邦瑞,浙江慈溪;郑绍成,安徽英山;况桂馨,江西新建;朱镜清,浙江归安;张汝熙,顺天武清;钟德祥,广西宣化;党兰修,陕西郃阳;李士璪,江苏昭文;申尚毅,贵州婺川。

第八十一名〔至第九十名〕:黎荣翰,广东顺德;张曾镛,直隶南皮;高维岳,陕西米脂;余嵩庆,湖南武陵;李郁芬,湖北安陆;王舒萼,山西灵石;孔宪曾,山东曲阜;周盛典,四川灌县;王鸿诰,云南蒙自;朱善祥,浙江秀水。

第九十一名〔至第一百名〕:徐致靖,顺天宛平;张志龙,江西临川;林启,福建侯官;王开甲,四川富顺;邓倬堂,湖北沔阳;张端,福建晋江;王步瀛,陕西郿县;林其翔,广东南海;宗室会章,正蓝旗;高赓恩,顺天宁河。

第一百一名〔至第一百十名〕:潘江,直隶盐山;赵树禾,江苏丹徒;黄潆之,湖北善化;万际轩,湖北潜江;杨兆祺,福建闽县;钱禄泰,江苏常熟;陈思相,云南楚雄;沈恩荣,江苏吴江;吴焘,云南保山;彭倬,安徽全椒。

第一百十一名〔至第一百二十名〕:周照,贵州毕节;党蒙,陕西韩城;袁昶,浙江桐庐;郑衍熙,安徽英山;乐理荣,贵州贵阳;吕贤桢,安徽旌德;徐桂辛,江西奉新;胡瀛涛,四川云阳;魏起鹏,江西南昌;李持柏,江西南昌。

第一百二十一名〔至第一百三十名〕:蔡文田,湖北安陆;李应紫,甘肃礼县;廷杰,正白满洲;蔡宝善,江西新昌;缪(全)〔荃〕孙,江苏江阴;林云赓,福建侯官;叶愈,福建闽县;陶锐,湖北黄冈;段荣勋,云南昆明;宋汉凌,河南新蔡。

第一百三十一名〔至第一百四十名〕:周锦心,湖北罗田;常山,厢黄满洲;金学献,广东番禺;施典章,四川泸州;黄辉龄,广东香山;汤子坤,陕西汉阴;郑思赞,河南祥符;陶清安,云南昆明;黄肇宏,湖北大冶;周景曾,浙江海宁。

第一百四十一名〔至第一百五十名〕:王敞,山东安丘;但弼,湖北蒲圻;梁亿年,福建长乐;王豫修,安徽英山;曹荣,山西临汾;黄炳钧,江西新会;于登瀛,甘肃皋兰;陈熙恺,福建侯官;聂兴礼,江西清江;黄显瓒,湖南宁乡。

第一百五十一名〔至第一百五十五名〕:罗配章,广东顺德;陈一鹤,福建罗源;严钦,广西岑溪;黄钧隆,湖南湘潭;王炳奎,山西荣河。

奉旨二甲末名:杨际清,山东胶州。

第三甲赐同进士出身。

第一名〔至第十名〕:何德溱,福建闽县;施士浩,福建台湾;苏统武,甘肃秦州;曾长治,江西南城;刘世昌,贵州安化;高寅生,河南邓州;陈图,河南光山;李鹤亭,正红汉军;张懋澄,山东栖霞;沈霖溥,江苏华亭。

第十一名〔至第二十名〕:涂廉锷,江苏金匮;王金胰,湖南长沙;王裕龄,安徽香山;钱文骧,云南昆明;荣光世,江苏无锡;唐选皋,贵州贵筑;艾廷选,河南信阳;呼鸣盛,陕西清涧;陶播绥,江西南昌;安永松,贵州大定。

第二十一名〔至第三十名〕:贵贤,厢黄汉军;艾庆澜,山东济阳;刘一桂,浙江慈溪;李濂,浙江镇海;赵宜琛,贵州平越;郑子龄,江西武宁;张仲良,广西临桂;陈德薰,湖北黄陂;孙常春,河南巩县;廖燻,江西石城。

第三十一名〔至第四十名〕:陈嘉谟,广东东莞;区士彬,广东番禺;陈毓麟,陕西蒲城;朵如正,云南昆明;刘曾驿,河南祥符;王赞元,福建闽县;冯崧生,浙江仁和;郭万俊,四川清溪;路复祥,江苏宜兴;周兆璋,广东顺德。

第四十一名〔至第五十名〕:蒋元杰,广西全州;刘藜光,云南昆明;高廷煋,山西黎城;刘铎,湖南浏阳;刘成诵,直隶乐亭;周绂麟,湖南长沙;涂景濂,湖南长沙;丁毓琛,福建侯官;李念兹,直隶盐山;裕祥,厢黄满洲。

第五十一名〔至第六十名〕:王炳章,河南武安;白昶,河南武安;李国赓,河南光山;杨凤朝,云南宝宁;郑芝,湖南长沙;龙朝言,广西临桂;彭学皆,四川綦江;郑树荣,福建侯官;朱启凤,江苏宜兴;林穗,福建闽县。

第六十一名〔至第七十名〕:屈传衔,浙江平湖;颜豫春,甘肃皋兰;刘鸿迹,直隶昌黎;郭汝材,广东南海;欧炳琳,江西萍乡;路敬亭,山东历城;张维翰,四川遂宁;王弼番,直隶卢龙;涂官俊,江西东乡;任祥麟,河南汝阳。

第七十一名〔至第八十名〕:徐振翰,河南延津;李日跻,云南易门;顾家相,浙江会稽;徐锡祉,浙江仁和;廖廷珍,直隶高安;郭廷谨,陕西蒲城;王宝书,云南昆明;洒龙章,直隶安肃;陈自新,福建侯官;惠登甲,甘肃安化。

第八十一名〔至第九十名〕:欧景芬,福建连江;许涵度,直隶清苑;万永康,甘肃皋兰;陆筠,江苏通州;善庆,正白满洲;庄福,正黄汉军;余麟书,湖北汉阳;卢乐成,山东莱芜;谢元俊,广东东莞;闵何生,江西奉新。

第九十一名〔至第一百名〕:王善泽,山东东河;林嵩尧,浙江镇海;何明璋,四川铜梁;庆恩,镶黄满洲;郭敬佑,山东乐陵;李廷宝,山西榆次;张旭东,直隶卢龙;杨德馨,安徽六安;郑天章,广东琼山;樊春林,山东长清。

第一百一名〔至第一百十名〕:陈焕新,湖南巴陵;王宝田,山东即墨;刘镛,直隶清苑;朱彭年,浙江富阳;王齐海,湖北罗田;窦光仪,陕西蒲城;胡俊章,正蓝汉军;马鉴,广西临桂;徐允升,河南罗山;贾国桢,奉天锦县。

第一百十一名〔至第一百二十名〕:唐肇午,福建侯官;姜渭春,山东历城;师义方,直隶安肃;周绳武,四川巴州;李廷访,山西孟县;唐大琬,湖南零陵;陈图,河南光山;柯祖培,福建长乐;徐玉山,云南嶍峨;武达材,山西文水。

第一百二十一名〔至第一百三十名〕:陆殿鹏,江苏兴化;薄绍绪,山东利津;王朝俊,江苏吴县;袁希璋,四川安岳;翁锡祺,浙江金华;谢立本,安徽芜(胡)〔湖〕;杜宝善,贵州石阡;封汝弼,云南思茅;楚登鳌,山东历城;王建言,山东博山。

第一百三十一名〔至第一百四十名〕:熊继轩,安徽六安;阮佩兰,湖北武昌;景瀛,正白汉人;宋德泽,直隶枣强;袁洽茂,山东博山;刘际唐,直隶丰润;李应奎,福建福安;杨朝松,广西岑溪;谭维铎,广西苍梧;王瑀,安徽太湖。

第一百四十一名〔至第一百五十名〕:刘琪芬,贵州遵义;崔奎瑞,甘肃隆德;尹椿,直隶玉田;凌兆熊,安徽定远;李清鉴,甘肃镇原;潘江,安徽婺源;张振期,江西南昌;诚鉴,正黄满洲;承荫,镶黄汉人;周华林,河南裕州。

第一百五十一名〔至第一百六十名〕:陈南,四川叙永;凌锦章,安徽庐江;石寿祺,安徽宿松;邵谦和,广西苍梧;李日章,广西象州;汪麟昌,江苏长洲;胡瀛,陕西汉阴;聂江,直隶唐县;李步云,奉天宁远;秀荫,正蓝蒙县。

第一百六十一名〔至第一百六十五名〕:那桂,镶黄汉(县)〔军〕;张向辰,陕西临潼;郑思哲,直隶唐县;杨翼孙,陕西府谷;郝世俊,山西壶关。

载1875年5月26日《申报》,第2—4版,8卷481—482页

30. 安徽学政祁奏为五府一州科试完竣折子

内阁学士兼礼部侍郎衔安徽学政臣祁世长跪奏,为安庆、池州、徽州、宁国、广德、太平五府一州科试完竣恭折报闻仰祈圣鉴事:窃臣于正月二十二日已将皖北三州两府科试情形奏报在案。臣于拜折后,取道颍上、霍邱、六安、舒城、桐城一带赴安庆府举行科试。查该府所属之怀宁、桐城、潜山、太湖四县应试文童均有二千余人,宿松、望江二县亦有一千三四百人。生员科试应考者虽不能如岁试之多,而各学统计共千余人,人数既多,贤愚不等,易滋流弊。臣先期札饬提调官安庆府知府孙翼谋认真稽察,复经臣分场

扃试,严密关防。此次较上届尤觉整齐严肃,惟潜山文童正场有徐胜一名,查系上届顶替怀宁文童汪灯红之人,当时扣考,交提调官讯办。其余一律安静。二月三十日试毕,即渡江按试池州府属。该属亦惟贵池一县文童有八百余人,其余或数百人,或数十不等。各县正场均能安静守法,并据贵池县廪生于该县文童正场前盘获枪手汪作宾一名,即交提调官池州府知府廉能讯究惩办。旬余日试毕,即接试徽州府属,该属六县亦惟婺源一县文童五千余人,其余亦只数百人、百余人不等。按期扃试,亦旬余日而毕。即赴宁国府县按试,并附考之广德州属。查该属六县,文童共千余人,而泾县有五百余人,文风亦较各县为优。广德州及所属之建平县,向来考童不过数十人,此次建平县仍只三十余人,广德州客民入籍应试已蒙恩准,经署广德州知州文翰查照现定章程收录送考,计有二百五十余人。臣详加披阅,文理多属可观。除照额取足外,并补取前岁科两届缺额,以广皇仁而昭激劝。惟广德文童正场查出顶替王开敏二名,当即扣除文卷,发该学讯办,余皆恪守场规,于五月初一日试毕。臣即于初二日回太平府驻扎衙门举行该郡科试,所属三县,当涂文童六百余人,芜湖二百余人,繁昌一百余人,人数不多,尚易防范。查学政衙门吏役多系该郡人氏,恐有传递等弊,臣随时稽查,不敢少懈,尚能遵守规矩,惟繁昌文童正场拿获枪手王承恩一名,当即交提调官太平府知府周绍濂讯明枷号,清厘案册,俟七月中浣再赴江宁办理录科。再,臣今年夏春经过地方,颍州府至安庆一带,麦田葱郁,雨水调匀;皖南池州、徽宁等处旸雨应时,秧田按时分插;太平府五月初农田望雨,现已迭沛甘霖,民情亦甚安帖。所有臣举行五府一州课试完竣并地方情形,理合恭折具陈,伏乞皇上圣鉴。谨奏。

军机大臣奉旨:知道了,钦此。

光绪二年六月廿一日《京报全录》,丙子七月初十日《申报》
载1876年8月28日《申报》,第3版,9卷198页

31.〔安徽学政祁〕又奏举行宣讲夹片

祁世长片:再,臣于三月十三日接准吏部札知,光绪二年正月初八日内阁抄出初六日内阁奉上谕:御史吴鸿恩《奏请饬举行宣讲》一折,宣讲《圣谕广训》,巨典昭垂,自应实力举办,着各直省督抚、学政督饬地方暨教职各官随时宣讲,毋得有名无实等因,钦此。仰见我皇上恪遵成宪,化民成俗之至意。臣于接奉札知后,即通饬各府、直隶州暨儒学教官一体遵行。查安徽各属宣讲《圣谕广训》,业于去冬十月由布政使臣绍诚通饬各属实力宣讲,并拟定新章,详报督抚并臣衙门在案,已于十一月初一日照新章举行,省城则由藩臬道府轮流主讲,各府州县则由地方官认真宣讲,并于城乡集镇人烟稠密之处分设公所,选派官绅,按期宣讲,切实晓谕。总须实力奉行,不可或作或辍,以期士民有所观感。臣现今各属科试既毕,已回太平府驻扎衙门,每于朔望讲期率同城文武官赴公所,敬谨将事,仍当随时讲求,以防日久生懈。所有安徽现在举行宣讲情形理合附片具陈。谨奏。

军机大臣奉旨:知道了,钦此。

光绪二年六月廿一日《京报全录》,丙子七月初十日《申报》
载1876年8月28日《申报》,第3—4版,9卷198页

32. 多士观光

金陵本号南直,江督安徽虽分作两省,则乡试仍合二为一也,故此大比之年,上下江学院先期到省录遗,监临官亦以江安两中丞分科入闱,届时多士云屯,万商雨集,贡院之堂皇,市廛之热闹,各直省莫可与京也。今岁丙子正科,现当举办录遗,送考各属士子计算将次到齐,据称较减少于上科,徽州一属道路梗阻,而半由浙江绕道而来,大约旅费过多寒畯因之裹足。前日考,松镇淮徐通五府州亦仅八百余人,是以各处考寓(尽)〔竟〕有无人过问者。至于市肆之设固甚整齐,而买卖甚觉寥落,亦可见兵燹之后元气尚未全复也。

载 1876 年 9 月 15 日《申报》,第 3 版,9 卷 262 页

33. 江南乡试头场题目

首题:子贡曰:"有美玉于斯,韫椟而藏,诸求善价而沽诸?"子曰:"沽之哉,沽之哉!我待价者也。"
次题:旅酬下为上,所以逮贱也。燕毛所以序齿也。
三题:秋省敛而助不给。
诗题:依旧青山绿树多,得"舟"字。

载 1876 年 10 月 2 日《申报》,第 1 版,9 卷 317 页

34. 江南乡试第二场题目

《易》:乾为天、为圜、为君、为父、为玉、为金。
《书》:庶民惟星。
《诗》:或降于阿,或饮于池,或寝或讹。尔牧来思,何蓑何笠,或负其餱。
《春秋》:城诸及防。庄公二十有九年。
《礼》:烛不见跋。

载 1876 年 10 月 4 日《申报》,第 2 版,9 卷 325 页

35. 江南乡试内帘官〔名〕单

溧水县丁维,江阴县沈,荆溪县潘,常熟县徐,即用县胡瀛生、陆元鼎、朱昌霖、李文燿,候补县傅观光、王葆辰、丁廷莺,凤阳县谢永泰,涡阳县符兆鹏,直隶州饶家琦,即用县周良玉、刘灿、孔广鉴、王聚奎。

载 1876 年 10 月 5 日《申报》,第 2 版,9 卷 329 页

36. 江南乡试三场策题

经学,史学,兵学,文体,地理。

载 1876 年 10 月 6 日《申报》,第 1 版,9 卷 333 页

37. 号军正法

无锡某生日前应江南乡试,完卷后与号军因细故口角,号军夺其卷而撕之。生更怒。号军复举木板将其头颅击破,盖未登龙而先遭点额矣。同号生大哗。官饬提问,号军便耸身上屋,如鸟斯飞,并揭瓦下掷,如莺梭燕剪,片片飘堕,间有为所中伤者。众始持械兜逐,随擒获。提调禀之监临,拟正法。生闻之大惊失色,转代为乞恩,诚不欲因己故而杀一人也。官以法无可贷,竟杀之。生遂因之得癫狂疾,踉跄出场。或曰此号军原系飞檐走壁之积贼,生实皖省合肥县人。

载 1876 年 10 月 7 日《申报》,第 2 版,9 卷 337 页

38. 教匪下场

江南乡试之头场,考客有因号板不齐,竟自上至公堂,打毁案桌,饬匠改而削之者。监临闻而盛怒,然犹含意未申也。讵制宪于场外拿到一奸细,讯得闱内有徐州某监生实教中之头目,充考客而应试者。号军兵勇与之通者约四五十人,将于场中举事。并称,浙闱亦有一头目云云。初十日晚,供给所内果忽失火,虽当即扑灭,而不无可疑。是以十一日二场点名甫毕,制宪密饬干员借查号板为名,逐号查点,果于某字号查有徐州监生名姓与所供符合,立即扶出,交上元县收押。讯供如何,传者未悉,惟以上二事皆应乡举者所共闻共见,自是的确,诚历科以来未有之奇闻也。又闻今科江南乡试,沈制宪于八月初起,每夜微服率众私自出城查察,沿江一带在在设防,诚哉心力其交尽也。

载 1876 年 10 月 7 日《申报》,第 2 版,9 卷 337 页

39. 棘闱琐闻

历科闱场后士子必述奇异事,纷纷传播,究竟是真是假,惟目睹者知之,耳食者无非口头禅耳。然既得有所闻,即以之遣睡魔,资谈助,要亦无乎不可。客言,今年江南闱内"列"字号有安庆府附生某,年约二十许,丰仪修洁,举止温文。进场后与邻号生沦茗清谈,颇相款洽,并言已第二次入场,矮屋风檐,实不耐其苦,徒以有老母在,期望甚切,勉作是行,使今科再落孙山,则真无颜以慰慈盼矣。言次唏嘘,邻号生为慰劝而罢。次日昏黄,生三艺已毕,真草皆全,同号友读之皆击节叹赏,生亦收卷吹灯而卧。乃二鼓时,生忽哀叫曰:"公又来乎?曾先父所为,然吾母苦节半生,而子又鲜昆季,独不能怜而释乎?"邻号知有异,亦不及移烛,即往叩其所以,觉黑暗中若有数人回答。既而,号军等齐来,见生似睡非睡,时各有事,仅排解数语去。次早开门,生亦无恙,惟卷已扯如粉碎,含

泪跟跄而出云。又有一生，因卷纸为墨所污，见邻有出号访友者，遂窃其卷而以后半截接换于己之卷上。邻号生归，觅卷不得，诉之号官。号官令其自行查检。查至四十余号内，果有废卷上半本在顶板上，谛视之是也。扯禀监临，准为补给，而窃卷者乃饬学除名焉。至前报所登号军因撕卷正法，今客谓，只闻杖一百逐出，杀与否，未知也。姑两存之，俟查。又有客言，今科湖北场中有一生，于卷面上自书"裁缝不要钱"五字，及交卷时，为友人所见，讶而询之，生固不自知也。既思同一被贴而为人姗笑，不如竟将卷面拉去，后果登蓝榜云。又有一生，初八夜正朦胧之际，隐约见有青衣人来摸索，初疑友人恶作剧，亦不理会。乃如是者三次，生起坐曰："我为某某，平生自知无冤孽，无须暗中揣测，可端详也。"言毕，复睡，而青衣人亦不来，并无甚事。又有一生，题出后，人见其吟哦不辍，饮食俱废，乃如是一昼夜，仍交白卷出场，稿上亦无一字，究未知因何而先得意也。吁！异矣。

载 1876 年 10 月 17 日《申报》，第 1—2 版，9 卷 369 页

40. 整顿科场

本年江浙两省乡试，皆系学使代办监临，浙省为胡文宗，自录科以至头二三场，其整饬场规，吹毛求疵，执法森严，当经随事登报矣。江南省士林循谨，未敢行险侥幸，复经祁文宗剀切晓谕，率皆奉公守法。惟试卷违式，被贴者较多，至有于十五日始行补贴头场违式者，十七日始行补贴二场违式者。两文宗为国家求贤，一以肃场规，一以严程式，所以杜幸进而维真材者，诚非好为其刻也。士之怀真学问、求真鉴赏者，当何如馨香奉之哉！抑又闻之，国家之待士也，失之严，毋宁失之宽。如胡公之严也，其行所无事乎，或有意为之乎？则吾不得而知之矣。

载 1876 年 10 月 21 日《申报》，第 2 版，9 卷 385 页

41. 丙子科江南乡试题名全录

第一名〔至第十名〕：杨黻荣，怀远岁；王敬渊，泰州贡；张思再，丹徒贡；管云福，阳湖附；胡继烈，太平附；王引昌，甘泉监；刘更新，庐江廪；钱焕，吴江廪；李成蹊，仪征增；丁自求，上元岁。

第十一名〔至第二十名〕：范鸿昌，吴县廪；顾炳寰，常熟附；华保鉴，无锡增；陈熊，震泽附；丁集祺，甘泉廪；田铭，山阳增；薛一峰，廪；赵曾裕，太湖廪；刘庭燨，常州附；朱绍颐，溧水贡。

第二十一名〔至第三十名〕：蒋寿祖，元和廪；顾绍申，元和廪；李经世，合肥官；汪樱，太平附；张鸣骎，吴江附；陈侨，武进附；周兆松，太湖附；周炳，京驻监；汪宗沂，歙县贡；仲璧，泰州附。

第三十一名〔至第四十名〕：陈海楼，淮安廪；吴观宝，泾〔县〕副贡；罗新纬，扬州廪；承荫，江宁附；刘盛佩，庐州官；甘元焕，江宁贡；孙石城，天长贡；孙家声，寿州贡；陈咸庆，仪征监；刘传祁，吴县贡。

第四十一名〔至第五十名〕：徐荣元，崇明贡；胡瑛，宁国廪；冒南捷，如皋廪；束允太，丹阳贡；江慰祖，旌德廪；田祭瀛，江都廪；汪学瀚，阳和贡；姚延祺，怀远增；过炳，金匮附；王澄，太仓增。

第五十一名〔至第六十名〕：朱云生，宝应监；黄德谦，含山附；余登荣，繁昌贡；徐毓骏，吴县附；秦谦培，无锡附；鲁说，安府附；郑衍祥，英山贡；陈衍清，定远附；叶棠，靖江优；朱绍亭，溧水恩。

第六十一名〔至第七十名〕：罗忠灏，宿松附；余显周，婺源附；祁肇麟，元和附；吴保龄，镇府附；顾云松，山阳附；孙沈泽，舒城附；陈名经，江阴附；董之颖，海门优；胡叶新，临淮岁；徐振熙，兴化附。

第七十一名〔至第八十名〕：萧伦序，英山廪；包凤章，丹徒监；吴兆熊，山阳附；王庆元，桐城岁；叶昌炽，长洲增；石寿彭，宿松附；顾钟瑞，常熟附；王颂蔚，长洲优；孙阀禧，全椒优；陈廷松，太兴附。

第八十一名〔至第九十名〕：郭长年，镇府附；方则寿，旌德附；丁敬，怀宁监；刘源汇，通州拔；季昭熙，昭文附；魏廷樑，六安岁；刘昌熙，吴县附；陈兆祺，如皋附；赵鸿，泾县贡；锦山，江宁附。

第九十一名〔至第一百名〕：戎云程，兴化廪；鲍琛，六安附；喻逢年，无为附；尤锡蕃，太州监；程桂钟，黟县贡；朱凤衔，无锡附；缪锟，太州贡；焦家松，太平贡；王佐卿，宿松附。（注：原稿缺一名）

第一百一名〔至第一百十名〕：王全纲，上海附；黄元炳，昆山贡；黄晋，上海附；孙书城，天长优；吴玉堂，高淳廪；屈福乾，宝应附；檀凤翙，望江附；陈士升，英山附；顾启宗，如皋廪；萧斯，镇洋附。

第一百十一名〔至第一百二十名〕：吴蘅生，庐江贡；张衔华，怀宁附；陈良锦，合肥附；浦毓琛，常熟附；余□钦，太湖附；金尔相，常熟附；周绎山，盐城廪；鲁鹏，安府附；王尔珏，江阴贡；杜学谦，常府附。

第一百念一名〔至第一百三十名〕：居镜生，宝应附；左梃生，泾县贡；章步云，舒城附；高士坊，东台附；韦昉，山阳附；许嘉谟，休宁附；工曾玮，华亭增；姚景燮，镇府附；钱应选，华亭附；石长佑，宿松优。

第一百三十一名〔至第一百四十名〕：朱硕吉，安东廪；任锡汾，宜兴贡；方萼楼，望江附；李汝科，太湖增；李锡番，阳湖附；稽莺章，安东廪；盛时漾，全椒廪；严治平，阜宁廪；毛寿贻，镇阳增；曹焕，贵池拔。

第一百四十一名〔至第一百四十五名〕：宋树滋，华亭附；汤永图，无为岁；洪锡庚，泾县附；石巍然，寿州廪；王文毓，吴江廪。

丙子科江南乡试副榜

第一名〔至第十名〕：刘寿曾，仪征（副）〔附〕；赵文琳，镇府廪；张乙东，淮府附；李光载，兴化优；龚心鉴，庐州附；孙篯龄，天长附；王维垣，合肥增；张建勋，清河廪；胡骏，太湖监；查国梓，宁府附。

第十一名〔至第二十名〕：蒋文藻，上元贡；章京，太州附；徐兆鹏，镇府增；刘贵曾，仪征增；高步云，靖江附；张耀删，滁州廪；鲍忠济，歙县增；洪乃琳，吴江附；孙孚侃，太平贡;高凤翔,宝应附。

第二十一名〔至第二十二名〕:顾棣,金匮廪;赵连璧,合肥附。

载1876年11月1日《申报》,第2版,9卷421页

42.更正江南题名录

昨报所录之《江南题名录》系初刻之泥版,时有舛误,今特更正如左:

第四名,管元福;七名,刘更新,庐江;十五名,丁集祺,甘泉附;十七名,薛一峰,安东;二十八名,国炳;二十九名,汪宗沂,歙县优;三十四名,罗星纬;三十五名,承荫,江宁驻防;三十六名,刘圣佩;四十名,陈咸庆,仪征贡;四十二名,徐容元;四十三名,胡英;四十五名,束允泰;四十七名,田登瀛;五十四名,余登云;六十七名,孙浤泽;七十名,胡业新,凤阳贡;七十八名,顾钟瑞;七十九名,王颂蔚,常州廪;八十名,孙阀禧,全椒附;八十一名,陈廷松,泰兴;八十三名,方则春;八十七名,魏廷樑,六安官;九十五名,尤锡蕃,泰州;九十八名,缪锟,泰州;一百名,王佑卿;一百五名,吴玉堂,高邮;一百六名,居福龙;一百八名,陈士升,英山廪;一百十一名,吴蘅生,庐江廪;一百十五名,余祚钦;一百二十二名,左梃生;一百二十三名,朱步云;一百二十六名,许嘉谋,休宁贡;一百二十七名,王曾瑞;一百二十八名,姚景夔;一百三十一名,朱硕言;一百三十七名,盛时漾;一百四十名,曹焕,贵池贡。

副榜第一名,刘寿曾,仪征贡;四名,李光俦,兴化附;九名,胡俊,太湖附;十二名,章京,泰州;十六名,张耀珊。以上或仅误其名,或仅误其地,特摘录之。其地名与贡、监、廪、增、附不误者,概不赘录。惟昨报尚缺第二十九名,翁斌孙,常熟,官生,特一并补入,以供众览。

载1876年11月2日《申报》,第2版,9卷425页

43.丙子科乡试顺天题名全录

第一名〔至第十名〕:……王恩光,安徽合肥……

第一百一名〔至第一百十名〕:严云鸣,安徽(来安)〔滁州〕……

第九十一名〔至第一百名〕:……王士鹄,安徽英山……

第百念一名〔至第百三十名〕:……周家齐,安徽合〔肥〕……

第二百三十一名〔至第二百四十名〕:……方(布)〔苇〕林,安徽(定远)〔徽州〕……

顺天乡试实为天下十八省之公榜,非第与试之家望榜情殷,即亲友之属亦莫不以先睹为快,故本馆首先购觅登报。无如泥板所刊字迹模糊,几不可辨认,虽悉心较正,仍多鱼豕之讹,无从悬揣,只得候官报到日另行更正耳。阅者谅之。

(注:共276名,其中皖生5名。仅录皖生。另外,以上名单根据次日《申报》刊载《校正顺天题名录》予以更正和补充。)

载1876年11月3日《申报》,第2—3版,9卷429—430页

44. 安徽学政祁奏办科场事宜折子

内阁学士兼礼部侍郎衔安徽学政臣祁世长跪奏,为恭报微臣录科试竣,并入闱代办监临及出闱日期,仰祈圣鉴事:窃臣于七月间先后接准两江总督沈葆桢、安徽巡抚裕禄咨,称本年丙子正科江南文闱乡试监临轮值安徽巡抚办理,因皖北地方多事,巡抚筹办一切,未便远离,援案会奏请旨饬派臣入闱代办,以昭慎重等因。奉旨"知道了,钦此",钦遵在案,并准安徽巡抚委员将监临文卷咨送前来。臣即于七月十三日行抵金陵,饬安徽委办录科提调、署太平府知府白楚善,并饬各属教官,将文生贡监卷册投进分场扃试,共录送四千余名,业于八月初一日一律试竣。查江南文闱调充内外帘员,向由江宁、江苏、安徽三藩司详明督抚札调来省,严密关防,等候考试。臣以安徽学政代办监临,非特江宁、江苏州县不能周知,即安徽所调各员,非曾经办考、与臣共事者,亦未深悉底蕴。谨于初二日会同督臣沈葆桢扃门认真严试,择其文理优长者选充内帘同考官,一面循照成案,将应办闱务敬谨逐层办理,并饬调监试等官加倍慎重,不敢稍涉因循,致滋贻误。至初六日,恭送钦奉简放江南正考官、内阁学士兼礼部侍郎衔龚自闳,副考官户科给事中边宝泉,同入内帘关防。臣亦即于是日入闱监临。先将帘门内外承办各事饬查整齐,初八日率同提调、监试等官,督率各员挨次点名,入场扃试。二、三场亦次第完竣,各号舍均属安静。统计上、下江试子进场实数,共一万七千三百余名,现在朱卷誊录齐全,对读清楚,悉数全送内帘校阅。恭查乾隆五十九年钦奉上谕:嗣后各省办理监临试竣,除查有弊窦仍行具折陈奏外,如止系三场,事竣出闱日期具报题达,或咨部存案。该督抚酌量办理,钦此。嗣准部议,向例监临入闱日期缮本具题,其出闱日期除查有传递代倩等弊,应钦遵谕旨专折具奏外,如止系事竣出闱,改奏为题,以归简易等因。本届朱卷业经全进内帘,其余闱中一切事宜,交与提调、监试二员敬谨办(水)〔理〕,臣即于八月二十九日出闱,办理学政日行事件。所有臣录遗完竣及代办监临入闱、出闱日期,除照例恭疏题报外,理合先行缕晰陈明,伏乞皇太后、皇上圣鉴。谨奏。

军机大臣奉旨:知道了,钦此。

光绪二年十月十一日《京报全录》,丙子十月廿八日《申报》
载 1876 年 12 月 13 日《申报》,第 4 版,9 卷 566 页

45.〔皖学政祁〕又奏会考优生夹片

祁世长片:再,本年系考取优生年分,先期由各学教官察访举报,臣于科试时严加考试,分别正次考取在案。复饬该生等齐集金陵,于乡试进场前静候臣会同两江督臣、安徽抚臣复试,以定去取。本届抚臣裕禄,因筹办皖北滋事地方未了事件,不克远离,臣谨即会同督臣沈葆桢于七月二十七日扃门复试,取士如额。又查本年旱蝗江北较甚,皖南各属虽不免飞蝗过境,而稻田将熟,尚不为灾。八月以来天气多晴,丰田望雨颇切,民情尚称安帖,理合附片陈明。谨奏。

军机大臣奉旨:知道了,钦此。

光绪二年十月十一日《京报全录》,丙子十月廿八日《申报》
载 1876 年 12 月 13 日《申报》,第 4 版,9 卷 566 页

46.皖抚裕奏为查明乡试未中年老诸生折子

安徽巡抚臣裕禄跪奏,为乡试年老诸生三场完竣,榜发未经中式,循例奏恳恩施,仰祈圣鉴事:窃照乡试年老诸生,年届八十、九十以上,三场完竣,榜发未经中式,例应详查年岁,开单具奏,由部核明请旨,分别赏给举人副榜,历经遵办在案。兹届光绪二年江南省举行丙子正科文闱乡试,轮应臣入闱监临,前因皖北宿州等处土匪乘旱煽惑,臣就近督饬筹办一切,未便远离,当经督臣沈葆桢会同援案奏请,饬派安徽学臣祁世长代办监临。榜发后,该学臣查明应试年老诸生,三场完竣未经中式,年届九十以上者,泗州虹乡廪贡生陶文焕等四名;年届八十以上者,太平县职副贡生汪际虞等二名;又,年届八十以上者,安庆府学附生李味兰等二十名。调阅原卷,均各正草完全,文理明顺,饬据江南布政使行查诸生年岁,均与学册相符,取造册结详臣具奏前来。伏维菁莪造士,欣逢圣世之昌期,(朴棫)〔棫朴〕作人,更扩引年之盛典,髦俊咸登夫云路,(者)〔耆〕儒尤奋于风檐,该生陶文焕等身列青衿,经穷皓首,有起凤腾蛟之愿,无鲁鱼亥豕之讹,允宜仰沐鸿施人瑞,益彰天文治,俾得共勤峨术,艺林永播乎恩荣。除造册咨送礼部外,谨会同两江总督臣沈葆桢、江苏巡抚臣吴元炳、安徽学政臣龚自闳、江苏学政臣林天龄,恭折具奏,并将诸生姓名、年岁、籍贯另缮清单,恭呈御览。伏乞皇太后、皇上圣鉴,敕部核复施行。谨奏。

军机大臣奉旨:礼部议奏单并发,钦此。

光绪三年二月二十三日《京报全录》,丁丑三月廿五日《申报》
载1877年5月8日《申报》,第4版,10卷414页

47.重印官板丁丑科会试题名全录

刘秉哲,直隶顺德;陈灿,贵州贵阳;梁枚,浙江归安;朱紫佐,江苏松江;易炳奎,湖南长沙;钟英,正黄满洲;董沛,浙江宁波;陈润灿,山东宁阳;吴日昇,广东南海;傅廷元,四川重庆;杨文荣,浙江钱塘;杨先俊,湖南长沙;陈国士,广东南海;吴大衡,江苏吴县;张桢,浙江乌程;王文员,四川眉县;朱宝晋,山东青州;傅桐豫,浙江乌程;谭梦榕,广西桂林;韩镇周,河南归德;李尚卿,直隶承德;孙廷献,厢黄汉军;涂翔凤,江西南昌;何焕章,湖北应山;孙沈泽,安徽舒城;王仁湛,福建闽县;霍为楙,陕西朝邑;齐泽,山西太原;宋廷梁,云南晋宁;于观霖,奉天;黄传耀,浙江仁和;于沧澜,山东平度;谭肇松,湖南湘潭;管辰熙,江苏苏州;程夔,安徽徽州;成明郁,湖南宝庆;于文泉,山东登州;蓝耀枢,福建闽县;张桂芬,山东乐陵;讷钦,正白满洲;邬质义,广东番禺;周凤藻,江苏扬州;许鸣盛,安徽凤阳;罗大冕,四川宜宾;李庆云,广西郁林;柏寿,厢黄满洲;吴超,浙江仁和;钟大焜,福建福宁;熊起磻,河南光州;长秀,厢白满洲;松靖,厢白蒙古;刘永亨,甘肃秦州;丁寿泉,福建台湾;董云标,顺天宁河;樊曾祥,湖北恩县;蒋其章,浙江钱塘;荣桂,正白汉军;廖正华,四川江安;王恩湛,直隶天津;曹庆恩,江苏苏州;朱赓飏,江苏华亭;孔传勋,直隶天津;洪思亮,安徽安庆;张鼎华,广东番禺;高积健,河南项城;沈国器,福建安

溪;俞冠群,安徽宣城;支恒荣,江苏丹徒;余家相,广东新宁;俞麟振,浙江山阴;周龄,江苏震泽;张煦春,江西彭城;周銮贻,湖南永明;杨炳勋,贵州平越;李象辰,河南祥符;匡心湛,江西庐陵;程仪洛,浙江山阴;陈绍棠,福建长乐;石寅亮,山西孟县;龚锡枢,云南昆明;何式箴,正黄汉军;封祝唐,广西梧州;胡孚宸,湖北江夏;冯桂芳,云南昆明;杨孝宽,湖南安乡;张叔愯,湖北江夏;何荣阶,广东香山;王联璧,山东高密;杨调元,贵州贵阳;林壬,福建诏安;陈浚畴,直隶保定;杨泳春,广西桂林;陈维岳,广东番禺;王佑修,安徽英山;管高福,江苏昭文;钟灵,正蓝满洲;金绍庭,山东历城;汪朝模,江苏长洲;孙宗锡,湖南善化;李春芳,四川泸州;陈福谦,江西丰城;郑演元,山西孟县;戴家松,陕西石泉;翁斌孙,江苏常熟;孙宝琮,直隶朝阳;孙赞清,江苏通州;治麟,正黄满洲;赵源浚,江苏阳湖;俞廷熙,浙江鄞县;陈锡恩,福建永春;杨晨,浙江黄岩;曾燿春,广东茂名;胡宗澄,江西乐安;陈兆庆,云南阿迷;马侃,甘肃武威;吴铭恭,福建闽县;蔡汝麟,直隶清苑;孙家谷,湖南善化;江薪,安徽潜山;陈馨,贵州贵阳;刘乃赓,山东昌邑;陈熙昱,湖南常德;傅誉苏,湖北武昌;唐毓衡,四川中江;王引昌,江苏甘泉;孙楷堂,山东宁海;孙朝华,直隶南宫;凌邦靖,云南永善;戴兆春,浙江钱塘;李擢英,河南陈州;谢若潮,福建龙岩;柳文洙,山东历城;高积勋,河南项城;赵汝龄,山西孟县;苏毓铨,直隶清苑;吴祖椿,四川华阳;李兆勋,山东历城;孙显家,河南荥阳;吴郁生,江苏元和;贺靖南,湖北武昌;陈宗和,福建长乐;余焘,贵州余庆;孔祥霖,山东曲阜;刘杭,甘肃清水;濮子潼,浙江钱塘;曹学彬,河南南阳;武吉祥,正白汉军;林翰清,广西贵县;郑文思,江西石城;游铿,江苏泰州;任焕奎,贵州镇宁;程兰阶,江西建昌;张应午,陕西岐山;程钟,江西南城;马桂芳,山东栖霞;张楚林,陕西榆林;曲福绥,奉天盖平;崔舜球,广东南海;项晋荣,浙江钱塘;卜燕宾,直隶朝阳;查之屏,安徽泾县;王惠吉,直隶定兴;何式璜,福建侯官;刘锡琦,山东历城;江澍昀,江西弋阳;何福堃,山西灵石;刘人熙,湖南浏阳;胡郁,江西宁都;唐景封,广西临桂;吴成均,江西进贤;张成勋,陕西汉阴;饶世缨,江西广昌;严泽,四川巴县;何晋德,福建侯官;王集,陕西蒲城;张仲炘,湖北江夏;马彦森,浙江临海;崔汝立,安徽宁国;李馨国,山西孟县;凌端,广东番禺;张炳,云南昆明;周得程,甘肃兰州;谢章铤,福建长乐;郭庆棠,江西新建;张嘉禄,浙江鄞县;胡鸿典,陕西汉阴;周克宽,湖南武陵;连文冲,浙江钱塘;陈炳煊,四川重庆;张来麟,山西孟县;洪勋,浙江余姚;张东瀛,山东临清;桂梁材,云南昆明;余德秀,安徽霍山;成沐荫,江苏泰州;张继良,湖北黄陂;袁葆辰,河南彰德;郑子侨,山西商州;邵心豫,安徽宿迁;那谦,厢黄满洲;何承绪,江苏仪征;褚成亮,浙江余杭;谢配鹏,江西兴国;蒋式芬,直隶蠡县;朱铭赟,安徽休宁;王康平,湖北黄陂;严家让,安徽含山;李徵庸,四川邻水;卢士杰,河南内乡;徐埙,山东诸城;何刚德,福建闽县;茹庆铨,广西苍梧;继昌,正白汉军;余彬,四川华阳;陈炳奎,顺天宛平;王衍璞,山东黄县;宋立球,江西奉新;庄鼎元,福建闽县;李葆善,直隶永年;徐士佳,江苏江阴;吴保龄,江苏丹徒;胡徵元,顺天大兴;张贵良,安徽婺源;谢煌,广西宣化;麦锡良,广东肇庆;惠荣,正黄汉军;史诚,福建闽县;杨凤翔,云南昆明;吕凤岐,安徽旌德;邓衍熹,江西武宁;徐道焜,江西吉安;余适中,四川遂宁;田怡,河南祥符;杨佩璋,河南长葛;许泽新,贵州贵阳;徐铭勋,陕西咸宁;荣厚源,直隶宁津;董汝翼,湖南临武;陶家骊,江西南昌;潘文熊,江苏常熟;何光仪,湖北黄陂;刘桂文,四川双流;崔瀛,山西赵城;黄维清,广西怀集;乐观韶,云南澄江;于钟霖,奉天伯都;左梃生,安徽泾县;刘中度,山东章丘;张国常,甘肃皋兰;马锡霖,陕西武功;朱传熙,湖北江陵;锡元,厢红满洲;高仕坊,江苏东台;马毓鋆,江苏通州;卞翊渭,直隶天津;黄桂滋,陕西临潼;玉祥,正红蒙古;杨汝偕,贵州毕节;何文全,广东番禺;朱寿熊,浙江平湖;李沄,山东诸城;姚钟瑞,福建侯官;郭笃,陕西岐山;刘兆梅,湖南巴陵;袁宝彝,湖南绥宁;唐建寅,贵州贵阳;吴炳,江西安仁;王骧,福建侯官;包永昌,甘肃洮州;吴穆,福建侯官;王同,浙江仁和;覃廷桢,湖北蒲圻;朱锡蕃,安徽怀宁;赵世曾,直隶天津;黄中理,浙江萧山;许钟岳,广西兴安;夏衔,江苏娄县;李用曾,安徽怀宁;刘溎,江西都昌;沈维诚,顺天宛平;郝延庆,山东高唐;何传中,河南信阳;区湛森,广东南海;马铭柱,陕西醴泉;防壁,福建闽县;胡鉴斗,河南信阳;赵冠卿,直隶大名;梁瑞祥,广西贵县;余联沅,湖北孝感;黄登瀛,福建台湾;林乃栓,广西贵县;李崇洸,陕西鄠县;谢廷泽,贵州贵阳;王清绶,山西孟县;李士珍,直隶天津;罗瑞图,云南澄江;关广槐,广西苍梧;凌心坦,四川宜宾;张泳,河南渑池;冯锡仁,湖南沅陵;何国璋,广东香山;田广恩,河南滑县;晏安澜,山西商州;李中和,山西代州;保鉴,甘肃凉州;欧阳绣之,河南项〔城〕;董翊青,直隶沧州;于寿枬,江苏太仓;李天锡,贵州贵筑;姜应麐,甘肃兰州;陈泰阶,广东广州;潘遹,浙江山阴;陈象仁,广东顺德;秦林熙,甘肃兰州;国炳,厢白蒙古;王保建,江苏南汇;郑缤,浙江慈溪;李锡彬,直隶清苑;邓元善,云南赵州;王嘉禾,山东文登;朱益浚,江西吉安;林步青,湖北武昌;甘寿,江西奉新。

日前所刊本届会试题名录,原以远近诸君盼望甚切,故照泥版约略印出,今已寄到官板,知其中姓名、籍贯讹误颇多,若逐一更正,恐阅者转难省目,因特更为刷印,想诸君亦所心许也。

本报附识

载1877年6月1日《申报》,第2版,10卷497页

48.丁丑科金榜题名录

第一甲赐进士及第。

状元:王仁堪,福建闽县。榜眼:余联沅,湖北孝感。探花:朱赓飏,江苏华亭。

第二甲赐进士出身。

孙宗锡,湖南善化;孙宗谷,湖南善化;程夔,安徽歙县;唐景崶,广西灌阳;洪思亮,安徽怀宁;张鼎华,广东番禺;杨佩璋,河南长葛;杨晨,浙江黄岩;周克宽,湖南武陵;盛昱,厢白旗;吴郁生,江苏元和;张嘉禄,浙江鄞县;李徵庸,四川邻水;潘遹,浙江山阴;支恒荣,江苏丹徒;于钟霖,奉天伯都纳;李锡彬,直隶清苑;刘人熙,湖南浏阳;李兆勋,山东历城;王集,陕西浦城;戴兆春,浙江钱塘;吕凤岐,安徽旌德;江梅畇,江西弋阳;曾燿南,广东茂(明)〔名〕;徐道焜,江西吉水;谢希铨,江西崇仁;吴祖椿,四川华阳;杨文莹,浙江钱塘;张桢,浙江乌程;濮子潼,浙江钱塘;朱寿熊,浙江平湖;周銮诒,湖南永明;高昭瑞,河南祥符;许泽新,贵州贵阳;钟大焜,福建侯官;邵心豫,安徽宿州;王同,浙江仁和;凌瑞,广东番禺;周龄,江苏震泽;锡珍,镶白蒙古;何福堃,山西灵石;林壬,福建诏安;杨调元,贵州贵筑;樊增祥,湖北恩施;陈维岳,广东番禺;胡孚震,湖北江夏;吴大衡,

江苏吴县;李维诚,顺天大兴;谭肇松,湖北湘潭;凌心坦,四川宜宾;张泳,河南渑池;国炳,镶白蒙古;荣垕源,直隶宁津;胡宗澄,江西乐安;谢若潮,福建龙岩;邵濂,厢黄满洲;王佑修,安徽英山;余家相,广东新宁;朱益浚,江西莲花;吴传绂,安徽怀宁;胡湘林,江西新建;刘永亨,甘肃秦州;杨炳勋,贵州越州;孔祥霖,山东曲阜;马毓鋆,江苏通州;梁枚,浙江归安;霍为楙,陕西朝邑;袁宝彝,湖南绥宁;黄中理,浙江萧山;贾璜,山西夏县;钱锡庚,江苏震泽;甘焘,江西奉新;马彦森,浙江临海;严家让,安徽(合)〔含〕山;宗室恩桂,正白旗;刘兆梅,湖南巴陵;张仲忻,湖北江夏;潘彬,江西铅山;长萃,厢蓝满洲;赵世曾,直隶天津;杨国璋,广东大埔;治麟,正黄满洲;何荣阶,广东番禺;李擢英,河南商水;杨先俊,湖南长沙;章梦榕,广西阳朔;余适中,四川(绥)〔遂〕宁;陈炳煊,四川合州;管辰焌,江苏常熟;武吉祥,正白汉军;沈国器,福建安溪;林翰清,广西贵县;黄裳华,福建台湾;余德秀,安徽霍山;冯钟岱,江苏武进;李象辰,河南祥符;熊祖诒,江苏青浦;陈炳奎,顺天宛平;左挺生,安徽泾县;王联璧,山东高密;吴穆,福建侯官;讷钦,正白满洲;刘锡琦,山东历城;郭庆棠,江西新建;崔舜球,广东南海;张国常,甘肃皋兰;潘文熊,江苏常熟;继昌,正白汉军;段理,陕西华县;张东瀛,山东临清;朱显廷,奉天锦县;王骧,福建侯官;高仕坊,江苏东台;陈明谦,广东三水;王嘉禾,山东文登;王引昌,江苏甘泉;徐铭勋,陕西咸宁;陈灿,贵州贵筑;胡鸿典,陕西汉阴;邬质义,广东番禺;卢俊章,河南内乡;徐埛,山东诸城;杨康平,湖北黄陂;李庆云,广西陆川;董云标,顺天宁河;何刚德,福建闽县;于沧澜,山东平度;易炳奎,湖南浏阳;孔传勋,直隶天津;董汝翼,云南嶍峨;吴铭恭,福建闽县;吴超,浙江仁和。

第三甲赐同进士出身。

陈馨,贵州贵筑;刘秉哲,直隶邢台;刘乃赓,山东昌邑;夏震川,浙江富阳;吴日升,广东南海;陈宗和,福建长乐;翁斌孙,江苏常熟;李兴国,山西榆次;成明郁,湖南新化;黄桂滋,陕西临潼;惠荣,正白汉军;游镗,江苏泰州;周凤藻,江苏江都;张贵良,安徽婺源;锡元,厢红满洲;李沄,山东诸城;杨孝宽,湖南安福;于观霖,奉天伯都;余彬,四川华阳;贺寿龄,陕西渭南;傅桐豫,浙江乌程;涂翔凤,江西丰城;何国璋,广东香山;王惠吉,直隶定兴;郑演元,山西孟县;李崇洗,陕西长安;傅誉荪,湖北崇阳;饶世缨,江西广昌;孙赞清,江苏通州;江济民,安徽潜山;郑文恩,江西石城;卞翊清,直隶天津;黄登瀛,福建嘉义;晏安润,陕西镇安;王朝模,山西孟县;何承绪,江苏仪征;朱宝晋,山东安丘;杨汝偕,贵州毕节;罗大晃,四川宜宾;廖正华,四川江安;李春芳,四川泸州;杨凤翔,云南昆明;罗瑞图,云南河阳;查之屏,安徽泾县;蒋式芬,直隶蠡县;匡心湛,江西庐陵;王恩洊,直隶天津;陈国士,广东南海;蒋其章,浙江钱塘;柏寿,厢黄满洲;项晋荣,浙江钱塘;包永昌,甘肃洮州;董沛,浙江鄞县;任焕奎,贵州镇宁;麦锡良,广东高明;胡薇元,顺天大兴;齐泽,山西阳曲;郭笃,陕西岐山;朱锡蕃,安徽休宁;陈昌言,四川万县;李嘉瑞,云南恩安;马翔,山东德州;何式璜,福建侯官;庄鼎元,福建闽县;何光仪,湖北黄陂;张成勋,陕西汉阴;何传中,河南信阳;黄传耀,浙江仁和;苏毓铨,直隶清苑;钟英,正黄满洲;何子鋆,广东香山;熊起磻,河南光山;沈维诚,顺天宛平;何焕章,湖北应山;蓝耀枢,福建闽县;区湛森,广东南海;陈福谦,江西丰城;覃廷桢,湖北蒲圻;胡鉴斗,河南舞阳;秦霖熙,甘肃皋兰;王颖芳,山东临清;陈世求,江西义宁;陈泰阶,广东香山;关广槐,广西苍梧；金绍庭，山东历城；长秀，厢白满洲；王寿枂，江苏镇洋；梁瑞祥，广西贵县；刘中度，山东章丘；孙朝华，直隶南宫；赵冠卿，直隶清丰；叶应祥，福建南安；成沐荫，江苏泰兴；石寅亮，山西孟县；杨泳春，广西临桂；孙廷献，厢黄汉军；柳文洙，山东历城；赵源浚，江苏阳湖；韩大镛，山西徐沟；孙宝琮，直隶朝阳；田怡，河南祥符；武人选，山西太谷；邓衍熹，江西武宁；陈璧，福建闽县；程钟，江西南城；何式箴，正黄汉军；张楚林，陕西榆林；乐观韶，云南江川；高积健，河南项城；高第甲，直隶盐山；蔡汝麟，直隶清苑；马侃，甘肃武威；谢配鹏，江西兴国；程仪洛，浙江山阴；李尚卿，直隶承德；王衍璞，山东黄县；许钟岳，广西兴安；欧阳绣之，河南项城；张显家，河南荥阳；陈兆庆，云南通海；周宗洛，浙江归安；曹庆恩，江苏昭文；吴成周，浙江缙云；戴家松，陕西石泉；郑子侨，陕西山阳；□锡龄，陕西武功；张桂芬，山东乐陵；黄继清，广西怀集；刘杭，甘肃清水；胡成均，江西进贤；于文泉，山东蓬莱；梁枚，浙江归安；宋廷樑，山东栖霞；何文全，广东番禺；朱传熙，湖北江陵；陈润灿，山东宁阳；崔瀛，山西赵城；谢章铤，福建长乐；保鉴，甘肃平蕃；姚钟瑞，福建侯官；陈锡昱，湖南武陵；吴炳，江西安仁；桂梁材，云南昆明；松埔，镶白蒙古；严泽，四川巴县；张应午，陕西岐山；王文员，四川眉县；林乃柽，广西贵县；李用曾，安徽怀宁；张煦春，江西彭泽；徐士佳，江苏江阴；刘步元，安徽潜山；曹学彬，河南南阳；陈浚畤，直隶清苑；李世寅，直隶深州；张文楷，河南扶沟；李中和，山西代州；张贞，江西都昌；宋立球，江西奉新；曹燮，湖南桂阳；张继良，湖北黄陂；贺靖南，湖北蒲圻；曲福绥，奉天盖平；袁葆辰，河南安阳；马铭柱，陕西醴泉；林步青，湖北武昌；李天锡，贵州贵筑；凌邦靖，云南永善；俞焘，贵州余庆；陈锡恩，福建永春；刘东美，直隶滦州；龚锡枢，云南昆明；荣桂，正白汉军；陈绍棠，福建长乐；卜燕宾，直隶朝阳；傅廷元，四川璧山；王报建，江苏南汇；韩镇周，河南柘城；许鸣盛，安徽怀远；陶家驹，江西南昌；唐毓衡，四川中江；王祥，正黄蒙古；刘宇清，直隶栾城；姜应齐，甘肃狄道；李葆善，直隶永年；茹庆铨，广西苍梧；管高福，江苏昭文；郑缤，浙江慈溪；邓元善，云南赵州；谢煌，广西宣化；唐建寅，贵州贵阳；王凤沼，直隶青县；张来麟，山西榆次；朱鸣瓒，安徽休宁。

胪唱信息数日前已纷传，而皆无确据。本馆昨接阅题名录，爰照登如右，惟其中亦有误刊处，如浙之梁枚，既见于二甲，而又见于三甲，究未知何者为是耳？

本馆附识

载1877年6月13日《申报》，第1—2版，10卷537页

49.皖学使龚奏为岁试三府一州完竣折子

安徽学政臣龚自闳跪奏，为恭报岁试太平、庐州、六安、颍州三府一州完竣，仰祈圣鉴事：窃臣春间考试宁国、广德、徽州、池州、安庆四府一州情形，前经具折奏报在案。臣于五月初二日由安庐回至学署，即考太平府，旬日而毕。盛暑暂停考试，于七月初二日出棚，按试庐州府，次试六安州，次试颍州府，均旬日而毕，各属文武生童进取如额，查考试弊端百出，而以枪冒顶替为尤甚。臣按临各属，均先期严饬提调官，如有招摇枪冒匪徒，务须严密访拿，以清弊窦。试太平府时，拿获枪手周鼎臣一名，试庐州府时，拿获枪手林德和一名，试颍州府时，拿获枪手刘长卿一名，均发交各该提调官照例惩办。复试

繁昌县新进文童内,有文理不符一卷,当即扣除补取,以符定额。其余各棚均尚安静。文风以庐州、六安为盛,颍州、太平次之。至各属武童,如颍州合属及庐州属之巢县,六安属之英山,弓马技勇,均极可观。臣于各属发落日,均面谕各生童安分向上,勉图上进,以副朝廷作育人才之至意。臣由颍州府拜发此折后,即按寿州,递及凤阳、泗、滁、和等属。所有微臣考试三府一州情形,理合恭折具奏,伏乞皇太后、皇上圣鉴。再,皖省夏初微有旱象,至五月后,旸雨应时,经过地方,秋收均称中稔,民情安帖,合并陈明。谨奏。

军机大臣奉旨:知道了,钦此。

光绪三年十月二十五日《京报全录》,丁丑十一月十一日《申报》
载 1877 年 12 月 15 日《申报》,第 5 版,11 卷 579 页

50. 滁州考试情形

滁属领县二,曰全椒,曰来安,承平时人文称最盛。自兵燹后斯文歇绝,居民谋衣食之不暇,读书者甚觉寥寥,宿学先生遭乱,次第物故。连年年岁较丰,弦歌之声稍稍复旧,历经各宗师涵育熏陶,诸生各自兴起。今岁十月二十日,龚叔雨宗师按临滁郡,排日考试,至二十八日考毕。发落时宗师说及皖省经古,皖南不如皖北,皖北以滁属为最,一等卷亦较各棚为尤胜。按,滁郡乱后,科第甚为寥落,从此科名鹊起,甲第蝉联,此邦人士文运其有转机乎?宗师场规极严,搜检尤为严密,即经古场亦不准带片纸只字,搜出标明怀挟,虽有佳作,概不高列,而与诸生接谈则有蔼然可亲,场中陋规革去净尽,都人士称之不去口云。

载 1878 年 1 月 5 日《申报》,第 2 版,12 卷 17 页

51. 皖抚裕奏为垦荒客民寄籍有年拟请援案与考折

安徽巡抚裕禄跪奏,为建平县垦荒客民寄籍有年,拟请援案与考,以顺舆情,恭折仰祈圣鉴事:窃据建平县知县汤定烜详称,该县境内自兵燹后,户口凋零,田多荒芜。同治四五年间,有河南、湖北等省客民陆续挈家就垦,迄已十余年,置有田产、坟墓、烟户、粮册俱已列名,并与士民通好联姻,渐臻和睦。其子弟中从事诗书、有志上进者颇不乏人,只以无籍可归,或离原籍遥远,难于归考。据土著绅士杨增标等与客民张柏魁等禀,恳将建平县垦荒客民援照广德成案,一体准其入籍考试,以免向隅等情。经臣批司查议去后,兹据署布政使王思沂议详前来。臣查皖南垦荒客民以广、建二州县为最多,而招来垦荒者以广德为最早,建平为广德属邑,地方情形大致相同。广德客民自臣于光绪元年八月奏准入籍与考后,建平客民闻风兴起,其子弟中现事书诗情殷考试者颇不乏人。现因原籍遥远,归考非易,请予入籍与考之处,核与前办广德成案尚属相符,合无仰恳圣恩,准将建平县垦荒客民援照广德州之成案,亦以同治十三年分烟户、粮册为断,由该地方官查其现在就耕者若干户,有志应考者若干丁,果无原籍可归而又身家清白,别无违碍,准取结造册立案,入于建平应试,免其计扣年限,并移原籍不准复回并考。其有籍可

归暨在光绪元年以后续来就耕完粮者,仍应遵照定例,按照税契纳粮之日,扣足二十年以上,方准入籍考试。将来生齿日(烦)〔繁〕,不得因此情加学额,应考之童毋庸划分土籍,一律凭文取进,以昭平允。谨会同两江总督臣沈葆桢、安徽学政臣龚自闳,合词恭折具陈,伏乞皇太后、皇上圣鉴,敕部议复施行。谨奏。

军机大臣奉旨:礼部议奏,钦此。

光绪四年正月初八日《京报全录》,戊寅正月廿九日《申报》

载1878年3月2日《申报》,第5版,12卷187页

52. 江南考试杂闻

前闻上江孙学宪于七月二十四日起马回辕,嗣因续请补遗者较多,势将循例大收,故甫于前月杪考毕言旋也。又闻上江贡监正场临点名时,各生皆将监照呈验,内有某属俊秀年貌不符,学宪因问照上填写三代是何字样,该监无一能对,显系顶冒。当交提调管押。嗣更逐名细验,孰知假冒者竟有十余人,缘今岁上江录遗取数颇宽,俊秀因皆觅人枪替也。现在均交提调讯办,如何发落,尚未探有消息。下江贡监正场临点名时,夏学宪亦将照逐一细阅,惟闻俊秀中未经补缴四成者概不收考,计共有一百余人云。余者取数颇宽,约略得十取其九,其有未取者亦另开一清单,分作备取、次备取注明,俟各士子投卷毕,核有余号若干,次第补入。至单上无名者,则是文理纰缪,万难收录,饬令速回乡里,不必别生希冀,盖学宪恐外间招摇撞骗,徒费营求,故特牌示之也。又闻苏松常镇绅士联名禀请学宪,仿效浙捐之式,每士子各捐一元,多则三元,俟有成数,拨归晋赈。现已奉批准行,责成各属送考教官劝办云。又,向例士子投卷时,由藩宪给月饼钱二百文,前曾有人禀请归入晋赈,但人心不一,未便一律强从,兹悉收卷公所设以木柜,愿捐者即请将钱投入,似此办理诚为平允也。

载1879年9月20日《申报》,第2版,15卷325页

53. 士习可风

各省于乡试之年,士子云集省城,每有滋事之举。金陵应试人数较他省为多,而市肆不惊,一切交易亦皆照常办事,偶有争论,不过数语而止。惟钓鱼巷中妓馆鳞次栉比,前月二十八日夜,有酒后小恶作剧者,幸为同辈劝散,旋止。初一夜,有出局之某妓,于途中为不识姓名者拔其鬟边茉莉花而去,后亦无他。总之,一省垣中骤增七八万人,而所闻奇事如是而止,士习之端不足为天下风哉?

载1879年9月23日《申报》,第2版,15卷337页

54. 监临抵宁

江南乡试监临,向为江苏、安徽两抚宪轮任其事,本科轮应江苏抚宪。前月二十九夜,吴子健中丞节莅江宁,即入淮清桥察院,自文闱提调、江藩司孙琴西方伯以下皆往谒

见。初一日黎明,沈幼丹制军亦往拜会。中丞勾当公事,颇甚劳苦。初二日出使院,答拜制军及藩宪以下各官,并牌示江安苏三藩司聘调之各帘官,于初三日黎明听候肩门考试云。

载 1879 年 9 月 23 日《申报》,第 2 版,15 卷 337 页

55. 江南乡试首场题目

头题:樊迟请学稼。子曰:"吾不如老农。"请学为圃,曰:"吾不及老圃。"樊迟出。子曰:"小人哉,樊须也。上好礼,则民莫敢不敬;上好义,则民莫敢不服;上好信,则民莫敢不用情。夫如是,则四方之民襁负其子而至矣,焉用稼?"

二题:诚者自成也,而道自道也。诚者物之始终,不诚无物。

三题:犹益之于夏,伊尹之于殷也。孔子曰:唐虞禅,夏后殷周继。

诗题:江南江北青山多,得"游"字,五言八韵。

载 1879 年 9 月 29 日《申报》,第 1 版,15 卷 361 页

56. 江南己卯科乡试调帘名单

内帘官:建平县汤鼎烜,合肥曾道唯,繁昌周良玉,嘉定县程,丹徒县冯正任,常熟县徐景福,婺源杨春富,泰兴张兴诗,如皋刘廷镜、梁僖年,同知傅炳坤,知县楚登鳌、王齐海、吴受颐、张绍渠、陈谟、毕奉先、乔骏。

收卷官:盐城刘、高淳唐,知县马光勋、苏超才、邢毓馨、蒋山、谭铨、张泌清。

弥封官:潜山县蒋其莺,阜阳尹赵莺,溧水傅,即用县朱昌霖。

誊录官:霍山县李应泰、卢凤,同知马文梦,东台赵,知县陶清安。

对读官:荆溪县潘,即用县廖燻、柏寿、孙念曾。

外收掌:青阳县林调阳,知县何德臻。

载 1879 年 10 月 2 日《申报》,第 2 版,15 卷 373 页

57. 棘闱琐记

今科江南乡试,闱中士子均称安善,惟初七夜风雨交作,气候极冷。初八早一点钟时,声炮开门,分三路听点。东路第一起为松江府属,扬州次之,于是越次争先,颇觉拥挤。其时,有太仓州学生员张大奎、常熟县学廪贡生居清优轧失卷袋,卷子亦不知落在何处,在闱中遍处贴招访寻,然当百忙中料亦无人俯拾。此微特本人之不幸,即收卷官亦多一番周折,盖出场时须按卷而发照出签,苟无卷则签必不发,签不发则人亦不得出场,必待禀明监临,监试官未免又多辞费矣。至于挤失考具、落帽遗履者,更不胜枚举。所幸办理场闱事宜一切均臻妥洽,缘孙琴西方伯久历是事,即如自来水一项,浙抚梅小岩中丞前任江宁藩司时,采用西法,于天开文运门旁置一极大水柜,吸起江水以实柜中,另设洋铁管数千条,由地底运入闱,俾供诸生饮汲。此已法良意美,但洋铁遇水易于霉

烂,且闻有毒气。今届孙方伯饬易锡管,较前更为美善。又,号板历届总觉不敷,缘一考客而竟有坐两三块板者,其点名在后之人,往往有号无板,甚以为苦。今年于每号备齐外,另备数千块堆积于至公堂前,设有本号号板为他人篡取,尽可自由向公堂携取,免至喊破喉咙,叫木匠临时斧削,斯真能预为计及也。虽方伯于初五日奉到上谕,调取入京,补授太仆寺卿,即由沈制军委桂观察接办场务,然已如萧何作法,曹参仅饮醇酒可也。

载 1879 年 10 月 2 日《申报》,第 2 版,15 卷 373 页

58. 茶具畅销

江南乡试场中,自浙抚梅小岩中丞开藩江宁时,悯士子之解渴无从也,特拨公款,并捐廉置办点锡茶炉,每号一具,以号军两名司其事,一炉足敷数百人之饮,煎茶声里,群颂恩膏,盖遍天下无此盛举也。今科于本月初六七等日应试,士子忽喧传此次茶炉尽废,仅有生水以供诸生。识者以为此必无之事,然未携茶具之人咸怅然如有所失,纷往肆中购取,价顿翔贵,比入场后,则茶烟四起,聒耳瓶笙与上届毫无差别,方知谣传藉藉,必有市侩为牟利起见,故为此说以讹人也。

载 1879 年 10 月 2 日《申报》,第 2 版,15 卷 373 页

59. 己卯科江南乡试二场题目

《易》:六爻发挥,旁通情也。
《书》:禋于六宗。
《诗》:瑟彼玉瓒,黄流在中。
《春秋》:吴子使札来聘。襄公二十有九年。
《礼》:奉席如桥衡。

载 1879 年 10 月 3 日《申报》,第 2 版,15 卷 377 页

60. 江南二场气候

十一日早二点钟,江南乡试第一场开点,其时略有小雨,至第五起大雨倾盆,士子之衣襟尽湿,其苦状不堪言喻。继而渐霁,天气在不寒不热之间,继则月色空明,颇有中秋气象。三更时,题纸既下,诸生皆起而构思,月犹未落也。十二日,天大晴,极热,寒暑针升至八十余度。晚间稍凉,蝇蚋之声不绝于耳。十三日黎明,即放头牌,至放第三牌时,热不可耐。午后,与盛夏无别,郎当矮屋中,其消受实难堪矣。

载 1879 年 10 月 3 日《申报》,第 2 版,15 卷 377 页

61. 场中遇祟汇录

江南乡试头场中于初十日开号门时,东文场中有一人忽发癫狂,挥拳于号中,若欲演

少林派者,后为号官饬人扶之出。初九夜,东龙凤号中有上江某生题诗一绝于壁,传者得其第二句云"生前已结死时缘"。当题诗时,同号中尚未知也,继而群闻掌颊声甚厉,试往观之,但见人如□□,以手蘸凉水,痛责己颊。惊问何事,则笑曰:"欲中解元也。"止之,不听,因禀号官,另置一所。二场之十二夜,又有松江府学生某生以刀自刲其舌,人遂毙,由棘闱拖出,其细情未悉。又,头场时,有某县生以应点较迟不得入,俟后补点。回寓后无所事事,至钓鱼巷某妓家小坐,□□□□而归。在途中又往香粉店中购粉一匣,携以入场,接卷归号后,竟傅粉簪花,作诸妖态,群惊以为痴,时尚未封门,逐之使归。

载1879年10月3日《申报》,第2版,15卷377页

62. 己卯科江南乡试第三场策题

第一道:经学。第二道:史学。第三道:韵学。第四道:地理。第五道:人材。

载1879年10月6日《申报》,第2版,15卷389页

63. 补报誊录

文闱有誊录,滥觞于唐代之易书,江南每当大比之年,预由各县考送江宁、上元两县录取入闱,严加搜检,不准携带墨丸入内,法至严也。金陵于本月十六日,忽见文闱前芦棚口悬有江宁、上元两县会衔告条,谓:闱中誊录不敷,现拟补招二百名,如有愿充者,即行入内报名,无须重至县署云云。并于街坊间遍黏示谕,大略相同。恐此事一开,难保无不肖考生(朦)〔蒙〕混报名希图改窜者,在事诸官必有能防之于未然者矣。

载1879年10月9日《申报》,第1版,15卷401页

64. 犯贴人众

部定《文闱犯贴条例》本甚苛刻,惟各行省收卷官禀承宪意,遇有可以成全者,无不曲为收取,亦仁至义尽之一道也。乃本科江南乡试,统计三场被贴人数约有七八百名之多。视金陵状元境中所贴蓝榜,开明被贴缘由:有添注涂改错误者,有书写题目违式者,有墨污者,有火损者,有不完卷者以及无可挽回诸卷。在被贴之人,惟有自咎心粗命薄而不敢怨也。然其中又有因文过八百字者,又有因文过九百字者,又有因"问"字误书"门"字者,以及微疵诸卷,亦一概贴出,是岂不可已乎!其尤可骇者,则开明首题漏写一句,次题多一句,三题多前一句或多后一句。传闻该生等皆系照题目纸书写,其误多误少之故,皆为监印题目纸官所误。噫!科场重事,而乃轻心掉之如此乎!又有头场题目纸,刊印首题无错,而第三行忽高出二字,尤属骇人闻听。而第三场第一问,"圣朝"二字本应双抬,而题目纸误作单抬,因之而被贴者又指不胜屈,遂致啧有烦言,是固谁之咎哉?惟二场书经题"禋于六宗","于"字误作"於"字者有八九百本之多,闻收卷官碍难办理,遂禀明监临,一律代其涂改,事固不免于私,然免贴者已感荷弗谖矣。

载1879年10月9日《申报》,第1—2版,15卷401页

65. 南闱琐闻详记

颍州府附生某,头场坐"师"字三十号,于卷上题一诗曰:"摸索谁思暗里权,牙签掣出尚茫然,场开选佛初分席,人喜登舟各上船。过眼亦经香火契,投胎早定死生缘,诸公漫说寻常事,第一关头便有天。"遂被贴出。

二场闻有一生以刀自割其舌,片片堕落,而气未绝。号官扶之出,犹含糊狂叫,大约令人以为殷鉴之意。俄而,就毙,遵例由状元境旁闱墙中抛出。

又有一生入闱后即神智不宁,继而以钉自刺其喉,血涌如注,遂毙。

二场放牌,例于八月十三日。是日,秋暑甚酷,有交卷较晚者,局促矮屋中,其苦不堪言喻。

三场点名,自十四日子刻起,士子立于风露中,殊无凉意,仰视天际,星繁如散珠,群忧号舍之愈热也。俄而天明,登明远楼,遥见钟山顶上云气瀹然,初日照之,殊有蓬蓬勃勃之势。日渐高,气渐热,历巳午未申四时,郎当矮屋间寒暑针升至一百度,群谓江南盛夏亦无此酷暑也。

傍晚,热甚,黑云忽起,日色不见,而热气仍复郁蒸,继而电光闪起,雷声隆然,雨随下,然不甚大,二更许即止,借以洗涤炎燠,夜眠始能安枕矣。至五更时,而题纸下。

十四日既遭酷热,士子各中秋暑。向晚而雨,贪凉者又中薄寒,暑寒交攻而病作,有苏州高生猝焉病毙。头牌将放时,群见生尸僵卧于明远楼下,其师喟然长叹,旁观亦代为酸鼻也。

高生之外,又有数人受病,或不能完卷,或仅存一息,皆垂头丧气而出,深可怜也。

载 1879 年 10 月 10 日《申报》,第 2 版,15 卷 405 页

66. 刑加士子

乡试大典,在士子固不容自贬,待士者亦不可过袭。自庚午科江南士子任意包揽私盐,嗣奉丁雨生中丞奏明禁止,各士子遂亦畏法,不敢再蹈前辙。然各卡稽查仍然如故,甚或委员故意留难,亦在所不免。前闻扬境北塔河一考船乘风而下,遇卡未及落帆,该卡委员将船扣留,并将在船士子棍责,无一得免,军棍断者凡三易。及船至扬州,各士子赴县,将伤验明,由县申详制宪,该卡委员亦详称在船者皆科头跣足,疑为士子之童仆,故责之,非敢轻士类也。但彼时天气极热,谁在船而束以冠带者?昨闻已奉制宪批示,其大略云:船过落帆,此船户专责,但责船户可耳,并与士子之童仆无涉,何况士子云云。现闻该委员已撤委,即候参办。此诚明烛千里,士气为之一伸,不然冤难白矣。

载 1879 年 10 月 10 日《申报》,第 2 版,15 卷 405 页

67. 论士习

乡试之年,各省会城中店铺皆以生意兴旺为望,而柜上接应店伙则益怀畏惧之心,

无不小心谨慎、和声下气,刻刻以考客恃众逞蛮为虑。故百行中,惟闱时短帮之伙友两月之辛俸,须如半年之数,而后肯为东人尽心。乃事此亦可见生意之难,只因希图销售较旺,可沾微利,而后甘居下风,为伙友挟制也。士子入市,先存一店户欺生之念,处处防闲,故易于生疑,不特边郡僻县远隔千里而来,即一程可到,亦因风俗不同,语言不通,往往龃龉不入。弱者忿于心而发于言,强者愤于面而发于气,铺中苟不排解,略与争执,即便滋事。是以每科近闱时节,必有此等案牍,令地方官为难,盖所恃者人众而已,即使成讼,官必袒护,设被斥责,犹得以罢考相制。此种居心亦不独乡试士子,即外府岁科,学道按临之日,一府所辖均属同乡,外县晋郡,本非远道,亦将乘此横行,公然选事矣。又不独郡中也,大县拓境数百里周围,散处居乡之士多于城中,因考入城,犹如身居异乡,时防欺辱,因而肇端闯祸者有之,已进犹可,童生最甚;文场犹可,武试尤难。然推原其故,则店户、考客皆有不是之处,善调息者,不得专咎店户,亦不能偏责考生,盖其故之由来渐矣。但店户本生意人,鄙吝贪诈是其初心,为考客而平等交易已是万分,稍为加昂亦属常事。至于读书明理之人,因购一物,值钱十文者,我出十二文,人可少者,我反加多,论贸易公平之道,原不妨与之理说。而所损有限,亦可将就过去,胡为与若人争胜耶?尝闻少年喜事之流,一遇考试,不以文章之佳否为念,而其心蠢然思动,所叙语者,皆投间抵隙之事,以为我考客也,市人孰敢撄哉!以故进县小试,有童天王之称,一经启衅,则同砚之友,隔乡之亲,攘臂相助,俨然敌忾同仇之壮。此等风气,固由耳濡目染而成,亦父兄失教、师友长恶之故。童时如此,则一衿既得,志气愈骄,凡岁科试之选祸,乡试之恃众滋事,皆公然妄作而不知耻。甚至挟带货物,包揽讼事,借乡试为名而阴以自便其私图,士习之坏,谁复能禁止之哉?昨报有乘风顺流过卡,不暇落帆,为巡员责辱者。此船中士子既无私带货物、违禁偷捐,则委员扣验之后,亦知空船矣,何必责及舟子?且何必责及士子之仆,而乃滥施刑棍,俾士子蒙此大辱乎?夫卡员以为士子之仆也。然科头赤脚,天气使然,船中徒倚无复礼貌,岂士子而必衣冠也?该卡员粗莽已甚。现经督宪撤参,从严查究,固关爱士之诚。然该卡员之敢于如此者,亦习见夫历来士习之坏,深恶而甚仇之,故发泄之欤。且此事情节必有传闻未实之处,若竟如此,则卡员果可恶矣。各士子无端受辱而至金陵,何不闻指名控告,而仅有是传闻乎?抑诸公实有所携,虑见底里,故隐忍不发乎?故衡之本届乡试士子之安静宁谧,则卡员殊属多事。而追念前数届之带货闯关,不服盘查,则此次理应严加防范。以为仆从而军棍待之,亦未为过也。各士子亦曾反己自思,故无敢控告耳,虽然其辱已太甚矣。总之,士习之坏,由于考试,微特为无礼滋事闯祸也,即雇替寻枪,办传递,通关节,无非违犯功令之举,而今且安然无忌,年纪愈壮,文名愈盛,而经手代办此种事件,又觉愈巧愈精,盖诚非老成练达之人,不得其便。若后生新进之徒,则胆气欠粗,徒见恂恂儒雅,安坐案头而已。故曰由来渐矣。近年各省大吏岂不以士习不纯,思得整顿,然人心不齐,风沿已久,但使无甚关系,亦姑听之已耳。不然,场内之作弊不难捉获,而场外之滋事岂无可查,何以旋禁而旋弛也耶?

载1879年10月12日《申报》,第1版,15卷413页

68. 续募誊录余闻

南闱监临吴中丞因公急欲返署,奈试卷甚多,誊录者猝难蒇事,屈指非八月底不可。故于八月十六日由供给所及两县招添誊录二百名,已登前报。兹闻数日后又添募二百名入闱帮写,故传言上江试卷已于二十三日告竣,下江约二十五六日亦可一律毕事云。

载 1879 年 10 月 17 日《申报》,第 2 版,15 卷 433 页

69. 闱中减炉

金陵贡院内自梅方伯创设水管及茶水炉两事,士子深倚赖之。今年闱前即传闻委办闱差委员拟将茶水炉裁撤。既而不果,本报亦曾述及。兹得金陵友人书,言东西两文场外,照旧一号一炉;至平江府暨姚家巷等处,则减成两号一炉或三号两炉。承办委员虽能体樽节动用之意,然士子已多不便,或脸水不热,或煎茶未沸,以致有腹胀作泄等疾病云。

载 1879 年 10 月 17 日《申报》,第 2 版,15 卷 433 页

70. 遇祟纪闻

本科江南乡试二场中,闻有镇江府某属士子甫进号舍,见其亡嫂某氏坐于号板内,该士子立时面色沮丧,尽弃其考具,窜出龙门回寓。近闻人若疯癫,尚在扬州医治也。又闻广东闱内一士猝发疯病,日向号弄奔跑,狂叫"孔夫子"三字,声不绝口。嗣为号官扶出,位置他所,后亦无人知其究竟。其二事皆由友人传说,或曰鬼,或曰病,姑弗深究。总之,吾人自少而壮而老,不可作一亏心事,无论鬼祟,固有亏心而至。即临时病疯,亦由积疑生惧,始得狂疾。苟心地光明,鬼固不能干,病亦无由发,亦安往而不自得哉?

载 1879 年 10 月 18 日《申报》,第 3 版,15 卷 438 页

71. 号军苦况

文闱号军不知其所由起,今则仅供士子之使令而已。历科士子出场酌给钱文以酬其劳,多寡无定,寒士分文未带,亦只听之。近数届闱中号军争多较少,若仅给钱数十文,无不冷言讥刺,毒口伤人,士子略不经心,衣物即被窃去。有恶而诘之者曰:号军一役,乱前系招东西关乞丐充当,每名由供给所给钱一千文,故考客有无赏钱不敢较量。今则去乞丐而招我辈,除应给一千文不发外,仍需我等买腰牌费洋一元至一元三四角不等。此外又有头二门及龙门三处巡丁索费,亦非千文不可。故充当号军者,除应得之款不计外,尚须用钱二千余文,加以三场辛苦,则争多较少者不亦宜乎?闻者为之三叹。

载 1879 年 10 月 18 日《申报》,第 3 版,15 卷 438 页

72. 江南榜信

昨得金陵来信，知江南文闱准于十四日放榜，大约本埠于今明日当可见全录也。

载 1879 年 10 月 30 日《申报》，第 2 版，15 卷 481 页

73. 己卯正科江南省乡试题目全录

第一名〔至第十名〕：翟洪铨，东台廪生；王同德，太平附生；缪巩，溧阳附生；陈志坚，新阳廪生；沈铭石，荆溪廪生；杨德鏒，上海廪生；凌养源，扬州廪生；陆英，泰州拔贡；谢国桢，青阳拔贡；舒安仁，徽州增生。

第十一名〔至第二十名〕：张拱辰，桐城监生；王锡荣，丹徒附生；汝惟寅，震泽廪生；朱家驹，奉贤廪生；裴景福，霍邱拔贡；李元桢，吴县廪生；龚心鉴，合肥副贡；龚其贤，崇明廪生；吴同甲，高邮廪生；朱海，仪征附生。

第二十一名〔至第三十名〕：马昌颐，吴县副贡；曹增辉，江都附监；顾僎基，通州廪生；叶士荃，常熟附生；张城甲，扬府廪生；龙锡恩，赣榆附生；金鹤年，常熟附生；顾曾灿，通州廪生；鲍源滋，和州官生；高殿卿，淮安附生。

第三十一名〔至第四十名〕：孔昭乾，苏府廪生；管祥麟，长洲附生；徐谦，苏府廪生；邱正襄，甘泉附生；兴照，正黄附生；胡鉴莹，英山附生；刘树敏，吴县贡生；朱兆鸿，元和增生；李慎仪，丹徒附生；叶资深，太湖附生。

第四十一名〔至第五十名〕：刘岳云，宝应廪生；詹嗣勋，仪征官生；杨文彦，上元附生；程世洛，绩溪廪生；潘官懋，泾县优贡；邹福保，苏府廪生；王锡炳，盱眙增生；□志颖，吴县附生；房泽源，桐城廪生；朱占科，山阳廪生。

第五十一名〔至第六十名〕：丁义铭，泰兴附生；戴炳炎，婺源岁贡；林曾望，上海廪生；阮颐隆，淮安廪生；顾棣，金匮副贡；张桂林，含山廪生；盛钟岐，震泽优廪；蒋亦试，清河附生；洪乃琳，吴江副贡；江昌燕，徽州廪生。

第六十一名〔至第七十名〕：黄宗城，昭文廪生；孔昭寀，宝应附生；后有定，泾县附生；赵复泰，太湖监生；胡懋龄，泾县监生；杨励清，武进附生；吕增祥，滁州廪生；郑鸿瑞，阳湖附生；成士铸，海州廪生；刘学谦，合肥廪贡。

第七十一名〔至第八十名〕：茅本金，丹徒附贡；汪凤梁，元和增生；范宗麟，吴江优廪；沈元鼎，怀宁廪贡；林鹤龄，高邮廪生；吴丽真，镇江廪生；张继明，武进附生；胡芳名，含山岁贡；陈之凤，石埭廪生；陶鸿庆，盐城优廪。

第八十一名〔至第九十名〕：李鼐，怀宁附生；韩澍榕，清河附生；汇川，正蓝附生；沈济，常熟廪生；陆祖诰，太仓附生；郑恭，黟县增生；张国秀，太湖附生；唐耿光，泾县廪生；徐庭芳，兴化增生；刘恭冕，宝应附监。

第九十一名〔至第一百名〕：陈士毅，泰州增生；洪子权，泾县优贡；王子荩，庐州附生；曹应熊，山阳廪贡；汪乐思，广德附生；韩国钧，泰州附生；丛德宥，如皋廪生；刘邦槐，如皋廪贡；汪士涵，黟县岁贡；蒋鹏倬，常熟附生。

第一百零一名〔至第一百十名〕：代宪曾，江都廪生；沈鹏，娄县廪生；李汝鹤，丰县岁

贡;江峰青,婺源附生;陈桐翰,长洲附生;汪孝宽,常州廪生;汪国钧,黟县廪生;刘爔,霍邱优生;潘之骅,婺源附生;石之璘,宿松廪生。

第一百十一名〔至第一百二十名〕:阚纲,庐州岁贡;程秉铦,绩溪监生;朱弼廷,宜兴附贡;汪青麟,丹徒附生;李树蕃,涡阳附生;陈洪绶,丹徒廪生;查文选,怀宁增贡;程仁著,霍山附生;徐廷华,甘泉附生;胡洪度,休宁贡生。

第一百念一名〔至第一百三十名〕:姚兆颐,江宁拔贡;于受庆,江都廪生;毛凤五,江浦增生;田晋奎,上元监生;葛振元,安庆贡生;刘传林,上元监生;邵澄澜,盐城岁贡;胡之钧,宁国附生;李福,元和附生;蒋康,武进附生。

第一百卅一名〔至第一百四十名〕:邓森纯,江宁副贡;章铸,金匮附生;左赋三,泾县廪生;锡恩,厢黄附生;姚廷禧,怀宁附生;张丙康,建德附生;胡青云,泾县附生;江廷燮,徽州增生;陈丙喜,元和附生;汪鸿海,全椒廪生。

第一百四十一名〔至第一百四十五名〕:宋嘉炳,怀远廪生;徐联蓉,通州副贡;江照,歙县增生;余文蔚,徽州增生;胡之瀛,太平拔贡。

副车:王裕昌,青浦廪生;丁鉴清,无为附生;程钰,舒城附生;余德香,霍山副贡;陈鸣雷,元和附生;黄鹏,太平贡生;陶炳威,昭文附生;邵培寿,山阳附生;杨銮坡,怀宁附生;邵溥,山阳附生;谢子麟,高邮廪生;吴燮和,常州增生;王栋,泾县附生;赵企翔,阳湖贡生;刘家树,如皋贡生;盈思洁,和州廪生;王炳南,旌德增生;张治,常熟附生;孙钧,怀远附生;庄礼恭,奉贤附生;汤复苏,娄县附生;薛书培,镇江廪生。

载1879年10月31日《申报》,第2—3版,15卷489页

74.己卯科顺天乡试题名全录

……俞炳辉,安徽婺源……柳籛,安徽凤阳……鲍祺豹,安徽歙县……霍翔,安徽庐江……

(注:共取280名,其中皖生4名。仅录皖生姓名、籍贯。)

载1879年11月3日《申报》,第2—3版,15卷501—502页

75.考私滋事宪批

前报江南某县考生船过白塔河卡,经委员查问,巡丁擅将考生束纶等毒打。旋赴两淮运司署告发,当即据禀详宪,其大略情形业已备述。兹复得宪批,详录如左,亦足以吐书生之气而褫蠹吏奸胥之魄也。督盐宪沈批云:过卡落帆是船户专责,舍船户而惩跟仆,其为因口角而捏闯卡,不问可知。纸灰三包,百合二包,即使迹涉可疑,何妨令其开看?百合非可扦之物,假令绸缎、书籍,亦必扦之,则过卡尚有完物耶?谓束纶赤身跣足,并未先白说明。然则负贩小民虽无罪,亦可横施箠楚耶?委员而惟勇丁之命是听,是非资其约束,使其助虐也。本部堂于官吏、士民痛痒一体,惟理是视,丝毫不敢偏袒于其间。仰候将试用大使汪祖培、朱福春奏参革职。候选同知陈阶溥为一卡领袖,何以默无一言?其为虚领薪水,并不驻卡可知,应开去差使,并停委二年。滋事之勇丁棍责贯

耳,游街示众。论者谓,武闱在即,如此办法恐长考生带私闯关刁风。本部堂谓,法非公无以为严。自此次官勇参办后,如有考生护私闯卡者,本部堂尽法惩办,受者更百喙难辞;如有委员借口松懈,一(昧)〔味〕疏纵,本部堂仍以白简从事,不敢宽也。仍通饬各卡不避嫌怨,认真妥办,并候照复吴统领札营务处知照缴。

载1879年11月5日《申报》,第3版,15卷510页

76. 书考船搜私滋事宪批后

东南各省自设立厘捐局卡以来,滋事者屡矣。而每逢考试之时,其滋事也尤甚。何则?考试诸生或多寒士,凡遇试期,往往私带税货,以希冀偷捐,借以稍赚盘费。此事本干例禁,不得为之饰说。而奸商之辈,亦且假冒考船,公然夹带,委员责在严防偷漏,不得不详细盘查,不可谓之有意滋事也。然各局巡丁胥役则每多狐假虎威,恐吓过客,即在平时船只往来,亦必扣留搜索,任意苛求。至船只过卡,无不痛心疾首,此则若辈之为,非委员之咎也。然委员苟能随时管束,严加训诲,不得滋生事端,则若辈亦不敢胆大至是;其在行商之人苟能奉公守法,有货必报,不肯偷漏以干国纪,则亦何至有事。而无如利之所在,趋之者众,千方百计匿避掩护,以冀偷捐以得微利。此又不得为之包庇者也。至于应试诸生,所带并无税货,纸灰三包、百合两包,皆系无庸科捐之物,而巡丁居然殴辱,此其罪尚可逃哉?即曰应试之人科头跣足,初不自言,故巡丁误为假冒,而饱以老拳。夫读书人本无记号,况在船上起居,一切均多不便,则亦谁不短衣跣足者?盖本非会客从公之地,不妨于取便也。而乃因其不衣冠,而遂遽以肆殴,且以是借口,诚有如宪批所云:然则负贩小民虽无罪,亦可施挞楚耶。窃尝思,厘卡之肇事,每由于巡丁,而既立厘局,则巡丁又不能不用。欲思一善全之道,则惟有委员严行约束之一法。顾委员既严束巡丁,必致巡缉懈弛,而奸商得以乘机偷漏,势必致厘捐减色而后已。试为设身处地以思之,宽严两道皆不可有所偏重,则为之者亦诚难矣。宪批所云:武闱在即,恐长考生带私闯卡刁风。此亦不可不先为之防。然因预防武生之滋事,而令斯文之受辱者不能吐气,则又非政体之所宜也。法非公无以为严。斯言深得要领矣。此次之参办官勇,以罪在官勇,故也。所带者并非私货,而巡丁擅殴考生,委员不知禁约,其罪固有彰明较著者,因而严行参办,公也。设令所带者果系私货,而巡丁亦不得擅自殴人。此次殴及考生,则平日之倚势凌人、毫无顾忌,可想而知。而委员则但知一日有报捐若干,一月领薪水若干,此外皆不关己事。若而人者,岂但一白塔河卡而已哉!故此次之严办诚有大快人心者也。若夫以考试之人,而公然夹带税货,希图偷漏,则是知法而犯法,即尽法惩治,受者更无可辞,亦公也。但委员既因是受创,则将来必致以是借口,日事松懈。此又不可不防。而沈制军深谋远虑,面面俱到,此亦可见制军之曲体人情,慎持国法,谋划周详,无微不至者矣。为治之道,不可有所偏重,盖以窥伺者众,皆望其意旨以为转移,于此有所重,于彼即有所轻。此其间大有权衡,不可以任性,不可以有所徇情,则措置各当而无所咨怨,否则怨声载道矣。吾于制军此举而不禁深有望焉。厘卡之设,其始不过暂济目前,其后军务虽竣,而善后抚恤诸务尚难释手,因不得不暂留,以资款项。然近来分局之设,愈见其多,几致无一隙地。此虽由于奸商偷税,不得不密施罗网,以期无

得幸免,然本朝以宽仁为政,而独于此事似乎过于严密,况兵燹未靖之先,尚无如此之多,而此时反有加无已,不亦大可异耶? 吾因读沈制军批考船搜私滋事一案而计及于此,窃愿与老成谋国者婉约尚之。

载 1879 年 11 月 6 日《申报》,第 1 版,15 卷 513 页

77. 三江文派论

科场文字,前辈皆以风气论之。诚哉是言。盖八股文字不比策论、表判、诗论等作,必有一定范围,虽矜才使气,仍依规矩行之。故学之者如妇人之描花样焉,自幼至长,功夫有精进之候,而法总不易也。既如花样,则翻陈出新,变化无穷,一时行之,万人效之,苟不成则不合式也。自明初设制科,首场试四书文七篇,今改为三篇;明初之文,声希味淡,篇中有数句紧搏全题,阐发意义者,即推杰作。至成宏正嘉而稍变矣,紧练之处较多,落句矜重措意艰深,盖从纯朴而至于华美者也。既而隆万又变矣,天崇又变矣,大抵华美之中略加修饰,诣又一进。迨国初,则称极盛,文质相宜,虚实兼到,体格亦渐新丽。至于雍乾之际,则又醇乎其醇,宽博畅茂,匀整均齐,时文之能事至此而毕。于是物极则变,纯正之后而以新奇,则嘉道之世竞尚专经,偏锋之作,尤王之体,清奇浓淡,无乎不备,由是愈趋愈下。出题则遵庸熟、割截无理,行文则标新异、节外生枝;排偶之体又渐不用,典赡之词概从删抹。盖至于咸丰之际,而变已极矣,应试者于闱墨既出,必多方揣摩,以求其合。而各省取中,果皆一律,故有风气也。乃自粤匪平定以来,风气又复大变,往往以时下格机,抒前辈意义,声调明和而意思深厚,不似徒袭外表,按之而空无一物者。而一切偏锋伪体亦均不尚。论者谓,有返朴还纯之机,文运殆将复昌矣。然以意胜则恃学力,或经义,或史论,或寓言,或借古以慨今,或因物以喻意,不可勉强为之也。以词胜则恃工夫,磨光刮垢,去滓涤瑕,音韵铿锵,词采新颖,不能率尔操也。能此者,决为老宿,新进小子亦欲学步,腔调虽成,而意趣不永,一览无余,令人生厌。乃场屋之中,赝鼎混真,辄亦售去,侥幸之人比从前更多,盖从前务以风气胜,而今之文体可以永勿再变,冒袭自易也。向来惟顺天无风气,以京中大老阅文有一定之格,而作者亦专摩此体,故每科闱墨无少异,致不过日益薄弱耳。各省则向推三江闱墨刊行,争先快睹。然近科竟有不满意者,约计兵燹之后,江南以甲子举行乡试,浙江以乙丑补行,江西亦以甲子开科,以为休养生息而后教训,此时甫脱乱离,文风必大不如前。乃"叶公问政"两章之文,佳者林立,美不胜收。江西之"二,吾犹不足"两节亦差强人意,惟浙江"君子无众寡"三句,则诸君之文,皆如病者初起,勉强支持之象。自是以后,江南以"周公谓鲁公"一节,"菲饮食而致孝乎鬼神"为最。江西以"不知命无以为君子也"为最,浙江以"吾自卫反鲁"一节,"君子不可小知而可大受也"为最。是数科者,其文皆纯正无疵,不尚伪体,老师宿儒,大半获隽以去,足见文章自有定评,但衡文者虚心刮目,以中正之律求之,自得有学有养之士。苟徒取外观,而未尝实按,则描头画角之态一见而称赏矣。少年聪明之士幸获一领青衫,执一卷时墨,而学其空套,再能神明变化之,鲜有不圆熟者,而主司已为其所绐矣。大凡填榜之时,拆一卷而唱曰某学附生,写一名而注曰年十几岁,则闱墨已不问可知矣。今岁己卯科三江之墨均已寓目,惟江西全墨俱佳,而元作尤为不愧。近

数科来,能得如是之榜首,不枉典试大邦矣。若江南、浙江,虽未始无合作,而较之江西则殊不伦矣。楚北小省耳,昨有邮来新墨,不过十七八首,尚未睹其全,然即此已在江浙之上,而榜首、榜尾两篇尤出其类,可见推重三江,亦非定评也。余今年未尝与试,作为此语,非激愤之谈,止就文论文而已。有识者试取阅之,自当引为同心耳。

载 1879 年 11 月 19 日《申报》,第 1 版,15 卷 565 页

78. 严禁抢宴

江南乡闱后,抢宴之风由来已久,推原其故,皆民间向于科场时派当差役,除供应外,所有铺垫器具,由各应差者收回。然役吏跟丁往往乘间攫取,故不得不多派伙计在旁伺候,一俟宴毕,即行收取各件。此时,人多手杂,胥吏等仍不免乘势抢攫。于是乎有抢宴之名。当其初,未尝不惧官之查究,迨托词越抢越发,由是沿讹袭谬,竟成牢不可破之局。殊不知鹿鸣宴乃朝廷礼贤之意,典至巨,礼至隆也。前月二十日设宴,沈制军深恶此积习,先期出示严禁,谓:如有仍蹈故辙,不遵示谕,如前抢宴者,即照军法从事。且改在贡院内设宴,饬令上江两县把守头门,一切闲人概不准入。故是日,新孝廉赴宴者共有八人,一切仪文皆从容中节,不似历科之草率了事也。

载 1879 年 11 月 27 日《申报》,第 2 版,15 卷 597 页

79. 皖学政孙奏为恭报考试日期夹片

孙毓汶片:再,臣前于八月间行文,通饬各府州县办理童试,其附近各属限于年内报齐。臣现定于十一月初旬按临省城,先试安庆一府,计封印前后可以竣事,明正开印后出棚,次第按试皖南各郡。理合附片陈明,谨奏。

军机大臣奉旨:知道了,钦此。

光绪五年十月十二日《京报全录》,己卯十月廿五日《申报》
载 1879 年 12 月 8 日《申报》,第 4 版,15 卷 642 页

80. 光绪六年庚辰科会试题名全录

吴树棻,山东历城;蒋艮,河南商城;王咏霓,浙江黄岩;李和燮,湖北黄安;顾莲,江苏华亭;黄绍箕,浙江瑞安;锡恩,镶黄满洲;左运昌,江西星子;谭鑫振,湖南衡山;顾绍成,江苏无锡;于式枚,广西贺县;祝松云,湖南衡阳;李沛深,江苏泰州;杜炳衍,湖北黄冈;杨清魁,直隶清苑;熊尔梅,江西高安;汪概,湖南善化;孙汝梅,直隶大兴;葛咏裳,浙江临海;郑杲,山东即墨;徐琪,浙江仁和;袁鹏图,浙江天台;福楙,正红蒙古;沈曾植,浙江嘉兴;王邦鼎,江苏宜兴;吴国镇,广东番禺;陈景濂,广东番禺;丁立钧,江苏丹徒;林元焱,山东历城;曹诒孙,湖南茶陵;徐京,直隶永清;朱福铣,浙江海宁;连培基,江西南城;程惟孝,江苏武进;曹云章,江苏昭文;杨崇伊,江苏常熟;阚绅,安徽合肥;查毓琛,安徽太湖;夏若鲁,陕西大荔;汪宗沂,安徽歙县;廖国琛,福建侯官;叶维干,浙江仁和;余

熙春,贵州贵筑;姜自驹,广东阳江;梁鼎芬,广东番禺;毛澂,四川仁寿;汪宝树,山东;陈光明,四川江津;文焕,镶黄满洲;夏庚□,浙江仁和;赵敏熙,四川宜宾;杨维培,福建侯官;吕佩芬,安徽旌德;戴锡麟,山西孟县;齐普松武,正白满;萨廉,镶蓝满洲;陈为燠,广东顺德;林士菁,福建闽县;郭翊廷,山东历城;王家宾,江西高安;胡文渊,江苏甘泉;李德炳,河南南召;冯应荣,山西汾阳;何镕,浙江富阳;鹿学良,直隶定兴;李威,直隶滦州;周国琛,广东顺德;庞鸿书,江苏常熟;汤绳和,浙江钱塘;马存朴,直隶宝坻;刘焕,江西丰城;杨树先,湖南善化;范广衡,顺天大兴;朱炳龙,浙江归安;冯仲侯,江苏荆溪;谢隽杭,山东福山;王濂,直隶吴桥;陈鼎,湖南衡山;廖骧,福建闽县;黄绪祖,山东夏津;傅为霖,四川简州;张守训,山东海丰;邱兆荣,福建长乐;邓家钝,江苏江宁;柳芳,广东番禺;王颂蔚,江苏长洲;韩仲荆,山东安丘;郑振声,安徽婺源;儒芳,厢白满洲;柏锦林,山东济阳;孔殿甲,山东蓬莱;伦肇纪,甘肃武威;刘钰成,福建长乐;乔保印,厢黄汉军;胡廷,广西永福;王宗承,奉天开原;李和卿,湖南巴陵;赵钟灿,云南蒙化;王恩光,安徽合肥;李慈铭,浙江会稽;吴国镛,湖南湘阴;玉启,正蓝满洲;朱承烈,浙江会稽;查荫元,安徽婺源;纪夔,湖北武昌;黄思永,江苏江宁;黄禛祖,江西南城;彭修,湖北潜江;潘作霖,广东番禺;郭赓平,江西万载;孙之鸿,河南祥符;宋荫培,云南屏州;汪受礽,浙江鄞县;徐鉴铭,江西义宁;裔步莺,江苏盐城;陈与同,福建侯官;张焯奎,广西龙州;张铭稣,湖南善化;施朝铨,福建福清;范德镕,湖北武昌;丁象震,河南永城;王应颐,顺天大兴;夏联钰,山东济宁;张世英,甘肃秦州;金鸣霄,山东平度;王玊厘,湖北黄冈;张觐光,福建嘉义;何乃莹,山西灵石;朱兆鸿,江苏元和;熊润南,湖北黄安;李敬修,直隶保安;汪文炳,广东香山;谢树燉,湖南湘潭;张正埙,直隶天津;徐寿基,江苏武进;孔广钟,江苏元和;廖镜伊,四川昭化;刘汝霖,江苏上元;余效衡,云南太和;褚成博,浙江余杭;陈鸿绶,江苏丹徒;王善士,山西平定;胡锡祐,四川庆符;薛浚,陕西长安;王毓芝,直隶新城;蔡世佐,浙江仁和;王锐新,顺天涿州;承荫,正蓝满洲;陆善格,奉天锦县;丁芳,河南祥符;何汝翰,浙江山阴;陈子骥,广东新会;何永卓,四川万县;马琇荃,福建侯官;王乘燮,山东福山;王懿荣,山东福山;卜文焕,江苏武进;王兰,浙江归安;张星炳,河南固始;陈应祯,顺天大兴;陈桐翰,江苏长洲;陈庆桂,广东番禺;戴辅道,湖南湘潭;黄升龄,福建闽县;聂济时,江西万年;崔永安,正白汉军;裴维安,河南祥符;张十锃,云南太和;莫燮乾,广西平南;吴士俊,江西玉山;沈士鏒,直隶天津;王化光,山西临晋;陈秉崧,福建侯官;吴同甲,江苏高邮;徐国盛,湖北襄阳;李佩铭,陕西长安;万立钧,江西南昌;文郁,厢白蒙古;王器成,广东定安;卢庆云,顺天大兴;张士彝,江苏长洲;叶大遒,福建闽县;熊尔卓,江西高安;杨依斗,湖南衡山;金奎,正蓝蒙古;王承煦,安徽舒城;韩受卿,顺天通州;吴树德,陕西城固;傅嘉年,福建建安;金文同,甘肃皋兰;黄英采,江西兴国;吴维藩,安徽泾县;张贤符,山东荣城;杨滨,陕西临潼;杨福臻,江苏高邮;李光宇,山西平定;陈夔麟,贵州开州;安雄俊,甘肃秦安;余文蔚,安徽婺源;杨耀林,直隶清苑;程仁均,湖北黄冈;景天相,陕西富平;陈麟书,江西兴国;何荣楠,四川忠州;王策范,湖北武昌;盛炳纬,浙江镇海;黄嘉尔,福建永福;赵永清,河南郑州;丁体成,贵州平远;张嘉澍,广东番禺;俞炳辉,安徽婺源;吴兆湛,浙江秀水;左绍佐,湖北应山;乔保安,厢黄汉军;宋秉谦,云南石屏;鲁鹏,安徽怀宁;唐骅路,河南河内;炳麟,正黄汉军;鲍翰卿,湖北蒲圻;蔡揆忠,广西永康；张钧，山西忻州；赵受章，直隶祁州；赵丙荣，陕西咸阳；王熙鋆，奉天伯都；崔其濂，广东番禺；虞聿炳，福建闽县；锡芳，正红汉军；高凌霄，直隶天津；王宝钿，山西峄县；彭士芳，江西临川；程禄，陕西长安；戴宾周，四川垫江；曹作舟，安徽绩溪；胡昌祖，河南罗山；余毓麟，浙江诸暨；吕元恩，广东新会；陈汝钦，河南光山；陈文锐，陕西汉阴；黄成采，江西兴国；沈锡周，四川新繁；蔡枚功，湖南湘潭；祁徵祥，云南通海；平格，正白汉军；唐步云，江西弋阳；梁锦奎，山东历城；汪致炳，四川资阳；郑贞本，福建长荣；姚延祺，安徽怀远；丁振德，河南罗山；张澍滋，甘肃皋兰；伍兆鳌，江苏安福；卢照春，广西临桂；曾炳麟，四川成都；邹用中，江西南丰；郭曾炘，福建侯官；戴彬元，顺天宁河；陈文锦，贵州贵筑；潘炳辰，陕西临潼；王者馨，山西朔州；谢文翘，云南恩安；陈泽春，贵州贵阳；李经世，安徽合肥；任塍，浙江会稽；江昌燕，安徽歙县；宋淑信，河南禹州；张豫泰，陕西临潼；魏廷梁，安徽六安；彭履德，四川宜宾；王芝兰，山东长清；张士彬，云南太和；段树藩，云南；刘奎辰，贵州贵阳；钱锡晋，河南祥符；邱进昕，广东大埔；林承泽，广西临贵；王效，山西平定；陈彬，甘肃皋兰；谢启华，广西临贵；吴成熙，江西南昌；郭雅注，陕西三元；邢光祖，甘肃秦州；黄俊熙，广西临贵；谌增模，贵州平远；程景明，福建莆田；傅树棠，陕西汉阴；石鸿韶，广西象州；王清江，直隶□都；郑昌运，江西武宁；仇汝显，山西曲沃；陈宗妫，山东东阿；陈文□，湖北宁圻；胡政举，贵州八寨；刘沛然，顺天宁河；武颂扬，甘肃秦州；马吉樟，河南安阳；范金铺，江西新建；郑言绍，江苏吴县；李肇庚，湖南辰州；周遂艮，湖北蕲水；志锐，厢红满洲；方儒棠，浙江鄞县；叶题雁，福建台湾；朱方辉，广西平南；王庆禔，顺天宝坻；贺顾，安徽宿松；董敬安，福建侯官；赵文伟，广西永宁；孙福申，河南嵩县；党步衢，陕西镇安；李作桢，四川郫县；徐象震，山东德州；吴国霖，贵州遵义；赵文源，甘肃秦安；赵永昌，云南新兴；杨淑修，河南济源；张十鏸，云南太和；黎君融，贵州遵义；强鹏飞，陕西韩城；刘名誉，广西临桂；李文焕，云南保山；杜庆元，贵州清镇；杨溶，福建闽县；徐宝谦，浙江石门。

昨由本馆派在京师之访事人将会试题名全录寄下，立即照登今报，以供众览。惟姓名、籍贯容有小误，实一时无从校正，缘本馆在京友人一见榜发，欲从速邮知，不及购得官板也。阅者鉴之。

本馆附识

载1880年5月27日《申报》，第2—3版，16卷565—566页

81. 考试滋事

探闻安徽孙学宪近日案临徽郡，某场文题系祭如在二章。与考者谓，第二章有庙讳字样，借此停考，均言："我等当面请学宪钧谕，庙讳既不敬避，考试何益？"遂纷纷出场。次日，诸学老师及廪保极力调停，诸童始得进场，其事遂寝。皖友书来言如此，未知确否。

载1880年5月30日《申报》，第2版，16卷577页

82. 庚辰金榜题名全录

第一甲　第一名:黄思永,江苏江宁。第二名:曹诒孙,湖南茶陵。第三名:谭鑫振,湖南衡山。

第二甲　戴彬元,顺天宁河;庞鸿书,江苏常熟;吕佩芬,安徽旌德;张星炳,河南固始;刘沛然,顺天宁河;黄绍箕,浙江瑞安;朱福诜,浙江海盐;彭士芳,江西临川;吴维藩,安徽泾县;郭曾炘,福建侯官;陈夔麟,贵州开县;潘作霖,广东番禺;杨澍先,湖南善化;丁立钧,江苏丹徒;吴保龄,江苏丹徒;崔永安,正白汉军;王懿荣,山东福山;盛炳纬,浙江镇海;冯锡仁,湖南沅陵;志锐,厢红满洲;彭履德,四川宜宾;李德炳,河南南召;陈与冏,福建侯官;叶大遒,福建闽县;崇宽,厢蓝旗人;蒋艮,河南商城;王概,湖南善化;刘焕,江西丰城;安维峻,甘肃秦州;吴树菜,山东历城;梁鼎芬,广东番禺;汤绳和,浙江钱塘;郭赓平,江西万载;王乘燮,山东福山;强鹏飞,湖北黄岩;李经世,安徽合肥;溥良,正蓝旗人;沈士鑅,直隶天津;陈鼎,湖北衡山;胡连,广西永福;王丕厘,湖北黄冈;王咏霓,湖北黄岩;李士珍,直隶天津;吴国镇,广东番禺;杨崇伊,江苏常熟;蔡世佐,浙江仁和;柏锦林,山东济阳;左绍佐,湖北应泉;于式枚,广西贺县;顾莲,江苏华亭;汪致炳,四川资阳;福楙,正红蒙古;陆善格,奉天锦县;伍兆鳌,江西安福;吴成熙,江西南昌;黄俊熙,广西临桂;纪夔,湖北武昌;谢树煃,湖南湘潭;郭翊,山东历城;王兰,浙江归安;冯应荣,山西汾阳;徐琪,浙江仁和;梁锦奎,山东历城;高凌霄,直隶天津;邓嘉纯,江苏江宁;杜庆元,贵州安顺;张叔煃,湖北江夏;王濂,直隶吴桥;蔡枚功,湖南湘潭;褚成博,浙江余杭;张嘉澍,广东番禺;谢隽杭,山东福山;姜自驹,广东阳江;胡锡祐,四川庆符;王颂蔚,江苏长洲;张维侒,河南祥符;何乃莹,山西灵石;刘名誉,广西临桂;溥岘,镶红旗人;赵曾重,安徽太湖;陈景鎏,广东番禺;丁象震,河南永城;林承泽,广西临桂;戴辅衡,湖南湘潭;王效,山西平定;李兹铭,浙江会稽;张正堉,直隶南皮;薛峻,陕西长安;谢启华,广西临桂;柳芳,广东番禺;林之烄,山东历城;李佩铭,陕西长安;汪文炳,广东香山;朱炳熊,浙江归安;涂国盛,湖北襄阳;萨廉,镶蓝满洲;葛咏裳,浙江临海;王向颐,顺天大兴;陈其宽,云南昆明;钟灵,镶蓝满洲;文焕,镶蓝满洲;李作桢,四川郫州;钱锡晋,河南祥符;陈宗妫,山东东阿;范德镕,湖北武昌;熊尔梅,江西高安;崔汝立,安徽太平;裔步莺,江苏盐城;谢廷泽,贵州贵阳;张焯奎,广西龙州;韩仲荆,山东安丘;金文同,甘肃皋兰;姚延祺,安徽怀远;曾炳麟,四川成都;鹿学良,直隶定兴;黄英采,江西兴国;刘桂文,四川双流;徐鉴铭,江西义宁;夏庚复,浙江仁和;熊润南,湖北黄安;宋淑信,河南禹州;蔡揆忠,广西永康;吴同甲,江苏高邮;李威,直隶滦州;赵文伟,广西永宁;邱晋昕,广东大埔;胡文渊,江苏甘泉;董翊清,直隶沧州;张世英,甘肃秦州;宋秉谦,云南石屏;周遂良,湖北蕲水;廖酿,福建龙岩;李和卿,湖南巴陵。

第三甲　封祝唐,广西容县;杨依斗,湖南衡山;余熙春,贵州贵筑;袁鹏图,浙江天台;陈庆柱,广东番禺;段树藩,云南广西(注:原文如此);余文蔚,安徽婺源;宋荫培,云南石屏;石鸿韶,广西象州;汪受礽,浙江鄞县;马存朴,顺天宝坻;孙汝梅,顺天大兴;连培基,江西南城;孙浤泽,安徽舒城;杨福臻,江苏高邮;熊尔卓,江西高安;陈应禧,顺天大兴;唐骥路,河南河内;毛澂,四川仁寿;杜炳衍,湖北黄冈;李沛深,江苏泰州;卢熙春,广西临桂;吴国霖,贵州遵义;李光宇,山西平定;陈文锐,陕西汉阴;何乐楠,四川忠州;谢文翘,云南恩安;孙橘堂,山东宁河;张士彬,云南太和;崔其濂,广东番禺;杨滨,陕西临潼;张是彝,江苏长洲;卜文焕,江苏武进;冯桂芬,云南昆明;陈秉崧,福建侯官;仇汝显,山西曲沃;黄绪祖,山东夏津;吴士俊,江西玉山;王邦鼎,江苏泰兴;吴兆基,浙江秀水;张士链,云南泰和;周国琛,广东顺德;陈光明,四川江津;谌增模,贵州平远;傅嘉年,福建建安;张豫泰,陕西临潼;王者馨,山西朔州;丁寿泉,福建彰化;王策范,湖北武昌;刘奎辰,贵州贵阳;吴树德,陕西城固;俞廷熙,浙江鄞县;彭修,湖北潜江;炳麟,正黄汉军;张贤符,山东荣城;乔侯安,厢黄汉军;汪宗沂,安徽歙县;聂济时,江西万年;洪勋,浙江余姚;叶题雁,福建台湾;俞炳辉,安徽婺源;任塍,浙江会稽;王芝兰,山东长清;杨溶,福建闽县;陈子骥,广东新会;俞冠群,安徽宣城;林士菁,福建闽县;何晋德,福建侯官;朱方辉,广西平南;冯仲侯,江苏荆溪;王熙鋆,奉天都伯纳;廖国琛,福建侯官;万立钧,江西南昌;祁徵祥,云南通海;贺顾,安徽宿松;潘炳辰,陕西临潼;何汝翰,浙江山阴;夏联钰,山东济宁;郑贞本,福建长乐;陈为燠,广东顺德;陈文锦,贵州贵筑;黄嘉尔,福建永福;徐宝谦,浙江石门;连文冲,浙江钱塘;刘汝霖,江苏上元;汪宝树,山东泰安;黄祖,江西南城;董敬安,福建侯官;王恩光,安徽合肥;黄轩龄,福建闽县;曹作舟,安徽绩溪;莫受乾,广西平南;徐寿基,江苏武进;王家宾,江西高安;王毓芝,直隶新城;魏廷梁,安徽六安;沈曾植,浙江嘉兴;陈泽春,贵州贵阳;王启,正蓝满洲;卢庆云,顺天大兴;张守训,山东海丰;赵丙荣,陕西咸宁;孙福申,河南嵩县;顾绍成,江苏无锡;张钧稣,湖南善化;杨维培,福建侯官;郑言绍,江苏吴县;张觐光,福建台湾;范广衡,顺天大兴;王宝钿,山东峄县;鲍翰卿,湖北蒲圻;李和燮,湖北黄安;郑振声,安徽婺源;朱兆鸿,江苏元和;韩受卿,顺天通州;王器成,广东琼州;查毓琛,安徽太湖;范金铺,江西新建;何永卓,四川万县;齐晋松武,正白满;张士链,云南太和;孙殿甲,山东蓬莱;查荫元,安徽婺源;金鸿霄,山东平度;黄成采,江西兴国;景天相,陕西富平;文郁,厢白蒙古;杨耀林,直隶清苑;赵永清,河南郑州;程维孝,江苏武进;胡昌祖,河南罗山;郑昊,山东即墨;赵敏熙,四川宜宾;陈彬,甘肃皋兰;俞麟振,浙江山阴;赵受璋,直隶祁州;程兰阶,江西南城;金毓麟,浙江诸暨;丁振德,河南罗山;孙之鸿,河南祥符;刘钰成,福建长乐;戴锡麟,山西孟县;杨淑修,河南济源;程禄,陕西长安;傅为霖,四川简州;王清江,直隶望都;李肇庚,湖南长沙;朱承烈,浙江会稽;吕元恩,广东新会;唐步云,江西弋阳;乔保印,厢黄汉军;阚绚,安徽合肥;伦肇纪,甘肃武威;武颂扬,甘肃秦州;曾云章,江苏昭文;夏衔,江苏娄县;高积健,河南项城;徐京,顺天永清;赵永昌,云南新兴;程仁钧,湖北黄冈;余效衡,云南太和;赵文源,甘肃秦州;赵钟璨,云南蒙化;王化光,山西临晋;田广恩,河南滑县;方儒棠,浙江鄞县;胡政举,贵州八寨;沈锡周,四川新繁;夏若鲁,陕西大荔;施朝铨,福建福清;党步衢,陕西镇安;邱兆荣,福建长乐;杨清魁,直隶清苑;王清绥,山西孟县;胡郁,江西宁都;丁芳,河南祥符;何镕,浙江富阳;儒芳,厢白满洲;廖镜伊,四川邻水;陈汝钦,河南光山;邹用中,江西南丰;张钧,山西忻州;邢光祖,甘肃秦州;傅树堂,陕西汉阴;祝松云,湖南衡阳;金奎,正蓝蒙古;郭雅注,陕西三原;冯锡芳,正黄汉军;张炳,云南昆明;王锐新,顺天涿州;汪锡能,江苏娄县;张树滋,甘肃皋兰;徐象震,山东德州;戴宾周,四川垫江。

载1880年6月8日《申报》,第2—3版,16卷613—614页

83. 署江督吴等奏老生毋庸补请恩赏折

署理两江总督江苏抚臣吴元炳、护理江苏巡抚江苏布政使臣谭钧培跪奏,为乡试三场完竣,老生续经查明入学年分未满三科,与例不符,毋庸补请恩赏,恭折复陈,仰祈圣鉴事:窃照江南省光绪五年己卯科文闱乡试三场完竣榜发,未经中式年老诸生查明入学年分在三科以上,例邀恩赏之安徽怀宁县附贡生朱桂芳等二十六名,业经臣等恭折开单会奏。并声明此外尚有安庆府附生司朝胶、余星,怀宁县附生陈汉臣,太湖县附生蔡吉士,宿松县附生龚复、邓儒臣、安融和,无为州附生王慕康,阜阳县附生袁锡三,含山县附生祁人瑞,六安州附生何心田,盐城县附生徐肇绩、王缉齐,安东县附生宋发元等十四名,因各该本学取具廪保文结,未列入学年分,是否未满三科,均属无凭核办,统俟查复至日,另行奏请在案。嗣于光绪六年二月十二日钦奉谕旨"礼部议奏单并发,钦此",即经恭录转行钦遵,并饬催查明续办。去后,兹据江宁布政使卢世杰详称,催据各该本学查复,该生司朝胶等十四名入学年分均系未满三科,与例不符,详请奏咨完案前来。臣等复核无异,除咨明礼部查照外,谨会同安徽巡抚臣裕禄、安徽学政臣孙毓汶、江苏学政臣夏同善,恭折复陈,伏乞皇太后、皇上圣鉴。谨奏。

军机大臣奉旨:该部知道,钦此。

光绪六年五月初五日《京报全录》,庚辰五月十六日《申报》

载1880年6月23日《申报》,第3版,16卷674页

84. 皖学政孙奏皖南岁试全完折子

安徽学政臣孙毓汶跪奏,为皖南岁试全完,恭折具奏,伏乞圣鉴事:窃臣前于宁国棚次附片具奏去冬出试安庆及本年二月试毕宁、广两属情形。奉旨"知道了,钦此"。臣随即驰赴徽州,接考池州,至四月返回至太平开考。现于五月二十日蒇事。计自去冬十一月至今,考过五府一州,省垣及皖南岁试全毕。臣恪遵皇太后慈训,严加防范,悉心较阅,并于童试正场后仍加面复一场,亲校文理、笔迹,枪替无从邀幸。取录之卷尚无弊混。至各属文风,以徽州婺源,宁国之泾县、太平,安庆之太湖为最,而桐城、歙县、旌德次之,池、太、广又次之,士习尚属驯顺。历试各属,并无临场滋事之人。武场硬弓、刀石较逊于北省,然马步娴习,后场可观者亦尚不乏人。臣于试毕发落日,惟屏黜浮华,讲求根本,勿习陋,勿囿时趋,向各生童剀切劝谕,以副圣主敦崇实学、选拔真材之至意。皖南地方从前被扰最重,凋敝已甚,近岁丰绥屡告,民力渐纾,荒田大率开辟,庐舍岁有增添,经过处所,旸雨宜时,农田茂盛,人心妥帖,同庆有秋,堪慰宸怀。再,皖北各属州县考试现陆续报齐,臣于七月初旬即赴庐州,次第按试,一俟通省岁考全竣,再当专折奏报。所有微臣试毕省垣及皖南各属情形谨专折具陈,伏乞皇太后、皇上圣鉴。谨奏。

军机大臣奉旨:知道了,钦此。

光绪六年七月初七日《京报全录》,庚辰七月十七日《申报》

载1880年8月22日《申报》,第4版,17卷210页

85. 县试日期

皖省怀宁县学日前悬牌，光绪七年科试县考定于本月初三日举行矣。

载1880年12月5日《申报》，第2版，17卷629页

86. 皖学政孙奏皖省岁试全完折

安徽学政臣孙毓汶跪奏，为通省岁试全完，恭折具陈，仰祈圣鉴事：窃臣于上年五月间奏报岁试省垣及皖南四府一州情形，奉旨"知道了，钦此"。臣于七月中旬驰赴庐州，以次接考六安、颍州、寿州、凤阳。至十一月杪，天寒（水）〔冰〕冻，由陆地驰回太平。今春正月中旬渡江考和、滁、泗三州，现于三月初七日蒇事，计通省岁试一律全完。臣仰遵慈训，严防弊窦，悉心校阅。各文武生童遵守场规，尚属清肃无弊。统观各属文风，徽、宁为上，安、庐次之，六安、颍、凤又次之。武场皖北较胜，庐州为上，颍、凤次之，其余各属应试人数不多。然文理清通，及挽强命中者亦尚不乏人。臣仍随时随事谆谕各士子端谨持身，奋勉向学，以仰副我皇上作育人材之至意。臣周历全省，察看士习民风，大率驯良朴实，连岁农田丰稔，惟去秋雨少，所幸冬雪优沾，今春雪泽尤为深透，现在麦苗畅发，稻田滋润，人心安帖，共卜有秋，堪以仰慰圣怀。臣拜折后即驰赴宁国接办皖南科考，所有微臣岁试全毕，场务平顺情形谨缮折具陈，伏乞皇太后、皇上圣鉴。谨奏。

军机大臣奉旨：知道了，钦此。

光绪七年四月初八日《京报全录》，辛巳四月二十日《申报》

载1881年5月17日《申报》，第4版，18卷522页

87. 诬窃自缢

宿松县隶安庆府，环绕皆山，人皆朴讷，虽其中贤否不齐，难保无盗窃等事，然身列儒林而做贼者殊未之见。讵该邑有祝姓者，耕读为业，本年三月安庆举行府试，同人来约赴考，祝亦赴祠领考费，约伴同行。其时因祠费尚未备齐，为之略待。邑有捕班汪某，平日呼朋引类，靡所不为，夙有"飞叉活牛头"之号。一日，祝某领到考费洋十数元，身换衣履，崭然一新，偶于土店前经过，汪见其乡懦可欺，即邀同捕伙向前拦阻，告以业经犯事，尚想向何处去？语甫毕，群小为扛至僻处，剥衣履，攫洋蚨。汪初不知其何人，剥掠后意将纵去。嗣有识者指为祝姓，汪知不妥，所谓一不做二不休，转多方拷逼，教以承认行窃。祝畏私刑，满口承认，送于捕署厅，讯得可疑，亦不欲深究，止着该祠具保。汪又恐肇别端，复到该祠声言"案已详县提讯"等语。祝乃忿极，乘间缢死。其父及通族人赴县喊冤，诣验后着具结领棺，复带其父入内堂哄吓，并不究起事之由，惟将捕所妄指失窃之家主集讯，各家佥称从无是事，均具切结。不意将诸人管押，并将尸父之车夫枷杖。此真所谓波及无辜也。此系友人之函述，确否不可知，姑述之以符新闻之体例云尔。

载1881年7月12日《申报》，第2版，19卷45页

88. 连累撤任

徽属某县训导送考返署途中剃发,经诸生告发,为太守撤任情形曾经列报。当由太守札委正斋兼摄副斋之篆,一面通详省宪,请委员接署。乃上宪接阅府文,亦将正斋撤任,两缺均另委人员往署。揆度宪意,必以副斋剃发虽年老患疯,然正斋亦不能无咎,是以一并撤任也。闻正副二斋均系实缺,殊属可惜。副斋由举人出身,得保补缺后,以知县用。乃既结众怨,又违大典,遂至名登白简,累及同僚,悔何及耶! 至副斋如何参办,容探知再录。

载 1881 年 7 月 24 日《申报》,第 2 版,19 卷 93 页

89. 安庆府试

皖省学院孙文宗将次按临安庆,先为札饬举行府试,是以府宪示于二月初六日取齐,初十日开考矣。

载 1882 年 3 月 29 日《申报》,第 2 版,20 卷 357 页

90. 皖抚裕奏请添设拔贡定额片

裕禄片:再,各省拔贡定例,凡新设及改设各学未设拔贡定额者,准俟文风日盛,奏请设额。历经循办有案。查安徽省颍州府属涡阳县,于同治九年设县之始,由宿、亳、阜、蒙四州县学额内分拨,定设该县学额十名,廪增生十四名,二年一贡。惟拔贡一项因各州县皆有定额,无从分拨。前抚臣英翰咨准礼部议复,应俟考试数届后,由该学政查明,如果文风日盛,其廪增附多至一百余名,再行核实奏请各等因。兹查该县自分设学额以来,业已考试数届,共计廪增附生人数已至一百一十余名,其宿、亳、阜、蒙四州县旧拨生贡一百余名尚不在内,多士砥砺涵濡,实系文风日盛,堪膺选拔者甚多,自应据实奏请添设拔贡定额,以免向隅。查安徽寿州、凤台二州县向系合拨,前因应试人数较前加增,经前抚臣英翰援案奏请各设拔额,仰蒙恩准在案。今涡阳县请设选拔贡额亦核与前准部议章程及历办成案均属相符,合无仰恳天恩,俯准将涡阳县添设拔贡定额一名,俟下届科考时一律随棚考选,出自鸿慈。谨会同两江总督臣刘坤一、安徽学政孙毓汶附片具陈,伏乞圣鉴训示。谨奏。

军机大臣奉旨:礼部议奏,钦此。

光绪八年二月十五日《京报全录》第三十二号,壬午二月廿九日《申报》附张
载 1882 年 4 月 16 日《申报》,第 9 版,20 卷 465 页

91. 皖垣杂录(恭迎学宪*)

安徽学院孙文宗,前经札知安庆府县,定于二月初十日出棚,十五日按临,举行科

试。省垣地方官遣小轮船前赴太郡恭迎,一面由府尊示期阖属生童于二月初十日取齐。学宪二月十五日抵省,泊船东门外官码头。十六晨,阖城文武员弁齐赴码头迎迓。学宪登岸,至官厅,与各官略叙,即行进城,入试院,照例办理一切矣。

载1882年4月18日《申报》,第2版,20卷473页

92. 皖垣杂闻(生童自误*)

孙宗师前定期考试安庆府属,当经行文通饬于二月初十日起齐。乃自望日下马,连日分考各属,该童均无违误。后考桐城,文童三千有奇,未到者三百数十名,逾期赶至,邀恳提调转求赏准进场。文宗谕云:"无此理,徒自误耳!"可见凡事不可自缓,有志功名者尤宜急于求进,乃不至于后悔无从焉。

载1882年5月2日《申报》,附张第1版,20卷561页

93. 皖垣杂闻(冒籍除名*)

安徽怀宁人某甲,年念余,住居省垣北关外余家湾村西,离城十余里。该处与桐邑毗连,有一小河名界河,河北属桐,河南属怀。甲居交界之所,前曾两次报名怀邑考试,去岁县考未去。及府考,贿串河北某乙,投报桐邑应试,人尚莫与为难。今院考出案,甲竟进在第十七名。于是复试时,已进新生及未进之童齐集龙门,阻甲不容进内,并禀控冒考。当由提调官弹压喧闹,旋宗师饬学官清查。据复,甲实籍隶怀宁,乃将甲名扣除,另补他人。甲一时气郁,呕吐不能行走,雇轿抬回寓所云。

载1882年5月5日《申报》,附张第1版,20卷579页

94. 皖垣杂闻(求荣反辱*)

桐邑人某甲与族弟某乙同应县府考,甲取在乙前百余名。今岁甲赴外郡教读院,试前特函知乙,谓:"馆中不便离身,今届只得不考。"于是,乙与甲之弟丙面商,谓:"院考时拟顶甲名应试,如能进学堂,当送酬资。"丙谓:"此事须函知我兄作主。"月前,宗师按试该属,乙尚未得回音,竟冒甲名入场。比出案,果获隽。本月初五日复试,点至乙名,丙忽从人丛中出,扭甲禀明顶名情节。提调官见乙赧颜无语,从宽免究,惟扣名不准入场。此所谓求荣反辱也。

载1882年5月5日《申报》,附张第1版,20卷579页

95. 皖垣杂志(奖励新生*)

安徽学院孙文宗按试安庆府属情形叠经列报,兹试事已竣,宗师于本月十二日奖赏新进诸生云。

载1882年5月8日《申报》,附张第1版,20卷597页

96. 皖垣杂志（含恨病毙＊）

安桐文童某，年三旬余，月前赴省应院试，所填保结中年貌称"面白无须"。头场出案入选，喜甚。惟实有微须，与保结不符，虑于复试时查出，即令剃发匠剃去。比复试入场，宗师亲临号舍，查察有无冒替情弊。查至某号，见其貌与头场不符，即将其卷掣销，着令出场。某有口难辩，含恨退出，比回寓，即腹胀气痛，逐渐加重，医治是日无效，即于三月初十（边）〔日〕毙命云。

载1882年5月8日《申报》，附张第1版，20卷597页

97. 皖垣琐事（学宪离皖＊）

安徽孙宗师考试安庆葳事，于十二日奖励新生，业经列报。兹悉奖赏后，宗师出院，行香拜客，旋于十六日晨起马，赴和州按试矣。

载1882年5月13日《申报》，第2版，20卷623页

98. 学政孙奏为恭报赴省考试各属情形夹片

孙毓汶片：再，臣于上年三月报毕通省岁考，旋赴皖南接办科试，计自三月至十一月考过宁、徽、池、庐、颖、凤六府，广德、六安、泗、滁四州，场务一律清肃无弊。臣于岁杪回署，尚除二府一州。今正调齐，定于本月十五日赴省，先考安庆，回试和州、太平，计四月中旬通省科考可毕，至期再以专折奏报。特将现试情形附片陈明，伏乞圣鉴。谨奏。

军机大臣奉旨：知道了，钦此。

光绪八年三月廿一日《京报全录》第六十八号，壬午十月初四日《申报》附张

载1882年5月20日《申报》，附张第2版，20卷667页

99. 皖学政孙奏通省科试全完折子

安徽学政臣孙毓汶跪奏，为通省科试全完，恭折具陈，仰祈圣鉴事：窃臣于二月初八日附片奏去岁科试六府四州情形，奉旨"知道了，钦此"。臣于二月十六日赴省考试安庆，三月十七日接考和州，三月二十九日回试太平。现于四月十四日竣事，通省科试一律全完。臣于阅文防弊一切事宜，仍仿照岁试认真办理，不敢稍涉疏懈。皖省士习尚属驯顺，臣此次周历通省，各士子于臣岁试时场规办法均已知悉，枪替绝踪，内外清肃，臣仍随时随事谆谕各生童，以端谨持身，专勤向学，以仰副我皇上作育人才之至意。臣现已通饬各属学备办录送科举及赴金陵录遗一切应行事件。其各学举报优生，业经随即考试，一俟会考届期，再行照例办理。所有微臣科考全毕情形理合专折具陈，伏乞皇太后、皇上圣鉴。谨奏。

军机大臣奉旨:知道了,钦此。

光绪八年五月廿五日《京报全录》第一百三十一号,壬午六月初六日《申报》附张

载1882年7月20日《申报》,附张第2版,21卷119页

100. **江南乡试头场题**

首题:子曰:"小子何莫学夫诗?"至"其犹正墙面而立也与"。
二题:尊贤之等,礼所生也。
三题:命也,有性焉,君子不谓命也。
诗题:袖中吴郡新诗本,得"新"字,五言八韵。

载1882年9月23日《申报》,第2版,21卷505页

101. **江南乡试二场题**

《易》:象也者,像也。彖者,材也;爻也者,效天下之动者也。
《书》:平章百姓,百姓昭明。
《诗》:度其鲜原,居岐之阳。在渭之将。万邦之方,下民之王。
《春秋》:六月,齐侯来献戎捷。庄公三十有一年。
《礼记》:一年视离经辨志。

载1882年9月26日《申报》,第1版,21卷523页

102. **嘉惠士林**

本科江南北士子请以场食济赈,已蒙左侯相批准,并蒙捐廉,折送肉蛋、月饼、钱文。清俸分来,共仰相臣之度;贫粮馈去,仍昭典礼之隆。士林欢跃,感颂勿谖。浙省试士亦有是请,想陈隽帅亦能上全典礼,下慰士情也。兹先将侯相批示录后:据详,上下江士子愿以月饼、肉蛋、钱文拨充皖苏灾赈。在该士子心存利济,以应得之款拨充皖省灾务之费,具见饥溺由己、好善攸同至意。昔范文正公为秀才时,即以天下为己任,其心之所存曷以逾此。惟秋试应备月饼、肉蛋,事关典礼,有其举之,莫敢成废。兹本爵阁督部堂特于廉款项下划项易钱,分致各士子,自备月饼、肉蛋、钱文,以为万选先兆。回首五十年秋试时,三场风景依稀如旧,愿与诸生共领。所有钱文应如何散给之处,仰该外提调转饬一体遵照。缴。

载1882年9月28日《申报》,第2版,21卷535页

103. **论乡闱士子供给折钱助赈**

国家取士子之典,以三年举行乡会试为最重,寻常考试均不及其盛。士子以此为进身之地,不远千万里而来。虽得失由于命数,而读书立品,争自濯磨,所以希冀显荣。倘

幸上进者,其心盖亦甚切,而国家定制,优待士子,亦惟此时有加无已焉。夫会试聚乡试所取之人而合试之,犹曰已成之功名,即不获登甲榜,大挑拣选,居然一行作史。若乡试,则百人之中止取其一,其在省会者尚免跋涉之苦,至外府来者,水陆兼程,旅费已非易事,而三场九日,辛苦备尝,其情不甚可悯耶？朝廷特简正副主考,三次扃试,择尤取之,慎重之至也。场内供给,按名分派,推慎重之意,而特示体恤者也。岂不知每场士子自带火食,而故留此饩羊之具文耶？盖意之所重,虽久而不敢废耳。或曰士子入场,所为者功名,不徒为铺啜也,即此粥饭鳌腿之供,分之不见为多,合之即已不少,就令不设,亦属无关紧要。而不知国家之厚待士子正在此戋戋之数,奉行之人,罔敢或缺也。此项经费列入科场正开销内,分派士子,各省或有不同,而每名三场,综计应费若干,自有例定之数。仆,浙人也,他省供给若何未尝亲见,即以浙省言之,知每人每场所派供给亦须百余文,而复办考碗一只及大小碟各一,虽质粗不可适用,然须二十文。火腿一块,煮熟重二两五钱,则生者必须四两,以二十文一两计之,已须八十文。加以皮蛋一枚,值钱十二文,瓜姜数片少亦二文,粥饭虽不按名分派,而所备尽足取饱,亦以二十文为率,又须三十文矣。以库纹价值准钱,每一士子在二钱六七分上下,此则供给官之实办者也。咸丰以前,供应颇觉不佳,火腿肉切片而不块,盐鳌又不及皮蛋,粥饭和灰水而煮,不堪取食,较之今日费二百文而已足。后于同治乙丑,经蒋芗泉先生整顿,遂改今例,历七八科而未废,然在供给官犹沾光不少,以定额士子一名供给准价总在四五钱足银也。然国家费此巨款,而士子在场皆食自带之物,号军于放饭时遍问食否,无不摇首,但收其盘碗腿蛋,带归以贻小儿,取利市之意而已。故当天气燥热,阴霉狼藉,粥饭处处皆是,有心人以为糟蹋罪过,不如将此项供给一概折钱,然历届供给官皆以折钱须发实银为疑,屡议未改。至于今年,则士子以请捐赈款为辞,此固名正言顺而无可拟驳者矣。顾吾思之,此项供给,国家以之厚待士子,而士子深体圣人恫瘝之抱,移充赈饥,则办理供给之员安有不思洁己奉公,而以例定价银全数提拨者。而谓仅以买办各物实用之价为准,而仍须留其沾润之余,可乎？故此次具禀之士子固属深明大义,而办理之官员亦宜激发天良也。夫以一名而开销五钱银,则一万人可提五千两,以之助赈,即全活五千人,其功德自非浅薄矣。然吾但就浙省情形而论,他省则未之知也。闻江南场中以供给一切不甚精洁,已于前科经士子禀请折钱给发,每名仅止二百文。噫！此供给官之深感江南士子者宜其乐从而不辞也,盖江南之供给,虽不如浙江经蒋公整顿一律精洁,第以浙江近数科之所办,每名实须钱四百三十余文为断,则江南折钱二百文不过浙江之一半,而合之定例银数竟至五钱纹银,而以二百文了事,既省办理之烦劳,又增盈余之大半,官场差使有任意侵蚀可以至此者乎？夫士子既非徒事口腹之糟蹋起见而请改折价,无论二百,即再减而至于一百,亦无人争较此钱者,所惜者今年江浙两省皖赈浙赈相继而起,募捐者正苦无从下手,得应试之士子省此供给,移助灾区,方冀愈多愈妙,浙江既经禀请,则江南士子亦必闻风而起,请以折价拨充赈务。而岂知若此二百文者,实三倍而不止。前年以之欺士子,而今岁以之克灾民,推士子好善之心,彼司供给者留此倍数之赢余,得无清夜自思有怵焉不安者耶？吾顾愿两省大吏既允士子之请,尤必严饬供给各官照例定银数实提而足解也。倘以余为多言,彼人闻而深恶之,则以灾民之故,亦不遑辞谤矣。

载1882年9月29日《申报》,第1版,21卷541页

104. 壬午科江南乡试三场题

第一问：经学。第二问：史学。第三问：舆地。第四问：田赋。第五问：金石。

载 1882 年 9 月 30 日《申报》，第 2 版，21 卷 547 页

105. 南闱琐述

昨接金陵友人来信云，金陵贡院自庚午科为始，每号一条，添茶炉一具，以备士子之勺取。其时适值现任河帅梅小岩总河开藩时也，十余年来守而勿失。上科，已革运使洪琴西先生议加搏节。经上下两江应试诸人联名禀请，蒙提调梁藩宪批准，故至今锁院风清，茶烟细袅，均感梅公于不置云。

闻场中有常州某生，一卷仅书"集唐"一绝，云："小廊回合曲栏斜，遥指红楼是妾家。燕子不来春欲去，东风闲煞碧桃花。"是殆失足于温柔乡者，为之三叹。

又，闻头场某号内有宿松县某生与泾县王生联号，某生已就号矣，适王生自外来，因迎问曰："我顷在明远楼凭眺，见一美妇人似曾相识，姗姗过楼下，急下楼问其坐在何号，已不及觌。尔曾遇之否？"王生加以调笑。某生转自掩饰，遂不为意。乃于初九夜间，勒带于颈，人莫之觉。天明经号军惊呼，则已冰且僵矣。王生出场后，为人传述如此。闻二场亦有二人死于非命云。

又，接扬州友人来信云，仪征县有新进生员某，年二十余，有文名，乃叔为名孝廉。某生于初八日卯刻入闱。应点归号后，当有该号监军照料一切。号军走不十步，即闻某生叱云："此系我号，尔何得占？"号军尚不以为意，某生竟脱上下衣，开考篮，取小刀，当胸自划，血流不止。号军力夺其刀，某生复碎一碗，仍划于胸。号军遂奔告号官。号官禀诸提调，调集四五人将某生扶住，问之不答。提调即命扶出，赖有同寓考生嘱妥人送回扬州，已奄奄一息矣。闻某生本有疯病也。

又，观音门外江边有下江某府某县某增生，因录遗见摈，发愤投江而死，写一冤单，并录遗场中诗文黏贴江边庙墙上，单上注明姓名、籍贯，年二十五岁，家素寒，六岁失怙，孀母苦节，教育成人，完姻甫十四月。此次应试，川资无着，每岁馆谷只有三十余千，合家衣食仰给于此，今年承居停凑送川资外，尚欠一千余文，只得揭卖屋瓦，得钱一千六百文，留六百文与老母。今录遗不取，无颜回乡，且明年必至无馆，全家何以存活？同一死也，不如此时即死，则乡人庶可怜我老母，终其天年。妻尚少，可再嫁，幸无子女。场中拙作录呈诸君阅之，知非战之罪也。痛哉！云云。

又，下江某府某州一岁贡生某，年四十四，亦因录遗见摈，投东水关外江而死，亦有冤单，云：已为名诸生二十余年，门下士登贤书者七人，入泮食饩者百余人，应试十三次，荐卷九次，科岁试列一等第一名者十七次，全家食指二十余人，皆赖舌耕。已身多病，无子，六女皆已出嫁，遒欠约八九百千文，有馆尚不能温饱，何论无馆。今录科不取，明年必至失馆，与其死于饥寒，无人知觉，不如今日死于上下两江十六府八州一百余县同学诸君之前，为我废书三叹也。哀哉！我遗稿诸生可即焚于我尸前，不必存留一字。如代

我刻,我死不瞑目。师弟一场,有情无怨,何必遗我泉下恸耶。某月某日某绝笔云云。

以上三事,皆系友人辗转传述,其确实与否,本馆固不得而知也。又如某贡生所写冤单,自言为诸生二十余年,应试十三次,荐卷七次。此言殊不可信。夫此二十余年中三年一大比,即并恩科核算,亦无应试十三次之理。姑勿论此,即使该生夙有文名,而以偶弃缃珠,遽尔甘葬鱼腹,亦可谓不自爱矣。惟友人既姑妄言之,则本馆亦姑妄听之而已。

载1882年9月30日《申报》,第2版,21卷547页

106. 南闱琐述

今科江南乡试闻因天气不正,士子多有抱病而出者,并有甫经接卷,忽发癫狂。头场"正"字六十三号一士子自缢而死。至第二场,有老翁适坐此号,见其自入号后,即酣睡不醒,有似昏迷。次日放牌,此翁仍在梦乡。有唤之者,始仓皇而起,然时已过迟,遂交白卷而出。此不奇于头场士子之自缢,转奇此号之何以屡误人也。

又,有头场一被贴士子,自题联语于卷面云:"九百里身试波涛,仍与乌鸦逐队,亲负笈误传灯,半盏膏油,断送佳文曳白。五十年声闻闾巷,忽随骐骥追风,溯长江居矮屋,一场辛苦,幸邀名榜题蓝。"绎其词意,似亦老于文场者,其志可哀,其人亦弥苦矣。

又,一士子入号后,终日叹咤,入夜忽以裁纸小刀刺目而死。岂平时刺股功疏忽,临场发奋,以致误刺其目欤?抑或别有孽报?是则不得而知矣。

各直省乡试于十六日考毕,此定例也。嗣因十五日为中秋佳节,诸士倚马才高。是日午后,尽有交卷而请开门者。官宪体贴人情,遂于十五之脯时放牌,俾归家度节,今年内提调孙都转因士子贪图早出,至策对未能详瞻,每有头场中式因三场过于草率,复遭摒弃,故出示仍遵功令,须交到十六日时辰,方准出场,否则扣誊试卷云云。按,林文忠公向任苏抚,监临南闱时亦有此示,谓:今日为中秋佳节,本部院若不放尔等回家度节,未免寡恩,然尔士子三年一次辛苦备尝,幸勿贪看月色,至有舛失,自误功名等语。由此观之,足见先后各大宪苦口婆心,谆谆劝谕,具有同情也。然今年十五日午后,仍多交卷出场者,与试诸君何如是敏捷欤!

载1882年10月2日《申报》,第2版,21卷559页

107. 蓝榜题名

乡闱士子犯规被贴者,名曰登蓝榜。所以犯贴之故,种种不一。因果报应,儒者所不言,而彰明较著者亦何妨笔之于简,以供众览。昨接扬州友人来信言,有上江某生坐吕字号,于卷面大书:"内回信,借林儿手呈某某三妹密启。下书某人和泪缄。"幸收卷官将上下款字并信一封尽行涂去,令观者不知细底,真可谓隐恶之道矣。又有上江某生坐笃字号,于卷面楷书房契一纸后,又书本县存案底一纸。头场贴出,未及三时,闱中忽一人匆匆而出,将字揭去。旁人合其地、其事、其人观之,皆恍然大悟,然不敢明言也。又,师字某号某生,下江人,于卷上画刀一把、笔一枝、女头一个,二场贴出。又,上江一生,

坐官字号,头场贴出,卷上写信一函,七律一首,诗云:"花影移帘奉锦笺,终宵三起更无眠。谁知秋士如椽笔,枉竭春卿流泪泉。减字偷声空寄恨,无题有感只相怜。回肠已断仍难断,落魄消魂又一年。"此生出场,回至寓中,即呻吟不已,忽又提笔大书二十字,云:"任尔大富贵,难解我冤愆,一命抵一命,对质在重泉。"投笔大叫而死。嗟乎,三生石上未了良缘,千佛场中遽登鬼录,安得普天下谪仙人,鉴此迷津,同登彼岸也耶。

载 1882 年 10 月 4 日《申报》,第 2 版,21 卷 571 页

108. 考市清淡

金陵东牌楼状元境一带,每值乡试之年,无论大小房屋,莫不高翔其价,以考市所集,彼此互有利益也。今科赶考者较上届愈盛,向租十金之门面今且倍之,倍之不足,而又折一为二,扩三为四,随其所宜而巧赁之。凡欧洲之美器,苏杭之奇货,栉比星罗,如入五都之市,耳目为之一新。讵知来源日多,销路日窄,至入场前数日,各店竟有连夜作黄鹤者。如东牌楼之某骨董店,于初四夜搬逸。某钱庄于初五夜潜走。又有某笔墨店,于初六夜暗遁。凡此皆因房租太贵,不能自立门户,不得不作此伎俩,以免房东之困鲋于涸辙也。他如粮道署前之各烟膏店,皆进退维谷,盖因赊款急切难收,以致竭蹶也。金陵一大都会,而考市乃如是清淡,此何故耶?

载 1882 年 10 月 5 日《申报》,第 2 版,21 卷 577 页

109. 匿卷查获

科场内帘除各房阅卷外,其弥封、誊录两项责任綦重,弥封事一而易举,誊录则放卷、收卷,昼夜不辍,尤为繁冗。今届江南场内,裕中丞事事认真,而头场发誊之卷已将告竣,查核总数,上江竟失一卷。上江誊录官为前署南陵县王质溪明府,先饬总书手就上江十所搜索,不得;再悬赏格求之,又不得。乃禀明监临。监临严饬在闱执事处所各为追查务获。果于木匠房内查得一人怀卷偃卧。于是得卷者不胜欣慰,而监临大怒,谓此风一开,将来弊端更甚。拟军法从事,以儆其后。经王明府极力引咎,始邀宽免。窃谓此人挟卷而卧,不知其意何居?设始终不获,则在事诸公讵堪设想耶?是不妨严办而示惩也。

载 1882 年 10 月 5 日《申报》,第 2 版,21 卷 577 页

110. 殴毙号军

南闱场中士子驱使号军,多故意叱咤叫詈,以致号军手忙脚乱,毁坏物件,然幸无事,一任其凌虐而莫之闻。今科喧传西文场中某号有打伤号军一事,已许给五十金养伤矣。乃十八日监临牌示,着徽州送考教官将歙县附生江凤举传送上元县管押候办,因该号军已伤重致死也。夫辛苦三年,忿怒一刻,以致羁身囹圄,俾父母妻子伤心抱泣而莫能救。若此生者,殆足为虐待号军之殷鉴欤。按,闱中士子往往于号官、号军任意凌虐,

殊堪痛恨,仆与考时曾为大抱不平。然积习已久,争亦无益,其最不肖者竟有将已得火腿、月饼等物藏起,硬向号官、号军补给,不给则殴骂交作,丑态百出矣。夫号官职虽卑小,然亦地方之官长也,岂容蔑视如此?至号军则以数昼夜之辛勤,博此区区之赏犒,计亦苦矣,何忍更虐使之乎?且闻有出场之后,并此区区之费往收而无着者,盖所填寓所之伪也。间与号军谈论,据云:吾侪小人,命诚苦薄,考客之仁厚者,一考即中,难得次侯。刻薄者,则祝其高发而不得。噫!其所刺者深矣。士先器识,愿诸君自爱也可。

载1882年10月8日《申报》,第2版,21卷595页

111. 捐廉俸以助考费说

士而曰寒,士之常也。故勖士者,必曰义命自安。而朝廷特重取士之典,三年一考,士子借以为进身之阶,靡不欣喜期望,其内而父母妻妾,与外而尊亲族党、师友侪辈之间,皆愿其得中乡科联捷甲榜,庶阊闾改焕,乡里增光也。生员之设,唐宋太学之制,由来久矣。惟考试之法,历代不同。自明定乡会之典,洪武废而复行,迄于本朝,已五百有余年矣。顾明代生员之额少,而乡会取士则不减于今。本朝特加恩学校,岁科两取,儒童充附,而额更数倍于前。然乡试中数,如三江人文渊薮,亦止百数十名,或不及百名,每届试期,以万数千人而争此百名上下之解额,难乎不难?徒以榜上功名动人欣羡,虽极边远之处,亦鼓舞踊跃而至,盖尽人事以待天命,否则期望者转而诟病及之矣。虽然考试亦大难事也,以万人而有百人之选,而又文章憎命,气数由天,在己全无把握,则数试不售因而灰心者有之。其少年锋厉,甫登庠序,即已破壁飞去者,足以系子弟读书之念,而不足以挽暮年旷达之心,自分牖下终老,从此无出山之日,睹千佛名经,而不觉其怦然动也。然推其原心,非不耐三场之劳苦也,亦非不娴十四艺之功夫也。省会近府,则有须发皓然、提筐而背凳者,何其老当益壮乎?盖考费无多,但使精神矍铄,犹时作钦赐之望耳。若远在山僻,千余里之间阻,山行越岭,水程过濑,无论一肩行李、仆仆道途也,即舟车之通,而劳顿旬余,已觉不堪,况乎其贫而如洗者,而谓数十千之旅费,能不计较其值与不值乎?积一次之考费而可以为子孙购田数亩,或留一次之考费而吉事则敷子弟娶妇之资,凶礼则备父母丧葬之用,顾肯轻于一掷而博此茫无依据之功名也耶?近则虽衰惫亦可支,远则虽中年亦不赴,其故盖在此耳。夫然而其责在地方官矣。夫宾兴之典至重也,地方公项原有余盈,愈远则此款愈巨,为应试之人少也。浙之温处有数县宾兴之款,每人可得数十金,足敷往来之用,彼其官若绅皆重视应试之人,实力行之,而后有此巨款可以分摊为考费也。寒士固当体恤,文风尤贵维持,岁逢大比,而境内无人愿往,耻之甚也。所以有宾兴以鼓舞之者也夫。此岂独在僻远之地者,即近省之处亦有之,且省会首县亦有之,顾人数既多,考费又轻,士子亦遂不赖乎此。积久成习,而此款全归侵蚀,不特有名无实,并名之不存矣。惟然而吾独异乎山阴之曾邑侯也,盖山阴全越之领袖也,县属周五百里,额赋七八万,何至宾兴巨典而偏无体恤寒士之需也?曰有之。尝闻诸学斗曰,自七克八扣而后至于学,按名拟分,各得钱五七十文而已,谁欤较此锱铢者?故书斗以之贴送考公用,而相公不之问焉。噫!似此情形,则所谓宾兴者亦从不举,此礼节可知矣。今曾公捐廉以给之,仅曰卷费,盖五百元之巨款,而摊得每人一

元,不足以言宾兴也。山阴考生之多,原非山僻边远可比,若以别县宾兴例之,必使足敷租寓火食、舟车往来之用,则一人而二十元,苟得万元始足分派。邑侯仁明,当亦大难为力,顾诸生亦多不赖乎此,不过向来被蚀之款,今邑侯明知积习难回,展转侵吞,无从稽考,特从廉俸之中捐出此数,以惠士林。则受之者固亦欣喜过望,而颂邑侯不置,盖数虽綦微,若使为地方官者,皆如曾公之存心,肯为好名之举,则其于地方公事未有不随处留心,而其仁恩之及于一邑者,百姓实嘉赖之。以云寒士纳卷之需,抑末也,尝谓善用其财者,于己初无大损,而实有美名,以报之以著名之肥缺,而区区五百元之分派,邑侯固无所靳。独惜浙省杭、嘉、湖、宁、绍五郡,缺如山阴者不少,而善用其财如曾公者更无闻焉。是岂他县本有宾兴巨款,足以助寒士之考费而无烦地方官之捐廉也乎?余初不因曾公区区之惠为此过情之榆扬,第念距省骛远之处士子艰于赴试,投卷者不及科举之半,若有贤父母官损数百金之惠,于应分宾兴路费之外,更为寒士劝驾,则是温处山乡、衢严边邑纵不及下五府之盛,而亦何至寥寥数人哉!然则地方官之举动,文风之臧否与科名之盛衰系之矣。

载1882年10月10日《申报》,第1版,21卷607页

112. 南闱续闻

今届江南乡试,本馆曾将琐事叠列报章。昨接金陵友人来信,中有数事与前次所闻大旨彷佛,是一是二,必有能辨之者,故照录于左。有西龙腮政四号考生,初八夜邻舍生闻其自语云,与小云交最厚,前两年事非我负心,实为某友怂恿。今尔来邀我同去,姑俟场后可也。临别作寒暄语。邻生听之甚悉,噤不敢声。而该号生已鼾睡如雷矣。黎明,邻生以语同号生共往诘之,则茫然弗省,反以为绐己也。遂各归号作文。该生起草誊真,不改常态,及交卷归号,久而不出。邻生亦已完卷,立帘下偶呼之,不答,就帘隙窥之,见其闭目吐舌,僵坐于内,惊极呼众观,则左右墙以两钉横牵一带,置颈其上,并无圈套,不知何以气绝也。遂告号官,唤人抬出云。

又,某号有上江生,姑匿其名,头场接卷入号,与众问讯,所谈皆因果报应等事,听者咸服其老成。及号中铺设已毕,时已点灯,左右号皆举火作炊,惟此号独暗,佥以某生倦卧也,忽闻大声曰:"杀人之父者,人亦杀其父;杀人之兄者,人亦杀其兄。然则,非自杀欤。"出语虽异,犹谓其唤醒痴迷,或即曩时谈果报之意,亦不甚关心。不逾时,闻号内訇然有声,众乃大骇,秉烛掀帘,则见其人流血被面,手持尖刀。通号之人皆吃一惊,为号官所闻,开锁抬出。同号者犹惊魂不定也。

姚家巷某号有一生,进号后辄诵"若涉大川,其无津涯"二语,反复吟哦,辨其音似下江一带人。迨将封号,众人晚餐毕,皆坦腹卧,姑以书痴置之。而号门有大缸数只,盛水皆满,忽闻大声如投巨石,审视则此生倒没于中,竟游水府矣。

一友言,头场在某号遇一疯人,胡扰不已。叩其详,乃松属人,年约三十余,貌颇文雅,入号时甚安静。得题后,众方构思,该生忽手捧一板,粘纸条细字数行,旁圈密点,若摘示要语者,徂徕往来,略不停趾,口中复大声曰:"吾不出场矣。"众呼号军捺入本号,强坐片时,故态又作,众不与交一言。初十日开号,某生乃昂然交卷,不自知为白卷也,亦

不归号收拾考具。不知能安然出场否?

载1882年10月10日《申报》,第2版,21卷607页

113. 南闱试毕余闻

近日,苏州乡试士子大帮返里者,阊门外太子码头船只鳞次栉比,皆高扯旗号。中市一带铺程行李络绎不绝,士子压担随行,举欣欣然有喜色。特未知红尘扰扰中谁是夺得锦标来也。

江南闱号二万有零,定例江苏、安徽四六分,派上江四成,下江六成。今科因六安等处水灾,士子赴试寥寥,上江空号甚多,监临裕中丞酌拨八百号与下江,故黄宗师录遗,始则甚严,继而尽行补出。至初六日,犹有补录者,尽乎一榜尽及第矣,足见中丞嘉惠士林固不分畛域也。

前因有赴试生王君覆舟一事,诸君试毕旋里,人人有前车之戒。幸喜下关设立功德船,故多搭坐轮船至镇江,且有径至上海一扩眼界者。又有雇定来回船只,情愿舍舟陆行者。又有托轮船拖带者,每只不过洋二三元,故轮舟生意亦极为茂盛。十八日,功德船中有千余人守候,附轮及江表。船至,争先搬上,未及一半,舟内已不能容,即鼓轮开驶,致有客人与铺程两处分散之事。一时人声鼎沸,且喧传有人落水,则未知其确否也。

载1882年10月11日《申报》,第2版,21卷613页

114. 论文殴打

金陵泮宫前有得月台茶肆,对山临水,与文德桥紧接,货摊齐集,人烟辐辏,为游息最盛之所。三场既毕,文人多聚于此。有两考生同桌小饮,各出元作自鸣得意。始则扬己抑人,继则两相讥(锋)〔讽〕,不转瞬间已握拳挽辫,揪扭殴打矣。一云:"我文必元,彼恶敢抗?"一云:"榜只一元,焉能并存?"苦斗不已。店主恐其出事,竭力阻拦,始得解散,二人犹侈口詈骂。隔座一老翁,徐步至前,曰:"榜尚未发,请各息怒。顷闻佳作高中无疑,何必拘拘抢元哉。适带草稿一篇,出求指正。"次第传观,两人默无一语,若有惭色,移时乃问曰:"此文系翁何人作也?"曰:"小孙。"叩其年。曰:"十六。"彼两人者转怒为惊,相与狼狈遁去。众人一笑而罢。此系友人所传述,确否固不可知,顾蒙以为此二生今科实可望元,盖见老翁所出之文而犹有惭色,则文之好丑尚知也。充此虚心,谅其文必佳,虽抢元亦复何愧。或又谓,此二生恐难望中,苟并翁之文,而不识其何以佳,不特今科得元,虽翔步木天,要亦指顾间耳。

载1882年10月13日《申报》,第2版,21卷625页

115. 监临起节

今科江南乡试监临为皖抚裕寿山中丞,照例于八月初六日入闱。刻下,闱事已竣,中丞拟于月初起节回皖,并顺道先赴宁国府大阅。前次出省阅兵时,适皖省各属被灾,

中丞即回省办赈,故大阅之典须俟此次补行也。

载1882年10月13日《申报》,第2版,21卷625页

116. 南闱遗事

士子赴试,在场内殒命情形各有不同,以理度之,佛氏因果之说盖亦有之。本科南闱琐闻,前报略登数件,可为险狠贪恶者戒。今又闻三场时有坐状元新号者方谓安居无恙,同号仅二十余人,号军伺候亦可周到,静心封条最为合宜。不期十四夜间,有一生陡然耸身上屋,往来奔跳,若履平地,尘飞瓦碎,人人恐惧,因而鼓噪,惊动号官、监试秉烛前来,开栅入号,向生招手,令其下屋。生云:"本系困倦就卧,突来一人拖曳出号,势将逞凶,无路可逃,耸身一跃,不觉直上屋脊,彼犹在后追逼,故不得已东奔西逃,幸不失足。其披发持械,有欲得而甘心之状。今因人众势盛,已远遁矣。"言毕,踞屋犹作恐惧状。众人唤其下屋,生曰:"我本文人,何能跳下?有梯乃可。"遂取梯接之,问归号否?曰能。气喘稍息,依然一文士也,言动亦复如常,归号清理各事,整设笔砚。迨策题既下,果能起草誊真,无异他人。十六早,交卷出号,一无他异。同人问其前事,则亦莫知所由。此真事之至奇者,录之以俟明理君子解焉。又,三场有一士子,书一诗,放卷面,哀感顽艳,亦风流自命者也,姓名则姑付阙如。诗云:"白杨萧瑟墓门寒,十载黄泉泪未干。曾记当时明月夜,并肩同倚玉兰干。"又有一人对策将毕,忽闻邻号呼救声,急往视之,见一生状类癫狂,语言无次,试卷已焚毁,仅存卷面山阳县附生某数字。同号诸人急嘱号军轮流照看,得免意外之虞。黎明渐醒,即向同号诸人道谢,自言平生毫无隐慝,惟家中有一孤侄,不特不能善待,且时加凌辱,故亡嫂来焚试卷,阻我功名。愿诸君敦友于之谊勉为名教完人,慎勿若仆之自贻伊戚也。言讫,嘘唏而去。士子入场所带各物,往往为号军所窃,此常事也;至号军之物为他人所窃,则未之前闻也。三场,有某号号军偶然酣卧,醒后失去青蚨三千余文,当即跪求号官请究。号官谓:"汝自不小心,何怪他人耶。"该号军遂饮泣而罢。

载1882年10月14日《申报》,第2版,21卷631页

117. 誊录出关

上月念八日,江南誊录生出闱云:今科卷子誊写甚为认真,稍有草率,内监试即发回再誊,盖监临早有示谕,不准苟且以误人功名。然誊录生并无怨言者,以监临宽厚待人,心之所感,手遂忘其劳焉。闻说头场于辛工饮食外,每名各给钱五百文,二场三百,三场二百,此项皆监临捐廉赏给,是以受惠者皆欢欣而颂德也。

载1882年10月17日《申报》,第2版,21卷649页

118. 上下江士子感侯中堂赏赉饼脯诗

须江方澍六献稿

壬午夏蛟水为灾,安省潜太一带尤甚,皇仁减膳赈恤,已邀恩典,向例秋赋时给饼脯

资,缘己卯科士子议将此项助赈晋省。今年秋试,庐州丁翰清、程佐衡,扬州张醴泉等仍如前议,具禀左侯,即如所请,侯相自行捐廉如数照给。一时衢巷欢呼,交相舞忭,嘱余作歌以颂其事,云:

长江南北秋风骞,多士射策如云屯,鸣鹿呦呦动苹野,饼脯先拜皇王恩。鞴毂都会湘阴相,宣布帝德调钧元,圣王作人善良起,救灾恤邻化悭鄙。洪涛泛滥皖江昏,毒蛟怒立千尺水,腥风吹水黑烟流,青山倒没数百里。小民其鱼化岛国,欲哭无声浪头死,遗尸漂荡啄鸦飞,肌肉腐脱无完骸,伤心触目人何堪? 死者已死生者患,皇仁恻怜潜太苦,汝民一体归恫瘝。帝曰民以食为天,诏颁帑藏纾民艰,多士纷纷颂主德,慨然义形眉颊间。饼肉拜嘉荷天贶,推解亦欲资泰山,呈文具请湘阴侯,唏嘘嘉善心滋忧。朝廷有举难再废,侯曰吾为多士谋,士能恤民侯爱士,鹤糈分给偿汝侪。吁,嗟乎! 万间广厦空传阁,眼中寒士何纷纷。君不见,势权笼络招门客,令人却笑平原君,我公抱义起寒畯,士民疾苦深哀懂,草茅但祝公爽健,将功相业马与文,襄我国家成奇勋。

载1882年10月18日《申报》,第4版,21卷656页

119. 壬午科江南乡试题名录

第一名〔至第十名〕:林介弼,怀远;许鼎霖,赣榆;袁宝璜,元和;张心镜,青浦;蒯光典,庐州;刘启彤,宝应;龚良举,合肥;潘绍周,荆溪;裘葆椿,全椒;辛先修,太湖。

第十一名〔至第二十名〕:陈凤泉,和州;邵凌霄,盐城;严安澜,常熟;金簏,镇洋;钟线,镇江;王勋臣,凤阳;陈倧万,仪征;宋光裕,长洲;鲍心贤,镇江;唐新治,太仓。

第二十一名〔至第三十名〕:章际治,江阴;曹琳,青阳;翟仲恂,泰兴;洪锡礽,淮安;许珏,金匮;冯熙,金坛;王士秀,定远;秦本桢,宝山;程厚丰,休宁;仇继恒,上元。

第三十一名〔至第四十名〕:程恩灿,休宁;马文苑,长洲;潘兰隽,山阳;吴曾浏,吴县;汪赞金,苏州;刘会书,休宁;彭秦士,苏州;李经方,合肥;胡再福,无锡;国裕,京口驻防。

第四十一名〔至第五十名〕:袁济川,扬州;刘卓树,如皋;汪肇镕,祁门;苑彦良,高邮;徐学曾,荆溪;孙锡恩,六合;汪锡嘏,扬州;杨士琦,泗州;朱宇辉,泾县;周尔润,定远。

第五十一名〔至第六十名〕:汤冀然,金匮;张庆第,丹徒;杨士潜,泗州;陆乃勋,嘉定;方霆,太湖;杨学沂,吴县;汪应章,桐城;宣承皋,长洲;黎宗干,宿松;朱孔彰,苏州。

第六十一名〔至第七十名〕:沈士林,溧阳;崔有瀚,太平;杨学敬,如皋;沈保宜,武进;范大杰,和州;沈宗汾,震泽;季保康,常熟;孙传奭,寿州;罗厚焜,宿松;朱铭盘,泰兴。

第七十一名〔至第八十名〕:李经畬,庐州;曹福元,吴县;王庆生,江宁;陆春官,江宁;李恩瀚,泰兴;高永孝,六安;周焕,元和;张文鹭,铜陵;姜荫森,太湖;慕培元,江宁。

第八十一名〔至第九十名〕:吕景瑞,常州;李愠侯,丹徒;徐贞,歙县;秉彝,江宁驻防;潘宝琛,宝应;项发荣,淮安;汪道怡,武进;周钧,淮安;潘锡彤,怀宁;郑鹤章,泾县。

第九十一名〔至第一百名〕:吴之桢,宿松;王眙哲,泰州;吴庆祥,嘉定;杨佐垣,靖

江;王庆耀,歙县;何秉奎,淮安;赵巽年,阳湖;项欣,宿松;朱联捷,上元;祝和煦,太湖。

第一百零一名〔至第一百一十名〕:谭力堂,萧县;吴邦升,嘉定;章法护,来安;孙崇纬,泰兴;王鉴,仪征;曹金鉴,太平;王同德,元和;李绍基,泰兴;戴家敬,合肥;鲍中镰,歙县。

第一百十一名〔至第一百二十名〕:田庚,怀远;霍福庆,如皋;檀珂,望江;高子骏,高邮;董大培,无为;孙荣槐,六合;夏孙桐,江阴;陆建章,寿州;顾似基,通州;程锡熙,黟县。

第一百念一名〔至第一百三十名〕:钱鸿渭,江都;李正先;陈光,阳湖;王宏杰,休宁;杨德炳,上海;吴用宾,宜兴;余士俊,婺源;倪承端,泾县;赵仲纯,昭文;恩存,江宁驻防。

第一百卅一名〔至第一百四十名〕:邵培杰,泾县;王廷材,娄县;房镰,歙县;沈宗荣,吴江;余元达,黟县;楼同登,苏州;张尔梅,无为;习宝源,东台;王梦松,无为;张均,金匮。

第一百四十一名〔至第一百四十七名〕:邹洪纬,镇江;侯梁,无为;郑维翰,江宁;陶忠讷,长洲;李鸿仪,休宁;陈延襈,江都;彭逢吉,长洲。

副车　第一名〔至第十名〕:夏勋臣,吴江;孙一麟,元和;常旅芬,寿州;王苏,泰州;郑雅言,甘泉;方桂成,桐城;殷宗潍,丹徒;杨洛鉴,桐城;陆震福,常熟;胡钧,江都。

第十一名〔至第二十名〕:徐秉璜,丹徒;张坚,松江;胡嗣运,昭文;汪时鸿,旌德;陶治允,吴县;陆元瑞,丹阳;陈英,望江;马志举,上元;胡莺书,英山;陈大杰,扬州。

第念一名〔至第念二名〕:蔡许文,太湖;胡宣铎,望江。

载1882年10月27日《申报》,第2版,21卷709页

120.壬午科顺天乡试题名录

……徐德沅,安徽……程承翰,安徽……杨学洪,安徽……陈同礼,安徽……张华奎,安徽……胡诒诏,安徽……

(注:共录282名,其中皖生6名。仅录皖生姓名、籍贯。)

载1882年10月30日《申报》,第2版,21卷727页

121.赖钱贻笑

江南今科场规之松,大异从前,遂致百弊丛生,无恶不作。有安徽生倩扬州生代笔作文,三场全包,讲定中则谢银三千两,以三百两为笔润,写欠据为凭。润资当付一百两,言定至扬再交二百两,出有凭条。安徽生,富贵人也,代笔生固信之。考毕回扬,并未提及。往索,复托故延宕,大有不与之意。言之再四,只付一百两,令退还原据。代笔生不肯,安徽生竟挟贵凌之,并欲与之上公堂,对明笔迹,如同,照数全付,否则,定行重惩。代笔生愤极,大号。安徽生惟以对笔迹为辞。有知者云,安徽生善书,素精颜字,而亦善北魏碑体,其凭条系书魏体,有意与场卷笔迹不符,为图赖计,故理直气壮,以公堂对笔哓哓置辨。今代笔生已愿再得一百为笔资,乃安徽生必欲其退全据。排解者愈多,而其气愈盛,辞愈亢。代笔生只好隐忍不谈。此事已传遍扬城矣,然仆意安徽生之处心

积虑如此险刻,必难幸获探蟾,盖风檐寸晷之中而欲为人作嫁,必须舍却自己功名,以期失此而得彼,其心亦良苦矣,是不过境况所迫耳。文章自古无凭,冥冥中自有主宰。此等银钱忍心负赖,尚能博朱衣暗点乎？

载 1882 年 11 月 7 日《申报》,第 1 版,21 卷 775 页

122. 皖省近闻（举办县试*）

皖垣客岁曾奉孙学宪飞檄,饬于岁底速行县考。是以新任谭明府接篆后,即行开考,至年终而试毕,定期于新正初九日举行府试。学宪按临约在二月中矣。

载 1883 年 2 月 23 日《申报》,第 1 版,22 卷 245 页

123. 乡会试誊录积弊说

新安俟命人稿

乡会试之设誊录,原以防辨识字迹之弊,从前顺天乡会试誊录生本由京外书吏调充,复设誊录官、对读官,恐其有脱落错舛等弊。法至善也。余去秋应京兆试三场,有号军自言曰："号军差已做毕,又要做誊录生矣。"余窃疑焉,遂细诘之。据云,此种苦事,书吏谁肯来充？惟我等略识字者,先作号军,后作誊录,不知凡几。余即以策题与之,阅十字中不过认得一二。同号生曰："国家多一科条,有利必有弊,中国之政坏在官不肯实事求是,岂独一誊录也哉？"余唯唯。余出场,与亲友闲谈,佥曰："积弊如此,莫可挽回。"及榜发,余落孙山。次日至顺天府取落卷。据云,已批誊录榜发吏部。余至吏部,求贤科阅卷,见聚奎堂批云："词意警练,不涉浮嚣,次畅,三圆诗谐。"旁有一"备"字。及阅所誊之文诗,脱落错误,指不胜屈。吏部书吏在旁曰："如此批语不能中式,仅批誊录,大约为脱落错误之故。君之墨卷珠圆玉润,若得主司一阅,定无不中之理。此殿试考差之所以有凭也。"余怅然归寓,亲友等皆云："可以在都察院衙门控告誊录、对读官,以泄此愤。"余曰不然。亲友再三言之,且曰："如都察院出奏,必将原卷呈进,或能因祸得福,亦未可知？"余曰："此行险侥幸之事也。"余惟有俟命之一法,惟望执政者严为整顿,则士之幸也。昨阅邓给谏所奏科场积弊,凡所为慎简考官,严惩房荐等说,无不斟酌尽善,惟所陈糊名易书一层,似乎设想太过。若果如此,则字学可不讲究,况文章、诗、策,各人眼界不同,即各人爱憎不同,彼以为佳者,此以为劣,文章、诗、策不能自白其冤,故列圣取士未尝废字考差。殿试易书一事,上谕未允其请,足见宸聪独断。余草茅下士,无尺寸之柄,不过因有所感而作此不平之鸣耳。

载 1883 年 3 月 31 日《申报》,第 3—4 版,22 卷 430 页

124. 考试认真

皖垣徐大宗师日前岁试安庆府属,先则谆谆示谕。及闱考,则场规极严,查出甲乙两生均系枪冒,当即发交提调重责,枷号龙门示众云。

载 1883 年 4 月 19 日《申报》,第 1 版,22 卷 535 页

125. 皖抚裕奏为循例奏请折子

头品顶戴安徽巡抚臣裕禄跪奏,为乡试年老诸生三场完竣,榜发未经中式,循例奏恳恩施,仰祈圣鉴事:窃照乡试年老诸生年届八十、九十以上,三场完竣,榜发未经中式,例应详查年岁,开单具奏,由部核明请旨,分别赏给举人副榜,历经遵照在案。兹届光绪八年,江南省举行壬午正科文闱乡试,臣入闱监临,榜发后查明应试年老诸生三场完竣,未经中式,年届九十以上者:旌德县副贡生韩潮等七名。年届八十以上者:安东县恩贡生朱汝寅等二名。又,年届八十以上者:青阳县附生鲍桢等二十一名。调阅原卷,均各正草完全,文理明顺,饬据江宁布政司行查诸生年岁,均与学册相符,取造册结,具详请奏前来。伏维典重抡才作育,际昌期之盛,礼隆尚齿恩荣,昭文治之华。江邦既多士,风蒸耆宿,亦观光云萃。该生韩潮等青衿奋志,皓首穷经,未荒砧毕于芸窗,弥切观摩于棘院。幸涵濡夫圣教,诵习久安,允鼓舞夫儒林,宠施合沛。除造册咨送礼部外,谨会同大学士两江总督臣左宗棠、江苏巡抚臣卫荣光、安徽学政臣徐郙、江苏学政臣黄体芳,恭折具奏,并将诸生姓名、年岁、籍贯另缮清单恭呈御览。伏乞皇太后、皇上圣鉴,敕部核复施行。谨奏。

军机大臣奉旨:礼部议奏单并发,钦此。

光绪九年三月初八日《京报全录》第三百九十三号,癸未三月十九日《申报》附张
载1883年4月25日《申报》,附张第2版,22卷575页

126. 癸未科会试电传题名录

宁本榆,安徽;张预,浙江;秦绶章,江苏;华辉,江西;陈毓光,湖南;郑淑章,福建;徐定趋,浙江;祁寿廖,江苏;陈阜嘉,湖南;梁鹏翥,广东;吴寿釜,福建;朱子春,湖北;陈日稔,浙江;费葆年,江苏;郑寿,福建;谢辅廉,浙江;邓福初,江西;□定高,江苏;陈名正,江苏;□傅曲,安徽;陈受颐,浙江;郑祖焕,湖南;李梦瑞,湖南;黄福楸,浙江;汪如练,江西;沈赓飏,江西;张筠,浙江;□步云,湖北;熊亦奇,江西;顾儒基,江苏;柯连时,湖北;欧阳钧,广东;余朝绅,浙江;任家泰,江西;沈熙廷,浙江;张亨嘉,福建;彭清辅,湖南;王福钟,江西;陈晓敬,广东;鲍恩绶,安徽;范锡恭,安徽;周锡恩,湖北;郑其发,湖北;刘家谦,江西;王明德,湖北;何毓麟,浙江;□崇惠,江苏;叶士荃,江苏;柳思诚,江西;洗宝干,广东;谭福全,湖南;黄传礼,湖南;陈咸庆,江苏;陈槐林,江西;简叙琳,广东;包宗经,浙江;朱寿保,浙江;王蕊修,安徽;郑卿虞,福建;贺福龙,江苏;尤兰芳,福建;龚化龙,湖北;汪凤藻,江苏;吴耀庚,福建;秦夔飏,江苏;曹福元,江苏;蔡寿星,福建;叶人煆,福建;蒯光典,安徽;王恭三,福建;王燿曾,福建;陈日昌,江西;盛昌华,湖南;□鸿翔,湖北;丁仁长,广东;张兰鹤,湖南;施监赓,福建;李振鹏,江苏;洪家滋,浙江;倪廷庆,安徽;樊学贤,江西;陶守愚,江西;区应嵩,广东;孙传□,安徽;蔡庆云,安徽;王寿培,江苏;王祖畬,江苏;曾宗金,福建;何恩深,广东;孙祖英,浙江;陈赓香,福建;葛金烺,浙江;万邦华,湖北;李汝鹤,江苏;胡之钧,安徽;田应达,湖南;梁敦熙,广东;潘履

端,广东;柏鸣濂,湖北;陈曾毓,江西;顾曾烜,江苏;鲁南,江西;沈应宗,广东;沈家本,浙江;何维棣,湖南;孙崇埔,湖北;高宝华,浙江;王汝论,浙江;徐贞,安徽;饶昌麟,江西;□廷,安徽;巢凤冈,江西;陈同礼,安徽;刘廷景,江苏;方铸,安徽;童祥熊,浙江;彭昆全,江西;刘丙燮,江西;沈绾青,江苏;许方泳,浙江;顾曾椒,江苏;陶福祖,江西;谢必锦,福建;朱占科,江苏;郑邦任,广东;黎大钧,湖北;陈凤墀,福建;葛庆同,湖南;朱祖谋,浙江;方苐林,安徽;傅汝绂,江西;叶大烜,福建;谢池春,湖南;顾厚焜,江苏;张嘉猷,福建;孔照乾,江苏;黄培麟,浙江;王绍廉,浙江;□鸿飞,浙江;刘宪仁,福建;陈如岳,广东;王代文,福建;俞成庆,湖南;雷祖迪,广东;林孝恂,福建;梁荤,广东;张瑄生,广东;庞桂廷,广东;江昶荣,福建;王念祖,安徽;谢济民,广东;章德护,安徽;黄金钺,广东;周安,广东。

  右,本科会试题名录,系本馆专发友人在津照全录翻出,由电报传来,尚有满洲、蒙古、汉军及直隶、山东、山西、河南、陕西、甘肃、四川、云南、贵州、广西等省题名,或以去京较近得信本早,或以地属边徼,本报邮寄仍需时日,故未赶录,止将三江、浙、闽、两湖、粤东八省等列,以慰争先快睹之望。其名次亦未注出。惟其传来次序宁君为第一,但电传姓名或间有小误,均俟全录寄到,再行补登。阅者鉴之。

本报附识

载1883年5月20日《申报》,第2版,22卷715页

127.光绪九年癸未科会试题名全录

  第一名〔至第十名〕:宁本榆,安徽休宁;张预,浙江钱塘;严修,直隶天津;秦绶章,江苏嘉定;华辉,江西崇仁;武燻朝,直隶南乐;崧寿,正黄;陈毓光,湖南衡山;郑淑璋,福建侯官;戚善勋,山东黄县。

  第十一名〔至第二十名〕:徐定超,浙江永嘉;祁寿麐,江苏;陈阜嘉,湖南衡阳;梁鹏翥,广东三水;吴寿金,福建福兴;朱子春,湖北武昌;陈日稔,浙江;费葆年,江苏泰州;郑筹,福建;谢辅濂,浙江镇海。

  第二十一名〔至第三十名〕:刘铸,直隶宣化;陈冕,直隶宛平;邓福初,江西;裕廷,厢黄;杨少钦,河南;孔定高,江苏;李英銮,直隶蓟州;陈名正,江苏江阴;管廷献,山东;孙传曲,安徽太湖。

  第三十一名〔至第四十名〕:陈受颐,浙江;高熙缉,山东滕县;张九章,山西平定;国裕,镶白京口;郑祖焕,湖南;李梦璃,湖南长沙;黄福楸,浙江仁和;汪如练,江西临川;沈赓飏,江西德化;张筠,浙江。

  第四十一名〔至第五十名〕:廖步云,湖北麻城;熊亦奇,江西新昌;顾儒基,江苏通州;柯连时,湖北武昌;欧阳钧,广东新会;余朝坤,浙江乐清;阎翠峰,河南河内;舒泰,正红;任家泰,江西丰城;李瀛瑞,山东莱阳。

  第五十一名〔至第六十名〕:准良,厢黄;沈熙廷,浙江定海;张亨嘉,福建侯官;盖天佑,山西浮山;刘读藜,四川;彭清辇,湖南长沙;王福钟,江西玉山;阎乃竹,陕西朝邑;陈熙敬,广东;张铭坤,河南。

第六十一名〔至第七十名〕：王惠兰，山东长清；王培佑，山东平度；鲍恩绶，安徽；张耀斗，陕西长安；范锡恭，安徽定远；周锡恩，湖北罗田；郑其发，湖北；刘家谦，江西奉新；王明德，湖北；胡毓麟，浙江山阴。

第七十一名〔至第八十名〕：荣庆，正黄蒙古；孙崇纬，江苏泰兴；叶士荃，江苏常州；柳思诚，江西萍乡；王树玉，山东莱阳；洗宝干，广东南海；齐学俊，直隶天津；谭福泉，湖南清泉；黄传礼，湖南长沙；陈咸庆，江苏仪征。

第八十一名〔至第九十名〕：陈槐林，江苏泰州；简俶琳，广东番禺；包宗经，浙江镇海；袁翊殿，山西陵川；朱寿保，浙江富阳；王蕊修，安徽；曹俊瀛，直隶天津；王桂琛，山东诸城；叶玉林，广西；窦渥之，山西沁水。

第九十一名〔至第一百名〕：郑仰虞，福建长乐；徐炳文，顺天通州；李岳瑞，陕西咸阳；陈荣昌，云南；刘厚保，山东济宁；贺福龙，江苏丹阳；梁涛观，四川；怡令，厢黄满洲；尤兰芳，福建；龚化龙，湖北黄冈。

第一百名〔至第一百十名〕：王氾年，云南；谈国放，厢白汉军；冯汝骙，河南祥符；汪凤藻，江苏元和；李经野，山东菏泽；吴耀庚，福建；戚朝卿，贵州；刘维干，直隶景州；邵松年，直隶宛平；秦夔杨，江苏。

第一百十一名〔至第一百二十名〕：徐谦，直隶天津；曹福元，江苏吴县；骆景宙，广西；高祚效，山西；蔡寿星，福建；定成，正黄满洲；赵臧异，顺天大兴；叶人嘏，福建；蒯光典，安徽；王恭三，福建。

第一百二十一名〔至第一百三十名〕：聂兴圻，四川；王耀曾，福建；刘尚伦，正红汉军；陈日昌，江西；盛昌华，湖南；徐鸿翔，湖北；陈凤楼，四川；丁仁长，广东；志钧，厢红满洲；张荀鹤，湖南。

第一百三十一名〔至第一百四十名〕：施监赓，福建龙溪；李振鹏，江苏吴县；刘太龢，河南；沈潜，山东历城；吕炎律，云南；徐元瑞，直隶乐亭；胡宾周，河南；高承瀛，山东；洪家滋，浙江；倪廷庆，安徽。

第一百四十一名〔至第一百五十名〕：张僖，山东潍县；郭鸿宾，陕西；王宝琛，奉天承德；樊学贤，江西萍乡；陶守愚，安徽；吕佩瑀，广西广川；石香圃，河南；承先，正黄满洲；周垣，四川涪州；区应嵩，广东顺德。

第一百五十一名〔至第一百六十名〕：孙传奕，安徽寿州；蔡庆云，湖南；姚大荣，贵州；徐绍庸，顺天武清；张崇，陕西清涧；刘永清，甘肃；赵光表，贵州；王寿培，江苏；陶源邻，顺天宝坻；赵五星，河南汜水。

第一百六十一名〔至第一百七十名〕：王祖畬，江苏镇洋；曾宗念，福建闽县；何息深，广东东莞；田恂，河南祥符；孙祖英，浙江会稽；陈赓香，福建长乐；葛金烺，浙江平湖；张汝洽，甘肃会宁；李世祥，贵州贵筑；罗光烈，四川。

第一百七十一名〔至第一百八十名〕：李锡庚，直隶乐亭；万邦华，湖北黄冈；李汝鹤，江苏丰县；刘德圣，河南汝州；汪景星，陕西；胡之钧，安徽太平；李全，直隶天津；田应达，湖南；曾树椿，四川；陈本仁，云南。

第一百八十一名〔至第一百九十名〕：李春元，山东历城；钱正国，云南；杨琮宸，四川；梁启熙，广东顺德；黄祖直，山西；晋荣，正黄；李垣，直隶乐亭；赵俊升，奉天；刘子焕，陕西;唐际清,山西太原。

第一百九十一名〔至第二百名〕:周绍刘,广西;王荃,云南石平;黄树勋,贵州;李俊,直隶宝坻;胡景贤,直隶永平;恩钟,厢蓝;潘履端,广东;柏鸣濂,湖北沔阳;陈曾毓,江西;顾增炬,江苏通州。

第二百零一名〔至第二百一十名〕:鲁南,江西新淦;洗应宗,广东顺德;沈家本,浙江;刘光第,四川;何维栋,湖□;黄玉忠,广西;孙崇墉,湖北;葛宝华,浙江山阴;王慎猷,陕西;王汝纶,浙江。

第二百一十一名〔至第二百二十名〕:徐宝锷,陕西;徐贞,安徽;赵湘洲,贵州;饶昌麟,江西;江廷燮,安徽;济中,厢黄;巢凤冈,江西;陈同礼,安徽;刘廷景,江苏靖江;方铸,安徽。

第二百二十一名〔至第二百三十名〕:童祥熊,浙江;张丕显,直隶宝坻;余廷梓,河南;邱秉勋,四川;赵汝干,山东黄县;彭昆全,江西;赫耀昂,山西;刘丙锡,江西;沈绾青,江苏;许方泳,浙江。

第二百三十一名〔至第二百四十名〕:顾曾椒,江苏通州;陶福祖,江西;谢必锦,福建;朱占科,江苏;郑□,广东;黎大钧,湖北黄冈;陈凤墀,福建;葛庆同,湖南;朱祖谋,浙江;方苻林,安徽。

第二百四十一名〔至第二百五十名〕:傅汝绂,江西;叶大烜,福建;王肇潜,山东;谢池春,湖南;黄桂清,贵州;孙国桢,直隶乐亭;缪介臣,云南;李宝宾,山东历城;顾厚焜,江苏元和;张嘉猷,福建。

第二百五十一名〔至第二百六十名〕:孔照乾,江苏;黄培庆,浙江;赵尚辅,四川;张琦,甘肃;王绍廉,浙江;李邦庆,山东;胡治全,贵州;谢裕福,陕西;李秉瑞,广西;水鸿飞,浙江。

第二百六十一名〔至第二百七十名〕:于升光,河南;高鹏飞,山东;郑炳麟;唐枝中,广西;刘宪仁,福建;余维礼,甘肃;王金铉,直隶永平;施纪云,四川;陈如岳,广东;刘熙纯,河南。

第二百七十一名〔至第二百八十名〕:熙麟,内正白汉军;高枫,陕西;刘家模,河南;谢化南,陕西;唐开文,贵州;王泳文,福建;左盛钧,广西;李律,内厢蓝汉军;王人文,云南;丁秉乾,甘肃。

第二百八十一名〔至第二百九十名〕:殷瑞生,奉天;段承忾,云南;李务滋,广西;王景培,山东;史春荣,河南;李九江,甘肃;段麟,云南;姜子成,四川;苗庆兰,湖北;俞成庆,湖南。

第二百九十一名〔至第三百名〕:雷在夏,陕西;李培兰,四川;雷祖池,广西;林孝恂,福建;崔曾瑞,山东;梁莘,广东;张琯生,广东;庞桂廷,广西;江昶荣,福建;何绍棠,云南。

第三百零一名〔至第三百一十名〕:赖清建,陕西;王念祖,安徽;周凤翥,贵州;陈德昆,贵州;张葆廷,□□;谢济民,广西;汤耀,云南;章法护,安徽;李扬宗,甘肃;张景星,山西。

第三百一十一名〔至第三百十六名〕:李士则,甘肃;杨沛霖,甘肃;徐履更,山西;黄金钺,广东;周安,广西;黄毓森,河南。

　　本科会试,前日本馆已将三江、两湖、浙、闽、粤东八省题名由电报译登,以慰争先快睹之望。但仓猝传电,辗转翻译,其间差误固知不免。兹又有金陵友人抄寄全录一纸,地方、名姓亦尚有参差脱漏之处,无从摹拟,第思千佛名经,诸君总以全睹为快。故复照登于报,以供众览,容俟接到官板题名录后,再行校正。阅者谅之。

本馆附识

载 1883 年 5 月 22 日《申报》,第 2—3 版,22 卷 727—728 页

128. 光绪九年癸未科会试题名全录

　　宁本瑜,安徽休宁;张预,浙江钱塘;严修,直隶天津;秦绶章,江苏嘉定;华辉,江西崇仁;武燻朝,直隶南乐;嵩寿,正蓝满洲;陈毓光,湖南衡山;郑淑璋,福建侯官;戚善勋,山东黄县;徐定超,浙江永嘉;祁寿麟,江苏宝应;陈阜嘉,湖南衡阳;梁鹏鬻,广东三水;吴长钊,福建福兴;朱子春,湖北武昌;陈日稔,浙江镇海;黄葆年,江苏泰州;郑筹,福建长乐;谢辅濂,浙江镇海;刘诩,直隶宣化;陈冕,直隶宛平;邓福初,江西新淦;裕连,厢黄蒙古;阳广钦,河南夏邑;姜定高,江苏丹阳;李荫銮,直隶蓟州;陈名珍,江苏江阴;管廷献,山东莒州;杨传书,安徽太湖;陈受颐,浙江宁波;高熙结,山东滕县;张九章,山西平定;国裕,镶白京口;郑祖焕,湖南湘潭;李梦荣,湖南长沙;黄福楙,浙江仁和;汪如练,江西临川;沈赞飏,江西德化;张筠,浙江建德;曹步云,湖北麻城;熊亦奇,江西新昌;顾儒基,江苏通州;何逢时,湖北武昌;欧阳钧,广东新会;余朝绅,浙江德化;阎萃峰,河南河内;舒泰,正红满洲;任宗泰,江西丰城;李瀛瑞,山东莱阳;准良,厢黄满洲;沈熙廷,浙江定海;张亨嘉,福建侯官;盖天佑,山西浮山;刘读藜,四川渠县;彭清藜,湖南长沙;王福钟,江西玉山;阎乃竹,陕西朝邑;陈熙敬,广东信宜;张铭坤,河南渑池;王蕙兰,山东长清;王培佑,山东平度;鲍恩绶,安徽歙县;张耀斗,陕西长安;范锡恭,安徽定远;周锡恩,湖北罗田;郑其癸,湖北黄冈;刘家谦,江西奉新;王明德,湖北郧县;胡毓麟,浙江山阴;荣庆,正黄蒙古;孙崇纬,江苏泰兴;叶士荃,江苏常州;柳思诚,江西萍乡;王树玉,山东莱阳;洗宝干,广东南海;齐学瀛,直隶天津;谭福泉,湖南清泉;黄传礼,湖南长沙;陈咸庆,江苏仪征;陈槐林,江苏泰州;简俶林,广东番禺;包宗经,浙江镇海;李翙焘,江西临川;朱寿保,浙江富阳;王藻修,安徽英山;曹寯瀛,直隶天津;王桂琛,山东诸城;苏玉林,广西郁林;窦渥之,山西沁水;郑仰虞,福建长汀;徐炳文,顺天通州;李岳瑞,陕西咸阳;陈荣昌,云南昆明;刘保厚,山东济宁;贺福元,江苏丹阳;梁涛观,四川大足;怡龄,厢黄满洲;尤兰芳,福建长乐;龚化龙,湖北黄陂;王永年,云南建水;谈国政,厢白汉军;冯汝骙,河南祥符;汪凤藻,江苏元和;李泾野,山东菏泽;吴光庚,福建闽县;戚朝香,贵州修文;刘维翰,直隶景州;邵松年,直隶宛平;秦夔杨,江苏嘉定;徐谦,直隶天津;曹福元,江苏吴县;骆景福,广西荣县;高祚昌,山西冀城;蔡寿星,福建彰化;定成,正黄满洲;赵臣冀,顺天大兴;苏人谷,福建闽县;蒴光典,安徽歙县(注:原文如此);王恭三,福建永福;聂兴圻,四川富顺;王耀曾,福建侯官;刘尚伦,正红汉军;陈日新,江西新建;盛昌华,湖

南武陵;彭鸿翔,湖北黄陂;陈凤楼,四川双流;丁仁长,广东番禺;志钧,厢红满洲;张苟鹤,湖南华容;施调赓,福建龙溪;李振鹏,江苏吴县;刘太龢,河南安阳;沈潜,山东历城;吕炎律,云南云南(注:原文如此);徐元瑞,直隶乐亭;胡宾周,河南邓州;高承瀛,山东潍县;洪家滋,浙江鄞县;倪廷庆,安徽宣城;张僖,山东潍县;郭鸿宾,陕西韩城;王宝琛,奉天承德;樊学贤,江西萍乡;陶守愚,安徽六安;吕佩瑀,广西陆川;石香圃,河南永城;承先,正黄满洲;周垣,四川涪州;区应嵩,广东顺德;孙传夷,安徽寿州;蔡庆云,湖北蕲水;姚大荣,贵州普定;徐绍康,顺天武清;张问崇,陕西清涧;刘永清,甘肃秦安;赵光表,贵州平远;王寿培,江苏高邮;陈源濂,顺天宝坻;赵五星,河南氾水;王祖畬,江苏镇洋;曾宗彦,福建闽县;何息深,广东东莞;田恂,河南祥符;孙祖英,浙江会稽;陈培香,福建长乐;葛金烺,浙江平湖;张汝洽,甘肃会宁;李世祥,贵州贵筑;罗光烈,四川什邡;李锡庚,直隶乐亭;万邦华,湖北黄冈;李汝鹤,江苏丰县;刘德馨,河南涉县;汪景星,陕西兴安;胡之钧,安徽太平;李铨,直隶天津;田应达,湖南凤凰;曾树椿,四川庆符;陈本仁,云南昆明;李春元,山东历城;钱正国,云南建水;杨琼典,四川彭县;梁启熙,广东顺德;黄祖直,江西临川;晋荣,内正黄旗;李垣,直隶乐亭;赵俊升,奉天海城;刘子焕,陕西咸阳;唐际清,山西兴县;周绍刘,广西灵川;王荃,云南石平;黄树勋,贵州思南;李俊,直隶宝坻;胡景贤,直隶永平;恩钟,厢蓝汉军;潘履端,广东番禺;杨鸿濂,湖北沔阳;陈曾玉,江西萍乡;顾曾烜,江苏通州;鲁卫,江西新城;冼应宗,广东顺德;沈家本,浙江归安;刘光第,四川富顺;何维栋,湖南道州;黄玉忠,广西容县;孙崇埔,湖北孝感;万宝华,浙江山阴;王慎猷,陕西泾县;王汝纶,浙江钱塘;徐宝锷,陕西韩城;徐贞,安徽歙县;赵湘洲,贵州贵阳;饶昌麟,江西临川;汪廷燮,安徽婺源;济中,厢黄满洲;巢凤冈,江西新昌;陈同礼,安徽怀宁;刘廷景,江苏靖江;方铸,安徽桐城;童祥熊,浙江鄞县;张丕弼,直隶宝坻;余连萼,河南项城;邱秉勤,四川天全;赵汝翰,山东黄县;彭昆安,江西高安;郝耀昂,山西忻州;刘昺锡,江西永新;沈绍青,江苏溧阳;许文泳,浙江归安;顾曾灿,江苏通州;陶福祖,江西新建;谢必鉴,福建连江;朱占科,江苏山阳;郑邦任,广东潮阳;黎大钧,湖北黄陂;陈凤墀,福建侯官;葛庆同,湖南善化;朱祖谋,浙江归安;方苻林,安徽定远;傅汝梅,江西南化;叶大烜,福建闽县;王肇修,山东费县;谢池春,湖南耒阳;黄桂清,贵州镇宁;孙国桢,直隶乐亭;缪介臣,云南昆明;李葆实,山东历城;顾厚焜,江苏元和;张嘉猷,福建闽县;孔昭乾,江苏吴县;黄培俊,浙江宁海;赵尚辅,四川万县;张琦,甘肃西宁;王绍廉,浙江归安;李邦应,山东平阴;胡冶铨,贵州修文;谢裕楷,陕西安康;李秉端,广西临桂;水鸿飞,浙江鄞县;于耿光,河南孟县;高鹏飞,山东昌邑;郑炳麟,山东莱阳;唐校中,广西平乐;刘宪仁,福建闽县;来维礼,甘肃西宁;王金镕,直隶乐亭;施纪云,四川涪州;陈如岳,广东南海;刘熙纯,河南河内;熙麟,内正白汉;高枫,陕西榆林;刘家模,河南罗山;谢化南,陕西汉阴;唐开文,贵州思南;王式文,福建连江;左盛钧,广西临桂;李津,内厢蓝汉;王人文,云南太和;丁秉乾,甘肃秦州;殷瑞生,奉天承德;段承霖,云南;李务滋,广西南宁;王景檀,山东黄县;史春荃,河南荥泽;李九江,甘肃狄道;段鏻,云南建水;姜子成,四川铜梁;曾庆兰,湖北京山;俞成庆,湖南善化;雷在夏,陕西朝邑;李培兰,四川崇宁;雷祖迪,广西会州;林孝恂,福建闽县;崔曾瑞,山西山阴;梁莘,广东南海;张瑄生,广东南海;庞桂廷,广西容县;江昶荣,福建台湾;何绍棠,云南昆明;赖清建,陕西荣阳;王念祖,安徽太湖;周凤鬶,贵州兴义;陈后琨,贵州修文;张葆连,山西汾阳;谢济民,广西桂平;汤曜,云南昆阳;章法护,安徽来安;李扬宗,甘肃皋兰;张景星,山西太平;李士则,甘肃伏羌;杨沛霖,甘肃狄道;杨履晋,山西忻州;黄金钺,广东顺德;周安,广西灵州;黄毓森,河南光州。

历科乡会榜信,与试之人及亲知属望者,皆以先睹为快,而姓名、籍贯则尤以详确为宜。本届会榜本馆先由电局传到八省题名,继由金陵友人抄示全录,均经照登于报,惜其中尚多错误,并大半仅注省分而不详府县,阅者终感缺如。今续得津友寄到题名录,似较前报所登更为详尽,因不惮烦复,再列一通,以供众览。

本报附识

载 1883 年 5 月 25 日《申报》,第 2 版,22 卷 745 页

129. 癸未科金榜状元题名全录

一甲一名:陈冕。一甲二名:寿耆。一甲三名:管廷猷。

二甲第一名〔至第一百二十四名〕:朱祖谋,志钧,丁仁长,徐炳文,邵松年,张预,熊亦奇,刘廷燨,李葆实,黄福楙,严修,准良,曹俊瀛,钱正圜,鲁鹏,王培佑,秦绶章,秦夔扬,宁本瑜,赵汝翰,陈荣昌,吕炎律,胡景桂,曹福元,洪家滋,刘尚纶,童祥熊,施纪云,柯逢时,陈鸿绶,何维栋,陈如岳,汪凤藻,赵尚辅,饶昌麟,王式文,马吉樟,彭鸿翊,施调赓,郭鸿宾,陈凤楼,沈潜,郑祖焕,华辉,陈同礼,蔡卿云,王永年,朱紫佐,张琦,陈咸庆,周锡恩,傅汝梅,张筠,卢聿炳,陈后琨,陈阜嘉,李春元,王念祖,梁涛观,绵文,黄传礼,张亨嘉,鲍恩绶,张铭坤,方铸,陶福祖,潘履端,郑葆清,葛宝华,孙传棻,胡治铨,陈日新,于耿光,徐定超,王绍廉,承荫,裕连,朱占科,俞成庆,熙麟,黄桂清,曾宗彦,张琯生,郑淑璋,阎乃竹,曾树椿,骆景宙,刘光第,谢化南,王金镕,徐谦,济中,锡恩,刘子焕,高祚昌,李培兰,来维礼,陈受颐,陈毓光,沈家本,汪景星,陈凤墀,洗宝干,陈名珍,彭清藜,李荫銮,刘昺燮,左盛均,郑邦任,杨传书,尤兰芳,孙崇墉,顾厚焜,张嘉猷,王承煦,祁寿麟,李振鹏,汪如练,武勋朝,彭琨生,丁寿鹤,梁鸿鬶,周凤鬶,江昌燕。

三甲〔第〕一名〔至第一百八十一名〕:叶大烜,齐学瀛,雷在夏,刘家模,左运昌,陈增玉,陈同翰,徐贞,曹步云,汪汝纶,谭福泉,区应嵩,戚朝卿,刘熙纯,唐际清,王桂琛,邓福初,李世祥,梁荣熙,郑炳麟,李敬修,张葆连,冯汝骙,姜子成,吴长钊,孔昭乾,陈源潾,朱子春,蒯光典,刘家谦,王荃,戚善勋,李浚,何息深,张平格,贺福元,陈浚书,欧阳钧,杨履晋,雷祖迪,张九章,定成,陈槐林,任宗泰,李铨,赖清键,李务滋,李瀛瑞,郝耀昂,章法护,李岳瑞,谢辅濂,缪介臣,赵光表,庞桂庭,周垣,龚化龙,汤曜,刘读藜,殷瑞生,程景明,谈国政,姚大荣,苏玉霖,窦渥之,谢必铿,葛庆同,张荀鹤,盛昌华,李秉瑞,谢裕楷,马琇荃,陈本仁,阎莘峰,郑筹,梁莘,黄毓森,余连萼,简叔琳,晋荣,李邦庆,倪廷庆,周得程,史春荃,周绍刘,黎尹融,林钟华,刘保厚,谢济民,李扬宗,李经野,万邦华,王祖畬,顾儒基,谢池春,刘德馨,鲁卫,沈熙廷,黄葆华,张景星,顾曾烜,段承霖,杨沛霖,王惠兰,周安,包宗经,舒泰,孙崇纬,朱寿保,胡毓骐,赵湘洲,聂兴圻,陶守愚,王

善士,孔广钟,王耀曾,沈宝青,黎大均,徐宝锷,黄玉忠,郑仰虞,石香圃,王福钟,李津,樊学贤,张问崇,高鹏飞,徐绍康,水鸿飞,李翊涛,苏人谷,叶士荃,王慎猷,赵五星,刘维翰,刘翊,江昶荣,吕佩瑀,田恂,刘泰和,孙国桢,胡宾周,陈熙敬,王树玉,黄金钺,承先,唐开文,王恭三,郑昌运,高丞瀛,巢凤冈,田应达,陈贻香,沈赞飏,何绍堂,唐枝中,张汝洽,许文泳,杨鸿濂,恩钟,陈日稔,李汝鹤,江廷燮,段鏻,崔增瑞,王蕊修,盖天佑,李九江,黄树勋,孙祖华,杨广钦,范锡恭,李士则,方苇林,王景檀,柳思诚,黄培俊,王寿培,张丕弼,赵汝龄,王庆禔。

载1883年6月7日《申报》,第2版,22卷823页

130. 皖学政徐奏岁试情形折

安徽学政臣徐郙跪奏,为岁试宁国等府情形,恭折具陈,仰祈圣鉴事:窃臣自去年接任后,即札各府州办理童试。臣于十二月初九日出棚,先试宁国、广德,次及徽州、池州、安庆、六安、颍州、庐州,回署接考太平,计十二月十一日开棚,至今年六月十三日蒇事。臣恪遵圣训,悉心校阅,慎重关防。皖省士风朴厚,尚无临考滋事之人,惟广德、潜山正场拿获枪冒一名,即交提调官惩办。各属生童尚知畏法,场规极为安静,文风以庐州之合肥、安庆之太湖为优,桐城、婺源、泾县、太平次之,池、太、广又次之。武场则庐、颍为最,安庆次之。臣于试毕发落日,惟以敦品力学向各生童剀切劝谕,以副圣主作人育才之至意。至臣所历各郡,春雨稍多,麦苗间有淹损。现在稻田滋润,民情安帖,共卜有秋,堪以上慰宸厪。所有微臣考试宁国等府情形谨缮折具陈,伏乞皇太后、皇上圣鉴。谨奏。

军机大臣奉旨:知道了,钦此。

光绪九年七月十五日《京报全录》第五百十八号,癸未七月廿六日《申报》附张
载1883年8月28日《申报》,附张第4版,23卷356页

131. 皖省邮传(府试推迟*)

安庆府试本择于本月十三日开考,兹闻改迟二日,于十五日扃试云。

载1883年12月21日《申报》,第2版,23卷1041页

132. 〔皖学政徐〕又奏恭报岁试已周接续科考片

徐郙片:再,臣前于六月十四日业将考试情形奏报在案,臣旋于七月二十二日出棚,先试寿州,次及凤阳、泗州、滁州、和州。皖北屡被水灾,应试人数不多,每棚不及千人。滁州从前被兵最久,至今尚凋敝,童生仅三百余人,加意体恤,认真校阅。文风以和、寿为最优,次则怀远、含山。武风虽逊于庐、颍,而和、寿两棚挽强命中者居多。计八月初一日开棚,至十月十二日竣事,安省岁试已周。适宁、广、徽、池各属府县试已陆续报齐,臣即驰赴该处接办科考。至臣所过地方,寿、凤、泗等处,淮水横溢,二麦歉收,幸高田尚称中稔,民情安谧,可慰宸厪。臣俟徽州试毕,即赴池州,约十二月下旬回太平度岁。明

年开印后即赴安庆,次第接试。谨附片具陈,伏乞圣鉴。谨奏。

军机大臣奉旨:知道了,钦此。

光绪十年正月廿九日《京报全录》,第六百九十三号,甲申二月十一日《申报》附张

载1884年3月8日《申报》,第10版,24卷357页

133.皖学政徐奏恭报考试情形折

安徽学政徐郙跪奏,为恭报考试安庆等府情形,仰祈圣鉴事:窃臣前于徽州棚次业将考试情形附片恭报在案。臣拜折后,即赴池州,于十二月十九日试竣,回至太平度岁,本年正月二十四日出棚,先试安庆,次及六安、颍州、寿州、凤阳、泗州、滁州,计自正月二十六日开棚,至闰五月初一日竣事,各郡应试人数与岁试时不相上下,文风以安庆之太湖、桐城,六安之英山,凤阳之寿州为最优,次则六安、怀远、阜阳、霍邱、天长,亦多英俊可造之材。臣于点名时,责成廪保认真稽查,闻有顶替应名者,经廪保当场指出,发交提调官严办。其刁生劣监,随案惩革。考试选拔正场面试一艺,以杜弊窦。士子颇知畏法,场规极为安静,臣仍于讲书发落时,谕以安分读书,不得干预公事,以仰副圣主作人之至意。至臣所过地方,雨旸时若,二麦丰收,民情安谧,堪以上慰宸廑。所有微臣考试安庆等府情形,理合恭折具陈,伏乞皇太后、皇上圣鉴。谨奏。

军机大臣奉旨:知道了,钦此。

光绪十年六月十四日《京报全录》第八百五十四号,甲申六月廿一日《申报》附张

载1884年8月11日《申报》,附张第4版,25卷252页

134.芜湖近闻(定期县考*)

芜湖县邹明府定于八月初三日举行县考。

载1884年9月11日《申报》,第3版,25卷428页

135.皖抚卢奏请斥革孝廉方正夹片

卢士杰片:再,庐江县贡生黄业良前于同治五年选举孝廉方正,经该县学查无违碍,公同选举,由府详司转详,经前署抚臣吴押修于同治八年会同奏请将该贡生照例赏给六品顶戴荣身。奉旨允准,转行钦遵在案。该贡生既膺是选,宜如何束身自爱,躬行实践,为乡里所矜式,今因典田收价,捐不交田,据从九品费元庆控,经该县传讯,饬令清交,犹复违抗不遵,捏词赴府呈控,实属恃符健讼,由县详据藩司转请奏革前来。适抚臣裕禄丁忧,未及核办,移交到臣复核无异,除饬庐州府提讯详办外,相应请旨将庐江县孝廉方正黄业良衣顶先行斥革,以便饬讯详办。谨会同署两江总督臣曾国荃、安徽学政臣徐郙附片具陈,伏乞圣鉴训示。谨奏。

军机大臣奉旨:着照所请,该部知道,钦此。

光绪十年九月初七日《京报全录》第九百三十六号,甲申九月十五日《申报》附张

载1884年11月2日《申报》,附张第2版,25卷715页

136. 襄垣丛话(太平府试＊)

太平府试已由联仙蘅太守于上月二十日一律试竣,徐颂阁宗师本定于本月杪接办院试,因今冬冷汛较早,恐各士子鏖战于风檐雪案间,不免天寒手冻、无人呵之叹,因改于明春按临矣。

载 1884 年 12 月 20 日《申报》,第 2 版,25 卷 983 页

137. 御史翟奏为请整顿江南科场弊窦折

福建道监察御史翟伯恒跪奏,为江南科场功令渐弛,办理无方,请饬及时整顿,以清弊窦而顺舆情,恭折具陈,伏乞圣鉴事:窃维三载宾兴为抡才大典,欲得真才,必清弊窦;欲清弊窦,必严关防。而关防之严,则莫先于点名入场之际,苟纵令出入不为之闭,斯枪冒传递之弊必由此炽。查科场条例,士子入场之时,未经接卷,不准抢入二门;既入龙门,不准复出。良以点名之地,有教官、门斗在彼识认,即同邑士子,亦可互相稽查,是以枪替之徒无从混入。立法本自周详。江南科试,两省合试,人数极多,办理不易,经前抚臣林则徐任监临时酌立条规,整齐完密,其于点名一节尤为尽善。盖点名既分三路,复将人数多寡配搭均匀,每路分十四起,每起约四百人,〔各〕起限四刻钟点竣。先期刊单给示,临时升炮换旗,士子按候应点,绝无参差不齐之事。是以人皆率循,毫无逾越。军兴以后,完善之区学额广而应试者多,被兵之方流亡久而应试者少,每起人数多者千余人,少仅百余人。当事〔者〕株守旧法,不为变通,遂至入场者拥挤之苦,封门有迟误之忧。至上届壬午正科,承办大员为苟且之计,纵令士子于点名时,先将考具送入龙门,再出至二门接卷。虽一时称便,而流弊则已立见。臣闻当时已接卷者仍复呼朋引类出院嬉游,三场开门后,竟有出至书坊,购买策本,复行入场完卷者。如此恣肆,实骇听闻。夫南方风气柔弱,士子素循规矩,此等人谅必无多,亦未必即能幸中。然甫弛关防,弊已如此,将来习为纵恣,枪冒传递之事,人亦何惮不为?即如上届壬午四川科场,滋事办罪多人。涓涓不塞,遂成江河,目前近事可为炯戒。伏读嘉庆十三年上谕:凡事当弊端初起之时,有人执法揭奏,鲜不以为苛刻。不知因此杜绝奸宄,所保全者甚重。若相率因循,使作奸犯科者肆无忌惮,日久必致酿成巨案。祖训煌煌,允宜恪守。今江南科场之弊,往者不可追矣。然当时博宽大之名,士子幸而出入之便,成法既废,贻害无穷,既为国典所不容,亦岂多士所深愿乎?则与其痛惩于已甚,何如弭患于方萌。明年又值乙酉正科,相转请旨饬下该督抚申明定例,不准擅行出入,以肃关防。并查明上届应试人数,重为配搭均匀,仍于投卷时刊单给示。更请仿照顺天乡会试点名章程,于每起中分五十人为一牌,排列墙外,先后次第,令士子一目了然,临时随牌鱼贯而进,既不至于拥挤,自不患其迟误,又何用废法取悦,徒滋弊累哉!臣为慎重人才,保全士类起见,是否有当,伏乞皇太后、皇上圣鉴施行。谨奏。

奉旨:已录。

光绪十年十一月廿七日《京报全录》第一千零十五号,甲申十二月十六日《申报》附张

载 1885 年 1 月 31 日《申报》,附张第 1 版,26 卷 301 页

138. 科场鬼蜮

来稿

科场弊端，指不胜屈，然皆易于防范，惟选拔之年则愈出愈奇，无论坐堂皇者堕其术中而不悟，即身受其害之士子亦不知，真才之何以见摒，赝鼎之何以获售也？呼！可畏已。友人某，绩学士也，虽数历黄槐，未离席帽，然蜚声黉序，天禄荣叨，固非匪朝夕矣。历任学使者均目为不易之才；且有以其卷冠一军者，曾于壬申年应癸酉选拔之试，人咸以必得期之。迨榜发，竟落孙山。然榜中巍然高列者，固明明有人在也，其人维何？盖即乡村小户，过新年换桃符，糊于门外之神荼郁垒是也。于是，有讥之、有笑之者，然不解果挟何术以至此？嗣探知其用心之巧，设计之毒，盖有匪夷所思者计。某自考古学，而正场而优而复试，以至考选拔，无一场不倩人捉刀，耗去金钱实为不赀。其时同考选拔之人约有三四，惟某友学问最优，资格亦最出色。除某友外，余俱挟铜臭翁以从事，且性皆吝啬，挥霍亦不多，故其货亦不甚佳，其名次亦在伊下。某视之，俱等诸自桧无讥，所最妒忌者惟某友一人耳。于是，灭天理、丧良心，阳不畏王法，幽不畏鬼神，竟毅然以暗算倾陷之。然场中相待之殷勤，反逾于常格者数倍。推其意，盖实使某友坦然不疑并以防蹈瑕抵隙而发其覆也。洎某友交卷出去，伊故迟迟在后，凡考试不准接烛，惟选拔两场，每至更筹四五报，然后讫事，其时监场之老师业已回去，收卷之院差均昏昏欲睡，某即乘自己交卷时，抽出某友之卷伪为翻阅，暗中用黑墨涂之，并将其卷损坏，致某友卷以违式被黜，而彼乃称心如意，居然作拔贡生矣。夫寒士穷年矻矻命不犹人，不能赋鹿鸣、捷南宫，与琼林之宴，纵岁科屡列前茅，文名鹊起，亦不过按部就班，得一明经头衔，终老牖下已耳。惟选拔一途，朝考果能获隽，则可与甲榜并驾齐驱。此诚鼓励寒士之巨典也。今乃为奸徒簸弄，致国家抡才之典为之不光，真衣冠禽兽不足齿之伧哉！抑又闻之污损某友之卷乃某君贿院差为之，非某君自动手也。然吾尝暗访于某之密友，则知贿串院差之说为不足凭，实某君自为之耳。即某之密友，亦尝以"不应为"三字向某君再四责让。然事已如此，只好付之既往不咎而已矣。总之，考试选拔与乡会试之暗中摸索不同，苟取与试各生之历科底册详细一观，将见孰真孰伪，孰绌孰优，夫固有一目了然者。虽鱼目亦可以混珠，砆砄或嫌于类玉，然鉴空衡平，终非尘浊所能翳，固知魑魅魍魉断不能横行光天化日之下也。顾吾窃有说焉，凡计之至毒者，每暗施于最易忽之时，故法之最善者当加意于不及防之候，上之人诚能派一亲信人掌收卷之役，并下一令曰：诸生缴卷后即掣签直出，不准向卷堆翻阅，即监场之员役亦不准擅动。如此则自然弊绝风清矣。芹曝之献，未知是否？再，试卷污损等事，诸生于殚精竭虑、口摹手披之际，往往有精神惝恍，偶尔疏忽而自贻伊戚者，所望秉玉尺、握金针之诸巨公加意体察，时以爱士怜才为念，其造福岂有涯涘哉！书竟，不禁顿首祷之而薰香祝之。

载1885年3月7日《申报》，附张第1版，26卷335页

139. 皖学政徐奏考试庐和等处情形折

安徽学政臣徐郙跪奏,为恭报考试庐、和等处情形,仰祈圣鉴事:窃臣前于闰五月间业将考试安庆等府情形恭折奏报在案。臣于九月十八日出棚,先试庐州,次及和州,计九月二十一日开棚,至十一月初一日竣事,庐、和两郡文风素优,合肥、和州尤为诸邑之冠。臣严密关防,认真校阅,点名时责成廪保细心稽查。考试无为州正场,经廪保指出枪替一名,即交提调官严办。生童颇知畏惧,场规极为安静。臣仍于发落时以安分读书,不许干预公事,以无负圣主作人之至意。臣于试毕后回署,所有太平府本棚拟俟明正开考。至臣所过地方,禾稻丰收,江防严密,民情极为安靖,足以上慰宸廑。所有微臣考试庐、和两处情形谨缮折具陈,伏乞皇太后、皇上圣鉴。谨奏。

军机大臣奉旨:知道了,钦此。

光绪十一年新正月初一、初二、初三日《京报全录》第一千零四十四号,乙酉正月廿一日《申报》附张

载1885年3月7日《申报》,附张第2版,26卷335页

140. 鸠江近事(定期取齐*)

徐颂阁学宪定期二月初八日取齐太平府属。

载1885年3月13日《申报》,第2版,26卷361页

141. 鸠江近事(拔贡揭晓*)

徐颂阁宗师科试太平府属,录取拔贡生业已揭晓,计太平府府学周诒忠,芜湖人;汤金镛,当涂人;当涂县学王金波;芜湖县学汪一元;繁昌县学姚恺。闻汪君年仅十九,其尊人游幕皖江,早作古人;母亦相继逝世。于时,汪君尚在孩提,孤苦无依,谢培初刺史为之抚育教诲,见其天资秀发,知为远到才,爱以女妻之。未几,而采芹泮水,食饩上庠,今又膺拔萃之选,刺史可谓能知人矣。而汪君之拔帜名场,有以副知己之望,盖亦有足多者焉。

载1885年4月23日《申报》,第2版,26卷589页

142. 皖学政徐奏报科试完竣折

安徽学政臣徐郙跪奏,为科试一律完竣,恭折陈明,仰祈圣鉴事:窃臣于上年十一月间业将考试庐州等府情形恭报在案。本年二月初八日科考太平府属,应试人数积多于前,臣慎密关防,认真校阅。生童均恪守规矩,尚无枪冒等弊,场中极为安静。现于二月二十八日竣事。计通省科试一律全完,各属选拔生员亦均录取如额。臣周历全省,察看士习民风,类多驯谨朴实,臣仍随时随事勖各生童读书立品,以仰副皇上作人之至意。各属去岁农田丰稔,雪泽深透,现在麦苗畅发,共卜有秋。江防亦极严密,民情安谧,足以上慰宸廑。所有微臣科考全毕情形,理合专折具陈,伏乞皇太后、皇上圣鉴。谨奏。

军机大臣奉旨:知道了,钦此。

光绪十一年四月十三日《京报全录》第一千一百三十四号,乙酉四月廿一日《申报》附张

载1885年6月3日《申报》,附张第2版,26卷835页

143. 申禁考船带私示

  太子少保、头品顶戴、兵部尚书、两江总督部堂、一等威毅伯曾,为出示严禁事:案照庚午科文武两闱考船带私,曾经奏奉上谕:"着该督出示严禁,并饬各关卡文武员弁实力稽查,不准有闯卡漏私等事。此次倡首拒捕之武生仇茂森,业经正法,其武生吉殿邦等即着该运司逐细查明,分别轻重,按律严惩等因,钦此。"上届壬午科又复剀切严禁。各该士子尚能安分守己,船户人等亦知畏法,不致仍前贩私。现届乙酉科,各该士子平日读书,束身自爱,于义利之辨讲求有素,何致忽生牟利之心,顿忘怀刑之戒?必能恪守卧碑,无负朝廷抡才大典。惟恐有枭贩人等故智复萌,勾串船户,或于未经设卡之先,预将空船乘虚放入里下河一带;或载客货交卸清楚,停泊汊港,逗留不出,迨考期届近,满载私盐,央请考生乘坐其船,代为包庇。甚有奸商自行贩运,影射乡试旗号,冒充考生,希图闯卡。种种弊端,不一而足。值此需饷万紧,取资于两淮课厘者为数甚巨,岂容借考贩私,贻误课饷?现已访明窝屯要犯,严饬地方文武按名密拿。各要隘应行扼堵之处,均已调派水陆防勇、炮船严密布置,所有江广巢湖及大号江船一概不准驶入里下河场灶地方,亦不准以货易盐。其卸载船只,并饬运司派令炮船前赴各场预行驱逐,以杜包揽装运之弊。合特剀切示禁。为此示,仰各属士子及船户军民人等一体知悉,一俟科场届期,不论文武考船,均应停泊,听候各局卡员弁兵勇逐一查验,如无私盐,立刻放行。倘有夹带,先将盐斤全行抛水,船只锯断,考生扣考,船户、水手解县严办。如有徇庇扛帮、聚众滋事者,定即奏明从重治以应得之罪,绝不姑宽。其各凛遵勿违,特示。

载1885年7月8日《申报》,附张第2版,27卷47页

144. 皖垣纪要(调派闱差*)

  历逢乡试之年,例由现任正途、候补、候选班内各调数员前往金陵,听候监临亲派。上月之杪,已在现任各州县内调派四员,兹又将候补正途州县选委十二员,以便分当内外帘各差。所有衔名开列于左:候补直隶州以翰,候补通判向懋楚,即用知县张铭和、英燮乾、吴筠年、郑葆清、楚登鳌,候补知县蒋山、金士翘、吴云涛、张源溱,本任合肥县曾道唯。

载1885年7月28日《申报》,第2版,27卷163页

145. 劝应试士子勿夹带私货说

  今年为乙酉正科,各省士子之赴省试者,近俱纷纷前往。三年不蜚,一蜚冲天;三年不鸣,一鸣惊人,采桂子而宴鹿鸣在此时矣。各处舟车以此而利市三倍。除江南乡试,

其由上海启行者,凡本籍暨龙门书院诸高材生,皆得蒙道宪特雇轮船以相送,此外则皆雇用民船。就江浙两省而论,赴试之船,殆不可以数计。船桅往往高扯黄旗,大书"江南、浙江乡试"字样,乘风破浪、扬长而过者络绎不绝。自七月初十外起,至于八月初间,盖有科举者有恃不恐,不妨迟迟吾行,虽至八月初二三赶到,填写卷头,正可及锋而试。其无科举者,则当先往,以俟学宪录遗。并有游学在外,数年不归,未及录科,尚须补岁者,则其去也更早。以是先后次第大有不同,而各船户则正可乘此以获利。其所利者,非仅舟资而已也,江浙两省厘卡林立,商贾营运,货物往来,例须报税查验,平时一船径过,厘卡尽力搜查,防有偷漏,虽丝毫不能暗越。独至大比之年,各士子应试船只扬帆径过,本不搜查。于是奸商借此舞弊,商通船户;船户利其厚贿,愿为之包送。乃钻营谋干,专作试船生意,黄旗高扯,度局越卡,得以遄行无阻,而偷税之弊至于不可究诘。官府初时亦未尝不知,只以为此等弊窦或系士子所为,彼赴试诸生大都寒士居多,三年一试,长途盘费殊苦难筹,因而必不得已,借区区货物之免税以补川资之不足,其情实为可悯。故虽明知之而假作痴聋,是亦阴行其德之一端也。谁知此端一开,而士子中之不肖者或竟以此为生财之道。且不尽士子为然,并有非士子而貌为士子者,公然亦有考篮、书箧,齐纨白袷,衣履翩翩,雇用大舟,满载私货,夷考其实,则皆奸商所伪托。如是者亦不乏人。并有舟子贪利,私向商人包定私货若干,而一面兜揽应试者之生意,以便其私图。迨至卡上查出,坐船之人茫然不知者有之。凡诸弊端,不一而足,以至凡遇乡试年分,此数月中厘捐因之大为减色。官宪乃不得不从严查禁,各处局卡遂较平时搜查更紧。说者谓,局卡诸员或误会上宪之意,以至市怨于士子,而不知其非也。夫士子读书明理,安分守法是其本等,初何敢为奸商之所不敢为?其所以然者,仍受奸商之煽惑,或受舟子之欺朦,至自坏其名气,殊不值也。犹忆己卯岁有友赴浙省试,自沪启行,已在七月既望,友亦游学在外,欠考岁一场,须早回以补岁考者,坐无锡快船,适值顺风,屈指二十一二日可以到杭,正欣欣然不胜快慰。沿途悬旗鸣锣而过,颇无阻滞,比至张泾汇,即俗称将军汇,为入浙境之第一卡,巡丁呼令停船待查,舟子不之理,大有风利不得泊之气象。该卡遂嗾炮船追及,维舟以待。巡丁、司事到船稽查,查出要货及水果等物若干件,皆未报税。乃拘其船,勒令罚若干倍。船户向友求为缓颊,友其以先之不以明告也,怒斥之。巡丁等知此货为船户包送,与客无干,因拘船户去,不知若何议法。待之两日,始受罚开船,从此节节阻滞。当是时,友欲易船则已不及,懊恼殊甚,然已无可如何。比至杭,期已二十五晚上,补岁之期早过,须俟本学老师备文求考,始获定期补岁录遗。友于学中颇通声气,再三斡旋,费去洋十余元,而后得与试。榜后,依然铩羽垂翅而归。至沪,与余道其事如此。余笑谓之曰:"子之船价殆可免乎?"友曰:"否,不但不免船价,而且代舟子费去小钱不少。"余曰:"噫,子则冤矣。船户之为此也,为利也。欲得其利而不得,因借子以为护身符。今则利无所得,而反致失,彼船户固咎由自取,而子既出船价,复费小钱,考试逾期,又多费用,而不知者转以为子为此行必有大获,虽不得名,而尚可得利也。子其何以自解也耶?"友闻余言,悔已无及。凡若此者,殆不止余友一人。今又当大比之年,吾恐各省赴试士子之纷纷前往者,仍有蹈此覆辙,致为他人所累,故特为此大声之呼,愿应试诸君闻而深省,勿贪小利以自误,并勿为他人所误也。

载1885年8月16日《申报》,第1版,27卷277页

146. 安徽调帘官单

宿松县孙葆田、繁昌县曹伯贞、合肥县曾道唯、霍山县白毓崑、黟县何德臻、直隶州文翰、刘占杰、即用县莫燮乾、张铭鈺、郑葆清、楚登鳌、大挑知县金士翘、黄筠年、宾锡厘、张源臻、蒋山。

载 1885 年 8 月 17 日《申报》，第 1 版，27 卷 283 页

147. 芜湖丛说（士子纳税＊）

迩日，上江士子之赴秋闱者，帆樯云集，衔尾而过。其或稍携货物，借作川资，亦无不遵纳税厘，掣票而去。恪遵功令，诚可嘉焉。

载 1885 年 8 月 19 日《申报》，第 2 版，27 卷 295 页

148. 襄垣杂录（改期赴宁＊）

前报列安徽学政徐颂阁宗师将往金陵录科一事，兹悉宗师因迩日炎热异常，遂改期十二日自太平府起节。

载 1885 年 8 月 28 日《申报》，第 2 版，27 卷 349 页

149. 劝士子体恤号军说

乡闱之有号军，所以代士子服役也。士子平日伏案读书，埋头一室，举凡提篮、挈椟、煮饭、添薪以及汲水、洗碗等事，皆所未娴，一旦入场，不得不有号军以供其役使。既供役使，则谓之佣可耳，谓之仆可耳，何以必谓之"军"？问之父老，云：初时民俗朴质好高，无人焉肯充是役。因令各省军犯入闱供职，故谓之军。近虽军之号未更，然充是职者大都皆穷苦小民，无衣无食，不得已，千方百计求充号军，以图各士赏给钱文，暂谋温饱。顾号军非尽人可充也，必也膂力方刚，能耐劳苦，尽九日夜之久无可瞌睡，无可偃息，而又出钱一二千，（卖）〔买〕得腰牌，方能充补是缺。近且有无赖奸民花样百出，如日前本报所登沿途掫售假腰牌，买归仍无所用者。昨报又登此次浙省号军购一腰牌，须出钱如虎贲之数，或且所托非人，钱去而牌不到手。即能得牌入号，而场后持折收钱犹且无从寻觅。噫嘻，此等苦情非身亲目击者安能曲曲传出，代诉诸应试诸公哉！虽然此犹非号军之苦也。花钱一二千文，不过费一二月之辛苦，入闱后士子随意给钱，所得当可数倍，即或被人骗去，白手回家，犹可服役力田以谋糊口，乌得谓之苦？所苦者，在闱中士子凌虐多端，苦难忍受耳。仆，江南人，请就江南言之。江南号舍，一号多至一百余间，至少亦必七八十间，每号例派号军四名，少则三名、二名，以三、四名椎鲁之夫供百余人数日之使，令其间奔走不遑，无暇兼顾，即非身历，亦已可想而知。而士子之情形，则

实有夜郎自大者居恒。瑟缩老屋,寒瘦若可怜虫,一至考信,则上街购物、入肆呼茶,凡遇衣冠中人,犹且盛气相凌,目空一切,打架毁物之案几于层叠如山,铺中咸敬而畏之,不敢稍撄虎怒。一遇号军,则明知其为下贱者流,岂复稍深体恤,每有呼唤,辄以怒目相加,苟能诺诺连声,一无讹误,犹不肯略假词色,款以温言;一或应答稍迟,则骂詈随之,视之无异犬豕,甚至老拳奉敬,毒挞不休。号军自知势难与抗,不肯倔强,而甲处方殴击未终,乙处又唾骂交作,跋来报往,趾不能停,惟恐一触凶锋,即遭笞楚。或则号中偶失零星物件,其为送考人所窃及为他号号军所藏,事涉嫌疑,尚难决定,而考生即贸贸然禀白号官,号官无可查缉,无力赔偿,惟有重责本号号军,以惩其监守不慎之咎。究之本号号军,既不能夹带出闱,又不能暗中藏匿,断无贪小偷窃自惹灾殃者,无端受责,冤乎不冤?至闱中印卷盖戳之时,必留出号底,邻近粪坑及号百二三号,以为号军栖止之所,臭秽烦杂已不堪居,苟有考客之欲就熟人跳号而至者,则将号军逐出,鸠占其中。于是,日则晒曝熏蒸,雨则淋漓濡染,自朝自暮,由宵达昕,无一席之区可以暂时偃息,墙隅植立,黝黑若鬼,迨及将出场,悉颜向索钱文,其纯谨者给以青蚨一二百头已称罕睹,而其凶横恣肆动辄殴辱,偏又一文如命,不肯稍破悭囊,哀恳多时,竟至分文不有。此种苦况,实有不堪目睹者。至于他省,虽未得诸躬亲,然久与浙友同笔砚,熟闻浙省号军其苦状亦无甚分别,惟士子在场不给钱文,将出场时号军手一经折,请诸考客书明寓所、姓名,俟撤闱后到门领取,然往往有无赖士子故意误书他处,使其无从向收。或有以船为寓者,一望烟波,无可辨认,临流踯躅,徒唤奈何,致三场九日之辛勤曾不得一文鹅眼,甚至有被辱含冤投缳场内者。静言思之,能无泪下?顾或有谓:号军之宜悯固也,然亦有梗顽不灵,诸事倔强,教之不听,导之不行,甚且如从前丙子科有号军醉态模糊,误碎考生卷子者,子将何法以处之?予谓:"人即分灵蠢,孰是无性灵?号军虽甚冥顽,然能悯其疾苦,许以钱文,至性至情,善为驱使,则顽石可以点头,岂有同是含生负气之伦而不能感格者?"惟其人乔野,故其性粗疏,强以迫之,或致不服驾驭耳。即是以思,方将怜惜之不遑,而尚作践凌辱哉!每见主母之虐雏婢,老优之毒小伶,恶鸨之凌幼妓,师父之挞艺徒,笞凤鞭鸾,往往暗无天日。在此等微贱之流、手艺之匠,或致不明道理,一味凶残,然一经官长访闻,邻里告发,亦必科以应得之罪,儆其效尤。至我辈读书明理之人,在己之身体发肤,自宜爱惜,岂人之身体发肤而忍于摧残、忍于糟蹋乎?且号军即十分不善,三场亦不过九天,熬此九天之苦辛,谅亦无甚妨碍,而何必学优伶龟鸨之所为,将号军平白地虐楚欤!所望应试各士子忠厚慈祥,广行阴骘,悯其劳苦,谅其蠢愚,切勿过事吹求,动肆凶横,则科名记织,稳步蟾宫,万里青云,平空直上矣。至于匪人之售假牌,胥吏之诛求使费,则尸其事者自当详查而严办之,非伏案书生所能为千百号军代陈苦况者已。

载 1885 年 9 月 5 日《申报》,第 1 版,27 卷 399 页

150. 鸠兹耳食(赴试二则*)

当、芜、繁三县士子之应秋试者,统于二十八日在太郡考录遗才。担簦而赴白下者,刻下尚如李夫人之(珊珊)〔姗姗〕来迟,大约须俟月杪,船价稍廉,然后就道也。

某生摒挡行李,买舟往白下,一探广寒宫消息。道经芜邑,下榻某亲申家,鸡黍欢留,借伸阔愫,谈至更深月落,始各就枕待晓,而生已痧长逝矣。当由某姓备棺成殓,信致家属,扶柩回乡。金榜未题,玉楼遽赴,才人无禄,言之惨然。

载 1885 年 9 月 5 日《申报》,第 3 版,27 卷 400 页

151. 皖城近事(派选誊录＊)

历逢乡试,由各属挑选善书之人解送金陵,派充誊录。日前已由首县招选二十四名呈送府中,派委典史盛君澍棠,封雇民船,押解前赴金陵矣。

载 1885 年 9 月 7 日《申报》,第 2 版,27 卷 411 页

152. 安徽省优贡单

正取:江朝宗,旌德廪;朱正本,寿州廪;陈之树,太平廪;丁仁炜,怀宁廪;鲍文镰,芜湖廪;李经藩,合肥廪。

备取:张炳坤,石埭廪;王金波,当涂廪;王锡绶,盱眙廪;苏□堤,池州廪;刘盛芬,合肥廪;汪元秉,黟县廪;朱凤阶,休宁廪;方宝树,定远廪;裴景绶,霍邱廪;陈厚植,无为廪;章邦直,池府廪;孙孟平,桐城廪。

载 1885 年 9 月 14 日《申报》,第 3 版,27 卷 458 页

153. 上江拔贡名单

安府,周正泰;安府,陈吴萃;怀宁,陈继;桐城,方旭;潜山,刘鸣岐;太湖,韦其谦;宿松,叶际春;望江,倪世溥;徽府,汪嘉棠;徽府,许兴文;歙县,毕恩溥;休宁,夏慎大;祁门,胡辑伊;黟县,黄启蓉;宁府,左宫荫;南陵,叶廷英,增生;泾县,吴之纪;宁国,黄榜;旌德,江肇丰;池府,曹廉;池府,宁济;贵池,方汝霖;青阳,宁曾祺;铜陵,朱德魁;石埭,杨善庆;建德,周学海;东流,高子塾;太府,汤克镕;太府,周诒忠;当涂,黄春富;芜湖,汪一元;繁昌,姚楷;庐府,李道源;庐府,刘盛芸;合肥,吴兆荣;舒城,王元庆;庐江,张恩澍;无为,高式桎;巢县,钱国选;凤府,许邦达;凤府,孙传沔;凤阳,俞锡畴;怀远,林介仁;定远,方臻广;寿州,裴乾键;凤台,孙传兖;宿州,周仔臣;灵璧,高树实;颍府,尹士芳;颍府,李之燊;阜阳,丁象离;霍邱,张润生;亳州,李传纶;蒙城,吴森;太和,王朝隆;涡阳,张锡五;滁州,王荫祖;全椒,汪文黼;来安,孙点;和州,高攀桂;含山,贾裕师;广德,董献章;建平,袁赤秋;六安,冯善仪;英山,段廷琛;霍山,吴兆毅;泗州,杨士骧;盱眙,吴增仅;天长,宣锡恩;五河,刘文浚。俱廪生。

载 1885 年 9 月 16 日《申报》,第 2 版,27 卷 469 页

154. 金陵近事(士子被枷＊)

上月二十五日，上江补录遗才，系合八府五州续到士子，故人数不下千数百人。门才启，一拥而入，号舍尽满，挥之不得出。学使者乃坐碧纱厨唱名给卷，而人山人海，唱者、应者，堂上下两不相闻。适有安庆府某生挤至公案边，案为之侧，犹恃武不稍却。学使者乃令之跪，责手心五下，且扣考意示，借以儆众。讵后至者反欲争前，观其为何许人，遂擒一人至，问其何为。仍强项不少屈，自称为某府护卫兵。学使者笑曰："是文场非战场，焉用兵为？"即发提调，枷号辕门外。或曰是武生，又曰实文生。然既不知自爱，又何足惜。

载1885年9月18日《申报》，第2版，27卷483页

155. 江南乡试正场题

首题：子夏曰："可者与之，其不可者拒之。"子张曰："异乎吾所闻，君子尊贤而容众，嘉善而矜不能。"

次题：子曰："舜其大知也与。"

三题：使天下仕者皆欲立于王之朝，耕者皆欲耕于王之野，商贾皆欲藏于王之市，行旅皆欲出于王之涂。

诗题：赋得"山向吾曹分外青"，得"山"字，五言八韵。

载1885年9月19日《申报》，第2版，27卷489页

156. 江南内闱名单

施春膏，李清平，陈世求，黄金钺，马光勋，葛庆同，李超琼，朱镜清，章鸿森，范端撰，吴炳，朱江，孙葆田，何德臻，曾道唯，文翰，莫燮乾，张铭龢。

载1885年9月19日《申报》，第2版，27卷489页

157. 催调帘员

每逢乡试之年，除实在正途州县调帘外，更委候补正途州县十余员充当内外帘各差。现任者往返川资自行措办，其候补人员则于起程日每员由藩库放领银百两。所定章程实因体恤贫员起见。上月十八日，徽藩张方伯传知派委帘差各员，准于午后派丁持字赴库具领川资，以便起程前往。

载1885年9月20日《申报》，第2版，27卷497页

158. 乙酉江南乡试二场题

《易》：以贵下贱，大得民也。

《书》：知人则哲，能官人；安民则惠，黎民怀之。
《诗》：我稼既同，上入执宫功。昼尔于茅，宵尔索绹。
《春秋》：曹伯来朝。文公十有五年。
《礼》：陈义以种之，讲学以耨之。

载1885年9月23日《申报》，第2版，27卷515页

159. 江南考事

初八日，点名到太仓所属之崇明县学，有某生未到，其友某乙闻唱甲名，即为代接其卷。甲虽与乙相识，然甲并未托以此。事后甲请补点，以无此卷，遂照功令扶出。不料三条烛尽，乙兴高采烈，摊卷疾书，并不记卷袋中原有两卷。迨三艺誊毕，始觉误誊于友甲之卷上。是时如将错就错，交卷出场，亦谁复察及者？乃乙功名念切，竟持卷到至公堂，面禀监临，直言不讳。监临恶其自误误人，即交崇明送考教官戒饬惩办。当即悬牌院外，饬上下江所有送考官役，必须俟本学学册上无一名遗漏，方准出院。如有似崇明考生误接人卷者，官参究斗革役。此亦科场仅见之奇事也。

二场因有崇明考生一节，监临于开点时饬接卷各生须将卷票呈验。时在夜分，人多在暗中摸索，未见谕示，又因向无此例，于是中路常州府学先有烦言，东西两路从而附和之人如潮涌，一失鱼贯次序。考生以护考具互相喧闹，竟将公案前之签筒挤落地上。适旗牌有俯拾签筒者，又误撞在考生之篮角，头破血出，不成事体。语多声杂，名任唱而卷无接者。是时，天又潮热，人气臭不可近，监临恐呕吐，遂起入，另易某观察居中。少顷，人始定，终事无人敢违命者。可见读书人多明理，惟不可操之太急耳。

犯规贴出者，名曰蓝榜。头场登蓝榜者上下江共二百五六十人，内因将二题"子曰"错落者居五分之一。然尚有自倖脱网者，其余不完卷者最多，以近染时症者几乎无寓不有，矮屋呻吟之声与击节朗诵之声相闻，发可见病魔缠人，贤者不免，惟竟榜无一人以阴鸷被贴者，论者多颂监临之待人忠厚，不欲以暧昧事昭人耳目也。

规条原议，交卷时号栅随开随锁，此中不无深意。惟在边远小省原无不可照行，江南闱内一万五六千人，号栅既开，大有一波未平、一波又起之势，山阴道上应接不暇。最难者，开门后监临亲坐二门边，外监视亲坐甬道中，放其出而禁其入，自黎明至晚，相持终日。此真可谓实事求是之苦心矣。

"吏行冰上，人在镜中"，此二语至公堂之勾当公事者足以当之。故本届联号、提誊等弊，凡有妨寒士之功名者无不一扫而空之。真不愧"锁院风清"四字矣。

状元新号与供给所相近，不知何时遂编为官生坐号，因此承办供给委员争思见好上官，潜送菜饭。相沿已久，转成定例，并忘其为作奸犯科之尤者。此次监临本欲严禁此项陋习，故先将雍正十一年上谕一道申刊条约，俾闱中各官知凡馈送菜果等事，其法授受同科。后知此项官生平时娇生惯养，并不知茶鼎饭甑为何物，因此入闱后此事遂案而不断，而官生仍得坐享四簋五簋矣。

载1885年9月25日《申报》，第2版，27卷527页

160. 嘉惠士林

江南监临谭中丞以南闱号舍深邃，标散题纸如姚家巷、平江府、东西文场，竟迟至一二时之多，上届哗然，故本届于请发题目后，即先刷刻一纸，贴各号首之壁上，令衔枚争趋，人人得以先睹为快，再由照例分送题纸。计头场有一起讲工夫，二场有一经文工夫，风檐寸晷中竟得祖鞭先着，岂不快哉！

三场程式载有添注涂改，头场于诗后，二场于经文后，俱须算明通共添注、涂改若干字，用大字居中写等语。后因功令加默写，头场起讲于二场经文后，于是通风一节或前或后，纷纷不一，闱中有因此被贴者。本届监临深悉其中甘苦，特刊数语令写在默写起讲之前。此十二日申刻事也。后士子多有以已经写定未及遵照，浼号官纷纷至（至）公堂，求请免贴，语语从同。夜既分，监临又传条谕，着仍写在默写起讲之后，其有已写在前者，亦决不干贴。于是人人争颂中丞之仁。夫以三年灯火，争此一刻光阴，乃竟束缚于条例间，或此或彼，令人跋胡而疐尾，设非监临时加提唱，其贻误岂浅鲜哉？男儿识字忧患始，信然。

十五日为三场之正日，南闱陋习有为佳节之故纳卷争出者。本届监临以功令攸关，已令内提调出示严禁，必俟明月渐低，交到十六日时刻，方准放出，俾士子可以静心条对，不致于三条烛尽扰乱思归。

号军向用资雇近四五科，每名须花四五百文，本届竟以一洋始得一牌，尚有瞠乎其后者。闻初时有某署门政，以此项腰牌为奇货，独擅其利，计每百牌自三十余元售至五十元不等。有进策者令其零售可得数千洋，从其策果然。乃诬先售者为伪造，收其牌而火之，莫敢谁何。因此，本届号军在闱内自称由捐纳而来，向士子任意横索以偿其费，声闻远近。监临恶其不逊，令号官择其尤者，于头场后笞责五六百人。二场始稍安静，否则猛于狼，狠如羊，东方先生语正为若辈而设矣。

誊录之来也，意不在毛锥子，监临深知不善书者多，已谕令该管官于卷到日，先令人书一本，择其不入格者斥责，罚代能书者爨司茶水，摊其应书之卷于众人带书，厚其奖赏。个中人谓，监临此举功德无量。

有为南山之元豹者，隐雾中七日矣。人以霓裳羽衣舞不与人世间事，故置不问。或怪其一身都是胆者，曰：是不然，其一身佩赤伏符，其一则奉陈宝碧鸡神，故形迹皆不落俗眼中。监临于放牌后亲坐龙门外禁入者，而以外监试督甬道之勾当公事者，相与净场而后退。二场亦然。或曰此事不可无一，不能有二。

载 1885 年 9 月 26 日《申报》，第 2 版，27 卷 536 页

161. 南闱杂闻

誊录例由各州县书吏派充，乃行之既久，皆由雇倩而来，经手人又利其值，多用不识字之游手无赖充其数，故满纸虫鱼，令阅者几欲闷死。每届落卷领出，莫不皆然。今科监临于书手慎之又慎，严谕誊录官毋稍宽纵。宪谕谆谆，或可稍认真也。

梅大中丞在江藩任内，就闱中添设茶水一炉，士子饮水思源，咸深感颂。今届以供

给力求节省,臆度者遂疑裁及此项茶水,纷纷在藩署递禀,至愿将所折肉饼二百文充公,留为茶水之资。讵供给所本无此意,故即由外提调出示晓谕,以释众疑。

乙亥丙子间闱内头场,以号板不敷几乎滋事,沈文肃闻知,即行示谕,并欲于二场亲自抽查。今科监临早筹及此,无奈先入者竟似强秦之狼吞蚕食,不容分说,以至后来者专为号板仆仆于至公堂下,绝长挈短,费尽气力,才得将就坐下,而人家已梦醒黄粱,茶冷碧沤矣。或曰是宜得有心人为之设不可移易之法,不惟省事亦且省费,计每场所锯板片所费不赀,省经费者胡不见及于此?

本届定于十六日出场,监临已不惜三令五申,自爱者宜何如体会。乃十五下午,一片喊叫,开号声从空而起,正不啻地上鸣鼓角。俄顷,已有将号栅扳废者,人人持卷争向公堂交纳。监临见非可以理喻,只得依旧放牌,挥之使出。是夜无月且风雨,甬道中人尤扰扰,而门外接考者居然在黑暗中探其囊而肬其箧,因此遗失物件者十居八九,甚至有身上衣亦不知何时被人脱却者。

有一八十衰翁,耳目昏聩,又患河鱼腹疾,时值三场,翁不忍前功尽弃,必须写完真草,方可以了业债而沐皇仁。然病势不支,无可为计。适同舍生有吕君,号励斋者,旌德茂才也,从扬来,身携有感应灵丹,急令号军为之如法医治,越二时许,腹痛竟止。次日,居然与管城于楮先生相赏于牝牡骊黄外矣。有知其事者谓,可以为好善者劝,不可以不志。

上下江士子赴试者,其书院文会多有旅费,名曰"宾兴",惟此项之多寡无定程,须视每届下场之人数随时损益之,寒士得此薄润,已可舟车无虑矣。婺源县距金陵千里,地最远,来观光者往往不给,故该处之宾兴视他处为独优。上届省之又省,每人只发实银五两,本届司事者又有撙节之说。于是有王姓者率其乡之士起而与司事为难,舌锋腹剑、斗险韵者已三五日,后经人为之排解,事遂寝息矣。乃越数日,突有詹姓、李姓等为戎首,附和者数十人,扭司事如执豕于牢,而群以老拳奉之。人多手杂,遍体鳞伤。房东恐遭不测,为舁至江宁县请验伤。验毕,伤者即遣抱赴上江学院衙门喊禀。学院正起马回太郡,遂批交江宁县讯明虚实,据情径禀监临扣考。江宁县奉文后,即以所验情形上申。时已过头二场。十三日,监临忽悬牌贡院门首,谓:准上江学院咨,徽州府学詹某,婺源县学李某、余某三人,已因案斥革,合亟扣考等语。一面另札徽州送考校官,立将斥革三人派斗送交江宁县,听候审办。詹某等始懊恨无及,惟祝伤者得以布帆无恙,已便脱离苦海,否则,一叶迷舟正不知飘泊何所也。因念首恶者琅珰无碍,继起者缧绁有缘,语曰"烦恼皆因强出头",吾愿天下负血气之刚者临时其稍审顾也可。

载 1885 年 10 月 3 日《申报》,第 2 版,27 卷 577 页

162. 琐院拾遗

金陵人家每逢大比之年,最重中秋佳节,是夕,凡有子弟试棘闱者,其家必盛设时新鲜果于庭,烧椽烛、焚紫檀香以待,恍惚有烟笼月殿景象。考者既入门,便有艳妆淡服之素娥,手折桂花一枝,就阶下簪于考者之帽檐上,口中喃喃作吉利语。《竹枝词》所谓"桂花香上少年头",即此事也。乱后,此风不少替,往往成为佳话。本届中秋无月,黄昏时

忽廉纤小雨,加以功令须交十六日始准放场。于是拥雾鬟者仍兴高采烈,企临萧史之鸾;而咏霓裳者则拖泥带水,顿失银袍之鹄矣。

外帘各官概已消差出闱。闻某收卷官云,头场有平江府某号一卷,其人自以针线密缝其卷,内并无一字,人则如醉如痴,终日昏睡。开号后,由号军禀明号官,代为缴卷。号军将其人扶到龙门边,始如梦初醒,询知缝卷状,忽对号军痛哭,携考具而出,曰:"此生不再来矣。"又,姚家巷某号一卷于应起草稿之处画虎叉两柄、人头三个,眉目奕奕有生气,亦由号官缴卷扶出者。此种人正不知平日在窗下造何等弥天罪孽也,而蓝榜上竟不彰其恶,亦幸矣哉。

日来,金陵传得有重九日放榜之信,顾未知确否。大约初九日是甲辰日,辰为龙,世传龙虎日放榜,故有是说耳。

载 1885 年 10 月 9 日《申报》,第 2 版,27 卷 615 页

163. 芜湖近事(循规蹈矩＊)

菊花香里,应试各士子俱着归鞭,蹉宪恐或夹带私盐,特派缉私杉板二十四艘舣攉江浒,严密搜验,以重蹉纲。然并不闻有不服盘查与勇哗嚷之事,足见各士子循规蹈矩,谨守宪章也。

载 1885 年 10 月 9 日《申报》,第 2 版,27 卷 615 页

164. 誊录认真

江南誊录向以九月初三四等日为三场告竣之期,本届监临饬誊录官务于八月杪将上下江所誊之三场一律扫数完缴。誊录官遂昼夜催督书手一日了一日之功课,一人了一人之功课,不准偷巧藏奸,视功令为具文。书手因本官亲自过目,善书者固不肯因循贻误,即不善书者亦不敢潦草塞责。故本届誊录之认真当为历办科场以来所未有,此真寒士扬眉吐气之日,否则以不提誊故而遭鲁鱼亥豕,断(寒送)〔送寒〕士功名者岂浅鲜哉!设非有监临深悉此中甘苦,又乌知苛求及此。现闻九月初一二日,外帘各官均可销差出闱云。

载 1885 年 10 月 12 日《申报》,第 2 版,27 卷 633 页

165. 监临回辕

江南为江苏、安徽合试省分,向例监临由两省巡抚轮值,因而两省解首即视两省监临为转移,如本届监临为谭中丞,其解元即在江苏是也。统计各省放榜,均由监临主政,独江南转请总督办理,盖以两省巡抚携印远出,本衙门有应办事件未便久悬,故每届一俟誊录告竣,监临即出闱。其出闱之前一日,一面将放榜定期商明正副主考,一面咨请两江总督届期携印入场。自此,监临少作勾留便回本任,闱中惟内提调、外监试而已。查誊录每场正限六天,本届二三场原可提早,因监临谭中丞恐书手之劣者或以草率误人

功名,故仍如期而止。九月初一日,中丞始出闱,外帘各官亦均销差。供给所原以重九日为放榜良辰,主考以榜期稍促,酌定展至十三日。至江南写榜,乱后系一孟姓者承办,给银五十两,其纸为部颁,首尾画龙虎各一,此人所共知者。惟榜之骑缝,则盖用藩司印,押尾则盖用总督印,阅者多不留意。又,榜写完后,按名次高低唱一遍,外提调于榜尾亲画一朱圈,大书一"中"字,然后送榜出贡院高悬云。

载1885年10月13日《申报》,第2版,27卷639页

166. 乙酉科江南乡试题名全录

第一名〔至第十名〕:张廷瑞,海州廪;赵振声,泾县廪;马锦繁,如皋贡;杨宝森,镇洋廪;茅艮,镇江廪;姚文枏,上海贡;沈毓材,如皋廪;潘启龙,扬州廪;王廷樑,娄县增;朱路,海州廪。

第十一名〔至第二十名〕:孟昭暹,太湖贡;袁抡,武进附;叶新第,黟县廪;冯诚意,嘉定附;吴春镕,仪征附;高觐昌,丹徒廪;胡荣,婺源贡;胡钊,甘泉附;钱承煦,金匮廪;李经述,合肥官。

第二十一名〔至第三十名〕:韩泰东,泰兴廪;翟人表,泰兴官;李庆元,泰兴增;孙明廉,舒城官;庆昌銮,含山附;何声灏,安庆附;曹元弼,吴县官;储兆芹,潜山贡;冯诚中,嘉定廪;爱仁,驻防。

第三十一名〔至第四十名〕:孙启泰,江宁廪;秦宝珉,无锡附;张澍霖,高邮廪;崔保龄,扬州廪;胡炳堃,桐城附;朱廷梁,靖江廪;沈维聪,吴县廪;孙泰圻,无锡附;王贻典,泰州官;章钧,金匮廪。

第四十一名〔至第五十名〕:曹汝霈,镇江廪;周祖成,太仓增;鲍国琛,歙县监;吴浚,怀宁廪;周丙荣,如皋附;曹缵明,震泽增;詹鼐,高邮增;丁文瑜,江都附;徐聿修,震泽贡;姚中林,宿松附。

第五十一名〔至第六十名〕:周维申,泰兴廪;许汝棻,丹徒附;王宗乔,江宁增;焦春樾,太平附;王栋,甘泉廪;洪大诰,徽州附;李炳章,长洲附;袁翰,合肥附;朱凤阶,休宁廪;周鸿磐,山阳廪。

第六十一名〔至第七十名〕:刘复基,如皋廪;袁长清,清河贡;章歔琳,绩溪廪;姚光治,阳湖附;葛绳正,江浦附;沈林一,常州廪;王玉彬,镇江附;张曾培,崇明附;过锡纶,金匮附;丁树屏,怀宁增。

第七十一名〔至第八十名〕:海洪,驻防;秉堃,驻防;经康杰,芜湖贡;张彦昭,无锡附;时凤标,镇洋廪;史久华,常州附;周士吉,常熟附;管得泉,扬州附;孙绪,安庆廪;丁恩荫,通州附。

第八十一名〔至第九十名〕:王光第,江宁贡;张文江,上元附;程道馨,徽州廪;严继志,丹徒附;吴鉴三,上元附;王运昌,宿迁贡;王元,池州附;李书翰,太湖增;查富棣,泾县廪;朱焯成,泾县附。

第九十一名〔至第一百名〕:徐飈,太湖附;张恩书,丹徒廪;张都泰,江都监;何葆麟,南陵贡;马联芳,江宁廪;陈宗元,嘉定附;金还,上元廪;潘尚志,歙县廪;彭述,太湖附;

吕文祉,宁国廪。

第一百一名〔至一百一十名〕:洪钊,祁门附;张恩澍,庐江贡;黄汉清,合肥贡;胡世昌,泾县监;王鲁言,泰州附;黄泽润,太湖廪;陈光绅,江宁增;王用宾,贵池贡;葛增祥,江宁廪;贾殿元,高邮廪。

第一百十一名〔至第一百二十名〕:王尤,通州廪;胡杰,泾县附;谢家治,和州附;檀凤翔,望江附;张懋功,泰兴附;郭冋,太湖贡;叶南金,桐城贡;程炳熙,武进附;方兆霖,望江廪;江绍宗,宁国廪。

第一百二十一名〔至第一百三十名〕:汪汇,太湖附;蔡瑞勋,金匮附;袁焕新,通州附;裘廷梁,金匮监;萧书白,宜兴附;何彦达,江阴监;归棠,常熟附;朱启勋,宜兴贡;萧翰臣,盐城附;储凤林,宜兴附。

第一百三十一名〔至第一百四十名〕:张祖渠,来安廪;何直清,太湖附;胡煦,太湖附;杨士骧,泗州附;王国征,通州附;陈钟骏,甘泉附;米凤书,休宁廪;张保修,含山廪;徐渐盘,庐州增;戴祥元,通州附。

第一百四十一名〔至第一百四十七名〕:陈敬跻,婺源附;范扬芳,黟县增;张传仁,江宁廪;汪一元,芜湖贡;汪镇第,怀宁附;钱晋,武进廪;魏均,兴化附。

副榜

第一名〔至第十名〕:耿植,宝应廪;金逢辰,桐城附;余国钧,和州附;钱钟禄,吴江附;眭世隆,镇江廪;顾忠宣,南汇廪;姚濂,桐城附;卞汝方,高邮附;管仁植,常熟增;孔繁露,高淳附。

第十一名〔至第二十名〕:石嗣宗,绩溪监;王子元,潜山附;李祖锡,松江增;居凤标,宝应增;杨寅揆,安庆附;左溥,淮安廪;王毓澜,吴县附;唐芝荣,滁州贡;朱文豹,吴县附;李树杞,定远廪。

第二十一名〔至第二十二名〕:张廷升,太仓附;贾之玉,庐州廪。

南闱揭晓,诸新贵大名即于当夜由电传到,立刊附张,于十三日随报分送。惟翻译电码容存小误,且为时匆促,亦不及细校。兹得金陵友寄官版题名全录,一无讹误,合即照登。此真所谓千佛名经,想不厌复读一遍也。

本报附识

载1885年10月23日《申报》,第2—3版,27卷701—702页

167.乙酉科顺天乡试题名录

……徐德溎,安徽太湖……余诚格,安徽望江……吕贤塈,安徽宁国……万德崇,安徽合肥……黄昌燿,安徽合肥……方孝杰,安徽宁国……

(注:共录279名,其中皖生6名。仅录皖生姓名、籍贯。)

载1885年10月26日《申报》,第2版,27卷719页

168. 阅各省乡榜书后

今年值乙酉正科，十八省大开棘院，钦命典试使者四出为国家求贤。至重阳以后，陆续揭晓，本馆屡接各处电传榜信，登诸报端。计已有数省备录，以供先睹为快之心。惟道路较远者或尚需时日，其近而有电可通者，一经传来，无不随时刊列。统观目前已经传到中式各举子千佛名经，不禁慨然有感焉。谚云"一举成名天下知"，是岂易事也哉！因果之说，儒者不谈，然应试士子每每相聚而言，曰：一德，二命，三风水，四积阴功，五读书。有此五者，而后取青紫如拾芥。德则其祖父之所积，以贻子孙者也。命则其人之禀于天者，贵贱各有不同也。风水之说最为中国之陋俗，谓其祖父安葬之地合乎地利，则其子孙必有发者，否则求一科名而决不可得。此言虽不足信，然既有此一说，则亦不得不人云亦云。至于阴功之积，则在乎其人之自为，前人所称救蚁中状元之选，理蛇享宰相之荣，虽不必有意为之，第存心有善恶之殊，或食报有亨屯之别，正不必谓其迂腐而不近人情也。若夫读书，自属秀才本色，读书而不获中者有之矣，未有不读书而能中者也。然而，先代之德与夫一己之命，固不可以预知。至于风水，本属无稽之谈，即有之亦不足深信。若己之阴功，则可以自主者矣。然古人言，阴德如耳鸣，惟自知而人莫能知，则又外人所不可测者。惟读书一层自是最要之事，得失寸心知，功程之到与不到，火候之纯与不纯，不独一己知之，即旁观者亦未尝不知之。第虽知之，而仍有无异于不知者，何则？一入棘闱，人才如海，假如江苏、安徽两省合试，计人数约有二万余，其中除去纰缪者十中之二三，平庸廓落者又十中之二三，其兄弟文章约计尚不下数千余卷。阅卷者即欲振刷精神，认真凭文取士，绝无糊突潦草之见存于其中，亦苦于目迷五色，取去难于惬当。况又有额满见遗，荐而不中，备而不荐者。此则所谓时数限人，文章憎命，以欧阳永叔之公明取士，犹云：文章自古无凭据，惟愿朱衣暗点头。则得者固不必有矜心，失者亦不必遂丧气也，顾其中亦有暗度之金针、夺闱之秘钥焉。大都此中奥窍未必人人皆能知之，且即知之，亦属无可如何。盖闱场本无必中之诀，昔闻之师曰"逢期必作课，逢考必进场"，此中诀也。前时以为此先生诙谐之说耳，既而思之，舍此实无别法。然则，中之一道亦不过尽我之心以听天命而已。顾统观各省榜信，则其间获中者不外乎两途：一则实系绩学有素之士，平时伏案功深，学古有获，揣摩简练，攸往咸宜，文字有灵，宗工见赏。如是而得以高攀丹桂、联步蟾宫者占其半。一则系世家子弟，书香旧业，阀阅门楣，父子相承，祖孙济美，兄弟竞爽，如熟火煤纸，一燃即着。在旁人视之以为其易如此，而不知其中盖实有积厚流光之道焉。若夫破天荒则难乎难矣。约计一榜之中绩学者十居其五，世家则又居其三四，其在寒畯之子，世无科甲，平时虽自附于读书之林，而或为饥寒衣（奔食）〔食奔〕走，或为皋比之坐拥者，虽曰分心于课读，犹有教学相长之益，不荒举业，或尚冀万一之遇。若以橐笔谋生，驱驰于四方，消磨其岁月，翰墨虽不去手，而实皆与举业无干。即有时偶考书院，试笔为帖括，亦不过乘一时之兴，得失皆不足以关怀。其与芸窗埋首、雪案研精者，其功之深浅异焉矣。世家子弟或得祖父之衣钵，法有真传；或有师友相切磋，学有日进。且家事置之不问，惟日孜孜秘本，不少家藏，穷年兀兀，其得之也尤易于绩学之辈，盖其用功之难易更有不同者也。此获隽之大较也。尝见富有万金，不惜巨资以延枪替，千方百计，不遗余力，冀其子弟之一中，以桂香洗其铜臭，而或亦有得有不得，此非钱神之无灵，盖其所操之术有异焉者也。吾因此而为未中者慰，并为望中者劝，苟无书香遗泽，则亦不必为癞蟆之痴想；苟能下帷幕攻苦，则终有日为题雁之名流，二者不可得兼。则舍世家而取绩学，所谓求之在我，尚可自为政者，第恐愤发于一时，而功旷于异日，则岁岁逐槐黄，而卒不得一展鹏翮。非人误之，而实自误焉耳。

载1885年10月27日《申报》，第1版，27卷725页

169. 榜后余闻

本月十三日，为江南放榜正期。先一日，总督即携印入闱，监拆弥封、听唱名毕，已交十二点钟。例升炮九门，由中军官捧榜置龙亭中，八人昇至藩署西北之榜棚内高挂。两边护卫兵勇有数百人。少顷，有落孟嘉之帽者；有脱杞桥之履者；又有攘冯妇之臂，欲出而不得出，投稷门之盖，争先而不得先者。正喧嚷间，忽一灯光熊熊，自上坠下，观者一拥而散。未几，榜尾又一灯火灼及棚席，已如虎气之必腾上。幸榜纸尚未焦，已有吸西江之水来救者。或曰榜中必有联捷登龙门者，是即烧尾之预兆与。

载1885年10月30日《申报》，第2版，27卷743页

170. 江南揭晓礼节

谨拟光绪乙酉科揭晓事宜节略，今科乡试，主试择定吉期于九月十三日放榜。十一日，总督部堂先入闱，升至公堂，钤榜接缝处，以及年月均钤总督部堂关防。十二日辰初，总督部堂同内外提调、内外监试，率领一应执事官吏人役，齐集飞虹桥，传点开内帘门。先进墨卷箱，外收掌照料，进毕，齐入内帘，至衡鉴堂。堂上横设公案三座，正副主试偏左座，总督部堂偏右座，均南向。左楹设外提调、外监试公案二座，右楹设内提调、内监试公案二座。堂楣帘前设横案一张，将钤过正副榜置于案上，案前设四座，请内帘目力精明之同考官四人对坐，朱墨卷头场首艺起讲。东西两向设长案，内帘同考官、收掌官雁序列座，置案于主试案后，安放中式各卷，每十卷一扎，请正主试先发。取出朱卷第一扎，自六名起至十五名止，计十本，发交弥封书吏拆弥封，对红号，调墨卷，将朱墨卷红号较对相符筒好，送交对读帘官较对。朱墨卷头场首艺起讲无讹，呈请正主试于墨卷面上填中第几名。次请副主试于朱卷面上照墨卷面履历填写某府某州县某生某人，即交付东西列座各帘员缮写抄榜条，一面将朱墨卷筒齐，交外提调书吏登记存箱，一面由内提调书将草榜条敬谨捧呈主试、副主试、总督部堂、外提调、内提调、外监试、内监试各位座前，遍走一巡，总以两人分单双走，力免越次舛错。走毕，将草榜条送交填榜儒士，自第六名填起，第七名至十五名及续发第二扎自十六名起至二十五名止。凡填毕一名，高声唱对一次，立将草榜条交内供给官吏填写题名。录毕，齐交外提调书查取入箱。余俱仿此。填至五十名，请暂歇，用午饭。毕，接写正榜至一百名，即禀发头点至公堂，发鼓一通，明远楼奏乐一次，大门外升炮一位。俟正榜填完，即禀发二点。至公堂发鼓，明远楼奏乐如前，大门外升炮二位，请暂歇，用晚饭。毕，接填副榜，与填正榜法同。填毕，高点五花彩烛，填正榜五魁，自第五名填起，渐升第四名、第三名、第二名、第一名、公座

各摆五魁酒、果碟。趁吉时发榜,即禀发三点。开内帘门,上元、江宁二县书吏抱榜安置彩亭内,鼓乐齐鸣,送榜出,明远楼奏乐,大门外升炮三位,护榜兵役护送至藩司署前,张挂三日,收缴藩司衙门存储。各官及书役人等均随榜出闱。揭晓后,主试率同内帘官商勘中式朱墨卷。毕,出闱,另则吉日举行鹿鸣宴礼。

载1885年10月31日《申报》,第2—3版,27卷749—750页

171. 鸠水谰言(文昌焚香＊)

芜邑数届秋闱无人发解,今春诸生集聚在赭山兴筑文昌阁,顶礼焚香,必诚必敬。本科揭晓,经君康杰、汪君一元果相偕折桂。于是,好事者或谓风水有灵,或谓神祇保佑,街谈巷议纷纷。有识者则惟目笑存之。

载1885年11月2日《申报》,第2版,27卷761页

172. 书某狂生事

皖南有一狂生,昔猗顿而今黔娄,自谓家有广寒宫伐桂之斧,因此萧然自得,常如汉天子读长卿大人赋,飘飘然有(陵)〔凌〕云之意。曾效李谪仙着宫锦袍,扁舟泛采石,题诗太白楼下,舣舟江渚,月夜歌临汝郎咏史诸作。某帅素有爱才名,延司笔札,青油幕下,书记翩翩。人笑其从班门弄斧得来,生怡然自若也。后稍拂其意,即襆被不辞而去,去则客鸠江,无所事事。一日,策蹇过赭山,天将暮,炊烟万缕,与江上绮霞相掩映,乃咏王渔洋江上看晚霞诗,得"山寺飘清声,夕阳驴一鞭"之句,兴之所至,不觉狂喜,几如袁子令闻舆夫语,狂笑欲堕地。然自是常忽忽如有所失,久之,遂谓空中时有人与伊相问答,且互相唱和。生本有烟霞癖,嗣是以蔡经降王方平家,日与麻姑擘麟脯,谈沧海为桑田故事,瘾顿失。计不呼吸清凉者已三载,亦不见其□苦。本届携具入闱,凡构思不属之际,必闻空中有神语,如楚人甚之脱局、甚之拔旆者,然顷刻间格格不入者,一落笔便与酣摇五岳。二场诗艺,竟全为捉刀,有成诵在心、借书于手之乐。方纳卷,指衡鉴堂詈曰:"是区区者,汝不予畀,予必自取之。"遂高视阔步,吹唇作呜呜声,呵殿而出,宛然□孝廉行径也。转瞬,榜既出,无生名。生乃持纸钱一陌拜,哭于榜下,如杜默之哭愤王。哭竟,将为徐天池之引斧自击其首,得救未果。然一时识与不识多怜之,而狂生之名,已藉藉于秦淮钟阜间。顷有由濡须坞刺船而来者谓:见生日坐江头,仰首看白云,不复如王郎之拔剑斫地矣。噫!半生不偶,想入魔城,安得有所谓降魔杵者,为该生当头一喝耶!或曰,生,吴姓,亦奇男子也。

载1885年11月12日《申报》,第9版,27卷825页

173. 文星聚

钦命江南主考冯、戴二星使试竣回都,于本月初七日节抵清江。安徽学政贵坞樵宗师,亦于是日由都莅浦江。江苏督学政王益吾宗师,则于初九日节临。文星聚于一隅,

诚哉一时盛事也。

载 1885 年 11 月 25 日《申报》,第 2 版,27 卷 899 页

174. 安庆试事

新任安徽学政贵坞樵文宗于上月十九日行抵太郡,廿一日接印任事,定于明年二月间出棚,先考宁国府,早经行文晓示。该府属现已举行县试,其府试则于十二月初一日取齐。闻宣城县试因湖北客籍投考,几致酿成械斗。幸该邑李明府急扣客民之考,始得无事。而县试之期已须更定,于是寄籍某生捐纳修理学宫之费,冀得投考。一人倡之,众人效之,以致土客纷争。宁、庆两属寄居之湖北人综计不下十数万,一有喧哗,千百相应,设非贤宰官办理得宜,则祸变有立见者矣。

载 1885 年 12 月 21 日《申报》,第 2 版,27 卷 1057 页

175. 学政行期

安徽学政贵午桥(注:原文如此)文宗牌示,正月二十八日在太平府起马,先试宁国府,次试徽州府,次试池州府,然后过江考安庆府,由安庆回考太平府,即于太平歇伏。现在宁郡吴太守已将六属文童试毕,其武童则须俟灯节后始行接试也。

载 1886 年 2 月 10 日《申报》,第 2 版,28 卷 199 页

176. 宁郡考题

宁国府吴太守扃试六属文章,于客冬封印,发正案。所有正场题附登于后:

宣城:揖所与立。南陵:子路拱而立。宁国:三十而立。通场次题:所谓立之斯立。诗题:赋得"门外白袍如鹄立",得"袍"字。泾县:子曰:"席也。"皆坐。未冠:席不正,不坐。旌德:子路、曾皙、冉有、公西华侍坐。未冠:居必迁坐。太平:孔子与之坐。未冠:幸而得之,坐……通场次题:有欲为王留行者,坐……诗题:赋得"无事此静坐",得"无"字。

载 1886 年 2 月 10 日《申报》,第 2 版,28 卷 199 页

177. 襄垣琐述(赴京应试*)

皖南各属新旧举人应礼部试者,近日俱到芜湖,候轮北上。行见杏苑春风、马蹄得意,直指顾间事耳。

载 1886 年 3 月 1 日《申报》,第 3 版,28 卷 312 页

178. 襄垣琐述（学政起马*）

贵坞樵文宗定于本月二十四日自太平府起马，按试宁国、广德两属。想童子军又当磨厉以须也。

载 1886 年 3 月 1 日《申报》，第 3 版，28 卷 312 页

179. 学宪出辕

安徽学政贵坞樵宗师于正月二十四日出辕，首试宁国，宪驾及幕友分乘红船四艘，于清晨解缆。太平府联仙蘅太守、当涂县华明府荣赞及文武各员俱往郊外恭送，水陆各营咸排队升炮，以志敬忱。宣城县李明府亦亲至宁太交界之三里埂迎迓。行见冰壶朗鉴，玉尺高悬，宝峰石镜之间定必遍栽桃李矣。

载 1886 年 3 月 8 日《申报》，第 2 版，28 卷 353 页

180. 试场严肃

怀宁县钱少云明府以名进士现宰官身，干练精明，无微不烛。刻届县试之期，明府亲坐龙门外，挨次点唱，察得年貌与册籍相符，始准入内。所有夹带搜检无遗。如有在场哗噪者，卷上不加内戳，即不收阅。正不独杜绝枪替顶名，以免真才湮没也。口碑交作，良有以哉。

载 1886 年 3 月 9 日《申报》，第 2 版，28 卷 359 页

181. 体恤士子

礼部晓谕各省举人到部投文者，不准假手书吏，恐其任意勒索，积压公文，致误考试。又派书吏二名在该部大门巡查、指示，令各举人亲赴司务厅投文，免致行走舛误。又闻李傅相在该部门首张贴条示，敬送安徽阖省新举人复试元卷、会试三场元卷、中后复试朝考及拔优贡生元卷。想见傅相关情桑梓，嘉惠士林，凡受赐者孰不同声称颂哉。

载 1886 年 3 月 23 日《申报》，第 1 版，28 卷 443 页

182. 宛陵试事

安徽学政贵坞樵文宗于正月廿八日驰抵宁国府，廿九日行香放告，三十日考生童经古。二月初一日，各学生岁考，发经古案。初二日补岁考。初三日，泾、旌、广、建四邑童正场。初四日，复经古，发一等案。初五日，宣、南、宁、太四邑童正场，发泾、旌、广、建童案。初六日，一等生复试。初七日，考教续到补考，发宣、南、宁、太童案。初八日，童复试，发一、二、三等案。初九日，阅看武生岁试，发新生长案，以下皆武试。十六日起马，按临徽州府。

载 1886 年 3 月 23 日《申报》，第 2 版，28 卷 443 页

183. 宁国府属试题

经古　生:敬亭山赋,以"相看不厌只敬亭山"为韵。童:杏花春雨江南赋,以"太平之世,五日一雨"为韵。通场诗题:赋得"诗家清景在新春",得"春"字。生正场　府学:宁武子,邦有道则知。宣城:"广土众民"至"君之乐之"。旌德……九,齐集有其一。泾县:学之弗能。南陵:文之以礼。宁国:生之者。太平:过也。广德:岁寒然后知松。建平:考之,则可矣。通场经题:拔茅茹,以其汇。诗题:赋得"蓬瀛俱称列仙游",得"仙"字。补考:不待三。补短。

载 1886 年 3 月 23 日《申报》,第 2 版,28 卷 443 页

184. 鸠兹春鲤(吉语传来*)

李与吾军门,本湖南芷江县人,通籍后寄籍安徽南陵县。刻贵坞樵学宪按临宁国,其九少君传蓉及侄少君传荪皆经入泮。吉语传来,军门不觉喜形于色。

载 1886 年 3 月 26 日《申报》,第 2 版,28 卷 461 页

185. 皖垣途说(驱逐游民*)

历逢考试之期,往往有无业游民择人烟稠密之区,摆设诗韵字板、六门小样、红黑两门等赌摊引诱考童,借博烟霞之费,驯至挥拳角口,滋闹喧阗。官宪早有所闻,久思有以惩创之。本届县试之期,钱少云大令遂饬差谕捕督保驱逐,若辈竟置若罔闻。大令怒甚,立即移请城守营朱都戎并委陈捕廉亲率差兵梭巡各处,遇有前项情事,定予重责递回。若辈始闻风畏惧,不敢故智复萌云。

载 1886 年 3 月 26 日《申报》,第 2 版,28 卷 461 页

186. 皖垣考事

怀宁县钱少云大令考试文童,早经蒇事,遂示期二月十六日考试武童马箭,绿杨阴里,盘马弯弓,当有破的之材出人头地者矣。

安庆府属怀、桐、潜、太、宿、望六邑县试均已报竣,首府成宝岩太守示期三月初四日举行府试,以待学院按临云。

载 1886 年 3 月 28 日《申报》,第 1 版,28 卷 473 页

187. 芜湖纪事(场规严肃*)

贵坞樵文宗岁试宁郡,场规十分整肃,终日亲坐堂皇,不稍懈倦,凡试院吏役向有通搜卷之弊,宗师一概革除。而枪替之风亦少,惟宣城县拿获枪手二名,枷号游棚示众。

又,太平县某童出语不逊,交提调官除笞责外,再枷号头门,示众三日。又,南陵县某生因健讼欠考,斥革青衿。此外,各场皆称安静。若宗师者,可谓猛以济宽。

载 1886 年 3 月 29 日《申报》,第 2 版,28 卷 479 页

188. 安庆府试

安庆府成宝岩太守初拟三月初旬府考,迭日叠奉贵大宗师宪檄,知星节已于二月廿二日由宁郡启行,节届清和,即可按临安庆。太守因遵即示期二月廿八日取齐,先试怀宁文童,以次扃试桐城等六邑。想童子军中当必锦标争夺矣。

载 1886 年 4 月 10 日《申报》,第 1 版,28 卷 551 页

189. 皖上述新(生童闹考*)

上月之杪,安庆府成太守举行府试,时值天雨,门甫扃,一童以坐处渗漏,效女婴申申之詈。既而,题纸下,童大言曰:"是题太熟,恐场中有枪替等情,不如请试他题之为妙。"太守以事关考试,不予深求。无何,闹愈甚,各童皆不能静坐构思。太守因亲至号中,问:"闹者何人?"童曰:"谁人不知,我为某爷爷,尚烦通名道姓耶!"太守默识其人而去。至放牌后,饬提申斥,并责以手心,枷号半月。一日,其父、师至荷校处,向之数说,曰:"尔既跋扈性成,只应自作自受,何致玷辱我侪乎?"童俯首不能答,双泪若断线珍珠。

载 1886 年 4 月 12 日《申报》,第 3 版,28 卷 564 页

190. 查办闹考

安庆府试时有童生数人在场内滋闹,当经成宝岩太守将某童枷号示众,此为前报已详。嗣据某童供出闹事者共有八人,成太守即饬首县饬拿考童四名,管押候讯。夫诸童之应郡县试,亦为求名计耳,乃虚名未得,而实祸先至,何以对父师,何以见亲友?所愿普天下童子军咸以此为前车之鉴焉。

载 1886 年 4 月 13 日《申报》,第 2 版,28 卷 569 页

191. 安庆近闻(学宪试士·二则*)

皖垣奉到贵大宗师行知,定于四月初三日由池郡起马,按临安庆。安庆距池只百余里,计程一日可到。首邑钱少云明府饬办差人役在东门外寅宾馆预备接差。

学宪试士,例委府厅正印官一员在龙门首点名给签。本届大宪委候补直隶州知州苗刺史厚田承当是差。

载 1886 年 5 月 16 日《申报》,第 2 版,28 卷 767 页

192. 丙戌科会试元魁名次

刘培,直隶;于齐庆,江苏;任佑觐,湖南;叶在琦,福建;王荣商,浙江;刘启襄,江苏;刘孚京,江西;姚肇瀛,江苏;梁卓午,江西;汪时深,安徽;冯熙,江苏;李子荣,湖南;贺懋初,广东;吴庆坻,浙江;李翊煌,江西;王荣先,湖北;谢昌年,浙江;陈兆蓉,湖南;黄济川,浙江;陈志喆,江西;鲍心增,江苏;周承光,江西;张丕基,广东;胡宝仁,江西;黄运楸,江西;陈遵声,浙江;张六翮,湖北;蔡金白,江西;温繁珣,江苏;仇继恒,江苏;俞广瑞,浙江;宋饬齐,福建;傅衍章,安徽;王树舟,安徽;江峰青,安徽;刘翰藻,江西;陈寿臣,浙江;袁信芳,浙江;姚癸虞,湖南;向守谦,广东;王文毓,江苏;沈曾桐,浙江;邹福深,□□;李最高,湖南;刘裕彤,江苏;李尧,湖南;章绍洙,浙江;吴品行,浙江;彭述,湖南;朱喧,江西;高观昌,江苏;朱路,江苏;姚均然,浙江;郁家孝,安徽;刘瀛,福建;朱蟠根,江苏;宗裕,湖南;丁照,浙江;林启东,福建;颜庆东,福建;江德宜,浙江;冯方泽,江苏;张宁奇,福建;夏汝镛,湖北;吴鸿甲,湖北;沈维善,浙江;曹九源,江苏;朱士黻,浙江;宋滋兰,福建;李焕尧,广东;童景春,浙江;刘榆生,浙江;许益谦,福建;任希曾,安徽;区震,广东;黄绍曾,江西;戴朝普,湖南;俞士珩,湖北;翁天佑,广东;沈士林,江苏;葛振元,安徽;俞赞年,广东;常梅,湖南;凌弗年,广东;龚其藻,广东;徐家言,江西;陈三立,江西;梁葆仁,浙江;全肇康,湖南;刘岳云,江苏;王尤,江苏;王皋,福建;杨祖兰,江西;邱为镳,福建;陈昌绅,浙江;刘学钓,广东;谢元麒,广东;程传万,江西;蒋嘉禾,江苏;熊拜昌,江西;张阜成,浙江;刘玉,湖北;王基磐,湖北;梅汝鼎,江西;张尧淦,浙江;朱延晓,安徽;林仰崧,安徽;李英华,福建;查文清,浙江;郑仲和,福建;刘邦槐,江苏;陈曦唐,江苏;何连禧,江西;韩信森,浙江;何文燿,广东;潘尚智,湖北;林履端,福建;荣大涵,福建;庄钟济,江苏;蒋僧燮,湖北;胡懋龄,安徽;熊冠尹,湖北;吴濬,安徽;林滟晓,福建;周生锦,湖北;曾灏遂,福建;江联蓉,安徽;裴滟晓,安徽;李子臣,江西;夏葆彝,湖北;左宜之,湖北;盛恺华,浙江;钟大椿,福建;吴庆恩,湖北;李子茂,湖南;邓重藩,广东;谢尔春,福建;叶士琛,福建;林鉴厚,福建;闻捷,湖北;宋嘉炳,安徽;杨士骧,安徽;孙锡第,江苏;石镜潢,安徽;茹宝书,广东;张庆翔,湖南;黄兆珉,江西;曹琳,安徽;骆国恩,广东;袁楚藩,湖南;缪祜孙,江苏;聂佐虞,江西;史绪任,湖南;毕崇辩,福建;何建镛,广东;陈长捷,湖南;徐德钦,福建;王同德,江苏。

昨日会试榜发,本馆特派友人在京先将江苏、浙江、江西、湖南、湖北、安徽、福建、广东八省获隽诸君名姓飞电报知,俾阅报者先睹为快。此外,各省或以距京较近,得信在先;或以地属边区,邮递仍需时日,是以暂付阙如。一俟官板题名录邮递南来,即当全列报端,以供众览。至电传匆促,姓氏不无小误,且名次亦未注明,日后当细心补正也,阅者鉴之。

本报附识

载1886年5月17日《申报》,第2版,28卷773页

193. 丙戌科会试官板题名全录

刘培，直隶乐亭；于齐庆，江苏江都；任佑观，湖南巴陵；叶在琦，福建闽县；王荣商，浙江镇海；刘启襄，江苏宝应；瑞洵，正黄满洲；刘孚京，江西南丰；王承荩，山东乐陵；赵廷光，贵州修文；姚肇瀛，江苏娄县；梁卓午，山西广平；汪时深，安徽旌德；贺涛，直隶武强；冯煦，江苏金坛；张良遥，河南商城；李子荣，湖南衡山；李贺礽，广东新会；吴庆坻，浙江钱塘；李翊煌，江西泻县；王荣先，湖北枣阳；谢昌年，浙江嘉兴；陈兆葵，湖南桂阳；黄济川，浙江金华；华学澜，直隶天津；陈志喆，江西建贤；鲍心增，江苏丹徒；周承先，江西鄱阳；秦树声，河南固始；张丕谟，广东香山；麟瑞，厢红满洲；马九如，山西贻城；苏绳武，陕西长安；胡宝仁，浙江瑞安；黄连春，江西京溪；续昌，正白蒙古；陈遹声，浙江诸暨；张六翻，湖北泻阳；回长廉，内厢黄汉；刘学谦，直隶天津；格哷铿额，正蓝蒙；蔡金台，江西德化；温繁炘，江苏上元；仇继恒，江苏上元；王守训，山东费县；渠纶阁，山西五台；陈顺镶，四川汉州；范克承，云南太和；陈夒龙，贵州贵阳；傅彦瑞，浙江临海；胡裔麟，广西苍梧；宋滋蓍，福建政和；傅汉章，安徽盱眙；王树枬，直隶新城；华凤章，直隶天津；松廷，厢红满洲；雷天柱，陕西醴泉；王新桢，河南太康；江峰青，安徽婺源；王玉山，直隶冀州；刘翰藻，江西永新；陆寿臣，浙江山阴；士魁，镶白汉军；袁信芳，浙江鄞县；杨佑廷，山东费县；姚际虞，湖南衡阳；何守谦，广东顺德；王文毓，江苏吴江；沈曾桐，浙江嘉兴；邱淮，四川宜宾；邹福保，江苏元和；李最高，湖南临湘；承德，镶蓝满洲；陈田，贵州贵阳；杜友白，河南孟县；刘启彤，江苏宝应；逯蓉，直隶东明；李垚，湖南沅陵；章绍洙，浙江鄞县；杨万选，山东阳谷；吴品珩，浙江东阳；彭述，湖南清泉；朱喧，江西高安；高觐昌，江苏丹徒；宋伯鲁，陕西醴泉；朱路，江苏海州；姚丙然，浙江钱塘；高永孝，安徽六安；刘瀛，福建闽县；李蟠根，江苏甘泉；潘泰谦，甘肃迪化；马芳忠，奉天义州；爱仁，正黄蒙古；王钧，直隶西宁；李宗裕，湖南长沙；陈恒庆，山东潍县；丁照，浙江永嘉；李宗唐，山东博山；林启东，福建台湾；颜庆忠，福建永春；秉彝，正蓝满洲；江德宣，江西弋阳；李兰馨，河南唐县；冯芳泽，江苏崇明；张元奇，福建侯官；李相，云南昆明；夏汝镛，湖北广济；吴鸿甲，江苏江阴；徐受廉，正黄汉军；沈维善，浙江会稽；曹允源，江苏吴县；朱士黻，浙江上虞；杨锦江，直隶成县；宋滋兰，福建政和；李焕尧，广东三水；童春，浙江慈溪；苟春培，四川灌县；刘榆生，江西安福；许益谦，福建永福；张燮堂，河南祥符；江希曾，安徽旌德；区震，广东南新；黄绍曾，江西赣县；戴朝普，湖南长沙；杨汝滨，云南昆明；余士珩，湖北麻城；翁天祜，广东海丰；赵新，山西平遥；雷光第，陕西咸宁；陈文然，山西昌业；宗式坊，顺天宝坻；沈士林，江苏溧阳；葛振元，安徽怀宁；林牲，山西沁州；余赞年，广东南海；常牧，湖南长沙；凌彭年，广东番禺；魏延龄，直隶良乡；唐国珍，广西灵川；孙综源，河南荥阳；龚其藻，广东南海；徐嘉言，江西丰城；庞绍统，山西介休；陈三立，江西义宁；赵秉璋，山东诸城；梁葆仁，浙江新昌；余肇康，湖南长沙；刘岳云，江苏宝应；唐则璲，广西临桂；王尤，江苏通州；王皋，福建闽县；傅秉鉴，山东清平；杨祖兰，江西丰城；邱为钰，福建长乐；陈昌绅，浙江钱塘；刘学询，广东香山；谢元麒，广西临桂；黄耀奎，直隶天津；程搏万，江西浮梁；刘兰馨，陕西朝邑；邹嘉来，江苏吴县；熊拜昌，江西新昌；张阜成，浙江鄞县；白焯，河南新蔡；刘玉珂，湖北安陆；王基磐，湖北黄冈；刘自然，顺天宁河；韩宝球，山东堂邑；杨书詹，广西郁林;杨天霖,山西万泉;李玮堂,山东胶州;梅汝鼎,江西南昌;张尧淦,浙江归安;朱延熙,安徽太湖;林仰嵩,福建闽县;徐世昌,直隶天津;张登瀛,甘肃秦州;李英华,福建上杭;李锡麟,贵州贵阳;查文清,浙江海宁;郑仲和,福建连江;王荫槐,四川威远;徐敏中,四川叙永;连捷,内厢黄汉;阔普通武,正白满;段树榛,山东济宁;王寰清,山东莱阳;许源清,直隶新城;刘邦槐,江苏如皋;陈爔唐,江苏江阴;姜子珍,直隶盐山;何联禧,江西鄱阳;韩培森,浙江余姚;何文燿,广东香山;潘尚志,安徽歙县;段文元,河南汲县;凌芬,广西临桂;林履端,福建闽县;李树敏,河南信阳;刘果,河南太康;倪惟诚,云南昆明;郝秉忠,山西怀仁;柯劭文,山东胶州;叶大涵,福建闽县;姚桐生,四川新繁;林福熙,福建闽县;周生锦,湖北孝感;觉罗庆颐,镶黄满;曾福谦,福建闽县;张星吉,山东菏泽;庄钟济,江苏阳湖;蒋传燮,湖北天门;胡懋龄,安徽泾县;熊冠斗,湖北兴国;吴濬,安徽怀宁;江联荣,安徽旌德;汪懋琨,山东历城;何应心,陕西雒县;胡文潮,陕西汉阴;楚材,直隶滦平;张则周,奉天锦县;裴景福,安徽霍邱;李子春,江西武宁;夏葆彝,湖北黄冈;左宜之,湖北武昌;盛恺华,浙江秀水;陈孝恪,山东滋阳;吴炳,云南保山;钟大椿,福建侯官;杨嘉栋,云南宾州;德寿,镶红满洲;吴庆恩,湖北襄阳;李子茂,湖南衡山;刘愈,陕西长安;邓维璠,广东英德;张骧,四川成都;曹子昂,山西介休;石作栋,甘肃狄道;滕尚诚,甘肃皋兰;谢大春,四川开县;叶大琛,福建闽县;唐树誉,贵州遵义;贺沅,直隶武强;王诚羲,陕西韩城;杨圣清,山东平度;林鉴中,福建侯官;闻捷,湖北蕲水;刘安科,镶黄汉军;王国庆,山东潍县;张燮霖,贵州安平;刘炳青,甘肃陇西;宋嘉炳,安徽怀远;史继泽,贵州贵阳;杨士骧,安徽泗州;孙锡第,江苏六合;薛秉壬,陕西长安;王廷相,直隶承德;石镜潢,安徽宿松;宋育仁,四川富顺;茹宝书,广东新会;尹殿飏,四川秀山;朱汝赓,奉天宁远;姜自驹,广东阳江;文德馨,广西郁林;张庆翎,湖北蕲州;杨树,陕西澄城;杨森,广西桂平;王源瀚,甘肃静宁;徐友麟,甘肃秦州;黄兆岷,江西兴国;曹琳,安徽青阳;马树芬,山东蓬莱;王维德,直隶清苑;鹿瀛理,直隶定兴;赵以炯,贵州贵阳;陈阆,河南光山;金鹏,广西临桂;苏品仁,云南昆明;王秉棻,广西融县;谭国恩,广东新会;周爱诹,陕西蒲城;柴作舟,贵州修文;袁楚藩,湖南祁阳;侯葆文,陕西邠阳;刘有光,云南宁州;康克明,云南昆明;缪祐孙,江苏江阴;聂佐虞,江西新淦;史绪任,河南辉县;赵以烜,贵州贵阳;罗崇鼎,福建侯官;董汝明,云南嶍峨;谢崇基,云南恩安;倪教敷,正蓝汉军;杨文春,广西苍梧;陈时中,广西容县;何达聪,广东顺德;党焕章,广西北流;刘光祖,甘肃秦州;宋万选,甘肃皋兰;魏联奎,河南汜水;丁良翰,山东潍县;裴作则,山西五台;周德至,直隶涿州;李端矩,贵州贵筑;党献寿,陕西邠阳;梁方赓,河南陈留;杨增辉,云南蒙自;陈长橿,湖南浏阳;蒋作璧,四川纳溪;屈光烛,四川荣昌;郑宝琛,四川新都;严祖庆,河南信阳;方培恺,河南罗山;徐德钦,福建台湾;王同德,安徽太平。

昨见《时报》登有本科会试榜,有省分而无县名,想仍是草录也。本馆今接京友所寄官板题名全录,省分、县名灿然毕举,毫无错误,亟付手民重排一过,以供众览。

本报附识

载1886年5月22日《申报》,第2版,28卷803页

194. 礼闱佳话

会试揭晓之(翼)〔翌〕日,赐有事各官宴于礼部。以礼部尚书主席,前期所司戒光禄寺庀馔至日露台上,望阙设香案。乐部和声署陈乐于台南,礼部精膳司朝服眠布席堂上,东当后楣设总裁、知贡举、副都统席西向,西当前楣设礼部尚书、侍郎席东向,左右楹外席各三行,同考监试御史、参领、巡察、外帘四所,供给收掌各官席,分行依次陈设,南北相向。又设鸣赞、医官、监门、巡绰等官席于露台上,左右皆相向。黎明,总裁以下官朝服赴午门谢恩,毕聚金水桥。礼部官属入请赴宴,各官由东长安门诣部,主席迎于堂檐下,鸿胪寺官引诣香案前,北面序立听赞,行三跪九叩礼。毕,揖让,升堂,和声署乐作,仪制司官分表花币,光禄寺官举壶酌酒授主席。主席立堂檐下西面,酬酒三乃揖,总成官就位正席,执爵少退揖。总裁官答揖。乃揖知贡举、副都统各就位。光禄寺官分献同考以下官酒。总裁官诣主席席前,酢如献礼。各就席坐,光禄寺官供馔。宴毕,各官起,席撤,鸿胪寺官复引诣香案前,行一跪三叩礼。主席送总裁官如初仪,群官各退。穆穆皇皇,甚盛典也。

十六日黎明,新贡士齐集中左门外听点。中左门下设公案一,礼部官点名放卷,并逐名发给《佩文诗韵》一本,稽察之巴护军统领带领官兵立于门内,每十名一次放入。本日早有礼部官赴殿内,各桌黏贴名签,监试王大臣由内捧题,奉于宝座之上,会元于另纸恭录题目,贴于殿外左柱上。各贡士按名签而坐。顷刻,由内颁出奶茶、奶酒,各贡士跪而饮之。并颁赏饽饽于贡士,每名十枚,敬谨跪领。此即唐时赐啖红绫饼遗意也。并于保和殿西台上设火壶,预备茶水,以供解渴。惟殿内不准吸烟,准赴殿外吸食。点名时有甘肃某贡士未持卷票,星速回寓去取,及到,门已合矣。幸放卷官未去,某贡士哀恳再三,当经门官禀知监试王大臣,谕准放入。因掩门未久,尚可破格施恩,否则,终为门外汉矣。至戌刻,将卷交齐,由监试王大臣收卷,十卷一束,齐送内廷书房,以备翌晨钦派阅卷大臣阅视,拟定等第,恭呈御览。文题:此谓诚于中,形于外。故君子必慎其独也。诗题:赋得"流水无声入稻田",得"声"字,五言八韵。又,宗室新贡士复试题:未有上好仁而下不好义者。诗题:赋得"桃花夹岸护溪庄",得"庄"字。钦定一等第一名景厚,二等第二名吉绅。因吉贡士卷误行点句勾股,故抑此等也。

载 1886 年 5 月 29 日《申报》,第 1—2 版,28 卷 849 页

195. 春明纪事(殿试琐闻＊)

四月二十一日,殿试诸贡士大半于二十日晚在内廷六科等处朝房、茶房住宿,以便就近赴试。殿试策题由内封送内阁,于大堂内刊刻刷印。堂门有德护军统领看守,护军官兵在内阁外梭巡,以重关防而昭严密。

二十一日清晨,礼部堂官于中左、中右两门下点名放卷,新贡士分赴两门听点。德、恩二护军统领各带本管护军二十名把门,仍十名一次放入。收掌各官先入。计应殿试者三百余人,衣冠济楚,携考具入,一切赏赉与复试同。至戌刻后,试卷始收齐。

本科翻译会试中式第一名惠纯,镶红旗满洲,文瑞佐领下。第二名伊克坦,西安驻

防,正蓝旗满洲,钟庆佐领下。第三名成安,青州驻防,正黄旗满洲,德润佐领下人。

礼部传示,五月初一日黎明一甲第一名进士率诸进士前诣太学,行释褐礼,并恭谒大成殿,行释菜礼,传知国子监预备。

二十一日殿试,闻诸贡士有未写完及错落者,计八十余名之多。

载1886年6月5日《申报》,第2版,28卷895页

196. 赐宴盛仪

殿试后例赐新进士宴于礼部,名曰"恩荣宴",读卷、执事各官暨诸贡士咸与焉。前期礼部奏请钦差大臣主席。是日,望阙设香案,乐部和声署陈乐,光禄寺具馔,礼部精膳司官朝服视布席,主席大臣、读卷官、銮仪卫便席当后楣西向,礼部尚书、侍郎席当前楣东向,均专席。左右楹外席各三行,左第一行为受卷官席,第二行为收掌官席,第三行为书榜官席。右第一行为弥封官席,第二行为监试官、护军参领席,第三行为印卷官席。供给官席于露台左,鸣赞官席于露台右,均相向二人共席。一甲进士席于供给官之左,宗室进士席于一甲之左,二甲一名、三甲一名进士席于宗室之左,均专席北向。露台下二甲席于左,三甲席于右,均共席,左右相向。平明诸进士吉服先会礼部,各官朝服会于金水桥。辰刻,礼部官属入,请赴宴。主席暨各官由东长安门诣部。礼部尚书侍郎出迎于堂檐下,乃率诸进士重行北面听赞,行三跪九叩礼。毕,升堂,旅揖,和声署乐作。主席为一甲进士簪花,吏人分表金花于堂上下。席间序班引一甲进士诣堂檐下,东面立,诸进士序立露台上,见主席官四拜,主席官答二揖。次见读卷官、礼部尚书、侍郎、銮仪使,如前仪。次见执事官,再拜。执事官均答揖。毕,主席出,诣堂檐下西面立。光禄寺官酌酒授爵,主席受爵,揖,酹酒三。光禄寺官以次授一甲进士酒,皆奉爵立饮卒。三爵三揖,主席答揖。各官就位,诸进士咸就位坐,和声署升歌械朴之章。光禄寺官行酒供馔如仪。宴毕,各官出席,率诸进士诣香案前,行一跪三叩礼。席散,众官退送,如初迎礼,诸进士皆随出。

载1886年6月5日《申报》,第2版,28卷895页

197. 丙戌科殿试题名全录

一甲　一名:赵以炯,贵州。二名:邹福保,江苏。三名:冯煦,江苏。

二甲　彭述,姜自驹,蔡金台,邹爱诹,张星□,姚炳然,陈昌绅,张元奇,格呼铿额,余赞年,高煕喆,刘学询,薛秉壬,宋伯鲁,张燮堂,蔡锦台,王荣商,吴庆坻,刘学谦,刘玉奇,张则周,葛振元,李子荣,连捷,孙锦第,杨汝鼎,张星吉(注:似与前重名,原文如此),杨书詹,李伟堂,陈昌绅(注:与前重名,原文如此),瑞洵,沈曾桐,林仰崧,常牧,黄绍曾,凌彭年,姚肇瀛,凌芬,盛恺华,张庆翎,庄钟济,邹嘉来,王荫槐,姜子珍,潘泰谦,徐受廉,徐世昌,鹿瀛理,刘孚京,高觐昌,吴洪甲,马九如,党焕章,魏联奎,吴品珩,李瑞榘,叶在琦,缪佑孙,陈志哲,阔通善武,韩培森,叶大涵,江德宣,杨圣清,陈义唐,谭国恩,朱延熙,刘光祖,周承光,徐敏中,徐嘉言,朱士黻,林启东,史绪任,承德,秦树声,孙宗源,

李焕尧,何达聪,李奂华,陈田,史诚,于齐庆,王成羲,余肇康,曹允源,刘启彬,刘果,贺沅,汪时深,王荣先,李树敏,夏宝彝,苻秉鉴,杨文春,何联喜,李宗唐,潘尚志,雷天柱,姚同生,宋滋兰,顾曾灿,刘科,谢元其,孔宪教,朱汝寅,陈顺骧,陈夔龙,王肇修,杨天林,余士珩,熊拜昌,朱路,刘俞,胡云菊,朱宣,方培恺,沈继善,陈长榅。

  三甲 杨森,魏玉龄,吴濬,吴炳,段树榛,张登瀛,林鉴中,康克明,王树枏,王廷楫,江联蓉,李贺礽,郝秉忠,党献寿,查文清,刘兰馨,陈良遆,钟天寿,余朝绅,杨士襄,张裘,仇继恒,王国庆,俞洪钧,陈文杰,柯劭忞,熊冠斗,姚际虞,张应基,金觹,童春,陈孝恪,龚其藻,马芳田,士魁,汪懋琨,陈文爽,姚丙然,江希曾,王承荫,渠纶阁,张天翮,王基磐,徐元恺,汪文玉,荣昌仁,张阜成,觉罗庆颐,陈恒庆,裴景福,李坦,赵俊升,李锡龄,绩昌,陈逷声,代朝普,刘培,李子茂,陈兆葵,徐德钦,马煦,周生锦,侯葆文,许源清,华凤章,蒋传夑,回长廉,刘翰藻,倪教敷,华学澜,胡文翰,宋万选,蒋茂璧,杜友白,左宜之,袁楚藩,柴作舟,秉彝,刘启襄,程搏万,石镜潢,范克承,黄兆岷,章绍洙,李尧,雷光第,王维德,宋育仁,松廷,杨锦江,何文耀,史继泽,刘瀛,李相,李子春,王辛贞,任佑观,宋滋箸,陈寿臣,林瑞,闻林春,罗崇鼎,闻捷,冯芳泽,爱仁,杨嘉栋,丁良翰,鲍心曾,聂佐虞,王人文,丁照,陈时中,周德圣,邓维藩,杨祖兰,王钧,傅彦瑞,康则璲,翁天佑,蔡寿星,谢昌年,杨汝宾,王皋,邱为玉,逯蓉,裴作则,高枫,滕尚诚,王秉禄,文德馨,江峰青,林履端,宋嘉炳,刘有光,庞绍统,严祖庆,董汝明,王元翰,韩宝球,茹宝书,胡宝仁,黄耀奎,陈良,梁卓午,李宗玉,曾福谦,刘炳青,宋式芳,胡茂龄,王玉山,尹殿飚,王守则,赵廷光,黄济川,黄祖,马芬,赵廷光(注:与前重名,原文如此),区震,黄廷春,李翊煌,胡玉林,林甡,葛春培,曹子昂,张尧淦,徐友林,杨右廷,殷文元,夏汝庸,温繁炘,唐树誉,王葆深,刘宪仁,刘岳云,许益谦,屈光烛,刘自然,王寰清,姜定清,德寿,唐国珍,杨曾辉,杨汝滨,邱淮,楚材,郑中和,李蟠根,赵以煃,白焯,张夑林,何应心,刘榆生。

载1886年6月6日《申报》,第2版,28卷901页

198. 皖垣官报(按试安庆*)

  贵坞樵大宗师按临安庆六属文童,挨次试毕。上月二十六日,接试武童内场。

载1886年6月6日《申报》,第11版,28卷906页

199. 皖垣纪实(夹带被惩*)

  贵坞樵文宗按试安属时,有文童某甲抄录时文,藏凉帽上。经差役搜出,甲不服,反肆凶横。差役回禀文宗,(者)〔着〕提调官责以戒尺,枷号龙门前。噫!应试所以求荣也,而适以取辱,该童真伊戚自贻哉。彼夹带怀挟者,请以此为前车。

载1886年6月7日《申报》,第2版,28卷909页

200. 襄垣笔纪(接按庐和＊)

贵坞樵宗师试毕安庆,即接试庐和二州,大约按试太平当在荷净纳凉时节矣。

载1886年6月10日《申报》,第2版,28卷927页

201. 安庆近信(学宪回署＊)

安徽学宪贵午桥(注:原文如此)宗师按试安庆府属,次第竣事,已于初四日发落,初六日起节回署,俟过炎天,再试皖北各属。

贵学宪之未启行也,八旗文武各官设宴于八旗会馆。藩臬道府州县各官设宴于浙江会馆,簪绂往来,酒肴酬酢,洵一时之盛会也。

载1886年6月14日《申报》,第2版,28卷953页

202. 皖学政贵奏为岁考宁国等府情形折

安徽学政奴才贵恒跪奏,为岁试宁国等府州情形,恭折具陈,仰祈圣鉴事:窃奴才自去年接任后,即札饬各府州县办理童试。奴才于正月二十四日出棚,先试宁国、广德,次及徽州、池州、安庆,于五月初四日蒇事,当暂回太平府驻所,一俟皖北各府州县报考试办齐,即行出棚按试。奴才于试过各府州恪遵圣训,严密关防,力杜枪替之弊,以期拔取真才。每值正场,日坐堂皇。各童尚能恪守场规,正、复各场均极安静。惟宁国拿获枪替二名,池州拿获枪替二名,安庆拿获枪替二名,均交提调官严办。文风以安庆之太湖、宿松、望江为优,桐城及徽州之歙县、婺源,宁国之(经)〔泾〕县、太平、旌德次之,其余皆有可观。武场则安庆人数较多,他属实不敷取进,是以任阙勿滥,于休宁武童取进十九名,缺原额九名外,缺广额七名。于黟县武童取进十九名,缺原额五名外,缺广额七名。俟他日人众艺精,仍照原额取进。奴才于试竣发落,文则勖以敦品励节,潜心正学;武则勖以恪守礼义,专心向上,以冀仰副圣主作育人材之至意。奴才经过各郡,春雨稍多,惟皖南皆山田,二麦皆无伤损。现值分秧,民情甚属安贴,堪以上慰宸廑。所有奴才岁试宁国、广德、徽州、池州、安庆各府州情形,谨缮具陈,伏乞皇太后、皇上圣鉴。谨奏。

军机大臣奉旨:知道了,钦此。

光绪十二年七月初九日《京报全录》第二千零六十一号,丙戌七月十七日《申报》附张

载1886年8月16日《申报》,附张第3版,29卷287页

203. 皖省官场杂纪(接试六安＊)

贵坞樵文宗于八月初四日由太平起马,初九日节抵庐州视学。放告毕,即于十一日开考。试竣后,于廿八日起马,接考六安州。

载1886年10月6日《申报》,第3版,29卷598页

204. 襄垣近闻(择期县试＊)

芜湖县杨璞生明府择于十月初一日取齐,初三日举行县试。

载 1886 年 10 月 20 日《申报》,第 2 版,29 卷 685 页

205. 芜湖琐录(审核资格＊)

署皖藩丁潜生方伯飞檄各属,略谓:部议各属寄籍人等呈请应考,务须实系身家清白,并无别项违碍,所置田房庐墓投契、纳粮已在二十年以上者,始准取具族邻保结,呈请该管州县查明加结,详司立案,方准收考。如有朦冒,将该管官查明议处,历经遵办在案。乃近来各处寄籍人等每有童生冒籍朦保,私行包庇,事关抡才大典,札行详加查核等因到县。其时,芜湖正办县考,杨璞生明府随晓谕廪保、生童一体周知。

载 1886 年 11 月 2 日《申报》,第 2 版,29 卷 765 页

206. 襄垣杂志(示期府试＊)

芜湖邑尊杨璞生明府举行县考,于十三日终场,发长案,出辕回本署,即日取齐,接考武童。旋接奉府宪联仙蘅太守檄饬,示知各童举行府试,于本月二十日取齐,二十五日开考。

载 1886 年 11 月 13 日《申报》,第 2—3 版,29 卷 833—834 页

207. 论考试之弊内甚于外

同乡某君,奇人也,居苕溪雪水,问及书无所不博,工诗善画,精八法,有郑虔三绝之誉。复究心于金石之学,汉篆唐碑,一经其目,真赝立辨。余素耳其名,而未之见也。君足迹遍天下,卿士大夫到处争迎。今年冬月来沪,因友人获见颜色,清如孤鹤,霭若春风,使人一见作十日想。友人为道其生平,并及轶事,曰:"某君幼时赴童子试,点名接卷。道差曳以搜检,艴然曰:'是先以不肖之心测诸士,非朝廷求贤之本意也,吾宁高蹈以终耳,乌能受此辱乎?'遽携考具投卷而出,终身不复应试。"余闻之,愈钦佩不已,穆然神为之往。既而曰:某君之行则高矣,然天下之士其如某君者有几人哉!雇枪替,携夹带,买传递,场中纷纷扰扰,其弊百出。以君子之心待士,而士则为甘处于小人,又乌得不以小人之心预为之防?故搜检一节载之功令,不能废也。夫外省州县府院各试,其弊固多矣。然苟能认真校阅,则亦未尝无真才之可拔。即乡、会试人数加多,凡搜检等事不过具文而已,弥封、誊录皆可作弊,似乎较小试为难防,而真儒宿学亦或烧尾而去者。则以舞弊者十之二三,不舞弊者十之七八,故真才尚不至于悉数埋没也。至于朝考、殿试,则宜乎无弊矣,阅卷者多系王公大臣、尚书侍郎,且一场有一场阅卷之大员,不相同也,其又何能作弊于其间?顾以余所闻,则其弊更甚者,优贡拔贡之朝考也。先之以拜老师,凡科甲出身之尚书、侍郎,揣其必派阅卷者,或托同乡,或假世谊,莫不投赞殆遍,

贽必百金。贽既投,则于请见之余,呈其所书之字。其名则问业也,其实则不过使之熟玩笔迹。设或派着阅卷,则见此字迹,心照不宣,自必取入。同列之阅卷者,亦莫不然。则其当取时,亦无人焉为之显揭其弊而阻止之。故有钱而拜老师多者,取之较易。或系孤寒之士,罗掘进京川资尚不敷用,又安得投贽之钱?则惟有听天由命,而取者十中不及一二。其一二取者,则多系交情气谊偶然相通,始得侥幸于万一。否则班马之文,颜柳之字,亦摒之孙山外已耳。殿试及进士之朝考往往如此,屈指可以派着阅卷者不过二三十人,倘世家大族以二三千金遍拜老师,遍送字样,则未有不入彀者矣。此弊最难杜绝,即使用乡会试弥封之法而封其姓名,终不能掩其字迹,大卷及朝考卷虽同一端楷,究有不同,一人有一人之笔迹,预观几次,无不烂熟于胸中,辨之殊觉无难。此则将何法以防之?且殿廷考试事关大典,何等郑重,其所以为之防闲者,无非朝廷大臣与乡会试之巡绰诸官迥乎不同,彼小试之仅派校官监场,学差巡绰者更无论矣。而乃外间考试弊虽不能免,而显通关节则初未之闻。独有殿试考试其弊之积重难返者,顾若是其甚何为也哉!间尝与友人说笑,言及考试之事,小考最难,乡试次之,会试又次之,殿试朝考最易。盖小试县考,则多者或五场,少亦三场,题则为截,为搭,为大,为小,为虚,为典,无奇不有。加之以诗也,论策也,古近体莫不咸备,虽曰不作者听,然夺锦标,争捷足,则必件件皆能而后可。府考亦然。院试则仅两文一诗,然其为时也促,风檐寸晷,洋洋千言,颇不易易,故曰最难。乡试则首场不过三文一诗,而为时实有一夜两日之长。二场经文五篇,三场策五道,则视首场为较轻。策之实对者又全在乎夹带抄录,虽字数过多,究不过抄写之功,与小试时似有间矣。会试与乡试同,而人数少于乡试,中额则三十约可取一,与乡试大不相同,故曰较易。若殿廷考试,则殿试一场,所拔虽止三鼎,甲及传胪一人,而呈进之十本中大都翰林居多。此虽曰青钱万选,自与众不同,要亦不过专门习字即可冀倖。至于策,则无所优劣焉,故曰最易。若又出之以老师私心,字迹之暗号,则亦安足贵乎。殿试尚且有弊,朝考可知。进士朝考尚且有弊,拔贡优贡更可知。然则考试之弊端,京内不更甚于外省,省会不较重于府县哉?夫文章为敲门之砖,不过借以诳功名,已属无谓之极,苟其认真挑选,用心去取,则犹不失为公道,而孤寒下士或尚可冀昂首扬眉之一日。乃又加以弊病显然如是,而曰可以为国家选真才,可以为朝廷求贤士,能乎否乎?嗟夫,今日之所以取人者,即前日为人所取焉者也,衣钵相传,迁流何极。言念及此,不禁抚髀扼腕,为世道人心弥切隐忧,而益叹某君之识高于顶已已。

载1886年12月4日《申报》,第1版,29卷963页

208. 闹考未成

皖南所属之南陵县,距芜湖仅二日程,实隶宣州郡,以学院行牌,准于来年由宁郡开棚,所有府县两试均须于封印前一律完竣,以便轺车驻节。南陵素多开垦客民,因上年有由官籍入学者,此次闻有考信,均跃跃欲试,且援上届以为例。于是庠序中鸣鼓相攻,不许廪保出识认结。客民见势不佳,遂仿楚人衷甲以压晋军故事,于十月二十五日县考头场点名时一拥而入,考棚当下考生约三百人,送考者倍之,暗持兵械,先与土人口角,不胜则争破考棚内之桌椅,碎而燎之甬道中。官既升堂,词益不逊,官乃顾廪保曰:"可

考否?"廪生答:"士子本为考而读书,但考有籍贯,若客民自考其籍贯,有何不可？惟其欲考南陵,则不可。盖南陵之学额,朝廷之著于令甲者数百年,学校之奉为成宪者亦数百年,一如东阡西陌,不敢以尺寸与人。万一老父台意在收考,似宜详请学使者据情入告,视丝纶定行止,方可无虑。至廪生等,只知学政至书载明,冒籍一项是其专责,因此不敢视功令为儿戏。"官良久曰:"本县如能托请上宪准其分场各考,尔等置喙否？"众皆答曰:"不敢饶舌。"官曰:"今日旰矣,明日补考可也。"于是,即揭牌头门,谕应考文童准于二十六日点名给卷。又谕客民应考者,准于十一月十一日点名给卷。客民一听官准收考,悉眉飞色舞,人人皆有取青紫如拾芥之想。又虑诸从役或以武断滋事,反令土人得所借口,因即分遣带牛佩犊者各归乡里。群相咿唔寓所,静候试期。该县连考三场,如战士衔枚疾进,不闻钲鼓之声。至下月初四日,便发长案,县主德大令于次日命驾上府,十三日始回,考期已过矣,客民始悟大令用智之妙,当下不欲愚民召众怒难犯之祸,故出于谈笑,处以镇静,所谓不动声色而销祸于无形也。乃知贤父母之覆帱斯民者大矣。

载1886年12月21日《申报》,第2版,29卷1067页

209. 太平试事

安徽学政贵坞樵文宗按试和州,早经告竣,腊月初四日节临太平府,循例视学放告后,即于初六日开考。闻明春开印后即须接考宁国府属。遥想凌敲台畔,捉月亭边,冰鉴高悬,当群起作人之颂矣。

载1887年1月10日《申报》,第10版,30卷59页

210. 皖中杂志(县考示期*)

首郡成宝岩太守接到学宪贵坞樵宗师札饬,定于二月初一日举行县考,三月初一日举行府考。太守奉札后,即饬首县范映泉大令出示晓谕,以便各生童周知。

载1887年2月7日《申报》,第3版,30卷182页

211. 皖水红鳞(先行县试*)

署怀宁县范映泉大令迩因举行县试,所有署中案牍暂由发审委员代理,一俟试毕,即须照常视事云。

载1887年3月7日《申报》,第2版,30卷349页

212. 皖学政贵奏岁试完竣情形折

安徽学政奴才贵恒跪奏,为奴才考毕太、庐、凤、颖、六、泗、滁、和四府四州及凤阳属寿、凤分棚岁试一律完竣,恭折仰祈圣鉴事:窃奴才于本年五月十五日业将试过宣、广、徽、池、安四府一州情形奏报在案。奴才于八月初四日出棚,先试庐州,次及六安、颖州、

寿州、凤阳、泗州、滁州、和州,十二月初四日回太平驻署,即扃门考试本棚,于十五日竣事。每至各府州,于下学讲书时严谕廪保认真稽查枪手顶冒入场;至童试正复各场,日坐堂上,严密关防,力绝弊窦。皖北惟颍、凤风气强悍,示以功令森严,尚知守法。于庐州拿获枪手一名,六安拿获枪手二名,寿州拿获枪手一名,太平拿获枪手一名,均交提调官照例惩办。文风以庐州之合肥、凤阳之寿州最优;庐州之庐江,六安之英山,颍州之霍邱,凤阳之怀远、定远,泗州之盱眙,滁州之全椒,和州之含山,太平之芜湖次之;其余皆可节取。武风以庐州属为最优,凤阳属次之,余则均有可观。文武皆取进如额,试毕发落日,文则谕以读书立品,必求根柢之学,勉为有用之才;武则谕以守礼循分,以仰副朝廷乐育胶庠之至意。奴才现已檄饬各属办理府州县考,一俟明春即举行皖南科试。所有奴才岁试各府州一律完竣情形,理合恭折具奏。再,奴才所历皖北地方,秋收极为丰稔,颍、凤一带麦苗葱秀,民心安解,以后若能雨雪应时,来岁二麦可望丰收,合并陈明,仰慰宸廑。伏乞皇太后、皇上圣鉴,谨奏。

军机大臣奉旨:知道了,钦此。

光绪十三年正月廿四日《京报全录》第二千二百三十六号,丁亥二月十四日《申报》附张

载1887年3月8日《申报》,第9版,30卷359页

213. 鸠兹春色(宗师起马*)

贵坞樵宗师定于本月十九日自太平府起马,按临宁国府科试。

载1887年3月19日《申报》,第2版,30卷427页

214. 皖上游鳞(县试告竣*)

怀宁县范映泉大令举行县试,刻已告竣,府试尚无日期,大约俟新任联仙蘅太守莅任后,再行定见也。

载1887年3月23日《申报》,第2版,30卷451页

215. 襄垣纪事(公子高中*)

二月间,贵坞樵文宗科试宁国府属,李与吾军门之八少君、十少君俱入南陵县学,且居前列。吉语传来,赴府第叩贺者舆马如云。军门在江阴差次闻之,亦必喜形于色也。

载1887年4月5日《申报》,第11版,30卷551页

216. 鸠江谈屑(将赴徽州*)

贵坞樵文宗科试宁国府时,政躬小有违和,玉尺衡才仍不稍形懈怠,近已喜占勿药,于十本月初五日按试徽州矣。

载1887年4月7日《申报》,第2版,30卷561页

217. 皖垣纪实(枪手被枷＊)

安庆府联仙蘅太守三月初五考试文童,扃门后亲自下阶查缉,见有一人遮遮掩掩,惶悚异常,诘之则系太湖县人,本(行)县某童雇令入场枪替。遂转将本名扣除,甲即枷号头门示众,并将廪保申斥一番,诚足见太守慎重抡才之意也。

载1887年5月7日《申报》,第11版,30卷748页

218. 安庆试事

本月中旬,安徽学政贵坞樵大宗师札饬安庆府,定于下浣案临。遂由怀宁县范映泉明府饬差在东门外官码头预备供张。至十二日清晨,探得文旆已将莅止,省中文武印委员弁遂次第赴江岸恭迎,各营勇丁亦无不擎枪鹄立。迨钟鸣四点钟,宗师舟抵埠头,各官呈递手版后,宗师登岸,排导入城,由东门小拐角头、天后宫、离井头、大二郎巷、四牌楼、马王庙、倒扒狮子梓、潼阁迤逦进学院。先是府县官已出示晓谕,应试各生童限于十二日齐集郡城。六属士子闻之,咸星夜束装就道至此。宗师遂牌示,定于十七日考桐城文童正场,十九日考怀宁文童正场,余尚未经牌示。想宗师才□玉尺,老眼无花,皖山潜水之间不少精镠跃冶也。

载1887年5月19日《申报》,第11版,30卷824页

219. 安庆试事

皖垣现当科试之期,六属生童及贸易之辈蚁屯蜂聚,核计约有三万余人,齐集郡城,到处拥挤。先是首县范映泉明府大张晓示,略谓:考童云集省城,各行生意总宜平买平卖,不准高抬市价云云。是以主客相安,并不闻滋生事故云。

贵坞樵文宗牌示:二十二日考太湖,二十五日考宿松,二十八日考潜山、桐城各邑文童正场。

督学部院示:照得生员向例贡监科试录遗,由地方官起文加结送考,由学填册送考。查皖省贡监生员借敬敷书院送考者殊与定章不符,开年戊子科转瞬即届,除札知安庆府提调官先期出示晓谕敬敷书院肄业贡监生员,嗣后务令由地方官起文加结送考,由学填册送考,以符定例。仰各教官一体遵照。

载1887年5月20日《申报》,第9版,30卷829页

220. 芜湖近事(学政抵芜＊)

安徽学政贵坞樵文宗试毕安庆府属,即起节赴太平、芜湖,地方官先期在官码头伺候。至初九日八点钟时,宪舟始至,小泊官亭前,文武各员纷纷呈递手版,文宗逐一接见。旋于午后一点钟时解维下驶。

载1887年6月9日《申报》,第10版,30卷957页

221.皖学政贵奏科试四府一州情形折

安徽学政奴才贵恒跪奏,为科试宁、广、徽、池、安四府一州情形,恭折仰祈圣鉴事:窃奴才于二月十九日出棚考试宁国,调考广德,次及徽州、池州,遂渡江考试安庆。奴才按试各属,仍如岁考时严饬廪保认真稽查枪手顶名入场,严密关防,力绝弊窦。生童各场均知恪守场规,士习安静。至各属文风与岁试时相等,不乏清通可造之才,均能如额取进。于本月初六日试毕,发落即日回太平府驻署,赶造岁试生童各册报部。一俟秋初,再行按试庐、凤各属。所有科试宁、广等府州缘由理合恭折具奏。至奴才经过各属地方,雨旸应时,麦收丰稔,正值插秧之际,民情安静,合并附陈,仰慰宸厪。伏乞皇太后、皇上圣鉴。谨奏。

奉朱批:知道了,钦此。

光绪十三年五月廿一日《京报全录》第二千三百七十六号,丁亥五月廿八日《申报》附张
载1887年7月18日《申报》,附张第2版,31卷112页

222.鸠江寒汛(示期县试＊)

芜湖县钱孟超明府接到贵坞樵文宗札饬举行县试,遂示期于廿四日取齐,廿五日开考。

载1887年11月5日《申报》,第2版,31卷823页

223.襄垣琐缀(芜湖县试＊)

芜湖县钱孟超明府于上月二十六日举行县试正场,济济多士共得三百余人。二十八日案发,俞君兆熊独冠一军,并示期二十九日初复。

载1887年11月19日《申报》,第2版,31卷915页

224.〔皖抚陈〕又奏为江南秋闱应否回避片

陈彝片:再,查本年戊子科江南文闱乡试,轮值安徽抚臣监临。惟臣籍隶江苏扬州府,与江宁省城仅隔一江,应否回避之处,自应先期请旨,恭候训示遵行。谨附片陈明,伏乞圣鉴。谨奏。

奉朱批:毋庸回避,钦此。

光绪十四年四月初九日《京报全录》第二千六百七十二号,戊子四月十七日《申报》附张
载1888年5月27日《申报》,附张第3版,32卷857页

225.皖抚陈奏为拨解戊子科文闱乡试经费以俱支用折

安徽巡抚臣陈彝跪奏,为拨解光绪十四年戊子科文闱乡试经费以(俱)〔供〕支用,恭

折仰祈圣鉴事:窃照江南省文闱乡试历系上、下两江轮流值科,每逢上江轮值之年,除动支各属征解遍征文场银两外,向由安徽藩司详请奏拨江安粮道库漕耗银七千两,交江宁藩司衙门月储支用,历经循办在案。今届光绪十四年戊子正科文闱乡试,轮应上江承值,例应拨漕耗银七千两以资济用。据布政使阿克达春详请饬拨具奏前来。臣复核无异,除饬江安粮道拨解,并咨明户、礼二部查照外,谨会同两江总督臣曾国荃恭折具陈,伏乞皇太后、皇上圣鉴。谨奏。

奉朱批:该部知道,钦此。

光绪十四年五月初七日《京报全录》第二千七百号,戊子五月十四日《申报》附张
载1888年6月23日《申报》,附张第4版,32卷1047页

226. 鸠江凉滨(考录遗才＊)

太平府属当、芜、繁各学文童之应秋试者,考录遗才,向例由学院示期,在郡城试取。刻贵坞樵文宗已示期七月初一日取齐,初三日扃试。闻文宗俟揭晓后须前赴白门,办理上江录科事云。

载1888年8月3日《申报》,第2版,33卷231页

227. 芜湖秋景(文宗赴宁＊)

安徽学政贵坞樵大文宗于本月初十日自太平府起节,前往金陵办理上江录科事宜。所有学院提调官,文宗札委太平府办理。是以史莲叔太守亦于是日偕文宗一同起程,属吏咸恭送至郊外。

载1888年8月22日《申报》,第2版,33卷353页

228. 芜湖秋景(士子携货＊)

迩日,上江各士子之赴秋闱者帆樯云集,衔尾而过,几有数千百号。其有稍携货物,借作川资者,经过芜湖关亦莫不湾泊,听候查验,遵例纳税,掣票而行,恪遵功令,诚可嘉也。

载1888年8月22日《申报》,第2版,33卷353页

229. 芜湖秋景(江舟难雇＊)

各士子赴白下试由旱道而行者,咸赶至芜湖换船。日来,芜市江头船只概被诸士资雇罄尽,舟价视平日倍之二三,后来者欲觅一叶扁舟,竟不可得。

载1888年8月22日《申报》,第2版,33卷353页

230. 皖抚行期

戊子科江南乡试轮应安徽巡抚监临,陈六舟中丞定于本月十五日束装就道,所有属下差弁早已预备一切,届期同赴金陵云。

载1888年8月28日《申报》,第3版,33卷396页

231. 试事述新

籍贯之中有荒籍,有冒籍,有倡优隶卒之籍。金陵省垣专攻荒籍,往往视其人崛起寒微,其同姓之宗素无显宦,乡先达又无人能识其祖若父之名字,虽此时大厦连云,头衔耀目,而未能以后来之秀托为元生焕焕,乃得生灵运也。今届荒籍中无席丰履厚者,其名亦不显。惟冒籍以句容为盛,前数届已有连掇且泮芹者,故远方之人争喜跻其青云之路。顷闻有陶姓者,广西人,武职也,铸剑戟以为农器,耕茅山之麓者有年矣,至是借奥援,竟出而应童子试,虽未即列身胶庠,然已注名版册矣。论者谓,此乃某广文推挽之力居多。

三年一大比,赋槐黄者云集金陵,向来以屋赁举子者,上而支风借月之廊,下而编竹诛茅之舍,无不赍我。有嘉宾鼓瑟吹笙,以为听鹿鸣者之预兆。今岁如全福巷、奇望街,最贴近贡院所在,尚有未经下榻者。据各学送考之门斗云,就上江而论,惟安庆、徽州、宁国三郡之人,虽不及从前之车辚马萧,而居然有鼎峙气象也。他如庐、颍以北,后经赤旱,前罹黄流,八口之家仅思保其朝飧夕飱而不得,奚暇谋及不可必得之魁元?故不但录遗人数寥寥,即正案之能效魏佛狸径饮马于瓜埠者十无三四。辟门虽系大典,而俊乂则吁之不来,有心世道者当隐隐知其所由来矣。

赶考店铺排比于状元境东牌楼之前后左右,其门面独推上海之洋板石印书籍。次即洋广货斑驳陆离,炫人瞻视。再次,则姑苏糖食店,亦收物稀则贵之利,结构虽小,而数青铜之轻纱团扇,争倚徙其门。近更添一华总会点心店,面白而长,包松而透,旬日之间即诩为当行出色。刻下,上江人尝新者尤众,缘上江风气朴茂,除省会郡垣以及沿江水马头外,山内即屯溪渔亭之闹市,并无茶肆、酒肆。故过其门者人人动食指,因此生意遂为卿子冠军云。

七月廿一日,为上江俊秀监生录遗之期。先一日,投文于驳者多至七十余人,皆因监饷少补四成,必须补足而后准其收考者。闻是日就试者合八府五州五十五州县,共有四百数十人。《四书》题:取于民有制。次日发案,仅取五十四名,余俱屏诸孙山之外。内有应考官生者,有督抚咨送,虽文字却佳,而一切向隅,令人恨不携谢朓惊人诗来"搔首而问青天"。可笑者有数人戴墨晶眼镜,摇海东青羽扇,在捐局门首拍手大骂。问其故,则以录科未取,疑监生无用,欲向捐局退回捐银者,一妙想天开之贵介公子也。因念诸公弹冠于而来,共冀得元礼之龙门,与同志掉臂游行其际,从而展垂天之翼,一转瞬抟扶摇而上者可九万里。此亦三年灯火一日飞腾者之意中事。不料忽遭铩羽,竟为场前下第之人,能不与八百孤寒同声一恸哉?吁,可慨也已。

从来决裂事非奇男子不能为,然殉志于长枪大戟,与饮恨于即墨松滋,此中要自有

辨。上月廿四日,上江考棚东偏有一人,自剚刃于腹,出其肠而死。据报事人云,死者系皖北人,家贫甚,为同邑某负担至此,意在观光,苦资短,乃觅其同乡之爬碎砖者,得借寓于蠨蛸舍内。录遗未取,而主人已箪食豆羹见于色。死者自念范叔一寒至此,在昔若不识字读书,当可负弩前驱,随左相宣威沙漠,丈夫生则燕颔食肉,死则马革裹尸,终胜于吹箫糊口。不得已,乃托游学,希遇穷途之知己。讵所至,塾师多年少睹,入门骤下逐客令,欲引语,辄摇首若风痹。稍以文义相请教,便欠伸作欲睡态,一似目不识丁者。然默计无以疗饥腹,始愤然出此下策。旋上元县前往相验,则所闻异辞,谓死者并非考生,缘所居之地现经官买,创设书院,计日将鸠工,所有草房一概勒令迁让。死者贫无卓锥,自恨四海之大,处处不得安身,生不如死。二者孰是,容俟续报。

载1888年9月8日《申报》,第2版,33卷467页

232. 江南乡试题

首题:子曰"可与共学",至"夫何远之有"。
次题:"及其广厚",三句。
三题:"堂高数仞"至"皆我所不为也"。
诗题:赋得"金垒浮菊催开宴",得"鸣"字,五言八韵。

载1888年9月16日《申报》,第1版,33卷517页

233. 江南考优正场题

旅酬下为上。天子之阁,左达五,右达五。
策题:问"干旄""素丝纰"之毛、郑异义,其说孰长。

载1888年9月17日《申报》,第2版,33卷523页

234. 钟山秋信

赌为之害,甚于水火。是以官宪禁令从严,而有识者鄙为牧猪奴戏也。时届秋闱,多士云集,以花骨头为生活者相约赁屋僻处,大开赌场,喝雉呼卢,夜以继日。其中以苏州、松江两属人为多,一局甫终,输赢以十百千计。夫士子入场应试,何人能多带川资?一旦罄其腰缠,欲归不得,异乡落魄,谁肯效漂母之哀王孙,有不坠井悬梁自寻短见者乎?所望有地方之责者尽法严办,毋稍宽贷,不以敬重士子略予优容,赌风其庶有豸乎。

号军例由罪犯充当,然各省例多招致贫民以承其乏。凡充是役者,须出青蚨数百翼买取号挂腰牌。既入闱中,供役若犬马。三场告毕,各得钱三四千文,亦甚苦也。本届有人假充官役,出卖腰牌,贫民争先出钱,互相购取。及点名时,官验得系伪造,屏之出门。乃纠约数百人,寻取出卖之人,吊诸树上,尽情(敲)〔殴〕打,逼令还钱。噫,穷苦若号军,可谓极矣,乃犹诪张为幻,诱其资财,此其人果尚有人心乎哉?吊而殴之,犹为宽纵已。

此次上、下江学政考录遗才,初似严之又严。既忽将被屏者悉行补录,虽或墨污曳白,亦不致榜上无名,以致连正科举所取者多至二万七千余人,号舍只二万四百余间,约而计之,实已溢额。遂就隙地支以芦席,以坐诸生,既不能蔽雨风,又不能容偃卧。一时入珊瑚之网者,虽争颂学宪宽仁,然语及坐号之不堪,即莫不眉山蹙损矣。

载1888年9月17日《申报》,第2版,33卷523页

235. 电传江南乡试二场题

为电。淮海惟扬州。"既景乃冈",三句。夏五,桓公十有四年。脍,春用葱,秋用芥。

载1888年9月19日《申报》,第1版,33卷537页

236. 江南文闱述略

八月初八日,为考生进场之期。寅初即开点名,分东中西三路,中路系监临,东西两路由制台委候补道多位。计中路先点常州府,东路先点松江府,西路先点安庆府。点至三四起时,旭日已东升,士子各携考具,纷纷入场,多系不应在前之人忽来争先恐后。初尚在龙门外席地而坐,后见颇无拦阻,悉拥入龙门以内,遂至甬道左右。明远楼底概被考具塞满,往来者已多窒碍。旋点到泾县等学,人数益众,接卷时已七手八脚,淋汗如雨,迨涌入龙门,已肉薄如堵墙,弱者至不及呼吸。由是,年少之兴高采烈者,大半从人家考具上超跃而过,考具多被踏碎,书籍、物件狼藉满地。适号军负号板至此,扞格不得进,乃弃于地上。行者不知下有板片,皆跌倒。不料,前者一跌,后来居上,前俯后仰,手足皆不由自主,蹴损出血,无一完人。有年老三四人,因在人丛中受敌不过,经人扶在一边,倚墙而立,面如土色,口中血沫如注,有代为缴卷者,正不知归去后调理得愈否也。说者谓,自甲子以来,此为热闹第一次。

闱内有号舍二万零六百间,壬午、乙酉皆足敷用。本届录科时,人人均以新定部章为虑。适上江先揭晓,名落孙山者又展转浼当道为之请托,学使者复以部章为言。于是侧足而立者多倚装欲赋《归去来辞》。监临亦为之心恻,令读书明理者至是可安命,因揭示于贡院门首,为失志者破涕为笑。越二日,上江忽全案揭出,内中即未完之卷,亦同侥幸,无一遗者。惟下江仍有向隅者十之二三。卖卷所接册后,知号舍不敷,禀明外提调官速为料理。外提调乃商之外监试,将平江府南总路一条改为席号,照对号式,可坐二百余人。又将对读所腾出,改为"伊"字等十号。仓卒中借用小试之窄条桌,每桌坐三人,于是房廊上下无尺寸隙地。诸生到此者,悉踊跃欢呼,深颂监试谢观察于不置,盖此举实谢观察回忆当年辛苦,不欲自负初心,故为士林别开生面云。监临示足解人颐,并附于后。监临部院示:"本部院籍隶江苏,承乏皖省,凡皖之应试者犹吾子弟也;苏之应试者,皆吾乡里也。苟非积惯讼棍,得罪名教之人,无不愿其入场之理。苟非号舍万不能容,又无不愿学使者宽为录送之理。万一有之,则不得不以安命之说进也。夫所贵乎士者,以其品也。本科善刀而藏,安知下科不脱颖而出。一朝屈膝,终身之耻。即他日

平步青云,庸能自赎乎?诸友士,其思之。特示。"

锁院门首大书"辟门吁俊",可见朝廷之待士原不为轻。闱中如粥饭,如茶水,皆有官为之料理。本届头场仅见馁饭两次夹生拉杂,虽饥者易为食,总觉饱此恶草具,未免将军负腹。茶水非令甲,实升任梅中丞之遗爱。本届一昼夜只准给炭三篓,每场以五篓为率,茶水夫不得已,拆毁号板为薪。茶烟袅袅,恍惚长亭短亭之迎送过客者。然毋怪其难语蟹眼鱼眼矣,或者此乃供给所为撙节经费起见,故事事算入锱铢。不知日近长安远,就使一切罢去,又谁敢议其后者?但天下事不必自我始作之俑耳,可怪者本届以禁用安徽人为重功令。乃近闻监临系江苏仪征之乡达,供事乃江宁各署之书吏,未免令人莫解。

部章令江南以戊子正科为始,多阅十天才放榜,所以慰朱衣之未点头者。内帘向派帘官十八员,虽由监临玉尺量来,然先询品谊,次及文章,未有不胸具成竹者。本届陈中丞欲力除积弊,深恐帘员中负太山北斗之望者,人多尊之仰之,未免启不肖以进人则加诸膝、退人若坠诸渊之门。因特举卑卑无甚高论,如李蔡之为人下中者,属以冰衡。榜出,应试者多失色,谓:此人真可谓一洗万古凡马空矣。或曰子毋虑解牛无屠坦,但恐荒庄由陆氏耳。初八,灯下倚明远楼书此,以质海内之同玩楼头月者。

载1888年9月19日《申报》,第1—2版,33卷537页

237. 江南文闱谈剩

初七晚首场点名时,诸生以未惯提篮挈槛,多倩苍头挑负入场,以致人数愈多,拥挤愈甚。由姚家巷入平江府北路人山人海,喧如鼎沸,加以挑水夫络绎如织,号军又将号板抛弃盈途,地既高下不平,且更滑难驻足,致有某生挤跌于地,顷刻间被人蹴踏而毙。又,松江府属某生被强有力者围在垓心,无从突出,任尔高呼救命,断无以手援之者,不觉力竭气穷,血如泉涌。经人背负而出,不知性命如何也。

此次人数至多,号舍实不能容,遂腾出弥封所、收卷所、誊录所各数间,添设号板,数仍溢出。复就姚家巷南总门路上搭盖席棚。初九日,阴雨连绵,檐溜声铮淙不绝,西风峭料,刺骨砭肌,诸生既无以御寒,又不能假寐,咸不免愁眉双锁,怨忿呼天云。

向来场中抛弃字米狼藉,污秽堆中蹴踏飘零,无人顾恤。此次许仙屏方伯为内监试,特下一令,责成号军将饭米拾取呈缴。供给所中每饭三升,赏米一升,有能检取字米积储者,亦酌量赏以钱物。故各号军皆殷勤收拾,无有粒米只字弃遗云。

初十日启钥后,诸生鱼贯出门,有欧西十余人至贡院前观览一切,诚抡才大典为海外所景仰者也。

前报纪奥国亲王将至金陵游历云云,兹悉亲王姓罗,于本月初七日带同水师提督吴立克、医官郁抵纳附轮舶至下关,即由译员曹君顺甫、龚君佩卿导之入城。旋至洋务局拜会刘冶卿观察。翌日,请曹、龚二君偕游朝天宫、明太祖陵,随带照相镜箱拍成一照。下午复至织局,一一纵观。少选,即返至下关,附轮而去。闻亲王年纪甚轻,精通英法语言文字,为人亦谦和有度,并无贵倨之容,盖亦海邦之杰出者也。

载1888年9月21日《申报》,第2版,33卷549页

238. 江南文闱帘单

内帘官十八位：嘉定县龙景曾，崇明县吴成用，震泽县张大任，祁门县金士翘，东流县虞玉辉，石埭县严祖璋，寿州曾道唯，来安县黄筠，江苏大挑知县王寀、王国振、李作霖、王芝兰、汪懋琨、梅垛、徐庆安，同知惠荣，安徽大挑知县赖同宴。外收掌：知县彭光廷、唐德峻。受卷官：赣榆县陈正任，阜宁县苏超才，建平县崇福，镇阳县吴，仪征县李，知县刘有光、李文燿，安徽知县桑寓。弥封官：句容县赵，知县吴受颐，安徽知县梁涛观、谢惟阶。誊录官：知县沈熙廷、张奎汉、李文治、王树鼎。对读官：休宁县水鸿飞，怀宁尹起鹭，知县吴庆俨、恩芳。

载1888年9月22日《申报》，第1版，33卷555页

239. 棘闱果报录

鬼神之事，儒者不谈。然报应昭昭，有时足惊心动魄，不妨故录一二，作读书人当头之棒、清夜之钟焉。江南秋试首场有"心"字号某生，正在低头矮屋中凝神构思，忽伏案大哭，涕泗交流。同号诸生环集问之，坚不肯道其故。自是即如痴如醉，不复握管作文。放牌时匆匆携篮槛而出。嘻，异已。二场时无锡某生，讳其姓字，题纸初下，即挈取利刃，自宫其势，纳入口中，随即血溢而亡。经号官禀诸监临，将尸身自围墙上抛出。又，某邑某生既入号舍，即喃喃呓语，终夜不休。出题后号军连呼不应，烛以火，则已体凉于水。随亦抛诸围墙外。有人见其号板上题一七绝云："苔阶露滑绣鞋觅，几度寻君见总难，记否深宵鸳枕畔，刀光飞溅血光寒。"噫，是岂风流自赏，曾失足于情天欲海中，以致泉下芳魂来结生前之果耶！敬告守身君子，尚其褆躬圭璧，勉为名教中人，莫使欢喜因缘反作眼前报应哉。至其他之或自书供状，或言嚼舌而亡，或卷上涂鸦，或闱中自缢，得诸耳食闻见。或恐未真，未敢笔之报端，致类矜奇吊诡。惟见有尸骸多具，枕籍于途，后经本地善堂为之棺殓云。

载1888年9月22日《申报》，第1—2版，33卷555页

240. 论乡试拥挤之患

宽以济猛，猛以济宽，政之善者也。自宽与猛不相济，仁慈者尚宽，严厉者尚猛，于是有失之于猛者，有失之于宽者。窃谓，尚宽、尚猛皆有因时制宜、随机应变之道焉。若夫行军用众，大都孔武有力，桀骜不驯，虽甚仁慈，不忍用猛，苟非齐之以刑，绳之以法，则纷纷攘攘，梦如乱丝，未有不肇事酿祸者。故其为道也，宁猛毋宽。至于考场、贡院，赴试者必彬彬知礼、尔雅温文，虽甚严厉，不欲用宽。而责之太苛，持之过刻，大非国家辟门吁俊、爱士尊贤之至意。故其为道也，宁宽毋猛。乃今科江南乡试者，有某生接卷进场，拥挤跌仆，被人蹴踏而致毙者。又有松江府属某生，被强有力者围困垓心，力尽气穷，血如泉涌，而性命难保无虞者。此又失之于宽，而非失之于猛也。然则当用猛乎？

曰不然。盖上官明知赴试士子挈榼提篮素所不习,故送考人等拦入栅门姑置不究,此其体恤士子之意至深至美。而为士子者,不善体会上官之意,领送考者背负肩挑,横冲直撞,蜂拥而进,龙门两路高下不平,积水低洼淋漓没踝,加以号军、水夫往来络绎,以致拥挤颠仆而毙。其余攘乱失物、磕撞受伤者不可胜数。上官知其然也,洎乎出场,接考者皆俟诸棚门以外,不准拦入,令号军携考具送至龙门;龙门以外,令亲兵接送出棚。由是鹄立而待,鱼贯而出,安行缓步,无复有拥挤之患、颠仆之虞。是岂用宽之失乎?原夫江南为人文渊薮,菁莪乐育,贤才众多,而金陵试院又统上江、下江同场合考,赴试士子多至二万余人,粤寇以前,进场拥挤尤甚于今。迨大乱既定,甲子开科,定例改章,刊印颁发,凡士子进场,按某府某学,分东西中三路点名接卷,每路十五起,于栅栏外立竿树表,昼则悬旗,夜则悬灯,寓居虽远,可以瞭望而知之。当第一起点名时,第二起静候于棚外,第三起以下犹安坐寓中,从容以俟。栅栏龙门内外人数稀少,道路平坦,向时拥挤之患由是革矣。乃法良意美,而日久弊生,生视为具文,不复遵守。犹忆乙亥科第一起点名,竿灯初挂,栅门初开,而第二起士子已乘间而入,奋勇而前,扰攘喧哗,不复能禁。第一起反为所阻,卷欲接而不可得,名虽应而不相闻。有心怯力弱、不胜劳瘁者,所携考篮用带扎缚,悬于颈项,承以肩胛,当拥挤时,其考篮为人所推搡而向后,复为人所推搡而向前,不啻扼其喉而勒其颈,至于极力号救,气竭声嘶,呼吸生死,间不容发。幸而得隙逃生,不致毙命,然而险矣。大抵士子进场所以争先恐后者,非必皆热衷而奔竞也,不过铺设坐号、安顿考篮、接卷在手,诸事就绪,则可以逍遥自在、游荡随心、引类呼朋、谈天说地以为快。甚有怀卷出场,归寓安睡者。以是出入进退,拉杂参差,而愈形拥挤耳。其秉性尤燥者非恐有耽迟而误事也,不过年少喜事,鼓勇直前,预约二三友朋,先期并力抢入,暂置考具于龙门下,令一人坐守,余人复出而应名接卷。不知挨次递点,断无迟误之理。即有临点不到者,于每起点名之后可以补点,或俟十五起点毕之后始行查点。无如争先恐后,相习成风,谕无可谕,禁无可禁,惟有遵守曩例,栅门、头门严为防守,每起放进之后,随后关闭,不许在后者越于前,在外者窜于内。如是则勇者无所用其勇,强者无所恃其强,而怯且弱者亦不致有拥挤之患、颠仆之虞。用意未尝不为宽,立法不得谓之猛,宽猛相济之道得焉矣。夫以二万数千人中一死一伤,不为过惨,吾见夫攘乱失物、磕碰受伤者之比比皆是也,于是乎言。

载1888年9月26日《申报》,第1版,33卷581页

241. 监临回皖

金陵友人来信云,现在三场事竣,监临俟拜折后即行出闱,于本月十八日启节回皖。想皖北赈务正当吃紧,皖南洋案难得轻重攸宜。中丞旦夕焦劳,恐未暇赓"金罍浮菊催开宴"句也。

载1888年9月27日《申报》,第1—2版,33卷587页

242. 棘闱果报续录

江南秋闱遇祟暴亡诸事，前已据见闻所及录入报章。兹又闻初九上灯后，平江府某号内忽焉喧嚷，询之，则一生仰卧板上，自以裁纸小刀纵横剜其腹，如恶其不瓜剖者。顷之，号官至，查其卷，则十七岁，系某学附生，卷内大书"张大姐"三字无数。据号军云，先一日将封号细点，号内多一人。缘该号一百零两间，通起讫数之，则有一百零三人。如是者再高声传呼一遍，以为是人必从他号来游者，闻封号自去矣，遂不介意。至是始悟，冥冥中相随者非一日。又，西瞭楼旁某号中有一生以酒代薪，火燎其面，焦黑如雷击，发亦烂尽，焚及所垂之号帘。左右邻始觉，呼之不应，号军擎水止其火，则此生卷屈，死于板上。众共不解，其何不一声呼痛，而痴如木偶以待毙？又一生患暴泄，初犹能起立，初九夜正执号军手与之言，忽愈握愈紧。号军才挣脱，其气遂绝。他如初十开门时，扶出病重者三四人，一老人痛哭而出，倒于地，经某营派来弹压之亲兵问其寓，负之去。此头场所得诸耳闻目见者。时蓝榜已上墙，大半因病未完卷，其中惟一卷仅就首页上书"江姑娘"三字，想系孽海中之失足者。或曰娟娟此豸，死后犹深爱惜，冥冥中知其无捷望，即为之省缺两场辛苦。十一日，热气蒸郁。十二下午，忽扛死者三人，经平江府北首而过，云将由墙头缒出。该处与巡道署照墙仅隔一墙，闱内规矩，生者可抬出龙门，死即由墙头缒出。此为向来送死之路。未半夜，又来三人，则皆自缢云。闻此三人本同乡里，先一日，聚于某号，语刺刺不休，促以封号始散。是日，迭问夜如何，其又书一字浼茶水夫，给以钱，令送至某号。死后，其友乃查知即彼三人者，正不解其骈书之由，为之垂涕。又有誊录生亦置尸墙下，其党与为言，其籍隶泾县，每届恃术欺人，念切功名者多信其说。泾县学最大，应试者众，此人铁网一收，珊瑚满载，谚所谓吃白食也。不料儌著如是。或曰买誊风气，浙江为最，江南尚不尽然。又，一生于将睡未睡之际，灯已熄，忽月色朦胧中一老妪揭其帘，探首作左右顾。生侧卧，形影分明，不觉大呼："见鬼！"于是众齐就视，都令其自念生平有无隐慝，可啮指对众忏悔，众为之祷告，许为作保调解，或可免厄。此人果历忆前后二十年间，实无暧昧不明之事，更无口过心非，致闺阁中除死别无生路之事。焚香立誓，愿此生一以方便，持为波罗密；万一是此生业，实为前生冤，亦愿早为了结。众共怜其诚笃，相议再四，爱莫能助。一老者云："尝闻鬼有错掀号帘之说，今此君仁厚殆长者，或者错认主顾，亦未可知。"众乃翕然而退。此生秉烛达旦，竟亦无他。十四大雨，涤烦解渴，人无咨怨，惟士习不端，次日未晌午，便鼓噪欲夺门而出，纷纷投卷。后查知策多不满三百字。翌日，悉贴出不下数百人。向例三场蓝榜贴内围墙，以便扣誊而已，故每落卷中有缺三场者，人多不悟此中之义。本届特揭出，以为草率了事者戒。据老于场屋者云，苟非矮屋中有报应不爽之说，彼有文无行者将不知天高地厚、益无忌惮，但无如本届之多且显耳。事昭闻见，笔之不为过，且可为独往独来于风清月白时者作一晨钟暮鼓。如姑隐其姓名，使言之者无罪，闻之者足戒，未始非有心世道之敝帚也。

载 1888 年 9 月 27 日《申报》，第 2 版，33 卷 587 页

243. 江南闱事续闻

　　本届监临陈大中丞深体朝廷辟门吁俊之意，一切务持以宽大。惟驭吏则非常严切，凡监临之职应纠察者，无不周详备至。或对于封号后亲历号舍一周，以视号官之勤慎与否。因此提调与监试亦查出供差勤奋之刘盛灿等十三员，详请先记功一次，如果始终不懈，定予重赏。又查出历巡不面，屡传不到之赵锡恩等二十余员，详请先记大过三次，实缺者不得回任，均于头场后奉监临批准，亟应如详办理。其记功记过各员，除分别移知藩司外，并揭榜至公堂檐下，以示劝惩。一时闱内上下人等咸振刷精神，不敢仍前泄玩。鼓角夜警，灯火宵明，虽三场大雨淋漓，官皆持雨伞行泥淖中，与诸士子同受淋漓之苦。吴儿轻薄，反谓我辈系不得已而为之，何具官儿模样者，亦乐赋雨淋铃曲也？

　　读书人虽不尽席丰履厚，然扫地焚香、临风啜茗，亦惯行乐于郊寒岛瘦之中。故提调闱务者，必为之熟其饭，洁其水，且为之设茶。夫立饭灶委员，以督率之，著为令甲，即下至厕所，每一场过，亦必令打扫。夫洗刷一次，知拥鼻作洛生吟者不能有入鲍鱼之肆久而不闻其臭之本领也。本届有人援垂拱中尚方监售苑中蔬果之例，愿承揽卖粪，以钱缴官。因此须三场过，方才出粪，故坐尾号者俗称"屎号"，秽德彰闻，咸啧啧有烦言，就明远楼下大书曰"承是役者，备将余钱捐纳薄职"，其臭与铜差不多。亦恶谑矣哉。

　　誊录、对读，上下江共招集一千五百名，闻四六成分派，上江四成，下江六成。此定例也。本届初六日将此项人数由官点进贡院。初七、初八即有因病而死者，适本届号舍不敷，仓卒间只得将对读所房屋腾出，编为新号，酌令向住该所之对读生并在誊录一起，人数过多，病者益众。兼之天时不正，日中则汗如雨，夜半寒可起栗，不病者至是亦病。加以该所盛饭之缸，皆系桐油和灰新补而未干透者，饭夫蒸饭熟倾饭缸内，各人就缸取食，饭悉作油气，食者无不吐，脾弱者吐便作泄，泄即不起。计截至十六日为止，上下江死者已三十余人，濒死者且如其数，其余朝愈夕病者仍络绎不绝。医药房亦因之传染。监临闻系瘟疫，急令分别安置，向例每日人誊三卷，令从宽改为两卷，以示体恤。十七日，又在外另招新手三百，各闱十七之夜上江头场可誊竣，十八夜下江头场可誊竣。有老誊录云，自甲子以来，誊对两项从无受此大创者。

　　科场功令赏轻而罚重，不但通关节者罪在不宥，即下至贱役，苟非其所应行走之处偶尔窥探，便与走漏风声无异，故自监临入闱，至公堂栅栏，必派官司启闭，并出示檐下，禁止闲人出入。以此递推，内而飞虹桥，外而龙门、仪门，一律森严无比，每次开门，两提调对坐甬道上，视供给所进供应，出场日尤终日危坐，自昏至夜，直待加封于锁而后去。忽初十早晨，有两起赵者，见门启，昂然雀跃而入，时门外接考者近万人。提调恐不足以厌众耳目，乃喝令立锁两人于栅栏上，俾惩一而儆百云。

　　本届二、三场深资掌故，非边孝先之腹便便，未易脱颖而出。故凡依傍经策通纂者，无不斑驳陆离，如入五都之市。而策问尤一览无遗，由是有力之家争购之，以备三冬足用。相传三场重头场，头场重首艺，久矣视第三场之策为虚应故事，不待明月逝低，早向都堂扰扰。本届则相期以十六日，且有迟至夜分者，厨非两脚，文已重澜，令人恨不多选刘宠钱以买连城之璧。或曰如子言，彼得风气之先，将何如？曰：果能此道矣，虽愚必明，虽柔必强。

载1888年9月28日《申报》，第1—2版，33卷593页

244. 安徽优贡单

正取六名：何声焕，望江廪；何宗逊，黟县廪；李灼华，庐府廪；胡之桢，太平廪；鲍世期，芜湖廪；李经叙，合肥廪。

副取十二名：黄文杰，金鸿智，吴本洢，吴增春，程栋，江国筠，赵增槐，苏锦珊，杨荣桢，张灿枢，张家亮，余文魁。

载1888年9月29日《申报》，第1版，33卷599页

245. 监临缓行

前闻江南监临陈中丞即行回皖，已列前报，兹悉本届誊录生多病且死，不敷誊写，计头场自十二日为始，至十八方告竣，以次递推，则二、三场非下月初二不能竣事。照例誊录、对读一日未毕，即监临关防一日不能松懈。前报监临有廿八日启节之信，恐届期关防未必能撤。现在誊对两所病死五六十人后，疫气已渐消散，闱内余均平安。惟十八日有友人见西龙腮从墙头支板若桥式，询其何用，则称内帘有一官须从此抬出，盖不能如生者之扛走龙门也。然亦未的知其为何名姓。

载1888年9月29日《申报》，第1版，33卷599页

246. 熙朝人瑞

各直省每于放榜后由外提调查取落卷中三场完备之年老生员，汇由礼部奏请赏予举人副榜。光绪以前犹有一鸣惊人之易，故视之初不甚重。近经言官请设为入学后须历三科之限制，乃觉享高年而列贤书，虽非稽古之荣，抑亦熙朝之瑞。况九秋桂影必迟以十载芹香，想寸烛风前，又不知添得青袍多少泪矣。今将上江学院衙门查出本科应试之老生花名开具如左：

安庆府学附生余星，年九十二岁，光绪四年入学。桐城县学附生汪延龄，年九十二岁，光绪四年入学；附生陈用庚，年一百零一岁，光绪四年入学。太湖县学附生张既高，年八十九岁，光绪四年入学。宿松县学廪生邓儒臣，年九十二岁；又，副贡生司朝胶，年九十岁。以上所开，止安庆一府，推之七府五州，又推之下江之各府州，料必有同值鳌耄与诸年少争看月色、登明远楼头者。说者谓，现当上元甲子，主多寿，理固然欤。

载1888年9月30日《申报》，第2版，33卷607页

247. 潜水秋涛（病毙归途＊）

太湖县士子五人同赴金陵应秋试，十七日附"江宽"轮船遄返。启行时有二人患微恙。既而，日渐沉重，一在鲁港气绝，一在大通告终。船主知之，欲令水手将尸抛诸江内，经同伴友再三央告，船主始允暂放船中。十八日午刻，驶抵皖垣，立即雇人星夜昇

回。名未列于桂宫,歌先闻夫蒿里。呜呼,伤已。

载 1888 年 10 月 2 日《申报》,第 2 版,33 卷 619 页

248. 芜湖琐记(秋行春令＊)

上江多士秋闱告竣,稳整归鞭,日来经过芜湖者络绎如织,各店生意大为生色。闻场后患病死于舟中、寓处者不一而足。未兆桂宫之瑞,先闻蒿里之歌,未免有情,乌能已已。

载 1888 年 10 月 8 日《申报》,第 2 版,33 卷 657 页

249. 监临出闱

今科闻上江试卷誊录于八月廿八日下午告竣,下江试卷较多,当于廿九之晚始可告竣。监临陈大中丞准于九月初一日出闱,初二日启节回皖。计誊对两所截止八月廿七日止,又死二十余人。五总门以内一种腥秽恶气,闻者立即吐泻,居其中者尚不甚觉,若由外而入,鼻观便不可耐。又有人云,供给所以向来多糜费,遂力加搏节,以致仓卒中为市侩所持,所厚者薄,所薄者厚。现在该所视原限之数,竟过用二万金云。又据供给所传出,有九月廿一日开榜之信,未知的否。

载 1888 年 10 月 8 日《申报》,第 2 版,33 卷 657 页

250. 戊子科江南乡试内帘官单

江南帘单前已刊报,岂知本届新章,入帘后须另抽签,因此所分之房与至公堂下之榜大相径庭。兹故重录一通如左:

梅埰,号石卿,行三,湖南武陵县人,同治甲子科补行辛酉科举人,江苏试用知县。

王国振,号简堂,行一,江西乐平县人,甲子科补行辛酉科举人,江苏试用知县。

张大任,号星榆,浙江海盐县人,同治乙丑补行辛酉壬戌科本省乡试举人,江苏震泽县知县。

黄筠年,字荫午,行二,福建侯官县人,由廪生中式,同治癸酉科本省乡试举人,安徽来安县知县。

李作霖,号澍卿,行八,山东惠民县人,辛酉科顺天乡试举人,江苏候补知县。

王芝兰,字伯芳,行一,山东长清县人,己卯科举人,庚辰科进士,江苏即用知县。

虞玉卿,号韫山,行一,浙江义乌县人,同治乙丑补行辛酉并壬戌科举人,庚辰大挑知县,准补安徽东流县知县。

段树榛,号西圃,行二,山东济宁州人,己卯举人,丙戌科进士,安徽即用知县。

王寀,字仲寮,号槐堂,行二,山西代州人,同治庚午科优贡,癸酉科举人,江苏大挑知县。

金士翘,字舒伯,号曙潭,行一,湖南长沙县人,由优廪生中式,同治丁卯科举人,安徽祁门县知县。

吴成周，号堇村，行二，浙江缙云县人，咸丰辛酉科拔贡，同治癸酉科本省乡试举人，光绪丙子恩科贡士，丁丑科进士，江苏崇明县知县。

汪懋琨，号瑶廷，行二，山东历城县人，丙子科举人，丙戌科进士，江苏即用知县。

惠荣，号师侨，行六，正黄旗汉军人，癸酉科优贡，丙子科举人，丁丑科进士，江苏截取同知。

龙景曾，号镜帆，行一，广东顺德县人，同治壬戌科恩科补行己未恩科举人，江苏嘉定县知县。

徐庆安，号樾波，行二，浙江山阴县人，乙亥科举人，江苏试用教习知县。

严祖璋，号笠樵，行四，山东历城县人，咸丰戊午科举人，调署安徽石埭县知县。

赖同宴，号剑坪，行三，江西奉新县人，同治庚午科举人，安徽大挑本班尽先知县。

曾道唯，号右舆，字一斋，江西南丰县人，丁卯举人，甲戌科进士，署安徽寿州知州，本任合肥县知县。

载1888年10月8日《申报》，第2—3版，33卷657—658页

251. 鸠江秋汛（劫抢报纸＊）

乡会榜发，每有棍徒在中途劫抢报纸，借端讹诈，斗殴命案由此而起。本年乡榜揭晓在即，承办皖南京报房丁世松具禀到县，钱孟超明府立即出示，禁止中途劫抢，并准移咨文武各衙门，饬派兵差沿途照料，俾好语传来，不致有阻滞之虞也。

载1888年10月13日《申报》，第2版，33卷687页

252. 考生受辱

宣城县属之排湾地方，距芜湖一百余里，设有清弋关，抽收竹木等税，兼查照船单，以稽芜湖关有无漏税。上月杪，徽宁有考生数人自金陵应试归，舟抵关门，一舟已查验放行，一舟尚待查验。诸生归心箭激，不耐守候，遽促舟子扬帆上驶。关上人见舟行甚急，疑其夹带私货，遂放舢板，并派巡役，水陆追赶数里，将船追获，令其回关，听候查验。诸生不肯驶回，两相龃龉，遂被拘获。徽州程生捆赴关上，委员尹少尉未暇究问，遽尔行刑。及诸生奔至关上，程生已责竹板一百，掌颊二十。诸生以同辈受辱，不肯干休，遂至芜湖，赴道辕呈控，未经准理。由是徽宁两属文生俱动公愤，拟赴学政衙门呈诉。适监临陈六舟中丞旌节过芜，诸生随于初六夜至抚宪座船喊控，由巡捕官禀明中丞。中丞随谕徽宁池太广道提讯。当经双锡五观察收受呈词，委芜湖县讯验录供。钱孟超明府验明该生两臀果有刑杖痕，禀复道宪。双观察立即飞札行提该关委员、书役来芜质讯。双锡五观察批示录下：

据绩溪县生员程某等禀，该生等行船过清弋关，当即抵关查验，因关书索费不服开行，以致被炮船追赶扭捆，甚至一再刑责。如果属实，该委员、书役实属任意妄为。惟该关书究索规费多寡，有无数目，该生之船现在何处，船户何人，同行之程兰等现在如何下落？所指捆殴刑责，自有伤损可凭，词内均未叙明，且被炮船追赶，恐不免先有闯关情

事。控关员、书役任意妄为,刑责无辜,亟应彻究严办。候饬芜湖县刻即遵批,讯录该生供词呈送核办。

载1888年10月16日《申报》,第2版,33卷707页

253. 皖抚陈奏为循例赴宁监临起程日期折

安徽巡抚臣陈彝跪奏,为循例赴宁监临起程日期,恭折仰祈圣鉴事:窃照本年戊子科江南文闱乡试轮值安徽抚臣监临,先经臣陈明本籍,钦奉朱批"毋庸回避"在案。查江南文闱监临向章,应于七月杪驰抵金陵,办理一切。现在皖省诸务以皖北办灾为最重,除另折缕陈外,臣仍函嘱道员钱禄曾等将一切情形随时禀报,径递金陵。此外,大致尚属安谧。闱期伊迩,多士云集,臣谨于七月二十二日循例由安徽带印起程,前赴金陵,将应办闱务敬谨料理,以昭慎重。臣出省后,所有署中日行公事照例檄委藩司代拆代行,遇有紧要事件,仍包封递至金陵,俟出闱后随时核办。其臬司审解命盗各案,并委藩司代为提勘,俟臣回省后复核具提,以免延搁。除俟届期入闱再行恭疏具题外,所有起程日期谨恭折具奏。伏乞皇太后、皇上圣鉴。谨奏。

奉朱批:知道了,钦此。

光绪十四年九月初六《京报全录》第二千八百十六号,戊子九月十三日《申报》附张

载1888年10月17日《申报》,附张第4版,33卷718页

254. 锁院角声

江南文闱定于九月二十二日为题名吉期,刻下,监临虽出闱,监试、提调仍住闱内,每日龙门启闭照常严密。至公堂关防、明远楼鼓角,均一律如监临之在闱场时。惟供给所内外总办均以办理不善,另委上江两县补其缺,而以藩库厅副之。闱库厅已于初三日接手,且兼办武闱供给。

江南供给,上届节省用六万五千两,视从前仅得其半耳。乃本届当路者复欲从而掊克之。上好是物,下必有甚。总办邓司马闻人言,谓此中有陈陈相因之弊,欲革其弊,非概用生手不可。于是,与刘大令、俞大令相商,乃创为禁用皖人之说,恐皖人用事久,驾轻就熟,难于钳制也。不料头绪纷繁,承是役者断不能凭空构造。苟手无兔园册子,即一切色目款项,正如盲人摸索,无一事能详其意,无一物能指其名。真所谓一部廿四史,不知从何说起。由是黠役市侩料其可欺以方也,悉趁仓卒中不暇审顾时,决诸东则东,决诸西则西,必使其人一己百,人十己千而后已。故预备者皆无当,计用薪用□皆视常价为倍。"天下本无事,庸人自扰之",此语诚堪移赠。闻监临出闱之前三日,银已用至七万有奇,邓司马指罄瓶求接济不许,适言以"马骑马,牛戴牛"为骈语相诮者,为江宁府李太守所闻,调阅该所账簿,见有签名簿上不曰绣卿而曰秀翁者,实钓鱼巷之某妓,乃大怒,立将司账戴、杨二姓交江宁县管押,令戴缴银二千两,杨缴银一千两,邓、俞各缴银二百五十两云。

江南体大物博,来者虽不以文闱为利薮,然取水于月,求茶于云,亦鉴空衡平者遭兴

涤烦之雅事,非比酌流霞而必九转之丹,蹑掣电而必索照夜之白也。本届天气,节前颇郁溽,供应入内帘,又必揆之晷度,因此鱼馁而肉败,不但色恶而且臭恶,其不食也固宜。乃主司令该所每日代办广东香肉五两,竟以违制靳不予。一日,以豆腐馈不可食,宜易新者。总办即大言曰:"何能耐此骚扰?"制府闻有司出纳过吝,遂自备千金,交供给所加以供张焉。据老司事云,帘内要另设豆腐坊,招善其事者两人,朝夕磨滤,自然鲜新可用。至鱼肉所争在不隔宿,本届犯出三日不食之戒,所以咎不在何曾之不堪下箸,独怪用之者锱铢如是其计较,而于橐于囊之子依然金不满籯,且对孔方兄呼庚癸焉。是何故欤?或曰是一误于假手之非人,再误于贪心之独我。假使当初召一二曾经沧海者,奉之为指南针,何至若此。

文闱除官员外,必另延司事为之襄助,薪水或数两或十数两不等。时候或三月或六七月亦不等。以其中全视前列为轻重,又恃交情为疏密也。本届除账房仅延司事二十四位,前月之杪,以事日减,遂各送两月薪水,令就目下出龙门,毋得瞻顾。又不准用人肩行李,须各自携带而出,其用意可谓尖刻。内中又有某位食鸡一只,当扣钱二百文。某位食鸭一只,亦如之。当下二十四位齐集而言,曰:"我辈自七月半至今,多系无昼无夜,何不容哝一日闲饭,一至于此。况例准日食一小鲜,中秋有酒席、有月饼。今皆不准,难道一鸡鸭亦必琐琐使为饮食之人乎?果尔,则某事某为赚洋若干,某款某为侵银若干,皆当按账与过手之人瓜分,否则即回监临。"于是七手八脚,将三总办两账房扭得衣襟尽碎,头颈皆有爪痕,赖某医生出为排解,设席款留,每人加送一月,统作三个月薪水,众始散。先是供给所招长夫百四十名,其来也每名花洋一元、钱一千方得注名军籍,以为每人可得两月夫价六两也。讵该所遣散时,每名仅给钱三千。前月二十二日,众人一哄入至公堂喊冤。监临禀得真情,令每名加给钱两千文。众犹不服,闻将调兵逐出。汹汹者始各垂头丧气而去。

载1888年10月18日《申报》,第2版,33卷719页

255. 考生受辱续闻

前报绩溪县考生程莘舟过清弋关,被委员笞辱等情,经该生于抚宪过芜时喊控,抚宪面谕芜湖关道宪准词批示,并行提该关委员、书役来芜归案讯办。及抚宪回至省垣,又札委宁国府秉公核办。人证虽已提齐,而承审官尚未抵芜。该生等于芜湖县验讯后,又往太郡赴学宪衙门控告。双锡五观察以该生并未在芜候讯,辄赴学署上控,即委钱孟超明府前往太郡谒见学宪,禀明情形,请示核办。钱明府已于十二日午后由陆路赴太郡矣。余俟续闻再录。

载1888年10月20日《申报》,第1版,33卷731页

256. 考生受辱余闻

考生受辱一事,前已两次录入简端。兹闻芜湖县钱孟超明府赴太平府谒见贵坞樵文宗后,即由旱道回芜。程生控诉学辕,文宗委太平府史莲叔太守收受呈词,谕饬该生

遵照抚宪札示,至宁国府听候吴太守秉公核断。倘有不平之处,准再来辕呈诉。该生遵即来芜,偕同伴前往宁郡,清弋关委员、书役亦经提至芜湖。双锡五观察于十五日晚三更后升坐大堂,传集各书役诘讯滋事原委,大发雷霆,立饬将各书役一一当堂答责,翌派员押同该口委员尹少尉文钊及各项人等,并守关三板弁兵前赴宁郡备质。至该生受辱信息传至梓里,故乡人士莫不齐抱不平,其有声望者随邀集徽宁两属绅耆,跋涉来芜,探听消息。有公凑助讼费者,有资助川资者,一时气愤难消,恐难即时完结也。

又,前报纪殴伤考生一事,兹闻该生等赴含山县王邑尊行次申诉,当经验明伤势,尚无大碍。旋即提讯该船户,供称:小的系包装客,货非考生之物。邑尊以咎在船户,立饬答责枷号厘局门前示众。该生蓦地被殴,特为之设席洗尘,挂红放炮,以四人蓝舆送之回船,俾其及早成行,至石头城畔首选鹰扬也。

载1888年10月24日《申报》,第2版,33卷755页

257.电传江南乡试题名全录

姚永概,桐城;刘长灏,吴江;张锡恭,娄县;王毓祥,吴县;徐坦珍,铜陵;朱起楢,泾县;魏有声,丹阳;奚世来,南汇;孙宗华,吴县;江云龙,庐州;商文萃,靖江;陈廷焯,丹徒;袁衡,泰州;叶文铨,江宁;吴肇嘉,如皋;顾锡祥,如皋;夏寅官,东台;恩沛,驻防;刘世玮,贵池;王庆同,新阳;杨洽鉴,桐城;李洁,无锡;马嘉桢,吴县;朱焜,泾县;杨毓楸,海州;赵元益,新阳;窦钟骧,山阳;薛翼运,无锡;周学海,建德;谈人格,高邮;江标,元和;张士珩,合肥;李汝稑,太湖;杨宝揆,桐城;汪济,东台;沈嘉澍,太仓;濮人骥,上元;黄从泽,霍山;刘显曾,仪征;赵椿年,阳湖;陈杰辅,青阳;刘奉璋,丰县;杨芾,高邮;周应歧,吴县;吴学庄,庐江;张林翼,镇江;王兰庭,六安;沈文翰,泰兴;徐兆璋,昭文;方燕年,定远;郑师灼,江宁;黄斗元,广德;江衡,元和;钱锡爵,泰兴;孙祖烈,无锡;成增春,滁州;李逢庆,常州;侯巽抡,淮安;铁珊,英山;陈德铭,全椒;周镜枥,池州;富曾,仪征;贝诒国,新阳;华承荩,宝应;鲍世期,芜湖;陈玉树,淮安;费念慈,武进;李映庚,海州;洪涛,歙县;胡麟瑞,黟县;谢钟炜,武进;雷晋,华亭;李曾麟,甘泉;陈光宇,江宁;唐继盛,吴县;恽毓麟,阳湖;胡继瑗,宁国;许光炳,无为;葛士清,上海;董康榘,淮安;□树勋,丹徒;刘法曾,泰州;承恩,驻防;沙从心,江阴;严从德,仪征;黄礼耕,霍山;谢王春,东流;庄体本,奉贤;贝湘,太平;贝征禾,丹徒;谢培德,金坛;郑思惠,江宁;陶治元,吴县;徐致章,宜兴;阮惟坻,元和;陈时彦,桐城;陈作仪,江宁;沈维骧,长洲;李英,安庆;章淦聚,池州;贺国瑛,宿松;孙绳祖,太平;鲁樾,丹阳;张宝徊,丹徒;陈世桓,元和;秦坚,金匮;麦庭芬,兴化;王苾臣,宿松;孙万城,桐城;顾其义,嘉定;程人鹄,清河;路承沛,泗州;江庆瑞,安庆;胡作霖,芜湖;金殿祥,黟县;严思静,东安;宗舜年,上元;刘嘉斌,丹徒;存庆,驻防;石长信,安庆;金鸿翎,通州;查焕章,泾县;顾佑基,通州;李逢源,太平;赵师萧,庐江;刘恩辅,仪征;葛钟秀,舒城;张寅一,宿松;叶祥麟,桐城;程初鼎,桐城;李铭义,丹徒;张遐龄,六合;徐溁,怀宁;姚楷,繁昌;丁宝诠,山阳;胡为钤,贵池;甘以爵,太湖;姚以光,丹徒;濮贤庆,溧水;谭琛,望江;程春熙,婺源;刘树屏,阳湖;成守正,海门;俞文杰,婺源;姜继襄,怀宁;俞保谦,丹徒;徐希曾,宁国;谢树涵,怀宁;朱廷熙,娄县;顾

承谦,如皋;周永济,宿松;刘廷凤,潜山;顾锡荣,太仓;杨光昂,元和;杜屏藩,太平;秦曾谷,嘉定;尤桐,金匮;孙敬熙,新阳;汪述祖,休宁;艾光发,繁昌;潘鸿鼎,宝山;潘家荣,元和;卢自滨,无为;钱熙元,金匮;许沐镕,太仓;王寿康,太仓。

江南乡试于今日放榜,本馆特托金陵友人将全榜姓名、籍贯迅发专电来申,译登报牍,以副诸君子先睹为快之意。惟电码译出,容有小误,俟接到官板题名录,再行校正。

本馆附识

载1888年10月26日《申报》,第2版,33卷767页

258.顺天乡试题名全录

……何其仁,安徽……马昌荣,安徽……王郅,安徽……王兰,安徽……杨士燮,安徽……孙传衮,安徽……王仪郑,安徽……

副榜:……周学铭,安徽……

顺天题名录昨已寄到,合亟照登,恐前次电传或有讹误也。

(注:正榜共计281名,其中皖籍7名。副榜共计49名,其中皖生1名。仅录皖生姓名、籍贯。)

载1888年10月26日《申报》,第203版,33卷767—768页

259.书戊子科各省乡试题名录后

国家以乡会试取士,一仍前明之旧,每逢子午卯酉,即为乡试正科;辰戌丑未则为会试正科。今年戊子乃举行乡试之期,简放主考,驰传四出,为国家求贤,甚盛典也。本馆亦以此事极为郑重,自探得各省题目即行登报外,至出榜之时,则探访各处消息,凡电线可通者则由电传;或探有的信,无不陆续登录,以副与试诸君及其交游戚族先睹为快之心。惟道途太远、电路不通诸省,不得不姑从阙如。此外,则凡有舟车所至、人力所通者,已莫不一一罗列。江南以两省合而为一,人数过多,故经督抚奏请将放榜之期展缓十日,以故江南至昨日始行揭晓,则望榜者未免鹄候多日矣。余今年自藏其拙,不获享三场大号九日晴天之乐,故得失之心不足以撄我,而遍阅各省全录,则亲族交游中获中者尚不乏人,亦不免如莲池大师闻放榜时三炮,不觉名心为之一动,然为他人动非为己而动也。计顺天榜如四川刘君子雄、张君祥麟,副车中潮阳郑君学书,皆所素好。江浙则更多矣,如薛君沅、汤君震、俞君庆恒,皆为旧交,何淦则族孙也。外省余不得而知,就浙江一省而论,今科所取类多绩学之士,大约韩文公所谓朝取一人焉拔其尤,暮取一人焉拔其尤者,浙江两大主考是以当之。虽然遂以为无尤之不拔乎,则犹未也。此非取士之法疏,实取士之途隘。各省每届乡试,赴试诸生多少,互为乘除,大约一省总有万人。闻四川一省考生计有一万六千,广东则更多于四川,而中额四川仅得八十名,则已二百人之中取一人矣。顺天中额最多,计共二百四十余名,然北场则合十八省之人,但系贡监,皆得以与试,则其人数必不见少。而中额中又分南皿、中皿、北皿,以浙江、江南、江西、安徽、福建、两湖为南皿,占其中额三十五名,以两广、四川、云贵为中皿,占其中额三

十六名,以陕甘、山东、山西、河南为北皿,又占其中额三十五名。其中所多之一名,则每科轮派于南北中三皿之中。然则,直隶本省所中之数,亦不过一百余名而已。江南、安徽以二省合而为一,故其中额反视他处大省为少,最为吃亏,历届以来亦屡有人建言,请于安徽省另造贡院,另放主考,另定中额,至今格不得行。今科之展缓榜期,已为旷典,盖以人众卷多,恐有遗漏,下以是请,上以是命,亦可为江南人庆矣。以江南与他省较,则江南谓之多,若以两广相形,仍不为多,惟以两省合而为一,中额又多于他省,故不得不格外慎重,有展期之举。其实则遗珠于沧海者,正已不少。余,浙人,请言浙事。今年浙江所取诸君,多属素好,均系绩学,固不能不佩服两大主考明而且公。然余所知,绩学之士则岂止此数人而已哉!其有以他故未进场者无论矣,明知其进场而仍点龙门之额者,凡若而人出场之后,曾以场作见示,读之实为当行出色之作,不胜倾倒。而榜发之后,名落孙山以外,如是者正不止一二人。或者谓场中莫论文,其中盖有主之者,故以欧阳文忠为一代文章宗伯,犹有"文章自古无凭据,惟愿朱衣暗点头"之句。此固不得为铁网之漏也夫。余之所谓漏者,岂仅此一二素识之人哉!以一省之人才,而所取止此,则其途隘矣。然以十八省合而计之,则每科计有举人近二千许,抑又多矣。所取之举人来年会试,又焉得尽成进士?下届乡试增出举人,又有若干如是。则举人之积压者不少,又焉得谓所中之额犹嫌其少也乎。顾仅就举业一端而论,则已为人多而额少,曷弗以他途取士?即如近来所需之人才正殷,凡有所需之处,皆即以此为取士之途,需用洋务人员即以洋务为考,需用海军人员即以海军为考,需用河工人员即以河工为考,需用矿务人员即以矿务为考。如此则取士之途分,而人之欲求功名者亦可以专择一业以图出山。合中国十八省而皆诱之于举业之中,困之以帖括之事,以他途进者,即有人从旁笑之。既而,半生咕哗,老大无成,再欲改弦,已嗟无及。是何异于聚天下聪明子弟而陷之于坑阱也哉。获中诸公,其跳出坑阱者也,出一坑阱,又入一坑阱,身出乎坑阱之外,而往往见识学问仍域于坑阱之中,则是习而安之。管中之豹,井中之天,惟知此坑阱而已矣。新贵诸君其亦弗囿于坑阱也可耳。

载 1888 年 10 月 27 日《申报》,第 1 版,33 卷 775 页

260. 江南乡试题名全录

姚永概,桐城附;刘长灏,吴江附;张锡恭,娄县拔;王毓祥,吴县副;徐坦,丹徒附;朱起琇,泾县监;魏有声,丹阳廪;奚世来,南汇附;孙宗华,吴县廪;江云龙,庐州廪;商文蔚,靖江增;陈廷焯,丹徒附;袁衔,泰州廪;叶文铨,江宁廪;吴肇嘉,如皋廪;顾锡祥,如皋拔;夏寅官,东台廪;恩沛,京口旗;刘世玮,贵池贡;王庆同,新阳附;杨洛鉴,桐城(副)〔附〕;李洁,无锡附;马嘉桢,吴县廪;朱锟,泾县监;杨毓楸,海州附;赵元益,新阳附;窦钟骧,山阳附;薛翼运,无锡官;周学海,建德官;谈人格,高邮优;江标,元和优;张士珩,合肥附;李汝穆,太湖监;杨寅摸,桐城(副)〔附〕;汪济,东台附;沈嘉澍,太仓监;濮人骥,上元廪;黄从浑,霍山附;刘显曾,仪征贡;赵椿年,阳湖廪;陈杰辅,青阳增;刘奉璋,宝应拔;杨蒂,高邮官;周应岐,吴县增;吴学庄,庐江廪;张林翼,镇江廪;王兰廷,六安廪;沈文瀚,泰兴廪;徐兆玮,昭文附;方燕年,定远附;郑师灼,江宁廪;黄斗元,广德廪;江衡,

元和廪;钱锡爵,泰州官;孙祖烈,无锡附;吴增春,滁州廪;李逢庆,常州廪;侯巽,淮江宁(注:原文如此);王铁珊,英山附;陈德铭,霍山廪;周镜,阳湖增;刘富曾,仪征廪;赵诒谷,新阳廪;华承蘷,宝应附;鲍世期,芜湖廪;陈玉树,淮安廪;费念慈,武进监;李映庚,海州拔;洪涛,歙县贡;胡璘瑞,黟县廪;谢钟英,武进廪;雷瑨,华亭附;李曾麟,甘泉附;陈光宇,江宁拔;唐继盛,吴县附;恽毓龄,阳湖廪;胡继瑷,宁国附;许光炳,无为附;葛士清,上海廪;董康,常州附;王树勋,丹徒附;刘法曾,泰州廪;承恩,江宁旗;沙从心,江阴拔;严从德,仪征贡;黄礼耕,霍山廪;谢王春,东流附;庄礼本,奉贤廪;赵湘,太平增;赵征禾,丹徒增;谢培德,金坛附;郑思惠,江宁廪;顾赐儒,江宁附;陶治元,吴县副;徐致章,宜兴拔;陶惟柢,元和附;陈时彦,桐城附;陈作仪,江宁廪;沈维骥,长洲附;李英,安庆廪;章淦聚,池州附;贺国瑛,宿松附;孙绳祖,太平廪;鲁樾,山阳附;张宝森,丹徒拔;陈世垣,元和增;秦坚,金匮附;王庭芬,兴化附;王荩臣,宿松拔;孙万城,桐城监;顾其义,嘉定廪;程人鹄,清河廪;路承沛,泗州廪;江庆瑞,安庆附;胡作霖,芜湖增;金殿祥,黟县附;严思静,来安廪;宗舜年,上元附;刘嘉斌,丹徒廪;存庆,江宁旗;张寅亮,宿松廪;叶祥麟,桐城廪;程初鼎,盱眙贡;李遵义,丹徒附;张遐龄,六合廪;徐溁,怀宁贡;姚楷,繁昌拔;丁宝铨,山阳附;胡为锦,贵池廪;甘以爵,太湖贡;姚锡光,丹徒拔;濮贤庆,溧水附;檀琮,望江附;程春熙,婺源廪;刘树屏,阳湖拔;成守正,宝应附;俞文杰,婺源附。

副榜

姜继襄,怀宁贡;俞绍保,丹徒附;徐希曾,泾县附;程树涵,怀宁拔;朱廷锡,娄县附;顾承谦,如皋拔;周永济,宿松增;刘廷凤,潜山拔;顾锡荣,太仓增;杨光昌,元和附;杜屏藩,太平附;秦曾谷,嘉定增;尤桐,金匮附;孙敬熙,新阳附;汪述祖,休宁附;艾光发,繁昌廪;潘鸿鼎,宝山附;卢自滨,无为附;潘家蕁,元和附;钱熙元,金匮贡;许沐铩,太仓附;王康寿,太仓廪。

江南官版题名录昨已寄到,爰即照刊在报,盖以前此电传其姓名间有误也。

本馆附识

载1888年10月29日《申报》,第2版,33卷787页

261. 棘闱余话

金陵友人来信云,平江府某号内有一少年于八月初八薄暮时,呼号军为之执炊具,怒来之迟也,举手批其颊。号军顿作白眼,叱曰:"子无谓今日应宾兴也,不才也曾东涂西抹而来,自分区区十四艺,尚不难蹀躞帘前与诸君作手无寸铁之白战。"闻者不知其怀才欲试也,竞挪揄且笑曰:"子有王安石之囚首垢面,而无李谪仙之锦心绣口。奈何?"号军即应曰:"休相讶,小子曾传日试万言,倚马可待之衣钵者,只以失足烟霞,不觉甘心仆隶耳。"众又曰:"若然,则当以天为纸,以地为席,方容得尔大文字。"曰:"不然,半锭张遇墨三寸赫蹄纸,即不才所谓若遇高皇帝,万户侯何足道哉!"众见其舌锋犀利,亦自去。惟少年引咎甚谨。夜将半,少年又引就己帘下与订交。号军久落魄,忽饫紫霞膏,便叉手伸足,九顿其首,愿竭所长以报知己。少顷,题纸下,少年尚昏睡,号军已构就首艺之

半。待其醒而寓目,少年固佳公子颇知文,见所作实非己所及,乃决倩其捉刀,且潜贿各号军,为分其役。嗣是三场皆不出此号一步。少年又眷其稿以就正于乡先达,皆决其为必售之技。少年因托言钟阜台城为齐梁名胜,欲策骑于斜阳衰草间,俾不负残照西风白下门之风景。故知其事者,咸以"因循归未得,不是恋鲈鱼"二语为少年解嘲。少年亦笑而领之。闻号军姓李,刻下冯媛已为孟尝君食鱼乘车之上客矣。

载 1888 年 10 月 29 日《申报》,第 2 版,33 卷 787 页

262. 鸠江枫叶(早折桂枝 *)

棘闱揭晓,鲍君世期、胡君作霖皆破壁以去。鲍君本系绩学之士,今科正取优贡,又得乡荐。胡君则年甫弱冠,上年入邑庠,闻乃翁家极寒,素作小本经纪,平日每好行其德。今哲嗣果早折桂枝,一时传为佳话。

载 1888 年 11 月 2 日《申报》,第 2 版,33 卷 811 页

263. 刘蕡呓语

有为刘蕡之下第者,抵掌于本馆云,江南贡院向例于榜发之次日,两主试即移榻监临堂内,衡鉴堂左右前后数十幢绮寮文牖悉加封镴。相传胡氏子有仙者据此宅已百年,世守其约,否则不可以情喻理遣。本届以多阅十日,未尽先施之礼,重阳一过,即有在桂花树下往来,笑语问:"今岁何夕为月当头者?"又一日晨起,院内诸人眼眶上悉加墨圈,遥视恍惚,类玳瑁边墨晶镜。乃急为盥洗,久之痕始灭。放榜前三日,朱衣人已点定矣。一夕,不知何故,卷忽散乱,纵横满地。俗语谓:"相赏在牝牡骊黄之外。"至是即燕许大手笔,亦莫辨其为骊黄牝牡。不得已,用选佛法,取其模样像和尚者便传衣钵。论者谓,辟门乃朝廷大典,而此似人非人者竟敢错杂于其间,且与衔命之星轺争一日之居,亦事之不可解者。

风气关乎运会,而风气之升降又视主持风气者之厚薄为转移。江南风气日下,闻近有"三物兴贤"为题试吏者。某卷竟指极粗之三物而获上赏,故见微知著者比之天津桥上杜鹃声,以借证风气之日下。先是江南独得上官昭容之大秤,岩穴之士引领专瞩,以为本科之入彀者非沈即宋矣。乃葫芦画出固不乏清庙明堂之器、黄钟大吕之音,然香象渡河、散僧入圣,亦与郊寒岛瘦者同在,美不胜收之列。岂"命"之一字,固非卿相所能造,又非巧智所可强也乎。宜夫子断之曰:不知命,无以为君子。

新孝廉张君士珂者,抱负最淹雅,平时就冶山之麓筑精舍莳花栽竹,吟哦其中。过者咸卜其为折桂高手。昨闻其尊人最乐为善,十数年水旱偏灾之赒赈,解衣推食,惟恐或后。惟昔日营中脱甲归来,不欲以裹碧余生,令世人知有韩伯休,故一切韬晦非留心时务者莫识,为一路福星也。

同文馆教授生徒以中西语言文字,创自左文襄,经费支绌,不绝如线。赖曾宫保一再从总办刘观察之请,从容补苴,学西学者固渐可从舌人之后应答如流,而寒士之怀瑾握瑜、藏器待时者,尤仰其栽培,不啻天高地厚。计创设以来,五年中六人入泮,今秋又

一顾姓者登贤书。闻顾氏子年才十八岁,素为刘观察所赏识,因其清苦,特优以廪饩。初就函丈时,观察即以杨素识杨愔语告其师,谓:"此子聪慧,更十年求之万里之外。"今果称捷足,可见伟人巨眼钟爱固自不凡。

填榜盛仪,外人都不及寓目。本届据人云,是日,衡鉴堂中设三座,两主试稍东,一制军稍西,皆正坐。次设长方桌一,居中。选精明强干之内帘四人,分坐两边,可对朱墨卷。当阶则横置长几一,书榜吏在焉。堂东为外提调、外监试,堂西为内提调、巡道、内监试,皆有专席,与中座相近。东次则支白木板一排,上罩红洋布,安七座,为东经房。西次亦如之。再后,则各安白木板而无罩,系两提调所带之书吏有职事者坐焉。先是门闭,制台至则启,即遣巡捕官迓主试从屏后出,与制军对揖于堂前,司道以次揖,主试皆答揖。既入座,两巡捕官抬一案,置制军之右,上有幅巾,则中式卷也从第六名起,每十本为一束。一书吏捧就制军之席右,拆弥封,报中式者之姓名、籍贯。先送正主试,写中式之名次;再送副主试,接写其人之姓名;又送对朱卷官,查勘相符与否。于是,由阅荐之房官照主试所写之姓名、籍贯,添入年貌,书一长条,计条长三尺余,系预先印成者。书毕,一吏持向堂上高唱一遍,又持向各座前环绕一周,乃付书榜吏照填入榜。惟填元魁,则自第五上数至一,通堂皆点五花红烛。填毕,榜吏复自唱一道,名曰背榜。时榜亭已在至公堂上,一吏用黄袱负之以出,安放亭内,鼓乐导至司署前张挂,三日后即收存藩库。榜纸亦供给所取宣纸裱成者,俗称纸由礼部颁出,出榜后仍缴部者,非也。榜头注明原额中式一百十四名,后加广额:安徽十名,江苏十八名,又驻防三名,共为百四十五名云。

载 1888 年 11 月 10 日《申报》,第 2 版,33 卷 863 页

264. 鸠江谈屑(查核身份*)

藩宪阿啸山方伯檄行各属,略谓:部议各属寄籍生童呈请应考,务须实系身家清白,并无别项违碍。所置田房庐墓、投契纳粮已在二十年以上者,始准取具族邻保结,呈请该管州县查明加结,详司立案,方准收考。如有朦冒,将该管官查明议处,历经遵办在案。乃近来各处寄籍人等,每有童生冒籍廪保,私行包庇。事关抡才大典,札行详加查核等因到县。芜湖县严明府业经遵札出示矣。

载 1888 年 12 月 16 日《申报》,第 2 版,33 卷 1085 页

265. 赭岭晴旭(秋闱告竣*)

安徽学政岁考,先考宁国府。该府属县试早于十月间次第考毕,钱穉庵文宗履任后,檄行该府接办府试。吴述韫太守随于本月廿一日开考,封印期前当可竣事。院考之期,当在明岁杏花时节也。

载 1889 年 1 月 1 日《申报》,第 2 版,34 卷 1 页

266. 论考试

我朝人才出于制科，大比三年，春秋乡会，策名委质，是谓正途。前辈有议之者，以为制艺一道既不足以见其才能，又不能以施诸政事。迨夫出身加民，则又尽弃其学。而学焉所习非所用，所用非所习，迂执鲜通，拘泥不化，其弊百出，尽人而知。然而，制科之法，始于前明，历久不变者，何也？盖制科虽不足以得真才，然究其弊，极其流，止于不得真才已耳，而真才则左宜右，有豁然贯通。其崛起于制科中者同时辈出，旷代挺生循吏名臣不可胜数。若必以制科为无益，则试问舍制科而别求一有益之法，其可得乎？吾恐其弊愈滋，其流愈下，不独真才之屈抑者如故，摒弃者如昔，将见飞龙之潜无从利见，尺蠖之屈无自求伸，并有不如制科者矣。尝思圣门之教人也，德行、言语、政事、文学四科，专门名家各有千古，况乎劳心劳力，大小攸殊，使诈使贪，纯疵回判，泥一法以求之不得也，易一法以求之不得也。或循古法而袭敷奏明试之名，或参西法而仿乡举里选之意，其异于制科之无益也几希。虽真才之左宜右，有豁然贯通者，皆有以表见于当世，制度不得而囿之，而奇技异能操刀待试，微长末艺抱器求沽，不中程式，不合时宜，屈抑摒弃不知凡几矣。是必宽其式，广其途，擅班马者命之以词林，慕龚黄者授之以牧令，善箫管者付之以钱谷，攻申韩者责之以刑名，蒙孙吴者寄之以疆场，企伊周者任之以梁栋，人各有能，有不能，因人而使，实事求是，而后各称其职，各尽其才，绰绰乎有余裕焉。夫如是，不又虑散而无纪，繁而无绪也乎？曰考试。考试者，非犹是八股之时文，五言之试帖，大廷之对策，翰苑之楷书已也。考者，考其言，考其行也。试者，试其能，试其功也。今之制科所以考试士子也，然而无益者，徒以八股之时文，五言之试帖，大廷之对策，翰苑之楷书为考试也。姑举迩年细事以验其效，例其余。昔年丙子各省会之考试，委缺官员也，肩门领卷，伏案构思，满口呻唔，连篇挥洒，较量文词之优劣，品评笔法之工拙。如考官之试士子。然夫目不识一"丁"字，胸不存半点墨，固不可以临民。然世固有日试万言翘足可待，使宰百里，措手维艰者，则即五千文字，挂腹撑肠于临民乎，何与王安石博学多能，岂可多得。使为县令则治，使为宰相则乱，不益见文学之无关于政事乎？是非官员之难得其才，抑考试官之未得其法也。今年夏秋，招商局之考试轮船买办也，或问以吃水若干尺，载货若干吨；或问以行海若干里，需煤若干吨；或示以英文账目，而令其翻译；或诘以西商土音，而令其对答。以至机器之如何制造，船厂之如何修理，一一详审而区别之。文词不论其优劣，笔法不论其工拙，虽意义纰缪，点画乖讹，而进退去留不系乎是。诚以买办者，责任虽轻，非历久者不办；事务虽细，非熟悉者不知，与士子之咕哗为业者有间。是非买办之能得其才，抑考试买办之先得其法也。向使以考试买办之法推之考试官员，不独现任之员，地方之利弊如何兴除，风俗之乘除如何因革，田亩之荒芜如何开垦，萑苻之啸聚如何缉捕，皆当稽其功过，辨其贤愚。即在差委之员，亦宜秉公察核，逐事评衡，俾司保甲者不敢纵奸，司厘卡者不敢舞弊，将见官无旷职，政无废事，素餐尸位无地容身，宦途不致拥挤，流品不致参杂，苦差不致观望，官常不致卑汙，又何事汲汲于文词、笔法为哉？彼考试买办其细已甚卑之，无甚高论矣，而功有可验，效有可征。用之以考试官员，其功效当何如？用之以考试士子，其功效又何如？夫苟考试士子矣，则因人而使，实事求是，各称其职，各尽其才，于制科之法，孰得孰失，必有能辨之者，虽然难言之矣。武场乡会两试,关防、典制亚于文场,且武士以出身行伍为正途,而武场尤不足重。然人知其不足重也,而不敢终废,则文场制科之法,又曷敢率尔议废也哉?

载1889年1月2日《申报》,第1版,34卷7页

267. 论开恩科

甚矣,国家之以人才为先务之急也,本朝以帖括取士仍前明之制而益加精详,读书作文之士蒸蒸日上,不可以恒河沙计。由县考、府考以至道考始获一衿,由乡试、会试、殿试然后论定。士之望科名者不知凡几,而屈指以科名显者亦复不少,第得之数终不敌其望之数,盖以考试之期有一定,学院一岁一科,则间以三年乡试,以子午卯酉为正科,则亦间以三年会试、殿试,随乡试而行。彼芸窗雪案之士,下帷攻苦,摩厉以须,望此三年不胜悬悬。迨及时而携具入场,九日辛勤,三场血战,自顾其文,实不难操中式之券,而无如文与命不齐,或竟被摒,或被荐而卒不荐,或荐而不中,或堂备而仍不中,或已中而额满见遗。竟亦有房官批语"极好",主考亦甚赏识,而偶因一二微疵卒遭摒弃;并有并一二微疵亦未摘出,竟至无疾而终者。在士子原知以义命自安,不敢怨天尤人,然一经点额,又须迟以三年,则未免有望断龙门而不胜悒悒者矣。以故每当大比之年,放榜后数日,往往有浮言谓来岁将有恩科。此等浮言不知是未中诸人自为此说以作解嘲,抑不知是已中诸人故作此语以慰失意之辈?且有亲友辈以此来劝慰铩羽之子,其实则子虚乌有者也。今年为戊子正科,揭晓之后又有此一说,谓来年当有恩科。闻者亦仍以向来浮言例之,不为措意也。乃恭读十二月初八日谕旨,果有"明岁特开恩科"之语。盖以皇太后归政,皇上率群臣上皇太后尊号,故特开一科以志盛。无论今科获隽与不获隽之人,见此恩纶,莫不同声欢忭。盖失意者固可加意揣摩,以为再接再厉之计;即今年诸新贵,来岁会试亦未必一榜尽赐及第,则连年会试究亦可再图速效。此耳闻而欣然者,情也。今夫恩科之开,果何为哉?无非为拔取人才而已。近今洋务大兴,论者每以为八股取士终无实用,不如废八股而另设西法各科,如光学、重学、天算、地舆诸学,以求真实之用。此说也,初闻之似或一道,细思之则殊未妥洽。自通商以后,开馆以教西学亦既有年,如广方言馆、船政学堂、水师武备等学堂,凡所以教西学者亦不一其途,其中学而精者虽不乏人,然即学之而精不过一材一艺而已。《礼》言"德成而上,艺成而下",八股之士虽不得尽谓之德,而较之艺士则有间矣。西人每言,中国用人往往用非所长,即如河务,一切皆能亲身其事与否?既不能亲,则于购料进占一切皆须听之于人,自必弊病百出。至于统兵大员与夫统带兵轮诸员,尤当深知其中奥窍,乃足任使。中国则不然,办河工者非由河工出身,办军务者非由军务出身,如此则安得而不偾事?余窃以为此说也,盖近乎许子之道所谓"必自为而后用之,是率天下而路也"。劳心、劳力本有殊途,不可强合,不必征诸古昔,即征诸近今,如曾文正、胡文忠、左文襄诸人,何尝不由科目出身,何一不致力于八股,而其后带兵督队,运筹决策,动中窍要,悉合机宜,卒能扫除蟊贼,肃清环宇,功施烂然,至今昭昭在人耳目?由是观之,八股亦何负人哉!盖彼致力于八股,非专为科名也,上下五千年,纵横九万里,一一罗列于胸中,而后融会贯通,触类而发,遇何题即作何文,见方成珪,见圆成璧。人或以纸上空谈、能说不能行目之,而不知

果能深于此道,即以纸上之所言推而行之,举而措之,未有不裕如者。从来美禹功者曰:"乘四载以随山,手胼足胝而不惜。"然亦未闻禹之躬自负泥,亲事版筑也。武侯以善用兵称要,亦未闻其手发一矢,亲馘一敌也。与其躬亲细务而成艺士,何如统观大略而总其大纲也乎!古语"一事不知,儒者之耻"。如必自为而后知之,则不知者多矣。故圣王治天下不自治也,得人以为治。尧以不得舜为己忧,舜以不得禹、皋陶为己忧。得人者昌,失人者亡。古人之言,不我欺也。今皇上亲政之初,开宗明义,即以延揽人才为急,特借徽号之庆开一恩科,俾天下真才皆得以早自振拔,虽重费而不惜。是则诚知扼要以图者矣。或者谓国家开一恩科,需多少钱粮。当郑工吃紧之际,曷不省此以济急需?抑知河工者一时之急,人才者万世之利,有人才而后河工可以当耗其用。苟不得人,河工、军务终归无济。此则圣明之独断,非草茅浅见者所能窥其万一者也。欲见知于盛世者,其及锋而试也哉。

载1889年1月16日《申报》,第1版,34卷79页

268. 皖省官场纪事(奉札县试＊)

陈云溪明府日前接奉联仙蘅太守札开,奉督学部院钱穉庵学宪札,举行县试,已定于二月十三日开考矣。

载1889年2月25日《申报》,第3版,34卷260页

269. 疏通仕籍

江南省分之大,甲于天下;而江南省候补人数之多,亦甲于天下。上自道府,下至从末,终年在省捧檄,无期一官,为家敲冰望岁者,何可胜数。承平时监司候补者不过一二人,即州县亦甚寥寥。缘此辈非文战三捷不能弹冠于于而来,非若今日出身之途杂,而致身之事难也。若中小班,则以讲叙吏员为正途,地广事繁,一人可伏数人之轼,明日复撑今日之衔,驱车广野者至不愿守黑子弹丸地为花封虮虱之臣。所以一行作吏,乡党不惟不贱之而反荣之,父母不惟不恶之而且欲之,以为是固光里巷耀门庭之子也。今则不然,官犹是官,而成为卜式之捐资,或效相如之献粟,或歌黄獐而负薪谓阙,或擒赤狄而剖竹酬庸。由是力有余而凌厉嚣张,以为行乐;力不足则骚除局促,以为孤注。不知袍笏者如沐猴而冠,貂冕者早望蝉而笑矣。现在许方伯自接州县禀请疏通后,即酌改新章,详请督抚院宪批示祗遵,一面胪叙名次,揭示官厅,从此壁垒一新,李广可免数奇之叹,冯通可无郎署之沈,岂非听鼓诸君一大快意事哉!或曰此中犹有天幸,非尽人谋,往往有虽喘而不蒙相公之问者,有当赏而忽待太原之下者。造化小儿之牵弄傀儡,真非人意计所及。且事后又欲笑不能,欲哭不得。方伯此举,不啻阿弥陀佛之超度幽滞,当作梵语以赞之曰:善哉,善哉!

载1889年3月20日《申报》,第2版,34卷399页

270. 芜湖官场纪事(宁国试竣＊)

钱穤庵文宗岁试宁国府,现已告竣,旋于本月十八日起马,按试徽州府属。

载1889年3月26日《申报》,第2版,34卷437页

271. 芜湖官场纪事(谕令县试＊)

芜湖县严笠樵明府接奉宪札,即发红谕,定于二月二十七日取齐各文童,三月初一日举行县考。

载1889年3月30日《申报》,第2版,34卷463页

272. 安省近闻(慎重文衡＊)

怀宁县陈云溪明府考试诸生时,访闻有传递情弊,亟应严查,以重抡才大典。遂一面请教官入场监视,一面饬差在围墙外梭巡,不准游人在墙外徘徊,盖亦慎重文衡之意也。

载1889年4月3日《申报》,第3版,34卷488页

273. 鸠江锦浪(举行县试＊)

芜湖县于上月初一日举行县试,各文童齐集县城,金马门一带房屋租赁几满。严笠樵明府先期出示晓谕,上街买物均须公平和好,毋许恃考试借端滋扰。

载1889年4月3日《申报》,第3版,34卷488页

274. 鸠江春浪(芜湖县考＊)

芜湖县严笠樵明府于三月初一日举行县考,诸文童之应试者计有二百八十余人。首题:"子路曰:愿车马"至"子路曰:愿闻子之志"。已冠未冠听做。次题:德大孝章。试题:赋得"春风得意马蹄疾",得"蹄"字,五言六韵。初三日,发案,录取二百二十二人,冠军为张君璈。示期初四日初复。

载1889年4月11日《申报》,第2版,34卷535页

275. 皖抚陈奏为循例奏恳恩施折

候补三品京堂开缺安徽巡抚臣陈彝跪奏,为乡试年老诸生三场完竣,榜发未经中式,循例恳请恩施,仰祈圣鉴事:窃照乡试年老诸生,年届八十、九十以上,完竣三场榜发未经中式,例应详查年岁,开单具奏,由部核明请旨,分别赏给举人副榜,历经遵照办理在案。兹届光绪十四年江南省举行戊子正科文闱乡试,臣入闱监临,榜发后查明应试年

老诸生三场完竣未经中式,年届九十以上者安庆府附生余星等十八名,年届八十以上者泾县岁贡生就职训导王藻江一名,又年届八十以上者太湖县附生张既高等二十四名。调阅原卷,均各正草完全,文理明顺,饬据江宁布政使行查诸生年岁,均与学册相符,取造册结,具详请奏前来。伏乞典重抡才作育,际昌期之盛;礼隆尚齿恩荣,昭文治之华。江邦既多士,风蒸耆宿,亦观光云萃。该生余星等青衿奋志,皓首穷经,未荒占毕于芸窗,弥切观摩于棘院,幸涵濡夫圣教诵习久安,允鼓舞夫儒林,宠施合沛。除造册咨送礼部外,谨会同两江总督臣曾国荃、护理江苏巡抚臣黄彭年、安徽学政臣钱桂森、江苏学政臣杨颐,恭折具奏,并将诸生姓名、年岁、籍贯另缮清单,恭呈御览,伏乞皇太后、皇上圣鉴,敕部核复施行。再,此外尚有安东县附生左俊良,朱墨试卷尚未检齐,应暂扣除,如已满三年,并将试卷检齐,另行奏请。合并陈明,谨奏。

奉朱批:礼部议,奏单并发,钦此。

光绪十五年三月初五日《京报全录》第二千九百七十四号,己丑三月十五日《申报》附张

载1889年4月14日《申报》,附张第2版,34卷557页

276. 皖省考信

安徽学宪钱穉庵文宗按临徽州业已竣事,按试池郡。闻四月半即当按临安庆。首县陈云溪明府先期谕令家丁督饬工匠将考棚装饰一新,恭候宪节戾止。

载1889年5月3日《申报》,第2版,34卷667页

277. 供给改章

上年戊子科江南文闱供给以未用熟手,一如盲人索途,东触西撞,头破血出,不止羊羸角于藩、狐濡首于水而已也。事后,又有在本城采办之米炭茶烛等项,共银一万七八千两。不知何故,彼此推诿,至腊月底尚无下落。经商民扶老携幼,集有七八十人在督辕跪香案三日,始由许方伯带回审讯,仅以一二成了结。至今过辟门呼俊之下者,咸以开门揖盗挪揄云。转瞬又办恩科,上游不得不以前车为鉴,格外郑重。官场妄传谓,今岁须先将各官捐纳成本由捐局预先核定多寡,方敢授之以事。此虽为一官不足惜者而设,究亦烂羊头、烂羊胃之所自致。许方伯早见及此,因委上元县为总办,江宁县为会办,而委江宁府为稽查。姚大令前办北极阁工程,一瓦一椽,不遗尺寸。砖木匠数十人悉受约束,无敢试以虚伪。因本成法部署供给,闻已禀明方伯,采办改用委员,各项司事改用家丁,拟派委员三十人、家丁十六人云云。然未知确否。因念天下事有治人,无治法,当局特患不肯破除情面耳。苟肯为请君入瓮之来俊臣,无论何弊,何难一扫而空之。

载1889年5月3日《申报》,第2—3版,34卷667—668页

278. 电传己丑科会试题名录

王同愈,江苏;叶祥麟,安徽;李盛铎,江西;魏秀琦,福建;叶昌炽,江苏;沈祖燕,浙

江;周绍槐,广东;吴獬,湖南;费念慈,江苏;王铁珊,安徽;徐兆玮,江苏;朱延墀,安徽;李传元,江苏;李英庚,江苏;王万芳,湖北;钱骏祥,浙江;杨芾,江苏;谭海玉,湖南;郑炽昌,江苏;朱寿慈,江西;劳绍光,广东;杜本崇,湖南;刘春玮,江苏;徐德沅,安徽;吴肇嘉,江苏;郭会程,福建;许在衡,浙江;董康,江苏;赵金寿,江西;邹洪津,江苏;何文澜,浙江;邱聿征,福建;连培型,江西;王同白,安徽;林国赞,广东;夏时泰,湖南;周树模,湖北;魏有声,江苏;钱鸿文,浙江;姚楷,安徽;邵宏,福建;陈光宇,江苏;郁保章,浙江;梁于渭,广东;刘宝森,江西;江标,江苏;戚扬,浙江;邱凤中,福建;刘启端,江苏;保士璋,浙江;彭光湛,广东;郑克明,福建;李伯龄,江西;陈祥燕,浙江;蔡保仁,江西;陈春瀛,福建;罗厚焜,安徽;李最高,湖南;陈宝森,广东;方鷟凤,浙江;熊方燕,江西;刘如辉,江苏;鲍琪豹,安徽;薛启荣,福建;张用宾,湖北;丁宝铨,江苏;欧仁衡,浙江;熊文寿,湖北;陈嘉言,湖南;叶新第,安徽;王启烈,浙江;陈怀忠,福建;孙鼎烈,江苏;王云清,广东;赵诣,江西;朱秉成,浙江;何树钧,福建;曾广钧,湖南;金蓉镜,浙江;章绍曾,江西;郑篯,福建;蔡镇藩,浙江;沈瑜宝,浙江;纪骧,湖北;王岳崧,浙江;方燕年,安徽;崔兴亿,江西;梁肇荣,福建;温中和,广东;孙廷翰,浙江;欧宗初,广东;费传祀,湖南;陈鸣秋,福建;裘贺图,江西;薛贺图,湖北;杨镛,湖南;陈曾佑,安徽;唐有桢,湖北;全鸣荐,江西;魏时巨,浙江;王庆蕃,江苏;王继香,江西;季昭寀,安徽;吕道象,江西;程丰厚,安徽;高涵祖,福建;冼翰昭,广东;黄大昆,福建;程元恺,安徽;周来宾,浙江;饶士腾,江西;郭以诚,广东;李登云,湖南;邵文灿,广东;潘宝琳,广东;黄大华,湖北;纪濂,江西;陈庚经,浙江;袁用宾,湖北;杨德镔,江苏;欧阳熙,江西;郑襄,福建;刘元诚,福建;张华奎,安徽;李毓芬,福建;喻先蕃,江西;罗传瑞,广东;张硕辅,江苏;王世琪,湖南;朱怀新,浙江;郭集琛,湖北;李锦,福建;魏志长,江西;梁銮藻,广东;马嘉桢,江西;赵继泰,安徽;王承焘,浙江;吴嘉瑞,湖南;张嘉翊,湖北;章乃正,浙江;万和锡,江西;吴桂丹,广东;郑维翰,江苏;罗凤华,广东;黄玉书,福建;吴丙湘,江苏;余诚格,安徽;熊起渭,湖北;李鹏飞,浙江;刘成杰,福建;黎宗干,安徽;陈本棠,湖北;官声备,湖南;殷友兰,江西。

  本科会试于昨日揭晓,本馆预托在京友人将江苏、安徽、福建、浙江、江西、湖南、湖北、广东等省新贵姓名、籍贯迅发专电到申,译登报章,以副远近诸君子先睹为快之意。此外,各省容俟续登。会元许叶芬,宛平人,理合先志。

本馆附志

载1889年5月10日《申报》,第2版,34卷711页

279. 辇下余闻(会试琐闻＊)

  此次大挑,钦派王大臣循例在内住宿,睿邸假滢贝勒下处,郑邸假会典馆,恩相国宿于内阁,乌大司马宿于内大臣班房,徐少宗伯宿于穿心殿,奕副宪假神机营协巡公所。每日辰初入坐,已正用饭,午正复入坐,计共看过各省举人二千四百九十余人,每排二十人,择品格出众者三人列为一等,少次者九人列为二等,统挑出一等举人三百六十七名,名单已录前报,应以知县分省试用。经吏部于四月初旬带领引见,统挑出二等举人一千一百零六人,归部以教职用。其满蒙者以科甲小京官用。于三月二十九日午刻,又将已

挑一等者拣挑河工,先挑出七十名。睿邸等公商,河工人数较多,复又拣挑分河工者五十人,睿邸等饬部备折,将看过人数挑出一二等数缮入,于翌晚复命。

本科宗室新贵士于三月二十七日在保和殿复试,经阅卷大臣将试卷三本评拟等第进呈,取列一等第一名保丰,取列二等第一名希廉,取列三等第一名瑞贤。并将复试诗文钦命题目照录如左:

文题:其禄以是为差。诗题:赋得"树杪玉堂悬",得"山"字,五言八韵。

载1889年5月11日《申报》,第1—2版,34卷717页

280. 电传己丑科会试题名全录

许叶芬,直;王同愈,苏;叶祥麟,安;李滋然,川;李盛铎,江;熙英,旗;魏秀琪,闽;叶昌炽,苏;沈祖燕,浙;周朝怀,粤;吴沂,湘;费念慈,苏;王铁珊,安;杨佩芬,苏;徐兆玮,苏;朱延塽,安;陈恩寿,直;李传元,苏;于宗潼,东;张维彬,东;陆钟琦,直;李映庚,苏;王万芳,鄂;钟广,旗;绍峒,旗;钱骏祥,浙;杨芾,苏;唐宗海,川;谭汝玉,湘;王序东,粤;郑炽昌,苏;廖平,川;朱寿慈,江;劳绍光,粤;杜本崇,湘;高润生,直;刘奉璋,苏;孔昂,贵;徐德沅,安;王天培,陕;吴肇嘉,苏;徐心泰,川;朱德泽,汴;郭曾程,闽;济生,旗;许在衡,浙;董康,苏;赵金寿,江;刘世安,旗;曾倪岷,川;王炳章,奉;何锡章,直;邹洪玮,苏;何文澜,浙;邱聿征,闽;连培型,江;高树,川;李梦斗,东;王同,粤;局夏宣,晋;林国赞,粤;夏时泰,湘;程棫林,贵;周树模,鄂;魏有声,苏;钱鸿文,浙;潘守濂,东;姚楷,安;赖宏,闽;陈光宇,苏;陈泽霖,直;江俶,川;郁保章,浙;梁于渭,粤;刘宝森,江;景方昶,贵;卢林,滇;江标,苏;聂汝谔,晋;戚扬,浙;邱凤中,闽;刘启瑞,苏;姚士璋,浙;宫耀有,晋;何锡禔,直;彭光湛,粤;郑克明,闽;李柏龄,江;邓维琪,□;赵蔚坊,东;陈祥慈,浙;张立德,陕;蔡保仁,江;陈春瀛,闽;罗厚焜,安;敬璐,旗;李最高,湘;刘守恭,直;赵尔萃,旗;陈宝森,粤;刘荫椿,直;方凤鸣,浙;熊方燧,江;刘若曾,直;刘如辉,苏;黄榜书,粤;桂仲昭,陕;鲍琪豹,安;薛启荣,闽;张用宾,鄂;丁宝铨,苏;刘世珍,直;欧仁衡,浙;钮昶,旗;熊文寿,鄂;李汾,旗;柯邵文,东;陈嘉言,湘;张庭武,汴;叶新第,安;王启烈,浙;浙煊,直;吴国刘,旗;陈怀忠,闽;孙鼎烈,苏;叶平,旗;王云清,粤;赵诣,江;刘元亮,东;苏守庆,直;杨庚辰,直;朱秉成,浙;何树钧,闽;曾广钧,湘;金蓉镜,浙;章绍曾,江;马觐吕,汴;丁述曾,东;陆钟岱,直;刘华,陕;赵曾棣,直;王如杓,东;郑篯,闽;蔡镇,江;沈瑜宝,浙;纪骧,鄂;文明庆,贵;张庭新,东;张徽,甘;王岳崧,浙;王祖闻,汴;李孝先,粤;马步元,东;钱鸿逵,滇;贾作人,晋;张焕章,直;方燕年,安;崔兴亿,安;梁肇荣,江;温中和,粤;孙廷翰,浙;区宗初,粤;黄传祁,湘;陈鸣秋,闽;李近禄,汴;陈曾佑,鄂;陈钦彬,东;奚庚辛,陕;薛贺图,闽;李茶,滇;熙元,旗;杨镛,江;张壮彩,东;冯端,旗;张正,贵;唐有桢,湘;金鸿翎,安;孟滢,汴;魏时巨,鄂;王庆蕃,江;王继香,浙;李砚田,东;孔昭寀,苏;魏文周,汴;吕道象,江;程丰厚,安;高涵和,闽;曹树禠,粤;孔繁朴,东;高增融,陕;刘锦荣,奉;沙文昭,粤;岳龄,旗;黄大焜,闽;程元恺,安;周来宾,浙;段大桢,陕;钟承祺,粤;吕敬植,苏;王济,甘;史恩培,直;崇寿,旗;饶士腾,江;郭仲诚,粤;王典文,东;任廷飏,甘;李登云,湘;李子方,汴;孙百斛,奉;任文悼,粤;潘宝琳,粤;高柟,川;黄

大华,鄂;赖绍濂,江;武玉润,汴;杨纪元,滇;汤汝和,粤;郑永贞,晋;李步瀛,陕;王绍勋,汴;陈庚经,浙;孙愚,滇;阮善继,陕;赵以焕,贵;易贞,汴;周秉道,粤;安荫,甲(注:原文如此);袁用宾,鄂;黾炳辰,粤;染泰,旗;恽毓鼎,直;杨德镁,苏;欧阳熙,苏;董维存,滇;郑襄,闽;刘元诚,鄂;刘秉钧,晋;寿春,旗;王子符,东;曾思睿,粤;李含菁,川;张华奎,安;李毓良,闽;喻兆蕃,江;赵锐,陕;张孝谦,汴;丁维禔,东;苏保国,滇;陈廷鉴,甘;罗传瑞,粤;黄士廉,贵;费达纯,川;张颉骧,川;徐仁纶,直;王世琪,湘;朱怀新,浙;冯慎,陕;郭集琛,鄂;张寅潋,滇;毛慈望,汴;陈钟信,川;李锦,闽;魏志良,闽;梁銮藻,粤;马嘉桢,苏;杨深秀,晋;赵继泰,安;徐培光,贵;魏立,甘;武瀛,陕;王承橐,浙;刘彭年,直;吴嘉瑞,浙;刘盛堂,滇;张鸿翎,川;唐书年,东;李廷谟,晋;陈金台,汴;张其镃,粤;傅世琭,川;章乃正,浙;陈昌匹,湘;张景旭,贵;万和锡,江;吴桂丹,粤;陈光绶,晋;李光卓,粤;郑维翰,苏;罗凤华,粤;刘尔炘,甘;朱锦,直;雷蔚瑞,陕;阎维玉,晋;黄玉书,闽;增新,滇;萨嘉乐,闽;吴丙湘,苏;陈敬修,东;余诚格,安;周毓棠,甘;张允言,熊起渭,鄂;李鹏飞,浙;刘成杰,闽;罗宝辰,陕;彭献寿,粤;黎宗干,安;禄懿,汴;陈朝棠,鄂;张建勋,粤;法伟堂,东;夏声乔,湘;张瑞麟,滇;殷友兰,江;文润,贵;王祖武,汴;武覃,甘;曾继先,川。

载1889年5月11日《申报》,第2版,34卷717页

281. 己丑科官板会试题名者全录

第一名〔至第三十名〕:许叶芬,直宛平;王同愈,苏元和;叶祥麟,安桐城;李滋然,川长寿;李盛铎,江德化;熙瑛,厢蓝旗;魏秀琦,闽侯官;叶昌炽,苏长洲;沈祖燕,浙萧山;周朝怀,粤顺德;吴獬,湘临湘;费念慈,苏武进;王铁珊,安英山;杨佩芬,川秀山;徐兆玮,苏昭文;朱延塎,安太湖;陈恩寿,直天津;支传元,苏新阳;于宗潼,东福山;张维彬,滇江川;陆钟琦,直宛平;李映庚,苏海州;王万芳,鄂襄阳;钟广,正黄旗;绍昌,正白满;钱骏,浙嘉兴;杨帯,苏高邮;唐宗海,川彭县;谭汝玉,湘湘潭;王埥,东莱阳。

第三十一名〔至第六十名〕:郑炽昌,苏吴县;廖平,川井研;朱寿慈,江莲花;劳绍光,粤鹤山;杜本崇,湘善化;高润生,直固安;刘奉璋,苏宝应;孔繁昌,贵贵筑;徐德沅,安太湖;王天培,陕富平;吴肇嘉,苏如皋;徐心泰,川叙永;朱德泽,汴罗山;郭曾程,闽侯官;济生,厢白蒙;许在衡,浙山阴;董康,苏武进;赵金寿,江安瑞;刘世安,厢黄旗;曾光珉,川华阳;王炳章,奉义州;何锡章,直天津;邹洪纬,苏丹徒;何文澜,浙萧山;邱聿征,闽长乐;连培型,江南城;高树,川泸州;李梦斗,东诸城;王同曰,安桐城;解鋗,晋稷山。

第六十一名〔至第九十名〕:林国赞,粤番禺;夏时,湘衡阳;程械林,贵思南;周树模,鄂天门;魏有声,苏丹阳;钱鸿文,浙嘉善;潘守廉,东济宁;姚楷,安繁昌;赖宏福,闽永定;陈光宇,苏江宁;陈泽霖,直天津;江俶,川秀山;郁保章,浙嘉善;梁于渭,粤番禺;刘宝森,江新昌;景方昶,贵央义;卢丛林,滇会泽;江标,苏元和;刘汝新,晋临县;戚扬,浙山阴;邱逢早,闽长汀;刘启端,苏宝应;姚士璋,浙仁和;宫耀月,晋繁峙;何锡褆,直保定;彭光湛,粤南海;郑克明,闽长汀;李柏龄,江萍乡;邓维琪,贵贵阳;赵蔚坊,东黄县。

第九十一名〔至第一百廿名〕:陈祥燕,浙慈溪;张立德,陕榆林;蔡保仁,江新昌;陈

春瀛,闽长乐;罗厚焜,安宿松;镦璐,厢白满;李最高,湘临湘;刘允恭,直遵州;赵尔华,正蓝旗;陈宝森,粤新会;刘荫椿,直静海;方凤鸣,浙兰溪;熊方燧,江高安;刘若曾,直盐山;刘如辉,苏武进;黄榜书,桂桂平;程仲昭,陕朝城;鲍琪豹,安歙县;薛启荣,闽闽县;张用宾,鄂江夏;丁宝铨,苏山阳;刘世珍,直丰润;欧仁衡,浙象山;钰昶,厢红满;熊文寿,鄂麻城;李汾,厢蓝旗;柯邵慜,东胶州;陈嘉言,湘衡山;张庭武,汴安阳;叶新第,安黟县。

第一百廿一名〔至第一百五十名〕:王启烈,浙鄞县;唐烜,直盐山;吴国珍,厢黄汉;陈怀忠,闽闽县;孙鼎烈,苏无锡;葆平,正蓝满;王方清,粤儋州;赵诣,江安仁;刘元亮,东章丘;苏守庆,直交河;杨庚辰,直邢台;朱秉成,浙山阴;何尔钧,闽闽县;曾广钧,湘湘乡;金蓉镜,浙秀水;章绍曾,江南昌;马觐臣,汴孟县;丁述曾,东黄县;陆钟岱,直宛平;刘华,陕朝城;赵曾棣,直涞水;王为相,东诸城;郑钱福,闽闽县;蔡镇,江德化;沈瑜宝,浙秀水;纪骦,鄂武昌;文明钦,贵贵筑;张庭诗,东黄县;张潋,甘古浪;王岳崧,浙瑞安。

第一百五十一名〔至第一百八十名〕:王祖同,汴鹿邑;李孝先,桂贺县;马步元,东安丘;钱鸿逵,滇昆明;贾作人,晋沁水;张焕章,直献县;方燕年,安定远;崔兴亿,江兴国;梁肇荣,闽侯官;温仲和,粤嘉应;孙廷翰,浙诸暨;区宗初,粤番禺;黄传祁,湘长沙;陈鸣秋,闽闽县;李进禄,汴卢氏;陈曾佑,鄂蕲水;陈庆彬,东曲阜;严庚辛,陕渭南;薛贺图,闽侯官;李芬,滇昆明;熙元,正白满;杨埔,江建昌;张壮彩,东峄县;冯端,正白旗;张正基,贵贵阳;唐有桢,湘武陵;金鸿翎,安英山;孟溁,汴郑州;魏时巨,鄂武昌;毛庆蕃,江丰城。

第一百八十一名〔至第二百一十名〕:王继,浙会稽;李砚田,东齐河;孔昭宷,苏宝应;魏文周,汴河内;吕道象,江德化;程丰厚,安休宁;高涵和,闽侯官;曹树藩,桂临桂;孔繁朴,东曲阜;高增融,陕米脂;刘锦荣,奉锦县;招翰昭,粤南海;岳龄,正白蒙;黄大琨,闽长乐;程元恺,安婺源;周来宾,浙山阴;段大桢,陕华县;钟承祺,桂玉林;吕敬植,湘宁陵;王济,甘秦安;史恩培,直遵化;崇寿,厢黄满;饶士腾,江南城;郭以诚,桂林桂;王典,东安丘;任廷飑,甘伏羌;李登云,湘衡山;李子方,汴睢州;孙百斛,奉承德;任文灿,粤花县。

第二百十一名〔至第二百四十名〕:潘宝琳,粤番禺;高楠,川泸州;黄大华,鄂武昌;赖绍濂,江赣县;武玉润,汴祥符;杨纪元,桂弥勒;汤汝和,桂灵川;郑永贞,晋大同;李步瀛,陕咸宁;王绍勋,汴辉县;陈庚经,浙会稽;孙愚,滇呈贡;阮善继,陕安康;赵以焕,贵贵阳;易贞,汴商城;周秉道,桂桂平;安荫甲,甘安定;袁用宾,鄂麻城;黄炳辰,桂临贵;豫泰,厢黄蒙;恽毓鼎,直大兴;杨德镔,苏上海;欧阳熙,江彭泽;董维墉,滇宾川;郑襄,闽侯官;刘元诚,鄂天门;刘秉钧,晋辽州;寿春,厢白满;王予符,东益阳;曾思雷,桂平乐。

第二百四十一名〔至第二百七十名〕:李含菁,川巴州;张华奎,安合肥;李毓芳,闽侯官;喻兆蕃,江萍乡;赵锐,陕城固;张孝谦,汴商城;丁惟禔,东日照;苏保国,滇达水;陈廷鉴,甘宁远;罗传瑞,粤南海;黄士廉,贵贵筑;费道纯,川阆中;张颉辅,苏吴县;徐仁铸,直宛平;王世琪,湘宁乡;朱怀新,浙义乌;马慎源,陕大荔;郭集琛,鄂黄陂;张寅旦,滇宣威;毛慈望,汴武陟;陈钟信,川富顺;李锦,闽侯官;魏志良,江新建;梁銮藻,粤顺德;马嘉桢,苏吴县;杨深秀,晋闻喜;赵继泰,安太湖;徐培光,贵修文;魏立,甘伏羌;武瀛,陕富平。

第二百七十一名〔至第二百九十八名〕:王承寿,浙鄞县;刘彭年,直天津;吴嘉瑞,湘长沙;刘盛堂,滇会泽;张鸿翙,鄂英阑;唐书年,东宁海;李廷谟,晋孟县;陈金台,汴郾城;张其镳,桂临桂;傅世伟,川华阳;章乃正,浙归安;陈昌昙,湘龙阳;张景旭,贵镇远;万和锡,江德化;吴桂丹,粤高要;陈铣绶,晋平定;李光卓,桂永福;郑维翰,苏江宁;罗凤华,粤顺德;刘尔炘,甘皋兰;朱锦,直天津;雷蔚瑞,陕白水;阎维玉,晋太谷;黄玉书,闽彰化;杨增新,滇蒙自;萨嘉乐,闽闽县;吴丙湘,苏仪征;陈敬修,东郊城。

第二百九十九名〔至第三百十八名〕:余诚格,安望江;周毓棠,甘皋兰;张允言,直丰润;熊起渭,鄂黄安;李鹏飞,浙仁和;刘成杰,闽长乐;薛宜辰,陕长安;彭献寿,粤宜山;黎宗干,安宿松;逯懿,汴河内;陈本棠,鄂天门;张建勋,桂临桂;法伟堂,东胶州;夏声乔,湘善化;张瑞麟,滇太和;殷友兰,江永新;周文润,贵石阡;王祖武,汴鹿邑;武覃,甘陇西;曾继光,川南溪。

本科会试题名,早由电传照登在报,惟辗转翻译,容有误字,且只有省分而无县名,犹引以为憾。兹特托京友购得官版全录,诸新贵之姓名、籍贯,朗若列眉,合亟仿照排印,登诸报端,以餍阅者之意。

本馆附识

载1889年5月15日《申报》,第1—2版,34卷741页

282. 供给开局

上年江南文闱供给一事,以假手者非人,多欲者惟我,遂使不肖之徒乘间抵隙,泛芥舟于堂坳,牵傀儡以登场,如理乱丝,急之益无头绪,总办至欲以身殉道。当是时,众山皆响,不知由于登高之呼也;促即齐鸣,不知由于繁弦之急也。推原其故,一误于杨家之底样,再误于园客之独缲。本科许方伯预防左泽,深鉴前车,特改委江宁府为总办,而以上江两首县为之副。此外又委三营五厅与同知程文鑫、通判方道成为帮办。闱内例用一精明强干之州县独当一面,名内供给,现闻遴委知县翁延年,湖南人,均于四月初一日禀知供给开局。向来开局后,先将上届移交物件查点一过,缺者补之,陈者新之,大抵事贵因而不贵创,其巧妙处则尤在驾轻就熟之人,此又可意喻而不可言传者。讵上届司事人等,多逆来顺受,不留主顾,遂不惜物力,散场时大半各携其所管之色目以去,其不能携去者即折价抵与各店铺,以其所有易所无。因此大有一洗万古凡马空之气象。故本届承办诸公,正如一部廿四史,不知从何处说起。查陈案,每届支销总不过五六万金,独上届用至七万余两,而年终又以亏欠商款鼓噪辕前,其数又在七八千两。论者至引盲人骑瞎马,夜半临深池,以为福少祸多之喻。然许方伯则又以用人不疑、疑人不用劝李太尊,又不知其何所指矣。爰将其示附录于左:

外提调布政使许出示晓谕事:照得江南省文武闱乡试,所需一切供应食用物件,从前本归江宁府南捕通判经办,责令各行铺分认承应,均有官价,流弊殊多。自经兵燹,市面商情迥非昔比,历科均遴选大员总办供给等事,所需食物等项均按市价平买,绝不扰

累商民，一洗旧日积弊。今届举行己丑恩科文闱乡试，所需一切食用各项，无论就地采买、出外购办，概行照市发价，所需工匠、夫役亦不准减价勒差。如有不肖司事丁役假借官价名目，私图抑勒延欠；或从中克扣渔利，以及影射漏捐，种种情弊，一经访闻或被告发，定即从重惩办。除分别移行外，合特出示晓谕。为此示，仰各色人等一体遵照，务各奉公守法，毋得自蹈愆尤。该行铺人等如有串通垄断，抬价居奇，亦难轻恕。其各凛遵毋违。特示。

载 1889 年 5 月 15 日《申报》，第 2 版，34 卷 741 页

283. 皖垣试毕

安庆府联仙蕖太守考试六邑文童已毕，正在接考武童。闻学宪不日按临，以是禀请宪台札委候补府邹墨宾太守增翰前往点名。

钱穉庵文宗于十二日在池州府起节，十三日下午五点钟时行抵省垣。先是怀宁县陈云溪明府，饬差协同地保在东门外官码头预备供张。是日，水陆兵丁咸向江干列队，陈中丞以次文武员弁次第亲往恭迎。文宗乘舆进东门，至试院驻节。

载 1889 年 5 月 20 日《申报》，第 3 版，34 卷 774 页

284. 安徽试事

安徽学政钱穉庵文宗按临安庆，于四月十四日行香下学，十五日考生经古，十七日考童经古，十九日考教官，廿一日考太湖文生，廿三日考宿松文生，廿五日考望江文生，廿七日考潜山文生，廿九日考桐城文生，五月初一日考怀宁文生。至童试日期，访事者尚未录寄云。

载 1889 年 5 月 30 日《申报》，第 2 版，34 卷 839 页

285. 己丑科文状元金榜题名录

一甲一名：张建勋，广西。一甲二名：李盛铎，江西。一甲三名：刘士安，汉军。

二甲一名：杜本崇，湖南；周树祺，湖北；饶士腾，江西；刘彭年，直隶；丁惟禔，山东；费念慈，江苏；魏时巨，湖北；恽毓鼎，直隶；徐仁铸，直隶；叶昌炽，江苏；吴嘉瑞，湖南；刘如辉，江苏；王同愈，江苏；欧阳熙，江西；丁惟禔，山东（注：与前重复，原文如此）；叶祥麟，安徽；刘启瑞，江苏；陈泽霖，直隶；邓维琪，贵州；崇寿，满洲；黄榜书，广西；高枏，四川；景方昶，贵州；陆钟琦，直隶；张允言，直隶；曹树蕃，广西；陈春瀛，福建；刘奉璋，江苏；豫泰，蒙古；武玉润，河南；曾广钧，湖南；于宗濂，山东；连培型，江西；鲍琪豹，安徽；王埩，山东；陈曾佑，湖北；钱骏祥，浙江；吴桂丹，广东；马步元，山东；易贞，河南；江标，江苏；王为相，山东；孙廷翰，浙江；朱怀新，浙江；赵秉璋，山东；郑炽昌，江苏；周秉道，广西；吴獬，湖南；费道纯，四川；王世琪，湖南；徐德沅，安徽；高永孝，□□；程丰厚，安徽；张澂，甘肃；段友兰，江苏；贺涛，□□；魏有声，江苏；周来宾，浙江；沈瑜宝，浙江；薛启

荣,福建;孔繁昌,贵州;何尔钧,福建;王祖同,河南;张永宾,湖北;陈鸣秋,福建;王尤,甘肃;任廷飏,甘肃;陈钟信,四川;劳肇光,广东;孙鼎烈,江苏;余诚格,安徽;李传元,江苏;邱逢甲,福建;叶新第,安徽;熊方燧,江西;毛慈望,河南;戚杨,浙江;曾光岷,四川;刘元诚,湖北;喻兆蕃,江西;黄炳辰,广西;张焕章,直隶;钱鸿文,浙江;熙英,满洲;高树,四川;丁宝铨,江苏;王万方,湖北;梁子渭,广东;杨芾,江苏;金鸿翎,安徽;赵蔚坊,山东;张华奎,安徽;唐祐桢,湖南;薛宝辰,陕西;张景旭,贵州;刘华,陕西;魏秀琦,福建;傅世炜,四川;张曜斗,陕西;徐心泰,四川;朱锦,直隶;王祖武,河南;曹琳,安徽;潘守廉,山东;王继香,浙江;夏声乔,云南;金蓉镜,浙江;郭集琛,湖北;法韦堂,山东;唐宗海,四川;刘邦槐,□□;孔昭寀,江苏;徐培光,贵州;刘宝森,江西;薛嘉乐,福建;张孝濂,河南;张瑞麟,云南;钟广,满洲;许叶芬,直隶;程宗昭,安徽;张立德,陕西;吴炳湘,江苏;李锡庚,江苏;李光卓,广西;魏志良,江西;陈恩寿,直隶;陈铣绶,山西;熙元,满洲;解鋆,山西;张鸿翎,湖北;陈三立,贵州;刘锦荣,奉天;卢丛林,云南;李梦斗,山东;冯端,汉军;黎宗干,安徽;刘尔炘,甘肃;赵金寿,江西;罗凤华,广东;赖绍濂,江西;陈祥燕,浙江;薛贺图,福建;郑光明,福建;刘秉钧,山西;孟滢,河南;郑永贞,山西;贾作人,山西;邹洪纬,江苏;梁肇荣,福建;王岳崧,浙江。

三甲一名:梁銮藻,广东;赖宏,福建;雷蔚瑞,陕西;王绍勋,河南;段大贞,陕西;朱秉成,浙江;济生,蒙古;陈嘉言,湖南;张其录,广西;朱寿慈,江西;刘世珍,直隶;杨德铼,江苏;谭汝玉,湖南;文明钦,贵州;王同白,安徽;杨佩芬,四川;郭以诚,广西;纪骦,湖北;章绍曾,江西;姚楷,安徽;黄传祁,湖南;张庭诗,山东;陈怀忠,福建;李含菁,四川;毛庆蕃,江西;王予符,山东;周毓棠,甘肃;夏时泰,湖南;沈祖燕,浙江;李鹏飞,浙江;张正基,贵州;丁述曾,山东;黄士廉,贵州;钟承祺,广西;陈光宇,江苏;杨增新,云南;郑篯,福建;赵曾棣,直隶;绍昌,满洲;万和锡,江西;郑维翰,江苏;张维彬,云南;罗厚焜,安徽;彭献寿,广西;苏保国,云南;程元恺,安徽;李映庚,江苏;林国赞,广东;吴肇嘉,江苏;高增融,陕西;陈廷鉴,甘肃;李延谟,山西;武瀛,陕西;袁信芳,云南;程械林,贵州;刘盛堂,云南;陈庆彬,山东;江俶,四川;王启烈,浙江;柯劭敬,山东;赵锐,陕西;魏立,甘肃;何文澜,浙江;王天培,陕西;李荣,云南;陆钟岱,顺天;黄大焜,福建;许在衡,浙江;汤汝和,广西;李汾,厢蓝;李步瀛,陕西;刘若曾,直隶;吴国珍,厢黄;袁用宾,湖北;高润生,顺天;王典,山东;赵尔萃,正蓝;陈昌县,湖南;刘汝圻,山西;吕敬直,河南;区宗初,广东;郁保章,浙江;李柏龄,江西;郭曾程,福建;史恩培,直隶;马觐臣,河南;赵继泰,安徽;杨万选,山东;李滋然,四川;王同德,安徽;李子方,河南;李砚田,山东;孔繁朴,山东;王济,甘肃;熊文寿,湖北;钱鸿逵,云南;黄大华,湖北;阮善继,陕西;温仲和,广东;曾思齐,广西;阎维玉,山西;王炳章,奉天;唐书年,山东;朱德泽,河南;冯怀源,陕西;刘成杰,福建;彭光湛,广东;杨埔,江西;蔡镇,江西;马嘉桢,江苏;赵诣,江西;杨纪元,云南;董维垿,云南;逯懿,河南;刘允恭,直隶;董康,江苏;梁保仁,□□;张寅旦,云南;杨深秀,山西;李进禄,河南;陈本棠,湖北;颜庆忠,□□;王云清,广东;廖平,四川;蔡宝仁,江西;赵以焕,贵州;安荫甲,甘肃;刘荫椿,直隶;钰昶,满洲;方凤鸣,浙江;熊起渭,湖北;李锦,福建;张颉辅,江苏;王铁珊,安徽;周文澜,贵州;陈金台,河南;林孝恂,□□;唐煊,直隶;何锡章,直隶;陈宝森,广东;高涵和,福建;朱延熙,安徽;

陈庚经,浙江;李登云,湖南;武镰,甘肃;周朝槐,广东;刘元亮,山东;章乃正,浙江;姚士章,浙江;宫耀月,山西。

载1889年6月1日《申报》,第2版,34卷851页

286. 凤阙祥云(会试余闻＊)

礼部出示:查本年已丑科会试后,经知贡举贵、孙等(泰)〔奏〕,三场完竣,榜发未经中式之年老举人,恳恩赏给职衔一折,奉旨"依议,钦此"。业经本堂核议,于四月二十三日具奏,本日奉旨"依议,钦此"。现定于四月二十七日谢恩。为此示,仰该各年老举人等务于四月二十六日午刻赴部演礼,于二十七日卯刻由知贡举带领至午门前谢恩,勿得违误可也。恭照定例,凡年老举人赏给翰林院检讨衔者,即不得再赴礼闱,其赏给国子监学正各等衔,如愿会试,仍准入场。

礼部示:每科殿试发榜后,状元率诸进士等前诣先师孔子庙释褐行礼。为此示,于五月初一日前往国子监诣先师孔子庙释褐行礼。

四月二十七日颁赏新进士表里,循例奏派礼部满汉两堂分散,预由礼部于东长安门外搭支彩棚、公座、表里桌案。由礼部缮开堂衔于二十三日奏派分散表里一折。本日奉朱笔圈出礼部左侍郎文兴、徐郙,钦此。查定例,文进士每名给表里一端,一甲一名。文进士不给表里,应加给朝服全事。文进士例应赏赉坊价,一甲每名给银八十两,二甲、三甲每名给银三十两。

载1889年6月3日《申报》,第2版,34卷865页

287. 论寒士录遗景况

士子三年一大比。辟门吁俊,为国求才,煌煌乎巨典也。今岁亲政,特旨恩科,济济士林咸沾恺泽。凡我士子,孰敢不萤窗雪案争自琢磨,以副皇上尊贤养士之意,成国家型仁讲让之庥也哉。惟是一介寒儒,抱残守缺,其艰难况味、拮据情形非个中人必不能知之。深而言之,初也,所赖掌文衡者皆从矮屋中得来,未有不委曲矜怜细微鉴察者。请即以江南乡试言之。江南合江苏、安徽同场共试,上下江士子皆由京口渡江,直抵石头城下,破浪乘风、怵心骇目,因特浚新开河二百里,避黄天荡之险道,通燕子矶之夹江,击楫中流,安如磐石,迄于今颂声不衰。咸丰辛酉五月,曾文正公因两省士子赴试极多,东西文场号舍有限,录遗之见弃者碍难补取,奏请开琐院,分试棘闱,事不果行,见诸日记。厥后,广买民房,添造号舍,状元坊、平江府一带罥线纵横,鳞次栉比,共计一万四千之多。自是而号舍可以敷用,既无拥挤之虞,录遗可以广收,又无摒斥之患矣。然而历科学宪之用心犹未已也,意谓科岁两试,凡增附诸生名列一等,候缺补廪,故取之维严,每学不过七八人或十余人至二十余人而止。若夫二三等之次第,既于功名无所损益,其高下前后,漠然不加欣戚于其心,固无容甄别从苛,推求过当矣。乃每届岁试,每学所取二等不过三五十人,其余尽置三等;而每届科试所取二等,府学竟有百数十人,县学六七八十人,而三等反觉寥寥者。何也?盖科试与岁试异,二三等之次第虽于功名无所损

益,而乡试科举之有无胥视此焉。自一二等至三等前十名,是谓有科举备卷送试,无须录遗。若三等十名以下,则谓无科举,须于乡试前先赴录遗,然后备卷送试。所关系者,惟此而已。向使科试之等第过低,则士子之录遗必众,为士子者操刀一试,倚马万言,即多此录遗一场,亦未必有畏惮之情、怨咨之色,惟念贫乃士之常。拥百城之贵,擅五车之富,天下能有几人?大都桑牖蓬枢,萧然四壁,家无长物,困守青毡,其赴乡试也,非好为是仆仆也,计自束发受书所为何事,所症结于中而不能自解者,惟"功名"两字耳。显亲扬名在此一举。是以悉索砚山之赋,居积书库之奇,秘笈穷搜,故箱尽典,预支膏火,刻省廪饩,以为背城一战之计。凡舟行之费,旅宿之资,及一切零星考具,不得不锱铢必较,毫发靡遗,其窘况苦衷有不可以言语形容者。若苏松太三属士子,其有科举者,待至中元节后,束装起程,犹绰绰乎有余裕焉。其无科举者,则秋信初传,行旌便发,汲汲皇皇,惟恐不及,前后相去半月有奇。此半月中,舟行之费若干,旅宿之资若干,自在上者视之,真不啻沧海勺波、太仓粒粟,而在寒士之艰难况味、拮据情形,竟有告贷亲朋,归谋妻小,无从措置,致误功名者,斯不亦大可哀乎?且地方绅富犹有量捐田产,襄助宾兴者;地方官长或捐卷费,或捐蜡烛,好善乐施,不一而足。是区区者能值几何?盖于以见嘉惠士林之意云。至如科举之有无,无足轻重,非关得失,在学宪则多取之而不为滥,在士子则幸致之而不为愧,又何惜此不费之惠,鉴其苦衷而苏其窘况也哉。顾或谓,严于科试者非靳于科举也,将于录遗场中一较其短长优劣焉。不知录遗者,但取文从字顺、无大疵谬足矣。中式与否,权在主试。既中以后,解部磨勘,未闻有吹求诸科试录遗之文字者。况乎科试无弊,而录遗有弊。当录遗时,苟士子见识未深,把持不定,恐见摒弃,无颜见人,常用是惴惴焉。则有出入公门之小人乘机抵隙,因以为奸,捏造谣言,炫惑众听,倘不幸而偶中,遂相率而效尤。去年因外间啧有烦言,立时出案,尽行补取,靡有见遗,恐士子之怀疑而受诳也。斯弊也,在录遗,不在科试。若夫天道地道之说,则非本馆之所敢知矣。

载1889年6月7日《申报》,第1版,34卷889页

288. 恩荣盛宴

四月二十五日殿试传胪,二十六日赐宴于礼部,名曰"恩荣宴"。读卷执事各官暨新进士咸与焉。先是经礼部奏请,钦派麟大司寇主席。是晨,就露台上望阙设香案,乐部和声署设乐于台南,光禄寺具馔,礼部精膳司官朝服视布席。主席大臣、读卷官、銮仪卫使席当后楣西向,礼部尚书、侍郎席当前楣东向,均专席。左右楹外席各三行。左一行为受卷官席,二行为收掌官席,三行为书榜官席。右一行为弥封官席,二行为监试官及护军参领席,三行为印卷官席。供给官席则在露台左,鸣赞官席则在露台右,均相向二人共席。一甲进士席在供给官之左,宗室进士席在一甲之左,二甲一名、三甲一名进士席均在宗室之左,专席北向。露台下二甲席在左,三甲席在右,均共席,左右相向。当平明时,诸进士穿吉服,礼部各官穿朝服,会于金水桥。辰刻,礼部属员请赴宴。主席暨各官由东长安门入,礼部尚书、侍郎出迎于堂檐下,率诸进士北面立听赞,行三跪九叩礼。然后升堂旅揖,和声署乐作,主席为一甲进士簪花,吏人分表金花于堂上下,席间序班引

一甲进士诣堂檐东面立。诸进士序立露台上,见主席官四拜。主席官答二揖。次见读卷官、礼部尚书、侍郎、銮仪使,如前仪。又次,见执事官,再拜。执事官均答揖。主席出诣堂檐下西面而立,光禄寺官酌酒授爵,主席受爵,揖,酹酒三。光禄寺官以次授一甲进士酒,皆奉爵立饮,卒三爵三揖,主席答揖。各官就位,诸进士咸就位坐。和声署升歌棫朴之章。光禄寺行酒供馔如仪。宴毕,各官出,率诸进士诣香案前,行一跪三叩礼,席撤,众官退。新进士随之出,各回第。

载1889年6月7日《申报》,第2版,34卷889页

289. 登科佳话

恩荣宴礼节,前报业经登录。兹闻四月廿五为大传胪之点,皇上于六点钟开太和殿,所有满汉百官皆衣花袍,排列丹陛两旁。旋经二甲一名传胪杜君本崇至殿右唱名,状元张君建勋、榜眼李君盛铎、探花刘君世安率领新进士,一律蓝袍(掛)〔褂〕,在丹墀下行三跪九叩礼,于是墀上音乐齐奏。礼毕后,礼部堂官手捧圣旨,由殿内出,率状元等从正中甬路直出午门、端门、天安门,由金水桥转东,出东长安门,则有席棚一座,棚内悬挂金榜,早有顺天府京兆尹与大宛两县令在此拱候。状元等既到,礼部官即饬隶役牵马三匹,停于棚外,京兆尹亲为状元换车,渠顶插金花十字披红。两县令为榜眼、探花插金花十字披红。装束已毕,复由京兆尹亲递马鞭于状元,两县令递鞭于榜眼、探花,三人上马后,即有"状元及第"旗一对,绿扇一对,红伞一柄,锣鼓音乐排列前行,大吹大擂,从兵部街游行,入吏部文选司之求贤科内奎星堂行香。礼毕,复骑马出前门,在观音庙、关帝庙行香。然后由西月墙于前门大街入打磨厂,至銮庆胡同粤西会馆下马,盖会馆乃状元寓所也。是时,该会馆已有历科鼎甲诸君齐在门前衣冠济楚恭迎。新贵三人向诸君各施三揖,然后至戏楼中分序而坐。于是佳肴罗列,筯吹喧阗。坐未久,榜眼、探花离席言别,诸君恭送至街头。二人则仍骑马各归府第。至二十六日恩荣宴礼节,前已登报,兹不再赘。

载1889年6月8日《申报》,第2版,34卷895页

290. 新贵觐光

翰林院为传知事:所有本年己丑科新进士带领引见,现奉谕旨"自五月初七日起,分作四日带领引见,钦此",钦遵。为此示,传该进士等知悉,初七日带领一甲宗室、满洲、蒙古、汉军、直隶、奉天、江苏、安徽等省,初八日带领山西、山东、河南、陕西、甘肃等省,初九日带领江西、浙(西)〔江〕、福建、湖北、湖南等省,初十日带领四川、广东、广西、云南、贵州等省。各进士均穿吉服,备带元青褂,佩带荷包、手巾,各按日期于五鼓前赴西苑门,以备点名入排,带领引见。再传于初六日进院演礼。勿违。

载1889年6月9日《申报》,第2版,34卷903页

291. 释菜上仪

礼部示期五月初一日新状元率诸进士诣太学,行释菜礼。是日清晨,诸进士齐至集贤门外下马,步诣致斋所。用赞引官导入东角门,入诣阶下,通赞赞排班,班齐赞就位,行谒见礼,赞跪叩兴三跪九叩。毕,通赞官赞行释菜礼,先师孔子及颜、曾、思、孟四配位前,均由殿撰张建勋主献,东西十哲位由榜眼李盛铎、探花刘世安分献,东庑系二甲第一名杜本崇分献,西庑系三甲第一名张孝谦分献。其余诸进士暨宗室进士俱随班行礼。毕,出西角门,诣致斋所神库前释褐。少选,王大司成文锦,及崇、王两少司成,朝服升堂,诸进士由太学左门入至阶下,序至。曾入监者升露台,四拜起,立台西。未入监者在露台下两拜。大司成等俱坐受拜礼。毕,状元、榜眼、探花由堂东门入,执事者设食案于座前。大、少司成等下座南面立,状元、榜眼、探花面北立,执事官簪花斟酒。状元、榜眼、探花向上揖,各饮酒三爵。毕,出。大、少司成等送至堂门内。宗室进士传胪以次诸进士俱由堂西门入,本监属员接待,簪花斟酒,悉如状元、榜眼、探花仪。毕,送出堂檐下,各散归本第。

载 1889 年 6 月 9 日《申报》,第 2 版,34 卷 903 页

292. 朵殿抡才

四月二十八日,新进士在保和殿朝考。清晨,新进士分集大内中左、中右二门,由稽察桂、尚两统领按十人一次放入。既入,即由监试王大臣自宝座上恭请试题,令状元另纸抄誊,贴于殿左楹。然后将题匣赍回宝座。洎诸进士交齐试卷,由监试王大臣捆束黄签,送入书房,以备钦派阅卷大臣评列进呈。是日,钦命题为:戒俗吏矫饰论;劳民劝农疏;赋得"柳边人歇待船归",得"归"字,五言八韵。

载 1889 年 6 月 9 日《申报》,第 2 版,34 卷 903 页

293. 皖江纪事(生童募赈*)

月前,皖垣太平局董事接奉山东赈抚局告灾信,适当考试之期,生童齐集省垣,因即苦口谆谆,广为劝导。刻已汇集成数,汇往灾区矣。

载 1889 年 6 月 17 日《申报》,第 2 版,34 卷 955 页

294. 皖省官场杂记(按试庐州*)

安徽学政钱穉庵宗师择吉本月十八日秉节赴庐州,开办岁试。

载 1889 年 6 月 17 日《申报》,第 9 版,34 卷 959 页

295. 皖事杂缀（文宗赴庐＊）

安徽学宪钱穉庵文宗前拟十八日起节赴庐，已纪报章，兹因六属武童较昔约多一倍，因是校试之时未能从速竣事。文宗遂改期廿二日起马，道出鸠江，由内河赴庐州考试。庐郡各属士子磨厉以须，可以一展所长矣。

载 1889 年 6 月 23 日《申报》，第 2 版，34 卷 993 页

296. 江村消夏（士子携私＊）

轮船未行之先，沿海一带食米全赖沙船在内地贩买，其码头只准皖属之枞阳、运漕两处，届期由苏州布政使发给文批护照，准其赍往该码头之巡检衙门察核，然后行家始敢代为采办。此定例也。近来此禁已弛，轮船之载米者，即就芜湖一埠而论，日以千万计，他如海舯等船，每当东北风紧，则该船之挂帆而来者，不啻触舻相接。此等船必带沿海所出之货，就埠销售，以其所有易其所无。间亦有夹带盐斤者。上月经牛屯河缉私分卡查获，全数充公。其舯船照章锯为两段，植之江干，以为商旅戒。夫贩私不过利令（志）〔智〕昏者，欲速为富家翁耳，而一经犯法即名其罪为盐枭、枭匪，然则束身自爱者顾可轻身一试乎？刻下，又闻盐政衙门以乡试伊迩，照例刊刻近来奏定章程，通行晓谕。运使又援案委派文武员弁，驰往关津要隘，盘查考船有无夹带。我辈磨穿铁砚来赋鹿鸣志，原不在锥刀之末，设或不肖舟子有以和羹调鼎之说，为先生安排状元宰相者，慎毋爱虚名而受实祸。因念上届陈监临之言，曰：吏固不失乎礼士之常，然为士者，要不可自居于不肖而为吏所薄。旨哉斯言，安知临别不有举此为赠者乎？吾知陈元龙湖海豪气不除自除矣。

茶叶竹木为泾县、太平县之土产，每届乡试，应试士子必附此等货船东下，缘两县实止一河，河发源于太平之万山深处，迤逦数百里，至芜湖江口入江，约自西河以上，即为滩无数，惟底宽身浅之宣船可从石齿上推挽而上、推挽而下。乱后，宣船仅存一二，近亦不过二十余只，而两县应试者各有四五百人，不能舍舟而陆。人多气杂，一人倡之，百人和之，往往焦头烂额，犹不知谁为发难之晃错。上年槐黄时节各船之连樯而过者，以茶叶为最多，码头地方有茶厘分卡，临时则隐忍于士子之恃众，事过迁怒于舟子之逗刁。今春忽由县票传船户某某，谓奉茶厘总办吴道宪饬提包揽茶厘之犯。时太平县之船户已经病故，船早易主，惟泾县之翟姓尚载有某号生意。翟姓系巨族，族中人知其素常安分，虽屡次装茶，而茶号各有客自行叩关纳税，不与船户相干。或者乡试时有人开罪于卡前，致借此以泄忿亦未可知。然县主包大令则以公事公办，既奉局宪明文，自不能不示显罚，因榜令该船户认罚赈捐棉衣洋一百元，为之具详，吁恳施恩，案始结。昨有自琴溪来者，谓该船户并非应得之咎云。

载 1889 年 7 月 5 日《申报》，第 2 版，35 卷 27 页

297. 江村消夏(钱能通神＊)

读书人动辄怙众,已为有识所轻视,况当官作事,前则霞蔚云蒸,后则水落石出,徒令滋事者事前不胜其得意,事过独不得脱身,甚非忠于谋人之道也。江北某县有暴富者已列缙绅矣,因欲入士族而不详高若曾之来历,于是毁之者多诬以有少也贱情事,然尚非倡优隶卒之家声也。其子出应童子试,向例应试者必奉钱二百文与出结之派保。派保者所以革认保,扶同之弊者也,故常不假借。当县试日,其钱视恒人已惟倍。迨府试则倍之又倍。某不愿将事者,遂群起而攻之。讵钱能通神,某虽不与乡人士序长幼,然已联姻娅于异乡。一日,忽有由数百里外为致书于当道者,适联名之公禀至官府,遂切实驳诘,谓如非身家不清及有刑丧过犯,则此举显系索诈不遂,急须照例究办,以清学校。于是,数十人内自行检举者,竟有十之八九,首事之人至不知去向。现某因其子试列前茅,不肯为已甚,惟求官府永革荒籍名目,俾式微之家可以佑启后人,亦忠厚之用心云尔。

载1889年7月5日《申报》,第2版,35卷27页

298. 芜湖官场纪事(按试庐州＊)

前报安徽学政钱穉庵宗师文旆将临云云,兹闻文宗自皖垣起马往庐州府属校试,俟庐属试毕,即由巢湖出裕溪口渡江,接考太平府属。现已檄行太属,于本月二十日取齐。大约文宗下马开考总在二十以后也。

载1889年7月7日《申报》,第2版,35卷41页

299. 读书捷径

算学为读书之捷径,自上年顺天乡试加中算学举人,刻由总理衙门咨催各省学院,凡有生监精通算学者,由各该学院于五月内考取遗才,六月内到京,听候汇齐乡试等语。闻下江多有此揭报者,学院或取或否,已属数见不鲜。上江现止皖南朱茂才一人,蒙钱穉庵大宗师录取咨部。刻下,大宗师三百里牌催该生遵照新章,克日俶装来辕领咨,以便北上。月初,朱君已经起程,惟目前学使者正按庐郡,庐距省垣三百六十程,由水而陆,由陆而水,长途跋涉,南北奔驰,炎风暑雨中当叹此行不易。按,茂才为泾县朱解元荣实之文孙孝廉遵邌之哲嗣,向在金陵就准补泰州张刺史之馆主西席,家学渊源,时文尤其所长。上年在江南已膺鹗荐,此次就试京兆,以兼人之学而贾兼人之勇,当必有更易出人头地者矣。不禁拭目企之。

载1889年7月20日《申报》,第2版,35卷121页

300. 录遗确信

录遗在即,上下江所有已经岁试之处,即以岁作科,其有按临不及之州县,闻即以上届之科案为正案,其余均一体在金陵录遗。现在上江学院正试庐郡,二十日外试毕,即

回太平府，不歇伏，接考太郡，大约七月半后方能启节赴宁。下江学院已牌行江宁府，定于本月廿八日取齐。查江宁八属至速亦须十六七天方得蒇事，故补遗亦当在中元节后，谨告赋鹿鸣诸公，其早料理若笙若簧、若瑟若筐，来看钟山之色焉可。

载 1889 年 7 月 22 日《申报》，第 2 版，35 卷 137 页

301. 太平岁试

安徽学政钱穉庵文宗岁试庐州，现已告竣，即秉节乘官舫，导以小火轮，由巢湖出裕溪口，定于本月二十四日莅太平，十六日开考。一俟文武试毕，当于七月初十前后赴白下办理录科事宜云。

载 1889 年 7 月 27 日《申报》，第 2 版，35 卷 169 页

302. 论江南乡试点名之弊

浙闱科场废弛，宽纵明目张胆，习为故常。朝廷恐法令愈宽，士习愈坏，必至溃败决裂，酿成巨案，特于今届恩科军机大臣字寄上谕，着菘振帅"先期筹议，破除积习，实力办理，切勿稍存瞻顾"，将浙省科场弊窦指摘无遗，仰见国家慎重宾兴、遴选真才之至意。恭读上谕，有云"点名之时，各考生或争先拥挤，或故意补到。迨接卷后，又复任意出入，送考人等混迹进场，莫可究诘"。斯弊也，不独浙江为然，江南实尤甚焉。伏查各省乡试，均就全省适中督抚驻扎处所设立贡院，其有合两省士子而同场合试者，惟陕西、甘肃与江苏、安徽耳。顾甘肃之归并于陕西也，徒以地处边荒，为治尚略耳。然而旷野萧条，路程弯远，惊沙乱石，跋涉艰难，镇迪一道有远至五六千里者，赴试者所需车驮雇价、饮食刍秣诸费、卷费、旅费约百十金。贫乃士之常，竟有毕生不能赴乡试者。左文襄公奏请陕甘分闱乡试，奉旨允行。于是甘省士子得免道远费重致误功名之苦，迄今庠序间颂之不衰。安徽之归并于江苏也，徒以壤地毗连，舟航可达耳。然而，过江名士多于鲫鱼，门外白袍鹄立而俟入闱人数多有至一万四五千人者。赴试者胸悬卷袋，手挟考篮，所络绳索均套颈上，一遇拥挤，欲避不能，欲让不可，喉勒气闭，力竭声嘶，竟有性命之虞焉。御史亦尝以上、下两江分闱乡试为请，至独不蒙许可者。何也？主议者岂不知上、下两江分闱乡试之为善也哉？顾建造贡院、添派主试官员，供给、夫役、工食，无一事可以减省者。当此国用浩繁之际，国帑支绌之余，又何从筹此巨款乎？所以有所借口而姑置不议也。窃思湖广、云贵皆以道路险远，历蒙列圣恩旨，分闱取中，士林戴德，感颂靡涯。而甘肃一省遂得援湖广、云贵为例，道路险远为词，得请于朝，永为定例。况乎江南自春秋延陵来聘，上国遂通顾陆之裔，异才挺生，虽在菰蒲，刮目相待。唐宋以来，遂称人文渊薮。故我朝《钦定四库全书》，特于江、浙两省建文渊、文澜阁庋置焉。康、乾两朝特旨开博学、宏词科，取中人数江南推首，浙江次之。后湖广、云贵、陕甘等省，徒以道路险远之故，向许分闱乡试，嘉惠诸生。而江南以人文渊薮，犹令江苏、安徽同场合试。斯不独惟人数众多，点〔石〕〔名〕拥挤之为患也，抑恐分房荐卷，美不胜收，落第佳文无从复阅，定弃取于俄顷之间，判升沉于恍惚之际，殚士子三年之心血，博帘官一字之批评。读林

文忠公《请定江南乡试考官校阅章程疏》，辄不禁为之三叹焉。虽然江苏、安徽既不得分闱乡试矣，而人数众多，点名拥挤之患未始不可绝也。昔粤寇既殄，甲子开科，曾文正公深探底细，熟悉情形，遂定三路点名之例，将上、下江士子搭配人数，分作东、西、中三路，各用芦席隔开，不得混杂挨进。每路又分作十五起，昼则悬旗，夜则悬灯，以报起数，某学由某路之第几起进，望旗灯之数即可知其点与否。即点到矣，自携考篮，鱼贯而入，康庄大道，缓步徐行。前点者已入，后点者未来，何等从容，何等闲雅，诚可谓法良意美矣。乃数科以后，规例渐弛，始则预示某待开门听点，至其时不听点皆至，栅门未开，其二三起以下久待寓中，恐有错误，联袂并进，捷足争先，遂一哄而至点名处所。当点者虽大声禀到而不及接卷，未点者虽近在案下而未呼其名，而拥挤之弊由此是起。继则巧黠之徒虑拥挤之为患也，预通办考门斗，令其将试卷授与他人，乘间袖出。已则安坐寓中，无须听点，待至封号，始行进场未晚也。而故意补到之弊由是起。或将前数起之某县学字样张贴卷袋，混入龙门，安放考具，而复空身听点。既接卷，则又逸出场外，竟归寓中，安心偃卧，以待明日进场。或竟令送考人顶名接卷，入场守号，以待明日更替者，而接卷后任意出入，送考人混迹进场之弊由是起。江南乡试点名之弊有如此，，当事者将挽回而整顿之乎？夫亦行曾文正公成法而已。

载 1889 年 8 月 2 日《申报》，第 1 版，35 卷 207 页

303. 鸠江纪事（严禁携私＊）

成端甫观察访悉历届赴试士子每有包揽商船，夹带货物，闯关滋事等弊。本年恭迎盛典，特开庆榜，多士之赋槐黄者扬帆在即，而武举之应兵部试者指日亦皆连樯北上，各宜仰体朝廷培植人才之意。为此出示，禁止包揽多船闯关抗税，每人只准独乘一船，带有货物均须赴关报税。倘敢违抗，详请扣考。告示甚长，此特录其大略耳。

载 1889 年 8 月 4 日《申报》，第 2 版，35 卷 219 页

304. 论录遗之弊

从来学宪自到任后，一岁一科，按临州郡，凡五贡三监以及廪生、增生、附生、童生之正场与考优、考拔、考教、考经古算学，莫不约束脚徒，防闲幕友，随时加意，逐处留心，以副国家慎重抡才、清厘积弊之至意。独至历届乡试收录遗才，以为于功名无关得失，于考政无甚重轻，忽焉置之漠不加察，而录遗之弊由是起矣。顾遗之弊，学宪亦知之乎？曰："知之。"既知之，何不究之革之乎？曰："是有故。"盖学宪当乡试开科考差告竣，回忆三年来振兴士习，奖掖文风，寸晷风檐，日不暇给，亦可谓王事靡盬不遑启处矣。当此精神疲惫，意兴阑珊，载咏浮生，偷闲半日，谁复于无关得失、无甚重轻之录遗，而究其弊以清其源，革其弊以绝其流乎？此录遗之弊所以未绝也。去岁戊子正科王益吾宗师录遗于江宁，因恐考生太众，号舍不敷，耽搁延迟，不即出案，一时人心皇皇，谣言四起，谓：某也，当献贿若干；某也，当纳贿若干。如骥之按图而求，如虎之择肥而噬。其有志切求名、胸无成见者遂听其词而一心炫惑，即竭其资而百计钻营。既而，宗师微闻其事，立出

全案,一概收罗,毫无挂漏,人心始定,谣言亦寝,而外间应试诸生之遭诳被骗无所控告者已不知凡几矣。夫天下事有弊必有害,未有有弊而无害者。虽无关得失、无甚轻重如录遗,弊之所起,即害之所生,固不可以置之不究,究而不革也。录遗之弊之为害也,下则生士子幸进贪缘之计,上则堕宗师聪明清介之名。试为之详述颠末,而思所以究之、革之焉。斯弊也,或出于幕友,或出于脚徒,或出于办考门斗,学宪既经录遗,便应出案,而幕友、脚徒故作迁延,借端捺搁勒捎,索诈之术遂得以行乎其间焉。彼非真有去取之谋也,不过授意于各县之办考门斗,使转致考生速行买取。赴试士子未蒙录取,自觉抱惭,恐不得与于乡试,为乡里亲友所姗笑,故其言易入,其计易行。"一经进贿,便行补取",辗转传述,相率效尤,而学宪初不知也。洎乎场期将近,全案已出,向之所已买、未买者尽行补取,未尝见遗,而后知幕友、脚徒、办考门斗之颠倒播弄,后悔靡及矣。窃谓,粤寇既平,文风丕振,乡场号舍兴修起造逐渐加添,江南闱中自东西文场与西之状元新号、东之平江府、姚家巷,实有一万数千号之多,断无考生太众、号舍不敷之虞。学宪录遗,凡文理清顺,复阅无瑕者,固自应取;即稍有疵累,不犯磨勘者,亦何不可一力周全,全数收录,又奚必故作迟疑,始行补取乎?彼士子之录遗者,自宜加意作文,初不得以无关得失、无甚轻重而草率了事,苟且塞责。即一时不检,卷有微疵,亦当安坐寓中,静候出案,断不致一人向隅、贻笑故里之患,又奚必纷纷然不惜资财,不惮劳瘁而营求买取乎?如是则幕友、脚徒既不得施其舞弄之技,办考门斗亦不得逞其怂恿之词,录遗之弊又何难遽绝乎?抑吾尤有望焉,历届宗师凡所以细微体恤、委曲求全者,固已无微不至矣,然寒酸景况、赴试之艰难,犹未能详悉周知者。如每届科试一等生员自有额数,固不可大相参差;若二等中则何难扩充推广,并录兼收,俾得省录遗之劳苦、费用。夫士子赴试,分所当为,不得以劳苦而有所畏惮,所难者费用耳。同一乡试也,必以科举之有无为行期之迟早,即此浃辰半月之间,一切舟车行旅、食宿游历诸费,约多三分之一,殷富之家固自易易,清贫之士其何以堪。此种情形,苟为学宪所鉴及,何惜此区区科举,靳而不予,必待收录遗才始行录取乎?科举之数既多,录遗之弊自绝,初不必约束脚徒、防闲幕友矣。愿以斯言献诸当事者。

载1889年8月9日《申报》,第1版,35卷249页

305. 江南考事

下江学院于本月十六日发落江宁所属新进文武童生,即行撤棚,十八日取齐录遗。今先将上江录遗期录供众览。计开:十六日各属文生补考,十七日安、徽二属录遗,十八日宁、池、太三属文生,十九日庐、凤、颍三属文生,二十日滁、和、广、六、泗五属文生,二十一〔日〕教职、各属正途贡监,廿二日各属优监,皆录遗。廿三日续到文生补考,考贡;二十四日空,廿五日续到各府州属文生录遗。廿六日续到正途贡监教职,廿七日续到优监,廿八日入收截止。本届人数,来者自言不及上科远甚,然以寓考之疏密而论,如中正街一带,上而峻宇,下而蕞椽,以其与考棚声息相闻,为历来担签负笈者之所必争,本届竟空至三分之一。虽距进闱尚有两旬,有科举士子不妨姗姗其来迟,一囊琴剑重过钟山,直意中事。乃昨据访事人云,东牌楼一路赶考店面,往年篷牌交织,几如坐井之观

天,陬巷皆问已等卓锥之无地。今岁大店面尚有一二处,小店面尚有五六处,有人问津,无人受主。岂非生意清淡?有心人不约而同,遂不敢以人弃我取之说,忘蚕尾之卷,逐蝇头之细欤。惟书坊则照常林立,一色洋板插架之轴,白于上市之棉。闻其价多因购者挟持,其同行相妒,于便宜中益贪便宜,以致买卖或高或下,一门之内且不能自主。故说者谓,出门之有功不敌居肆之无过于万一耳。天下人不经一事,不长一智,吾愿将本求利之子,慎毋以辽东豕为朱浮所笑焉,斯得矣。

载1889年8月17日《申报》,第1—2版,35卷297页

306. 鸠江近事(录科两则*)

　　安徽学政钱穉庵文宗岁试太平府文武生童,业已竣事,于十二日发落,定于十四日自太郡起马,前赴江宁办理上江录科事宜。

　　上江调帘,调取皖南属官,计调:广德州文舜臣直刺翰,广西进士;青阳县华荣萱明府椿,直隶进士;前署芜湖县事严笠樵明府如璋,山东举人。严明府前系在芜湖关道辕差遣,文直刺缺藩宪委何直刺庆钊调署,华明府缺委沈明府齐瓛代理,何直刺接受广德州事,沈明府接受青阳县事,于前日来芜晋谒新任道宪,并拜会各寅僚,衣冠往还,忙碌异常云。

载1889年8月17日《申报》,第2版,35卷297页

307. 严运江水

　　向例江南闱内概用江水,由来已久,每科特派实缺丞佐驻北河口,专督船只之供是役者,又另派委员就东西水台验明确系扬子江头挹注而来,方收储水柜内,由铁管灌入东西龙腮之两水池,再由池分注各处。其法以旗色分催水之缓急,急催则竖红旗,缓催则竖蓝旗,止催则竖白旗,夜则悬灯如旗色。管水委员于进闱前十日即须到差,以便督率夫役演习灌法,借以涤荡各处垢秽。每当场期,其用水尤非寻常所可思议,往往盥手洗砚辄就缸水从事,以致激清扬浊,二三夫役疲于奔命。间有不顾大局、但知于己所管缸水汩汩其求,而不知满则移之邻号,听其散漫满地,此厌横流,彼呼涸绝,综供者至为扼腕。然此非管水者之不善接济,实缘用水者之不善推行。故每届于水之一事,内外提调加意讲求。今岁护院黄大中丞当值监临,昔年饮啄如在目前,因期不负初心,特函请宫太保于例行公事外,另派妥员监督江水,务使一律如中泠之味甘而质洁。想绿瓯泛处,煎者先纱帽之笼头;红火活时,勺者共瓶笙之砭耳。夫固非名士风流雅人深致者,不足以语此。现闻上元县王二尹职领运,已于北河口、江东桥、西水关三处设立公所,轮川住宿,每日于所用之船只,无论黎明夜半出入,必亲自过目,俾长年无所遁饰。西水台已委陈二尹邦灿,东水台已委胡二尹宗寅,西龙腮已委王二尹锡章,东龙腮已委郭二尹庆增,四君皆悉心妥议于收水不稍假借,于放水不相推诿,约自下月朔即寝馈差次,尽心竭力,不辞劳瘁。总期仰体宪意,俯协舆情,缘此差事烦而责重,众所共知,捧斯檄者不求有功,只求无过,往往竭匝月无分昼夜之劳勤,而犹不能讨上游说一"好"字者。语曰"看

事易,做事难",旁观人慎勿轻加指摘焉可。

载 1889 年 8 月 21 日《申报》,第 2 版,35 卷 321 页

308. 述上下江录科

　　上江钱大宗师于功令森严之中,寓宽厚和平之意,以人数来者仅及上届三分之一,因于录遗一事尤格外体恤,分别有心之过、无心之过,以示成全之余稍有区别。盖以为,漫无限制则又何必多此一场具文,大约每县抱憾珠沉者不过二三人。昨又揭示辕门,有谓:未取诸生,俟查明号舍,可以敷坐,定当按数补送,毋容钻营等谕。缘每届有力者多挟鼫鼠之五技以飞腾,无力者多效道旁之寒虫不惜呻吟而叩首。故宗师深悯若辈有万不得已之苦衷,因早以温言抚慰,俾不致如上届陈监临所谓一朝屈膝遗玷终身之故事,诚村学究之万家生佛也。闻考俊秀一场,有年貌不符,经人指出,考生心虚,遂将监照置之度外,转身便出。又有一种监照,系咸丰年间由江北某粮台因贼遗失,曾经报部作为□□,乡人不知底细,往往受人愚诱,花八九元即可买得一纸,自以为闭门造车出而合辙矣。不知此等功名只好在乡间瞒上不瞒下,偷耀旦夕,若居然欲与国子生分庭抗礼,则泾清渭浊,安有不立见者?当下某县竟扣至五名之多,内有一纸情有可原,已发江宁许方伯饬送考教官查明情节,一面发牌晓谕该生,听候查核。噫!作伪之害人甚矣哉,宜引昌黎之言,以□之曰皆可杀。又,颍州某属有某生因感冒到场而不能入场,旁有某友愿为捉刀,匆促之间,不暇细审,竟顶其名录科而出。忽同邑有不睦者直揭其事于提调。提调发送考教官传讯确供,务使水落石出。缘科场最不容作奸者以身试法,如果事讯属实,非寻常之不守卧碑可比。或者当下人赃未获,告者不过据事后之传闻追论其既往,虽非捕风捉影,究未免自蹈有挟而求、所欲不遂之微嫌矣。是不妨鸣鼓而攻之,为斯文之自相鱼肉者戒。

　　下江杨大宗师于上月十八日以后亦即次第录遗。闻各属额数所收不过四成,而苏郡尤止三成内。此延颈以望者惟恐不得为解名尽处之孙山,我辈呻唔半生至两鬓飞霜,犹是缚束冠带,侧立人家案前,听候命题考试,已属挟书入塾时所料不到此者矣。今乃并举人之枋求之而不可必得,清夜扪心,将以何者效齐人之骄其妻妾。故刻下未取者闻炮声虽夜深,仍披衣出视,视贱子之名续榜与否。此等苦况非深于阅历者不能道。独怪本届应宾兴者,上江既云视上届少三分之一,则下江安知不同声相应。就使及锋至试,不让当仁,而下江号数十居其六,较上江十居其四者大相悬殊,更无庸以人多为虑。况目下淮扬一带水势盛涨,里下河纵横千里,咸惴惴于柳陌菱塘,又何暇随呦呦之鹿来食江左之苹?此亦人数较少之明证。岂杨大宗师未将全局统筹之,转抑外提调未将卷局收卷之成数综而报之,致为虚悬□到之正科所碍欤。现距撤局尚有数日,或者别有权衡,亦未可知。然考生以入场为重,中与不中付之命运。惟录科未取,势必碌碌如蚁行热釜上,愈旋愈急。此每届所以有事之所无理之所有之谣传,而士之来自田间者,往往情急中丧其囊橐,诚可悯耶。又闻新进总复日老师印结迟迟不到,大约为贽敬不齐之故,致稽往返。迨封门出题,则日已过午,而又两艺一诗,有十人竟不能完卷。宗师命老师当堂戒饬,老师力求带回,不许,乃就阶前各责手心十下。又复老生日有两生将外套

包在手巾内,仅穿夏布长衫以进。宗师大加呵斥,谓其不知礼仪。又给花红日,宗师见衣襕□者甚少,乃呼两人而奖之,谓此乃朝廷大典,各士子进身之阶,必须似尔衣冠整齐,方昭郑重。盖宗师深知江宁士习轻世肆志已非一日,故略示以防闲,俾知礼法正为我辈而设。

载1889年8月29日《申报》,第1—2版,35卷369页

309. 监临条示

江南文闱向由安徽巡抚与江苏巡抚相递为监临,一轮一次,向刊有《简明规约》十二条,由供给所豫先刷印,交售卷局随卷发给士子,俾知恪守。其法系前监临林文忠公明定,每届虽云增改,然相沿不易。行者既视为具文,见者尤奉若故事,其中所谓买通关节、传递、代倩、埋藏、夹带、割卷、换卷、联号诸弊,一经败露,立置刑章者,未始不至周且尽。然而画虎于门,过者不虞其噬也;置犴于狱,入者不畏其威也。则以习焉若忘故也。今护院黄大中丞来办监临,深知法积久则弊生,除将所奉整顿场规谕旨会同两江总督敬谨刊刻晓谕外,另择其尤要者八条为骈骊之先路。所有告示照录于左:

监临护理江苏巡抚部院黄示:本护院,边隅士人也,通籍之后,乞假养亲,家居教授,垂三十年,日与士人相周旋。兹者,奉命监临,且喜且惧,喜则幸预人文之会,得观大邦之英才;惧则恐开罪于诸生,无以副朝廷作育人才之盛意。本届遵奉谕旨,整顿场规,已会同督部堂出示晓谕矣。兹复择《场规》之尤要者为诸生告,不过欲吾辈读书人共守法度,毋致取辱,非难行之事。今日所守者约他日所成者大,诸生勉旃。

一、点名按定时刻、起数,经将各府州县学编定次序,先期刷单颁知。各士子务须将单看明先后,齐集考院听点。

一、考院以头门外栅阑为限,考生至此宜屏去随从,自携篮具入栅听名,不准送考人等混入观望。如滋闹者扣考。

一、点名分作三路,每路各有栅阑,各考生须记清某学由某路,站立栅内,按定次序,鱼贯而进,不得争先恐后,致生拥挤;亦不得故意迟延以俟补到。

一、接卷后即行入场,认明号舍,归号。不准越号聚谈、换卷,并不准再逾龙门,任意逗遛。违者扶出。

一、号舍各认本号静坐,听候次日查号、盖戳,如有越乱,以致戳号不符,即将卷面加盖"乱号"二字,未完卷者扶出,已完卷者不送誊录。

一、交卷先后不齐,号栅随开随锁,但准放出,不准放入,以防传递。如有人敢闯入栅内,无论是否考生,立即拿住究治。诸生完卷后,务将篮具检齐,携带出栅,交卷领签,即由甬道而下,至龙门验明放出,不准借口取物再入号舍。

一、士子无论头、二、三场,如文字早完,号栅未开,应少待片刻,倘有逾墙越栅以及歌呼喧闹,在头、二场则扶出,在三场则将卷面盖"犯规"二字,不送誊录。

一、接考人等不准闯入头门,违者究治。

以上八条,各宜凛遵,毋误。

载1889年8月29日《申报》,第2版,35卷369页

310. 宪示再登

监临护理江苏巡抚部院黄，为晓谕事：照得本届乡试钦奉谕旨整顿场规，业经本护院会同爵督部堂曾查照《科场条例》，按切时弊，严行禁饬，并由本护院另刊简明告示，于买卷时各发一张，以冀各士子触目惊心，束身自爱。惟尚有未尽之言，思虑所及，不敢不竭力整顿，苦口申明，尔多士其听之：

一、枪替之弊莫大于顶名入场。兹特查照定章，生员责成教官，贡监责成县书，旗生责成佐领，分别临场识认，有扶同匿饰者照例严惩。又有富贵子弟延请枪手，或于场外传递，或于场内伏匿；又有同考之人，彼此换卷者；更有兼人之才，包作两卷者。大率不过纨绔钻穴以求名，寒士忘身而徇利。本护院深悉弊端，防闲周密，并准同考诸生临场攻发，少中一本枪卷，即多中一名真才。作奸犯科者慎勿以身试法。

一、石印各书名为取便舟车，实则专售场屋大题、文府、经策、统纂等名目，无虑数十余种。姑弗论庸冗芜杂，本无佳文，就令选辑甚精，而此也窃取，彼也抄袭，焉有人皆雷同、我独侥幸之理？本护院不恨书贾之射利，而叹诸生之太愚。今与诸生约，点名过堂之时，本护院必亲行查看，凡有夹带石印巨编者概行抛毁。非苛刻也，乃玉成也。诸生于此等书籍不但不准怀挟，亦并不必购买，既省考费，又免雷同，岂不甚善？

一、誊录各生，例以善书者供役，无如日久弊生，遂有买誊之说，得钱则细字旺书，无钱则焉乌莫辨。诸生功名念切，贿嘱相仍，实属大干例禁。今由本护院明定赏罚，责成誊录、对读等官严督细勘，再由监临每束抽阅，工楷端净者捐廉给赏，潦草舛错者扑挟从严，务使诸生不费一钱，自无讹误。况誊录舞弊必与弥封所及藩礼房交通，乃能得其红号，本护院于黏名发誊之时亲身督察，各官吏谁敢营私？是诸生买誊未必有益，不买决无所损，何必费财以干功令耶？

一、馈遗食物，交际之常，而特不可施之场屋。场屋者，关防之地，非友情见好之地，亦非餍饫肥鲜之地。现既严禁传递，则馈遗之至，安知非传递之媒？各该员纵使无弊，亦当远嫌。今严禁送菜，自官号始，届时专派干员督率亲兵在号门伺察，本护院仍不时亲临查看。如有致送盘飧者，即将其人拿至监临院，严加笞责，仍枷示至公堂，以昭炯戒。

以上四条，补前示所未及，杜科场之积弊，业已会同督部堂于复奏折内上达天听，期在必行。为此示，仰诸生及在场各官吏知悉，经屡次示谕之后，务各尽除宿弊，恪守场规，不惟文尽珠玑，抑且品皆珪璧，是则余之厚望也。切切，再示。

载1889年9月3日《申报》，第2版，35卷401页

311. 述江南赴试情形

今岁恭逢深宫归政，崇上徽号，庆榜特开，上下江士子云集金陵，数以万余计。一切文武大小官吏，整顿规例，淬厉精神，凡所以安靖地方、体恤多士者，亦可谓周且至矣。然据应试友人来函，则犹有未尽善数端，爰揭其要而论之，以为当事者告，俾得变通成法，斟酌时宜，以副国家郑重抡才、清厘积弊之至意。

一、在轮船之顿船。查轮船定章,只许每人带铺盖、食篮各一件,以期上落简便。乃搭客多不遵此例,往往箱笼杂物由数件至十数件,人愈多则物亦愈多,遗失错误在所不免。金陵招商码头向来只有驳船,大比之年则移借芜湖等船于此。本年经大宪饬局克期造成新顿船一艘,式较旧船加长,物料亦均坚固。惜以杉板船改造,舱面只有一层,迨轮船移傍时,以两层之跳板叠搁在一层之舱口,其下层跳板既为上层所压,人须伛偻而出。其上层跳板两端高下悬殊,势如峻坂,当遇船拥挤之时,人既立足不牢,物皆欹侧损坏,甚至人或遭挤颠仆。两旁虽有网绳,疏而易漏,一失足即有性命之虞。为目前计,顿船既不能改作两层,宜只搁下层跳板,俟下舱人物过尽,而后上舱之物接递运过,须候过尽开行,不准船主吹号催迫以及倏抽跳板等事,庶顿船可稳妥而无害。

一、在进城之划子数有数百,而当官有旗者只三十六号。轮船一到,若辈奇货可居,索价自数百以至数洋不等,大率以人与物之多寡为准。然划子所难者,在进水关之际,凡无旗之船较小,进城较易,而不能傍顿船,须将行李等物挑出半里外始得下船。有旗之船近傍顿船则较为高大,不能进水关,则必中途换小船至水关,其入也艰难万状,盖水西门水关内廓而外狭,其低无比。常时去水五尺许,水长时只三尺许。苟划子鱼贯而入亦尚不难,所患者人人争先,工夫因之耽搁,每进一船,必阅良久。至西刻以后,空船出城,水顺势易,则入者益为所阻,竟有候至昏夜闭关而不得进者。即或傍晚得进,而匆促寻寓,诸多不便,窃怪此间为前明都城,何以水关低窄至此?此在当路者建议,兴修廓而大之,俾便行旅,功德无量。否则,当省试之时,专派员弁,带领勇役,内则暂止空船,外则喝禁争进。进者既易,出者亦自不难,尚何阻塞之患哉?

以上二者均初至金陵之事。至于进场之时,灯牌一切章程至为周备,特患日久奉行视为故事,或三面灯旗未能划一,或旗灯起数与时刻不符,三路之人住寓不必定归本路,全恃灯旗划一,随处皆可一望而知,否则踟蹰歧途,必多错误。至于中路常州府、东、西两路之松江、安庆二府,皆于寅初第一起开点,是他属皆有旗灯可守,而此三属则须于无旗灯时先到,是又全恃乎时刻之丝毫不差。倘未及寅初,而灯旗已扯,则应点必多不到;已过寅初而灯旗未扯,则候点益多拥挤,甚或延至寅正卯初,则三属以后之人亦陆续来到,迨门开拥入,势如山崩海涌。苟不以龙门为休息地,其不因拥挤而就毙于点名公案之前者几希。是故欲清其本,先在灯旗不误时刻,次在栅门依起开放,不得放入越起之人,则依牌而前,自无拥挤等弊。至于仆人送考,本不准阑入栅内,然官生、教职业已不禁,而年逾耋耄之考生又不能无待于扶助,是在当事者缘情而定制,酌乎其中,苟不至成群作队、担负入号,斯亦已耳,否则立法太严而至不能遵行,反致荡然而无法。闱中事固无一不然,岂独送考而已哉?

载 1889 年 9 月 4 日《申报》,第 1 版,35 卷 407 页

312. 电传江南乡试首场题

"君子有三畏"一节。"明乎郊社之礼"二句。"天子适诸侯"两段。赋得"江涵秋影雁初飞",得"秋"字,五言八韵。

载 1889 年 9 月 7 日《申报》,第 1 版,35 卷 425 页

313. 南闱新闻

　　上、下江督学使者均于本月初三日再补一场,待士之意不可谓不厚。大约上江八郡五州不能在明远楼上啖红绫饼者不过百余人,下江则纷传可在千数之外。缘当初出案之始,有三折者,有五折者,至六折便为万幸。故届此鱼龙纵壑,不免有依蒲在藻之颁着莘尾,未能沿禹门直上,势使然也。夫本届号舍之宽,为从来所未有,而场前之虚度秋风者,居然如此其众,岂世上无如吃饭难,而矮屋中之白米饭啖之者,尤其有定数耶?

　　誊录,小节耳,然作者之三年辛苦,阅者之一刻眼光,得失妍媸胥于是乎在。盖此等书手大抵钞胥中之安砚无所者,闻风应募而来,虽则例载明由各州县挑取其书吏之善书者印臂申送,究竟一纸具文,名为若干,实则行者寥寥。故当下滥竽充数,无论其能书与不能书,只须有橐笔者相随入场,便喜公事敷过。因此桂枝香冷,取到落卷,往往以潦草而不堪句读,至遭屏弃者十有八九,知名之士每引为憾事,由来久矣。特不若浙江之必须金作赎刑耳。本届监临特命外提调等官严考誊录。初一日,在曾公祠、沈公祠、马公祠暨武馆,共四所,向来不过由江宁府委元、宁两学校官虚应故事而已,今岁既监临严加整顿,一除从前积习,各书手益不敢自贻伊戚。向例每人一日夜当誊红三卷,惟官旗生则止誊二卷,以每卷二千字计之,非运笔如飞者已恐应接不暇。况彼扛笔类赵武灵王之扛鼎,安得不易断胁为脱腕耶。宜今岁上、下江士子咸馨香俎豆乎监临矣。

　　江南主考由大道驰骋而来,向于八月初一过江,假妙相庵为皇华馆,一切供张由供给所预先安排妥贴,涤京洛之缁尘,洗水云之清眜。至初六日黎明,由江宁府迓至府属大堂上,行主宾相见之礼,仅一茶,即请升舆坐显轿,用仪仗鼓乐导入贡院。一路观者人山人海,呵殿且不得趋。宁俗以看主考为诱掖后进之佳话,浸成风俗,即妇女亦垂帘门首,甚成支板墙头。见者笑其登墙窥玉而不惜,而年少子弟亦得借此微闻香泽焉。是日,例止总督一人为主人,余除主考外,自监临下至帘员,主人皆当送轿,轿悉加封。监临到院,即坐暖阁,先点十八员为内帘,次点弥封、誊录等官,再次则派巡号等员,皆大书衔名于榜,高揭至公堂下。此为发号施令之始。士子归号后,监临必亲历各处以观员役之勤惰。闻今岁监临尤遇事认真云。

载1889年9月7日《申报》,第2版,35卷425页

314. 电传江南乡试二场题

《易》:刚柔者,昼夜之象也。

《书》:遍于群神。

《诗》:"其蕨维何"二句。

《春秋》:晋侯伐郑。宣公十有四年。

《礼》:命太师陈诗,以观民风。

载1889年9月8日《申报》,第2版,35卷431页

315. 人生朝露

江南文闱向来聘调正途州县,苏州十二员、江宁十二员、安徽十六员,以充内外帘官。其未入闱之先来者就公所下榻,名曰帘员公所。向例到公所者,概不准出入自便,外提调另派委员司其启闭,明以示尊贤,使能之礼,即隐以杜出奴入主之门。功令森严,捧檄者无不束身自爱,从不肯轻世肆志,贻属耳目者以口实。本届启闭系县丞黄启南、巡检萧泽春,二公奉委后,即于前月二十日到差,朝夕恪恭将事,不卑不亢,同寅咸喜,其望之俨然即之也温。八月初四日,江苏即用县王齐海在所病故,上宪得二公禀知后,闻颇有矜恤之意,欲令供给所稍壮其归榇之色。供给所一时无成案可循,尚未禀复应否从丰从俭。说者谓,幽明虽隔,肸蚃相通,王故令适当曰玉楼成,未暇与诸公玉尺衡冰,金罍浮菊,匆匆以去,究竟魂魄有知。或者天上润笔还出自人间余液,亦未可料想。冥冥中既不令奢者失其中庸,更不为吝者留一榜样。初二日,考廉时大令仅作起讲,已觉神色失常,监临黄中丞素稔其能文,亟传令就此中止。才越一日,即随叶县之之仙令同登上界。人生如朝露,信哉!

载1889年9月8日《申报》,第2版,35卷431页

316. 考市清淡

洋板书籍之盛,已非苍圣所及料,而洋板书籍之价贱尤非楮先生松滋侯所及料。习俗移人,贤者不免,故虽监临迭申条教,而禁者自禁,买者自买,诚以二字"功名",大抵从东涂西沫而来,正不得不乞灵于印板文字也。现在已届入场,而签轴之插架者依然充栋,则生意之清淡可知矣。闻当开市时,上届须售十元者,本届则一五成便售,准此类推,今昔之悬殊岂止车载斗量而已哉。据市中人云,向来妆奁中之如花粉梳篦,皆为归遗细君者必不可少之物,少年持青铜数百较长絜短,争妍论媸,大抵皆胸有成竹,柜上人自旦至暮几于应接不暇。讵本届即此项亦议论多而成功少,谓非江湖日下而何。或曰是皆为鸦片烟所累,半榻消磨,精疲力竭,至此已成强弩之末,一心惟冀贷监河侯之粟,更有何物复介有胸怀乎?不然东牌楼一带向来无分高下,悉为赶考者赁开店铺,今岁则居然有两大门面至今虚左以待。书坊较曩年竟多至三分之一,而苏杭京广洋货之列肆者,则不及曩年三分之一。市道之消长即世道之隐忧也。所幸天气自暑后风雨和甘,已一变而为清凉世界,以前因热气郁为疾病者,亦皆勿药,有喜旅人无恙,眠食俱安,差堪为楼头望远人报道"平安"二字耳。

载1889年9月8日《申报》,第2版,35卷431页

317. 上党客谭(考生被抢*)

上月下浣,有上江考生分乘二舟行至采石矶下碇。日之夕矣,有盗明火执仗,一拥而上,分投搜刮资财,刃伤事主。想一经控告,定当严密拘拿也。

载1889年9月8日《申报》,第9版,35卷435页

318. 江南文闱帘单

同考官：高淳县陶在铭，阳湖县金士准，宝山县葛庆同，候补同知刘锡庚，候补知县朱镜清、叶大庄、符兆鹏、诸可宝、梅埰、戴朝晋、汪懋琨、黄兆岷、查文清、彭灿垣、徐锦华、徐庆安，定远县邓葆清，来安县严祖璋。

外收掌：句容县张况清，建德县叶鹏基。

誊录官：候补县吴寿颐、莫炳琪、阳曜，芜湖县王焕然。

弥封官：候补同知惠荣、金钟鸣，候补知州钱文骥，候补县杨涵。

收卷官：青阳县华椿，望江县莫燮乾，铜陵县姚鹏禽，候补县彭光廷、崇朴、林殷臣、余耀龙、刘锟。

对读官：泗州州判李师沅，候补同知卓棫，候补直隶州王茂中，候补县蒋嶙。

载 1889 年 9 月 12 日《申报》，第 2 版，35 卷 457 页

319. 南闱见闻随笔

本届监临黄大中丞锐意整顿闱务，因浙江已经树之风声，事同一律。当未入闱之前，一再条教，所以为士子剪除陋习，为官吏厘剔隐微者，至周且密，不恶而严。本届就试人数不过一万七八千人，皆束身自爱之儒，诚恐求荣反辱，无以为乡党式、为戚族光。闻初点名时，有江北某郡当中路，郡人素习北方之强，以条教须搜检，倘一经查阅，则考具中之衣缕、食物必且散碎满地，从新收拾。前者未去，后者已来，势将一望汪洋、漫无区别而止。士体不足惜，其如废时失业何。适有以身殉道者数人，先怀一砖，书吏正唱名，即随手乱抛，如唐人之以瓦砾钱薛京兆，而搜检遂成画饼。

监临入闱时，卤簿中列（侩）〔刽〕子手数名，握利刃前导。见者咸凛然于血溅五步之内，各自敛才成范，因此唱名处鱼贯而来，接卷无拥先蹈后之拥挤。东路进数尤少，栅栏上奉令惟谨，送考人至此截住，令考生自负考具而入，终头场无敢喧哗抗法者。惟西路、中路，则大担小担蜂拥而前，并有豪奴骑骏马以指挥，以此相形仍是畏事则有事，多事则无事世界。

向来封门最迟，本届日未落，场内外已整齐严肃，二场才已初已竣事，内提调虚掩龙门，危坐以待后至之士。缘灯旗于十四起定以午正，诚恐村学究之老而耄者狃于积习，坐是致使徘徊门外，泪落秋风。回首当年，此心实有不忍，当下咸颂此老能为仁人之言。闻头场犯贴者甚伙，蔡观察悉令格外包荒，毋得吹毛求疵，盖恐此中有一种或设帐鳣堂，或拈毫莲幕，倘因是而为庸夫俗子所讪笑，则来年势必术少回天，锥卓无地，故不能不曲予矜全云。

闱内设茶水炉，自入场以至出场，茶烟袅袅，昼夜不绝。斯文人有此一番受用，饮其和即食其德。上届供给所以烧炭太多，限为每场只准五篓。茶水夫不能析骸从事，遂以鱼眼未生之水遍给求者。今岁监临微有所闻，勒用扬子江水。而司供者思媚其上，遂推及沃以热汤。由是枌旗末枪者咸知此举实出自升任梅方伯之所赐，恨不援蔬菜必祭之

例,就矮屋前熏香而祝之。且愿告后之来者,慎毋以算小而不为。

闱内向有二万二三千号,每当出场之日,号门一开,即川流不复可锁。本届监临虑有往来枪替之弊,特令锁园复开,开而复锁,如是者三,始纵往返。监临亲自开门放排张,盖甫道殿而不呵。号官捧锁匙凝立东西文场,听明远楼鼓吹,即催人速携考具出号。上年陈监临念考者蜷曲三昼夜,自精疲力竭,俟号军负具至龙门,即令护闱兵勇代负至东西栏栅,交接场之人夫接去。至今人犹津津称道不置。本届一概禁人迎送,于是老者、少者、病者、弱者多踉跄至不成步。有黠者预办可以肩负之竹筐,用描写黔中风景,仰体监临之意。不知我辈来应抡才大典,所争原不在此,林和靖未必因生平不能担粪,不敢出为世用。可见是乃孟子所谓,好事者为之耳,非徒无益。

每届辟门吁俊,上、下江受试者二万余人,孰敢谓此中无登峰造极之辈而或目笑而存之、鄙夷而道之哉。试经之日,明远楼下有人将头场文誊贴壁上,就视其破题云:君子合天人以交畏,本乾道也。后自署云:初次观光,不知文律,愿将拙作就大雅正。次艺则集句,三艺则集选,俱俟三场补呈。款曰:丹徒相国氏,十五岁,未定草。是耶非耶,谁家之凤毛乎? 或曰:彼髫齿未落,而吐属已不凡乃尔。倘际此特开庆榜,英髦蔚起,为熙朝瑞,亦未可知,又安得不为王渔洋之一生,低首谢宣城耶?

载1889年9月12日《申报》,第2版,35卷457页

320. 乡试说

乡试至八月十六而已藏事矣,诸君子之担簦负笈、竞赋鹿鸣者,至此已得意言旋,一帆直下矣。有客问于宾红阁外史曰:"子何为而不应试,岂真视功名如刍狗,不乐与文坛诸将角逐名场耶?"外史曰:"此中况味,仆盖已深尝之矣。迄今日而一领青衫依然,故我坐视少年同学平步青云是有命焉,尚何敢勉强求取哉。"客曰:"何以言之?"曰:"仆自十五岁学为时艺,八阅月而成篇,初次观场,幸即入泮。此时誉之者咸谓:少年英俊,取青紫如拾芥,何难一战成功。转瞬而秋风至矣,意气扬扬,前赴白下,一团高兴,鏖战棘闱。事毕而归,略无成见。迨榜发,一声康了,名落孙山。斯时锐气未衰,重复埋头芸案,焚膏继晷,彻夜咿哦,每作一文,镂心刿肾。如是者十余载,自以为稍有进境矣。不料三战三北,终无望于科名作嫁依(依)〔衣〕。六年年压线,砚田无税,自问将终老是乡矣,尚何乐逐队观场,自堕恶趣哉? 犹忆当热中之际,望穿秋水,眼巴巴盼大比之年,俾得蓄锐养精,一尽平生之技,无明无夜,刻苦用功,直至呕尽心肝犹不肯稍为废弛。既入场,而题纸一下,即悉心研究,罔敢稍疏。一稿既成,改之又改,低声讽诵,声细如蚊,然后蕝烛誊真,手腕几脱,添注涂改,在在留心,盖深恐一有疏虞,登诸蓝榜,则三年心血悉付东流焉。当夫矮屋碍眉,蜷缩如猬,起居饮食都不舒徐,晴天尚可苟安,一至大雨滂沱,浑身濡染,泥淖没足,滑汰难行,洎乎交卷出门,肩负考具,人多挤拥,气喘如牛,寓近者尚不难安步当车,远者或徒行一二里之遥,平常挑夫轿役所为者而竟责之于士子。试问斯时之苦,尚可以言语形容乎? 然此时虽曰苦楚,亦仅九日光阴耳,所最难熬者,其惟望榜乎。当其考毕回家之后,录其文稿就正于亲朋,亲朋必称道之、赞扬之,或许以元魁,或决其必中。骤闻之下,不禁心悦神怡。及携归玩之,而何处有微疵,何处有语病,则不觉

心灰意败,短叹长吁。既而,辗转思维,则又自宽自慰,曰:虽有疵累,而文势尚畅,毋发皇,或者主司走马看花,竟蒙赏识乎?则又手舞足蹈,重复欣然。一至荣萸插罢,蕊榜将开,尔时坐立不安,几若热锅之蚁,求神算命,五内皇皇。偶闻鹊噪晴檐,便谓预报喜兆,家人讪笑所不闻也。既而,锣声喧喧然自远而近,略一昫息又不闻,则讶然曰:'我岂中矣耶,抑梦中之事耶?'少焉,有人来告曰,某人中元矣,某人中魁矣,某人平中矣。取《题名录》至阅,至解名尽处犹不见己之姓名。于是默然不言,索然意尽,复取文稿出翻阅再三,忽拍案大骂曰:'主司真两目青盲哉!如此佳文而竟不识拔,殆将识拔一团茅草乱蓬蓬者耶!'及门斗送落卷至,红勒满纸,丑诋不遗。而后始低首下心,重理旧业,以待岁华三易,再莅文场。呜呼,嘻嘻。若此之人,满天下比比皆是,少一人不为缺典,何定欲仆之结队下场耶?犹忆先大父言,我乡有某君者,文亦平平,而望中之心则甚切,每当场后煮一肘肉,沽一壶酒,将文稿陈几上,且饮且啖,且读且评,至得意时则曰:如此绣口锦心,自当敬以卮酒。至不得意处,则曰:庸劣至此,宜以无算爵罚之。由是而或泣或歌,或笑或骂,淋漓尽致,终夜喧呶。友有善于恶作剧者,至出榜时,瞰其中夜未寐,假得铜钲画角,聚数友,叩其门,钲声角声一时竞作。某君跃而起曰:'我中矣,我中矣。'急启扃出视,则友已遁去,声息俱无,大哭而回,气厥几死。又有某人年方弱冠,目无全牛,场中潦草完篇,自谓必能获隽。高视阔步,自命不凡。一日,方举壶小遗,闻有报信举人者,飞步出门,误将便壶置书桌。及向问信,则中者实系邻人,而此事则已传为笑柄矣。凡此丑态,无处无之。仆岂俯视时流,高自位置哉?亦惟欲免榜信来时一日肠回九转耳。"客笑曰:"子平日视科名甚淡,断无如此情形,此特以卮言作解嘲,并为俗中人写照耳。"外史不能答,乃搁管而记诸报端。

载1889年9月13日《申报》,第1版,35卷463页

321. 三场蓝榜

江南凡登蓝榜名,例贴贡院围墙之西。本届头场计贴二百余名,二场则不满二百人,三场例不外贴。其应贴者,不发誊而已。现闻扣誊之卷约有千本,不知何故。据目击其事者云,此中约有数端。本届过戳,系监临于复奏折内所声明者,故每场点名后必由监试、提调揭牌晓谕,俾知恪守奏定章程,如违贴出。讵草茅新进,辄侥幸于太仓之一粟,以为无从查考。迨至交卷,或对号无戳,或戳不对号,均经收卷官呈堂照贴。又一种人,待号军如驱犬豕,叱咤之声,屋瓦几为之振。忽一生因茶水夫索钱,给以五文,茶水夫本不知斯文为何物,斯文听者使者利令(志)〔智〕昏耳,至是未免诋其啬吝。该生以道着心病,即用手持之竹烟袋当头一击,血顿泉涌。茶水夫遂扭住不放,两人襟袖为血所溅满。号官恐有不测,立将二人禀明提调,提调传江宁县进闱相验,验得动手之人实陆大令在太州任时所取之士,意欲使□点进三场。提调谓:或生或死,谁任其咎?陆公不能答,乃请发学看管而书其事于榜,以为暴狠者戒。又有数人于二场时舍本号而匿于友人之号内,迨监试委员盖戳,号官查对该号,多两人而少二卷,与封号时所记之数不符。乃从头号逐一验看戳记,果见有两卷系别号而已有戳,视之戏也。其人力乞成全,查问其戳所由来,则用豆腐干摹成者。号官纠缠不过,漫告之曰:试将此字用纸煤烧穿,或者

可以模棱了事。该生不知此乃号官巧于卸肩,如其说,遂贴出。又有上江某县周姓生,竟以犯规扶出。此为吁俊之年所仅见者,子弟少不更事,或恃血气方刚,或恃门第之可狎,或好勇斗狠而偶攉法网,或轻世肆志而不恤人言,全赖为父兄者约束之。使知有规矩训诲之,使勉为善良,否则入无以事其父兄,出即无以事其长上,其能异出深山之野人者几希。又一生坐东龙腮羽字某号,接题纸后,复垂帘而睡,天将曙,则号咷惊人。众以为着睡魔也,亦无暇顾问。少顷,此人竟收拾考具,呼号军相对而坐,又出干糇盐豉与之共食。问所欲,则曰:欲候开门纳卷,便出耳。至初十黎明,果交白卷,垂泪而出。睹者咸莫解其何所见而云然。然我谓芙蓉帐底枉绾同心,豆蔻梢头错怜薄命者,何可胜道!安知此人不于登墙窥玉之年,自贻隔座送钩之憾耶?爰录之以告天下之慧男子,人生其子,读书无不望其文章有价、著作成林,独至同抱绳墨以就试于有司,则不惜镂心呕血,剜肉补疮,虽贤者亦所不免。有东文场某生,于初九之夕,以纸里贿茶水夫送至西文场某号者,过栅为逻者所获,推问及生。生恃以父授子,与寻常枪手不同,在刑章当无罪及舐犊之律,语甚亢。巡员念其老,欲全其廉耻,付之不理而去。少顷,茶水夫已荷校甬道之上。翌日,而生名亦上围墙,所幸驿且角者,无人指其即犁牛之子,故□川竟至诸云。

载 1889 年 9 月 19 日《申报》,第 2 版,35 卷 499 页

322. 江南文闱见闻续笔

功令于中秋之夕,系射策正日,正思借此睹应试者平日之功能,诵读之蕴蓄,例不开号放排。南闱因士子之占籍元宁者多愿归家,践折桂蟾宫之约。王道本乎人情,相沿已久。本届日未午,忽一片声嚷,视曩年独早。少顷,则东西驰骋如虎兕之出柙。当夺门斩关时,号官拱手道旁谓:监临如许认真,而先生辈如许玩弄,想下官半粟功名,必遭冤哉枉矣。攒眉搔首,恨不十年读书。夜过半,明月渐低,客既纳卷至公堂,即携同号生登明远楼之最上层,一拓人生之不易得之眼界,凭栏四望,睹月华如水,多少楼台被轻烟笼住,如浸水中。才欲诵"今夜月明人尽望,不知秋思在谁家",忽闻洞箫声凌虚飞度,似作引凤求凰之曲,因念此情此景,正不止"香雾云鬟湿,清辉玉臂寒"二语可以写尽天上幽情、人间心事也。可见有此节,有此月,即有此对月之人。所不同者,几人得到上接清虚之处俯听下界笙歌耳?屈指秋风,黯然兴尽,回顾鼓角欲动,而东方亦白。乃相与扶梯徐下,心动神疲,非复来时之鼓勇,默计劳劳者已十度。昔许棠晚年得第,腰脚更健,自喜为却老还丹,然则我辈来钓任公子之鳌者,慎毋以两鬓萧萧轻掷贪夫之饵。

魏文帝《典论》之言曰:"文人相轻,自古然矣。傅毅之与班固伯仲之间耳,而固小之。"可见拥鼻学作洛生吟,欲使其毋道人短,毋恃己长,诚不易矣。二场有丹徒十五龄冲人,自黏其所作头篇于明远楼下,就有道而正焉。此或为父师者嘉奖其有成,附和其得意,使和声鸣盛期远到于将来,亦未可知。不料,毁之者如酌孔取交腾于壁,以致二篇之集句,三篇之集选,缘是而寂无所睹。惜哉,夫一艺何足奇,所奇者舞象之年华,他日之所谓宰相状元者,在此人正未可限量。然则,孰不有子,孰不有弟,即孰不望其有跨灶之高材胜蓝之上选,复瓿之訾,击缶之诮,一借镜而皆为他山之助矣。贤其勉旃。

载 1889 年 9 月 20 日《申报》,第 2 版,35 卷 505 页

323. 南闱见闻后笔

　　监临向于誊录事毕即可撤棘出闱，历查上届总在九月朔日在行台接见僚属，惟本届上江誊录则在八月廿五夜告竣，下江誊录则于廿六夜告竣。书手皆于次早放出。因此监临于廿八日移节。闻外提调先据上、下江册报正案录科两项，共一万七千六百数十名。后经官卷局汇核卖卷实数，又止一万六千余名。再后三场完竣，又有扣誊贴出者，前后不下五百余名。故誊录视往岁竣事独早。夫江南人士受试于贡院者此年稍稍过二万人，已见于戊子科乡试录前序中，此届不满万六千人，实为中兴以来所未有。岂沿江物力素称甲天下者，而今不然乎？抑鼓箧就试之士苦于频年之跋涉，益争自濯磨，必待三年而后敢望造车之合辙乎？不然，朝廷嘉惠士林，特开庆榜，有司宣上德意，俾岩居谷处之俦咸得就矮屋前饮其和而食其德，此诚咿唔牖下终其身所愿不到此者，又谁不乐抱尺寸以就教于文章之司命耶？

　　至公堂后有桥曰"飞虹"，桥之北即衡鉴堂之总门，向例就门外支彩棚一座，特设启闭委员司其管钥，每日送供应两次，无论牲牢器具，供给官必先将物罗列亭内，请监临一一过目，而后敢开门传进。传进时，内者不出于梱，外者不入于梱，即夫役亦不准交头接耳，监临坐亭内视事，毕始回堂，早晚皆然。间或与两主司互致寒暄，则命门内外各设其所坐之位次，彼此皆不逾阈。衡鉴堂最宏敞，堂之正中高设两座，为玉尺衡才之所席，广于寻常惟倍，用以庋鹗鉴之高文典策。东西两旁则同考官九席，盖功令虽以文柄属之两主司，而犹恐两人者目力有所未周，心思有所不逮，故必资以一堂之披沙拣金，庶几从容将事，不至隔越。闻上届进卷之日，司柄者在堂上坐令荐卷，既荐又不中，绳墨概予屏弃，据老于襄校者云，此时清明之气犹存，所取尚惬心贵，当过此以往，譬如笙璈并奏之，众山皆响，虽有师旷之聪，亦莫辨其曲之高下矣。何况矜才使气，欲不为伯乐所笑也几希。

　　贡院门每日例开二次，早八点钟至十点钟，晚三点钟至五点钟。此时凡在至公堂以下之供职服役者，皆可以乘间出入。前夕，有某甲不知行抵何所，逾时始返，徘徊门外不得入。忽来一游手者，愿为借榻，乃就谁家楼上宿。楼故神女朝为行云、暮为行雨之绣闼也，微闻芗泽，默念家在江南黄叶村，孤旅无依，得此好姻缘，亦是三生有幸，便不觉缱绻其间。方入襄王之梦，顿来数人，将衣缕一卷而尽。不得已，向床头人借一破长衫蔽体而返。越想越恼，翌日复兴问罪之师入某门，则画梁犹是，而燕子已非。问左右邻此为何如人，咸笑而不答。

　　向来压线入闱、为人作嫁者，每赋鹊巢之三章，便知彼以是求，此以是应，往往可偿所愿。盖一则文曲到宫，一则财星照命也。本届适监临有严拿枪替之禁，头场又枷号一人在明远楼下，名为机匠，实则教书匠也。缘是纷纷传说，行人将庠序之员重名者指摘十人，具禀监临。案了，且证以某人为某人捉刀，某人受某人润笔，意欲以绝其折桂之路。或曰有此事而溃于道谋，或曰有此人而难鸣孤掌。未知孰是。

载1889年9月28日《申报》，第2版，35卷557页

324. 芜湖近事(宣舟闯关＊)

徽宁各士子槐黄赋罢，各整归鞭，大半由芜湖换乘宣舟，遄回故里。舟子乘此机会，咸满载油糖、布匹等货偷漏税厘。上月下浣，有宣舟四十余号连樯闯过东河口，扬帆直上。守口员吏初拟放舢板穷追，后见船多，恐其抗拒，遂据情禀请榷宪成端甫观察札行各属严密稽查。传述如斯，未知将来作何办理也。

载1889年9月29日《申报》，第3版，35卷564页

325. 南闱谈屑

扬属应试诸君陆续遄返，扬扬得意，静候佳音，或买酒以言欢，轮为东道；或论文而剪烛，共话西窗。有时言闱中见闻各事，颇觉娓娓可听，略纪数则，亦可足以遣睡魔而醒醉眼。据某甲头场交卷时，见一少年惨绿翩翩，亦来交卷，收卷官接阅之下，向生曰："先生漏写添注'涂改数字'。"生厉声曰："何尝漏？"官以卷与阅。生犹茫然，既而云："我文具已收，奈何？"时甲携以笔袋，意欲成人之美，遂曰："吾可奉假。"生取笔，即在阶旁伏地书就，含笑而去。官阅之大惊，盖补写"添注"等字后，忽接写"我不多，他说少，叫我添我就添，可圈可圈"数字。收卷官叹曰："事有前定，终不免名登蓝榜也。"又，邻号某生亦出号交卷，一面走一面反复吟哦。甲见其卷首题目圣人句下忽添写"畏小人之言"五字，殊不可解。以上二事皆甲所目睹。又闻姚家巷某号考生誊真时，忽于文之后、诗之前夹写《满江红》词一首，同号告以误。答云："不误，不误。"竟自狂笑，交卷而去。于此可见，登蓝榜者莫不有定数也。又闻二场时有某生如厕，口吸淡巴菰以解秽气，一回顾，忽见身旁一人，头大如斗，身长不满二尺，面白唇朱，向生嘻嘻而笑。生不动声色，以手中小烟袋向其顶上击之，应手而没。平时尝闻人云，闱内厕中向有此物，倘有见之者，本科必中。验之屡矣。生骤见似惊，既而私心窃喜，故毫无恐惧云。此说是真是假，不必深论，等诸妄言，妄听可也。

载1889年10月4日《申报》，第2版，35卷593页

326. 南闱见闻余笔

监临黄护院于出闱后，因闻中丞接篆日诹吉初四，翌二日，遂锦帆东下。向监临出闱时，供给所须备赏号银一二千两，上自号官、巡绰，下至书手、军役，凡初时之怵以雷厉风行者，此日必使之露沾雨足。每届如是，所以信赏罚、示威权也。本届黄护院于公费都行豁免，而自捐廉泉以为众庶悦豫。因此奔走趋跄者多仰体宪意，情愿报效，以视上届陈大中丞之拾字纸多者记功，扫号舍洁者优等大相悬殊矣。谚曰："一官一例。"信然。

誊录官之督率书手非常认真，自十一日至十五日，书手每缴一卷，必亲自翻阅，有舛误者，立呼其人当面改正。盖以三场最重头场，故不欲使士子三年之辛苦被不知轻重者一笔勾销也。闻头场于报竣日查少一卷，官恐公事有误，急出赏格：缴还者赏洋十元。

即有人将卷送到。视之,则卷面已过关防矣。官知此误在上而不在下,便如数给讫,询其此卷,缘何舛入伊手?则称每束十卷,有一束忽十一卷,大约系过数时偶舛入者。官不之究也。至二场,又少一卷,亦如法炮制。追缴出,视卷面则无关防。官恶其有心陷害,即以匿卷送至公堂发落。此人遂枷号于五总门口示众。说者谓,事有幸,有不幸,而不知有心之错与无心之错显而易见,特愚者愦愦于利令(志)〔智〕昏耳。

近日,监临虽出闱,而闱内之官员、夫役仰给于供张者尚不下四五百人,供给所悉沿例大烹以养,牲牷器具,酬应周至,人皆谓本届之撙节实优于上届之包荒。缘上届人皆生手,事虽因而实创;本届承之者一据其兔园册子,酌盈济虚,即桀黠亦不敢巧于尝试,孰丰孰俭一若斯人之铁案如山,悉皆唯诺听命,先声夺人。人遂服桓元,实之措置悉当也。惟供给所办之芦柴、松柴堆积如山,太多而不适于用。又所发之大浴盆虽为优恤下情起见,而用者朝是而夕非,非此皆可于密针细缕中,不必过于好上见好者。以此类推,可见成大事者不计小利,不惜小费,殆实有一人之耳目所不周,一人之智虑所不及者乎。语曰:"百足之虫,至死不僵。"扶之者众也。此言虽小,可以喻大。

前报载上江某县扶出之某生,今据目击其事者云:是日点名太速,灯旗起数与刊示之时辰不符,以致应点之某州县至者不过数人。即书斗亦仅垒息赶到,前断后续,彼此喧呶,大非整齐严肃之政体。因在甬道上指挥司事之委员,该生适过其旁,自恃贫贱骄人,遽从左掀其帽,跟役才叱问,讵该生又从右掀其帽。帽欹而猩顶见。该生始惧,痴立不能作一语。左右请交江宁县究治,许方伯笑曰:"此人料患疯癫,入号必滋事,不如扶出。"挥之使去。见者咸颂方伯用意宽厚,爱惜斯文。即此仅仅扶出,其功德已无量,盖不止使君子知不恶而严,使小人知傲不可长。

中秋佳节,慧业文人必携由官颁给之红绫月饼,归遗细君,相沿已久,齐人并持以骄其妻妾。今岁山东水灾,预有人揭帖,劝将此钱捐入山东赈款。临场,扬州来三善士,一何君述亭,一程君兰畦,一江君云端,三君皆白首矣,而自卷局开设之始,每日即在局门劝人做做好事,乐善不倦,一若以人饥人溺为己饥己溺。然善气迎人,令识者望而生敬。又,宋善士培之由苏州来,见金陵劝募之难,不止秦人视越人之肥瘠漠然不关于心,并有所谓歇家者从而讪笑其后,因叹金陵之财当别有销金锅,如阴间设三十六炉为张说鼓铸横财故事,至是大失所望。然既假装范止,即越俎亦不敢辞。乃邀约多人,就各考场所收月饼票,闻亦收得四五百千文,已舌敝唇焦、手胼足胝矣。宋君意犹未惬,后晤徐善士闻韶,始知伊前者为人所诬,几几乎下逐客之令,才知此行不易,此举尤不易,乃悟春秋时每于邻国告饥而输之粟,必大书以嘉之,可见此事自古即不易。赈务如此,能不作阮嗣宗之哭乎哉?计城内设桶捐三处,一贡院前,一老广和药铺兼徐大善士采访分局门首。又,江义和钱庄系自设桶,以与人为善者。缘该庄生意最实,大江南北各局,县之□项钱粮,大半皆由该庄划兑,长袖善舞,气盛言宜,颇有登高而呼之势。第未知久则生厌否耳?至征收之数,在局外人不必与问云。

载 1889 年 10 月 5 日《申报》,第 1—2 版,35 卷 599 页

327. 皖学政钱恭报属试情形并办理录遗日期折

　　安徽学政内阁学士臣钱桂森跪奏,为恭报岁试宁国等府州情形并办理录遗日期,仰祈圣鉴事:窃臣自去年接任后,即札饬各州府县举行童试。臣于正月二十五日出棚,先试宁国、广德,次及徽州、池州、安庆、庐州等府。六月二十五日回署,考试太平本棚,于七月十二日蒇事。十三日驰赴金陵,接办恩科录遗各事。臣按试各属,严密关防,认真校阅,凡事必躬自检查,不敢稍事涉疏。点名时责成廪保细心稽察。考试宣城、广德、铜陵、怀宁、无为等州县正场,节经廪保指出枪替各一名,均交提调官从严惩办。生童颇知畏法,场规皆为安静。臣仍于发落时勖以安分读书,敦品励行,勿为无本之学,勿为非分之营,琢磨砥砺,蔚成有用之材,以期无负圣主作育人才之至意。皖省民俗敦厚,士习尚称循谨,臣按试所至,每郡每邑均不乏英姿颖秀、潜心向学之士,间有恃衔健讼、干预外事者,严惩一二,以儆其余。臣惟激浊以扬清,惩恶而彰善,风化所系,尤不敢不兢兢自矢者也。至武试,则安、庐、广德材力较优,徽、宁应试武童甚少。臣谨遵任缺勿滥之例,休宁、黟县未能照额取进。臣亦于试毕,再三训诫,嘱其各安本分,勿滋事端,暇则讲求技艺,精益求精,以备异日干城之选。至臣经过地方,民情安堵,皖南一带,雨旸时若,获庆有秋。庐州得雨稍迟,幸过期未久,均已及时播插,堪以上慰宸廑。臣现将录遗各事次第办理,俟送诸生入闱后,即回驻本署,办理武生录遗。十月再行出棚,巡视皖北六、颖一带。所有微臣岁试各府州情形并办理录遗日期,理合缮折缕陈,伏乞皇上圣鉴。谨奏。

　　奉朱批:知道了,钦此。

光绪十五年九月初十日《京报全录》第三千一百五十七号,己丑九月十九日《申报》附张

载1889年10月13日《申报》,附张第2版,35卷652页

328. 己丑恩科顺天乡试官板题名全录

　　……阮荣枢,安徽庐州……李梁生,安徽太平……龚心铭,安徽合肥……郑辅东,安徽安庆……何声焕,安徽望江……翟延,安徽宁国……

　　副榜:……吴传滕,安徽怀宁……

　　(注:正榜共329名,其中皖生6名;副榜共49名,其中皖生1名。仅录皖生姓名、籍贯。)

载1889年10月16日《申报》,第2—3版,35卷665页

329. 电传江南乡试题名全录

　　方尔咸,江都附;邱景章,全椒廪;汪福森,昆山附;金念祖,嘉定增;孙传凤,吴县增;章钰,苏州优;章士荃,松江增;程寿保,黟县贡;刘廷凤,潜山贡;刘启徵,吴县附;吴会昌,歙县增;许长龄,江宁廪;姚彭年,如皋贡;王恩沛,仪征附;吴鸿森,江都廪;方显元,桐城廪;徐锡麟,长洲附;周润章,上元附;钟宝,江都监;孔昭晋,吴县廪;曹宝书,长洲

廪;万英华,合肥监;查秉钧,泾县附;张□齐,阳湖廪;吕德忱,东台(副)〔附〕;傅良弼,广德增;张嘉桐,吴江附;吴鸣歧,上元廪;李鸣勋,通州附;刘毓麟,常州拔;龙尔泉,桐城附;桂邦杰,甘泉贡;朱柱清,旌德优;谢景沂,江都廪;薛聪彝,无锡官;翟守益,泰兴官;鲍国桢,歙县贡;汪承贤,合肥附;石秉壬,宿松廪;钱震,新阳廪;方凤池,太平增;陆廷桢,吴江监;李元鼎,青浦附;桂森,京驻防;尚忠,当涂廪;张澂,常熟附;宋学贤,泰州附;丁鉴清,无为(副)〔附〕;谈承恩,武进监;赵臣杰,镇江廪;裴景绶,霍邱优;黄宗泽,上元廪;孙宝书,通州廪;达哈布,江驻防;陈凤藻,新阳增;陈其嘉,如皋贡;宋子联,高邮廪;戴邦桢,旌德附;赵之奇,泾县贡;金文翰,嘉定附;张炳奎,桐城贡;钮跃龙,定远廪;□化西,桃源贡;杨殿魁,海州增;秦汇生,江宁优;孙锡华,吴县附;于桂森,扬州附;周震,甘泉贡;李经藩,合肥官;冯如衡,太仓廪;张文运,合肥增;胡麟书,英山副;查文渊,宁国附;汪廷弼,上海增;陆绍云,无锡廪;茅锡恩,丹徒贡;梅煜,江宁附;马志举,上元(副)〔附〕;汝梦庚,震泽附;庄兴,阳湖廪;朱若琮,泰兴优;孙福保,吴县附;王纶,怀宁监;华秉钧,金匮廪;金永发,上元附;陈谨增,定远廪;夏仁溥,上元附;陆士奎,无锡增;黄修礽,宿松廪;艾承禧,上海增;陶世凤,金匮廪;张宝书,合肥附;王源瀚,池州廪;刘蕙生,兴化附;郭庆培,松江附;汪文绶,全椒廪;秦绍益,吴县附;许湘甲,泗州优;吴步瀛,绩溪廪;邢应昌,东台附;吕祖翼,旌德附;张家骥,上元附;王福生,如皋附;张启藩,泗州廪;蔡敦益,江宁廪;陶镕,舒城附;邵喧,盐城附;田毓璠,山阳附;张鸿吉,丹阳廪;陆维炘,江宁廪;闵彤章,吴县贡;章燊理,铜陵贡;洪桂芬,泾县附;方昭谟,太平廪;王兆芳,通州附;许鸣皋,丹徒廪;林介侯,怀远附;袁国兴,江宁廪;周仲,山阳贡;单文煜,泰州附;章钟祜,江阴优;鲍钧,歙县附;颜文炳,泰州附;舒廷沅,黟县廪;丁福甲,山阳贡;厉衡青,仪征贡;吴嗣箴,休宁贡;孙多珍,寿州附;张国桢,泰兴贡;汪春榜,徽州附;崔沄,太平拔;顾廷贵,长洲附;叶光祖,歙县附;戚昌麒,含山附;汪官琳,仪征附;乔毓渠,丹徒附;汪凤翔,黟县附;王栋,泾县(副)〔附〕;朱德澍,旌德附;李宝箴,武进附;姚雯,无锡附;吴兆枢,合肥附;徐汝翼,常州附;薛德元,武进贡;冯金恩,丹徒附;叶梦熊,吴县增;章骏昌,歙县优;朱度成,泾县优;晏崑琦,仪征贡;郑斗南,甘泉廪;姜燮,甘泉附;周则公,安庆增;金文栋,元和附;卢自滨,无为(副)〔附〕;伍元芝,上元附;姜麟书,阳湖附;程文延,合肥附;程肇珪,徽州廪;阮爕臣,无为增;朱湛恩,武进附;杨诰,甘泉贡;薛福元,苏州优;杨振录,上海附;石可宗,仪征贡;宣锡恩,天长贡;胡洪璋,黟县附;杨振祐,武进优;朱绍文,宿松附;柳汝藩,凤阳廪;范国良,怀远廪;查兆桂,太湖附;段大锦,英山增;潘骝孙,歙县贡;严振勋,甘泉附;钱麟书,金匮附。

副榜

李巽,宿松优;顾祖彭,江宁附;施受康,吴县附;潘树华,东台增;陈苑芬,山阳附;王希梅,苏州增;祁祖鎏,上县附;朱普梁,泾县附;范大楷,和州附;刘贵曾,仪征(副)〔附〕;吴绍澂,太湖附;崔绶先,安庆增;王禄孙,溧阳监;丁佑申,山阳增;尤相,金匮(副)〔附〕;陈祖依,上元附;程恩浚,歙县附;周尔萃,定远廪;李廷桢,娄县优;丁士玉,常熟(副)〔附〕;杨銮坡,怀宁附;孙家模,凤阳廪。

恩科江南乡试于昨日揭晓,本馆预期专托妥友觅得红绿,由电飞传,昨晨既已翻译成文,立即印就单张,分赠阅报诸君,俾得先睹为快。犹恐送报人或有遗漏,因再列诸今日报端,倘有电码误传,以致姓名差缪,则请俟接到官板题名全录,定当校正续刊也。

本馆附识

载 1889 年 10 月 20 日《申报》,号外,35 卷 691 页;1889 年 10 月 26 日《申报》,第 2 版,35 卷 691 页

330.己丑恩科江南乡试官板提名全录

方尔咸,江都附;邱景章,全椒廪;汪福生,昆山附;金念祖,嘉定增;孙传凤,吴县增;章钰,苏州优;章士荃,松江增;程寿保,黟县贡;刘廷凤,潜山(副)〔附〕;刘启征,吴县附;吴会昌,歙县增;许长林,江宁廪;姚彭年,如皋廪;王恩沆,仪征附;吴鸿森,江都廪;方显允,桐城廪;徐锡林,长洲附;周润章,上元附;钟宝书,江都监;孔昭晋,吴县廪;曹宝书,长洲廪;万英华,合肥官;查秉钧,泾县附;张鹤林,阳湖廪;吕德忱,东台(副)〔附〕;傅良弼,广德廪;张嘉桐,吴江附;吴鸣琪,上元廪;李鸣勋,静海附;刘毓林,常州拔;龙尔泉,桐城附;桂邦吉,甘泉廪;朱柱清,旌德优;王景沂,江都廪;薛聪彝,无锡官;翟守一,泰兴官;鲍国桢,歙县附;汪承贤,合肥附;石秉壬,宿松廪;钱鎏,新阳廪;方凤池,太平增;陆廷桢,吴江监;李元鼎,青浦附;桂森,京口旗;尚忠,丹徒廪;张澂,常熟附;宋学贤,泰州附;丁鉴清,无为(副)〔附〕;谈承恩,武进监;赵臣杰,镇江廪;裴景绶,霍邱优;黄宗泽,上元廪;孙宝书,通州廪;达哈佈,江宁旗;陈凤藻,新阳增;陈其嘉,如皋贡;宋子联,高邮廪;戴邦桢,旌德附;赵之奇,泾县廪;金文翰,嘉定附;张映奎,桐城贡;钮跃龙,定远廪;潘化西,桃源贡;杨殿魁,海州增;秦汇生,江宁廪;孙锡华,吴县附;于桂森,扬府附;周震,甘泉贡;李经番,合肥官;冯如衡,太仓廪;张文运,合肥增;胡林书,英山(副)〔附〕;查文渊,宁国附;汪廷弼,上海增;陆绍云,无锡廪;茅锡恩,丹徒贡;梅煜,江宁旗;马志举,上元(副)〔附〕;汝梦庚,震泽附;庄兴,阳湖廪;朱若琮,泰兴廪;孙福保,吴县附;王纶,怀宁监;华秉钧,金匮廪;金永发,上元附;陈谨增,定远廪;夏仁溥,上元附;陆士奎,无锡增;黄修礽,宿松廪;艾承禧,上海增;陶世凤,金匮廪;张宝书,合肥附;王源瀚,池州廪;刘蕙生,兴化附;郭庆培,松府附;汪文绶,全椒廪;秦绍益,吴县附;许湘甲,泗州廪;吴步瀛,绩溪廪;周应昌,东台附;吕祖翼,旌德附;张家骥,上元附;王福生,如皋附;张启藩,泗州廪;蔡敦益,江宁廪;陶镕,舒城附;邵喧,盐城附;田毓璠,山阳附;张鸿藻,丹阳廪;陆维炘,江宁廪;闵彤章,吴县廪;章燮理,铜陵贡;洪桂芬,泾县附;方昭谟,太平廪;王兆芳,通州附;许鸣皋,丹徒廪;林介侯,怀远附;袁国兴,江宁廪;周铨,山阳贡;单文煜,泰州附;章钟祜,江阴廪;鲍钧,歙县附;颜文炳,泰州附;舒廷沅,黟县廪;丁福生,山阳廪;厉衡青,仪征贡;吴嗣箴,休宁廪;孙多玢,寿州附;张国桢,泰兴廪;汪春榜,徽州附;崔沄,太平贡;顾廷贡,长洲附;叶光祖,歙县附;庆昌麒,含山廪;汪光琳,仪征附;乔毓渠,丹徒附;汪凤翔,黟县廪;王栋,泾县(副)〔附〕;朱德澍,旌德附;李宝箴,武进附;姚霂,无锡附;吴兆枢,合肥附;徐汝翼,常州附;薛绍元,武进贡;马金恩,丹徒附;叶梦熊,吴县增;童骏昌,歙县优;朱庆成,泾县优;吴崑琦,仪征拔;郑斗南,甘泉廪;姜燮,甘泉附;周则公,安庆增;金文梁,元和附;卢自滨,无为(副)〔附〕;吴元芝,上元附;姜林书,阳湖附;程文延,合肥附;程肇班,徽州廪;阮燮臣,无为增;朱湛恩,武进附;杨诰,甘泉贡;黄福

元,苏州优;杨振录,上海附;石可宗,仪征贡;宣锡恩,天长贡;胡洪章,黟县附;杨振祚,武进廪;朱绍文,宿松附;柳汝潘,凤阳廪;范国良,怀远廪;查兆桂,太湖附;段大锦,英山增;潘骝孙,歙县贡;严振勋,甘泉附;钱麟书,金匮附。

  副榜

  李巽,宿松廪;顾祖彭,江宁附;施受康,吴县附;潘受华,东台增;陈苑芬,山阳附;王希梅,苏州增;祁祖鎏,上海附;朱普梁,泾县附;范大楷,和州附;刘贵曾,仪征（副）〔附〕;吴绍澄,太湖附;崔受先,安庆增;王禄孙,溧阳监;丁佑申,山阳增;尤桐,金匮（副）〔附〕;陈祖亮,上元附;程恩浚,歙县附;周尔萃,定远廪;李廷桢,娄县优;丁士玉,常熟（副）〔附〕;杨銮坡,怀宁附;孙家谟,凤阳廪。

载1889年10月24日《申报》,第2版,35卷715页

331. 襄垣零拾（投写亲供＊）

  安徽学政钱穋庵文宗录遗事竣后回驻太平,九月接办武闱录遗,拟于十月初按临皖北,举行凤、颍、滁、和、六、泗岁考。旋据提调申报江南文闱已于九月二十五日揭晓,文宗因展期在太平节署暂驻十日,以便各新贵就近赴辕投写亲供。

载1889年11月1日《申报》,第3版,35卷766页

332. 鹿鸣抢燕

  江南省每当揭晓后十日之内,必燕两主司暨闱内执事之大小官员以及新贵人之来修贽于座主者。席设至公堂上,可二十余桌。向例酒才三巡,阶上下之观燕者便拥挤上堂,撤其尊俎醴器,名曰"抢燕"。相传抢的越热闹,飞腾的越火速,以此大府往往俯顺舆情,惟恐这一般攀桂客不及,顾大痴之画龙不尽破壁飞去,先声如是,何必自我而别为风气。故一见七手八脚,即推箸而起,如必待谁为此座之替人,则不但衣钵失传,即衣冠亦且扫地。习俗移入由来已久,惟新贵多相隔在云山之外,程途数百里,其背城借一也早已精疲力竭,今即呦呦相呼,未始不自鸣得意,思来食其□而食其苹,无奈计吏呼船、县官置传,此风已不复睹。故新贵之一旦化龙者,远不及他省之必须重会于龙门之下,由是江南孝廉多不识鹿鸣宴为何物,而终身不知鹿鸣为何事。闻人言,往往珥笔磬折以受抵掌者之揶揄。本届内外提调以上科抢宴一事,几几乎裂冠毁冕,大非政体;况抡才大典,将事者临之以庄敬,观礼者宜接之以肃穆,此事亟宜禁止。当日即揭示头门外,以为必有司观者焉。乃前日玉管乍闻,金罍已乱,人山人海,不知谁为陈涉,谁为陈婴,后至者四顾无所得,则并其桌椅分剖之,如吕马童之各得项王一体焉。说者谓,上年已太甚,而至是越目无法纪矣。谁实为之,而顾诲之谆谆、听之藐藐乎？是日,内帘官有戴玳瑁眼镜者被一少年挤落在地,锵然有声曰,休令再误后人。因忆乡先达云,乾嘉间有一名士来典江南乡试者,行至袁浦,觉一路尘沙眯目,才诵"云水光中洗眼来"之句,不觉蘧然入梦,一古衣冠者前来致谒,告所苦。此人即曰:老夫有一镜,差强人意。便探怀与之。试视,果清凉沁脾胃,爱赏不置。此人遽曰:"如是,则奉借,但事后当见还耳。"醒来一

梦,殊不介意。榜发之夕,复梦此人至,亦即以镜授之。次早起视闱墨,爽然若失,再视更甚。因掩卷而叹曰:"我辈此来直为朱衣人作钞胥佣耳,平时所自(许)〔诩〕为珊网如钩、冰衡若尺者,到此全用不着,即孰予孰夺,亦不容五内有丝毫成见。直是冥冥中造化小儿为之补偏而救敝,莫非命也?圣门不言,到此地位纯是此一字确有把握。我辈未遇时,未始不尤人,至今日始信非人力所能为。"旨哉斯言,爰述之以告天下之怀铅握椠者,入场当争其所必争,出场无争其所不争。如此君之迁怒于镜,毋乃其细已甚。本届榜花之盛,惟上元与吴县为最,江宁次之。是日,与燕者元、宁有十四人,为近科所未有闻。陆君维炘者,独秀出班行,当下八座,有指问其为谁氏子者。夫朝廷庆榜特开,意在搜罗俊彦,草茅下士知必有崛起而副熙朝之瑞应者。惨绿少年其今日之杜黄裳乎?

载 1889 年 11 月 6 日《申报》,第 2 版,35 卷 795 页

333. 皖北考信

安徽学宪钱穉庵文宗去冬考试皖北滁、和等州,于腊月二十日回太平府节署度岁。兹已行文皖北各属,定于正月二十五日自太平起马,接试颍州,次及寿、亳、凤阳等府。想起马时当道出鸠江,由裕溪迤逦而进也。

载 1890 年 2 月 11 日《申报》,第 2 版,36 卷 199 页

334. 鸠兹春色(北上赴试*)

恩科会试将届,皖属各孝廉联镳就道,李傅相介弟稚荃观察之哲嗣芗亭孝廉去秋在南闱获隽,人皆羡侯门之继起有人。兹闻孝廉于本月(日初十)〔初十日〕由芜湖乘"江裕"轮船赴申,换舟北上。行见玉笋联班,琼林赐宴,又可作簪缨佳话也。

载 1890 年 3 月 10 日《申报》,第 2 版,36 卷 367 页

335. 皖省考信

前报纪安徽学政钱穉庵文宗去冬考试各属,尚有六安、颍州、泗州三属未及按临。本定于今正廿五日自太平署起马,按临各属,兹悉文宗因事改期于本月十二日起马,乘坐官舫,用小火轮拖带,由西梁山进口,出巢湖,先试六安,次及颍州、泗州。试毕回辕,再由太郡起马,接试宁国等府云。

载 1890 年 3 月 11 日《申报》,第 2 版,36 卷 375 页

336. 芜湖县试

芜湖县王玉如明府接奉学宪行文,于本月初一日举行县试,先期挂牌,示期于三月二十七日取齐,应试者约二百八九十名。是日黎明,明府升座,点名毕,封门出题,场规甚严肃。各士子恪遵功令,寂静无哗,下笔滔滔,诗文立就。至申酉之交,已一律缴卷净

场矣。明府悉心校勘,即于初三日下午发案。旋示于初四日招复。兹将正场题目照录如下:

已冠:事大夫之贤者,友其士之仁者。颜渊问为邦。

未冠:比及三年,可使民足。

次题:民事不可缓也。已未冠皆同。

诗题:赋得"才了蚕桑又插田",得"桑"字。

载 1890 年 5 月 25 日《申报》,第 2 版,36 卷 841 页

337. 电传庚寅恩科会试题名全录

夏曾佑,浙江;王贻典,江苏;吴荫培,江苏;张叙宾,直隶;李堂,河南;江云龙,安徽;存庆,满洲;何天辅,广东;宋金适,山东;赵渊,山西;姚文倬,浙江;陆承宗,湖南;石振,陕西;管象颐,山东;陈懋鼎,福建;夏之森,浙江;许南英,福建;张观德,山西;黄国琛,福建;张恭彝,福建;叶文铨,江苏;张凤冈,河南;耿济瀛,河南;恩丰,满洲;黄增荣,广东;萧大猷,湖南;松年,满洲;延祺,汉军;方嘉兴,江西;柯德懋,福建;董恩宽,直隶;塞如衡,江苏;程秉钊,安徽;尹世彩,甘肃;赵念熙,江西;林毓菁,福建;启绥,满洲;王铭渊,河南;陈宝晋,福建;刘奋熙,山西;丁学恭,江苏;杨觐圭,湖南;罗维垣,湖南;余坤,四川;于文鉴,山东;翁焘,浙江;宋瞻宸,福建;吴鲁,福建;张廷锡,河南;丁昌燕,山东;梁联芳,广东;吴尚熊,广东;王景喜,山东;沈卫,浙江;高振声,浙江;王海涵,甘肃;李华芬,湖南;范廷襄,湖北;黄绍第,浙江;刘元宿,湖北;王墩,山东;朱大浩,直隶;夏寅宣,江苏;凌和钧,浙江;焦锡麟,河南;陈宝路,福建;阎志唐,直隶;于受庆,江苏;黄履初,湖南;张守炎,山东;郑叔忱,福建;胡安铨,四川;王修植,浙江;杨捷之,河南;蒋廷黻,浙江;聂宝琛,直隶;李长郁,湖南;陈守政,湖南;罗栋材,广西;蔡元培,浙江;郑恭安,安徽;刘树屏,江苏;俞明震,直隶;韩镜蓉,山东;汪凤梁,江苏;陈康瑞,浙江;陈育,四川;宋子联,江苏;郑文钦,汉军;程芹香,直隶;汪宗瀚,湖北;樊景曾,江西;沈宝琛,浙江;庆春,满洲;张文焕,山西;韦履洁,云南;刘崇照,浙江;裕至,满洲;李绮□,广东;赵承翰,陕西;万国钧,安徽;方克猷,浙江;舒信孚,江西;朱祥岳,湖北;杨廷春,贵州;王敩成,广西;李嵩轼,云南;区天显,广东;郑毓蓝,陕西;黄福元,江苏;叶南金,安徽;何国澄,广东;鄢乃征,四川;鄢安澜,河南;金振声,浙江;谢福庆,江西;罗廷煦,湖北;王玉珂,山东;翰屏,汉军;王以□,湖北;李铭晓,四川;梁芝荣,广东;苏元径,山东;黄澍棻,江西;徐继孺,山东;刘寅凌,湖北;杨家骥,浙江;李经畬,安徽;华俊声,直隶;陈云霖,福建;刘选青,湖北;刘兆暄,江苏;赵鸿,安徽;吴怀清,陕西;徐鸿泰,河南;吴鸣寓,陕西;周翔凤,江西;韩福庆,湖北;郎承谟,四川;陈国华,湖北;钱昌瑜,广东;曾广运,四川;章士荃,江苏;钱锡爵,江苏;汪庆生,江苏;吴锜,江西;李祥麟,山东;潘葆良,广东;王全纲,江苏;潘其祝,浙江;吴庆祥,江苏;刘昌言,湖北;彭文明,湖南;张启潘,安徽;张学华,广东;白象贤,山西;陈禧年,福建;黄毓麟,甘肃;刘瞻汉,江苏;郭冋,安徽;王履咸,浙江;游三立,江西;王懋昭,四川;翁成祺,福建;张检,直隶;孙光远,奉天;龙赓言,江西;王贵文,江苏;郭集芬,湖北;俞官圻,浙江;黄国琦,广东;汤霖,湖北;王庆平,江苏;王芾棻,

河南;江仁徽,浙江;张蔚增,广东;吉同钧,陕西;许晋玉,广西;何声灏,安徽;曾习经,广东;孟庆荣,直隶;李寅龄,山东;吴良芬,河南;晁鸿年,陕西;刘延垣,山东;任于正,甘肃;刘能,四川;张文瀚,山东;黄家杰,江西;张瑜芳,直隶;喻介,四川;吴煦,云南;桂森,满洲;邹炳文,江西;何敬钊,浙江;陈棣堂,直隶;田庚,安徽;王清穆,江苏;崔广沅,山东;陈作义,江苏;陆仰贤,浙江;李光贵,直隶;沈抟青,江西;秦家穆,四川;张坚,江苏;刘锡光,直隶;汪文绶,安徽;林柽潘,福建;鄢龙诏,湖南;李翰长,广东;张瑞葇,直隶;陈乃绩,湖南;朱益藩,江西;黄斗元,安徽;杨斐,直隶;秦化,奉天;谷如墉,山西;孙丕城,安徽;李兆兰,直隶;钟德瑞,广西;杨学毓,云南;孙炳阳,贵州;齐翰珊,奉天;禄德,蒙古;吴学曾,河南;王嘉谟,湖北;谢佩贤,江西;李安,江苏;方镇,满洲;王遂善,山东;施苕霖,汉军;邱士林,江西;张树仁,陕西;范仲垚,河南;伍文琯,广东;花铭,贵州;薛绥琪,湖南;王廷栋,陕西;汪清麒,江苏;孙绍阳,河南;霍勤炜,陕西;牛琼,甘肃;钱鸿策,江苏;葛祥熊,浙江;刘匡,云南;贤勋,蒙古;刘秉权,山西;徐灼焕,陕西;史庇时,直隶;施鲁滨,福建;王贵省,山东;陈爱皓,贵州;卢秉钧,甘肃;侯纬鹏,直隶;孟广谟,山东;杨承禧,湖北;陈瀚年,福建;张祖祺,江西;胥成琛,福建;文廷式,江西;王保奭,江苏;徐桂馨,江西;杨金铠,云南;胡成立,贵州;熊济文,贵州;查晋嘉,广东;梁维新,福建;姚钟璜,广西;张明允,陕西;连甲,蒙古;王保宇,云南;蔡增元,山东;刘增泰,陕西;米毓瑞,山西;范尧,四川;顾肇鼎,江西;何士循,河南;黄曾源,汉军;陆辅清,广西;荣禧,汉军;华世铭,直隶;钱昌祚,河南;张志嘉,直隶;陶荣祚,广西;陈应辰,江西;黄汉清,安徽;孙锦江,浙江;熊兆姜,河南;□尧兰,广西;耆龄,汉军;李晋魁,山西;朱芬,云南;李骥年,广东;张铭,陕西;万有均,江西;何家琪,直隶;张文焕,直隶;王肇敏,山东;范宗莹,云南;张键,云南;籍忠宣,直隶;黄丕怀,广东;宣笥经,山西;侯旬宣,广西;陈启绪,贵州;黄嘉福,广东;曾培,四川;孙多珍,安徽;王作绎,山东;苏岱,广西;张祖望,直隶;陈登元,福建;朱赞廷,奉天;冉文瑞,贵州;李树元,贵州;焦国理,甘肃;王公醴,四川;贡德润,云南;葛芳葆,甘肃;李燮阳,云南;李潭馨,陕西;谈廷瑞,甘肃;王鹤松,贵州;英珍,蒙古;罗镕,贵州;嵩琨,满洲;邓锡光,福建。

庚寅恩科会试于昨日放榜,千佛名经不崇朝而传至沪渎,非电报之神速,曷克臻此?合亟译登报章,以副远近诸君子殷殷翘盼之意。惟电码传抄容有小误,一俟接到官板题名全录,再行详晰校正。　　　　　　　　　　　　　　　　　　本馆附识

载1890年5月30日《申报》,第2版,36卷871页

338. 约束考童

芜湖每届县试,考童三百余人,院试额取二十四名,进数已不为少。童子军荟萃城厢,往往仗气叫嚣,与市廛争闹,酗酒打架,习以为常,不但阛阓所鄙夷,即地棍青皮亦无不退避三舍。士习如此,可胜浩叹。本届王玉如明府访有前情,故先期移知学校,剀切告诫,并出示黏贴考棚外,申明例禁:如敢故违,除将该童扣考外,并提父师禀保,照约束不严例,会学宪严惩。此示一出,童子军皆望而生畏,场前少觉安静,是不可不归功于贤有司也。

载1890年5月31日《申报》,第3版,36卷878页

339. 庚寅恩科会试官板提名全录

夏曾佑,浙江钱塘;王贻典,江苏泰州;吴荫培,江苏吴县;张叙宾,直隶磁州;柳堂,河南扶沟;江云龙,安徽泲县;存庆,厢红满洲;何天辅,广东番禺;宋企适,山东莱州;赵渊,山西河曲;姚文倬,浙江仁和;陆承宗,湖南长沙;石振鋆,湖北黄梅;管象颐,山东莒州;陈懋鼎,福建闽县;夏之森,浙江嘉山;许南英,福建安平;张观德,山西夏县;黄国琛,福建侯官;张恭彝,福建侯官;叶文铨,江苏江宁;张凤冈,河南阳县;耿济瀛,河南虞城;恩丰,厢黄满洲;黄增荣,广东南海;萧大猷,湖南益阳;松年,正蓝满洲;延祺,正白汉军;方霆,安徽太湖;洪嘉兴,江西玉山;柯德树,福建长乐;董恩宽,直隶清苑;冯如衡,江苏太仓;程秉钊,安徽绩溪;尹世彩,甘肃岷州;赵惟熙,江西南丰;林毓菁,福建侯官;启绶,正白满洲;王铭渊,河南固始;陈宝璐,福建闽县;刘奋熙,山西祁县;丁学恭,江苏昭文;杨觐圭,湖南善化;罗维垣,湖南善化;余堃,四川保宁;于文鉴,山东掖县;翁煃,浙江钱塘;宋瞻宸,福建福安;吴鲁,福建晋江;张延鸿,河南商城;丁昌燕,山东诸城;梁联芳,广东顺德;吴尚熊,广东南海;王景禧,山东费县;沈卫,浙江秀水;高振声,浙江海州;王海涵,甘肃伏羌;李华芬,湖南雷阳;范迪襄,湖北江夏;黄绍第,浙江瑞安;刘元弼,湖北谷城;王墩,山东莱阳;朱大浩,直隶静海;夏寅宣,江苏东台;凌和钧,浙江嘉兴;焦锡麟,河南武安;陈宝璐,福建闽县;阎志廉,直隶安平;于受庆,江苏江都;黄履初,湖南善化;张守炎,山东海丰;郑叔忱,福建长乐;胡安铨,四川璧山;王修植,浙江宁波;杨捷三,河南祥符;蒋廷黻,浙江海宁;聂宝琛,直隶大兴;李长郁,湖南清泉;陈守晸,湖南长沙;罗栋材,广西苍梧;蔡元培,浙江山阴;郑恭,安徽黟县;刘树屏,江苏阳湖;俞明震,顺天宛平;韩镜蓉,山东武城;汪凤梁,江苏元和;陈康瑞,浙江慈溪;陈煜,四川酉阳;宋子联,江苏高邮;郑文钦,正红汉军;程芹香,直隶深州;汪宗瀚,湖北通山;樊景曾,江西进贤;沈宝琛,浙江嵊县;庆春,厢蓝满洲;张文焕,山西沁水;韦履洁,云南保山;刘崇照,浙江镇海;裕径,厢黄满洲;李绮青,广东归善;赵承翰,陕西同官;万国钧,安徽合肥;方克猷,浙江于潜;舒信孚,江西靖安;朱祥晖,湖北崇阳;杨廷春,贵州贵筑;王敩成,广西腾县;朱景轼,云南石屏;区大骥,广东南海;郑毓兰,陕西临潼;黄福元,江苏昭文;叶南金,安徽桐城;何国澄,广东顺德;王乃征,四川中江;王安澜,河南新乡;金振声,浙江永嘉;谢福庆,江苏如皋;罗廷煦,湖北武昌;王玉珂,山东高密;翰屏,正白汉军;王以敏,湖北武陵;李铭监,四川彭水;梁芝荣,广东南海;苏元烴,山东日照;黄澍菜,江西清江;徐继孺,山东曹县;刘寅凌,湖北广济;杨家骥,浙江慈溪;李经畬,安徽合肥;华俊声,直隶天津;陈云霖,福建侯官;刘选青,湖北江夏;刘兆暄,江苏南昌;赵鸿,安徽泾县;吴怀清,陕西山阳;徐鸿泰,河南杞县;吴锡隽,陕西渭南;周翔凤,江西金溪;韩福庆,湖北应山;郎承谟,四川鄫都;陈国华,湖北江陵;钱昌瑜,广东三水;曾广运,四川隆昌;章士荃,江苏娄县;钱锡爵,江苏泰州;汪庆生,江苏丹徒;吴锜,江西宜黄;李祥麟,山东日照;潘葆良,广东顺德;王全纲,江苏上海;潘其祝,浙江泰顺;吴庆祥,江苏嘉定;刘昌言,湖北江夏;彭文明,湖南湘乡;张启潘,安徽泗县;张学华,广东番禺;白象贤,山西平定;陈禧年,福建侯官;黄毓麟,甘肃皋蓝;刘瞻汉,江苏阳湖;郭冏,安徽太湖;王履咸,浙江萧山;游三立,江西奉新;王懋昭,四川遂宁;翁成祺,福建侯官;张检,直隶南皮;孙光远,奉天(城)〔承〕德;龙赓言,江西万载;王耀文,湖南宁乡;郭集芬,湖北黄陂;俞官圻,浙江山阴;黄国琦,广西宣化;汤霖,湖北黄梅;王庆平,江苏上海;王沛棻,河南光州;江仁徽,浙江鄞县;张蔚曾,广东博罗;吉同钧,陕西韩城;许晋祁,广西临桂;何声灏,安徽望江;曾习经,广东揭阳;孟庆荣,直隶永年;李寅龄,山东荣城;吴良芬,河南商城;晁鸿年,陕西三原;刘延坦,山东济宁;任于正,甘肃武威;刘能,四川温江;张文瀚,山东安丘;黄家杰,江西新淦;张瑜芳,直隶宝坻;喻介,四川仁寿;吴煦,云南保山;桂森,厢红蒙古;邹炳文,江西新昌;何敬钊,浙江钱塘;陈棣堂,直隶任丘;田庚,安徽怀远;王清穆,江苏崇明;崔广沅,山东峄县;陈作仪,江苏江宁;陆仰贤,浙江鄞县;李光耀,顺天大兴;沈抟青,江西湖口;秦家穆,四川惠州;张坚,江苏上海;刘锡光,直隶沧州;汪文绶,安徽全椒;林柽藩,福建闽县;王龙诏,湖南邵阳;李瀚鋆,广东高要;张瑞芬,直隶宝坻;陈乃绩,湖南长沙;朱益藩,江西莲花;黄斗元,安徽广德;杨斐,直隶邢台;秦化西,奉天盖平;谷如墉,山西神池;孙石成,安徽泗州;李兆兰,直隶高阳;钟德瑞,广西宣化;杨学敏,云南昆明;孙炳阳,贵州思南;齐耀珊,奉天伊通;禄德,厢黄蒙古;吴学曾,河南光州;王嘉谟,湖北宣城;谢佩贤,江西南昌;李安,江苏通州;方镇,正蓝满洲;王遂善,山东长山;施芾霖,厢黄汉军;邱士林,江西临川;张立仁,陕西榆林;范仲垚,河南祥符;伍文珺,广东顺德;花铭,贵州筑县;萧绥琪,湖南益阳;王廷锐,陕西三原;汪清麒,江苏丹徒;孙绍阳,河南仪封;霍勤燡,陕西朝邑;牛瑗,甘肃通渭;钱鸿策,江苏江都;葛祥熊,浙江慈溪;刘勋,云南昆明;赓勋,厢白蒙古;刘秉权,山西方原;徐春煦,陕西山阳;史履晋,直隶乐亭;施鲁滨,福建长乐;王贵省,山东茌平;陈钟浩,贵州筑县;卢秉钧,甘肃庄乡;侯维鹏,直隶吴桥;孟广谟,山东章丘;杨承禧,湖北江夏;陈瀚年,福建侯官;张祖祺,江西临川;胡咏琛,福建侯官;文廷式,江西萍乡;王保奭,江苏南汇;徐桂馨,江西广丰;杨金铠,云南鹤州;胡成立,贵州筑县;熊济文,贵州贵阳;李晋嘉,广东海康;梁维新,福建侯官;姚钟璜,广西桂平;张明允,陕西韩城;连甲,厢白蒙古;王宝光,云南昆明;蔡曾源,山东日照;刘增泰,陕西榆林;米毓瑞,山西靳州;苑尧,四川西充;颜肇鼎,江西泰和;何士循,河南息县;黄曾源,正黄汉军;陆辅清,广西灌阳;荣禧,厢蓝汉军;华世铭,直隶天津;钱昌祚,河南祥符;张志嘉,直隶安平;关榕,广西临桂;陈应辰,江西进贤;黄汉清,安徽合肥;孙锦江,浙江黄岩;熊兆姜,河南光山;植尧兰,广西怀集;耆龄,厢黄汉军;李晋魁,山西荣河;朱芬,云南石屏;李骥年,广东永福;张铭,陕西长安;万有严,江西新建;周家琪,福建连城;张文焕,直隶定兴;王肇毓,山东费县;范宗莹,云南太和;张键,云南昆明;籍忠宣,直隶任丘;黄天怀,广西奉议;孙笏经,山西平定;侯绍宣,广西永福;陈启绪,贵州贵筑;黄嘉礼,广东南海;曾培,四川成都;孙多芬,安徽寿州;王作孚,山东蓬莱;苏岱,广西灵川;张祖望,顺天宛平;陈登元,福建淡水;朱赞廷,奉天锦县;冉文瑞,贵州桃听;李立元,贵州贵阳;焦国礼,甘肃镇源;王公辅,四川富顺;黄德润,云南会泽;葛沙葆,甘肃秦州;李燮阳,云南昆明;李舒馨,陕西咸阳;韩廷瑞,甘肃高蓝;王鹤松,贵州贵筑;锁珍,厢白蒙古;罗镕,贵州贵阳;嵩瑞,厢蓝满洲;邓锡光,福建闽县。

载1890年6月8日《申报》,第2版,36卷929页

340. 金台小录(吏部告示＊)

吏部为晓谕事：所有国子监学正学录，本部奏请照例传令进士、举人考试记名，以备充补等因，于光绪十六年四月十八日具奏，本日奉旨"知道了，钦此"。相应传令各直省应行赴考之进士、举人，限于四月二十九日以前，取具同乡京官印结，填注出身、履历、三代、科分、甲第名次，并已未截取，有无考取誊录、教习，曾否传补，并亲丧停试事故等情，亲身赴部投递，逾限概行截止，以便定期办理考试。并令出结各官临场识认。倘有违碍事故等情，不于结内声明，朦混赴考者，定将该进士、举人及出结官参处。今将应行赴京人员开列于后，已未截取进士，已未截取举人，进士、举人已未补誊录，进士、举人已未补教习，进士、举人各项教职，未曾补选得缺。以上人员均准考试，如录取记名国子监学正。学录用补授之后，其截取知县、誊录、教习、教职班次，均应注销，相应一并出示晓谕。

载1890年6月19日《申报》，第1版，36卷999页

341. 金台小录(会试逸闻＊)

闻本科会试，闱中誊录、抄誊三场试卷，字画端楷固不乏人，而草率遗漏成行、添写者亦为不少。此见于中式朱卷者尚形寥寥，而落卷较多。即遗漏之字，有未经对读者看出，而由房考标划，甚有房考亦未标记者。虽一二字无关得失，第士子三年磨砺，九日辛勤，诚属不易，而誊录日抄十余艺，亦难望其必无亥豕鲁鱼之虞。是在司其责者设法筹拟善策也。

载1890年6月19日《申报》，第1—2版，36卷999页

342. 光绪十六年庚寅恩科状元题名录

第一甲第一名：吴鲁，福建。第一甲第二名：文廷式，江西。第一甲第三名：吴荫培，江苏。

第二甲第一名：萧大猷，湖南；王贻典，江苏；李孝先，广西；阎志廉，直隶；姚文倬，浙江；侯维鹏，直隶；刘树屏，江苏；崔广元，山东；李冀年，广西；启绥，正白满；余堃，四川；江云龙，安徽；李经畬，安徽；陆仰贤，浙江；王履咸，浙江；张志嘉，直隶；王乃征，四川；徐继孺，山东；蔡会源，山东；阳捷三，河南；朱益藩，江西；杨承禧，湖北；陈禧年，福建；焦锡龄，河南；陆承宗，湖南；王清穆，江苏；徐桂馨，江西；欧仁衡，浙江；夏曾佑，浙江；李瀚鋆，广东；孟庆荣，直隶；王庆平，江苏；黄履初，湖南；刘元弼，湖北；华俊声，天津；胡安铨，四川；许晋祁，广西；洪嘉兴，江西；田庚，安徽；米毓瑞，山西；吴庆祥，江苏；王塾，山东；张检，直隶南皮；秦家穆，四川；杨铠，云南；黄绍第，浙江；于受庆，江苏；徐兆玮，江苏；王启成，广西；陈启绪，贵州；王修植，浙江；郑文钦，正黄；汪凤梁，湖北；李晋魁，山西；李寅龄，山东；伍文馆，广东；朱大诰，直隶；杨觐圭，湖南；赵惟熙，江西；张文，直隶；李晋熙，广东；张守炎，山东；许南英，福建；杨家骥，浙江；聂宝琛，大兴；谢佩贤，江西；翁

焘,浙江;史复晋,直隶;王保爽,江苏;潘其祝,浙江;陈翰年,福建;谷如墉,山西;王景喜,山东;丁学藻,江苏;梁联芳,广东;宋子联,江苏;吴煦,云南;柯德树,福建;吴怀清,陕西;朱景轼,云南;黄增荣,广东;何声灏,安徽;王龙诏,湖南;钱昌瑜,广东;陈乃绩,湖南;任于正,甘肃;王燿文,湖南;王全纲,江苏;方燕年,安徽;吴锡隽,陕西;陈国华,湖北;彭文明,湖南;张觐德,山西;韦履洁,云南;陈康瑞,浙江;华世名,直隶;周家琪,福建;叶南金,安徽;罗维垣,湖南;黄树芬,江西;李铭熙,四川;何士循,河南;何锡禔,□□;夏之森,陕西;刘增泰,浙江;何国登,广东;高振声,浙江;梁芝蓉,广东;黄曾源,正汉;胡成立,贵州;张文焕,山西;郭集芬,湖北;任文灿,广东;王以慜,湖南;苏绳武,□□;锓珍,厢白满;朱祥军,湖北;刘崇照,浙江;凌和钧,浙江;郑锡光,福建;霍勤燡,陕西;徐鸿泰,河南;夏寅宫,江苏;黄德润,云南;王公辅,四川;延祺,正白汉;刘秉权,山西;管象颐,山东;杨廷春,贵州;汪清麒,江苏;王苪棻,河南;刘勋,云南;朱赞廷,直隶;郑叔忱,福建;何天辅,广东;孙筜经,山西;张学华,广东;葛凌倬,甘肃;俞圻,浙江;区天骥,广东;吴锜,江苏;张瑞芳,顺天;钱洪策,江苏;韩福庆,湖北;张庄彩,□□;罗廷煦,湖北;孙石城,安徽;杨庚辰,□□;吕道象,□□;孙百斛,□□;曾培,四川;黄家杰,江西;刘瞻汉,江苏;李舒馨,陕西;叶文铨,江苏;李长郁,湖南;杨裴,直隶;葆平,正蓝满;宋瞻宸,福建;藩宝琳,□□;王海涵,甘肃;郑恭,安徽;王廷锐,陕西;尹世彩,甘肃;□□,□白满;刘承坦,山东;陈宝璐,福建;冯如衡,江苏;罗付瑞,□□;吴学曾,河南;汪宗瀚,湖北;齐耀珊,奉天;谈廷瑞,□□;严庚辛,□□;陆辅清,广西;赵渊,山西;黄汉青,安徽。

第三甲第一名:吴尚熊,广东;王安澜,河南;张文瀚,山东;赵承翰,陕西;松年,正蓝满;黄毓麟,甘肃;张凤冈,河南;李毓芬,湖南;邱聿徵,□□;黄斗元,甘肃;范迪襄,湖北;孙光远,奉天;周翔凤,江西;王肇敏,山东;黄国琛,福建;郑襄,□□;方霆,安徽;李安,江苏;李燮阳,云南;陈敏修,□□;吉同钧,陕西;王嘉谟,湖北;邹炳文,江西;张延鸿,河南;陈埁,四川;孙锦江,浙江;施曾宾,福建;植尧兰,广西;程秉钊,安徽;倪惟诚,□□;樊景曾,江西;葛祥熊,浙江;庆春,厢蓝满;何敬剑,浙江;张坚,江苏;苏宇庆,□□;沈抟青,江西;张键,云南;陈宝璐,福建;黄国琦,广西;沈文绶,安徽;范仲世,河南;王玉珂,山东;秦化西,奉天;谢福庆,江苏;徐春煦,陕西;萧岱,广西;龙赓言,江西;李元,贵州;张立仁,陕西;陈云霖,福建;俞明震,宛平;郭冈,安徽;刘选青,湖北;梁维新,福建;王作绰,山东;颜肇鼎,□□;孙炳阳,河南;曾广运,四川;杨学敏,云南;陈懋鼎,福建;董恩宽,直隶;曾继光,□□;石振鋆,湖北;刘锡光,直隶;李兆兰,直隶;林毓菁,福建;花铭,贵州;李绮青,广东;李耀,顺天;王贵省,山东;江仁征,浙江;舒信乎,江西;黄嘉礼,广东;侯绍宜,广西;孙绍阳,□□;方克猷,浙江;胡泳琛,福建;王鹤松,贵州;晁鸿年,陕西;陈锤浩,贵州;□□□,陕西;陈守政,湖南;范宗莹,云南;白象贤,山西;张恭彝,福建;思丰,厢黄满;熊兆姜,河南;邱士林,江西;张蔚增,广东;钟德瑞,广西;黄福元,江苏;荣禧,厢蓝汉;熊济文,贵州;黄天怀,直隶;焦国理,甘肃;关榕,广西;牛瑗,甘肃;罗镕,贵州;刘兆暄,江西;钱昌祚,河南;□遂善,山东;裕䘵,内厢黄;苏元径,山东;冉文瑞,贵州;刘浚寅,湖北;柳堂,河南;施苃霖,厢汉;□□村,广西;喻玠,四川;□芹香,直隶;耿济瀛,河南;萧绥琪,湖南;姚钟璐,广西;张明允,陕西;刘奋熙,山西;藩保长,广东;王宝光,□南;张廷武,□□;朱芬,云南;韩镜蓉,山东;于文鉴,山东;万有严,江西;张祺,江西;汤霖,湖北;苑尧,四川;张叙宾,直隶;陈作义,江苏。

载 1890 年 6 月 19 日《申报》,第 2 版,36 卷 999 页

343. 春明梦毂(晓谕招考*)

国子监为招考南学事:照得各省留京候试举人,前经本监奏准,一体住学肄业。现定于四月二十六日在监考试,候取住学。惟该举人仍须前期取具同乡京官印结,注明出身、履历、三代、籍贯、科分,赴监投递,方准考试。勿违。

载 1890 年 6 月 21 日《申报》,第 1—2 版,36 卷 1011 页

344. 春明梦殿(晓谕拣选*)

吏部为晓谕事:照得本年庚寅恩科会试后拣选下第举人,前经本部示传,于四月二十日以前取具同乡京官印结,赴部呈请拣选在案。查赴部具呈请拣者甚属无多,合行展限十日,自二十日起至二十九日止,俾该举人得以取结具呈,请入拣选。勿再迟延自误。

载 1890 年 6 月 21 日《申报》,第 2 版,36 卷 1011 页

345. 金阙晓钟(赴院演礼*)

翰林院为晓谕事:照得本年庚寅恩科会试新进士,奉旨"着于五月初七日起至初十日止,分作四日带领引见,钦此钦遵"。为此示,仰新进士等知悉,所有初七日带领一甲进士宗室、满洲、蒙古、汉军、直隶、奉天、江苏、安徽,初八日带领江西、浙江、福建、山东,初九日带领山西、河南、陕西、甘肃、湖南、湖北,初十日带领四川、广东、广西、云南、贵州,该新进士等于各是日五鼓穿常服,备带元青褂,并佩戴荷包、手巾进内,以便排班点名,带领引见。并于初四日辰刻赴院演礼。勿误。

载 1890 年 6 月 28 日《申报》,第 1 版,36 卷 1055 页

346. 释褐典礼

五月初一日,状元偕诸进士诣国子监、太学,行释褐礼。是日清晨,诸进士至集贤门外下马,入持敬门,诣致斋所。赞引导由东角门入诣。阶下通赞赞排班,班齐,赞就位,行谒见礼。赞跪叩,兴三跪九叩。毕,通赞赞行释菜礼。先师孔子位,颜、曾、思、孟四配位,一甲第一名吴鲁主献;左右十哲位,一甲第二名、第三名文廷式、吴荫培分献;东庑二甲第一名分献,西庑三甲第一名分献。其余诸进士俱随班行礼。毕,由西角门出,诣致斋所,神库前释褐。候祭酒、司业朝服升堂,诸进士由太学左门入,至阶下序立,曾入监者升露台,四拜,起立台西。未入监者露台下两拜,祭酒、司业皆坐受礼。毕,一甲三名由堂东门入,执事者设食案于座前,祭酒、司业下座南面立,一甲三名面北立,执事者簪

花、斟酒,一甲三名向上揖,饮酒三爵,出。祭酒、司业送至堂门内。诸进士由堂西门入,本监属官接待,簪花、饮酒悉如前仪。毕,送出堂檐下。

载 1890 年 7 月 3 日《申报》,第 1 版,37 卷 15 页

347. 鸠水语冰（岁科告竣*）

安徽学宪钱穉庵文宗按临皖北各属科试及凤、颍两府岁科,兹已一律告竣,遂由凤阳旱道言旋,本月二十八日抵太平府节署。闻俟秋凉入序,即按临皖南各属科试云。

载 1890 年 7 月 15 日《申报》,第 2 版,37 卷 91 页

348. 皖南考信

安徽学政钱穉庵文宗今春按临皖北各府州县举行科试,除安、庐两属未及考试外,余俱一律考竣,遂于五月下浣秉节回辕,此已列报。兹悉文宗行文皖南宁国府,诹吉于本月二十日自太平府节署起马,按临宁国。事毕,接试广德、池州、徽州及安、庐等属。玉尺所量,真才自出。济济多士,有不争自濯磨以邀宗工之赏识哉?

载 1890 年 8 月 24 日《申报》,第 2 版,37 卷 353 页

349. 安庆近事（郡试文童*）

安庆府联仙蘅太守大张晓示,定于八月二十日考试郡属各文童。济济英才,当有出人头地者矣。

载 1890 年 9 月 12 日《申报》,第 1 版,37 卷 471 页

350. 皖学政钱奏皖省岁考全竣情形折

安徽学政内阁学士臣钱桂森跪奏,为恭报皖省岁考全竣情形,仰祈圣鉴事:窃臣于去年十一月会奏颍州、凤阳二属连年灾歉,吁请岁科连考等因一折,奉朱批"礼部议奏,钦此"。今于本年二月初四日,接准礼部行知,遵旨议准,于光绪十五年十二月十八日具奏,本日奉旨"依议,钦此钦遵",到臣。即经檄饬该属遵照办理。臣于二月初九日出棚,先试六安州岁考,接以颍州府、寿州、凤阳府三棚岁科连考。五月下旬,甫经竣事,臣于关防考试加意严密,不敢稍涉疏懈,点名时责成廪保认真稽查。考试颍州府属文童正场,节次据廪保指出枪替八名,寿州拿获招摇撞骗二名;凤阳府属文童正场,据廪保指出枪替三名,均交提调官从严惩办。该廪保等均知自爱,尚能实心办事,经臣酌予奖励。场规均为安静。皖北文风虽与皖南较逊,然各邑亦均有颖秀之才,而颍州之阜阳、霍邱,凤阳之寿州、怀远、定远尤为杰出。武童材力则以颍州为优。臣仍于发落时再三训诫,文则勖以敦品励行,武则戒其勿滋事端,务为有用之材,冀副圣主作育人才至意。至岁科连考之处,臣谨遵定章,先举文生童岁考,后行科考,然后再试武生童岁考,均经照额

取进。臣所经过地方,麦收大熟,旸雨应时,转瞬秋成,绥丰可庆,民情安谧,堪以上慰宸厪。兹臣于六月初十日回署,拟俟皖南府县考申报齐全,即于七月中旬出棚,按试皖南各属科考。所有微臣训试六安州岁考,接办颍州府、寿州、凤阳府三棚岁科连考,通计一省岁考全竣情形,理合缮折具陈,伏乞皇上圣鉴。谨奏。

奉朱批:知道了,钦此。

光绪十六年八月十三日《京报全录》第三千四百九十三号,庚寅八月廿三日《申报》附张

载 1890 年 10 月 6 日《申报》,附张第 2 版,37 卷 630 页

351. 皖垣府考

安庆府联仙蘅太守示期八月二十日考试阖属文童,十九日巳刻即带印乘舆入试院,至天将破晓,升座点名。是日,先考怀宁,至二十三日考桐城,二十六日考潜山,二十九日考太湖,九月初二日考宿松,初六日考望江。先期六邑士子纷纷云集省垣,附近试院各街店铺如林,颇为热闹。点名之际,诸童多有衣冠不全者,太守念其孤寒,并不过责,盖以全其体面也。

载 1890 年 10 月 15 日《申报》,第 2 版,37 卷 679 页

352. 文星朗照

七月二十日,安徽学政钱穉庵文宗自太平府节署启行,按临宁国府,举行科试。及试竣,于八月十六日驶抵徽州。徽试既毕,复于本月初十日按试池州,示期初六日取齐。屈指东篱载酒、西灏题诗,正池郡慧业文人夺得锦标时候。又闻池州试毕,当按试安庆府,次第及六安州、庐州各属云。

载 1890 年 10 月 28 日《申报》,第 2 版,37 卷 761 页

353. 芜湖近事(示期县试*)

太平府当涂县示期本月初二日举行县试,童子军共五百余名,秋高气爽,白战无哗,不知中有祖生其人征鞭先着否也? 传闻县试既竣,吴太守即须接办府试,俾试毕后得以交卸,入都陛见云。

载 1890 年 10 月 28 日《申报》,第 2 版,37 卷 761 页

354. 安庆官场纪事(示期府试*)

安庆府联仙蘅太守示期八月二十日为始,考试府属六邑文童,至九月十八日告竣。迩日多士已纷纷遄返,埋头攻苦,安排撷取芹香矣。

载 1890 年 11 月 12 日《申报》,第 3 版,37 卷 856 页

355. 安省官场纪事(静候校阅＊)

安庆府联仙蘅太守接奉学宪札文,悉日内将按临考试,遂谕令各学教官传知士子,务于九月二十八日齐集郡城,静候示期校艺。

载 1890 年 11 月 15 日《申报》,第 3 版,37 卷 874 页

356. 文星暂晦

月前,安徽学院钱穉庵文宗按试池州,原拟于月杪按临安庆,怀宁县接奉来札,即遍贴告示,谕令各士子于九月二十八日齐集郡城。兹又接来文,悉宗师政体违和,请假三月,各士子遂纷纷束装遄返,依然芸案埋头矣。

载 1890 年 11 月 26 日《申报》,第 2 版,37 卷 943 页

357. 鸠水冰花(明春科试＊)

钱大宗师自十月中在池州感受风寒,请假调理,刻下已喜占弗药,依然龙马精神,拟于明春开印后即按试太平,然后举行安庆、庐州等郡科试云。

载 1891 年 2 月 5 日《申报》,第 2 版,38 卷 203 页

358. 芜市嬉春(府试已竣＊)

太平府试已于去腊中旬告竣,刻奉钱大宗师行文,太郡定于本月十七日取齐,廿四日举行院试。际此梅畦香重、兰畹风清,想角逐文场必倍于饶意兴也。

载 1891 年 2 月 28 日《申报》,第 1 版,38 卷 289 页

359. 皖省试期

安庆府联仙蘅太守日前奉到学宪钱穉庵文宗来文,定于二月十三日取齐。当由太守出示,晓谕各生童一体知照,士有抱璞求沽者乎,幸遇良工,何患不邀赏识哉。

载 1891 年 3 月 16 日《申报》,第 2 版,38 卷 379 页

360. 皖垣试事

安徽学政钱穉庵大宗师诹吉本月十三日在太平府起节,约十七日方抵安庆省院,怀宁县预期饬差协保在东门外搭盖埠头,铺张一切。

安庆府六邑生童闻学宪将于日内按临,无不料理行装,纷纷来省,担簦负笈,络绎于途。

贡院为抡才之地,尘封蛛丝,殊不足以壮观瞻。怀宁县因饬匠修饰一新,以便文宗

驻节,藐涂丹艧,焕然改观矣。

载 1891 年 3 月 25 日《申报》,第 9 版,38 卷 437 页

361.皖中试事

安徽学宪钱穮庵宗师考试太平府属,所有各场题目已录前报。当涂文童正场题为:"校者,教也",至"殷曰序"。次题:"毁瓦画墁,其志将以求食也"。诗题:赋得"池草暗生春",得"春"字。旋于初六日试竣。场中规模极为严肃,摘奸剔弊,明若燃犀。有某童正场取冠一军,及复试,文字与正场不符,抑置第六。又,芜湖某童,府试取录第五,县试第三。繁昌某童,府县皆取第二。咸谓,采芹撷藻,不啻拾芥矣。及院试,皆落孙山之外。以是知文宗鉴空衡平,别具只眼。一时士论翕然。文宗于十三日自太郡起马,次晨黎明解缆上驶,午后行抵芜湖,文武各官出江迎迓。宪舟小泊一宵,于十五日天明向皖垣进发。想皖伯台畔,多士如云,无不翘首以盼文星之照耀也。

载 1891 年 3 月 31 日《申报》,第 2 版,38 卷 469 页

362.皖谚(学宪抵皖＊)

钱穮庵宗师前驱抵省,悉于十六日按临怀宁县。吴松午明府预期饬将贡院修饰一新,以便举行科试。

载 1891 年 4 月 2 日《申报》,附张第 1 版,38 卷 485 页

363.文旌抵省

安徽学宪钱辛伯文宗本拟十六日抵皖,嗣为风涛所阻,于十九日辰刻始抵会城,水陆兵丁,江干环列,旌旗蔽野,戈戟如林。阿啸山中丞、嵩书农方伯、丁恬生廉访、彭受臣观察以及候补道、首府等官,均至东门外码头迎接。钟鸣十二点,学宪命驾晋城,旋即悬牌:二十日放告行香下学,廿一日考经古,廿二日考齐学,廿三日正场考太湖县文童,廿五日考宿松、望江两县文童。余俟续录。

载 1891 年 4 月 6 日《申报》,第 3 版,38 卷 506 页

364.皖中琐事(科考琐闻＊)

皖垣现当考试之期,儒冠儒服者流相与负笈(襜)〔担〕囊而至,粮价为之大涨。此外各项生意亦因之利市三倍。

皖垣素有天主教堂,现值钱穮庵文宗回省科考,士子云集,首府联仙蘅太守揭示教堂门首,谕各生童道经其处,仅可一览,不可多事。仰见贤太守先事预防、审慎周详之意。

载 1891 年 4 月 13 日《申报》,第 2 版,38 卷 547 页

365. 皖事汇缀（示期决科＊）

沈仲复中丞以培植人才为先务，今年适逢大比，济济多士，攻苦有年，必有激昂青云、干霄直上者，不可不先有以试之，遂示期于二十日在考棚内决科。清晨六点钟，中丞排导而至，升座点名。诸生次第入场。中丞先回节辕，饬首府联仙蘅太守代为收卷。闻此次颁奖颇优，说士甘于肉，非中丞其孰能之？

载 1891 年 8 月 1 日《申报》，第 2 版，39 卷 189 页

366. 中江官话（科考已竣＊）

安徽学政钱樨庵文宗自春徂夏，接办安、庐、滁、和、泗、六等属科考，现已次第告竣，遂于月之初旬自泗州起节回辕，道经庐州，换坐官舫，用小火轮拖带出巢湖而达裕溪口，于十六日安抵太平府节署，约七月初旬考试本郡遗才，即赴白门办理录科事宜。

载 1891 年 8 月 1 日《申报》，第 3 版，39 卷 190 页

367. 芜水秋痕（严禁假冒＊）

每届乡试之年，猾侩奸商往往冒充考生，抗免厘税，其实考生自带土货、借补考费者不及十中之一。卡员真伪莫辨，操之过急，则易肇事端；过于优容，又恐考成有碍。本届湾沚镇厘税委员吴少斋少尹拟自五月十五日起，广募巡丁，在河上瞭望，遇有货船高挂"乡试"旗号者，即掉小舟尾随其后，俟抵埠关，其将货起，入某号，即就近禀请地方官指名提究，补完加罚，以儆刁风。缮具条陈，上之抚宪。沈仲复批示：以考生挟带货物，原违功令，前经奉旨照例扣考，应无疑议。若以该员所陈，不但无此政体，抑且易滋流弊，仰即裁撤勿用，并将原禀及批抄录，札发徽宁太三府，转饬各县一体出示晓谕，俾考生触目惊心，免致重蹈覆辙。中丞此批，可谓不严而肃矣。

载 1891 年 8 月 16 日《申报》，第 2 版，39 卷 283 页

368. 芜水秋痕（考取遗材＊）

安徽学政驻节太平府，每届乡试，本郡士子照例得先期就署，考取遗材，然后前赴白下。本届钱大宗师于七月初三日举行录遗。既竣，即启节赴金陵。

载 1891 年 8 月 16 日《申报》，第 2 版，39 卷 283 页

369. 芜水秋痕（士子返乡＊）

乡试伊迩，皖南士子取道鸠江赴白下者，舟车络绎，不绝于途，舟价较平时昂至数倍。

载 1891 年 8 月 16 日《申报》，第 2 版，39 卷 283 页

370. 代理监临

本届江南科场轮应皖抚入闱监临，沈仲复大中丞以近来地方多事，在在须严加镇压，奏请以学宪钱辛伯文宗代理。闻朝廷已准所请矣。

载1891年8月31日《申报》，第2版，39卷375页

371. 白门秋柳(乡试琐闻＊)

考生某寓居金陵九儿巷王姓家，旅中寂寞，凡纫浣之事皆仰给于他人。前日，脱却布裤并长衫二件，交左邻妇荡垢涤瑕，给以青蚨数十翼。次日，又有夏衣一卷，送与右邻妇，借纤纤之手，濯楚楚之裳。生本无心选择，而左邻妇忿忿不平，谓右邻妇欲遇襄王先为漂母，竟他人手中夺取活计。右邻妇大怒，曰："汝以秽语诬人，真所谓以小人之心度君子之腹者。"始而斗舌，继而挥拳，莺嗔燕叱之时，左邻妇忽以玲珑寸指作当头之棒喝，但见右邻妇青丝鬓下血溅桃花里。人咸抱不平，正欲鸣官抬验，左邻妇始惶然，再三挽人说合，始允养伤寝事。区区细故，竟肇事端，醋娘子之威风抑何可畏？然探原立论，酸秀才之处事糊涂，百喙亦无以自解矣。

司署口一带，凡赶考市者，各出□金少许，遂于他人檐下列肆而居，架竹为楹，编芦作壁。虽只一椽之庇，竟成五都之观。瑞方伯鸣骀过此，恐日燥风枯易酿火患，遂饬以洋铁及布代之。现已遵照更换矣。

上、下江录遗已有数府揭晓，十取其七，将来陆续补取，凡有志观光者可免向隅之憾，盖今届号舍尚属有余，宗师乐得宏开珊网，俾多士胥得以及锋而试也。

程雨庭观察仪洛充本科外监试官兼帮办内提调，公正廉明，口碑载道。有某廪生因科场积弊过深，联名具禀，请其逐款防维，以重抡才大典。观察已将禀收下，当有一番整顿矣。

贡院西街某姓家有空屋数椽，欲作考寓，日前有皖北人三四辈过而问价，手携芦荻一枝，丈量宽窄，指天画地，东顾西瞻，将有成议。主人起而酌茗，遍饮嘉宾，一转身间，而客已离席，扬言："出门易银，即来付价。"语毕，匆匆而去。主人久待不至，欲着罗衫出游，忽已杳无踪影，细检案头，古玩已入无何有之乡，始知客来不速，乃不操弧矛之大盗也。若辈伎俩，可谓层出不穷矣。

载1891年9月5日《申报》，第2版，39卷405页

372. 皖学政钱奏报全省科考完竣折

安徽学政内阁学士臣钱桂森跪奏，为恭报皖省科考全竣情形，仰祈圣鉴事：窃臣于去年十二月间，业将皖南各府州科考日期恭折奏报在案，臣以本年二月十三日出棚试安庆府，接考六安州、庐州、和州、滁州、泗州，六月初十日甫经竣事。臣于关防考试一切严密，不敢稍涉疏懈，点名时仍责成廪保认真稽查。考试六安、合肥文童正场，节经廪保指

出枪替各二名、盱眙一名,均交提调官从严惩办。场规俱为安静。臣所经过地方,初以亢阳日久,雨泽愆期,各处禾苗不能及时播种,焦灼殊深。幸自五月下旬,浓阴连日,淮肥上游闻已陆续得雨,续于六月初四五日间连雨三日,沿江一带甘霖沾足,各属田亩均已补种秋禾,民情俱极安谧,堪以上慰宸厪。兹臣于六月十八日回署,拟俟七月初旬前赴金陵办理录遗各事宜。所有微臣巡视皖北各府州科考,通计一省岁科全竣情形,理合缮折具陈,伏乞皇上圣鉴。谨奏。

奉朱批:知道了,钦此。

光绪十七年七月二十四日《京报全录》第三千八百十二号,辛卯八月初三日《申报》附张

载1891年9月5日《申报》,附张第3版,39卷410页

373. 安徽考取优贡名单

正取六名:赵曾槐,安庆府学廪;贡士元,宁国县学廪;王荣懋,寿州学廪;吴本浉,太平府学廪;汪祖树,霍邱县学廪;金鸿智,合肥县学廪。

备取十二名:桂作联,石埭县学廪;涂懋儒,六安州学廪;童益升,望江县学廪;张庆庚,太湖县学廪;李傅蓉,南陵县学廪;朱照,广德州学廪;郁浚生,天长县学廪;江绍明,芜湖县学廪;苏锡岱,太平县学廪;桂殿华,石埭县学廪;杨荣桢,当涂县学廪;李长龄,阜阳县学廪。

载1891年9月12日《申报》,第2—3版,39卷447—448页

374. 电传江南乡试首场题

头题:"子曰:桓公九合诸侯"一节。
二题:"考诸三王而不谬"四句。
三题:"经界既正"三句。
诗题:赋得"鳌背参差日气红",得"红"字,五言八韵。

载1891年9月13日《申报》,第1版,39卷453页

375. 棘闱琐语

旧例,供给所于八月初旬请各大宪入闱履勘,谓之"踹场"。兹悉督宪、监临并提调、监试各官业于八月朔日鸣驺而至,车马喧阗,如龙如水。加以督标营列队恭迎,戈戟云屯,旌旗日耀,军容之盛,虽荼火未足形容也。倾城士女环而观者如堵墙。约历三点钟之久,始各呵殿而去。督宪等以胡式嘉太守办理得法,颇蒙面奖云。

江南二主试行抵京口,已列前报。嗣于八月朔日舟抵石头,驻节皇华馆。供给所备绿呢大轿二乘,并全副仪仗,簇拥至毗庐庵行辕暂憩。文星迎迓者惟李小轩太尊,陈仰山、赵小帆两明府,其余各宪皆因关防严密未便进谒。大约入帘日可以叙契阔、通问讯矣。

工人午炊遗星星之火于席蓬下,俄而,浓烟四塞,赤焰熊熊,几有燎原之势。幸水夫数十人竭力救护,始行扑灭。委员闻之,将该工人笞责二百板,以警其余云。

本科文闱外监试程雨庭观察,昨将某书办传至公馆,厉声责之,曰:"闻历科传递、换卷、买荐,种种不法事,皆汝一人经手,罪不胜诛,本道不予深究。自今伊始,当革面洗心,顾全身家性命,如再见利忘义,定当明正典刑。"并传谕诸色人等一体知悉,毋得视为具文,噬脐无及。噫,自古舞文皆由胥吏,观察擒贼擒王,可谓能正本清源矣。

昔年文闱印卷只藩属监印官一人督率,耳目未周,即滋流弊。己丑科有一生而备二卷者,自作一卷,当时交入;捉刀人代作一卷,场后在弥封、誊录处易之。其代庖之人皆系高掇巍科者。此事实开历科舞弊未有之奇。外提调瑞方伯洞悉情形,昨委公正廉明牧令八员,眼同书吏对册、盖印,随即封志加钥,并每箱共计若干包,每包共计若干卷,开呈清单,以便核对学宪所取人数是否符合。大约此弊可以杜绝,但不识传递之法如何防维,是在内提调、外监试二观察之妙用矣。

载 1891 年 9 月 13 日《申报》,第 2 版,39 卷 453 页

376. 入帘盛仪

江南主试入帘,循例在江宁府大堂默宴。初六日卯正,江宁府李小轩太守预备迎迓。供给所总办胡式嘉太守,上元县陈仰山、江宁县赵小帆两明府,以及各执事、员弁先后到署,铺陈一切。辰初二刻,内提调巡道冯介眉观察、外监试程雨庭观察首先至署,外提调瑞弗侯方伯、代办监临安徽学院钱辛伯阁学接踵而至。少顷,巡捕官唐二尹鹤年、黄少尉炳持帖飞骑先至,正、副主试用全副仪仗,乘坐绿呢大轿至阶前下轿,次第升堂。各官在大堂滴水檐下恭迎。正主试金忠甫阁学、副主试李木斋太史,年均逾而立,气宇和蔼,望见颜色者,啧啧称羡不置。辰正一刻,两江总督刘岘帅呼殿而来,唐、黄二巡捕急步至仪门檐下接帖,金、李二主试、监临钱阁学并肩而出,各官随后,至大堂檐下迎迓,皆一揖不作寒暄语。制军穿朝服,率领众官行三跪九叩首礼,恭请圣安后,行宾主礼。礼毕,入内堂小憩。供给所胡总办督率铺陈帘盘委员、司事将盛筵七桌设于大堂左右,如雁行式,席中肴馔皆可看而不可食。少焉,乐作,恭请入坐,主试坐宾位,制军坐主位,甫安坐,忽闻轰然一声,杯筷肴馔已抢得干干净净。此系俗例,名曰"抢三元"。各官大笑,制军送正、副主试于堂下,主试换坐八人显轿,府县百官绕道先至贡院伺候。外监试、内外提调先行,监临殿后,皆坐显轿,由三山街进状元境,至贡院。时值午正,主试入帘,监临照例由内封门,外提调由外加封,一切如礼。沿途观者人山人海。惜天公不作美,大雨倾盆,不啻银河倒泻,都人士皆额手称贺,盖以古谚相传,有"主考衣帽湿,江南状元出"之语,故以遇雨为吉利也。

载 1891 年 9 月 13 日《申报》,第 2 版,39 卷 453 页

377. 江南乡试帘单

内帘:正任宿迁县黄金钺,婺源县段树榛,请补泗州文翰,太和县刘庆光,江苏候补

县邢毓馨、叶意琛、陈守晟、高振声、龙璋林、林毓菁、葛祥熊、林毓衡、魏士鸿、戴辅筠,安徽通判黄泽森,知县李长郁、龙赓言、王岳松。

外收掌官:安徽大挑知县黄鹏文、郭继泰。

受卷官:荆溪县薛星辉,清河县崇朴,江苏同知李福冕,即用县李瀚鋆、松年,安徽即用县杨纪元、孙玉铭、彭灿垣。

誊录官:江苏即用县张恭彝、杨万选,旌德县张友仁,安徽大挑县陈世楠。

弥封官:铜陵县姚鹏翕,江宁候补县杨凤池、李隽、常牧。

对读官:正任睢宁县侯绍瀛,候补知州汤华衮,江苏即用县张晟、朱江。

载 1891 年 9 月 14 日《申报》,第 2 版,39 卷 459 页

378. 南闱杂志

主试入闱已详前报,初七夜外提调瑞方伯派道员十六位相率进闱,分路点名。初八日寅初,点第一起东路,为松江府学。中路为常州府学。中路人少,东路人多,中路已悬第三起灯,而东路第一起尚未点完。管理旗灯委员不加详察,但闻中路之炮声为定灯之起数。东路各生见灯旗高扯,心慌意乱,在前者尚未入闱而后来者纷纷居上,以致拥挤不堪,不可遏抑。迨东路才点第三起,中路第五起已经点好。故东路之人愈集愈多。内有一考生登时拥倒,老湘营兵高声呼救,奈人山人海,无从援手,立刻踏毙。惟何县人氏,尚无从查悉也。嗣经外提调瑞方伯查悉拥挤情形,令将中路徐徐而点,至第九起灯时,饬令稍待东路,方始疏通,诸生得以鱼贯而入。讵东路诸君子得以安稳入场,而西路有一生因进场时挤轧过甚,吐血而亡。并有吐泻不止、旋登鬼录者,有体无完肤、浑身血污、便尔气绝者。目击其事〔者〕谓:用裁纸小刀割去脑后发皮一块,口中喃喃不绝,旋即殒命云。幸为时尚早,由西角门扛出。接点十一、十二两起时,龙门内人声鼎沸,喧传又死人、又死人。当即查视,系因病扶出者四人。迨点毕时,末点十三、十四两起时,已酉正矣,例应封门。是日也,病者八人,死者五人,其死者上江四人,下江一人。未封门前,一生领卷至明远楼下,欣欣然将试卷再三细视,反复摩弄,一鹰从天而降,将卷摄去,该生不知为计,哭求监试,转求监临。钱阁学谓:"必有冤孽,不然何有如此之巧且奇?"谕令该生以后不必应试。该生唯唯,垂头丧气而出。初九日,巡道前由天秤而出者二人,一系凤阳府考生;一系教敷营龙文斋刻字铺之学徒,在内帘当差者,大约皆为疫气所毙。初十晨,姚家巷天秤而出太平府属考生一人、号军一人。西街口吊出无为州考生一人。辰正放头牌扶出病者三十二人,总共合计头场毙者十人,病者四十人,瘟疫之甚,无有过于此时者矣。候补道朱麟成观察在贡院前施送救疫医药,有少不经事之考生尚肆口詈骂,其故何耶?

载 1891 年 9 月 17 日《申报》,第 2 版,39 卷 477 页

379. 辛卯科江南乡试二场题

"兑正秋也"三句。 "懋迁有无化居"三句。 "既伯既祷"二句。 夏,公会晋侯、

卫侯于琐泽,成公十有二年。　　牺象,周尊也。

　　　　　　　　　　　　　　　载1891年9月18日《申报》,第2版,39卷483页

380. 江南二场杂志

　　头场共毙十人,病者四十人,已详前报。二场于十三日放牌时,扶出病者十四人,病死者一人,系茶夫也,较之头场颇为平安。头场登蓝榜者三百余名,大半因病交白卷,只有一人卷上画兰花三朵,余无奇异。

　　　　　　　　　　　　　　　载1891年9月18日《申报》,第2版,39卷483页

381. 考生自经

　　初七日,金陵文德桥南东花园旁树枝有人自经,年约廿六七,身穿蓝大布夹袄,蓝布套裤。怀中有冤单一纸,系是日清晨所书。其略云:"我乃凤阳府属人也,名列胶庠,因录遗不取,无面目见江东父老。遗才案上无名,例不准领宾兴,所带川资既经用罄,欲作回里之计,阮囊羞涩,何以跋涉长途?不得已出此下策,与同寓之人无涉云云。"呜呼,□□生者良可悯矣。按,学宪于初七晚悬牌晓谕,凡遗才之被斥者,除不完卷以及文理荒谬犯规外,一概补送。使此生忍待须臾,何患不厕名案末。乃竟迫不及待,赍恨以殁。长吉诗云:"为问年年辽海上,文章何处哭秋风。"伤心人当同此一把眼泪也。至领取宾兴章程,各处不同,有于到省时给领者,有于进场后给领者。若囊资充足者,视此涓滴之水不足重轻,而寒士观光,则旅费试资无一不仰给于此。然则,经理此事者宜如何体恤寒畯,加惠士林耶?

　　　　　　　　　　　　　　　载1891年9月19日《申报》,第2版,39卷489页

382. 南闱纪事

　　乡试三场,例于十六日启门。本届江南乡试场,内因病者太多,各号官纷纷禀明监临。钱辛伯阁学体恤士子,准于十五日清晨启门,头牌出场者百余人,十有八九因病而缴白卷。三场只毙第七房帘官之家丁一人,场内士子均尚无恙,诚幸事也。

　　　　　　　　　　　　　　　载1891年9月20日《申报》,第1版,39卷495页

383. 鸠兹秋浪(稽查考船*)

　　秋试已竣,鏖战棘闱者相与鼓棹言旋,道出鸠江,帆樯云集,市肆为之改观。刘岘帅即派查盐舢板十艘来芜,停泊江口,稽查考船,以免挟私漏税。

　　　　　　　　　　　　　　　载1891年9月29日《申报》,第1版,39卷549页

384. 江南锁院续闻

本科严杜捉刀之弊，首自联号而起，监临、监试、提调于盖印号戳时，遴选干员从旁巡察。书吏某承管徽州府属试卷，竟敢于耳目丛集之中窃取号戳二枚，纳诸袖中，以备磨红者之用，磨红者涂去本戳，另以所偷之戳印之也。事为监试道程观察觑破，饬人严搜，其身藏有试卷二本，即交江宁县赵明府管押候办。

第二场十二日一点钟时，忽闻洋龙从明远阁下雷轰电掣而过，各生大骇，群在号口木栅内探头而望，如露孔蜂房蠕蠕欲动。约炊许，始知东龙腮某字号不戒于火，延烧号帘，将有透屋冲霄之势。幸救护得法，祝融氏未与魁宿争光，然亦险矣。

科场定例，头场交卷至迟不得逾初十晚三鼓。二、三场亦如之。今科监临钱辛伯阁学格外从宽，三鼓后未及交卷者，谕令移至公堂誊写，以便清号开点。乃有安徽某生三场对策，竟迟至十七日午刻始投卷而出。监临嫌其违例，饬登蓝榜。

考生役号军，固也，今科竟有号军辱考生者。推原其故，因号军买牌之资欲取偿于考生，而皖北诸君又珍重一文钱，不肯解囊相赠，故有讪笑者，有怒骂者，有彼此挥拳者，纷纷杂出，而号官皆置若罔闻，大有不痴不聋不瞎两家翁之意。嘻，异哉！

三场未封门时，一生失去对时表及白玉班指各一，疑系号军所窃，声请号官稽查。方喧嚷间，隔号某生偶尔振衣，铿然落地，视之，即所失二物也。失物者存兔死狐悲之意，不欲穷究，而号军正喊冤负屈，竟扭窃物者至内提调官冯观察前禀诉。观察着将物归还原主。该生有文无行，饬人扶出棘闱。

前报记首场某生之卷被鹰摄去云云。兹悉，状元新号某旗生首艺已誊正矣，偶一不慎泼翻杯内之茶，卷既受潮，遂晒诸矮屋之上。适一鹰振翅而迎，摄至空中。既而，四五鹰争夺不休，将卷撕碎。生乃哭求监临补给。监临以素无是例，不允所求。生出场后，气郁难舒，致成痼疾。人咸谓旗人喜猎，故有此报。是耶？非耶？

载 1891 年 9 月 30 日《申报》，第 1 版，39 卷 555 页

385. 揭晓有期

江南乡试放榜日期闻已定于本月二十一日，指黄菊以初开，酌金罍而共宴，好音伊迩，当为应试诸君子倾耳听之。

载 1891 年 10 月 10 日《申报》，第 2 版，39 卷 617 页

386. 定期揭晓

江南秋闱择吉九月二十一日揭晓，现已传写榜吏孟子受入闱，先填头尾及名数，千门万户走马争看，云泥之分即在顷刻，局中局外无不翘首望之已。又闻浙闱定于十五日出榜云。

载 1891 年 10 月 15 日《申报》，第 2 版，39 卷 647 页

387. 望榜说

　　国家右文稽古，重道崇儒，凡不以科目进身者，谓之杂流。于是韦带之儒，莫不以帖括为进身之具。童而习之，至白首而未已。上以是求，下以是应。此唐宗明祖之所以束缚英雄，自神其驱策之用也。历来以时文名家者代不乏人，而博闻强记之儒菲史枕经之辈，与夫出将入相、旋乾转坤之伟人，亦皆出诸科目中。此国家所以重视科目而未敢轻议变更也。三年大比，聚一省之人才，而试之以制艺、试帖、五经、策问，苟得厕名榜末，便可脱却利市蓝衫，鸣鹿一赋，抟鹏有期，方丈瀛洲，去人不远。即使计偕北上，依旧铩羽南归，然迁延十载，例得大挑上者，百里花封，得以操刀小试。次者，一盘首蓿，亦可忝拥皋比。此外如考试中书，考试教习，捷径亦正不少。此士之所以磨砺以须，激昂奋发，而不能自己也。当其应科举、录遗才，搜索盘川，整理行箧，呼朋结伴，觅寓省垣，如项羽渡河击秦军，有沉舟破釜之志。及其苦吟矮屋之中，握管宵深以后，长吉之心肝欲呕，子安之腹稿难成。得失之见，亘于胸中。又如石家郎欲与光武并驱中原，正未知鹿死谁手。迨夫出场以后，各以且夫尝谓之文互相传示，互相标榜，酒酣耳热，拍案大叫，谓某某当不作第二人想，某某当是夺魁好手。意气之盛，横绝一时。又如崔（灏）〔颢〕题黄鹤楼诗，目空千载。夫以三年雪案之钻研，尝九日风檐之辛苦，扪心自问，孰不愿一鸣惊人，冲霄飞去？固不仅父母妻子同盼捷音，宗族交游欣闻吉语也。然售者百之一，名落孙山外者比比皆是，将谓文字无灵耶？则能文者未必尽售，获售者未必能文。文章自古无凭据，惟愿朱衣暗点头。古人已先我言之矣。将谓积德始可通显耶？则规行矩步之士、累世通德之门，未必尽登甲榜。苍苍在上，安能排阊阖九重而一叩穷通之故耶？失意者多，得意者少，既不能一榜尽赐及第，使呫哔咿唔之辈咸邀释褐之荣，而担簦挟策于于而来者，仍不免延颈跂踵，喁喁而望则甚矣。名字一关之未易打破也，岁科试揭晓不过二三日，尚易漠然置之。乡试揭晓，大省、小省迟速不同，极迟不得过一月，旬日之中，主试之弃取已定，而士子之痴心妄想犹辗转颠倒于胸中。时作一得意想，则五城十二楼平地涌起，升仙成佛弹指即是。时作一失意想，则面目都非，形骸欲朽，九幽十八狱无比冤苦，此亦人生极难堪之境矣。昔莲池大师尝言：一切尘俗缘皆能勘破，惟闻试场放炮三声，辄觉此心怦怦然动。莲池尚如此，何论他人。要之，科名得失莫非前定，国家既以此为论秀书升之典，士即以此为家修廷献之资。逐队观场，随班应唱，此固分内之事，不必有希冀之心见存其中也。飞骑传人报条无我，此亦分内之遭，不必有怨尤之见梗于胸也。譬之于射，射而不胜，不怨胜己者，反求诸己而已矣。存得此心，即终老青衿，穷经白首，亦不失为胶庠之硕士。若热中之念太过，则奔竞贪缘之习将自此而开，其弊有不可有胜言者矣。然自有识者视之，已决非远到之器矣。夫惟潇洒不群之士、胸襟绝俗之人，为能应物而不囿于物，同俗而不徇于俗。当榜花未卜、泥金未报时，或携朋挈侣，放浪于山巅水涯；或命酒征歌，流连于芳时胜地。云中白鹤，天尘朱霞，岂与寻常培塿等量齐观哉！比来玉露团秋，金风荐爽，菊艳则篱披而放，蕊榜已次第而开，走马千门，好音遝听。戏拈此说，以质观者，若目为过来人，则吾岂敢！

　　　　　　　载1891年10月16日《申报》，第1版，39卷653页

388. 南闱琐纪

传闻江南主试因首艺陈文太多，传谕十八房帘官，如头场文理尚优，必参阅二场经艺，簇簇生新，方能入选。倘经艺字字珠玉，而头场有一二句录旧者，亦遭摒弃。或头场平平，而二场出色，亦可补荐。两主试讲求经学，于此可见一斑。

安徽民字号一卷，已中式发刻矣。核对二场默写首艺起讲，亥豕鲁鱼，讹字满纸，取阅墨卷亦然。主试大疑，恐有弊窦，因即抽去。

长字七十二号之卷，通幅文字灿然可观，惟推兴起讲不符，似出两人之手。比对墨卷起讲，与朱卷迥异。追究其故，盖誊录生初誊七十四号卷半途而辍，有人翻阅，无意将七十二号卷置诸案头。誊录生归座，贸贸然誊下，遂致张冠李戴。主试知并无别故，遂饬补卷另誊。然该管委员已受薄责矣。

载 1891 年 10 月 17 日《申报》，第 1 版，39 卷 659 页

389. 续望榜说

茱萸插罢，蕊榜已开，本馆接得电音，迅即译登报纸，计自滇、黔、蜀、桂以及齐、豫、燕、赵、粤、鄂，无不登科记织，淡墨书名，所未悉者惟楚南与江左耳。楚省谅经揭晓，只以未通电报，是以难觅确音。江南则人数过多，披阅不易，故尚须迟至二十一日，始得雁塔高题。有客问于予曰："子亦个中人也，一帆白下，鏖战连朝，矮屋之中备尝艰苦。乃人皆翘首跂足，瞻望殷殷，一若一登贤书，即可价增十倍。而子独心如止水，淡然漠然，日仍诗酒逍遥，绝不闻棘闱之事。意者子真浮云辑冕，不屑置身富贵场中欤，抑能稳步青云，视功名如拾芥欤？"则应之曰："不然。仆观秀才之情殷望榜者，实有二等。其上者，老师宿儒，学深养粹，弯□命中，左券可操。而又囊笔入场，洋洋洒洒，三场文字，得意疾书，自问席帽离身直意计中事。则当榜之将出，未免有所热中，昕夕踌躇，劳劳盼望。然若此者，曾有几人，而谓仆敢存此希冀哉？其下也者，髫年赴试，卒得一衿，文理则似通非通，世故则不知不识，杂取近时溢墨卷，伏案呫哦，偶然书院之中取列一二超等，即自以为文坛健将，举世无双，自命不凡，目空一切。洎乎秋闱战罢，将文诗录示师友，以决科名。师友虽明知其疵类多多，不得不交口称誉。于是气益盛，趾益高，视前辈为庸奴，视益友若仆隶，不知颜赧，动辄炫己之长。当夫揭晓有期，营营盼望，晨占雀喜，夕卜灯花，魂梦频萦，无时或释。真如谚所谓热灶上蚂蚁，时时旋转不休。而文之能中与否惽如焉。仆虽荒芜，亦不出此。仆幼承慈训，稍长复受业于祖庭，粗识之无，略谙字义。既复担簦负笈，从名师友游，入学后寝馈于八股中者，复历十余寒暑。今者，依人作嫁，故业渐抛，寸晷风檐，一搁管已，心如废井，然此中甘苦亦已约略而知。明识庸劣之文于登科尚远，何敢妄存冀幸，旦夕劳我衷肠哉。且昨报曾纪之矣，迩者书估多以嗜利为心，收拾陈文，借石印以为怀挟，以致江南首艺陈作甚多。主司刻意讲求，悉心校阅，如首艺有一二句录旧者，虽经璞献，概付珠遗。嘻，印售陈文，原欲使人则效也，乃因则效如云之故，而偶焉窃取一二句，即遭刖足之伤。在窃取者固无怨尤，而印售者因此而误人功名，反之于心安乎否乎？仆虽不致窃人之文以为文，亦断不能窠白全除，戛戛独

造,而谓敢谬思入彀乎?况今之举人,其品亦可概见矣。通都大邑,冠盖如云,科第虽多,自必束修自好。若夫穷乡僻壤,素无诗礼之家,一旦侥获科名,闾里方尊之重之交相恭敬,而若人即奔走势要,鱼肉懦良,包索宿逋,强酗孀妇,可诱骗者则诱骗之,可吓诈者则吓诈之,恣意妄为,无恶不作。在官长虽深恶痛绝,不屑与之往来,然见其以科第作护身符,亦不能遽尔惩办。彼遂如虎添翼,益复暴戾恣睢。虽旁人侧目于道途,亦所弗恤,而烟寮茶肆、妓馆赌场,受其侵渔,冤无可诉矣。仆寒士也,平日惟以笔耕为事,绝不肯荡检逾闲,不中固穷约以终身,即中亦不能图非分之财以肥私橐,中不中有何分别?而何必营营于榜信为?"客曰:"然则子芸窗静坐、消遣琴书可也,何为当大比之年,即随众入场,饱受此九日之苦楚哉?"曰:"是亦有说。忆自束发受书而后,父母之属望良殷,见其欲从师也,则为之制衣裳、筹脩脯;见其已入泮矣,则更告宗祠,邀宾客,终朝碌碌,喜溢眉梢。今者,风木伤心,高堂见背,鬓丝如许,老大无成,使再暴弃自甘,不向科场中一献其技,此身终老牖下没齿无闻,人即不我疵,我能对父母乎?夫是以三年一试,迄今仍不灰心也。"客无言而退,乃铨次问答之语,为《望榜说》续之云者,盖以前报既有是说,故为是以继之也。貂欤,狗尾欤,谅诸君子自有能辨之者。

载1891年10月19日《申报》,第1版,39卷671页

390. 电传江南乡试题名全录

孙多捷,寿州;陈希濂,元和;魏家骅,江宁;薛临正,武进;沈维贤,华亭;陈树屏,望江;夏曰琨,嘉定;王承藩,苏州;鲁泮林,江宁;闻溥,清河;周尚忠,天长;金翊运,望江;沈厚忻,江宁;顾祖彭,上元;邬尧春,娄县;孙凤林,长洲;朱宝善,清河;李炯,怀宁;龚心钊,合肥;张灿奎,宿迁;孟镕,阳湖;德厚,驻防;沈志贤,常州;张士贤,娄县;于长庆,江都;费树藩,常州;李坚,甘泉;洪思齐,怀宁;朱应杓,上元;陈树涵,怀宁;冯诚戬,嘉定;王慎本,吴县;江开祉,新阳;吴砺金,宿松;吴翊寅,阳湖;翁绶琪,吴江;陈厚植,无为;王士荣,常州;朱其鋆,宝应;童益升,望江;张汝砺,华亭;庄瑞仪,阳湖;薛俊,太平;徐善宝,无为;孙汝霖,通州;王邦德,黟县;巩懋熙,金匮;邓嘉禾,江宁;檀百熙,望江;王衡,金匮;徐正钧,石埭;黄炳元,昭文;邓邦述,江宁;史悠瑞,阳湖;吴燕,阳湖;童文梓,望江;江朝铭,旌德;彭提庠,元和;延年,驻防;王英冕,丹阳;朱学曾,泾县;孙开桢,苏州;孙传鼎,寿州;洪钟,仪征;王仁俊,吴县;蒋懋熙,吴县;涂性成,潜山;恽启森,阳湖;郑光照,常州;董毓兰,宣城;杨尉,高邮;徐衷涵,常熟;程松生,徽州;邓邦达,江宁;马占元,宝山;项舒翰,太平;潘志洵,吴县;黄恩洵,青浦;汪煌,太平;舒廷礼,太平;刘盛第,合肥;翁炯孙,常熟;吴继盛,合肥;汪赞纶,阳湖;胡玉缙,元和;王鸿,池州;洪恩焕,安庆;钱振荣,宝应;王禄孙,溧阳;黄以霖,宿迁;吴胐,阳湖;叶文翰,江宁;孙志修,太平;龚鸿揆,五河;马承煃,如皋;余型,来安;庄鼎彝,常州;吕成宪,苏州;章定帝,荆溪;沈长华,江都;曾朴,苏州;童起诗,桐城;沙元炳,如皋;姚鹏图,镇洋;吕志元,宣城;程先甲,江宁;吴学廉,庐江;刘钟琳,宝应;姜劼,□□;翁子孙,常熟;鲍文镰,芜湖;庞元启,震泽;程承澍,徽州;吴鸿藻,镇江;郝秀观,怀宁;申濩元,元和;程正枢,太湖;朱世徽,泰兴;郑嘉铨,元和;阳培,驻防;王锡绶,盱眙;胡炳益,昭文;金振猷,合肥;李灼华,霍邱;陆尔

金,阳湖;孙多鑫,寿州;刘骧云,宝应;汪声玲,宁国;苏东培,吴县;胡嘉铨,黟县;费思慎,高邮;董绳寿,宣城;吉亮工,扬州;孙传纶,寿州;戴光祖,元和;鲍鸿,徽州;叶增涛,吴县;江庆极,黟县;郭宝珩,江都;胡远浚,怀宁;傅成霖,阳湖;徐旭,望江;李组新,武进;程辅墀,太湖;江文溥,常州。

副榜

鲍鸣咏,池州;厉蓉青,仪征;沈宗兴,镇江;韩之锦,怀宁;庄蕴宽,常州;谢庆麟,新阳;宋乃鹏,怀远;朱学周,宝应;胡济,宜兴;张庆庚,太湖;徐孚吉,海门;苏城,石埭;沈严,元和;赵恩源,太平;童复,武进;胡调燮,安庆;顾存章,武进;唐致隆,庐州;恽祝三,阳湖;王宗鋆,金匮;鲍亮宣,歙县;刘邦霖,如皋。

江南乡试于今日放榜,本馆特托金陵访事友人迅发专电来申,译登报牍。选佛场开登科记织,想诸君子必以先睹为快也。惟由电码译出姓名、籍贯容有小错,俟接到官板题名全录,再行悉心校正。

本馆附识

载1891年10月23日《申报》,第2版,39卷695页

391. 顺天乡试官板题名全录

……徐履谦,安徽石埭……胡翔林,安徽泗州……璩珩,安徽桐城……周学铭,安徽建德……刘发孙,安徽庐江……宁济,安徽青阳。

(注:正榜共280名,皖生6名;副榜48名,无皖生。仅录皖生姓名、籍贯。)

载1891年10月25日《申报》,第2版,39卷707页

392. 江南乡试官板题名全录

孙多捷,寿州附;陈希濂,元和附;魏家骅,江宁拔;薛临正,武进优;沈维贤,华亭廪;陈树屏,望江廪;夏曰琦,嘉定增;王承藻,苏州廪;鲁泮林,江宁廪;闻溥,清河拔;周尚忠,天长附;金翙运,望江附;沈厚圻,江宁附;顾祖彭,上元副;邬尧春,娄县增;孙凤彬,长洲廪;朱宝善,清浦廪;李炯,怀宁附;龚心钊,合肥贡;张灿奎,宿松附;孟镕,阳湖附;承厚,驻防廪;沈志贤,常州附;张士希,娄县廪;于长庆,江都廪;费树藩,常州廪;李坚,甘泉廪;洪思齐,怀宁附;朱应构,江宁附;陈树涵,怀宁副;冯诚求,嘉定附;王慎本,吴县廪;汪开祉,新阳附;吴砺金,宿松附;吴翊寅,阳湖贡;翁绥琪,吴江廪;陈厚植,无为廪;王士芬,常州附;朱其鋆,宝应附;童益升,望江贡;张汝砺,华亭附;庄纶仪,阳湖附;苏俊,太平贡;徐善宝,吴县贡;孙汝霖,通州附;王邦□,黟县附;顾懋熙,金匮附;邓嘉禾,江宁附;檀百熙,望江附;王衡,金匮附;黄炳元,昭文附;徐正钧,石埭附;邓邦述,江宁;史悠瑞,阳湖廪;吴燕绍,苏州增;童文梓,望江贡;江朝铭,旌德优;彭禔庠,元和附;延祥,驻防附;王英冕,丹阳附;朱学曾,泾县廪;孙国桢,苏州增;孙传鼎,寿州贡;洪钟,仪征附;王仁俊,吴县贡;蒋懋熙,吴县附;余性成,潜山附;郑光照,常州廪;恽荣森,阳湖附;董毓兰,宣城贡;杨蔚,高邮附;徐衷涵,常熟廪;程松森,徽州廪;邓邦达,江宁附;马

占元,宝应贡;项舒翰,太平附;潘志询,吴县附;黄恩煦,青浦廪;王烜,泰州附;舒廷澧,黟县廪;刘盛芥,合肥附;翁炯孙,常熟监;吴继盛,合肥附;汪赞纶,阳湖廪;胡玉缙,元和廪;王鸿,池州廪;洪恩焕,安庆廪;钱振荣,宝应廪;王禄孙,溧阳贡;黄以霖,宿迁拔;吴胱,阳湖附;叶文翰,江宁拔;孙志脩,太平廪;龚鸿揆,五河监;马承煌,如皋副;徐型,来安贡;庄鼎彝,常州附;吕成宪,苏州廪;章定严,绩溪贡;沈长华,江都廪;曾朴,苏州附;童起诗,桐城廪;沙元炳,如皋廪;姚鹏图,镇洋附;吕志元,宣城廪;程先甲,江宁附;吴学廉,庐江贡;刘钟琳,宝应增;姜筠,怀宁贡;翁顺孙,常熟贡;鲍文镳,芜湖教;庞元启,震泽廪;程承澍,徽州附;吴鸿藻,镇江廪;郝秀观,怀宁廪;申濩元,元和廪;程正枢,太湖贡;朱世澂,泰兴拔;郑嘉铨,元和附;长培,驻防附;王锡绶,盱眙廪;胡炳益,昭文增;金振猷,合肥贡;李灼华,霍邱优;陆尔奎,阳湖廪;孙多鑫,寿州监;刘骧云,宝应贡;汪声铃,宁国附;蒋东培,吴县廪;胡嘉铨,黟县附;费思慎,高邮廪;董绳寿,宣城廪;吉亮工,扬州附;孙传绮,寿州廪;戴光祖,元和廪;鲍鸿,徽州廪;叶增涛,吴县附;江庆楷,黟县廪;郭宝珩,江都附;胡远浚,怀宁附;傅成霖,阳湖贡;徐旭,望江增;李组绅,武进监;程辅墀,太湖贡;江文溥,常州附。

副榜

鲍鸣谦,池州廪;厉蓉青,仪征附;沈宗奭,镇江附;韩之锦,怀宁廪;庄蕴宽,常州附;俞庆麟,新阳附;宋乃鹏,怀远附;朱学国,宝应廪;胡济,宜兴附;张庆庚,太湖廪;徐孚吉,海门贡;苏城,石埭廪;沈严,常州附;赵思源,太平廪;董复,武进监;胡调燮,安庆廪;顾成章,武进附;唐致隆,庐州廪;恽祝三,阳湖附;王宗鋆,金匮附;鲍亮宣,歙县附;刘邦霖,如皋廪。

载1891年10月26日《申报》,第2版,39卷713页

393. 南关放榜盛仪

江南乡试于二十一日发榜,淡墨题名早已登诸报首。十九日系钤榜之期,上午八点钟,督辕旗牌官一名飞骑至贡院,报明宪驾将临。内外二提调、外监试整齐衣冠,预备迎迓。供给所早将监临堂铺陈一新,为暂憩之所。钟鸣九下,刘岘帅用全副仪仗,乘八人绿呢大轿呵殿而来,黄亭一座,内储两江总督关防一颗,营兵护卫如火如荼。将至头门,大炮三声,启闭官启封开门,岘帅在至公堂降舆,仍命将头门、二门封锁。各官鹄立阶下,一揖以迎。岘帅即入监临堂略坐,献茶。毕,委员跪请钤榜,由监印官捧印上至公堂,文武各官左右分立,鼓吹声不绝于耳。岘帅升座,执朱笔写一"中"字,并标写日期。门外叠次升炮,然后用印。先印年分,次印骑缝,其榜首全衔早经填榜者书就。印毕,退堂,与内提调等官寒暄数语,约憩片刻,即登舆而去。时已一点三刻钟矣。次日填榜,辰初,内提调、外监试分坐内帘门首,云板三击,帘门洞敞,各项执事按册点名而进,局外者不得越雷池一步。夫役四十名将卷箱昇入,上江者置于堂东,下江者置于堂西,中设公座三,略如雁行式。东二座,主试也;西一座,制军也。稍下对面设四座,东二座,外提调、外监试也;西二座,内提调、内监试也。四座后设长桌二、椅十八,即帘官位也。另设小桌一、椅四,系择帘员内眼明手快者四人比对朱墨卷之座也。帘官后设长凳、长桌各

一,为藩、巡二署办填草榜处,以备当夜分送各大宪署。堂中设一桌,长约七八尺,系孟子受写榜之处。堂下东系上元书办,西系江宁书办,皆抄榜分送各厅、州、县者。是日,岘帅政体违和,兼有要务,无片刻之暇,故委瑞莘侯方伯代办此事。已正,方伯驾临,二主试、巡捕迎至飞虹桥接帖。方伯缓步至檐前,金、李二主试出迎,各一揖。冯、陈二观察、内监试刘式通邑尊均一揖。主试延方伯入督宪座,方伯让再让三,仍就本位。升炮,开填,由主试二家丁昇出一小桌,上盖红锦袱,置于主试前。藩、巡二署吏将袱揭去,内系中卷十本,由弥封所折角,高喊某处某字号,即由收掌所对号开箱,提出墨卷,验明姓氏、籍贯,由藩、巡署中书吏抄录,送呈主试过目。即交眼明手快者四员对明朱墨无讹,即由荐卷所帘官大书姓名、籍贯、出身于四尺白纸条上,再呈主试批明"中式"字样,其卷即存交荐卷房官处,由前吏执条之两端,高唱某人某县某生,由上至下,复由东转西,良久,方交与填榜人。落笔自第六名起,至五十六名止,退堂,午膳。再填五十名,用晚膳。填至一百十一名,因朱墨不符,撤去,将堂备第六卷补入,即芜湖县之鲍君也。填完一百四十五名,接填副车二十二名。各官退堂。

载 1891 年 10 月 27 日《申报》,第 2 版,39 卷 719 页

394. 榜后闲谈

重阳已过,蕊榜宏开,得意则色舞眉飞,失意则神消气沮,得失之间,欣戚固若是悬殊哉。大抵读书求名,为己计者十居二三,为亲计者十居七八。盖父母于子,无不欲其前程远大,以为宗族交游光宠。期之切,不觉望之殷,而为子者欲有以慰父母之心,断未有得失无动于中者。科名之于人固若是切乎。昔有某太史以木天清望,屡典文衡。嗣解组言归,闭门却扫,日以教子为事,子亦名下士,庠序蜚声,其年适逢大比,太史督课甚严,日无暇晷。及场期,太史勉之曰:"汝往哉,会当一鸣惊人,毋堕,乃父志也。"子甫出头场,太史即令人取文稿阅。毕,不置一词。嗣后每日必翻阅一次。迨放榜日,太史期望甚切。未几,报马纷纷而过,传言某氏子已中式矣,某家已报过矣,太史之心愈急,行坐皆无是处。既而,鱼更三跃,消息寂然。太史乃招其子入书室,手持戒尺,指其文而责之曰:"此处擒题宜紧,汝以缓笔出之,我作主司必不中。此处为通篇主脑,汝草率若此,我作主司必不中。此处宜翻,汝反正;此处宜短,汝反长,我作主司,亦不中。"每说一句,即击其首一次。其子被责,垂头默默而已。方打算就寝,忽见报者破门而入,报道公子已中解元矣。阖家皆大喜,回视太史,形神恍惚曰:"吾今日其造梦耶?"旋步出阶前,指曰:"此天也,此云也,此月也。梦中胡得有此?"复出臂,令书僮猛啮,果觉痛,乃恍然曰:"吾非梦矣。"时,诸客纷纷到门,皆向太史道贺。太史置不理,急招其子至书室,仍手执戒尺,指其文而谓之曰:"此处欲擒反纵,我见不到,例当击。"言毕,自击一下。又曰:"此处急脉缓受,我见不到。此处笼罩全题,元箸超超,我见不到,亦当击。"每说一句,自击一下。子极意劝慰,仍不肯休击。毕,然后出堂受贺。又有某甲,生有三子,长次皆已进庠,文名藉甚。三子不能文,失父欢,每逢两兄应试,即命其跟随司炊爨,人目之为烧火三相公。是年乡试,妻见其面有喜色,问故。则曰:"两兄负此文才,今科场在迩,定占高魁,云胡不喜?"妻诮之曰:"兄为座上客,弟作厨下人,不以为羞,反以为喜乎?幸吾积有

微资,汝可捐监考遗,虽不望中,倘得与兄睹上国之光,免作灶下之辱,亦足为床头人争气也。"三相公从其计,婉告于父。父笑之,亦不阻禁。及入场,偶遇旧作,竟得录名送考。三相公文笔虽俭,而食量甚宏,牛羊鸡豚之肉实于试篮,以备场中果腹。适邻号两生皆贫士而知名者,三相公每饭必招与同享,两生甚德之。及题纸下,首题为"譬如为山"一章。至次日,三相公犹未成一字,两生问故,则曰:"实告君,吾本腹负将军也。"两生乃代搜山陵典故,得以堆砌成文,交卷而出。翌日,同考官与主司会宴,请示衡文方略,正主试曰:"文无定法,惟真山真水便佳。"房官皆掩口胡卢。主试自知失言而受房官所笑,不欢而散。异日,房官某得三相公卷,招同僚视之,无不鼓掌大笑,皆曰:"主试言真山真水,何不荐之?"某恐见责,于是相约联名公荐。正主试知其谑己也,勃然大怒,曰:"我欲云云,谁敢尔尔?"竟批中第一名,副主试争之,则曰:"此无与公事。揭晓后,吾自行检举,听候降革可也。"迨揭晓之日,甲备酒肴,携三子邀亲友为伴登山而候榜焉。戚友赞两公子闱作,皆谀词预贺,无有顾及三相公者。有一客良不忍,招问闱作佳否?三相公技痒难挠,方欲背诵经文,父怒斥乃止。俄而,走马报到,甲曰:"必长子也,中在意中,何报为?"报者曰:"否。"甲曰:"然则次子无疑矣。"报者亦曰否。甲曰:"否则再无他人,请速去,毋溷乃公。"报者曰:"三公子遂不容报乎?"甲曰:"断无中理。即万一侥幸,谅不过副车耳。"报者曰:"非。"甲曰:"得无备名榜末乎?"报者亦曰:"非,请先署赏钱,然后看报,何如?"甲曰:"可,五十名前赏十两,二十名前倍之,经魁又倍之,元则一百两。然看汝故作大言,恐十两亦无福享受也。"报者乃进笔,令署百数。甲大笑,以为戏己。及开视,果元也。甲乃投笔而叹曰:"烧火三相公亦中元乎?"文风变局至此,从今不敢复相天下士矣。彼二人者,一以望之切,而得之意中,一以鄙之甚,而获之意外。太史非不爱其子也,因望之切,故反而加责也。甲亦非不爱其子也,因知之真,故不敢作是想也。乃卒两如所愿,甚喜可知矣。为子者,若知父母期望之殷,可不竭力以图报哉?说见《循环报》。

载1891年10月27日《申报》,第3版,39卷720页

395. 鹿鸣宴盛仪

江南揭晓后,定于九月廿五日举行鹿鸣宴。是日辰初,各新贵齐赴贡院,恭候外提调、内提调、外监试暨执事各员。约巳初,瑞方伯、冯程二观察,率领首府、县并各所官,用全副仪仗,身穿蟒服,呵殿而来,在至公堂小憩。督宪因事不赴,一切典礼均委方伯代行。方伯自发名帖,三请正副主试。须臾,公服而出,十八房帘员在后相随。府、县暨各新贵迎立于帘门外,各道迎于帘门内,方伯迎于堂檐前。相见各一揖,各官谒见亦均三揖。入座,献茶。府、县官预率各新贵诣露台下,左右序立,俟两主试暨司道出厅,依班鹄立。礼生禀请诣香案前,望阙谢恩,行三跪九叩首礼。毕,礼生引各新贵首谒两主试,次谒方伯,次谒各道,行四拜礼后二拜,均答揖。次拜同考官、各所官,再拜府、县各执事官,均行二拜礼,各答揖礼。毕,然后设宴,两主试偏左座,方伯偏右座,三席设于堂中,各道席设于堂左右,各官席设于堂下,新贵席设于各官下,二人共一席,均左右相向而坐。主试、方伯酒第一巡派武弁三员分献,二巡派杂职三员分献,三巡仍派武弁三员分献。各官酒均自派家人分送。各新贵酒由供给所派人分送。赞礼作乐,歌鹿鸣三章。

筵未终,主试、方伯离席,一转身而杯盘肴核已为各执役者攘夺一空矣,谓之"抢鳌头""满堂粲"。然各官暨新贵仍分立两旁,恭送主试入帘,次送外提调、内提调、外监试等升舆回署,均用鼓乐送出头门。新贵赴宴者十人,刘爵帅公郎亦在座,年少翩翩,锦衣炫目,那得不令人称羡。

载 1891 年 11 月 2 日《申报》,第 2 版,39 卷 755 页

396. 皖省杂言(各遵旧例＊)

各省会试举人例应由原籍地方官具结,申文藩宪,再由藩宪核移抚宪,造具印册总簿,送部查核。藩宪阿啸山方伯查悉上届会试各属举人多有违例取巧,径投抚宪衙门办理,实属有违定例,遂札饬各州县传示各举人,明年壬辰科务宜各遵旧例,由原籍地方官具结,申文本司衙门核转。违者定将举盘扣不发给。首县吴松午明府遵奉宪札,业已出示晓谕。想各孝廉自必遵照办理也。

载 1891 年 12 月 23 日《申报》,第 2 版,39 卷 1061 页

397. 北上宜早

礼部为晓谕事:照得各省新中举人,例定于会试年二月十五日在贡院复试。兹查明年壬辰科会试之年,所有各省新中举人应仍照例于二月十五日在贡院复试。为此示,谕各省新中举人知悉,务各及早到京,赶于二月十五日以前一律取结接卷,不得因上届展限观望迟延,自误功名,切切,特谕。

按,新举人复试到京较迟者,尚有殿廷补复,惟只有一次,仅容五百人。如人数过多,将后到者扣除。明年节气较迟,诚恐附轮北上者恃有补复一场,不思赶早,势必人多扣除,特录之,以告南省诸新贵。

载 1892 年 1 月 20 日《申报》,第 1 版,40 卷 115 页

398. 芜市嬉春(按临宁郡＊)

安徽学宪驻节太平府,每届出试必先按临宁国府,此定例也。本届吴肃堂宗师诹吉月之廿二日自太郡起马,乘坐官舫,由内河前进,约廿四日可抵宁郡。谢公亭畔多士如云,想必争自濯磨,以邀宗工赏识也。

载 1892 年 2 月 21 日《申报》,第 1 版,40 卷 255 页

399. 安庆官场纪事(县试展期＊)

怀宁县吴松午明府奉到吴肃堂宗师札文,本拟二月初一日举行县试,兹以试院兴修未竣,展期至初十日。现已出示通衢,谕令各文童届期齐集矣。

载 1892 年 3 月 3 日《申报》,第 2 版,40 卷 321 页

400. 神山春梦(公车北上＊)

本届壬辰科会试之期,新旧孝廉咸于日内公车北上,冀捷南宫。芜湖电报局委员王叔英孝廉诒善,现已请假,于月初乘轮赴沪,航海入都。五百人中第一仙,果是谁家夺得耶?

载 1892 年 3 月 19 日《申报》,第 2 版,40 卷 423 页

401. 龟兹客述(宁国岁试＊)

安徽学政吴肃堂宗师由姑孰按临宁国府举行岁试,至百花生日一律告竣,遂诹吉十七日按临徽州府。黄山白岳间怀才欲试者,早已雾霈云蒸。我知玉尺衡来,断不致珠遗沧海也。

载 1892 年 3 月 23 日《申报》,第 2 版,40 卷 451 页

402. 皖中杂事(扃试文童＊)

怀宁县吴松午明府于初十日在考棚内扃试阖邑文童,题目列左。
已冠:居休。公孙丑问曰:"仕而不受禄,古之道乎?"曰:"非也。于崇……"
未冠:而直寻者,以利言也。如以利,则枉寻……
通场诗题:赋得"愿吹野水添金杯",得"添"字。

载 1892 年 3 月 24 日《申报》,第 2 版,40 卷 457 页

403. 皖抚沈奏查明乡试未中年老诸生折

头品顶戴安徽巡抚臣沈秉成跪奏,为乡试年老诸生三场完竣,榜发未经中式,循例奏恳恩施仰祈圣鉴事:窃照乡试年老诸生年届八十、九十以上,三场完竣,榜发未经中式,例应详查年岁,开单具奏,由部复明请旨,分别赏给举人副榜,历经遵照办理在案。兹届光绪十七年江南省举行辛卯正科文闱乡试,榜发后,查明应试年老诸生三场完竣未经中式,年届九十以上者无为州副贡生王慕康等三名,年届八十以上者青阳县岁贡生陈楠一名、望江县附生鲁钺等十六名。查阅原卷,均各正草完全,文理明顺,饬据江宁布政使行查诸生年岁,均与学册相符,造具册结,具详请奏前来。伏维典重抡才作育,际昌期之盛;礼隆尚齿恩荣,昭文治之华。江邦既多士风蒸,耆宿亦观光云萃。该生王慕康等,青衿奋志,皓首穷经,未荒呫毕于芸窗,弥切观摩于棘院,幸涵濡夫圣教,诵习久安,允鼓舞夫儒林,宠施合沛。除造册咨送礼部外,谨会同两江总督臣刘坤一、江苏巡抚臣刚毅、安徽学政臣吴鲁、江苏学政臣溥良,恭折具奏,并将诸生姓名、年岁、籍贯,另缮清单恭呈御览,伏乞皇上圣鉴,敕部核复施行。谨奏。

奉朱批:礼部议,奏单并发。钦此。

光绪十八年二月廿三日《京报全录》第四千零三号,壬辰三月初六日《申报》附张

载 1892 年 4 月 2 日《申报》,附张第 3 版,40 卷 519 页

404. 皖省官场纪事(续行府试＊)

安庆府各属县试文童现已告竣,兹怀宁县吴松午明府出示通衢,定于三月初一日接试武场。联仙蘅太守亦札饬各学官,转饬各童,定期三月初八日举行府试正场。

载 1892 年 4 月 9 日《申报》,第 2 版,40 卷 557 页

405. 皖中零拾(府试在即＊)

首府联仙蘅太守揭示通衢,定于初八日开考。各属文童闻此消息,无不担簦挈椟而来,省中房价为之骤贵,蔬菜鱼腥较昔价昂两倍,良以考客云集,致物价陡贵也。太守于初八日考怀宁,十一日考桐城,十四日考潜山,十七日考太湖,二十日考宿松,廿三日考望江。余俟续述。

载 1892 年 4 月 11 日《申报》,第 3 版,40 卷 570 页

406. 辟门吁俊

本年壬辰科会试,各省士子于三月初八日五鼓时齐集贡院。少焉,钦派王大臣等先后戾止。礼部左侍郎钱子密、少宗□应溥于夜间三点钟自西苑恭赍钦命题目,盛以黄龙匣,上贴御笔押封,至贡院头门。专司稽察之都察院奕子特、徐孝和两副宪命听差击鼓五下。须臾,知贡举吉服出迎,大启正门,在阈内跪接,随即捧入。鼓乐导引至至公堂,击鼓。旋见龙门洞辟,送入内帘严密刊刻,正门复封。至五点钟时,复击鼓三下,四门齐放,稽察接谈换卷之凤、徐、良、常四堂宪入贡院门后。砖外,内场御史升放签台,点名放签。士子领签后,各携考具,分由东左、东右、西左、西右四门鱼贯而入,就二道贡院门领卷,至内龙门下交签以进,各归。卷上所戳之号,计分厢黄、正白满蒙汉,奉天,顺天,直隶,河南,四川,江苏之苏州府、松江府、常州府、镇江府各士子入东左门;厢白、正蓝满蒙汉,小京官,浙江,湖北,湖南,广东,云南各士子入东右门;正黄、正红满蒙汉,山东,江西,福建各士子入西左门,厢红、厢蓝满蒙汉,山西,陕西,甘肃,贵州,江苏之江宁府、淮安府、扬州府、徐州府、海州、通州、太仓州,安徽各士子入西右门。直至下午四点钟始竣,照例封门上锁搜检。王大臣随各散去,由步军统领衙门备折,将点入旗汉士子六千数百人及场规安谧、士子皆遵守功令等情于翌晨入内呈递,恭复恩命。

载 1892 年 4 月 14 日《申报》,第 2 版,40 卷 591 页

407. 龙眠画意(浪湿试卷＊)

本月十四日,风狂似虎,江中波浪接天。适有宿松县礼书来省,备办试卷,离岸不数武,忽石尤作祟,将船激沉,幸旁有渔舟,立即解缆援救,人皆救起,惟试卷已潮湿不堪矣。

载 1892 年 4 月 24 日《申报》,第 2 版,40 卷 651 页

408. 玉蛛晴云(宽严有别＊)

本科会试,南省举子之赴礼部投文纳卷,而临点不到者计共有三百七十余卷之多,盖各举子戚友在都者恐其到京稍迟或不及投卷,故预为代办也。至初八日首场,有浙江等省举子十四人始抵都门,悚迫异常,跪乞专司稽察大臣恩准,补给试卷。徐季和副宪大开方便之门,准各举子于龙门前鹄立,给卷入场。爱士怜才,可谓无微不至矣。

本科会试,首场登紫榜者十一人,大率系白卷、污卷。又有未完卷而被知贡举饬役扶出者五人。第二场登紫榜者十人,亦系白卷、污卷,并有文内双行并写者。未完卷者扶出一人。第三场被贴五人,一挖补,一污卷,一半卷,一白卷,一策不满三百字也。

载1892年4月25日《申报》,第1版,40卷657页

409. 冰鉴高悬

安徽学宪吴肃堂殿撰正月间秉节出辕,按临皖南各属,先试宁国,接试徽州,现又按试池州,于本月十八日下马。殿撰怜才心切,造士有方,每一榜出列前茅者,皆系知名之士。论者翕然。其防弊之法尤为严密。向来学宪自辕启节,八府五州书办随棚办事,簇拥而去,至承差一项,更为韩信将兵多多益善。殿撰则反其道而行,某府书办必俟按临所及,始令前往办事,余人概不准随行。承差则每事点派二名或四名,并不准多带服役,如向来承差一名必带服役数名者,此次两差始许合带一役。凡临某郡,初下车时,亲自当堂点卯,扃诸一室,盖恐私自出外招摇舞弊也。随带家丁亦仅寥寥数人。未出辕之前,即密行各地方官,毋得远劳迎送;夫马各项只许照单备办,不准额外增添。如书差有借办差简陋,挑剔索贿者,立即指禀,如或扶同徇隐,则纠参不贷。于是,各州县奉令承行,无不诧为得未曾有。当文旌将出辕时,各书差夤缘请托,求点差使,殿撰当堂点派四名。讵甫至宁国,已多至十人。殿撰觉察,立将六名送交提调,发地方官看管。迨试毕,始行释放,押回太平府。于是胥差无不畏之如神明。防弊如此,至矣尽矣,蔑以加矣。兹闻殿撰俟池州试毕,即当按临安庆,继试庐州,待各场告竣,已是仲夏光阴,文旌即由庐州起程还辕,举行太平府属岁试。事竣,已届炎天,即在节署小住,俟秋凉时接试皖北各属。殿撰以木天之清望,持江表之文衡,使节所临,颂声交作,他日肩宏任巨,设施当无限量。此特其嚆矢焉耳。

载1892年4月25日《申报》,第3版,40卷658页

410. 襄水献春(定期县试＊)

芜湖县王宇春大令接奉学宪行文举行县试,因即出示,晓谕阖邑士子,定期三月二十八日取齐,四月初二日开考。

载1892年4月26日《申报》,第2版,40卷663页

411. 皖中杂言(误伤考生＊)

廿二日午后四点钟,有某甲年约五十余,携竹两根,入自西门,行至司下坡地方,遇考生三四人,捞裳联袂而来。甲未遑避让,致以竹梢戳伤某考生鼻梁,鲜血直流。同行者大怒,立将甲之发辫扭住,声称欲送官惩办。旋经行路者为之排解,始纵之使去。

载 1892 年 4 月 28 日《申报》,第 2 版,40 卷 675 页

412. 论考试防弊

考试为抡才大典,各省主试、学政皆由朝廷特简,惟木天清望,卿贰名班,始得与乎其选,诚以黜陟之所分,即为荣辱之所系,固不得不慎重视之也。廷之视考试也重,则士之应试者自当恪遵功令,蹈矩循规,兢兢焉,业业焉,默体圣贤律身之义,仰副菁莪造士之怀。在庠序则为纯儒,历仕版则为名宦。读书养气,自待正不宜过薄。无如士风日下,作伪频仍,虽经官宪严密关防,遇事整顿,而浇风仍未能尽革。试就彰明较著者言之。一在抄袭。士人自胜衣就傅以后,日从事于诵读,迨学业既成,始出而观光上国。苟使读书有得,宏中肆外,则风檐矮屋之中,方将以三寸毛锥横扫千人,落纸挥毫,云烟满幅,自有摇岳凌沧之概,断不屑剽窃陈言,以希诡遇。即曰文思迟钝,未能下笔千言,然枚速马工原于天性,要未闻掇拾他人牙慧,硬摆自家架子,而可妄诩淹通、冀邀赏识者。近十年来士习日陋,秘本愈多,当挟策入场,其所倚恃者无非此兔园册子耳。题纸既下,不暇思索,便急急焉、惶惶焉,倒囊翻箧,遇有对题者,则视为枕中秘,东抄一句,西窃一联,杂凑成篇,几如五杂俎、百纳衣。苟无对题之文,无可如何,亦就依稀仿佛者生吞活剥,拍调依腔。此等文似乎无足观矣,然阅文者偶一模糊,难保不滥竽充数一二。此作伪者所以不思变计,日见其多也。即或入门时搜检从严,而若辈且百出其计,致有买搜检等诸弊。士习于此不可问,而文风亦愈趋下矣。一在枪替。富家子弟胸无点墨,逐队入场,胡乱涂鸦,自知万不能厕名榜末,不得不借孔方兄之力,暗倩名手为之捉刀。于是,健笔能文之士遂不图名而图利,甘为压线,代作嫁衣。泊乎蕊榜高悬,名标甲乙,囊金相赠,夙愿顿偿,而一时巷议街谈,且哗然曰:某也,铜臭熏人,今竟名列贤书矣。某也,素不用功,今竟试居高等矣。噫嘻,此言也,何为乎来哉? 官宪知其然,故于防弊之法不惮烦劳,务期详尽。乡试头场令各士子提篮交卷,既出号门,不准再入,如有违者,以犯规论。似此严密,似不难弊绝风清矣。然枪替之风仍不能绝者。何哉? 盖内枪之弊易绝,外枪之弊难绝也。作外枪者,大率神通广大,每当大比之年,即招集能文之士,在隐僻之处租赁房屋,招徕生意,讲定酬资,获中者若干,中元魁者若干,中副车者若干。迨场内题纸甫下,则场外之消息已通。此时身在矮屋中者反无所事事,静候次日救命符至,抽毫展卷,作誊文公而已。为此者,非不知枪替之风素干例禁,其所以躬蹈而不恤而不顾者,在雇枪之人则中以求名之念,在受雇之人则中以求利之心也。夫朝廷设科取士,将以甄拔天下之英才,用备异日之任使,而夤缘侥幸之人反借朱提之力,乞文字之灵,又何怪言路之交攻、士林之侧目耶!故欲整顿积弊,小试则严绝内枪,已足使泾渭分明,玉石显判;大试则严禁内枪,尤须密查外枪,庶足以伸法律而肃纪纲。然外枪既多于内枪,

欲绝外枪较之绝内枪尤非易易。绝内枪之法，不使打连号，不使任意往来，不使于交卷后复入号舍，不使号军、水夫暗中传递，代枪者自无所施其伎俩。外枪则党羽众多，消息灵通，本领高大，未易一网打尽。此风不绝，国家何由拔取真才，士林何由砥砺真品，而作奸犯科者复何由稍知儆惧哉！盖尝综而论之，抄袭之弊，其害只在文风；枪替之弊，则在风俗人心大有关系。各省大宪知其然，是以每届科场必将条例晓谕应试士子，殷殷垂诫，不啻三令五申；又遣明干之员稽查弹压，无非为慎重抡才起见。此其用意之深，立法之详，亦可谓不遗余力矣。岁科两试，为黉序之所瞻望，使车所至，学校青衿无不承流趋化。迩者，浙江学宪陈六舟宗师、安徽学宪吴肃堂宗师、江苏宗师溥玉岑宗师，皆能认真防弊至周且密，是可谓得其要领者矣。

载 1892 年 4 月 29 日《申报》，第 1 版，40 卷 681 页

413. 揭晓有期

京师来信云，本年壬辰科会试大总裁拟于四月初九日填榜，初十日揭晓。惟尚未将放榜日期用红文咨达礼部云。

载 1892 年 4 月 29 日《申报》，第 1 版，40 卷 681 页

414. 皖垣杂录（生童云集＊）

首府联仙蕅太守奉到学宪吴肃堂文宗行文，定于四月初十日考试安庆。太守即檄饬各县学教官出示晓谕，令六县应试生童务于四月初八日齐集郡城，听候校试。闻学宪按临，场规甚严，批阅试卷昕夕不遑，并不假手幕宾，所取拔者皆系知名之士，以故使车所至，几于有口皆碑也。

载 1892 年 4 月 30 日《申报》，第 3 版，40 卷 688 页

415. 皖垣杂录（有辱斯文＊）

院试将届，各士子云集，会城逆旅主人无不获利三倍。县门口地方梯云客栈寓有望江考生数名，有某童生于三月廿一日早膳时因事外出，不久即归，入房后大声呼喊，谓箱锁被人扭开，窃去洋蚨四枚，喧闹不休，欲令店主照数赔偿。店主不允，某童遂唤地保至，同赴县署控告。县尊升堂讯问，茫无瑞〔端〕倪。又传禀保到堂，细问情由。禀保声称，彼出外不过炊许时耳，并无别人到寓，不知如何被窃。县尊以某童有心嫁祸，拍案大怒，欲将某童扣考。经禀保代为缓颊，始得从宽斥退。如某童者，真斯文中之败类也。

三月廿四日清晨，有考生四人同至倒扒狮地方，向书肆中购买洋板书籍，先交洋一元，交店伙估看，再论书价。继因论价不合，作为罢论，又顾而之他。一生忽回头向索前洋。店伙谓："洋已还汝，何得再索？"生谓："尔如不拾，是区区者，岂能不翼而飞？"即拍柜捶门，大骂不已。店伙不得已，只得赔以一洋。考生乃相将俱去。此种情事，与抢骗何异，该考生乃公然为之，真足使衣冠短气。

载 1892 年 4 月 30 日《申报》，第 3 版，40 卷 688 页

416. 电传壬辰科会试题名全录

刘可毅,武进;汪棣昌,朝阳;姚晋圻,湖北;李希圣,湖南;顾仲安,山东;杨吉成,安徽;贵诚,满洲;赵鼎仁,浙江;叶德辉,湖南;汤寿潜,浙江;罗迪,四川;方家樾,福建;李弁,湖北;周颂声,广东;钟尔桧,福建;何广辅,浙江;赵熙,四川;陈凤藻,江苏;沈树人,直隶;王仁俊,江苏;江鸿勋,浙江;周佩,山东;陈巨贤,福建;林颐山,浙江;渠本奎,山西;屠寅,江苏;汪康年,浙江;刘恩龄,江苏;彭禔庠,江苏;田宝蓉,陕西;唐文治,江苏;许贞干,福建;饶宝书,广东;玉汝,汉军;李哲明,湖北;陈瑜,贵州;吴士鉴,浙江;屠子敏,河南;伍元芝,江苏;曹广祯,湖南;李书翰,安徽;王德庚,浙江;夏孙桐,江苏;吕存德,云南;舒启宇,江苏;年作航,江西;张元济,浙江;陈乃赓,浙江;胡从简,四川;夏树立,浙江;胡汝霖,湖南;孙培元,江苏;周学铭,安徽;赵启霖,湖南;陈福荫,广西;张祥龄,四川;陶福履,江西;洪文升,广东;承厚,满洲;饶轸,广东;林国庠,云南;王麟熊,四川;刘显曾,江苏;顾瑗,河南;熊希龄,湖南;胡继瑗,安徽;王良弼,湖南;吕懋光,江苏;邝兆雷,云南;范德权,湖南;洪锦栋,浙江;张仲儒,直隶;袁宝璜,江苏;寿朋,满洲;朱本,浙江;叶尔恺,浙江;文龙,四川;陈伯陶,云南;俞鸿庆,湖南;玉彬,蒙古;吴宝蓉,浙江;熙彦,满洲;丁锡奂,甘肃;常棠华,山西;何藻翔,广东;常瑞,蒙古;吴世武,山西;高銮□,浙江;戴铸之,贵州;吴方,江西;李慎侯,江苏;莫镇疆,汉军;汪海,江苏;李翰屏,山东;傅曾济,四川;胡矩贤,湖南;高禄华,山西;吕志俦,安徽;杨楷,江苏;蔡镇藩,四川;乔国桢,直隶;胡恺麟,顺天;沈文瀚,江苏;赖麟年,广西;赵兰田,奉天;宗锦晨,直隶;葛文模,山西;陈伟勋,河南;江逢辰,广东;周钧,江西;徐德溉,安徽;刘正教,河南;郑辅东,安徽;恽毓嘉,顺天;夏时济,湖南;李云庆,湖北;李祖寿,浙江;张麟龄,江苏;郭兆春,湖北;黄尔祖,福建;陈德铭,安徽;甘作赓,四川;齐令辰,直隶;王庆志,浙江;牟育,浙江;恩龄,汉军;王宝瑜,河南;张延龄,河南;刘亮藻,湖北;苏梦兰,顺天;吴家俊,江西;裕缄,汉军;邓廷佐,湖北;李蕴华,陕西;叶浚,江西;杨介康,湖北;杜宾,山东;陆廷桢,江苏;徐中铉,湖北;叶寿年,福建;汪春榜,安徽;方轨华,广东;管世俊,浙江;杨敬选,河南;汪诒堂,湖南;左崇典,山西;丁福申,江苏;王室藩,江苏;梁于汶,直隶;杜彤,直隶;李兆敏,广东;郑炳章,福建;周汝钧,广东;贻谷,满洲;龚心铭,安徽;张心镜,江苏;沙元炳,江苏;陈树屏,安徽;汪忠杰,直隶;宓昌墀,湖北;尹昌龄,四川;刘润珩,湖南;吴思让,四川;谭启瑞,贵州;周景涛,福建;赵子璨,山西;朱家宝,云南;张炳文,福建;宋书升,山东;黄允中,福建;柴朴,甘肃;孔昭伦,山东;安秉玠,陕西;黄鸿逵,江西;曹中成,山西;章文绶,江西;叶芸,山东;田毓珩,山东;黄寿惠,陕西;万云路,河南;李振田,山东;承勋,蒙古;孙当仁,甘肃;刘铎,湖南;雷宝荃,陕西;黄葆初,福建;周学海,安徽;苏维庆,广东;周凤翔,四川;伏衍羲,甘肃;赵寿琛,直隶;保谦,汉军;杨颐,广西;刘钟琼,贵州;贺欣,安徽;朱治文,安徽;吕曾,江西;张联骏,浙江;洪汝源,湖南;黄炳元,江苏;蓝钰,江西;赵国泰,云南;陈锡瓒,福建;傅国英,福建;陈矩则,福建;赵从蕃,江西;王廷赞,山东;饶士端,江西;孙乐嘉,山东;温锡纯,江苏;许陈毓,福建;尚其亨,汉军;刘燕翰,浙江;张祖厚,山东;王殿甲,直隶;刘福姚,广西;蒋式理,直隶;秦士麟,广西;冯永图,广东;卢维雍,湖北;唐锐,甘肃;胡寿撰,云南;郝曾祐,奉天;李作楣,山西;洪兆麟,汉军;于相德,山东;谭子俊,□□;史悠咸,顺天;孙友尊,山东;刘素存,江西;延燮,满洲;王光棣,四川;卢金书,山东;张□淦,广东;赵銮扬,直隶;王庆垣,顺天;翟寿鹏,山东;池伯炜,福建;陈兆丰,□□;汤原铣,河南;郭曾源,福建;檀家琮,安徽;管庭纲,山东;萧立炎,江西;刘瑞麟,河南;佟文正,汉军;施之东,福建;谢甘盛,江西;金时灿,河南;曾述棨,河南;李宗膺,陕西;锡麟,满洲;张超南,福建;李丰,江西;车逢源,直隶;陈雨浓,□□;范家敕,广西;武延绪,直隶;孙寿彝,□□;阮大庭,陕西;刘黎青,河南;徐曾,安徽;王家骥,广西;翁立德,顺天;王世桢,山东;龚心鉴,安徽;汝作梅,陕西;许克家,云南;许文森,顺天;谢德昭,陕西;王树鼎,山西;冯舜生,广西;赵传琴,云南;赵协莘,江西;徐联,直隶;李宗森,陕西;李培之,河南;程利川,浙江;杨洪勋,陕西;丁麟年,山东;张维城,陕西;康咏,福建;赵润生,广西;蹇念典,贵州;傅钟涛,贵州;胡秉彝,陕西;张瀛,云南;王树中,甘肃;刘荣琎,河南;郑撰一,广西;朱云从,江西;萧逢源,福建;田智枚,山东;文缉熙,江西;吕森,广西;陈祖绶,浙江;陈忱恺,湖北;高增爵,陕西;齐绅甲,奉天;冯饶泉,广东;周培懋,广西;焦贤,甘肃;杨光尊,云南;宗寇俊,贵州;吕钰,云南;王光鼎,贵州;关天眷,甘肃;彭继祖,广西;张镇芳,河南;黄炎甄,云南;黄寿杰,贵州;刘坦,山东;狄庚吉,云南;刘积义,甘肃;张榕荫,云南;李庆棻,顺天。

本科会试于十一日揭晓。春风得意,争书淡墨之名;飞电遥传,借代泥金之字。想狄听好音者自必争先快睹也。惟由电码译出,姓氏、籍贯容有缺误,俟接官板题名录,再行校正。

本馆附识

载 1892 年 5 月 8 日《申报》,第 2 版,41 卷 45 页

417. 皖中杂纪(文经武纬＊)

首府联仙蘅太守考试六属童生,已于初二日竣事,定于初四日接试武场。马工枚速既向锁院以抡才,撤札穿杨又召壮夫而校射。文经武纬,可谓兼而有之。

载 1892 年 5 月 9 日《申报》,第 3 版,41 卷 52 页

418. 皖中杂纪(生童云集＊)

首府联仙蘅太守揭示通衢,谓学宪按临在即,令阖郡生童务于四月初八日齐集郡城。日来各生童已提橐挈楗而来,租赁试寓,以待届期应试。附近贡院一带诸肆林立,令观者如入五都之市,为之应接不暇,利市三倍,当于此操左券矣。

载 1892 年 5 月 9 日《申报》,第 3 版,41 卷 52 页

419. 皖省考信

安徽学宪吴肃堂殿撰行文到皖,略谓:本部院于初八日由池州起程,按临安庆,所过

州县,该地方官务于先期派拨快兵,在于交界地方接替防护敕印。首府联仙蘅太守、首县包伯琴明府奉文后,即派兵役至交界地方迎迓。闻殿撰于初十日可抵皖垣云。

载 1892 年 5 月 10 日《申报》,第 2 版,41 卷 57 页

420. 鸠水新谈(芜城县试＊)

本月初二日,芜湖县试头场,初五日二场。两次均值大雨如绳,几疑天漏,加以泥泞载道,滑汰难行。童子军头戴斗篷,手携考具,相与冲风冒雨而来,拥挤喧哗,淋漓杂遝,仿佛昆阳鏖战。至初八日三场,云收雨散,红日丽天,诸童始缓步徐行,无复曩时苦况矣。兹将题目列左。

正场　已冠:与仁,则吾岂敢? 抑为之……未冠:友其士之仁者,颜渊……

通场次题:我对曰……

诗题:赋得"苔痕上阶绿",得"苔"字。

二场　《四书》题:骥不称其力

……经题:四月秀葽。

诗题:赋得"自夏犹清和",得"和"字。

载 1892 年 5 月 12 日《申报》,第 2 版,41 卷 69 页

421. 学政莅皖

安徽学政吴肃堂宗师鲁,择吉本月初八日由池州节署按临安庆。沿途风雨交作,舟行过迟,至十二日巳刻始抵省垣,水陆兵丁齐向江干迎迓,旌旗蔽日,枪炮连珠。沈仲帅以次各官咸在东门外接官厅相见。宗师遂鸣驺入试院,示期考试各生童。

载 1892 年 5 月 12 日《申报》,第 2 版,41 卷 69 页

422. 壬辰科京板会试题名全录

刘可毅,江苏武进;汪棣昌,直隶朝阳;姚晋圻,湖北罗田;李希圣,湖南湘乡;顾仲安,山东聊城;杨吉成,安徽庐州;贵诚,正白满洲;赵鼎仁,浙江鄞县;叶德辉,湖南湘潭;汤寿潜,浙江山阴;罗迪楚,四川犍为;方家树,福建侯官;李心池,湖北沔阳;周颂声,广东顺德;钟为桢,福建侯官;何广铺,浙江瑞安;赵熙,四川渠县;陈凤藻,江苏新阳;沈树人,顺天武清;王仁俊,江苏吴县;裘鸿勋,浙江慈溪;周云,山东东阿;陈希贤,福建闽县;林颐山,浙江慈溪;渠本翘,山西祁县;屠寄,江苏武进;汪康年,浙江钱塘;刘恩黻,江苏仪征;彭诿庠,江苏元和;田宝蓉,陕西安康;唐文治,江苏太仓;许贞干,福建侯官;饶宝书,广东兴宁;王汝汉,厢黄汉军;李哲明,湖北汉阳;陈瑜,贵州贵阳;吴士鉴,浙江钱塘;屠尔敏,河南商水;伍元芝,江苏上元;曹之祯,湖南长沙;李书翰,安徽太湖;王德庚,浙江仁和;夏孙桐,江苏江阴;吕存德,云南□□;施启宇,江苏崇明;杜作航,江西清江;张元济,浙江镇海;陈乃赓,浙江海宁;胡从简,四川新津;夏树立,浙江钱塘;胡汝霖,湖南

长沙;孙培元,江苏崇明;周学铭,福建德化(注:原文如此);赵启霖,湖南湘潭;陈福荫,广西临桂;张祥龄,四川汉州;陶福履,江西新建;洪景楠,广东番禺;承厚,正蓝满洲;饶轸,广东嘉应;林国赓,广东番禺;王麟熊,四川彭明;刘显曾,江苏仪征;顾瑗,河南祥符;熊希龄,湖南凤凰;胡继瑗,安徽太平;王良弼,湖南常宁;吕懋光,江苏阳湖;邝兆雷,广东新宁;范德权,湖北武昌;洪锦标,浙江瑞安;傅仲儒,直隶天津;袁宝璜,江苏元和;寿明,厢黄满洲;朱本,浙江钱塘;叶尔恺,浙江仁和;文龙,四川华阳;陈伯陶,广东东莞;俞鸿庆,湖南善化;玉彬,厢红蒙古;吴宝镕,浙江仁和;熙彦,正白满洲;丁锡奂,甘肃秦安;常棣华,山西汾阳;何藻翔,广东顺德;衡瑞,厢红蒙古;吴世武,山西平定;高鉴,浙江秀水;戴锡之,贵州印江;吴钫,江西宜黄;李慎侯,江苏丹徒;莫镇疆,厢蓝汉军;汪洵,江苏阳湖;李翰屏,山东日照;傅曾济,四川江安;胡矩贤,湖南长沙;高锡华,山西祁县;吕志元,安徽宣城;杨楷,江苏无锡;蔡镇藩,四川营山;乔国桢,直隶南宫;胡恺麟,顺天宝坻;沈文瀚,江苏泰兴;赖鹤年,广西桂平;赵兰田,奉天铁岭;宗铭晨,直隶密云;葛文模,山西安邑;陈伟勋,河南郾城;江逢辰,广东归善;周钧,江西山阳;陈存志,江西赣县;徐德溉,安徽太湖;刘正教,河南巩县;郑辅东,安徽桐城;恽毓嘉,顺天大兴;夏时济,湖南衡阳;李云庆,湖北黄安;李祖寿,浙江仁和;傅鹤龄,江苏阳湖;郭兆春,湖北麻城;黄尔枢,福建南安;陈德铭,安徽霍山;甘作赓,四川云阳;齐令辰,直隶高阳;王庆埏,浙江会稽;牟育,浙江黄岩;恩龄,厢黄汉军;王宝瑜,河南邓州;张延龄,河南襄城;刘亮藻,湖北黄安;苏梦兰,顺天宁河;吴家俊,江西临川;裕绂,正白汉军;邓廷佐,湖北黄安;李蕴华,陕西米脂;叶浚,江西新建;杨介康,湖北沔阳;杜宾,山东滨州;陆廷桢,江苏吴江;徐中铨,湖北当阳;叶大年,福建同安;王春榜,安徽歙县;伍铨萃,广东新会;管世骏,浙江黄岩;杨敬远,河南襄城;汪诒书,湖南善化;左崇典,山西临汾;丁福申,江苏山阳;王室藩,江西南昌;梁于汶,直隶涞水;杜彤,直隶天津;李兆春,广东番禺;郑炳章,福建侯官;周汝钧,广东番禺;贻谷,厢黄满洲;龚心铭,安徽合肥;张心镜,江苏青浦;沙元炳,江苏如皋;陈树屏,安徽望江;汪忠杰,直隶□□;宓昌墀,湖北汉阳;尹昌龄,四川华阳;刘润珩,湖南湘乡;吴思让,四川秀江;谭启瑞,贵州镇宁;周景涛,福建侯官;赵子璨,山西灵封;朱家宝,云南宁州;张炳文,福建晋江;宋书升,山东潍县;黄允中,福建□□;柴朴,甘肃皋兰;孔昭伦,山东曲阜;安秉玠,陕西郃阳;黄鸿逵,江西临川;曹中成,山西太古;章文绶,江西南昌;叶芸,山东历城;田毓珩,山东德州;阮士惠,陕西山阳;万云路,河南商山;李振田,山东乐安;承勋,厢白蒙古;孙尚仁,甘肃皋兰;刘铎,湖南善化;雷宝荃,陕西安康;黄葆初,福建长乐;周学海,安徽建德;卢维庆,广东番禺;周凤翔,四川彭山;伏衍羲,甘肃太宁;赵士琛,直隶天津;保谦,厢蓝汉军;杨颙,广西临桂;刘钟琼,贵州贵阳;贺欣,安徽宿松;朱绍文,安徽宿松;吕曾,江西德化;张联骏,浙江仁和;洪汝源,湖南宁乡;黄炳元,江苏昭文;蓝钰,江西高安;赵国泰,云南蒙化;陈锡瓒,福建闽县;溥国英,福建南安;陈巨前,福建闽县;赵从蕃,江西南丰;王廷赞,山东泗水;饶士瑞,江西南昌;孙乐嘉,山东蓬莱;温锡纯,江西宁都;陈毓鑫,福建侯官;尚其亨,厢蓝汉军;刘燕翼,浙江仁和;张祖厚,山东安丘;王殿中,直隶清河;刘福姚,广西临桂;蒋式理,直隶玉田;秦士麟,广西临桂;冯永图,广东顺德;卢维雍,湖北汉川;哈锐,甘肃□□;胡寿荣,云南姚州;郝曾祐,奉天锦县;李作楷,山西平定;洪兆麟,正白汉军;于相德,山东泗水;谭子俊,贵州贵筑;

史悠裁,顺天宛平;孙友萼,山东历城;刘素存,江西新昌;延燮,正白满洲;王光棣,四川彭水;卢金书,山东蓬莱;张其淦,广东东莞;赵銮扬,直隶天津;王庆垣,顺天通州;翟化鹏,山东平阴;池伯炜,福建闽县;陈兆丰,福建长乐;汤原铣,河南商丘;郭曾准,福建侯官;檀家琮,安徽望江;管庭纲,山东莒州;萧立炎,江西萍乡;刘瑞麟,河南陈州;佟文政,正黄汉军;施之东,福建彰化;谢甘盘,江西南城;李时灿,河南汲县;曾述荣,河南固始;李宗膺,陕西武功;锡麟,厢红满洲;张超南,福建永定;李豫,江西萍乡;车逢源,直隶晋州;陈雨浓,湖北蕲州;范家禄,广西临桂;武延绪,直隶永定;孙寿彝,河南祥符;阮大定,陕西山阳;刘藜青,河南□□;徐曾,安徽宿松;王家骥,广西临桂;翁立德,顺天宛平;王世桢,山东诸城;龚心鉴,安徽合肥;汝作梅,陕西高平;许克家,云南宜长;许文森,贵州贵筑;谢德昭,陕西白河;王树鼎,山西灵丘;冯舜生,广西桂平;赵传琴,云南通海;赵协莘,江西新建;徐联,直隶邢台;李宗森,陕西□城;李培之,河南商水;程利川,浙江镇海;杨洪勋,陕西镇安;丁麟年,山东日照;张维城,陕西三原;康咏,福建长汀;赵润生,广西浔州;塞念典,贵州遵义;傅钟涛,贵州贵阳;胡鼎彝,陕西镇安;张瀛,云南石砰;王树中,甘肃皋兰;刘珊瑸,河南南阳;郑撰一,广西临桂;朱云从,江西瑞昌;萧逢源,福建凤山;田智枚,山东潍县;文缉熙,江西萍乡;吕森,广西临桂;陈祖绶,浙江永嘉;陈思堂,湖北黄陂;高增爵,陕西米脂;齐绅甲,顺天通州;冯镜泉,广东顺德;周培懋,广西果化;焦贤,甘肃礼县;武光樽,云南建水;寇宗俊,贵州贵筑;吕钰云,云南南安;王克鼎,贵州平远;关天眷,甘肃秦州;彭继祖,广西□□;张镇芳,河南郾城;黄汝楫,云南赵州;黄士杰,贵州贵阳;刘坦,山东鱼台;狄庚吉,云南荔江;刘积义,甘肃皋兰;张榕荫,云南安宁;李庆菜,顺天武清。

载 1892 年 5 月 16 日《申报》,第 2 版,41 卷 95 页

423. 皖左清谭(岁试杂志＊)

学宪按临各郡,遇岁试之年必偕参将一员随棚襄校武试,此定例也。吴肃堂文宗于正月间启节时,照例札委皖南镇标芜采营参将王梧冈参戎随棚襄校,由宁国而徽州而池州。至本月初旬,池州文武各场一律竣事,文宗接试安庆,例换抚标参将,是以王参戎即于池州起节回芜。初十日抵埠,麾下将弁出郊迎迓,大纛临风,戈矛森列,望而知为干城重寄也。

芜湖县试于初八日二复。文题:举于市。故天……赋题:秧针,以几日秋田绿似针为韵。诗题:赋得"晓夕重轻烟",得"烟"字。初十日三复题:"犁牛之子"至"舍诸"。博施济众论。诗四首:伯乐相马、李广射虎、苏武牧羝、祖逖闻鸡,各作七律一首。十一日发案,录取八十八名。十二日,终复,清晨入场,俄而题纸飞下,系恭、喜、进、学、指、日、秀、才八字,每字作一破承。缴卷后,邑尊设筵宴款待诸童,酒冽肴芬,无不既醉既饱。旋于十四日发贴长案,共三百余名。传闻府试约在五月下浣,因郡城考棚去冬遭回禄神摧毁,至今尚未修复。现由当涂县叶大令饬匠赶搭芦棚,即出告示,定于本月二十日取齐。县属文童举行县考,迨五场告竣,时已蒲觞泛罢,榴火照人,迩时接办府试,庶六月下浣学宪由庐郡考毕,渡江回辕,诸童即可及锋而试云。

载 1892 年 5 月 16 日《申报》,第 2 版,41 卷 95 页

424. 壬辰科会试官板题名全录

刘可毅，江苏武进拔；汪棣昌，直隶朝阳附；姚晋圻，湖北罗田廪；李希圣，湖南湘乡廪；顾仲安，山东聊城岁；杨士晟，安徽泗州附；贵诚，正白满洲（府）〔附〕；赵鼎仁，浙江鄞县廪；叶德辉，湖南湘潭附；汤寿潜，浙江山阴附；罗迪楚，四川犍为廪；方家澍，福建侯官附；李心地，湖北沔阳廪；周颂声，广东顺德附；钟为桢，福建侯官附；何庆辅，浙江瑞安廪；赵熙，四川荣县廪；陈凤藻，江苏新阳增；沈树人，顺天武清附；王仁俊，江苏吴县廪；裘鸿勋，浙江慈溪廪；周云，山东东阿监；陈希贤，福建闽县贡；林颐山，浙江慈溪廪；渠本翘，山西祁县优；屠寄，江苏武进附；汪康年，浙江钱塘优；刘恩黻，江苏仪征廪；彭谔庠，江苏元和附；田宝蓉，陕西安康廪；唐文治，江苏卫籍附；许贞干，福建侯官优；饶宝书，广东兴宁优；王汝汉，汉军厢黄附；季哲明，湖北汉阳增；陈瑜，贵州贵阳廪；吴士鉴，浙江钱塘廪；屠尔敏，河南商水拔；武元芝，江苏上元附；曹庆祯，湖南长沙附；李书翰，安徽太湖增；王德庚，浙江仁和监；夏孙桐，江苏江阴监；吕存德，云南鹤庆监；施启宇，江苏崇明监；杜作航，江西清江监；张元济，浙江镇海廪；陈乃赓，浙江海宁监；胡筱简，四川新津附；夏树立，浙江钱塘优；胡汝霖，湖南长沙附；孙培元，江苏崇明附；周学铭，安徽建德附；赵启霖，湖南湘潭优；陈福荫，广西临桂贡；张祥龄，四川汉州拔；陶福履，江西新建附；洪景楠，广东番禺附；承厚，正蓝满洲廪；饶轸，广东嘉应贡；林国赓，广东番禺优；王麟荣，四川彭明廪；刘显曾，江苏仪征廪；顾瑗，河南祥符监；熊希龄，湖南凤凰廪；胡继瑗，安徽（莱）〔太〕平附；王良弼，湖南常宁贡；吕懋光，江苏阳湖监；邝兆雷，广东新宁附；范德权，湖北武昌附；洪锦标，浙江瑞安廪；张仲儒，直隶静海廪；袁宝璜，江苏元和岁；寿明，满洲厢黄附；朱本，浙江钱塘增；叶尔恺，浙江仁和贡；文龙，四川华阳附；陈伯陶，广东东莞附；俞鸿庆，湖南善化附；玉彬，满州厢红文；吴宝镕，浙江仁和岁；熙彦，满洲正白监；丁锡奎，甘肃（泰）〔秦〕安附；常棣华，山西汾阳廪；何藻翔，广东顺德监；衡瑞，蒙古正红旗；吴士武，山西平定廪；高銮，浙江秀水附；戴锡之，贵州印江拔；吴钫，江西宜黄廪；李慎侯，江苏丹徒岁；莫镇疆，汉军厢蓝岁；汪洵，江苏阳湖廪；李翰屏，山东日照增；傅增济，四川江安附；胡矩贤，湖南长沙附；高锡华，山西祁县优；吕志元，安徽宣城廪；杨楷，江苏无锡廪；蔡镇藩，四川营山廪；乔国桢，直隶南宫岁；胡恺麟，顺天宝坻廪；沈文瀚，江苏泰兴廪；赖鹤年，广西桂平拔；赵兰田，奉天铁岭附；宗锦晨，直隶密云拔；葛文模，山西安邑廪；陈伟勋，河南郾城拔；江逢辰，广东归善廪；周钧，江西山阳廪；陈存志，江西赣县增；徐德溉，安徽太湖监；刘正教，河南巩县增；郑辅东，安徽桐城监；恽毓嘉，顺天大兴附；夏时济，湖南衡阳优；李云庆，湖北黄安附；李祖寿，浙江仁和附；张鹤龄，江苏阳湖廪；郭兆春，湖北麻城廪；黄尔枢，福建南安廪；陈德铭，安徽霍山廪；甘作赓，四川云阳监；齐令辰，直隶高阳廪；王庆埏，浙江会稽增；牟育，浙江黄岩增；恩龄，汉军厢黄附；王宝瑜，河南邓州廪；张延龄，河南襄城廪；刘亮藻，湖北黄安附；苏梦兰，顺天宁河附；吴家俊，江西临川附；裕绂，汉军正白附；邓廷佐，湖北黄安廪；李蕴华，陕西米脂廪；叶浚，江西新建附；杨介康，湖北沔阳廪；杜□，山东滨州廪；陆廷桢，江苏吴江监；徐中铨，湖北当阳拔；叶大年，福建同安优；汪春榜，安徽歙县附；伍铨萃，广东新会廪；管世骏，浙江黄岩廪;杨敬远,河南襄城廪;汪诒书,湖南善化附;左崇典,山西临汾廪;丁福申,江苏山阳廪;王室藩,江西南昌廪;梁子汶,直隶滦州增;杜彤,直隶天津廪;李兆椿,广东番禺附;郑炳章,福建侯官附;周汝钧,广东番禺附;贻谷,满洲厢黄廪;龚心镕,安徽合肥附;张心镜,江苏青浦廪;沙元炳,江苏如皋廪;陈树屏,安徽望江廪;汪忠杰,直隶昭阳附;密昌墀,湖北汉阳廪;尹昌龄,四川华阳廪;刘润珩,湖南湘阴廪;吴思让,四川秀山廪;谭启瑞,贵州镇远监;周景涛,福建侯官附;赵子璨,山西灵石廪;朱家宝,云南宁州廪;张炳文,福建晋江廪;宋书升,山东潍县廪;黄允中,福建侯官附;柴朴,甘肃皋兰附;孔昭倩,山东曲阜廪;安秉玠,陕西河阳附;黄鸿逵,江西临州附;曹中成,山西太谷附;章文绶,江西南昌附;叶芸,山东历城附;田毓珩,山东德州廪;阮士惠,陕西山阳副;万云路,河南商山附;李振甲,山东乐安廪;承勋,蒙古厢白监;孙尚仁,甘肃皋兰廪;刘铎,湖南善化附;雷宝荃,陕西安康附;黄葆初,福建长乐附;周学海,安徽建德拔;卢维庆,广东番禺附;周凤翔,四川彭山廪;伏衍羲,甘肃秦安附;赵士琛,直隶天津廪;保谦,满洲厢蓝廪;阳颐,广西临桂附;刘钟琼,贵州贵阳廪;贺欣,安徽宿松廪;朱绍文,安徽宿松附;吕曾,江西德化廪;张联骏,浙江仁和廪;洪汝源,湖南宁乡廪;黄炳元,江苏昭文增;蓝钰,江西高安增;赵国泰,云南蒙化廪;陈锡瓒,福建闽县增;傅国英,福建南安拔;陈巨前,福建闽县监;赵从蕃,江西南丰附;王廷赞,山东泗水拔;饶士端,江西南城附;孙乐嘉,山东蓬莱附;温锡纯,江西宁都廪;陈毓鑫,福建侯官附;尚其亨,汉军厢蓝监;刘燕翼,浙江仁和廪;张祖厚,山东安丘岁;王殿甲,直隶清河廪;刘福姚,广西临桂附;蒋式煌,直隶玉田监;秦士麟,广西临桂廪;冯永图,广东顺德附;卢维雍,湖北汉川附;哈锐,甘肃秦州廪;胡寿荣,云南姚州廪;郝曾祐,奉天锦县附;李作楷,山西平定廪;洪兆麟,汉军正白附;于相德,山东泗水廪;谭子俊,贵州贵筑廪;史悠咸,顺天宛平廪;孙友萼,山东郯城廪;刘素存,江西新昌岁;延燮,满洲正白监;王光棣,四川彭水拔;卢金书,山东蓬莱廪;张其淦,广东东莞附;赵銮扬,直隶天津廪;王庆垣,顺天通州廪;翟化鹏,山东平阴拔;池伯炜,福建闽县拔;陈兆丰,福建长乐贡;汤源锐,河南商(求)〔丘〕附;郭曾准,福建侯官附;檀家琮,安徽望江贡;管庭纲,山东莒州廪;萧立炎,江西(平湘)〔萍乡〕附;刘瑞麟,河南郑州廪;佟文政,汉军正黄文;施之东,福建彰化廪;谢甘棠,江西南城廪;李时灿,河南汲县增;曾述荣,河南固始增;李宗膺,陕西固城拔;锡麟,满洲厢黄学;张超南,福建永定贡;李豫,江西萍乡附;高逢源,直隶宁晋廪;陈雨浓,湖北蕲州廪;范家祚,广西临桂附;武延绪,直隶永年贡;孙寿翼,河南祥符增;阮大定,陕西山阳增;刘藜青,河南修武廪;徐曾,安徽宿松附;王家骥,广西临桂附;翁立德,顺天宛平附;王世桢,山东诸城廪;龚心鉴,安徽合肥附;汝作枚,陕西富平增;许克家,云南仪良拔;许文森,贵州贵筑附;谢德昭,陕西白河廪;王树鼎,山西(霍)〔灵〕丘恩;冯舜生,广西贵平廪;赵传琴,云南通海增;赵协萃,江西新建附;徐聪,直隶(行)〔邢〕台;李宗琛,陕西咸宁廪;李培之,河南汜水廪;程利川,浙江镇海附;杨洪勋,陕西镇安廪;丁麟年,山东日照附;张维城,陕西淮安廪;康咏,福建长(安)〔汀〕附;赵润生,广西全州增;謇念典,贵州遵(仪)〔义〕廪;傅钟涛,贵州贵阳廪;胡鼎彝,陕西榆林廪;张瀛,云南石屏廪;王树中,甘肃皋兰附;刘珊琮,河南南(洋)〔阳〕岁;郑搛一,广西临桂廪;朱云从,江西瑞昌拔;萧逢源,福建凤山廪;田智枚,山东潍县拔;文缉熙,江西萍乡廪;吕森,广西临桂附;陈祖绶,浙江永嘉优;陈惠恺,湖北黄陂附;

高增爵,陕西米脂廪;齐绅甲,奉天通州廪;冯镜泉,广东顺德附;周培懋,广西宣化廪;焦志贤,甘肃礼县拔;武光樽,云南建水监;寇宗俊,贵州贵筑附;吕钰,云南(云南)〔南安〕监;王克鼎,贵州平远恩;关天眷,甘肃秦州廪;彭继祖,广西新兴附;张镇芳,河南项城拔;黄汝楫,云南赵州廪;黄士俊,贵州贵阳附;刘坦,山东蒲台增;狄庚吉,云南丽江廪;刘积义,甘肃皋兰附;张榕荫,云南宁州廪;李庆棻,顺天武清监。

载 1892 年 5 月 18 日《申报》,第 9 版,41 卷 113 页

425. 皖公山色(文宗抵省＊)

安徽学宪吴肃堂文宗于十二日行抵皖垣,旋即悬牌于十三日行香,下学讲书。放告十四日考生童经古。

载 1892 年 5 月 24 日《申报》,第 2 版,41 卷 149 页

426. 皖公山色(杜绝舞弊＊)

吴肃堂文宗访闻安庆素有枪冒、顶替、传递之弊,不可不及时整顿,因特牌示考棚,略谓:正场文童,凡点名时,各书姓名,黏贴卷袋上,悬挂胸前,使应名时一目了然。点一牌即须一牌人应名,点二牌即须二牌人应名,以次照行,鱼贯而入。设有争先恐后,拥挤乱蹧及卷袋无黏贴姓名、应点不符,即行扣除,拿交提调官重惩。如系冒名顶替,即饬从严治罪。言出令行,决不姑宽。想宪谕煌煌,应试者当不敢以身试法乎。

载 1892 年 5 月 24 日《申报》,第 2 版,41 卷 149 页

427. 皖公山色(场规严格＊)

吴肃堂文宗于十七日考太湖,十九日考宿松,廿一日考望江,场规甚为严肃,片纸只字一概不许携带。诸生点名入场,谕令役皂从严搜检,如敢徇隐,场中一经查出,即将该役严惩,枷号示众。雷厉风行,于此又见一斑。

载 1892 年 5 月 24 日《申报》,第 2 版,41 卷 149 页

428. 蠙矶闲话(购买闱姓＊)

每届乡会试年分,粤人购买闱姓者,虽在千万里外,亦必搜索阮囊,愿沾斯文余沥。将届榜期,又必晨占鹊喜,夕卜灯花,一种苍黄情状,较之千门走马者殆又过之。本届会试,旅居芜湖之粤人购买闱姓尤为踊跃,合计不下二千余元,榜发获中十三姓,共十六人,得彩皆属无几,惟麦边洋行之某甲独得锦标。又有某乙初购一"洪"字,偶与某丙平章及此。丙谓:"洪族仅一人请咨北上,万一中途延误,势必全数落空。"遂改买一"谈"字。及榜发,"洪"字巍然高列,"谈"竟落孙山,始信得失之数,冥冥中自有主张,参不得一毫私见也。

载 1892 年 5 月 26 日《申报》,第 2 版,41 卷 161 页

429. 皖垣杂志（生童发威＊）

现当院试之时，各属文武生童云集省会，市面为之骤盛。上月廿一日，有某考生向某豆腐店买水腐，一嫌腐少，一嫌钱小，两相口角，继而怒不可遏。考生即回寓所，邀约同寓考生数人，蜂拥而来，将该店所摆物件打毁一空，并将店主攒殴一顿，以泄其忿。区区之事，何必小题大做。士习之坏，抑亦世道之忧也。

载1892年5月27日《申报》，第2版，41卷167页

430. 帝京试士

壬辰科新中贡士奉旨于四月十四日在保和殿复试。是日五鼓，诸贡生衣冠齐集中左门外阶下，钱子密少宗伯升门罩，下公座，点名给卷，并各给官板诗韵一本。每点十名，由钦差稽察克护军统领勤启门放入，并调厢白护章京一员、护军校一名、护军二十名在门罩西面鹄立弹压。诸贡士入殿，各按礼部官桌面所贴名签而坐。钦派监试王大臣由殿内宝座上将钦命题目捧下，令会元另纸恭誊，仍将题目黄匣捧安原处，以便于晚间呈递复命折时恭缴。另纸誊题，贴于殿内左楹柱上。诸贡士握管构思。午间，赐以奶茶、奶酒，由御点心局备白糖馅糕饼，每人各给十枚，此盖唐时红绫饼遗意也。并由军机处茶房在殿外西角备火壶茶水，以供解渴。试以《四书》文一篇，试帖诗一首，不点句勾股。未刻，即有交者，随交卷随出。至中左门外点名处报明中式名次，然后出场。直至戌刻，卷始缴齐。试卷每五十本，由监试王大臣以黄纸叠条捆束，汇送中海万善殿，以备翌晨钦派阅卷大臣评阅，拟等进呈。计此次复试贡士壬辰科二百八十三名，庚寅科三十一名，己丑科四名，敬将钦命《四书》、诗题照录于左：

文题：大匠诲人必以规矩。

诗题：赋得"学如鸟数飞"，得"如"字，五言八韵。

殿试前一日，应奏派读卷大臣得旨后，立赴内阁大堂，恭拟策题，当令剞劂匠人刊刻题纸，迅速刷印，以备诘朝散给各贡士。当刊刻题纸之日，内阁各门照例封锁，惟内阁官员、供事茶役准其出入，他项人等不得擅入，并派护军统领一员带领本旗章京四员、护军校四名、护军四十名，于内阁前后两门外搭支帐房，稽察出入，拦管闲人，以防偷探等弊。此定例也。本届经礼部《开列护军统领衔名，请派稽察刊刻题纸》一折，于四月十四日具奏。本日奉朱批："圈出厢蓝旗护军统领恩普，钦此。"得旨后，即由礼部知照厢蓝旗护军营查照预备。

壬辰科翻译会试，计应试京旗二十八人，驻防三十二人，经大总裁爱长取中翻译贡士六名，照榜录登。中式第一名翻译贡士：惠彬，年三十五岁，正蓝满，文泰佐领下翻译举人。中式第二名翻译贡士：穆特贺，年三十九岁，厢白满，英连佐领下翻译举人。中式第三名翻译贡士：中兴，年三十二岁，正黄满，溥润佐领下翻译举人。中式第四名翻译贡士：叶兰芳，年四十二岁，正蓝汉，广昌佐领下翻译举人，广州驻防。中式第五名翻译贡士：联泉，年二十五岁，正红满，祥贵佐领下翻译举人，广州驻防。中式第六名翻译贡士：

迎陛,年三十岁,厢红满,松元佐领下翻译举人,湖北荆州驻防。

载1892年5月28日《申报》,第1—2版,41卷175页

431. 金榜题名录

第一甲　赐进士出身　第一名:刘福姚,广西临桂。第二名:吴士鉴,浙江钱塘。第三名:陈伯陶,广东东莞。

第二甲　赐进士出身　恽毓嘉,顺天大兴;张鹤龄,江苏阳湖;李云庆,湖北黄安;周学铭,安徽建德;赵启霖,湖南湘潭;周景涛,福建侯官;宝熙,正蓝旗籍;汪诒书,湖南善化;田智枚,山东潍县;屠寄,江苏武进;(杨)〔汤〕寿潜,浙江山阴;伍铨萃,广东新会;黄炳元,江苏昭文;杜彤,直隶天津;许贞干,福建侯官;范德耀,湖北武昌;汪洵,江苏阳湖;王良弼,湖南常宁;史悠咸,顺天宛平;赖鹤年,广西桂平;徐中铨,湖北当阳;李希圣,湖南湘乡;卢维庆,广东番禺;张元济,浙江海宁;张瀛,云南石平;胡继瑗,安徽太平;饶士端,江西南城;陈锡瓒,福建闽县;陈希贤,福建闽县;谭启瑞,贵州镇远;黄尔枢,福建南安;林国赓,广东番禺;李哲明,湖北汉阳;蔡元培,浙江山阴;夏孙桐,江苏江阴;吴家俊,江西临川;刘恩黼,江苏仪征;何藻翔,广东顺德;翟化鹏,山东平阳;范家祚,广西临桂;朱家宝,云南宁州;章士荃,江苏娄县;叶尔恺,浙江仁和;郎承谟,四川酆都;尹昌龄,四川华阳;刘司毅,江苏武进;刘润珩,湖南湘阴;李豫,江西萍乡;寇宗俊,贵州贵筑;赵国泰,云南蒙化;丁昌燕,山东诸城;程利川,浙江镇海;赵熙,四川荣县;衡瑞,正红蒙古;裕绂,正白汉军;伏衍羲,甘肃秦安;王得庚,浙江仁和;吕存德,云南鹤庆;方家澍,福建侯官;武延绪,直隶永年;周钧,江苏山阳;沈文翰,江苏泰兴;吴士武,山西平定;赵士琛,直隶天津;傅国英,福建南安;李庆荣,顺天武清;王铭渊,河南固始;谢甘盘,江西南城;张榕荫,云南安宁;蓝钰,江西高安;吴钫,江西宜黄;池百炜,福建闽县;王仁俊,江苏吴县;延燮,正白满洲;曹广桢,湖南长沙;傅增淯,四川江安;高宝銮,浙江秀水;曾习经,广东揭阳;周汝钧,广东番禺;郭曾准,福建侯官;林颐山,浙江慈溪;姚晋圻,湖北罗田;刘显曾,江苏仪征;吴良棻,河南商城;陈兆丰,福建长乐;顾瑗,河南祥符;牟育,浙江黄岩;王庆垣,顺天通州;江逢辰,广东归善;蔡镇藩,四川营山;孙多玢,安徽寿州;龚心铭,安徽合肥;周颂声,广东顺德;袁宝璜,江苏元和;叶德辉,湖南湘潭;周云,山东东阿;王汝汉,厢黄汉军;连甲,厢白满洲;李书翰,安徽太湖;张祖厚,山东安丘;饶轸,广东嘉应;哈锐,甘肃秦州;杜璅,山东滨州;耆龄,厢黄汉军;唐文治,江苏太仓;潘葆良,广东顺德;陈毓鑫,福建侯官;贵诚,正白满洲;桂森,厢红蒙古;存庆,厢红满洲;胡鼎彝,陕西榆林;张瑞芬,顺天宝坻;文龙,四川华阳;陈树屏,安徽望江;贻谷,厢黄满洲;赵鼎仁,浙江鄞县;王廷赞,山东泗水;沈宝琛,浙江嵊县;赵兰田,奉天铁岭;陈应辰,江西进贤;杨洪勋,陕西镇安;丁福申,江苏山阳;杜作航,江西清江;俞鸿庆,湖北善化;高锡华,山西祁县;恩丰,厢黄满洲;李振甲,山东乐安;周凤翔,四川彭山;恩龄,厢黄汉军;黄允中,福建侯官;曾树荣,河南固始;李宗膺,陕西城固。

第三甲　赐同进士出身　饶宝书,广东兴宁;章文绥,江西南昌;冯舜生,广东贵平;常棣华,山西汾阳;王殿甲,直隶清河;赵协莘,江西新建;渠本翘,山西祁县;吕懋光,江

苏阳湖；孙友尊，山东郯城；孙乐嘉，山东蓬莱；李兆春，广东番禺；钱锡爵，江苏泰州；尚其亨，厢蓝汉（人）〔军〕；齐绅甲，奉天伊通；熙彦，正白满洲；汪忠杰，直隶朝阳；陈凤藻，江苏新阳；陈巨前，福建闽县；冯镜泉，广东顺德；张炳文，福建晋江；钟为桢，福建侯官；丁麟年，山东日照；胡从简，四川新津；王家骧，广西临桂；邓廷佐，湖北黄安；洪汝源，湖北宁乡；李慎侯，江苏丹徒；汪文绥，安徽全椒；文缉熙，江西萍乡；吴思让，四川秀山；陈瑜，贵州贵阳；何庆辅，浙江瑞安；张祖望，顺天宛平；王宝瑜，河南邓州；陈乃赓，浙江海宁；张联骏，浙江仁和；顾仲安，山东聊城；芳镇，正蓝满洲；周学海，安徽建德；管世骏，浙江黄岩；谭子俊，贵州贵筑；王世桢，山东诸城；万云路，河南罗山；宋书升，山东潍县；焦志贤，甘肃礼县；宗锦晨，顺天密云；陈福荫，广西临桂；乔国桢，直隶南宫；张延龄，河南襄城；陈登元，福建淡水；陶福履，江西新建；孟广模，山东章丘；李频华，陕西米脂；张维城，陕西三元；溥岳，厢红旗籍；陈雨浓，湖北蕲州；陈祖绶，浙江永嘉；温锡纯，江西宁都；吴宝镕，浙江仁和；罗迪楚，四川犍为；长绍，正蓝旗籍；蒋士理，直隶玉田；王庆埏，浙江会稽；杨楷，江苏无锡；汝作枚，陕西富平；赵传琴，云南通海；高增爵，陕西米脂；吕森，广西临桂；张心镜，江苏青浦；阮士惠，陕西山阳；关天眷，甘肃秦州；刘铎，湖南善化；胡寿荣，云南姚州；冯永图，广东顺德；徐德溉，安徽太湖；田宝蓉，陕西安康；屠尔敏，河南商水；莫镇疆，厢蓝汉军；汪庆生，江苏丹徒；雷宝荃，陕西安康；吕曾，江西德化；夏时济，湖南衡阳；陈存志，江西赣县；洪景楠，广东番禺；蒋廷黻，浙江海宁；王光棣，四川彭山；李兰馨，河南唐县；孙培元，江苏崇明；施启宇，江苏崇明；左崇典，山西临汾；张镇芳，河南项城；伍元芝，江苏上元；安秉介，陕西河阳；甘作赓，四川云阳；黄鸿逵，江西临川；宋企适，山东胶州；许克家，云南仪良；高逢源，直隶宁晋；许文森，贵州贵筑；李宗森，陕西咸宁；康咏，福建长宁；陈棣堂，直隶任丘；卢维雍，湖北汉川；叶浚，江西新建；籍忠宣，直隶任丘；嵩瑞，厢蓝满洲；阮大定，陕西山阳；朱本，浙江钱塘；李翰平，山东日照；李时灿，河南汲县；卢秉钧，甘肃庄浪；李祥麟，山东日照；刘亮藻，湖北黄安；贺欣，安徽宿松；于相德，山东泗水；刘钟琼，贵州贵阳；翁立德，顺天宛平；刘正教，河南巩县；谢德昭，陕西白河；李华芬，湖南耒阳；陈伟勋，河南郾城；牛瑗，甘肃通渭；郭炳章，福建侯官；汤原铣，河南商丘；蹇念典，贵州遵（仪）〔义〕；郭兆春，湖北麻城；王懋昭，四川遂宁；刘素存，江西新昌；密昌墀，湖北汉阳；王克鼎，贵州平远；李心地，湖北沔阳；王室藩，江西南昌；禄德，厢黄蒙古；孔昭倩，山东曲阜；裴鸿勋，浙江慈溪；龚心鉴，安徽合肥；葛文模，山西安邑；李培之，河南氾水；傅仲涛，贵州贵筑；刘积义，甘肃皋兰；杨介康，湖北沔阳；苏梦兰，顺天宁河；刘瑞麟，河南郑州；沈树人，顺天武清；汪棣昌，直隶朝阳；杨颎，广西临桂；王麟荄，四川彰明；和庚吉，云南丽江；杨敬达，河南商城；岳龄，正白蒙古；陆廷桢，江苏吴江；刘能，四川温江；李作楷，山西平定；徐聪，直隶邢台；李祖寿，浙江仁和；朱云从，江西瑞昌；张明允，陕西韩城；洪兆麟，正白汉军；黄士俊，贵州贵阳；戴锡之，贵州印江；刘珊瑸，河南南阳；邝兆雷，广东新宁；寿椿，厢白满洲；丁锡奎，甘肃秦安；王树鼎，山西灵丘；承勋，厢白蒙古；刘藜青，河南修武；赵子灿，山西灵石；檀家琮，安徽望江；赵銮杨，直隶天津；管廷纲，山东莒州；周培懋，广西宣化；游三立，江西奉新；孙寿翼，河南祥符；杨士晟，安徽泗州。

载1892年6月3日《申报》，第2版，41卷213页

432. 红绫佳话

壬辰科新进士于五月朔传胪,初二日赐宴于礼部,名曰"恩荣宴"。读卷、执事各官暨诸进士咸与焉。前期疏请钦命大臣都纨公果勒敏主宴。届日,望阙设香案,乐部和声署陈乐,光禄寺具馔,礼部精膳司官朝服视布席。主席大臣、读卷大臣、銮仪卫使席当后楣西向,礼部尚书、侍郎席当前楣东向,皆专席。左右楹外席各三行,左一行为受卷官席,二行为收掌官席,三行为书榜官席。右一行为弥封官席,二行为监视官、护军参领席,三行为印卷官席。供给官席露台左,鸣赞官席露台右,均相向二人共席。一甲进士席于供给官之左,宗室进士于一甲之左。二甲一名、三甲一名进士席于宗室之左,均专席北向。露台下二甲席于左,三甲席于右,均共席,左右相向。平明时,进士吉服,先会礼部各官,朝服会于金水桥。辰刻,礼部官属入请赴宴。主席暨各官由东长安门诣部,礼部尚书、侍郎出迎于堂檐下,乃率诸进士重行北面听赞,行三跪九叩礼。毕,升堂旅揖,和声署乐作,主席为一甲进士簪花,吏人分俵金花于堂上下席间。序班引一甲进士诣堂檐下,东面立。诸进士序立露台上,见主席官,四拜。主席官答二揖。次见读卷官、礼部尚书、侍郎,銮仪使,如前仪。次见执事官,再拜,执事官均答揖。毕,主席出诣,堂檐下西面立。光禄寺官酌酒授爵,主席受爵,揖酬酒三,光禄寺官以次授一甲进士酒,皆奉爵立饮,卒三爵三揖。主席答揖,各官就位,诸进士咸就位坐。和声署升歌械朴之章,光禄寺官行酒供馔如仪。宴毕,各官出席,率诸进士诣香案前,行一跪三叩礼。席撤,众官退,送如初迎礼。诸进士皆随出,此通礼也。先是礼部于堂檐下、露台上,抵仪门内甬道上,满搭席棚,悬灯结彩,仪门上以红纸糊匾,大书"恩荣"二字。礼部备桌张,光禄寺具饮馔,每席上陈大鱼一、羊前腿二、大馒首四,上插尺许荷花一枝,中陈二十有四盘,上设肉馒首、青杏、黄橘、花生、杏干、海蜇、肉皮、冰糖瓜条等物。此为堂檐内之席。露台上则减鱼羊,甬道上仅具馒首。迨是日部署各悬彩、护宴护军统领克嗣侯率官兵入部弹压。五城司坊步营兵役,分于大门、二门禁喝闲人入观。露台北面设宫阙围屏,案上炉一,上燃炷香,灯二燃以红烛,两旁有太常寺官二员,朝服赞礼。行礼时,主宴首行,读卷次行,礼部堂官又次行,执事等官再次行,一甲进士率诸进士在其后入席。仅坐片刻,典礼依次行毕,各官遂散,值宴之人即纷纷攫取各物。虽官兵口言拘促,然若辈全无畏惧之形,真恶习也。

载1892年6月10日《申报》,第2版,41卷261页

433. 释褐盛仪

壬辰科新进士于五月初六日诣太学释褐,在至圣先师前行释菜礼。是日清晨,诸进士先后抵国子监,至集贤门外下马,入持敬门,诣致斋所。礼生赞引导,由东角门入诣阶下。礼生通赞赞排班,班齐,赞就位,行谒见礼。赞跪叩,兴三跪九叩。毕,通赞赞行释菜礼,至圣先师及颜、曾、思、孟四配位,由状元刘殿撰福姚主献,拈香行礼。东哲位为榜眼吴太史士鉴,西哲位为探花陈太史伯陶,分献拈香行礼。东庑以传胪恽太史毓嘉,西

庑以三甲一名胡太史寿镕,分献拈香行礼。其余诸进士俱随班行三跪九叩礼。礼毕,由西角门出,诣致斋所,神库前释褐,候祭酒、司业朝服升堂。诸进士由太学左门入,至阶下序立。曾入监者升露台,四拜,起立台西;未入监者露台下两拜。祭酒、司业俱坐受礼。毕,一甲三名由堂东门入,执事者设席案于座前,有十锦手盒、肉馒首二碟、蔬食四色。祭酒、司业下座,南面立,状元、榜眼、探花北面立,执事者簪花、斟酒,状元、榜眼、探花向上揖,饮酒三爵,出。祭酒、司业送至堂门内。诸进士由堂西门入,本监、典籍等官接待,簪花、饮酒,与前仪同。既毕,送至堂檐下,状元暨诸进士遂散归。

载 1892 年 6 月 12 日《申报》,第 2 版,41 卷 273 页

434. 公宴文星

安徽学政吴肃堂宗师按试安庆府属文武生童,于本月十七日考竣,十八日发落,十九日命舆拜客。是日,沈仲复中丞设宴署中,以尽地主之谊。二十日,嵩书农方伯、松秀峰廉访、李篁仙观察及候补道若干员宴于浙江会馆。二十二日,宗师秉节赴庐州。

载 1892 年 6 月 19 日《申报》,第 2 版,41 卷 319 页

435. 皖公山色(文宗离省*)

安徽学宪吴肃堂文宗按临安庆,试事告竣,遂于五月二十一日向各衙门辞行。廿二日束装就道,沈仲复中丞以次各官均诣北门外接官厅恭送。闻文宗取道桐城、舒城,赴庐州考试。

载 1892 年 6 月 24 日《申报》,第 2 版,41 卷 349 页

436. 神山淬剑(示期开考*)

安徽学宪吴肃堂文宗在皖垣试竣,按临庐州,于上月廿五日莅止,示期开考。一俟告竣,当即秉节渡江回辕避暑。前闻太平府院试亦当蝉联而下,兹因该郡蝗虫为患,地方官俱赴乡间办理,迄今府、县二试尚未举行,想须俟暑退凉生时,始可向文场角艺也。

载 1892 年 6 月 28 日《申报》,第 2 版,41 卷 377 页

437. 鸠江夏汛(考事将竣*)

安徽学宪吴肃堂文宗按临庐州府,迄今考事将竣,太平府节辕已派书差人等渡江迎接。闻文宗定于月之二十日启节还辕云。

载 1892 年 7 月 13 日《申报》,第 2 版,41 卷 475 页

438. 芜湖近事(渡江回辕＊)

安徽学政吴肃堂文宗按临庐州府属已纪报章,事竣后于上月二十日起节还辕,官舫带以"云鹏"小轮船,由裕溪口渡江回太平府节署。闻太郡试院自去冬被毁以后,大堂等屋化为瓦砾之场,现由当、芜、繁三县人民捐款若干,鸠工重建,大约七月中旬即可报竣矣。

载1892年7月29日《申报》,第3版,41卷580页

439. 神山秋月(文宗回辕＊)

安徽学宪吴肃堂文宗于六月下浣由庐州试竣,回辕小憩,借逭盛暑。兹当金风荐爽,遂诹吉七月初三日秉节渡江,接办皖北各属岁试。闻先莅六安,次及颍州、泗州、滁州、凤阳一律告竣,然后转旆东指,再试和州、太平二属。

载1892年9月3日《申报》,第3版,42卷14页

440. 皖学政吴奏恭报岁试宁国等府州情形折

安徽学政臣吴鲁跪奏,为恭报岁试宁国等府州情形,恭折仰祈圣鉴事:窃臣于上年十一月十二日接印任事,当经奏明在案,随即札饬各属举行府州县岁试。臣于本年正月二十二日出棚,先试宁国、广德两属,次即接试徽州、池州、安庆、庐州等府。至六月二十日,文武各场完竣。二十一日,由庐州起程,二十八日回太平府。臣维试事以阅文、防弊二者为至要,必弊端先绝,乃可拔取真才。当按试日,责成廪保详细识认。封门后,臣终日坐堂,严防越号、传递等弊。各场士子尚皆恪守场规,惟考试广德、安庆、庐州文武童,据廪保指获枪替各二名,均交提调官讯明惩办。其余各场均极安静。臣悉心校阅,择其文理清真者生员列之优等,童生取进如额。武童马步技艺皆能娴习。惟徽州应试较少。臣谨遵任缺勿滥之例,于休宁、黟县各缺额九名,余均照额取进。文风以安庆之怀宁、桐城、太湖、庐州之合肥为最,安庆之潜山、宿松、望江、宁国之泾县、太平、旌德,徽州之歙县、黟县、婺源、绩溪,池州之贵池、铜陵、建德次之。其余亦多聪颖之士,文艺均有可观。发落之日,文则勖以敦品励行,多读有用之书,讲求学问经济。武则勉以各安本分,有勇知方,期副朝廷兴贤储才之至意。所有岁试宁国等府州情形谨缮折具陈,伏乞皇上圣鉴。再,臣于六月二十八日回太平府,本拟接试本棚,据太平府知府王汝砺禀称,该府考棚去岁被火尚未修理,府试未能如期,恳请展缓。臣即拟于七月初旬出棚,考试皖北六安、颍州等属,俟岁试完竣,再行回太平府考试本棚。至臣此次经过地方,民情安谧,五月间稍形旱象,蝗蝻萌动,经地方各官督饬搜捕,于五月下旬得雨渗透,农田沾足,可望有秋,堪以仰纾宸廑。合并附陈,谨奏。

奉朱批:知道了,钦此。

光绪十八年七月初四日《京报全录》,第四千一百五十九号,壬辰七月十三日《申报》附张

载1892年9月3日《申报》,第12版,42卷18页

441. 中江秋汛(当涂岁试＊)

当涂县于七月廿六日举行岁试,俟县试竣事,即当接办府试。

载1892年9月25日《申报》,第2版,42卷155页

442. 鸠江纪事(将行府试＊)

太平府丁慰农太守行文当、芜、繁三县,择于本月二十日举行府考。芜地怀铅握椠之士早已闻声起舞,揽辔登程。想秋高月满,藻采飞搴,当有如毛(遂)〔锥〕之脱颖而出者。

载1892年10月18日《申报》,第2版,42卷301页

443. 神山青鸟(文宗抵滁＊)

吴肃堂文宗现已考至滁州,约本月望后告竣,按临和州,定于二十二日取齐,俟文武试竣,即回太平府节署,举行院试。闻有腊月初四日取齐之说。腊鼓声中,掇得芹香归来度岁,亦科名佳话也。

载1892年12月25日《申报》,第2版,42卷727页

444. 鸠水官场纪事(按试和州＊)

芜湖访事人云,安徽学政吴肃堂殿撰于新秋时节秉节按临皖北,举行县试事宜。兹于上月二十四日节抵和州,二十六日辟门试士,至本月初二日试毕。随即启节渡江,回太平府署。先期饬代理府篆之丁慰农别驾行文当涂、芜湖、繁昌三县,著各士子于初四日取齐,初六日扃试。

载1893年1月28日《申报》,第2版,43卷169页

445. 皖省试期

安徽学宪吴肃堂文宗由皖北试竣回辕,于本月初六日始抵宪署。所有本郡院试经府尊示于初四日取齐,并将奉到各场日期牌示辕外,计:初七日考经古初试,初八日文生正场,初九日补岁考,初十日芜、繁二县文童正场,十一日复经古试,十二日当涂文童正场,十三日复一等生员试,十四日考四学,十五日三县文童面试,十六日复试。十八日武童外场,十九日内场,二十日考弓刀各技,廿一日复试,廿四日发榜。是则安徽全省岁试至此已将告竣,吟材东阁,品雪西园,文童亦从此少憩。辀轩俟明正再按临各属,举行科试。

载1893年2月1日《申报》,第2版,43卷193页

446. 皖试纪事

安徽学宪吴肃堂文宗去腊由皖北试竣回辕,考试太平府,至黄羊祀灶日告竣。芜湖获售诸君得意归来,咸谓场规异常严肃,文宗终日危坐大堂,头二牌各卷皆亲自评阅,弃取严明,榜发士论翕然。至提调官,仍委前摄府篆之丁慰农别驾办理。因杨春泉太守腊月初四日始行下车,阅城放告,庶务纷如,未暇躬亲试事。考试芜、繁二县儿童正场时,有何姓考童被众人哗噪,指为冒籍,谓:其祖若父俱在芜湖关充当书吏,卯册的注绍兴籍贯。前此县考取列前十名,已啧有烦言,今复贸然尝试,能不鸣鼓攻之？文宗命提调官核办,后闻该童并未与考。文宗俟新正开印后,当择吉起马赴宁国考试,嗣闻已定于二月初二日起程云。

载 1893 年 2 月 28 日《申报》,第 3 版,43 卷 322 页

447. 皖试有期

安庆府联仙蘅太守接学宪吴肃堂文宗札饬举行科试,太守即转饬各县一体遵行。怀宁县包伯琴明府遂揭示通衢,定于二月十二日开考,令诸童生于前三日齐集县城,各备结卷,以便扃门考试。

载 1893 年 3 月 2 日《申报》,第 2 版,43 卷 333 页

448. 鸠水官场纪要（开办科考*）

安徽学宪吴肃堂宗师示期本月初六日由姑孰节辕按临宁国府,开办科考事宜。一时绣虎才人、雕龙彦士咸担簦负笈,仰望文星。嗣闻牌示宣、宁、南、旌、泾、太、广、建七县一州生童,于本月初四日取齐,初八日开考。当此浓春正丽,烟景媚人,应试诸君自必分外兴高采烈也。

载 1893 年 3 月 24 日《申报》,第 2 版,43 卷 471 页

449. 论科场宜重策论

古今同一天下也,今人恒若不及古人,何哉？非人才之不相及也,古人可以独抒己见,自见其长；今人则有程途之限,法律之拘,虽有超群轶类之才,亦不得越乎范围之外,否则众咸非笑而疑忌之。即以取士而论,古今已迥不同矣。夫古之所谓士者,必道德足以名世,经济足以匡时,得时则驾,不得时则蓬莱而处,故有伏处岩穴出而霖雨苍生者。其见用也,或邀特达之知,或登荐剡之版,殷勤征聘,荣之以干旌蒲轮,宠之以束帛推毂,故有旦屈于庸贱而暮跻卿相之尊者。此其人要多名实克副、展其谋猷,以大有造于邦国。当此之时,进贤之路则宽,固非徒论秀书升已焉,而士品亦贵。至于战国游说之风特盛,处士横议,莫非夸诞谲诈,耸人主之听,以弋猎富贵。于是士品一坏。秦尚刑法,

一时官吏皆以绳墨为事,且又焚书坑儒,与士为仇,几几乎使斯文无噍类矣。汉始重儒,文帝兴贤良、方正、孝弟、成材诸科,加博士明经之号,于是,人才蔚起。西京之士彬彬称盛,而其所以试士者,乃在策问尤著者。如董广陵、贾长沙、晁错、公孙宏,皆以廷对称旨,有直言善谏之风,其所以补救时弊岂浅鲜哉! 是盖由于经术湛深,故能谏通治理,至今天人贤良治安诸策,言兵事、论积贮诸篇,犹脍炙不去于人口也。有唐虽设秀才、进士等科分,极言极谏、博学宏词之目,顾崇尚诗赋,未免有名无实。彼时预制科之选,咸以讽咏为工,欲求条对时事、可以措之实用者,盖亦寥寥焉。然重科目,轻学术,亦自兹而始,士欲致身通显,靡不揣摩风尚,冀主司之鉴衡矣。宋自太平兴国始设三科,景德间增至六科,天圣年又广为十科。虽亦以科目取士,然多学行兼优者,原其故则颇能矫唐时组织绮丽之弊,而亦重乎策问,故儒林中人材多有可观焉。世所传者关、闽、濂、洛诸公,其立说著书,大有功于名教,固无论已。至于忠言谠论,如眉山父子者流,或布衣蒙召,或临轩垂询,指陈利病,动辄洋洋万言,以备采择。一时名臣接轨,殆鲜不以策论见长也。粤自前明变文体为八股,以此取士。自是以来,士非由此不得列名清要,有以他途进者即目之为异途。而所谓八股者,本代圣贤以立言,格律谨严,不合体制者易遭摒弃,且久而久之,题多雷同,文多抄袭。有以新意命题者,则又失之尖巧割裂,极之声调之讲求、词华之铺砌失其本旨,难以尽言。此所以负不羁之才者,往往终身不得志于场屋,而转能卓然自立、显于科目之外也。我朝取士极为慎重,既杜虚声,亦防臆见。乃仍明制,考试首八股,而诗赋次之,策论又次之,由秀而举,由举而贡,大率如此。惟殿试专于策问兼观字迹,揆诸立意,本无偏重,盖欲得全才以备大用也。无如近者殿试仅观字迹,所对之策则官样文章,千篇一律。至乡会试场,则更浮光掠影,视策问为无足重轻,岂真有经济可以措诸施行哉? 而八股则莫不童而习之,父师殷殷期其速成。迨既成名,则又弃八股而不为。斯时微论于政治,邈虽了然,即学术亦无甚把握。夫至身已释褐登朝,而平生有用之书尚未得暇展读,岂不重可叹耶? 故论者谓,古今人才之不及,未始非由八股取士,遂相率于空疏寡效而莫之或悟。窃以为八股初非导人以空疏之具,抑岂朝廷欲得寡效之人哉? 第风会所趋、渐滋流弊,下愚不肖、侥幸希容之故耳。不然,历代之贤相良佐,何尝非由科目起家者哉? 方今洋务日开,谈格致者谓当专重格致;擅测算者谓当专重测算,而八股可废,是亦偏见也。功令昭垂,何可轻废? 恐薄识小技躐等躁进,更有甚于斯时者。为今之计,莫如乡会场试卷之中重策论而轻八股,举切要之务而问之,求所谓博达宏通者以备一时之选,以适一时之用,而八股旧制仍不必废,俾一以阐扬教化,一以鼓吹升平。似此略一变通,科目之士必更幡然改观,又何虑应时济变之无人也哉?

载1893年3月29日《申报》,第1版,43卷501页

450. 皖中试事

安徽学宪吴肃堂文宗于初六日由姑孰起节,按临宁国,已纪前报。兹悉文旌于初八日行抵离宁郡十五里之连鱼套,水浅胶舟,遂弃舟而陆,乘坐肩舆,于傍晚进城。地方文武各员郊迎甚恭。文宗旋即牌示,翌晨谒庙、下学讲书,初十日开考。想风檐寸晷中下

笔千言，丽藻清才当与桃李争其绚烂也。闻文宗以今年恩榜特开玉节，现从宁郡起，次徽州，次池州，三栅告竣，已是榴红浦绿时候，转瞬闱期已届，办理录科事宜，计惟有自池州考毕，径渡江北，接考庐州，兼及和州，然后一帆风利，直抵石头城。此盖于未出辕前胸有成竹，曾经奏达天听者。至于省会及皖北凤、颍、滁、泗、六、寿等属，惟有俟诸闱后矣。至太平府院试，闻文宗出辕时曾与地方官谈及，谓池州考后，倘有余闲，当间道回署，刻日举行。然輶轩来往，旷日需时，不识果能如愿以偿否也。

载 1893 年 4 月 5 日《申报》，第 9 版，43 卷 549 页

451. 府试有期

安庆府联仙蘅太守特示通衢，篯期三月初二日举行府考，谕饬各童互相传知，先期三日齐集郡城，备办试卷、画保买结，听候考试，毋得自误。

载 1893 年 4 月 19 日《申报》，第 3 版，43 卷 642 页

452. 皖垣试事

安徽友人来申，云及安庆府联仙蘅太守示期三月初二日举行府试，有怀宁县文童陈姓名浚者，年甫十六岁，学问深纯，尔雅温文，几类鸡群之鹤。当县试时列名第五。诸童嫉之，此次遍黏匿名揭帖，谓陈浚系金陵人，冒籍怀宁，兼之身家不清，不能听其冒考云云。于是呼朋引类，约于二月二十九日在明伦堂敬以老拳。试思考生当寂然无事时尚思蹴浪兴波，今兹既有所闻，岂不兴高采烈者？禀保一闻是说，届期托病不到，保结之事托某童代庖。众遂向童究问情由。童含糊以答，众忿益甚，将童扭住攒殴，登时鲜血直喷，奄奄欲绝。复揪其发辫，拥入县衙。包伯琴明府无可如何，将童收押。众怒方释，各自散归。初一日，太守命驾入试院，牌示首场即考怀宁，是晚三鼓时辟门开点，至破晓始毕。将封门时，不知因何忽然喧嚷，一而十、十而百，随声附和，势甚汹汹，狂喊连天，疑是千军万马。明府恐酿巨祸，急向之善言开导，许将陈浚扣考，各童佯若不闻。不一刻，将场中桌凳窗棂击坏殆尽，复拥至堂上，将公案、堂鼓一并掀翻，太守所用肩舆亦蹴成粉碎，左右墙壁几处洞穿，二门析作薪柴，弃诸甬路上，然后高呼罢考，各自提篮挈榼而归。太守竟日独坐堂皇，不离寸步，未卜将来作何处置也。

载 1893 年 4 月 21 日《申报》，第 2 版，43 卷 657 页

453. 鸠水棹歌（即将县试＊）

本届科试之年，芜湖县王邑尊接奉学宪行文，饬即举行县试。邑尊遂移会广文出示，定于三月十二日取齐，十五日辟门试士。又闻当涂、繁昌等县亦是日举行县考，盖文宗二月初六日由姑孰起节时曾谕郡尊，于蒲节左右或当秉节回辕，赶办本郡院考，俾新生同踏槐黄，获沾庆典也。

载 1893 年 4 月 24 日《申报》，第 2 版，43 卷 681 页

454. 闹考余闻

前报纪安庆闹考一事,兹闻安庆府联仙蘅太守于次日饬差鸠集工匠将考棚修理,一面乘舆赴各宪衙门禀明。沈仲帅立即出示晓谕,悬挂考棚头门外,谕以祸福利害,洋洋数千言。德静山方伯以考试为抡才大典,各童越礼蔑法,纠众抗官,其中难保无主使之人,饬学官严查主使廪保及为首之童生,务须从严惩办,以儆将来。旋经访闻,有一廪保姓吴名启沃,实系主使之人,饬差密拿,期于必获。太守仍回考棚,筮期初五日考试。桐城适有怀宁童生数人,见之忿忿不平,即将考试桐城之牌摘下,为护棚亲兵所见,喝令拿人。该童生等纷纷奔散,有一汪姓者为石所绊,跌仆在地,经兵拿获,拘至太守案前。太守审讯之下,即命掌嘴,并责手心数百下,发交怀宁县管押,可谓咎由自取矣。初五日考桐城,各童皆循规蹈矩,肃静无哗。初八日补考怀宁文童正场,十一日考潜山,十四日考太湖,十七日考宿松,二十日考望江,余俟续录。

载1893年4月24日《申报》,第2版,43卷681页

455. 论童子军之难驭

甚矣,士习之坏也。小子读书,甫开笔学为文,其父兄师长即令其就小考,名曰"幼童"。亲若友见而誉之,或称为神童,而彼小子者遂居然以神童自命。夫即使果为神童,究亦不可以此傲人,况童而不神者乎,况幼而并不成童者乎。而乃竟欲仗童势,奋童力,以横行于考试之时。不知文章为何若,不知考试为何事,不知功令为何等,不知法度为何物。如安庆友人所述联仙蘅太守府试闹事一节,有足令人发指者。士习至于如此,世间又何贵乎有士哉?所贵乎士者,贵其能读书明理也。若恃其为读书之人而全不明理,则试问其所读者何书?盖以读书自恃,即其不明理之一端,其他可知也。安庆之事起于年甫十六之童生陈浚,县试考列第五,遂为诸童所嫉。夫以安庆童子一军而有陈子其人者,青年劬学,见赏良工,据称尔雅温文,几类鸡群之鹤,则亦足令童子军增色。而乃不能钦之敬之,羡之慕之,而偏嫉而忌之,世风至此,不大可叹哉!嫉之者嫉其才也,乃遍黏匿名揭帖,谓系金陵人而冒籍怀宁者,兼之身家不清,不能听其冒考云云。由是呼朋引类,约期在明伦堂欲敬以老拳。吾固有以知诸童之命意,不过借此以肇事,犹之匪徒、会党之布散谣言,声称寻仇于西人,实欲借此以创乱,非真有仇于西人。诸童亦非真有恨于陈子也,然而不借此以为题,则文字嫌其寂寞,于是一倡百和,群起而攻。迨廪保托病不到,保结托人庖代,而诸童更有隙可乘矣。问诸庖代者,庖代者含糊以对,而诸童遂以为师出有名,乃扭而攒殴,登时鲜血直喷,奄奄欲绝。夫即便果系冒考,果属身家不清,具保结者亦罪不至死。乃尚复揪其发辫,拥入县署,意将何为乎?攻冒籍及身家不清,则须禀之于官,岂有擅行殴打之理?为县令者倘执三尺法,铁面无私,则当先将擅殴之人照律惩办,而后详究陈子有无冒籍、是否身家不清。如果属实,按例办理;倘有虚诬,亦照例反坐。然此则所谓官话也。当童子军猖獗之时,狼奔豕突,举国若狂,虽有明干之令尹,亦无如之何,惟有暂顺舆情,以抒众怒,从此而静候官办,安分赴试,则亦已

矣。乃府考将封门时,忽又大声喧嚷,百喙狂喊,其势汹汹,几疑为千军万马。官既善言开导,许以将陈子扣考,则亦无以复加矣。而仍佯若不闻,任情恣横,不片刻,而场中桌凳窗棂击毁殆尽。复拥至堂上,将公案、堂鼓一并掀翻,太守肩舆亦蹴为齑粉,左右墙壁几处洞穿,头门、二门俱析为薪蒸,弃诸甬道,高呼"罢考"而散。是直与乱民何异?太守乃于次日饬差鸠工,将考棚修理,赴宪辕禀明。沈仲帅立即出示晓谕,悬之考棚头门,洋洋数千言,谕以祸福利害。德方伯又以为考试为抡才大典,各童越礼藐法,纠众抗官至于如此,其中难保无主使之人,饬严查主使之人及为首滋事之童,从严惩处,以儆将来。旋经访闻,有廪保某为主使之人,又有汪姓童因摘桐城考牌遂为护棚亲兵所获,掌颊责手心,交怀宁县管押。联太守仍回考棚,照常开考。大约此事可以了结。夫彼群童之所以敢于如此滋闹者,固由于有主使之人,德方伯之高见自是无差,然亦以"罢考"二字为地方官所怕,故彼等有挟而来也。其实国家定制,本非拘泥,官而不善办理,激成罢考之事,官则不能逃其处分。若顽童借考之名,滋事逞横,恃众胡闹,则虽一哄而散,亦不得以罢考之罪加诸地方官,而闹事之邑则有停试之罚,为官者亦正不忍因数人闹事而议请停试,使阖邑向隅,故往往忍耐过去,隐忍而罢。而诸童遂以为"罢考"二字真足以挟持官长,而众果有可恃也。斯亦谬矣。然而此等风气岂独安徽之怀宁一邑为然哉?江浙两省凡当小试之时,往往畏童子军如虎,甚至有童天王之目,则其士习之坏、世风之变亦可想而知矣。有人心世道之忧者,能不为之瘝忧以痒也哉?

载 1893 年 4 月 26 日《申报》,第 1 版,43 卷 695 页

456. 皖中考信

安徽学宪吴肃堂宗师由宁国试竣,转莅徽州。兹闻已将生童各场次第考毕,定于二十左右按临池州。

载 1893 年 5 月 2 日《申报》,第 3 版,44 卷 10 页

457. 皖试续闻

前纪安庆府联仙蘅太守示期举行府试,因怀宁县文童闹考,以致改期。兹悉初八日补考怀宁正场,先期高悬牌示,略谓:谕怀宁县文童知悉,初八日黎明点名入场,各童生务宜恪遵功令,于点名时头门内安设案桌,添一搜检,验明卷面,再至本府案前,高唱点名,各归坐号,听候命题扃试云云。至期,各童鱼贯而入,惟陈浚报明有病,并未入场。现经禀奉沈仲复中丞、吴肃堂文宗批示,略谓,饬学官严拿闹考为首滋事之童,以及廪保吴启沃,务获。审讯有无从中主使,分别惩治。

载 1893 年 5 月 3 日《申报》,第 3 版,44 卷 18 页

458. 皖左采风(芜湖县试*)

芜湖县王宇春大令示期三月十五日举行县试,于十二日取齐。各文童担簦蹑屩而

至,约三百人。风檐寸晷之中,又可听春蚕食叶声也。

载 1893 年 5 月 7 日《申报》,第 2 版,44 卷 47 页

459. 按试有期

安庆府试约下月初旬方得告蒇,吴肃堂文宗拟于初十日按临。想皖山潜水间多士如云,当准备风檐鏖战矣。

载 1893 年 5 月 12 日《申报》,第 2 版,44 卷 81 页

460. 神山晴眺(考试文童*)

芜湖县王宇春大令于十五日考试文童,先一夕排齐仪仗至中江书院,四更二点鸣炮开门,各文童于于而来,共二百七十九名。十七日午后发案,录取二百二十名,定于十八日复试。

载 1893 年 5 月 12 日《申报》,第 2 版,44 卷 81 页

461. 试事余闻

怀宁文童闹事一节叠纪报端,兹安庆府联仙蘅太守于上月初八日重行补考怀宁,届期点名入场,查核印卷,未到人数尚有二百六十余名。太守遂大张晓谕,悬挂考棚,略谓:查是日闹考仅三四十人,其余皆系安分作文之童,大半寒士,亦或川资不足,难以久候,潜回家中,深为可悯。现在院试伊迩,凡未过府试者准其备卷,买结画保,本府定于四月初四日一律补考,评定甲乙,送院考试。仰见贤太守培植儒林,体恤至再。各童闻之,当亦有闻风兴起者乎?

载 1893 年 5 月 22 日《申报》,第 2 版,44 卷 149 页

462. 鸠江纪要(芜湖县试*)

三月廿六日,芜湖县试终场。是日,与考者共八十人,清晨点名入场。题为:无他技,可以止,公事毕,他日归。各作起讲,不须破承。亭午,各童缴卷,邑尊即命大敞华筵,殷勤劝酺,直至花梢影动,始各散归,傍晚发贴长案,录取二百八十余名。

载 1893 年 5 月 24 日《申报》,第 2 版,44 卷 165 页

463. 皖公山色(学宪起节*)

前纪安徽学宪吴肃堂文宗于四月初十日考试安庆,兹接邻县信谓,文宗筮期初四日由池州起节,约初六日可莅安庆。庠序中人当摩厉以须,待良工识拔也。

载 1893 年 5 月 27 日《申报》,第 2 版,44 卷 187 页

464. 皖垣试事

安徽学政吴肃堂文宗按临安庆，四月初九日行香下学，饬教官在明伦堂宣讲《卧碑》《训饬士子》。初十日考试文童经古，十一日考试文生经古，十三日考试太湖文童正场，十五日考试宿松文童正场，十七日考试潜山文童正场。余俟续详。

载 1893 年 5 月 31 日《申报》，第 2 版，44 卷 215 页

465. 皖垣试事

安徽学政吴肃堂宗师按临安庆，场规严肃异常，士子入场不准夹带片纸只字，日落撤卷，不得在金莲烛下分润余辉。复印成红纸牌，发交礼房书，令士子填写姓名，黏贴卷袋上，点名时禁止争先拥挤，须按牌鱼贯而入，违者立予重惩。牌示本月十九日考试望江，二十三日考试桐城，二十五日考试怀宁。

载 1893 年 6 月 8 日《申报》，第 2 版，44 卷 277 页

466. 皖省官场纪要（学宪行程＊）

安徽学宪吴肃堂宗师回省考试，于初一日竣事，初二日发落新进文生。是日，沈仲帅率司道各官在浙江会馆陈设筵宴，衡文校艺之余，复有雅歌投壶之乐，宗师当为之欣然。初四日巳刻，命驾出辕，至东门外官码头，行祭江礼。抚宪以下各官咸至江干恭送。闻学宪此次由水道进发考试太平府，俟过炎夏，再行示期考试六安、庐州等处。

载 1893 年 6 月 24 日《申报》，第 2—3 版，44 卷 391—392 页

467. 文旌过芜

安徽学政吴肃堂文宗科试皖垣既毕，秉节回辕。本月初六日行抵芜湖，道、府、县、参、游先具手版出郊迎迓。日过午，遥见宪舟冲波而至，岸上鸣炮三声，亭中鼓吹大作，各官以次进谒。文宗接见有差。少顷，排导入城，赴各衙门谢步。翌日平明时即扬帆下驶，探知本日傍晚已抵太平府节辕，随开办院试事宜。牌示初十日取齐，十三日开考，待告竣后就署避暑，至新秋即须赴金陵办理录科。闻后，再试皖北庐、和二属。

载 1893 年 7 月 5 日《申报》，第 2 版，44 卷 467 页

468. 姑孰芹香

安徽学政吴肃堂宗师试毕安庆，回驻太平府节辕，举行本郡试事。五月十二日行香放告，下学讲书。十三日考试生童经古，十四日科考四学生员，十五日补岁考，十六日芜、繁文童正场，十八日当涂文童正场，十九日复试一等生员，以后排日考试。约二十八

九日可一律告竣。所有题目照登于右。

科考文题：子贡问友两章。策题：史迁礼制书叙。诗题：赋得"最后一匹马如龙"，得"龙"字。芜湖童生文题：且知方也。夫子哂之。繁昌童生文题：其言不让，是故哂之。通场次题：无以，则王乎。诗题：赋得"邮签报水程"，得"签"字。当涂童生文题："忠矣"至"未知。焉得仁"。

闻此次场规较上届尤为严肃，点名时除府县皂班照例搜检外，又亲自督同家丁四名严搜一遍，不但向来各种关节一扫而空，即老于捉刀者亦皆望而却步。故每一案出，士论翕然。又，今届新进文童复试外，加面试一场，盖即所谓"提复"也。

载1893年7月16日《申报》，第2版，44卷545页

469. 芜上辋轩录（闱差调员＊）

本届恩科乡试，上江调帘各官，日内已次第接奉宪檄，计当涂、东流、怀远、霍山四邑宰，俟庖代者庚止，即当泛棹白门。闻怀远县篆经藩宪檄委芜湖电报局王叔英大令往摄，上月二十二日已由芜湖买舟前往。徽州府属定浦厘卡委员梁涛观大令亦奉调帘，遗差想又须委人接办矣。

载1893年7月16日《申报》，第2版，44卷545页

470. 整顿场规

江南文闱外监试志观察会同外提调瑞方伯，升坐藩属花厅，传集历科承办书吏数人，晓以利害，并特上届士子所呈杜弊数条，掷令观看，务当恪遵规矩，勿以身家性命为儿戏。倘有扼要之处，不妨缕晰禀明，以便采择。诸吏俯首无词，惟连称格外谨慎梭巡而退。

载1893年8月6日《申报》，第2版，44卷689页

471. 皖公山色（皖垣决科＊）

皖抚沈仲复中丞以秋闱伊迩，遂于六月廿二日在考棚内决科。文题：有天爵者，有人爵者，合下三章。诗题：赋得"日月望天心"，得"心"字，五言八韵。闻是日与课者大半不知诗题来历，相率曳白而出，真可谓腹负将军矣。

载1893年8月13日《申报》，第2版，44卷739页

472. 安徽学政吴奏报皖南各府州科试日期折

安徽学政臣吴鲁跪奏，为恭报皖南各府州科试日期，仰祈圣鉴事：窃臣于正月十九日将通省岁考一律完竣，恭折奏报在案。嗣于二月初六日出棚，先试宁国府，并照例调考广德州；次即按试徽州、池州、安庆等府。五月初八日，回太平府考试本棚。至二十七

日毕事,拟俟七月初旬前赴金陵办理录科事宜。臣于岁试时严密关防,整肃场规,凡有偶轶范围者,一经察出,即交提调官分别惩办。此次科试,皖南生童颇知守法,尚无枪替等弊。各属士子均知向学,文风蒸蒸日上。生员中有学行兼优者,于每棚正场后另期扃试,悉心考核,统俟明年乡试前再行会同督抚照例复试,秉公去取。除于各棚发落,勖以读书立品,仍随时惩劝,以仰副朝廷作育人才至意。所有科试宁国等府州情形谨缮折具陈,伏乞皇上圣鉴。再,臣经过地方,雨旸时若,民情安谧,堪以仰纾宸廑,合并附陈。谨奏。

奉朱批:知道了,钦此。

光绪十九年六月二十八日《京报全录》第四千四百九十七号,癸巳七月初六日《申报》附张

载1893年8月17日《申报》,附张第4版,44卷771页

473. 江南乡试内外帘官全单

江宁藩司帘员十二名:甘泉县汪懋琨,东台县汤曜,宿迁县葛祥熊,如皋县童秉厚,试用县常牧,即用县龙璋,即用县孙友蕚,即用县卢维雍,候补县吕宪秋,试用县郁湜经,尽先县徐树铎,试用县梁庆柱。

江苏藩司帘员十二名:镇洋县吴镜沆,宜兴县万立钧,武进县吴炳,候补县金士准,截取县刘锡庚,即用县陈焆,即用县王庆埏,候补县蒋子蕃,即用县刘正敩,大挑县陈俊康,教习县沈唐,教习县张祖纶。

安徽藩司帘员十六名:休宁县水鸿飞,定远县郑葆清,东流县虞玉辉,涡阳县欧阳霭,霍山县程仲昭,即用县戴朝普,截取县梁涛观,即用县李长郁,大挑县郭继泰,试用县张奎汉,大挑县黄鹏文,议叙县韩泽埏,即用县柯劭憼,即用县文缉熙,候补县陈瑜,即用县顾仲安。

载1893年8月19日《申报》,第3版,44卷780页

474. 恭迓文宗

安徽学政吴肃堂宗师定于七月初十日取齐皖省录遗士子,初七日由皖起马来宁。上江两首县已派差扫除考棚,并知会防营,列队往迎。大约文星照临当在初八下午也。

载1893年8月24日《申报》,第2版,44卷813页

475. 宗师莅宁

安徽学政吴肃堂文宗择于七月七日起马来宁,已纪前报。初八日,提调官署太平府知府凤太守先期进省。次日午前,文宗旌麾戾止。方伯以下均往迎迓,各营排队鸣枪,如火如荼。至皇华馆降舆,小憩片时,然后用全副仪仗送入上江考棚。午餐后,鸣驺往督署面晤岘帅,并往各当道处拜会。观者谓,文宗仪表非凡,的是金马玉堂人物。道旁

妇孺犹啧啧艳羡状头不置。闻下江学政溥宗师亦有十四日起马之信,现派小火轮往接矣。

载 1893 年 8 月 27 日《申报》,第 3 版,44 卷 836 页

476. **文人用武**

皖南考生三四人买醉于秦淮桃叶渡某酒楼,科头露顶,拇战甚酣,酪酊之余,忽动烟霞之兴,呼酒佣索吹具。佣告以此间只有梅花烟,那有芙蓉膏。吾侪小人不敢向荧荧鬼火中讨生活,何处觅半段枪供佳客?生令佣乞诸其邻。去之良久,仍空手复命。生方刺刺不休,谓:"若辈不为长者折枝,岂真束手无策耶?"忽鼻观中一缕清芬沁入心骨,翘而视之,则另坐一客,短榻横陈,呼吸未已也。生等勃然大怒,谓:"何厚于彼而薄于此?"不暇深求,即以两手举案一掷,酒觥羹碗纷纷落地,作金石声,复执佣保等赠以老拳。喧呶震耳之际,店家分辩语不闻一字。忽有二人为魏生所窘,张口一喷,如汨汨清泉,逆流而出,玉山颓然,始稍稍住手。此时店主人复细诉颠末,乃恍然于客之具系自携之物,非由假借而来也。诸生虽借杜康之威不少屈抑,然神色间已颇悔孟浪矣,解杖头钱偿酒债而去。

载 1893 年 8 月 28 日《申报》,第 9 版,44 卷 845 页

477. **整顿科场**

文闱规条废弛已久,江南合两省士子尤不易整齐严肃。今科内提调穆观察、外监试志观察商诸外提调瑞方伯,务期弊绝风清,一除向来积习。制军复委巡道宪襄赞其间,以资臂助。十二日,闱派收卷所书吏,以司署、粮道署、巡道署中生手充选,历科办事之人概行屏出,为其熟能生巧也。向例,闱内执事人等先期开单,此次暗中摸索,不露片言,俟入帘之日,临时分派,猝不及防,庶免内外勾串之弊。如此整顿,猾胥无从措手,上宪用心亦苦矣哉。

载 1893 年 8 月 30 日《申报》,第 1 版,44 卷 855 页

478. **严防奸宄**

大比之期,人烟稠密,奸宄最易潜踪。营务处曾观察、保甲总局丁观察、江宁府李太尊奉督宪面谕,妥为巡防,毋令良莠混淆,致生事端。观察等会商办理,先行出示晓谕烟室、客栈及散兵游勇等人,一面派亲信、家丁、差役往来巡缉,客民所搭草棚内,尤加意提防。

载 1893 年 8 月 30 日《申报》,第 1 版,44 卷 855 页

479. 上下江分棚录遗单

上、下江学宪抵省，业经登报。兹将分棚录遗日期开列于后。下江：十八日考苏州府、松江府、太仓州三属，二十日考镇江府、扬州府、通州三属，二十二日考淮安府、徐州府、海州三属，二十三日考江宁府、常州府、京口驻防、江宁驻防四属，二十五日合属贡监录科，二十六日教职录科，二十七日合属遗才大收，二十九日江宁武生录遗。

上江：十八日考安庆府、徽州府二属，十九日考太平府、池州府、宁国府三属，二十一日考庐州府、凤阳府、颍州府、广德州四属，二十三日考滁州、和州、六安州、泗州四属，二十五日合属贡监录科，二十六日教职录科，二十八日合属遗才大收。

以上各日期尚未一律悬牌晓示，谨就所闻录呈众览。如考生未齐，抑或册卷未备，稍有参差，统归学宪临时核夺。

载1893年9月1日《申报》，第2版，45卷1页

480. 苏皖两省北场录遗数目

六月十五日，江苏、安徽两省正途俊秀录科，只到二百数十人。

载1893年9月8日《申报》，第2版，45卷47页

481. 遗才揭晓

此次上、下江录遗，各宪为预防流弊起见，均未发案。现将号舍查清，于八月初一日晚间总核余号若干，照数送考。有志观光者无不欢欣鼓舞也。

载1893年9月13日《申报》，第1版，45卷81页

482. 远迓旌麾

江南正、副主试向例八月初一日进省，兹闻徐、文两星使将抵袁江，上宪委"江安"轮船杨、"澄波"轮船王、"水雷"轮船马，赴瓜（州）〔洲〕口静候，以备渡江。供给所粪除城北毗庐寺为暂驻襜帷之所，业已铺设齐整，焕然一新。大约文星照耀当在三五日间也。

载1893年9月13日《申报》，第2版，45卷81页

483. 帘员入所

江宁、江苏、安徽三藩司所调帘员业登前报，现已纷纷来省，住酒市大街帘员公所。内有需次金陵者，亦将行李搬入。上宪每日派人扃门严查出入，盖所以防微杜渐也。昨日，瑞方伯于已调帘员中忽更换数人，另查正途州县，开具清单，面呈制军。其更换之由，外间未能尽悉也。

载1893年9月13日《申报》，第2版，45卷81页

484. 科场条例略述

槐花黄矣，多士之志切观光者，无不袯被而踏省门，思欲于桂子飘香时白战于风檐寸晷中，同赋席帽离身之句，其于唱名接卷、领题作文一切章程早已了如指掌，而科场条例棼如乱丝，士人伏案频年，多有未经详悉者。雨窗无俚，请得述其大略，以资挥尘之谭焉。当简放主考也，题本下内阁，礼部派司员领出行知，点出各官，次日朝服诣午门前，听礼部堂官宣旨。毕，各行三跪九叩礼，限五日内起程，应给勘合驿马，由礼部行文兵部，照例发给。其赏给路费银两，江南计五百两，起程前户部先给二百两，余俟回京时补给。正、副考官如遇有丁忧事故，奏明请旨，改派一员前往。如试期已迫，改派不及者，奏明令一员专办。其考取同考官也，则用进士、举人出身之州县。至同通内有学问优长者，亦准调取。倘现任官不敷，则于分发各员中详加遴选，专折奏明。其校阅也，主考与各房同坐一堂，内监试与主考对坐。至日晚，查所阅朱卷入箱，正、副考官同监试官亲加封锁，房考、阅卷不得干与别房。饮食、寝宿各归各房舍，不许往来私访聚谈。中卷，副考官书"取"字，正考官书"中"字。落卷，已经房考批抹者，主考官搜出佳文，仍行取中。同考官不得补用荐条。倘磨勘官悉心详阅，所搜允当，则将不行呈荐之同考官严加议处。其分房也，监临于每次进卷时，照房考若干员之数，将试卷分为若干束，分别号簿，开写"第一束""第二束"等字，钤用关防，送至内帘。主考眼同内监试、收掌官，先将第几房掣签，次将试卷第几束掣签，当堂分给，仍填登号簿，同考第一房、第二房等次序。入闱封门后，当堂签定试卷分掣后，主考眼同监试，于卷面上印"第几房"字样，交内收掌挂号。其取中额数也，第就江南计之，原定一百十四名，内江苏六十九名，安徽四十五名。至咸丰三年，安徽绅民助饷案内奏准，自己未恩科始，上江永远加广二名。同治二年，徽宁池三属绅民助饷，永远加广上江二名。同治三年，奏准苏皖两省历次助饷，永远加广上江三名。以上均自甲子科始。同治六年，礼部奏准，淮军报效欠饷，永远加广一名。又，皖省官生捐输案内，永远加广上江一名。以上自丁卯科起。同治九年，铭军报效欠饷，永远加广上江一名，自庚辰科始。下江则咸丰九年，江苏绅民助饷，奏准自己未恩科始，永远加广四名。同治三年，苏皖历次捐输，永远加广四名。又镇营历次报效欠饷，永远加广一名，以上均自甲子科起。同治五年，户部核准，江苏历次捐输，永远加广一名。同治九年，湖广总督李奏剿捻军需全赖江苏厘金，奉旨永远加广八名，自庚午科起。由是上江共加广十名，下江共加广十八名，连原额，共中一百四十二名。皇恩浩荡，闱泽无垠。凡我儒林，有不同深感戴者乎？至于官卷，每二十名取中一名，然大省官卷数至三十一名以上，计其零数，已逾定数之半，准其计算，亦各取中一名，如多不及半，不准计算。所缺之额，以民卷补之。或有并不足二十名定数者，俱散入民卷，毋庸另立官卷取中。若夫副榜，每举人五名取中一名，如零奇不足五名，不准取中。其中计江南共中二十二名，内江苏十三名，安徽九名。凡遇恩广之年，毋庸加中。以上所述，皆我国家厘为定制，一成不易。虽今者试场规制逐渐从宽，而宪典昭垂，日星同炳，举凡多士固不可不深究而知之者也。顾近有一事，不值有识者一噱，而士人一唱百和，一若目击而身亲者，谓试场者悬挂诸旗，以召鬼魂索命。并有称明远楼上有羽士朗诵法言，令诸生之有阴私者皆得使鬼来缠扰。嘻,国家设科取士,所以求真才也,苟得真才,即不虚此设科之意,岂肯以异端邪术淆乱我儒林?彼场中悬青、白二旗,为取水之号令,在场执事者无不知之,奈何读书明理之人而亦惑于齐东野语耶?因附揭于此,以明无稽谰语之不足信云。

载 1893 年 9 月 14 日《申报》,第 1 版,45 卷 89 页

485. 主考过镇

江南正、副主考徐、文二星使,由京南下,乘坐头号南湾船,用小火轮拖带,于初一日黎明驶抵瓜洲口,暂泊义渡码头。镇江文武各员均渡江迎迓,呈递手版。二星使接见之余,略叙寒暄,始各兴辞。旋即启轮出口,溯江而上。濒行时,水陆各营弁兵在江干列队恭送,旌旗风卷,枪炮雷轰,极一时之盛。

载 1893 年 9 月 15 日《申报》,第 2 版,45 卷 97 页

486. 恭迓监临

监临奎中丞七月二十九日乘兵轮停泊下关,因天色已迟,未及进城,业经录登前报。八月初一日,办差人预备全副仪仗,赴江干伺候。午前十点钟时,中丞乘绿呢大轿,迤逦由西州门而入。武夫前导,从者塞途,声势颇为煊赫。各营列队恭迎,鸣枪致敬,如荼如火,整肃非常。约午后一点钟,抵淮清桥行台。襜帷甫驻,各员晋谒纷纷,手版脚靴,络绎不绝。中丞接见实缺司道府县,余均道乏,改日再见云。

载 1893 年 9 月 16 日《申报》,第 1 版,45 卷 103 页

487. 星轺抵省

江南正、副主试舟抵瓜(州)〔洲〕,上宪派兵轮往接,前报已纪其事。八月初一日,徐、文两星使停泊下关,由供给所预备舆马登岸,进石头城,入毗庐寺暂驻文旌。此系关防严密之时,照例不见宾客,各员亦不呈递手版,均候初六入帷之日再行恭送云。

载 1893 年 9 月 16 日《申报》,第 1 版,45 卷 103 页

488. 履勘贡院

向例,江南文闱供给所铺陈完竣后,请制军入闱履勘。八月初一日,刘岘帅鸣驺戾止,外提调瑞方伯、内提调穆观察、外监试志观察、外供给罗太守、内供给敖司马暨一切执事之员趋迎门外,然后陪入监临堂小憩。再过飞虹桥、衡鉴堂及两主试寝室,一一寓目,有不合式者,谕令更去,以期尽善尽美。复遍阅考生号舍。毕,方命驾回署,时正钟鸣十二下矣。

载 1893 年 9 月 16 日《申报》,第 1—2 版,45 卷 103 页

489. 入帘纪盛

八月初六日为入帘之期，清晨供给所办差人等即在江宁府大堂铺设齐整，大堂阶下营兵列队如甬道然，矛戈对峙，旗帜鲜明，一望如荼如火。外提调、内提调、外监试、内监试及内外帘员先后戾止。俄而，炮声隆隆，各官两旁鹄立，恭迎宪旌。但见仪仗外有抚标兵十余名，戈什哈十余名，簇拥绿呢大舆，徐徐而至。中丞降舆，入花厅小憩。约及二三刻，制军及上、下江学宪陆续排道而来，各官趋迎如礼。中丞派员持小启赴毗卢庵请徐、文两星使。此来彼往，如是者三时正。钟鸣十点，星使传呼登舆，正主试在前，副主试在后，旗锣羽葆簇簇生新，迤逦向府署进发。抵署后，星使南面立，各官恭请圣安。毕，分宾主之位，致寒暄之词，略予周旋，然后出赴盛筵，鼎俎纷陈，光辉璀璨，远而望之，几疑仙子行厨离碧落而降人世，其实皆草具也。未几，起身。列诸几案者，悉为侍从攫去，转眼之间，如流云之过太空，一时俱渺。此时，各官换坐显轿，甫出府署，便闻炮声如连珠，不绝于耳。首为内提调，次外监试、外提调，次监临，次主试，各用衔牌数十对为前导，青龙飞虎错杂其间，威仪之严，莫能殚述。道旁观者摩肩擦背，拥挤异常。间有官族女郎乘肩舆而过，睇之，由府东街至贡院前，几无隙地。文星照耀，何令人景慕一至此哉。但愿金篦刮目，衡校一秉至公，庶不负寒士十年攻苦耳。

载 1893 年 9 月 18 日《申报》，第 1 版，45 卷 115 页

490. 电传江南乡试首场题

首题：子曰"巍巍乎，舜禹之有天下也"两章。
次题："上律天时"一句。
三题："何独至于人而疑之"两句。
诗题：赋得"江上飞云来北固"，得"云"字，五言八韵。

载 1893 年 9 月 20 日《申报》，第 1 版，45 卷 129 页

491. 监临阅场

江南文闱铺陈完备后，请各大宪寓目，谓之"踹场"。初一日，制军亲临，前报已纪其略。监临奎中丞复定于初四日阅视演习灯旗、水管等件，并请岘帅同阅。是日，提调、监试、各点名道先后鸣驺戾止，恭迎督抚。二宪入至公堂小憩，文武各执事参谒。毕，然后升座，鸣炮扯旗，上缀朱灯，由一起至十四起，按图式悬挂，不爽毫厘。另用黑旗数面，上画八卦或七星，以备运水之用，何处需水则悬何样旗帜。铜管中汩汩而来，旗落则止，涓滴俱无。演习既竣，退入飞虹桥，巡视主试、帘官各屋，略略瞻顾便出。至衡鉴堂，垂问士子号舍修理整齐否。监试志观察当即谕令供给所每号多添屋瓦，恐天气炎热，猝遭暴雨，以致漏湿诸生考具。并嘱启闭各员严稽出入，毋视为具文等语。拱立阶下者，均唯唯而退。上宪体恤士林，复能严杜弊窦，恩威并用，于此可见一斑矣。

载 1893 年 9 月 20 日《申报》，第 9 版，45 卷 133 页

492. 录遗余闻

上江学宪每发一案，分正取、次取、次备取三等。正取、次取随时购卷，次备取不即购卷，俟号舍能余若干，循序送考。凡不列次备取者，皆系犯规或未能完卷者，虽求人情，断不录送。既安士子之心，复杜夤缘之弊，用心亦良苦矣。下江学宪初一日总发全案，约取七成之多。续查号舍，勉强可敷。初四日夜，复拣择无疵之卷，全数发出。其未发者，亦寥寥无几矣，大约在万难成全之列。悬有牌示，晓谕诸生，令名落孙山者速作归计，毋营营以自苦。据个中人云，上、下江遭屏弃者未及一成。宗师宽大之恩，可谓既周且渥矣。

载 1893 年 9 月 20 日《申报》，第 9 版，45 卷 133 页

493. 南闱头场闲话

此次上、下江士子到省甚迟，两学宪开考遗才时人数寥寥。廿七八九等三日，续到补考以及大收，拥挤不堪。天公不作美，连日大雨如注，无不带水拖泥，由此受病者实繁有徒。初八日，头场四点钟封门时，因病扶出者五六十人。初十日黎明，由姚家巷南头吊出病毙者一人。信府河小茶馆内通州考生因病不能进场，旋即身故。未显金榜之名，遽赴玉楼之召，亦可哀矣。

载 1893 年 9 月 22 日《申报》，第 2 版，45 卷 143 页

494. 文宗起节

上江学宪吴文宗，于初九日辞行，回太平驻署。下江学宪溥文宗，初四日考试遗才。毕，于初五日拜客。初六七日制军及司道开筵请宴。初八日，学宪答席，觥筹交错，极一时之盛。初九日辞行。初十日十一点钟，出水西门，登舟回江阴驻署，接办各属武生监遗才。

载 1893 年 9 月 22 日《申报》，第 2 版，45 卷 143 页

495. 江南文闱帘官名单

同考官：第一房，安徽定远县知县郑葆清。第二房，江苏镇洋县吴镜沉。第三房，准补江苏宿迁县葛祥熊。第四房，调补江苏甘泉县汪懋琨。第五房，安徽即用知县戴朝普。第六房，安徽即用知县顾仲安。第七房，安徽即用知县柯劭憨。第八房，安徽截取知县梁寿观。第九房，安徽即补知县陈瑜。第十房，江苏候补知县黄金钺。第十一房，江苏即用知县王庆延。第十二房，江苏即用知县陈塆。第十三房，江苏候补知县蒋子蕃。第十四房，江苏即用知县孙友萼。第十五房，江苏尽先知县徐树锷。第十六房，江苏即用知县龙璋。第十七房，江苏教习知县张祖纶。第十八房，江苏试用知县邓遥经。

受卷官:江苏如皋县知县童秉厚,江苏候补同知刘锡庚,江苏教习知县沈唐,江苏即用知县刘正教,江苏试用知县梁庆桂,江苏即用知县卢维雍,江苏试用知县常牧,安徽大挑知县郑继泰。

誊录官:江苏武进县知县吴炳,江苏宜兴县知县万立钧,江苏候补东台县知县汤曛,安徽试用知县张奎先。

对读官:安徽霍山县知县程仲昭,安徽准补涡阳县知县欧阳霭,安徽即用知县李郁华,江苏候补知县吕宪秋。

外收掌官:江苏候补知县金士准,安徽议叙知县韩泽埏。

弥封官:江苏大挑知县陈俊康,安徽即用知县文缉熙,安徽候补知县杨纪元,安徽休宁县知县水鸿飞。

载1893年9月23日《申报》,第1—2版,45卷149页

496. 江南二场闲话

初十日晚十二点钟,发出蓝榜二百七十余人,大半因病而缴白卷者。内有三人最奇者:一系失写题目;一系添注涂改在夹缝中;一系字迹模糊,令人莫解。天明开点,有三十余人尚未完卷。号官禀明监临,饬夫扶出。二场不到者甚多,二点半钟已经点毕,照例少待数刻,三点一刻封门。不意封门之后,尚有三十余人赶到,扣之不应,求之不得,惟有涕泣而回。如此疏忽,诚自取其咎也。

书生手无缚鸡之力,背负考具第一苦事,往往借力于武夫。有操常州口音者一人,彳亍于大门外,接其小主人,待至夕阳西坠,主人始出。仆曰:"昏暗难行,我当取灯。"主人奖其勤干,嘱令速办。仆意谓主人有令,何事不可为?将巡察官红灯取出,当被护勇拘住,尚哓哓强辩。官谓:"劳苦半天,无以偿汝。"遂以竹笋煨肉为赠,见者无不怜其戆。

此次场内除疾病之外,怪怪奇奇之事绝不闻见。惟姚家巷内某生自进号之后,不食不语,亦不作文。夜深人静之后,邻号生但闻其细语云"亲姐姐,干妹妹",别无怪异。于十一日黎明,催净场时扶出,无人色矣。

水夫、茶夫悉归内供给所督率。总办饬司事常川巡察各夫之勤惰。某司事于初十晨巡至公堂下西文场第一号号门口,忽然倒退一二丈。茶夫问其何故?司事不能道一字。忽又大笑谓:"我走至此处,忽见红光一道,赶紧让开,定神细视,系一先生在号口讨开水。或者眼花,或这位先生今科高占龙头,故有是兆也。"传闻如是,姑录之以验诸后日。

载1893年9月23日《申报》,第2版,45卷149页

497. 江南乡试二场题

《易》:备物致用,立成器以为天下利,莫大乎圣人。

《书》:朔南暨。

《诗》:倬彼云汉,为章于天。

《春秋》:齐人伐山戎,庄公三十年。

《礼》:五味,六和,十二食,还相为质也。

载1893年9月25日《申报》,第1版,45卷163页

498. 二场述闻

江南场规素称严肃,惟三场对实策非一人所能查对,故多乱号。乙酉科苏护抚谭序初中丞为监临,创设号戳,如遇乱号,不盖号戳;卷无号戳者贴。由此乱号之风近数科绝无所闻。今科二场盖戳时,查出卷面坐号与所坐之号仅隔一墙。号官禀明监试提调志、穆两观察,当将该生提出,讯其因何犯规。该生禀称系属新生,初次乡试领卷归号,见号前墙上"一"字,误入于后号,至查号时始知悉。倘若有意犯规,何敢将卷子自请号官验看?两观察问诸号官,果如该生所禀,反复细核,情有可原,然究属乱号,禀明监临。奎大中丞体恤士子,不予深究,令坐至公堂中,俟二场净号时,给以照出签,俾得出场。

头场紫榜多至三百余人,大半因病而交白卷。自头场以来,天气寒暖尚称调和,诸生精神爽快,故二场发出紫榜三道,只有四十名,第一起二十七人,二起六人,三起七人,仍系白卷未完卷者。内有一人,火烧卷子,仅存后幅二页,何其不慎。如是尚有上江一生,将题目颠倒,大约此生娴熟《三字经》,以《诗》《书》《易》《礼》《春秋》系古人所定次序,故不照题纸,而竟倒置之也。

载1893年9月28日《申报》,第3版,45卷184页

499. 江南三场闲话

头二场号军勒索考生之事不一而足,纪不胜纪,盖缘号军将本求利,有所借口。有常州府金匮县考生具禀陈控,谓号官纵容家丁勒索号军,号军因此关门勒索考生,不遂所欲,不令出号。内提调穆少岳观察大张晓谕,如有犯此如该生所禀情事,从重究办,决不少贷。

松江府南汇生五篇经文正草誊竣,收拾器具,出号缴卷,只剩青蚨数十文,谓号军、茶夫曰:"我虽是穷措大,视斯睹物如鸿毛,从不吝惜,实因匆匆进场,忘于携带,只剩区区之数与尔二人。三场进来,再为补益。"茶夫唯唯,而号军冷语曰:"万一先生不能进场,我二人岂不大失所望?"南汇生勃然大怒谓:"尔如此出口伤人,我禀诸官,看尔如何。"号军亦怒目不肯相下,将号板一拍,一盒墨汁全翻于卷上,满幅淋漓,一字莫辨。南汇生将该号军扭至至公堂,穆观察立即升堂,判以重责二百板,枷号。监试志观察将情禀明监临,而奎大中丞衡情核理,咎在号军,故格外体恤,换给一卷,速令补誊。南汇生颂中丞之德不置。

作门外汉者,头场二十余人,二场三十余人,而三场只有二人。此二人非如前人之戆,□司阍者成全,由窦蛇行而入,巧则巧矣,号戳未盖,仍登紫榜,惜哉。

二场后,东牌楼纸扎店内寓盐城考生一人,急病身故。利涉桥头寓崇明考生一人,寓东关头南汇考生一人,亦因病而亡。

载1893年10月2日《申报》,第2版,45卷211页

一 科举与拔萃

500. 添募誊录

江南文闱头场朱卷已于八月十五日前如数誊完,监临奎中丞恐速则不工,亥豕之讹诚足误事,因谕供给所总办再招募誊录生六百人,帮誊二、三场。十七日,派员点名面试字画端正。十八日入闱,即在状元新号为栖息之所。监临另捐廉五百金赏给各誊录生,以资鼓励云。

载1893年10月5日《申报》,第2版,45卷231页

501. 革除陋习

向来文闱号军归各州县募送,或一百或二三百不等。县令先期出票,饬差协同乡保,令务农之家各出一丁,充号军之役。有不愿者必大饱欲壑,方准开除,每逢科场被累者颇众。兹闻江宁府六合县裘大令变通旧章,不令胥役赴乡科派,由本县出示晓谕,有愿充号军之人亲来报名,给以川资,具公牍送交供给所收用,如数目不敷,县令捐廉招募。如此则胥役无权,闾阎不扰。裘大令通禀各宪,奎中丞大加赏识,饬通省州县遵照办理,永远为令。此示一出,乡愚咸额手相庆云。

载1893年10月5日《申报》,第2版,45卷231页

502. 闱后余谈

执笔人文战既毕,袱被而归,激水轮飞,顷刻数百里,阅一日夜,已抵沪江。有客见而问焉,曰:"先生之文得意乎?转眴重阳节近,蕊榜高悬,淡墨书名,泥金报捷。此亦男儿快意事也。仆敬为先生预贺。"执笔人笑应之曰:"仆何敢望倖获哉!仆亦惟借以遣兴偷闲数十日,聊抒笔墨之劳而已。犹忆垂髫舞象时,搦管学作文,塾师约束之甚严,无一刻半时敢荒于嬉戏者,甚至梦回角枕犹时时朗诵,《小题正鹄》《八铭塾钞》诸时文。及学使按临,逐队观场,即邀赏拔。斯时父母固喜形于色,塾师亦誉不绝口,向之严于约束者,至此得以稍稍自如。然犹不敢暇逸自耽,日仍从事于八股之中,伏案埋头,数经寒暑,窃以为取青紫当如拾芥矣。庸讵知文章憎命,刖足时伤,鹗荐频邀,朱衣未点。今者,年甫不惑,而齿已脱矣,鬓已斑矣,厌线依人,劳劳卒岁,芸窗旧业渐至荒芜,咿唔矮屋中竟日几不能完卷,而尚何望中哉?兹之应试,亦惟借此以览六朝名胜,渡寻桃叶,井访燕支,凭眺雨花之冈,徘徊乌衣之巷,以稍洗红尘万斛,岂欲于风檐寸晷争夺一日之短长哉?且即使倖而得中,亦无甚所谓也。其素不安分者,自恃孝廉之名贵,把持公事,出入官衙,名为一邑之书香,实系四民之败类,甚且抢孀逼醮,武断横行,贻祖宗之羞,短士林之气。至于奉公守法者,则仍藉砚田以糊其口,笔耕墨耨,岁获无多,啼饥号寒,势所不免。然则得之固无所益,不得亦庸何伤?仆惟有安分听天,守儒生之寒素而已矣。况乎今之科场其流弊正无所底止。其接卷而入也,短衣盘辫,拥挤喧哗,呼噪之声,如临大敌,号官则任情诟詈,号军则肆意扭殴、索饭索茶,无异强丐之街头行乞。石印书籍,累

箧盈箱,号舍鱼鳞,如开书肆,大都以赖供抄撮备翻查者。其士品之卑污有如此者。而宦家公子、富家娇儿,则更买荐雇枪,钻营备至。夫科场作弊,律法森严,骈首之刑在所难免。昔年柏中堂一案,一经发觉,犯大辟者数人,圣谕煌煌,令人读之股栗。而儒林无赖偏喜为人捉刀,百计千方,蝇营苟且,竭九日之辛苦,博数百之金资。一或事发到官,轻则烟瘴充军,重则稿街悬首。嘻! 士风之坏,一至于斯。即幸而榜上有名,亦且羞与为伍,而况不可必得哉。仆尝见今之功名心热者矣,一过题糕佳节,即日日探听发榜之期,每当夜静人稀,出场作朗吟,至得意时辄拍案狂呼,不顾妻孥之矜骇。偶或见有疵累,则长吁短叹,废寝忘餐。及至龙虎高悬,他处皆纷纷报喜,而蓬门陋巷依然车马无闻,则又痛哭高歌,牢骚满腹,或詈主司之瞎眼,或嗔房考之糊涂,竟欲焚弃儒冠,入山披薙。此种如醉如痴之光景,在当局者几不自知,而旁观摹拟之余,直欲令人喷饭满桌,则何若仆之行云流水,不甚关心,省得他时挂肚牵肠,受尽无量苦趣乎。"客笑之曰:"子之言可谓达矣。然试思自幼至长,受父母之栽培,经师傅之训诲,所属望者在何事,而竟若是之漫不关心? 则何若刻意经营,不稍疏懈,庶无负父母、师傅之属望,而得成为名教之完人乎。"执笔人舌桥不能答。迨客去,即书此语以列诸报端。

载1893年10月9日《申报》,第1版,45卷255页

503. 襄垣随笔(士子回乡*)

皖南北各属士子之赋槐黄者,三场完竣,得意言旋,大半趁搭轮船取道鸠江,故迩日轮船抵埠无不人多似鲫。其雇民船上驶者十中不过一二,督盐宪循例派拨炮船十艘来芜,泊于救生局前,缉查考船夹私之弊。然虽功令森严,究不闻有轻于尝试者。

载1893年10月9日《申报》,第1版,45卷255页

504. 江南榜期

江南榜期因展限十日,每科约在九月二十日前后,闻此次恩科定于十九夜揭晓。菊花天气,闰到重阳,想个中人已不胜盼望矣。惟传言如是,尚未见有明文。

载1893年10月14日《申报》,第2版,45卷291页

505. 光绪十九年癸巳恩科顺天乡试题名全录

……周学熙,安徽建德……曹汝麟,安徽青阳……何雄耘,安徽定远……汪述祖,安徽休宁……朱正本,安徽寿州……朱大铺,安徽泾县……李太年,安徽太平……

副榜:……徐德润,安徽……

(注:正榜共280名,其中皖生7名;副榜共49名,皖生1名。仅录皖生姓名、籍贯。)

载1893年10月28日《申报》,第9版,45卷387页

506. 电传癸巳恩科江南乡试题名全录

王嘉宾,高淳廪;余受之,潜山廪;刘昌颐,如皋附;贺焕章,丹徒附;马文思,如皋附;周钺,上元廪;陈恩熙,扬州廪;董若洵,阳湖廪;赵梦泰,泾县优;恽积勋,阳湖监;姜瑞麟,丹阳拔;刘邦霖,如皋副;顾尔林,华亭附;汤振鹏,阳湖增;徐炳銮,苏州廪;朱庞成,宁国附;朱运新,松江附;杨立本,金坛附;瞿瞻奎,泾县拔;蒋嘉淦,江宁附;冯炘,金坛官;于葆元,盱眙增;单溥元,合肥廪;曹吴钰,震泽廪;郑钟,来安优;秦锡奎,上海优;刘权,阳湖官;方恒,阳湖监;唐毓麟,江宁增;胡鸣鹤,婺源增;凤葆,江宁驻防;董献章,广德拔;李经钰,合肥官;汪炉青,桐城附;王孝达,上元附;杜嗣程,常州附;李祖荫,巢县附;余际春,潜山廪;陆文椿,宿迁附;汪家玉,新阳附;徐在滋,宜兴增;吴是奎,吴县监;孙忠鑫,太平附;包锡成,吴县廪;朱学杭,吴县附;秦锡田,上海增;程荣,江宁增;范先祎,元和附;张怀川,和州廪;汪惟清,昆山廪;金锬,泰兴优;钱振锽,常州附;罗钟奇,太湖附;张宝森,如皋监;张传醴,昆山廪;杨士铨,泗州官;顾光熙,江都增;马维骢,安庆廪;王庆洛,寿州附;邹卓尔,阳湖廪;汪祖柳,霍邱优;桂殿华,石埭廪;高凤翔,无锡附;顾□镛,娄县廪;牛慰,兴化廪;庞浩镇,无锡廪;张甲寅,江阴廪;吴殿元,黟县附;钮曜枢,寿州监;刘文炳,上元附;黄申锡,上元廪;程轩瑑,太湖廪;杨銮坡,怀宁廪;冒传均,如皋附;濮文波,芜湖廪;玉照,京口驻防;张恪勋,江宁附;王元庆,舒城拔;葛泰林,吴县监;李贞元,清河廪;瞿凤翔,泾县增;陈澹晖,桐城廪;吴钟绂,江都廪;罗运经,江宁廪;储乙然,怀宁廪;王恩泽,山阳廪;姜烺,如皋增;程道元,休宁廪;曹源曾,高邮监;葛其廉,怀宁优;李苆寅,繁昌优;徐应辂,宜兴廪;汪家声,上元附;钮永建,上海附;叶廷琦,上元增;蒋炳章,苏州廪;张仁敏,上海附;徐继泂,宜兴附;董其芳,怀宁廪;蒋楸瀚,苏州廪;金牧,贵州廪;吴贤扬,霍山附;石银,溧阳廪;张遇鸿,安庆增;刘焕勋,泰兴廪;安辅臣,怀宁附;杨麟香,甘泉监;汪钟霖,吴县拔;唐光彬,吴县附;张一鹏,元和附;徐登俊,丹徒附;丁佑申,山阳副;陆凤翔,泰兴廪;丁学焜,庐州廪;张曾谦,含山廪;张宗瀛,合肥贡;胡镕,江都廪;王凤璘,徽州增;郁芳润,常州廪;石光晓,宿松附;杨道钧,常州廪;徐九昌,□□优;江维垣,江宁增;许秉庚,颍上优;吴桂森,仪征廪;胡宗程,徽州增;徐藻,宣城廪;汪维馨,昆山附;胡远芳,安庆廪;顾恩永,镇洋监;江兆泰,宝山附;瞿光辅,武进附;卢元璋,丹徒附;沈兆琦,英山廪;方裕庆,仪征附;李兆洛,合肥附;孙绍渠,元和附;王恕,泾县附;丰和,京口驻防;方燕庚,定远廪;叶承模,金匮附;陆锦燧,常州附;姚自新,镇江廪;张诚,桐城贡。

副榜:董瑞椿,吴县优;王宗成,滁州增;陈懋治,元和附;徐凤震,无锡增;姜汝济,阳湖优;张百城,天长附;袁祖光,安庆廪;刘盛芝,合肥拔;周行遂,合肥监;丁宝书,无锡附;宋乃谦,凤阳附;蒋祖庶,长洲附;方怡,阳湖附;方澍,无锡增;吴肇荣,元和附;曹崑,望江增;鲍思哲,丹徒附;庞鸿儒,常熟增;王友闻,江宁附;瞿凤仪,泾县附;张彤辉,丹徒附;林志熙,无锡附。

本届江南乡试于今日揭晓,千佛名经万人争睹。本馆特托金陵友人将题名全录飞电传来,以副诸君子先睹为快之意。惟电码既多,其间容有小误,俟接到官板题名录,再行校正。

本馆附识

载1893年10月29日《申报》,第2版,45卷391页

507. 出榜盛仪

　　江南乡试于二十日揭晓,先是十九日黎明,内提调穆观察、外监试志观察对坐内帘门飞虹桥口,供给所委员将执事人清单送阅,两观察即一一点名放入。日出时,外提调瑞方伯鸣驺庆止,各员亦陆续云集。最后,则制军刘岘帅乘绿呢轿,排列全副仪仗,簇拥入闱。明远楼鼓乐齐鸣,头门口连珠炮响,巡捕官持帖前导,至衡鉴堂滴水檐下,两主试自内迎出,相与一揖。此时,堂上已铺设齐整,东边上首二公案,主试也;西边上首一公案,制军也。次主试者为外提调、外监试;次制军者为内提调、内监试。再次则为十八房帘员。中设长条桌,上铺红毡,则为填榜处。另设方桌一,坐眼明手快之帘员四人,磨对墨卷。堂东西两隅堆存上下江卷箱,书吏数十名鹄立两旁,彬如秩如。少选,两主试步至堂西,揖制军,入座。制军步至堂东,揖如之,谦让再三,各就本位。外提调诸官亦就位。俄而,主试出红号单一纸,朱卷一束,旁立书吏传呼某字号墨卷,立时提至主试,翻阅后,付四帘员磨对无讹。既启弥封,呈与正主试在墨卷上标写名数,副主试在朱卷上填明籍贯,然后捧至本房荐卷官处取纸条一,亲笔大书第几名、某府某县某生,另有书吏持条趋至主试座前呈阅,次制军,次提调,次监试,皆寓目,方递与填榜人孟子受缮写。如磨封不符及犯规不能原谅者,另取堂备卷补入。自第六名起,填至五十五名,各官入内堂小憩,传供给所进膳。执事人亦在外休息。约历一时之久,复依序升堂,直将正副榜填完,始谕停止。时暝烟四起,日已曛矣,供给所再进晚膳。待至钟鸣十一下,已交二十日吉辰,堂上五花烛齐燃,各人手捧数十枝,照耀几如白昼。每官公案前列五色果四盘,主试、制军等徐徐而出,由第五名以次而上填至解元。斯时,墨迹未干,而差役仆从等人已争抢五色烛、五色果,拥挤一团,喧笑之声直如潮涌。各官顾而乐之。须臾始肃。填榜人立中间,高声唱第几名、某某某处人,自始及终,丝毫不爽,乃命押榜委员将榜卷起,纳入彩亭,鼓吹送出。门外则炮声隆隆,人声嚷嚷,对面语几不可辨,诚大观也,亦盛典也。

载1893年10月31日《申报》,第2版,45卷405页

508. 癸巳恩科江南乡试官板题名全录

　　王嘉宾,高淳廪;余受之,潜山廪;钱昌颐,江宁廪;贺焕章,丹徒附;马文忠,如皋附;周钺,上元优;陈恩熙,扬州廪;董若洵,阳湖廪;赵梦泰,泾县廪;恽积勋,阳湖监;姜瑞麟,丹阳贡;刘邦霖,如皋副;顾尔梅,华亭附;汤振鹏,阳湖增;徐鋆,苏州廪;朱庞成,宁国附;朱运新,松江廪;杨立本,金坛附;瞿瞻奎,泾县拔;蒋家淦,江宁附;冯圻,金坛官;于葆元,盱眙增;单溥元,合肥廪;曹吴钰,震泽廪;郑钟,来安优;秦锡奎,上海增;刘权,(南)〔阳〕湖官;方恒,阳湖监;唐毓麟,江宁廪;胡鸣鹤,婺源增;凤葆,江宁驻防;董献章,

广德拔；李经钰，庐州官；汪炉青，桐城附；王孝达，上元附；杜嗣程，常州附；李祖荫，巢县附；余际春，潜山廪；陆文椿，宿迁附；汪家玉，新阳附；徐在滋，宜兴增；陆是圭，吴县监；孙以鑫，太平附；包锡咸，吴县廪；朱修爵，吴县附；秦锡田，上海增；程荣，江宁增；范祎，元和附；张如川，和州廪；汪惟清，昆山廪；金钺，泰兴优；钱振锽，常州附；罗钟奇，太湖附；刘宝森，如皋监；张传醴，昆山廪；杨士铨，泗州附；顾光照，江都增；马惟聪，安庆廪；王庆络，寿州附；邹卓尔，阳湖廪；汪祖树，霍邱优；桂殿华，石埭廪；高翔，无锡附；顾镛，娄县廪；牛从，兴化廪；唐浩镇，无锡优；张甲寅，江阴廪；吴殿元，歙县附；龙曜枢，寿州监；刘文炳，上元附；黄申锡，上元廪；程轩墀，太湖廪；杨銮坡，怀宁副；冒传均，如皋附；濮文波，芜湖廪；玉兴，京口驻防；张恪勋，江宁附；王元庆，舒城拔；葛泰林，吴县监；李贞元，清河廪；翟凤翔，泾县附；陈澹然，桐城廪；吴钟绂，江都廪；罗运经，江宁廪；储乙然，怀宁附；王恩绎，山阳廪；姜烺，如皋岁；程道元，休宁廪；曹源曾，高邮监；葛其廉，怀宁优；李苐寅，繁昌优；徐应铃，宜兴廪；汪家声，上元附；钮永建，上海附；叶廷琦，上元增；蒋炳章，苏州廪；张仁敏，上海附；徐继声，宜兴附；董其方，怀宁廪；蒋楙瀚，苏州增；金玉，贵州廪；吴贤扬，霍山附；石铭，溧阳廪；张遇鸿，安庆增；刘焕勋，泰兴廪；宁辅臣，怀宁附；杨麟香，甘泉监；汪钟霖，吴县附；唐光彬，宿松附；张一鹏，元和附；徐登俊，当涂附；丁佑声，山阳副；张炳翔，长洲附；丁学焜，庐江优；张曾谦，含山廪；张宗瀛，合肥贡；胡镕，江都廪；王凤璘，镇洋附；郁芳润，常州廪；石光遐，宿松附；杨道钧，常州廪；徐乃昌，南陵廪；江维垣，江宁附；许秉彝，颍上优；吴桂森，仪征廪；胡宗程，徽州增；徐藻，宣城廪；汪维馨，昆山附；胡元芬，安庆优；顾思永，镇洋监；王兆泰，宝山附；瞿光辅，武进附；卢元樟，丹徒附；沈兆琦，英山廪；方裕庆，仪征附；李宗洛，合肥附；孙崇祖，仪征附；张绍渠，元和附；王恕，泾县附；丰和，京口驻防；华承模，金匮附；方燕庚，定远廪；陆锦燧，长洲附；姚日新，贵池廪；张诚，桐城贡。

副榜：董瑞椿，吴县优；王宗成，滋州增；陈懋治，元和附；徐凤震，无锡监；姜汝济，阳湖优；张百成，天长贡；袁祖光，安庆优；刘盛芸，合肥拔；周行遂，合肥贡；丁宝书，无锡附；宋乃谦，凤阳附；蒋祖庚，长洲附；方怡，阳湖附；方澍，无为增；吴肇荣，元和附；曹崑，望江增；鲍恩暄，丹徒附；庞鸿儒，常熟增；王友闻，江宁附；翟凤仪，泾县附；张彤辉，丹徒附；林志熙，无锡附。

载1893年10月31日《申报》，第2版，45卷405页

509. 神山仙迹（稽查考船*）

皖南旌、泾、太各邑士子秋风得意，鼓棹言旋，顺带货物廿余船经过芜关，不候稽查，辄向内河疾驶。内河关委员俞䜣庵二尹随赴道辕面禀袁观察。观察怒，立调炮船七号，飞棹至浮桥堵截。至则考船愈积愈多，竟有四五十艘之谱，自恃人众，抗不肯停，婉言谕之，反哓哓不已。邑尊王明府恐其肇祸，亲自莅舟开导，考生亦置之不理。不得已，添调老湘营兵及练军各数十名把守浮桥，并拘船户二名回县候讯。

载1893年11月2日《申报》，第2版，45卷419页

510. 鹿鸣宴志盛

江南文闱揭晓后，择于九月二十四日举行鹿鸣宴。是日辰刻，在省各新贵衣冠济楚，均赴贡院，候于龙门外。约及巳初，外提调瑞方伯、外监试志观察，协同点名，请观察暨同考官、内外各所官、首府县各执事官，蟒袍补服，鸣驺而来。小憩片刻，提调、监试伤人持手版恭迎制府刘岘帅降临。俄而，宪舆戾止，诸新贵依名次序立，迎于二门外东边。府县迎于龙门内，司道迎于至公堂阶下。升堂，略坐，制府发名帖，请正、副主试，一而再，再而三，主试方徐徐出衡鉴堂，诸新贵迎于帘门外，司道迎于帘门，制府立堂檐前，相见一揖，各官谒见三揖，就坐，啜茗，略叙寒暄。此时，府县官预率诸新贵鹄立露台下，候主试、制府等换齐朝服，踹步出堂。礼生引诣香案前，唱跪者三，唱叩首者九，望阙谢恩。毕，复升堂，更换补褂，立堂上。礼生引诸新贵谒两主试，次谒制府，次谒司道，行四拜礼，后二拜答揖。再次，谒内外帘员及执事各官，行二拜礼，均答拜。礼生赞毕，另有杂职数员禀请赴宴。但见两主试之席稍偏堂左，制府之席稍偏堂右，三席相离不远，皆在正中面南而坐。司道席设堂之左右，面东西而坐。余则设于堂下，诸新贵则又下之。席前鼎俎罗列，肴核纷陈，青白朱黄，五色灿著，大都能悦目而不能适口也。上三席，文武员弁更番送酒；司道以下，仆从送酒。传杯甫三巡，各起身出位，一瞥眼间，壶觞不翼而飞，匕箸不胫而走，盖已被两旁伺候之人攫取一空矣。乐工歌鹿鸣三章，余音犹未转也，大府观之，相与微笑而已。少顷，撤席，制府送两主试入后堂，然后登舆返署。司道继之，府县再继之，诸新贵俟各官散后，亦相约归第。头门外，鼓乐喧阗，洋洋盈耳，内提调穆少岳观察稍有清恙，于廿三日请假，未与宴云。

载 1893 年 11 月 8 日《申报》，第 2 版，45 卷 461 页

511. 御史联奏科场舞弊倖中多名请旨严办折

掌江南道监察御史奴才联叕跪奏，为科场舞弊幸中多名，请旨严饬究办，以惩幸进而伸士气，恭折仰祈圣鉴事：奴才窃维取士之途，多一倖进，必抑一真才。科场条例綦严，而日久生玩，当事者务为优容，斯舞弊者肆无忌惮。近来顺天乡试弊端滋甚，富豪者目不识字，而出资倩代，几于成市。奴才风闻今科中式举人周学熙、汤宝霖、蔡学渊、陈步銮、黄树声、万航，皆纨绔，不能读书，自录科以至乡场，无一非倩人者。揭晓之日，道路哗然。盖周学熙场屋之文系假手邻铺，而不识其佳，出场又倩人代作三篇，归以骗其父。其父官河南，即以此三篇传示同僚。及观闱墨所刻，众皆哗然。汤宝霖在场中出号觅传递，几为监试所执，而尚咆哮不服。闻其草稿亦系贿人代书者。蔡学渊尤愚谬，其录科卷中"丰"书作"壹"，"顾"书作"颜"，已被黜落，其后不知以何手段而竟补出，遂尔弄弊获中。陈步銮身家不清，其祖父曾为皂隶，其捐京官时以万金买同乡官印结，是以猥厕部员，恣其倖幸。此二人榜发后不理于口，而皆逃归，冀息风浪。黄树声系换卷所中，现虽观望风声，闻已检行装将遁矣。万航素不通文，录科系倩人，正场系传递，亦有风声外间传言。今科舞弊幸中者数十人，而奴才所闻较确者惟此六人。奴才亦不欲索瘢穷究，致兴大狱。然而抡才巨典，气运所关，有弊不惩，何以警后？诚恐姑息隐忍，卒致公

行而无忌,后来酿成大狱,欲补救而无从。咸丰戊午顺天乡试一案殊可戒也。相应请旨饬查蔡学渊录科卷有无纰缪,其周学熙等之录科卷与已中墨卷核对笔迹,如不相符,应即革去;如果相符,亦请将此六人另行复试。惟此六人者钱可通神,而此时禁网稍宽,何人不可贿赂?并请严旨谕令阅卷及监场等官,破除情面,认真稽查,秉公衡鉴。若文理尚通,准其一体会试;若仍纰缪,亦从革例,免追前弊。如此办法,庶几宽严并用,已往者惩,未来者畏,幸进黜而士气伸。奴才为科场除弊起见,是否有当,伏乞皇上训示施行。谨奏。

奉旨:已录。

光绪十九年九月二十五日《京报全录》,第四千五百八十九号,癸巳十月初四日《申报》附张

载1893年11月11日《申报》,附张第4版,45卷489页

512. 科场舞弊论

甚矣,科场舞弊之多也。前者,浙江主试殷、周二星使过苏州时,有周福清者胆敢遣家丁投递信函,中藏银票一万两,意欲为人贿通关节,侥幸成名。幸殷星使铁面无私,将家丁获交苏州府,解至浙江讯办。屡经严讯,所供终属游移。在旁观拟议之词,咸谓作奸犯科、欺君罔上,一经定谳,首领恐难保全,薄海人民应亦不寒而栗矣。乃不谓如联侍御级所奏,则顺天科场之弊更有可骇可惊者。奏折中略谓:"近来顺天乡试弊端滋甚,富豪者目不识字而出资倩代,几于成市。奴才风闻今科中式举人周学熙、汤宝霖、蔡学渊、陈步銮、黄树声、万航,皆纨绔不能读书,自录科以至乡场,无一非倩人者。揭晓之日,道路哓然。盖周学熙场屋之文系假手邻铺,而不识其佳,出场又倩人代作三篇,归以骗其父。其父官河南,即以此三篇传示同僚。及观闱墨所刻,众皆哗然。汤宝霖在场中出号觅传递,几为监试所执,而尚咆哮不服。闻其草稿亦系贿人代书者。蔡学渊尤愚谬,其录科卷中'丰'书作'壹','顾'书作'颜',已被黜落,其后不知以何手段而竟补出,遂尔弄弊获中。陈步銮身家不清,其祖父曾为皂隶,其捐京官时以万金买同乡官印结,得以猥厕部员,恣其侥幸。此二人榜发后不理于口,即皆逃归,冀息风浪。黄树声系换卷所中,现虽观望风声,闻已检行装将遁矣。万航素不通文,录科系倩人,正场系传递,亦有风声外间传言。今科舞弊幸中者数十人,而奴才所闻较确者惟此六人。"噫!科场条例何等森严,奈何竟胆大如天,不知罪戾耶?所最可笑者,周学熙之父现官河南,则是一宦家子弟也。承椿庭之庇荫,席丰履厚,正宜闭户读书,与我辈囊笔依人、饿来驱我,以致旧学荒落、笔墨榛芜者,实有天渊之隔。乃既已不能搦管,而倩邻铺代作,又不知其佳,出场后更雇人另作三篇以骗其父。其父复遍示寅好,以炫其子之才华,卒至闱墨传观,酿成笑柄。谚云,知子莫若父。何老犁牛竟聋聩若此,岂真生有誉儿之癖者乎?此次幸逢恩榜,封章既递,蒙皇上派麟芝荃、徐荫轩二大臣复查试卷文理、笔迹,随即奏请,将蔡学渊、黄树声、万航斥革;其周学熙、汤宝霖、陈步銮定期另行复试,否则科场巨案彻底根求,大狱之兴其能已欤?闻之父老言,咸丰戊午科场一案,为亘古所未有,是科以大学士柏葰为正考官,兵部尚书朱凤标,署户部右侍郎、左副都御史程庭桂副之。揭晓后,言官

奏平龄等朱墨不符,请旨特行复试。旋查得兵部主事李鹤龄、代刑部主事罗鸿泽订正关节,以条子送同考官浦安,浦托柏葰家人靳祥恳求中式。柏葰允之。平龄则讯得曾在票班唱戏。奏入,上赫然震怒,召见惠亲王、怡亲王、郑亲王、军机大臣、内务府大臣,谕以"科场为抡才大典,交通舞弊定例綦严,柏葰身任大学士,在内庭行走有年,且系科甲出身,岂不知科场定例? 竟以家人求请,辄敢撤换试卷。既有成宪可循,朕即不为已甚,著照王大臣所拟,即行处斩;浦安、罗鸿泽、李鹤龄均照例斩决。副考官朱凤标尚无知情情弊,从宽革职。邹应麟亦即革职,永不叙用等因。钦此"。嗣又讯出程炳采、陈景詹、谢森墀、李清凤、李旦华、王锦麟、熊元培、胡祖彝诸人均有弊窦,或斩或流或革,治罪有差。呜呼,噫嘻,成案昭然,何等严厉,迄今仅隔三十余载,奈何竟愍不畏法,若此之大胆妄为耶! 此次犯者固已犯矣,顺天周学熙等复试若何,目下尚无从知悉;即浙江周福清若何定案,亦不能悬揣而知。惟转瞬明年甲午正科,所望在事各员悉心整顿;而士子亦鉴于刑宪,束身自好,无复舞弊以冀幸功名,庶不负我国家慎重抡才之至意乎。

载1893年11月12日《申报》,第1版,45卷491页

513. 本馆接奉电音(谕饬整顿科场＊)

同日(注:十月初二日)奉上谕:御史庞鸿书《奏请饬整顿场规》一折,乡试为抡才大典,必须场规严肃。若如该御史所奏,近来江南士子接卷后纷纷出场,午后始行陆续归号。甚至仆人携送考具入场,且闲人出入漫无稽查,以致诸弊丛生,实属不成事体。著江苏、安徽各巡抚,嗣后办理科场,务须督饬提调、监试等官申明例章,严加约束,如有任意抗违者,即行斥革惩办,毋稍姑容,以肃场规而杜积弊。钦此。

同日奉上谕:御史庞鸿书《奏科场交卷时刻请申明定例以杜弊端》一折,科场条例,士子交卷本有限定时刻,不得迟逾。乃近来士习不如从前,每逾定限,甚有迟至亥刻始行交卷者,遂致弊端百出。而该士子相沿成习,视为故常,少加约束,动易喧哗。监临、提调、监试各官亦多姑容宽假,殊属不成事体。本科顺天倖中三名,业经查明斥革,申明定例,以戒将来。嗣后,乡试、会试,均著恪守定章,按照例定时刻交卷,不得给烛。倘该士子不遵约束,或有抗违,即著斥革严办。如该监临、知贡举、提调、监试等官有意从宽,经朕访闻,或被人参奏,定将该员等照例惩处不贷。凛之,钦此。

载1893年11月12日《申报》,第1版,45卷491页

514. 文星北指

本届科试之年,皖北凤、颍、六、泗等属院考。前因槐黄时节学宪送考事忙,未及遍量玉尺,兹以闱事告竣,吴肃堂文宗遂涓吉本月十二日自姑孰节辕起马渡江,由裕溪口溯流前进,先试庐州,次凤、颍、六、泗、和各属。轺轩所莅,芹藻腾辉,雕龙绣虎之才早已临风霞举矣。

载1893年11月16日《申报》,第2版,45卷517页

515. 科名佳话

善恶果报，儒者不谈。然事迹昭昭在人耳目者，亦不妨略纪一二，为薄俗劝焉。如本届江南乡试，中式一百零七名之杨君麟香，初不知为何许人，嗣闻闾巷喧传，即甘泉县属邵伯镇杨诚斋封翁之文孙。封翁年逾古稀，生平广行方便，周贫济急，赴之如恐不及，里中咸以善人称之。其公子名诰，已于上科名列贤书，今文孙以弱冠年华荣登蕊榜，闻者咸谓封翁行善之报。又，已故前福建臬司徐仁山廉访之次公子，名乃昌，即随使外洋新派纽约理事官厚余太守之胞弟，亦于今秋高掇巍科。说者谓，廉访宅心仁厚，处事宽和，矜恤属寮有加无已。前署运司时，发给贫员度岁资；查有赋闲而终者，于寻常应给外，复解腰缠以示赒恤。迄今嵯属中人犹啧啧称颂。另，廉访之如夫人等亦能仰承夫志，如施财施衣及赈济灾黎、资助亲戚等事，至今仍行之不倦。日前，捷音传至，闻者皆谓廉访继起者有人，箕裘克绍。观此两事，亦可见苍苍者之报施善人丝毫不爽也。

载1893年11月24日《申报》，第2版，45卷569页

516. 文星载道

前报安徽学宪吴肃堂宗师涓吉月之十二启节出辕，按试庐州府及皖北各属。兹悉宗师因署中公事部署未齐，缓至十六日始经启节。宪驾乘坐官舫，导以小火轮，由裕溪渡江，泝流前进，所有该郡慧业文人、钟毓秀士云停鹄峙，早经府宪先期取齐，专候玉尺衡量矣。又闻宗师以皖北科考次第按临，屈指须明春闹红堆里方能办竣，故已面谕署中，并不回辕度岁云。

载1893年11月27日《申报》，第2版，45卷589页

517. 限期复试

联星桥侍御以顺天新举人周学熙等六人文理、笔迹不符入奏，当派麟、徐二协揆查办。旋即据实复奏，奉上谕，将蔡学渊、黄树声、万航三名斥革。其文理、笔迹相符之周学熙、陈步銮、汤宝霖三名，著礼部传齐，奏请定期另行复试。此已备陈前报。兹闻礼部奉到谕旨，当即分行饬传。惟周学熙系安徽人、工部候补主事，业经取结赴部投递。陈步銮广东人，户部学习主事，据咨告假，今已回京，亦即取结赴部投递。其汤宝霖系湖南官监生，饬传出结官。据称，出场后业已出京，是否回籍，或住伊父山东布政使汤聘珍任所，无从查悉等情。闻礼部拟即奏明办理，其已到部投结之周学熙、陈步銮二名，奏请定期另行复试。至汤宝霖一名，拟即飞咨湖南、山东，饬传该举人限于明年二月十五日到部投结，另行复试。如逾限不到，立予斥革。此系奉特旨另行复试，不得仍照三科不复试始行斥革之例，不日即向入奏请旨矣。

载1893年12月9日《申报》，第2版，45卷669页

518. 皖抚沈奏请广虹乡文武学额折

头品顶戴安徽巡抚臣沈秉成跪奏，为查明安徽省虹乡士民从前力保危城，现在文风蔚起，据情请广文武学额，恭折仰祈圣鉴事：窃据四川直隶州知州文翰详据该州虹乡举人湘甲等联名禀称，泗州旧治于康熙年间湮于淮水，寄治盱山。至乾隆四十二年，裁虹县为虹乡，归并泗州，以其城为泗州治所，而其田赋、学额仍循其旧，岁科考试进文生十二名、武生八名。嗣遇军兴，叠次捐输助饷。同治三年、五年，先后奏准泗州加广文武学定额其各四名一次，文武学额各一名，虹乡加广一次文武学额各四名。而虹乡人于报捐军饷之外，自咸丰三年粤逆东窜，筹捐款项，修城浚濠，办理团练，防御勤劳。至同治五年始克蒇事。其间发、捻各匪及苗沛霖逆党相继攻城，助官固守，击退悍贼。又奉札调随前漕运总督臣袁甲三大军克复五河、临淮、凤阳府县等城。其尤著者，咸丰十一年三月，署知州郑沅督练出城迎剿巨捻头号雷等，战于獐山等处，力竭阵亡。其时孤城无主，人心惶恐，贼复昼夜环攻。赖绅士率同团众效死力守，城始获全。追维在事士民皆虹县旧时土著，盖城虽改虹为泗，而城厢内外及附城周围数十里居民皆属虹县版籍，闻警立至，敌忾同仇，出力既大异寻常，捐资亦不下巨万。按之广东台浦县力保危城加广学额之案，情事相同。且虹乡文风蔚起，应试童生每届一千余人，清卷颇多，以限于原额为惜，亦与四川清溪人文较盛，酌加学额之案相符。援照吁请详办等情，禀由该州详经臣批饬藩司查案，议详察核。兹据布政使德寿详称，饬州查明，咸丰年间发、捻各逆窜扰泗州，州籍人民在数十里以外，离城较远，呼应不灵，全赖虹乡之人捐办团防，守城御寇，并随官军攻克邻近各城。该前州郑沅亲带练丁剿匪死事，尤赖虹乡人登陴守御，竭力保全。事迹昭然，皆可征诸奏牍，实属深明大义，志切同仇。近来虹乡士风蒸蒸日起，考童有志进取，每试一千余人，较往昔数加倍蓰。原额文学十二名，武学八名，未足以广登进，拟请酌广永远文武学额二名，以顺舆情而昭激劝。详请奏咨前来。臣复加查核，均系实在情形，与广东合浦县力保危城及四川清溪县人文较盛，于同治八年、光绪十七年先后准广学额成案亦复事同一律，合无仰恳天恩，俯准将安徽虹乡永增文武学额各二名，以下届岁试为始，用广皇仁，而作士气。除咨移礼兵部科查照外，谨会同两江督臣刘坤一、安徽学臣吴鲁恭折具陈，伏乞皇上圣鉴训示。谨奏。

奉朱批：该部议奏，钦此。

光绪二十年二月初二日《京报全录》第四千七百十四号，甲午年二月十三日《申报》附张

载1894年3月19日《申报》，附张第5版，46卷467页

519. 复试纪事

顺天新中举人周学熙、陈步銮、汤宝霖等三名，因被人参奏，另行复试。奉旨：着于二月初九日在保和殿复试，钦此。是日黎明，周学熙等三人衣冠齐集中左门外，礼部堂官点名给卷，并各给诗韵一本。经稽察之奕护军统领功点放入中左门，趋诣保和殿中，各按贴定名签之矮桌，握管为文。钦命四书文题一，诗题一。三孝廉搜索枯肠，颇形刻苦，关防较历届为尤严，而奶酒、点心仍照例赐给，并备茶水以润渴吻。二人至申刻后缴

卷,惟陈孝廉迟至日晚方行交卷。由监试王大臣汇送南书房。翌晨,钦派礼部尚书李鸿藻、礼部右侍郎志锐阅卷。李鸿藻大宗伯等凭文校阅,将周学熙拟列一等,汤宝霖拟列三等,陈步銮拟列四等,黏签进呈御览,恭候钦定。是日文题:比而得禽兽。诗题:赋得"且把长竿钓巨鱼",得"竿"字,五言八韵。

载1894年3月29日《申报》,第3版,46卷529页

520. 皖北考信

安徽学宪吴肃堂文宗去冬由姑孰起节渡江,按临皖北各府州举行科考。时值隆冬,冰雪载道,间关跋涉,曾不少休。刻闻已考至凤阳府,所有六安、庐州、颍、亳、寿等处已次第试竣。兹于本月望日由凤阳而莅泗州,待试毕,按临滁州,继及和州,全省科试至此可竣。还辕息影,专候秋闱送考。

载1894年4月4日《申报》,第3版,46卷570页

521. 太史书云(举人复试*)

中和之望黎明时,各省新中举人在贡院复试,由稽察外场侍御点名放签,搜检入院,于二道门下领卷入号。迨点毕封门后,知贡举派员分给题纸,计到者九百余人。至申刻即有交卷出场者,亥子之交始得净场。试卷送由钦派阅卷大臣校定等第。钦命文题:夫子之设科也,往者不追。诗题:赋得"风床展书卷",得"书"字。

载1894年4月6日《申报》,第1版,46卷583页

522. 神山拾翠(文宗牌示*)

前报纪吴肃堂文宗二月望后按临泗州,举办科试。兹闻泗州现已告竣,即日按临滁州,待滁州试毕,即接考和州。□象山直刺近已接奉宪牌,定于三月十六日下马,次日开考。

载1894年4月8日《申报》,第2版,46卷597页

523. 礼闱纪事

头场会试士子于十一日天未曙时,由至公堂送出,计名登紫榜者十有五人,大率白卷、半卷、挖补、墨污、落填、添注、涂改、诗无草稿、文逾八百字。二场实进人数除犯贴十五人,点名不到八人,共入场六千四百七十三人。由至公堂交出行窃士子仔物之饭夫一人,发县讯办。有某省士子遗失卷票,遍寻未获,赶邀出结官补取印结,以抵卷票,始准领签领卷。虽不误前程,然已大费周章矣。又有某士子头场出外,甚晏回寓后困惫不堪,遂入黑甜乡。迨憉腾睡醒,已届饭时,补点已竣,幸贡院门尚未合,向放签侍御百般哀恳。侍御遂予一签,该士子接过,欣欣然担负筐物,步入贡院,然已几几乎作门外

汉矣。

载 1894 年 4 月 28 日《申报》,第 2 版,46 卷 733 页

524. 本馆接奉电音

昨由京友电传上谕一道,敬谨译登。

三月廿四日,奉朱笔这会试:满洲取中九名,蒙古取中四名,汉军取中四名,直隶取中二十四名,山东取中廿二名,山西取中十名,河南取中十七名,陕西取中十四名,甘肃取中九名,江苏取中二十五名,浙江取中二十五名,江西取中廿二名,湖北取中十四名,湖南取中十三名,四川取中十四名,福建取中二十名,台湾取中二名,广东取中十六名,广西取中十二名,云南取中十二名,贵州取中十一名。钦此。(注:原文遗漏安徽等省取中人数。)

载 1894 年 5 月 1 日《申报》,第 1—2 版,47 卷 1 页

525. 觚棱焕彩(会试琐闻*)

本科会试闱中事实,前曾三志报端,十六日为三场竣事之期,大知贡举饬于天曙后方收卷放排。场中功令甚严,士子恪守场规,较历届尚属安靖,惟三场之登紫榜者多至十四名,除越幅、墨污、半卷、草稿不全外,有一人已逾缴卷时刻过久,而誊真尚未过半,致被扶出者。

载 1894 年 5 月 2 日《申报》,第 2 版,47 卷 9 页

526. 金阙钟声(会试续闻*)

本科会试迭奉谕旨,场规颇形整肃,棘墙外营汛司坊往来梭巡,无间昼夜。头场出场之日,时交三鼓,某士子卷犹未完,以致掣去试卷,立即扶出。二场某士子于题纸下后,神志昏迷,号军看守不遑,乘间用小刀自剖其腹,登时殒命。又一士子,于二场交卷日陡患痰症,报明舁出。又一士子于卷中绘成花草人物。十四日三场点名时,至公堂发出紫榜,列名者十四人,实到人数只六千四百五十六名。

载 1894 年 5 月 4 日《申报》,第 2 版,47 卷 23 页

527. 会试揭晓日期

本科会试揭晓之期,闻内外帘会商,拟于四月初八日拆封填榜,初九日揭晓。宗室揭晓于三月二十二日,进呈试卷,发回贡院后,填榜宣示,惟尚未奉明文也。

载 1894 年 5 月 5 日《申报》,第 2 版,47 卷 31 页

528. 文斾将旋

安徽学宪吴肃堂文宗自冬徂春,历办皖北各府州科考,已纪报端。兹闻宪节已由滁州试毕,转临和州,于三月十八日下马,随即牌示,定于十九日行香放告,下学讲书。二十日考生员经古,廿一日补岁,廿二日和、含二属文童正场。约待清河上浣浴佛良辰,即可一律告竣。然后返斾驻节太平府,拜折奏闻。盖八皖科岁两试至此方一律告竣也。

载 1894 年 5 月 5 日《申报》,第 2 版,47 卷 31 页

529. 电传甲午恩科会试题名全录

陶世凤,江苏;刘松寿,直隶;王熙麟,江西;余省三,浙江;徐仁邻,顺天;孙同康,江苏;读绵,厢□;萧文昭,湖南;曾文玉,广东;沈鹏,江苏;李英,安徽;沈同芳,江苏;万晋芳,湖北;邹铭恩,湖南;李灼华,安徽;陈永寿,直隶;吴江澂,直隶;麦玉华,广西;陈濬芝,福建;刘龄笃,甘肃;傅运生,江西;陈汝梅,福建;汪述祖,安徽;程世杰,安徽;贺锡龄,陕西;檀泰廉,广东;梁志文,广东;谭先节,湖南;李祖荫,安徽;曹元弼,江苏;王瑚,直隶;金文瀚,江苏;胡调元,浙江;陈瑞鼎,湖北;徐均,江苏;殷恩彬,山东;左钦敏,湖南;陆世奎,江苏;胡葆颐,河南;张琴,四川;陈景星,贵州;侯锡彤,河南;杨炳宸,河南;陈培畲,湖北;于普源,山东;张锦春,贵州;范镕,四川;成象乾,山东;范公谟,广东;项芳兰,浙江;庄纶仪,江苏;刘锦藻,浙江;邱炳萱,福建;张濂,贵州;袁桐,厢蓝;罗长椿,安徽;李维世,浙江;蒲明,四川;李丙修,浙江;张謇,江苏;继曾,正蓝;刘宜笃,山西;何葆麟,□□;豫盛,厢蓝;周政岐,山东;鲍德麟,浙江;广麟,正蓝;汪声玲,安徽;程友琦,广东;任熊,浙江;范扬芳,安徽;绪儒,厢红;朱清翰,广西;谢元洪,浙江;王之杰,陕西;周祺,湖北;刘凤翰,直隶;龙启芝,浙江;贺国瑞,安徽;陈恩榮,顺天;谢远涵,江西;谭承元,江西;达寿,正红;李继沅,山东;胡鉴莹,安徽;安文澜,直隶;陶联琇,浙江;李怡,福建;傅兰泰,正蓝;曹子昂,直隶;翁有成,浙江;孙锵,浙江;张濂经,山东;黎承礼,湖南;余毓瑞,湖北;祁永膺,广西;陈桂芬,福建;胡惠融,广东;吴燕贻,江苏;周懋谦,湖南;王会厘,湖北;李翘芬,广东;瑞征,厢蓝;陈诚诚,福建;黄秉湘,四川;郑炳,山西;管泉,江苏;黄凤岐,湖南;关冕钧,广西;饶芝祥,江西;朱秉筠,广东;何荣烈,浙江;陈寿瑄,福建;梁士评,广东;储英翰,江西;温亮珠,山西;周震,江苏;胡逢恩,山东;世荣,厢白;张协中,甘肃;江荣瑞,安徽;莫如晋,广西;李荫垣,山西;冯锡怀,广西;王景璿,直隶;杨蔚,江苏;赵怡,贵州;林振光,福建;郑崧生,江西;刘行茂,四川;张怀信,直隶;梁秉年,浙江;朱启勋,江苏;桂增,广东;杨寅揆,□□;吕承瀚,湖北;谢赐,四川;李见荃,河南;文溥,正蓝;郑沅,湖南;李灏深,福建;杨长泽,山西;周培,直隶;高麟超,河南;陶邵学,广东;蔡中燮,湖北;周绍昌,广西;涂福田,湖北;冯恩崑,浙江;李德征,云南;高积政,河南;杨士燮,安徽;陈瑞征,陕西;郭灿,四川;辛可燿,山东;钟杰,云南;陈昌基,四川;吴庭芝,江西;陈君燿,福建;尹铭绶,湖南;陶荣,浙江;陈世瑞,贵州;杜召棠,浙江;王照,顺天;鄢坤,江西;谭绍裘,湖南;杨锦江,浙江;王际昌,山西;郑增钰,四川;马瀛焕,湖南;陈瑜玉,浙江;任承允,甘肃;叶大可,四川;李绍绅,江苏;李铖,福建;方绍徽,贵州;

方策安，湖北；夏启瑜，浙江；周宝清，四川；胡绍苏，江西；李扬光，福建；李文琦，福建；郑宗郇，福建；孙国桢，江苏；吴贻谷，湖北；杨懋龄，云南；孙星煜，山东；李良年，广西；徐夔扬，广东；鲍彝，陕西；许堃，湖北；孙鸣皋，直隶；李刚巳，直隶；李延龄，山东；冯绍炳，广东；赵廷珍，直隶；陈望林，福建；王叔谦，山东；徐宗濂，浙江；胡忠敬，江西；杨寿，厢蓝；武丕文，山西；黄树荣，福建；涂翔凤，江西；吴敬修，河南；田鸿文，奉天；王英冕，江苏；杨鸿勋，贵州；郭泰勤，河南；王元昌，安徽；刘廷琛，江西；楼守愚，浙江；靳学礼，河南；万荣昌，江西；姜良材，江苏；李家驹，正蓝；裴汝钦，江西；孙明翰，山东；孙文诏，江苏；徐树昌，浙江；吴式铭，云南；袁玉锡，湖南；李宗奇，福建；李炳章，福建；叶大椿，江西；李瑞清，江西；陈养源，甘肃；薛炳善，湖南；李清照，福建；陈仕阳，广西；张昆，云南；李乐善，陕西；魁达文，湖北；江春霖，福建；廖允儒，河南；赵鸿，贵州；韩兆霖，江西；刘德元，山东；戴永清，湖南；郑玉麟，贵州；张丹禄，山东；刘保寿，江西；江衡，江苏；张斗南，甘肃；王玮，甘肃；尹春元，山西；容益光，陕西；夏奠川，河南；朱作材，江苏；李兆麟，河南；张存谋，广西；施有方，云南；徐允清，云南；徐苞，□□；汪一元，江西；李树森，安徽；郭传昌，陕西；熊宾，福建；王凤文，河南；廉慈，厢红；齐忠甲，吉林；陈昭常，广东；张肇基，甘肃；沈祖桐，浙江；张季炎，甘肃；顾寿椿，陕西；孔林彦，山东；蔡琛，福建；温联桂，顺天；王学伊，山西；朱锡恩，浙江；徐冲霄，陕西；单梦祥，山东；孙友莲，山东；赵炳麟，直隶；鲍俊卿，直隶；黎元熙，广西；单澂元，安徽；周子懿，云南；郭书堂，河南；杨裕芬，广东；梁文灿，山东；颜祖庭，江苏；史堃，陕西；韩墀，河南；章燮理，安徽；郭育才，山东；涂步衢，江西；沈震模，广西；文俊，厢蓝；谢世珍，四川；谢崇厚，广西；李长华，直隶；高暄扬，江西；景爱，厢蓝；李九烈，厢蓝；罗文珩，陕西；李士田，山东；吕笃，甘肃；郑宪典，云南；邹毅洪，云南；贺鸿荃，四川；李镜江，直隶；刘林立，顺天；吴筠孙，江苏；姚舒密，山东；廖蕴章，广东；王宝田，贵州；李允濂，贵州；鄂南潢，陕西；周沅，贵州；王廷式，陕西；张忠，云南；单棨，山东；王熙元，河南；石寅恭，山西；张淑栋，河南；韩文鸿，贵州；王洛新，四川；沈云沛，江苏。

本届恩科会试于十二日揭晓，吉电遥传，好音逖听，当亦远近诸君子所争先快睹也。惟电码过多，其中容有小误，俟接到官板题名全录再行校正。

本馆附识

载1894年5月17日《申报》，第2版，47卷115页

530.甲午恩科会试官板题名全录

陶世凤，江苏金匮廪；刘樗寿，直隶天津廪；王熙龄，江西南城增；俞省三，浙江萧山廪；徐仁镜，顺天宛平廪；孙同康，江苏昭文廪；续绵，厢红满洲廪；萧文昭，湖南善化附；曾文玉，广东新会增；沈鹏，江苏常熟监；李英，安徽太湖廪；沈同芳，江苏武进附；余晋芳，湖北麻城附；邹铭恩，湖南善化廪；李灼华，安徽霍邱附；陈永寿，直隶清苑附；吴江澂，直隶迁安廪；麦玉华，广西容县附；陈浚芝，福建新竹廪；刘庆笃，甘肃会宁廪；傅运生，江西高安廪；陈汝梅，福建长乐附；汪述祖，安徽休宁附；程世杰，安徽绩溪廪；贺锡龄，陕西米脂廪；欧家廉，广东顺德附；梁志文，广东南海附；李祖荫，安徽巢县附；谭先

节,湖南宁乡附;曹元弼,江苏吴县拔;王瑚,直隶定州附;金文翰,江苏嘉定附;胡调元,浙江瑞安廪;陈瑞鼎,湖北武昌附;徐鋆,江苏吴县廪;茹恩彬,山东蓬莱附;左钦敏,湖南湘阴附;陆士奎,江苏无锡增;胡葆颐,河南光山附;张琴,四川江油廪;陈景星,贵州石阡贡;侯锡彤,河南辉县拔;杨炳震,河南光山附;陈培庚,湖北安陆附;于晋源,山东潍县廪;张锦春,贵州安顺优;范浚,四川华阳附;成象乾,山东乐安廪;范公谟,广东番禺附;项芳兰,浙江瑞安附;庄纶仪,江苏阳湖附;刘锦藻,浙江乌程廪;邱炳萱,福建长乐附;张濂,顺天良乡廪;袁桐,厢蓝汉军廪;罗长椅,湖南湘乡附;李维世,奉天锦县附;林炳修,浙江黄岩贡;蒲明发,四川南充廪;张睿,江苏通州优;继曾,正黄满洲附;刘宜笃,山西安邑增;河葆麟,安徽南陵附;豫咸,厢蓝汉军附;周政岐,山东即墨增;鲍德麟,浙江钱塘附;广麟,正黄满洲增;汪声玲,安徽旌德附;程友琦,广东南海附;来熊,浙江萧山廪;范扬芳,安徽黟县增;绪儒,厢红满洲附;朱宝翰,广西平南廪;谢元洪,浙江山阴附;王之杰,陕西咸宁附;周祺,湖北罗田拔;刘凤翰,直隶天津廪;龚启之,浙江东阳廪;贺国瑛,安徽宿松附;陈恩荣,顺天大兴廪;谢远涵,江西兴国廪;谭承元,江西南丰监;达寿,正红满洲附;李继沆,山东济宁增;胡鉴莹,安徽英山附;安文澜,直隶定州廪;陶联琇,浙江会稽附;林怡,福建侯官廪;傅兰泰,正黄蒙古贡;曹子昂,直隶乐亭廪;翁有成,浙江仁和附;孙锵,浙江奉化拔;张濂经,山东文登拔;黎承礼,湖南湘潭附;余毓瑞,湖北武昌附;祁永膺,广西博白附;陈桂芬,福建漳平附;胡慧融,广东顺德附;吴燕绍,江苏震泽增;周枞谦,湖南宁乡增;王会厘,湖北黄冈优;李翘芬,广东顺德廪;瑞征,厢蓝满洲附;陈诚,福建长乐增;黄秉湘,四川永州拔;郑炳,山西阳曲廪;管德泉,江苏泰州附;黄凤岐,湖南安化廪;关冕钧,广西苍梧增;饶芝祥,江西南城拔;朱秉筠,广东新会附;何荣烈,浙江石门廪;陈寿瑄,福建闽县附;梁士诒,广东三水附;储英翰,江西南丰附;周震,江苏甘泉恩;温亮珠,山西兴县拔;胡逢恩,山东胶州附;世荣,厢白蒙古附;张协中,甘肃皋兰附;江庆瑞,安徽桐城附;莫如晋,广西阳朔廪;李荫垣,山西赵城廪;冯锡怀,广西岑溪廪;王景璿,直隶□光拔;杨蔚,江苏高邮附;赵怡,贵州遵义廪;林振光,福建长乐廪;郑松生,江西上饶优;刘衍茂,四川万县附;张怀信,直隶安州增;梁秉年,浙江鄞县廪;朱启勋,江苏宜兴廪;桂坫,广东南海廪;杨寅揆,安徽桐城附;吕承瀚,湖北武昌优;谢质,四川新都廪;李见荃,河南林县廪;文溥,正蓝蒙古附;郑沅,湖南长沙廪;林灏深,福建侯官附;杨长藻,山西太谷附;周培,直隶乐亭附;高麟超,河南镇平廪;陶邵学,广东番禺廪;蔡中燮,湖北京山廪;周绍昌,广西灵川廪;涂福田,湖北黄陂附;冯恩崑,浙江余姚监;李德征,云南太和增;高积政,河南项城廪;杨士燮,安徽泗州附;陈瑞征,陕西韩城附;郭灿,四川资州廪;辛可燿,山东蓬莱附;钟杰,云南建水廪;陈品全,四川中江廪;吴庭芝,江西湖口拔;陈君燿,福建长乐廪;尹铭绶,湖南茶陵廪;陶荣,浙江会稽监;陈世瑞,贵州思南廪;杜召棠,浙江上虞增;王照,顺天宁河增;邬坤,江西南城附;谭绍裘,湖北善阳廪;杨锦江,浙江桐乡廪;王际昌,山西孟县拔;杨增钰,四川江津附;马瀛焕,湖南长沙附;陈瑞玉,浙江德清增;任承允,甘肃秦州廪;叶大可,四川成都廪;李组绅,江苏武进监;林铖,福建闽县优;韩绍徽,贵州贵阳廪;方策安,湖北麻城附;夏启瑜,浙江鄞县廪;周宝清,四川成都优;胡绍苏,江西新建附;李扬光,福建侯官附;李清琦,福建彰化附;郑宗郇,福建莆田附;孙国桢,江苏常熟廪;吴贻谷,湖北孝感附;杨懋龄,云南昆明增;孙星煜,山东蓬莱增;李良年,广西永福廪;徐夒飔,广东东莞附;张彝,陕西长安廪;许堃,湖北罗田廪;孙鸣皋,直隶易州廪;李刚已,直隶南宫附;李延庆,山东聊城廪;冯绍斌,广东顺德附;赵廷珍,直隶武清附;陈望林,福建侯官附;王叔谦,山东胶州廪;徐宗源,浙江仁和廪;胡思敬,江西新昌廪;启寿,厢蓝满洲监;武丕文,山西平遥廪;黄树荣,福建宁德廪;涂翀凤,江西东城附;吴敬修,河南光州监;田鸿文,奉天锦县附;王英冕,江苏丹阳附;杨鸿勋,贵州贵筑附;郭家葆,河南信阳附;王元庆,安徽舒城拔;刘廷琛,江西德化廪;楼守愚,浙江诸暨附;靳学礼,河南安阳廪;万庆昌,江西新建附;姜良材,江苏六合监;李家驹,正蓝汉军附;裴汝钦,江西清江增;孙文翰,山东蓬莱廪;孙文诒,江苏上海监;徐树昌,浙江平湖廪;吴式钊,云南保山监;袁玉锡,湖北襄阳拔;李宗奇,福建侯官廪;林炳章,福建侯官监;叶泰椿,江西武宁附;陈养源,甘肃秦州增;李瑞清,江西临川监;薛炳善,湖南益阳附;林清照,福建闽县廪;陈化扬,广西北流廪;张琨,云南太和监;李乐善,陕西咸宁拔;魏达文,湖北应山附;江春霖,福建莆田廪;廖允儒,河南商城附;赵鸿,贵州广顺岁;韩兆霖,江西铅山附;刘德元,山东肥城附;戴永清,湖南通海廪;郑玉麟,贵州贵阳廪;张介禄,山东安丘附;刘保寿,江西新昌附;江衡,江苏元和廪;张斗南,甘肃伏羌廪;王玮,甘肃皋兰贡;尹春元,山西长治廪;容益光,陕西宝鸡优;夏奠川,河南新乡增;朱应杓,江苏上元附;李兆麟,河南叶县廪;张存谐,广西白县附;施有方,云南昆明附;徐允清,云南昆明廪;徐苞,江西丰城廪;汪一元,安徽芜湖拔;李树森,陕西溪阳廪;郭传昌,福建侯官优;熊宾,河南商城附;王凤文,河南咸宁廪;廉慈,厢红蒙古附;齐忠甲,奉天通州附;陈昭常,广东新会廪;张肇基,甘肃秦安廪;沈祖桐,浙江归安廪;张林焱,甘肃皋兰贡;顾寿椿,陕西咸宁附;孔庆埒,山东曲阜廪;蔡琛,福建侯官附;温联桂,顺天宛平附;王学伊,山西文水廪;朱锡恩,浙江海宁贡;徐冲霄,陕西宝鸡廪;单梦祥,山东黄县廪;孙友莲,山东郯城廪;赵炳麟,直隶饶阳廪;鲍俊卿,直隶抚宁增;黎元熙,广西灵川廪;单溥元,安徽合肥廪;周子懿,云南蒙自廪;郭书堂,河南项城贡;杨裕芬,广东南海附;梁文灿,山东潍县增;颜祖彭,江苏上元贡;史堃,陕西华阴拔;韩墀,河南祥符附;章燮理,安徽铜陵岁;郭育山,山东潍县贡;涂步衢,江西奉新廪;茹震模,广西苍梧恩;文俊,厢黄满洲附;谢世珍,四川安岳附;谢崇厚,广西宣化附;李长华,直隶玉田增;高暄阳,江西彭泽增;景褑,厢蓝满洲监;李九烈,厢蓝汉军附;罗文绣,陕西蓝田增;李士田,山东博兴廪;吕笃,甘肃阶州贡;郑宪典,云南太和廪;邹毅洪,云南文山拔;贺鸿基,四川灌县附;李镜江,直隶滦州廪;刘林立,顺天大城廪;吴筠孙,江苏仪征贡;姚舒密,山东巨野廪;廖凤章,广东南海附;王宝田,顺天宛平附;李允濂,贵州贵筑廪;郭南溪,陕西兰州附;周沆,贵州遵义监;王廷鈫,陕西蒲城廪;张忠,云南太和拔;单棨,山东高密廪;王熙元,河南武陟廪;石寅恭,山西孟县廪;张淑栋,河南项城廪;韩文鸿,贵州镇远附;王永庆,四川巴县贡;沈云沛,江苏海州附。

载1894年5月24日《申报》,第2版,47卷163页

531. 持节还辕

安徽学宪吴肃堂文宗自冬徂春,递临皖北各属科考,已至和州,曾缀报端。兹闻和

属自三月十八日下马,排日衡文,冰鉴当空,至送春节而告竣。宪节遂于四月朔日起马渡江,翌日道经采石矶,舣舟石壁,小作流连,即于是日傍晚行抵太平府节署,拜发《皖南北岁科两试一律告竣折》。乃脱巾散步,携屐寻幽,姑孰不乏佳山水,诗酒仙圣名迹甚多,宗师流连凭眺,访古留题大好湖山,当与昔贤并传佳话矣。

载 1894 年 5 月 24 日《申报》,第 3 版,47 卷 164 页

532. 南薰水绿(听候廷试＊)

礼部为晓谕事:照得本年甲午恩科会试新中式贡士,经本部《奏请复试日期》一折,于四月初八日具奏,奉旨"著于四月十六日在保和殿复试,钦此",钦遵到部。为此出示晓谕,新中贡士及上三届未经复试贡士等速行取结赴部纳卷,填写复供,以凭按名备卷。该贡士等于复试前一日在东长安门左近住宿,于十六日五鼓赴中左门外齐集,听候点名领卷。该贡士等如实有事故,亦即赴部呈明。事关廷试,毋得违误。特示。

载 1894 年 5 月 26 日《申报》,第 1 版,47 卷 177 页

533. 朝野佥载(奉旨复试＊)

礼部为知照事:所有本年甲午恩科会试新中式贡士,经本部具奏,奉旨"著于四月十六日在保和殿复试,钦此",钦遵到部。相应知照内务府转饬于是日五鼓开放保和殿楄扇,并照例预备茶水。

载 1894 年 5 月 27 日《申报》,第 2 版,47 卷 185 页

534. 彤廷弭笔(复查试卷＊)

本年甲午恩科会试中式三场朱墨卷,经磨勘官逐卷磨勘,已缀前报。兹闻签出二卷,一系中式第三十三名胡调元,三场第五问"颉"字书作"撷"字,经复勘大臣勘以自系笔误,免议。一系中式第一百五十名李德徵,三场第三问内添注涂改过百字。经复勘大臣勘以应议交部办理等因奏。奉谕旨"依议,钦此"。此刻由部臣议以胡调元既经复勘大臣奏"免议",应毋庸议。其李德徵应照应贴不贴,本生罚停三科,受卷官罚俸一年例,议以李德徵罚停殿试三科,受卷官罚俸一年,俟命下日,咨由吏部查取职名办理等情,不日具奏,以便扣除殿试。

载 1894 年 6 月 2 日《申报》,第 1 版,47 卷 227 页

535. 甲午恩科殿试题名全录

一甲一名:张謇,江苏通州。一甲二名:尹铭绶,湖南茶陵。一甲三名:郑沅,湖南长沙。

二甲一名:吴筠孙,江苏仪征;沈卫,□□;李家驹,正黄;徐仁镜,顺天;朱启勋,江

苏;吴庭芝,江西;张琴,四川;沈云浦,江苏;茹思彬,山东;沙元炳,江苏;汪声铃,安徽;桂□砧,广东;汪一元,徽州;黎承礼,湖南;陆士奎,江苏;范溶,四川;李组绅,江苏;麦玉华,广东;蔡琛,福建;王英冕,江苏;□□,浙江;吴贻谷,湖北;关冕钧,广西;刘昌言,□□;林丙修,浙江;江庆瑞,徽州;饶芝祥,江西;吴式钊,云南;孙鸣皋,直隶;张祥龄,□□;袁桐,厢蓝;张超南,□□;黄秉湘,四川;何葆麟,安徽;陈昭常,广东;陈右耀,福建;楼守愚,浙江;张怀信,直隶;胡葆颐,河南;王景浚,直隶;谢世珍,四川;陶邵学,广东;景禊,厢蓝;张启藩,□□;顾祖彭,江苏;萧文昭,湖南;达寿,正红;夏树立,浙江;林炳章,福建;徐宗源,浙江;姚舒密,山东;□绍文,□□;张濂经,山东;吴敬修,河南;李灼华,浙江;程友琦,广东;沈鹏,江苏;玉彬,厢红;孙国桢,江苏;张锦春,贵州;龚启芝,浙江;谭文鸿,□□;李翘芬,广东;刘庆笃,甘肃;涂步衢,江西;谢质,四川;叶大可,四川;林钺,福建;冯绍斌,广东;马瀛焕,湖南;陈德铭,□□;靳学礼,河南;沈同芳,江苏;储英翰,江西;郑崧生,江西;萧立炎,□□;梁文灿,山东;孙同康,江苏;王学尹,山西;刘锦藻,浙江;谭承□,江西;赵鸿,贵州;辛可耀,山东;庄纶仪,江苏;谢远涵,江西;叶大年,福建;周培,直隶;吴燕绍,江苏;陈品全,四川;郭育才,山东;孙文贻,江苏;黄凤岐,湖南;吕承瀚,湖北;杨鸿塥,贵州;张介禄,山东;阳裕芬,广东;周震,江苏;梁士诒,广东;李兆林,□□;孙愚,□□;广麟,正蓝;陈培庚,湖北;郭传昌,福建;寿明,厢黄;陶世凤,江苏;黎元熙,广西;王元庆,安徽;沈祖桐,浙江;叶芸,山东;梁秉年,浙江;周绍昌,广西;翰屏,□□;翁城琪,□□;孙文翰,江苏;赵怡,贵州;袁玉锡,湖北;王叔谦,山东;胡汝霖,□□;张林焱,甘肃;王会厘,湖南;徐鋆,江苏;王之杰,陕西;杨士□,安徽;李树森,陕西;熊宾,河南;金文翰,江苏;汪述祖,安徽;张琨,云南;江衡,江苏;孙镕,浙江;周宜清,四川;杨炳震,河南;俞省三,浙江;方策安,湖北;尹春元,江西;保谦,□□;继曾,正黄;梁志文,广东;范公谟,广东;杨长藻,山西;谭绍裘,湖南;孙星煜,山东;项芳兰,浙江;杨增钰,四川;沈卫,□□;刘廷深,江西;李见荃,河南;刘宜笃,江西;赵润生,广西;文溥,正蓝;单溥元,安徽;周祺,湖北;佟文政,□□;王湖定,贵州;贺鸿基,四川;蒋明发,四川;赓勋,□□;翁有成,浙江;陈寿珀,福建;施之东,□□;杜召棠,浙江;王廷鈫,陕西;单启,山东;李良年,广西;钟杰,云南;杨懋龄,云南;温联桂,顺天;曾文玉,广东;郑辅东,安徽;廉慈,厢红;施有方,云南;杨慰,江苏;于晋源,山东;裴汝钦,江西;王熙龄,江西;李士田,山东;王永庆,四川;鄢坤,江西;林怡,福建;张淑栋,贵州;陈永寿,直隶;叶泰椿,厢蓝;郭家葆,河南;杨寅揆,安徽;赵从蕃,□□;李维世,奉天;陈诫,福建;王揆一,广西;张肇基,甘肃;齐今辰,□□;张忠,云南;邹铭恩,湖南;刘凤翰,直隶;徐苞,江西;谢崇厚,广西;成象乾,山东;杨锦江,浙江;李祖荫,安徽;范扬芳,安徽;王照,顺天;朱宗翰,广西;林阳光,福建;徐冲霄,陕西;单梦祥,山东;韩兆霖,江西;管德泉,江苏;李继沆,山东;胡慧蝠,广东;莫如晋,广西;程世杰,安徽;陈仕杨,广西;柴朴,甘肃;史堃,陕西;曹子昂,直隶;蔡中燮,湖北;李德征,云南;齐忠甲,奉天;来熊,浙江;陈汝梅,福建;张协中,甘肃;郑玉林,贵州;李清珂,福建;侯锡彤,河南;郑宪典,云南;刘德光,山东;武丕文,山西;胡绍苏,江西;朱锡恩,浙江;韩绍徽,贵州;江春霖,福建;李九烈,江西;陈瑞征,陕西;郑炳山,山西;周正岐,山东;余毓瑞,湖北;张升南,甘肃;江承允,甘肃;刘檖寿,直隶;汪康年,□□;徐树昌,浙江;邹谷洪,云南;徐允清,云南;谭先节,湖南;茹震横,江苏;罗文秀,陕西;涂翀凤,江西;陈瑞鼎,湖北;续儒,厢红;韩墀,河南;章燮臣,安徽;李允廉,陕西;鲍德麟,浙江;周子懿,云南;陈世瑞,贵州;孙友连,山东;彭统祖,□□;廖凤章,广东;万庆昌,江西;胡鉴营,安徽;刘衍茂,四川;刘宝寿,□□;许庆飏,四川;续绵,厢蓝;田鸿文,奉天;王玮日,福建;肃逢源,福建;张彝,陕西;李延庆,山东;启泰,厢黄;李英,安徽;温亮珠,山西;高暄阳,江西;贺国瑛,安徽;郭南溪,陕西;容益光,陕西;胡调元,浙江;胡恺林,□□;廖允儒,湖南;祁永膺,广西;许堃,湖北;陈景星,贵州;蒋汝楫,□□;高麟超,河南;傅运生,江西;冯锡环,广西;戴永清,云南;陶联琇,安徽;李荫坦,山东;胡逢恩,山东;俞晋芳,湖北;高积政,河南;贺锡龄,陕西;薛炳姜,湖南;魏逵文,湖北;周楸谦,湖南;夏奠州,河南;郭书堂,河南;林桎藩,□□;李霭江,直隶;陈瑞玉,浙江。

昨由京友寄到本科殿试题名录,漶漫模糊,有数字几难辨认,且二甲中两见"沈卫",其人是一是二,亦难悬揣,只有守疑者阙之之例,姑先照登,一俟接有官板全录,再行校正。

本馆附识

载 1894 年 6 月 5 日《申报》,第 2 版,47 卷 247 页

536. (午甲)〔甲午〕恩科殿试官板题名全录

第一甲赐进士出身:第一名:张謇,江苏通州。第二名:尹铭绶,湖南茶陵。第三名:郑沅,湖南长沙。

第二甲赐进士出身:吴筠孙,江苏仪征;沈卫,浙江秀水;李家驹,正黄汉军;徐仁镜,顺天宛平;朱启勋,江苏宜兴;吴庭芝,江西湖口;李翘芬,广东顺德;李组绅,江苏武进;胡绍苏,江西新建;曾文玉,广东新会;武丕文,山西平遥;汪述祖,安徽休宁;饶芝祥,江西南城;周祺,湖北罗田;梁士诒,广东三水;项芳兰,浙江瑞安;陆士奎,江苏无锡;邹毅洪,云南文山;谭承元,江西南丰;刘廷琛,江西德化;夏启瑜,浙江鄞县;彭谒庠,江苏元和;汪一元,安徽芜湖;袁桐,厢蓝汉军;于普源,山东潍县;冯恩崑,浙江余姚;储英翰,江西南丰;李灼华,安徽霍邱;张其淦,广东东莞;王廷鈵,陕西蒲城;关冕钧,广西苍梧;林钺,福建闽县;姚舒密,山东巨野;景援,厢蓝满洲;黄秉湘,四川永州;龚启芝,浙江东阳;陈昭常,广东新会;裴汝钦,江西清江;孙国桢,江苏常熟;郭育才,山东潍县;庄纶仪,江苏阳湖;翁成琪,福建侯官;胡矩贤,湖南长沙;江衡,江苏元和;郑辅东,安徽桐城;周子懿,云南蒙自;沙元炳,江苏如皋;梁志文,广东南海;陈寿琯,福建闽县;俞省三,浙江萧山;梁秉年,浙江鄞县;张濂经,山东文登;张启藩,安徽泗州;达寿,正红满洲;张超南,福建永定;杨裕芬,广东南海;玉彬,正红蒙古;张琨,云南太和;沈溶,四川华阳;张琴,四川江油;吴敬修,河南光州;杨士燮,安徽泗州;熊希龄,湖南凤凰;靳学礼,河南安阳;陈君耀,福建长乐;吕承瀚,湖北武昌;汪声玲,安徽旌德;黎承礼,湖南湘潭;方策安,湖北麻城;刘昌言,湖北江夏;朱锡恩,浙江海宁;陈品全,四川中江;王英冕,江苏丹阳;周绍昌,广东灵川;齐忠甲,奉天通州;楼守愚,浙江诸暨;张怀信,直隶□州;陈汝梅,福建长乐;廖凤章,广东南海;王会厘,湖北黄冈;谭文鸿,贵州镇远;程友琦,广东南海;施之东,福

建彰化；袁玉锡，湖北襄阳；王照，顺天宁河；沈云沛，江苏海州；傅运生，江西高安；余毓瑞，湖北武昌；徐夔飐，广东东莞；林炳章，福建侯官；鲍德麟，浙江钱塘；何葆麟，安徽南陵；洪锦标，浙江瑞安；蔡琛，福建侯官；王元庆，安徽舒城；施有方，云南昆明；夏树立，浙江钱塘；冯锡环，广西岑溪；张锦春，贵州安顺；萧立炎，江西萍乡；徐宗源，浙江仁和；茹恩彬，山东蓬莱；杨炳震，河南光山；柴朴，甘肃皋兰；李清琦，福建彰化；范公谟，广东番禺；叶大可，四川成都；松铎，宗室厢白；毓隆，正蓝旗人；张忠，云南太和；吕志元，安徽宣城；孙鸣皋，直隶易州；李树森，陕西泾阳；郭传昌，福建侯官；孙锵，浙江奉化；陈德铭，安徽霍山；王景浚，直隶东光；孙文翰，山东蓬莱；熊宾，河南商城；余晋芳，湖北麻城；叶泰椿，江西武宁；李祖荫，安徽巢县；谢世珍，四川安岳；谭绍裘，湖南善化；刘锦藻，浙江乌程；叶大年，福建同安；麦玉华，广西容县；梁文灿，山东潍县；单溥元，安徽合肥；沈鹏，江苏常熟；张介禄，山东安丘；贺鸿基，四川灌县。

第三甲赐同进士出身：朱绍文，安徽宿松；杨锦江，浙江桐乡；沈祖桐，浙江归安；胡汝麟，湖南长沙；杨懋龄，云南昆明；吴式钊，云南保山；徐树昌，浙江平湖；范杨芳，安徽黟县；杨长澡，山西太谷；谭先节，湖南宁乡；谢崇厚，广西宣化；周宝清，四川（城）〔成〕都；金文翰，江苏嘉定；管德泉，江苏泰州；李英，安徽太湖；江庆瑞，安徽桐城；张祥龄，四川汉州；冯绍斌，广东顺德；郭书堂，河南项城；孙星煜，山东蓬莱；赵从蕃，江西南丰；萧文昭，湖南善化；陶联琇，浙江会稽；文溥，正蓝蒙古；廉慈，镶红蒙古；赵润生，广西全州；桂坫，广东南海；徐允清，云南昆明；王叔谦，山东胶州；孙愚，云南呈贡；孙同康，江苏昭文；莫如晋，广西阳朔；邹铭恩，湖南长化；蔡中燮，湖北京山；孙文诒，江苏上海；杨寅揆，安徽桐城；刘檠寿，直隶天津；黄汝楣，云南赵州；成象乾，山东乐安；赵怡，贵州遵义；黄凤岐，湖南安化；夏奠川，河南新乡；李镜江，直隶滦州；林怡，福建侯官；林扬光，福建侯官；李继沆，山东济宁；容益光，陕西宝鸡；佟文政，正黄汉军；陈诚，福建长乐；黎元熙，广西灵川；陈永寿，直隶清苑；尹春元，山西长治；马瀛焕，湖南长沙；叶芸，山东历城；谢远涵，江西兴国；续绵，厢红满洲；郑炳，山西阳曲；赵鸿，贵州广顺；汪康年，浙江钱塘；萧逢源，福建凤山；单梦祥，山东黄县；来熊，浙江萧山；杨钰增，四川江津；刘衍茂，四川万县；彭希祖，广西兴业；杜召棠，浙江上虞；曹子昂，直隶乐亭；沈同芳，江苏武进；钟杰，云南建水；刘毓笃，甘肃宁县；胡逢恩，山东胶州；周培，直隶乐亭；王树中，甘肃皋兰；谢质，四川新都；承霖，正蓝宗室；张林焱，甘肃皋兰；罗文绣，陕西蓝田；齐令辰，直隶高阳；李维世，奉天锦县；招翰昭，广东南海；周懋谦，湖南宁乡；李士田，山东博兴；魏达文，湖北应山；吴燕绍，江苏震泽；李良年，广西永福；杨蔚，江苏高邮；张肇基，甘肃秦安；朱宝翰，广西平南；李见荃，河南林县；高积政，河南项城；蒲明发，四川南充；启泰，厢黄满洲；郑宪典，云南太和；万庆昌，江西新建；胡慧融，广东顺德；林丙修，浙江黄岩；章燮理，安徽铜陵；辛可耀，山东蓬莱；陈世瑞，贵州思南；刘凤翰，直隶天津；孙友连，山东郯城；程世杰，安徽绩溪；祁永膺，广西博白；保谦，厢蓝满洲；郭家葆，河南阳州；李兆麟，河南叶县；李允廉，贵州筑县；温联桂，顺天宛平；茹震模，广西苍梧；涂翀凤，江西丰城；韩墀，河南祥符；徐苞，江西丰城；任承允，甘肃秦州；单荣，山东高密；寿朋，厢黄满洲；王瑚，直隶定州；鄢坤，江西南城；廖允儒，河南商城；刘宝寿，江西新昌；张斗南，甘肃伏羌；张淑栋，河南项城；吴贻谷，湖北孝感；陈景星，贵州石阡；郭南溪，陕西商州；王永庆，四川巴县；李九烈,厢蓝汉军;广麟,正蓝汉军;徐冲霄,陕西宝鸡;刘宜笃,山西安邑;王玮,甘肃皋兰;陈仕扬,广西北流;史垩,陕西华阴;陈瑞玉,浙江德清;林柽藩,福建闽县;胡恺麟,顺天宝坻;梁于汶,直隶滦州;翁有成,浙江仁和;贺锡龄,陕西米脂;王熙龄,江西南城;陶世凤,江苏金匮;许堃,湖北罗田;陈瑞鼎,湖北武昌;徐鋆,江苏吴县;王学伊,山西文水;顾祖彭,江苏上元;王之杰,陕西咸宁;翰屏,正白汉军;徐曾,安徽宿松;温亮珠,山西兴县;陈培庚,湖北安陆;绪儒,厢红满洲;邱士林,江西临川;张协中,甘肃皋兰;张彝,陕西长安;贺国瑛,安徽宿松;锡麟,厢红满洲;杨鸿勋,贵州贵筑;李荫垣,山西赵城;徐步衢,江西奉新;薛炳善,湖南益阳;高麟超,河南镇平;刘德元,山东肥城;田鸿文,奉天锦县;韩绍徽,贵州贵阳;赓勋,厢白蒙古;韩兆霖,江西铅山;李延庆,山东聊城;陈瑞徽,陕西韩城;曹中成,山西太谷;胡葆颐,河南光山;郑嵩生,江西上饶;承厚,正蓝满洲;戴永清,云南通海;周政岐,山东即墨;江春霖,福建莆田;郑玉麟,贵州贵阳;陶邵学,广东番禺;侯锡彤,河南辉县;郑揆一,广西临桂。

昨接所登甲午恩科殿试题名录,字多漫漶,今复由京友递到官板题名全录,合亟重付手民,以质观者。

本馆附识

载1894年6月6日《申报》,第9版,47卷259页

537. 贡院开工

今岁为甲午正科大比之年,江南文闱供给所业经开局,总办罗太守择吉五月初一日动工,故日来木料砖灰已高如山积矣。

载1894年6月8日《申报》,第3版,47卷272页

538. 皖学政吴奏恭报岁科试完竣情形折

安徽学政臣吴鲁跪奏,为恭报皖省岁科一律完竣,仰祈圣鉴事:窃臣于上年六月间业将安庆等属科试日期恭折奏报在案,旋于七月初旬赴金陵举办文闱录科,八月十二日回太平府。九月初旬举办武闱录科事竣后,于十月十六日出棚,巡视皖北各属,至十二月二十六日试过庐州、六安、颍州三棚,即在颍州度岁。本年正月初四日起程,接试寿州、凤阳、泗州、滁州、和州,至本月初一日通省科试一律完竣,当由和州渡江回太平府清厘积牍,俟七月初旬再赴金陵办理甲午正科录遗事件。臣每至一棚,仍前严密关防,认真稽察,士子各守场规,尚无弊窦。其有偶轶范围者,随时发交提调官惩儆。试毕发落日,勖以敦品励行,求为有用之学,以仰副朝廷作育人才至意。所有皖省科试一律完竣,谨缮折具陈,伏乞皇上圣鉴。再,臣经过地方雨水调匀,民情安谧,堪以上慰宸廑。谨奏。

奉朱批:知道了,钦此。

光绪二十年五月初四日《京报全录》第四千八百十二号,甲午年五月十二日《申报》附张

载1894年6月15日《申报》,附张第5版,47卷327页

539. 恩荣宴纪事

殿试传胪之翼日为四月二十六日，例应赐宴于礼部署，名曰"恩荣宴"，读卷执事各官暨诸进士咸与宴焉。先期奏奉谕旨，特派都统公果勒敏主席。至日，露台上设香案，乐部和声署陈乐，光禄寺具馔如下马宴仪，礼部精膳司官朝服布席，主席大臣、读卷官、銮仪卫使席当后楣西向，礼部尚书、侍郎席当前楣东向，均专席。左右楹外席各三行，左一行为受卷官席，二行为收掌官席，三行为书榜官席；右一行为弥封官席，二行为监试官席、护军参领席，三行为印卷官席。供给官席露台左，鸣赞官席露台右，均相向二人共席。一甲进士席于供给官之左，宗室进士席于一甲之左。二甲一名、三甲一名进士席于宗室之左，均专席北向。露台下二甲席于左，三甲席于右，均左右相向。平明，诸进士吉服先会礼部，各官朝服会于金水桥。辰刻，礼部官属入请赴宴，主席暨各官由东长安门诣部，礼部尚书、侍郎出迎于堂檐下，乃率诸进士重行北面听赞，行三跪九叩礼。毕，升堂，旅揖，和声署〔荣〕〔乐〕作。主席为一甲进士簪花，吏人分表金花于堂上下席间。序班引一甲进士诣堂檐下，东面立，诸进士序立露台上，见主席官四拜，主席官答二揖。次见读卷官、礼部尚书、侍郎、銮仪使，如前仪。次见执事官，再拜，执事官均答揖。毕，主席出诣堂檐下西面，光禄寺官酌酒授爵，主席受爵，揖酹三。光禄寺官以次授一甲进士酒，皆奉爵立饮卒，三爵三揖。主席答揖，各官就位，诸进士咸就位坐，和声署升歌"棫朴之章"，光禄寺官行酒供馔如仪。宴毕，各官出席，率诸进士诣香案前，行一跪三叩礼。席撤，众官退送，如初迎礼。诸进士皆随出。此固一成不易之定仪也，惟本年恩科则不然，仪文虽具，而光禄寺具馔时，露台下、甬道两旁所设之宴随摆随抢，舆从、闲人、妇女、老幼，一片声喧，官役虽持板喝止，置若罔闻。一刹那间，即将露台上各桌宴抢掠一空，及至主席大臣果公率读卷诸官出内，欲至露台上望阙行礼，见无数男女蜂拥入堂，有若酆都城开放饿鬼，主席大臣等反为趋避。既而，击碎碗盏，推倒桌凳，狼藉情形，不堪寓目，护宴之色护军统领莫可如何，该管官亦无禁阻，主宴大臣等只得率新进士将应行典礼举行，相率散去。不知以后司其责者能如何设法以整饬之否耶？

载 1894 年 6 月 19 日《申报》，第 1—2 版，47 卷 353 页

540. 释褐盛仪

本年甲午恩科新进士于五月初一日诣太学，释褐行释菜礼。是日清晨，诸进士至集贤门外下马，入持敬门，诣致斋所。赞引导由东角门入诣阶下，通赞赞排班，班齐，赞就位，行谒见礼。赞跪叩兴三跪九叩。毕，通赞行释菜礼，先师孔子位，颜、曾、思、孟四配位均由状元张謇主献；东哲位榜眼尹铭绶分献，西哲位探花郑沅分献，东西两庑由二甲一名吴筠孙、三甲一名朱绍文各分献。其余诸进士俱随班行礼。礼毕，由西角门出，诣致斋所神库前释褐。候祭酒、司业朝服升堂，诸进士由太学左门入，至阶下序立，曾入监者升露台，四拜，起立台西；未入监者露台下两拜，祭酒、司业俱坐受礼。毕，一甲三名由堂东门入，执事者设食案于座前。祭酒、司业下座，南面立；一甲三名面北立，执事者簪

花斟酒,一甲三名向上揖,饮酒三爵。出,祭酒、司业送至堂门内。诸进士由堂西门入,本监属官接待,簪花饮酒如仪。毕,送出堂檐下。

载 1894 年 6 月 25 日《申报》,第 2 版,47 卷 401 页

541. 皖公山色(扃门校试＊)

每届大比之年,例有决科之举,本年甲午正科,署抚宪德静山中丞于上月廿六日在考棚扃门校试。文题:为人君止于仁,为人臣止于敬,为人子止于孝。诗题:赋得"一片冰心在玉壶",得"心"字。

载 1894 年 8 月 5 日《申报》,第 2 版,47 卷 693 页

542. 主试进城

江南正、副主试冯、黄二星使由驿驰宁,月初已安抵江北。上宪特派"常平"轮船往瓜洲迎迓。初二日,舟泊下关,随即登岸进城,驻襜于毗卢寺内,向例不见客,不拜客,将行辕封闭。俟初六日入帘,方与各大宪晤面也。关防重地,其森严有如此也。

载 1894 年 9 月 4 日《申报》,第 1 版,48 卷 21 页

543. 皖山秋意(士子东下＊)

今届甲午正科大比之年,安徽士子多附招商、太古、怡和轮船东下,即奉委帘差闱差之各州县以及佐贰杂职,亦均于七月下浣赴江宁。

载 1894 年 9 月 4 日《申报》,第 3 版,48 卷 22 页

544. 论科场弊窦之多

今年为甲午正科乡试之期,自初八入场以至十六完竣。此九日中之辛苦,余曾尝过七次,近则自壬午科以后,久不作进取之想。不但自度不能进取,实亦不欲进取也,筋力已衰则场中辛苦不复能胜任,荒芜已久则风檐寸晷恐不能完卷。自顾七次秋风,文章憎命,又何必与今人争此一席?退而弹琴、著书以自娱老景,看他人飞黄腾达亦未始非计之得也。然而,他人之飞黄腾达者往往不满于众口,大都皆不能获隽之人造作谣言,腾其口说,谓:某也,以枪替而中;某也,以割卷而中;某也,以飞卷而中;某也,以抄袭而中。又有甚者,则以为某也,通关节;某也,买誊录;种种蜚语,不一而足。然则果皆不足信者乎?则又不尽然也。浙省乡闱,其弊窦多有,初九日清晨,场外即知闱题者。说者谓,有人在明远楼将题纸高悬,场外之人就近择地以照相之法将题字照出,故传播甚速。顾虽有好事者,亦何必如此诪张?其所以煞费苦心,必欲将题目先睹为快者,其故可想而知矣。若夫割卷而中者,则犹是同在场内而互换卷子,割卷头而易之者。飞卷之弊以前尚少,近数科始有此说,盖接卷之后,携卷出外,倩人捉刀,至缴卷之时,则套入马封,充为

公文,一经混入场内,自有照应之人为之代缴卷,并查号之戳,一切场中所应有者皆无不有,所费颇不资,而大可逍遥作场外之举人。此等弊端非有财有势者不得为之。今年上宪已有所闻,设法杜绝,或者可以少此一弊。至于外枪,则终不能免也。其外枪文稿,传递入场,以先皆由水夫。当每日放水之时,水夫担水进场,托其随身携带,入内辗转,有人为之暗递。既而,上宪知之,乃用竹笕放水入内,水夫但在场内接挑,不令从场外挑入,斯弊可绝矣。孰意狡者即以文稿裹以重重油纸,置之竹笕中,由外而入,仍由水夫转递,而此外传递之法又复层出不穷。此绝弊之所以难也。关节之说,每科皆有,而余独不之信,盖主考、房考各官耳目众多,而功令又极森严,何敢以身尝试?稍有舞弊者即不难揭而出之,故不敢深信。至誊录之弊,则浙省为最甚,何则?浙省士子买誊录者十之八九,三场文字谓之一套,士子买誊录者则每人约费洋三四元,甚至丰者则八元十元不等。其实则资之丰者不过用洋红和入朱标内,令其字迹格外鲜明,亦有以香水、香料加诸纸之反面,使阅此卷者闻香以为神佑。然此等毕竟不多,而费三四洋以买誊录者不过欲其字迹清楚而已,其不买者名曰"草誊",余曾见过草誊之卷,不但字画潦草,直是不成点画,如"极"字则皆书作"及"字,"耻"字则皆书成"此"字。惟取笔画之少而音之相同而已,甚有笔画稍多之字,皆书作"一"字。此等卷不能句读,又焉能望中?然而此等草誊之卷殊不多见,要皆本生实不能文,不求闻达,但以入场一次必有宾兴费可领,亦有祠堂中有公产者每人发给盘川若干,既领此费,不得不入场应景,其实则志不在中,省吃俭用,余得若干尚可以补贴家用。除此之外,则无一不买誊录者,通场皆买誊录,则通场卷子字迹无一不清楚者,则是不绝弊,而弊亦不足患也。其有墨卷中改易数字者,则又易于觉察,且彼当誊录者亦非尽属通品,故吾以为此一弊也不足以为大患。而所患者则外枪为最大,谚有之曰:"场中莫论文。"余初不之信,然徐而验之,文之佳者,或未必中,中者或不尽佳文,则又恍然。若以谚语为可信,倘其果可信也,则场中又何须办外枪,又何须作诸弊?为安命之君子,为知命之圣人可矣。而顾百计千方,以冀文字之有灵,人谋之悖胜,果奚为哉?然而有弊必除,则固官之责也。

载1894年9月10日《申报》,第1版,48卷63页

545. 电传江南乡试首场题

首题:"夫子之墙数仞",至"得其门者或寡矣"。

次题:故君子语大,天下莫能载也。

三题:"有布缕之征、粟米之征",至"缓其二"。

诗题:赋得"大将龙旗掣海云",得"云"字,五言八韵。

载1894年9月10日《申报》,第1版,48卷63页

546. 考官入帘

金陵信云,初六日系考官入帘之期。清晨,各执事人员麇集府署鹄候,内外提调、内外监试进花厅小憩,徐闻门外炮声隆隆,则报监临吴大宗师至矣。俄又报学宪、督宪至,

各官趋迎如礼。坐定，由监临发帖，请二主试，连请三次，约一时许，远闻鼓吹音驺从仪仗簇拥入署，冯、黄二主试乘绿呢大轿抵暖阁，各官立两旁恭迓，主试降舆，毕，作周旋状，然后与制军、学宪、监临晤面，寒暄片刻，复登大堂，行公宴礼。二主试南面各一席，制军、监临、下江学宪、监试东西各一席，帘员在下陪坐，若雁翅然。佐杂数员。行酒三巡，然后离席，换显服出府署门，旗锣牌伞在前导引，迤逦向东。沿途观者人山人海，惟啧啧称道。二主试丰标绝俗，英气逼人而已。

载 1894 年 9 月 11 日《申报》，第 9 版，48 卷 73 页

547. 江南首场纪事

江南文闱发给号军衣牌，拥挤不堪，有一老者脱落一鞋，俯身拾取，后面之人蜂拥而上，将老者踏伤。是夜，即赴修文之召，非所谓考终命欤？

今科应试人数较之上科约只七折，缘天气过热，疫气过甚，稍知自爱者甘作门外汉，不敢随群逐队，以希冀不可必得之科名也。

初八日，寅初开点，未正业已点竣，毫不挤轧。带病进场者实繁有徒，又有进场之后支持不住，复行出场者。监临吴宗师体恤士子，令将大门暂缓扃闭，以便病者得以从容而出。竟有数人病莫能兴，任号军草草收拾考具，误将试卷装入考篮，一并携出场外者。吴宗师亦不予深究，体恤士子可谓无微不至矣。

载 1894 年 9 月 12 日《申报》，第 2 版，48 卷 75 页

548. 电传江南乡试第二场题

《易》：兼三才而两之，故六。

《书》："我乃卜涧水东"至"以图及献卜"。

《诗》："如月之恒"两句。

《左》：公会晋（伯）〔侯〕及吴子于黄池。

《礼》："天子之闲左达"至"士于坫一"。

载 1894 年 9 月 14 日《申报》，第 1 版，48 卷 87 页

549. 白门试事

江南乡试头场放牌时，有二巨宦家丁定欲入头门接考，被守门兵扭交启闭官。至傍晚，见二家丁在红栅栏各亭盛筵一席，其一似觉起坐不便，盖已饱食笋干煨肉矣。尚有一孩一叟，亦欲入内，阻之不听，被守门兵用竹片击破头皮，血流如注。故十三日二场放牌，此辈皆不敢越红栅栏一步。出场士子得以从容徐步，全不拥挤。头场犯贴者共计四次，约有三百零数人，大半因病交白卷及未完卷者，并无奇闻异事也。

载 1894 年 9 月 15 日《申报》，第 2 版，48 卷 93 页

550. 螺矶秋柳（考船遇窃＊）

上月杪，有某县考生数人，一叶扁舟，道出鸠兹，夜泊杨泗庙河干。灶更乍转，忽有偷儿悄然登舟，撬开舱门，窃得皮箱一口，正拟肩负飞奔，适某生梦回枕畔，急起擒获，呼同伴起，先饷以藤条滋味，继再检点箱箧，少去英洋二十元，加以拷问，窃不肯认，乃暂缚船头，共至舱中早膳。讵料该窃扭断绳索，耸身一跃，冀作水遁。乃浪花高激，无力泅起，竟与波臣为伍。旋有驳船帮出，认谓死者乃伊看船之伙，特以曙色朦胧中偷儿逸去，以致张冠李戴，致一时情急投河。人命关天，赴县喊控。王邑尊时因公冗，札委捕廉有少尉捞获尸身，代往相验，正拟将考生带案讯究，比因有人掉三寸不烂之舌，两头排解，令考生出资若干以为殓费，事遂寝息。

载1894年9月15日《申报》，第3版，48卷94页

551. 江南乡试帘员单

内帘官：盐城县刘崇照，睢宁县侯绍瀛，请补阜宁县卢维雍，怀远县黄树棻，知县徐树锷、黄金钺、王世积、张庄彩、刘正教、林颐山、王庆埏、梁庆桂，安徽知县顾仲安、朱本、柯邵憼、王岳松、文缉熙、沈瑜。

誊录官：请补广德州陈正源，来安县李长郁，知县孙友尊、邓逻经。

对读官：同知刘卓栻，仪征县朱江，新阳县苏品仁，安徽知县孙玉铭。

弥封官：知县何绍闻、莫镇疆，安徽知县张奎光、杨纪元。

受卷官：直隶州王茂中，吴江县李汾，休宁县叶大烜，贵池县刘锟，天长县黄兆岷，知县林毓箐、蒋子蕃、黄鹏文。

收卷官：知县刘炳善、阮达元。

载1894年9月17日《申报》，第2版，48卷105页

552. 南闱余话

金陵访事人云，江南秋试三场，开门后西龙腮某号，有一老生缴卷而回携取衣被，至则残书败絮，踪影全无。问之邻号生，皆云方才尔友已代为收拾，著号军背负出门矣。老生闻之，连连迭足曰："我何尝有友，明系被宵小所算。"言毕，泪簌簌堕下。邻号生促其速追，莫作无谓之太息。老生应之，追至龙门，见一考生正在出资给号军，所携的是失物。乃唤门兵，扭至至公堂，禀陈提调。提调向之讯问，其人以匆促误携对。问："汝坐何号？"对以东文闱。提调大怒，谓："东文闱至西龙腮，相隔遥远，显见捏词。"其人语塞。提调乃饬笞而枷之。

今岁秋热过甚，疫病盛行，人心惶惶，恐不能免。幸入场后渐凉爽，三场既藏，除因病交白卷者三百余人外，余皆得庆安全。惟提调穆少岳观察之顶马差官因病毙于闱内，誊录所亦毙一誊录生，并死号军一名。

今科号军所领腰牌，贵至每面须洋银三圆，若辈因成本既高，向考生需索无厌。其

迹虽曰可恶,其情亦尚可怜也。十五日,三场既毕,有一号军与考生争论银钱,以致角口互殴,邻号诸生大为不平,向之斥责。号军胆敢聚众逞凶,考生无可如何,奔上至公堂,禀诸提调。提调立饬亲兵将号军拿获,讯明首先滋事者,枷号头门。

载 1894 年 9 月 20 日《申报》,第 3 版,48 卷 126 页

553. 甲午科顺天府乡试官板题名全录

……何来礼,安徽南陵……姚永朴,安徽桐城……周宽忠,安徽芜湖……

副榜:……徐履春,安徽石埭……

(注:正榜共343名,其中皖生3名;副榜共49名,其中皖生1名。只录皖生姓名、籍贯。)

载 1894 年 10 月 17 日《申报》,第 9 版,48 卷 293 页

554. 电传甲午科江南乡试题名全录

何其纯,建平;范钟,通州;童迥,上海;胡同频,昭文;潘昌煦,元和;孙熙泽,舒城;徐沅,吴县;范淼,无锡;黄世礽,嘉定;廉泉,金匮;江廷珏,霍邱;胡腾迨,歙县;恽金堂,芜湖;程铭敬,苏州;叶景沄,上海;唐济镇,金匮;顾鸿阆,通州;李德鉴,太湖;秦曾源,嘉定;杨模,无锡;周召齐,丹徒;曹元忠,吴县;俞复,金匮;孙济川,吴县;钱树声,苏州;史国琛,荆溪;龚元凯,合肥;韩绂,寿州;方澍,无为;钱同寿,松江;卢国华,庐州;姜汝济,阳湖;陆长隽,太仓;袁祖光,阳湖;徐孚吉,海州;宋文蔚,溧阳;左运奎,阳湖;方象堃,桐城;同裕,驻防;潘浩,宜兴;陈鹏举,怀宁;胡祥起,苏州;沈恩孚,吴县;陈宝书,太仓;刘世瑛,贵池;何毓骏,南陵;程曾潞,嘉定;许壬熊,金山;谢源深,上海;何云蔚,凤阳;赵纯熙,泾县;陈懋治,元和;冯兆昌,吴县;潘庆琦,泾县;陈恩浚,歙县;王家霖,青浦;卞汝方,高邮;茅谦,丹徒;陈宗彝,江阴;胡嘉楷,黟县;姜赞襄,怀宁;朱讲成,泾县;沈宗祉,娄县;蒋宝丰,金匮;刘景墉,太平;张灿枢,宿松;章钟光,江阴;朱柏,金匮;助朴,驻防;姜汝谟,阳湖;王家枚,江阴;彭锡蕃,潜山;苏城,石埭;夏庆绂,江宁;刘廷弼,上元;李昌举,六安;潘艺芬,元和;徐敬仪,宜兴;程之麟,含山;韦其铨,太湖;闵瑞庆,常熟;王丞忠,无锡;孙传骧,吴县;喻思贤,太湖;夏仁瑞,江宁;徐文田,武进;戴之杰,黟县;何承培,徽州;程遐师,吴县;崇藻,驻防;余兆录,宿松;刘世衍,贵池;于文华,泰兴;杨宗海,金匮;赵继椿,太湖;范家煌,庐州;朱肇甲,元和;邹凤标,吴县;程祖蔚,武进;陈恩洽,泰州;欧阳保保,元和;李辰,静海;朱英,长洲;何崇履,镇江;吴维馨,华亭;李作梓,太湖;马士杰,高邮;朱泽,丹阳;徐公修,青浦;贡士元,宁国;杨泰阶,太仓;华中祺,无锡;吴曾德,常州;叶尧阶,全椒;孙擨均,金匮;潘志畲,吴县;刘锡龄,合肥;姜继襄,怀宁;吴星斗,宜兴;叶理封,青浦;龚庆霖,合肥;何其敬,太湖;程鹏焘,旌德;蔡俊镛,苏州;王廷俊,江都;林可培,崇明;靳启瑞,怀宁;张凤阶,庐江;梅豫枨,上海;杨寿朴,金匮;徐秉璜,丹徒;赵景崇,武进;郝玉麒,怀宁;费绍训,阳湖;冒广生,如皋;王希善,甘泉;吴宗坤,宁国;江志伊,旌德;吴大中,常州;江忠振,婺源;钱宝镕,吴县;江崇德,江宁;赵必

显,海州;缪抡俊,江阴;张继良,常州;顾尧阶,徽州;许承尧,徽州;潘宗俊,休宁;李德星,太湖;汪伯璠,怀宁;陈遐章,仪征;齐尧年,婺源;孙由镐,太仓;萧元怡,上元;高煌,金山;费彝训,阳湖;余经权,太湖;庄学忠,上海;汪哲本,歙县;周毓萱,合肥;汪曾武,镇洋;朱其元,荆溪;陈鸿翊,奉贤;胡梓美,广德;潘启荃,宜兴;顾继曾,通州;朱鸿磐,安庆;叶新元,黟县;吴祥麟,桐城;陈宗麟,元和;马振仪,桐城;崔光弼,太平;凌泗,定远;王凤藻,元和。

  副榜 汪瑀骏,黟县;杨赓元,吴县;张庆宜,太湖;高履宸,池州;许同范,金匮;杨同昇,盐城;黄景溪,寿州;万兴邦,六安;高汝琳,颍州;祝庚□,江宁;缪景福,南陵;黎逢源,宿松;薛培荣,常熟;王士衡,高邮;郭祖葆,吴县;吴祖荫,通州;许文权,宿松;姚中戊,溧水;吴兴让,吴县;孟鑫,阳湖;孟振光,霍邱;顾次英,松江。

载 1894 年 10 月 22 日《申报》,第 2 版,48 卷 323 页

555.甲午科江南乡试官板题名全录

  何其纯,建平廪;范钟,通州廪;童迥,上海监;胡同频,昭文廪;潘昌煦,元和附;孙熙泽,舒城廪;徐沅,吴县附;范淼,无锡附;黄世礽,嘉定廪;廉泉,金匮附;江廷珏,霍邱贡;胡腾逵,黟县附;恽金堂,阳湖附;程铭敬,苏州廪;叶景沄,上海拔;唐济镇,金匮附;顾鸿阊,通州廪;李德鉴,太湖监;秦曾源,嘉定附;杨模,无锡拔;周召齐,丹徒贡;曹元忠,吴县贡;俞复,金匮廪;孙济川,吴县附;钱树声,苏州廪;史国琛,荆溪廪;龚元凯,合肥廪;韩绂,寿州监;方澍,无为贡;钱同寿,松江廪;卢国华,庐江廪;姜汝济,阳湖贡;陆长隽,太仓监;袁祖光,太湖贡;徐孚吉,海门贡;宋文蔚,溧阳贡;左运奎,阳湖附;方象堃,桐城廪;同裕,驻防廪;潘浩,宜兴附;程鹏举,怀宁附;胡祥鑠,苏州廪;沈恩孚,吴县贡;陈宝书,太仓廪;刘世瑛,贵池贡;何毓骏,南陵监;秦曾潞,嘉定曾;许士熊,金匮附;谢源深,上海附;何云蔚,凤阳贡;赵纯熙,泾县附;陈懋治,元和贡;冯兆昌,吴县附;潘庆琦,泾县附;陈恩浚,歙县贡;王家霖,青浦廪;卞汝方,高邮贡;茅谦,丹徒增;陈宗彝,江阴附;胡嘉楷,黟县增;姜赞襄,怀宁贡;朱讲成,泾县廪;沈宗祉,娄县附;蒋宝丰,金匮附;刘景埔,太平廪;张灿枢,宿松廪;章钟亮,江阴贡;朱柏,金匮监;崇朴,驻防附;姜汝谟,阳湖附;王家枚,江阴廪;彭锡蕃,潜山廪;苏城,石埭贡;夏庆绂,江宁廪;刘廷弼,上元廪;李昌举,六安附;潘艺芬,元和附;徐敬仪,宜兴附;程之麟,含山监;韦其铨,太湖附;闵瑞庆,常熟附;王世忠,无锡增;孙传骧,吴县附;喻思贤,太湖贡;夏仁瑞,江宁监;徐文田,武进增;戴之杰,黟县廪;何承培,徽州廪;程遐师,吴县廪;崇藻,驻防附;余兆录,宿松廪;刘世珩,贵池贡;于文华,泰兴附;杨宗海,金匮附;赵继椿,太湖廪;范家煌,庐州廪;朱肇甲,元和附;邹凤标,吴县附;程祖蔚,武进廪;陈恩洽,泰州廪;欧阳保福,元和附;李辰,静海附;朱英,长洲贡;何崇履,镇江附;吴维馨,华亭附;李作梓,太湖监;马士杰,高邮贡;朱泽,丹阳附;徐公修,青浦贡;贡士元,宁国贡;杨泰阶,太仓附;华中祺,无锡监;吴曾谿,常州廪;叶尧阶,全椒增;孙揆均,金匮廪;潘志奋,吴县附;刘锡龄,合肥附;姜继襄,怀宁贡;吴星斗,宜兴附;叶理封,青浦附;龚庆霖,合肥贡;何其敬,太湖廪;程鹏翕,旌德廪;蔡俊铺,苏州附;王廷俊,江都贡;林可培,崇明附;靳启端,舒城附;舒鸿仪,怀宁

附;张凤阶,庐江附;梅豫枏,上海廪;汤寿朴,金匮附;徐秉璜,丹徒贡;赵景崇,武进监;郝玉麒,怀宁廪;费绍训,阳湖附;冒广生,如皋附;王希善,甘泉贡;吴守坤,宁国廪;江志伊,旌德贡;吴大中,常州附;江忠振,婺源监;钱宝镕,吴县廪;江崇德,江宁增;赵必显,海州贡;缪抡俊,江阴廪;张继良,常熟附;顾尧阶,寿州廪;许承尧,徽州附;潘宗信,休宁增;李德星,太湖贡;汪伯璠,怀宁附;陈遐章,仪征廪;齐尧年,婺源附;孙由镒,太湖贡;萧元怡,上元附;高煌,金山廪;费彝训,阳湖贡;余经权,太湖廪;庄学忠,上海附;汪律本,歙县廪;周毓萱,合肥附;汪曾武,镇洋附;朱其元,荆溪附;陈鸿翔,奉贤廪;胡梓美,广德廪;潘德荃,宜兴附;顾继曾,通州附;朱鸿磐,安庆廪;叶新元,黟县廪;吴祥麟,桐城廪;陈宗麟,元和附;马振仪,桐城监;崔光弼,太平附;凌泗,定远廪;王凤藻,元和附。

副榜

汪维骏,黟县廪;杨庚元,吴县增;张庆宜,太湖增;高履宸,池州增;许同范,金匮附;杨同昇,盐城附;黄景溪,寿州贡;万兴邦,六安附;高汝琳,常州附;祝廷熙,江宁附;缪景福,南陵贡;黎逢源,宿松附;薛培榮,常熟增;王士卫,高邮附;郭祖葆,吴县附;徐祖荫,通州附;许文权,宿松贡;姚中戊,溧水廪;吴兴让,吴县附;孟鑫,阳湖附;孟振先,霍邱廪;顾次英,松江廪。

载1894年10月23日《申报》,第2版,48卷329页

556. 鹿宴盛仪

江南乡试揭晓后,两主考迁至监临堂居住,以便驻守。贡院之大仙迁回,此向例也,所有鹿鸣筵宴择于九月二十六日在至公堂举行。向例首府县率同上、下江新举人各赴上、下江学宪考棚齐集,学宪率新举人恭诣文庙谒圣。今科上、下江学宪均早回省办理武生录遗,遂将此礼缓行。二十六日辰初,先后共到新举人七人。巳初,外提调胡方伯、内提调穆观察、外监试王观察、盐巡道李观察,点名道十二人,首府陈太守,上江两县陈、赵两大令,先后到院,内监试陈太守、十八房同考官并内外各所官、各执事官,咸蟒袍补服,齐集内外官厅。候至巳正,至公堂巡捕官捧出胡方伯、穆王两观察手版三扣,饬弁飞请制军。午初一刻,刘岘帅用全副仪仗排导而至。大门外升炮三声,明远楼奏乐,新举人立迎于二门外东边,首府陈太守、首县陈赵两大令、内外供给罗太守、翁叶两明府、杨屠两通刺,同考官卢大令维雍、张大令壮彩、侯大令绍瀛、朱大令本、文大令缉熙、王大令庆埏、黄大令金钺、王大令岳崧、梁大令庆桂、刘大令崇照、王大令世桢、黄大令澍菜、陈大令瑜、顾大令伸安、徐大令树锷、柯大令劲憼、刘大令正教、林大令颐山,暨各所执事官,迎于龙门内;胡方伯与各道迎于阶下。岘帅先至监临堂,拜冯、黄两主试,然后入衡鉴堂。外提调胡方伯,内提调、外监试穆、王两观察请岘帅发名帖,三请冯、黄两主考至衡鉴堂,府县暨新举人均于帘门外立迎,司道迎于帘门内,岘帅迎于堂檐前,升堂相见。岘帅一揖,冯、黄两主考答揖,叙坐,而椅披坐褥已被家人、轿夫、闲杂人等取去,供给所铺陈房委员急为补齐。各官晤见,均向上三揖。茶罢,府县各官率新举人诣露台下,左右序立,俟冯、黄两主考、刘岘帅暨胡方伯、各观察咸具朝服出堂,各官以次随行至堂下。新举人立于后,北向设万岁牌,礼生禀请诣香案前望阙谢恩,行三跪九叩首礼。毕,升

堂,旅揖,更衣,执事官敬谨将万岁牌请下,送至供给所珍藏。而堂上椅披坐垫又不翼而飞矣。铺陈房无可奈何,又即补齐,各宪小坐,礼生赞行新举人至堂檐下序立,谒见正、副两主试,次谒督宪,次谒司道宪,均行四拜礼后二拜,均答揖。次拜同考官、各所官,次拜府县、各执事官,均行二拜礼,各答再揖。礼毕,设宴。执事官禀请至公堂筵宴,冯、黄两主考偏左座,制军主席偏右座,三席均设于公堂之正中,南向。司道席设于堂之左右,按序相向坐,共设十六席。次,同考官、各所官暨府县各执事官,均设于堂下。次,新举人席,设于各官下,均左右相向,二人共一席。坐既定,第一巡酒,武弁三员各捧一杯,分送堂上。第二巡酒,佐杂官三员分送。第三巡酒仍由武弁分送。司道府县各官均自派家人分送,新举人由供给官派人分送。礼生赞作乐升歌鹿鸣三章,一章未了,忽闻轰然一声,桌椅碗盏已玎玎琤琤作金戈铁马声,各官宴毕,退入衡鉴堂,新举人不及恭送,而堂内一切铺陈早已不知去向。铺陈委员手足无措,由别处借来,暂为铺设。二首县本系供给所之会办,陈仰山大令睹此情形,勃然大怒,谓:"提调大人早有告示在外,若辈目无法纪,胆敢如此。"厉声叱差,不论何人,手有抢物,立拿重办。当场拘到某大员之舆夫,肩荷桌子,手提椅子,七横八竖,尚敢出言不逊,曰:"我当某大人之差,除主人外,谁敢管我?"斯时,人声鼎沸。大令怒喝,令重答,见血方止。一长夫亦随声附和,手取二椅,亦饱赠以竹笋煨肉,并赏独桌酒,是亦鹿鸣筵之余波也。少焉,两主考送制军出堂,新举人趋出,至明远楼前西边序立恭送,各官在龙门内立送。制军在檐下升舆,大门外炮声隆然,司道各宪均于明远楼前升舆,明远楼均奏乐。同考官或有仍回内帘,磨勘中式朱墨卷者;或有同各所官、各执事诸官在二门外升舆回署或公馆者。新举人随之而出,头门外均以鼓乐相送。由是而鹿鸣宴始毕。冯、黄两主考排齐全副仪仗出院,回拜各官。闻司道各宪俟制军请宴后,拟借文正书院公宴两主考。

载1894年10月29日《申报》,第2版,48卷367页

557. 古逡道纪事(北闱获隽*)

芜湖访事人云,今科南闱榜发,应试诸君尽在孙山之外,惟芜湖周君宗冕获隽于北闱,差强人意耳。

载1894年11月10日《申报》,第2版,48卷441页

558. 皖省试事

安徽学宪李筱岩大宗师去冬行文皖南各郡,饬办府试,已纪报端。兹闻宪旌定于正月廿二日由姑孰节辕起马,按临宁国,开办乙未岁试,俟竣事后接考徽州、池州、安庆等属。是以宁郡桂太守已示期月之二十日取齐,专候文旌遥临。

载1895年2月19日《申报》,第2版,49卷253页

559. 龙眠山踏青记(示期县试＊)

闻怀宁县黄翰池明府奉学宪来文,饬即举行县试,因示期二月十七日取齐。

载 1895 年 2 月 26 日《申报》,第 3 版,49 卷 296 页

560. 皖南试事

安徽学宪李筱岩宗师正月二十二日由姑孰节辕起马,按临宁国,曾纪报端。兹闻宪节于二十六日戾止,牌示行香、放告、阅墙等事,于二十八日辟门呼俊,计生童经古岁试补试,文童正场排日接试。至本月初七日,已将旌、泾、太三属草案发图,递发宣、宁、南并广、建各属草案。不日复试告竣,蓝其衫而雀其顶,父老儿童争迎新贵矣。又闻宗师已行文前途,定于月之十七日由宁郡秉节转临徽州。遥想黄山白岳间,雕龙绣虎之士早已鹄峙云停,专候文星照耀矣。

载 1895 年 3 月 18 日《申报》,第 2 版,49 卷 421 页

561. 皖公山色(赶修考棚＊)

怀宁县试示期本月廿七日开考,已纪报章,首县黄汉池明府谕令差役协同地保,鸠集工匠,将考棚赶紧修理。差保等奉谕之下,已广集工人,大加修饰矣。

载 1895 年 3 月 21 日《申报》,第 3 版,49 卷 444 页

562. 鸠江烟雨(出示县试＊)

芜湖县王邑尊接奉学宪行文饬办岁试,遂定于月之廿五日举行县考,先期出示,于二十三日取齐。合县俊秀约共三四百人,日内已担簦负笈,陆续云集,城厢无哗。战士衔枚勇下笔,春蚕食叶声,将于风檐寸晷中见之矣。

载 1895 年 3 月 29 日《申报》,第 2 版,49 卷 495 页

563. 怀宁试士

安庆访事人云,日前怀宁县黄汉池明府奉到升署安庐滁和道、本任安庆府联仙蘅太守札开,转奉学宪李札饬举行县试。随即晓谕通衢,筮期二月二十七日开考。届时各童齐集府城,买结画保,锦标之夺在指顾间矣。

载 1895 年 4 月 7 日《申报》,第 3 版,49 卷 552 页

564. 安庆官场纪事(示谕府试＊)

县试已毕,安庆府曾怡庄太守晓谕通衢,举行府试。其文曰:为岁考事,案奉学宪札

行,光绪二十一年岁考举行县府考试日期到府,当经分别转饬遵办在案。兹查各县文童试期据报均经举行考竣,所有府试文童定于本年三月十七日开考,除行各县并儒学遵办外,合行出示晓谕,为此示,仰府属与考文章知悉,并于前三日齐集郡城,听候考试,幸勿迟延自误,切切。特示。闻太守示期三月十七日考桐城文童,二十日考怀宁文童,二十一日考潜山文童,二十三日考潜山文童,二十六日考太湖文童,二十九日考宿松文童,四月初二日考望江文童。至武试之期,尚未择定。

载1895年4月15日《申报》,第3版,49卷604页

565. 皖水柔波(怀宁县试＊)

怀宁县黄汉池明府示期二月二十七日举行县试。已冠首题:一匡天下,民到于今。末冠:十室之邑必有忠。通场次题:仁者无敌。诗题未详。

载1895年4月17日《申报》,第2版,49卷615页

566. 赭塔春光(芜城县试＊)

芜湖县试于上月二十五日扃试头场,应试文童计二百余人。首题:好谋而成者也。子曰:富。二题:而不知为之者。诗题:赋得"满城春色动微寒",得"城"字,五言六韵。廿八日出案。廿九日初复,文题:然则小。经题:克宽克仁。诗题:"赋得青云羡鸟飞",得"云"字。初三日,二复题:或生而知之,或学而知之,或困而知之,及其知之。杏花村赋,以"牧童遥指杏花村"为韵。初五日,三复题:吾岂若是使民。修己安人论。初七日,终复。是日,王邑尊特命庖丁备筵十席,诸童交卷后,亲自降阶与之周旋款洽,并谕以士先器识而后文艺,现在府试在即,尔等暂且回家奋志云窗,争自濯磨,岂徒泮承生香,将来猛著祖鞭,直上青云,本县亦与有荣。诸童咸避席唯唯叩谢而退。邑尊即于是晚排导回署,稍理积牍,即当接考武童。

载1895年4月18日《申报》,第2—3版,49卷621—622页

567. 试题汇录

安庆府试取齐日期已列前报。兹将府试桐、怀、潜三县正场题目列左。桐城首题:"饮水曲肱"至"发愤忘食"。未冠:六七人,浴乎沂。次题:以大事小者。诗题:"桐叶知闻",得"知"字。怀宁题,已冠:"铿尔,舍瑟而作",至"冠者"。未冠:难乎有恒矣。子钓。次题:可使制梃。诗题:"入帘风絮报春深",得"深"字。潜山首题:"修己以敬,曰"至"原壤夷俟"。未冠:不知所以裁之。子曰:伯夷。次题:虽欲耕,得乎？诗题:"一川如画雨初晴",得"初"字。太、宿、望三县之题容再录。

昨得友人赴池州府应试来书云,李大宗师于十七日下马,二十日考经古:赋牛瞳中牧童影,以传神写照正在阿堵为韵。二十一日考七学题:周公兼夷狄。经题:君子听钟声则思武臣。诗题:"撼岳家军难",得"难"字。二十五日,考青、建、铜、流四县,青阳题:

景春。建德题:弈秋。铜陵题:夏日。东流题:冬日。次通场题:其为气也,至大至刚。贵、石二邑尚未考试,约四月初六日起马,于四月十二日按临皖省云。

载 1895 年 4 月 30 日《申报》,第 9 版,49 卷 707 页

568. 宽犯庙讳

调署安庆府事凤阳府正堂曾牌示,谕诸童等知悉,恭查从"玉"从"炎"之字,为睿皇帝庙讳,理宜敬避。凡文场犯庙讳之人,革去功名,考官亦有处分。例禁昭然,乃怀宁县第十六牌文童陈某,竟敢以敬避之字取名应试,殊属悖妄,本应责戒扣考,姑念该童年甫十五,贸然无知,自系父兄之过,免于责戒,并为改名"琨"字,仍送院考。该童尚其凛遵。

载 1895 年 4 月 30 日《申报》,第 9 版,49 卷 707 页

569. 安庆府试

府尊曾怡冈太守考试桐、怀、潜三县,正场题目已列前报,今将太湖县正场题列后。已冠:"然后知松柏之后凋也",至"唐棣之华"。未冠:乞诸其邻而与之,子曰:巧言。次题:恶秀。诗题:欲语羞雷同。

府尊牌示:于四月初四日初复桐、潜、太三县文童。

载 1895 年 5 月 2 日《申报》,第 3 版,50 卷 8 页

570. 汇录试题

本届岁试之年,太平府属之当、芜、繁三县,近已将文武童生先后考试。兹因凤太尊入觐匆匆,不及举行府试。杜太尊接篆后,即行先办府试,传闻有三月二十八取齐三县文童,四月初二日开考之说,然尚未见有明文也。兹将月初当涂县汤明府举办县考各场题目抄录于下。

首场 已冠:"衣轻裘"至"君子周急"。未冠:弟子入。诗:赋得"万紫千红总是春",得"春"字。次题:博学而详说之。

二场:君子不忧不惧。经题:蠢尔蛮荆,大邦为仇。诗:雨后山光满郭青。

三场:仁人无敌于天下,以至仁。诗:青山郭外斜。卖花声,赋以"一竿红日卖花声"为韵。七律诗:老儒、老将、老农、老僧,各一首,不拘韵。

四场:可使制梃以挞。论题:古之用兵者,不急于治兵,而急于择将论。

五场:一则以喜。定公问君。作起讲。诗免作。

闻大令场规甚严,每场自点名至交卷,皆高坐堂皇,见有乱号出入,即降阶申斥,或将卷首标明犯规。是以应试诸童皆谨慎将事,每一榜发,虽老师宿儒,皆翕然无间,而叹大令之胸有成竹,故能眼底无花也。兹于三月二十六日接考武童外场,二十七日考试步箭,二十八日弓刀石各杂技,二十九日步箭复试。从此挽强命中,将俟府宪再逗所长矣。

载 1895 年 5 月 3 日《申报》,第 2 版,50 卷 13 页

571. 安庆试事

府尊曾怡庄太守自三月十七日起至四月初二日,将六属文童正场次第考毕,于四月初四日招复桐、潜、太三县文童,初六日怀、宿、望三县文童初复,初九日六县文童同场再复。

府尊牌示:谕六县文童知悉,顷奉学宪传谕,准于四月初九日由池郡起马,按临省垣,为日甚迫,所有府试自应赶办,减考一场,以期迅速。本府兹于初四日招复后,将四月初九日之二复改为终复,以便学宪按临进院开考,庶免仓猝。所有诸生文卷,本府仍前细心校阅,断不遗弃真才,尽尔所长,毋负子望。特谕。

补录府试望江正场题。首题:"谁誉?如有所誉者"至"史之阙文也"。次题:仁者如射。诗题:"春蔼轻飔入夏初",得"轻"字。桐、潜、太三县初次招复题。桐城:夫岂不义。潜山:非徒无益。太湖:苟为不熟。

载1895年5月4日《申报》,第2版,50卷19页

572. 电传乙未科会试题名全录

陈汝梅,福建;孙荣枝,浙江;潘令皋,直隶;刘□斌,江苏;康祖彝,广东;方朝治,湖南;阿联,旗籍;朱远夔,广西;章树华,江西;李步沅,山东;张璧田,直隶;叶芬棠,福建;凌福庥,广东;张俶兰,湖北;致喜,旗籍;万本端,江西;萧榘,湖南;张璞,陕西;曾瑞芬,贵州;陈永棨,江西;赵黻鸿,旗籍;秦锡圭,江苏;吴立德,山东;刘辉,湖北;董瀛,山东;陈翰聪,山东;刘汝骥,直隶;张宪明,山西;张庚铭,江西;沈炯,浙江;于毓蛟,山东;武翔藻,河南;爱兴阿,旗籍;晏子椿,山西;杨道钧,江苏;梁用弼,广东;刘嘉琛,直隶;文同书,广东;蓝镛,江西;陈继祥,山东;石长佑,安徽;黎敬先,湖北;张锡鸿,山东;周凤鸣,直隶;胡峻州,福建;何国治,广东;顾光照,江苏;同裕,旗籍;吕正斯,山东;何莘耕,江西;邢骧,湖北;何綮健,陕西;郭兆禄,福建;廖凤韶,福建;邹增祐,四川;吕继纯,旗籍;陈箫韶,福建;余炳文,河南;李彝,四川;周之麟,贵州;陈恩洽,江苏;葛毓芝,直隶;汪赞纶,江苏;王从礼,河南;任锡纯,湖南;罗琛,四川;景湺,旗籍;何重熙,河南;林朝圻,四川;伊庆举,广东;杨锡霖,直隶;卓孝复,福建;刘德全,湖北;吴维炳,浙江;傅淮森,广东;朱珩,广东;高崧生,江西;徐承宣,浙江;曹汝麟,安徽;刘锽,湖南;陈嗣贤,湖北;余际春,安徽;王廼荣,湖北;黄秉潍,四川;孙绍宗,直隶;秦达章,浙江;崔保龄,江苏;陈恺,湖北;秦献祥,广西;马如鉴,甘肃;荣爵,湖南;程龢,江苏;张继良,江苏;郭景象,山西;刘荣第,直隶;赵世德,直隶;刘庆麒,广东;范国良,安徽;谢荣熙,广东;李翰,广东;庆隆,旗籍;赵家惠,贵州;袁绪钦,湖北;丰和,旗籍;贡士元,安徽;堵登瀛,广东;荣春晖,湖北;萧树昇,山东;何光用,广西;桂福,旗籍;李体仁,山东;江琛,山西;庆锡璜,广东;徐信善,浙江;羊经权,甘肃;秦润澜,甘肃;戴展诚,湖南;林向滋,直隶;张树桢,山东;张世培,直隶;赵炳麟,奉天;陈侃,河南;姚炳熊,浙江;张之锐,河南;曲江宴,山东;吴承彦,直隶;吴命新,山西;吴铿,直隶;柏增芳,云南;齐权琳,奉天;李发直,湖南;得

锐,旗籍;润芳,旗籍;叶之葆,陕西;秦辅卿,江西;李景祥,浙江;陈桢维,云南;吴鸿森,江苏;李景骧,福建;王玉桐,山东;王元廷,山东;陈模,山西;成连增,山西;胡同颖,江苏;黄关同,河南;黄瑞兰,湖南;聂廷祐,贵州;谭廷飏,山东;叶祖修,甘肃;张尧,四川;杨书勋,广西;孙秉衡,山西;高祖培,陕西;王荃善,四川;高如恂,山东;许受衡,江西;饶乃成,福建;赵鹤龄,湖南;谈国楫,湖南;李若塾,四川;魏俌,山西;锡铎,旗籍;杨鳣,云南;恒善,旗籍;曹葆恂,直隶;王焯,直隶;黄世泽,四川;王桂枝,陕西;黄寿庆,浙江;廉喧,直隶;吴铭,甘肃;曹甡孙,直隶;徐嗣香,湖北;韩克对,山西;朱彭寿,浙江;雷以动,湖北;朱永观,广西;侯晋康,陕西;封开泰,云南;魏炳奎,江西;黄德懋,河南;黄维翰,江西;徐世杰,四川;张恺,浙江;金镜芙,直隶;林镇荆,福建;彭锡蕃,安徽;张默,云南;骆成麟,四川;刘云衢,江西;谢馨,陕西;王绳武,陕西;张拱辰,江西;林开谟,福建;廉荣,直隶;石长信,安徽;都守诚,浙江;刘明华,广西;韦锦恩,广西;白嘉澍,云南;彭维经,山东;廖基铭,江西;刘廷珍,福建;自廉,旗籍;王桐荫,直隶;马汝骧,直隶;王树人,四川;葛龙三,奉天;丁良佐,贵州;文林,旗籍;陈枒,江苏;喻长森,浙江;林玉铭,福建;阎凤阁,直隶;凌洪才,江西;胡嗣荣,贵州;王志昂,山西;黄彬,河南;王清臣,河南;章莘,湖南;米稹,甘肃;雷镇华,陕西;雷光甸,陕西;吴建让,直隶;白子钊,贵州;梁青选,甘肃;葛亮维,贵州;陈兆坤,江西;吕成熙,云南;罗良弼,湖北;李魁,福建;刘国良,河南;曹鸿仪,安徽;刘维尧,湖南;刘彤光,山东;王龙文,湖南;边三益,陕西;李国才,广西;马丙荣,江苏;李子锴,甘肃;张受中,山西;迎喜,旗籍;王可培,直隶;姚晋延,湖北;曹邦彦,陕西;杨云卿,云南;杨允文,河南;龙剑,安徽;张致安,贵州;李庆霖,云南;朱遽绶,广西;潘宜经,陕西;李之钊,河南;吴星春,陕西;周捷三,湖北;张翰光,河南;洪曜南,甘肃;冯绍唐,奉天;杨恩元,贵州;周兴杰,河南;赵增琪,四川;杨汝吉,河南;王恕,安徽。

乙未科会试榜前列十一名,由电传来,早经登报,昨又递到全榜,合亟译登。惟是电码过多,辗转传译,容有小误,一俟接到官板题名全录,再行校正。阅者鉴之。

本馆附识

载1895年5月10日《申报》,第2版,50卷59页

573. 乙未科会试官板题名全录

陈厚梅,福建闽县;孙荣枝,浙江仁和;潘含皋,直隶安州;刘嘉斌,江苏丹徒;康祖彝,广东南海;方朝治,湖南巴陵;阿联,厢红满洲;朱远缙,广西临桂;彭树华,江西萍乡;李步沆,山东济宁;张璧田,直隶遵化;叶蒂棠,福建侯官;凌福彭,广东番禺;张俶澜,湖北武昌;致喜,正黄汉军;万本端,江西德化;萧榘,湖南邵阳;张璞,山西怀仁;曾瑞菜,贵州铜仁;陈永昌,江西靖安;金钺,江苏泰兴;陈恩洽,河南光山;葛毓芝,直隶乐亭;汪赞纶,江苏阳湖;王从礼,河南商丘;任锡纯,湖南长沙;罗琛,四川富顺;景桂,厢红满洲;何重熙,河南光山;林朝圻,四川威远;尹庆举,广东东莞;杨锡霖,直隶遵化;卓孝复,福建闽县;刘德全,湖北谷城;吴纬炳,浙江钱塘;傅维森,广东番禺;朱珩,广东花县;高崧生,江西新建;徐承宣,浙江上虞;曹汝麟,安徽青阳;刘锽,湖南长沙;陈嗣贤,湖北嘉鱼;余际春,安徽潜山;王廼荣,湖北黄陂;黄秉滩,四川永川;孙绍宗,直隶蠡县;崔保龄,江苏

泰州;秦建章,浙江会稽;詹恺,湖北恩施;秦献祥,广西永福;马如鉴,甘肃陇西;萧荣爵,湖南长沙;程龢,江苏奉贤;张从良,江苏常熟;郭景象,山西孝义;刘容弟,直隶昌平;赵世德,直隶永年;刘庆麒,广东顺德;范国良,安徽怀远;谢荣熙,广东三水;秦锡圭,江苏上海;赵黻鸿,正白汉军;吴立亭,山东唐邑;刘辉,湖北黄陂;董观瀛,山东邹县;陈翰声,山东潍县;刘汝骐,直隶津海;张宪汶,山西焞县;张庚铭,江苏海州;沈桐,浙江德清;于毓枚,山东;临淄;步翔藻,河南祁县;爱兴阿,厢红满洲;旷子春,江西泰和;杨道钧,江苏阳湖;梁国弧,广东顺德;刘嘉琛,直隶天津;文同书,广西灵川;蓝镛,江西高安;陈继泽,山东曹县;石长佑,安徽宿松;黎敬先,湖南湘阴;张锡鸿,山东历城;周凤鸣,直隶天津;胡峻,四川华阳;何国沣,广东顺德;顾光照,江苏江都;同裕,厢黄蒙古;吕正斯,山东文登;何莘耕,江西金溪;邢骧,湖北黄梅;何叶健,陕西石泉;郭兆禄,福建福安;廖鸣韶,福建侯官;邹增祐,四川涪州;吕继纯,正白汉军;陈景韶,福建侯官;余炳文,河南商城;李彝坤,广东顺德;周之麟,贵州贵筑;李翰芬,广东香山;庆隆,厢蓝汉军;赵家惠,贵州贵阳;袁绪钦,湖南长沙;丰和,厢白蒙古;贡士元,安徽宁国;崔登瀛,广东南海;荣春晖,湖北黄陂;萧树昇,山东历城;戴元,四川合州;桂福,正白满洲;李体仁,山东郓城;江蕴琛,广西融县;钟锡璜,广东南海;徐信善,浙江归安;罗经权,甘肃金县;秦望澜,甘肃会宁;戴展诚,湖南武陵;林向滋,直隶天津;张树桢,山东海丰;张世培,顺天通州;赵炳麟,广西全州;陈侃,河南光山;姚炳熊,浙江乌程;张文锐,河南邓州;曲江宴,山东黄县;吴承彦,正白汉军;吴命新,山西临县;吴铿,直隶武邑;李增芳,云南蒙化;齐耀琳,奉天通州;李发宜,湖南醴陵;德锐,正白满洲;润芳,厢白满洲;萧之葆,陕西三水;秦跛卿,河南鹿邑;李景祥,浙江鄞县;陈桢,云南昆明;吴鸿森,江苏江都;李景骧,福建侯官;王玉相,山东鱼台;王元绖,山东宁海;陈模,浙江诸暨;成连增,山西文水;胡同颖,江苏昭文;黄关同,河南商城;黄瑞兰,湖南平江;聂廷祐,贵州贵筑;谭廷飚,山东历城;叶祖修,甘肃静宁;张尧桀,四川射洪;杨书勋,广西郁林;孙秉衡,山西浑源;高祖培,陕西绥德;王荃善,四川西充;高阿恂,山东海阳;许受衡,江西龙安;赵以成,福建闽县;赵鹤龄,云南鹤庆;谈国梿,厢白汉军;李若堃,四川眉州;魏倬,山西广陵;锡铎,厢红满洲;杨瑞鳣,云南大理;恒善,正黄满洲;曹葆恂,顺天武清;王焯,顺天宁河;黄世泽,四川应山;王桂枝,陕西乾州;黄寿衮,浙江山阴;廉喧,顺天宁河;吴钧,甘肃贵德;曹甡孙,顺天武清;徐嗣丰,湖北黄陂;韩克敬,山西汾阳;朱彭寿,浙江海盐;雷以动,湖北松滋;朱永观,广西横州;侯晋康,陕西郃阳;寸开泰,云南腾越;魏焕奎,江西南昌;黄德懋,河南祥符;黄维翰,江西崇仁;汪世杰,四川犍为;吕传恺,浙江永康;金镜芙,顺天通州;林镇荆,福建平和;彭锡蕃,安徽潜山;张锴,云南昆明;骆成骧,四川资州;刘云衢,江西新昌;谢馨,陕西安康;王绳武,陕西宝鸡;张拱辰,江西都昌;林开谟,福建长乐;廉榮,顺天宁河;石长信,安徽宿松;都守仁,浙江桐乡;刘明华,广西博白;韦锦恩,广西镇安;白嘉澍,云南昆明;邢维经,山东新城;廖基铭,江西奉新;刘廷珍,福建宁德;兴廉,厢黄蒙古;王桐荫,直隶东光;马汝骧,贵州贵阳;王树人,四川洪雅;葛虎三,奉天承德;丁良佐,贵州修文;文林,正白满洲;陈枊,江苏嘉定;喻长霖,浙江黄岩;林玉铭,福建侯官;阎凤阁,直隶高阳;凌洪才,江西万年;胡嗣芬,贵州开州;王志昂,山西阳曲;黄彬,河南商城;王清臣,河南光州;章华,湖南长沙;米种,甘肃文县;雷镇华,陕西朝邑;雷光甸,陕西渭南;吴建让,直隶城固;白子钊,贵州贵阳;梁士选,甘肃礼县;葛亮维,贵州毕节;陈兆坤,江西临川;吕成熙,云南浪穹;罗良弼,湖北麻城;李魁,福建福安;刘国良,河南新乡;舒鸿仪,安徽怀宁;刘维尧,湖南新宁;刘彤光,山东巨野;王龙文,湖南长沙;边三益,陕西兴平;李国材,广西平南;周丙荣,江苏如皋;李千锴,甘肃武威;张受中,山西沁原;迎喜,正红蒙古;王可培,直隶承德;姚晋延,湖北罗田;曹邦彦,陕西朝城;杨云卿,云南城贡;杨允文,河南武安;龚心钊,安徽合肥;张志安,贵州遵义;李庆霖,云南昆明;朱远绶,广西桂林;潘宜经,陕西白河;李之钊,河南光山;吴星映,陕西朝邑;周捷三,湖北武昌;张翰光,河南汜水;王曜南,甘肃平凉;冯绍唐,奉天辽阳;杨恩元,贵州普定;刘兴东,云南会泽;王伊,河南罗山;赵增琪,四川宜宾;张凤台,河南安阳;王恕,安徽泾县。

载1895年5月14日《申报》,第2版,50卷83页

574. 怀宁试事

安庆访事人云,怀宁县黄汉池明府举行县试,已将文武各童招复事宜录登于报矣。兹已颁发正案,爰将前列十名书付邮筒,计文童:李介寿、金宝善、张中亮、姜昺林、朱星斗、许文瀚、杨振铎、汪溶、丁济仁、张竹溪。武童:查兆和、童金榜、李滨、刘阳春、李燮、徐衡、张斌、吴殿甲、余世寅、陈从龙。

载1895年5月14日《申报》,第3版,50卷84页

575. 神山集锦(即将府试*)

当、芜、繁三县文武童试俱已告竣,太平府杜受臣太守于十二日取齐三县文童,举行府试。牌示十四日考试当涂,十六日考试芜、繁。所有题目容俟续录。

载1895年5月19日《申报》,第2版,50卷115页

576. 考试丛谭

李筱崖大宗师试毕池州府属,即于四月初八日由池起马,按临皖江,已纪前报。省垣于东门外高搭彩棚,水陆兵勇排队江干,怀宁县黄汉池大令饬役广备舆骑伺候。在城文武自抚宪以下印委各员,均往迎宾馆静候迎迓。宪舟于十二日晚刻九点钟,荣舣临皖,江岸灯烛辉煌,观者人山人海。宗师是晚未即离舟,于十三日卯刻命驾入城,进东关,走天后宫、钱家牌楼、转四牌楼,由倒扒狮进龙门,于十一点钟下学,行香毕,随入考棚。十四日放告:十五日考经古,十六日考安庆府属七学文生。

府尊曾怡庄太守于月之十三日考试武童外场,弹压官一员:候补巡检吴集辉;监靶官二员:一候补典史沈铭书,一候补巡检史文采;武场监印臂戳官一员:候补典史王家声。

载1895年5月20日《申报》,第2版,50卷121页

577.皖省试题

李筱崖大宗师十五日考经古题:四月熟黄梅,赋以题为韵。十六日考七学题:交闻文王十尺,汤九尺,今交九尺;赋得"鹊巢背太岁",得"巢"字。十七日辰刻补岁考,十八日考太湖文童正场,二十日考宿松文童正场。十七日府尊考试武童步箭。

载 1895 年 5 月 20 日《申报》,第 2—3 版,50 卷 121—122 页

578.光绪二十一年乙未科殿试题名录

第一甲:骆城骧,四川。第二名:俞长霖,浙江。第三名:王隆文,湖南。

第二甲第一名:萧荣爵,湖南。〔第二名及之后:〕于疏枚,山东;沈桐,浙江;刘嘉琛,直隶;王荩臣,河南;杨锡霖,直隶;朱永觐,广西;卓孝复,福建;江蕴琛,广西;曹汝麟,安徽;赵增奇,四川;王熙元,河南;朱玿,广东;陈望林,福建;文林,正白;萧之葆,陕西;丰和,厢白;潘龄皋,直隶;汪赞纶,江苏;步翔藻,河南;涂福田,湖北;张濂,顺天;赵炳麟,广西;汪世杰,四川;廖基钰,江西;彭树华,江西;顾寿椿,陕西;傅维森,广东;吕正思,山东;李子锴,甘肃;李翰芬,广东;孙荣柱,浙江;张继良,江苏;金镜芙,顺天;高崧生,江西;雷镇华,陕西;袁绪钦,湖南;胡思敬,江西;聂廷祐,贵州;王伊,河南;欧家廉,广东;刘彤光,山东;刘云衢,江西;王廼槃,湖北;吴纬炳,浙江;齐耀琳,奉天;章华,湖南;白嘉澍,云南;林玉铭,直隶;舒鸿仪,安徽;孙绍宗,直隶;李芝钊,河南;周之麟,贵州;叶芾棠,福建;董观瀛,山东;顾光照,江苏;谢荣熙,广东;凌福彭,广东;张锴,云南;崔登瀛,广东;吕传熤,浙江;邢维经,山东;王焯,顺天;金嗣沣,湖北;石长信,安徽;刘庆骐,广东;赵鹤龄,云南;张世培,直隶;陈嗣贤,湖北;吕咸照,云南;雷以勋,湖北;马如鉴,甘肃;成连增,山西;金钺,江苏;何莘耕,江西;李增芳,云南;龚心钊,安徽;王玉相,山东;葛亮维,贵州;彭锡蕃,安徽;陈桢,云南;刘燕翼,浙江;钟锡璜,广东;林振光,福建;吕继纯,正白;米穧,甘肃;梁士选,甘肃;余炳文,河南;周沆,贵州;胡嗣棻,贵州;侯晋康,陕西;何增健,陕西;崔保龄,江苏;韩克敬,山西;杨铎,厢红;文同,广西;曹葆珣,顺天;吴钧,甘肃;王绳武,陕西;秦望澜,甘肃;叶祖修,甘肃;张叔澜,湖北;萧树昇,山东;赵家惠,山东;陈翰声,河南;王荃善,四川;周凤鸣,直隶;姚普埏,湖北;刘嘉宾,江苏;黄秉潍,四川;吴命新,山西;迎喜,正红;姚炳熊,浙江;魏焕奎,江西;张尧棨,安徽;陈祝,四川;典廉,正黄;刘蓉第,直隶;吴健让,曹那彦,陕西;谈国楫,镶白;林向汤,直隶;边三益,陕西;许受德,江西;范国良,安徽;贡士元,安徽;张翰光,河南;李若堃,四川;黄世泽,四川;谭廷飏,山东。

第三甲第一名:邹增祐。〔第二名及之后:〕荣春恽,湖北;王从礼,河南;潘宜经,广西;曹甡孙,顺天;林清照,福建;林灏深,福建;黎敬先,湖南;陈恩洽,江西;尹庆举,广西;戴展诚,湖南;萧絮,湖南;胡俊,四川;郭兆禄,福建;林开泰,云南;万木端,江西;阳恩元,贵州;张庚铭,江西;黄瑞兰,湖南;陈枒,江西;康祖诒,广东;蓝铺,江西;谢馨,陕西;魏倬,山西;王志书,山西;韩光,善川;杨允文,湖北;林开誉,福建;何钟熙,河南;曲江宴,山东;丁梁佐,贵州;李庆霖,云南;秦锡圭,江苏;杨云卿,云南;刘维铙,湖南;李长

华,直隶;白子钊,安徽;张树桢,山东;徐信善,浙江;邱炳宣,福建;赵炳麟,直隶;旷子椿,江西;陈永昌,江西;杨道钧,江苏;吴鸿森,江苏;朱缮,广西;潘宜隆,陕西;李景祥,浙江;黄关同,河南;李发宜,湖南;孔庆安,山东;吕钰,云南;刘明华,广西;都守仁,浙江;致善,厢黄;同庆,厢黄;文俊,厢黄;刘兴东,云南;张锡鸿,山东;刘锽,湖南;张朴,山西;周炳荣,江苏;张志轩,山东;石长佑,安徽;王桂枝,陕西;郭景象,安徽;朱远绶,广西;何荣烈,浙江;陶荣,浙江;葛毓芝,直隶;陈继洋,广东;桂福,正白;余际春,安徽;韦锦恩,广西;恩善,正白;爱兴阿,厢黄;杨瑞鱣,云南;张凤台,河南;陈模,浙江;世荣,正白;赵廷珍,顺天;雷光甸,陕西;李乐善,陕西;吴星映,陕西;吴锃,直隶;任锡纯,湖南;李最高,湖南;王曜南,甘肃;邢骧,湖北;曾瑞棻,湖南;刘辉,湖南;赵翼鸿,四川;景桂,厢红;阿桂,厢红;周捷三,湖北;曹元弼,江苏;姜良才,江苏;林朝圻,四川;黄维翰,江西;李景骧,福建;谢元洪,浙江;李体仁,山东;马如恂,山东;王澍人,四川;刘汝骥,直隶;润芳,厢白;德锐,正白;詹□恺,湖北;张之锐,河南;罗良弼,湖北;罗经权,甘肃;葛龙三,奉天;张致安,贵州;刘德全,湖北;张拱辰,江西;泰坡卿,河南;刘林立,顺天;王桐荫,直隶;庆隆,厢蓝;鲍俊卿,直隶;廖鸣韶,福建;王恕,安徽;高祖培,陕西;麦炳林,广西;秦献祥,广西;林宗瑞,福建;吴江澂,直隶;刘廷珍,福建;陈恩荣,顺天;张受中,山西;孙秉衡,山西;李步沆,山东;张璧甲,直隶;刘国良,江西;凌洪才,江西;马汝骥;张宪文,山西;郑宗郁,福建;方朝治,湖南;史文澜,直隶。

载1895年5月27日《申报》,第2版,50卷169页

579. 金殿抡才

京中访事人云,四月二十一日殿试,策问四道:一、战阵;二、水利;三、贤才;四、备荒。是日遇雨,王大臣等有差者暨诸新贵往来雨丝风片中,未免叹天公之不做美也。

载1895年5月28日《申报》,第1版,50卷177页

580. 皖省试事汇登

安庆访事人云,李筱崖宗师于四月二十一日卯刻发太湖县文童案,照额取进四十二名。

宿松县文童正场,首题:王立于沼上,顾鸿……次题:而知之者,次也。诗题:赋得"四月秀葽",得"葽"字。

二十二日卯刻,发宿松县文童案,计取三十七名。

是日,考潜山文童正场。首题:莫能破焉。《诗》云:鸢飞。次题:其次致曲。诗题:赋得"麦天晨气润",得"润"字。

牌示:四月十八日考太湖县文童,内有西章三、西思染中西优七、中东秋九等卷,文理尚堪造就,均著给予佾生,以示鼓励,仰该学查明遵照注册。

又谕:各学文生应轮岁贡廪生等知悉,仰即备具卷册,交呈提调官,转申于四月二十五日卯刻进院考试。

载1895年5月30日《申报》,第9版,50卷193页

581. 神山即景（文武并举＊）

太平府郡试,经杜受臣太守于四月十二日取齐三县文童,至本月初二日已发长案,入彀诸童夺锦标归来,扬扬得意。闻学宪李小崖宗师试毕皖江,行将于月望左右回姑孰节辕,并接考本郡院试。府宪已接到牌示,行文来芜,饬于二十日取齐郡属文童,听候院试,并声明武试着于闰五月初一日取齐。想见文苑武库同时并举之盛。

载 1895 年 6 月 12 日《申报》,第 2 版,50 卷 277 页

582. 文星朗照

安徽学宪李筱岩宗师于春初出辕,按临宁国,继而徽州、池州,次第开办院考。再转而按临安庆府,刻亦一律告竣。因念溽暑将临,随由皖垣秉节回太平府本辕息驾。宪节仅乘一叶扁舟,导以小火轮,于十四日清晓行次芜湖,道宪袁观察并地方印委各官咸赴江干,肃恭迎迓。宗师接见有差,即命展轮下驶,向姑溪进发。本郡院试业奉牌示行文,饬于是月二十日取齐三县应试文童,闰五月朔日取齐三县应试武童,听候辟门吁俊。是以芜地文武俊秀,皆于月望前后争先着鞭,纷纷就道,文韬武略并举,一时或不乏命世奇才,以副在上之求贤若渴也。

载 1895 年 6 月 13 日《申报》,第 2 版,50 卷 283 页

583. 神山萸佩（改拟试题＊）

和州朱笏堂直刺近接学宪行文,饬举行州试,遂示期本月初八日开考,届时循例给卷命题。讵料各童以题目平时月课中业经数见,易滋抄袭弊端,呈请改拟。直刺沉吟未答。考童即群相哗噪,肆口讥讽,良久始经阅文幕友改拟他题。童子军遂退而伏案,洋洋洒洒,作十万春蚕食叶声也。

载 1895 年 10 月 22 日《申报》,第 2 版,51 卷 335 页

584. 赭岭霜钟（预备开考＊）

宁国府桂太尊择于本月十二日取齐,十五日开考。六邑童生凡有志观光者,咸负笈而至。想谢公亭畔,叠嶂楼前,童子军各思树帜,争夺锦标矣。

载 1895 年 12 月 7 日《申报》,第 3 版,51 卷 642 页

585. 神山鹤梦（学宪返旆＊）

芜湖访事友函称,安徽学宪李筱岩宗师前由姑孰节辕起马,按临皖北,接办各属岁试,当由庐州而六安,而凤阳、颍州、泗州,次第告竣。兹已转临和州,于上月十六日下

马,行香放告,排日考试生童各场,夜以继日,不少停晷。抡文甫毕,接考武场,凡开弓跃马之傧,各逞磬控之长。阅七日而文武试均毕。文宗遂起马渡江,回驻太平节院,缘和州虽属直隶州,所辖只含山一县,文坛武库,试者无多,故得如此迅速。

载1896年1月27日《申报》,第2版,52卷163页

586. 宁国试期

芜湖采访友人云,本届科试之年,安徽学政李筱崖宗师行文宁国府,定期正月二十七日由姑埶节辖按临试士。是以旌、泾、太、宣、宁、南、广、建各属生童,已担簦负笈而来,齐集郡垣,以逞夺标妙手矣。

载1896年3月8日《申报》,第2版,52卷371页

587. 怀宁试事

安庆采访友人云,特授怀宁县吴云涛明府举行光绪二十二年科考,预期晓谕,定于二十四日正场。是日,文诗题。已冠首题:徐行后长者。次题:冠者五六人。未冠首题:徐行。次题:童子六七人。通场诗题:赋得"好古师老彭",得"师"字,五言六韵。

载1896年3月13日《申报》,第3版,52卷402页

588. 皖学政李奏恭报岁试一律完竣折

安徽学政臣李端遇跪奏,为恭报皖省岁试一律完竣仰祈圣鉴事:窃臣于本年闰五月初十日,业将皖南大属岁考日期恭折奏报在案,复于七月初六日出棚,先试庐州府,次复之六安州、滁州府并凤阳府属,分棚考试之寿州,其凤阳泗州、滁州、和州等属,亦均依次举行。十一月二十三日,试毕收棚,回太平府驻署。又,此次按试各棚,一切关防仍复加意严密,未敢稍涉疏忽。自徽州、安庆拿获枪替,照例严办,并将认派廪保分别革降,以后各属廪保当知儆惕,不复仍前玩泄。是以考试庐州府属文童正场,据廪保梁学熙指出枪替刘聘之一名;颍州府属各文童正场,据廪保马佩玉指出枪替王允辉,廪保宁大宗指出枪替高少阳、周望恩,廪保丁飞管指出枪替王国桢,廪保穆永彦指出枪替李炳离,廪保王统成指出枪替张受书,廪保赵兰联指出枪替左锡福等,共七名。凤阳府属文童正场,据廪保闵敦礼指出枪替陈有德一名,均经发交提调官。复场外盘获,照例严惩。该廪保梁学熙等实心办事,经臣酌予奖励。生童各场俱极安静。皖北文风以庐州府属之合肥,凤阳府属之怀远、寿州,滁州属之全椒,六安州属之英山为最,其余亦多可造之材。武童材力则以颍州府各属为优,庐州等府州次之。臣仍于发落时谆谆告诫,俾其各知奋发,以策经济而备干城,方不负圣主作育人才之至意。所有微臣巡试皖北八棚通计一省岁试全竣情形,理合缮折具陈,伏乞皇上圣鉴。再,臣经过地方,秋间稍形旱象,旋即得雨,二麦均已及时播种,再得大雪,来年可必有秋。民情亦极安谧,堪以仰慰宸廑,合并附陈。谨奏。

奉朱批：知道了，钦此。

光绪二十二年正月十八十九日《京报全录》第五千四百二十四号，丙申年二月初二日《申报》附张

载 1896 年 3 月 15 日《申报》，附张第 4 版，52 卷 421 页

589. 宁国试事

有客从敬亭山畔驰书相告曰，安徽学政李筱崖宗师定期本月初九日由姑孰节辕按临宁国，届时由当涂县代雇满江红船若干号，舣诸河干，所有幕府、书差、仆隶，皆先一夕搬运行李下船。至初九日上午，宗师排齐全副仪仗，由东大街迤逦出城，府县及佐杂、广文皆鹄候于接官厅上。宗师降舆入座，茗谈片刻，以猪一羊一祀河神，回顾各官，略一拱手，即扬舲东上，向宛陵进发。

安徽通省院试，大小共十三棚半，向章州县供应棚费，每棚纹银一千八百两，再由藩库支领一千二百两，合成三千两，馈诸文宗，以资办公之用。其随带书承、案号、巡捕、执事，所谓内五行外五行者，所需油烛、纸张、火食、夫马，除另加干折外，仍须逐一备办，小心支应。偶或咄嗟不及，不免呵斥随之。是以办考者每届岁科两试，无不提心吊胆，惟恐开罪吏人。去年宗师案试皖北，随辕吏役竟有因供张不敷，与州县官构衅者。事闻于省中某大宪，以学使衔命衡文，不过三载，即须回京述职，何必过事吹求。迩来亏短，交代之州县官往往有借口赔累者，不得不详加查察，以杜弊端。因一面函商学政，一面派委三人，随棚会同办考之州（官县）〔县官〕，经理棚费与各项度支，凡属要需，皆照章支应，一俟试竣，即将所用各款详细造册，禀报省辕，俾得有所考核。此次宁国院试，业已派委三员前往，会同首县，秉公经理。此后，接试徽州、池州各棚亦如之。

学辕外五行内，有所谓帽子者，即宗师升堂时头戴红黑高帽，呵殿之隶役也。此辈平时皆鲜衣怒马，意气飞扬，随辕出外，惟知需索陋规，若一顶高帽子则竟有绝未一加诸首者，盖皆雇有顶替之人，随在庖代也。今正开印吉期，宗师望阙行拜印礼，然后升坐公案，两旁高帽呼威者计八名，视之皆非庐山真面目，不禁拍案大怒，谓："汝辈既欲承充，而又雇人应役，实属有心胆玩。"乃将值日高帽八名一齐斥革。事后，八人诣辕下，一再求恩赏复差使。文宗不允，八人胆敢出言顶撞。文宗怒益甚，饬人一律送县责惩。

去年文宗按临皖北各棚，办考州县与过站地方，每有吏役因供张不敷论长计短者。本届秉节出辕时，所点书承、案号与外五行等人，皆比历届减而又减，即书差所带藏获，亦严予限制，不准额外多带一名。似此正本清源，亦足见文宗之宽以服众，严以驭下矣。

载 1896 年 4 月 3 日《申报》，第 2 版，52 卷 537 页

590. 龙眠春晓（自取其咎＊）

安省举行本年科考，士子云集，但每届考期，往往滋生事端，其时人类不齐，良莠莫分，多有借考为名隐便私图者，市面上因其人众多，多方隐忍，间有无理取闹，地方官亦被其挟制，良可恨也。抚宪福大中丞有鉴于此，因大张晓谕，告诫谆谆，如果系读书子

弟,必知自爱。今观某某等为失物追赃,性燥肇祸,则可异已。有赵某、李某,茂才也,与童生郑某来城应试,同赁居城北黄花亭某姓屋内。上月某夜,三人在寓深入睡乡,被梁上君子翻箱倒笼,窃取一空。次晨,三人鸣保,开具失单,诣官报请追究。捕廉陈少尉当饬健役严查务获,并谕三日候信。届期,案尚未获,三人同至捕署,谓典史即是贼头,赶紧交出原赃,刻不容缓。少尉再三安慰,仍复咆哮不休。少尉无可如何,遂将印信缴堂翁谓:"卑职阶基虽小,似此哄闹,何以治民?"县尊吴明府因见府试在即,未便调处,遂通详上宪。上宪大怒,谓:"此间借考滋事,近来稍戢,今又复萌,此风断不可长。"立将赵、李二生发押府学,郑童押候审所。三人年岁均近而立,被窃本自不小心,今既报案,少尉允追,理当在寓静候,何得一再哄堂,以致羁押候办,为学校羞? 真可谓自取其咎矣。

载1896年4月9日《申报》,第2版,52卷573页

591. 大观亭题壁(怀宁科考＊)

调补江南安庆府王太尊汝砺举行光绪二十二年科考,预先晓谕考试各属日期,已纪前报。二月二十五日为怀宁正场,题目照录于左。已冠:恶不仁者。好仁者,无以尚之;恶不仁者,其为仁矣。未冠:宽信敏惠恭。次题,已未冠同:与不能者之形。通场诗题:"桃花柳絮春开瓮",得"春"字。

载1896年4月15日《申报》,第3版,52卷610页

592. 怀宁县试终复

安庆访事人云,怀宁县本年科考,经吴云涛大令在试院举行,所有各题叠纪报章。今将终复并补考文题、诗题录左:"虽蔬食菜羹",至"斯出矣"。朝僎,遵海,溥博,蓚莅,苗黄。赋得"郁轮袍",得"袍"字。翌日,终复,评定甲乙,计长案录取共有二千余名。兹将前十名附录于后:陈有贲、邵守愚、王寿朋、孙缙祖、怀清、薛尧成、王镐、李公素、王基铸、金汝相。又闻前有赵、李、郑三考生为被窃追赃,身入缧绁。幸府尊王太守汝砺宽仁惜士,因念士子苦读寒窗,磨穿铁砚,非容易而侥幸。今来城应试,求荣反辱,何以归见父老?且为失物而滋闹,情有可原,已将二生功名免其详革,申斥数言,与郑童一并开释。

载1896年4月20日《申报》,第3版,52卷639页

593. 宣城试事

安徽学政李筱(研)〔崖〕按临宣城,于二月十二日在宁国府下马,所有关防严密,弊绝风清,各学所取新进揭晓后,士论翕然。而此次优拔各生尤多知名之士,计九学次第考毕,随于廿八日发落,廿九日起马,按临徽州。闻新安试毕接考池州,过江考安庆,由安而庐而六安云。兹将宁广九学优拔名单附录于左。正取优生:陈继良,太平廪;谢敬,府学廪;戴邦铭,旌德廪;袁怡清,宣城廪;江葆清,旌德廪;吴文玮,泾县廪;苏锡蕃,太

平廪。

九学拔贡。府学：方逢魁，太平人；左坊，泾县人。宣城县学：俞世寿。南陵县学：王楷。泾县学：赵允龙。太平县学：项继鋆。旌德县学：江渊。宁国县学：梅燮。广德县学：甘泽沛。建平县学：杨廷珍。俱优行廪生。

载 1896 年 4 月 25 日《申报》，第 3 版，52 卷 674 页

594. 府试四志

调补安庆府王汝砺太尊考试怀宁、桐城正场试题及怀邑前十名，均纪报章。今将三月初一日考试潜山县正场试题并桐城前十名列左。

潜邑正场已冠：帛云乎哉？乐云。未冠：不忧，智者。二题同：及其长也。通场诗题：赋得"雨足烟村事不闲"，得"闲"字。

府试桐城正场前十名：苏鸿钟、马君实、左永、吴燕来、马承恩、桂馨山、王勋、璩诗麟、龙若麐、朱孝源。

载 1896 年 4 月 26 日《申报》，第 3 版，52 卷 680 页

595. 府试（三）〔五〕志

安庆府王太尊汝砺举行本年科考，怀宁试题已纪前报，今将桐城正场试题录左。已冠：未之有也。《康诰》曰：克明德。《太甲》曰。未冠：为臣不易，如知为君之难也，不几乎。次题：未有仁。诗题：赋得"流水澹春阴"，得"阴"字，五言六韵。

二月二十五日，怀宁正场草案已出，今将前十名列左：陈汉清、邵守愚、薛尧成、朱丽东、王镐、祖怀清、余寅亮、丁震春、孙缙、李公素。

载 1896 年 4 月 30 日《申报》，第 2 版，52 卷 705 页

596. 安庆府试六志

调补安庆府王太尊汝砺自前月二十五日举行本年科考，所有怀、桐、潜、太四县正场试题迭纪本报。今将宿、望两县正场试题列后。宿松题，已冠：我所欲也；熊掌，亦我所欲也，二者不可得兼，舍鱼。未冠：石居与鹿。通场次题：力不足者。诗题：赋得"轩外长溪溪外山"，得"山"字。望江题，已冠：可以怨，迩之事父，远之事，君多识于鸟兽。未冠：以时，子曰："弟子入。"通场次题：君子者乎。诗题：赋得"鸭冲细雨桥阴出"，得"阴"字。太湖前十名：杨祚元、石积声、陈簇锦、徐德沛、汪鸿炳、韦焕章、施震霆、毛为仪、余筠。本月十二日，怀宁、桐城两县初复。怀宁《四书》文题：子路曰："愿车马。"桐城：子路曰："愿闻子之志。"通场经文题：既优既渥，既沾既足，生我百谷。诗题：赋得"长江如练布帆轻"，得"轻"字，五言六韵。是日，府尊牌示：照得各属生童前奉上宪谕饬，均不得场后补考，以杜弊混起见。因各学教官纷纷代求补考，本府不得不通融办理。为此合亟牌谕，仰各属欠考各童一体知悉，如尔等于县中补报有册，本府准其一律补考，列于长案之末。

如无县中补册,仍不准补考,以定限制而广登进。其各凛遵。

载1896年5月2日《申报》,第1版,53卷7页

597. 皖垣试事续志

安庆采访友人云,王太守汝砺初复潜山、太湖两县文童。潜山《四书》文题:子谓子贡曰:"女。"太湖《四书》文题:子谓伯鱼曰:"女。"通场经文题:黄帝、尧、舜垂衣裳而天下治。诗题:赋得"雨后双禽来占竹",得"来"字。怀、桐初复前列,怀宁:丁震春、王筹朋、杨思赞、王镐、邵守愚、李公素、薛尧成、余寅亮、丁宪弼、潘烂。桐城:璩诗麟、李孝源、张灿垣、龙若麐、马君实、马承恩、苏鸿钟、许思龢、左永、张开仪。

载1896年5月8日《申报》,第2版,53卷45页

598. 观光汇志

安庆访事人函云,安庆府王太尊汝砺考试各属,今将宿、望初复试题录左。宿松题:陈亢问于伯鱼曰:"子……"望江题:陈子禽谓子贡曰:"子……"通场经题:芃芃棫朴,薪之槱之。通场诗题:赋得"山红涧碧纷烂漫",得"纷"字,五言六韵。本月十九日,二次招复怀、桐、潜三县,试题附后。怀宁:"一则以喜"句。桐城:"二,吾犹不足"句。潜山:"三以天下让"句。通场赋题:连甓励志赋,以"吾人当惜分阴"为韵。七律四首,说剑,听香,读画,摊书。赋得"得句将成功",得"功"字,五言六韵。潜、太、宿、望四县初复前列名次,潜山县:徐寅清、张炳炉、叶镜清、张日藻、汪焕猷、杨玉山、余谊良、汪癸、李丁甲、彭珍;太湖县:李灼、洪永范、余筠、石积声、杨祚元、施震霆、徐德沛、袁祖贻、袁焕章、汪鸿炳;宿松县:熊元觐、贺人寿、徐鸣銮、石宝琛、徐丙曜、段士俊、张成彦、杨寿恒;望江县:方齐时、范金、刘骥卓、鲁文炳、曹介冕、刘扬清、刘金寿、徐雄奇、聂闻度、倪文铮。

载1896年5月12日《申报》,第2版,53卷69页

599. 府试事竣

安庆府王太尊汝砺考试各属,业经次第登报,兹将各县长案前列名次照录于左。怀宁:邵守愚、王镐、王寿朋、丁震春、李公素、薛尧成、丁宪弼、陈有赟、李壬涛、余寅亮。桐城:璩诗麟、张灿垣、朱孝源、马君实、左永、龙若麐、马承忠、苏鸿钟、张鸿仪、高志泽。潜山:张树铭、徐寅清、余谊良、汪焕猷、李丁甲、张日藻、叶镜清、汪癸、张内炉、张土渠。太湖:余筠、杨祚沅、石积声、洪承范、李灼、韦焕章、徐德沛、王鸿炳、甘渐磐。宿松:赵鸿亮、段裕庆、何孝宽、徐长清、贺人寿、徐丙曜、杨寿恒、何卿、洪颐、杨荫溪。望江:范金、刘骥卓、方齐贤、鲁文炳、刘扬清、刘金寿、陈树声、曹介冕、聂文度、倪文铮。

又,首县吴云涛大令现奉府示,定于四月初六日补考,因府尊查各县申送不及赶到,未过府试者不少。现经学宪按临在即,如县中有名未过府试者,姑准一律补考,务于前三日来城,买备卷结,亲赴认派廪保画押,届期听候府宪补考点名,此后概不准补,毋得

自误云。

载 1896 年 5 月 25 日《申报》，第 1—2 版，53 卷 159 页

600. 皖公山色(科考日程*)

安徽督学部院李筱崖大宗师举行光绪二十二年科考，徽、宁试毕。上月二十八日，在池郡下马。二十九日，行香放告。三十日，生童经古。四月初一日，七学正场。初二日，补考。初三日，铜陵、建德两县文童正场，发文生经古案。初四日，复经古试，发一等案。初五日，青阳、石台、东流三县文童正场，发二等案。初六日，复文生一等试，发铜、建案。初七日，贵池县文童正场，发三等案。初八日，录科，发青、石、东案。初九日，选拔头场，发录科案。初十日，选贡。十一日，优贡。十二日，补考。十三日，选拔。十四日，复铜、建文童试。十五日，发选拔案。十六日，复青、石、东试，发优贡案。十七日，考优二场，谒见。十八日，复贵池文童试。十九日，童生出号。二十日，发放。二十一日，起马按临安庆云。

载 1896 年 5 月 29 日《申报》，第 5 版，53 卷 186 页

601. 池阳试事

安庆访事人致书云，学使者李筱崖大宗师春间由太平府起节，按临宁国，次徽州，现试池阳，所有考试日期昨已纪报，题目繁多，未及抄录。今将经古题录左。七学赋题：龙见而雾赋，以"孟夏举行，以祈甘雨"为韵。七学文题：其恕乎，己所不欲，勿施于人。策题：开源节流。闻文宗于二十一日由池起马，约廿三四在省垣下马云。

载 1896 年 5 月 31 日《申报》，第 2 版，53 卷 197 页

602. 皖垣试事初志

安庆采访友人云，安徽提督学院李筱崖宗师，于本月二十日午刻秉节抵省垣。先期怀宁县吴云涛明府饬役就东门外高搭彩棚，水陆兵丁列队以伺。及宪舟既莅，两岸各炮艇次第鸣炮申虔。俄而，枪声隆隆，震惊遐迩，在城文武印委各员弁均赴接官厅恭迎，纷呈递衔名，衣冠入谒。宗师接见之下，即命驾入城，由东门过天后宫、钱牌楼、四牌楼、转倒扒狮子，直抵龙门。遵例降舆，拜门然后入驻。旋牌示二十一日行香，下学。二十二日，考阖属生员经古。二十三日，考七学，生员正场。二十四日，补岁考。二十五日，考太湖县文童正场。继复(县)〔悬〕牌云：督学部院示谕，告状人等知悉：凡有开学校风化事件，俱准赴代书处，遵式盖戳，于本院放告日由辕门巡捕官汇收。其无关学校之事，毋得妄渎，致干驳斥。又谕各学教官知悉：佾生送考，应由各该学备具册卷，于前三日投进，以便查核，随同各属文童正场考试。如迟至临期投进者，除将该佾生扣考外，仍将该教官记过，学书革责，其各凛遵。又，前因皂隶夜役随带出棚滋事，业将二十卯缺全行裁革。惟此等蠹役革卯后，难免心怀不平，暗地跟棚，或捏造谣言，以骇观听；或撞骗士子，

售其故技,为害实非浅鲜,仰提调官转饬首县,遴派干役严密伺察,倘有前项革役暗里跟棚,立即锁拿送官,重治其罪,毋许漏网。又,历届场内搜检,由皂隶夜役专司其事,现在此项人役全行革除,本院亲加搜查,倘该童等有意故犯,一经搜出夹带,定即扣考。此系朝廷功令,毋得玩视,自贻后悔。又,钦加四品衔赏戴花翎补用府在任候补直隶州特授怀宁县正堂加十级纪录十次吴,为勒石永禁事:光绪二十二年三月十七日,奉府宪王札,奉提督学院李,现查新进文武生童,向有龙门规费,行之虽久,究非体恤寒畯之道。本院科试宁、广两属,已牌示与考生童,自本年为始,将此项规费永远革除。该承差人等倘仍藉此名目,暗向新进生童索取分文,一经发觉,重治其罪。各该童亦不得给付分文,违者查出,立扣其名,并饬各该学照示存案。该办差首县于试院头门外立石,用昭信守在案。仰提调官转饬首邑暨各学教官,一体遵照办理,以归划一,而期久远。仍将立石月日申院备查等因到府行县。奉此,除具报外,合亟勒石永禁,为此示,仰新进文武生童遵照毋违,特示。光绪二十二年四月初五日。

载1896年6月10日《申报》,第2版,53卷265页

603. 皖垣试事再志

安庆采访友人云,安徽提督学院李大宗师举行本年科考,于四月二十日按临,二十二日考试生童经古,二十三日考试七学生员。今将诸题照录左方。生古学题:野马赋,以"生物之,以息相吹也"为韵。赋得"江间波浪兼天涌",得"天"字,五言八韵。童古学题:莲为君子花赋,以题为韵。赋得"山川出云",得"云"字,五言八韵。通场经解论说题:康侯解,考牧说,杨袭论。生员科试题:梓匠轮舆,能与人规矩。赋得"吏部文章日月光",得"光"字。节以制度策。

载1896年6月12日《申报》,第2版,53卷277页

604. 安庆试事三志

安徽提督学院李大宗师按临安庆府,四月二十二日考各经古,二十三日考七学。生员科试所有试题已纪报章。二十四日,老生补考。二十五日,太湖县文童正场,并发经古案,录取五十三名。二十六日,复试经古。二十七日,宿松县文童正场。今将四场题目抄后。补考题:"先之,劳之。"请益。诗题:赋得"篱疏渔网补",得"篱"字。太湖正场题:无喜色;三已之。次题:然则舜不禁与?诗题:赋得"草色入帘青",得"帘"字,五言六韵。复经古题:无弦琴赋,以无弦琴象外传音为韵。诗题:赋得"夏雨生众绿",得"生"字,五言八韵。宿松正场题:以约。次题:然则舜如之何?诗题:赋得"扫净楼台径"。是日黎明,发七学案:府学二十二名,怀宁学二十四名,桐城学二十三名,潜山学十六名,太湖学二十三名,宿松学十六名,望江学十六名,七学共取一百四十名。榜示于二十八日卯刻进院听点。

载1896年6月14日《申报》,第1—2版,53卷289页

605. 安庆试事

安徽李大宗师按临皖城，试题均纪前报。上月二十九日，望江县文童正场首题："其间不能以寸"句。次题：然则彼皆非与？诗题：赋得"蔷薇几度花"，得"花"字。

学院示谕：正途贡监各生知悉，有志观光者准就近录科，仰即赴学报名，备具文卷、册结，随同执照，由提调官查核转申，于四月初一日进院考试。其余各生并新进未经录科者，应候本院由金陵录遗时，再行考试。初一日录科文题：水哉水哉。策题：河防。诗题：赋得"半夏生"，得"生"字，五言八韵。

补录池州优拔选拔首题：居敬而行简，以临其民，不亦可乎。有如时雨化之者。"葵芦菔"解。次场题：以三十年通制国用策。寇莱公论。赋得"已有蝉声报夏初"，得"初"字。考优文题：在邦必达。孔子曰："舜其至孝矣。五十而慕。"屯田策。选拔案。府学：曹钧青，青阳廪；姚步云，贵池廪；贵池县，吴鳌；青阳县，郑景侨；铜陵县，章家祉；石埭县，徐绍熙；建德县，许世英；东流县，金柱。

载1896年6月19日《申报》，第2版，53卷321页

606. 皖垣试事

安徽学院李筱岩宗师初二日考潜山县文童正场。首题：非达也，夫达也者。次题：然则舜怨乎？诗题：赋得"黄梅已熟时"，得"时"字，五言六韵。

补二十八日复老生题：管仲得君如彼其专也，行乎国政如彼其久乎。策题：士先志。诗题：赋得"夏扈趣耘"，得"耘"字，五言八韵。

太湖、宿松两县案发，计太湖录取三十四名，佾生二名；宿松录取三十五名。榜示均于初八日复试。初四日，考桐城正场。

载1896年6月21日《申报》，第2版，53卷333页

607. 安庆试事六志

安庆省垣采访友人云，本月初四日，李大宗师科试桐城文童。首题：不远游，游……次题：然则有同与。诗题：赋得"荷风送春气"，得"荷"字，五言六韵。初五日，续到生员录科，文题：得天下英才而教育之。策题：治安策。诗题：赋得"以雷鸣夏"，得"鸣"字，五言六韵。初六日，考试怀宁县文童，首题：先慎乎德。有德……次题：然则夫子既圣矣乎？诗题：赋得"绿竹入幽径"，得"幽"字，五言六韵。初六日考试选拔头场，初八日复试太湖、宿松两县文童，初九日考试优行生。所有各题容俟续录。

载1896年6月23日《申报》，第2版，53卷347页

608. 蠔矶帆影（宗师返旆*）

安徽学政李筱崖大宗师前此由姑孰节辕起马，次第按临宁国、徽州、池州、安庆各郡

科试,兼考丁酉优拔,曾经叠志简端。迩日,安庆亦经告竣,适当天气酷热,向例于六月内歇伏小憩,星轺因即由皖公山下沿江返旆回辕。十九日下午,道出鸠江,道宪以下各官咸命棹出江迎谒,脚靴手版密若繁星,水陆防军之排队志敬者更如火如荼。宗师停舟晋接,寒暄片刻,仍即挂驷下驶,渡天门,绕金柱,折入姑孰节辕。大约节届秋凉,仍秉节渡江,接考皖北各郡矣。

载 1896 年 7 月 9 日《申报》,第 2 版,53 卷 447 页

609. 廪保被累

安庆访事人乌丝寄语云,安徽提督学院李大宗师考试安庆府属,发落后查知怀宁县新进文生四十二名内有一名身家不清,一名冒籍,宗师当将二生革除,以俌生某某补其额。查《学政全书》,凡廪保所保非人,当褫衣顶。于是查知保此二革生之廪保,一系何安澜,一系李介春,照例办理,人多惜之,盖李已考拔贡,因此案不能终场,其贡改拔他人。李年当而立,精文字,每月课试皆列前茅,在省卓有文名,至是宗师颇为怜恤。据李云,所保之人系学友某甲为之荐引而来,托言某望族。李以同学之故,遂不暇再加深察,至受其愚。事后,经同学联名禀恳府尊吁请成全。王太守亦知李文望颇好,当系佳士,遂转求学宪。学宪本有脱越石父之意,恰太守从中转圜,即允其请。一时李、何二廪同时开复。语曰:"失之东隅,收之桑榆。"李君其勉之。塞翁失马,安知非福。

载 1896 年 7 月 12 日《申报》,第 1—2 版,53 卷 467 页

610. 论报纪廪保被累事

国家沿前明之制,凡各直省府厅州县井卫乡氏学生员,由学使者岁科试列一等者,设额给饩,以次序补,谓之廪生。其人多庠序高才生,优于文行,历科拔贡、优贡,均出其中。各省乡试,每科中式廪生人数,亦必视增广附学生较多,即或康了频嗟,亦得挨次为岁贡、恩贡,策名天府,垂光志乘。然则廪生者合学生员之翘楚,即一邑师儒之典型,是以定例各州县文童、武童,应试时必由廪生领保,谓之认保。又设派保,以互相稽查,而慎防弊窦。如该童有身家不清、匿丧、冒考以及歧考、跨考者,惟廪保是问。有顶名枪替、怀挟传递各弊者,惟廪保是问。甚至有曳白、割卷、犯场规、违功令者,亦惟廪保是问。其任如是之重,其责如是之专,荣辱相关,休戚与共,故凡廪保之与童生必居同里间,谊属世戚,深知其为佳子弟,无贻先生、长者羞,而后为之具结单焉,签花押焉,临场则唱保焉,出图则看号焉。而紧要关键,尤在学院招复之后,填造复试册结之时,介新进诸童以谒广文先生,而定其贽仪之多寡,大率称其家资之厚薄,务使献者、受者皆自慊于心。而诸童所献廪保贽仪,则视广文以次递减,盖所以酬其劳者,于礼应尔也。犹忆松郡前辈某先生有咏廪生七律四首云:"岁科两试姓名香,一等皇皇贴照墙,中式何人先出阙,文书顶补已通详。居然平地升三级,专待来年搋一枪,府学挑增几多个,笑他雌廪也排场。华奉娄金南上青,今朝保结最关情,黉宫环坐皆前辈,名纸纷投尽晚生。押尚五花谁有样,赟封一百太轻,匆匆归寓斜阳里,金顶乌靴逐队行。轰隆三炮响中宵,廪

保生员气渐骄,提调之前先请进,教官以外比同僚。分行鹄立疑胪唱,破晓鸡鸣想早朝,公事毕时齐退出,酒楼锅面费钱钞。招复童生案已看,纷纷认派共弹冠,同袍议起新规矩,今夜商量大结单。门斗业师连席坐,灯笼笔砚满台摊,堂前忽听乓乓响,香手先交二十番。"读此,想见老辈风流,于今已花样不同矣。慨自世风日下,士习陵夷,为廪保者未必皆廉洁谨厚,端方正直,为后生小子景仰。其认保童生也,无非他日渔利计,多多益善,他非所知。一旦本童有过不恤分任其咎,如安庆廪保被累一事者,殊可鉴已。本月初二日报纪此事,略云:安徽李学院科试安庆府属,发落后,查知怀宁县新进文生内有一名身家不清,一名冒籍,当即牌示革除,以某某二佾生补其额,并将何、李二廪保照例褫革。二生皆有文名,且李考拔贡因此不获终场。同学惜之,爰联名禀恳提调,以二生系因友荐托,未及深察,致为所愚云云,吁恳转圜。提调据以转禀,卒邀宪恩,二生俱得开复,盖亦幸矣,然李生因此罣误,不得登拔萃科,其吃亏正复不浅。要之,咎无他诿,固不得谓毁出求全也。执笔人舞象之年,隶郡博士弟子员籍,二十而食饩廪,四十而入成均,计前此为廪保者二十年,历岁科十余试,只有例得派保,从未有一童生之认保。非薄此而不为也,未尝有人焉顾而问也;亦非高自位置,任其不来而不一请托招徕也。亦尝一再托人,而已为捷足者所得,再三托人,而人且责某不应迟迟若此。间有至亲世交子弟应试者,初谓渠当不招自来,断弗舍亲而就疏也,乃试期将近,而足音杳然,姑往询之,则早为他人得矣。其人与该童不必有姻世谊,甚或不相识面,居隔数十里,第因大力者辗转营谋而得之。有不得者设计要夺,挟嫌忿争,如不共戴天,幸而得其父兄辈手书,该童姓氏、籍贯、三代,则三揖敬受之,高奉过颡,如获拱璧,疾趋而归,谨藏于夹袋。其人身家清白与否,一切置之不问,而且为之代纳卷焉,代书结焉,代垫赘仪焉,直至点名唱保时,廪生始识该童之面。如是则廪生之自视既轻,彼童生又何能重视廪生,遵其教训,畏其纠察乎?(未完)

载 1896 年 7 月 18 日《申报》,第 1 版,53 卷 507 页

611. 论报纪廪保被累事(接前稿)

闻之父老言,道咸之世,士风近古,凡青其衿者,非具衣冠不行于路,与便衣便帽之平民迥异。至廪生保结,为考试大典所关,尤形郑重,先由学师出示,略言:奉文于某月某日考试童生,先于某日保结云云。及期,合学廪生肃衣冠,具名柬,诣学署,谒学师,告知遵谕保结数语,退出。登明伦堂,分曹列坐,有言语,无哗笑,威仪肃然。顷之,与考诸童于于而来,各由其父兄师长帅以登堂,衣冠无不具。诸童正容屏息,拱立堂隅,其父兄师长则各就廪生中之素相识、有姻世谊者,揖而告语,谓:"某之子若弟,学业稍有成就,幸逢考试,思欲逐队观光,愿先生有以提挈之。"廪生答揖,可其请。父兄师长色然喜,回顾考童曰:"嘻!小子,前敬谒某先生。"童则趋而进,俯伏称名,再拜顿首。廪生答以揖,命之起,视其衣履无偏无颇,观其容止不竞不躁,乃与之言,察其吐属亦风亦雅,始顾命门斗予之空白结单。童则奉而之。堂下设短几,席地趺坐,正书己之姓名、籍贯、三代及廪保姓名。毕,又奉而诣廪生前。廪生受视无讹,乃握管书花押于己名下,是为认保。若复试,则更由认保帅童诣派保廪生前,称名,再拜顿首,起奉结单暨贽仪一函。派保廪

生受之,询知系某认保之素相识子弟,且姻世谊也,乃亦书押己名下,而反之。童乃揖而退,以结单付门斗,仍由其父兄师长帅以返归途,欣欣然谓:"大礼已成,今夕可高枕卧,专候临场角艺也。"县试如此,他日府试、院试亦如之,岁试武童亦如之。若其父兄为田舍翁、大腹贾,其师长又村学究,与诸廪保不相识,亦帅诸童衣冠登堂,足将进而趑趄,口将言而嗫嚅,观其色赧赧然,强与诸廪保未同而言,诸廪保瞠目不答,乃却行而退,徘徊堂下,皇皇然如孔子之吊三月无君也。既乃辗转乞某甲为之介绍。某甲者恃与某廪保有连,亦肃衣冠登堂,揖某廪保语。某廪保者,或近视则架眼镜起立,熟视久之,恍然曰:"是吾子耶,子何言?盍坐而语。"某甲则悚然敬谢,曰:"此诸先生公座,仆何敢僭辱?在葭莩谊得假席前三尺地立谈,以罄鄙衷幸甚。"乃婉转为某童陈乞。某廪保则再三诘之曰:"是固吾子素识耶?其家世果清白耶?本童果驯雅耶?无匿丧冒考诸弊耶?"又再诘数四,询其家业何等。某甲一一告以实,某廪保始为首肯。某甲乃扬扬有德色,招其父兄、师长挈童以前,成礼而退,赴酒肆奉觞酬某甲,礼之如上宾焉。他日者,重遇廪保于途,则三揖问起居,拱立道旁候过。或道旁有廪保立,则趋诣廪保前,揖而拱立。与之言,则对;不与之言,则趋而退。设有燕僻非礼事,诸童辄相戒,曰:"无使廪保先生知。"盖四五十年前,古风如此,按之今日,则与父老所言固大异矣。家有子弟读经书将毕,为文无论其质之慧钝,且去考期尚远,而户外履已恒满,门外辙迹深若西江水可以活涸鲋。盖与考之童一而乞保之廪生,不啻倍蓰焉。至保结之期,本童罕有至者,大半由廪保代封赘仪,东移西凑,交易了事。此虽各省各属各学情形不同,未必皖省廪保亦蹈此弊。要之,风俗之衰,易于就下,难于挽回。执笔人蒿目伤心,并非描摹过刻,第观廪生之乞保也如此其甚,无惑乎考童与廪保不相交接,毫无稽察。童生语及廪保,径称姓字,即途遇廪保,称谓亦鲜见尊重,或竟傲不为礼。至于入学时讲论赘仪之时,或廪保欺童,或童欺廪保,或认派保互相欺,机械变诈,千态万状,愧无吴道子写生笔不能劖刻鬼神、所削造物,惟此中人相与感喟而已。要之,廪保者,童生之督率;而学师者,又廪保之纲维,诚欲正士风,重大典,此责固非学师莫属矣。兹故因皖省廪保被累事而连类及之,以为广文先生告。

载1896年7月22日《申报》,第1版,53卷533页

612. 于湖秋泛(学宪北上＊)

芜湖访事人双鲤云,安徽学宪李筱崖宗师,前此由皖南接试安庆,适当天暑,迨试毕照例回辕歇伏。刻届新秋,行文皖北未试各郡,定于月之十二日由姑孰启节渡江,先试庐州,次及六安,然后凤阳、颍州、滁、和、盱、泗,所有各棚次第按临,冰壶藻鉴,玉尺衡量,皖北人文又有一番蔚起矣。

载1896年8月30日《申报》,第2版,53卷785页

613. 鸠水官场纪事(示期县试＊)

芜湖采访友人云,县主朱大令近奉太平府文札行,转奉安徽提督学政李牌饬举办丁

酉科考等因，随出示，定期八月二十一日取齐县属应试文童，二十四日开考头场。有志观光者想早已磨厉以须，不让人祖鞭先著也。并闻郡属当涂、繁昌二县亦于是时举行县试。

载1896年9月29日《申报》，第2版，54卷177页

614. 于湖秋景（县考延期＊）

芜湖访事人函云，当、芜、繁三邑约会定期县考。兹悉芜湖县朱蕙卿明府接当涂县谢凤冈明府来文，云：现当查勘秋成，未及告竣，应即一体展期。会同出示，改于九月初八日取齐，十二日开考。想届时童子军自必各抒心得也。

载1896年10月15日《申报》，第2版，54卷277页

615. 鸠水余波（芜邑县试＊）

本月十二日为芜湖县考正场，先一夕，万邑尊排道诣书院，至四更二点，重门洞辟，童子军排队而来，计共三百十四名。点名既毕，扃门命题，已冠首题：如乐何？林放问礼之本。未冠首题：则为之也难。通场次题：国人皆曰贤。诗题：赋得"涧水泉流石有声"，得"声"字，五言六韵。及案出，示期十五日举行初复。

载1896年11月2日《申报》，第3版，54卷396页

616. 芜湖试事汇登

芜湖采访友人云，县考正场文诗题已登前报。九月十五日，县宰颁发团案，案元为鲍君光熙。十六日，初复。《四书》文题：《太甲》曰，《康诰》章。《五经》文题：思乐泮水，薄采其芹。诗题：赋得"林间扫石安棋局"，得"林"字，五言六韵。十七日，二复。文题：子曰："述而不作。"五章赋题：采芹赋，以"思乐泮水，薄采其芹"为韵。诗题：赋得"欲采溪菱上小船"，得"船"字，五言八韵；轮船、电线、铁路、水雷，七律，不限韵。及案发，仍以鲍君为批首。二复则张君鸿英首屈一指。三复题：发而皆中节。宽猛相济论。赋得"巢客出来山带雨"，得"来"字。终复题：《先进》言必有中，各作一起讲。是日，县宰特命庖丁制备筵席，以款诸童。席间，县宰纵谈文艺，多所阐发。诸童咸避席称谢。闻此次场规极严，自命题以至收卷，县宰亲坐堂皇，是以书吏等人无从舞弊。及颁布正案，仍以鲍君为首选，其次即张君。

载1896年11月13日《申报》，第3版，54卷468页

617. 赭岭寒钟（定期府试＊）

芜湖县科考已于上月下浣竣事，兹闻府试之期已奉郡尊文太尊来文，定于本月二十一日取齐，二十四日开考。是以芜邑应试诸俊，无不磨厉以须，携囊戾止，争以先著祖鞭

自期云。

载 1896 年 12 月 1 日《申报》，第 1—2 版，54 卷 581 页

618. 皖抚福奏查明合肥县考生滋事情形据实复陈折

尚书衔安徽巡抚奴才福润跪奏，为遵旨查明合肥县考童滋事情形据实复陈，恭折仰祈圣鉴事：窃奴才承准军机大臣字寄光绪二十二年八月十六日奉上谕"李端遇奏《考童滋事请务查办》一折。据称，按试庐州六学文生放场时，枪获合肥县匿名揭帖，内称，贿卖秀才迨考录合肥童生。出题后，突有考童六七十人蜂拥出号口，称题目场外已经传闻，肆意滋闹。经教官禀请改题另出，该童等仍复口称，此题外间亦知。并有毁烧席棚、殴打家人情事。现已拿获马肇霖等二名，交合肥县收押等语。此案情节究竟若何，着福润确切查明，派员审办。原折著抄给阅看，将此谕令知之，钦此"。奉旨寄信前来。查此案，先据署庐州方连轸督同署合肥县知县黄鹤文以前情具禀，并准学臣咨同前由，即经奴才批行该府县严拿审办在案。钦奉前谕，遵即派候补道张佩绪驰往确查，并询戢现获之马肇霖等切实供词，严行惩办。去后，兹据该委员张佩绪禀称，奉委后，束装起程，沿途详加察访，行抵庐郡，接晤该府县，面询一切，并据呈阅案卷，均与沿路所访无异。其中匿名揭帖一节，续阅原卷，内有举人万英华亲供一纸，系经廪保传谕该举人，备具亲供，呈送附卷。亲供内声称，该举人自安义命，并无为子侄诸人贿卖秀才之事，究系何人挟嫌捏造，不敢妄指等语。随即传见监考教官孙传栋等，详询当日场内滋事各情。据称，七月二十六日考试合肥文童正场，封门后贴出"其可谓至德也已矣，子曰禹"题目。即有童生数人称题目场外早知，可见秀才已经卖完，何止万、张二姓。大声吵嚷，并将号口钢罐打毁。该教官等奉学院传谕弹压，喝令不准滋闹。该童等喧闹未休，学院以题目乃临时亲手书写，外间何得早知？该教官等答以合肥风气最信扶鸾谈未来事，有时偶中，假写觇坛，写出《四书》多章，间有一二句仿佛相似，亦即以讹传讹，闻者因而生疑。该童等之吵嚷，未必不由于此。请另出一题，俾若辈无所借口。学院闻言，初犹未允，后因意在弭乱，遂从所请，又出"不亦君子乎"一题。该童等复称此题外间亦知，辄将号口牌灯打倒，致烧着遮号芦席，一时火光烛照，号内文童相率惊慌出号，至堂下天井避火，约有六七十人，势甚张皇。学院谕饬家丁将火扑灭，并喝令拿人。时天尚未明，家丁赵顺等四人，不知被何人抛掷石块砸伤头面，其各童趋避堂下，旋被拥挤在前者，经家丁赵顺等捉获二人，各童始行归号，寂静无哗。该教官等查看，号外灯件多被打毁，号内诸童静坐作文。是日，照常完卷，鱼贯出场。此合肥场内考童借端喧闹之实在情形也。该委员复又督同该府县饬提现获之马肇霖、黄盛铎二名到案，切实研讯，坚供并未随同滋闹，实因号外芦席被火，一时惊慌，各携卷袋、考具出号，走至天井避火。时人多拥挤，将伊等挤在前面。旋闻堂上喝拿，即有学院家丁三四人将伊等扭至堂上，不由分说，交县讯办。委未抛掷砖石，亦无随声附和情事，伊等平日与万英华子侄辈均少往来，并无嫌隙等词。再三究诘，矢口不移，考其年岁，俱未及冠；察其面貌，似皆瘦弱书生。质之原拿家丁赵顺等，亦称当日系在暗中捉获该二童，携带考具、卷袋，实不敢指为在场滋事之人。此现获之马肇霖等讯因出号避火，并未在场滋闹之情形也。奴才伏查，此次学臣李

端遇按临庐郡,考试各属生童,关防均称严密,乃有合肥县童生胆敢不守场规,造言生事,姑捏匿名揭帖,任意污蔑于前,迨考录该县正场,复胆借端滋闹于后,实出情理之外。惟现获马肇霖、黄盛铎既与万英华素无嫌隙,何致凭空出具匿名揭帖?况被获系在黑暗之中,即家丁赵顺等亦不敢指为滋事正犯,所称出号避火似尚可信。既据该委员督同府县提讯明确,并据该县公正绅董联名结保,自应准予保释,以杜拖累。一面饬县严缉滋事正犯务获,另行确讯究办。教官孙传栋等当时失于约束,本有应得之咎,惟事起仓猝,实非意料所及。且经该教官等严行喝阻,该童等即时归号考试完场,应请与场内滋事无由查察之提调等官,一并免其置议,仍饬该教官等各回本任供职。该县扶莺之风系属妄诞不经,最易摇惑人心,应由该地方官随时查禁,以端风俗。是否有当,谨恭折复陈,伏乞皇上圣鉴训示。谨奏。

朱批:知道了,钦此。

光绪二十二年十一月初五日《京报全录》第五千七百零六号,丙申年十一月二十四日《申报》附张

载1896年12月29日《申报》,附张第3版,54卷754页

619. 于湖雪景(回试姑孰＊)

安徽学宪李筱崖宗师前此秉节按临皖北之各府州县,接办明年丁酉年科试,刻已考试和州,东箭南金,尽归珊纲,日内亦已试竣。遂定于本月初八日,由和州持节渡江,回姑孰节辕度岁,循例举行本郡科试。是以郡尊文太守行文当、芜、繁三属,饬令应试士子一体齐集郡垣,定于初六日取齐,听候文星降临,示期开考。遥想雕龙佳士、绣虎才人,必又有一番兴会也。

载1897年1月24日《申报》,第2版,55卷137页

620. 皖抚邓奏为新设县治人文蔚起恳请援案增广文武学额折

头品顶戴安徽巡抚臣邓华熙跪奏,为安徽省新设县治人文蔚起,恳请援案请广文武学额,恭折仰祈圣鉴事:窃照署布政使于荫霖详称,据涡阳县详称,职员王开朗等禀称,涡阳一邑为新设县治,地亩钱粮由阜阳、亳州、蒙城、宿州四州县割置,应设学额亦由四州县匀拨,共额进文童十名,武童七名,拨府学一名,于同治九年前抚臣英翰奏议准,当时声明,俟各该州县捐输广额定案,再行派拨一二名。嗣后成为空言,未果奉准加给。惟当设学之始,应试童生仅一百余名,分拨额数足敷进取。迄今垂三十年,士林砥砺涵濡,文风寖盛,每届岁科,两试文童有七八百名及一千余名不等,武童人数亦复加多,辄因额满见遗,未免向隅兴叹。查本省泗州之虹乡,原定文学十二名,武学八名,因考童有一千余人,士风日起,于光绪十九年前抚臣沈秉成援照四川清溪县准增学额成案,奏准加广有案。今涡阳县应试童生与虹乡名数相等,而核计进额文生尚少二名,武生尚少一名,多士向学情殷,恳请援案加广,禀由该县详司查明,该县匀拨学额后,原拨州县捐输广额,亳州仅有二名,实难分给;阜阳虽有六名,而因拨地无多,捐款较少,绅民皆不乐

从,亦难强拨。是以未能遵照奏案办理。叠据该县详请,由司议详饬遵在案。近来应考之士视原加学额之初岁,增(培)〔倍〕,而额进文学十名、武学七名,拨府学一名,尚未及例定小学之数,不足以广登进,该学系属新设,兴化交征有不同,议援泗州虹乡加广成案,于原拨额数之外,酌加该县永增文武学额各二名,以顺舆情而资造就等情,由该司详请奏咨前来。臣复加查核,均系实在情形,与泗州虹乡人文蔚起准广学额之案事同一律,相应据情仰恳恩准安徽涡阳县永增文武学额各二名,以下届岁试为始,用广皇仁而作士气。除咨移礼、兵部科查照外,谨会同两江督臣刘坤一、安徽学政臣李端遇恭折具陈,伏乞皇上圣鉴训示。谨奏。

奉朱批:该部议奏,钦此。

光绪二十三年四月二十三日《京报全录》第五千八百五十九号,丁酉年五月初五日《申报》附张

载1897年6月4日《申报》,附张第3版,56卷214页

621. 鸠水延秋(士子云集＊)

本届大比之年,皖江各邑士子之赋槐黄者,咸于月内俶装首途,道出鸠江,附轮船以去。惟芜邑及繁昌应试者则必纡道姑孰,就学辕考试录遗,然后赴宁。本届闻学宪已定于月初某日取齐,扃试遗才。并传谕书差,准初十日前后移莅白下,开办全省录遗。

载1897年8月8日《申报》,第2版,56卷613页

622. 决科榜示

皖抚决科,刻已由邓大中丞评定甲乙,录取榜示,计取超等三十名,今将前十名诸君姓名列左:陈养先、冯汝简、金士芬、江肇、丁景炎、李介春、张孔炤、王乃枚、郭万英、李进荣。超等首名奖银十二两,二三名分奖银十两,四五名奖银八两,六名至十名各奖银六两,第十一〔名〕至二十名各奖银五两,二十一名至三十名各奖银四两。特等六十名,前二十名每名奖银三两,中二十名每名奖银二两,后二十名每名奖银一两五钱。一等百名,前十名,每名奖银一两五钱,后九十名均各奖银一两。多士欢欣踊跃,咸颂中丞之嘉惠士林云。

载1897年8月22日《申报》,第2版,56卷701页

623. 中丞启节

本届江南乡试轮应江苏巡抚赵展如中丞监临,中丞筮期七月廿四日赴宁,曾纪前报。兹悉中丞于是晚启节,府尊以下文武各官均齐集胥门外接官厅鹄候宪驾。钟鸣九下,藩、臬、织造三宪亦鸣驺戾止。迨十点钟时,中丞排导出辕,至胥门外官码头降舆,入接官厅,与各官晤谈片刻,揖别登舟,用小火轮拖带向金陵进发。抚标各营官咸率领健儿列队江干,擎枪跪送。因恪遵中丞严谕并不开枪,即水师炮船亦未升炮。迨宪舟远

去,各官始纷纷呵殿回辕。

载 1897 年 8 月 24 日《申报》,第 1 版,56 卷 713 页

624. 监临过镇

江南乡闱监临江苏巡抚赵展如大中丞于七月二十四日由苏起程,乘大号官舫,用小火轮船拖带出丹徒口,换乘"钧和"兵舰溯江而上。二十六日,猫晴转午,镇江道府厅县各官暨各营统领均诣六吉图码头鹄候旌麾,丹徒县王芳伯大令亦饬办差家丁在码头上搭盖彩棚,铺陈一切。水陆各营健儿咸在江干列队迎接,戈予耀日,旗帜连云。钟鸣二下,遥望黑烟一缕蟠袅空中,兵舰飞驶而至。象山、焦山各处炮台放巨炮数十门,烟焰横江,波涛骤沸。少顷,兵舰就下关江中下碇,江干所站各队咸连环放枪,江中所泊各兵舰高揭五色彩旗,升炮致敬。俄而,文武各官先后至轮舟,呈递手版。中丞接见之下,晤谈良久,各官始兴辞而出。傍晚,即起节向金陵进发。

载 1897 年 8 月 25 日《申报》,第 1 版,56 卷 719 页

625. 监临抵宁

江南文闱监临江苏巡抚赵大中丞于本月二十六日乘轮抵宁。先一日,飞电传来,阖城文武均出郭迎接。次日,宪旌莅止,督标、城守两营兵弁俱在江干站队,鸣枪致敬,各官次第登舟,呈递手版,中丞一一接见。少顷,命驾入城,至淮清桥察院衙门驻节。

载 1897 年 8 月 27 日《申报》,第 1 版,56 卷 731 页

626. 家丁肇祸

金陵采访使者雁帛云,秋闱伊迩,江南士子麇集省垣,有安徽合肥县考生某甲假馆奇望街。上月二十六日薄暮时,忽腹痛如裂,未暇择地,遽遗矢于某公馆门首。适为家丁所见,大加诟骂,复上前批其颊。甲受此辱,愤不能平,遂亦扭住其发辫,讵家丁凶横异常,突以足踢甲之肾囊,昏厥倒地。经同寓各考生知之,扶掖而回,纠集百余人持械至某公馆门首问罪,喝令将家丁送出。公馆中人见声势汹汹,紧闭其门,各考生愈怒,极力敲击,声震街衢。事为该学教官所闻,立乘肩舆到场弹压,因请公馆主人某观察理喻。观察云,该生虽受重伤,尚未殒命,倘难救药,再作区处。况杀人者死,自有王章,诸生尽可赴县报案,何用此纷纷为?教官以观察执拗之性,知不可以理喻,乃将各生斥退,谕令赴江宁县署请验。奈江宁县赵小帆大令时已公出,迟至数刻始鸣驺而至,带同件作,临场验视,实受重伤,饬即延医诊治。不料,翌日,甲因伤势沉重遽尔殒命,未知日后将如何结局也。按,考生遗矢于公馆门首,固属不知自重,然亦罪不致死,乃家丁胆大如天,遽滋巨祸,独不思人命至重,其能恃主人翁为护身符耶?

载 1897 年 8 月 29 日《申报》,第 1 版,56 卷 743 页

627. 备迓文旌

江南正主考刘星使恩溥、副主考朱星使锡恩,陛辞出都南下。省中接差人员日前已纷纷过扬,至清江迎迓。上月廿六日,扬州官场探悉,星使前站已抵袁浦,甘泉县程明府亲乘一叶扁舟迎至高邮、甘泉交界之震筋地方。屈计月杪,文旌定可过扬,已于码头支搭彩棚,预备一切,第宪舟遥莅,恐未必停泊,盖向例概不见客也。

载 1897 年 8 月 29 日《申报》,第 1 版,56 卷 743 页

628. 星使抵宁

江南主试行辕向例假西华门毗卢寺,所有应用各件已由供给所备就,以俟文旌莅止。今岁刘、朱两星使均于初一日由陆路晋省,旋乘绿呢大轿诣行辕居住。时已钟鸣四下矣。

载 1897 年 9 月 1 日《申报》,第 1 版,57 卷 1 页

629. 论考试之弊

今之策时者,莫不曰八股文之无用,五言诗之无谓,甚至于殿廷考试则又不重文字而专讲楷书,此尤细之已甚,宜乎人材之日叹其无,而国家之日叹其弱也。于是思变通之法而策以时务之学,求所谓当世豪杰能通中外之事,而考究夫声光化电以及欧西诸凡有用之学者。中国地大物博,英奇魁垒之士,郡有其人,上以是求,下以是应,当必有出其生平之所蕴、夙昔之所学,起而陈言,如董江都、贾长沙一流人物,为国家他日非常之用,而著旋乾坤之谟。朝廷允臣下之议,于本届丁酉科正科乡试三场,策题试以时务,令郡国方闻之士,欲博取科名,不得专从事于时文,而必更致力于时务,所学日精,人才日盛,强弱枢机皆系乎此,是诚当今不可缓之要务。而尤在廷诸巨公之能独出嘉谟,为圣天子之采择也。由是而会试,而殿试,皆当以此为程式,不得徒以平治之空言,经史之大义,繁征博引,猎取功名。夫人自束发授书至于能通文义、握管为词章,所孜孜者帖括试帖而外无他也。父以是训其子,兄以是勉其弟,师长以是授其徒,其有生性明敏、才丰识卓者,旁及百家诸子之书、经济掌故之学,父兄师长以为荒制举业,或且从而呵责之。故老传言,三场戒对实策,非徒应试士人未尝学问,亦以阅卷者半多空疏无具,恐自矜博雅,转遭屏黜之虞。一脉相传,遂至人不读书,束之高阁,而时文之毒乃中人愈深。自泰西石印之法行于中国,书贾牟利,取历代之典章制度、礼乐刑政,荟萃成书,缩印一册,怀夹便易,獭祭匪难,好奇之士取以朦试官,试官欲自掩其谫陋,虽明知由剽窃而来,而不得不以一第予之。于是,风气为之一变,三场皆须实策。而第一场之四书文亦且矜奇吊诡,相率而趋于怪异之为;用典则不取之经史,而必取之于《路史》《纪年》诸秘籍;用字则多诡于今,而必取之于《说文》《苍雅》诸古体。至于造句,则尤不必自出心裁,连篇累牍直抄老庄荀列诸子之寓言,诘屈聱牙,云谲波诡。不如是不足以言淹通,且于衡文者亦不足为腐鼠之相吓。其实皆从故纸堆中钞撮而得,不过费半年一年之功,已足以掇巍

科、登上第，其平日之未尝学问如故也。以彼不学之人而欲更问以声光化电以及欧西诸凡有用之学，当必诧为闻所未闻，见所未见，挢舌不能下一语者，则亦不惟就翻译之书抄撮之而已。观近日书肆中时务之书汗牛充栋，其间有从西书中译出者，有民间私著由耳食而得者，纯驳不一，但取其备，各士子之入肆争购，睨而视之者，不啻蚁之附膻、蝇之逐臭，盖非此不足以为枕中鸿秘也。噫吁嘻！今科之孝廉将尽出于此，而中国所谓人才者亦尽在于此。是真可为长太息已。或曰国家功令，无论岁科小试、春秋二闱以及朝考、殿试、考差大考，片纸只字均不得夹带，故入场必先搜检，非必以窃贼之心待士子也，欲拔真才则不得不先严绝其弊。今岁科两小试尚仍搜检之旧，而春秋两闱则已视为具文，使能严搜检之令，杜各士子怀夹之风，则抄袭无从，不学者自不能妄生侥幸之心，而真才安患其不出。余谓，怀夹之弊果绝，各士子于时务之学均非素习，必至执卷彷徨，不能成一字。即偶有一二通今之儒，平日留心于时务之学者，终亦不能缕析条分，十事对九。泰西学者从事专门，精声学者未必精光学，精化学者未必精电学，推之诸学，无不类然，惟其择一而从，故能专心致志。中国步武其后，而欲兼收并蓄，无不尽通，其势固有所不能，而其弊终不能去。且以怀夹抄撮之弊，虽宜去而尚小，我中国考试之中固自有大弊在也。（未完）

载 1897 年 9 月 5 日《申报》，第 1 版，57 卷 25 页

630. 电传江南闱题

本届为丁酉正科，各省士子鏖战棘闱，以冀青钱中选。本省闱题本馆早请友人专电传来，以副都人士先睹为快之意。首题：文学，子游。次题：为能聪明（有）〔睿〕知，足以有临也。三题：食之以时，用之以礼，财不可胜用也。诗题：赋得"多少楼台烟雨中"，得"中"字，五言八韵。

载 1897 年 9 月 7 日《申报》，第 1 版，57 卷 37 页

631. 儒者之言

江南监临、新授刑部左侍郎、江苏巡抚部院赵：为本部院德薄能鲜，偶邀时会，昔守皖北，今抚吴中，两邦文物古交称，宦辙所经，愧虚宏奖。不意于迁官将行之际，仍得此多士相与之缘，良称欣幸。第念近来异学争鸣，恒以八股为诟病，殊不知策论、（嗣）〔词〕赋皆可剽袭而成，而时务又专主谋利，流弊滋多，惟制义代圣贤立言，趋向既端，心志自正，而于足食足兵之王道、保庶保富之全谟，无一不囊括其中。我朝名臣大儒，由八股出身者更仆难数。尝谓制义如钥匙然，必深明其理，方能触类旁通。取士之法，此为中道。前明以来，相沿不改，岂无故哉！然欲免异途之訾议，必由儒士能敬身殖学始。当兹锁院宏开，为尔多士进身之初基，务宜凛遵功令，恪守场规，慎勿作奸犯科，求荣反辱，则人才辈出，维持斯文于不坠。所谓匹夫之贱与有责焉者，其在斯乎。使后来谈佳名佳话者曰，此科士气最纯，而得人尤盛，则增皖吴人文之光，而本部院之来莅斯役亦与有荣。施厚望之怀，欲言不尽。再，考医书所言六气，丁酉年金燥司天，与丁卯年气候相

同。闻同治六年丁卯科,南闱异常燥热,几至砾石流金。今岁秋燥殊甚,稍耽秋凉,时邪即乘虚而入,诸生必须加意调摄,气体完固,精神自然焕发,虽功名得失有数存焉,然立德保身,凡读书人皆宜悉心讲求者也。合并谕知,特示。

按,中丞此示,盖差欲以正学术者正人心,而爱护士子尤无所不至。语虽含蓄,意极深长,真所谓粹然儒者之言也。彼都人士其尚勿负中丞厚意也可。

载1897年9月8日《申报》,第2版,57卷43页

632. 入闱盛仪

金陵访事人云,江南主司刘、朱两星使因事中阻,于初三日始莅行辕,前报谓初一日晋省,实传闻之误也。先期数日,府署即张搭彩棚,并于大堂后恭设龙牌,以俟文旌莅止。初六日辰刻,督宪暨监临以下各官均齐集署内。俄而,正、副两星使亦相继而至。先由正主司入内,站立牌右,各官恭请圣安,行三跪九叩礼。礼毕,更服,偕〔正、〕副主司入内,各官以次接见,互叙寒暄。旋即设宴,署中备陈水陆,顷之,咸兴辞而出。惟是日自晨达午,大雨倾盆,势不能乘显轿,遂改用绿呢肩舆,由府东迤逦至贡院,鼓吹之声不绝于耳,衔牌仪仗亦极整齐。往岁主司入闱,途中极形拥挤,本届以雨师税驾,道旁观者殊属寥寥云。

载1897年9月8日《申报》,第2版,57卷43页

633. 电传江南乡试二场题

鼎元,吉亨。

厥赋,下上错。

君子有谷,诒厥孙子。于胥乐兮。

齐人来归郓、欢、龟阴田。

来商旅,纳货贿,以便民事,四方来集。

载1897年9月10日《申报》,第1版,57卷55页

634. 南闱被水

金陵自交八月后,雨师屡降,秦淮潮水又复继长增高,文庙前街低洼,被水淹没,大有行不得也哥哥之叹。近日虽已大放晴光,然闱中坐号地势稍低者尚觉湿气熏蒸,平江府总路一带水深数寸,至今未退。经(公)〔供〕给所立饬号军支搭挑板数十座,以便士子来往号中,俾免寒裳之患,然各士子已带水拖泥,不堪其苦矣。

载1897年9月10日《申报》,第1版,57卷55页

635. 考生踏伤

金陵采访使者邮简云,本届乡闱,江南士子晋省应试者计有二万三千五百余人,闱中坐号不敷,将誊录所全行让出外,又添建芦席蓬号千余间。头场于初七晚四鼓后即行点名给卷,各士子纷纷而入,人声鼎沸,拥挤异常。有某县考生甫及栅门,力不能支,失足踣地,后来考生势如潮涌,不及驻足,均踏其背而过,以致竟受重伤。后经人大呼救命,上前扶起,则已气若游丝,面无人色矣。

载 1897 年 9 月 10 日《申报》,第 1 版,57 卷 55 页

636. 不自量力

江南某县考生某甲,年已八旬,精神矍铄,日往来于街市,洋洋自得语人曰:"余今科乡试,曾蒙本县邑宰备文,详请宗师奏达天听,赏登寿榜。"讵料甫入头场,忽患疾病,至翌日黎明时已溘然长逝矣。号官报知监临赵大中丞,饬将尸身照例由墙洞拖出。见者虽恻然怜悯,咸谓其垂暮年华,欲与三五少年争东涂西抹,以冀步梁灏之后尘,夫亦可谓太不自量矣。

载 1897 年 9 月 10 日《申报》,第 1 版,57 卷 55 页

637. 考生病毙

金陵访事人云,有苏州考生某甲偕其弟某乙于上月间来宁应试,寓居石坝街某姓屋中。甲年才弱冠,秉性温柔,惟身躯素弱,时染疾病,月之初五日忽患痢疾,历一昼夜之久,吐泻交作,延至天明,遽尔长逝。经其弟发电至家,家人闻讣之下,痛不欲生,已于前日乘轮至宁,扶榇回籍。嗟嗟"功名"二字,一梦黄粱,如甲者,未题蕊榜之名,先赴玉楼之召。文人厄运,夫亦大可哀已。

载 1897 年 9 月 13 日《申报》,第 2 版,57 卷 73 页

638. 论考试之弊(接前论)

一曰通关节。关节之法不一端,或用生僻之字,或用怪异之典,置之于若诗若文中,他人不知,而典试者则已不言而喻。大抵考生与试官非有亲戚之谊,即有故旧之情。送此关节,俾得扬眉吐气,侈然为科第中人。亦有考官起家寒微,不能居于廉泉让水,爱财若命,钱可通神,只须予以朱提若干,即可于暗中给以关节。昔年北闱甚有投递条子因而中式者。自将考官正法后,此风遂绝,而关节之弊则以事甚秘密,终不能尽除。历届春秋两试,所放考官虽多廉介自持者,未必果有此种人在内,然亦未敢必其竟无也。一曰买荐卷。查各省乡闱考数,多或一二万人,少亦三四千人、七八千人不等,卷积如山,日夜批阅,无论文章自古本无凭据,即使有据,而同考官簿书、钱谷、时文、试贴多半荒芜,况加之以朱字麻条,时刻有限,神劳力倦,尚何能为优劣之分等差之判哉?于是考生

中之有钱者遂争买荐卷。闻其价初不甚巨,只须数十金、数百金,中式后再行加足。各省乡闱皆有买荐之习,会试想亦不免。尝谓乡会两闱有大关二:一为荐,一为中。然不荐则无由而中,故考生于荐尤为亟亟焉。自有买荐之风,长于文字者固愿为之,即文字不佳者亦以既荐则易图侥幸,而亦无不愿买。至于雇枪替,买誊录,虽非考试中之大弊,而各省无不有之。广东则枪替之风最盛,浙江则誊录之弊最多。闻浙省每有豫请名手入闱誊录,以便代为之删削润色者,历届多有,防不胜防。其得钱则誊写清楚,不得钱则糊涂脱落,令阅者不能卒读。尤其弊之小而不足为此中大害也。广省则每有老师宿儒充当号军,混入号舍,为人捉刀,甚有举人、进士而亦甘为此者。弊端之多,至于如此,科场之事尚可问耶?顾或谓考试为抡才大典,国家之视此也甚为郑重,而防之也亦为甚严。自五月初一日起,陆续简放乡闱试差,则封其寓所;继于出京后,按道路之远近,定以行程,总须于八月初一日抵省,既不能迟,亦不能速。及到省垣之后,即有关防,不得拜客及见地方绅士;入帘之后,又有监试以为之监。虽监临与主考晤谈而必有监试在旁监察,其防主考之弊也,可谓严矣。至阅卷之同考官,先期虽监临有帘官之考,而内帘、外帘并不出案,亦如考差者。然及至入闱之后,始由监临派定某某为内帘,某某为外帘,外帘不过任收卷、弥封之事,内帘始得阅文,而又有内外收掌、提调、监试等官,以为之防。则虽欲肆其弊,亦何从设法哉?故通关节、买荐卷,无非外间捕风捉影之谈,未必果有此事。至雇枪替,买誊录,则稽察甚严,谁敢以身试法。观本届浙省查出年貌不符之誊录二十余名,立即驱逐出外。又,广省监生韩某考遗,并未入场,系别人顶名应考。及德庆州生员陆然、冯焕辉、莫如霖、覃焕南、谢汝镕等,虽经纳卷,而该生并未到省,恐有顶替等事,一律将卷扣除。防弊之严,无微不至,尚何弊窦之有?然犯者百出不穷,防之虽严,容有一疏之虑。故此种弊病,余不敢谓其必无也,况乎春秋两闱有弊,而殿廷考试则其弊尤甚,每有朝考者、殿试者默揣廷臣之中今科某某当派为阅卷官,于是不惜贽见之费,争拜门生,呈其所书之楷字,辨之既熟,则一遇是卷,即可拔置前茅。故虽加以弥封,第能糊其名,而终不能糊其字。是以富贵子弟得科名也甚易,而寒畯之子欲求一第也殊觉甚难。嗟乎,以时文、试帖、楷书取士,士之真才固不出矣。然苟于时文、试帖、楷书而得其真才,尚不失为雍容揄扬、润色鸿业之士,而乃其弊之至于如此,考试云乎哉,时务云乎哉。

载 1897 年 9 月 14 日《申报》,第 1 版,57 卷 79 页

639. 论考试有夹带为古今中外之通弊

考试,大典也,三代盛时以德进,以事举,以言扬,其防弊也最宽,其得人也最盛。自汉唐以迄元明,考试之法虽各不同,要皆不外乎求真才,黜伪学。本朝承明之制,以时文、诗赋取士,岁科两试,朝廷特简学使者巡行郡县,取童生之文理明通者,列之庠序,名曰附生。又试附生,而高下等差之列前茅者得以补廪、补增,每届三载。皇上又于各行省特派考官,考试一省之士子。中式后,又聚各行省士子于辇毂而试之。盖自童生而附生而举人而进士,均须扃门考试,至慎至严。士子之应试者除笔墨果饵为场中所必需,其有片纸只字携带入场者定按律惩治。又恐士子私行夹带,希图侥幸,于是定搜检之

律,岁科试由学院派承差等司其事,乡会试则有搜检官。其所以为防弊之道者,固已无微不至。然防者至精而至密,犯者愈出而愈奇。从前闻故老言,凡应学院试,则有夹底考篮、夹底茶壶、夹底墨盒之类,竭毕生精力,将平日窗稿书放蝇头小楷,藏于其中。又相传某富室有一外套,用白绫为里,书窗作一万篇于上,为历代家传秘宝。其极工极巧,实属匪夷所思。迨后石印之法创于泰西,流入中国,于是文则有《大小题文府》《大题三万选》,试帖则有《玉芙蓉十万选》以及《经艺渊海》《经策通纂》等类。举凡考试所需者,无不触类旁通,从心所欲。书铺之工于经营者,又能揣摩风气,步步占先。如今科有三场出时务策题之说,于是将近人所著各书分农学、矿学、算学、兵学以及声光化电诸学,分门别类,纲举目张,携赴考市,购者云集,有朝成书而夕已告罄者。是国家创一新法,实为书铺浚一利源,应试人费英蚨数元,即居然便便腹笥,与数十年潜心窗下者足以争一日之短长。阅之者遂亦以鱼目为明珠,以珷瑜为美玉。是则夹带之弊不除,尚安足以得真才、黜伪学? 顾或者曰:如子之说,则将以严搜检之条,显定售卖石印书之禁,或可澄清考试之弊乎?则曰:夹带之由来,非自今日始也。尝考《说部》载,唐白香山与元微之二人于场前分别各类,编辑事迹若干条。此即后世之曰夹带之滥觞。且不特此也,西国事事崇实,考试尤为郑重,然其夹带之弊亦未能尽绝。观近所译《英国公论报》载考场舞弊数则,云:西国于近日考试时,有一少年食糖不止,监者告以场中食糖有犯场规。考生答因喉痛故服咳嗽饼。监者信以为真。数分钟后,监者亦咳嗽不止,深恐惊扰考生,遂步至少年考生处,求惠赐药饼一枚。考生闻言,呐呐不答,继而放声大哭,遂以瓶交监者。迨查察药饼,则饼上抄满成文,始知考生之窘,盖为此夹带也。又云,某处招考女书手,某考生桌上放一大香料瓶,常以鼻嗅之,而每嗅必向瓶中细看,若察瓶中之物。监者见之,疑瓶中必有别情,因向考生取瓶,察之,盖瓶之物非他,一八角式之活轴也,每角刻有微细字母,皆常易拼错之字,瓶之外尚有一小螺旋与轴相连,故轴旋转,则轴之八角面面可观看如意,其舞弊之巧有非中国人所能及者。盖考试之事,凭取去于片刻,定荣辱于毕生,关系之数既属非轻,侥幸之心因之纷起,是在校阅者细心辨别,盖学问淹博者虽同使一事,自能引伸触发,融会贯通,否则从故纸堆中抄撮陈言腐语,支支节节,其窘立见,其间真伪之分实微之又微也。彼兢兢焉徒尚苛刻,以严搜夹带为能者,不亦不务本而务末,徒为有识者所窃笑乎?

载 1897 年 9 月 15 日《申报》,第 1 版,57 卷 85 页

640. 南闱见闻录

金陵采访使者邮简云,此次秋闱,天气寒热靡常,寒则可御夹衣,热则汗如雨下。闱中染病而死者,首场一人,二场二人,三场幸号棚不扃,是以有一生患病,即昇至供给所中调治,迨月圆之夕,及溘然长逝,亦不怜矣?

闱中之水皆汲自长江,其法创自豫中梅小岩中丞,迄今司供给者遵行之,食德饮和,多士咸利赖焉。第三场号中缺水,内供给所高悬白旗,催之甚急,历久罔有应者。门将下健士子之好事者,群向号官饶舌。号官惧,奔告监临。赵大中丞以号军不先禀明,命责二百板,荷以枷,令遍游各号,为怠惰者儆。并饬水夫迅速挑水,置之缸中。于是考生

之焰始息。

向来闱卷被贴者,惟曳白耳、墨污耳、挖补耳、添注、涂改、违式耳,今科有丁生者姑逸其名,列诸蓝榜,标曰试帖后作七律一首,又书"报恩"二字。然闻生半读半耕,老成诚朴,不知何故书此。是真欲索解人而可得矣?

月圆后一日,士子三场试毕,半思买棹言旋,而淫雨崇朝,欲行又止,至十八日新晴初放,作归计者多至数千人。由犁头尖以迄水西门,负者、担者、策骑者、乘车者,挤拥喧哗,无异山阴道上。月城中又置有起重机器,大可蔽半亩,以致人多壅塞,担夫皆弛担于路。及午后,乡人又担物入城求售,其有具雅人深致者,更独骑款段至莫愁湖、雨花台一带流连风景,以写胸怀,遂致绵长半里许寸步难行。前者既仆,后者继之,呼救之声震于远近。士子之强有力者,或持竹竿,或举闱中照出签,将担物之乡人乱击。乡人创深痛巨,遂争掣扁担反击之。霎时间,头破血淋者几十辈。直至夕阳西坠,路始渐通,而行李之被踏毁者已不知凡几。说者谓,是役也,并未伤人,尚称幸事。

载1897年9月21日《申报》,第2版,57卷121页

641. 金陵闱事余闻

金陵采访友人云,闱事告竣,士子纷纷回里,自本月十七日以后,行李之肩挑背荷者不绝于途,以致聚宝、三山二门拥挤特甚。其有淹留省会者,大抵皆纨绔子弟,日征逐于花天酒地,以至乐而忘归耳。

上、下江誊录生,业由上宪于入闱前考定,近因试卷繁冗,昕夕不遑,遂又续选若干名,助之缮写。

今岁士子较上科增多六七千人,东牌楼各店之趁利市者,莫不利获蝇头。日内诸生已陆续遄回,市面遂顿形萧瑟矣。

载1897年9月25日《申报》,第2版,57卷145页

642. 与客谈闱中事

秋闱告竣,席帽归来,甫卸行装,即亲笔札。有客敲扉而入,一揖道胜常,卒然语执笔人曰:"夙闻闱中例悬黑白旗,以召地下冤魂来此索命。其说果信而有征乎?"执笔人曰:"乌有是哉!闱中悬旗固曾见之,闲尝以询。执事者曰,此以告管理水台之员役也。闱中之水向来取给于长江,大门外设东西二水台,各有员以为之管理,水由台下注,就地下所埋铁管枝分叶布,灌入场中,俾诸生文战之余,资以解渴。有时水缺,则悬白旗以促之;苟足敷,则悬蓝旗以止之。若黑旗则未有所见,盖当扃门之际,闱中人例不得与外间通,故借蓝白二旗以相告语也。且闱中执事者,无不望诸生悉心角艺,高夺锦标,岂有号召冤魂前来作祟,致或自尽于矮屋风檐之下,重劳由墙缒出,为之殓以棺衾哉?"客曰:"然则场中遇鬼题诗之事见诸志籍,历历可稽,子将何说以解此?"曰:"遇鬼题诗之事,仆亦耳熟能详矣,犹忆二十年前《申报》曾载某生题一诗于卷面,其词曰:'一二三四五,明远楼上鼓,姊在房中卧,郎在场中苦。'艳情绮思,如读齐梁人子夜歌。仆幼时箸《锄经书

舍零墨》记,同治丙子科浙江秋试,某生誊卷未完,忽题三绝句于号壁,惘惘出门。有见之者抄稿示之,其一曰:'绣鞋踏遍几回寻,重会当年未了因,记否红栏明月夜,楼头偷占一枝春。'其二曰:'自怜弱质太情痴,消瘦腰围力不支,恨杀侍儿传密约,云天雪地说相思。'其三曰:'欲把情缘一例删,锦衾独旦总生寒,昨宵醉梦朦胧甚,睡醒红潮尚未干。'《白下琐言》记,道光乙酉科某生自书绝句于号板,曰:'薄采慈姑吟怨句,漫将益母寄相思,临行互剪罗衫袖,郑重啼痕好护持。'又有人题七古一篇,中一联云:'秋月楼头夜正长,春风帘下花初丽。'此则哀感淫艳,雅近冬郎矣。至数年前,《申报》登某生于号板上以淡墨书一诗,曰:'苔阶露湿绣鞋宽,几度寻君一见难,记否深宵鸳枕畔,刀光飞溅血花寒。'则又于香温玉软之中露动魄惊心之状。仆以为此殆锦心才子、绣口文人欲劝世人戒除淫孽,故不惜现身说法,藉生花之笔,点顽石之头,不然何以冤鬼皆能诗,且其诗皆涉于赠芍采兰,而无他事之藉以报复者欤?至于此次某邑丁生之题七绝于卷后,则题为'感怀'二字,生年已五十余,半读半耕,家风敦朴,断不致于风流自命,误犯淫邪。或者自知颓唐老手,文字无灵,故为此以犯场规,俾免后场之辛苦。仆与生生同井里,知之较详,外间所传秽亵之词,盖出于好事者之附会也。"客曰:"然则闱中既无冤鬼报仇,何以斃命者时有所闻,岂亦属齐东野语乎?"曰:"是亦有说,今岁金陵省会始苦于雨,继厄于水,旋又骄阳酷烈,汗雨涔涔,场前蜷伏寓中,湿热交蒸,病机早已隐伏,及入闱后,屋子如燕垒,伸缩不得自如,又无门窗以免风露之侵,向之患湿热者,今又患风寒,苟非气质素充,安能免于疫疠? 此所以因病而死者,每场必有数人。且即不斃于闱中,而场后、场前殁于寓所者,二万数千人内安见不有数人或数十人,而绝不闻有死于鬼祟者。岂鬼只能作祟于闱中,而不能作祟于寓所乎? 此我所以决其为必无也。"客曰:"子言实足以开茅塞,曷弗笔之于报,以告此间之惑于谣传者乎?"执笔人应之曰:"可。"爰诠次问答之语如此。

载 1897 年 9 月 27 日《申报》,第 1 版,57 卷 157 页

643. 监临过镇

镇江采访友人云,江南文闱监临、江苏巡抚赵展如中丞闱事既毕,急欲回苏。丹徒县王伯芳大令闻之,即饬办差人在官码头预备供张,八月二十八日清晨,中丞由金陵乘"南瑞"兵舰下驶,官场探知午后宪节即可遥临,乃于十点钟时,道宪曾观察、府尊饶太守、副都统吉统制、参将彭参戎、都司周都戎及印委各官相继赴江干,在总巡局伺候。水陆兵勇则齐集蒜山、德胜二门外,排列队伍,如火如荼。迨三点钟时,宪舟行抵京口,冲波直下,并不停留,盖不欲重劳属下也。

载 1897 年 9 月 27 日《申报》,第 1 版,57 卷 157 页

644. 秋试余谭

上月初十日,本报曾著《约束号军刍议》一首,登诸简端,洎乎皓月光残,广陵潮退,友人有自金陵赴试回者,就执笔人告曰:"此届南闱,监临苏抚赵展帅事事核实,处处体

恤,以故两江士子无人不额手顶戴。重以外提调松方伯暨办理供给各员,无不综核勾稽,人称其职。而闱中提调监试李、何两观察亦能宣上达下,俾在闱各员胥知夙夜匪懈,黾勉趋公。查此届上、下两江应试人数多至二万四千,内除录遗不取、未经纳卷及虽已纳卷而因患病临点不到者外,其头场实到人数闻有二万二千六百余名。核诸闱中号舍,计溢二千名,为从来所未有。于是盖搭篷号于平江府、姚家巷、状元新号,各总路又腾出眷录、对读两所,以为考生号舍,皆各上宪之苦心布置,用能诸事就绪,众情贴然,以为宾兴大典光者非易易也。所患者,各署奸胥积蠹皆金陵本地人,社鼠城狐,熟于舞弊,虽上宪廉明,而亦仍有所不免。即如革除号军腰牌使费一事,监临有示,提调有示,供给所总办有示,场外闱中到处黏贴,凡在应试士子无不知。今科号军既无使费,可免勒索矣。讵知若辈凶顽更甚于昔。惟东西两文场稍知顾忌,其他僻远号军弥复不知餍足,多多益善。诘以宪示,则嗤之以鼻,谓此届腰牌领费仍不少减。诘以此项私费何人所索? 则曰:'吾侪小人,安知索费者为何人;即知其人,又奚敢与较。除非先生们有眼代吾侪禀诸公堂上,然犹恐狡猾之吏驳以无凭诬指也。从来官府告示多不算数,先生岂不知之?'号军之言如此,敢问信乎否乎?"执笔人曰:"嘻,殆其信也。曩闻彼都人士言,此项号军私费非独当事者之善为取,亦众号军乐为用也,盖号军之中来自皖北、淮南者半,其半则皆本城各地段之脚夫。脚夫之应官差也,日给数十文钱,而尚多克扣。惟当过号军则可免一年之差,故若辈乐以阿堵物易此护身符。其皖北、淮南之人出场后,亦可以腰牌贸诸本城人。此项钱既为若辈所乐输,则上宪安能禁之? 而在受此钱者,亦可高枕焉而无虞其指摘也。且夫号军之数约以一人值廿号,总计士子二万二千余人,则号军计共一千一百余人。以据闻每名两洋四百之数计之,共得洋二千二百余元,钱四百四十余千,是为供给所中公私上下一大进款。古云钱可通神,恶有钱至累千贯而势或中止者乎?"友人曰:"是,诚然矣。所不解者,宪示只云禁领腰牌之费,未云不发号衣,何以此届号军通场不见号衣一件? 因之影射躲闪,无可稽查,若辈益得肆其奸贪。考生虽欲顶真,无从把握。所尤吃亏者,凡号舍长至百间内外,其后半段之考生往往呼应不灵,盖因号军多聚门首之故。法宜仍发号衣,更派定号舍数目,分段承值,庶考生一目了然,而前后坐号亦得均甘同苦。东隅虽失,桑榆非晚,愿当事者俯采刍荛,为后来计焉。若夫号军之良莠,则固有别,大率皖北凤、颖、六、泗各属及淮南、通州等处,人多憨直莽撞,作事颇能耐劳,而不解趋奉。其于钱也,争之不得,则亦已尔。然遇苏、松等处考生,言语不谐,反多龃龉。历科之因事被枷责者,盖此辈居多。至金陵本处之人,则贪狡异常,当每场封号之日,终日酣睡不动,至次日索钱则蠕蠕而起,蹩蹩而前,柔则欺凌之,刚则诟谇之,无论何人,必至悭囊尽破而后已。此则固觉可怜,而亦属可憎。在个中人亦因人而施其道焉斯可矣。"执笔人曰:"此中风味自昔如斯,政无取乎好名,弊必去其太甚,要在上之人有一分精神,乃有一分功效耳。我者其在斯言乎。"

载 1897 年 9 月 29 日《申报》,第 1 版,57 卷 169 页

645. 供给周密

金陵省垣秋潮泛滥,秦淮之水一时无从宣泄,继长增高,波及岸上,以致贡院内东西

龙腮号舍俱成泽国。后经总办供给所刘嘉澍太守多方筹划,特购砖板十万有奇,挨号平铺,以便往来居处。且今岁录额太宽,号舍不敷甚众,复赶搭席号,添置桌凳,俾多士尽遂观光之愿。而文庙及中东栅栏俱有积水,几行经此处者,不免有褰裳之患。太守悯之,复倩护军统领杨军门督兵挑土填平,俾应试者皆得于于而至,无虑沾濡。以故大江南北应试诸生,莫不有口皆碑,颂声载道,谓太守体恤士子无微不至焉。

载 1897 年 9 月 30 日《申报》,第 3 版,57 卷 176 页

646. 与客论闱事

秣陵旋里,小病兼旬,闭门养疴,正苦岑寂。有客造庐过访,询及致病之由,曰:"子得毋场中过于辛苦劳瘁乎?闻今科人数过多,天气过热,而又江水大发,秦淮河拍岸平堤,号中皆有积水,号舍本已局促,若坐篷号、水号,则更困苦不堪。谚云:三场大号,九日晴天,为与试者之幸事。子亦曾躬逢其盛乎?"余曰:"三场虽未必皆大号,九日虽未必皆晴天,而篷号、水号则尚倖免。入场之后,未封门之前,曾至篷号、水号一观,见水号虽有积水,而皆铺有松板,不致病涉。惟不能全铺,往往有漏足之处,一不经心,即有踏空之患。且板铺高至一二尺,上为号幔所碍,行者必佝偻而趋,较之无水之号得以行走自如者,已相去天壤,然较篷号则尚苦乐相悬。盖积水之号,虽行走不便,而号舍之中尚与无水之号无异。若篷号则皆搭于路口,如西总门、东总门、平江府,各路路本非阔,两边傍墙设桌,人皆面墙而坐,中间行路已不能自如,故未封门、未封号之前,须让人出入,坐篷号者几无存身之处,而出入者亦以两旁桌凳碍路更形拥挤。有坐文场而至状元新号及平江府、姚家弄探友者,守至傍晚不能归号,其拥挤已可想而知。出入之拥挤如此,而坐篷号者一包一篮相守于此,为人拥挤更可想而知。至封号之后,其如何睡法不得而见,然以二人合坐一长桌,想亦不如号中之可以安眠矣。幸仅头场,至二场则人数骤少,篷号一概拆去,若场场如此,则考生精力有限,其何以堪?"客曰:"闻篷号搭有三千之多,何二场即骤少至此数乎?"曰:"有犯规而被贴者,有因病而不到者,大半皆因篷号中过于劳顿困乏,心志已灰,二场不欲再入,虽将篷号拆去,恐不到者尚不止此数也。场前哗传此次人数过多,广搭篷号,凡补录及大收者皆归篷号,且有水号之虑。于是有钱之士子有托人买号之说。及至临场,则有科举者未必不坐篷号,而大收者未必不坐大号,可知谣诼之不足为据,而所谓买号者亦皆受人之骗,徒撞木钟。想场中功令森严,断不令若辈从中作弊也。至入场时之拥挤,则与前数科不同。江南人数较多,向患拥挤,自林文忠公为监临时,定三路点名,以灯旗为号,鱼贯而入,无争先落后之弊。场规为之一肃。无如日久玩生,余自癸酉迄乙酉,每届必受拥挤之苦,虽一切规条仍照向章,而人心不一,甫点一起,二起之人已拥在前。点名接卷之处几难立足,愈挤愈多。点名既难,接卷亦难,必拥挤至封门时始定。自赴北闱后,南闱之事久不知矣,今届复赴南闱,深以拥挤为苦。有友人告余曰:现在南闱竟无拥挤之患,负筐而入可以直抵号中,然后至龙门本学门斗处领卷,为之补点,既无考具之累。即稍有拥挤,行路既便,接卷亦快。而不补点者,亦得从容负筐而入。大抵补点者十之六,而不补点者仅十之四耳。及入场,果如所言,并不受拥挤之苦,北闱领签之后,照名牌鱼贯而入,龙门内外尚不免有拥挤之患,而

此更较清楚。说者谓,场规未免太宽。是知其一,不知其二者也。补点本循向例,惟多少之间耳,岂补点者多即与场规有碍乎?况从前补点者少而反形拥挤,封门较迟;现在补点者多,点名快,而封门较早。果孰弊而孰利乎?所谓法多则弊多,正不能一概而论也。至于场中之劳瘁,则视人之精力,而致病之故,半由饮食起居之不慎耳。余之精力虽不如前,而场中并无得失之念,故亦不见为劳。所感风寒皆在轮船中所受,近来赴试往返,欲取便捷,多搭轮船,故来往拥挤之苦,与场中几难同日而语。俟暇时再与君细语也。"客既去,乃诠次其语而弁之报端。

载1897年10月8日《申报》,第1版,57卷227页

647. 电传顺天乡试题名录

……石绶荣,安徽太湖……李炳荣,安徽颍上……王荫祖,安徽滁州……徐巽,安徽歙县……汪瑞闾,安徽盱眙……刘希范,安徽盱眙……何宗逊,安徽黟县……程体慈,安徽黟县……左宜庆,安徽桐城……

顺天乡闱于十三日揭晓,本馆托在京友人将五魁及江苏、安徽、福建、江西、浙江、广东、湖北、四川八省中式诸君飞电传来。惟以电报拥挤,直至昨晨始行传到,译录之下,中虽多湖南、广西两省,而江西一省独付缺如,殊违本馆之初意。且以昨日不及登报,故急录于今日简端,以副阅报诸君先睹为快之意。至电字或有讹误处,一俟寄到官板题名录,当将全榜校正重刊。

(注:仅录皖生。本名单共七十七人,其中皖生九名。)

载1897年10月10日《申报》,第2版,57卷241页

648. 论江南放榜之独迟

今岁为丁酉正科,各省士子之赴乡闱者无不翘首而盼捷音。向例各省放榜之期,皆在重阳以后,或一二日三四日不等。惟江南则江苏、安徽两省合闱,人数较多,放榜亦较迟数日。从前无轮船、电报之时,无论他省榜信有迟至数月,即本省榜信亦须放榜后二三日始得。自有轮船以来,数百里间朝发可以夕至,而自设立电线,则放榜时即可得信。往年电报局中有二等公电,一到即发各报馆登报。乃今科登有告白,一概不发,故本馆电传之榜皆系托友人专电传来,而远省之榜则且从缓,盖除顺天、浙江之外,相识者少,若俟报纸到时,则本省之人皆已得信,不无视为明日黄花,非视为秦越而置之也。若本省之人,欲得本省之榜,则无不延颈跂足以待先睹为快。非但放榜后急欲得信,即询问放榜之期者,近日已络绎不绝。向来江南放榜虽较各省略迟,然总在重阳以后数日。自戊子科主司因江南试卷较多,奏请比各省迟放十日,邀蒙俞允。近数科遂援以为例,惟相差亦不过一二日耳。然江南放榜之迟,固不自戊子科起,惟戊子科起更较为迟耳。溯自道光壬辰科,侯官林文忠公抚苏充监临时,有《奏请定乡试同考官校阅章程》一折,江南放榜不能不迟之故,可谓详哉言之矣。折云,江南为人文渊薮,入闱士子多至一万四五千人,额设同考官十八房,每房约须校阅八百余卷。近科房官每有争先荐卷之弊,以

为荐早则获隽者多,荐迟则中额已满,难于入彀,故于头场分卷到手,辄将首艺中幅略视大概,谓之望气。合意者汇成一束,以备加圈呈荐;稍不称意,即置落卷之列,不为下笔。原其初心,仍欲俟佳卷荐完,再将落卷复看,以决去取。乃头场荐卷甫毕,而二三场试卷已陆续送入内帘,因又赶觅已荐之字号,连经策一并加圈,随头场呈荐,盖恐别房之荐卷三场均已齐全,而该房仅有头场,不能早供考官比校,则所中即不及别房之多。是以相率效尤,总以赶早荐完为分房之捷诀。直至三场荐卷毕事,然后将先前略观大意之卷批点塞责。彼时中卷已定,意兴阑珊,纵或见为佳文,亦诿诸其人之命,于是误分段落者有之,误读破句者有之;并有文非荒谬,仅点首艺开讲数句,而即摒弃者。其批驳之词不曰欠精警,即曰少出色。此等批语皆可预先书就,不论何等文字皆得以此贬之。似此校阅情形,定弃取于俄顷之间,判升沈于恍惚之际,诚如圣谕回思未第之先,与多士何异?乃于落卷漠不关心,设身处地,于心何忍?又云首场三文一诗,每卷约二千余字,如果认真校阅,则穷日之力只能以四十本为度,每房卷帙八百余本,约须兼旬始可了一首场。查例载,"大省于九月十五日内揭晓,不得匆促攒办"等语。此次奉旨,主考官须将落卷全行校阅。江南卷帙浩繁,则揭晓之期自应照例以九月十五日为断,如临时尚虞局促,或再仰恳圣恩宽展数日,总不出九月中旬之期,庶主考官均得悉心细阅,真才自不致有遗矣。自兵燹后,进额有增无减,与试者年盛一年,当时仅有一万四五千卷,今则多至二万二三千,坐号不敷,甚至添搭篷号,亦可见江南人文之盛矣。然试卷虽多,而同考官房数仍照旧章照数分派,每房须阅一千余卷,若以每日四十本而论,须一月方能了事。前接金陵访事友来函言,闻放榜之期或云廿二日,或云廿六日,即使廿六日放榜,亦不得为迟。惟愿阅卷诸君仍循林文忠公旧例,不事草率,选拔无遗,俾国家得有用之才,沧海无遗珠之憾,是所厚望焉。寄语与试诸君静候毋躁,消息飞传,总在此十日内矣。论甫脱稿,又接金陵来信,悉定期廿一日子刻发榜。果如所言,则更可慰诸君之盼望也。

载1897年10月12日《申报》,第1版,57卷255页

649. 发榜定期

金陵访事人来函云,昨得闱中确信,发榜之期定于本月二十一日子刻,现已传字匠进内矣。并闻今科监临赵中丞、提调何观察、总办供给刘太守,均有拟作,各极其妙,不日传出。想士子争先快睹,洛阳之纸必一时腾贵云。

载1897年10月12日《申报》,第1版,57卷255页

650. 电传丁酉科江南乡试题名全录

杨炎昌,江宁;潘陞,广德;吴鸿昌,丹徒;朱澍生,上海;胡殿君,吴县;陆增炜,镇洋;王恩浩,常州;张学宽,含山;许蓉镜,甘泉;翁长芬,江宁;杨兆椿,华亭;李焯,宿松;陈元瑞,丹阳;吴增源,苏州;胡承邺,黟县;张宝廉,武进;宗嘉祥,定远;王朝忠,贵池;陶光济,金匮;沈严,阳湖;潘家萤,元和;董增禄,定远;钮廷培,吴县;俞辉銮,昭文;华同揆,常州;周维清,合肥;朱曜奎,宜兴;童功梅,合肥;尚光钺,芜湖;沈铭勋,如皋;管尚勋,吴

县;谢则,怀宁;郑时咸,溧水;白作霖,五河;刘豫瑶,甘泉;金维章,靖江;周家俊,泰兴;王士卫,高邮;李振铎,广德;云书,京口驻防;施荣复,嘉定;韩兆魁,长洲;洪荣,歙县;曾烜,吴江;张启佑,泗州;余宏淦,昆山;马振彪,桐城;潘鸿鼎,宝山;黄纶阁,丹徒;李德膏,桐城;吴承忠,合肥;汪桂馨,奉贤;扎拉芬,镶黄;刘师苍,仪征;董自芳,安庆;张佐清,铜山;沈祖约,常州;余敦本,休宁;查宗锜,泾县;王镕之,山阳;孙大鹏,盐城;曹绪祥,江都;朱凤苞,海州;孙启椿,上元;普芬,京口驻防;鲍梓生,宿迁;赵鸿飞,丹徒;沈福源,元和;王芝馨,崇明;吴学崇,庐江;吴兴让,吴县;许国凤,常州;何福谦,山阳;余震,潜山;尤福海,□□;杜元让,娄县;王谌谋,泰州;方荃,桐城;徐致恭,宜兴;王耀銮,泰州;卢琪,黟县;吴秉文,丹徒;魏葆澄,阳湖;方宝铨,黟县;王恩纶,江宁;吴学勤,青浦;汪世煌,太平;周弼忠,太平;刘允生,海州;何鑫汤,泰兴;张文寿,苏州;何榕,如皋;李德萃,安庆;金谷春,盐城;刘邛望,合肥;程权,太湖;庄大纪,青浦;杨鸿发,丹徒;苏锡第,太平;刘体仁,庐江;彭兰生,江都;刘毅,阳湖;方雷,桐城;李鸿膏,上海;胡壁城,泾县;刘发荣,丹徒;江绍英,旌德;郭廷熙,上元;王心镜,巢县;潘荣,宜兴;钱寿琛,苏州;杨道生,全椒;何农彝,江阴;张百城,天长;袁希涛,靖江;周行浚,合肥;郑传经,太湖;金柯,休宁;归宗郙,常熟;张星照,婺源;江彬,旌德;刘原芳,巢县;侯必昌,上元;周慰农,潜山;余兆沽,宿松;陈谦,怀宁;陈荫桐,上元;宋芳宾,庐州;常怀俊,江都;李运开,舒城;任申之,宜兴;苏文选,宁国;郑雅南,甘泉;何炘,怀宁;王焘曾,嘉定。

江南乡榜于今日子时揭晓,本馆谆嘱寓省妥友飞速电传,亟译登报,以餍诸君子先睹为快之心。惟电码过多,恐难免稍有阙误之处,且副榜尚未传到,一俟接到官板题名录,即当校正补登也。

本馆附识

载1897年10月17日《申报》,第2版,57卷285页

651. 丁酉科江南乡试官板题名全录

杨炎昌,江宁廪;潘塏,广德附;吴鸿昌,丹徒附;朱树人,上海附;胡殿均,吴县监;陆增(燀)〔炜〕,镇洋附;王恩浩,常州增;张学宽,含山廪;许蓉镜,甘泉贡;翁长芬,江宁廪;杨兆椿,华亭贡;李焯,宿松廪;陈元瑞,丹阳附;吴增源,苏州廪;胡承邺,黟县附;张宝廉,武进贡;宗嘉禄,常熟附;王朝忠,贵池廪;陶光济,金匮附;沈严,阳湖贡;潘家营,元和贡;董增禄,高邮廪;钮廷培,定远附;张茂炯,吴县廪;俞钟銮,昭文贡;华同揆,通州增;周维藩,合肥廪;朱曜奎,宜兴副;童功梅,合肥监;尚光钺,芜湖廪;沈铭勋,如皋贡;管尚勋,吴县附;谢则陈,江浦附;郑咸,溧水廪;白作霖,通州廪;刘豫鋡,甘泉拔;金为章,靖江廪;刘朝柱,庐州附;顾震福,山阳拔;顾觐棠,丹阳附;王衍曾,宿松廪;高炳华,泰州廪;杨殿玉,常州附;朱兆椿,泾县贡;曹作鼎,望江贡;李松寿,合肥贡;周家俊,泰兴附;王士卫,高邮贡;李振铎,广德附;云书,京口驻防;施荣复,嘉定监;韩兆魁,长洲附;洪瑛,歙县附;金曾烜,吴江廪;张启佑,泗州廪;余宏淦,昆山附;马振彪,桐城附;潘鸿鼎,宝山副;黄纶阁,桐城附;李德(亭)〔膏〕,桐城廪;吴承忠,合肥监;汪桂馨,奉贤廪;扎拉芬,江宁驻防;刘师苍,仪征拔;董自芳,安庆廪;张佐清,铜山廪;沈祖约,常州附;余敦

本，休宁贡；查宗锜，泾县附；王镕之，山阳贡；朱凤苞，海州廪；曹绪祥，江都监；孙大朋，盐城贡；孙启椿，上元廪；普芬，京口驻防；鲍梓生，宿迁廪；赵鸿非，丹徒贡；沈福元，元和附；王芝香，崇明附；吴学祐，庐江增；吴兴让，吴县贡；许国凤，常州附；何福谦，山阳贡；余震，潜山附；尤福海，通州附；杜元让，娄县附；王谌谋，泰州廪；方荃，桐城廪；徐致恭，宜兴贡；王耀銮，泰州附；卢琪，黟县附；吴秉文，丹徒廪；魏保澄，阳湖附；方宝铨，黟县贡；王恩纶，江宁廪；吴学勤，青浦贡；汪世煌，太平附；周弼忠，太平廪；刘允生，海州附；何鑫源，泰兴副；张文寿，苏州附；何榕，如皋廪；李德萃，安庆附；金谷春，盐城廪；刘朝望，合肥监；程权，太湖附；庄大纪，青浦廪；杨鸿发，丹徒附；苏锡第，太平廪；刘体仁，庐江监；潘兰生，江都附；刘毅，阳湖附；方雷，桐城附；李鸿膏，上海附；胡璧城，泾县附；刘发荣，丹徒附；江绍英，旌德附；郭廷熙，上元增；王心镜，巢县廪；潘高，宜兴附；钱寿深，苏州廪；杨道生，全椒附；何正宜，江阴监；张百城，天长副；袁希涛，宝山附；周行浚，合肥监；郑传圣，太湖附；金沄，休宁廪；归宗甫，常熟附；张星照，婺源附；江彬，旌德廪；刘元芳，巢县附；侯必昌，上元廪；周慰农，潜山附；余兆沽，宿松附；陈谦，怀宁廪；陈荫桐，上元附；宋芳宾，庐州廪；常怀俊，江都附；李运开，舒城附；任申之，宜兴附；苏文选，宁国附；郑雅南，甘泉副；何炘，怀宁贡；王霖曾，嘉定附。

副榜

顾栋臣，常州廪；宗鹤年，上元廪；张文藻，常州廪；王锡佑，怀宁附；姜元桂，潜山增；王德楷，上元贡；魏业锐，金匮贡；姚敦礼，溧水廪；吴汝林，太湖附；朱则庆，泾县附；凌鸿吉，江都附；苏致厚，石埭廪；丁兆元，武进附；江保清，旌德廪；达孚，通州附；马轶群，无为廪；汪开甲，清河附；蔡庆泰，合肥监；沈靖秀，淮安附；陈开骥，长洲附；金熙，黟县廪；丁传靖，镇江附。

载1897年10月19日《申报》，第2版，57卷297页

652. 鹿鸣盛宴

金陵访事人云，江南乡试揭晓后，例设鹿鸣筵宴，于九月二十五日在至公堂举行。是日辰初，先后共到新举人十余人。巳初，外提调松方伯，内提调李观察，外监试何观察、刘太守，上江两县赵、张两大令，先后到院。内监试暨十八房同考官并内外各执事官，咸蟒袍补服，齐集内外官厅。候至巳正，至公堂巡捕官捧出松方伯、何李两观察手版三扣，饬弁飞请制军。午初一刻，刘岘帅用全副仪仗排导而至，新举人迎于二门外东边；首府刘太守，上江两县赵、张两大令，同考官杨大令觐圭等暨各执事官，迎于龙门内；松方伯及各观察迎于阶下。岘帅先拜刘、朱两主试，然后到衡鉴堂，即发帖请两主试。府县暨新举人等均于门外立迎，司道迎于门内，岘帅迎于檐下。升堂相见，岘帅一揖，刘、朱两主试答揖，叙坐。各官均向上三揖。茶罢，府县各官率新举人诣露台下，左右序立；刘、朱两主试，刘岘帅暨松方伯、各观察咸具朝服出堂，各官以次随行至堂下，新举人立于后者。向设万岁牌，礼生禀请诣香案前望阙谢恩，行三拜九跪礼。礼毕，各宪小憩片刻，礼生引新举人至堂下谒见主试，次谒督宪，次谒司道各宪，均行四拜礼后两拜，均答揖。次谒同考官、各所官，次拜府县、各执事官，均行二拜礼，各答二揖。礼毕，执事官禀

请赴至公堂筵宴,刘、朱两主试偏左座,刘制军主席偏右座,三席均设至公堂中正中、南向。司道席设讲堂之左右,按序相向坐,共设十六席。次同考官、各所官暨府县、各执事官,均设席堂下。次新举人席,设于各官下,均左右相向,二人共一席。坐既定,第一巡酒,武弁三员各携一杯,分送堂上。第二巡酒,佐杂官三员分送。第三巡酒,仍由武弁分送。司道、府县各官均自派家人分送,新举人由供给所派人分送。礼生赞作乐歌《鹿鸣之章》。各官宴毕,退入衡鉴堂。少焉,制军刘岘帅告别,两主试送至堂外,新举人至明远楼前西边序立恭送,各官在龙门内恭送。制军在檐下升舆,大门外炮声隆然;司道各官均于明远楼前升舆,明远楼均奏乐恭送。少顷,各所官、各执事官亦在二门外升舆,新举人随之而出,头门外均以鼓乐相送。

载1897年10月24日《申报》,第2版,57卷329页

653. 遗珠抱憾

金陵采访友人云,省垣新科举人于揭晓后谒见座师刘星使,谈及此次闱中佳卷林列,美不胜收,计可入选者约共五百余卷,只以定额难逾,遂不免抱遗珠之憾。至应列元魁者,亦不下数十卷。杨君炎昌迟至上月十八日始定为榜首,盖以经艺淹博入选也。又云,二场经艺多士颇能刻意经营,而苏宁二属尤佳,信乎大江人才甲于天下也。

载1897年10月28日《申报》,第2版,57卷355页

654. 主司启节

金陵采访友人云,江南正、副主司刘、朱两星使于本月初三日赴督辕,拜会刘岘帅,旋即辞行。翌日清晨,由公堂下坐绿呢大轿,导以全副仪仗,呵殿出试院,明远楼鼓乐喧阗,头门外则升炮三声,隆隆远震。既而,宪驾由贡院西街过状元境,迤逦至水西门外官厅,各宪咸寄请圣安,两星使复延入舟中,叙谈良久,迨兴辞而出。两星使命篙师解缆,水陆各营均站队送之。各宪乃鸣驺而返,时已猫睛午转矣。

载1897年11月3日《申报》,第1版,57卷395页

655. 宁国试事

芜湖访事人云,明年为戊戌岁试,向例学宪春初出辕,必先按试宁国,是以该郡已于本月朔日举行府试,聚各县童子军以备青钱之选,不待黄羊祀罢,即可夺得锦标归来度岁。现闻新任徐季和大宗师已于月之十三日莅姑孰节辕,十五日举行接篆大典,小阅岁华,即须秉节按试。是以该郡怀才欲试者,已翘盼文星莅止,盖院试之期总不出明岁杏花时节也。

载1898年1月14日《申报》,第2版,58卷77页

656. 皖学观风

新任安徽学政徐季和宗师，客腊十三日由浙省移节姑孰，十五日接篆履新，业经志报。岁琯既更，即料理出辕，按试各郡。兹先命题观风，排行各学，计太平府属当、芜、繁三县统限于正月底汇缴至辕。此外，各郡则以路程之远近为截取之迟速，并闻宗师按临宁国，定于百花时节，秉节首途云。题目照录于下。

生员题：子曰："大哉！尧之为君也"三章。"皇皇者华"四句。虞允文败金兵于采石矶赋，以"立召诸将，勉以忠义"为韵。赋得"阎罗包老"，得"包"字。"进贤与能"解。朱子说经多据说文考。拟任仿天监三年策秀才文。长江形势要害议。陶侃论。拟欧阳修《醉翁亭记》。明功臣赞：徐达、常遇春、李文忠、沐英。《古文辞类纂》序。登黄山放歌，七古，不拘韵。梦蝶庵，捉月亭，燃犀渚，聚星堂，均作七律。

童生题：孝哉！闵子骞。腊梅赋，以"春风原自不曾知"为韵。余题与生员同。

载1898年2月19日《申报》，第2版，58卷263页

657. 龙眠画意（定期县考＊）

安徽提督学政徐季和大宗师通饬各属一律举行县试，怀宁县袁大令接奉宪檄，即颁发红谕，定期二月二十一日县考，仰各童于先三日取齐。

载1898年3月4日《申报》，第3版，58卷350页

658. 皖江春浪（怀宁考试＊）

安庆采访友人云，安徽提督学政徐大宗师行知各属，一律举行县试。怀宁县为皖江首县，袁明府学昌接奉宪文，即明订各县同于二月二十一日考试，并礼延候补县李大令长郁，万大令祖恕入幕阅卷，候补县丞何二尹棠、本任官亭街司检、萧少尹法程巡查试院。是日，已冠首题：长息，则事我者也。非惟小国之君为然也，虽大国之君亦有之。晋平公之于亥唐也。次题：故君子有不战。未冠首题：入云则入。次题未详。通场诗题：赋得"秀语夺山绿"，得"山"字。

载1898年3月24日《申报》，附张第1版，58卷493页

659. 电传会试首场题

昨日清晨，京友电传本届会试首场全题，照录于左。

头题：子曰"放于利而行"两章。

次题：不诚无物。

三题："所以动心忍性"两句。

诗题：赋得"云补苍山缺处齐"，得"山"字，五言八韵。

载1898年4月2日《申报》，第1版，58卷547页

660. 宿松闹考

《益闻录》云,二月二十日宿松县张大令举行县试,应考者多至二千五百余人。大令以军功起家,待士过为优厚。是日,颁给点心、茶水以解饥渴。迨案出,有姓名颠倒者,众童见而哗然,大令查知系礼房书吏填写之误,严加斥责。迨二十六日初复,题为"水信无分于东西",而"信"字误写作"性",众童又脱巾哗噪,大令力为弹压,众愈鸱张,蜂拥上堂,将首场试卷千余本举火爇之。是时,场中大乱,毁坏房屋器物无算。大令怒甚,饬差拿获肇祸之文童四名,暂行管押,旋复将当场阿和之十名开单送交绅董,请为拘送,其中有工部主事某主政之子、前任川省臬司某廉访之孙及某廪保之孙在内。各乡宦知事不得了,会同进署吁请弥缝。大令允令照偿所毁之物,复将试卷补誊送阅,其事始了。二十八日,补行初复,听点者只五百余名,余均回乡里。想从此可浪静风平矣。

载1898年4月4日《申报》,第2版,58卷559页

661. 螺矶藓迹(各属县考＊)

安徽学宪徐季和大宗师于二月初八日由姑孰秉节,按临宁国,已纪报端。兹悉宁国亦已试竣,宗师谰吉于三月初二日由宁转莅徽州。闻俟徽郡试毕,即循例按试池州,递考安庆。尔时约已芭蕉渐绿、梅子将黄,即由省会返旆回辕,举行本郡院试,并就节辕避暑。是以太郡当涂、芜湖、繁昌三县主均料理于月内开办县考,惟尚未示定日期耳。

载1898年4月4日《申报》,附张第1版,58卷563页

662. 电传会试二场题

昨日午前,本馆接京师专电,传来会试二场题,合亟译登,以副阅者先睹为快之意。
《易经》题:君子以除戎器,戒不虞。
《书经》题:厥贡璆铁银镂砮磬。熊罴狐狸织皮。
《诗经》题:吉日维戊。
《春秋》题:叔孙豹会晋赵武、楚屈建、蔡公孙归生、卫石恶、陈孔奂、郑良霄、许人、曹人于宋。襄公二十七年。
《礼记》题:命太师陈诗,以观民风;命市纳贾,以观民之所好恶。

载1898年4月5日《申报》,第1版,58卷565页

663. 鸠兹客述(定期县试＊)

芜湖访事人云,芜邑于三月十七日举行县试,就试者计三百余名,吴邑尊先期出示,并会商王、崔两广文,饬令廪保必将应试诸童廓清流品,是以本届进场之童,俱彬彬秩秩,肃静无哗。

载1898年4月21日《申报》,第2版,58卷665页

664. 中江芳讯(芜试已毕＊)

芜湖县试文童于三月望日取齐,十七日考试。

头场已冠首题:可谓好学也已。子曰贫。未冠:君子之至于斯也。通场次题:咏而归。诗题:赋得"中有郭熙画春山",得"春"字。

二十日发案,廿一日初复,《四书》题:必使玉人雕琢之。至于治国家。经题:蔽芾甘棠,勿剪勿拜。诗题:赋得"万丝烟柳锁春晴",得"晴"字。

廿四日,二复文题:"柳下惠不以三公易其介"二章。赋题:"一帘花雨海棠时"赋,以题为韵。七律四首:粉蝶、金鱼、纸鸢、秧马。试帖诗题:赋得"柳花风送钓船归",得"风"字。

廿七日三复,廿九日终复。是日下午,即发正案,并示定闰三月初二日取齐。武童初五日考试外场。闻太平府试定于闰三月望日取齐,十七日开考。

载1898年4月26日《申报》,第3版,58卷698页

665. 电传会试题名录

周维铿,安徽;长春,满洲;夏寿田,湖南;丁惟鲁,山东;陈耕三,福建;范桂萼,直隶;李松年,湖南;钱能训,浙江;萧元怡,江苏;徐登云,安徽;王士信,河南;宋嘉俊,云南;邓宝谦,贵州;王廷材,江苏;董若洵,江苏;朱耀奎,江苏;潘鸿鼎,江苏;赵椿年,江苏;许汝棻,江苏;魏家骅,江苏;胡祥铼,江苏;潘绍周,江苏;彭泰士,江苏;卢元樟,江苏;郑师灼,江苏;章际治,江苏;陆春官,江苏;戴光祖,江苏;秦曾璐,江苏;史悠瑞,江苏;范钟,江苏;朱运新,江苏;潘昌煦,江苏;高鸿然,浙江;应得苑,浙江;俞陛云,浙江;张凤藻,浙江;唐景仑,浙江;傅邦翰,浙江;蒋玉泉,浙江;黄和观,浙江;蔡玮,浙江;洪佩环,浙江;孙近泰,浙江;张铬,浙江;李福兰,浙江;陆懋勋,浙江;何之泰,浙江;陈汝功,浙江;何联恩,浙江;王廷扬,浙江;沈似濂,浙江;吴震春,浙江;傅良弼,安徽;谢家治,安徽;王梦桃,安徽;王兰庭,安徽;宁鹏搏,安徽;江志伊,安徽;石光庭,安徽;查秉钧,安徽;尚先钺,安徽;凌福勋,安徽;江忠浚,安徽;汪明元,安徽;桂殿华,安徽;方雷,安徽;马振仪,安徽;梁楷,广东;廖佩珣,广东;欧镛,广东;黄锡霖,广东;何寿朋,广东;杨沅,广东;何瑞树,广东;何作猷,广东;黄秩岩,广东;黄家骏,广东;林耀曾,广东;吴功溥,广东;黄敏孚,广东;莫如镇,广东;饶叔波,湖北;朱春清,湖北;尹家楣,湖北;车毓松,湖北;张鸣珂,湖北;邹寿祺,湖北;徐德炳,湖北;胡大崇,湖北;范栻,湖北;夏先鼎,湖北;夏寿康,湖北;李绍烈,湖北;蒋熊,湖北;朱郁春,湖北。

今日为会试出榜之期,本馆预期谆嘱在京友人,用加急电报飞传,兹先将九十六人赶急译登于报,以餍诸君子先睹为快之心。尚余二百三十一名,准登明日报章,阅者幸垂谅焉。

载1898年5月2日《申报》,第2版,59卷7页

666. 续登电传会试题名录

本月十二日为礼闱揭晓之期,本馆先于十一夜,由京友用加急电报飞传抡魁诸君名姓及江、浙、皖、鄂、粤五省题名录,从速登报,遐迩风传。未几,又接电音,急译之,知系五魁名姓,而报纸已经开印,爰特补登今日报章,想诸君子当以一睹千佛名经为快也。

会元:陆增炜,江苏镇洋。第二名:李涛,广东。第三名:邓增矱,江西。第四名:黄钟杰,贵州。第五名:章廷黻,浙江。

正欲付手民排印,又接补传江苏、安徽、浙江、湖北、广东诸省新贵十二名,爰再录之:

周应昌,江苏;唐毓麟,江苏;邓邦述,江苏;蒋炳章,江苏;方象堃,安徽;吴酦藻,浙江;林景绥,浙江;黄传鼎,浙江;徐炳林,湖北;陈恩颐,湖北;陆乃棠,广东;李韫斗,广东。

载1898年5月3日《申报》,第2版,59卷13页

667. 光绪戊戌科会试官板题名全录

陆增炜,江苏镇洋;李涛,广东新会;邓曾矱,江西新淦;黄钟杰,贵州贵筑;章廷黻,浙江会稽;周维藩,安徽合肥;长春,厢红满洲;夏寿田,湖南(贵)〔桂〕阳;丁惟鲁,山东日照;陈耕三,福建长乐;范桂萼,直隶藁城;李树松,湖南清泉;钱能训,浙江嘉善;萧元悔,江苏上元;余登云,安徽繁昌;王士杰,河南舞阳;宋嘉俊,云南晋宁;郑宝谦,贵州玉屏;华焯,江西崇仁;张梅亭,山东莱芜;张聘三,湖南阳县;杨沆,广东嘉应;张自省,直隶巨鹿;何瑞树,广东番禺;何廷献,福建闽县;董若洵,江苏阳湖;王廷材,江苏娄县;余凤阁,直隶南宫;傅增潮,四川江安;张百祺,湖南长沙;朱耀奎,江苏宜兴;蔡寿年,福建侯官;庆廉,正红满洲;潘鸿昇,江苏宝山;高焕然,浙江松阳;应德完,浙江永康;荣贵,厢白汉军;李德运,山东高密;赵春年,江苏阳湖;祝嘉聚,河南固始;孟锡钰,顺天宛平;陈纬元,四川绵县;梁楷,广东南海;韩肃俭,山东滋阳;吕慰曾,河南林县;李稷勋,四川秀山;许邓起枢,湖南湘乡;乐秀,厢白满洲;许汝棻,江苏丹徒;魏家骅,江苏江宁;刘允亨,山东寿光;周旭,湖南湘阴;傅良弼,安徽广德;欧镛,广东顺德;刘汉云,四川万县;谢家治,安徽和州;龙学泰,江西永新;俞陛云,浙江德清;周荣期,湖南善化;黄霦,湖南祁阳;饶叔光,湖北武昌;廖佩珣,广东归善;朱映清,湖北大冶;黄锡麟,广东南海;尹家楣,湖北恩施;胡祥铼,江苏元和;王梦桃,安徽无为;潘绍周,江苏荆溪;伍毓崧,湖南新化;张鸣珂,湖北黄冈;王守恂,直隶天津;王兰庭,安徽六安;张凤藻,浙江乌程;李效曾,山东安邱;宁鹏南,安徽怀宁;唐景岺,浙江秀水;汪春源,福建安平;邹寿祺,浙江海宁;彭泰士,江苏长洲;卢元樟,江苏丹徒;陈维伦,福建福德;刘景熙,江西赣县;郑师灼,江苏江宁;张美玉,江西德化;何寿朋,广东大埔;张鸿基,湖南长沙;陈□,福建同安;端木埰,福建侯官;韦朝冕,广西宣化;张德渊,江西萍乡;赵恩纶,江西安福;陆春官,江苏江宁;赵耀基,云南鹤庆;江志伊,安徽旌德;薛俶善,湖南益阳;程式谷,江西新建;章际治,江苏江阴;徐德炳,湖北钟祥;崇本,厢白满洲;傅邦翰,浙江鄞县;张光鼐,奉天吉林;兴元,厢蓝满洲;戴光祖,江苏元和;鲁尔斌,陕西邠阳;陈骧,直隶天津;黄彦鸿,福建淡水;赵汝涌,山

东蓬莱;汪拔群,江西义阳;孙卿裕,山东诸城;宜动,正白满洲;傅家瑞,顺天大兴;魏鸿勋,福建宁德;梁造舟,山西夏县;向昌甲,云南文山;夏先鼎,湖北孝感;葛明远,贵州毕节;暴翔云,河南滑县;蒋玉泉,浙江余姚;熊廷权,云南昆明;志琮,正蓝满洲;傅学憼,陕西汉阴;傅松龄,河南鹿邑;陈易奇,福建长乐;胡天崇,湖北江夏;孙云锦,甘肃静宁;商廷修,正白汉军;范栻,湖北黄陂;李维桢,奉天广宁;秦曾璐,江苏嘉定;黄诰,正黄汉军;庄清吉,山东费县;苏耀泉,甘肃会宁;石光暹,安徽宿松;夏同龢,贵州麻哈;彭文翰,直隶献县;靳志,河南祥符;徐向荣,江西上饶;杨增荦,江西新建;黄和銮,浙江宁海;易子猷,江西宜春;蔡玮,湖南湘乡;任肇新,陕西盩厔;刘翼经,福建侯官;陈培锟,福建闽县;何作猷,广东香山;李熙,福建侯官;刘维垣,山东沂水;屠佩藻,浙江萧山;龙焕纶,广西临桂;查秉钧,安徽泾县;赵延泰,浙江仁和;王维城,顺天文安;任本恕,云南昆明;杨臣机,福建晋江;云祥,正蓝汉军;李钟岳,山东安邱;张杰,贵州清镇;王延纶,直隶定州;陈柏侯,福建闽县;蒋熊,湖北孝感;荫垣,厢红满洲;李福简,浙江东阳;方正,四川涪州;陆懋勋,浙江仁和;钟毓,正白满洲;范钟,江苏通州;翟谊,直隶永年;黎效松,广西藤县;胡世昌,直隶交河;何肇勋,四川兴文;史悠瑞,江苏阳湖;向光钺,安徽芜湖;计登瀛,陕西富平;何元泰,浙江会稽;管象晋,山东莒州;韩桂攀,直隶宝坻;王思衡,山东兰山;陈汝康,浙江海宁;杜德兴,四川长宁;王芹芳,奉天凤凰;余宝菱,陕西安康;王渶,河南洛州;崇芳,正黄满洲;彭凤沼,山东潍县;施愚,四川涪州;张权,直隶南皮;吴功薄,广东番禺;陈应涛,福建闽县;周建昌,江苏东台;汪明源,湖北黄冈;朱郁春,湖北武昌;黄堃,云南永善;桂殿华,安徽石埭;袁励准,顺天宛平;曹佐武,山西崞县;周国光,湖南湘乡;凌福勋,安徽定远;魏震,直隶天津;陈治纬,广西临桂;高寿,四川泸州;李华柏,江西德安;谢维璠,四川三台;郭日章,陕西汉阴;黄惠安,江西崇仁;张履春,江西南建;朱运新,江苏娄县;吴孝恺,福建闽县;陈德英,广西郁林;夏寿康,湖北黄冈;麦秩岩,广东南海;何联恩,浙江余姚;李绍烈,湖北襄县;冯由,湖南衡阳;姜秉善,直隶天津;荣煜,正黄蒙古;黄本谟,贵州郎岱;王廷扬,浙江金华;沈似濂,浙江萧山;吴霍,浙江钱塘;崔宝仁,陕西□城;张辂,浙江钱塘;王仪通,山东汾阳;文杰,厢白汉军;王阔成,直隶沧州;林师望,福建侯官;朱沧□,贵州贵筑;郭显球,江西新建;王道凝,山东巨野;林耀曾,广东海南;如麟,正黄蒙古;潘昌煦,江苏六合;黄家骏,广东南海;蔡桐昌,广西博白;黄大塎,江西石城;江惠振,安徽婺源;邓邦述,江苏江宁;周长清,云南昆明;林东郊,河南洛阳;杨兆龙,云南昆明;蔡侗,山西平定;胡焌,直隶天津;区家伟,广西苍梧;牛东藩,河南祥符;张之埏,河南项城;高树馨,直隶天津;蔡世信,江西赣县;包源,直隶河间;俞鸿钧,福建闽县;卢德福,山东福山;朱名炤,山东平阴;黄敏孚,广东顺德;聂谦吉,江西清江;刘麟翔,山西辽县;孟广来,山东济宁;任承纪,贵州瓮安;周钦云,云南会泽;曾广嵩,福建古田;郝霖椿,山东新城;陈湘涛,四川宜宾;阎希仁,直隶清苑;刘光铣,陕西平利;杨克烈,山西安邑;权尚忠,甘肃武威;陈其昌,江西高安;郑元浚,甘肃皋兰;杨润身,甘肃秦县;冯振仪,安徽桐城;于名训,山东莱阳;向安瀛,四川□荣;叶在藻,福建闽县;瞿肇琳,山西桂平;刘声骏,山西孟县;马桢,四川巴县;刘肇夏,陕西三原;莫汝锦,广东南海;方雷,安徽桐城;唐毓麟,江苏六合;张斯玉,山西应州;饶士翘,江西南城;陈进巨,陕西汉阴;蒋炳章,江苏吴县;王世奎,甘肃皋兰;陈斌麟,河南信阳;成沂,正黄汉军;方象堃,安徽桐城;王希贤,广西临桂;郭恩赓,山东潍县;林景绶,浙江鄞县;宋功迪,江西奉新;鲁晋,河南固始;孙其敬,河南息县;李士麟,四川遂宁;陈恩颐,湖北黄安;刘焕光,福建闽清;陆乃堂,广东南海;魏命侯,甘肃金县;周渤,湖南长沙;张学知,云南昆明;詹照,河南商城;赵传忍,云南通海;黄传鼎,浙江仁和;于廷琛,正红汉军;杨泳裳,湖南善化;钟麟,正白蒙古;张纲,福建漳浦;孙占鳌,陕西大荔;吴黼藻,浙江鄞县;赵东阶,河南氾水;孙光福,贵州黄平;魏鸿仪,甘肃伏羌;张三铨,山西绛县;陈启棠,广西北流;潘余庆,云南鹤庆;唐樾□,广西宣化;李瑞□,贵州贵筑;张兴慧,湖南宁乡;冯士杰,直隶定州;熊光瓒,江西南昌;王世相,甘肃皋兰;萧开中,直隶乐平;丁锡祜,山东潍县;林树声,山东宁海;谭文蔚,陕西凤翔;徐炳麟,湖北孝感;冯毫异,河南唐县;于式梭,广西贺县;罗运松,贵州婺川;张应善,山西介休;段献增,云南安宁;郑钟灵,四川阆中;袁勤端,顺天宛平;宁述俞,陕西潼关;王炽昌,山西临汾;范晋藩,广西陆川;陈长均,陕西山阳;朱荣先,贵州清镇;李麟昌,广东香山。

载1898年5月9日《申报》,第2版,59卷49页

668. 皖城试事

安庆访事友来函云,皖省提督学政徐季和宗师,由太平府本署起节,按临安庆考试。闰三月二十日午刻,宪舟行抵皖江,合城文武各官齐集江干迎迓。未几,宗师命驾入城,驻节试院,旋于二十一日行香放告,二十二日即行开考。

安庆府方太守连轸,因学宪按临,迅速将六属文童赶紧试竣,其未及与考者,复示期补考,自闰三月十八日起接试武童,至二十一日一律竣事。

考童恃其人众,最喜滋事,习俗相沿,牢不可破。此次安徽藩宪于方伯、臬宪赵廉访先期会衔出示晓谕,无如若辈仍置若罔闻,闰三月二十日有太湖县考生拥至四牌楼德昌布店,藉端滋闹,势甚汹汹。时有某广文出城迎接文宗,道经其处,再三劝谕,始纷纷而散。

载1898年5月20日《申报》,第2版,59卷115页

669. 皖试二志

安庆访事友来函云,徐大宗师按临皖江,上月二十二日考生员经古,二十三日考七学正场,二十四日考童生经古并各学教官。兹将经古各题照录于后:

"齐桓公下拜受胙"赋,以"天威不违颜咫尺"为韵。赋得"风雷益",得"雷"字。"乾为天为圆,坤为地为不方"说。肯堂肯楣解。杨袭考。陆逊、陆抗论。《孙子十三家注》得失论。问古称周天三百六十五度四分之一,今仅用三百六十度之数在天,而人能任意增损,此何理也。《楚辞·天问》云:"天圆则九重,孰营度之?"试作答语。

二十五日,考试望江县文童正场题:曲肱。虞人也,晋人以垂棘之璧。诗题:赋得"山碓水能舂",得"春"字,五言六韵。

载1898年5月23日《申报》,附张第1版,59卷137页

670. 皖试四志

安庆访事友人来函云,安徽学宪徐大宗师按临皖江,考试七学、经古及望、桐两县正场各题,均纪前报。上月二十九日,考试宿松县文童正场,首题:……以松,殷人以柏,周人……次题:大夫以旌。诗题:赋得"茅亭宿花影",得"亭"字。月之初二日,考试太湖县文童。首题:则枉寻。次题:直尺。试题:赋得"一茅三脊",得"淮"字。初四日,考试潜山县文童,正场首题:社之礼。次题:《诗》云殷鉴。诗题:赋得"史鱼秉直",得"鱼"字。先是前月二十八日,提复望江题:犹可以为善国。月之初一日招覆桐城《四书》题:十室之邑。经、诗题未详。初三日,提覆宿松县文童题:上祀先公作后二比。上月二十四日,文宗发出经古案,共录取十八名,计府学三名,怀宁学三名,桐城学三名,望江学二名,太湖学四名,宿松学三名,示期二十六日招复。

载1898年5月29日《申报》,第2版,59卷173页

671. 太平试事

芜湖访事人云,县试事竣后,上月望日举行府试,本月初六日文试告竣,续考武童,不日亦当考藏。太平府陈仲英太守接奉学宪徐季和宗师行文,约期二十边由皖垣转斾回辕,接考本郡,因即行文当、芜、繁三县学师,出示定期本月二十二日取齐郡属应试文武生童。以故,芜、繁童子军府试既毕,多留连郡邸,翘企文星。

载1898年5月31日《申报》,第2版,59卷185页

672. 皖江试事

安庆访事人云,今届戊戌岁试,安徽学政徐大宗师考试安庆府六属,本月初九日文童总复,十一日即举行武试,十六日发落新进文生。

怀宁文生王志行,十九岁入学后大吏保荐孝廉方正,现以教职试用,年已七十有九,适逢重游泮水之期,士林荣之。

载1898年6月9日《申报》,第2版,59卷247页

673. 皖学政徐奏为皖省五府一州岁试完竣折

安徽学政大理寺卿徐致祥跪奏,为安徽宁池太广五府一州岁试完竣,恭折具陈仰祈圣鉴事:窃臣于二月初八日出棚,先试宁国府,附考广德州,次徽州府、池州府,渡江试安庆府,折回太平府,接试本棚。现五府一州岁试已竣。查宁国文风以太平县为最,宣城、旌德次之;徽州以绩溪为最,歙县、黟县次之;池州以贵池为最,青阳、石埭次之;安庆以望江为最,怀宁、桐城、太湖次之;太平府属当涂、芜湖、繁昌三县质胜于文。各府士习俱较下江为朴,如有不及额之处,仍酌量缺进。发逆之乱,皖南北被害最酷,兵燹以后,元气未复,凋敝情形尚难寓目,加以频年旱潦为灾,士民困苦尤甚。士品虽优劣不齐,然不

致离经畔道,激励而裁成之,尚可干城道义。应试武童亦均恪守场规。惟安庆府属尚有冒名顶替积弊,设法厘剔,稍清于前。臣于各府发落日勖以读书养气,尊君亲上,本义理之学,成经济之材,以备国家缓急任使。所历地方春雨过多,豆麦均有伤损,皖北尤重,民情尚属安谧,宸念轸系,理合恭折上闻,伏乞皇上圣鉴。谨奏。

奉朱批:知道了,钦此。

光绪二十四年七月初六日《京报全录》,第六千三百号,戊戌年七月十六日《申报》附张

载1898年9月1日《申报》,附张第6版,60卷7页

674. 皖学行程

芜湖访事友人云,安徽提督学政徐季和大宗师考试太平府属事竣,即就本辕歇夏,循向例也。刻届金风扇暑,玉露零秋,遂复行文皖北各属,定期七月二十九日由姑孰起马渡江,先试庐州,次及颖、凤、泗、六等县,并由抚宪借拨"吉安"小轮船以备拖带。文旌约于初二三日即可莅合肥,是以庐州府劳太守已出示取齐矣。

载1898年9月17日《申报》,第2—3版,60卷117—118页

675. 皖学政徐奏为岁科两试请照乡会试新章折

安徽学政大理寺卿臣徐致祥跪奏,为岁科两试请照乡会试新章分场去取以冀甄拔全才,恭折仰祈圣鉴事:窃臣恭读六月一日电译上谕,"张之洞、陈宝箴《奏请饬妥议科举章程》一折,据该督抚等称,拟为先博后约,随场去取之法,着照所拟乡会试仍定为三场,第一场试中国史事、国朝政治论五道,第二场试时务策五道,第三场试《四书》义两篇、《五经》义一篇。首场按中额十倍录取,二场三倍录取。取者始准入次场,每场发榜一次,三场完毕,如额取中。其学政岁科两考,生童亦以此例推之,先试经古一场,专以史论时务策命题,正场试以《四书》《经义》各一篇,礼部即颁行各省,一体遵照等因,钦此"。仰见我皇上于科举一事斟酌至再,不厌求详。凡职司学校者,靡不仰体同钦。固督臣张之洞等原奏,虽请岁科生童童试以乡会试例推,而折内第陈大略,未详及办理之法,臣谨就管见所及,为我皇上陈之。经古一场,专以史论、时务策两门命题,较之诗赋自为切实有用,惟经古之名不改,则策论之试不专,何则?向来经古场生童报考者,阗属不过数百人,故取进之童,前列之生不□;录取经古者始能入选。此次改诗赋为策论,原期人人文之蔚起,以济时事之艰难,自宜慎重遴选。若仍经古之名,愿者来,不愿者听,一如从前考试之例。臣窃恐诗赋之试虽废,策论之效未收。似莫如改经古场为头场,试以史论一道,时务策一道,改正场为二场,试以《四书》义一篇,《经》义一篇,童试头场先行出榜一次,录取者准入二场,如乡会试例,合头二场参观互证,择其学识渊通、义理纯正者,如额进取。倘有文不及额之处,仍照例任缺勿滥。至于头场所取,不必拘定倍数,总以文风高下、人数多寡为断,是在衡文者酌而行之。此臣拟例推童试新章之办法也。若岁科两考,生员场数去取亦照此例,第一〔场〕仍其旧,二场试毕,先将一等生员出闱复试后,即将一、二、三等卷,按照向章,发提调官分别榜示。其头场未经录取之卷,均附三等后,以

示区别。如头二场有离经叛道、狂诞悖谬之谈者,岁考重则降革,轻则不准申送科试录遗。此臣拟例推生试新章,并量予激励之办法也。至生童巡□场,向有报孝经论、性理论者或报算学者,仍拟准其于头场报考作为首艺,再加时务策一道,亦以优劣去取。二场既有经义解,似可废止□□,如此则无倚轻倚重之偏,庶收有体有用之效,可否请旨,将臣所拟各节,饬下礼部详细妥议速行复奏,请旨定夺。如蒙俞允,应请饬各省学臣一体遵行,统自明年科考为始,俾文移札饬生童肄习,均得从容就理。其《四书》义《经》义必须限以字数,生童复试首艺或史论一道,或时务策一道;次艺或《四书》义一篇,或《经》义一篇,以及生员岁科两试有头场已取二场临点不到,并二场临期患病不能终场者,应如何分别办理之处,一并请旨饬部详议遵行。臣七月下旬即须按皖北各州郡,礼部所议督臣张之洞等奏请改试新章详细条款,届期如尚未奉到,臣谨先遵照六月初一日谕旨临时详慎办理,合并陈明。愚昧之见是否有当,恭折具陈,伏乞皇上圣鉴训示。谨奏。

奉朱批:另有旨,钦此。

光绪二十四年八月初五日《京报全录》,第六千三百二十九号,戊戌年八月十四日《申报》附张

载1898年9月29日《申报》,附张第6版,60卷209页

676.〔皖学政徐〕又奏为整饬文体片

徐致祥片:再,我朝以制艺取士,首正文体,故高宗纯皇帝钦定《四书文》,一以清真雅正为宗,俾士子有所矜式。今钦差奉谕旨,改试《四书》义、《五经》义,文格与制艺迥别,应试生童多未寓目,操觚率尔,深恐不合体裁。可否请旨敕令上书房、南书房或部院大臣精选历代及国朝名儒名臣《四书五经》讲义若(中)〔干〕卷恭呈御览,祇候钦定,刊刻颁行,则应试者既遵循有自,衡文者亦去取有资,整文体即以端学术,端学术即以正人心、杜邪说、拔真才,其关系于国家治乱安危之故者匪浅鲜也。附片具陈,是否有当,伏乞圣鉴训示。谨奏。

奉朱批:另有旨,钦此。

光绪二十四年八月初五日《京报全录》,第六千三百二十九号,戊戌年八月十四日《申报》附张

载1898年9月29日《申报》,附张第6版,60卷209页

677. 皖江试事

安徽访事友人云,安庆怀宁县为皖江首邑,今届重九之夕,正怀邑士子应试之期,兹将顾明府考试头场各题照录于左。

已冠文题:足兵。子贡曰:"必不得已而去于斯,三者何先?"曰:"去兵。"

未冠文题:盍彻乎?曰:二……

次题:用其中于民。

通场诗题:赋得"人淡如菊",得"如"字,五言六韵。

载1898年10月31日《申报》,附张第1版,60卷441页

678. 罢考述闻

安庆访事人云,安庆府所辖怀宁、桐城、潜山、太湖、宿松、望江六县,学额各四十四名。当岁试时,学宪徐季和大宗师以桐城各童殊少佳卷,未能如额取进,而望江文字颇觉斐然可观,乃将桐城所少二名拨入望江学。桐城士林咸为不服,今届科考之期,桐城县宰龙大令赓言出示,定期举行县试。士子虽齐集备卷,而届期不肯入场。大令与广文深为骇异,传诸廪保,详问其故。则以上届少取学额两名,恐从此援以为例对。大令及广文再三开导,谓果有佳文,本届定当如额取进。廪保唯唯。越日,各童乃入场。首题为:"蘧伯玉,邦有道;则仕",至"颜渊问为邦"。次题及诗题均未详闻。潜山县亦有罢考之事,未悉因何也。

载1898年11月9日《申报》,第2版,60卷499页

679. 士习日偷

安庆访事友人寓书本馆云,上月十七日,安庆府方太守考试怀宁县文童正场时,仿照前者徐大宗师定章,在二门内围以九曲栏杆,俾士子鱼贯而入,以杜拥挤顶替之弊。而多士不愿遵守,啧有烦言,旋竟自恃人多,将栏杆拆毁。太守怫然不悦,随以"狂简,斐然成章"命题。诸士子以为有意讽己,益觉哗然。及太守与广文亲出,查阅栏杆,经过号舍,士子见之,百喙交鸣,出言狂妄,为太守所闻,甫一回首,见某号士子手舞足蹈,正欲饬拘,而多士大为哗噪。太守乃含忍而退,后见某童交卷,识为肇事之人,立即传案重责。责毕,令即送至县署收管,尚拟扣考严惩。闻此童姓何,素性朴实,乃因随声附和,致为清议所不容,人可不束身自好哉!

载1898年12月15日《申报》,附张第1版,60卷751页

680. 照录刘岘帅敦崇实学札文

头品顶戴、兵部尚书、两江督部堂、硕勇巴图鲁刘,为札饬崇尚实学事:案照八月二十六日钦奉懿旨,嗣后乡试、会试、岁考、科考仍用制艺、试帖,诚以制艺系《四书》题,文为义理所归宿,以此取士,可观其会通,觇其底蕴,并非令各士子专于制艺用功也。夫木有根柢,则枝叶并茂;水有渊源,则支派自长。学者亦如是矣。如各士子平日讲求经史及掌故、时务,知古知今,有体有用,得诸心者应诸手,以所诵习者发为文章,精彩异常,无难掇巍科而登显仕。坐而言者起而行,即以文章施之经济,挟持有具,必能作循吏而为名臣,条贯相因,是皆中学中事。至于西学多门,足为中学之辅,在各士子自就资质所近兼习取益,以成通才,为国桢干,是则本部堂所厚望者也。倘各士子以仍用制艺考试,专以制艺,用功矻矻,穷年虚耗精神,坐糜岁月,则是舍本(遂)〔逐〕末。即使刻意求工,亦如《宋书》所云,连篇累牍皆风月之形,积案盈箱悉烟霞之状,明眼主司必不取此等空疏固陋之作。纵倖博一第,倖得一官,而识等面墙不知上致下泽为何事,贸然从政,惟薄

书期会之是营,参佐得以窥我浅深,吏胥得以持我长短。似此读书肄业,弋取科名,殊负朝廷选俊求贤之至意。该各地方官皆有教养之责,务须晓谕各士子崇尚实学,以远大自期。书院山长并须聘请名师兼课经史、掌故、时务,不得仅以制艺、试帖敷衍塞责,以误人子弟。合行札传,札到,该司道立即转饬所属,一体遵照办理。仍将该州县书院士子师课、官课于制艺外,如何定立兼课经史、掌故、时务章程报查。如有出色学生,亦即随时举报,毋违,切切。特札。

载1899年1月8日《申报》,第2版,61卷43页

681. 书两江总督刘岘帅敦崇实学札文后

人才为国家之元气,故古之治天下者,于外患之侵陵、内政之贫弱、民情之梗顽,皆未尝引以为大忧,独至庠序销亡、士多拿陋,则为之伤今思古,拊髀兴嗟。盖伊古以来,从未有人才不兴而国家可以久安长治者也。中国承五帝三皇之治,士子咸知敦崇实学,历朝巨儒如汉之董仲舒、唐之杜佑、元之马贵兴,皆能明体达用、学贯古今。自明祖定鼎南部,以时文取士,学者于是舍本逐末,穷年矻矻,但知专力于制艺,而不复从事有用之学,承讹袭谬,五百余年,实学愈湮。人才愈乏,忿激之士至谓时文之害天下,与古之洪水猛兽等。时文一日不去,中国一日不强。语虽微近于偏,然亦由专心时艺之人空疏孤陋,不知综核典章,研求经史,积日累月,遂至授人以口实也。今岁夏间朝廷徇楚督张香帅之奏,特降谕旨,岁科及乡会试改时文为策论。德音所布,遐迩同钦,虽老生迂儒不免有徘徊顾惜之意,而少年英锐之士莫不群颂圣明,以为从此可永脱羁绊,不复敝精神于无用之地,中国转弱为强之机殆于此寓焉。迨八月二十六日钦奉懿旨:嗣后乡试、会试、岁考、科考仍用制艺、试帖。仰窥皇太后之意,或亦以考试大典,祖制不可轻废。且《四书》题为义理所归宿,从此取士可以观其会通,觇其底蕴,非必令各士子专于制艺用功也。然既有此旨,薄海内外难免误会慈意,以为考试既仍用时文、试帖,则历代之史书、本朝之掌故、各国之政教,可以不必研求,而空疏孤陋之士又将侥幸于一试。是则国家恐无望于复强,而人才亦愈见其销耗矣。乃兹读两江总督刘岘帅敦崇实学札文,而知大臣之用心固有能见其大者焉。岘帅之言曰,"木有根柢,则枝叶并茂;水有渊源,则支流自长。如各士子平日讲求经史及掌故、时务,知古知今,有体有用,得诸心者应诸手,以所诵习者发为文章,精彩异常,无难掇巍科而登显仕。坐而言者起而行,即以文章施之经济,挟持有具,必能作循吏而为名臣。条贯相因,是皆中学中事。至于西学多门,足为中学之辅,各士子自就资质所近,兼习取益,以成通才,为国桢干,是则本部堂所厚望者也。至书院山长并须聘请名师兼课经史、掌故、时务,不得仅以制艺、试帖塞责,以误人子弟"云云。呜呼,岘帅此札殆能观其会通,虽不薄时文,而仍不为时文所束缚,学者苟能体此意,以讲求经世之务,则愈积厚而发愈光,空疏孤陋之诮亦何自来哉?虽然虽为推而论之,夫四部之书与时递嬗,六经为圣贤义蕴,所留不废江河,昭垂万古,子书析理精而述情显,其所议论颇足以救一时之弊,然诡僻横恣亦为识者所议。若欲探万世之兴亡,明列朝之治乱,益人神智而增人识见者,惟史最为今日当务之急。张香帅《劝学篇》所论读史之法:凡事实择其治乱大端,有关今日鉴戒者考之,无关者置之;典制择其考见

世变,可资今日取法者考之,无所取法者略之。夫能如此讲求史学方法,足致用通今而不蹈拘墟之陋习。然后旁及本朝之掌故、各国之政教,庶能一以贯通,深造自得。是则考试即仍用时文,而空疏孤陋之弊固可除,叫嚣浮薄之习亦可免矣,而人才安有不兴,国家亦安有不强也哉!

载 1899 年 1 月 11 日《申报》,第 1 版,61 卷 61 页

682. 鸠兹纪胜(皖北岁试＊)

提督安徽学政徐季和宗师于去秋秉节赴皖北举行岁试,由庐州而六安而凤、颍、六、泗、滁、寿,迨腊月初三日按临和州,十三日试竣,旋即回驻姑孰节辕。

载 1899 年 2 月 17 日《申报》,附张第 1 版,61 卷 253 页

683. 皖学起程

芜湖访事友人云,去冬安徽提督学政徐季和宗师岁试皖北告竣后,于腊月某日回驻太平府节署。本届科试之年,宗师拟变通旧例,先考安庆府,次及池州、徽州、宁国、太平,屈指五属竣事,已将榴火通明,正好为避暑之计。兹已定期正月二十九日自姑孰起程,向芜湖巨绅李伯行借定"云鹏""巢湖"两小轮船,拖带官舫,道出鸠江,尚拟小作勾留,与道宪吴观察畅叙幽情。芜湖县吴邑尊已饬办差家丁在江干搭盖码头,鹄候文旌,竭诚迎迓矣。

载 1899 年 3 月 11 日《申报》,第 2 版,61 卷 385 页

684. 皖北丛谈(宗师起节＊)

今届己亥科考,学宪徐大宗师由太平节署按临安庆府属,大约本月初四日可戾止矣。

载 1899 年 3 月 14 日《申报》,第 2 版,61 卷 403 页

685. 皖江试事

安庆访事友来函云,皖省学宪徐大宗师于二月初四日按临皖江,驻节试院。初五日循例行香放告,于初六日考试阖属生员经古,今将各题录左。

建都封国之制。《周礼》与《尚书》《孟子》不合考。伯益、伯翳考。"陶士行运百甓"赋,以"人问其故,答曰:习劳"为韵。为力不同料,古文不征。算学题:有半球体径一尺许,试求重心,兼详其理。书《数书九章》后。范增劝楚立怀王论。问兵贵于精,裁兵即在求精之意。当何如教训、何如整顿保甲、团练,所以补兵力之不足,何以行之,方能得力,试详言之。诗题:赋得"养花如养贤",得"贤"字,五言八韵。

初七日,考安庆七学生员,正场文题:"非其君不事"至"伊尹也"。策题:安庆本江淮

奥区,沮洳沃壤,而树艺不精,以致物产稀少。今欲振兴农务,何地宜稻麦,何地宜桑麻,何地宜竹木杂植,有无荒地可以开辟,有无隙地可以牧养?试各言之。诗题:赋得"梦吞丹篆",得"吞"字,五言八韵。

载1899年3月25日《申报》,第2版,61卷485页

686. 皖试三志

安庆访事友来函云,安徽提督学宪徐季和大宗师按临皖江,举行科试,本月初八日考试合郡童生。经古题为:锥处囊赋,以"锥处囊中脱颖而出"为韵。舜典分合考。李斯谏逐客论。寇准论。今有勾二十七尺,股三十六尺,求容方,问容方若干。天元代数优劣论。赋得"一番花信一番风",得"风"字,五言八韵。初九日,宿松、望江两县文童正场。宿松首题:今夫蹶者。次题:呼尔。望江首题:趋者。次题:蹴尔。通场诗题:赋得"白云初晴",得"晴"字,五言六韵。初十日,招复文生,经古题为:王旦为宋之贤相论。赋得"家家扶得醉人归",得"家"字,五言八韵。文生补欠二考题:三思而后行,是何濡滞也。春日载阳。赋得"深巷明朝卖杏花",得"花"字,五言六韵。十一日,考试桐城文童,正场首题:吾二臣者,皆不欲也。孔子曰:求,周任。次题:尝之义。诗题:赋得"春帆细雨来",得"帆"字。十二日,文生复试题:子贡曰:"固天纵之将圣,又多能也。"赋得"夔一足",得"夔"字,五言八韵。正途贡监录科题:为力不同科。问马贵与。古者户口少而皆才智之人,后世生齿繁而多游惰之辈。二说然与?否与?赋得"共登青云梯",得"登"字,五言八韵。某日,宗师牌示云:桐城廪保钱砺金、太湖廪保詹鸣莺,均未到场唱报,实属延玩,仰该学教官严加责戒,以儆玩视功令者戒。

载1899年3月31日《申报》,附张第1版,61卷531页

687. 皖试四志

安庆访事友人云,本月十三日,安徽提督学政徐季和大宗师复试宿松、望江二县文童。宿松《四书》题:周公,弟也。望江《四书》题:管叔,兄也。经题、诗题未详。十四日,考试太(和)〔湖〕县文童正场,首题:行不由径,非公事。次题:《书》曰"祗载……"诗题:赋得"犹喜曾无封禅书",得"逌"字,五言六韵。十五日,复招桐城县文童,《四书》题:成己,仁也;成物,智也。经题、诗题未详。十六日,考试潜山县文童正场,首题:如不容。立不中门,行不履阈。过位……次题:则取之左。诗题:赋得"燕寝凝清香",得"凝"字,五言六韵。

载1899年4月3日《申报》,附张第1版,61卷553页

688. 皖试五志

安庆访事友人云,安徽提督学政徐大宗师考试宿、望、桐、潜四县文童正场及生童经古各场题目迭纪前报。本月十八日,怀宁县文童正场,首题:惟助。次题:手之舞之。诗

题:赋得"中和节进农书",得"农"字,五言六韵。十九日,提复潜山县文童题:因而不学。二十日考试优生首题:子曰"巧言乱德"两章。余题未详。宗师于场规极为严肃,遇有显违功令者,轻则扣考,重则戒责。凡士子入场,必由九曲文栏鱼贯而进。去冬,方太守连轸举行府试行其法,在头门内亦扎九曲文栏,被各童恃众拆毁。太守怒饬提某童发县究办。及宗师按临,太守将情禀知。宗师慨士习之不端也,故有以儆戒之,爰以"行不由径""立不中门""困而不学"等题刺之。十七日,招复太湖文童题:反古之道如此者。宗师恐各童不明题旨,当堂明示,俾得骊珠。及校阅各卷,仅得十卷能知此义,余皆将"反"字误解,乃勉强取足,一面牌示云:本日提复太湖县,文童题为"反古之道如此者"七字。此章书旨在为下不倍,"反"字须遵朱注作"复"字解,与"小人反中庸""反"字迥异。曾将此意当堂剀切讲谕,该童等应如何心领神会。乃校阅诸卷,仅得十卷,余则共将"反"字误解,不独显违朱注,且与为下不倍之旨大相悖戾,而下文六字亦接不上。兹于□□之外,择其文笔稍可者递进如额,其误解题义而又多疵累暨诸纰缪,概屏不录。太湖夙为文物之乡,科第鼎盛著于安郡,方□□□气必有可观,不谓荒芜一至于此,必平日徒习时文而不知读书明理,故并《四书》不能成诵,尚安望其确有心得耶?虽由学业荒疏,亦因受师之失教,自此示后,须知本部院此次取足学额,已属委曲求全之意,嗣后教者、学者各宜讲求义理,以《四书》《五经》为根柢,毋徒各为枝叶,致流不殖将落之弊,戒之勉之,予其望之。当考试太湖、望江、怀宁文童正场时,宗师亲在号中搜出书籍甚多,□□望江县文童,有某童笔袋上题有风花雪夜之词,适为宗师所见,提至案前,恶其轻佻,饬责手心二十下,驱逐出场。有二廪保□□不及到场唱保。宗师饬教官立传戒斥。是以安郡士子莫不仰之如山斗,畏之如神明云。

载1899年4月9日《申报》,附张第1版,61卷597页

689. 皖试尾声

安庆采访友人云,安徽提督学政徐季和宗师按临安庆,牌示二月二十四日总复怀、桐、潜、太、宿、望六县新进文童,二十五日发落,二十六日按试池州。

载1899年4月12日《申报》,附张第1版,61卷617页

690. 皖试闰声

安庆访事友人云,上月二十四日为六邑新进文生总复之期,学宪徐大宗师以政体违和,委府尊方太守连轸代庖。是日,通场《四书》题:"子使漆雕开仕"一章。诗题:赋得"一砚苔痕带雨青",得"青"字,五言八韵。经文免作。

载1899年4月13日《申报》,附张第1版,61卷623页

691. 鸠江试事

芜湖访事人云,本届科试之年,芜湖县吴邑尊接奉学宪行文,饬即举行县考,遂示定

三月初五日取齐合邑应试文童,初七日开考。闻当涂、繁昌两县亦同于是日举行,缘学宪徐大宗师刻已由安庆试竣,于二月二十五日按临池州,递考徽州,转莅宁国,回驻太平府本辕举行院试。是以县试既竣,府考当即蝉联矣。

载1899年4月15日《申报》,第2版,61卷635页

692. 牛渚诗情(芜湖县试*)

芜湖访事人云,芜湖县试于本月初五日取齐,初七日开考,童子军共三百五十六名。头场已冠首题:兄弟足法。未冠首题:君子人与。通场次题:善人也,信人也。诗题:赋得"劝耕曾入杏花村",得"村"字。初九夜发案,共招复二百八十名,示期十二日初复。是日,《四书》题:及其闻一善言。经题:任贤勿贰,去邪勿疑。诗题:赋得"杨柳为君攀",得"攀"字。十四日发案,头场前三名:胡国澄、朱兴龄、宦荣。二场则以张善元为冠军,胡国澄第二,郭文藻第三。闻当涂、繁昌两县与芜湖同日考试,当涂头场应试者约八百余名,已冠首题:人道敏政,地道敏树。夫政也者,蒲庐也。故为政在人。未冠首题:宝藏兴焉。通畅次题:如耻之,莫若师文王。诗题:赋得"下笔春蚕食叶声",得"蚕"字。

载1899年5月1日《申报》,第3版,62卷2页

693. 皖学回省

芜湖访事友来函云,安徽提督学政徐季和大宗师三月初十日因病回辕,已纪报端。兹悉宗师于起节之前,即经电奏请假两月回辕就医。是以池州院试预展至秋后再为举行。闻宗师所患为寒热泄泻诸症,延杭州郭姓医士,抵省后用心调理,日有起色,倘再静养月余,当可喜占勿药矣。

载1899年5月6日《申报》,第1版,62卷39页

694. 鸠江杂录(举行县试*)

芜湖访事友来函云,芜湖县于三月初七日考试合县文童,至二十日即行告竣。府考定于二十八日取齐,一俟完竣,院试即蝉联而下,盖因徐大宗师尔时正值□满,又以不久即逢盛暑,特即本辕按试本郡科考,借免跋涉之劳云。

载1899年5月6日《申报》,第2版,62卷39页

695. 鸠江谭荟(县试告竣*)

芜湖访事友来函云,本月十五日为芜湖县试二复之期,《四书》文题:子曰:"伯夷、叔齐不念旧恶"两章。赋题:若个书生万户侯赋,以题为韵。诗题:赋得"高下山花远近红",得"花"字。风筝、雷鼓、云钚、雨珠,各七律一首。十七日三复,《四书》文题:"昆弟之言"至"孔子以其兄之子妻之"。论题:移孝作忠论。诗题:赋得"砚田无恶岁",得"田"

字。十九日终复,《四书》文题:"吾闻其语矣"上一句;"吾闻其语矣"下一句,均作一小讲。二十日亭午时发出正案,诸童之得列前茅者,无不欣然色喜。转瞬府试将届,又当磨厉以须,预备锦标快夺矣。

载 1899 年 5 月 7 日《申报》,第 2 版,62 卷 45 页

696. 府试展期

芜湖访事友来函云,太平府属当涂、芜湖、繁昌三县县试已毕,府试定于三月二十八日取齐,四月二日头场,应试诸君方云集姑溪,专俟及锋而试。讵料府尊杨太守忽政体违和,爰向上游引疾暂赋归欤。所遗太平府篆以候补府杜受臣太守恩荣接署,本月二十九日,杜太守附招商局"江永"轮船至芜湖,择吉履任,大约府试须俟清和节后举行矣。

载 1899 年 5 月 24 日《申报》,第 2 版,62 卷 173 页

697. 鸠兹问俗(太平府试*)

太平府试本定于三月二十八日取齐,四月初二日开考,嗣因前署府尊杨太守忽抱采薪,禀请交卸,杜太守甫经下车,又值学宪徐季和宗师仙逝,照料丧事,刻不暇给,是以迟至四月十四日先试当涂,越日接考芜、繁。南金东箭正在珊网宏开,忽然阅文幕友某君玉楼赴召,是诚匪夷所思矣。

载 1899 年 6 月 13 日《申报》,第 2 版,62 卷 331 页

698. 皖学观风

芜湖访事人云,新任提督安徽全省学政绵达斋阁学,本定期本月初十日自太平节辕渡江,按试和州,嗣改迟至十二日出辕。当未出辕之先,循例举行观风。兹将题目照录于下。生员题:召太师曰。君子万年,福禄宜之。赋得"一蓑烟雨忆吴淞",得"淞"字。蚁穿九曲珠赋,以"俗人之言,具含妙理"为韵。九河故道考。"乡三物教万民而宾兴之"解。曾子、子思、孟子言义利之辩论。问《温公通签》《朱子纲目》体例异同。拟唐魏征再上《十思疏》。博浪椎、河源槎、别墅棋、钱塘弩,各七律一首。童生题:不亦君子乎?蒙以养正赋,以"蒙以养正,圣功也"为韵。限八月二十日交卷。

载 1899 年 8 月 26 日《申报》,附张第 1 版,62 卷 857 页

699. 皖学观风

安庆访事友来函云,安徽提督学政绵大宗师刊就观风题,行知各府县学教官,颁发生童,限明年八月交卷。想怀才抱璞之伦定能各献所长,以备大宗师轺轩之采也。兹将各题照录于左。

生员《四书》文题:召太师曰。经文题:君子万年,福禄宜之。诗题:赋得"一蓑烟雨

忆吴淞",得"淞"字,五言八韵。蚁穿九曲珠赋,以"俗人之言,具含妙理"为韵。九河故道考。"乡三物教万民,而宾兴之"解。曾子、子思、孟子言义利之辩论。问《温公通鉴》《朱子纲目》体例异同。拟唐魏征再上《十思疏》。博浪椎、河源槎、别墅棋、钱塘弩,各七律一首。

  童生文题:不亦君子乎？赋题:蒙以养正赋,以"蒙以养正,圣功也"为韵。其余各题与生同。

载1899年11月27日《申报》,附张第1版,63卷621页

700. 皖学回辕

  芜湖访事友来函云,安徽提督学政绵达斋宗师前于七月初旬秉节渡江,按临和州并泗、滁、凤、颍、六、寿等各属,举行岁试。兹已一律告竣,于本月初七日回辕度岁,须俟明岁春融再行出棚,按临皖南各属考试也。

载1900年1月20日《申报》,第2版,64卷123页

701. 中江文战

  芜湖采访友人云,去腊安徽提督学政绵达斋大宗师科试凤、颍、六、泗、庐、和、滁、寿各府州,告竣后回辕度岁。旋行文太平府署,著于二月初二日取齐阖属生童。日来,当、芜、繁三邑文人已霞蔚云蒸,齐集郡城,预卜春风得意矣。闻宗师俟太平试毕,即须按临宁国,然后以次及徽州、池州两府云。

载1900年3月4日《申报》,第1版,64卷339页

702. 芜试续志

  芜湖访事友来函云,安徽提督学政绵达斋大宗师于本月初二日行香放告,下学讲书。初五日,考试经古。生赋题:"以闰月定四时成岁"赋,以题为韵。童题:〔题〕"密雨如散丝"赋,以题为韵。通场诗题:赋得"青云得路新",得"云"字。初六日,考四学生员。文题:"察言而观色"至"在家必达"。诗题:赋得"程表朱里",得"融"字。策题未详。初七日,复试经古。赋题:"在知人,在安民"赋,以题为韵。余未详。初八日,考芜、繁文童正场。首题:"……寿。子曰:齐……"次题:如耻之。诗题:赋得"茶甘不上眉",得"茶"字。初九日,复试一等生员。文题:夫子之文章。余未详。初十日,考当涂文童正场。首题:子曰舜……次题:曰赐也。诗题:赋得"国士无双",得"双"字。十一日,提复芜、繁文童。十二日,发当涂案。十七日,发芜、繁(三)〔两〕县案。从此芹香高撷,得意归来。转瞬秋风又当于选佛场中,一角文坛胜负矣。

载1900年3月23日《申报》,附张第1版,64卷475页

703. 皖左试事

芜湖采访友人云,二月初七日,安徽提督学政绵达斋宗师传檄太平府属生童,就本辕举行科试。至十七日试竣,旋即部署琴装,定于二十四日按临宁国府。俟宁国竣事,即须以次按试徽、池二府。至此而全省科试告竣,大约蒲绿榴红之际,秉节回辕,迨七月初旬,又须前赴白门,举行录遗典礼矣。

载 1900 年 4 月 8 日《申报》,第 2 版,64 卷 595 页

704. 皖省帘差

安庆访事友来函云,本年恩科乡试,皖省调办帘差各员早经大宪下札,计正任官:绩溪县陈兰阶大令调帘,遗缺委候补知县华国文代理。旌德县李大令邦庆调帘,遗缺委候补知县汪承祖代理。本任县刘大令佐震,休宁县叶大令在鋆,请补建平县周大令捷三,即用县陈大令祖绶、周大令荣期,陈耕三、王元埏,候补县查光华、吕曾、叶浚、孔铜陵、文化舒、蔡锡元,同知陈远绩、冯锡文,通判许隆纬、陈宏运,以上十七员均奉委帘差。又,佐贰现任土桥司徐德皋调帘,遗缺委候补巡检湛元庆(晃)〔代〕理。桐城六百丈巡检吴士俊调帘,遗缺委候补从九张锡庆前往代理。潜山县丞王树珊调帘,遗缺委候补县丞李先第代理。舒城县晓天珠代步琦调帘,遗缺委候补巡检上官松前往代理。东流县典史王乾调帘,遗缺撒凤翔代理。荻港司李龠和调帘,遗缺委候补巡检朱秉谟代司。沈湖县典史张振华调帘,遗缺委候补典史邱光铨代理当差。采石司谢登朝调帘,遗缺委姚近稼从九代理。太平府经历某参军调帘,遗缺委理芜历蓝蔚代理。又,候补佐职:胡毓芬、章炯仁、王国相、李正焕、刘文田、史继昌、刘嘉言、陈榕、胡承烈、傅荣、范守正、王宇彬、戴琦、周名延、刘启锟、唐韶、布经。

载 1900 年 6 月 13 日《申报》,附张第 1 版,65 卷 343 页

705. 申明定例

昨承京师友人远贻双鲤云,月前礼部咨行各省督抚内开:查定例,各省乡试揭晓后,中式士子地方远者限两月,近者限一月,赴学政衙门填写亲供,照限解送礼部,以备磨勘笔迹。其未经填写者,不准会试。至亲供不能与试卷一同解部者,以试卷解到日期为始,地方远者限两月,近者限一月,补送到部。如逾限不即送部,将学政照例题参议处各等语。定例甚严,遵行已久,从未有各省中式士子不赴学政衙门填写亲供,径行赴部补填者。咸丰初年军兴以来,士子中式后,或有因贼匪滋扰,道路梗阻,不获赴学政衙门填写,不得已,径行来京呈请在部补填亲供。本部核其所呈各节,系属实在情形,并非该士子自误,始据情奏准在案。今各省军务告竣,所有考试事宜自当确遵定例,不容稍涉迁就,相应通行各省巡抚,严饬该士子于揭晓后亲身赴学政衙门填写亲供,由学政按照期限解部。如逾限不到者,照例题参。如士子仍有不在本省填写,来京后藉口他故,呈请在部补填者,概不准行,以符定例。又,定例新中举人有已在本省填写亲供,尚未解部,

准其取结呈明,先行会试,仍由部行查该省将所填亲供送部核对。如未经填写,捏称已填,是该举人朦混取巧,应罚停会试三科。出结之员,照例议处。近年以来,外省士子竟有在本省未填亲供,捏称已填,经部查明后罚停会试三科者。在该士子不谙例禁,希图侥幸一时,孰知查出后竟至三科不能应试,后悔何及。一并由该抚剀切晓谕,毋使该士子仍前玩忽,自误功名等因。今岁适逢恩科乡试之期,寄语秋风得意诸君,尚其恪守定章,不致因循自误也可。

载 1900 年 6 月 18 日《申报》,第 1—2 版,65 卷 377 页

706. 文闱缓办

金陵访事友人云,江南文闱供给所早经开办,兹者,两江督宪刘岘帅因北地烽烟四起,一时难望靖平,瞬届秋闱,士商云集,省垣以内陡添五六万人,倘有匪徒溷迹其间,难保不乘机肇事。爰商之苏、皖两抚,会衔奏请暂缓程才。是以供给所中办事人员现已停止办公,恭候旨下矣。

载 1900 年 7 月 12 日《申报》,第 2 版,65 卷 539 页

707. 论各省疆臣奏请停缓秋试事

湖广总督张香帅以北方拳匪不靖,沿江各省筹办江防日不暇给,爰于本月某日会商湖北巡抚于次帅,电达两江总督南洋通商大臣刘岘帅、四川总督奎乐帅、江西巡抚松鹤帅、湖南巡抚俞廙帅,联名电奏,请将本年恩科乡试暂行停止。闽、浙总督许筠帅亦以匪乱尚未弭平,奏请将秋试缓迟数日,然后举行,本馆已纪其事于前、昨两日报端。窃谓,各省疆吏措词虽殊,用意则一,老成谋国之心洵能深知体要者哉。而说者谓,考试为抡才大典,苟非遇朝廷大变,故向不敢轻议更张。从前粤逆肇乱,窃踞金陵,当事者犹于十月中借浙闱考试,诚以三年大比,礼重宾兴,苟非循例举行,不特无以彰国家文治之隆,且无以副士人登庸之望。今北省匪焰虽炽,然较诸发逆之乱似尚悬殊,且东南各省风鹤无惊,如常安谧,正不妨鹿鸣同赋,润色升平,而乃桂子秋风遽尔罢咏,揆之盛朝慎重科名之意,毋亦有所未安。不知事固贵乎从权,情无取乎固执。愚尝谓,此次停缓乡试,其利约有三端:凡考试均在省会,士子之担簦负笈而来者,多逾一二万,少亦数千,而贸迁之商贾、办考之胥吏、服役之仆从,犹不与焉。以省垣一隅之地,骤增此巨万之人,往年并无浮言,犹虑良莠不齐,稽察难遍,况今者吴头楚尾,枭匪、哥匪到处潜踪,万一乘间滋生事端,为患何(甚)〔堪〕设想。此必宜停缓者一。凡办闱差一次,修理房屋,添置器用,料量食物,每省约耗十余万金,合东南数省计之,其费将近百万。当此库储支绌,各省筹拨饷项几于罗掘将穷,倘得节此巨资为各属筹防之费,其为裨益何可胜言。此必宜停缓者二。郡县士子咸以乡试为进身之阶,虽当时事艰危,名心岂能遽淡?苟使琐闱仍启,则山川跋涉亦所不辞,而当兹贼盗纵横,世途荆棘,乘机劫掠,实在意计之中。倘榜花未卜飞腾,而行李遽遭遗失,进退维谷,其何以堪?此必宜停缓者三。有此三端,是以当事者毅然请停,而不复有所顾虑钦。抑愚又有进者,夫朝廷开科取士,谓欲求通达今古之

才,置之庙廊,以为他日干城之选也。然时文之肤浅,试帖之浮薄,对策之空虚,数十年来久为有识所诟病。自前岁科举改章之说起,海内人士方望风向慕,以为数百年陋习可以一扫而空。乃未及明诏迭颁,旧章尽复,一时豪杰有志之士临风叹息,以为从此中国士习无望振兴,而深于八股、八韵之流则不禁鼓舞欢欣,谓有墨卷数十篇,即不难高步天梯,取青紫如拾芥。嗟乎!实学沦亡,虚词竞尚,使国家多开一科,亦不过罗致若干空疏无用之人才,于世有何裨益?然则各疆吏之奏请停试,或尚有深意存乎其间,不第以匪势蔓延、防务吃紧而为此权宜办理乎?世之明于事理者,苟能深知此意,而不以阻止登进为各疆吏病,则庶乎其可焉。

载 1900 年 7 月 20 日《申报》,第 1 版,65 卷 585 页

708. 示缓试期

汉口采访友人云,本月下旬某日,湖北藩、臬两宪会衔出示暂缓试期,其文曰:为出示晓谕事:窃奉抚院于札开,准两江总督部堂刘会同江苏、安徽、江西、湖北、湖南、四川各督抚,电请总理衙门代奏,恳将试期展缓数月等因行司。奉此,除分行各府、州、县转饬所属遵照外,特恐士子未能一律周知,合应出示晓谕。为此示,仰阖省士子知悉,尔等在本籍静候,俟奉到谕旨,再行示期,以遂观光之志。其各凛遵毋违,特示。

载 1900 年 7 月 25 日《申报》,第 2 版,65 卷 615 页

709. 与客论和议纲领中停止考试事

星期无事,有客叩关而入,猝然问执笔人曰:"今者,中外议和,所列大纲十二条,执事已备登报牍矣。其中恤被害之使臣、惩肇衅之祸首、立碣以悼毁墓、驻兵以备匪人,炮台则平之以免危机,仪文则改之使无不便,以及整顿总署,禁阻军装,悯书记之被戕,禁乱党之结会。凡若此者,类皆题中应有之义,虽中朝不免大失体统,然欲易干戈为玉帛,不得不唯唯遵从。所谓战后言和,事事总受制也。独于肇祸之省停止考试一事,一若与本题绝不相关也者,不知西人是何居心,而必欲阻士子进身之路。岂拳匪之祸果由士子煽而成之乎?我子凤以研求时务为心,尚其明以告我。"执笔人曰:"拳匪,乡愚也。其为首煽祸者,类皆蠢如鹿豕,绝未尝与士子交,安有士子身入党中,推其波而助其澜,使之酿就非常祸乱?鄙意西人之所恶于士子者,恶其著书立说,诬谤教堂,以致教士、教民横遭屠戮耳。西人每谓各省闹教之案皆由士子酿成。初时,仆亦未敢深信其言,及悉心叩之,则谓士子平时窗下埋头,惟用力于且夫,尝谓一旦见有教之异己者,必争相骇诧,并力以攻。攻之而力不能除,则博引繁称,任情讪詈,造为挖眼剖心之说,佐以宣淫下蛊之谈,恣肆汪洋,笔锋犀利。愚者不察,信而从之,家有宁馨儿偶被匪人所诱,则群然曰教堂匿之也;见有电光照相摄影镜中者,则又哗然曰:此教士挖人之眼,制药以成之者。至于种痘施医,尤易启人疑窦,而闹堂之案成矣。回忆同治初年,湖南衡州府方举行考试,士子群起而与天主堂为难,万众汹汹、几酿巨祸。厥后江南松江府举行府试,童生麇集,亦将教堂一炬成灰。至于湘人周汉之刊书流传,激人闹教,西人尤痛心疾首,忿不能平。

盖教案虽成于愚民,然苟无士子倡之于前,愚民亦断不敢贸焉起事。其于和议中加入'停试五年'一款,殆欲借此以示惩儆,使此后士子皆默尔而息,不复敢讪谤丛兴乎。"客曰:"试士为国家大典,因议和而准停试,是以外人干内政也,奚其可者!"则笑应之曰:"此约一定,中国内政何者不为外人所干,更何论乎试事!且停试亦何尝不可哉,仆窃尝见中国士子矣,居恒惟从事于诗云子曰,案上置高头讲章一部,毕生矻矻全在于斯。偶有能作八韵赋、五言诗者,已诧为高才,争相钦佩。及语以国朝之掌故,海外之方舆,格致之工夫,水陆之军制,谨愿者瞠目不能对,桀黠者更哗然而起詈骂,随之曰:'我惟尽力于试场中程文耳,恶用此不急之务为?'噫! 士子之用心如此,即日日加以考试,亦惟博取迂执不通之物,乌足以佐治我国家? 今者,考试停矣,士子无用其且夫尝谓之学矣。其有志者盱衡时局,志切振兴,研求夫礼乐兵刑,博考夫名物象数,更进而致其力于泰西之天文、地理、化电、声光以及制造之工程、行军之秘奥,兴学校,课农桑,日盛月新,实事求是,举向之高头讲章与夫八韵之赋、五言之诗一扫而空,改而为国家有用之学。其有资斧充牣者,更出洋肄业,博取众长,归而为国驰驱,期致富强之效。行见军装之不能购取者,兴工制之;炮台之早经铲平者,择地筑之。西使觐见之仪可以重整,西人守戍之卒可以撤回,张我国威,杜彼觊觎。然则,停试也不特于士子无所损,且更大有造于我邦家矣,诚何虑外人之干我内政哉!"客曰:"谨受教,盍笔报简,以质之身秉国钧者乎?"执笔人曰:"是无不可。"爰于客退后,泚笔而著为篇。

载1901年1月7日《申报》,第1版,67卷37页

710. 秋闱并试

广州访事人云,去岁庚子恩科,各省乡试例于八月举行,嗣因拳匪肇乱,中外失和,经两江、湖广、四川诸督臣奏请,将庚子、辛丑恩正两科归并光绪二十七年八月举行,会试则递推至光绪二十八年三月。业蒙俞允。日前,广东藩宪丁方伯出示谕云:光绪二十六年十二月十一日奉广东巡抚部院德札开,光绪十二年十二月初九日承准行在军机处电开,奉旨"昨据刘坤一等合词吁请,将两江、两湖、四川庚子、辛丑恩正两科乡试归并二十七年八月举行,恩正两科会试,归并于二十八年三月举行,业经照准。此外,各省文武乡试即著一律展缓,并将此电谕知之,应即钦遵办理。"除恭录咨札,合就札知札司,即便飞速移行文武各衙门一体钦遵查照外,并即恭录出示晓谕遵照毋违等因。奉此,除移行钦遵查照外,各就恭录出示晓谕。为此示,谕阖省士庶人等即便遵照毋违。特示。

载1901年3月10日《申报》,第1版,67卷361页

711. 皖试先声

芜湖访事友人云,安徽提督学政绵大宗师定于本年二月考试宁国府属文武生童,日前宣城县陈少鲁大令已派人至芜上,购备一切铺陈矣。

载1901年3月22日《申报》,第2版,67卷435页

一 科举与拔萃

712. 皖学登程

芜湖访事友人云,正月二十八日,安徽提督学政绵大宗师由太平府节辕乘舟赴宁国,盖以宁国府属定于二月初二日开考也。

载 1901 年 3 月 24 日《申报》,第 2 版,67 卷 447 页

713. 鸠邑官场纪事(示期县试*)

芜湖县陈云湘大令迩接安徽全省提督学政札饬举行县试,遂定期三月初二日开考,刻已榜示通衢矣。

载 1901 年 3 月 27 日《申报》,第 2 版,67 卷 467 页

714. 芜邑官场纪事(大令考试*)

正月某日,定远县曾旭初大令考试文童,旋于本月初三日举行武试。

载 1901 年 4 月 13 日《申报》,第 2 版,67 卷 569 页

715. 鸠水云帆(准备县试*)

升任六安州署理芜湖县陈云湘大令定于三月初二日举行县试,日来阖县文童已料理琴书,准备及锋而试矣。

载 1901 年 5 月 4 日《申报》,第 3 版,68 卷 20 页

716. 皖试补志

安庆访事人云,安徽怀宁县刘明府举行县试,初、二场题已详前报。兹将三、四复题照录于下。三复文题:"季康子问仲由"两章。诗题:赋得"劝耕曾入杏花村",得"村"字,五言八韵。四复文题:旅一字加之以师旅句。论题:"知伊尹之所知,学颜渊之所学"论。诗题:赋得"布谷催耕鸠唤雨",得"忙"字,五言八韵。

载 1901 年 5 月 5 日《申报》,第 2 版,68 卷 25 页

717. 试事纪闻

京友来函云,国子监钦奉谕旨:"据两江总督刘坤一奏请,将恩科归并正科举行,并称同治年间各省军务未竣,历经办理有案。庚子恩科乡试展至本年八月初八日,与壬寅补行庚子正科乡试归并举行。再于次年归并会试,一体仿照办理,庶于恤士节费两有裨益等因。奉朱批:著照所请,该部知道,钦此。"业已传知应行住监各生,定于三月初旬开课,五月录科,一切应办事宜均查照成案办理。并闻《议和条约》中虽有"停止考试"之

语,然只就直隶深州、良乡、通州等而言。至于大兴、宛平两县,系首善之区,即有外来拳匪煽惑良民,实与本地人民无涉,刻已照会各国,准将试事照常举行矣。

载 1901 年 5 月 9 日《申报》,第 1 版,68 卷 49 页

718. 停试述闻

金陵访事友人云,和议条约中有"闹教省分,停止大小考试五年"一条,朝廷已准如所请。江南一省原不在停试之内,而全权大臣李傅相不知是何意见,忽奏请一律停试。两江督宪刘岘帅亦以为然。刻已奉旨允准,岘帅因即札饬江宁藩司,停办本届文闱供给。

载 1901 年 5 月 15 日《申报》,第 1 版,68 卷 85 页

719. 停考试后必须广开学堂说

前者,两江总督刘岘庄制军奏请将庚子恩科乡试展至本年八月初八日,与壬寅补行庚子正科乡试归并举行,其会试则递推至次年,俾于恤士节费两有裨益。业已钦奉朱批"著照所请"矣。既而,议和条目中又有"闹教省分请停止大小考试五年"之说。虽东南各省教案已结,别无滋事之端,自不在停试之列,而全权大臣李傅相则以"事非一例,或恐与政体有妨",爰奏请将各省试事一律停止。两江督宪刘岘帅亦以为然,当即封章入告,刻已奉旨允行。外间虽未见纶綍昭宣,然事系得诸官场,未必同子虚乌有。愚窃谓,停试一事,其约有数端,时文、试帖之无益于世,固夫人能言之矣。今新政虽见萌芽,而科举究未更变,倘仍为循例考试,不过多收若干空疏无用之人才,与国事果何裨益?即使朝廷锐意整顿,立改旧章,然士子惑溺于俗学者多,留心于经济者少,仓卒就试,仍惟乞灵于坊间所售时务诸书,东窜西抄,借图侥幸。揆之国家求才之意,毋乃大相径庭?此其宜停之故一也。国家府库空虚,至今日而已极,转瞬和议成后,厘金、关税既已抵制赔款,授其权于外人,而各省应需款项仍难节省,行见左支右绌,挹注益觉为难,倘再举办科场,则以每省用银十万计之,每开一科,须耗银一百数十万。国家财力有限,何堪再耗此巨金?此其宜停之故二也。议和条目中所载闹教各省分须停试者,虽止有山西、直隶、浙江等数十州县,其余均不在其内,然当举行考试之时,使此数十州县之生童独抱向隅,绝其登进之路,揆诸情势,未免偏枯,且恐相形之下,因羡生妒,因妒生恨,益将仇视外人,而衅端由兹而起。观夫浙学按临绍郡时,因诸暨教案未结,意欲将试事暂停,而彼处生童声势汹汹,几致激成事变。以此推之,则将来各省考试之际,未必不因彼此歧视滋生事端。故毋宁一视同仁,不加区别。此其宜停之故三也。有此数端,故李傅相与刘制军决意奏请朝廷将试事一概停止。老成谋国,用意良深。或谓目今国家需才甚急,考试既停,则士皆伏匿草茅,果用何术以网罗贤俊?倘欲乘此停试之际,俾各士子究心经济有用之学,期于数年后皆成魁伟宏通之器,以备朝廷之博采旁搜,意非不良,计非不善。然士无论贤不肖,必赖朝廷歆之以名,动之以利,始能刻厉奋发,以求识拔于风尘。

今试事既停，而又无他途以广其登进，吾恐不肖者既颓废自甘，贤者亦未免心怀观望。窃意三五年后，时文、试帖固已久而渐忘，而所谓经济有用之学亦将研究无人，同付于渺茫不可知之数。曾是国家当振兴庶政之时，而于培植人才转视为缓图，听其日就销铄乎？愚谓时至今日，考试固不妨停止，而学堂则必须广开，诚能于此时就各府州县开设大小学堂，选择聪明俊伟之士肄业其中，课以公法约章、天文地舆以及格致制造之学，详定课程，分别年限，凡学成者，由郡县申送京师，试以能否分别差等，予以出身。如此则有志之士自蔚然振兴，而国家不患无可用之才矣，又何必于科举之停与否断断然以此为轻重哉！

载1901年5月17日《申报》，第1版，68卷97页

720. 停试述闻

京师访事人云，本年乡试近经行在来电垂询两全权大臣，究竟何省应行停止？本馆按，近日外间传说纷纷，或谓各省乡试一律停止五年，或谓当缓至明年壬寅岁举行。二者皆与此说互异，未知究竟孰是孰非也。

载1901年5月21日《申报》，第1—2版，68卷121页

721. 展缓乡试札文

松江访事友人云，庚子恩科及辛丑正科各省乡试，前经南省各督抚联衔奏请归并本年八月举行，兹因时局未定，有谓停止者，有谓展缓者，言人人殊，莫衷一是。近日，府署奉到省宪札文，随转札各学一体遵照。兹特照录于左。

松江府正堂余，为转行事：本年三月二十七日，奉布政司陆排单札开：本年三月十五日奉苏抚部院聂札开，光绪二十七年三月十四日承准行在礼部元电，奉旨"各直省乡试，前已降旨将恩正两科归并于本年秋间举行，现在和局将定，各士子观光志切，自应仍遵前旨一律举行，著该督抚各就地方情形详细体察，有无窒碍之处，迅即据实电奏，钦此"等因。本部院承准此，除行江藩司外，恭录札司会同江藩司一体钦遵，迅速议复，详候电奏，毋稍耽延等因。正在核办间，又于三月十九日奉总督部堂刘札开：照得本部堂会同江苏、安徽两抚部院于光绪二十七年三月十五日电请军机处代奏奉电旨垂询乡试事。朝廷嘉惠士林，本应一例开考，惟时局尚未大定，长江一带匪徒思蠢，接英领事函，近日确闻票匪、盐匪、游勇及各会匪拟在长江合伙，定期起事等语。又经访有回天票匪运银十万并炸药多箱入江，正在通饬严密防范，认真拿办。若照常开考，骤聚上下江数万人于省城，稽查难周，奸宄易于溷迹，深恐滋生事端。坤等往返电商，并面商司道，均以展缓为宜。可否仰恳天恩，俯准本年乡试展至明年秋间举行。伏候圣裁。谨据实电陈，请代奏等因。兹于本（年）〔月〕十六日，钦奉电旨：刘坤一等电悉，江南乡试著准其展缓至明年秋间举行，钦此。合就恭录札行，札司即便钦遵，转行所属各府州县移行各府州县学，传谕文武各生，一体知照。并于三月二十一日奉到苏抚部院聂札，同前由各等因到

司行府。奉此，合就转饬札到该学，即便传谕文武各生一体钦遵，知照毋违。此札。

载 1901 年 5 月 25 日《申报》，第 2 版，68 卷 145 页

722. 请行乡试禀牍

金陵访事人云，日前大宪奏请展缓江南乡试，旋奉上谕饬准。士民商贾一闻此信，咸切忧惶，疑议丛生，谣言四起。省垣绅士二十余人联名禀请两江总督刘岘庄制军，奏乞照常乡试，以振士气而靖民心，本报曾志其事。兹由友人处觅得公禀原稿，其禀首署名者为濮青士太守、陈御三太史，其余附者诸人亦尽属进士、举人，无一身与乡试之辈。兹将原禀照录于后，以供众览。江宁绅士公禀，为吁请循例举行乡试以靖人心事：窃绅等闻近日大宪有请缓行本省乡试之说，仰见宫保大人思患预防之深心，审时度势之至计，曷胜钦佩。惟目下怀铅握椠之士皇皇如失所恃；而商贾工匠下逮负贩食力之伦，亦以屡年不举乡试，生计愈艰，怨咨四起。谨将实在情形为宫保大人陈之。计自去年五月拳匪倡乱以来，两宫蒙尘，京师失守，凡有血气莫不忧伤。今幸和议告成，回銮有日，群欣欣然以为升平重睹，各励所学，以求一日之知。若再行缓试，则芹藻之气不扬，弦歌之声将掇，而商贾负贩当民穷财尽之后益无生计。此不可缓者一也。缓试之故，一因教案牵连，一因票匪蠢动。而本省幸赖宫保大人威望闻于中外，凡所以绸缪未雨，除暴安良之政久已次第举行，用能海波不扬，东南安堵，沿江、沿海七八行省、亿万生灵赖以保全，而本省尤食其福。故拳匪肇衅之后，本省无一教案；康梁滋事以后，本省无一票匪之案。此本省独有之情形也，不得援他省以为例，更无庸为他省所牵率。即或偶有谣传，自经宫保大人密饬所属梭巡查察，闾里宴然，岂举行乡试便有他虞？且本省之民体皇上怀柔远人之意，大宪保全民命之苦心，与洋人耦俱无猜，视若一体，苟亦如他省之因教案而停科举，何以劝善？此不可缓者二也。或者曰和议虽成，两宫尚未回銮，乡试似属不急之务。则请以前事言之，咸丰十年庚申八月，銮舆北狩，嗣以和议告成，次年辛酉科照旧举行。又，咸丰三年，金陵失守，镇扬继陷，安徽亦半沦于贼，即永停乡试亦事理之常。而九年己未科文宗显皇师特俞疆臣之请，是年十月借浙江举行乡试。维时两省流离被难之人读诏书而感泣，事竟亦帖然。今两省皆无恙，而忽然停试，似不足以慰士心。此不可缓者三也。或者曰供给现尚未办，若举行乡试，其势不及，则请以往事言之。曾文正于同治三年六月克复江宁，其时公私赤地，百物荡然，贼踪相距不过数百里。曾文正独请补行乡试，十一月举行，竟事帖然，亦绝无贼匪滋扰之事。夫以此日之时势，较之同治三年六月，则有间矣；及此赶办供给一切，较之乱后公私赤地、百物荡然则有间矣。成例可援，为期尚早，此不可缓者四也。宫保大人五督江南，前后二十余年，爱民如子，民亦望之如慈父母，凡乡试之士子以及望乡试贸易食力之人，皆宫保大人之赤子，与他省无与也。江省目下情形可以举行乡试，与他省之有教案、有票匪者不同，亦宫保大人所深悉也。咸丰乙未、同治甲子成案具存，亦江南省可援之例也。且绅等尤有请者，自近日邪说横行，士心浮动，不复守其业，造作谣言，一倡百和，其所恃以维系者惟此科举之一途。若复令其绝望，聪明才辨之士进取之心既懈，流弊甚多，于士习民风关系实非浅鲜。且绅等均非乡试之人，既有所见，不得不呼吁于慈父母之前，伏乞宫保大人体察情形，奏

请仍循例举行乡试。不胜悚切，引企之至。谨禀。

载 1901 年 6 月 8 日《申报》，第 2 版，68 卷 229 页

723. 论展缓乡试之善

我朝承有明之制，以制艺取士垂三百年，历朝鸿儒硕彦类出其中，而功业彪炳，焜耀宇宙者亦无不由此进身。科举中不可谓无人才，故朝廷以科举为抡才大典，诚欲取士以佐理国事。乃自世风日薄，士习日偷，文体日坏，人虽沾沾以科举为重，而竟若忘朝廷取士为何用，故仅以八股、诗赋、小楷为敲门之砖。其未得之先，既无暇翻阅经史，讲求实学；既得之后，势利萦怀，并置八股、诗赋、小楷而不问。于是，科举中人为世诟病，以为钱谷不知，兵刑不晓，时务不达，向皆视为尊贵者今且鄙之薄之者。非鄙薄夫科举也，实鄙薄夫科举中人仅知八股、试帖、小楷也。是则欲取人才，非变通科举不可。然变通必有其机，机之未来，虽有意变通，而必多捍格。戊戌之事其明证也。去岁拳匪事起，外人要约，指明闹教之处停试五年。既而，朝廷允疆吏之请，各省乡试一律展缓一年。此即变通科举之机也。凡事得机则成，失机则败，于此而展缓试期未始非计之善。乃犹有以照常乡试请者，未免不识世务，不顾大局矣。若以士气不振、民心不靖为关系，试问照常乡试之时，士气果若何丕振乎？果能丕振，亦何世风如是之薄，士习如是之偷，文体如是之坏耶！至于民心，更若风马牛不相及。中国愚民尽有不知乡试为何事者，若谓因此而或致不靖，此必无之事也。商贾负贩之流，诚有因此而获利者，然谓舍此而竟无生理，则乡试不过三年一次，三年之中为时亦不过一月，岂有一月所获之利而即能敌三年之生涯乎？恐亦断无此厚利也。且考市在省城一隅，非合省共得之利，于商务亦有何关系耶？以蒙观之，展缓乡试有数善也。方今国库支绌，每省秋试所费不赀，停缓一科，合之各省亦成巨款。当筹款之际，得此亦不无小补，一善也。各处匪徒蠢蠢欲动，秋试之时，省中骤增数万人，地方官为闱事所牵，倘一疏忽，滋生事端，亦意中事。借此停试，得以绥靖地方，二善也。况已奉旨特开经济科，讲求实学，八股、诗赋、小楷势必革除，士子既素习于此，不致茫无头绪，三善也。或者谓，此次停试出自外人之意，闹教皆乱民所为，而士子无端被累，其何以服其心？曰：若允外人之请，分别停试，固不足以服士子之心。而此则一概停试，是出自疆吏之深心，庙谟之独运，与外人无与也。明乎此，而士气何患不振，民心何患不靖耶？尤愿怀才者慎毋抱急于求试之心，以致忘实学。尤愿化墨守旧章之见，毋故步自封，转瞬槐黄，吾知好学者届时当不嫌其迟而尚嫌其速也。如或知尔，则何以哉再诵斯言，躁进之心当亦可以消释矣。

载 1901 年 6 月 11 日《申报》，第 1 版，68 卷 247 页

724. 江南仍宜举行乡试说

本年三月十四日，行在礼部奉旨：各直省乡试，前年降旨将恩、正两科归并于本年秋间举行。现在和局将定，各士子观光志切，自应仍遵前旨，一律举行，著该督抚各就地方情形，详细体察有无窒碍之处，迅即据实电奏。朝廷嘉惠士林有加无已，海内怀铅握椠

之士钦奉纶綍，咸思各励所学，以求一日之知。既而，两江总督兼南洋通商大臣刘岘庄制军以迩来时局尚未大定，长江一带闻有票匪、盐枭、游勇及各会匪定期合伙起事。又访有回天票匪运银十万两并炸药多箱入江，潜谋不轨，深恐照常开考，骤聚上、下江数万人于省城，稽察难周，奸宄易于混迹，未免滋生事端，爰电请军机处代奏，请将本年乡试展至明年秋间举行。旋于十六日钦奉电旨允行。仰见圣明审时度势之深心与疆臣思患预防之至计，顾全大局，钦佩曷胜。虽然草莽下士，窃有不能已于言者。夫考试一事，为国家拔擢人才要务，虽现在所试之时文、试帖庸烂肤浅，诚不足以网罗俊杰之才，然只宜改弦儿更张，不可因噎而废食。况自去岁中外交哄，而后各省大都因教案牵涉，曾受指摘于外人。惟本省人民仰体圣明怀柔远人之心暨上宪慎重邦交之意，与外人视为一体，耦俱无猜，半壁东南最臻安谧。今忽然停试，似不足以慰士心。至虑考试时匪人乘间蠢动，无论省垣防守严密，本未必有意外之虞，且现在逆匪徐春山已在沪上拘获，解赴白下，行将明正典刑，元恶既除，余匪当亦潜鳞辑羽，断不敢因而生心。是即试事照常举行，又何至复生他变？然此犹据事理而论，尚未就情势以衡也。至今日行在传来电音，知云南、贵州两省主考已于四月二十五日奉旨简放。窃意此后钦承简命者当不止此数人，得遂观光者断不止此两省。在云、贵等处，虽去今两年民情静谧，并未别肇事端，诚不宜阻其进取之路。然以江省之中外错处仍得宴然无事，其情形难易正自不同。乃于彼则依然举行，于此反因而展缓，揆诸情势，殊属偏枯。故愚谓：朝廷或因和约虽将告成，时局尚未大定，因而将各省试事一律停止，亦未尝非切要之图。惟他省若仍举行而江省转抱向隅之憾，非特无以慰士心，亦无乃非朝廷一视同仁之意乎。或曰自奉谕旨后，文闱供给早已停办，现在即欲举行，恐将不及。然考国初各省乡试本未尝定于八月，时有迟至九、十月者，读顺治、康熙等朝《东华录》纪载，班然可考。至咸丰九年，金陵失守，镇、扬旋陷，而是年十月仍借浙闱举行乡试。同治三年六月，克复金陵，其时赤地千里，百物荡然，两江督宪曾文正公奏请于是年十一月补行试事。往例具在，援引何难，况今和局已成，回銮在即，而逆匪徐春山又已一鼓成擒，行将授首，沿江各省高枕无忧。此时由大宪奏请皇上，简派通达今古之主司，俾得拔取真才，为国效用，其亦中国转弱为强之机乎。涉笔及此，不禁拭目俟之矣。

载1901年6月14日《申报》，第1版，68卷265页

725. 试事述闻

金陵访事友人云，两江总督刘岘帅前以沿江一带伏莽堪虞，且有巨逆徐春山私携炸药至省垣，阴谋不轨，深恐一旦乘机作乱，必至势若燎原，爰具折奏请将本届江南乡试缓至明年。奉旨俞允。既而，省中绅士以乡试事关大局，禀请照常举行。岘帅批斥不准。兹者，钦奉上谕：现在有人奏称，停缓乡试有碍大局，著再体察情形，奏明候核等因。时徐逆已在上游擒获解省，明正典刑，当无意外之虑。因此举行与否，日内尚在踌躇也。

载1901年6月26日《申报》，第2版，68卷337页

726. 乡试述闻

京师访事人来函云,月前云、贵两省正副主考业已奉旨简放。兹闻官场传述,今届乡试只云南、贵州、甘肃、广东、广西、四川、福建七省举行。按,各省乡试前奉廷寄,垂询各督抚是否能一律举行。今者,只试七省之说尚未见有明文,姑纪诸报端,以觇其后可也。

载 1901 年 6 月 27 日《申报》,第 1—2 版,68 卷 343 页

727. 会试不停

京师访事人来函云,和约各款中有各省闹教地方停止考试五年一事,传闻举人不在其例,仍准照常会试,然得自传述,确否未敢知也。

载 1901 年 6 月 27 日《申报》,第 2 版,68 卷 343 页

728. 芜湖官场纪事(学宪行程＊)

安徽学宪绵大宗师现已由徽起节,十六日宿许村,十八日宿太平署,十九日宿(六)〔石〕埭,二十日宿青阳,二十一日莅池州。

载 1901 年 6 月 29 日《申报》,第 3 版,68 卷 356 页

729. 鸠邑官场纪事(按临皖北＊)

安徽提督学政绵大宗师准于本月十七八日过芜,按临皖北。

载 1901 年 7 月 2 日《申报》,第 3 版,68 卷 374 页

730. 仍缓试期

金陵采访友人云,本届江南乡试前经两江督宪刘岘帅奏请展至明年,虽经各绅具禀(严)〔恳〕求,岘帅终以时有逆匪私携炸药入长江,深恐试士之时乘间谋为不轨,因之缮函婉告各绅。既而,钦奉纶音,大旨谓:有人奏称,停缓乡闱恐有碍大局,著各督抚再行体察地方情形,据实复奏。时自立会匪首徐春山已经弋获。各绅悬揣宪意,以为必将奏请举行矣。乃刻闻岘帅慎重为怀,谓匪首虽已伏诛,而余孽犹密布于长江上下,(于爱)〔爰于〕日前封章入告,仍请缓至明岁举行。

载 1901 年 7 月 14 日《申报》,第 2 版,68 卷 445 页

731. 芜邑官场纪事(学政抵芜＊)

安徽提督学政绵达斋大宗师拟于徽、宁试事告竣后,回至太平节署度夏。五月十八日抵鸠江,文武各官咸至江干迎迓。宪舟小泊一宵,翌晨即向采石矶进发。

载 1901 年 7 月 23 日《申报》,第 2 版,68 卷 499 页

732. 改试策论述闻

　　本届乡试除云贵、两广等七省外，余均停试，本馆前已将此事录纪报端。兹得京师友人来函云，现闻政务处议奏，请举行乡试之处改试策论。然得自传述，尚未知确否也。

　　　　　　　　　　　　　　载 1901 年 8 月 10 日《申报》，第 2 版，68 卷 607 页

733. 乡试展期札文

　　昨晚上海县汪瑶庭大令发出示谕，曰：为出示晓谕事，奉府宪余札，去年五月十七日奉布政使陆札，本年四月二十九日奉总督部堂刘札开：照得本部堂前于光绪二十七年三月十五日会同苏、安抚部院电请军机处代奏，本年乡试展至明年秋间举行一案，业经钦奉电旨"江南乡试著准展至明年秋间举行，钦此"。当经分别咨行在案。嗣经奉旨，饬令各就地方实在情形再行详细体察，即速电复等因。经本部堂由电复奏，兹于四月二十二日准西安来电：奉旨"江南等省奉展乡试，均著仍准缓至明年秋间举行，钦此"。合就恭录，并抄电奏稿札行，札司以便钦遵等因到司行府。奉此，合就抄粘转饬札县，即便移学一体示谕钦遵，毋违，此札等因到县。奉此，查此案前奉府宪札饬，迭经示谕在案。奉札前因，除移请外，合行出示晓谕。为此示，仰阖邑贡监各生一体钦遵毋违。特示。

　　　　　　　　　　　　　　载 1901 年 8 月 20 日《申报》，第 2 版，68 卷 669 页

734. 本馆接奉电旨（变革文武科举诏＊）

　　昨日午刻，西安行在飞电传来上谕四道，谨敬译登。……同日（注：七月十六日）奉上谕：科举为抡材大典，我朝沿用前明旧制，以八股文取士，名臣硕儒多出其中。其好学者皆潜心经史，文藻特其绪余。乃行之二百余年，流弊日深，士子但视为弋取科名之具，剿袭庸滥，于经史大义无所发明，急宜请求实学，挽回积习。查近年来各省通商，智巧日出，尤贵博通中外，储为有用之材，所有各项考试不得不因时变通，以期造就。著自明年为始，嗣后乡会试头场试中国政治、史事论五篇，二场试各国政治、艺学策五道，三场试《四书》义二篇，《五经》义一篇。考官阅卷，合校各场以定去取，不得偏重一场。生童岁、科两考仍先试经史一场，专试中国政治、史事及各国政治、艺学；策论一场，试《四书》义、《五经》义各一篇。考试试差、庶吉士、散馆，均用论一篇、策一道。进士朝考论疏、殿试策问，均以中国政治、史事及各国政治、艺学命题。以上一切考试，凡《四书》《五经》义均不准用八股文程式；策论均应切实敷陈，不得仍前空衍剽窃。自此次降旨之后，皆当争自濯磨，务以《四书》《五经》为根本，究心经济，力戒浮嚣，明体达用，足备器使，庶副朝廷求治作人之至意。所有各试场详细章程及其余各项科试未尽事宜，著礼部会同政务处妥议具奏，钦此。

　　　　　　　　　　　　　　载 1901 年 9 月 2 日《申报》，第 1—2 版，69 卷 7 页

735. 读七月十六日上谕敬注

八股之弊,尽人知之,改变之法,言者亦屡。顾自有明成化间始定八股取士之式,迄今行之五百年,仍而不废。何哉？尊之者曰:制艺代圣贤立言,可以考见士子之品行、学术,名臣魁士类出其中。世人乃以八股之害,比于鸦片烟之流毒中华,实则流失相沿,士林习为庸陋,以致不能佐国家经时济变之用。而八股文字遂为天下人所诟病,必以为废八股而人才始可以兴,非笃论也。愚谓不然,不废八股,人才断不能兴。夫名臣魁士之类能为八股文字者,大都研究群经,博览诸史,故其发为文也,词举理明,言之有物,不必八股,而其人之鸿才卓识已蕴积于平时。特国家既以八股取士,遂不得不以八股进身,故上而佐治朝廷,下而安抚黎庶,用能兴利除弊,措置裕如,初非取资于八股始能明体而达用也。今之士人则不然,以为欲取功名,非精八股不可,但钻研于庸烂墨卷而未尝一窥有用之书。迨八股精矣,功名得矣,试问胸中有何经济,则皆瞠目不知所对也。上以是求,下以是应,非士人之不知经世之学,亦上之不以是求也。愚故谓,不废八股,人才断不能兴也。我皇上亦早知科举之不能废,而其法不能不变,故于戊戌五月曾降谕旨,著将乡会试及生童岁科各试向用《四书》文者一律改试策论。旋于是年六月,准湖广总督张之洞、湖南巡抚陈宝箴之奏,再降上谕,定为乡会试第一场试中国史事、国朝政事论五道;第二场试时务策五道,专问五洲之政、各国之艺;第三场试《四书》义、《五经》义各一篇。著礼部通行各省,一体遵照。既而,康、梁二逆构衅宫闱,皇太后重复垂帘训政,于是守旧诸庸臣以为得志,蛊惑慈圣之听,悉举皇上所行之新法一朝而反之,天下有志之士咸太息扼腕,以为新政不能举行,人才不能奋发,失此机会,振作难期,未免可惜。乃本年七月十六日,复奉上谕,著自明年为始,嗣后乡会试头场试中国政治、史事及各国政事论五篇,二场试各国政治、艺学策五道,三场试《四书》义二篇、《五经》义一篇。生童岁科两考,仍先试经史一场,专试中国政治、史事及各国政治、艺学;策论一场,试《四书》义、《五经》义各一篇。考试试差、庶吉士、散馆,均用论一篇、策一道。进士朝考论疏,殿试策问,均以中国政治、史事及各国政治、艺学命题。草莽下士恭诵之余,欣然于八股之仍废,策论之终行,诚足以振动天下之耳目,激发天下之才智。实学之兴,翘足可待;奇才之出,左券可操卷。自是以后将科目无无用之人,而臣僚有济世之具,国家转弱为强之业不可于此卜之乎？寄语天下学者,尚其各励所学,蔚然为大用之才,以无负朝廷求治作人之至意也可。

载1901年9月8日《申报》,第1版,69卷43页

736. 芜邑官场纪事(批请缓试*)

安徽提督学政绵大宗师,准当涂县吕璇甫大令禀报,皖南灾情孔亟,请暂缓考试等情,而多士咸跃跃欲试,拟联名具禀宪辕,不知能邀允准否也。

载1901年9月23日《申报》,第3版,69卷134页

737. 安徽学政绵文奏为岁试皖南各府县属情形事折＊

安徽学政奴才宗室绵文跪奏，为岁试皖南各府县属情形，恭折具陈仰祈圣鉴事：窃奴才于本年二月十五日出棚，先试宁国府属，并调考广德州，次及徽州、池州各府属，至五月十五日竣事，由水路驰回驻署，清厘卷牍，即接考太平府属。奴才开考各棚，惟有恪遵圣训，悉心校阅，严密关防。各属文武童生颇知自爱，尚无恃考滋事之人。至于各属文风，宁国府之泾县，徽州府之歙县、婺源县为优也，池州府之贵池县次之，其余各县亦多可造之才。武场则广德州、池州府之铜陵县为最，徽州府之歙县、婺源县，池州府之贵池县次之。奴才于试毕发落日，文则勖以敦品力学，武则勉以有勇知方，俾各底于有成，以副圣主作育人才之至意。一俟七月间，即驰赴皖北各府州属办理岁考事宜。再，奴才此次经过地方，禾苗畅发，民情安谧，堪以仰（恳）〔慰〕宸廑。所有奴才考试皖南各府州县情形，谨缮折具陈，伏乞皇太后、皇上圣鉴。谨奏。

六月二十四日奉朱批：知道了，钦此。

光绪二十七年八月二十六日《奏疏汇录》
载 1901 年 10 月 7 日《申报》，附张第 5 版，69 卷 223 页

738. 芜邑官场纪事（按临庐州＊）

安徽提督学政绵晋斋文宗于八月十二日按临庐州府，举行科试，路经和州裕溪口，州牧姚石泉刺史迎迓如仪。

载 1901 年 10 月 16 日《申报》，第 3 版，69 卷 278 页

739. 照录京师政务处所拟考试章程

京师采访友人云，前者钦奉纶音，著将考试事宜一律酌改，废弃八股、时艺，专以策论新学抡才。旋由政务处王大臣拟订新章八条，奏请圣明采择。兹从官场觅得邮乞，速登报牍，以餍海内先睹为快之心。本馆按，此项章程日前已有人辗转传抄，云系部臣所订。今既得自政务处，当系庐山真面，不同以讹传讹也，爰照登之，以供众览。

一、首场论题五道，顺天乡试及会试仍请钦命题目，各省乡试由考官拟出。惟中国政治巨细毕赅，历代史书卷帙浩博，发题试士，执简始足驭繁。溯查唐杜佑《通典》列食货、选举等八门，宋郑樵《通志》分为二十略，元马端临《文献通考》广为二十四门，乾隆时又辑宋、辽、金、元、明五朝掌故成《钦定续通典》《续通志》《续通考》等书。至本朝巨典宏纲，则别著为《皇朝通典》《皇朝通志》《皇朝通考》，列于册府，政治源流罔不赅备。至褒贬得失，《御批通鉴辑览》一书，业经圣断折衷，尤足昭示万古。嗣后，首场命题不外以上诸书，庶大法大经灿然具备。

一、各国政治，自以学校、财赋、兵制、商务、公法、刑律、天文、地理为大纲，推之格致、制造、声光、化电诸学，亦宜研究入微，各有心得。今二场发策，遵旨以各国政治、艺学命题，平昔讲求实学者自足各抒底蕴。惟边远省分，风气尚未大开，翻译诸书亦未必

流传悉遍，拟于近一二科考试先从外国政治切于实用明白易解者命题，迨数年后，振兴鼓舞，造就有成，再由典试者酌量文风高下，由浅入深，俾士子有渐进之功，朝廷收得人之效。至《四书》《五经》义，士子服习有素，原不妨随举命题，惟不拘何经，均宜书写原文，不得删改增减及搭载虚缩，以免割断圣经。

一、论、策、义体例自应较八股文律从宽，惟近来坊行之本汗牛充栋，若只敷衍剽窃，襞积成篇，则纸上肤词究何裨于实用？士子各抒议论，必须上下古今，指陈得失，期于措诸当世，实可施行推之。二场对策，亦必体察中外情形，参酌贯通，剀切印证，总期确有见地，不蹈空言，一切剿袭雷同概置不录。至《四书》《五经》义，尤易朴实说理，明白正大，一洗制义之肤浮，独阐圣经之精蕴，乃为体用兼赅，仰副圣主求拔真才之至意。

一、乡会试向设誊录、对读，原以糊名易书，严防关节。乃行之既久，百弊潜滋。今既改试首场五论，次场五策。字数既多，势必多雇书手，方敷供役。然此等书手皆系积惯为奸，或雇倩能文之人代为修改，或暗以字句作认，密递内帘。闱中会聚数十百积弊之人至兼旬之久，弊更有防不胜防者，不如一举廓清，但将试卷严密弥封，令考官精白乃心，秉公衡校，如有辨认字迹，徇私取中者，一经举发，立予重惩。在考官身列仕途，宜知自爱，是去一防弊之法，闱中实少数十百作弊之人。

一、闱中书籍自正经正史，以及有关政治者，均宜收储备用。京城甫经兵燹，卷帙散亡，应用诸书，厂肆未必齐备。查粤逆平靖，江南、湖北、广东等省均将经史各种有裨正学者设局刊版，流播海内。今拟查明何省刊有何书，分别开单咨取存库，以备临场送至贡院。至外国政治、艺学，门类尤繁，亦拟就上海先后译出各书，分门详考，陆续购置，以备应用。

一、从前殿试考试，每遵进奏题裁，趋重楷法，且殿试则用大卷朱行直格；朝考则用无格折本，复试卷则横直均有界限，卷式互异，习之颇难。今既务求实学，士子平素不尚雕虫末技，则彤墀献策似宜令其敷陈剀切，畅所欲言，但期文理之优长，不责字划之工拙。推之优拔生朝考以及中书、教习、学正、学录等考试，均从复试卷式，横直均有界限，以归划一而易遵循。

一、乡会试卷向有磨勘，大旨在正文体、察弊窦，功令所垂，诚不可废。乃行之既久，由疏而密，渐涉苛细，一誊真也添注涂改必详字数，一草稿也脱落模糊必严查对，以至抬写不容偶误，词句摘及小疵，甚谓时文代圣贤立言，引及后世史事，目为有违文律。士子欲求入彀，遂至寻行数墨，一无发挥，文体卑靡，半由于此。今既改试策论，务求实学，似宜一弛文纲，但求议论正大，洞澈源流，学有本原，晓畅时务，除离经叛道、词意狂悖、有害世道人心者，仍宜严行磨勘外，其余失格违式、不谙禁例诸病，似可从宽。

一、宗室乡会试向用《四书》文一篇，试帖诗一首，拔贡朝考后殿试复试及优贡朝考，以及中书、教习、学正、学录在贡院考试，均用《四书训诂》。今乡会试既改论策义，拟请以上各项考试嗣后均改用中国政治，试史事论一篇，外国政治、艺学策一道，俾海内士林得专趋向。

载1901年10月21日《申报》，第2版，69卷307页

740. 皖江试事

芜湖访事人云,安徽提督学政绵达斋文宗于九月十二日考毕庐州后,即按临六安。刻下六安亦已考毕,接考颍州,闻年内皖北各属须一律告竣。当考庐州时,因停止武试,武童独抱向隅,遂迁怒于文童,几致肇祸。而凤、颍一带,更多以弓箭刀石起家者,按临在即,恐不免又有一番波浪也。又闻本月初旬天长县黄大令举行县试,头场仍试时文,首题:宜弟宜兄。初复《四书》题:岂惟口腹有饥渴之害。经题:君子以厚德载物。诗题:赋得请试他题。

载1901年11月27日《申报》,第2版,69卷537页

741. 芜邑官场纪事(学宪行程＊)

安徽提督学政绵达斋文宗考试庐、颍、六各属已毕,闻年内尚须按试寿州、凤阳,然后回太平节署。

载1901年12月28日《申报》,第3版,69卷726页

742. 皖上归鸿(定期考试＊)

和州牧姚石泉直刺、滁州牧熊鞠生直刺,均定期十月初五日考试所属文童,济济英才当一试夺标手段矣。

载1902年1月1日《申报》,第2版,70卷1页

743. 皖省官场纪事(定期按临＊)

去冬,安徽督学使者绵达斋宗师考试太平府属生童,定于今春以次按临和、滁、泗三属。

载1902年2月18日《申报》,第3版,70卷252页

744. 入籍非易

芜湖采访友人云,安徽池州府属青阳县兵燹之后,地方经费筹措维艰,董其事者爰议准客籍文童捐赀入籍。去冬举行县试时,有江夏首姓湖南刘姓、蕲水邓姓、桐城陈姓,自愿捐输千余金,请准一体应试。不料廪生倪少宽从中阻挠,谓为不符定制。不知县主谢凤冈大令若何批示也。

载1902年2月20日《申报》,第2版,70卷263页

745. 和阳试事

芜湖采访事友人云,安徽提督学政绵达斋大宗师本定于新正十八日取齐和州所属

生童,二十日开考。和州直隶州知州郑直刺以莅任之初、供帐未具,申请稍缓试期。爰迟至二十六日按临,甫下车即出示行辕前,遵旨以《四书》《五经》义试士,经古则以策论代之。我知采石矶畔、太白楼头多士之具边筹曹仓者,定可于万人如海中脱颖而出矣。

载1902年3月12日《申报》,第2版,70卷385页

746. 芜水嬉春(观察爱才＊)

芜湖采访友人云,前署徽宁池太广兵备道兼芜湖关监督龚幼甫观察下车伊始,即召集多士观风,合徽宁池太广五属生童,多至三四百卷。未几,即卸任而去,应试诸士子咸以为江花邱锦,当付之废纸篓中矣。乃去腊,忽将案发到学,始知海底珊瑚咸归铁网,且所给膏奖格外从丰。如观察者,真可谓爱才如命矣。

载1902年3月14日《申报》,第3版,70卷398页

747. 皖试有期

安庆访事人云,安徽提督学政绵达斋大宗师岁试宁、池各属,业已报竣,将此返旆省垣。是以安庆府石太守晓谕通衢,仰各属士子于三月二十四日齐集省城,听候考试。

载1902年4月27日《申报》,第2版,70卷691页

748. 皖试初志

安庆访事人云,安徽提督学政绵大宗师于四月初一日莅皖。随即牌示:初三日补岁考,初四日考安庆府属七学生员策论、经古,初五日七学生员岁考,初六日考太、宿、潜三县童生策论、经古,初七日考桐、怀、望三县童生策论经古。

补岁考题:"所谓诚其意者,毋自欺也"义。"知者乐水"全章义。

生员策论经古题:用西法推广铁路、轮船,应使民人咸知利益策。汉文帝罢露台论。

岁考题:"如切如磋,如琢如磨"义。"金木水火土谷"义。

太、宿、潜三县生童策论经古题未详。

怀、桐、望三县童生策题:沛父老留汉高祖论。慎选学生游历东洋,讲求格致之学策。经古题未详。

载1902年5月19日《申报》,第2版,71卷125页

749. 皖江试事

安庆访事人云,本月初六日,安徽督学部院绵大宗师考试太、宿、潜三县童生。时务策论题为:智若禹之行水论。仿泰西各种机器以便商民论。

初八日,考试太湖县童生,题为:"治国其如示诸掌乎"义。"王省惟岁,卿士惟月,师尹为日"义。

初九日，复试生员时务策论，题为：用西法制造水师兵轮策。周公思兼三王，以施四事论。

初十日，考试宿松县童生，题为："尧舜其犹病诸"义。"人生十年曰幼，学。二十曰弱，冠"义。

载 1902 年 5 月 27 日《申报》，第 2 版，71 卷 181 页

750. 皖省派办闱差人员单

安庆访事人云，本年江南乡试，皖中例应调员赴省办理闱差。兹将奉调各员衔名照录于左：全椒县刘庆光，婺源县方永昺，太湖县柯恕敬，绩溪县程兰阶，旌德县李邦庆，霍山县秦达章，凤颍同知周心培，太平府经历章炳仁，潜山县县丞王树珊，土桥巡检徐绘之，后部巡检陈炽昌，华阳巡检陈士钦，晓天巡检沈步琦，六百丈巡检吴士俊，荻港巡检李禽和，坎厦巡检胡庆元，和州吏目宋璜，东流县典史王乾，天长县典史陶铣，芜湖县典史张振华，候补知县程恩晋、吕曾、郭集馨，同知朱景行，通判周家煜、左树璜。

载 1902 年 7 月 1 日《申报》，第 2 版，71 卷 413 页

751. 独秀晴云（文童落水＊）

学宪按临，士子云集，上月某日，桐城县文童发案后，凡名落孙山者纷纷附舟旋里。有甲、乙、丙三船，行至半途，陡起狂风，同时倾覆。幸得救生船及众渔船援救，将甲、乙两船中人全数援起。惟丙一船，仅救起船户一名，余均葬身鱼腹矣。

载 1902 年 7 月 15 日《申报》，附张第 1 版，71 卷 517 页

752. 安徽巡抚聂奏为拨解庚子、辛丑恩正两科文闱经费以供支用折

头品顶戴安徽巡抚臣聂缉椝跪奏，为拨解补行光绪二十六年庚子恩科、二十七年辛丑正科文闱经费以供支用，恭折仰祈圣鉴事：窃照江南省文闱乡试，历系上、下两江轮流值科，每逢上江轮应之年，除动支各属征解编征文场银两外，向由安徽藩司详请奏拨江安粮道库存漕耗银七千两，解交江宁藩司衙门存储支用。历经循办在案。兹据安徽布政使汤寿铭详称，光绪二十六年庚子恩科文闱乡试轮应上江承值，业将例拨漕耗银七千两如数解交江宁藩司查收济用。嗣因乡试奉文停缓，所拨之银未经具奏而修理贡院工程与备朱墨试卷以及购办一切器具、杂物。当时防务紧急，亦未造册请销。本年补行庚子恩科、辛丑正科乡试，仍应上江承值，准江宁藩司以该项经费立需应用，移请拨解到司，自应援照同治庚子正科并补行壬戌恩科成案，动拨漕耗银七千两，即以二十六年已解银七千两照数相抵，以为备办本年乡试供应等项之用，其二十六年修理贡院、制备试卷什物若干，可否准予照销，抑或由江、安、苏三藩司分摊归款，应由江宁藩司确核妥议，另行详办等情请奏前来。臣复核无异，除咨明户、礼二部查照外，谨会同两江总督臣刘坤一恭折具陈，伏乞皇太后、皇上圣鉴。谨奏。

奉朱批：该部知道，钦此。

《京报》第七千零七十七号，壬寅年六月二十二日，《申报》附张

载1902年7月26日《申报》，附张第6版，71卷593页

753. 皖省决科

安庆访事人云，本年皖省补行庚子、辛丑恩正两科乡试，抚宪聂大中丞先于月之初二日举行决科，题为：无旷土无游民策。既而，另发一题，问：皖省土产甚富，其载于官书者固属共见共闻，其为官书所未载者尤为指不胜屈，官之平日漫不经心固无论已，其或偶有所知，又意在省事，且溺于袒护地方之说，大都壅不上闻，所派委员匆匆访查，更何能洞悉？今皖省奉派每年一百万，而筹可足数者实止七十余万，此固本部院奉职无状，而亦地方官绅士民所宜襄助也。今拟于决科外，另命一题，限三日交卷，意在开诚布公，通达民隐。凡诸生已经决科、未经决科者，均可各抒所怀。除已经认捐之款毋庸议外，其余府厅州县各项土产，各指出确实情形，已经认捐者尚可加捐若干，未经认捐者实可创捐若干，如何而去官绅之抑勒，如何而杜胥吏之骚扰。此外尚有何利可兴，何弊应除，一一著于篇，不得空言塞责，亦不得挟嫌误指。《诗》云："先民有言，询于刍（尧）〔荛〕。"尔诸生学问经济，蔚为世用，岂持刍（尧）〔荛〕已哉！其各悉心以陈无隐。

载1902年8月12日《申报》，第2版，71卷706页

754. 秋试述闻

金陵访事友人云，每届大比之年五六月间，上、下江士子即陆续买棹而来。兹已七月下旬，而来者尚寥寥无几，因时疫未平耶，抑以科举改章，考数因之大减耶？何当此恩、正两科并试，中额倍加，而负笈担簦之流犹是徘徊观望也？抑凡秋试之期，自六月初旬以至八月下旬，民间日用所需无不较平时昂贵。今届银根奇紧，米珠薪桂，百物高翔，七月初旬早稻已登场，而市侩尚垄断居奇，米价略不贬抑，柴草亦腾贵异常。古云，长安大不易居，洵非虚语。

载1902年8月27日《申报》，第2版，71卷803页

755. 试卷改式

金陵访事友人云，江南文闱试卷向归江宁布政司理问厅承造，其制每页六行，每行二十五格，第一、二场页数从同，第三场较多一半。今届一、二场考试策论五道，卷页应多于曩科，第三场试《四书》《五经》义三篇，卷页自应减少，刻已遵照部颁新式鸠工刷印，每页改为十行，其格数仍如旧制，一二场较三场多八页。

载1902年8月27日《申报》，第2版，71卷803页

756. 文星双照

金陵访事友人云，前者，上、下两江学宪先后行文来省，定于七月十五日取齐，两江督宪刘岘庄宫太保因派兵舰两艘，分投迎迓。望前二日，官场深悉江苏学宪李大宗师于是日午后莅白门，一时司道府县及各学教官，均于一点钟后赴下关迎谒。迟至傍晚，未见节临。翌日，复往郊迎文旌，仍未下旌。迨十五日，各官复集江浒，始与安徽学政绵大宗师接踵而至。各官呈递手版，两宗师传谕道乏，惟传见提调及各府州县官。

载 1902 年 8 月 27 日《申报》，第 2 版，71 卷 803 页

757. 皖公山色（决科发案＊）

安庆访事人云，今岁为乡试之年，皖抚聂仲芳大中丞先于本月初二日决科，现已发案，计取超等三十名，特等四十名，一等五十名。超等首名奖银十五两，以此递减，至一等末奖银二两。寒士得此，亦不无裨益也。

载 1902 年 9 月 1 日《申报》，第 3 版，72 卷 2 页

758. 江南乡试首场题

合江皖百数十州县士子试于白下，过江名士多若鲫鱼，适当科场改制之初，人无论局外局中，莫不鹤跂鹭翘，以先睹试题为快。本馆不吝重值，谆嘱在省访事友每场由电飞传，初不料回禄为灾，电竿被毁，不得已仍由邮局寄递到申。急录报端，阅者幸勿以姗姗来迟见诮也，计首场试以史论五（首）〔篇〕。

首题：汉文帝减租除税，而物力充羡；武帝算舟车，榷盐铁，置均输，而财用不足论。
二题：唐杨绾疏停明经进士，请令州县举孝廉论。
三题：宋神宗置太学三舍，厥后陈东率诸生伏阙上书请起李纲，即出自太学论。
四题：元初遣速不台拔都等西征，其兵力之盛直至斡罗思以西论。
五题：明以尚宝少卿徐贞明领垦田，使督治京畿水田论。

又，按向来首次二场《四书》《五经》文皆定格誊写，今者改试史论，恐有论及本朝之处，是以题纸后注明低一格，与题平列，盖亦酌改成法之一端也。至于添注、涂改格式，则以仍遵旧例，并未更张。

载 1902 年 9 月 14 日《申报》，第 1 版，72 卷 89 页

759. 江南乡试帘官单

金陵访事友人云，此次江南乡试所调执事各员，经监临聂仲芳大中丞遵章考试后，派定内帘十八员：准补砀山县秦大令献祥，正任句容县黄大令传祁，昭文县张大令福，嘉定县章大令鸿森，绩溪县程大令兰阶，婺源县方大令永昌，霍山县秦大令达章，凤颍同知刘司马耀曾，江苏候补县沈大令兆禔、陈大令锐、邵大令之秀、刘大令重堪、张大令祖纶、

郭大令曾程、周大令庆贤、翁大令有成，安徽候补同知王司马元艇，安徽候补知县万大令祖恕。外帘收掌官：正任旌德县李大令邦庆，江苏候补县王大令廷扬。受卷官八员，正任如皋县单大令儒绅，请补阜宁县刘大令德元，宿迁县林大令士菁，全椒县刘大令庆光，江苏候补同知刘司马卓栻、游司马毅之，安徽候补知县程大令恩普、冯大令璋。弥封官六员：正任安东县张大令壮彩，新选金山县蒋大令清瑞，江苏候补县邝大令兆雷，汪大令宝增，安徽候补同知吕司马曾，知县郭大令集馨。

载1902年9月14日《申报》，第2版，72卷89页

760. 江南乡试二场题

昨日傍晚，金陵采访友人寄到江南乡试二场题，盖亦海内文人先睹为快者也。爰亟录登如左。

首题：中外刑律互有异同，各口通商日繁，交涉应如何参酌损益，妥定章程，令收回治外法权策。

二题：证明公法他国能否干涉内政之例，以慎邦交而维国柄策。

三题：各国改用金币，始于何时？金价日增，其故安在？主之者何人？若中国偿款，用金币亏损甚巨，拟亟筹抵制之方策。

四题：农商之学，泰西讲求极精，其见诸著述者不少。江南地大物博，易于推行，何者当扩充仿办策。

五题：欧洲格致多源出中国，宜精研绝学以为富强之基策。

载1902年9月17日《申报》，第1—2版，72卷107页

761. 江南乡试三场题

首题：人之言曰："为君难，为臣不易。"如知为君之难也，不几乎一言而兴邦乎？

二题：左右皆曰贤，未可也；诸大夫皆曰贤，未可也；国人皆曰贤，然后察之，见贤焉，然后用之。左右皆曰不可，勿听；诸大夫皆曰不可，勿听；国人皆曰不可，然后察之，见不可焉，然后去之。

三题：是故，形而上者谓之道，形而下者谓之器。

载1902年9月19日《申报》，第2版，72卷121页

762. 皖省试事

芜湖访事人云，安徽学政绵达斋宗师赴金陵录取各属遗才后，即须按临宁国、徽州等府举行科试。刻已行文各属，饬即出示晓谕矣。

载1902年10月1日《申报》，第2版，72卷203页

763. 南闱琐事

金陵访事人云，本届江南文闱应试人数极少，上、下江卖出试卷不过一万七千，而得完三场者则仅一万四千左右。

皖省官生仅十八名，不敷取中之额。经监临聂中丞牌示，饬于接卷后各诣至公堂，换写卷面，散入民字号内。

头场点名，申初已竣。二场未末，三场未正，均各点毕。其每历一场，必视前一场为早者，以名数递减故也。惟封号迟至晚膳后，盖以此数日间适值天气燥烈，炎热异常，各士子不能蜷伏于矮屋中也。

每场蓝榜中白卷不完者，大率以天时酷热患病所致，其有误犯场规尚堪改正者，苟于次场向监临陈请，无不力予成全，将原卷检还，俾令更正。有江宁考生端未楷者，首场某艺抬头差舛，致被贴出，而蓝榜中误书作某某二艺抬头差舛。嗣经查出，遂由监临牌示，令生仍入次场，将误处改正，以遂观光之志。

营兵某甲为考生接送考具，暗窃零物，幸生观其号褂，默识其名，禀知某营官，立提此兵，贯耳示众。

本届裁去誊录，添用弥封。闻监临聂中丞下令弥封所务于本月二十四日一律报竣，俾宪节得于二十五日返皖。

载 1902 年 10 月 1 日《申报》，第 2 版，72 卷 203 页

764. 鸠水文鳞（知难而退＊）

今岁补行庚子、辛丑恩正两科乡试，先由礼部颁发章程，改用策论及《四书》义、《五经》义，绩学之士固可借此见长，而向时沉溺于八股、八韵之中者不觉手足无措，以故皖南北各属之赴白门应试者甚形寥落，知难而退，不可谓非明达之士也。

载 1902 年 10 月 3 日《申报》，第 3 版，72 卷 218 页

765. 鸠邑官场纪事（太平试事＊）

安徽提督学政绵达斋大宗师，定于八月二十七日取齐太平府属繁、当、芜三邑生童，举行科试。事毕，即须按试徽、宁等处。

载 1902 年 10 月 7 日《申报》，第 3 版，72 卷 246 页

766. 电传补行庚子、辛丑恩正两科江南乡试题名全录

曹清泉，绩溪；单镇，苏州；孙多艺，寿州；金文源，如皋；程继元，休宁；李筠寿，合肥；温其瑞，广德；徐兆鼎，江都；缪炳组，常州；严毓芬，金匮；丁景炎，怀宁；曹炳林，崇明；刘师培，仪征；任国琛，宜兴；汪毓煊，长洲；朱寿朋，上海；吴洪春，泾县；王丰镐，上海；任承沅，常州；张仲煊，泗州；谢恩灏，阳湖；吴旷，宜兴；沈秉乾，泰州；郭俊德，上元；彭世襄，

吴县;程起鹏,长洲;黄宗干,上元;詹亮畴,怀宁;徐谦,歙县;徐钟恂,山阳;王景琦,江都;邹祖荫,元和;张毓英,青浦;王日含,婺源;许向萃,金匮;潘超,婺源;张家镇,青浦;王拔萃,泾县;吴承仕,歙县;王季烈,长洲;杨咏,武进;恩华,京口;窦恩荣,溧水;江友莺,徽州;□仁俊,吴县;郑景侨,青阳;王树声,崇明;程端绪,歙县;晏玉琦,仪征;张毓骐,太仓;王登云,清河;李国栋,合肥;秦曾荣,嘉定;薛蘅,通州;延昌,京口;马昌期,庐江;程廷鼎,新阳;季光镜,通州;李国棣,合肥;张引寿,盐城;汪应焜,六安;王湘衡,上元;郭钟美,合肥;顾孝珣,上元;祝廷华,江阴;王乃屏,六合;徐蓉镜,石埭;吴延寿,合肥;周绪谦,溧阳;钱沐华,通州;彭萃文,芜湖;高道炘,贵池;朱屛瑜,宜兴;柳汝士,凤阳;程秉祺,霍山;朱振曾,吴县;陶恩章,元和;冯汝简,怀宁;徐绍熙,石埭;程更森,舒城;周永济,宿松;薛宜兴,凤阳;吴铭常,吴县;赵柏龄,甘泉;周珩,山阳;庄佑志,上元;满占魁,广德;潘立书,元和;孙如鉴,巢县;邹应苍,吴县;邱洵,阳湖;田宝鋆,江都;查良,宁国;经纶,合肥;汪锡增,上海;龚庆云,合肥;马玉亭,怀宁;陈铭荃,靖江;任锡周,荆溪;黄家驹,徽州;方彦忱,桐城;杨名浩,靖江;卢昀,上元;汪承继,庐州;吴庆元,泾县;黄肇兰,上海;钱崇威,震泽;李介寿,怀宁;叶寿芬,安徽;朱则庆,泾县;果晟,宁驻;季龙图,盐城;钱葆田,娄县;王鸣翔,丹徒;吴兆蓉,庐江;王家锦,江宁;杨熙斌,江宁;苏镇垣,合肥;石文瑞,绩溪;杨允升,铜山;朱锦绶,吴县;吴人达,泰兴;韦德方,太湖;孙藩圻,无锡;张延味,桐城;方珍,绩溪;戴姜福,吴县;马筱恩,江宁;汪伏珍,旌德;徐世泽,吴江;章圭垛,嘉定;夏仁虎,上元;张延夬,桐城;沈葆荫,江宁;方腊榜,定远;项继鋆,太平;朱振瀛,宜兴;王光福,清河;陈祖庥,江宁;曹家达,江阴;费毓桂,武进;陆祖馨,太仓;陆鸿仪,元和;钱直学,桐城;窦炎,霍邱;薛葆煌,金匮;陶真溎,清河;唐忠行,吴县;叶承年,泰州;金永楷,青浦;方履中,桐城;马君宝,桐城;汪寿康,海州;陈培寿,丹徒;庄鼎元,江阴;蔡日晖,崇明;章锡奎,江阴;黄元吉,震泽;沙彦楷,武进;夏东晓,亳州;张泽仁,南陵;诸曦沅,嘉定;查德基,长洲;武君举,海州;徐致治,宜兴;杨寿楣,金匮;朱立森,休宁;姚宗辅,池州;王震昌,阜阳;黄炎培,上海;朱逢咸,六合;邵孔亮,怀宁;王光荧,上元;金城,无为;放福,宁驻;潘鸣球,阳湖;汪晒远,六合;潘恩元,通州;汪浩,宁国;谢保衡,宜兴;高炳林,池州;徐彭龄,松江;陆保璿,嘉定;何宾生,丹徒;徐俊彰,满洲;谭庆藻,高邮;朱邦献,山阳;张修裕,上元;苏世昌,阜阳;成启连,兴化;江保傅,元和;汪祖松,阳湖;任学文,江宁;姚应泰,常州;杨文渊,金匮;汪超,祁门;王溪瑞,黟县;吴聘珍,江阴;徐安仁,通州;赵文元,婺源;陈玉章,扬州;陆镜寰,溧阳;董秉源,武进;郭枝芳,江都;宁继怡,颍州;操桂,怀宁;许继荣,江阴;严良沛,丹徒;严绍曾,江都;绍光,宁驻;蒋兴权,广德;陈书年,武进;吴增甲,江阴;姚训恭,丹徒;查宗钊,歙县;黄世祚,嘉定;倪成仁,太原;周行藻,合肥;从振宗,如皋;孙嵩龄,天长;曹璠,石埭;叶其蓁,高邮;黄其德,泰兴;张诵德,镇江;陆维李,江宁;习艮枢,通州;金维翰,合肥;周瀚,江宁;谢用炘,上海;王光祖,英山;何骞,庐江;盛平章,常州;沙亮功,江阴;李联英,丹徒;左永清,宁国;汪桂林,仪征;徐绍曾,石埭;袁烺,泰州;厉万青,仪征;程腊萃,歙县;赵凤诏,舒城;曹说霖,甘泉;张景官,东台;马超群,松江;舒昌,泾县;汪仕元,盱眙;程昌鼎,通州;胡炳复,昭文;方家永,桐城;臧励龢,武进;杜炎,娄县;吕调元,太湖;武鑫,丹徒;李无南,扬州;胡位咸,绩溪;江绍明,芜湖;贾继宗,高邮;方洽康,吉□;□仁,常州;吴源淑,桐城;桑芳,京口;郑衍炜,英山;韩庶征,丹阳;傅汝鉴,阜阳;金圻,如皋;邵在方,绩溪;张长庆,镇江;□雯师,桐城;夏惟默,扬州;张总辅,江都;李佑元,山阳;崞国蘅,合肥;殷良弼,太湖;刘至纯,广德;吴核,江阴;范祖培,苏州;周树清,庐州;姚企珩,江宁;隋勤恪,江宁;胡联科,黟县;史三选,荆溪;熊元翰,宿松;吴孟贞,合肥;张汝芹,江宁;童葆荪,桐城;章广祺,江宁;杨启佑,怀远;王之桢,涡阳;李杜,桐城;蔡汝正,上元。

副榜

唐乃钊,山阳;徐方汉,庐江;严良辅,丹徒;单毓同,扬州;张承枢,泾县;徐绍端,石埭;张树屏,六合;王渭凤,东台;孙樾,黟县;丁大桢,怀宁;张元宽,仪征;朱茂材,通州;张懋官,合肥;吴世芳,宿松;鲍展生,镇洋;姚祖泰,阳湖;王蕴章,无锡;李霖,太平;程良骥,徽州;朱文熊,镇洋;宋承宗,崇明;筑增荣,凤阳;汪国杰,徽州;宋光燎,常州;周仁扬,武进;汪声瀚,休宁;武世安,凤阳;顾祖麟,吴县;费乃桢,丹徒;李金章,凤阳;盛世祉,太平;武可纶,海州;张心寅,青浦;陶贻勋,吴县;曾翰,舒城;陈光熙,上元;孙炯,昆山;陈九成,盐城;□炳元,常州;李麟,上元;余庆昌,六合;杜屏藩,太平;程炎震,黟县;范复昌,甘泉。

本日黎明南闱揭晓,本馆先期派友飞电传来,亟录报端,以供众览。惟是电码容有小讹,俟接到官板提名录再行校正。

本馆附识

载1902年10月20日《申报》,第2—3版,72卷337页

767. 光绪壬寅补行庚子、辛丑恩正两科江南乡试官板题名全录

曹清泉,绩溪廪;单镇,苏州廪;孙多艺,寿州增;金文源,如皋附;程继元,休宁附;李筠寿,合肥廪;温其瑞,广德附;徐兆鼎,江都附;缪炳组,常州廪;严毓芬,金匮附;丁景炎,怀宁贡;曹炳林,崇明廪;刘师培,仪征附;任国琛,宜兴贡;汪毓煊,长洲附;朱寿朋,上海廪;吴洪春,泾县附;王丰镐,上海职监;任承沆,常州官廪;张仲煊,泗州廪;谢恩灏,阳湖廪;吴旷,宜兴增;沈秉乾,泰州廪;郭俊德,上元附;彭世襄,吴县廪;程起鹏,长洲增;黄宗干,上元廪;詹亮畴,怀宁附;徐谦,歙县贡;徐钟恂,山阳贡;王景琦,江都贡;邹祖荫,元和廪;张毓英,青浦廪;王日含,婺源廪;许同莘,金匮附;潘超,婺源贡;张家镇,青浦贡;王拔萃,泾县教;吴承仕,歙县附;王季烈,长洲职贡;杨咏,武进廪;恩华,京口驻防;窦恩荣,溧水廪;江永燮,徽州廪;高仁俊,吴县贡;郑景侨,青阳贡;王树声,崇明贡;程端绪,歙县附;晏玉琦,仪征附;张毓骐,太仓附;王登云,清河贡;李国栋,合肥贡;秦曾荣,嘉定附;薛蘅,通州廪;延昌,京口驻防;马昌期,庐江廪;程廷鼎,新阳廪;季光镜,通州贡;李国棣,合肥职贡;张彝寿,盐城贡;汪应焜,六安廪;王湘衡,上元廪;郭钟美,合肥贡;顾孝珣,上元贡;祝廷华,江阴廪;王乃屏,六合廪;徐蓉镜,石埭监;吴延寿,合肥廪;周绪谦,溧阳贡;钱沐华,通州增;彭萃文,芜湖廪;高道炘,贵池贡;朱宝瑜,宜兴职贡;柳汝士,凤阳廪;程秉祺,霍山廪;朱振曾,吴县廪;陶恩章,元和附;冯汝简,怀宁贡;徐绍熙,石埭贡;程更森,舒城贡;周永济,宿松贡;薛宜兴,凤阳廪;吴铭常,吴县附;赵柏龄,甘泉廪;周珩,山阳监;庄佑志,上元监;甘占魁,广德附;潘立书,元和附;孙如鉴,巢县职

一 科举与拔萃

贡;邹应苍,吴县增;邱洵,阳湖附;周宝銎,江都附;查良,宁国廪;经纶,合肥廪;汪锡增,上海贡;龚庆云,合肥廪;马玉亭,怀宁附;陈铭荃,靖江廪;任锡周,荆溪廪;黄家驹,徽州廪;方彦忱,桐城贡;杨名浩,靖江廪;宝昀,上元廪;汪承继,庐州廪;吴庆元,泾县教;黄肇兰,上海附;钱崇威,震泽廪;李介寿,怀宁廪;叶寿芬,安庆增;朱则庆,泾县贡;果晟,江宁驻防;季龙图,盐城增;钱葆田,娄县贡;王鸿翔,丹徒职监;吴兆蓉,庐州廪;王家锦,江宁附;杨熙昌,江宁廪;苏镇垣,合肥附;石文瑞,绩溪监;杨允升,铜山廪;朱锦绶,吴县廪;吴人达,泰兴廪;韦德方,太湖附;孙藩圻,无锡附;张延厚,桐城监;方珍,绩溪附;戴姜福,吴县贡;马继恩,江宁增;汪佑玲,旌德附;徐世泽,吴江附;章圭琭,嘉定廪;夏仁虎,上元职贡;张延奂,桐城监;沈葆荫,江宁增;方肇榜,定远廪;项继銎,太平贡;朱振瀛,宜兴廪;王光福,清河附;陈祖麻,江宁附;曹家达,江阴廪;费毓桂,武进官监;陆祖馨,太仓廪;陆鸿仪,元和附;钱直学,桐城附;窦炎,霍邱贡;薛葆煌,金匮附;陶其淦,清河附;唐忠行,吴县增;叶承年,泰州贡;金咏榴,青浦贡;方履中,桐城贡;马君宝,桐城附;汪寿康,海州廪;陈培寿,丹徒附;庄鼎元,江阴增;蔡日暲,崇明附;章锡奎,江阴附;黄元吉,震泽贡;沙彦楷,武进附;夏东晓,亳州附;张泽仁,南陵贡;诸晞沆,嘉定职贡;查德基,长洲廪;武同举,海州贡;徐致治,宜兴附;杨寿楣,金匮贡;朱立森,休宁增;姚崇辅,池州廪;王震昌,阜阳廪;黄炎培,上海附;朱逢咸,六合贡;邵孔亮,怀宁增;王光燮,上元贡;金城,无为廪;甘福,江宁驻防;潘鸣球,阳湖贡;汪昇远,六合廪;潘恩元,静海廪;汪浩,宁国附;谢保衡,宜兴附;高炳麟,池州廪;徐彭龄,松江廪;陆保璇,嘉定贡;何嶙生,丹徒廪;徐俊彰,泰州贡;谭庆藻,高邮廪;朱邦献,山阳廪;张修祜,上元附;苏世昌,阜阳附;成启运,兴化廪;江保传,元和贡;汪祖松,阳湖附;任学文,江宁廪;姚应泰,常州增;杨文渊,金匮廪;汪超,祁门附;王征瑞,黟县贡;吴聘珍,江阴廪;徐安仁,通州贡;赵文元,婺源廪;陈玉章,扬州附;陈钟寰,溧阳贡;董秉清,武进贡;郭枝芳,江都贡;宁继恭,颍州廪;操持,怀宁廪;许济棻,丹徒监;严良沛,丹徒贡;严绍曾,江都附;绍光,江宁驻防;蒋兴权,广德监;陈书年,武进附;吴增甲,江阴廪;姚训恭,丹徒贡;查宗钊,泾县附;黄世祚,嘉定附;倪成仁,崇明附;周行藻,合肥附;丛振宗,如皋附;孙嵩龄,天长贡;曹璠,石埭廪;叶其蓁,高邮廪;黄其德,泰兴贡;张诵清,镇江廪;陆维李,江宁廪;习艮枢,通州贡;金维翰,合肥廪;周瀚,江宁贡;谢用炘,上海附;王光祖,英山贡;何骞,庐江附;盛平章,常州附;沙亮功,江阴增;李联莫,丹徒附;左汝清,宁国廪;汪桂林,仪征贡;徐绍曾,石埭附;袁烺,泰州附;厉万青,仪征贡;程肇萃,歙县贡;赵凤诏,舒城增;曹说霖,甘泉贡;张景官,东台附;马超群,松江廪;舒昌,泾县附;汪士元,盱眙职监;程昌鼐,通州附;胡炳复,昭文增;方家永,桐城附;臧励龢,武进职;杜炎,娄县附;吕调元,太湖附;武鑫,丹徒增;李炳南,扬州附;胡位咸,绩溪贡;江绍明,芜湖廪;贾继宗,高邮增;王冶康,合肥增;徐仁铨,常州廪;吴源淑,桐城贡;桂芬,京口驻防;郑衍炜,英山廪;韩庶征,丹阳廪;傅汝鉴,阜阳附;金圻,如皋附;邵在方,绩溪附;张长庆,镇江廪;光云锦,桐城附;夏惟默,扬州附;张朝辅,江都贡;李佑元,山阳附;李国蕑,合肥监;殷良弼,太湖廪;刘至纯,广德廪;吴杙,江阴附;范祖培,苏州附;周树清,庐州廪;姚佩珩,江宁贡;隋勤恪,江宁附;胡联科,黟县廪;史之选,荆溪贡;熊元翰,宿松廪;吴孟贞,合肥;张汝芹,江宁廪;童葆苏,桐城监;章广祺,江宁附;杨启佑,怀远廪;王之桢,涡阳廪;李杜,桐城附;蔡汝正,上元附。

副榜

唐乃钊,山阳廪;徐方汉,庐江附;严良辅,丹徒增;单毓同,扬州廪;章承枢,泾县廪;徐绍瑞,石埭附;张树屏,六合廪;王渭,奉贤廪;孙樾,黟县附;丁大桢,怀宁监;张允宽,仪征廪;朱茂材,通州附;张懋官,合肥廪;吴世芳,宿松附;鲍长生,丹徒增;姚祖泰,阳湖廪;王蕴章,无锡附;李霖,太平附;程良骥,徽州廪;朱文熊,镇洋贡;宋承家,崇明附;蔡增荣,凤阳廪;汪国杰,徽州廪;宋光燎,常州增;周仁撰,武进附;汪声瀚,休宁监;武世安,凤阳廪;顾祖镰,吴县附;黄乃桢,丹徒附;李金章,凤阳廪;盛世鸣,太平附;武可纶,海州廪;张心寅,青浦附;陶贻勋,吴县附;曾翰,舒城廪;陈光熙,上元附;孙炯,昆山附;滕九成,盐城贡;陶炳元,长洲附;李璘,上元附;余庆昌,六合附;陈炎震,歙县廪;叶自纯,徽州附;范复昌,甘泉廪。

载1902年10月24日《申报》,第2—3版,72卷365页

768. 顺天乡试题名全录

……张耀林,安徽寿州监……潘肇翰,安徽泾县监……张启后,安徽泗州贡……龚积柄,安徽合肥监……陈秉钧,安徽泾县监……张立政,安徽寿州监……陈建中,安徽怀宁监……范国彬,安徽怀远廪……陈琇璋,安徽宿松监……沈恩燎,安徽石埭监……赵调梅,安徽泾县监……

（注：共计439名,其中皖生11名。）

载1902年11月4、5日《申报》,第2版,第2—3版,72卷445、451—452页

769. 芜邑官场纪事(拟登荐剡*)

芜湖采访友人云,本月某日,江南乡试第二房同考官万大令祖恕由金陵至芜湖,旋附某轮船至安庆,叩谒抚宪聂仲芳中丞。传闻大令经济夙著,此次诏下举行经济特科,中丞拟登之荐剡。

载1902年11月28日《申报》,第3版,72卷618页

770. 开考述闻

安庆访事人云,安徽安庆府知府桂太守接奉学宪绵大宗师札文,饬即举行科考。因转饬所属怀、桐、潜、太、宿、望六邑一体举行县试。顷闻市井谣传,桐城诸童有闹考情事,确否尚未可知也。

载1903年4月29日《申报》,第2版,73卷727页

771. 怀令策士

安庆访事人云,署安徽怀宁县知县陈大令于上月举行县试。二十五日,二复之期,共命二题:一为墨西哥银钱盛行皖中,明受亏耗,而民乐用,宜如何抵制,使利不外溢?一为学堂延聘西人为教授,其品行之优劣,学问之深浅,势难一律,如何而有得无失策。盖大令平日留心国政,故试以中西时事,以观察童子军底蕴如何也。

载 1903 年 4 月 30 日《申报》,第 9 版,73 卷 739 页

772. 电传癸卯科会试十八魁及九省题名录

周蕴良,浙江会稽;田步蟾,江苏淮安;杨兆麟,贵州遵义;黄兆枚,湖南长沙;史宝,安徽庐州;褚焕祖,湖北江夏;叶景葵,浙江仁和;金兆丰,浙江金华;胡嗣瑗,贵州开州;王震昌,安徽阜阳;绍先,江宁驻防;陈曾寿,湖北蕲州;郝继贞,直隶内邱;陈善同,河南信阳;曾熙,湖南衡阳;钱辰锽,江苏阳湖;区大源,广东南海;张运魁,四川华阳;吕调元,安徽太湖;祝廷华,江苏江阴;林步阳,福建侯官;刘焜,浙江兰溪;马君宝,安徽桐城;汪升远,江苏六合;胡藻,江西新建;吴建三,湖南长沙;王鼎,直隶肃宁;黄纯,□□□州;覃寿彭,湖北蒲圻;刘凤起,江西南昌;徐谦,安徽歙县;张鹏翔,浙江海宁;郭立山,湖南湘阴;单镇,江苏吴县;胡炳确,江苏昭文;曾藩,江西新建;田毓璠,江苏山阳;袁大盫,湖南长沙;钮泽晟,浙江乌程;杨德星,安徽太湖;萨起岩,福建闽县;周杰,湖北天门;杨鸿发,江苏丹徒;魏元戴,江西南成;朱寿彭,江苏上海;王召曾,直隶丰润;胡大华,湖北江夏;郭则沄,福建侯官;聂畲,浙江象山;吕兴周,直隶乐山;彭兆琮,湖南湘阴;尚秉和,直隶高唐;张衷沅,湖南浏阳;杜述宗,江西清江;张之昭,直隶遵化;任锡沆,江苏宜兴;陆鸿典,江苏元和;许中杰,直隶正定;曹兴初,湖南长沙;章钰,江苏长洲;孔昭晋,江苏吴县;何湛,福建闽县;左需,江苏宜兴;朱宝樛,浙江嘉兴;陈中孚,江西德化;陈念典,广东增城;商衍瀛,广东□□;水培祖,湖北武昌;温肃,广东顺德;史国琛,江苏荆溪;武曾任,浙江钱塘;陈煜庠,广东仁化;程继元,安徽休宁;林臣淑,江西永宁;张冶仁,湖北江陵;谢慕韩,江西庐陵;张云翼,广东顺德;王允猷,浙江山阴;龚垂云,安徽合肥;廖玉英,福建侯官;邵章,浙江仁和;林振峰,安徽德州(注:原文如此);林棣,福建寿宁;于君彦,福建闽县;王宗基,浙江海盐;朱国榕,湖北大冶;李庆莱,广东南海;汪应琨,安徽六安;杨绳藻,江西清化;吴曾涛,江苏江阴;杜光佑,湖北江夏;庞玉同,直隶枣强;关陈谟,福建莆田;孙宝书,江苏通州;杨肇培,直隶遵化;张濂,直隶献县;方履中,安徽桐城;王杨滨,湖北江夏;陈其相,福建闽县;刘春堂,直隶肃宁;龚元凯,安徽合肥;杨位咸,安徽绩溪;董秉清,江苏武进;王钟仁,直隶□县;王荫南,直隶祁州;程起凤,江西弋阳;徐绍熙,安徽石埭;吕祖翼,安徽旌德;单志献,江西高安;赵曾檥,直隶涞水;易顺豫,湖南龙阳;杨能祥,湖北江夏;孙智敏,浙江钱塘;郭崇熙,湖南善化;陈震黻,浙江瑞安;班继本,荆州驻防;刘道春,江西德化;沈泽生,江西高安;张荫椿,浙江钱塘;王大均,浙江秀水;夏起瑞,浙江鄞县;马天翻,福建侯官;胡献琳,江西南昌;彭士襄,江苏吴县;刘敏,福建闽县;林乾福,福建南安;陈旭仁,广东新会;朱茂春,湖北武昌;路士恒,直隶南宫;黎湛枝,广东

南海;张敬第,浙江仁和;袁祖光,安徽太湖;张凤阶,安徽庐江;聂梦林,直隶大名;徐士瀛,江西南昌;佘树棠,浙江黄岩;王益霖,江西南昌;王景峨,湖南益阳;陈云培,直隶易州;李盛乐,江西德化;徐彭龄,江苏青浦;高遵章,直隶青县;甘鹏云,湖北潜江;翁长芬,江苏江宁;黄西朋,江西南昌;王纪翔,江苏丹徒;卓宝谋,福建闽县;管丙溱,江西庐陵;关文彬,广东南海;何启椿,福建侯官;阎廷献,直隶昌黎;杨光熊,江苏铜山;王世澂,福建侯官;万簏,江西丰城;梁鸿藻,广东新会;王清,湖北江夏;何寿章,浙江山阴;高廷枝,浙江平湖;李泽兰,江西宁都;牛兰,直隶献县;郑廷琮,福建侯官;郑家溉,湘南陵宁;赖际昭,广东增城;金文田,浙江天台;区大典,广东南海;杨廷禄,福建侯官;陈耀墀,广东番禺;夏之林,浙江嘉兴;高毓,直隶静海;曾兰春,福建莆田;周廷于,广东顺德;朱崇年,广东新会;钱昌颐,江苏如皋;谈泉,广东新会;程昌甗,江苏通州;□光原,福建侯官。

昨日为本科会试揭晓之期,本馆预倩汴省友人将前列十八名及直隶、江苏、浙江、安徽、江西、湖南、湖北、广东、福建等九省泥金姓氏飞电传来,以副诸君子先睹为快之意。余俟接到全榜题名录,容再刊登。

本馆附志

载 1903 年 5 月 10 日《申报》,第 2 版,74 卷 61 页

773. 会试全榜题名录

本届会试题名录,本馆已于十三日将电传十八魁及九省进士姓名登报。兹得全榜,照录于下:

周蕴良,浙江会稽;田步蟾,江苏淮安;杨兆麟,贵州遵义;黄兆枚,湖南长沙;史宝,安徽庐州;褚焕祖,湖北江夏;叶景葵,浙江仁和;金兆丰,浙江金华;胡嗣瑗,贵州开州;王震昌,安徽阜阳;绍先,江宁驻防;陈曾寿,湖北蕲州;郝继贞,直隶内邱;陈善同,河南信阳;曾熙,湖南衡阳;钱辰锽,江苏阳湖;区大源,广东南海;张运魁,四川华阳;吕调元,安徽太湖;祝廷华,江苏江阴;林步随,福建侯官;刘焜,浙江兰溪;马君宝,安徽桐城;汪升远,江苏六合;胡藻,江西新建;吴建三,湖南长沙;王鼎,直隶肃宁;黄纯垓,湖南郴州;覃寿彭,湖北蒲圻;张恕琳,山东掖县;刘凤起,江西南昌;张瑞玑,山西赵城;徐谦,安徽歙县;张坤,云南昆明;张鹏翔,浙江海宁;郭立山,湖南湘阴;单镇,江苏吴县;王寿用,山东潍县;胡炳益,江苏昭文;鲁藩,江西新建;田毓璠,江苏山阳;刘昌仁,四川长宁;袁大盏,湖南长沙;钮泽成,浙江乌程;李德星,安徽太湖;萨起岩,福建闽县;周杰,湖北天门;杨鸿发,江苏丹徒;朱寿彭,江苏上海;魏元戴,江西南成;王召曾,直隶丰润;姜曾泰,山东莱阳;胡大华,湖北江夏;郭则沄,福建侯官;聂畲,浙江象山;吕兴周,直隶乐山;彭兆琮,湖南湘阴;王声溢,山东招远;尚秉和,直隶高唐;马进修,陕西德州;张衷沅,湖南浏阳;侯来仪,河南温县;丁惟彬,山东日照;杜述宗,江西清江;张之崑,直隶遵化;任承沆,江苏宜兴;陆鸿仪,江苏元和;许中杰,直隶正定;顾承曾,河南祥符;石金声,山东日照;周镛,陕西泾县;曹兴初,湖南长沙;吴嘉谟,四川井研;章钰,江苏长洲;王永和,云南昆明;孔昭晋,江苏吴县;何湛,福建闽县;马廷栽,山东安丘;左霈,广州驻防;华宗畅,四川长寿;朱宝璇,浙江嘉兴;陈中孚,江西德化;王丕熙,山东莱阳;关抡三,河南淇县;丁王

骥,山东黄县;郭名典,河南偃师;陈念典,广东增城;陈钧,云南石平;商衍瀛,广东驻防;水培祖,湖北武昌;汤文锦,陕西西乡;任墉,陕西浦城;温肃,广东顺德;熊朝宾,贵州黔西;史国琛,江苏荆溪;吕彦枚,山东文登;武曾任,浙江钱塘;陈煜庠,广东仁化;程继元,安徽休宁;李臣淑,江西永宁;张冶人,湖北江陵;曾光义,四川邛州;谢慕韩,江西庐陵;张孝慈,陕西安康;张云翼,广东顺德;刘思明,贵州平越;王允猷,浙江山阴;龚庆云,安徽合肥;郭家声,直隶武清;萧湘,四川涪州;廖玉英,福建侯官;邵章,浙江仁和;顾承曾,河南祥符;李振铎,安徽广德;林棣,福建寿宁;于君彦,福建闽县;王宗基,浙江海盐;朱国榕,湖北大冶;李庆莱,广东南海;汪应琨,安徽六安;恩华,京口驻防;杨绳藻,江西清化;陈树勋,广西岑溪;栾俊声,奉天海城;吴曾甲,江苏江阴;李效儒,河南睢州;曾肇加,贵州贵筑;杜光佑,湖北江夏;庞玉同,直隶枣强;李慎五,山西平定;朱庆,奉天锦州;关陈谟,福建莆田;孙宝书,江苏通州;张继信,陕西安康;杨肇培,直隶遵化;袁加谷,云南石平;张濂,直隶献县;萧开瀛,贵州;方履中,安徽桐城;薛登道,山西同城;唐瑞同,贵州贵筑;王杨滨,湖北江夏;李泽辰,山东利津;陈德昌,山东潍县;陈其相,福建闽县;张祖荫,顺天宝坻;杨恩,甘肃会宁;刘春堂,直隶肃宁;龚元凯,安徽合肥;杨位咸,安徽绩溪;董秉清,江苏武进;王宗仁,直隶□县;张寿南,陕西大荔;王荫南,直隶祁州;陈起凤,江西弋阳;何正清,广西贺县;徐绍熙,安徽石埭;吕祖翼,安徽旌德;单志献,江西高安;孙鸿烈,河南温县;张智远,四川宜宾;赵曾檣,直隶涞水;易顺豫,湖南龙阳;杨熊祥,湖北江夏;孙志敏,浙江钱塘;郭宗熙,湖南善化;陈震骏,浙江瑞安;班继本,荆州驻防;刘道春,江西德化;沈泽生,江西高安;张荫椿,浙江钱塘;袁冀保,四川成都;王大均,浙江秀水;夏起瑞,浙江鄞县;马天翮,福建侯官;于文□,山东新城;胡献林,江西南昌;彭士襄,江苏吴县;刘敏,福建闽县;唐树彤,广西临桂;李海光,河南商城;林乾,福建南安;陈旭仁,广东新会;朱茂春,湖北武昌;路士恒,直隶南宫;黎湛枝,广东南海;高加仁,广西苍梧;张文源,甘肃清海;朱丰元,山东诸城;夏敬第,浙江仁和;袁祖光,安徽太湖;张新会,陕西庐山;张凤阶,安徽庐江;施安钦,云南昆明;聂梦林,直隶大名;徐士瀛,江西玉山;余树棠,浙江黄岩;郭玉章,陕西华山;王益霖,江西南昌;杨渭,山东潍县;王景峨,湖南益阳;有瑞,荆州驻防;何吕藜,河南固始;荆育瓒,山西猗氏;刘彝铭,四川成都;哲克登,四川驻防;陈天培,直隶易州;李盛乐,江西德化;徐彭龄,江苏青浦;高遵章,直隶青县;甘鹏云,湖北潜江;翁长芬,江苏江宁;解宗辂,山东方泉;范振绪,甘肃靖源;侯延爽,山东东平;甘辰绪,甘肃靖元;黄西朋,江西南昌;常林书,山西榆次;孟广范,山东曲阜;王纪翔,江苏丹徒;卓宝谋,福建闽县;樊海澜,河南禹州;萧丙炎,江西庐陵;刘贞安,四川奉节;赵国光,河南氾水;马璆麟,陕西绥德;关文彬,广东南海;何启栋,福建侯官;阎廷献,直隶昌黎;杨光祖,江苏铜山;王世徵,福建侯官;李皞,云南昆明;范之暇,山东历城;万簏,江西丰城;周汝敦,云南太和;李增荣,四川绵竹;梁鸿藻,广东新会;王保清,湖北江夏;尚寿章,浙江山阴;培成,陕西驻防;王汝榆,直隶涿州;高廷枚,浙江平湖;李泽兰,江西宁都;牛兰,直隶献县;王廷槐,奉天五常;郑廷琮,福建侯官;吴鼎金,福建侯官;李汉光,河南光山;郑宣溉,湘南益阳;赖际昭,广东增城;吕濬堃,广西陆川;孟宗兴,陕西长安;郑祥兴,云南太和;邓荣甫,广西临桂;金文田,浙江天台;彭立栻,甘肃皋兰;朱德恒,广西临桂;李肇律,四川云阳;区大典,广东南海;杨伦,福建侯官;廷昌,京口驻防;李玉振,云南太和;陈耀墀,广东番禺;程宗伊,河南祥符;胡商彝,云南石屏;陈国祥,贵州修文;丁树斋,贵州贵阳;杨鸿翔,山东金乡;廖振,广西平乐;马晋山,陕西恒仁;夏之林,浙江嘉兴;殷维,陕西岐山;高毓澎,直隶静海;宋如林,河南安阳;赖瑾,广西桂平;顾视高,云南昆明;宾光春,广西博白;魏垂象,甘肃秦安;曾兰春,福建莆田;李文召,广西岑溪;忠举,凉州驻防;周廷于,广东顺德;朱崇年,广东新会;吴庚,山西香宁;黄居中,甘肃阶县;任祖兰,山东高密;钱昌颐,江苏如皋;和中布,青州驻防;谈泉,广东新会;狄栖海,山西猗氏;程昌鼐,江苏通州;张锐,甘肃武盛;夏瑞庚,云南昆明;柏太淡,陕西大荔;徐冕,四川绥宁;董光原,福建侯官;李维玉,贵州安化;张书剧,广西临桂。

载 1903 年 5 月 13 日《申报》,第 2 版,74 卷 79 页

774. 皖学行程

芜湖访事人云,安徽提督学政绵达斋大宗师考试滁、和、泗三州近已次第竣事,定于五月初四日按试宁国府属。日来怀才之士已莫不担簦负笈,群集郡城,以冀玉尺评量,良工赏识矣。

载 1903 年 5 月 29 日《申报》,第 2 版,74 卷 185 页

775. 示期府试

安庆访事人云,怀、桐、潜、太、宿、望六邑县试业已告竣,府尊桂太守现示期五月初七日府试怀宁,初十日试桐城,十三日试潜山,十六日试太湖,十九日试宿松、望江,日前已出示晓谕矣。

载 1903 年 6 月 2 日《申报》,第 3 版,74 卷 212 页

776. 秋试先声

金陵访事友人云,此间每届乡试之年,例于四月初一日开办文闱供给事务。今届闱中屋宇甫于去年修整,且五月逢闰,无庸早日开工,以故四月下旬始奉江宁藩宪李芗垣方伯檄委江宁府罗少杰太守办理一切事宜。太守以公务纷繁,未遑兼顾,禀奉方伯另委督粮同知敖司马式金驻局经理。

载 1903 年 6 月 17 日《申报》,第 2 版,74 卷 309 页

777. 临轩发策

昨得京师访事人所寄本届殿试策题,合亟照登于下。

奉天承运皇帝制曰:朕以藐视之躬,临亿兆之上,揽艰难之时局,廑怵惕于宫廷。回銮以来,勤求治理,以达昊苍之默佑,绍列圣之贻谋,恭秉慈谟,旁求俊乂,临轩发策,用集嘉猷。设官分职,为周官致治之本原。周制公孤兼家宰统百官,任至重矣。自汉而

后,制度屡更,试陈得失。古者,六官以外无卿名,汉置九卿,渐更古制。唐宋以降,建设滋繁,朱子深讥之,谓徒多劳扰。能言之裁并之其便利欤?三代无谏官之职,然《左传》《国语》所载,询采綦宏。谏官专设,肇于何时?宋王安石谓非先王以贵治贱之意。然欤?唐初设翰林,其制奚若。开元中始有学士之名,沿及后代,选用益重,职司所在。考之古制若何?藩镇弊唐,而李纲谓宋之边患由无藩镇。时势不同,理或然欤。明刑弼教,《周官》三典,汉董仲舒作《春秋决狱》,陈宠钩校《律令》,条法溢于《甫刑》者除之。应劭删定律令为汉仪。创造删除,果能适刑罚之中欤?《唐律》因隋之旧,高宗诏撰《律疏》,试举其要旨。张裴注《律表》上之,谓非至精不能极其理。而宋神宗设律学,司马光谓为士者果能知道,自与法律暗合。折衷群言,宜遵何说?方今东西各国,法学皆设专科,能旁采译书以备参考欤?生财之道,《大学》所称,《王制》以三十年之通制国用,与《周官》之月要、岁会,异同何若?汉之桑、孔,唐之刘晏,皆以理财著,而议者辄非之。欲益上而不损下,厥道奚由?宋三司使,始于何时?未置以前,州县之弊何若?太宗略变官制,名异实同,十道财赋,较之乾德时所入有赢欤?立国之道,先富而后可强,开源节流,其术安在?环球交通,法令繁密。柔远之道,寓于通商,而实富强之本也。两国交涉,若者为公法,若者为私法,试为区别?使节往来,梯航四集。辖治之权,或属于人,或属于地,试实指其事,分析言之?商律一门,尤为当务之急,能言其要领欤?厘订税则,内关财政,外系邦交,而于国民生计最为切要,其利弊能悉陈之欤?工商盛衰,事属相反,顾考之各国,有不尽然,其理安在?将欲振兴工商之业,应以何者为先?凡此四端,皆经国之大猷,保邦之要务也。多士学于古训,通知时事,其胪列见闻,详著于篇,朕将亲览焉。

载1903年6月30日《申报》,第2版,74卷403页

778.殿试题名录

第一甲:王寿彭,山东;左霈,广东驻防;杨兆麟,贵州。

第二甲:黎湛枝,广东;胡嗣瑗,贵州;朱国桢,湖北;胡炳益,江苏;余兆丰,浙江;曹典初,湖南;唐瑞铜,贵州;徐谦,安徽;张恕琳,山东;王大钧,浙江;范之杰,山东;张濂,直隶;郭宗熙,湖南;章钰,江苏;李庆莱,广东;张坤,云南;杨渭,山东;商衍瀛,广东;田步蟾,江苏;张家骏,河南;夏启瑞,浙江;刘凤起,江西;顾准曾,河南;衷冀,四川;夏之霖,浙江;胡大勋,湖北;高毓浵,直隶;朱笃庆,奉天;陆鸿仪,江苏;甘鹏云,湖北;郭则沄,福建;郭立山,湖南;区大典,广东;邵章,浙江;李坤,云南;徐彭龄,江苏;吴建三,湖南;陈敬第,浙江;郭铭鼎,河南;叶景葵,浙江;张荫椿,浙江;孙知敏,浙江;胡藻,江西;钱振锽,江苏;孙宝书,江苏;郑家溉,湖南;史宝安,河南;王鸿翔,江苏;周蕴良,浙江;陈旭仁,广东;任祖澜,山东;陈黻宸,浙江;任承沆,江苏;彭士襄,江苏;吕与周,直隶;单镇,江苏;赖瑾,广西;张之照,直隶;尚秉和,直隶;陈善同,河南;史国琛,江苏;袁嘉毅,云南;李效儒,河南;侯延爽,山东;王墉,直隶;汪昇远,江苏;王宗基,浙江;张智远,四川;谈道隆,广东;刘焜,浙江;李泽兰,江西;夏寿康,湖北;王震昌,安徽;周镛,陕西;李海光,河南;赖祭熙,广东;祝廷华,江苏;顾承曾,南南(注:原文如此);杨肇培,直隶;杨鸿发,江苏;胡位咸,安徽;朱德桓,广西;陈云诰,直隶;陈树勋,广西;张新曾,山东;龚元

凯,安徽;庞毓同,直隶;蓝文锦,陕西;关文彬,广东;郭嘉声,直隶;田毓璠,江苏;黄兆枚,湖南;孙鸿烈,河南;朱燮元,山东;吴增甲,江苏;刘敬,福建;胡骏,四川;何启椿,福建;高汉章,直隶;徐士瀛,江西;杜述琮,江西;廖振矩,广西;李华炳,山西;彭兆琮,湖南;徐冕,四川;薛登道,山西;李德星,安徽;黄锡朋,江西;李玉振,云南;朱寿朋,江苏;刘彝铭,四川;方履中,安徽;徐绍熙,安徽;杨廷纶,福建;汪应煜,安徽;陈曾寿,湖北;沈泽生,江西;王世发,福建;于君彦,福建;钮泽晟,浙江;曾熙,湖南;孔昭晋,江苏;顾视高,云南;李维钰,贵州;温肃,广东;萧丙炎,江西;龚庆云,安徽;王彭,湖北;华宗智,四川;周杰,湖北;陈国祥,贵州;段士俊,甘肃;张祖荫,顺天;路士桓,直隶;王绍曾,直隶;魏元戴,江西;程继元,安徽;曾光燨,四川。

　　第三甲:牛兰,直隶;杨绳藻,江西;栾骏声,奉天;绍先,驻防;王阴楠,直隶;马晋,山西;吴璆,江西;李汉光,河南;陈钧,云南;王杨宾,湖北;宋功迪,江西;卓宝谋,福建;易顺豫,湖南;王丕煦,山东;胡献琳,江西;傅家瑞,顺天;吴鼎奎,福建;许中杰,直隶;陈中孚,江西;赵曾槛,直隶;景凌霄,陕西;关慕,福建;李殿銮,江西;董秉清,江苏;张寿楠,陕西;袁祖光,安徽;丁毓骥,山东;杨允升,江苏;杨熊祥,湖北;黄敏孚,广东;张衷沅,湖南;吕彦枚,山西;靳志,河南;熊朝宾,贵州;赵国光,河南;邓荣辅,广西;程昌甝,江苏;鲁藩,江西;张孝慈,陕西;萧开瀛,贵州;梁鸿藻,广东;李世田,安徽;宋嘉林,河南;郝继贞,直隶;杨思,甘肃;荆育瓒,山西;聂梦麟,直隶;朱宝璇,浙江;高嘉仁,广西;褚焕祖,湖北;唐树彤,广西;张铣,甘肃;万簏,江西;黄光厚,福建;李增荣,四川;程起凤,江西;黄韩鼎,浙江;樊海澜,河南;李肇律,四川;王汝榆,顺天;张凤阶,安徽;水祖培,湖北;邹寿祺,浙江;萧湘,四川;吴嘉谟,四川;解荣辂,郭毓璋,陕西;黄纯垿,湖南;刘贞安,四川;郑廷琮,福建;谢慕韩,江西;郑辉典,云南;马君宝,安徽;何寿章,浙江;翁长芬,江苏;刘昌仁,四川;有瑞,山东;陈德昌,山东;金文田,浙江;胡商彝,云南;刘道春,江西;曾肇嘉,贵州;马育麟,陕西;萨起岩,福建;张书云,广东;廖毓英,福建;常麟书,山西;朱楸春,湖北;延昌,驻防;张治仁,湖北;王景峨,湖南;何谌,福建;张德渊,江西;施汝钦,云南;尚光钺,安徽;林随,福建;余登云,安徽;刘濬,贵州;张鹏翔,浙江;武任,浙江;陈煜庠,广东;阎希仁,直隶;李泽宸,山东;张运魁,四川;何品藜,河南;马天翮,山东;恩华,驻防;黄堃,云南;班吉本,湖北;马进修,陕西;培成陕,驻防;高廷梅,浙江;张自省,直隶;张文源,甘肃;彭立栻,甘肃;杨凤翰,山东;阎廷献,直隶;杜光佑,湖北;王允猷,浙江;汪春源,福建;曹佐武,山西;吕浚堃,广西;魏垂象,甘肃;陈畬,浙江;周旭,湖南;钟麟,满洲;孟宗舆,陕西;侯来仪,河南;丁树齐,贵州;于文锁,山东;张瑞玑,山西;范振绪,甘肃;吕调元,安徽;和绅布,驻防;孙迥澜,贵州;李泰,陕西;傅怀光,安徽;关捷三,河南;周廷干,广东;姜宗泰,山东;曾兰春,福建;任镛,陕西;黄居中,甘肃;张继信,陕西;吴庚,山西;区大原,广东;石金声,山东;陈耀墀,广东;王钟仁,直隶;马骏昌,广西;刘春堂,直隶;丁惟彬,山东;周汝敦,云南;忠兴,驻防;孟广笵,山东;李文诏,广西;俞树棠,浙江;王益霖,江西;杨克烈,山西;覃寿彭,湖北;王廷槐,奉天;陈其相,福建;黄霈,湖南;马廷弼,山东;王声溢,山东;林栋,福建;吴黻藻,浙江;王永和,云南;哲克登额,蒙古;夏瑞庚,云南;狄楼海,山西;李焕五,山西;袁大盎,湖南;王廷纶,直隶。

　　载1903年6月30日《申报》,第2版,74卷403页

779. 癸卯科殿试题名录

第一甲：王寿彭，山东潍县；左霈，广东正黄汉；杨兆麟，贵州遵义。

第二甲：黎湛枝，广东南海；朱德垣，广西；朱国垣，湖北；郭则沄，福建；杨渭，山东；顾准曾，河南；郭宗熙，□□；李泽兰，江西；孙智敏，浙江；顾承曾，河南；钱振锽，江苏；王汝榆，奉天；李维玉，贵州；陈煜墀，广东；龚元凯，安徽；区大源，广东；陈树勋，广西；刘敬，浙江；李庆莱，广东；任祖澜，山东；王鸿翔，江苏；徐彭麟，江苏；杨恩，甘肃；刘凤起，江西；王世澂，福建；袁冀保，四川；徐冕，四川；徐士瀛，江西；顾视高，云南；杨熊祥，山东；朱笃庆，奉天；（史）〔方〕履中，安徽；温肃，广东；彭兆琮，湖南；吴璆，江苏；杨允升，江苏；李汉光，河南；胡藻新，福建；范之杰，山东；商衍瀛，满洲；区大典，广东；张濂，直隶；程继元，安徽；张新省，山东；田步蟾，江苏；任承沆，江苏；杜述宗，江西；徐谦，安徽；孔昭晋，江苏；魏元戴，江西；徐德星，陕西；朱楙春，广西；甘鹏云，湖北；杨廷纶，福建；华宗智，四川；杨绳藻，江西；彭世襄，江苏；唐铜，贵州；王大均，浙江；章钰，江苏；邵章，浙江；祝廷华，江苏；王绍曾，直隶；张荫椿，浙江；鲁藩，福建；张书云，广西；萧开瀛，贵州；关捷三，河南；石金声，山东；俞树棠，浙江；曾光曦，直隶；张家骏，河南；于君彦，福建；马君宝，安徽；陈中孚，江西；郭铭鼎，河南；荆育瓒，山西；高毓彤，直隶；郭家声，直隶；聂梦麟，直隶；刘奭名，四川；李坤，云南；史宝安，安徽；陈云诰，贵州；范振绪，甘肃；叶景葵，浙江；杨鸿发，江苏；胡嗣瑗，贵州；徐绍熙，安徽；吴建三，湖南；张之熙，直隶；王震昌，安徽；胡大华，江西；陈国祥，贵州；刘琨，安徽；李效儒，河南；陈畲，浙江；刘思明，贵州；万篪，江西；孟宗舆，陕西；陈暮，福建；李盛銮，江西；胡骏，广东；陈黼宸，江西；李泽宸，山东；龚庆云，安徽；廖振渠，广西；马育麟，陕西；单镇，江苏；杨肇培，直隶；景凌霄，陕西；牛兰，献县；郝继贞，直隶；熊朝宾，广西；邓荣辅，广西；水祖培，湖北；吕彦梅，山东；张冶仁，湖北。

殿试题名录前经京友邮示，本馆以铅字排印，罗罗清疏，与市中所售泥板者迥乎不同，因即照列报端，俾阅者先睹为快。乃昨日校之北洋官报，所录不特名次颠倒错乱，且姓氏、籍贯亦大半互歧，岂前者竟出自河朒赝本耶？爰再列入报章，以存实事求是之意。篇幅有限，只登一、二甲都一百一十三名，三甲名数较多，容俟明日赓续。

本馆附志

载1903年7月3日《申报》，第2版，74卷427页

780. 续录癸卯科殿试题名录

第三甲：丁玉骥，山东；张坤，云南；何寿章，浙江；陈同善，河南；段士俊，甘肃；胡炳益，江苏；谢丙□，江西；赵国光，河南；侯延来，山东；黄兆枚，湖南；周杰，湖北；周廷干，广东；吴增甲，江苏；袁祖光，安徽；路士恒，直隶；吕滮堃，广西；杜光佑，湖北；张孝慈，陕西；王丕煦，山东；施汝钦，云南；阎廷献，直隶；陈德昌，山东；朱燮元，山东；朱宝璇，浙江；许中杰，直隶；郑辉典，云南；栾俊声，奉天；谈泉，广东；吴鼎金，福建；李肇律，四川；

林步随,福建;高嘉仁,广西;覃寿彭,湖北;翁辰芬,江苏;张连魁,四川;王扬濬,湖北;陈煜祥,广东;常麟书,山西;蓝文锦,陕西;赖瑾,广西;夏之霖,浙江;解荣辂,山西;郭毓章,陕西;李华炳,山西;夏启瑞,浙江;樊海兰,江西;王允猷,浙江;史国琛,江苏;王葆清,湖北;梁鸿藻,广东;金兆丰,浙江;朱寿彭,江苏;丁惟彬,山东;李海光,河南;黄传鼎,湖南;张智远,四川;狄楼海,山西;易顺豫,湖南;赵增瑾,直隶;谢慕韩,江西;班吉本,满洲;陆鸿仪,江苏;延昌,满洲;陈曾寿,湖北;孙宝书,江西;周镛,陕西;马骏昌,广西;武曾任,浙江;周汝敦,云南;傅良弼,安徽;张凤阶,安徽;薛登道,山西;吕兴周,直隶;袁嘉谷,云南;曹履初,湖南;黄敏孚,广东;王鼎,直隶;朱崇年,广东;黄炳清,江苏;哲克登,驻防;关文彬,广东;江应焜,安徽;李振铎,安徽;张袁元,湖南;陈旭人,广东;田毓璠,江苏;陈敬第,浙江;赖际西,广东;傅家瑞,直隶;高廷梅,浙江;忠兴,满洲;何谌,福建;张祖荫,顺天;张文源,山西;杨凤翔,山东;郑家溉,湖南;恩华,满洲;李增荣,四川;严希仁,□□;王盎霖,江西;郭立山,湖南;黄纯垓,湖南;黄居中,甘肃;刘春堂,直隶;廖毓英,福建;绍先,满洲;庞毓同,直隶;于文璜,山东;尚秉和,直隶;胡商奭,云南;和绅布,满洲;褚焕祖,湖北;马进修,陕西;刘道椿,江西;侯来义,河南;吕调元,安徽;沈泽生,江西;孙迥兰,贵州;程昌𬭎,江苏;程超凤,江西;李泰,安徽;孙鸿烈,河南;黄堃,河南;张自省,直隶;陈钧,云南;马晋,陕西;高遵章,直隶;彭立械,甘肃;胡献林,江西;吴黼藻,江西;曾肇嘉,贵州;汪春源,福建;林栋,福建;宋嘉林,河南;王廷槐,奉天;丁树奇,贵州;钮泽成,浙江;王荫南,直隶;曾兰春,福建;王声溢,山东;何启椿,河南;张鹏翔,江苏;刘贞安,江西;杨克烈,江苏;何品黎,河南;张继信,陕西;曾熙,湖南;唐树彤,贵州;黄锡朋,江西;王钟,直隶;有瑞,满洲;伍埔,陕西;培成,满洲;陈其用,福建;马天嗣,福建;黄光厚,福建;张宗泰,山东;马廷弼,山东;张文田,浙江;魏卓象,甘肃;刘昌仁,四川;李振钰,安徽;萨起严,福建;郑廷琮,福建;吴庚,山西;张寿楠,江西;孟光范,陕西;申树棨,甘肃;李永诏,江西;王永和,云南;夏瑞庚,云南;钟麟,满洲;曹佐武,云南;余登云,湖南;王景峨,湖南;袁大栈,湖南;王延纶,江苏;李慎五,山西;张瑞机,山西。

载1903年7月4日《申报》,第2版,74卷435页

781. 宗师莅皖

安庆采访友人云,安徽提督学政绵达斋大宗师试毕池州,起节回皖省。本月初十日午刻,文旌戾止,阖城文武员弁齐赴江浒恭迎。宗师随呼殿入城,在试院驻节。阅片时,即牌示本月十二日七学文生补考,十三日考文生经古、时事。

载1903年7月10日《申报》,第3版,74卷484页

782. 电传经济特科等第单

一等四十八名:梁士诒,翰林院编修,广东人;杨度,湖南举人;李熙,直隶附生;张一麐,江苏举人;宋育仁,湖北道员,陕西人;陈增寿,湖北人,本科进士;陆懋勋,翰林院编

修,浙江人;李筠寿,安徽合肥廪生;张通谟,湖南湘乡举人;秦树声,河南人;王季烈,江苏附生,候选通判;冯巽占,浙江人;尹彦铼,江苏桃源拔贡;魏家骅,翰林院编修,江苏人;熊元鎬,江西南昌拔贡;赵录绩,内阁中书,山东人;连文澂,浙江钱塘监生;孙□,宝山训导,江苏人;刘邦骥,湖北举人;杨道森,户部候补主事,江苏人;胡玉瑨,兴化教谕,江苏人;华世芳,直州判,江苏人;吴烈,河南人;陈问咸,湖北举人;吴廷锡,陕西候补直隶州,江苏人;罗惇曧,广东优贡生;陈骧,庶吉士,直隶人;顾祖彭,庶吉士,江苏人;杨毓辉,广东人;许宝蘅,浙江人;俞陛云,翰林院编修,浙江人;方燕庚,内阁中书,安徽人;何宝睿,江苏人;徐沅,江苏人;陶炯照,河南试用知县,湖北人;成本璞,浙江人;丁昌燕,前四川大足县知县,山东人;罗良鉴,湖南善化监生;张祖廉,浙江嘉善廪生;蔡镇藩,户部候补主事,陕西人;许岳钟,湖南人,攸县教谕;邓邦述,翰林院编修,江苏人;章钰,江苏长洲本科进士;张孝谦,河南人;单镇,江苏人,本科进士;王镛,江苏人;赵宽,浙江候补知县,江苏人;陈宗彝,江苏举人。

二等七十九名:桂坫,广东人;端诸,工部郎中,旗人;刘炳堃,陕西拔贡;沈瑞琳,安徽道员,浙江人;饶叔光,主事,湖北人;胡钧,湖北举人;袁嘉谷,云南石屏,本科庶吉士;朱孙荪,江苏人;钱麟书,安徽大挑知县,江苏人;曾文玉,工部主事,广东人;李钟豫,江苏人;刘珄,广西人,拣选知县;刘敦谨,刑部候补主事,浙江人;陈兆奎,湖南人;萧应椿,候选道,云南人;饶宝书,广东人;蔡宝善,浙江举人;张佑贤,江西举人;邵启贤,浙江举人;梁镇奎,湖南举人;麦鸿钧,内阁中书,山东人;田应璜,山西人,屯留教谕;桑宣,湖北试用通判,直隶人;张士瀛,湖北蕲水教谕,湖北人;祝廷华,江苏人,本科进士;秦锡镇,内阁中书,山东人;江峰青,江西道员,安徽人;陈于夏,湖南人;陆长隽,江苏举人;成沂,旗人;王清穆,外务部员外,江苏人;赵长鉴,分省补用知县,贵州人;李振鹏,江苏人;刘钟琳,分省知县,江苏人;丁禧瀚,陕西候补知县,湖北人;吴曾祺,福建人;陈君耀,江西南丰知县,福建人;蔡瑞年,刑部候补主事;冯善征,通州优生,江苏人;周学渊,分省道员;姚炳奎,湖南拔;张百城,安徽人;杨模,江苏无锡举人;陆藁,江苏廪生;李廷栋,浙江举人;胡其敬,江西人;方履中,江西直州通判,安徽〔人〕,本科庶吉士;刘映藜,湖南廪生;欧阳中鹄,内阁中书,湖南人;邓承鼎,湖南人;施世杰,浙江举人;周蕴良,浙江人,本科会员,庶吉士;刘体藩,候选郎中,安徽人;黎经诰,江西人;林炳华,教习知县,广西〔人〕;王宗基,浙江人,户部郎中,本科进士;郑重,山东举人;刘体智,安徽人;丁保树,湖北举人;吴钟善,福建人;黄运藩,湖北安化举人;聂其昌,湖南人;武曾任,浙江人,本科进士;毛昌杰,陕西举人;彭谷孙,户部候补主事,江苏人;姚廷炘,刑部候补主事,浙江人;吴庚山,山西举人;程先甲,江苏举人;钱鏃,直隶道员,江苏人;李金钬,湖南拔贡;贾西山,山西人;朱士焕,山东补用同知,江苏人;蒋宝诚,湖北试用知县,江苏人;袁励准,直隶人;贾文浩,布理问衔;易抱一,湖南人;顾锡爵,江苏人;杨体仁,江苏泰兴廪生;崔朝庆,江苏甘泉训导。

载1903年7月16日《申报》,第2—3版,74卷531页

783. 龙山画意（学政按临＊）

安庆访事人云，安徽学宪绵大宗师按临皖江，于闰五月十九日考太湖童生正场，二十三日考潜山童生正场，二十一日考宿松童生正场，二十二日正途贡监录科，二十四日提复太湖童生，二十五日考桐城童生正场，二十七日复试宿松童生，六月初二日第一场考优生，初五日第二场优生。

载1903年7月31日《申报》，第3版，74卷636页

784. 皖学起程

安庆访事人云，安徽全省学政绵达斋宗师于闰五月初十日按临皖江，考试安庆府六属文童，现已将次竣事。闻宗师已定于本月十二日起马按试他郡矣。

载1903年8月8日《申报》，第2版，74卷693页

785. 学堂科举得失论

今之论时务者辄曰：欲兴学堂，必废科举；科举不废，则学堂终不能兴。智而辨者倡之于前，愚无知者和之于后。一若科举实足为学堂之累，不惜抵排攻击，各逞所能。甚至通达时务，学有本原，如直隶总督袁慰庭、湖广总督张香涛二宫保，亦以为此言疏请朝廷，每届乡会试按科减成取中。俟三科后，一律停止，务使国家所得之士悉出自学堂中。其教人向学，防人侥进之心不可谓不至矣。今者，张宫保回京述职，陛见时又力陈其事，圣心颇为所动，几将立见施行。嗣以各省学生大都沾染平权、自由、革命、流血诸谬说，动辄私立会社，訾议朝章，甚至排满灭清，恣行不法。而日本留学生更藉俄人要索东三省为名，设立特派班、义勇队、运动部诸名目，将至长江一带滋生事端。经驻日大臣蔡和甫星使及早奏陈，得以设法防范。于是执政者知学生不甚可恃，虽有专事兴办学堂之意，至此亦未便昌言。其一二老成，世所诋为守旧者，鉴于学堂中嚣陵之习，遂谓科举万不可废。各抒己见，聚讼于朝。此迩来科举绝续之机，两宫所以迟徊审慎而不能遽决者也。闻某日皇太后召见某大员时，谕以学堂种种荒谬，尚是科举可得人才，并谓学生缘何一至东洋，心术遽变？某大员固力赞学堂之成者，多方剖陈。两宫默然，终不以为是。窃以为圣明求才若渴，用中执两，自有权衡，臑下书生何事鳃鳃过虑？然窃有说者，夫科举为抡才大典，无论诗文、策论，只凭一日之短长，其间空疏迂腐之流侥倖成名，势所难免。然自唐宋以迄今日，名臣硕辅、勋业彪炳者多出其中，本朝胡、林、曾、骆、左、李诸公，经济文章，卓卓可传，而究其进身之阶，亦皆由科举，安得因噎废食，漫谓科举中必无真才？夫科举之能否得人，其权操之主司，应试者不能自主，历科闱墨优劣迥判，皆视主司之目力以为衡，其间岂无滥竽南郭之流贻诮识者？然极其弊，亦不过多得几辈唯唯诺诺、旅进旅退之人才而已，究未尝为国家大患也。若夫学堂，则自开办以来，浸假而与教习相仇矣，浸假而与监督为难矣，纷争偶启，要挟多端，人谓此其弊皆教习、监督实酿成之，良以平时学生或去其辫，或改其装，教习、监督熟视无睹，或反躬导其徒袭外人皮毛，

顿昧本来面目,遂使心术愈坏,邪说横行,平权、自由、革命、流血之言闻于各学生者,不自今日始,不早禁遏,至于逆焰日炽,立会演说到处哗然者,不知谁尸其咎?国家糜帑千百万为培植,而身受培植之恩者,乃并尊亲大义而忘之,将来学业告成,如何报国,如何事君,概可想见。虽十步之内必有芳草,十室之邑必有忠信,学堂中岂无光明磊落、有守有为之士?而究之少年浮躁,习与性移者所在多有。彼日本留学生阴谋不轨,潜入长江一带布散党徒,安保各学堂中不有声气相通、已被煽惑者。今幸事机败露,不遽发难于一时,而有心人每为之齿冷。学堂之见端如此,科举之往事如彼,予不敢谓科举之必贤于学堂,特即二者而论之得失之间,已不待智者而后决,当轴者盍亦辨之早哉。

载 1903 年 8 月 13 日《申报》,第 1 版,74 卷 729 页

786. 皖抚决科

安庆访事人云,乡闱伊迩,抚宪聂仲芳大中丞举行决科典礼,先期悬牌晓谕曰:本部院示,照得本年举行癸卯恩科文闱乡试,凡大学堂肄业附课诸生,必皆献艺观光,期副宾兴盛典。本部院先以文词之奇正,决科第之后先。愿考者先赴安庆府衙门报名入册,听候本部院于七月初三日亲赴龙门,点名出题扃试。考列前茅,优加奖赏,其不愿扃试者不必报名。

载 1903 年 8 月 27 日《申报》,附张第 1 版,74 卷 841 页

787. 远迓旌麾

金陵访事人云,今届癸卯恩科江南乡试,轮应江苏巡抚监临。刻下,正、副两主试已准于八月朔日渡江南来,监临理应先期莅省。闻恩艺棠中丞有七月二十九日行抵白门之信,省垣各宪遂先期各派员弁远迓旌麾。

载 1903 年 9 月 21 日《申报》,第 2 版,75 卷 147 页

788. 监临过润

镇江访事人云,本年江南乡试轮应江苏巡抚恩艺棠大中丞入闱监临,七月二十六日傍晚钟鸣七点,中丞由苏垣乘官舫,带以小轮船,道出镇江,就皇华亭码头下碇。驻防镇郡之水陆各营勇丁均列队江干,鸣枪志敬。有顷,常镇通海道兼镇江关监督郭月楼观察及文武印委各官咸赴码头,竭诚迎迓。既而,仪征淮盐局督办蒯礼卿观察、扬州府余召荪太守亦鼓棹而来,投刺谒见。二十七日辰刻,中丞即换乘"镜清"兵舰,溯江而上,径赴金陵。濒行,道府各官恭送如礼。

载 1903 年 9 月 21 日《申报》,第 2 版,75 卷 147 页

789. 安徽学政绵奏报皖省科试全竣折

安徽学政奴才宗室绵文跪奏，为恭报皖省科考全竣情形，仰祈圣鉴事：窃奴才于去年十月初业将前金陵办理录遗暨开考太平府属科试日期谨附片奏报在案。旋于十月十六日出棚，先试庐州府，次及六安州、颖州府，本年正月上旬接试凤阳府属专棚之寿州、凤台，按试凤阳府、泗州、滁州、和州、宁国府，并调考广德州，接试徽州府、安庆府等处，于六月初十日一律蒇事。现回太平府驻所，清理积牍，俟七月中旬再赴金陵办理癸卯恩科文闱乡试、录遗各事宜。奴才此次科试多属，一切关防仍照岁考加意严密，不敢稍涉疏虞。生童均能恪守场规，尚无枪替等弊。每于发落日多方诚勉，俾知时事艰难，讲求实学，冀为异日有用之材，以副圣主作人之至意。再，奴才经过地方，雨旸顺时，民情安谧，堪以仰慰宸廑。所有奴才巡试皖北、皖南各府州科考，通计一省岁科全竣情形，理合缮折具陈。伏乞皇太后、皇上圣鉴。谨奏。

奉朱批：知道了，钦此。

《京报汇录》七月初八日，第七千五百十四号一七千五百十五号，光绪廿九年八月初一日《申报》附张

载 1903 年 9 月 21 日《申报》，附张第 5—6 版，75 卷 153 页

790. 电传癸卯恩科江南乡试首场题

汉武帝时，征吏民有明当世之务、习先圣之术者，县次续食，令与计偕论。

识时务者在乎俊杰论。

谢安登冶城，悠然遐想，有高世之志论。

张九龄上《千秋金鉴录》论。

明太祖诏商税毋定额论。

载 1903 年 10 月 2 日《申报》，第 1 版，75 卷 223 页

791. 南闱寥落

金陵访事友人云，江南省每届乡试合计上、下两江入场士子不下二万余人，而闱中坐号不过二万四千间，若逢人数过多，不敷位置，往往有添搭篷号以免憾抱向隅者。不意今届正科举及所遗才取各生，至八月初六日止，综计只一万八千有奇。苏、皖两学宪李荫墀、绵达斋两宗师因号舍尚余五千数百之多，因将前此屏弃各生一榜尽赐及第，而此辈之迫不及待者已实繁有徒，是以本届应试诸生颇形寥落也。

载 1903 年 10 月 3 日《申报》，第 3 版，75 卷 230 页

792. 电传癸卯恩科江南乡试二场题

书籍、报章持论贵乎平正，若诬及朝政，有碍治安者，实为混乱之根。试详言定律严

禁之法，以正人心而维风俗策。

中国邮政逐渐扩充，现邮路纵横约若干里，各项局所共若干处，应否再事推广并变通办法，以保邮权策。

泰西皆设商部而辅以公司，以铁路、轮船为转运之枢纽，以银行钞纸为流通之关键，而又邮电以速之，学校之教之。中国振兴商务，先后次第宜如何规模西制策。

近年摊派偿款，各省筹办情形固有不同，顾筹款非难，而能得筹款之人为难，即如盐、房、粮、膏等捐，办理稍有不善，动辄欺压勒派，苦累兆民，应如何慎选行法之人，以妥筹便民之法，俾治人与治法相辅而行策。

高加索为朔方何部？译本有无他名？俄取其地，设有新例，其例若何，并在何年策。

载1903年10月5日《申报》，第1—2版，75卷241页

793. 电传癸卯恩科江南乡试三场题

"言忠信，行笃谨"义。

"见其礼而知其政，闻其乐而知其德"义。

"绥万邦，屡丰年"义。

载1903年10月8日《申报》，第2版，75卷261页

794. 衅起青蚨

本馆派赴芜湖采访友人以名诸生应试白门，日昨函告闱中所见，云：某生，皖之颍州府人。当三场交卷时，应得月饼、肉蛋钱二百文，受卷官邓、王二大令靳而不与，某生断断与争。二大令以其老且憨也，冷语刺之。某生被辱于万人如蚁之中，情不能甘，咆哮不已。诸生多好事者，询知其故，咸不直二大令所为，纠集千余人，群拥至公堂前，手攀栅栏，呼声震地。时监临、提调暨外帘各官咸在堂，再四踌躇，无从解散，只得由监临传二大令至，当众向之申斥，随牌示堂前，略谓：二令少不更事，本部院已严加训责，幸勿哗焉。而栅外万头攒动，依然鼓噪不堪。监临乃又悬一牌云：诸生宜归，静候本部院将二令严行参勘。栏外齐声曰：缓兵之计也，不足信，安有区区细故而遽以白简达朝廷者？哗之不已。则监临大张晓谕，言：二令已摘顶示惩，听候参办。于是诸生且前且却，不复哗嚣。或谓尚有一事，须白诸大中丞，凡招号军，例给工食，而每科供给从未给发，反人索洋银三圆，茶夫则索一圆。迨出闱，又派人在头门内穷搜，有腰缠逾数十千者，即指为盗窃。此风不革，彼身当苦役者，其将何以为生？而供给所人员未免贪饕过甚，讵非至不平之事乎？愿大中丞明以察之，监临以既往不咎，下科当彻底澄清。诸生始欢呼而散。嘻！如二大令者，既登蕊榜，又绾花封，乃以二百青蚨动励群儒公愤，出身加民之谓何矣。至于供给所一差，向本号称肥美，只号军一项，而所入已不下数千千。澄而汰之，是亦贤大吏之第一善政已。

载1903年10月12日《申报》，第2—3版，75卷289—290页

795. 皖省官场纪事（帘员赴宁＊）

安庆访事人云，每届江南乡试，皖省例应委员赴金陵听候差遣。本届乡闱除调帘州县不计外，共委佐贰二十四员，其中实缺九员。所遗篆务皆委员代庖，一俟差竣言旋，即须饬回本任。

载1903年10月22日《申报》，第2版，75卷363页

796. 南闱补述

金陵访事人云，南闱号舍原有二万四千之多，而本届投卷应试者不过一万八千左右，号舍尽有余存，而承印号戳之司道书吏私藏号戳甚伙，以致印用不敷，遂有多人无所位置，派令散坐于誊录、对读等房。诸生以空号甚多，纷集至公堂请究不编号舍之故。监临恩艺棠中丞以一经查究必有无可逃罪之人，惟传各号号官查明空号若干，立饬刻字匠补刊号戳，当堂盖印分给。各士子始得尽归号舍。至闱中应给肉蛋、月饼等钱文，大都于第一场或第三场缴卷时随同照出签，按名分给。本届忽于二场给发，发钱官吏又以士子不向索取，干没甚多，向隅之人不知凡几。出场后始知有改弦更张之事，乃于三场未封号门之先，同蜂集至公堂，向受卷官饶舌。中丞闻哄，先遣内提调及外监试出为排解，许为补给。诸生力请将吞蚀之官查明惩办。中丞不得已，允为撤委题参。不料一波未平，一波又起，则缘号军牌费频年，虽经严禁，而今届每牌一面竟需洋银三元六角，故凡充当号军者，咸自谓将本求利，于考生出号之际，婪索多端，必遂其欲而后已。第一、第二两场痛詈考生者有之，殴辱考生者有之，且有因考生囊橐已空而硬扣其考具、包裹，勒令次场备资取赎者，种种情形，令人难耐。其伺应之不能周到，呼唤之惯推聋哑更无论矣。诸生积忿莫遏，遂于此时纷纷竞进，复以号军不法各节为言。监临即饬内提调重惩号军，诸生以为不可，谓：彼为号军者，率皆愚劣之辈，何知何识，唯利是图，若不需资本买牌决不敢放肆至此。光绪初年，号军尚属恂谨，皆缘无此卖牌之弊。今为号军者既费巨本买牌，视号舍如贸易之场，势不得不求倍蓰之利，其所以横行无状者，皆由求利之念有以迫之。推本穷源，不得谓非卖牌之人实阶之厉，号军固无足责，而卖牌之官吏其罪实不容宽。监临犹饬随员等出为调停，而诸生必欲将卖牌之官重办。监临见犯众怒，乃摘理问厅官之顶戴，悬诸至公堂之檐前，众犹恐监临之为搪塞一时计也，仍不遽退，卒俟监临颁发将理问厅撤任参处之示，钤以印信，始各纷然归号。头二两场号门未启，据某某等号，号官拿获越墙出号者四人，知者皆指为枪手，禀请监临重办。中丞令将四人锁闭空屋，日给两饭，俟三场毕，即将四人释出，饬县分别递解，各回原籍地方。三场条例纷繁，试卷中稍不经心，即不免挂名蓝榜。今届受卷官咸奉中丞面谕，犯规之卷有可补救，必设法成全。故每场交卷时，受卷官必嘱缴卷之人少留，俟其查阅一过，遇有小犯场规者，悉令本人随时改正。故三场陆续贴出之卷，虽有一千数百名，大率白卷、未完卷者为多，盖皆为病所累也。今年试卷较前一科约少四分之一，弥封原可早竣，中丞因有要公，亟欲返旆，催速于二十二日竣事。翌晨，将试卷悉数送交内收掌，旋命驾出闱，即于二十四日启行回苏州

节署。

载 1903 年 10 月 24 日《申报》,附张第 1 版,75 卷 383 页

797. 江南放榜确期

金陵友人来函云,本届江南乡试放榜之期,已定于九月二十四日,本馆因即函嘱白门友人至期专电飞递,为诸君子捷报泥金。至顺天乡试发榜,实定于九月十二日,前报云十一日者,手民之误也。

载 1903 年 10 月 26 日《申报》,第 1 版,75 卷 393 页

798. 电传癸卯恩科顺天乡试题名全录

正榜:……舒元章,安徽……周学粹,安徽……李耀宗,安徽……程庆章,安徽……马承融,安徽……程鸿鋆,安徽……胡春泽,安徽……朱点衣,安徽……郭金寿,安徽……

副榜:……黎宗岳,安徽……

(注:共计正榜 230 名,内有 3 名缺省籍,其中皖生 9 名;副榜共计 27 名,内有 3 名无省籍,其中皖生 1 名。)

载 1903 年 11 月 1 日《申报》,第 1—2 版,75 卷 435 页

799. 电传癸卯恩科江南乡试题名全录

陈康祖,靖江;孙汝锴,凤阳;厉钟麟,丹阳;余培森,来安;吕世藩,旌德;张慈荫,萧县;顾侑基,通州;章寿椿,常州;程允徽,徽州;喻九一,太湖;钱淦,宝山;朱莲溪,寿州;杨寿标,金匮;王宗毅,上海;杨大铨,上元;钱撷绮,吴县;朱甫庆,泾县;朱学周,宝应;陈官彦,怀安;赵宗抃,丹徒;李鸿棋,霍邱;沈信,海州;宋肇珉,元和;李世璜,庐州;卢潮荫,宿迁;张廷栋,山阳;杨芗,高邮;鲍鹗,歙县;张云锦,歙县;左熊祥,泾县;钟树铭,松江;韩步宣,海州;玉润,京口驻防;张恩寿,丹徒;童振藻,淮安;于益源,仪征;王考祥,庐州;程殿琦,歙县;潘学尧,休宁;庞友兰,阜宁;储温华,宜兴;吴璜,如皋;潘景藩,宜兴;郭文彻,亳州;陈泾,江阴;孙徽,宝山;何雯,安庆;朱大㵼,吴县;李寿青,丹徒;张振解,合肥;姚祖晋,阳湖;王家彦,南汇;张有琳,如皋;凌毓琦,定远;彦绍泗,怀宁;王孝奎,江宁;缪瀚,江阴;项镇方,上海;储凤□,荆溪;江瀚,旌德;倪文静,望江;张煜,吴县;高云骞,如皋;吴德耀,歙县;吴志徽,荆溪;王慎贤,吴县;桂金,京口驻防;庄拱长,荆溪;刘仁达,宁国;姜崇恩,六合;李经湘,合肥;王永明,武进;程志泽,歙县;张荫毂,静海;章斐,长洲;周得乡,阜宁;陈庆寿,镇江;何熊年,怀宁;章元柄,太湖;张序,仪征;张开兴,娄县;许直材,当涂;贺寅青,宿松;任锡名,常州;陈泽,江宁;朱镜明,赣榆;戴乔云,仪征;赵士廉,江阴;刘吉甫,望江;高毓芭,舒城;于本采,江宁;瞿其煜,泾县;刘志涛,上海;张加龄,镇江;朱大猷,泾县;秦宝璠,江宁;张承均,甘泉;樊燧春,崇明;周志章,荆溪;承

惠,江宁驻防;汪廷柱,歙县;鲍恩暄,丹徒;金生直,池州;江绍杰,旌德;王汝许,江都;杨念荣,元和;许树畲,丹徒;王钟琦,宝山;方廷瑞,婺源;罗镜清,六安;章益泰,安庆;达孚,通州;顾鄂辉,上元;崔国铎,赣榆;俞庆澜,清河;吴宗格,旌德;刘方炽,怀宁;刘交煜,上元;陈锡琨,江阴;盛孚泰,吴县;朱祖翼,元和;管祖贻,上元;张佑,歙县;朱训承,凤阳;陶隆澳,江宁;赵葆元,甘泉;徐经纶,石埭;王守诚,□□;葛瀛澜,兴化;徐燮,望江;陈延礼,扬州;陈希璧,泰州;张埙,怀宁;赵良箴,海州;王宗佑,溧阳;蒯寿田,合肥;谢毓推,庐州;方逢魁,太平;华文英,桐城;李福贻,巢县;张兆岐,铜山;宋钟俊,旌德;陈振荣,怀远;程铭善,合肥;杨光华,海州。

副榜

韩保瑑,丹徒;方式谷,定远;庄启骥,丹徒;王友恭,江宁;沈经衡,合肥;邹福元,无锡;陆炳章,太仓;关毓泽,合肥;邢元伟,阜宁;杨兆荣,江都;罗厚澍,宿松;查凤声,吴县;任南章,荆溪;刘照抡,合肥;柳世俊,凤阳;张宗骥,桐城;丁逢原,盐城;吴毓琅,江宁;王湘保,江宁;吴桂昇,丹徒;杨譻龙,霍邱;郭廉,甘泉。

载 1903 年 11 月 12 日《申报》,第 2 版,75 卷 509 页

800. 皖抚程才

安庆访事人云,皖省各举人以明年恭奉恩科会试,具禀抚辕,请将孝廉堂春季课提前考试。抚宪诚果泉大中丞准之,爰于本月十六日发出题目:汉孝武时国用饶足而民不加赋论。"君子信,而后劳其民"义。农学家言肇源管子,泰西农政尤精树畜,皖省襟江滨淮,率多大陆,今欲讲求农务,试条举其土宜物产与其种植之方、畜牧之法,期于速成而维生计策。

载 1904 年 1 月 9 日《申报》,第 2 版,76 卷 49 页

801. 监司课士

安庆访事人云,本月初九日安徽安庐滁和道毓观察钟,传齐所属各邑文童,亲行课试,题为:用德则逸,用法则劳论。闻商约粗有端倪,议办销场土产等税,并拟将沿江沿海繁盛之区预辟通商口岸,以资抵制而免觊觎。筹国是者具有深心,究以何者为先,何者可缓,庶免紊乱,致启违言。试统筹而详陈之。

载 1904 年 1 月 10 日《申报》,第 2 版,76 卷 57 页

802. 皖藩决科

安徽访事人云,明岁甲辰恩科会试,诸孝廉皆须北上观光。所有皖省孝廉堂决科藩宪联方伯示期上月二十二日课试。是日命题一为现行印花税果否便民,有无利弊策? 一为东三省为根本重地,近逼强邻,弭外衅以固边疆有何良策? 留心时事者其各抒所见著于篇。

载 1904 年 1 月 19 日《申报》,第 2 版,76 卷 119 页

803. 柏台课士

安庆访事人云,明岁恩科会试,皖省应考二三月分孝廉堂月课,经抚、藩二宪提前举行,十一月二十九日为臬宪濮紫泉廉访课试之期,题为:宋神宗遣使察农田水利论。选将练兵为今日要务,各行省营制不一,畛域不分,宜如何整顿法令,联络声势,以固疆圉而御外侮策。

载 1904 年 1 月 22 日《申报》,附张第 1 版,76 卷 141 页

804. 学务大臣等会奏递减科举折

臣张百熙、臣荣庆、臣张之洞跪奏,为拟请试办递减科举、注重学堂,俾经费易筹、学堂早设,以造真才而济时艰,恭折会陈仰祈圣鉴事:窃臣之洞本年春间会同直隶总督臣袁世凯具奏《科举阻碍学堂、详陈得失利弊》一折,钦奉朱批"交政务处议奏"在案。窃惟奉旨兴办学堂已及两年有余,而至今各省学堂仍未能多设者,经费难筹累之也。公款有限,全赖民间筹捐。然经费所以不能捐集者,由科举未停,天下士林谓朝(延)〔廷〕之意并未专重学堂也。然则科举若不变通裁减,则人情不免观望,绅富孰肯筹捐?经费断不能筹,学堂断不能多。入学堂者恃有科举一途为退步,既不肯专心向学,且不肯恪守学规。况科举文字每多剽窃,学堂功课务在实修;科举止凭一日之短长,学堂必尽累年之研究;科举但取词章,其器识无从考见,学堂兼重行检,其心术尤可灼知。彼此相衡,难易迥别,人情莫不避难而就易。此已早在圣明照鉴之中。当此时势阽危,非人才莫济,除兴学堂外更无养才济时之术。若长此因循,坐糜岁月,国事急矣何以支持?议者或虑停罢科举,专重学堂,则士人竞谈西学、中学将无人肯讲。故臣等现拟各学堂课程于中学尤为注重,凡中国向有之经学、史学、文学、理学,无不包举靡遗。凡科举之习者,学堂无不优为;学堂之所兼通者,科举皆所未备。是则取材于科举,不如取材于学堂,彰彰明矣。顾或又虑学堂功课虽重积分之法,而分数定自教习,保无以爱憎而意为增损。殊不知学堂功课之优绌,皆系当堂考验,全堂学生及堂内执事人等众目共睹,教习即欲违众徇私,而公论可凭,万难掩饰。臣等尚恐偶有此弊,故于中学考试归诸学政主持,督同道府办理。高等学堂毕业,则请简放主考会同学务大臣考试,并不专凭本学堂所定之分数。如是则中西之学既已兼赅,故不患其偏重;取舍之权仍在试官,更不患其不公。凡科举抡才之法,皆已括诸学堂奖励之中。然则并非废罢科举,实乃将科举、学堂合并为一而已。窃思就事理而论,必须科举立时停罢,学堂办法方有起色,学堂经费方可广筹。惟此时各省学堂尚未遍设,从前大小各种学堂尚未定有详细完备章程,故已设之学堂办理未尽合法,学生品类不齐,或不免间有流弊,其不欲遽议停罢科举者,未始非老成持重之见。然使此时一无举动,天下并未见朝廷将来有递减以至停罢之明文,实不足以风示海内士民,用收振兴学堂之效。臣等公同商酌,拟仍查照臣之洞会同袁世凯原奏分科递减之法,吁恳天恩明降谕旨,布告天下,将科举旧章量为变通,从下届丙午科起,每科递减中额三分之一,暂行试办,一面照现定各学堂章程,从师范学堂入手,责成各省实力举

办,认真整顿。至第三届壬子科应减尽,时尚有十年计,时京外各省开办学堂已过十年以外,人才应已辈出。且科举既停,天下士心专注学堂,筹办经费必立见踊跃。如学堂仍办理无效,及尚滋流弊者,应由学务大臣随时考核,咨行各该督抚严行复查,将不得力之学务人员分别参处。庶几,学堂日有起色,以期仰副朝廷造就真才、实事求是之至意。兹拟递减科举办法,分条胪陈如左:

一、乡会试中额,请自下届丙午科起,每科分减中额三分之一,俟末一科中额减尽,以后即停止乡会试。

一、学政岁科取进学额,请于乡试两科年限内分两岁考、两科考,四次分减,每一次减学额四分之一,俟末一科学额减尽,即行停止学政岁试。以后,生员即尽出于学堂。

一、科举停止后,会试总裁改于大学堂毕业时奏请简放,分别内外场考试。乡试主考改于各省高等学堂毕业时奏请简放,分别内外场考试。

一、科举停止后,各省学政无庸裁撤,即令会同该省督抚考察整顿全省学堂功课并中学堂以上选录学生及毕业考试等事务,以昭慎重。查日本各处皆有视学官,正与学政之名义相合。

一、科举既议停减,旧日举贡生员年在三十岁以下者,皆可令入学堂肄业,三十岁以上至五十岁者可入师范学堂,会试后大挑一次或拣发一次,并多挑誊录,分送各馆,俾得议叙。其大挑拣发未入流之举人及恩拔副岁优各项贡生,均比照孝廉、方正例,准其考职,分别用为州同、州判,生员亦准比照已满吏考职,用为佐贰杂职,分发省分试用。其年在六十以上不能与考者,酌给虚衔。至经生寒儒,文行并美,而不能改习新学者,可选充各学堂经学科、文学科之教习,每届三年,查其实有成效者,比照同文馆汉文教习例给予奖叙。如此,则旧日应科举之老儒亦不至失所矣。

似此量为变通,暂行试办,于科举仅止徐议裁减,而于学堂则可顿见振兴。且于年岁已长、不能入学堂之举贡生员,复为之宽筹出路,京官之任学差者如故,其放试差者且更增多,尤属毫无窒碍。合无仰恳宸断,俯赐施行,俾全国臣民确见裁减科举、归重学堂办法,咸晓然于朝廷意向之所在,则必人人争自濯磨,相率而入学堂,以求实在有用之学,气象一新,人才当自奋,转弱为强,实基于此,大局幸甚。臣等谨合词恭折具奏,伏乞皇太后、皇上圣鉴训示。谨奏。

载 1904 年 1 月 27 日《申报》,第 1 版,76 卷 167 页

805. 皖试先声

安庆访事人云,安徽提督学政寿大宗师现方考试池州,一俟事毕,即须按临安庆。日来安庆府知府桂太守已札饬怀宁县郑大令定于二月初一日县试,以便二十日举行府试矣。

载 1904 年 3 月 16 日《申报》,第 3 版,76 卷 422 页

806. 皖江春涨(县府改期＊)

安庆府属前由学宪寿大宗师耆札于二月初一日县试,二十日府试等因,近已展缓,定于二月初十日县试,三月十八日府试,已由县尊郑大令出示晓谕周知矣。

载 1904 年 3 月 29 日《申报》,第 3 版,76 卷 504 页

807. 皖江清影(赐士折扇＊)

安庆访事人云,府尊裕太守自四月十三日举行府试以来,至五月初四日一律告竣,凡居前列者亲书折扇赐之,爱士之诚于此可见。

载 1904 年 6 月 29 日《申报》,附张第 1 版,77 卷 407 页

808. 龙眠画意(告示考试＊)

安庆访事人云,安徽提督学政毓大宗师自五月二十六日由池州行抵安庆后,次晨即行放告:二十八日考试府属七学生员经古、时务,二十九日考试太、宿、潜三县童生经古、时务,本月初一日府属七学生员岁考,初二日考怀、桐、望三县童生经古、时务。

安徽提督学政毓大宗师以明岁恭逢皇太后七旬万寿,嘉惠士林,特于日前出示:大学广额七名,中学五名,小学三名,以广皇仁,而培士类。

载 1904 年 8 月 1 日《申报》,附张第 1 版,77 卷 621 页

809. 皖水涛声(屡获枪手＊)

安徽提督学政毓大宗师按试安庆,于本月十二日考望江县童生时,拿获冒名顶替之枪手二名,一并枷号示众;认保廪生知情故纵,立予斥革。十三日,桐城县童生招集时,查获枪手一名,荷校司下坡。既而,诸生以承差某甲搜检时任情索贿,起而与争,事为宗师,提甲答责以儆。

载 1904 年 8 月 7 日《申报》,第 3 版,77 卷 664 页

810. 皖学行旌

芜湖访事人云,安徽提督学政毓大宗师考试泗州已毕,不日案临滁郡。闻滁州直隶州知州熊菊荪直刺举行〔府〕试,已于十月二十三日告竣。嗣奉宗师札开,滁州诸生童著于十一月初三日齐集等因,当即录札出示晓谕,并修葺试院,恭迓文旌。

载 1904 年 12 月 22 日《申报》,第 2 版,78 卷 757 页

811. 皖学行程

安徽提督学政毓文宗由太平府起节,前赴宁国府举行科试,闻已于正月二十四日首途矣。

载 1905 年 3 月 9 日《申报》,第 9 版,79 卷 431 页

812. 纪怀宁县闹考详请

怀宁友人飞函相告云,候补知县贾大令充高等学堂教员,现代理怀宁县篆,示期十八日举行县试。十七日夜,各童均已入场,中有学堂各生,不免有趾高气昂之态。迨扃门命题,已冠:《诗》云"鸢飞戾天,鱼跃于渊",言其上下察也义。未冠:"行义以达其道"义。各童有难色,而高等学堂生某某等在旁讪笑,且言学堂曾出过此题。种种狂状,致激怒众童,大为哗噪,谓:"高等学堂考生均提入堂内,显有情弊。"贾令又不即为调息,势愈汹汹。贾令乃传谕改题,势稍静。及题出,乃"学而时习之"义。众愤愈甚。又易题为"不亦乐乎"。诸生以连命两题,均有轻率之意,群起毁屏,拟入内堂理论。贾令知事急,又易题为"子路问政。子曰'先之,劳之'"。亲自出外宣言前题之误,言未毕,诸童飞奔而前,贾令急返身入。各童谓:"须照钦定章程,凡学堂学生一律不准应考,改期再试,则可寝事。"其时,大门已被击毁,贾令窘甚,乃请安庆府裕太守急至调停。裕守至,将贾令大加申斥,旋出示改期二十日考试,并云:"凡高等学堂以及各堂学生均不准应考,以符定章。"时已七下余钟,考生始各次第散去,裕守亦即返署,而考棚内桌椅屏门已均毁坏不堪矣。

载 1905 年 3 月 29 日《申报》,第 4 版,79 卷 598 页

813. 府试有期

皖中岁试,安庆府裕太守奉到学院札知,约于四五月间莅皖,各属县试均已完竣,遂由裕太守示期于十七日考试怀宁,十九日桐城,二十一日潜山,二十三日太湖,二十五日宿松,二十七日望江。(咸)

载 1905 年 4 月 28 日《申报》,第 9 版,79 卷 865 页

814. 芜湖(奉令县试*)

芜湖县萧策吾大令奉学宪札,于初九日举行县试,应考者计四百余人。(恒)

载 1905 年 5 月 4 日《申报》,第 17 版,80 卷 33 页

815. 皖中试事

安庆府裕太守于三月十七日举行府试,四月上旬即可试毕。学宪于日前已莅池郡

举行岁试,大约四月十七八等日即可由池起马,按临皖垣矣。(咸)

载 1905 年 5 月 9 日《申报》,第 9 版,80 卷 75 页

816. 定期院试

安徽提学毓宗师考试首府事竣后,即拟考试太平府属,闻宪节已于本月初六日由皖启行回辕,定期初四日取齐,初八日开考。(恒)

载 1905 年 6 月 19 日《申报》,第 9 版,80 卷 435 页

817. 皖学行程

安徽学政毓文宗于前月莅皖,举行安庆六属科试,本拟试毕后接试省城高等学堂,嗣文宗忽患痛风之症,初五日试竣后,即乘官舫顺流而下,遄返太平学署,并拟至鸠江泊舟就医。(咸)

载 1905 年 7 月 1 日《申报》,第 10 版,80 卷 531 页

818. 电传上谕

八月初四日,内阁抄奉谕袁世凯奏《请立停科举以广学校并妥筹办法》一折:三代以前,选士皆由学校,而得人极盛,实我中国兴贤育才之隆轨。即东西洋各国富强之效,亦无不基于学堂。方今时局多艰,储才为急,朝廷以近日科学日兴,已屡降明诏,饬令各省督抚广设学堂,俾全国之人咸趋实学以备任使,用意至为深厚。前因管学大臣等奏称,请准将乡会试分三科递减。兹据该督等奏称,"科举不停,民间相率观望,欲广学堂,必先停科举"等语。所陈不为无见,著即于丙午科为始,所有乡会试一律停止,各省岁科考试亦即停止,其以前之举贡生员分别量予出路及其余各条,均著照所请办理。总之,学堂本寓学校之制,其奖励出身与科举无异,历次定章皆以修身、通经为本,各门科学又皆切于实用。是在官绅申明宗旨,闻风兴起,多建学堂,普及教育,国家既获树人之益,即地方亦与有光荣。经此次谕旨,著学务大臣迅速颁发各种教科书,以定指归而宏造就;并著责成各该督抚实力通筹,严饬府厅州县赶紧于城乡各处遍设蒙小学堂,慎选师资,广开民智。其各认真兴办,随时考察,不得少涉瞻徇,致滋流弊,务期进德修业,体用兼赅,毋负朝廷兴学作人之至意。钦此。

载 1905 年 9 月 6 日《申报》,第 2 版,81 卷 43 页

819. 恭读八月初四日上谕停罢科举谨注

科举之制,创始于隋,极盛于唐,中经宋、元、明三朝而沿至今日,历时千余年,人才几万万,万目所注集于一隅,殆成为积重之政体哉。当时闭关自治,与外未通,经世救国之士或取譬于探筹,或设喻于捞针,亦尚以为用非所学,学非所用,病其政策之不善。况

值今日时势,列强逼处,物竞酷烈,各国之所以谋我者,于政治上、生计上各有专科之学问以为应付,而我犹恃隋唐时虚骄无用之人才与之角胜,论其现象,正如人用汽船而我用帆船,人用火车而我用驴车,追踪不及。种种失败之处,岂必俟诸后日?然则舍虚就实,振起人才,谋所以补救中国,争自存于天演之世界者,是停罢科举实为当今第一救亡之大计矣。恭读本月初四日上谕,"著于丙午科为始,所有乡会试一律停止,各省岁科考试亦即停止,并著学务大臣迅速颁发教科书以宏造就"。大哉!王言传示天下,举千余年秕政一扫而空,举各行省之耳目焕然一新,我中国转弱为强之大关键其在此举乎。原夫学堂与科举一实一虚,势成反对,固有不能并立之理。朝廷之广厉学官,重视教育,盖有年矣,徒以科举一途存而不废,教习因应试而旷废课程,学生因应试而纷起请假,用心旁骛,学务废弛,我国校风之不兴,其原盖在于是。前管学大臣鉴于此弊,有学生不得应试之令。然教习与学生见猎心喜,违章偷试。今春以来往往而有,盖有科举而禁不得试,致有违章偷试、妨碍学务之弊,诚不如径废科举,使之专心致志从事科学之为愈也。既有科举不复能成学堂,既有学堂自不当更有科举,此理昭昭,无待再计。今日此举即以实行兴学之宗旨,实践兴学之前言,风声所及,传播中外,诚足风厉我一国之人士,刷新我一国之精神,使之急起直追,各为储才以待用也。或者曰,东西洋学校之制至繁极密,从未有量予出身之文,彼中人士固无人不受教育,然其仕进也,或以乡举,或以投考,或以明律,或以劳绩,不闻以厕身学校为后日出身之路也。今上谕谓学堂优予出身,本与科举无异,则日后卒业将至,于中学生员、省学举人、大学进士,人人骛此虚荣,趋于仕途,不几与科举之旧习,名异而实同乎?曰学校仕进并合为一,其弊诚如客所言矣。然医家之治疾也,亦必先去其痼积,而后能投滋补之剂。国家之树人也,必先弊去太甚,而后能收善良之果。今朝廷之注意学堂,予以出身,原其意旨或因过渡时代之人物尚有狃于荣途,拘其成见,故借此优予出身者以歆动其向学之心,以坚奋起求学之意,亦未可知。然久之而教育进步,新理日明,自普通教育以至职业教育,终当养成人格、研究实用之趋向。当此世界竞争庶务繁赜,我国人才移其揣摩科第之心,返而求诸有用专门之学业,则前途教育当更有分析种种门类,以此实学而应世变者,区区仕进荣途又何足萦绕我国民之思想乎!然则今日废科举之谕,虽谓我国学堂成立之大纪念焉可也。

载1905年9月6日《申报》,第2版,81卷43页

820. 会奏立停科举推广学堂折书后

自八月初四日有停止科举之谕,风声所及,耳目一新,海内士夫群嗢嗢然,有刷新之望矣。以千余年极端积重之政体,一旦因臣下之献言,毅然决然革除其制,则此折之价值其重要可想而知。折中所称,"设立学堂并非专为储才,乃以开通民智为主,使人人获有普及之教育,具有普通之智能",最为切中肯綮之语。大抵一国之人,不能人人受高等教育,不能人人受普通教育,普通教育其目的在于制造国民,使人人自知有国民责任,以为立国之地。现今各国以人民受普通教育之多少,定强弱比例之等差,教育于国家影响日大,故东西学校制度有所谓强迫,有所谓义务,良为此也。我国理想薄弱,兴学与受学者或且骛其虚荣,略其实用,挟此毕业出身之希望,误会学务。此弊不可不防。得此折

而发明之,其于教育之前途庶有济乎。虽然造端伊始,事体宏大,议法不厌周详,立言尤须审慎,记者不敏,寻译原折语意,其可议者有数端:《学堂奏定章程》小学读经讲经时刻延长,内地小学遵章办理,颇多窒碍之弊。夫经学为我国开化之要素,人所当学,自是正论。惟是经义深博,但能施之于中学,不甚适宜于小学。小学之教文字,不过使之读书识字,能以笔述而已。若读《四书》《五经》,非但不能记忆文字,且不能施之实用。盖近世教育与古绝异,古之教育偏重文字,其智识从文字而来;今之教育偏重事实,其智识由实验而来,外洋教授主义,趋重有形,理学即是此意。今云小学、中学,均限定读经、讲经、温经,时刻不准减少,应饬各督抚责成学员注意经学,是重文字而轻实验矣。其可议者一。学堂定章于品行一门,向有分言语、容止、行礼、作事、交际、出游六项。原夫定章之意,皆教人以为人之道,勉人以当尽之责任,但其范围稍狭,犹未包括全体。何也?昔之言道德,仅言德之本性;今之言道德,须包德之旁面,如义务、本务、责务,皆道德下所有事也。前三年,日本文部检定德育科目,其责务之对于自己、对于家族、对于社会、对于国家、对于人类、对于万有等项,条分缕晰,包括无遗,德育之范围日益广大矣。今云申明旧章,将六项认真遵办,道德教育毋亦偏而不全乎?其可议者二。教育以小学为基础,小学又以广求师范为根本,折中之注重师范,诚是矣。我国苟兴教育,力求普及,需用教员至少当如美国四十万人之数。今者,新旧相嬗,安有许多之师范以应世用?原折拟请已毕业之简易科师范生予以举人进士出身,以示鼓励之道,其不得已之苦衷,实为全国人民所深谅。但其所为简易科者,据日本学制,取中学卒业生入该科修业以二年六个月为限。今我国之所谓速成简易科者,既无普通之科学为之预备,而此一年或年半之学期,其不能受适当之教育,夫固尽人可见。虽朝廷宽途录取,破格奖励,日日以举人进士优予出身,而于教育上之缺点仍不可弥也。且我国溺于科名至深且久,因其有出身之路,人人趋于简易一科,不思进步,致使高等完全师范绝少问津,恐更有事浮于人之叹矣。其可议者三。以上三者,乃废科举后所当研究之问题,非故与重要奏折过事吹求,私快一己之议论也。当轴者其悉心斟酌,择善而从,或于学务不无裨补也夫。

载 1905 年 9 月 12 日《申报》,第 2 版,81 卷 95 页

821. 直督袁等会奏立停科举推广学校并妥筹办法折

北洋大臣直隶总督臣袁世凯、盛京将军臣赵尔巽、湖广总督臣张之洞、署两江总督臣周馥、署两广总督臣岑春煊、湖南巡抚臣端方奏,为时艰日迫,亟图补救,拟请立停科举,推广学校,并妥筹办法,以期有利无弊,恭折会陈,仰祈圣鉴事:窃维科举之弊,古今人言之綦详,而科举之阻碍学堂,妨误人才,臣世凯、之洞等亦叠经奏陈,久在圣明照鉴之中,无烦缕述,以渎宸听。是以前奉谕旨,递减科举中额,期以三科减尽,十年之后取士概归学堂,固已明示天下,以作新之基,而徐俟夫时机之至,所以为兴学培才计者,用意至为深远。臣等默观大局,熟察时趋,觉现在危迫情形更甚于曩日,竭力振作,实同一刻千金。而科举一日不停,士人皆有侥倖之心,以分其砥砺专修之志。民间更相率观望,私立学堂绝少,又断非公家财力所能普及,学堂绝无大兴之望。就目前而论,纵使科举立停,学堂遍设,亦必须十数年后,人才始成。如再迟至十年甫停科举,学堂有迁延之

势。人才非急切可成，又须二十余年后始得多士之用。强邻环伺，讵能我待？近数年来，各国盼我维新，劝我变法，每疑我拘牵旧习，讥我首鼠两端，群怀不信之言，未改轻侮之意。转瞬日俄和议一定，中国大局益危。斯时必有殊常之举动，方足化群疑而消外侮。科举夙为外人诟病，学堂最为新政大端，一旦毅然决然舍其旧而新是谋，则风声所树，观听一倾，群且刮目相看，推诚相与。而中国士子之留学外洋者，亦知进身之路归重学堂一途，益将励志潜修，不为邪说浮言所惑，显收有用之才俊，隐戢不虞之诡谋，所关甚宏，收效甚巨。且设立学堂者，并非专为储才，乃以开通民智为主，使人获有普及之教育，具有普通之智能，上知效忠于国，下得自谋其生也，其才高者固足以佐治理，次者亦不失为合格之国民，兵农工商，各完其义务而分任其事，妇人孺子亦不使逸处而兴教于家庭，无地无学，无人不学。以此致富奚不富，以此图强奚不强？此不独普之胜法，日之胜俄，识者皆归于其功于小学校教师。即其他文明之邦强盛之源，亦孰不基于学校。而我国独相形见绌者，则以科举不停，学校不广，士心既莫能坚定，民智复无由大开，求其进化日新也难矣。故欲补救时艰，必自推广学校始；而欲推广学校，必自先停科举始。拟请宸衷独断，雷厉风行，立沛纶音，停罢科举，庶几广学育才，化民成俗，内定国是，外服强邻，转危为安，胥基于此。虽然，停科举矣尚有切要之办法数端，而学堂乃可相维于不敝。

一、在于尊经学也。或虑科举一停，将至荒经。不知习举业者未必皆堪深经术，但因科场题目所在，不得不记诵经文。又因词章敷佐之需，不得不掇拾经字。故自《四书》《五经》而外，他经每多束置不观，即《五经》亦不尽读，读者亦不尽能解。是何与传经？今《学堂奏定章程》首则以经学根柢为重，小学、中学均限定读经、讲经、温经，晷刻不准减少，计中学毕业共需读过十经，并通大义，而大学堂、通儒院，更设有经学专门科。余如史学、文学、理学诸门，凡旧学所有者皆包括无遗且较为详备，盖于保存国粹尤为兢兢所虑。办学之人喜新厌旧，故不知尊经，则虽诸生备谙各种科学，亦仅造成一泛滥无本之人才，何济于用？应请饬下各省督抚、学政，责成办理学务人员注意经学暨国文、国史，则旧学非但不虑荒废，抑且日见昌明。

一、在于崇品行也。查科场试士，但凭文字之短长，不问人品之贤否。是以暗中摸索最足为世诟讥。今学堂定章，于各科学外，另列品行一门，用积分法，与各门科学一体核考，同记分数，共分言语、容止、行体、作事、交际、出游六项，随处稽察，第其等差。至考试时，亦以该生平日品行分数并计合算。亟应申明定章，请饬各省认真遵办，则人人可期达材成德，自不至越矩缅规。

一、师范宜速造就也。各省学堂之不多，患不在无款无地，而在无师。应请旨切饬各省多派中学已通之士出洋就学，分习速成师范及完全师范两种，尤以多派举贡生员为善。并于各省会多设师范传习所。师资既富，学自易兴，此为办学入手第一要义，不可稍涉迟缓。

一、未毕业之学生暂勿率取也。各省设立学堂，迟早不一，程度不齐，或卒业有期，或毕课尚早。若不待毕业，骤加考试，则苟且速化，弊将日滋。若必待全行毕业，则各省之办学较迟者，必至缺其选举，士林又将失望。今筹一通融办法，既不同科举敷衍故事，亦不向学堂而迁就滥登，要使取士仍归学堂之中，学堂不蹈科举之弊，拟请此数年内除学堂实系毕业者，届期奏请考试外，其余则专取已经毕业之简易科师范生，予以举人、进士出身，既可劝教育之员扩兴学之基，并隐以励绩学而杜倖进。外国无速成小、中、高等各学，而有速成师范学，具有深意。至五年以后，完全师范生毕业者已多，更足以应选举而有余，此等师范生类皆国文已优，学术纯谨，断无流弊，且多系举贡生员为之本，可以得科第之人亦非侥幸。迨十年以后，各省学堂逐渐毕业，人才济济，更可不穷于用。

一、旧学应举之寒儒宜筹出路也。文士失职，生计顿蹙，除年壮才敏者入师范学堂外，其不能为师范生者，贤而安分则困穷可悯，不肖而无赖或至为非生事，亦甚可忧。拟请十年三科之内，各省优贡照旧举行，己酉科拔贡亦照旧办理。皆仍于旧学生员中考取，其已入学堂者，照章不准应考。惟优贡之额过少，拟请按省分之大小，酌量增加，分别录取。朝考后，用为京官、知县等项，三科后即行请旨停止。其中已中举人五贡者，略照会试中额，加两三倍送京考试。凡算学、地理、财政、兵事、交涉、铁路、矿物、警察、外国政法等事，但有一长，皆可保送，俟考试时分别去取。试以经义史论一场、专门学一场，共两场。其取定者，酌量用为主事、中书、学正、知县等官。如此，则乡试虽停，而生员可以得优拔贡；会试虽停，而举贡可以考官职。正科举之名，专归于急需之学堂；广登进之途，借恤夫旧学之寒士。庶乎平允易行，各得其所。少长同臻于有用，新旧递嬗于无形矣。

以上五条，皆停科举后最为之要之端，而行之可期无弊。应请一并饬下各省督抚、学政切实遵办。至各省学堂未办者，宜速从提倡；已办者，宜极力扩充。以及各堂学生之良莠，与夫办理学务人员之功过，均应随时认真考察，分别劝惩。各省督抚、学政所不得稍辞其责者也。其一切学堂毕业考试暨简放考官等事，自应悉遵《奏定章程》办理。臣等为补救时艰，妥筹办法起见，往复商榷，意见相同，是否有当，谨合词恭折具陈，伏乞皇太后、皇上圣鉴训示。谨奏。

载1905年9月12日《申报》，第9—10版，81卷99页

822.学部致各督抚电——为提解科场款目事

本月初三日，学务处奏请提解各省报部外销各省科场款目，仰邀俞允，望于奉旨后，饬司将各项实数汇造清册，从速送京，一面备款迅解，以应急需。学务处经费支绌情形略见原奏，自科举停止后，斟酌累月，实因别无筹款，方有此奏。各省兴学紧要，分当兼顾，惟筹款一层较京稍易，权衡轻重，似应急于先务，尚乞加意维持，俾于应办各事有所措手，公益所关，感盼何极。（能）

载1906年1月8日《申报》，第4版，82卷58页

823.江督致赣、苏、皖三抚电——为联衔电学部请示考优办法事

南昌胡抚台、苏州陈抚台、安庆恩抚台：洪。各省新设提学使未到之先，学政似不便即回京，因学务尚有一切交代，况本年夏初又考优贡，是否仍照向例开考，抑候新提学到，再拟联名电请学部示遵，以归划一。乞速复，再电。馥。歌印。（颠）

载1906年5月4日《申报》，第2—3版，83卷329页

824. 学政咨请皖抚考优

日前皖学毓宗师莅省，与抚宪商办考优一事，讵忽奉旨，裁撤学政。毓宗师遂回节署，旋即咨请抚宪谓，本届皖南北考优并生贡考职等事，均请贵部院主持，示期考试。并闻拟即回京供职云。（多）

载 1906 年 5 月 12 日《申报》，第 9 版，83 卷 411 页

825. 安徽学政毓奏为变通向章调考优贡折

安徽学政奴才毓隆跪奏，为变通向章调考优贡，仰祈圣鉴事：窃本年丙午科安徽省优行生员，皖南各属业经于光绪三十一年举行科试时，随棚考取在案。惟皖北各属未考。八月初间，迭次恭奉谕旨停止考试，专办学堂等因，通饬各府州钦遵办理。查直隶总督臣袁世凯等会奏内开，旧学应举之寒儒，宜筹出路，拟请十年三科之内各省优贡照旧举行。仰蒙俞允通行在案。伏思庐州、凤阳、颍州、滁州、和州、六安、泗州三府四州优生，既未按临考取，允宜早为举办，以恤寒畯。奴才再四筹维，现拟稍加变通，札饬各该属学生员，如有情愿应考者，照例备具卷册，于四月十五日齐集太平府城，由奴才按照向章，分场考试再会考。向章于录遗后，就近会同督抚考复，今乡试既经停止，自应毋庸前往金陵，谨拟将皖北各属优生补考后，再行文于安徽抚臣，商订会考日期，即在安庆省城会同抚臣示期复试，揭榜验看，以免该生等往返跋涉，期仰副朝廷轸念寒畯之至意。所有变通章程调考优生缘由，理合陈明，伏乞皇太后、皇上圣鉴。谨奏。

奉朱批：知道了，钦此。

《京报汇录》三月二十四日、二十五日，第十二页，《申报》附张第八千四百四十六号

载 1906 年 6 月 26 日《申报》，第 20 版，83 卷 852 页

826. 揭晓缓考优贡之原因

安省考优一事前由学宪赴京时请抚宪办理，曾通饬各属，有拟于闰月十五日由抚宪考试之说。未几，礼部电知各省，须由提学使考试录取，后呈该督抚复试核夺等语。而各属来省考优者已不下三百余人。日前，抚宪特出牌示，以接奉礼部电文，现已咨催李学使迅速来皖，届时再行听候定期考试云。（多）

载 1906 年 6 月 28 日《申报》，第 9 版，83 卷 867 页

827. 皖省举贡案揭晓

去腊二十二日，沈提学第三次考试举贡案，现已揭晓，计取一等：徐方汉、徐经纶、姚日新、胡远潜、谢毓淮、李世璜、张烁奎、金维翰、孙家模、张仲炬、赵其昌、范国彬、张遇

鸿、胡子英等十四名；二等：陈焕、吴淑、余泽金三名。（多）

载 1907 年 2 月 17 日《申报》，第 10 版，86 卷 395 页

828. 皖省举行考优

皖省考试优贡，去年因沈提学出洋，回国已届年底，未及举行。兹悉学使已示期于二十日取齐，听候详请抚院亲临考试。（化）

载 1907 年 3 月 7 日《申报》，第 9 版，87 卷 69 页

829. 提学司示谕考职

安徽沈提学日前出示晓谕，略谓：安徽向列中省，此次考职，照章应取七十名，保送人员照额取十倍，现经本司酌定分别大学、中学、小学，饬属保送。除虹乡学仍附入泗州外，其余八府六十州县加入临淮乡学，共计六十九学。即以向例岁科考试学额为断，其学额在三十名以外者，共二十一学，每学保送十二名；学额在二十名以外者，共三十七学，每学保送十名；学额在十五名以（内）〔外〕者，共十一学，每学保送八名，共保送七百十名，统限于二月十五日以前到省齐集，听候考试。学堂学生及现充学员已捐实官各生，均不准朦混与考，以符奏案云。（化）

载 1907 年 3 月 7 日《申报》，第 9 版，87 卷 69 页

830. 考试优贡杂职

皖省考优考职等事，前经示谕，兹由沈提学定期廿四日起假武备学堂内考试，并请抚院监临。（美）

载 1907 年 4 月 5 日《申报》，第 11 版，87 卷 392 页

831. 谕饬赴京取咨

安省保送举贡，业由沈提学考取，分别给咨前往。兹查有婺源县举人潘超、张星照及六合县举人等四名，尚未到司具领咨文，殊属玩延。因悬牌示，略加申斥，并将咨文四件封交合肥县举人陶镕先行携带至京，即谕该举人潘超等赶速束装赴京城驿马市大街庐州会馆内，向举人陶镕具领。（孔）

载 1907 年 4 月 13 日《申报》，第 12 版，87 卷 490 页

832. 吴提学体恤寒畯之一斑

皖省各属岁贡，春间已由沈前提学考试一次，尚有十八人于四月间始行来省，未及与试。刻下，吴提学查悉此事，以部定考试章程限期三、九两月，未便过时再举，爰即捐

廉,每生各得龙洋六元,俾作川资回籍。

载1908年6月7日《申报》,第2张第3版,94卷490页

833. 监学热心优拔

顺天府高等学堂监学官安徽增生王鸣瑞以本年举行考试优拔贡生,拟俟暑假后即料理行装,回籍应考。惟恐考期迫近,贻误报名,已呈由顺天府尹咨请皖抚转饬提学司先行入册,以免贻误。

载1909年6月7日《申报》,第2张第4版,100卷530页

834. 教官需索之一斑

科举废后,教职已成冷官,今岁适逢考试优拔,寒士之谋出路者无不联袂而起,教官衙门忽又热闹。宁郡太平县教官贺人汛广文并颁成例,凡上户报考须洋六十四元,中户四十八元,余以次例降。设上户中之较殷富者,除成例外,必须另酬百元,方准与考。如该教职者,可谓别开生面矣。

载1909年8月20日《申报》,第2张第4版,101卷758页

835. 皖生应考拔萃之真相

安省遵章举行考试优拔,前拟初旬举行,旋以洵贝勒过皖,延迟数日,定于十三日考试安、徽、宁、池四属,十五日考试太、庐、凤、颍及滁、和、广、六、泗等属。闻某县某生在场时忽患痰迷病,人事不省,后经同乡扶携而出,一路踉跄,见者无不矜怜。又有某属某生,于点名时人多拥挤,书籍及提篮等物顿成齑粉。最堪笑者,某生于应名时,金顶忽不翼而去,所着外套被物牵拉作片片飞舞。追出场时,又有某生饿极思食,见卖水饽饽者,购而食之,讵劳极头晕,忽然偃仆,以致饽饽汤水泼湿盈身。种种状况,虽可哂,亦可怜矣。

载1909年10月3日《申报》,第2张第4版,102卷486页

836. 皖省考试拔优之现形

皖省此届考试优拔,溢额录取。因各属士子如群蚁附膻,齐集省垣,以数千计。其一般自号维新派兴高采烈,概沉溺于酒地花天,而一般老生腐儒习字默文,又潜伏于衡门旅舍。近已三场试竣,草案揭出,大凡倩人捉刀暨身膺学界者,多侥幸获隽,余悉名落孙山。闻试题有关于国际诸句,诸生不能索解。刻下,尚未复试,猎取之辈先已着乌靴、戴红帽,携考囊,颈挂卷袋,并乘人力车四出谒客。途人见之,无不鼓掌狂笑。而失意之辈,虚掷金钱,空劳跋涉,且阮囊羞涩,如醉如痴,每过市廛,见有官府文告或商帜,辄高吟朗诵,指手画脚,几为警兵所逐,殊可怜矣。现闻好讼者流,声言学界员生多有朦考录取,违反定例,联合多人,详确调查,具呈攻讦,借销抑郁不平之气。究未识有实行手段

否也?

载 1909 年 10 月 11 日《申报》,第 2 张第 4 版,102 卷 600 页

837. 皖省考职之笑柄

皖省此次考试生员优拔两场,已人言藉藉,迨考职场,尤有定远县生员忽昭寰一事,哄传远近,令人发噱。据闻,昭寰于场前贿通关节,讵临考猝病未能入场,又不及知照,致出榜时,竟将忽昭寰姓名列于九十七名。嗣经该县诸生先后至学署、抚署喊控,虽均未得入内,而将来官界中善于钻营之忽昭寰已还其学界中拙于写作之忽昭寰矣。附录九月三十日牌示一则于后,系铃、解铃,亦可见主试者之苦心也。

本署司示,照得本日所发考职生员草案,有定远县"阳"字八号卷拆弥封时,书记误听作"署"字八号,致将忽昭寰姓名填入榜示。嗣查得忽昭寰并未入场,原取"阳"字八号红号底簿姓名实系杭杰,应由本署司详请抚宪更正。为此牌示,该生杭杰遵照榜示日期,听候复试,无得自误,榜上误填九十七号之忽昭寰应即取销,特示。

载 1909 年 11 月 16 日《申报》,第 2 张第 4 版,103 卷 246 页

838. 礼部考试拔贡录取名单

....

安徽　一等十三名:周鸿钧,朱楠,徐传钵,陈鹏骞,鲍寔,华维岳,俞世楷,熊元襄,冯子建,王犹,刘子敬,方灼,郑震谷。

二等三十一名:傅根兆,周树枘,叶新滋,陶宗俊,张琴,曹尚峻,徐晋,黄耀祖,汪兆莺,姚允中,姜德森,朱章□,彭恩来,徐文达,汪宏椿,戴炽松,程桂林,丁受春,吴文璟,江友升,吴宝鼎,卢文焕,曹诚瑾,刘毓堃,刘克广,王楷祖,陶欲达,蒋开径,蔡埙,金□,刘钊。

....

载 1910 年 7 月 28 日《申报》,第 2 张后幅第 2 版,107 卷 461 页

839. 复试拔贡等第名单(安徽一等十二名,二等十三名)

....

安徽　一等十二名:蔡埙,江友升,吴文璟,陈鹏骞,丁受春,朱楠,方灼,金□,戴炽松,汪宏椿,叶新滋,汪兆莺。

二等十三名:卢文焕,刘子敬,熊元襄,朱章□,鲍寔,姚允中,张琴,姜德森,徐晋,吴宝鼎,王楷祖,华维岳,曹尚峻。

....

载 1910 年 8 月 6 日《申报》,第 1 张第 5 版,107 卷 631 页

二 武举

1. 甲戌科武会试题名全录

此录由友人处草草抄录，当有不及详核之处，阅者谅之。

一甲：第一名武状元：张凤鸣，河南西平。第二名榜眼：赵瑞云，河南杞县。第三名探花：刘云会，直隶长垣。

二甲：第一名传胪：黄兆晋，湖北孝感。

花翎：王景元，直隶元城；仇志鹏，直隶天津；吴飞凤，四川邻水；丁炳臣，四川新宁；靳占元，直颍河间；陈元威，广东番禺；王兆清，广东博罗；罗定山，湖北汉川；梨鹏飞，广东新会；姜曜扬，广东新会；王连桂，厢蓝汉军；马河图，河南郾城；郭起昌，河南杞县；李如臣，四川华阳；吉生，广东厢蓝；区树勋，广东新会。

蓝翎：许廷飚，广东新会；冯秉宪，广东新会；杨锡麟，直隶曲周；陈作舟，直隶广平；何贵龙，广东番禺；李国康，广东肇庆；蒋大观，广西宾川；杨金甲，河南夏邑；龙云兴，江西万载；蔡锦文，河南祥符；娄桂林，河南许县；唐承祥，厢黄汉军；邱锦荣，江南桃源；李登第，甘肃华亭；龚世琪，湖南益阳；兰应元，陕西渭南；杨际昌，直隶广平；毛焕彩，直隶天津；杨其濬，直隶大明；张廷举，四川铜梁；宁遇吉，广东东莞；陈茂荣，正白汉军；张建明，山东曹县；饶鹤万，江西建昌；晋光德，山西赵城；谭建勋，广东东莞；廖荣华，广西；周品义，湖南；任黄钺，浙江补殿；周文应，广东；任廷英，直隶；刘金彪，湖北；刘廷斌，直隶威县；吴兆熊，广东新会；周毓英，直隶文昌；王振清，陕西咸阳；罗思忠，江南新昌；党修规，广西北流；殷彦彪，陕西蒲城；周毓英，直隶广昌。

营用：穆克登，正黄；张振国，陕西长安；汤登甲，湖南衡阳；穆成虎，顺天密云；高金元，四川温江；罗振绪，直隶灵寿；王占甲，山东东平；应殿甲，奉天承德；致和，正蓝旗；王安邦，云南广南；殷占新，四川江油；长续，四川蒲江；恩厚，正黄旗；万青鸿，湖南慈利；黄国柱，江南海门；吴森，安徽安庆；杨文衡，安徽蒙城；张文亭，安徽含山；谢潮安，江苏上元；聂文忠，江西宝山；张其筠，江苏沛县；程永忠，江西安仁；刘定鳌，江南山阳；刘丙墀，山东夏津；梁楹，山东德州；潘东洋，山东长清；黄庆荣，福建侯官；朱步云，山西定襄；郝德魁，山西汾州；罗凤岐，浙江黄岩；曹桂云，云南太和；舒德真，浙江西安；麻翔清，广东；熊于恒，广东；徐思达，江西；王云峰，直隶；裴定华，浙江；朱永璜，江苏；高继元，江苏；林莹，广东顺德；高兴宗，四川天门；曹澄清，福建唐山；张春山，直隶曲周；林管方，□□；李国清，广东归善；廖加元，云南邱北；刘治清，湖北竹山；邱长山，安徽寿州；吴凤池，江西邻阳；徐联标，江苏通州。

卫用：游国珍，江西临川；李云元，江苏山阳；黄春用，安徽合肥；潘怀琳，广西；赵长胜,安徽太平;黄周寰,湖南衡山;张兆福,山西定襄;何树声,湖南道州;饶伦英,安徽太平;胡邦达,安徽怀宁;邵以德,山东金乡;苏效忠,山西淳县;袁升纹,山西保德;张夺标,山西临汾;林克彰,福建永春;刘楠,山东;王国华,浙江永康;李栋,山东城武;张兆基,山西岳阳;王企贤,山西定襄;归建云,浙江仙居;黄义林,福建上杭;盛涌藻,安徽太平;厉国雄,浙江青田;杨历举,广东;稽锦南,江苏;华骏林,安徽;蔡殿魁,浙江。

载1874年12月5日《申报》,第2版,5卷543页

2. 金陵考试杂述

江南武闱乡试已定于十九日调考内场,遂于是日三更后放榜。统计今科上、下两江武生来省应试者不满两千人,而本年恭值恩科,并补辛酉正科,中式共一百六十六名,想诸君已不难悬揣而得矣。并闻江宁府署县考已定于十一月初一日开考,有佳子弟者莫不拭目而待云程之发轫矣。

载1875年11月23日《申报》,第1版,7卷497页

3. 江南武乡试题名录·带补行辛酉正科

曹锦标,泰州;闻锦涛,江宁;董景鹏,宣城;沈招金,江宁;王定邦,太和;尚国治,太湖;徐殿魁,六合;张配文,霍山;吴殿飏,宿松;吴继裘,舒城;叶兆祥,松江;陈泰,松江;聂鹏,合肥;沈鹏程,松江;黄殿甲,六安;储遇吉,扬州;王汝模,安东;宋辅臣,六安;季国桢,山阳;吕谷金,盐城;陈占鳌,山阳;刘鸿举,合肥;耿会真,太和;郑云程,淮安;张桂芸,淮安;胡士龙,高邮;谢屏恩,阜阳;华晓云,宝应;沈三德,东台;张赞文,高邮;黄殿元,淮安;过志积,金匮;邵廷杰,荆溪;蒋殿元,江阴;倪振武,海州;朱朝楫,金匮;沈焕勋,泰兴;相朝栋,海州;德海,旗生;长党,旗生;刘宝璐,海州;李西,桐城;张联奎,通州;权瑞林,铜山;何良材,六安;段宗和,江宁;王鲤祥,英山;王宏钰,上元;李春鳌,巢县;徐光达,松江;周霖,荆溪;安殿魁,凤阳;冯国栋,萧县;吴可宗,凤阳;张允洽,沛县;钟联甲,巢县;潘奇峰,阜阳;邵鸿范,江阴;赓音,江宁;徐士俊,淮安;顾进昌,松江;盛夺标,无锡;殷葆林,华亭;徐朝勋,通州;侯绍刚,泗州;王宏涛,上元;吕汲三,阜阳;长能,旗生;吴良凤,庐江;继先,旗生;曹遴才,颍州;陈飞,娄县;金得海,上元;吴良瑞,庐江;伍殿樑,江宁;陈德贤,宜兴;陈榻云,池州;顾祥龙,南汇;善积,旗生;沈邦安,青浦;汪道凯,繁昌;郭尧云,太和;艾国桢,江宁;翁云骐,泰兴;方镇,桐城;万国樑,合肥;崔锦堂,扬州;李永举,江宁;王步良,东台;尚国璜,太和;蒋国治,江阴;韦凤桂,丹徒;童桀斗,太和;吴云瑞,舒城;李振云,合肥;朱佩鸣,山阳;袁开泰,怀远;李日英,宣城;田承恩,淮安;陈飞林,常州;赵诏,武进;杨沛林,山阳;吕相,泰兴;章胜,宣城;黄永清,泰兴;鄞壮戎,太和;王朝彦,太和;何永森,合肥;尚国安,太和;顾云骏,奉贤;张保安,涡阳;王锡珍,颍州;虞骧,如皋;杨联元,阜阳;孙奂樑,阜宁;刘瑞荣,高淳;汝辉世,颍州;孙景成,清河;过廷良,无锡;杨殿臣,怀远;陈汝林,如皋;黄虎文,泾县;汤步云,高淳;李振隆,海州;宋兴阶,宿迁;殷泰鑫,娄县;郑直树,泾县;张文明,华亭;金光亮,松江;安平太,安

东;顾鸿彪,苏州;王瑞卿,南汇;陈树勋,南汇;程相国,颍州;沈凤岐,吴江;汪国琛,海州;钱忠培,常熟;陶承恩,常熟;王臣功,昭文;夏恩典,合肥;陈馨,高淳;汤魁元,泰兴;黄文凤,庐州;吴护国,阜阳;韩国华,海州;凌建魁,庐州;李广业,桃源;任汶,六合;武定邦,合肥;管竟成,宁国;徐汲三,望江;孙伯成,淮安;曹作云,绩溪;黄锡龄,太平;朱冠臣,兴化;杨厚之,寿州;熊致祥,南陵;吴世林,绩溪;程步云,徽州;沈锡三,寿州;陈在鳌,怀远;周金鳌,宣城;吴定国,寿州;费扶邦,凤台;吴宝祺,寿州。

载 1875 年 11 月 23 日《申报》,第 2 版,7 卷 497 页

4. 论武科

客从金陵来,言:"月前适值制宪主试武闱,日往观射,见各武生跃马射中,全破的者颇多。阅数日,骑射完,复观步射,则六矢全中者极少,较骑射不及半。更观技勇,孔武有力者,弓则开十四、十三力,刀则舞背面花有数十巡者,石则应手而举,起落无声,有横转于腰际胸前者。十余日来,惊心炫目,窃叹武生之技艺精良,而朝廷设科之意亦如此其郑重也。三年大比,省取数十人,以备折冲御侮之选,意者其皆有用材乎,何今之武弁不尽由于是也?"余曰:"不然,科甲行伍皆为正途,列戎行者大半行伍,而武科甲乙榜者半充效用部院差官与卫粮弁。甲榜除侍卫禁城外,亦不过以守备用,大抵卫多而营少。故战阵之事行伍能任之,而科甲反不娴之,其所习者射与技勇而已,焉有时至今日而可以临阵发矢杀敌致果者?若行伍则素习刀枪火器,故胜于科甲也。又自招募之法行而兵少勇多,战阵事烦而保举并进,统带营、哨官并非行伍出身,于是科甲愈不足用。岂设武科取武士即为用兵起见乎?"曰:"从前无勇丁,无保举,以行伍战,而以科甲当差,犹其可也。今行伍兼习洋枪,而三年大阅,每岁冬操仍沿旧制,所有刀枪义棍,龙虎阵法,若遇大敌当前,终归无用,何况六条马箭、一矢地球与百二十斤刀、三百斤石哉!使徒以祖制难更,令各武士虚应故事,弋取功名,亦何乐有此武举、武进士哉。"余曰:"国家定例,固不得妄议更张;而时尚所趋,又不得不令兼习营规,兼习枪炮等器,犹文士兼通西言西文也,通西言西文者不必拘定贸易中人,则兼习火器者又不必拘定行伍中人。从前行伍之用过于科甲,今军功保举之用多于行伍,用人者固非为轩轾,亦止因其所习而已,勇丁之打仗远过于营兵,咸同之世,已有明征,保举既烦,不得尽投闲置散,以故行伍中掺入军功,而往往军功之用优于行伍,无他,其所习者在也。科甲武员奔走差使,管运漕粮,平时从不识战阵,即营用都守亦止任守御而不临战阵。以故,应武科者除弓马石外,毫无所习,几类习时文者不知他艺。虽至通显,而督抚校阅部将止有弓马娴熟之考语,而无火器精良之考语也。盖兵丁而习火器则可,员弁而施放枪炮似有失乎体统,故终身为武弁而不能出一仗者有之,无他,其所习也。夫设科取士,原所以育人才,平时立此定例,借以观技艺耳。今东南底定后,科甲之不足用与火器最要,业已彰明较著。虽中西辑睦,事在乂安,而有备无患,不可不筹。方且购造军器精益求精,而取士之道似应量为变通,令各武生于弓马刀石之余兼习火器,讲求制造、施放之法。又,驾驶轮船等事,或由各省督抚于武举、武进士效用内,拨遣若干人,交管带官随同学习,则庶几材归有用,技不虚娴,犹之读时文者一通名籍,即当讲求吏治,而舍此敲门砖也。若夫营中所

尚诸器或仍或废,则尤有兵柄者所宜随时酌行,而知所变计者欤。"

载 1875 年 11 月 30 日《申报》,第 1 版,7 卷 521 页

5.丙子科武会试题名全录

第一名〔至第十名〕:张忠祥,河南;宋鸿图,□□;景庆云,蒙古;陶文元,湖南;张世昌,河南;刘应魁,河南;朱元敬,河南;韦祖恩,河南;王国梁,安徽;周世昌,浙江。

第十一名〔至第二十名〕:毛成勋,四川;胡鹏举,直隶;林靖芳,福建;张汝元,直隶;邢士杰,山东;黄三元,四川;钟连甲,安徽;韩定国,□□;汤定祥,广东;万祥□,河南。

第二十一名〔至第三十名〕:林远来,□□;王治矩,□□;袁寅襄,河南;郑魁第,汉军;恩禄,满洲;穆田春,直隶;郑庆忠,广东;涂殿魁,四川;张甲第,广西;叶如松,四川。

第三十一名〔至第四十名〕:叶朝樑,广东;守从乐,□□;龚期垂,浙江;张子义,直隶;甘云安,广东;胡文麟,直隶;辛有闻,四川;杨飞鹏,直隶;颜秉钧,四川;王丕绪,直隶。

第四十一名〔至第五十名〕:张贵甲,湖南;杨冠年,山东;张凤池,汉军;焦均,云南;毛继古,□□;陈仁昌,广东;王淑山,浙江;姜锡恩,安徽;松安,满洲;谢列忠,广东。

第五十一名〔至第六十名〕:周之道,四川;广安,满洲;萧炳全,四川;党必胜,直隶;裘玉田,江苏;全畏三,山东;曹复亨,山西;丰棠,汉军;吴廷桢,广东;韩宗,山西。

第六十一名〔至第七十名〕:陈英相,广东;张万鹏,直隶;白启明,山西;张培,直隶;周玉为,浙江;蒋楷庭,湖南;刘准用,奉天;丁魁榜,安徽;何家饶,广东;凌天翱,广东。

第七十一名〔至第八十名〕:钟寿芳,云南;洪式沦,江苏;赵连贵,贵州;柴家骥,云南;叶国昌,广东;聂显彰,广西;尚宜达,山西;师明飞,浙江;赵时光,广东;郭清标,山西。

第八十一名〔至第九十名〕:叶□□,汉军;盖锐,直隶;黄忠,安徽;钟懋芳,安徽;涂廷元,湖北;项曰田,□□;涂忠杰,江西;尹寿田,山东;黄登云,直隶;袁河,直隶。

第九十一名〔至第一百名〕:张绍曾,直隶;张汉韶,山东;吴凤德,江苏;章伯俊,江西;刘凤章,直隶;田志田,山东;刘翱,湖北;陈起华,江西;刘绕贵,□□;吴起龙,湖北。

第一百名〔至一百零七名〕:王桂清,云南;汪树林,甘肃;丁际清,甘肃;程凤池,湖北;潘桂清,江苏;熊经纬,江西;陈桂樑,广西。

昨接丙子科武会试题名录一纸,字甚漫漶,悉心校核,仅能辨其姓名、省分,有并不能辨认者,姑阙疑焉。至其州县之籍贯,概不能识,亦付阙如,阅者谅之。

本馆附志

载 1876 年 11 月 13 日《申报》,第 2—3 版,9 卷 461—462 页

6.丙子恩科武殿试题名全录

一甲一名:宋鸿图,福建侯官。二名:张宪祥,河南西平。三名:景庆,蒙古正红。二甲一名:张世品,河南。

花翎侍卫:萧文元,湖南;刘凤魁,河南;朱元敬,河南;韦祖恩,河南;王国樑,安徽;李成勋,四川;周世昌,浙江;胡鹏举,直隶;张德元,直隶;钟联甲,安徽;张定祥,广东;林遇春,福建;王德杰,福建;袁寅襄,河南;陈英刚,广东。

蓝翎侍卫:郑永礼,镶蓝;恩录,镶黄;穆国春,直隶;郑庆恩,广东;徐殿魁,四川;张甲第,福建;叶为松,四川;柴朝栋,广东;陈澄澜,福建;龚其勋,江苏;张子仪,直隶;甘云安,安徽;辜有文,四川;杨飞鹏,直隶;颜秉钧,四川;王丕绩,直隶;张贲申,湖南;张凤池,正红。

营用:傅钧云,□□;李桃,湖南;王淑岱,江苏;姜勤恩,安徽;松安,镶黄满;关则忠,广东;周文道,四川;庆安,正蓝满;常必胜,直隶;裴国祥,浙江;童畏三,山西;曹复来,山西;李棠,镶白汉;吴廷桢,广东;韩杞梅,山西;张万鹏,直隶;白启明,山西;张培,通州;谢松庭,湖南;刘维周,奉天;丁魁榜,安徽;何家发,广东;袁大翔,广东;钟春芳,云南;洪式伦,浙江;赵廷贵,贵州;柴家骥,云南;叶国昌,广东;聂显彰,广东;萧宜达,山西;张明德,江苏;赵时光,广东;郭清标,山西;雷振亨,陕西。

卫用:黄忠,安徽;童扬芳,安徽;徐廷元,湖北;项在时,浙江;徐钟杰,江西;王照,云南;李逢春,直隶;袁汝,直隶;张绍曾,直隶;张淑韶,山东;辛伯俊,江西;田蕙田,山东;刘朝清,湖北;陈超贤,浙江;刘锐,贵州;吴锡宠,湖北;王桂清,云南;田树林,甘肃;丁际清,甘肃;翟凤池,湖北;熊经纶,□□;陈桂梁,直隶;宋国英,四川;周毓英,直隶;吴长庚,直隶;穆成虎,直隶;宋培基,河南;海春,正红满;陈联堃,安徽;方协忠,江西;黄鸿万,江西;黄斌,直隶;江德馨,贵州。

载1876年12月2日《申报》,第2版,9卷529页

7. 江南武闱琐述

今科江南武乡试,闻与考者为数无多,统上、下江不过三千人光景。又闻历科武生到省最易滋事,稍有身家者,虽广厦如云,不愿赁作考寓。今年小甲等预共禀官,以为夜间失窃及路遇剪绺,固当随时查缉。若寓内凭空失物,实难稽查,亦不能照赔云云。官以为其言有理,缘即出示,着寓考者各自照看门户,考客如有遗失物件,归房东自行理直等谕。不图自此示一出,小甲等得以卸肩,而房东之赔累不胜枚举矣。噫!士风如此,将何以整顿之哉?

载1876年12月5日《申报》,第1版,9卷537页

8. 江南武乡试题名全录

第一名〔至第十名〕:丁占魁,怀宁生;成登鳌,盐城监;朱观成,庐江生;郭寿臣,太和监;郑国清,上元生;徐人熊,震泽生;李振威,怀远生;刘鸿渐,合肥生;张佩珩,上海生;张经邦,海州生。

第十一名〔至第二十名〕:王凤仪,凤阳生;沈国泰,松江生;吴良璧,庐江生;饶居仁,太和监;杨名著,怀远生;王颂清,南汇生;周进昌,太仓生;饶奇英,太和生;仲文涛,太和

监;张志锐,江浦生。

第二十一名〔至第三十名〕:恩秀,镶红旗;李同春,崇明监;潘守谦,休宁把;叶学益,太平生;刘金榜,甘泉监;李镇鳌,合肥监;崔鹏飞,怀远生;王安国,巢县生;黄金声,宝山生;吉勇,正白旗。

第三十一名〔至第四十名〕:汪洪清,太湖生;松步瀛,庐州生;门学智,寿州生;董景鳌,南陵生;韩启喧,合肥生;杨安国,怀远生;刘星照,霍邱生;赵金钊,东台生;徐子宽,芜湖生;荣康,正红旗。

第四十一名〔至第五十名〕:黄正榜,巢县生;凌义廷,合肥生;季殿萃,山阳监;童魁斗,太和生;刘士达,徐州生;孙斌,桐城生;董景云,宣城生;朱锦龙,无为生;卢鉴,常州生;高鸿儒,扬州生。

第五十一名〔至第六十名〕:富林,京口旗;杨宜春,庐州生;邓先忠,巢县生;姜尚志,合肥生;于德成,丹徒生;葛殿元,凤阳生;贾立和,庐州生;姜湛恩,通州生;云呈五,太和生;卢瑞昌,如皋生。

第六十一名〔至第七十名〕:吴良起,庐江生;王先铭,东台生;沈毓杞,如皋生;耿正魁,巢县生;全文,正白旗;包安国,宿迁生;王炳蔚,庐江生;钟毓芳,青浦生;张锐标,旸山生;鄞壮国,太和生。

第七十一名〔至第八十名〕:乐汝美,含山生;李梦熊,和州生;刘凯,南陵生;尚国璋,太和监;凌文蔚,太州生;程占魁,宁国生;钱顺保,甘泉生;封家赞,沛县生;周尔彪,江阴生;吕凤标,休宁生。

第八十一名〔至第九十名〕:张涛,扬州生;汪寿仁,江宁生;程华龙,霍山生;恩禄,正红旗;沈冠英,崇明生;稽紫阁,安东监;沈爚,芜湖生;陈保清,巢县生;吴士麟,金山生;欧阳铎,当涂生。

第九十一名〔至第一百名〕:俞士英,金山生;张成,安庆生;夏金邦,松江生;戴元沛,休宁生;彭云魁,震泽生;孙廷良,怀远生;相鹏程,海州生;张淦,当涂生;张怀琳,海州生;鄞善祥,太和生。

第一百一名〔第一百十名〕:杨春台,庐江生;王福庆,合肥生;赵达璧,南汇生;黄金榜,南汇生;程步云,绩溪生;张冠贞,邳州生;王宜甲,太湖生;董继程,沛县生;陈保善,怀宁监;吴茂林,定远生。

第百十一名〔至第百二十名〕:姜勋,扬州生;杨步高,山阳生;张寿民,清和生;杨文炳,蒙城生;曹永清,江都生;李志仪,和州生;达春芳,六合生;张保荣,涡阳生;侯登庸,靖江生;鄞汉翼,太和生。

第百念一名〔至第百三十名〕:秦养源,通州生;杨雨春,庐州生;吴荣成,东台生;李培,桐城生;许心存,荆溪生;赵凤魁,凤阳生;李锦标,安庆生;沈佩吉,武进生;霍壮臣,六安生;时国泰,无锡生。

第百三十一名〔至第百四十名〕:唐鸿文,巢县生;王永成,丹徒生;陈虎臣,贵池生;周希濂,上海生;刘锡龄,旌德生;郭尧曦,太和生;尹冠群,宜兴生;解锦浦,丹徒生;张兆祥,南陵生;胡锦标,金山生。

第百四十一名〔至第百五十名〕:陶彪,宁国生;宋连升,怀远生;龚彰,南汇监;张启

元,山阳生;詹魁,桐城生;张锦堂,海州生;张冠甲,邳州生;李济川,怀宁生;李滨,怀宁生;夏安邦,六合生,

第百五十一名〔第百六十名〕:周寿疆,泗州生;□勇,正白旗;蒋霖,太兴生;张培璋,涡阳生;蒋涛,太兴生;张云鹄,寿州生;黄殿魁,蒙城生;薄在疆,海州生;曹金鳌,通州生;唐占鳌,巢县生。

第百六十一名〔第百六十八名〕:马逢瀛,宿迁生;黄定邦,寿州生;楼月松,潜山生;宝恩,正黄旗;沈安邦,阜宁生;王辅臣,庐州生;王定邦,建平生;周万萃,常州生。

载1876年12月8日《申报》,第2—3版,9卷549页

9. 安徽学政祁世长又奏武生录科夹片

祁世长片:再,查安徽各属武生录科,向在太平府驻扎衙门考试录送,臣已先期札饬各属教官传谕该武生等,定于九月初旬齐集该郡候考。又,学政衙门随时应行批发各属案卷,因臣在入闱期内一切关防非系文闱要件暂缓料理。现既出闱,亦须赶紧清厘,臣复与督臣面商,拜折后即日回太平府驻扎衙门,办理武生录科并一切批发案卷,理合附片陈明。谨奏。

军机大臣奉旨:知道了,钦此。

光绪二年十月十一日《京报全录》,丙子十月廿八日《申报》

载1876年12月13日《申报》,第4版,9卷566页

10. 两江总督沈奏办武闱乡试夹片

沈葆桢片:再,准兵部咨光绪二年丙子正科十月内举行武乡试等因,臣查江南武闱乡试自咸丰二年壬子科以后,乙卯、戊(年)〔午〕、辛酉、甲子四次正科,己未、壬戌两次恩科均因办理军务未能举行。嗣同治六年举行丁卯科武乡试,带补乙卯一科,同治九年庚午科带补戊午一科,同治十二年癸酉科带补己未恩科,光绪元年乙亥恩科带补辛酉一科,均经前督臣奏准遵办在案。本年举行丙子正科,应带补壬戌恩科,以符定制。除应行事宜届时照例办理外,理合附片陈明,伏乞圣鉴,敕部查照。谨奏。

军机大臣奉旨:着照所请,兵部知道,钦此。

光绪二年十月十一日《京报全录》,丙子十月廿八日《申报》

载1876年12月13日《申报》,第5版,9卷567页

11. 丁丑科武殿试题名全录

状元:佟在棠,直隶天津。探花:林培基,福建侯官。榜眼:马尚德,直隶内邱。传胪:徐三畏,河南唐县。

花翎侍卫:詹绍安,福建闽清;王洲,直隶大名;孟传钧,河南许州;沈瑞舟,福建诏安;叶镜海,广东东莞;邓辅良,广东东莞;萧俊德,河南商水;林天骥,福建诏安;金国治,

山东历城；张宝泉，顺天霸州；郑秉高，广东潮阳；黄保全，广东香山；关作栋，河南太康；张振乾，河南光山；陈世林，河南汝阳；韩魁经，河南泌阳；秦永年，广西博北；林清明，浙江乐清。

蓝翎侍卫：刘天章，河南许州；黄正元，福建惠安；吴延谦，顺天大兴；侯振麟，直隶吴桥；井玉海，直隶邯郸；祁振棠，直隶滦州；何现璋，广东香山；黄朝甲，江西义宁州；伊东峰，山东肥城；陈国超，广东番禺；崔恩仲，直隶天津；于相国，山东高唐；张登云，山东德州；张鹏举，山东平度；项维扬，浙江临海；吴峻，浙江定海厅；严镇，广西岑溪；徐裕云，云南江川；万鹏皋，四川灌县；石秉硅，广西灵川；冷在中，江西义宁州；李春华，云南澂江；王嘉谊，山西临汾；安秀，厢蓝满洲；岳振河，山西安邑；曾辅朝，四川乐（三）〔山〕；殷献艮，四川遂宁；何梦龙，湖北蕲水；正登一，湖北黄陂；周之德，（湘）〔湖〕北广济；岳振兴，陕西蒲城；刘贡琳，湖北松滋；余天爵，湖北枣阳。

营用守备：布永清，山西阳谷；乔殿华，山西黄县；杨新喜，山西闻喜；骆殿魁，浙江义乌；于翔年，厢白汉军；刘全厚，山东武城；邱献玺，山东蒲台；殷开第，江西都昌；晏国安，云南东川；张正礼，山西忻州；詹北藩，江西铅山；罗士诰，江西宜黄；申福荣，山东汉州；应济川，浙江永康；陈庭灿，浙江青田；冷春魁，江西南昌；李有福，江西丰城；玉凤，正黄满洲；王道明，直隶大名；马定邦，广东顺德；李若玺，直隶曲周；张九言，直隶深州；胡思焯，广东顺德；缪云湘，广东香山；李春荣，山西河津；武殿樑，江苏江宁；高光礼，安徽凤台；郭则樑，安徽临淮；赵登第，陕西□□；尚魁三，陕西榆林；严永寿，陕西华阳；张全信，甘肃灵州；叶增福，安徽巢县；张文椿，安徽合肥；杨成瑾，四川资阳；陈祖虞，四川彭城；郑云程，江苏清河；周良佐，湖南新化；梅楷，四川安岳；陈纬勋，四川三合；岳成，正红满洲；彭鸣霄，江西安仁；莫定国，安徽寿州；梁藻臣，广东新会；张际昌，直隶武邑；王天祥，直隶曲周；侯殿甲，直隶赵州；王吉昌，直隶永年；罗楚，广东四会；何锡源，广东番禺；程以俊，广东南海。

卫用守备：陈需霖，广东南海；沈锡三，安徽寿州；吴堂，安徽桐城；杨增，四川沏县；姜尚忠，安徽合肥；罗世瀚，湖南安乡；冯范，湖南衡州；全寿，镶蓝满洲；秦文源，江苏通州；相朝栋，江苏海州；张殿甲，山西忻州；王河清，云南建水；苏必昌，贵州秋江；冯国栋，江苏萧县；王家骥，江苏安东；胡峻德，湖北慈利；徐毓芳，云南江川；李国刚，奉天广宁；锡庆，镶白汉军；过廷良，江苏无锡；姚起全，贵州遵义；褚魁，正蓝汉军；赵文彬，贵州贵阳。

载1877年11月14日《申报》，第2版，11卷469页

12. 武乡试论

今年又为朝廷开科取士之年，磨厉以须者争欲及锋而试矣，而弯弓调矢之士亦于鹿鸣秋宴之后左执櫜鞬，右执鞭弭，咸望马尘而趋步焉。尝观文武乡试之期，文则但于入帘之日，自主试、监临以及提调、监试、学政等官，各排全仗，炫耀街头，过此一日，若三场之九日，惟个中人亲尝滋味，自觉忙碌。至十六日以后，则贡院左右冷落万状，并个中人亦不往来其间。若揭晓，亦顷刻热闹场也。通计一月之间，众人耳目所属，舍入帘而无

他矣。若夫武乡试,则各官之下演武厅也,武生之盛饰其服,彩结其马也,马槽之旁游人观者如织,办公胥役旦暮出入城闉,自马射至技勇,凡二十日而毕。而期前各武生之自演其艺,及临期祭马道,又几一月。即非局中人,凡有所遇,必驻足而观,而煊赫灿烂之状几于目迷五色,较之文场相去奚啻径庭。初不解此,月余来,至于通国若狂者乃不过为数十名武举,因而知朝廷抡才大典固若是其重也。及于平日观之,凡所谓武举者,几经会试辄应拣选,以千总分别营卫用而归,亦不过投标效力,月得一名粮耳。如是者,可十年二十年,甚而可终其身。若夫差满委署,则正途又轻于行伍也,即会试而中,除殿试高甲以侍卫用,余亦如武举以守备分别营卫用差,晋一阶而已。其投标之后,当差苦况亦正无殊,即侍卫而至放补,亦杳然无期焉。然则所以重之者,其究安在乎?且武场校艺,弓马为上,技勇次之,其他四五行《武经》如文生小试钞写《圣谕》而已。若入营以后,则弓马仅为亲临上司演校时所应之技,而杀敌致果之所尚,则又不在乎此。以是正途武员转不及行伍之娴习,而委补差使皆瞠乎若后也。窃意所习非所尚,亦安贵有此大典哉?上年两江沈制军曾以废武科举入告,格不得允。殊不知武举之科乃有明新例,而本朝沿之,元以前本无有也。乃明之有武科,实有所以重之者,各镇将弁大都正途出身,与行伍并驾齐驱,且行伍以出征之功始有迁擢,而武科则循资格,较之行伍犹有胜也。本朝以满营规制参用于绿营,因而武职班中必尚营派,而正途人员反觉畸轻,故制度虽沿自前明,而意旨已大异乎前明也。窃谓即如前明,其所习者如其所用者,其所用者如其所重。当其未造,虽败坏于文臣,而丧师失地之罪亦未始不在武臣。则前朝之制度亦何所惜而不废之乎?或谓近年崇尚西洋火器,似宜于弓马刀石之外兼试洋枪,而海疆舟师中水手亦准其一体与试而较其所长,庶习枪炮水师者亦得以科甲出身,而学中之武生兼熟枪炮之技,则合水师、陆营与武生并其进取之路,使不至有轻重之弊。然此议决不能行。我朝龙兴,军威所至,首在火器之精良,定鼎以后,鸟枪火器营制已定,即绿营亦以枪炮为重,当时沿革旧制,应早小变武科所尚,而不闻有此一议。然则今日亦何人而能议及此哉?夫武科之设,初意并非不美,自与营伍所尚不同,于是废而无用,且大抵皆游闲无赖之人穷而为匪,所在皆是,即如上年天津武探花佟在田,至以此等案情革职问罪,是尚为市井小人之所不为,岂不足以贻玷同科哉!又如近来会试之前,各武举计偕北上,往往包揽客货,与厘卡滋闹,此又决非文士之所为,而惟武夫有此勾当也。余故谓沈制军之疏固非无所见而云,然虽不允行而未可厚非也。

载1879年5月4日《申报》,第1—2版,14卷425页

13. 马箭伤人

江南武闱乡试,先订于月之初六日开场,适因天雨,改期初八日。是日,考试马箭,仍照向例,分中、东、西三闱,中闱考试马箭。有某生正在马上放出第二枝箭时,恰有一人年约三十岁,在靶子左近走过,箭不着靶而着人,由鼻观下直贯入门牙约有寸许。监箭官登即令人将箭杆拔出,而其人已血流不止,登时跌倒,旋即将受伤者抬到中协营盘内,用药敷上。想不致有性命之虞,然已不堪其痛矣。

载1879年12月9日《申报》,第2版,15卷645页

14. 光绪己卯正科并补行甲子科江南武乡试题名全录

马双魁,江宁;徐人骥,震泽;陆恩荣,蒙城;王得昭,上元;薛文超,淮安;吴连彪,太和;金殿甲,上元;汪恒林,江宁;钱升,吴江;靖国钧,淮安;禹步瀛,和州;李安邦,安庆;史左尧,江宁;顾斯盛,南汇;丁旭,安庆;闻人鹏翀,句容;黄云龙,太仓;包义端,桐城;徐上庆,太仓;王德增,甘泉;方杰,桐城;赵玉衡,寿州;毛翼龙,镇江;程锡琪,山阳;方鸿烈,庐江;吴余庆,庐州;黄容邦,泰兴;张文秀,桐城;张邦定,庐州;金凤岐,淮安;黄魁元,潜山;刘学明,合肥;蒋占元,淮安;吴良辅,庐江;冯国庆,徐州;冯魁,潜山;李定邦,无为;王廷栋,宁国;朱国标,潜山;添昌,驻防;史守庄,淮安;李永年,巢县;汪愚隆,太湖;丁魁,无为;志方,驻防;俞凤魁,吴江;詹乐进,太湖;吕国瑞,常州;孙保升,南汇;戴兆友,太湖;毛友伦,宜兴;杨守廉,山阳;善成,驻防;祝云,太湖;赵金福,丹徒;葛德章,嘉定;汪乃胄,太湖;刘家驹,庐州;王其章,甘泉;刘昆,宿松;清扬,驻防;刘万选,庐州;周璞,山阳;洪斌,宿松;刘忠櫟,合肥;郑得魁,盐城;岱顺,驻防;过学汾,无锡;潘松亭,南汇;陈云,望江;叶钟魁,江阴;丁培福,山阳;鲍占魁,望江;杨龙海,江阴;赵增禄,嘉定;程廷科,休宁;寿元,驻防;周澄,宜兴;夏德庆,泰州;汪宗清,休宁;江云路,丹徒;王登鳌,盐城;林翰飞,池州;陈锦魁,庐州;相承润,海州;蒋治致,石埭;王文发,庐州;荣祥,驻防;施荫标,庐江;杨骏文,泾县;陶彪,太平;潘金山,无为;左鼎臣,六安;陶国春,芜湖;杨春甲,巢县;杨锐泉,山阳;韦殿楹,怀远;龚照球,合肥;吴永福,泰兴;廖振钧,寿州;张玉钟,溧水;季殿芃,山阳;吕金鹏,阜阳;乌尔恭阿,驻防;王礼臣,庐江;沈锦标,昆山;魏良臣,阜阳;陈丙炆,无为;孙瀚清,萧县;吕明山,阜阳;曹振国,□□;张振邦,海州;刘兆昌,蒙城;费炳扬,庐州;黄占魁,宁国;司元,含山;根兴,驻防;徐培科,桃源;孟保清,含山;周凤岐,荆溪;路乘龙,盐城;张正荣,和州;解兆鼎,丹徒;孙保鼎,安东;赵继兴,和州;舒星额,驻防;贾荣标,庐州;王化隆,青浦;王步森,滁州;王振仪,合肥;黄忠英,泾县;穆镇国,太和;朱殿魁,舒城;沈钟英,崇明;吴连璧,太和;汤承榜,无为;蒋鸿勋,泰兴;钱宏,无为;王冠军,沛县;吴连举,太和;许汝励,合肥;邱如湛,东台;阎有仲,太和;王长恩,巢县;王跃池,海州;孙耀英,蒙城;何鉴,靖江;胡凤池,宣城;潘鹏,溧阳;孙冠甲,丰县;吴长纯,合肥;卞宝骏,泰兴;陈正标,合肥;邵国瑞,海州;殷占魁,舒城;王元寿,南陵;张桂桢,无为;陶文璐,新阳;高定兴,巢县;曹步清,青浦;王仙璋,庐江;丁文捷,巢县;张国柱,睢宁;刘凤群,阜阳;汪登贵,宁国;李道彰,定远;汪廷栋,南陵;侯夺魁,阜阳;顾廷彪,吴县;郭锦堂,临怀;陈定国,奉贤;廖振鹏,凤阳;崔明鉴,扬州;李楠,怀宁;宋云路,泰兴;杨提山,宁国;朱恒栋,睢宁;相鹏齐,海州;强无敌,南陵;曹希彬,泰兴;潘仁骧,昭文;徐砚丰,兴化;朱正邦,娄县;葛熊,昭文;周万选,东台。

载1879年12月10日《申报》,第2版,15卷649页

15. 光绪庚辰科武会试题名录

黄培松,福建;景元,满洲;周增祥,广东;游万昆,四川;赵万忠,直隶;裴待时,河南;

金凤岐,江苏;万世钊,江苏;曹维云,安徽;于锦升,山西;刘玮,甘肃;郭泰业,湖北;郭钟秀,云南;李德英,湖南;殷攀龙,四川;王安国,福建;余藻,四川;李祥霖,福建;周圭璋,浙江;王魁,直隶;王达松,广东;谢汝璆,广东;陈鸿铨,福建;马廷怀,河南;易汉章,四川;额勒德泰,蒙古;林鸿钧,福建;何纶章,广东;余观光,四川;谢殿恩,安徽;杨树康,广东;任茂松,河南;吴家斌,江西;韩国华,江苏;莫雄谟,广东;陈翼,湖南;赵培勋,广东;顾鹏飞,陕西;彭庆珍,贵州;岳增斋,山西;刘殿甲,奉天;范元善,直隶;王殿玉,浙江;贺显庄,河南;全乃烈,广东;杨景昌,福建;李廷冠,广东;吴宝琪,安徽;薛文超,江苏;张端五,云南;刘榜,□□;吴世麟,安徽;徐人骥,江苏;尹世甲,山东;饶遇丰,安徽;万长泰,汉军;泰林,蒙古;王永昌,直隶;唐玉树,四川;胡金松,河南;文华,满洲;戴泰峰,直隶;尹鸿成,汉军;刘魁汉,直隶;谢廷熊,广东;林国瑞,福建;郑良树,安徽;王乃昭,山东;张鸿仪,湖南;张殿扬,湖北;谢嘉树,直隶;赵念祖,广东;张鸿勋,河南;杨生润,直隶;谭泰臣,四川;王年,山西;丁鹏,江西;杨国靖,四川;周霖,江苏;郑国胜,江西;邱东屏,福建;周化南,直隶;雷同升,广西;杨长胜,河南;魏荣斌,甘肃;毛世,山西;吴在魁,江西;周近昌,江苏;宋长林,山西;萧景云,直隶;严化鹏,直隶;张清简,山东;姚应鹿,广东;李基,山西;侯振,山西;尹元,山西;伍子忠,广东;尚凌云,直隶;白凤翔,河南;秦步升,广西;陈振纲,浙江;井汝杨,广东;宋邦杰,直隶;姜凤鼛,浙江;周子清,广东;王长庚,直隶;马富禄,甘肃;王瑞芝,山西;廖飞熊,江西;何正荣,云南;李宾,安徽;马锡,山西;李鹏抟,湖北;柏继廷,湖南;王楚图,云南;卢杭,山西;汪凤池,安徽;马宗常,山西;倪振武,江苏;李声扬,江西;杨锐泉,江西;罗长泰,云南;姚振国,陕西;汪朝宗,浙江;韦有诏,广西;白增祥,山西;陈绍科,贵州;姜树兰,湖北。

载1880年11月2日《申报》,第2版,17卷497页

16.庚辰科武殿试题名全录

状元:黄培松,福建。榜眼:周增祥,广东。探花:景元,厢黄。传胪:殷攀龙,广东。

游万昆,四川;裴待时,河南;金凤歧,江苏;于锦升,山东;刘辑,甘肃;郭春藻,湖北;郭钟秀,云南;李德英,湖北;王安国,福建;余藻,四川;李祥麟,福建;马廷襄,河南;易汉章,四川;林鸿钧,福建。以上花翎。

万世钊,江西;周圭璋,浙江;王魁,直隶;王建松,广州;谢汝镠,广东;陈鸿铨,福建;曹作云,安徽;何纶章,广东;余观光,四川;谢殿恩,安徽;杨澍康,广东;任茂松,河南;吴家斌,江西;韩国华,江苏;莫雄谟,广东;陈翼,湖南;赵培勋,广东;颉鹏飞,陕西;彭庆珍,贵州;岳增高,山西;刘殿甲,奉天;范元善,直隶;王殿玉,浙江;贺颐庄,河南;全乃烈,广东;杨景昌,福建;李廷魁,山东;吴宝祺,安徽;薛文超,江苏。以上蓝翎。

刘开榜,顺天;吴世麟,安徽;徐人骥,江苏;尹世甲,山东;饶遇丰,安徽;万长春,厢黄;王永昌,直隶;唐玉树,四川;胡金檀,河南;王鸿年,山西;丁鹏,江西;杨国靖,四川;周霖,江苏;郑国胜,江西;尹鸿威,正红;刘魁汉,直隶;谢遇熊,广东;林国瑞,福建;王乃昭,山东;张鸿仪,湖南;张殿扬,湖北;赵念祖,广东;张鹤翔,河南;杨生润,直隶;邱东屏,福建;周化南,直隶;雷同声,广西;杨长清,河南;魏荣斌,甘肃;毛世榕,山西;吴在

魁,江西。以上营用。

周进昌,江苏;宋长林,山西;萧景云,直隶;严化鹏,直隶;张青简,山东;姚应镳,广东;李丕基,山西;侯振声,直隶;尹赓元,山西;伍子忠,广东;尚凌云,直隶;秦步升,广西;林汝扬,广东;牛邦杰,直隶;白凤翔,河南;姜凤翥,浙江;周子清,广东;王长庚,直隶;马福禄,甘肃;王瑞芝,山西;廖飞熊,江西;何正荣,云南;李滨,安徽;马锡,山西;李鹏搏,湖北;柏继廷,湖南;卢槐,山西;汪凤池,安徽;马宗长,山西;倪振武,江苏;李声扬,江西;杨锐泉,江苏;罗长春,云南;姚振国,陕西;汪朝宗,浙江;韦有沼,广西;白增祥,山西;陈绍科,贵州;姜树兰,湖北。以上卫用。

补:殿试　邬绍云,浙江。卫用。

载 1880 年 11 月 14 日《申报》,第 2 版,17 卷 545 页

17. 武场赶考

江南武闱考试,例在城北之小营,平时地偏于北,颇形寂寥。今届大比之期,武生殷实者已陆续而至,赁房觅寓,颇不乏人。故凡武生所应用之弓马等店已纷纷开张,即如各色考铺,除书坊、笔墨店外,均由贡院迁移赴彼,东牌楼渐觉冷清,而洪武街日形热闹矣。

载 1882 年 10 月 17 日《申报》,第 2 版,21 卷 649 页

18. 武生滋事

兹因武闱在即,金陵城北一带已觉马萧萧而人趑趑也,惟不及文闱之盛,故城南自四象桥以西仍不改曩时风景,而城北如西华大街、太平大街等处,则往往恃众滋闹。闻上江有阜阳县某生,因争菜值为卖菜佣所挪揄,掷菜而挥以拳,更跌以足。旁观为之不平,某生始认养伤费一千文,而摸索腰缠则虚无以应,乃嘱地保随赴寓所给钱,意其人必非寒俭之子也。又,一骑马少年纵辔疾驶,有一丐妇不让路,即挤而跌诸途。少年益加鞭飞驶,举手时袖中遗落银罗手帕一方,丐妇虽跌伤尚未大损,见少年已飞驶而去,即拾帕而行。蹒跚至中正街,又与少年相遇,少年见帕在丐手中,下马喝之,若不见丐妇之头破血流也者。适左侯相道经此处,前导询知颠末,不直少年,为丐妇代诉侯舆前,旋讯少年,系应试武生,大加申饬,并予扣考。少年长跪哀求,允给丐妇养伤钱两千,始得免究。追宪仗已过,而所骑之骏已杳如黄鹤矣。此九月初一事也。

载 1882 年 10 月 22 日《申报》,第 2 版,21 卷 679 页

19. 论武试略宜变通

今岁为中国大比之年,文闱揭晓之后,典试者则进京复命,而考试武闱例由抚宪主政。九月下旬,各属武生赴省应举者纷至沓来,其早者则刻下已有僦屋于省垣,借以娴习弓马,以故武生滋事已屡有所闻。而其所以考试者,则亦如文闱之分作三场:第一场

则试马箭,持弓矢盘旋上马,马则疾驶,道旁置的,或正射或翻身仰射,中的者则旗举鼓鸣。六矢既毕,又有地球一矢,分其中多寡以为优劣。第二场则为步箭,臂弓腰矢,当箭道而立,开弓发箭,一发六矢,中多者为合式。并试硬弓、刀石,其刀连柄皆铁,重八十斤起至一百二十斤而止,执刀而舞,有面花、背花、掌花等名目,舞毕,不喘气、不失仪则为上品。石则或百余斤或二百余斤,其重者则在三百斤以外。石长方式,腰间有插手处,所以试力。或两手高举过其顶,自后掷而出之;或举石行数武,面不赤、气不喘则为上。弓以八力至十二力,力八斤。三场则默《武经》,具文而已。三场既毕,则核计其三场之优劣而取中焉,大都各属之习武者有多少之分,故中式者亦有多寡之异。各省中额多而考生少者不免以劣者塞责,而考生过多,中额有限,则向隅者亦正不乏人。以是为选拔英才之大典,一经中式,则乡里荣之,虽仅称武举而不称举人,似与文举稍有差别,然中举之后,亦复进京会试,再一中式,或点侍卫,则有花翎、蓝翎之分;或分发各省,则有督标、抚标、提标之别,从此为国家出力,莫不愿效驰驱以立功于疆场之间。而其所以用者,则又尽弃其昔日所学,而另易器械。步箭之好整以暇不足取胜于行间也,马箭之便捷轻利不足以逞志于戎行也,拔刀飞舞则笨重而不适于用,桀石投人则卤莽而反误厥事。故军营之中,凡弓箭刀石一无所用,惟致力于枪炮而已,用违所长,而长无所用,不亦异乎?然则武试之法曷不量为变通耶?或者谓武职以行伍出身者为正途,考试之功名,行伍中人皆轻视之,不过卫所标前聊充员数而已。然既以此为进身之阶,则必欲奋发自效,况考中诸君后来分标学习,改弓箭而为枪炮,亦有勤奋有为、浼至大位者,正不得以其非行伍出身而遂加白眼。第国家所以遴选人才而顾取其无用者而拔擢之,此诚有所不可解者已。泰西各国兵力最强,近来日本亦取法泰西,而兵力亦渐见强盛,彼其所以能至于强者,盖以练兵之道得焉,其国家所重在火器枪炮之利,欲以威行天下,则其平日索取之士亦必取其善于枪炮者,故平时之所习即可为临时之所用。观于西人所称列阵图法,其所言皆系制造船舶枪炮之制,反复详辨,不厌其烦,其中有浅有深,无法不备,童而习之,壮而用焉。则其所习者熟,其所用者精矣。中国兵数虽合之亦不见少,而其实则精锐之兵亦不见多。除近来所练洋枪小队及水师各军而外,往往徒有其名而不副其实,其有兵额虚悬而名粮坐耗者无论已,即能认真稽查,军无缺额,粮无虚报,然此等营伍多系不善用其技之人,则亦无所用之于此。而欲争胜于敌国,其将何所恃哉?窃以为中国之武员固以行伍出身为正途,然既有考试一途,则必收之以为用,何勿于考试之法略为变通,易弓箭而为枪炮,使之幼而习之,壮而试之,合式而后取之?如是而后考武者莫不以枪炮为猎取功名之事,则必有究心于此而惟恐不能者已。若马箭一场,箭虽无用,而亦可见其驰骤之良否。刀石一场,刀石虽不足制胜,犹足以觇其力量之大小,均尚可以不废。惟步箭最无所用,何仍尚其旧而不为变通也?或者曰射以观德,古者取士,无论文武皆以射,执射、执御,圣人犹烦商确,何得逞此谬妄之言?不知观德之说固属古人取士之法,而可以观古人,未必可以观今人。试观近来武生之闹事者层见叠出,彼其人之德安在?而试授以弓箭,则亦未必无命中之技。所谓观德之法,盖亦徒有其语而久失其真,而顾欲使今人而步武于古人,嘻,亦夐夐乎?

载1882年10月23日《申报》,第1版,21卷685页

20. 武闱伊迩

七八月间,金陵贡院左近一带赶考之人萃集于此,颇有嘘气成云、挥汗如雨之势。近日,城北又有校武诸生陆续而来,都寓大行宫一地客栈,盖因考寓价昂,故赁客栈以图省费也。翔莺协节前则簪笔以摛文、跃马弯弓,后则开场而演武,洵乎揆奋兼资,誉髦并集矣。

载 1882 年 10 月 23 日《申报》,第 2 版,21 卷 685 页

21. 武场热闹

金陵自重阳风雨连阴,几及半月,檐溜潺湲,道途泥泞,故考武诸君虽已陆续而至,尽皆闷坐逆旅,仰屋兴嗟。日来天气放晴,颇有秋高气爽之致,途次亦觉干燥,是以城北教场渐形热闹,锦鞍玉勒,连翩而来,载骤载驰,各有顾盼自雄之概。转瞬场开演武,弓如月满,箭似星飞,观者当益形拥挤矣。

载 1882 年 11 月 9 日《申报》,第 2 版,21 卷 787 页

22. 武闱琐志

今科江南武闱乡试仅二千余人,又多寒俭之士,故各房主既不免失望,而赶考各店亦未免意兴索然也。初定于初六日校艺,继改初八,后改初十。无如雨仍不止,故延至十二日。先试步箭,武生每当天气乍晴,辄试马驰道中,以收驾轻就熟之效。前日,正在驰驱,忽有乡人绝道而东,该马见人即让亦跃而东,不料恰撞乡人之身,受伤甚重。又有一马驰过半道,忽蹶而踣,人起而马不能起,转瞬之间,后马又至,先踣之马恐其凌躐,即举后足一踢,适中后马前足,胫骨为断,于是踣者起而驰者转踣矣。闻老于武场者言,此中变幻莫测,或人伤而马不伤,或马伤而人不伤,或人马俱伤,或以马伤人,亦若有果报者。然据鞍顾盼者尚慎旃哉。

载 1882 年 12 月 1 日《申报》,第 2 版,21 卷 919 页

23. 壬午科江南武乡试题名录

饶飞鸿,宁国武生;马荣发,江宁武生;陆恩甲,颍州武生;王鸳,丹阳武生;邓洛亭,寿州武生;黄永升,潜山武生;闻人东亮,句容生;缪龙标,东台武生;张祺珍,阜阳武生;薛凤仪,无锡武生;陈福康,泰兴武生;王在泮,丹徒武生;刘兆鳌,江宁武生;萧鸿恩,阜阳武生;李金章,无为武生;张世茂,太湖武生;孙得亮,仪征武生;潘聘三,无为武生;王栋,扬州武生;王镇熊,庐江武生;王芳,京口驻防;赵嘉祥,涡阳武生;周文魁,天长武生;张珪璋,涡阳武生;蒋国治,宜兴武生;浦同庆,山阳武生;饶芹英,颍州武生;李世良,上元武生;周裕德,江阴武生;荣普,江宁武生;张宪章,清河武生;郭凤鸣,太和武生;许序宾,常州武生;孔渐达,庐州武生;沈逢寅,如皋武生;孙有庆,来安武生;武锦昌,上元武

生;何成霖,庐江武生;成肇廷,含山武生;陈汝玉,如皋武生;周廷甲,霍山武生;徐柏,清河武生;叶延福,巢县武生;沈兆樑,江宁武生;管上达,南陵武生;任安国,合肥武生;周占鳌,常州武生;朱魁,桐城武生;郝邦荣,无为武生;陈学恺,盐城武生;杨鸿洲,六安武生;沈毓柯,如皋武生;姚飞熊,巢县武生;张绪璜,泰兴武生;朱龙标,潜山武生;沈云衢,合肥武生;姚炳麟,镇江武生;潘万铨,颍州武生;陈玉麟,元和武生;安元,京口驻防;张华邦,阜阳武生;顾廷桂,宝应武生;夏浩仁,合肥武生;魏立琼,沛县武生;徐镇江,英山武生;陈金泰,松江武生;丁邦英,凤阳武生;徐明发,南汇武生;周俊英,无为武生;叶金芝,山阳武生;李振铎,阜阳武生;禹步墀,和州武生;吴良骏,宣城武生;王锦标,东台武生;韦玉魁,定远武生;马抡元,泾县武生;李庆珍,寿州武生;张鸿瑞,嘉定武生;陈先达,望江武生;张凤华,崇明武生;徐飞熊,宁国武生;程国桢,潜山武生;长在,江宁驻防;项殿魁,休宁武生;陶鹤,宣城武生;李奎,怀宁武生;葛殿飚,常熟武生;徐兆魁,怀宁武生;方炳辉,歙县武生;陶鑫,太平武生;徐钢,安庆武生;王凤舞,徐州武生;王国廷,太平武生;张魁元,海州武生;冯直全,宣城武生;江文彬,潜山武生。

载1882年12月8日《申报》,第2版,21卷967页

24. 癸未科金榜武状元题名录

杨廷弼,河南;周选春,直隶;刘占魁,直隶;陈炽昌,广东;沈兆樑,江苏;赵时光,四川;孙振龙,山东;吴国栋,广东;刘文豹,直隶;杨元庆,直隶;刘端芳,直隶;黄钟麟,福建;高凤舞,山西;李飞龙,直隶;戴九经,直隶;乔炽昌,直隶;孙建邦,山东;马镇山,直隶;杨芝田,直隶;李如渊,陕西;张殿元,直隶;刘永吉,直隶;潘从福,甘肃;李广学,山东;丁定涛,湖北;伊昌阿,正蓝;张梦麟,福建;阎其授,湖南;胡万春,直隶;罗龙骧,广东;萧元庆,直隶;赵锡荣,广东;张宴清,直隶;徐厚光,四川;韩烈彪,广东;王长潭,直隶;向开山,四川;方以衡,广东;王翰臣,四川;田培林,湖北;柏继宗,云南;严廷甲,福建;关廷华,福建;黄赞恩,福建;徐品铨,福建;刘化彪,湖北;于金城,山东;严宗和,湖南;高寿祺,广东;周正鸿,湖南;孙永照,云南;翁焕章,山东;罗寿崇,广东;文度,厢黄;刘莺锵,广东;阎定家,河南;徐人熊,江苏;侯起龙,江苏;谢永恩,正蓝;周国樑,甘肃;吴继芳,广东;刘德章,河南;刘栋材,福建;蓝启玉,福建;刘同山,河南;李升廷,河南;许炳霖,广东;廖振钧,安徽;黄必清,广东;黎经邦,广东;杜轮芬,广东;徐俊,江西;罗开甲,云南;汤元撰,浙江;陈翼翔,江西;应凤仪,浙江;杨柳来,江西;周观光,浙江;冯楚臣,浙江;增凯,正蓝;张锡锦,浙江;徐镇邦,浙江;康金玉,山东;白迎喜,山西;张清文,山东;盖世英,河南;丁镇东,山东;马振清,河南;丁殿英,山东;伊什布,正红;李慕堂,山东;戴君德,湖南;贺莺翔,湖南;王保廷,四川;李逢春,陕西;沙冠英,奉天;熊际飞,四川;浦同庆,江苏;潘广需,厢白;张凤华,江苏;马元标,江西;罗邦彦,陕西;钟英才,江西;善积,正白;张贵和,江西;辛赐洪,江西;吴殿飚,安徽;唐开奇,云南;王仙璋,安徽;何瑞清,广西;郭锦堂,安徽;林寿椿,广西;李洲,山西;段培俗,山西;赵国钧,贵州;赵秉衡,贵州;李振铎,安徽;刘蔚,山西;王升,云南;柯遇春,湖北;李玉麟,湖北;金学田,四川;徐厚培,四川;林捷元,福建;朱行鹤,广西;林登瀛,福建;杨九龄,贵州;额勒德泰,厢蓝;秦

林,厢黄;文华,正黄;戴春峰,直隶;郑良澍,安徽;谢嘉树,直隶;宋春林,山东;陈振纲,浙江。

载 1883 年 11 月 16 日《申报》,第 2 版,23 卷 831 页

25. 金陵官场述要(武闱完竣*)

武乡试于初三日开场,十五日三场完竣,制府犹恐有才力如李蔡之为人下中者滥厕其间,特命东、西、中三围所挑选之列前茅者于十六日一律复试,视其器重局度,以作鳌头之选。十七日,已在贡院默写《武经》策论矣。十八日,子时放榜。是日,制府及外内提调暨校阅三围之候补道,均于黎明时齐集公堂,另派正途州县六员分作内帘,校阅试卷。阅毕,便以名次填榜。其放榜礼节与文场同。

载 1885 年 11 月 28 日《申报》,第 2 版,27 卷 917 页

26. 乙酉科江南武乡试题名录

李朝栋,江宁;陆恩爵,蒙城;赵殿甲,山阳;谢国庆,巢县;舒志卿,绩溪;赵其昌,颍州;潘文魁,山阳;张宗寿,江宁;唐瞻魁,徐州;胡令宣,安庆;张信成,庐江;俞载山,昆山;孔繁缨,广德;夏维桢,江阴;荣炳,江宁;丁占魁,仪征;叶鸿钧,寿州;吴鸿宾,邠州;樊锦燮,上元;黄寿仁,凤台;龚其爵,崇明;吴可传,寿州;姚凤翔,合肥;唐国钧,南汇;许锦春,凤台;陆国铭,江宁;赵典章,东台;张锐,芜湖;夏海鳌,庐江;顾廷标,宝应;杨正鹄,凤阳;凤序,江宁;汤国秀,宝应;马国彦,颍州;王达,庐江;蔡增岷,东台;康连标,颍州;潘槐三,无为;于溪,淮安;吕调元,阜阳;钟鹏飞,巢县;郑仲奎,清河;杨干国,太(河)〔和〕;汪国兴,无为;赵汝邦,萧县;余元龙,广德;王得标,江宁;夏振清,沛县;许金魁,池州;杨朝柱,无为;程学举,铜山;李连捷,涡阳;景荣,京口;张文宇,宣城;赵礼选,巢县;阎栋选,涡阳;胡兆元,宣城;余成龙,太湖;孔渐龙,巢县;王金魁,太平;严佳章,阜阳;周夺标,无为;刘廷杰,邠州;黄飞龙,潜山;杨锦鑫,上元;闵明德,凤阳;张云标,太兴;王泽,颍州;宝成,江宁;徐椿,清河;孙发祥,无为;张跃龙,安东;田振国,阜阳;杨德魁,上元;黄安民,阜宁;王文永,含山;朱锡恩,淮安;时炳泰,无锡;张辅,绩溪;赵桂亭,甘泉;蒋士桢,荆溪;高万杰,宣城;章燮阳,桐城;夏寅彪,庐江;刘开甲,霍山;谈秉鑫,阜阳;唐兆元,巢县;胡琳,英山;徐清,上元;王凤,镇江;王镐,丹阳;周登疆,泗州;张安堂,海州;尚德魁,安庆;姚兆熊,无为;戚祥云,丹徒;周金标,合肥。

载 1885 年 11 月 28 日《申报》,第 2 版,27 卷 917 页

27. 乙酉科鹰扬宴礼节

江南武乡试于揭晓后例设鹰扬宴,于公所宴监临、主考、会考、镇宪、监试、校射道、内外场提调、督中协、城守协以下暨中式举人。今科三场完竣,监临、主考择吉于十月十八日发榜,所有鹰扬宴拟于二十六日照例举行。届日辰正刻,外提调差理间一员禀请监

临、主考,并请会考镇宪,已初二请,如前仪。监试、校射道、内外提调、督中协、城守协、暨同考官、府厅州县、各执事官,咸穿蟒袍补服前赴贡院,齐集内外官厅以竢。是日,司道各官暨新举人至贡院头门外,均迎以鼓乐。巳正刻,内提调、外监试投手本三请,监临、主考、会考、镇宪至贡院,新举人均依名次序立,迎于二门外东边;府、州、县迎于二门内,司道迎于阶下,至厅叙坐,各官谒见,均朝上三揖,叙茶。毕,供给官诣厅,请赴宴。府、县官预率众举人诣灵台下,左右序立,俟监临、主考、会考、镇宪暨司道出厅,各官依班次随行至堂下,众举人依名次立于后,礼生禀请诣香案前,望阙谢恩,行三跪九叩首礼。毕,升堂,旅揖。礼生赞请簪花作乐,引前五名举人至堂檐下。众举人依名次序立,谒见监临、主考,次谒会考、镇宪,均行二跪六叩首礼,起立三揖。次,司、道、府、厅及外帘各官,统于一处行一跪三叩首礼,起立三揖。毕,各就坐。监临、主考左座,会考、镇宪右座,均设于堂正中,南向坐。次司道席,设于堂左右,依序相向坐,均各设一席。次,同考官、各所官暨府厅州县、各执事官席,均设堂下。次,众举人席,设于各官下,均左右相向。坐叙坐毕,献酒。第一巡[酒]派武弁四员,各捧一杯,分送堂下。第二巡酒派杂职四员分送,第三巡酒仍由武弁四员分送。司道各官均自派家人分送,众举人由府县供给官派人分送。礼生赞作乐,宴毕,撤席,监临、主考、会考、镇宪暨司道各官均出席。众举人出席,趋至二门外西边,依名次序立恭送。监临、主考并会考、镇宪各以次回衙署,均于檐下升舆。次送司道,二门内升舆。次送同考官、各所官暨府厅州县、各执事官,均于二门外上舆。毕,众举人皆随出,归第。头门外均送以鼓乐。

载 1885 年 12 月 8 日《申报》,第 2 版,27 卷 979 页

28. 皖省官场纪要(监试武场*)

学宪按临庐、凤各属,经两江制宪札委安庆协刘先文协戎随同前往监试武场。协戎奉札后,闻已起程矣。

载 1886 年 9 月 8 日《申报》,第 9 版,29 卷 427 页

29. 丙戌科武会试题名全录

解兆鼎,江苏;宋占魁,山东;李培荣,云南;桂芬,正红满;阎兆祥,山西;长第,厢蓝满;卓元崧,福建;何乃斌,广东;鲍佑卿,直隶;饶居仁,安徽;周瑞升,广西;薛占魁,陕西;陈岱山,河南;陈庆祥,福建;王立纲,山西;卢桐森,广东;程癸,广西;李铭铎,福建;陈国铭,江苏;奚洪文,浙江;徐椿,江苏;谢国庆,安徽;吕谷金,江苏;陈维阳,福建;郭洛亭,安徽;廖锦华,福建;黄步荣,福建;米书禄,山西;张洪年,福建;张骏烈,山西;王定邦,安徽;雷廷瑞,福建;宋春华,广西;赵洪慈,直隶;林焕忠,广东;关在,直隶;王天佑,江苏;陈文田,山东;张光裕,山西;吕调元,安徽;存祥,厢蓝满;杨廷华,广西;姜洪瑛,山东;杨莲升,云南;赵登鳌,山东;李开阳,云南;郭绍太,山东;周鼎臣,浙江;刘龙光,陕西;荣续,正蓝满;张鹏程,江苏;张振邦,江苏;金开甲,奉天;杨殿栋,山西;牛锡恩,江苏;路飞敖,直隶;冯魁,安徽;李福祥,直隶;王福升,直隶;任国滨,直隶;陈恩爵,安徽;

张国瑞,直隶;陈殿三,河南;祝镇基,山东;石廷璧,直隶;连仲,厢蓝汉;李长顺,直隶;余普溶,云南;王兆林,广东;郑万春,直隶;陈世涛,广东;柯桢,浙江;孔宪禹,江苏;徐廷彪,浙江;王云阁,江苏;谢德魁,直隶;于溪,江苏;陈大魁,浙江;刘开甲,安徽;王际春,浙江;恩荫,正黄满;黄鹏飞,贵州;李林青,江西;党志振,甘肃;董汉,直隶;张世昌,河南;唐樾,江西;周树森,四川;王士林,直隶;陈国相,四川;李宣堂,四川;吴显光,广东;徐家玉,江西;刘逢春,厢蓝;王攀龙,四川;邢寿昌,直隶;刘玉堂,山西;蒋开林,贵州;黄开甲,湖南;梁殿标,浙江;刘泽容,湖南;宋金甲,山东;李泽均,河南;郑秉捷,广东;文灼勋,广东;张超元,广东;吴兆祥,广东;陈念棠,广东;张汉,湖南;王占元,河南;李凌云,甘肃;王均,直隶;赵绍荣,湖北;文学建,湖南;戴廷弼,四川;郭凤翔,江西;宋应荣,贵州;刘清,江西;吴朝栋,江西;方士铨,江西;张金元,山东;张步瀛,江西;陈希瑞,山东;黄大烈,湖北;姚洪阶,广东;李邦庆,广东;李清湘,四川;赵瑛,四川;张洪魁,湖北;黄大辅,湖北;宋仁贤,湖北;欧瑞麒,广东。

载1886年10月24日《申报》,第2版,29卷709页

30. 丙戌科武殿试题名全录

状元:宋占魁,山东。榜眼:解兆鼎,江苏。探花:何乃斌,广东。传胪:维芳,满洲。

花翎:袁培荣,云南;阎兆祥,山西;长第,镶蓝;卓元松,福建;鲍佑卿,直隶;周瑞生,广西;陈岱山,河南;陈庆祥,福建;王立纲,山西;蔡同森,广东;程癸,广西;袁名锋,福建;奚洪文,浙江;谢国庆,安徽;吕谷金,江苏;陈维阳,福建;邓洛亭,安徽。

蓝翎:饶居仁,安徽;陆国名,江苏;廖锦华,福建;黄步燊,福建;米书禄,山西;张洪年,福建;张骏烈,山西;王定邦,安徽;雷廷瑞,福建;宋春华,陕西;赵洪慈,直隶;林焕忠,广东;关在田,直隶;存祥,镶蓝;杨廷华,广西;江洪英,山东;杨联升,云南;赵登鳌,山东;马开阳,云南;郭绍泰,山东;刘龙光,陕西;荣续,正蓝;马明程,河南;杨殿栋,山西;傅福祥,直隶;张国瑞,直隶;王德升,直隶;任国宾,直隶。

营用:陈昇三,河南;祝镇基,山东;石廷璧,直隶;郝仲,汉军;傅顺,直隶;余曾容,云南;王兆林,广东;郑万春,直隶;陈世涛,广东;何祯,浙江;孔宪禹,河南;徐廷彪,浙江;王云阁,河南;谢德魁,直隶;于溪,江苏;陈大奎,浙江;刘开甲,安庆;王际春,浙江;恩萌;袁林青,江西;党志振,甘肃;董汉,直隶;张世昌,河南;陈国相,四川;袁宣堂,四川;吴显光,广东;徐家玉,江西;刘逢春,汉军;王攀龙,四川;邢寿昌,直隶;刘玉堂,山西;蒋开林,贵州;黄开甲,湖南;梁展标,浙江;刘泽榕,湖南;宋金中,山东;袁泽均,河南;文灼勋,广东;张超元,广东;陈念棠,广东;张汉,湖南;袁凌云,甘肃;赵绍荣,湖北;代廷弼,四川;宋应荣,贵州;刘清,江西;吴朝栋,江西;张金元,山西;张步瀛,江西;黄大烈,湖北。

卫用:薛占魁,陕西;张光玉,山西;吕调元,安徽;金开甲,奉天;牛锡恩,江苏;路飞鳌,直隶;冯魁,安徽;郑秉捷,广东;吴兆祥,广东;万士全,江西;姚洪阶,广东;袁邦庆,广东;袁清相,四川;赵英,四川;张洪魁,湖北;黄大辅,湖北;宋仁贤,湖北;欧瑞麒,广东;陈玉汝,□□;谢镐,□□;沈逢英,□□。

载1886年11月7日《申报》,第2版,29卷797页

31. 襄垣琐语(武场杂闻*)

芜湖县杨璞生明府于本月十六日会同城守张瑾洲守戎及两学师在校场阅视武童马箭,十七日在本署阅视步箭及弓石,与试者七十余人。当射马箭时,有一乡人在旁观看,箭中于脚,鲜血淋漓,舁之而回。射步箭时,有一十余龄之童子在箭靶前行走,忽一箭飞中左颧骨上,血溢不止,满脸作胭脂色。又有十五六龄之童子被箭射中口唇,伤势尤重,虽不致有性命之忧,然已成残废矣。

载 1886 年 11 月 19 日《申报》,第 2 版,29 卷 871 页

32. 皖垣纪要(镇军回署*)

本年九月间,城守协刘镇军焕章偕贵午樵宗师赴北三府监试武场。事竣,由颖英道出汉皋,回籍省墓。本月十九日八下钟时,乘太古行某轮船抵省,乘舆回署。

载 1887 年 1 月 19 日《申报》,第 2 版,30 卷 109 页

33. 襄垣近事(严禁弊端*)

贵坞樵文宗檄行各属,略谓:据安庆府属七学教官详称,近来武生岁考,取巧托词不到,以致送考书斗无从认识,顶冒各弊丛生。且多闯闹关卡以及至省迟延,饰词禀请督宪收考,致送考教官奉行惟谨,照常出结。及外学代钤,其中有不认识者,逼勒书斗填册情事,应禀请严行禁止。据禀,特饬各属武生明年乡试统归太平府录科,其有欠岁考者,查明照补。倘再有以上情弊,定即严予惩儆云云。钱明府奉文后,刻已晓示通衢矣。

载 1887 年 7 月 7 日《申报》,第 2 版,31 卷 39 页

34. 台城秋柳(武场杂闻*)

江南武闱大校场在覆舟山之南麓,即刘裕破桓元处,平原广衍,四望可五六里。现因武闱在即,供给所已派人在该处修整演武厅、帅旗台与马步箭道。围场之旁,又有考棚街与考生下处,皆系芦席扎成,俨然小村落。居其间者,卧榻刍枥相错焉,其无力畜马者,则每晨负金仆姑赁郭家狮子花,就驰道试演三匝,所费仅青蚨数百翼,故奉橐鞬以伺道左者,不啻在垌之野,骊皇雅骃,无奇不备,诚如东牌楼石印书铺之局面也。

载 1888 年 10 月 19 日《申报》,第 1—2 版,33 卷 725 页

35. 戊子科江南武乡试题名全录

陈鸿谟,无为;祁以应,盐城;许寿昌,山阳;宗人杰,上元;盛戌,江宁;杨辅臣,无为;张德华,吴县;赵燡然,阜阳;沈兆鸿,江宁;凌国安,上海;王文焕,江阴;林桂荣,太州;丁

泮林,庐州;沈海鳌,巢县;吴云路,舒城;松英,江宁;李云程,江宁;乔义祥,南汇;严殿魁,江都;王国辅,桐城;古福堂,濮州;徐凤祥,舒城;郭家庆,太和;钱祯义,常熟;谭步鳌,淮安;马之绣,海州;耿兆秋,沭阳;刘奉清,含山;杨在田,海州;青禄,江宁;傅国樑,武进;朱树侃,靖江;徐上达,潜山;操薰南,潜山;程鸿年,太湖;郭冠英,昭文;赏成,江宁;谢荣光,颍州;张鸿泽,吴县;张庆昌,涡阳;王治国,颍州;钱中青,昭文;张腾蛟,涡阳;炳南,京口;陶焕章,元和;洪殿魁,寿州;汪源椿,休宁;王鸿勋,寿州;蔡光奎,六安;谭荣照,宣城;姚元一,泗州;邵全福,怀远;张炳堃,海州;周楚卿,沭阳;胡世泽,绩溪;杜鹏飞,上元;潘勋臣,宜兴;杨鸿举,合肥;李超甲,巢县;周承衡,丹徒;徐鼎勋,江阴;吴云霞,舒城;朱先荣,舒城;伍遇龙,上元;杨登榜,广德;徐朝举,镇江;沙殿魁,江宁;张殿元,淮安;陶殿魁,山阳;朱涛,清河;徐培雅,桃源;王铭鼎,砀山;司毓标,徐州;杨崇义,溧水;董瑞廷,无锡;司朝栋,徐州;卞赓,海州;马联芳,海州;方炳南,安庆;朱业樑,上元;盛莲,桐城;王梦鳌,太湖;程雨霖,安庆;秦镇熙,沭阳;郑焕文,宣城;王化昌,青浦;孙海鹏,高邮;李得林,上元;凌魁元,嘉定;方德怀,东台;陶福嘉,松江;顾恒生,通州;吴定先,江阴;吴腾蛟,当涂;徐朝弼,仪征;杜大鸿,池州。

载1888年11月24日《申报》,第2版,33卷949页

36. 武闱琐述

本届江南武闱,原谳初七日为入闱吉期,是日,提调官先鸣驺到演武厅,照例将调帘各官榜示所司之事,又将执事之吏役点名一过,传令封箭道,不准闲人扬鞭驰骋。日将夕,应试武生各就箭道旁磔鸡焚锟,纸灰成堆,名曰"祭道子"。本拟次日即试头场,因大雨垾内有水痕,改期为初九日。开场时,先令由科第出身之武员飞骑驰试,以作后进先声。本届系一佘姓者,为葫芦底样,不料所骑之马膘壮眼生,才入王武子之金垾,便逐风掣电,不受鞿勒。佘君即如望秋梧桐一叶飘然而下,并折其肱。谚云:骑者善跌。不知此君初试乎,抑已至再至三乎?金陵马医兼伤科谅不难以鹍胶续断弦也。然旁观者则藉藉于祭道不干净。未知何据?

叱拨飞腾最足发人豪兴,故少年喜事者争出入于鼓声旗影间以为快乐。连日人山人海,嘈杂之声至对面不辨鲁鱼亥豕。一日,铃声正绝尘而来,忽一人从垾上跳过,垾高而阔,跳者足未及地,而马首已不暇左右,顾跳者断胫,骑者折臂。迨扶起,而两字功名无复作鹰扬之想矣。论者谓,此人结韝负弯矢,不远千百里而来,观光省会。乃方登选佛之场,已应折臂三公之谶,得毋李郎君尚无分明年芙蓉镜下及第,而故为是磨折耶?科名有定,愿天下之为梁灏者无馁其气。

闱内分东、西、中为三围,中围本制军亲阅,本届奏请以藩司代武,则松江提督谭军门主政,另有候补道李观察、何观察迭番更替;东围文则蔡巡道、刘观察,武则中协王军门;西围文则马粮道、谢观察,武则城守崔军门,皆认真整饬,惟恐稍负英豪。武制以马箭、步箭、球箭为外三场,球箭之的系用三角皮兜平,置地上,以兜倒为中式,内实沙九斤。故射者必用全力。一日有某生因箭去兜尚尺许,例止一枝在马上嗒,然以为三场不完,必将如文士之登蓝榜,乃驰过。忽脑后鼓声隆隆,回视则兜已滚在一边,旁观咸拍手

喝彩,许为阴功。又一生,两箭均栖鹄后,一箭距靶一二尺,即斜插泥内。射者方恨恨,忽箭自泥中跃起,抛入红心,监试官悉为之点头。可见阴行其德,不于其身,必于其子孙,无不如向斯应,而又于万目昭彰之地显示以神道之可凭,而不使愚夫愚妇得以依违。其说福缘善庆,周公岂欺我哉?又一生,发两箭在靶如列眉,群夸其技,忽后一箭正中其中,大有穿札气概。不知何故,反将前两枝一齐带落,遂不中式。上下人皆为之扼腕痛惜焉。

相传穷文富武,今却不然,缘兵燹后疮痍未复,有志之士雅不欲以盘马弯弓为乡里所唾弃。由是无赖恶少一试即忝列胶庠,遂不觉得陇望蜀,朝咏《兔罝》,夕赓龙盾,以求附于孝廉之末。试问其能有一二如昔日高阳轵里之屠酤儿,而亦不可得则滥焉可知也。闻本届武生中多有不安分之徒,以包揽厘金在沿江关卡滋闹,近又向河下极力申掇,竟可一人而坐两船,揆其牟利之心,一若醉翁之意不在酒也者。或曰此人来时并不顾刘蕡之下,第唯一仿祖约之好财,故其归装视他人独早办,即其归帆亦视他人独早挂。验之果然,然则芜湖河内前有关吏殴辱考生一案,由是观之,殆所谓楚则失矣,而齐亦未为得者乎。夫人必自侮而后人侮之。吾愿天下之矜才使气者或保身如玉,或守口如瓶,斯得之矣。

本届以天气阴晴不定,又久亢之后,不免有久雨之虑。每当朔风一紧,当局者仰望北雁南飞,不觉顾鹰扬诸子大有海内文章无我当归阿士之意。故马箭后,所有步箭即仿古者耦射之法,联翩互发,惟恐不及。刀石亦视其能胜不能胜而止。大约轻裘缓带,俟铃阁于他年举臼挽钧,试棘闱于此日,夫固有并行不悖者。十八日,在贡院内至公堂上复试,以定龙虎名次,名曰"留堂",其不得留堂者早垂头丧气出国门去矣。二十日放榜云。

载 1888 年 11 月 26 日《申报》,第 2 版,33 卷 961 页

37. 螺矶竿影(委员校阅＊)

芜湖来信云,安徽学政钱犀庵文宗于正月二十四日自太平府起节,按试宁国府,遵照向章,先文后武,武试例得咨请督抚专派专阃大员会同较阅。兹经曾沅帅檄委芜采营王梧冈参戎凤祥随同学院校阅皖南各属武童。参戎奉檄后,即于二月初一日束装就道。

载 1889 年 3 月 7 日《申报》,第 9 版,34 卷 323 页

38. 江督曾奏江南武闱事竣折

太子少保两江总督一等威毅伯臣曾国荃跪奏,为江南武闱事竣恭折具报仰祈圣鉴事:窃光绪十四年举行戊子正科武乡试,江南历届旧章分作中、东、西三围,臣应于中围监临主试,因夏间感觉湿气尚未复元,当经附片陈明,檄委江宁布政使许振祎代行校阅,并咨请江南提督臣谭碧理于中围会考,东围则派内提调署盐巡道蔡世保、中军副将王幼山会考,西围则派内监试江安督粮道马恩培、江宁城守协副将崔寿清会考,并添派候补道王立清、梁琛、张锡瑞、刘佐禹、何福海、钟启祥,分列三围,协同校阅,以昭慎重。准江

宁将军,京口副都统,江苏、安徽学臣,将驻防马甲、武职生监共二千四百名录送投考,于十月初九日开考,先试马箭、地球,次试步箭、技勇,并将东、西两围阅过,合式士子逐一复试。十八日点入内场,扃门默试《武经》,挑定双单好详加比较。照江南定额,本科应取中武举六十三名。又历次加广定额,江苏省十八名,安徽省十名,又江宁、京口驻防旗生,每科例中八名。此次应试人数尚少,查照成案,每十人取中一名,应中五名。共取中武举九十六名。至上、下江取中人数,遵照部咨,统较技勇强弱,汇总合计,毋庸拘定对分,江苏省取中五十三名,安徽省取中三十八名,旗生取中五名,业于十月十九日揭晓。据江宁布政使许振祎将揭晓日期并取中上、下江武举名数录折呈请具奏前来。臣查取中各武举,其中人材俊杰、技艺精熟者颇不乏人,足以仰副圣主整饬武备、慎选干城之至意。除将题名录恭疏题报外,谨会同江苏巡抚臣崧骏、安徽巡抚臣陈彝恭折具奏,伏乞皇上圣鉴。谨奏。

奉朱批:知道了,钦此。

光绪十五年正月廿一日《京报全录》第二千九百三十二号,己丑二月初六日《申报》附张

载1889年3月7日《申报》,附张第5版,34卷325页

39. 襄垣小志(示期武试＊)

芜湖县严笠樵明府举行县试既毕,于初十日发长案,并示谕本邑武童于初十二日取齐,十五日开考。

载1889年4月22日《申报》,第3版,34卷602页

40. 试箭伤孩

芜湖县严笠樵明府示于三月十五日县试武童,适逢大雨,马道泥滑,未便骑射,随改于十六日在署内甬道考步箭时,加射步箭三矢以当马箭。十七日考弓、刀、石,发案冠军为黄秉忠。十八日复试步箭,默写《武经》。当考步箭时,两旁观者人海人山,拥挤不开,箭发靶前,孩童不遵宪示,任意乱窜,致箭中一孩太阳,满脸作胭脂色,由家人舁回敷治。又箭中一孩腹际,幸穿棉衣,未致透入腹内,亦不幸中之大幸也。

载1889年4月23日《申报》,第3版,34卷607页

41. 皖垣试事(接考武童＊)

安庆府联仙蘅太守考试六邑文童已毕,正在接考武童,闻学宪不日按临,以是禀请学宪札委候补府邹墨宾太守增翰前往点名。

载1889年5月20日《申报》,第2版,34卷774页

42. 襄垣杂事(赴京会试＊)

管带皖南镇标练军左营左哨亲军饶翼卿守戎飞鸿,系旌德县人,壬午科江南武解元,以今届己丑正科,禀请史彦修镇军给予假期,赴京会试。所遗管带一差,业委副哨黄千戎暂行接代。

载 1889 年 8 月 23 日《申报》,第 2 版,35 卷 333 页

43. 金陵接办武闱

本届武闱供给已委知州钱锡宾,通判方道成、罗继琛,知县俞熙、翁延年诸位接办,皆文闱中之包一切、扫一切者,循旧例也。现在已派人在大影壁、桃燠场地较比箭道上,自演武厅至看箭棚舍,皆须鸠工庀材,因此司役等多有在彼驻宿者,所以察工匠之指鹿为马、讹鲁成鱼也。向例试事系总督主政,本届宫太保已奏请藩司代办,刻又并委候补道谢观察印元福、刘观察印佐禹、曾观察印广照、杨观察印鸿度、玉观察印诗正、刘观察印麒祥、李观察印家骅,一体入闱校阅。上届系请松江提督谭军门监箭,闻本届仍由军门前来襄理云。刻下,武生负弩矢入城者络绎不绝,均就洪武街左近相率下榻,一俟驰道清尘,每日须在垾内试骑一二次,以期意气稍安、心手相应。其或挽强而臂矢其平,命中而的失其度者,均有教师为之当场指示。教师者,即其乡之先达者也。试发分中、东、西为三围,每围除校阅外,另用武举或进士数员为站闱,即文闱之内帘官也。彼荐卷,此荐箭,各极鬼使神差之妙,苟非其人,则失之毫厘,差之千里。闻向来得此差者须先考试,本月十三日已由中协王军门代考矣,校阅之日,各设公案,文武大员就案并坐,案上各有箭册一本,书考生之姓名于其上,而栖鹄于其中,箭射何处,即以朱标识之。三箭毕,视其优劣,以第甲乙。册上预有红印"丁"字,可者改"丁"为"可",不可者改"丁"为"不"。厥后,中围复试及内场复试,或取或中,皆就"丁"字加改。此古法也,相传昔有某勋贵来主武试,不知从何处下手,从人语,以"丁"字则又不解"丁"字何物,盖此人披坚执锐之雄,并不读书识字,榜后名落孙山之外者,遂相诟为目不识丁云。戊子以前有十月初一日即考头场者,皆趁天气晴朗,诚恐拖泥带水致失荼火之盛容。刻间,则久阴无霁意,潮汐视黄梅时节涨而又涨。夫子庙前昨已隔水,致和街尤低洼,过者深不可历,浅不可揭,教场积潦伏滞草菱沙碛之中。既不可引之成渠,又不可沟之为洫,荷畚锸者大费踌蹰。乱前校官不送武考,甲子后,上江某属有考生以类相戕至血刃。嗣后,遂派校官前来弹压,著为令。而下江仍无此具文焉。说者谓,上江如颍、亳、寿所属,动辄亡命,非校官约束,实无人能钳其桀骜、制其踶啮,供给所愿日费一斗米一斤肉为从者之供张,实有深意。然不知广文先生长途跋涉而来,薄暮冲寒而去,亦苦矣哉。据皖北送考者云,来趁天中节,归当祀灶前,计程可千里,而近设值冻湖,便须鸿渐于陆,故人皆视为畏途焉。

载 1889 年 10 月 17 日《申报》,第 2 版,35 卷 673 页

44. 江南武闱琐述

　　武乡试已于本月初九日在大教场开棚,闻应试武生上、下江共止一千七百余人,因西围水草交渍,平时未储木屑,不能取诸武库垫其低洼,止得就中围、东围之间另开一道而施金埒焉。向来考官入闱后,即施行马于驰道之两端,名曰"封线"。次日开厂时,考官朝服致祭。祭毕,乃令武巡捕官着鞭先驰,如是者三,而后士子各按郡县以次驰射。闻前数日,一试鞍者,少年英俊也,骋马过疾,蹄迭不能收,遇滑竟倒,少年亦堕落红尘中,人以为必折王武子之肱矣,就视,人无恙而马已不起。据少年云,购之值三十金之骏物也,货其皮□时尚皮相,天下士耳,惜其骨而瘗之。

　　演武厅踞覆舟山之半麓,俯视一切,气象万千,坐其中者旌旗相荡,剑佩相磨,持戟之士左旋而右绕。射者数千人,桀石负弩,俯首听予夺于碧油幢下之一书生,此亦得志于时者之所事矣。顾论者谓,武闱之雄壮,江南实甲天下,宜出其间者,每科当不乏豪杰,如田恩来、王国梁辈。乃一科鹰扬之士,本年就试兵部,合江南一省,未闻有一人联捷南宫,得与下马宴之荣者,岂取之有未得其道者欤?抑士子闭门造车者,止合一骋之制度,难入九轨之康达欤?或曰上科以貌取人,故失之子羽。本届则试以百步之穿札,又试以一石之挽强。穿者有巧不巧,或不足尽其技;挽者在能与不能,必使之竭所长,当不似操文柄者,仅据清真雅正之风气,序其武乡试录也。

　　连日天气晴朗,人数又少,弯弓跃马之俦,悉按部就班,一遵有司者之规矩,而不敢负此三年物力,两字"功名",故场内视文闱尤觉整齐严肃。惟步箭日内西风扇翕不一,以致多未全数栖鹄,不免怏怏。

载 1889 年 11 月 12 日《申报》,第 2 版,35 卷 831 页

45. 己丑恩科江南武闱乡试题名录

　　卞彬,江宁;张书缙,广德;有福,驻防;许庚,江都;周炳元,山阳;张殿元,含山;王之桢,广德;陈汝贤,如皋;吕仲法,盐城;郑文彬,江宁;马夺魁,阜阳;曾福樑,江宁;杨炳南,山阳;唐国梁,南汇;徐鳌,桐城;倪殿元,松江;朱虎员,赣榆;祝时隆,太湖;马维城,江宁;李青云,江宁;金得亮,江宁;韩亭举,阜阳;汤尧恩,通州;陈泮藻,望江;王性兰,高邮;宋品元,沭阳;达按宽,六合;马兆直,江宁;高抡魁,南汇;赵步青,东台;汝殿举,阜阳;唐占魁,山阳;泰斐音,驻防;杜清源,贵池;钟万炘,光得(注:似为广德);乌拉图,驻防;某翰臣,泗州;孔繁新,广德;欧阳斌,当涂;朱钺,旌德;俞化龙,合肥;王栋樑,芜湖;尹士斌,宿松;李锦镳,合肥;金贵,驻防;章殿魁,当涂;俞定贵,南陵;鲍锦标,舒城;沈龙章,六安;杨庆升,山阳;季登思,江都;班朋举,来安;唐虎卿,镇江;蒋寿生,华亭;胡奇英,徽州;丁凤祥,娄县;卢崑龄,宝应;李魁榜,怀宁;秦绍衣,上海;程元彬,徐州;徐国士,青浦;储维城,如皋;仲如干,宝应;程廷栋,徐州;朱金镳,舒城;金有申,怀宁;汪丙奎,庐江;沈汝麟,常州;方逢泰,太平;赵李棠,巢县;郑恩波,无为;王国选,庐江;张洪达,凤阳;刘效琨,巢县;方森,怀宁;张桂邦,无为;杨锡恩,巢县;彭国樑,震泽;刘宝贤,南陵;沈殿魁,吴县;王同文,寿州;赵振声,太兴;沈国均,太仓;汤渐魁,沭阳;朱体仁,句

容;平国太,江阴;沈维超,海门;延洪,驻防;王世彬,颍州;郭炳荣,丹徒;杨延昭,无锡;张鼎华,太兴;邹龙标,如皋;李定一,江阴;周廷俊,镇江;吕国铭,江宁;宁继元,颍州;高世忠,含山;郭其昌,太和;炳发,京口;王文彬,庐州;孙锡纯,和州;周鼎甲,合肥;吕含章,颍州;洪喜,驻防;江逢敖,安庆;郭文俊,庐州;汪树泽,桐城;张文典,合肥;刘金铎,泗州;赵登州,亳州;黑德晖,驻防;许殿邦,海州;唐高雅,砀山;王镇淮,山阳;张虎臣,邳州;秦安邦,睢宁;徐同勋,通州;赵赞廷,江阴;顾廷樟,江阴;徐朝印,阜宁;黄殿安,寿州;杨文昭,无锡;吉士忠,滁州;李崇山,宣城;陶鹤鸣,和州;路凌霄,溧水;许长年,江宁;储安吉,扬州。

载1889年11月12日《申报》,第2版,35卷831页

46.武闱例示

钦命武会试提调启郭,为晓谕事:照得本年庚寅恩科武会试乃抡才大典,各直省武举自应亲赍文批随到随投,前经谆切晓谕在案。今定于八月廿六日过堂,为此出示晓谕:各直省武举等知悉,务于八月廿六日黎明齐集部前,出具连名互结,同本提调所给印票一并投递,按照省分名次,随牌自南门鱼贯而入,听候唱名过堂后,由北门而出,毋须拥挤错乱。如有点名不到,即行扣除。各宜凛遵。特示。

钦命武会试提调启郭,为晓谕事:照得本部议复御史李培祐奏请《各省新中式武举照顺天乡试例一体复试》一折,令该武举等亲赍文批互结赴部投递,听候定期复试,曾经出示晓谕。今本部定于八月廿二日奏请钦派王大臣在德胜门外分围复试,为此晓谕:已丑各该省武举及历科例应补行复试各武举等知悉,务于是日黎明赴德胜门教场伺候,并携带本部给发收照,听候点名考试。如无收照及点名不到者,即行扣除,毋得自误功名。各宜凛遵,毋违。特示。

钦命武会试提调启郭,为再行晓谕事:查前经御史李培祐奏,各省新中式武举请照顺天乡试之例,于会试前赴京复试,俟复试相符后,方准一体会试,奏准遵行在案。今本年庚寅恩科武会试前,各省新中式武举复试定于八月廿二日,奏请钦派王大臣在德胜门外考试,前经晓谕各省武举作速依限投文。兹复试在迩,投文者尚属寥寥,为此再行晓谕:各该省应行复试及会试武举均各亲赍文批,或出具同乡京官印结,作速亲身赴部投递,以凭入考,不得逾八月十五日投文定限。如逾限投文及觅人代投递,均不收考。该武举等毋得自误功名,各宜凛遵。特示。

载1890年10月4日《申报》,第2版,37卷613页

47.庚寅科武会试题名全录

张宪周,山东;李承恩,四川;谭鳌,湖南;陈邦荣,直隶;吉升,厢红;张宗藩,河南;林桂荣,江苏;齐义福,河南;富亮,厢红;马中选,河南;孙有庆,安徽;宋明都,河南;杨琦璇,山东;刘臣良,山东;常连三,河南;周炳元,江苏;张键贞,山东;朱懋昆,直隶;任安国,安徽;郭树藩,四川;申琴堂,直隶;王治国,安徽;荆鸿恩,河南;叶鸿钧,安徽;梁之

桢,直隶;王恩元,直隶;刘鸿章,直隶;苟国栋,四川;刘凤仪,厢蓝;王登科,直隶;苏凌藻,山东;马文焕,直隶;严桂章,安徽;王升官,直隶;吕国铭,江苏;王耀斗,直隶;王流三,河南;杨志信,直隶;孟旧铭,湖南;陈运超,广东;锡光,正蓝;沈汝麟,江苏;杜同春,直隶;康方正,河南;倪赞清,直隶;韦文尉,广西;吴永福,江苏;李鹰阳,广东;王鹏举,山东;宋品元,江苏;萧锦,湖南;秦镇熙,江苏;樊卫棠,厢黄;李荣标,广东;王国鼎,四川;孙士英,河南;马夺魁,安徽;李国标,广东;任金灏,四川;林冠军,广西;陈云安,福建;周春彩,云南;甘大铉,湖南;吴朝高,福建;刘松源,山西;曾绍仪,厢蓝;蒋明海,四川;何树基,陕西;张一元,山西;彭鸿升,江西;李万魁,山东;郝树屏,山西;庄家龙,广东;何炳烈,四川;毛霖熙,广西;唐迪光,四川;李九成,山东;王虎臣,浙江;薛玳,山西;叶穿扬,湖南;王家斌,云南;王荣芬,江西;柳献廷,江西;吉人杰,山西;祁斌,山西;李宏辉,云南;曹隽,陕西;周俊英,广东;白瑞明,山西;袁世佐,陕西;贾应庚,浙江;陈玉良,四川;李长星,山西;许连芳,浙江;詹庆龄,福建;孔宪武,山西;潘琮麒,浙江;郑应辉,福建;林捷三,福建;黄定魁,江西;宋一清,浙江;李玉麟,山东;赵三台,直隶;王振魁,山东;吴振纲,直隶;和润,厢红;郑春江,直隶;唐高林,湖南;潘金山,安徽;丁耀武,直隶;徐洵,奉天;陈庆龙,广东;郭希曾,福建;玉祥,正黄;宫琦,山东;韩道益,湖北;张功成,贵州;罗径发,湖南;吕镇铠,厢红;叶国琛,广东;潘春魁,福建;黄国钧,广东;涂连元,江西;熊炳元,江西;刘克三,湖北;梁瀚章,陕西;张廷松,贵州;陈朝威,广东;冯之绣,江苏;杜大鸿,安徽;周鼎甲,安徽;张殿元,江苏;张飞龙,浙江;潘登云,湖北;郑允承,广东;王懋章,福建;徐凤标,浙江;刘祥瀛,广东;杨庆元,云南;赵大魁,福建;谢嘉猷,云南;林金镜,福建;何锦全,广东;蒋达杰,广西;陈兆麟,广东;赵宗晋,广西;韩有起,陕西;江佐畿,广东;徐腾熙,湖北;彭拔魁,湖北;柳献禄,江西;王作揖,江西;江发三,湖北;段春茂,湖北;岳兴贵,贵州;杨冠英,福建;彭兴邦,江西。

载1890年11月15日《申报》,第2版,37卷873页

48.庚寅科武殿试题名录

一甲一名:张宪周,山东。一甲二名:李承恩,四川。一甲三名:陈邦荣,直隶。

二甲一名:谭鳌,湖南。

花翎:吉升,厢红;张宗藩,河南;林桂荣,江苏;齐义福,河南;富亮,厢红;马中选,河南;孙有庆,安徽;宋明都,河南;杨琦璇,山东;刘臣良,山东;常连三,河南;周炳元,江苏;张键贞,山东;朱懋昆,直隶;郭树藩,四川;申琴堂,直隶;王治国,安徽;荆鸿恩,河南。

蓝翎:叶鸿钧,安徽;梁之桢,直隶;王恩元,直隶;刘鸿章,直隶;刘凤仪,厢蓝;王登科,直隶;苏凌藻,山东;马文焕,直隶;严桂章,安徽;王升官,直隶;吕国铭,江苏;王耀斗,直隶;王流三,河南;杨志信,直隶;孟藩铭,湖南;陈运超,广东;沈汝麟,江苏;杜同春,直隶;康方正,河南;倪赞清,直隶;韦文蔚,广西;李鹰扬,广东;王鹏举,山东;宋品元,江苏;萧锦,湖南;秦振熙,江苏;樊卫棠,厢黄;李荣标,广东;王国鼎,四川;孙士英,河南;马夺魁,安徽;李国标,广东;任金灏,四川;林冠军,广西;蒋明海,四川;陈云安,福

建;周春彩,云南;甘大铭,湖南;吴朝高,福建;刘松源,山西;曾绍仪,厢蓝;何树基,陕西;张一元,山西;彭鸿升,江西;李万魁,山东;郝树屏,山西;庄家龙,广东;何炳烈,四川;毛霖熙,广西;唐迪光,四川;李九成,山东;王虎臣,浙江;薛玳,山西;叶穿杨,湖南;王家斌,云南;王荣芬,江西;柳献廷,江西;吉人杰,陕西;祁斌,山西;李宏辉,云南;曹偺,陕西;周俊英,广东;袁世佐,陕西;贾靡庚,浙江;陈玉良,四川;李长星,山西;许连芳,浙江;詹庆麟,福建;孔宪武,山西;潘琮琪,浙江;郑应辉,福建;林捷三,福建;黄定魁,江西;宋一清,浙江;李玉麟,山东;赵三台,直隶;王振魁,山东;和润,厢红;郑春江,直隶;唐高林,湖南;潘金山,安徽;丁耀武,直隶。

卫用:徐洵,奉天;陈庆龙,广东;郭希曾,福建;玉祥,正黄;宫琦,山东;韩道益,湖北;张功成,贵州;罗经发,湖南;吕镇铠,厢红;叶国琛,广东;潘春魁,福建;黄国钧,广东;涂连元,江西;熊炳元,江西;刘克三,湖北;梁翰章,陕西;张廷松,贵州;陈朝威,广东;冯之绣,江苏;杜大鸿,安徽;周鼎甲,安徽;张殿元,江苏;张飞龙,浙江;潘登云,湖北;郑允承,广东;王懋章,福建;徐凤标,浙江;刘祥瀛,广东;杨庆元,云南;赵大魁,福建;谢嘉猷,云南;林金镜,福建;何锦全,广东;蒋达杰,广西;陈兆麟,广东;赵宗晋,广西;韩有起,陕西;江佐畿,广东;徐腾熙,湖北;柳献禄,江西;段春茂,湖北;岳兴贵,贵州;杨冠英,福建;彭兴邦,江西。

载1890年11月29日《申报》,第3版,37卷962页

49. 武闱试竣

江南武闱十九日阅毕弓、刀、石,东、西二闱二十日赴督院复试,廿一日入贡院默写《武经》,留堂者约三百人。廿五日发榜,桓桓多士莫不引领望之。

载1891年11月27日《申报》,第3版,39卷906页

50. 慎重大典

江南武闱业经试毕,本有廿三日揭晓之说,兹闻刘岘帅事必躬亲,不假他人之手,将留堂人数分为四等:马步中十三枝者为一等,中十二枝者为二等,十一枝者为三等,十枝者为四等。每等各立一手折,皆自书其姓名、籍贯。后场刀石轻重亦如之,以后合前,以前较后,总须有实在工夫方能入选,即名次高低,亦不肯草草从事,是以揭晓较迟。闻择于廿七日悬榜云。

载1891年11月30日《申报》,第1—2版,39卷923页

51. 辛卯科江南乡试提名全录

李殿元,亳州;宋殿樑,沭阳;陈定邦,阜阳;张鸿运,海州;吕勋,颍州;汤殿元,泰兴;曹步鳌,芜湖;岳绍武,山阳;孙志彪,太和;吕锡恩,阜阳;陆景仪,六安;韩兆元,颍州;王振邦,丰县;饶士英,太和;傅俊杰,太和;何金魁,铜陵;孙海鳌,高邮;长怙,驻防;吕国

华,江宁;马魁龙,江宁;善保,江宁;马承恩,上元;马殿邦,江宁;冯国樑,萧县;张伦元,南汇;毛延正,萧县;侠廷华,清江;金定鳌,松江;徐松蕃,娄县;潘文龙,松江;康步云,淮安;钱在本,金坛;李正金,山阳;杨煐,万江;骆学朋,凤阳;胡锦章,凤台;杨秀山,亳州;王祖荫,六合;饶子英,太和;史汉章,建平;张虩,宿松;荣庆,驻防;王振基,凤阳;陶鸿知,寿州;文樑,驻防;梁兆举,铜山;王广顺,萧县;郭法堂,凤阳;兆凯,驻防;胡忠元,甘泉;龚培爵,崇明;杜胜魁,六安;胡彩廷,芜湖;李洪宾,颍州;许国忠,凤阳;王奉宸,阜阳;陈汝成,如皋;顾洪魁,震泽;隆钰,驻防;袁履中,沛县;武干国,涡阳;凌安邦;合肥;高天球,合肥;许鸿亮,江宁;殷宗魁,丹徒;张鹏飞,苏州;秦本干,上海;朱正贤,江宁;朱爵,上元;宽应,驻防;朱占鳌,铜山;郑国琦,泗州;马联甲,海州;苏灿荣,亳州;黄磐安,寿州;郭鸿昌,凤阳;蒋霆,泰兴;王书芹,宝应;熊庆璜,阜宁;张桂芬,通州;刘毓珍,宝应;叶向昇,山阳;巨金涛,凤阳;徐尚达,南汇;周熊飞,沭阳;钱堃,如皋;张登龙,如皋;郭冠军,临淮;吴鸿宾,灵璧;姚成楷,歙县;李鸿标,阜阳;朱殿卿,东台;周启昌,东台;邵建瀛,砀山;周福增,崇明;夏华椿,和州;饶魁英,太和;萧连元,阜阳。

载1891年11月30日《申报》,第3版,39卷924页

52.抡元绝技

江南武闱已于上月二十七日揭晓,本馆已将全录登诸报端,尚有(遗)〔逸〕闻轶事可资为谈助者,爰再泚笔记之。解元姓李,名殿元,亳州人,马步全红固不待言,其试刀石时,直有霸王扛鼎之力,足令闻者眉飞色舞。是日,解元公上堂,请头号刀石,置刀于石上,两胯蹲下,如坐马式,然后双手提起刀石,置诸膝颠,复轻轻放下,旋又轻轻提起,如前状约十余次。后又加大刀一柄,并置诸膝,手不用扶,面不改色,良久方毕。起而执刀旋舞,运用若飞,如纯阳背剑、太公钓鱼,诸名色不一而足,实为上、下两江之冠。岘帅校阅时点首者再,用朱笔在其姓上连画数圈。见者知已获隽。及金榜题名,竟得龙头高占,主司赏鉴诚非虚矣。闻岘帅取士,必择其面貌端正,身体魁梧,足备异日干城之选者,方予入彀。若鼠目猴腮,侏儒形状,非有出类拔萃、超群技艺,一概降等录取。似此遴选,庶可拔擢一二福将,不使猥琐者得以猎取利名。老成硕画,于此可见。

载1891年12月8日《申报》,第2版,39卷971页

53.皖省官场纪事(接试武场＊)

安庆府各属县试文童,现已告竣,兹怀宁县吴松午明府出示通衢,定于三月初一日接试武场。联仙蘅太守亦札饬各学官转饬各童,定期三月初八日举行府试正场。

载1892年4月9日《申报》,第2版,40卷557页

54.皖左清谭(接办武场＊)

学宪按临各郡,遇岁试之年必偕参将一员,随棚襄校武试,此定例也。吴肃堂文宗

于正月间启节时,照例札委皖南镇标芜采营王梧冈参戎随棚襄校,由宁国而徽州而池州,至本月初旬,池州文武各场一律竣事。文宗接试安庆,例换抚标参将,是以王参戎于池州起节回芜,初十日抵埠,麾下将弁出郊迎迓。大纛临风,戈矛森列,望而知为干城重寄也。

芜湖县属文童业已试竣,现在接办武试,王邑尊出示,定于本月十五日取齐,十八日考试外场马箭。想是日锦鞯玉勒,骏足齐飞;百步穿杨,发皆中的,马上诸君,其快意为何如哉。

载1892年5月16日《申报》,第2—3版,41卷95—96页

55. 螺矶闲话(接试武童＊)

芜湖县试文童业已竣事,上月十八日接试武童外场,赳赳者流,弯弓跃马,各展超腾之技。十九日考试内场,二十日扃门默写《武经》。旋于廿二日发榜,约取数十名,几于一榜尽赐及第矣。

载1892年5月26日《申报》,第2版,41卷161页

56. 皖中杂录(考试安庆＊)

安徽学宪吴肃堂大宗师考试安庆,于初四日事毕,旋于初五日接试武童。

载1892年6月7日《申报》,第3版,41卷242页

57. 武试纪闻

国家虽偃武修文,然每届岁试之年例必兼试武事。兹者,安徽学政吴肃堂宗师按临安庆,各武童咸弯弓盘马以(程)〔逞〕穿杨彻札之能。一日,有某甲者行近靶旁,不虞一箭飞来,从耳旁溜下,虽未伤损,然已饱受虚惊矣。

本月初八日,吴大宗师校试怀宁县武童步箭,有某甲者顶名刀试,当场拿获,予以重惩,并枷号考棚示众。

载1892年6月9日《申报》,第2版,41卷253页

58. 皖中杂录(按试武场＊)

安徽学宪吴肃堂宗师按试武场已纪报端,兹闻步箭业已试毕,定于十四日校阅外场,十五至于十七日接阅刀石诸艺,闻宗师约于廿一二日起马云。

载1892年6月16日《申报》,第2版,41卷299页

59. 壬辰科武会试提名全录

张远,奉天辽阳;陈怀玉,直隶正定;李廷瑞,厢蓝汉军;罗文炳,四川蒲江;刘存智,厢白汉军;金云龙,山东金乡;李裕功,云南云龙;朱殿卿,江苏东台;卞赓,江苏海州;李家俊,广东新宁;潘吉昌,福建闽县;张庆铭,福建闽县;薛梦蛟,福建闽县;荣华,厢黄汉军;李连仲,直隶大名;罗家杰,广东归善;陈鸿年,四川内江;荣占鳌,云南邱北;刘同春,河南平州;秦名富,四川铜梁;吕国华,江苏江宁;李镇钧,江苏山阳;泰源,正红满洲;马联甲,江苏海州;易国相,四川合江;邓正彪,广东罗定;陈德大,广东惠州;何尔晟,云南会泽;程定邦,安徽阜阳;陈鹤元,浙江瑞安;魏冠军,河南彰德;郑彦彪,陕西朝邑;吴拔桢,福建长河;欧三拱,湖南常宁;林高飞,福建长乐;韩思承,直隶天津;郭德堂,安徽凤阳;李守身,山东定阳;马朝阳,顺天宛平;阎德荣,直隶遵化;马政芳,江西乐平;陈太和,直隶广丰;李占庚,直隶昌黎;德俊,正黄满洲;米生富,甘肃清水;梁廷一,广东茂名;张钤,甘肃秦州;萧殿奎,四川金堂;段税堂,河南临颍;王振国,河南叶县;刘河清,甘肃秦安;谢廷宾,河南太康;杨秩茂,陕西兴平;乔仲元,山东龙昌;于龙勋,山东昌邑;锡杰,直隶临乐;范长春,直隶玉田;任立言,直隶赞皇;周启昌,江苏东台;秦绍衣,江苏上海;周荣光,广东朝阳;李殿元,安徽亳州;张渊澜,福建屏南;周胜晖,江西临川;阎祝三,奉天广宁;胡令寅,安徽太湖;万寿鸿,山东蓬莱;邹旺堂,湖南祁阳;秦文选,山东贯城;全安,厢红满洲;汪源椿,安徽休宁;崔龙骧,山东济宁;王宸,直隶东光;谢廷珍,直隶束鹿;楼志绅,广西平乐;朱琪昌,浙江镇海;唐寿萱,广西全州;周胜祖,浙江瑞安;赵绍龙,安徽太湖;汪遇隆,安徽太湖;徐德成,浙江山阴;陈济源,浙江永嘉;郝玉堂,直隶常明;孟朝桂,正蓝汉军;白连城,顺天通州;周鸿逵,河南河阴;马志乾,河南固始;马腾光,河南荥阳;洪喜,正白蒙古;华芳,厢黄满洲;陈希彭,直隶平阳;吴宇宾,云南庐州;徐凤鸣,顺天宛平;姚敏,直隶固安;邬起鹏,四川合江;张虎臣,江苏邳州;倪殿元,江苏松江;张明扬,广东潮阳;龙登云,四川天全;李佑忠,四川雅安;李玉璠,云南永善;马河图,云南时弼;叶平荣,福建安溪;陈绍濂,福建崇安;杨电昌,广东归善;赖英豪,福建永安;林肇英,福建侯官;杨殿扬,广东东莞;何亨通,福建惠安;宁继元,安徽颍州;丁作兰,湖北黄州;刘英翰,山东寿张;杨登榜,安徽庐州;徐定章,广东和平;徐擒虎,浙江萧山;王锡琛,山东诸城;黄锡鹏,湖北黄陂;吴占鳌,湖北黄陂;王梦鳌,安徽太湖;林祥寿,江西寿安;王忠乾,湖南零陵;杨树华,湖北武陵;傅鸣钧,江西临川;谢开榜,江西清江;冯占魁,湖北零陵;单同爵,山西太宁;刘石镕,山西崞县;郝廷魁,山西代州;王春荣,山西黎城;童子陵,江西安仁;雍辅国,山西洪洞;章国志,江西万载;赵亮清,广东新会;林既昌,广西平乐;司徒观,广东开平;黎镇邦,广东东莞;黄殿荣,广东新会;何汝镶,广东香山;凌福清,广西宣化;曹长德,山东兖州;侯树桢,山东清平;程绍甲,湖北麻城;丁海祥,山西荣城;胡凤山,湖北黄陂;张成光,山东宁武;赵凝禄,山西荣阳;吴兆熊,山西恩州;刘祖亲,湖北枣阳;邹永嘉,贵州桐梓;魏荣涛,湖北孝感;蔡安儒,贵州松桃。

载1892年11月16日《申报》,第2版,42卷481页

60. 武试例示

钦命武会试提调庆曾,为晓谕事:本年壬辰科新中式武进士张连同等一百五十一名,经本部定于九月廿五日奏请钦派王大臣在东安门内南箭亭正白旗侍卫校场复试,其历科武进士复试弓刀石不符及殿试弓刀石力不符者,均应随同一体复试等因。为此示谕各省罚科武进士等知悉,务于三日内赴部投文,以便入册复试,毋得自误功名。

钦命武会试提调庆曾,为晓谕事:道光廿一年九月十二日,奉上谕:"嗣后武乡会试打箭应如何设立章程,着兵部妥议具奏,钦此。"当经本部奏明,嗣后武乡会试打箭,谕令该士子等于箭枝上书写姓名,于马步箭完竣后,即行具领,赴收箭处所领回。如有箭枝上未书写姓名者,概不给领等因具奏。奉旨:依议,钦此。为此示谕新中式武进士等知悉,务于复试日期遵照本部奏定章程,赴棚领箭,免致舛错,毋违。

兵部示传新中式武举张连同等知悉,本部现定于九月廿五日复试,为此传知该武举等务须即日取具同考互结,亲身赴部核对年貌、三代、履历,领取马票,以便入册复试。如不领取马票,即行扣住,毋得自误功名。

载1892年11月22日《申报》,第1版,42卷519页

61. 壬辰科武殿试题名录

一甲状元:卞赓,江苏海州。榜眼:张连同,河南宜阳。探花:李连仲,直隶大名。

二甲花翎:仝云龙,山东金乡;刘存智,厢白汉军;罗文炳,四川蒲江;李裕功,云南云龙;朱殿卿,江苏东台;李廷瑞,厢蓝汉军;李家俊,广东新宁;潘吉昌,福建闽县;张庆铭,福建闽县;薛梦蛟,福建闽县;荣华,厢黄汉军;陈怀玉,直隶正定;陈鸿年,四川内江;荣占鳌,云南邱北;刘同春,河南平州;秦名富,四川铜梁;吕国华,江苏江宁;李镇灼,江苏山阳;泰源,正红满洲。

三甲蓝翎:马联甲,江苏海州;易相国,四川合江;邓正彪,广东罗定;陈德大,广东惠州;何尔晟,云南会泽;程定邦,安徽阜阳;陈桂元,浙江瑞安;魏冠军,河南彰德;欧三拱,湖南常宁;林高飞,福建长乐;韩思承,直隶天津;郭德堂,安徽凤阳;李守身,山东定阳;马朝阳,顺天宛平;阎德荣,直隶遵化;马政芳,江西乐平;陈太和,直隶广丰;罗家杰,广东归善;德俊,正黄满洲;米生富,甘肃秦安;梁廷一,广东茂名;谢廷宾,河南太康;张钤,甘肃秦州;吴拔桢,福建长河;萧殿奎,四川金堂;段税堂,河南临颍;王振国,河南叶县;刘河清,甘肃秦安;谢廷宾,河南太康;杨秩茂,陕西兴平;乔仲元,山东龙昌;于龙勋,山东昌邑;锡杰,直隶临乐。

营用:范长春,直隶玉田;任立言,直隶赞皇;周启昌,江苏东台;秦绍衣,江苏上海;周荣光,广东潮阳;李殿元,安徽亳州;张渊澜,福建屏南;周腾辉,江西临川;阎祝三,奉天广宁;胡令寅,安徽太湖;万寿鸿,山东蓬莱;邹跻堂,湖南祁阳;秦文选,山东贯城;全安,厢红满洲;汪源椿,安徽休宁;崔龙骧,山东济宁;王宸,直隶东光;谢廷珍,直隶东鹿;杨志绅,广西平乐;朱琪昌,浙江镇海;唐一寿,广西全州;周胜祖,浙江瑞安;赵绍龙,浙

江瑞安;李占庚,直隶昌黎;徐德成,浙江山阴;陈济源,浙江永嘉;郝玉堂,直隶常明;孟朝柱,正蓝汉军;白连城,顺天通州;周鸿逵,河南河阴;马志乾,河南固始;马腾光,河南荥阳;洪喜,正白蒙古;华芳,厢黄满洲;陈希彭,直隶平阳;吴家宾,云南庐州;徐凤鸣,顺天宛平;姚敏,直隶固安;邬起鹏,四川合江;张虎臣,江苏邳州;张明扬,广东潮阳;龙登云,四川天全。

卫用:李佑忠,四川雅安;李玉璠,云南永善;马河图,云南时弼;叶文荣,福建安溪;陈绍濂,福建崇安;杨雷昌,广东归善;赖英豪,福建永安;林肇英,福建侯官;杨殿扬,广东东莞;何亨通,福建惠安;宁继元,安徽颍州;丁作兰,湖北黄州;刘英翰,山东寿张;杨登榜,安徽庐州;徐定章,广东和平;徐擒虎,浙江萧山;王锡琛,山东诸城;黄锡鹏,湖北黄陂;吴占鳌,湖北黄陂;王梦鳌,安徽太湖;林祚青,江西寿安;王忠乾,湖南零陵;杨树华,湖南武陵;傅鸣钧,江西临川;谢开榜,江西清江;冯占魁,湖南零陵;单同爵,山西大宁;刘石铼,山西崞县;郝廷魁,山西代州;王春荣,山西黎城;童子陵,江西安仁;雍辅国,山西洪洞;章国志,江西万载;赵亮清,广东新会;林既昌,广西平乐;司徒观,广东开平;黎镇邦,广东东莞;黄殿荣,广东新会;何汝镶,广东香山;凌福涛,广西宣化;曹长清,山东兖州;侯树桢,山东清平;程绍甲,湖北麻城;丁海祥,山西荣县;胡凤山,湖北黄陂;张成光,山东宁武;赵凝禄,山西荥阳;吴兆熊,贵州山思;刘祖荣,湖北枣阳;邹永嘉,贵州桐梓;魏荣涛,湖北孝感;徐安霈,贵州松桃。

载 1892 年 12 月 5 日《申报》,第 2 版,42 卷 599 页

62. 补行殿试

癸未科中式:周廷甲,江苏。庚寅科中式:任安国,安徽;锡光、吴永福,江苏;白瑞明,山西;王振魁,直隶;玉祥、彭振魁、江德三,湖北。

载 1892 年 12 月 5 日《申报》,第 2 版,42 卷 599 页

63. 皖左清谭(武试将届*)

文闱甫竣,武试届期,各属赳赳武夫咸于日内驱车就道,学政吴肃堂文宗示期九月十五日录遗,随于下浣秉节往庐州府科试。试毕,即须按临六安、颍州、凤阳、泗州等属。

载 1893 年 11 月 9 日《申报》,第 1 版,45 卷 469 页

64. 武闱派差

江南武乡试向例制军为正主考,提宪副之,其东、西二闱则委司马分阅,督中营协镇、城守营协镇亦与焉。九月廿三日,制军已檄委魏观察嘉龄、严观察翔昌、莫观察绳孙,随同现任文武各员分闱校阅。另檄巡道胡观察为内提调,候补道王观察为监试官,外提调一差仍委瑞方伯办理。目前,赳赳武夫麇集鳞比,洪武街一带颇形热闹,马蹄人

迹络绎于途。其实上、下江应武试者不过三千有奇,较之文闱十分中仅有二分,右文左武于此可见。

载1893年11月9日《申报》,第3版,45卷470页

65.入闱盛仪

江南武闱乡试择于十月初八日开考。先一日,供给所预备全副仪仗伺候大主考两江督宪刘岘帅、长江提督黄爵帅暨外提调瑞方伯、内提调胡观察、监试王观察、东西闱分校之候补道入闱。方伯以下均在午后齐集小营演武厅,车马喧阗,仆从煊赫。钟鸣三点,黄军门由行辕迤逦向北而去,水师兵弁簇拥绿呢大轿,严肃整齐,不闻人语,但闻马蹄声得得而已。最后为刘制军,旗帜而外有衔牌数十对,如两江总督、两广总督、江西巡抚、某科武闱大主考,大书金字,灿烂有光,观者无不称羡。中有黄亭一座,陈设关防、令箭;前后拥护之兵约及数百人,洋枪为一队,刀矛为一队,望之凛然生畏。岘帅端坐八人舆中,精神奕奕,唐之郭汾阳、宋之文潞公,未必有此丰采也。至小营,各队鸣枪伸敬,诸执事人员鹄立两旁,恭迎宪驾。岘帅缓缓降舆,与黄军门及司道略叙寒温,然后入内小憩。此初七下午事也。次日,校阅马箭,各武生鱼贯入闱,报履历后,一跃上鞍,连发三箭,中则摇旗击鼓,堂上以朱笔注之。其不中者垂头丧气,怏怏而归,非如文生暗中摸索,未揭晓以前,犹可自豪也。噫!个中滋味惟个中人知之,文欤武欤,固一辙也。

载1893年11月19日《申报》,第2版,45卷537页

66.武闱供给琐闻

江南总办文闱供给所总办罗太守接办武闱供给所,凡有历科老手颇少延请,因其熟能生巧,弊窦丛生,预存杜渐防微之想,承乏其间者半皆初出茅庐之流。文闱竭力支持尚无贻误,现届武闱,督宪、提宪处随员、武弁及中协衙照例札委各武弁棋布星罗,索取铺陈饭食纷纷不绝。前日,各执事人员因争木器家伙与供给所司事口角,转瞬间人多手杂,将所储器具搬运一空,货账、钱账两房司事避匿不出。总办不得已面禀各宪。各宪谓,武闱供给向有定例,倘能援照旧章,何至如是?总(局)〔办〕唯唯而退。信如是则熟手有弊亦有利也。幸罗太守历办供给,胸有成竹,赶补内场应用木器,铺陈一切物件,全无竭蹶之状云。

载1893年11月20日《申报》,第9版,45卷547页

67.武闱琐闻

江南武闱乡试初八日开考马箭,前报曾纪其事。现马箭已完,接考步箭,城中士女结队往观,大有如云如荼之盛。有一种好事男儿,闯入闱中,从旁逼视,兴高采烈之时,忽一矢飞来,洞穿左颊,桃花血染,片片沾襟,无可鸣冤,忍声吞气而出。此初九日事也。初十日,下江某生跨骏马如龙循轨迹奔驰,疾同掣电,方欲弯弓发矢,马忽跃出轨外,旁

观者代为控住,复引入轨迹中,一鞭甫加,仍复跃出,将生掀仆在地。幸平坦如茵,未受大窘,堂上校射官呼令退下,照犯规例扣考。生屈膝苦求,始准复试,贯革者三,欣欣然叩谢宪恩而退。不然,未为榜上人,先作门外汉,岂不索然兴尽哉。

载1893年11月24日《申报》,第3版,45卷570页

68. 武闱榜信

金陵访事人云,江南武乡试于本月十六日校阅弓、刀、石,十八日提考内场,谓之"留堂",亦犹文试之荐卷也。其有不留堂者,自知万无中理,即纷纷束装而去。传闻主试者拟于二十一日揭晓,但未见有明文耳。

载1893年11月27日《申报》,第2版,45卷589页

69. 武闱揭晓定期

江南武乡试前有二十日放榜之信,届期乃竟杳然,推原其故,盖东、西闱士子例在中闱复试弓刀石,相符方能中式。主试刘岘帅事必躬亲,逐一校阅,不嫌烦琐,故非数日不能告竣。现已酌改二十五日揭晓矣。千门看榜,走马街头,当有争先恐后者矣。

载1893年12月3日《申报》,第2版,45卷629页

70. 武闱发榜纪闻

江南武闱定于十月二十五日发榜,二十四日供给所委员派人往贡院铺陈一切。清晨,外提调瑞方伯、监试王观察、分校东西闱巡道胡魏两观察及督中协、城守协先后戾止。未几,黄军门鸣驺而至,阅片刻,外间喧传制军到矣,各官出至公堂恭迎。惟见仪仗鲜明,仆从煊赫,如荼如火,绚烂非常。制军略与军门周旋,即入内小憩。此时,派有执事人员将留堂武生三百余名陆续点入,给以试卷,令各归号舍,默写《武经》。迨投卷给签,方准鱼贯而出。赳赳者平时舞刀石如飞,兹者忽握三寸毛锥,便觉汗流浃背,泊交卷出场毕,升炮闭门,衡鉴堂上设公案十余座,略如文闱填榜之仪。制军与军门巍然中坐,各宪东、西对面坐,若雁翅然。坐既定。制军袖出清单一纸,上写中式者名姓,另派正途州县四员,照所开名姓,将默经试卷核对无讹,然后呈宪阅。复发下交该员填写榜条,由书办高唱履历,持条向各公案前一走,方交付写榜人照填,自第六名至九十七名,全榜填毕,退堂用膳。少顷,燃五花烛,填五魁,填解元时,五花烛已抢去无遗,较之出文榜时更为草率。此时,门外发榜升炮,鼓吹喧然。比黄亭舁出,已钟鸣十二下,交二十五日吉期,一时观榜者彀击肩摩,非强有力之人不敢争先一步云。

载1893年12月4日《申报》,第2版,45卷635页

71. 癸巳恩科江南武乡试题名全录

任联捷,山阳;夏龙飞,六安;刘廷升,海州;吴可兴,凤阳;屠殿煌,淮安;李传业,颍州;黄震钧,山阳;胡维斗,太湖;颜振汝,海州;杨光国,太和;施朝宰,海门;鲍兰生,寿州;钱祯礼,常熟;潘连芳,颍州;宋国梁,泰兴;沈贯一,凤阳;朱犀员,赣榆;郭义林,凤阳;施承光,海门;王金林,寿州;郭干城,盐城;李保凌,凤阳;宋开茂,山阳;郭秉心,太和;胡锦标,定远;杨锦燿,江宁;续赏,驻防;杨兴国,太和;杨步昆,淮安;王楷堂,太和;潘国梁,奉贤;李如魁,泾县;姜桃,通州;许正道,全椒;孙殿甲,南汇;臧殿甲,寿州;苏凤标,宿迁;聂虎臣,阜阳;余克定,六合;李甲三,凤阳;富呢雅罕,旗;王国樑,长洲;黄久安,凤阳;马汇川,江宁;高应元,凤阳;季登鳌,江都;徐联珠,凤阳;袁肇廷,甘泉;廖益三,凤阳;荣芳,驻防;刘毓敏,宝应;水佩琼,无为;耿兆永,沭阳;王凤,怀宁;刘容恺,海州;朱门,太湖;杨名,江宁;张大宗,海州;黄宽和,潜山;王鼎华,安东;刘克昌,广德;韩魁光,沭阳;王明彩,寿州;吴从先,沭阳;陈濬猷,怀远;胡得标,安东;王朝曾,太和;郑良元,清和;邹正国,太和;涂鸿磐,上元;金安,江宁;王应魁,广德;国芳,京口旗;杨铭悦,江宁;李子英,太湖;朱锦书,崇明;曹廷杰,太平;王廷良,娄县;谢成章,太和;余世勋,山阳;韦登榜,阜阳;屠金冠,山阳;傅仁杰,太和;张大标,海州;徐联埔,凤阳;杨积苍,海州;张家璜,定远;马登瀛,江宁;饶学孔,太和;梁占魁,盐城;赵国祥,宁国;陈德麟,吴县;钱鲁林,桐城;马联芬,海州;崔华荣,太和;赵锡镛,阜阳;张馨蔚,海州。

载1893年12月4日《申报》,第2版,45卷635页

72. 赭岭霜枫(举子归乡＊)

武闱揭晓后,各举子纷纷回里。当道恐有不肖船户与之勾串,夹带私盐,是以派拨炮船数艘横截中江,查验放行,以重功令。

载1893年12月10日《申报》,第3版,45卷678页

73. 代办武试

江南武闱乡试主试监临例由两江总督兼任,今年甲午正科武闱乡试,因倭寇犯顺,海口戒严,南洋大臣刘岘庄制军日夜筹划防堵事宜,且兼署将军篆务,操练旗兵,不容稍懈,其势不能兼顾,业已上达九重,请以现署江宁布政司胡芸台方伯代办监临主试。胡方伯赶将文闱外提调事宜料理清楚,以便举办武试。

载1894年10月12日《申报》,第2—3版,48卷259—260页

74. 甲午恩科武会试题名全录

岳庆德,直隶元城;张鸿焘,江西鄱阳;汪天麟,四川江津;舒正身,浙江西安;王富邺,河南渠县;周熊飞,广西滕县;陆殿魁,浙江平湖;王永清,直隶束鹿;于世清,顺天宛

平;刘凤翔,广东南海;张鹏飞,直隶南乐;马文赞,直隶平山;陈光燕,广东新会;张楷,直隶橐城;孟春,厢蓝汉军;孔宪珂,山东宁武;张炳堃,江苏海州;文濬,正蓝汉军;吕宗尚,直隶赞皇;王兆基,浙江遂安;马清田,直隶静海;岳庆丰,直隶元城;宋开发,江苏山阳;坤廉,正黄满洲;黄清州,顺天大兴;严大琛,四川大邑;程元彬,江苏丰县;刘汝梅,广西博白;周会鹏,直隶天津;林金镜,山东汶上;刘其章,直隶安平;龙寻闱,山东叙乡;陶□章,四川巫山;刘荣光,四川宜宾;卞彬,江苏江宁;周钦元,广西宣化;金殿魁,浙江金华;魏国桥,浙江丽水;赵百元,河南西平;刘世青,河南尉氏;韩万成,顺天东安;黄德,福建南乐;张寿彭,顺天宛平;邢宝童,河南源武;尹燮培,广东东莞;于世韬,河南滑县;申连魁,直隶广平;房殿魁,广东嘉应;朱鹏万,浙江龙游;杨万清,河南荥阳;宁成发,厢蓝汉军;江鸿波,江西旌阡;马遵道,河南洛阳;李华楼,四川重庆;张秀崐,山东宁阳;李正芳,湖南湘阴;王秉章,四川仁寿;田向光,山东曹县;丹飞鹏,河南雨县;朱澂灌,山东新城;黄允陆,福建长汀;许肇青,福建彰化;王鸿藻,山东诸城;王镇淮,江苏山阳;杨廷栋,山东阳谷;宋殿梾,江苏沭阳;李梦占,山东阳谷;郑良佐,直隶滦州;胡应龙,江西南昌;孙鸿藻,山东蓬莱;徐联埔,安徽凤阳;孙庆云,福建连江;许国忠,安徽凤阳;贺绍南,湖南宁乡;苏兆龙,广东海阳;徐瀛,奉天宁远;高厚慈,广东南海;坤龄,正黄满洲;罗福俊,云南睦凉;瑞增,厢白满洲;庄化炳,湖北襄阳;白云鹏,陕西咸宁;郭冠军,安徽临淮;张鸣谦,甘肃文县;郑庆廷,广东潮阳;连荫,正红蒙古;林璠光,广东江阳;韦登榜,安徽阜阳;郑衢亭,广东香山;王冠英,贵州遵义;阎士选,直隶大名;郭义林,安徽临淮;曾寿昌,湖北黄陂;王振基,安徽凤阳;张寿鼎,湖北黄陂;李恩云,贵州松桃;袁凤冈,湖北孝感;李文光,云南建水;林联级,云南通海;何焕文,湖北应山;任连元,湖北枣阳;李仲猷,云南恩安;张翊良,广东东莞;唐尧典,湖南邵阳;顾长青,广东新会;李芳圜,湖南宝庆;王国杰,江西鄱阳;邓灿辉,广东东莞;郑文璧,山西榆次;黄建寅,江西都昌;郭如凤,江西南昌;王炳林,福建闽县;王正元,福建侯官;彭天锡,湖南善化;冯毓瑞,甘肃秦州;李德耀,山西闻喜;彭学忠,山西忻州;蒲廷瑞,甘肃陇西;李鸿彪,山西阳曲;柴凯飏,山西夏县;常殿魁,山西怀仁。

载 1894 年 10 月 26 日《申报》,第 2 版,48 卷 347 页

75. 奏办武试

江南武闱乡试向例两江总督为正主考兼监临,今逢甲午正科,刘岘帅因倭奴犯顺,调兵筹饷,日夜不遑,应办正主考兼监临事宜奏委署理江宁布政使胡芸台方伯家桢代办,已详前报。所有副主考向例由提督办理,江南提督谭宫保防堵吴淞等口岸颇为紧要,正任水师提督黄军门尚未到任,兼护提督谭军门镇守瓜洲,万难远离,经刘岘帅奏请江西湖口镇总兵官丁燕山军门义方来省办理副主考事宜。供给所罗太尊、翁明府已备办丁军门之衔牌执事,以便迎迓。闻本月初可以到省矣。

载 1894 年 11 月 3 日《申报》,第 9 版,48 卷 401 页

76. 江南武闱事宜

文战已阑,武闱又届,江、安两省合棚考试,今岁系上江值科,安徽藩宪早拨经费银二千两解交江宁藩库。所有各属遍征武场协济一款,各州县多寡不一,江、安、苏三属早已汇解宁库,归入武闱经费,总办供给所罗太守均已布置妥贴。初七日黎明,内提调监试委员持帖三请代办监临主考署江宁藩宪胡芸台方伯入闱,外正监试署江宁府陈太守、外副监试理事同知兴司马料理周详。辰初一刻,方伯用制军卤簿入闱,照例提调、监试、监射、各所官肃恭迎迓,方伯坚辞不获,惟降舆时各致逊词而已。入演武厅,朝城诣关圣神,座前上香,行三跪九叩首礼,内外提调、监试、会考各官行礼。毕,方伯转赴将台,祭帅字旗,行一跪三叩首礼。毕,入内堂,升座。文武各员弁参见,三揖,退出,各司其事,伺候初八日开闱考试。

载 1894 年 11 月 8 日《申报》,第 2 版,48 卷 429 页

77. 江南武试余闻

江南办理武闱已详前报,兹悉于初八日开考,提调马观察派武弁竖立马靶三起,相离各三十五步,用弓量准。执事官派兵升炮,禀请主考各官升座。外正监试陈太守因病未至,由副监试与司马会同供所官分送正、东、西三闱点名册。正闱代办主考署藩宪胡方伯家桢、同考官湖口镇总兵官柳总戎金、校阅道钱观察德培;东闱提调督粮道马观察恩培、署中协刘提督青煦、赵观察变;西闱署巡道李观察廷箫、署城守副将袁军门、刘观察秉籁。巡捕官请令旗至月台下招展,鼓棚内升旗鸣炮,诸生以次听点,每十人一排,先在闱外由点名州县官令兵书、门斗在旁识认,点入闱中,开具片单,转送入闱。主闱书吏挨次唱名,诸生应点侍立。十人点毕,接点二排,头排退至发马处,挨次骑射。掌号官催令发马,每射三箭,共射二次。初八、初九两日,马箭试毕。有颍州府属武生由马上跌下,不能行动,人咸谓如文闱中有阴鸷也。常州府属一生卤莽过甚,将弓套入别生之颈,一跃上马,飞驰而往,欲射则有矢而无弓,令人捧腹。初十日,恭遇皇太后万寿,停试二日。十二、十三、十四、十五等日,接试地球、步箭、弓刀石三场,入贡院默写《武经》。

载 1894 年 11 月 15 日《申报》,第 3 版,48 卷 474 页

78. 江南武试续闻

金陵访事人云,江南武乡试于本月初八日开考,十六日署南洋大臣兼将军、两江总督张香帅接印,满汉文武官员亲诣督辕叩贺,香帅应接不暇,谕令停试一天。十七日接考二场未了之步箭及弓、刀、石。主考、提调、监试、同考、校阅各官临场后,弁兵安设步靶,丈量三十弓,安设石木椿。巡捕官禀请开考,如头场仪。应试诸武生仍以十人为一排,挨次发矢,连发六箭,中一箭即擂鼓一通,插一筹于桶中,二箭者为合式,方准入三场。有徽州府属某武生一箭斜飞而去,中在弹压之某兵足背,虽则血流皮破,尚无大伤。通州某武生所乘之马闻炮惊跃,撞伤观者二人。至三场考校技勇,硬弓弓弦去背七寸,

用铅锤秤较,复用箭杆量之,秤足时容箭二尺六寸,必须开满。刀则以舞花为率。石照例离地一尺。当拽弓时有从容引满者,亦有勉强拽开者。刀、石则有举重若轻者,有竭力从事者。场中五人压伤足踝。计三项技艺出众者十有二三,有在刀上加石者,更十余人以刀加石上,复提笔作楷书。考官均于册上盖双好戳记。三场考毕,东、西闱所考马、球、步箭合式者送至中闱复试,如房官之荐卷然。二十二日复试毕,例应在督辕接复后三场,香帅以督辕尚住刘制军之眷属在内,故谕令改在贡院,于二十三日复试。又闻今科人数甚少,各属录遗生监以及正案取录者,合计上、下两江只二千一百七十余人,临点未到者四五百人。除不合式被贴外,复后三场者只八百余人。择吉二十六日入院默写《武经》,二十七日发榜。

载 1894 年 11 月 25 日《申报》,第 2 版,48 卷 535 页

79. 江南武乡试题名全录

苏文藻,亳州;陈鼎芬,山阳;郭侯昌,临桂;黄复元,山阳;郑中魁,海州;洪发,驻防;马千里,泰兴;苏锡藩,清河;唐国鼎,松江;陈化龙,凤台;福庆,驻防;陶殿臣,江陵;顾廷树,宝应;张冠芬,山阳;苏慎标,凤台;谷守基,江宁;王连科,海州;张鸿矩,六安;桂希周,海州;黄桂枝,宝应;张兆成,庐州;查朝忠,铜陵;宋鼎臣,徐州;马联登,海州;王瑞清,安东;曹得奎,阜宁;赵廷梁,丹徒;胡正国,英山;江国钧,海州;卜廷敖,泾县;周效昌,扬州;印丽生,嘉定;王兴位,赣榆;宋国盈,泰兴;隆彭,驻防;邹□云,如皋;傅永培,盱眙;张国安,泰兴;沈殿臣,寿州;王开榜,和州;吴家珍,凤阳;施祥臣,青阳;王宝林,元和;许见堂,靖江;张凤三,怀宁;胡锦标,怀宁;朱庆鉴,潜山;盛贵,驻防;马超群,上元;刘兆贵,太湖;崇德,驻防;周锡桂,太湖;韦宗俊,淮安;徐飞鸿,当涂;芦开鑫,江宁;周世魁,徽州;赵连璧,山阳;林绳武,铜山;良贵,驻防;张虎臣,萧县;安六,驻防;夏正典,庐州;火国铭,江宁;鲍清澄,旌德;王振邦,太湖;顾廷杰,宝应;廖鸿铼,寿州;张殿元,吴县;马玉章,江浦;瞿兆彪,元和;徐翰,靖江;林森,驻防;刘鸿勋,桃源;李文甲,合肥;江鹏飞,旌德;田□田,阜阳;侯靖宇,颍州;吴占甲,无为;冯栋梁,巢县;汝香山,阜阳;王栋元,凤阳;刘寿祺,山阳;沈殿藩,宝山;彭宝,扬州;王荩臣,合肥;潘凤岐,清河;王夺魁,阜阳;李师籛,丰县;黄国佐,吴县;王玉知,颍州;潘占鳌,无为;王廷栋,临桂;张鸿恩,阜阳;周夺元,无为;韦应祥,阜阳;郭得魁,含山;李彭林,滁州;高占魁,巢县;高廷坤,建平。

载 1894 年 11 月 27 日《申报》,第 2 版,48 卷 547 页

80. 江南武试补遗

江南武乡试于十月廿三日在贡院复试,早纪报端。廿六日开考三场,默写《武经》,先于廿四日由供给所总办将号军、汤饭夫役人等,委员分别点名,鱼贯而入,由江宁府书吏查明头、二场合式之生监,另造点名册,付知上、下江督卖卷局委员、南北两捕分局。考生投局买卷,填写履历,赴交收卷局,解藩司衙门用印,一如文试之买卷、投卷也。用

印之后,仍由府书解入贡院。廿五日,代办监临胡方伯同内提调马观察、监试李观察在至公堂签掣上江收卷官、下江收卷官、受卷官、弥封官、收掌官,共五员,各分派毕,谕令印坐号戳记,应用之头、二、三号大刀,头、二、三号石,十力起至十六力之硬弓,由供给所饬夫抬至贡院,以备次日开试。是日,监临等官宿院。廿六日黎明传点,升炮三起,启门开点,二路点名,上江生监由东角门进,下江生监及驻防兵生由西角门进,验臂官验明放入,至龙门口。东路由提调点入,西路由监试点入,各州县学书唱名,府书散卷。点毕,已九点钟矣。提调令头、二门启闭官封锁,炮声震地,鼓吹喧天。查号官催令生监归号,提调、监试请监临发默写《武经》,所写约百余字,随即刊刻刷印,发交号官分散各生,一如文场给题目纸也。惟赳赳者十有六七不能握管,皆倩人捉刀,未及三点钟之久,均已交卷。少焉,发出上、下江二榜,有名者留堂复验技勇,约二百余人。不留堂者给签放出。登时,人声鼎沸,提调、监试查问何事喧哗? 有数人云:武生马步十三全红,弓开十四力,刀石头号,何以见弃? 而榜上诸君亦有马步不全者,亦有刀石非头号者,生等求诸位大人成全,不枉十余年费时失业习此末技,若不俯允,无面目回家,惟有一死而已。马、李两观察见而怜之,转恳监临开一线之恩。顷刻,由巡捕官手持虎头牌一面飞驰而出,牌上大旨谓:额满见遗,既再三吁恳,准将马步全红者、弓刀石合式者一并入衡鉴堂复试。一时欢声雷动,咸颂监临一秉大公,当即入堂复验。毕,帘官已将选定试卷二十本为一束,请监临评定,由是即行钤榜礼节。儒生孟之受早将监临主试、头品顶戴、兵部尚书、都察院右都御史、署两江总督兼署京口将军、湖广总督部堂张为及第一名至九十九名并年月日大榜字均已写就,即请总督关防钞榜。毕,传点开内帘门,监临、提调等文武各官均入衡鉴堂,湖口镇柳总戎金源因另有公事未及亲到。填榜与文闱同,鼍更四转,始能填毕,送至藩署西辕门外悬挂。布置完竣,则已鸡声唱罢,曙色大明矣。廿八日,举行鹰扬宴,一切事宜与鹿鸣宴同,惟鹿鸣宴衡鉴堂上各物三备三抢,实属不成事体,胡方伯有鉴于此,另札上、江两县为鹰扬宴照料。陈、赵两大令首先到院,坐至公堂总门口,凡不戴大帽者不准入内,舆夫、兵勇亦不准越雷池一步,因此得以从容襄事,行三跪九叩首礼,谢恩。新举人见主考行二跪六叩首礼,见镇将、道府、参游、都守、州县行一跪三叩首礼,从容审慎,礼节彬彬。惟在至公堂筵宴时依然抢夺,尚不如鹿鸣宴之桌椅皆飞。有一穿尖青缎马褂、蓝翎晶顶官,手持大碗六个及红洋布桌围椅披,仓皇而出,拟送至绿呢大轿内。陈仰山大令见之谓:"尔有职人员尚且如此,无怪小民无理取闹。"顶官云:"我不抢,尔欲抢耶?"大令大怒,饬差抓去大帽,顶官不依,大令怒不可遏,饬差用大铁(练)〔链〕锁住,押送回署,听候重办。复有某官跟役亦抢夺物,被大令喝住,当场笞责小板三百,皮破血流,又取大枷荷之,锁于龙门柱上。各官礼毕回衙,各省武闱乡试监临主试,若非旗籍,即奏调提镇。此次江南乡试经刘岘庄制军奏调湖口镇柳总戎金源为同考官,刻已试毕,柳总戎拜会张香涛制军,辞行回湖口任所。

载1894年12月1日《申报》,第2—3版,48卷571—572页

81. 补述武生滋事案情

金陵访事人云,当江南武试时,桓桓赳赳之夫无不襆被而来一献其技,水、旱二西门

外考船密布如林。上月十七日,盐城县考生在瓦场寨向人家门口小遗,以致互相口角,适保甲分局亲兵过此,斥其不应如此无礼。争论之下,考生寡不敌众,败北而回,号召数十人兴师问罪,拥至局内,将门前刀枪踢倒,公案碰翻,笔架、签筒抛掷满地。复扭某勇至船上。次日,始释回。局员周君飞禀新任总办钟芸谷观察启祥,观察立饬督捕营严加查办,获得滋事之武生陈某一名,帮同闹事之船户二人,解送江宁县署。十八日,县主赵小帆大令升堂研讯,将武生暂行看管,船户各答数百板,发外所管押。亲兵伤痕验明后,著自行医治。翌日,武生之羽党拦舆求免,大令婉语却之。阅数日,又获甲、乙二人,供称均系武童,随即交差看管。至二十二日之晚,复加研讯,甲、乙供认曾帮同肇祸,因收押外所,想须执法以惩也。

载 1894 年 12 月 15 日《申报》,第 2 版,48 卷 657 页

82. 皖山晴翠(误射孩童*)

北门内黄花亭地方向系较阅武童马箭之所。十七日,考试怀宁武童外场,有一生拈弓搭箭,跨马而前,尚未到靶,生忽掀翻道左,箭遂误中十四龄小孩,马则越界狂奔,观者纷纷避让,喧哗之声几如雷震。小孩自将箭枝拔出,群往视之,伤在右边腰际,衣服皆洞穿,仅伤皮少许,诚大幸也。有人嘲之曰:"此生箭法无庸考较,未试靶先射人。若赳赳者均效此生箭法,则区区倭奴不足平矣。"

载 1895 年 4 月 23 日《申报》,第 3 版,49 卷 655 页

83. 武考试期

安庆府曾怡庄太守、首邑黄汉池大令会衔出示照录。为出示齐集武童考试事:案奉学宪札饬考试,本府业将考试文童日期晓谕行知各属在案。现据各该县申报县试武童考竣日期前来,所有府试武童定于四月初十日齐集,十三日考试外场。除札县学外,为此出示晓谕,仰府属与考武童知悉,务各遵照,各带弓箭、马匹,买备卷结,邀集各童亲赴派认廪保,在学画结投交,听候考试,毋得跳保。自县至院,三试划一,及早投交,不准双名抢冒顶替,倘敢故违,一经觉察,除扣考外,定于究惩,绝不姑宽。其各凛遵毋违,特示。

载 1895 年 5 月 7 日《申报》,第 2 版,50 卷 39 页

84. 神山夏景(举行武试*)

芜湖访事人云,县试文童已于三月初旬竣事,日前县主发出红示,举行武试,定于本月初六取齐,初八日考试外场马箭,初九日考试步箭,初十日复试,并考杂技。

载 1895 年 5 月 13 日《申报》,第 3 版,50 卷 78 页

85. 马踏小孩

府尊曾怡庄太守会同刘协戎先文校阅武童马箭,月之十四日起至十六日止,次第将六县外场试毕。散场时鸣炮三声,试官离座,排道回衙,考生则策马归寓,观者之人纷纷四散。有一姚姓及笄之女郎,携带四龄小孩,不料被马将孩冲跌,并踏伤臀际,小孩口衔竹筷,一经扑跌,筷入咽喉,比将竹筷抽出,登时殒命,马则远飏。父母闻信赶来,无从追问,惟有抱尸痛哭而已。十四日,流矢误伤十三岁之孩童,闻亦死矣。孩系杨姓,有花甲之父,无姊妹弟兄。杨年不惑外始得此子,后旋(抱)〔鼓〕盆之戚,既鳏又独,痛不欲生。观前后不出三日,两孩死于非命,热闹场中为父兄者禁勿往观为是。

载 1895 年 5 月 22 日《申报》,第 2 版,50 卷 135 页

86. 武试有期

今岁值丁酉正科,上、下江应试各武生已齐集城北洪武街一带,近闻小营内演武厅暨东、西二闱点名处均已张搭席棚,承办一切。所有闱中各差务均由督宪委员办理,闻已定于十月初二日开考。各生一闻此信,无不演试刀石,调习弓马,以期临时应手云。

载 1897 年 10 月 13 日《申报》,第 2 版,57 卷 261 页

87. 武科条例

文闱罢战,武试又来,虎贲武夫,熊罴壮士,又将磨厉以须,及锋而试。然苟非弓马娴熟,程式无违,不能虎榜同登,鹰扬与宴也。兹将取士定例详录于左:

头场试马箭,立大靶各离三十五弓,每人跑马二围,共射六箭。二场射地球一箭。计七箭,以中三箭为合式,缺一者不准考试步靶。三场步箭技勇,步靶高五尺二寸,宽二尺五寸,以三十弓为例,每人连射六箭,俱直冲靶子中央者为中,其碰靶擦框及中根杆俱不得为中。六箭内以中二箭者为合式,如不及者不准再试。技勇以八力弓、八十斤刀、二百斤石为三号,十力弓、一百斤刀、二百五十斤石为二号,十二力弓、一百二十斤刀、三百斤石为头号。弓必开满,刀必舞花,石必离地一尺,弓力有能加重者听,亦不得过十五力。三项必有一、二项头、二号者方得入选,若俱系三号,不得入选。弓力合式,方试技勇,若马箭中不足三,步箭中不足二,不准补射。倘有混行渎禀者,即以犯规论。

此系抡才大典,载诸条例,瞬届开闱试士之期,谨据所知录供众览。

载 1897 年 10 月 20 日《申报》,第 2 版,57 卷 303 页

88. 赳赳观光

芜湖访事友手毕云,本届丁酉正科乡试,文战既毕,继以武闱,皖江赳赳壮士志切观光,早已弯弓跃马,前往太平府学宪节辕录遗。同考官皖南镇宪亦与校阅之事。九月下浣,金陵督辕派小火轮船一艘驶往宁国,恭迎荣斾。本月初四日,李寿亭镇军鼓轮启节,

道出鸠江,部下芜采营、练军等营弁兵虽照例列队恭迎,而镇军沿途并不见客,一帆烟水直上白门,想亦试官关防流弊之意也。

载 1897 年 11 月 6 日《申报》,第 2 版,57 卷 413 页

89. 武试纪闻

金陵访事友来函云,长江水师提督黄少岩军门于昨日晋省,旋乘肩舆至督辕拜会。闻军门今岁充武闱正主试,偕督宪阅视中闱弓矢技勇,东闱则由督宪委皖南镇李总戎暨藩宪松方伯阅视,西闱则委中协王军门暨粮道吴观察阅视。所有闱中各差,均由督宪派员委办云。

载 1897 年 11 月 7 日《申报》,第 2 版,57 卷 419 页

90. 武闱续志

武闱开考略纪前报,兹悉中闱监临兼正主试为刘岘庄制军坤一,会考主试为黄芍岩宫保少春,副主试为李寿亭军门占春,校阅为督左游府武游戎延谦,内提调为吴仲怡储宪,外提调为松鹤龄方伯,正监试为刘嘉树太守。东闱校阅为候补道张观察庭杰、中协王仰山副戎,监试为刘观察式通。西闱校阅为候补道松观察龄、城守协杨镜岩副戎,监试为范观察德培。

载 1897 年 11 月 8 日《申报》,第 1 版,57 卷 425 页

91. 武闱丛谈

江南武闱定于十一日开考,已载前报。兹悉是日考试马射,有上江某武生正值挥鞭疾驰之际,忽演出曹孟德坠马一出,翻身跌落,马从腹上跃过,急即扶之而起,则已气息奄奄,面如死灰矣。又有某甲在东闱站立,距靶甚近,忽有一箭从左耳穿过,登时晕绝于地,血液淋漓,衣裾尽赤。又,西华门附近某氏妇游观有兴,挈伴入闱,晨炊时剩有余火未及照料。迨至猫眼午转,忽见烟雾迷漫,声如竹裂,幸其地距塘不远,经邻人竭力灌救,未至冒穿屋顶,亦云幸矣。

载 1897 年 11 月 13 日《申报》,第 2 版,57 卷 457 页

92. 武闱再志

金陵武闱考试步箭已纪前报。兹悉十六日晨,东、西二闱仍试马箭,中闱因人数较寡,免稽晷刻,遂先考江宁京口驻防、江宁府属二场。迨至猫睛转午,东、西二闱始一律考试步箭,翌晨仍旧步箭,以十人为一排,每名连射六箭,全红者十得二三。有下江应试某生,年未弱冠,面目清秀,张弓挟矢,六发六中,但闻金鸣不已,一时观者无不同声赞美。又有某生五矢俱中,末一矢用力未足,仅中靶根,旁人代为叹息。时至午刻,上宪谕

令停射,入内进膳。迨钟鸣二下,复升座校阅,至金乌已坠,始各分道出闱。日内,天气清爽,封家姨亦未驾临,以致应试各生异常踊跃。闻中闱步箭竣事后,即接试技勇,凡赳赳之徒,无不欲一试男儿好身手也。

载 1897 年 11 月 14 日《申报》,第 2 版,57 卷 463 页

93. 武试中额

  本届顺天及各省武乡试取中额,顺天武乡试取中一百六十四名,内取八旗满洲、蒙古十三名,汉军四十名,奉天三名,江南十三名,浙江五十名,江西四十四名,湖北二十五名,湖南二十四名,福建五十名,山东四十六名,山西四十名,陕西五十名,甘肃五十名,广东四十四名,河南四十七名,云南四十二名,贵州二十三名,广西三十名,河南驻防取中三名,山西驻防四名,江南驻防八名,福建驻防六名,汉军一名,浙江驻防四名,陕西驻防十名,甘肃驻防八名,四川驻防一名,山东驻防三名,湖北驻防六名,广东驻防二名、汉军三名。录《循环报》

载 1897 年 11 月 14 日《申报》,第 2 版,57 卷 463 页

94. 武闱纪事

  江南武闱自十一日分中、东、西三闱开考,先试骑射,上、下江士子数不满三千名。十四日接试地球、步箭。十六日为三场,考试弓刀石、技勇。其东、西二闱所有合式生监循例由校阅官仍送中闱复试,于二十日左右可竣事。江宁藩宪认真简阅,每日清晨六点钟命驾入闱考试,与副主试李寿亭军门校阅一切,技勇人材记存考册,一秉至公。凡有站立校阅官后面者,无论何人,一律摒斥,以防泄漏风声。监临主试刘岘庄制军面谕松方伯,将以上情节严(森)〔申〕禁令,遂悬牌示,照录于左:
  照得武闱大典,功令森严,向以考试骑射技勇优劣,评定甲乙取中,并无请托侥幸情弊。诚恐不法之徒在外招摇撞骗,煽惑人心,以致士子被其所愚。除密派员弁严行访拿外,合再悬牌晓示。为此示,仰应试士子一体知悉,如有此项人等,准其扭禀来辕,听候尽法从严惩办,决不姑宽。毋违,特示。

载 1897 年 11 月 15 日《申报》,第 2 版,57 卷 469 页

95. 武生肇事

  金陵城北洪武街地方每届武闱,赶考市者鳞次栉比,市面异常热闹。月之十五日,有安庆武生之马夫某甲乘其主人入闱,迳就洪武街购买银镯,论价之际,将镯窃得一枚,藏诸袖底,适为店伙窥破,立即搜出。甲反以为诬窃,与伙理论,口角之后,继以挥拳。幸旁观者为之排解,甲始散去。及至傍晚,主人试毕回寓,甲饰词诉之。主人系赳赳者,不及细审,闻而大怒,纠集同寓各生,兴师问罪,势甚汹汹。讵知料货摊已移他处,遂迁怒于同居之水烟袋铺,与之为难,将铺中所有打毁殆尽。观者环若堵墙,无赖之徒复将

货物抢去大半,该铺主亦被殴伤,奄奄待毙。幸对面有颍州府某武生知其底蕴,代为不平,当将肇事者擒获一人,余俱遁去,旋将其人交保甲局讯办。翌日,洪武街一带皆罢市一日。事为督宪所闻,立派委员前往劝谕,令其依旧开市,一面由大宪出示谕禁,倘有前事,立即严行惩办。想以后各武生当不至如前之凶横矣。

载 1897 年 11 月 16 日《申报》,第 2 版,57 卷 475 页

96. 武闱五志

江南武闱三场试竣,前已纪诸报章。兹又得金陵采访友人来函,云留堂各生约计八百余名,必能开十八力硬弓,方与其选。迨内场点名时,验明臂上图记,查对年貌,以杜顶替之弊。扃门后,循例默写《武经》一段,约百余字。写毕,给签放出,试卷仍照旧例弥封。

载 1897 年 11 月 19 日《申报》,附张第 1 版,57 卷 497 页

97. 期开虎榜

江南武闱将届发榜之期,督宪刘岘帅欲拔真材以备干城之选,拟将中、东、西三闱合式各生饬赴督辕箭道复试三日,以昭慎重。故揭晓之期须迟至本月二十七日。但近日阴雨连绵,碍难校阅,不知届时能开虎榜否?

载 1897 年 11 月 20 日《申报》,第 3 版,57 卷 500 页

98. 武闱告竣

金陵采访友人云,武试合式各生由两江总督刘岘帅分三日复试,至本月二十一日〔因〕箭道中阴雨泥泞,爰谕令诸生改赴督辕听候校阅。黎明时节,闱中差委各官均赴宪辕伺候,旋经岘帅校阅八百余名,迨二十三日乃竣事。

载 1897 年 11 月 23 日《申报》,第 2 版,57 卷 519 页

99. 江南丁酉科武乡试题名录

项耀卿,阜宁生;朱文忠,庐江生;沙云鹏,淮安生;高茂林,和州生;金涌,江宁旗;李文麟,江宁生;贾炳荣,巢县生;范耿,海州监;陶渐鸿,无为生;丁国璋,如皋生;陈鸿渚,广德生;张鸿元,镇江生;周荣骏,合肥生;张云蔚,海州生;刘廷辅,安东监;孙海鸿,高邮生;王鸿钧,凤阳生;马春霆,海州生;蒋方亭,亳州生;春懋,京口旗;杨启源,清河监;陈安邦,凤阳生;韩棣华,海州生;刘锦韬,阜阳监;张汉东,泰兴生;郭傅珍,临淮监;黄世雄,吴江生;张树森,无为生;依隆额,江宁旗;张言昌,海门生;刘鸿勋,太和监;齐鹏飞,清河生;胡殿元,定远生;许英,沭阳省;王辅臣,阜阳生;陈绍亮,阜宁监;胡辉斗,英山生;杨步荣,阜宁生;朱鸿钧,庐江生;荣连,江宁旗;薛兆凤,盐城生;侯其栋,阜阳生;孙

国华,盐城生;潘锡斌,无为生;全明,京口旗;陈凤元,山阳监;酆云霁,太和生;顾徵朝,南汇生;张兴邦,涡阳生;朱靖侯,萧县监;陈鸿甲,英山生;周正清,江宁生;郭文年,庐州生;王树棠,山阳生;马希周,寿州生;张寿元,淮安生;徐炳甲,潜山生;李宝全,泰州生;汪志昂,铜陵生;有岱,江宁旗;陈发兴,阜宁生;周鸿飞,庐江生;魏恩鹏,甘泉监;王春兰,太和生;王德镕,甘泉生;唐登甲,和州生;樊培生,南汇生;严潮海,桐城生;周鸿渐,庐江生;祖成,江宁旗;何世泮,望江监;倪静亭,桃源生;锁克成,颍州生;梁巨魁,盐城监;谢文炳,阜阳生;黄毓豪,靖江生;高殿传,盱眙生;李殿甲,上元生;赵振邦,颍上生;蔡崇正,宿迁生;张占先,当涂生;顾孝清,松江生;叶堃,怀宁生;葛凤章,甘泉生;何肇鹏,青阳生;孟庆汾,海州生;王杰三,霍邱生;彭照奎,丰县生;张国雄,庐江生;依吉斯浑,江宁旗;阮金科,沛县生;赵安国,涡阳生;刘文铭,江宁生;刘源坝,江宁生;马殿魁,上元生;苏夺标,宿迁生;戴佩铎,江宁生;刘国瑞,江阴生;裴国鼎,江宁生。

载 1897 年 11 月 24 日《申报》,第 2 版,57 卷 525 页

100. 鹰扬宴

金陵访事友人云,本科鹰扬宴期,定于上月二十九日,已纪前报。兹悉是日辰初,新举人先后戾止。少顷,副主试李军门、外提调松方伯、内提调吴储宪、监试刘太守暨闱中校阅、执事各员均以次到院。至午初一刻,监临主试刘岘帅排导而至,各宪恭迎如礼,俟新举人谒见岘帅暨闱中各官后,即行设宴。宴毕,岘帅遂呵殿出院,新举人至明远楼前恭送,各官在龙门内恭送,少顷,遂各升舆而返。闻今岁武解元项耀卿年才弱冠,仪表非凡,一时观者咸啧啧称赞云。

载 1897 年 11 月 27 日《申报》,第 2 版,57 卷 543 页

101. 论武试之宜废

国家沿前明之制,以时文取士,内而卿相,外而疆臣,非由科第进身别无策名筮仕之道。故凡人自束发授书以后,所惟日孜孜者,舍制艺外未尝有他学也。父以是教其子,兄以是勉其弟,师以是授其徒,谬种相传,流毒数百载。即有豪杰非常之士,智慧过人,材力出众,亦以舍科第一途,不能博取人间富若贵,遂不得不致力于八股。久之,性灵日汨,岁月虚糜。幸得一举成名,而又所习非所用,所用非所习,他日治社稷、理民事,与时文若风马牛之不相及,亟弃去之而从事于刑名钱谷诸书。识者皆谓,中国之不振由于无人材,所以无人材则以时文之害之未息也。斯言固切中近世之弊,当世君子无以易其说矣。然今之仕宦虽多由科第进,要亦不尽由科第进也,或以捐纳,或以保举。何八股中无人材,而捐纳、保举中亦无人材乎?且时文固知为无用之物,而其于识字、义通、文理则一也,即使变时文为论说、为策问,亦只见其纸上空谈而已,未必果为有用之学也。故时文可废,而谓废时文即以见人材,则是说也吾又未之敢信。本年为丁酉正科,各直省举行乡试,文闱已毕,蕊榜齐开,合中式士子计之约共千有余人,此其中有人材乎?无人材乎?余固不得而知之,余更何从而逆忆之。惟是文闱虽已报罢,而武闱又届放榜,赴

赳武夫,各挟其弓矢刀石之能,宴与鹰扬,以为亲戚交游光宠。然试思国家之以武闱考试者,盖以求干城之选也,今之武科中人,其能挟矢张弓以弭外来之衅乎? 其能舞刀弄石以御敌国之乘乎? 古之角斗也,以力敌,故孟贲、乌获能举千钧之鼎,而即以为勇夫。古之用器也以金,故能执干戈即可以卫社稷,如养由基之善射,典韦之双戟,军中至为之语曰:帐下壮士有典君,手提双戟八十斤。王彦章持铁枪,骑而驰突,奋疾如飞,时人遂号为"王铁枪"。古来(饶)〔骁〕勇之士若此类者,历观史(策)〔册〕所载,更仆难终,故以弓矢刀石观人之勇力,原非无意也。乃今所用为战阵之利器者,不以金而以火枪也、炮也,而又有前膛、后膛、开花、连珠之别。其制日精,流毒愈猛,发炮一响,死者千人;发枪一排,毙者数百。而我若仍执弓矢刀石,以御之于疆场之上,是无异于以羊咋虎,固未有不以为俱者也。知弓矢刀石不足为战阵之用,而亦必从事于枪炮。乃考试则仍以弓矢刀石为准,是独何哉? 岂成法不可骤更欤? 抑弓矢刀石之别有妙用欤? 是真欲索解人而不得矣。夫以时文试帖为无用,故朝廷已允臣下之请,令于乡会试之三场及岁科小试之古学场兼试时务,以求有用之学,则于武场似亦宜变通其法以为御敌之用。若无法以变通之,则不如废之为愈也。吾尝见今之武夫矣大抵皆乡野粗鄙之子,性笨若牛而凶横如狼虎,原其考试之意不过欲得衣衿以为护身之符已耳,一旦得如其愿,于是武断乡曲,鱼肉善良,小民皆侧目而视,不敢稍撄其锋而与之较是非、争曲直。故乡间多一武夫,则附近一方均受无穷之累。是武夫者于国家则毫无所用,而于闾阎则大有所害。以是为考试,不啻恐民生之鲜蠹而驱之使为害于人也,其于朝廷设立武试之意不亦为计料所不及乎? 况今者军旅之事不用弓矢刀石,而惟以枪炮之精利争雄,此不必借勇力,而文弱者亦能之,是则武试其尚不可以废乎? 而仍拘拘焉以成法为说,诚不知用意之何在也?

载1897年11月28日《申报》,第1版,57卷549页

102. 胆力兼优

安庆访事人云,安徽提督学政徐季和宗师按试徽州,有某武童步箭五矢皆不中的,请于宗师曰:"童生学射六年,平日颇堪自信,今乃事之偶然,乞恩再试。"宗师允之。讵料虚发如前,后又请,仍不中鹄,乃匍伏案前曰:"六年辛苦,付之东流,无面见江东父老矣。虽然不能命中,尚能挽强,愿请试之,如不合式,死而无恨。"宗师怜之,颁给二号弓,童连开六次;易以头号者,连开三次,面不红,气不喘。宗师和颜遣退。案发,名列第三,全县武童咸不服。事为宗师所闻,晓之曰:"所取于武生者,胆与力也。弓矢本属具文,不足御侮,今该童虚发十五矢,而犹能向本院请观技勇,其胆固已优矣,矧尚有过人之力乎! 本院之不弃其人者,以其胆与力也。"

载1898年6月9日《申报》,第2版,59卷247页

103. 芜湖官场纪事(宗师回辕*)

安徽提督学政徐季和大宗师由安庆试毕,转斾回辕。上月二十三日开考太平府属,至五月初二日,将当、无、繁三县新进文童题复发案,接考武童弓马步箭。初六日,即提

复发案。文生八股、武夫弓箭,数百年不祧俎豆,将以此次为尾声,是不可以不志。

载 1898 年 7 月 13 日《申报》,第 3 版,59 卷 490 页

104. 戊戌科武会试官板题名全录

张三甲,直隶开州;任联捷,江苏山阳;庞化南,直隶丰润;苏克敦,厢白满洲;梁巨魁,江苏盐城;刘荣章,直隶元城;邝恩荣,广东香山;张万邦,河南舞阳;周荣骏,安徽合肥;陈玉田,山东武城;谢殿元,福建闽县;李传业,安徽颍州;刘汉东,河南临漳;黄绍鼎,广东香山;尚国鑫,四川崇宁;王永祥,山东峄县;陈辰,福建闽县;周雄光,广东东莞;酆云霁,安徽太和;王宝仁,河南汝州;齐恩铭,山东昌邑;张永昌,直隶蒿城;马联荣,江苏海州;李永吉,直隶广宗;张世勋,河南兰仪;王振邦,直隶深州;陈凤元,江苏山阳;许虎文,直隶沙河;张懋,山西大同;安及汉,直隶巨鹿;郭浚昌,安徽凤阳;方程鹏,广东惠来;沈殿臣,安徽寿州;郭炳坤,陕西渭南;德志,正黄汉军;黄煜,正蓝汉军;曹德聚,江苏新阳;叶崇正,江苏宿迁;善志,正白满洲;张应元,广东惠来;海兰塘,河南荥阳;何乃中,广东香山;王文田,山东寿张;陈发英,江苏山阳;林凤珍,江西万安;陈鼎芬,江苏山阳;谭锦镛,广东新会;常殿鳌,山西怀仁;志昆,正黄满洲;吴万清,河南新郑;郑林春,四川西昌;邢继光,广东香山;何堃林,四川南邵;杨复基,山东淄州;何乃益,广东香山;陈镇国,福建长乐;李炳辉,福建闽县;陈金樑,四川简州;徐国扬,广东博罗;杨国桢,陕西武宁;梁廷标,广东香山;张清臣,河南原武;黄庆乾,山东范县;陈远荣,陕西石泉;曾飞鹏,河南邓州;陈宝中,福建连江;涂震,福建诏安;周光晖,江西临川;于存□,镶白汉军;胡兆隆,浙江永嘉;焦益监,正红汉军;寿增,镶黄满洲;张柏龄,正白汉军;凌炳南,江西玉山;侯靖宇,安徽;刘展鹏,广东东莞;胡殿元,安徽定远;张鸿恩,河南洛阳;陈德元,广东兴宁;张世贤,河南兰仪;段联捷,山西霍州;朱锡侯,山东阳谷;黄瑞琪,福建清县;朱廷杰,四川泸州;朱禧年,福建侯官;陈祉云,贵州天定;张荣炳,广东开平;李振镛,浙江乐清;张凌霄,山西冀城;朱远清,江西万安;康岐,甘肃宁远;周清,江西湖口;何达年,广东新会;周震东,山东临清;张拱年,福建闽县;刘张彦,陕西泾阳;贾国纲,奉天辽阳;徐桃良,山东城武;朱犀英,江苏赣榆;张彦殿,山东单县;蒋捷,江西丰县;张光斗,四川温江;杨法,山西忻州;李升高,四川大邑;都旒宾,山西忻州;杜桂芳,浙江平阳;陶芝蕃,广西郁林;荆宝贤,山西霍州;吴文锦,贵州振宁;杨殿芳,山东滕县;马绍湘,云南文山;吴廷文,浙江永嘉;黄彩光,广西北流;隆寿麒,浙江淳安;孙会云,湖北麻城;叶凤魁,浙江永嘉;王廷鉴,湖北襄阳;杨逢春,云南;彭兆松,湖北武昌;胡善芬,湖北祁阳;张金耀,云南陆凉;秦鳌,湖北乾州;钟万潮,云南新兴;齐兆龙,湖北黄陂;严中申,湖南华容。

载 1898 年 11 月 9 日《申报》,第 2 版,60 卷 499 页

105. 神京杂俎(殿前复试*)

京师访事人云,十月初一日,武进士殿试,默写《武经》,皇上并不升殿。先一日,鸿胪寺官设题目黄案一张于太和殿内西旁,又设黄案一张于殿外丹陛上正中,光禄寺官设

试桌于丹陛下东西向,銮仪卫校尉以次排设。是日清晨,内阁捧题,设于殿内两旁黄案上,兵部、鸿胪寺俱穿补服,引中式武举进午门、两掖门,于丹墀下排立。读卷官及执事各官具朝服于丹墀下排立。毕,内阁官将题目于桌上举起,在殿檐下授于兵部堂官,兵部堂官跪受举起,由中路至丹陛上黄案前跪,设于黄案上,行三跪九叩头礼。赞礼官于黄案旁立,读卷、执事各官听赞,在丹墀下排班,行三跪九叩头礼。毕,回至原处立。中式诸武举听赞礼官赞排班,行三跪九叩头礼。兵部堂官举起题案至丹墀下散题,中式诸武举跪受,行三叩头礼。毕,起,各赴试桌默写。毕,受卷、弥封、掌卷等官俱于左庑阶下收封。毕,用箱盛贮,送授读卷官公阅。

载 1898 年 11 月 12 日《申报》,第 3 版,60 卷 520 页

106. 恩免储才

京师访事友人云,九月二十日为本科武会试揭晓之期,共计中式武进士张三甲等一百二十五名。次日清晨,兵部堂官与执事各员俱穿朝服,齐集署内,候主考及监射大臣相见。毕,同谒露台香案前,率同执事各官排班,行三跪九叩首礼。旋即升堂,兵部堂官至滴水檐下向外奠酒,照宴图入坐,和声署作乐,庖人进汤三品,酒七行。毕,仍至香案前排立,行一跪三叩首礼,始互揖而别。穆穆皇皇,诚巨典也。

二十四日,为新中武会元张三甲等复试之期。是日黎明,由钦派较射大臣传令,齐赴东安门外南池子御前亭听候点名。毕,各将弓刀、技勇、步箭、马箭临场考试,能一律相符者始准殿试,亦慎重抢才之意也。

载 1898 年 11 月 18 日《申报》,第 2 版,60 卷 565 页

107. 戊戌科武殿试题名录

状元:张三甲,直隶开州。榜眼:任联捷,江苏山阳。探花:苏克敦,厢白满洲。

二甲花翎:传胪:梁巨魁,江苏盐城;庞化南,直隶丰润;刘荣章,直隶元城;邝恩荣,广东香山;张万邦,河南舞阳;周荣骏,安徽合肥;陈玉田,山东武城;谢殿元,福建闽县;李传业,安徽颍州;刘汉东,河南临漳;黄绍鼎,广东香山;王永祥,山东峄县;陈辰,福建闽县;周雄光,广东东莞;邹云霁,安徽太湖;王宝仁,河南汝州;齐恩铭,山东昌邑;张永昌,直隶蠡城;马联棻,江苏海州。

蓝翎:李永吉,直隶广宗;张巴勋,河南兰仪;王振邦,直隶深州;陈凤元,江苏山阳;许虎文,直隶沙河;安及汉,直隶巨州;郭俊昌,安徽凤阳;方程鹏,广东惠来;沈殿臣,安徽寿州;郭炳坤,陕西渭南;德志,正黄旗满洲;黄煜,正蓝旗汉军;曹德奎,江苏阜宁;蔡崇正,江苏宿迁;善志,正白旗满洲;张应元,广东惠来;海兰塘,河南荥阳;何乃中,广东香山;王文田,山东寿章;陈发英,江苏阜宁;林凤珍,江苏万安;陈鼎芬,江苏山阳;谭锦镛,广东新会;常殿鳌,山西怀仁;志昆,正黄旗满洲;吴万清,河南新郑;郑林春,四川西昌;郑继,广东香山;何堃林,四川南郊;杨复基,山东淄州;何乃益,广东香山;陈镇图,福建长乐;李炳辉,福建闽县。

卫用：陈金樑，四川简州；徐扬，广东博罗；杨国桢，陕西咸宁；梁廷标，广东香山；张济臣，河南陈武；黄福乾，山东范县；陈远莹，陕西石泉；曾鹏飞，河南邓州；陈宝中，福建连江；涂震，福建诏安；周光辉，山西临川；于存礼，厢白汉军；胡兆隆，浙江永嘉；焦益监，正红汉军；寿曾，厢黄满洲；张柏龄，正白汉军；凌炳南，江西玉山；侯靖宇，安徽颍州；刘展鹏，广东东莞；胡殿元，安徽定远；张鸿恩，河南洛阳；陈德元，广东兴宁；张世贤，河南兰仪；朱锡侯，山东阳谷；黄瑞琪，福建福清；朱廷杰，四川泸县；朱禧生，福建侯官；陈祉云，贵州大定；张焕荣，广东开平；李振镳，浙江乐清；张凌霄，山西冀县；朱选青，江西万安；康岐，甘肃宁远；周清，江西湖口；何建廷，广东新会；周振东，山东临清；张拱年，福建闽县；刘张彦，陕西泾阳；贾国纲，奉天辽阳；徐桂良，山东武城；朱犀员，江苏赣榆；张敦启，山东单县；蒋捷，江西丰城；张光斗，四川温江；杨法，山西忻州；李升高，四川大邑；郝旅宾，山西忻州；杜桂芬，浙江平阳；陶之藩，广西郁林；吴文锦，贵州镇宁；杨殿芳，广西滕县；马绍湘，云南文山；吴廷元，浙江永嘉；黄彩光，广西北流；陆寿祺，浙江淳安；孙会云，湖北麻城；叶凤奎，浙江永嘉；王廷槛，湖北襄阳；杨逢春，云南呈贡；彭兆松，湖北武昌；胡善城，湖南祁阳；张金耀，云南陆凉；秦鳌，湖南乾州；钟万潮，云南新兴；齐兆龙，湖北黄陂；严中甲，湖南华容；张广赐，直隶；马联馥，直隶；余紫宫，直隶；孙尚策，直隶；郭增廓，直隶；赵云彪，直隶；杨克勤，天津；刘文海，直隶；马朝凤；陈廷敬。

补行殿试：朱殿卿；倪殿元；钱福海，云南；李鸿彪，山西；刘淮州，直隶；常勋春，河南；李中恩，浙江；韩文昭，山西；李鹤林，江西；余钧，江西。

载1898年11月25日《申报》，第2版，60卷613页

108. 芜邑官场纪事（调员监射＊）

调署抚标参将芜采营参将王梧冈参戎前赴皖省，择吉履新，安徽提督学政绵大宗师以宁国府武试在即，特调参戎前往监射。

载1901年3月19日《申报》，第2版，67卷417页

109. 本馆接奉电音（谕停武举＊）

同日（注：七月十六日）奉上谕，武科一途，本因前明旧制，相沿既久，流弊滋多，而所习硬弓、刀石及马步射皆与兵事无涉。施之今日，亦无所用，自应设法变通，力求实济。嗣后，武生童考试及武科乡会试著即一律永远停止，所有武举进士均令投营学习，其精壮之武生及□□之武生均准其暂行入伍，俟各省设立武备学堂后，再行酌定挑选考试章程，以广造就，将此通谕知之，钦此。

载1901年9月2日《申报》，第2版，69卷7页

三　传统教育机构——私塾、府学、州学与书院

1. 书院月课吟

古娄许凇渔先生稿

文房眼镜短烟筒,衣帽齐全步鞠躬,更有背包持伞者,野航昨夜趁东风。到院。论文话旧道温凉,各就相知占一方,怪怪奇奇听不尽,但闻抚掌笑哄堂。晨叙。生童内外附须分,朱笔连连点额勤,手执卷儿还接应,桃僵李代乱纷纷。唱点。东牵西扯讲津津,未必分诠的的真,问到诗题无出处,皮镫黑漆惯欺人。论题。一汤四菜是饔飧,每食频频有蛋盆,为怕将军夸大腹,煮来硬饭使难吞。午餐。不拘狗洞与鸡埘,不论前门与后篱,题目太难怀挟富,大家弃甲曳兵而。私越。考卷房行叠满箱,学庸论孟细推详,对题文字真难得,似是而非也无妨。翻检。忽然文运一时通,多谢他人代用功,依样葫芦凭画去,那愁人世有雷同。抄袭。尊荣瑟缩语温存,大笔烦挥特叩门,顿首折腰都不惜,但求完卷即开恩。倩代。长律同音寄岳云,一经著手化氤氲,脱胎换骨寻常事,八韵拈成十四文。卖诗。不拘短作及长篇,超等兼须上卷前,羡杀当风花颤立,手圈膝动首频颠。互赞。匆匆添注改涂忙,前后誊真十几行,何处该圈何处点,归来一路细思量。交卷。谁后谁前暗测猜,讳言看戏吃茶回,兵营报子青楼妓,一日门前几度来。探案。诸公高趾邈难攀,四顾潜将姓氏删,红椅任他虚左待,几人情愿作孙山。涂名。名次稍迟语便殊,此中例不用之乎,是非好丑凭君论,最是伤心一字无。阅批。此乐平生得几遭,峨冠博带奇雄豪,号房不敢私偷换,但向先生索火刀。花红。

载1872年7月20日《申报》,第1版,1卷273页

2. 省心义学记

荀俦章鸣鹤

铜陵黄解元,名淮,我乡胡先生士贵门下士也,(亿)〔忆〕丙寅仲秋鸣鹤招黄解元,黄解元言:"胡先生秉铎铜陵时,欲建省心义学而不果,且言省心义学之制不与他义学等。君闻之乎?"鸣鹤曰:"未也。"黄解元曰:"大凡士大夫建置义学,为孤寒计,未尝为败类计也。夫败类之子弟,其父母欲绳以国法则不忍,欲绳以家法则不行,然则胡先生之法洵良法哉。"按,胡先生设塾之法,专取世家败类子弟,厘为三等,一拘挛者,一闭于室而禁其出者,一与师共处而不得他住者,各授以书,俾之熟。复荐三稔后,苟迁善改过,塾师察其状而使之归,归而不悛,复令入塾。其法之详且密如此,此亦司训者事也。君其率诸生以成之。鸣鹤曰:"善哉,是鸣鹤之责也。"夫请谋诸教谕梁君,而以君言告邑父老。

今岁朱明经霖苍等，各捐资若干，建省心义学，嘱鸣鹤为之记。鸣鹤老矣，忆少时尝以文质胡先生，今先生墓木已拱，鸣鹤后先生官铜陵，因黄解元一言，得竟先生未竟之志，先生其无憾也矣。事既竣，使赵生昂等奉先生栗主，祀于省心义学报功也。时乾隆壬申八月，今届壬申之冬，故为之跋而重镌之。

壬申十月，安徽池州府铜陵县绅士拟重建省心义学，并欲劝各郡行之，因将淞文傅所录乾隆时铜陵训导华亭章荀俦先生鸣鹤所作《省心义学记》一篇，其文质而无华，便于寓目，虽童稚能记诵之，故以之刊行问世云。

载 1872 年 12 月 17 日《申报》，第 2 版，1 卷 785 页

3. 安徽巡抚英奏泾邑绅士独立捐建府学文庙工竣恳恩俯赐优奖以示鼓励折子

太子少保安徽巡抚臣英翰跪奏，为绅士独立捐建府学文庙工竣，吁恳天恩，俯赐优奖以示鼓励，恭折仰祈圣鉴事：窃皖省宁国府地方自经兵燹，一应祠庙荡然无存，府学、文庙亦成瓦砾。肃清后整顿重修，经该府知府孙翼谋劝导绅富捐复，皆因工程过巨，未能及时修举。查该府学本系泾县富绅朱姓独建，嘉庆年间又经重修，适其该县绅士一品封典朱宗潘由江省回籍，该府稔知该绅急公好义，当与面归商榷。朱宗潘以府学为一郡人文所系，情愿一力自行捐办，以襄盛典。当由该府禀明立案后，一面于同治六年二月兴工，该绅亲率子侄驻工经理，辛勤数载，于九年病故。后经该绅之子记名道朱守谟等将未完余工接续兴建。计自六年兴工起，至九年十月工竣，所有殿宇、堂庑、库厨、学署、甬道、围墙等工无不具备，较昔日规模尤属宏壮，并另建布房两所，为生息岁。修之费统共实用银三万九千四百余两，报经藩司委员会同该府逐一诣勘，均系工坚料实，可垂永久。并据声明，该故绅生前曾呈称，世受国恩，不敢仰邀奖叙，令其子朱守谟恪遵遗命，请免给奖，以成先志。由司取具切结图册，详请具奏前来。臣伏查兵燹之后，各省时有绅商捐建要工之案，然或因旧基有可凭依，或藉家力以成集腋，若独力捐建之举尚所罕觏。今该绅谊切桑梓，独任巨工，用款至数万之多，实属深明大义，在该绅报效之诚，原不敢仰冀甄叙，而朝廷褒奖之典实所以风励群伦。查定例，"绅民捐银一千两以上，即准建坊旌表；其捐银一万两以上，例得专折奏请"等语。本年浙江绅士胡光墉报捐银二万两以上，曾经直隶总督李鸿章援照张祥河、郭松林两次成案，奏请赏给匾额，以示优奖，诚以天语褒嘉一字之荣，实逾华衮。今该绅见义勇为，事同一律，可否仰恳特恩，赐予匾额褒奖，用示优异之处，出自逾格鸿慈。臣未敢擅行陈请，除将图册各结咨部查核外，谨会同署两江总督臣何璟、安徽学政臣祁世长，合词恭折具陈，伏乞皇太后、皇上圣鉴训示。谨奏。

奉旨：该部议奏，钦此。

同治十一年十一月十五日《京报全录》，壬申十二月十七日《申报》
载 1873 年 1 月 15 日《申报》，第 4 版，2 卷 50 页

4. 义塾规条

一、聘请师长，须择品学兼优之士。凡讲解文艺者，以六徒为额；读五经者，以八徒为额。至各塾脩脯，不论经文，每年均致送钱六十千文。教授四书方字者，仍以十六徒为额，每年致送脩脯钱三十文。三节节敬，每年概送钱四千五百文。如教授四书方字塾中，有读经书者一徒抵作两徒，每年再加送脩脯钱三千文。如馆课严密，年终酌加节仪，其脩金按月呈送，节敬逢节分送，闰月加脩金一月。每师膳金一月三千文，早晚两点、零用等项每月钱一千二百文，茶水油烛每月钱一千文。训蒙与讲解文艺者同。

一、塾中另延写字师一人，专教中塾各徒，一月两期，每徒致送脩脯钱三百文，每月点膳钱四百文，节敬每年四千五百文。

一、师之辞聘，任从两便，不拘七八月之例，其辞聘金均送洋一元，每月解馆，总以三日为度，运解节馆在内。此外设有要事，须另央人权馆，无得同学互相代理，亦不得嘱在局司事权馆，致荒馆课。如遇乡试，亦须央人权馆，本塾致送程仪银五两，会试者加三倍致送。至开馆，定于正月二十日，散馆定于十二月二十日，永为常例。

一、每年开馆及年底散馆，应请塾师在至圣先师位前拈香，次吴学师，次察课师，次各徒。拈香毕，学师同察课师向塾师行交拜礼，礼毕，各徒先拜业师，次拜学师及察课师。开馆日，次第到馆读书。解馆日，每人另给花红钱一百文，然后归家中。塾徒每人给银一钱。

一、立报名簿一册，凡学徒报名，须将该徒姓名、年貌、籍贯、住址及父兄生业，经报人姓名登簿入册，总宜挨次收补，不得稍有搀越。如有应补学徒，定于察课日令来察看，择日进学。如有力能从师及倡优隶卒之子，概不准入。

一、每徒来学，本馆备送赘仪钱二百文，徒家只备香烛及受业门人名帖，如徒家有馈送赘仪及节敬者，虽系子弟敬师之意，今因体恤寒畯，概辞不取。

一、学徒每晨到时，须向师前长揖，解馆时亦然，俾习礼仪。逢朔望日，当在至圣先师前行礼。

一、蒙童识字以一千为则，不可过少，亦不可太多。方字识完后授以《弟子规》《童蒙须知韵语》，次授以《孝经》，次即授以《四子书》。资质聪俊者，当读全注，稍钝者略为删节。

一、学徒书本、方字笔砚、书包等项，均由学中络发。暑天备午膳一餐，寒天备朝粥一餐，并每徒发寒衣一件，其衣于来年春尽交还收藏，以便冬日再给。

一、须严立课程，不得因循怠惰，为师者宜以造就人材为要，勿干预外务及代人抄写杂件。每日学徒功课毕方准放归，如有顽钝学徒，至晚不完功课者，师必严责，然后放回。倘父兄溺爱有烦言者，立即汰之。

一、学徒住居远近不一，由家到馆或恐偷闲嬉戏，师长势难兼顾，当责成司事随时查察，如有借故游惰，将此徒用簿记明，于察课日致明察课诸君，严行扑责。

一、所设中塾专为习举业徒起见，凡读五经徒，禀资聪明，愿习举业者，应准拨入，俾得专心肄业。其不能习举业者，当仍从原师读书，课余教以信札、算法，俾将来习学生业亦有裨益。

一、中塾读五经徒,如忽遭父故,其母绝无生计,在平庸之徒读书未必成就者,应听其家领回,学习生理;倘禀资聪明之徒,每月应致送徒母日用钱一千五百文,该徒即住馆中给膳。

一、背书不得使学徒自相互背及两徒同背,以致模糊莫辨。至解馆时,陆续散放,不得三五成群,致生事端。(此稿未完)

载 1873 年 3 月 18 日《申报》,第 2 版,2 卷 237 页

5. 接续《义(学)〔塾〕规条》

一、学徒习举业者,由塾备被褥床帐,令其住塾,每月开支膳金钱二千三百文,点资钱三百文。衣服不完全者,应随时量为添补,临考时应用考费,由塾给发。至外来报名入塾诸徒,察看时令作一起讲,文理清通者方得住塾留膳,文理欠贯者,仍令归家自膳,俟通贯时再行留膳住塾。在塾初开笔徒,同其学力充足之徒入泮后,或自行在外授徒,或塾董代为荐馆,以作交卸。如有虽入泮而功夫浅薄者,应在本塾教开蒙徒四人,名为小塾,每月送脩金一千文,俾令将此脩金从师肄业,其徒额其开缺另补,察课日仍一体察课。膳金每月二千四百文。

一、学中读五经徒例不住宿留膳,如徒家愿令本徒住学者,准其携带铺盖住馆,朝夕两餐仍由徒家自备。

一、学中徒辰集酉散,不得无故自歇。倘有正事,须由本徒父兄告明师长,方准给假,否则三日不到,定行除名。至师长解馆及学徒有事自歇,须记明生书上面,以便察课时查考。如有学徒书本自愿夜归课读者,准其禀明师长带回,早必带出。

一、日暮功课既毕,当为蒙童恭请《圣谕广训》一段及学堂日记一则或半段。读经书者当逐日为讲解《四子书》数章,总须令其明白晓畅而后已,不得稍有含糊。

(注:原文标此稿未完,但后报未见续文)

载 1873 年 3 月 24 日《申报》,第 2 版,2 卷 257 页

6. 书院事宜通论

痴呆笑存生稿

国家设立书院,所以培士风而作士气,以士子之文学优长,即世俗之观瞻所在。飞黄腾达,人共艳之,而读书之有益,遂可以一人化及里党,以里党化及一邑。推而广之,蒸蒸然文风盛则世道昌,世道昌则万民乐业,弦歌比户,礼乐同声,不且为圣天子播升平之治哉。无如事每积久而弊起,人易趋利而忘义,向之立法尽善者,自庸人扰乱之,往往视为具文而相与营私。此书院之所以必宜更章也。昨闻杨中丞改立书院甄别新章,仿乡试三路点名之法,人执一卷,庶几拔真材而免滥取,中丞造士之苦心可谓无微不至矣。何也?分路点名,以免冒接;人执一卷,以免枪做;而且扃门面试,孰敢作奸舞弊为传递干谒之计乎?嗣是而阅卷,率以至公填案、判其优劣,则奖赏所及,士子且欢乐之不暇,又何有拟议于其后哉?然吾谓,中丞之意善矣,而士子之心则不能知也。历观古来考试

之事，或以学院而滥取人材矣，或以主考而科场事发矣。甚至顺天为京师近省，而年来每有舛讹，是非主试者之不公，实由士子等之从旁穴隙蝇营狗苟以作其奸，而不以清夜靦颜为大耻，转以关节可通为得计。考试如此，书院可知已。然书院为士子始基之地，首善之区，于此培养，于此发源，平日优游于学校，即他年黼黻夫庙堂，经济出其中，道学出其中，忠正清廉亦出其中，是以朱文公知南康军急，修白鹿书院以正人心。唐元宗置丽正书院以培国脉，是书院之有益无损不问可知矣。今欲振而兴之，将杜其弊而救其害，其道不妨繁立章程，严行去取，而后士学日精，文风日上，小民之观感者，亦咸向学而咏仁蹈德，岂非一时之盛哉！其道何由？亦取之于公耳，试为当道言之：

一、每课之必行亲试也。凡逢课期之日，不论太守、县尊，必亲自到院点名，执手付卷，各归坐号，扃门出题，限刻作成，起讲用戳记认。又必亲自巡阅各号，无间一刻。俟卷缴齐，然后启门撤事，斯枪冒之弊少矣。

一、卷面只书字号，不填作者姓名，用浮票以对卷，斯私托之弊少矣。

一、阅卷倘委他人，必远择一公廉清正之人，逐课换人，不令一人任事。斯远者既难通信，又每课换人，人难知觉，则徇私之弊少矣。大凡士子于阅卷处最易干谒，阅卷者亦最易徇私，前课列于优等，后课断不肯以文劣而斥之；前课摒于院外，后课断不肯以文妙而收之。此阅卷之私心最难测也。若每课换人，则彼不能上下其手矣。

一、取名之不限一定也。前课不至者，亦准其得与于课，不以投课扣其膏火，倘或间断与课，亦任其便，惟一以至公衡文为事。此不取定之法，最为得妥，以人各有事不能兼顾，且知信稍后亦有之。是以书院当以不取定为程。

一、取额之不规成数也。课有佳文，不妨挨以次二、次三、次四、次五之例，同予奖赏。遇鲜佳文之课，不妨少取几名，以归特拔真才之意。变通之法，此其是也。

一、取卷之必为窜易也。士子作文，有斟酌未善之处，力为改削，俾归尽善，以风多士。其有文理剌谬者，加以勒帛，使知精进，斯士气因之一新矣。

一、出题之不事陈陈相因也。截题有碍偏僻，其小题、长题不经见者亦伙出，此足觇实学，斯剿袭雷同之弊少矣。

一、士子饭膳不必丰盈，以士子为作文而来，非为口腹饱而后已可也。省此花费，以增奖赏，未有不大加踊跃者。斯庖人不得分其利矣。

一、钱财之必须公堂亲给也。凡人见利之处必多舞弊，官长费财以拔真材，而此辈从中蠹蚀，士子转无实惠。不若公堂自给，皆感体恤。况凡今之人，其不贪利者有几？前闻某处书院有搀小加申之弊，此风不可长也。故亲自给发最为得妥。

一、开课之必先预传也。绅士散处乡野，不能遍闻。仰学斗各处传信，照考试之例，先生后童，分日课试，不致混冒。比如每月两课，前课为绅员，后课为童生是也。若生童同日，难免枪代。此预传之宜先一月也。他如出案、标名、订本、藏皮，一遵旧例可也。然书院之内，各处每苦措资，东移西掩，左支右绌，每每从旧款中酌盈虚，别无妥商之策而能使之多者。此殆未即书院中事通盘打算也。查西洋各国，兴一大利之事，必从大利中求其出资，是以能行所无事。今书院中士子所作之文即出资也，历岁考取之文，辑以刊售，择一正人董其事，则文可出资，而膏火、花红得以增添。此项既添，则士子益见鼓励，且近日《申报》中铅胚摆板亦甚价廉便捷，出一集文，即得几许之利，售于民间，兼作揣摩,得利兼可措资。年复一年,集文益多,措资益大,行之固无不益也,特患不为耳。其有经史诗赋之课,亦当仿此行之,盖借此出资,即以士培士也。他日显扬朝右,经济四方,为之上者,亦与有荣施。倘徒袭空名而并无实惠,士子亦何乐有此书院哉?

兵燹以来,书院一事认真者亦多,而怠忽者亦不少,若杨中丞之留心整顿,可谓有心世道,登斯民于衽席,诱士子于文学中者也。各处仿而行之,认真办理,则文化兴而风化隆矣。夫如是十八省骎骎讲学,妇孺咸知节义之文,农商尽被诗书之泽,油油然孝悌忠信、睦姻任恤,皆于此基之,岂曰书院为小补欤?不然者,视为具文,等诸空谈,曰:吾惟为吾之官,簿书钱谷且不暇也,又遑问其他?将不为然。明之毁郑校者几希,安问杨中丞振兴之举乎!仆冬窗袖手灯下书此,不惜招尤惹怨,而伸纸挥洒者,非谓下愚可采,特以偶有一得,亦足为上官俯纳耳。现今岁将更始,新正后将见开课,必先预定章程,设一妥策,乃能行之无弊。伏祈贵馆登诸日报,以冀乡校论政之意或有合于国侨辅相之诚,是所深愿。临楮神驰,不胜吁感。

载1875年1月20日《申报》,第3—4版,6卷66页

7. 论书院弊薮

朝廷作养人才,则有学校;地方官作养人才,则有书院。意至良也,法至美也。学校考试则有等第取进之程,其所获在名;书院月课则有花红膏火,以为奖励之资,其所获在利,而其初意则皆所以培养士子,振兴文教,书院之与学校无二理也。降而至于今日,书院之设几为虚置矣,观于报中所述豫章书院,积弊至于如此,不禁为之慨然。然有此积弊者,岂独豫章书院一处为然哉?就中国书院而论,极讲究者以扬州梅花书院为最,其取去之严,督课之勤,一遵白鹿洞之遗法,而膏奖皆取给于盐课之赢余,扬州全盛之时,盐课甲于天下,故书院之膏奖为独厚。前者,余在维扬见考书院者率皆草草完卷,不甚经意。问其故,则曰:此间书院,惟在甄别。一期甄别列置高等,则终年膏奖率皆准乎此。惟不作者,则扣除焉。否则,只消随意写成一篇缴之,无不给膏奖之例,而文章则不计其工拙。以前尚有升降,或连考下等三次,则当裁革膏奖,今则久无其事。故当甄别之时,或倩人代枪,或托人说情,其果有真才者,则或亦得列焉。膏奖有定额,定额之外更无一二卷投缴者,盖额外虽有佳文,概从割爱也。余闻而惜之。比年以来,闻已改定新章,亦用随课升降之法,想弊可稍革矣。然扬州之弊,不过甄别之后作课者多草率,其患仅在旷功,而苏、杭两处则请托公行矣。山长之门生故旧,每得优等矣,脂韦之流且钻营谋剌,竟拜老师矣。甚至缴卷之时,显夹条子于其中,发案之前,先抄副本以呈览。种种不公,不一而足。然其弊仅在托情,至于书吏舞弊,则豫章之外,越中稽山书院亦无异是。缘稽山向无甄别,欲投课者每月皆可报名,且并有并不报名而自备卷子以缴入,出案之时,亦仅列有膏奖者名次,而以后则不录,故弊窦滋多,其经手胥吏大饱橐橐焉。且不但书院然也,县府考时,正场未曾招复之童,竟有从礼房处纳贿,求其附名于册尾,至初复案上忽然有名。或有县考不到,并未补考,惟在礼房处纳贿,即附名于册子之末,至府试时居然高列。县案人多,谁能一一记之?遂模糊过去。至其县试之卷,则在家录就,由礼房混入全案卷子中,其狡狯伎俩真有不可测摸者。此等童生或于院试侥幸得

隽,其戚属中有知其事者,则呼之为礼房门生。呜呼!胥吏之权至于此极,此风乌可长哉!然而,卒无人焉发其复者以其弥缝之计巧,而趋捷径者又乐借此以猎取也。窃谓舞弊于书院,不过为弋利之谋;而舞弊于考试,则有关大局者岂浅鲜哉!朝廷以文学取士,而地方官亦体朝廷作人之意,设书院以鼓励人才,而假手书吏,颠倒播弄于其间,已不免愤愤之诮。至县府考试,则朝廷取士之大典,由县遴选而送之府,由府甄拔而送之院,事极重也。当其事者,宜何如细心对核,详审校勘,而后足以拔真才而作士气。乃亦蔽于书吏,致此种之弊端犹且不闻不见,其愤愤不更甚哉?欲绝其弊,考试则于点名之后,即将册子留于内署,至复试时而核对之,则彼无所施其技。书院则以甄别册子为准,有续投者补入之,每月核对,弊何自而生?至于吏胥子侄,窃录他人之文,以邀取膏奖,此等弊端皆由分课所致,诚能认真扃试,尽一日之长而纳卷,则此弊又何由生乎?由此观之,凡此诸弊,虽由于书吏之舞弄,而实则仍因在上者不能认真厘剔之故也。故由豫章书院之积弊而推广言之,以冀当事之一览焉。

载 1878 年 8 月 19 日《申报》,第 1 版,13 卷 169 页

8. 皖事杂录(宣讲圣谕*)

本月初一日,系讲读圣谕之期。是日黎明,有候补道刘观察藻,湖南人,督同府县教官并候补人员在御碑亭高搭崇台,恭设《圣谕广训》,宣明孝悌忠信,俾广传闻。听宣讲者颇形济济云。

载 1879 年 8 月 6 日《申报》,第 3 版,15 卷 146 页

9. 勒捐述闻

昨据徽省和州友来信云,该州学宫毁于兵燹,自同治三四年开工复建,迄今犹未竣事。询其所以,盖和州田亩甚多,初时按亩抽捐,共捐得银二万余两作为经费,乃围墙及两庑等甫成,其资已罄,只得停止,而所存砖石木料尚值六七千金。此同治五年事也。光绪四年,得林、鲍二绅合助银二千五百两,前任和州直隶州刘刺史宗海助一千两,复行兴工,时约万余金可以蒇事,除林、鲍二君及刘君助款共计六千两外,尚少四千余两,而以所存砖石木料抵之,已可足数。不期有甲、乙二人从中作弊,串通某某等,大开田亩之捐,设局于文庙对面之义学,而每亩捐钱七十文,共捐三年,计钱二百一十文,共捐得银五六万两之多,遇小康之家,尚在田捐外强加其捐,或三十元,或五十元,以至一二百元不等。一违限期,则局差、门斗、学书日至其家,追呼凶悍,乡间尤受其害,每遇催捐验照,比户惊慌,即如数以输,而偶触甲乙之怒,仍复送官管押。又必谋所以挽回者,请其片纸释放也。乡间被逼而逃者已难悉数,而尚逼毙一命。其猖獗所以能至于是,则因和州三十六都稍有声气之流,皆派作小董,故平民束手无可控诉也。此据友人所述,不知果系如何,特其害至此,何大宪尚无所闻,且地方上何无一公正人上诉?似又难信,抑若辈果善于弥缝把持耶?如事属实,则光天化日之下,岂容豺虎横行,殃此一方黎庶哉!

载 1881 年 12 月 10 日《申报》,第 2 版,19 卷 649 页

10. 修整学宫

皖垣学宫乱后重建,今岁霉雨连绵,龙门等处损漏朽坏者甚多,当由学官禀请大宪拨款重修,焕然一新,士子赴乡试者皆谓文明有象,定卜青云直上矣。

载 1882 年 9 月 13 日《申报》,第 2 版,21 卷 445 页

11. 塾师无行

皖垣某甲,父早逝,母年已周,甲以训蒙为业,家况清苦,故三十犹未娶也。今年因水灾避居桐邑。桐有旧居停塾师患病,馆政久荒,即嘱某甲庖代。居停有弟乙已死,弟妇孀守。甲乃援琴而挑步马卿之后尘焉。两情方洽,而塾师病痊,甲与妇谋,令其宵遁,藏诸僻静之所,己则仍拥皋比,俨然若未逾东家墙者。居停亦未之疑及,惟托人遍觅而已。一日,居停邻人因事过其处,见乙妇在茅屋中方对镜理发,审视无误,急回告居停,偕往将妇拘回,诘知一切,遂大怒,将甲送官,禀请严办以儆。甲母闻信,涕泣驰赴居停家,欲求其宽免,则已不及。乃复赶赴县署。路人见其衰容急状,为之恻然,咸谓某甲不孝之罪大也。

载 1882 年 9 月 22 日《申报》,第 2 版,21 卷 499 页

12. 论书院课试本非古制宜参新法

书院之设,本为讲学之所,如鹅湖、鹿洞皆以大儒教授生徒,四方从学者负笈来游,不分畛域,并无今日考课之法。盖自丽正书院以后,历代仿行,至宋而为极盛之。轨明之顾庆成、刘念台,犹有宋儒门户之风,而东林之祸亦从此起,则书院之流弊也。若今日书院,其事正大不同矣。盖坐院之师由官聘定,大抵以林下老宿任之,其意虽亦重在讲学,而所讲之学不过时文、试帖兼肆经古杂作而已。或曰时文、试帖当代所崇,书院之设,不啻国家延师以课生徒之文艺,所以补儒学之缺,用意非不深厚也。且各直省州县随其规模之大小,必有书院以教士,所以培育人材者,更推广于古昔,制诚善也。无如书院太多,一以时文、试帖为学,改日讲为月课,变实学为词章,而又各有经费,定山长束脩之数,悬生徒膏藉之额,或以季课,或以月考,或一月而再举,师之外又增官课。长吏好名,捐廉奖赏,更于膏火之外多所酬给。于是生徒□作文以牟利,而立意渐失,加以故事奉行,因循怠弛。官博好士之名,出题给奖,即已不复他求。或院屋年久失修,或饭食被人侵蚀,不能面试而散卷出外,限期缴进。因之弊窦日滋,多士视为利薮,一人而兼作数名者有之,夤缘请托者有之,劣文亦列前茅,月旦遂无公道。官既视为公事,师亦徒负虚名,生徒不来,而山长竟可终年勿至,汇卷而送之,居家而阅之,所图者束脩之金,其心与生徒之得膏火同耳。文非定评,何论于学;师不亲教,何论于官。然则多设书院,为寒士补馆修之不足也,岂明以前之法哉!盖弊之所起,多在存名而失实,假令奉行之人悉如初创者之用意而随时整顿,则虽不及古儒之讲学有益于身心,亦何至为市夫之争财,无

关于教养？即官师月课以论之，诸生徒争自琢磨，诗文应试，斐然可观，吾知文风当有蒸蒸日上者。乃今之书院，其在省会大郡，每课生童无虑千余卷，以其不屑试而又得钱多也。若山僻小县，费由本地绅捐，或公款存息，本来不多，官吏清闲余功，得与生徒论文，认真课试，而应者转觉寥寥，为其得钱难而又须屑试也。观此情形，则书院直利薮而已，凡赴试者所为在利，并不在文，更不在学也。惟国家养士，能使寒畯诸生于岁获馆谷之外，得此补贴，较之前明沾惠亦正不少。盖文艺胜而笔墨敏捷者，若在省会大郡，岁辄得数百金，苟非今之书院异于古制而又多其弊窦，安能有此？然窃以为合天下膏火之资，何止百十万，而教士者，不过应试之诗文，积岁月之练习，以为乡会之揣摩，似可稍示变通，参觇实学，彼月加小课，以试经古杂作者，立法固亦尽美，而终囿于词章之学，尚不足以尽人才也。目前，洋务需才，凡习西文、西语，精通格致、化学、制造、地理、各国风土人情诸事者，或由于幼童学习而成，或因身任其事经阅历而后知。夫幼童未通古今，读书不多，学成西文、西语，熟知西法各事，而不能融会中西，扩充见识，甚至所能者匠作之技，明其粗而不知其精，其由于阅历者有耳目之功夫而少心思之会悟者。若以之任洋务而救时艰，则皆偏才而非全才也。蒙谓天下儒学生徒不能遽更旧制，应试自有功令，何能妄事更张。若以前年选派出洋之法，易幼童为生员，由各学册送，给资以往，则费巨而不可行。因思书院本有经费，额定膏火，官长又有花红，诚能于课试诗文以外，参考诸项新法，使肄业生童人人讲究，不敢鄙夷而不屑道，始则粗知，久之精晓，将来乡会联科，内而翰苑都曹，外而县令，其浅者一知半解，其深者多艺多材，不必于国家教养成法之外别求通晓洋务之人，而无一不可应洋务之选。此则寓新法于成法之中，事之简易而可行者也。昨见《邸抄》，知京兆尹请修整金台书院，窃以京师为首善之区，金台章程虽止季课，实合天下之举贡生监而皆与于课，人才之盛自当首屈一指，诚能参照此法为天下先行，见肄业诸人皆成济时通变之全才，不仅为诗文、试帖之能手矣。洋务幸甚，国家幸甚。

载 1882 年 9 月 25 日《申报》，第 2 版，21 卷 517 页

13. 师徒交殴

有某甲者，皖属之来安县汊河集人，以负贩起家，积资颇厚，兼获保奖蓝翎晶顶，顾盼自豪。其同里有某生名列胶庠，素以舌耕为业。甲有一子，年近弱冠，四子书尚未卒业，因托某乙延生，设帐于家。甲子性极顽劣，亦不能实事求是，生以其本属门外汉，一切悉不与较。前日因甲子背书不熟，婉戒之。甲子出言挺撞，状颇凶横，生不能堪，势欲扑作教刑。甲子直前，径夺夏楚物，弃之门外。生愈怒，以手相搏，甲子亦旗鼓相当，不肯稍让，后竟同滚于地。迨旁人拉散，甲子不过略受微伤，而生已发落血流，颇为狼狈。生遂走告某乙。乙亟慰以温语，一面劝甲服礼。甲不听，转责生管束不严，至酿成其子之过。后有同学闻之，咸动公愤，令生控之于县。迨差役临门，甲始大恐，急挽乙出为调停，率子登门叩头，并致送两年束脩，始得和息，然所费已不少矣。噫！生与市侩为伍，可谓不知自爱。若甲子之当仁不让，某甲之老牛舐犊，则何地蔑有？奚足责哉！

载 1883 年 1 月 31 日《申报》，第 2 版，22 卷 167 页

14. 论书院流弊

昨报载"杭垣书院新弊"一则，有慨乎其言之。然其实则不独杭州一处为然，他处莫不皆然，但杭州则书院较多，膏奖较重，故益觉垂涎者众耳。忆昔发逆初平之时，蒋果敏公为浙藩，极重文事，创建书院，或复旧观，或新建置。薛慰农先生时为杭府，复相与振兴文教，宏奖风流。于是，凋敝之余仍有弦歌之雅，尔时书院之膏奖每每皆由大宪捐廉，且颇极浓重，超等一名大都可得洋十元、二十元不等。若遇蒋方伯临课，则膏奖之外又有袍料、马褂料及文房珍玩之赐，以故各处士子趋之若鹜，莫不担簦负笈，就学于书院中。而崇文书院为蒋公主政，其地又在西子湖边，故居者尤甲于他处。迨蒋公既去，虽觉稍逊于前，然有其举之，莫敢废焉，不过略有减损，而鸡肋之味犹足恋也。其先三书院分日课试，后则改作同日，以杜一人而考两三处之弊。然杜一弊复生一弊，笔性敏捷者仍可以一人一日而兼作三书院之课，且不特一院一卷而已，竟有多至每院五六卷者。然此虽曰舞弊，亦足征其才之敏妙，犹不足为害也。至于代书假冒，则书院无地无之，本难稽察，即如学海堂，皆孝廉肄业其中，其实真孝廉能有几何？往往借取他人之名，公然与人论年谊，讲同门，靦然而不知耻。其所为者，不过区区一月数元之膏奖而已。余曾亲见一人冒余族中孝廉之名而肄业于学海堂者，已三四年，余初以为真余族人也，一日会于湖上，始知假而非真。窃叹世风之不古，为之太息者久之。今则变本加厉，每况日下，竟至以候补正途诸君而捏名以考书院，无论其人自得阅卷及同寅中得阅卷差，不言而喻，概以拔置高等。而且更有不肖士子，专门钻营于候补官场，为以松寿之名，时达阁下钧听之计，并与议明，所得膏奖或对分，或四六分，或三七分。呜呼！官与士二者至此，而品斯则为下矣。冒名夤缘，请托贿求，皆有关乎名节，有系乎品行者也。今官场以区区书院之膏奖，而甘为冒名夤缘，则是自弃其名节；士子以区区书院膏奖而百计请托贿求，则是自堕其品行。名节由是弃，品行由是堕。然则有书院反不若无书院之为愈也。窃尝有一偏见，以为各处书院本属多此一举，其实可概从废置。何则？每府州县本有儒学之设，朝廷建置教授、学正、教谕、训导等官，何为也哉？盖以作养人才也。今以朝廷之设学为不足以作养人才，必须另建书院，方足为教养人才之地，此说能通乎？否乎？如以为学官不足以表率多士，则试问今日山长之所以表率多士者若何？课期则寄题纸而来，课毕则寄课卷以去，诸生童之于山长有不见其面者矣。即有聘居院中者，亦不过一二上舍高材之生或得谒见接谈，然其谒见也非必皆为请业，其接谈也未必别无私营，则亦与学署冷宫何异？课卷中略改一二字，便以为认真。然则，此岂学官所不能为乎？若以为学官之才品不若山长，此言则更谬矣。学官为朝廷所命，必系正途出身，其府学教授则又多系进士甲榜为之，岂必不如地方官之所聘请乎？余谓必如昔日朱子之开白鹿书院，刘念台之开证人讲舍，方不愧为人师。目若今日之山长，即使有经明行修无愧古人者，而身不与多士相接，要与学官无所区别，转不若学官终日在署，倘畀以山长之责，可以与诸生日相接谈也。故余以为书院之经费不如胥归于各学中，而仍以书院之章程行之，使学官为之山长，学官果系品学不端者，则淘汰而删除之。倘能学官各得其人，而责以作养人才，月课、季课本系学官应有之事，一仍其旧，亦如师课之例，而每月加以官课一期。如此则学官与士子日益浃洽，而地方官整顿学校，亦不失朝廷立学设官作养人才之意。乃地方官不此之务,每每加意于书院,以借为求名之地,不亦异乎?虽曰三代以下惟恐不好名,然愚以为与其以创立书院求名,不如以整顿学校得名。书院之经费、书院之章程,举而归于学校,其公其私,天下当共见之,夫何患名之不立?而其实惠之及人,当有加人一等者矣。斯言也,人或以为妄,知我罪我,听诸悠悠之口也可耳。

载 1883 年 10 月 2 日《申报》,第 1 版,23 卷 561 页

15. 芜湖琐录(甄别生童*)

新任芜湖道梁观察于七月二十八日观风中江书院。是日黎明,观察即点名给卷,扃门命题,生童之与考者约二百余人。

载 1884 年 10 月 4 日《申报》,第 3 版,25 卷 556 页

16. 芜湖杂述(添试月课*)

芜湖令邹明府见胶庠士子大半孤寒,时值残秋,寒衣宜具,因于本月二十日在中江书院添试月课一次。是日,生童之与考者颇众,皆颂明府嘉惠士林之德云。

载 1884 年 11 月 14 日《申报》,第 2 版,25 卷 775 页

17. 皖抚卢奏为书院捐款请立案片

卢士杰片:再,安徽省城旧有敬敷书院,凡隶皖籍者皆得与考,自兵燹后重新兴复,诸生得资观摩,而童生曾未之及。怀宁县为皖省首邑,人文蔚起,视昔为盛,经邑绅议于城内南隅添建凤鸣书院,专课本邑生童,估需工料钱六千串,就地劝捐办理。据报于光绪二年二月开工,次年三月工竣,定期开课,并详拨洲租以资膏火。近因该书院投考生童较多,经费时虑不敷。又邑绅陕西布政使叶伯英捐银二千二百两,江苏候补道汪福安捐银五百两,前署直隶南皮县知县徐尔秦捐银一百两,现任直隶枣强县知县吴传绂捐银二百两,总共漕平银三千两,解送来皖,发典以周年一分行息,闰月不计。此项息银专为本邑凤鸣书(阮)〔院〕月课膏火之需,不得擅动本款,请奏咨立案,并勒石书院以垂久远,由署藩司张端卿核明转详前来。臣查该绅等情殷桑梓,惠及士林,慷慨解囊,以成善举,均堪嘉尚。所请奏咨立案之处,系为慎重公款起见。除咨户、礼二部查照外,谨会同两江总督臣曾国荃、安徽学政臣徐郙附片陈明,伏乞圣鉴,敕部立案。谨奏。

军机大臣奉旨:该部知道,钦此。
光绪十年十一月十四日《京报全录》第一千零二号,甲申十二月初三日《申报》附张
载 1885 年 1 月 18 日《申报》,附张第 2 版,26 卷 107 页

18. 芜湖丛述(芜道甄别*)

今秋为乙酉科抡才大典,芜湖道梁小若观察培植士林,大开广厦,示期于新正廿一

日甄别中江书院,限五日前赴学报名填册。想各士子定能雪窗鼓励,云路飞腾,高折桂枝,无负观察嘉惠儒林之意也。

载1885年2月21日《申报》,第3版,26卷256页

19. 鸠江近事(生童赴考*)

芜湖道梁小若观察于二十一日甄别中江书院,生童投考者计有四百余人。

载1885年3月13日《申报》,第2版,26卷361页

20. 芜湖丛话(明府甄别*)

芜湖县邹隽之明府于本月二十四日甄别鸠江书院,肄业生童英才济济,共得二百余人。从此芸窗雪案,励志埋头,他时声蜚棘闱,名题杏苑,当不忘明府之竭力栽培也。

载1885年3月16日《申报》,第2版,26卷373页

21. 芜湖丛话(设经蒙义学*)

积善堂添设经蒙义学,章程粲然,有条不紊,定期正月二十五日开学,生徒共有百余人。茅檐穷庶,咸得实惠亲沾;造就人才,功德何可限量哉。

载1885年3月16日《申报》,第3版,26卷373页

22. 皖抚卢奏请奖励片

卢士杰片:再,据署藩司张端卿详据合肥县绅士前选宁国县训导沈用熙等联名禀称,庐州府学文庙兵燹后及时修理,礼乐尚未全备,经合肥县绅前福建陆路提督唐定奎于光绪三年独立捐办祭器、乐器,照额设原数备齐,共需银二千六百两。四年,复行捐资,延请素谙音律教师,设局教习,由府考取乐舞生童送往就学,以次告成,共用银三千八十两,续捐善后银五千两,置产生息,以充每年春秋丁祭,招集乐舞演习执事之费。统计前后共捐湘平银一万一千三百八十两,折实库平银一万九百二十余两,为数甚巨,其尊崇学校之忱非寻常善行可比。虽据该提督声称不敢仰邀奖叙,究不忍没其义举,禀请移奖该提督侄孙文童唐理贤,以昭鼓励等情。造具项册甘结,呈府查验相符,禀司核明,详请奏奖前来。臣伏查各省绅商捐修文庙考棚至数千两以上者,均经奏荷恩施,饬部议奖有案。今合肥县前福建陆路提督唐定奎,庐州府学、文庙等独捐巨款,购办祭乐各器,教习乐舞诸生,并置善后经费,共计合库平银一万九百余两之多,实属重学尊师,有裨文教。该绅士等禀请移奖该提督侄孙文童唐理贤之处,核与捐洲要工请奖成案事同一律,合无仰恳天恩,饬部核议,给予职衔,以示奖励出自鸿慈。除册结咨部查核外,谨会同两江总督臣曾国荃、安徽学政臣徐郙附片具陈,伏乞圣鉴。谨奏。

军机大臣奉旨:户部核议具奏,钦此。

光绪十一年三月初六日《京报全录》第一千零九十八号,乙酉三月十五日《申报》附张

载1885年4月29日《申报》,附张第3版,26卷628页

23. 鸠江丛录(生员入学＊)

本月二十四日为芜邑新进生员入学之期,午后一点钟后,诸生齐至县署,谒见邹隽之明府,随送至学宫谒圣,行三跪九叩首礼。礼毕,旋诣明伦堂,行谒见学师礼,小坐而散。鸾旗招展,雀顶辉煌,济济跄跄,诚足增璧水之辉而壮泮宫之色矣。

载1885年6月12日《申报》,第2版,26卷885页

24. 芜湖霜信(书院破落＊)

梁小若观察前日临中江书院,见院中什物多有残缺者,因谕李仁山、苏雨苍两广文,嗣后须督率住院生童,实心检点,以昭慎重。

载1885年11月27日《申报》,第2版,27卷911页

25. 书吏被窘

皖垣敬敷书院定例,无论客籍、本籍举贡生监,皆准报名与考。昔时每月所取前列者俱准住院读书,后因名次日增,院中出息甚微,不敷膏火,遂重定章程,每年正月分由抚宪课,二月分由藩宪课,三月分由臬宪课,轮至府课后,复归抚宪课试,额定二百名。若正月未能录取者,以后皆不收考。甄别时,按名发给蛋糕四两,钱十四文,宪恩不可谓不优矣。今正开考诸生共八百余名,某书经收课卷,所有蛋糕、钱文一律吞没,伤人送返己家。诸生向之阻止,某书不肯。诸生遂将其饱以老拳,并揿入污泥之内。书无奈,哀泣求饶,始释之去。

载1886年3月11日《申报》,第2版,28卷371页

26. 芜市春声(甄别生童＊)

本月初八日,梁小若观察甄别中江书院肄业生童。是日黎明,观察即莅院点名,扃门考试,计生童共到四百六十余人。生题:颜渊、季路侍全章。童题:足兵民信之矣。试题:赋得"书墙暗记移花日",得"书"字。

载1886年3月24日《申报》,第2版,28卷449页

27. 鸠兹春鲤(示期甄别＊)

芜湖县杨璞生大令于本月十三日甄别鸠江书院肄业生童,共到二百余人。

载1886年3月26日《申报》,第2版,28卷461页

28. 鸠江零语(甄别揭晓＊)

梁小若观察考试二月分中江书院,业已揭晓,取列前茅者俱加奖赏。本月十二日又值课期,生题:子曰"君子无所争"一章。童题:曰"礼后乎?"诗题:赋得"闭门自精",得"精"字。

载 1886 年 4 月 19 日《申报》,第 2 版,28 卷 605 页

29. 鸠江近事(观风中江＊)

前署关道成宝岩观察,于上月廿八日观风中江书院肄业生童。是日黎明,观察莅院,点名给卷命题,随即返署,委芜湖两学师在院监场。

载 1886 年 7 月 5 日《申报》,第 2 版,29 卷 25 页

30. 芜湖凉信(示期观风＊)

双观察示期十六日观风中江书院肄业生童,因观察尚驻院中,故在明伦堂点名给卷。

载 1886 年 8 月 20 日《申报》,第 2 版,29 卷 307 页

31. 襄垣近事(补行课试＊)

双观察履任之初,政烦事剧,中江书院六月课未及举行。嗣因观察暂驻院中,致七、八两月课皆委教官点名散卷,令与课者在家缮就,携卷纳交。现观察已迁入本署,特示期本月初二日补行一课。是日黎明,观察莅院点名,扃门课试,到者共四百余名,济济英才,观察当亦顾而色喜也。

载 1886 年 10 月 5 日《申报》,第 3 版,29 卷 592 页

32. 皖中杂言(敬敷甄别＊)

敬敷书院为通省书院之冠,规制崇闳,房廊宽敞,士之肄业其中,率系一时之俊。现经陈中丞于正月二十四日甄别,除在院各生由首府给卷,投考诸生试卷自行备办,每本给钱十六文,交卷后每名奖赏蛋糕四两,由委员散发。

载 1887 年 2 月 25 日《申报》,第 2 版,30 卷 289 页

33. 芜湖赘语(中江书院＊)

中江书院为皖南四府一州培养人才之所,诸生童之怀才欲试者,每于杏花时节,由

三 传统教育机构——私塾、府学、州学与书院

观察使者筮期甄别,拔其尤者,留在院中,夕幕晨窗,鼓歌弦诵,优其膏奖,俾免内顾之忧,诚盛举也。今春,双观察特聘新安某太史主讲席,示期二月十六日甄别,各生童均须先期赴学,报明年貌、籍贯,届期投考云。

载 1887 年 3 月 1 日《申报》,第 2—3 版,30 卷 313—314 页

34. 皖上杂言(县学墙坍＊)

腊尾春头,雨雪不止,乡村败屋到处倾颓,至本月初四日,忽又大雨滂沱一昼夜,至次日清晨,县学围墙崩坍二丈有奇。想即须鸠工修葺云。

载 1887 年 3 月 9 日《申报》,第 2 版,30 卷 361 页

35. 皖上杂言(凤鸣书院＊)

凤鸣书院为怀邑士子诵弦之所,刻经范映泉大令定期本月十四日扃门甄别,想肄业诸生埋头有素,锦标争夺定能采烈兴高也。

载 1887 年 3 月 9 日《申报》,第 2 版,30 卷 361 页

36. 论书院流弊

《击壤之歌》曰:"日出而作,日入而息。凿井而饮,耕田而食。帝力何有于我哉!"呜呼,皞皞乎上古之风也。后有老子煦煦为仁,孑孑为义。韩非子谓,老子如坐井而观天。呜呼,立论何其高哉。夫煦煦孑孑果不足为仁义乎?求之于今,苟有是,亦已足矣。今之人见鳏寡孤独者之无依也,见流离失所者之无栖也,各捐资财,共立善堂,或设食于路以待饿者,或立广厦数十间以蔽风雨,此皆今之善举也。恐士子之学业就荒,见寒儒之膏火无着,爰设书院,重其奖赏,以激励而资助之,寒士得略分河润,此亦今之义举也。而较之韩子所言,则二者亦不过小仁小义而已,然且欲求一尽煦煦孑孑之心者,而不可得。世风不益下哉?善堂之弊,或纳硝于粥以代薪,或扣贫民肉食之资以肥董事之私橐,登诸报端,著为论说,前已详哉言之矣。书院之弊,吾今请言之。夫书院之设,所以观文风,亦所以敦士习也。山长则必求品学兼优,取士则必真才实学,法未尝不美,意未尝不良,而今日之弊有反足以开士子顽劣之端者,是岂创设之初心乎?亦办理者之不加整顿耳。前有闻杭州各书院章程日就废弛,卫中丞审知其弊,于今年甄别之期力加整顿,黎明点名,凭票接卷,封门考试,限时缴卷,井然秩然,一无纷扰。吾不知与试诸公能否确遵功令,然凡为书院,何一不当如是?而乃实力整顿者终不可多见,果何惮而不为耶?久者、远者姑置不论,请就上海一隅而言之。上海之书院为蕊珠、龙门、敬业等处,皆考试人才之地也,其投考者惟敬业为最多,而其习之坏亦惟敬业为最甚。卯刻至院,扃门考试,当日缴卷,立法未尝不善也,乃卯刻至院者,而点名则日已趋午。扃门考试,而门旁仍进出自如。当日缴卷,乃至天明为度,则又何必设此虚文乎?且点名之际,蜂屯蚁聚,扰攘不堪;传餐之时,争竞喧哗,情同攘夺。虽有素循理法之人,至此亦难为中

流砥柱,士习又安得而敦? 推原其故,皆由于诸役之作弊。夫以扃试之故,而官为供给午餐,体恤士子,可(为)〔谓〕无微不至。然在上者于考试之人数,安能一一而熟记之? 谅惟以卷子之盈虚定饭食之多寡,有卷若干,则发钱若干,颁于诸役,令其备办。乃诸役固罔利小人,岂肯体上官爱士之意? 苟其不严督责,何妨共分其肥。虽给以丰盛之资,而为恶草具少许,迟迟以进,饭则半生半熟,菜则或多或少,故使各生争竞,而彼得移先食者之残羹冷炙以食,后人捷足争先尚得鼓腹,苟素安本分,略为退让,即不免枵腹;甚有环伺厨房而遭庖人之斥逐者。士而遇此,良可慨也! 乃犹不足厌诸役之贪心,而于封门之后,使士子各自归家,盖多出一人即少一人之食,庶并此恶草具之资,亦可据为己有耳。不然者,安肯视官令若弁髦,而任士子之出入耶! 夫欲整顿一切,不过在上者之一言耳,未必其有费资财也,未必其有伤心力也。而乃玩愒若是,果何惮而不为乎? 夫设立善堂为贫民也,非为董事也,乃因瞻徇情面,遂为董事之利薮,而贫民仍受饥寒。设立书院为士子也,非为诸役也,乃因办理无人,遂为诸役之利源,而士子难沾实惠,有名无实,不亦可以已乎? 或者谓,书院之弊有甚于此者,某书院章程有士子品学兼优,列入上等者,可以入院肄习,月领膏火。而孰知名谓品学兼优,实则烟花、赌博,无事不为,较之敬业之弊而更上一层。是则非吾所敢问矣。夫振文风,敦士习,各县教谕原有微权,乃教谕与诸生除考试之外不相识面,故设书院,以便月课。苟书院亦一无实效,文风何由振,士习何由敦乎? 夫士为四民之首,风化之所关,苟能竭力整顿,挽回末俗,岂曰小补焉哉!

载1887年3月19日《申报》,第1版,30卷427页

37. 鸠兹春色(书院风波＊)

十六日,双锡五观察甄别中江书院。午后,有某童以戏耍触怒某生,生扭而痛挞之,旁有一生,系童之兄,上前分辩,竟被毒殴。童父向操淮南王术,事后另有一生以遗失贵重物,扭交捕厅,捕廉以事近荒唐,置之不理。该生复将童父交地保押追。观察闻之,心滋不悦,不知将如何整顿也。

载1887年3月19日《申报》,第2版,30卷427页

38. 鸠江新语(维修试院＊)

太平府试院年久失修,倾颓实甚,前经联仙蘅太守札饬当、芜、繁三县,转谕各绅董筹款兴修。当、繁二县绅董久已齐集郡城,惟芜邑无一人至府。钱孟超明府因之移学饬催,始有邑绅程孟侯孝廉乃封禀称,乡绅董延不进城,请饬转催,以便会议筹款。明府批谓:俟催请各绅董来城会议。想事关文教,当不乏好义之士也。

载1887年3月24日《申报》,第2版,30卷457页

三 传统教育机构——私塾、府学、州学与书院

39. 芜湖睉笔(示期甄别*)

双锡五观察示期二月十六日甄别中江书院肄业各生童。是日黎明,观察亲临书院,督同李、苏两广文点名散卷,计共发卷千余本,人给面二碗,俾文场夺篰之余,不致怨将军负腹。题纸既下,观察即排道回辕。至戌刻,始由两广文将试卷汇齐,包封送辕。

载 1887 年 3 月 25 日《申报》,第 2 版,30 卷 463 页

40. 芜湖睉笔(示期观风*)

钱孟超明府定于二月二十二日观风,想鸠江诸士子定必磨砺以须也。

载 1887 年 3 月 25 日《申报》,第 3 版,30 卷 463 页

41. 鸠江春语(明府观风*)

芜湖县钱孟超明府于二月二十二日观风,在中江书院点名散卷,多士共有二百余人。

载 1887 年 3 月 28 日《申报》,第 2 版,30 卷 485 页

42. 芜湖县示

即补州署理芜湖县正堂加三级随带加一级纪录十次钱,为劝谕延师肄业以崇实学而敦风俗事:照得美玉坚金必待琢雕而成器,奇才英质咸须砥砺以有成。我芜邑为理学名邦,人文渊薮,文章华国代有名人,诗礼传家咸铭先哲。顾人往而仅识其泽,亦世湮而莫盛其传。人自为师,不乏春弦而夏诵,家自为学未臻取友以辅仁。忠孝堪夸,乡有未剖之璞;规度未协,里有待斫之材。本县喜切谈经,深怀问字,既悉父母之责,正殷教育之心。是以前次观风,披阅各卷,不无能文积学之士,亦有潦草涂抹之俦,瑜不掩瑕,亟应家弦户诵,书能明理,允为幼学壮行。合行出示劝谕,为此示,仰合邑儒童人等知悉,蓬莱之英端赖亲师而博习,搢绅之胄尚须敬业以乐群。自示之后,务各令子弟负笈从师,执经问难,庶几品端学粹,乡党视为仪型,启后承先,风俗由之表率。此本县有厚望也,尔多士其各勉之,毋违。特示。

载 1887 年 4 月 10 日《申报》,第 11 版,30 卷 584 页

43. 皖抚陈奏已故监生捐助书院膏火等请照例建坊片

陈彝片:再,据布政使阿克达春详称,据太平县详据举人孙璧文等公禀,该县监生刘发连向在湖北汉口镇贸易,以本籍仙源书院经费不继,于上年八月间将历年积存余资在汉镇购买市房一所,价银一千一百七十余两,捐作书院公产,议自光绪十三年八月为始,将所得租银助充书院膏火。又另捐银三百两,存汉镇公济典生息,作阖邑考试诸生入学

经费。该监生现已物故,其生前义举未便湮没,禀县造具图结清册,呈请保奖等情,由司核明具详请奏前来。臣查士民人等捐助善举至一千两以上者,例准建坊,给予"乐善好施"字样。该监生刘发连捐银一千四百余两,置产生息,以助书院膏火并生员入学经费,洵属好善急公,有功桑梓,核与定例相符,合无仰恳天恩,俯准已故太平县监生刘发连照例建坊,给予"乐善好施"字样,以昭奖励。除图结清册咨送部科外,谨会同两江总督臣曾国荃、安徽学政臣贵恒附片具陈,伏乞圣鉴训示。谨奏。

奉朱批:着照所请,礼部知道,钦此。

光绪十三年十二月十一日《京报全录》第二千五百七十二号,丁亥十二月二十七日《申报》附张

载1888年2月8日《申报》,附张第3版,32卷236页

44. 皖江近事(出示甄别*)

敬敷书院由陈大中丞示期正月二十四日扃门甄别,先期经首府联仙蘅太守晓谕诸生,略谓:上届在院诸生,由府备办课卷,其余投考生等自备课卷。届期衣冠整肃,鱼贯接领课卷,不准拥挤。其投考者课卷,仍由府每本给钱十六文,缴卷时每人赏给蛋糕四两,仰见中丞培植人材之至意。

载1888年3月22日《申报》,第2版,32卷445页

45. 襄垣杂采(中江甄别*)

芜湖道双锡五观察示期二月二十二日甄别中江书院,凡皖南各属生童欲赴书院肄业者,俱先期在芜湖县学填注籍贯、年貌,以便临期点名纳卷。

载1888年3月29日《申报》,第2版,32卷491页

46. 赭塔晴岚(芜道甄别*)

芜湖关道双锡五观察于上月廿二日甄别中江书院。是日,应课者计有七百余人。

载1888年4月11日《申报》,第2版,32卷569页

47. 芜湖纪事(发案录取*)

双锡五观察于前月甄别中江书院生童,近已发案,计录取四百余人。

载1888年5月13日《申报》,第2版,32卷761页

48. 襄垣轶事(整肃课试*)

中江书院为皖南各属生童肄业之所,向来甄别时拥挤喧哗,无殊阛阓。双锡五观察

见士习若此,乌足以鉴别真才?遂于四月二十五日月课之期,谕将陋习一概芟除,与考者俱整肃衣冠,亲自应名领卷,黎明后即点名命题,谕令将起讲誊真盖戳,酉刻交卷,逾限不收。以故,此次只得百余卷,不似前之黄茅白苇一望无涯云。

载1888年6月18日《申报》,第2版,32卷1005页

49. 安徽学政钱大宗师观风题

四书文:荡荡乎,民无能名焉。巍巍乎,其有成功也。焕乎,其有文章。经文:水火金木土谷惟修。试帖:赋得"士先器识",得"文"字。赋:李白月夜著宫锦袍,泛舟采石赋,以"顾瞻笑傲,旁若无人"为韵。杂作:拟李白当涂赵少府粉图山水歌。三江既入解。《礼记·王制》为殷制考。明堂、太庙、灵台、辟雍异同辨。六书转注说。平当以经明《禹贡》使行河论。拟张载《剑阁铭》。拟王勃《宇文德(汤完)〔阳宅〕秋夜山亭宴序》。

载1889年1月18日《申报》,第2版,34卷91页

50. 芜湖琐纪(文宗开课*)

安徽学政钱穉庵文宗牌行太平府属当、芜、繁各学,略谓:皖省为文物名邦,文风甲于大江南北,兵燹后稍不如前,固由地方元气未复,寒士无力攻苦,亦由士子得列胶庠,半多驰情骛外,不肯潜心向学。查太平翠螺、天门两书院,岁入租谷足资膏火,正可培植人才,本阁部院定于正月十六日开课,除牌行外,仰各该学肄业生童先期至学,报名填册,届期在本署考棚点名给卷,扃门考试。日晷渐长,诗文两艺尽可尽一日之长,从容交卷,不准继烛。其有抄袭旧文,概不取录。文理清真,体裁雅正,除照章给发膏火外,本阁部院当捐廉加给奖赏,以示鼓励人才至意。

载1889年2月20日《申报》,第2版,34卷229页

51. 芜湖杂志(明府莅院*)

本月初三日黎明,芜湖县严笠樵明府亲莅鸠江书院,开考本邑肄业生童。济济多士,到者共二百余人。

载1889年3月14日《申报》,第2版,34卷364页

52. 鸠江春浪(新聘山长*)

中江书院为皖南四府一州生童肄业之所,例由道宪甄别。孙观察定期二月十六日甄别,俟录取后,送院肄业,按月考课。今岁山长由前任双观察关聘上元仇莱之庶常继恒云。

载1889年3月17日《申报》,第2版,34卷381页

53. 芜湖官场纪事(明府观风*)

署芜湖县王宇春明府履任以来,因政务繁剧,尚未观风。至本月初四日,始行考试鸠江书院肄业生童,到者共二百余人,明黎明诣书院,按名给卷。生文题:子曰:"志于道,据于德,依于仁,游于艺。"童文题:惠人也。问子西……诗题:赋得"袖中进卷总贤才",得"才"字。

载 1889 年 7 月 7 日《申报》,第 2 版,35 卷 41 页

54. 襄垣杂事(考童寥寥*)

新任关道成端甫观察,定于本月廿一日在中江书院考试观风。惟皖南各属士子多有已赴白下考录遗者,故生童到者仅一二百人。

载 1889 年 8 月 23 日《申报》,第 2 版,35 卷 333 页

55. 鸠江秋汛(上丁释菜*)

八月初四日为上丁释菜之期,黎明时成端甫观察、王梧冈参戎各率属下官员,朝服朝冠,齐诣大成殿行礼,穆穆皇皇,洵盛典也。

载 1889 年 9 月 5 日《申报》,第 2 版,35 卷 413 页

56. 皖上秋鸿(释菜风波*)

文庙释菜之期,例设乐舞生数十人,前由吴竹庄中丞酌定每季人给薪水千余文。兹届大比之年,乐舞生大半赴金陵应试,适逢秋祭,经门斗随意雇人以充其数,每人给钱二百文。诸生之未应秋闱者闻之,大抱不平,将门斗饱以老拳,言欲禀县请办。旋经旁人解释,始得瓦解冰消。

载 1889 年 9 月 10 日《申报》,第 2 版,35 卷 445 页

57. 芜水纪闻(观察课士*)

中江书院为皖南四府一州诸生肄业之所,向例每年正二月间由道宪命题甄别。兹成观察示期二月初六日局试,以便录取高才生送院肄业。至山长,则仍延上元仇莱之庶常云。

载 1890 年 2 月 20 日《申报》,第 2—3 版,36 卷 253—254 页

58. 鸠兹春雨(亲试两院*)

芜湖向有中江、鸠江两书院,中江乃皖南四府一州生童肄业之所,由道宪按月课试。

鸠江则专课芜湖一县生童，由邑尊每月考课。成端甫观察下车以后，培植人才迥逾常格，二月初六日甄别中江书院，所取者皆知名之士。今复欲亲试鸠江书院，示期闰二月初四日扃门课试。爱士怜才，惓惓不已，春城桃李，尽属公门矣。

载 1890 年 3 月 25 日《申报》，第 2—3 版，36 卷 463—464 页

59. 赭塔望春（加考经古＊）

鸠江书院向例每月课以时文，今某绅士以士子经学素不讲求，禀请邑尊除文艺外，每月加考经古一次。王玉如大令深韪其言，禀准道宪，示期本月二十二日甄别，择其优者录取，按月兼考经古。得此大雅扶轮，经学当为之一振矣。

载 1890 年 4 月 12 日《申报》，第 2 版，36 卷 575 页

60. 学校观风

芜湖县教授王瑞臣广文，以颍川之世裔为鸠水之儒宗，抵任半载，殷勤讲学，励实诣而扫虚文，为近今所罕觏。本月二十一日举行观风，先期颁发告示一道，略云：采风问俗辎轩，成太史之书；为国抡才廊庙，重名儒之学。方今圣天子文明光被，声教覃敷。开虎观以谈经，蔚起林间朴樕；驾鳌山以试士，俨登海上蓬莱，固已化广同文、政成善教矣。况襄垣接连吴楚，学校风行，襟江带河，名流日上，观山川之灵秀，知贤哲之挺生，向多绣虎雕龙，能贵洛阳之纸；行见夺标题塔，定扶大雅之轮。盖上进始自文章，宜当行而出色；和声期于鸣盛，须戛玉而敲金。本学技有类夫雕虫，才实惭于倚马，虽明伦讲学，未敢秉铎以自居，而会友论文，良藉操瓠以从事。闻多士功勤蛾术，望诸生文造凤楼，勉为有用之才，勿等虚声之消。处为正士，出即纯臣，休言赏识之无期，须信文章之有价。果有惊人之妙句，岂无知己之品题？为此示，仰合邑生童知悉，兹拟于三月廿一日牌示题目，用借观风之旧制，以励素日之专功。总期独出心裁，勿拾前人牙慧。评来月旦，敢云老眼无花；会合风云，定见奇文共赏。

载 1890 年 5 月 17 日《申报》，第 3 版，36 卷 792 页

61. 赭塔秋光（派收学租＊）

芜湖中江、鸠江两书院，向有腴田数百亩坐落各乡，刻下新谷登场，经成端甫观察札委候补按司狱郑贻源、巡检郑堃、典史姚成馨下乡收租，以为书院经费。各员奉札后，业已陆续下乡矣。

载 1890 年 10 月 3 日《申报》，第 2 版，37 卷 607 页

62. 襄水春鳞（甄别改期＊）

中江书院为皖南四府一州生童肄业之所，由道宪聘请品望兼优者主持讲座，例于二

月初旬甄别,录取高才生,送院肄业。今春因院试紧迫,改于本月二十五日举行甄别,想届期负笈来游者横经讲业,自必济济盈庭也。

载1891年3月22日《申报》,第2版,38卷415页

63. 中江渔唱(示期甄别*)

道宪成观察示期二月廿五日甄别中江书院,届期负笈来游者生童共七百余人。黎明,观察亲临试院,点名给卷。现因人数过多,院窄不能容,命题后许各携归,限本日交卷。济济多士无不颂观察之宽厚云。

载1891年4月10日《申报》,第1版,38卷529页

64. 赭岭春风(按月加课*)

鸠江书院上月杪由邑尊甄别,开课诸生,弦歌其间,不啻春风坐我。关道宪双锡五观察恐原设膏火不足遍需寒畯,乃示谕肄业诸生:今年由本道自捐鹤俸,按月加课一次,分别等第,优给奖赏。诸生闻风兴起,争自濯磨,以冀不负观察怜才之雅意云。

载1891年4月26日《申报》,第3版,38卷626页

65. 重建学宫

太平府城自去年九月火药局轰炸之后,民间景象萧条,其有藏镪者急延工匠修葺,尚不难即复旧观;贫乏者编草结茅,亦足以聊蔽风雨。所有大南门县学宫及城东文昌殿俱关祀典,今年春间已由邑尊会同绅士集款重建,并由水师营伍捐出巨资津贴修造。初夏,即经规划,由某绅督理估勘工程。除旧料资用外,实需添银一万余两,集有成数,即于五月间开工,扫除瓦砾,奋捐经营。未几,有水师武弁偶至工所,冷眼旁观,照式细算,谓只须五千余两已可集事。并历指该绅弊窦,面陈于史太守之前。太守大公无我,立将该绅撤委,并大张告示,着地方指告弊端,一面即委该弁为总董,经手建造。经之营之,悉依旧制。刻下,工程已有其大半,约明春即可告成。从此栋宇巍峨,外观有耀,妥神灵而隆报飨,足为阖邑增光,而创始者之勤劳亦诚不可没矣。

载1891年9月15日《申报》,第1—2版,39卷465页

66. 论书院宜责成学校

今之为好官而以造就人才其事者,必以创立书院,捐廉俸以给膏奖,招文士以听肄业,定课期,延山长,设监院,其意固甚美也,其法固甚良也。吾独以为若此类者皆知为治之道,而不尽知为治之方者也。古者,国有学,家有塾,党有庠,州有序,皆以教人使明人伦也。人伦明于上,小民亲于下。自三代而下,学校渐废,今之学政即明之提学御史、副使、佥事。盖秦汉以来无此官,至宋而始有提督学事司,金则曰提督学校官,元则曰儒

学提举司,有正、副提举,盖专为考试而设,其平日之教育者,则全在乎校官。今校官失其职,内而国子监,外而各省府州县,校官皆视为冷署,不过遇有考事,则冷官或有时而热,否则终年无声无臭,高卧衙斋,无人过问。而各书院则反添设监院,以司院中诸务,即如发膏火,请命题,凡书院中所有之事,皆监院之责。而又另延山长,以资督课。而彼为山长者,亦不过月一出题,阅视各卷优劣而定其等第。如是而已。此即所以教而育之之道也。夫必添设监院,另请山长,别设书院,而后可以教育人才,则各学校官皆成虚设,何不奏而废之?而凡遇考试之事,亦以监院、山长辈当其差,岂不可以省国家多少开销?而乃有者不敢废,而偏以为不适于用,所用者多系另举之人,是不亦异乎?且学校各官其数亦正不少矣,而国子监祭酒一员,司业满、汉,蒙古各一人,监丞满、汉各一人,典簿满、汉各一人,典籍仅一人,博士满、汉各一人。助教则分六堂,曰:率性、修道、诚心、正义、崇志、广业,各汉一人。率性、修道、诚心、正义四堂则有学正,崇志、广业二堂则有学录,各汉一人。又有八旗官学,满十六人,蒙古八人。此外又有算法馆助教一人,不分满、汉;俄罗斯馆,则满、汉各一人。笔帖式,则满四人,蒙、汉各二人。外而各省儒学,在府者曰教授,直隶、山东西、闽、粤各十人,河南、湖南北各九人,江苏、安徽各八人,江西、四川各十二人,浙江、广西各十一人,陕西十六人,云南十五人,贵州十三人。在州者则曰学正,直隶二十一人,山东十一人,山西、广西各十六人,河南、广东各十八人,江苏六人,安徽九人,福建二人,浙江一人,湖南、北各七人,陕、甘共二十三人,四川十八人,云南三十人,贵州十四人。在厅县者则曰教谕,直隶一百十五人,山东九十一人,山西六十一人,河南九十八人,江苏四十六人,安徽四十八人,江西七十五人,福建五十八人,浙江七十六人,湖北五十四人,湖南五十七人,陕西六十四人,四川八十六人,广东七十三人,广西四十二人,云南三十二人,贵州三十三人。至于府州厅县,复设训导,直隶一百四十八人,山东一百十人,山西九十五人,河南一百五人,江苏五十九人,安徽六十四人,江西九十一人,福建七十一人,浙江八十八人,湖北七十人,湖南七十七人,陕、甘共一百三十四人,四川一百二十人,广东九十四人,广西六十三人,云南七十三人,贵州六十人。合而言之,其数盖以千计,皆朝廷之命官,而又皆以正途出身者也。岂谓国家所用如许官员,而竟无一人足以任监院之职,为诸生之望者乎?顾名而思义,所谓教授也,教谕也,训导也,与夫司业、助教,六堂之名目,则所司何事,当必有义不容辞者。即曰恐学问不足以矜式多士,而另延山长,已与朝廷设官之意相悖谬。况监院等事本属学官分内事,而无如大宪不能委而任之,使如许学官坐糜俸禄而一无事事,反出资以添养几多山长、监院。何谓也哉!故余以为如各学官皆不可恃,则不如奏请废之,以节俸糈。若不能废,则当以书院之事,责成各学官督率恒于斯,教育恒于斯。如此则不失朝廷命官之本意,而亦可渐复古时庠序学校之义,又何必生节外之枝,以自树声名也哉!

载1892年2月27日《申报》,第1版,40卷291页

67. 神山春梦(示期甄别*)

中江书院乃皖南四府一州旅居芜湖生童肄业之所,向例二月间由道宪扃门甄别,录取高才生进院肄业。本届新任杨子通观察示期二月十八日举行甄别。惟书院暂为观察

借住,声明届期诸生衣冠赴院,点名给卷,领题散归,限本日缴卷。济济多士,磨砺以须矣。

载 1892 年 3 月 19 日《申报》,第 2 版,40 卷 423 页

68. 赭山秋色(派收学租＊)

中江书院为皖南各属旅芜士子肄业之所,膏火等费出之田租。本届秋稼登场,杨观察札委候补巡检王子维少尹下乡收租,已于日前启行矣。

载 1892 年 8 月 27 日《申报》,第 2 版,41 卷 773 页

69. 鸠水冰纹(勉励诸生＊)

中江书院为皖南四府一州生童肄业之所,由道宪课试,按月一次,向聘上元仇莱之太史主讲席,三春化雨,沾彼儒林。今春,太史入都供职,此席遂虚。杨观察起家科第,爱士情殷,亲手一编,与诸生童互相讨论,而以山长束脩充诸生膏奖,讲舍中人莫不歌功颂德,谓为历来所罕有。兹经观察聘订旌德吕佩芬太史为来年院中主讲,方期菁莪乐育,丕振文风,忽奉恩纶北召,以为深负初心,遂将十月分课卷照常评阅,于本月初三日发榜,附缀数百言勉励诸生,盖援古人临别赠言之义也。并搜索廉囊,将所取等第向有膏奖者统行加倍给赏,其次取例不给奖者,亦按名奖银一枚。八百孤寒,感颂宪恩高厚,几于有口皆碑。

载 1893 年 1 月 2 日《申报》,第 2 版,43 卷 7 页

70. 寒士欢腾

安徽学宪吴肃堂文宗清廉刚正,久已誉满艺林。兹有人至芜湖者,谈及去年星轺过祁门时,有某生等以邑中东山书院经费被董侵蚀,吁求根究。文宗准词,(吊)〔调〕查案卷,知此案已缠讼十一年,且又毫无确据。文宗不忍该生等以区区之故,抛却青灯黄卷,乃自捐鹤俸五百金,作为书院膏火,历年积案一旦冰消。又,太平县萃螺书院向恃芦洲出产为膏火,一遇歉岁,芦苇荡然无存,诸生即无以为事畜之资。文宗悯之,亦捐廉二千金,交地方有司发商生息,以补芦洲之不足。似此栽培寒畯,作育人才,洵不愧经师、人师、大宗师矣。

载 1893 年 3 月 15 日《申报》,第 2 版,43 卷 411 页

71. 赭塔晴光(太史抵院＊)

中江书院去年经杨子通观察聘旌德吕筱苏太史为主讲,拟将课程大加整顿,嗣以皇华命下,星速朝天,遂谆谆致替人相为培植。刻下,太史已乘"安丰"蒲轮眷临鸠水,遂由李篁仙观察治筵送关,一面示期,择于二月初三日甄别。想届时旅居士子负笈来游,得

太史春风嘘拂,化雨滋培,樗材小草,有不欣欣向荣者哉?

载 1893 年 3 月 19 日《申报》,第 2 版,43 卷 438 页

72. 鸠江纪事(新生入学＊)

芜湖新进诸生,黉案由府抄发到县,王邑尊择吉月之廿四日亲率诸生迎送入学,一切典礼饬礼房循例预备。想璧水圜桥之侧,雀其顶而蓝其衫者,自当逐队偕来也。

载 1893 年 4 月 12 日《申报》,第 2 版,43 卷 589 页

73. 皖山拾翠(嘉惠士林＊)

沈仲复中丞莅任以来,加惠儒林无微不至,每月添设孝廉月课,给以膏火资。至各书院甄别之期,生童之于于而来者不知凡几。兹已案发,取列超等三十名,旋牌示辕门,云:本部院捐廉,添一内课,所有上取三十名,于三月初二日整肃衣冠来辕,在花厅接见,讲学论文。其特等、一等不在此列。所有各生奖赏膏火,以及点饭,均系本部院筹备供应。一时八百孤寒,欢声雷动,咸感中丞知遇之恩云。

载 1893 年 5 月 2 日《申报》,第 2 版,44 卷 9 页

74. 芜湖纪事(准补报名＊)

中江书院前于二月初二日甄别,时值学宪考试宁国,旅居芜湖之各生童咸往应试,故人数寥寥无几。李观察因于本月十二日月课时,准宁郡寓芜之各士子补名报考。嘉惠寒畯,洵无微不至哉。

载 1893 年 5 月 3 日《申报》,第 2 版,44 卷 17 页

75. 清风阁题壁(书院月课＊)

本届庆榜宏开,多士摩厉以须,咸效祖逖之闻鸡起舞。芜湖县王大令本拟专行决科,因公事鞅掌,遂于本月廿二日鸠江月课之期,兼试决科,并声明膏火之外,由本县捐廉,厚给花红,以为先声之导。故诸生咸踊跃而来。大令封门扃试。生题:当仁不让于师四章。童题:把之桐。诗题:槐花还似昔年忙,得"花"字。

又闻道宪袁爽秋观察拟于七月初二日扃试中江书院肄业各生,借当决科。惟尚未见明文耳。

载 1893 年 8 月 11 日《申报》,第 3 版,44 卷 726 页

76. 整顿书院以宏造就论

古无所谓书院也,所以教士者,学校而已。天子之学曰辟雍,曰成均,曰泽宫,是为

大学。诸侯之学曰頖宫,是为国学。乡则立庠,州则立序,党则立校,是为小学。凡公卿、大夫、元士之适子十有三年,始入小学,见小节,践小义焉;二十入大学,见大节,践大义焉。余子十五始入小学,见小节,践小义焉;十八入大学,见大节,践大义焉。其比年入学也,中年则考校,一年视离经辨志,三年视敬业乐群,五年视博习亲师,七年视论学取友,谓之小成。九年知类通达,强立而不反,谓之大成。有诗书礼乐以广其见闻,有干戈羽籥以和其血气,有大司乐以掌其教,有乐正、大胥、太师以分其职。凡三德、三行、六仪、四术、五礼、六乐、五射、五御、六书、九数,上自纲常之大,下至术数之微,因序设教,无不备具。故上古人才无不出于学校。自后世临雍讲学之礼废,于是学校变而为书院,故书院者,即古时党庠术序之遗意也。考书院之兴,昉于唐而盛于宋。唐初立六学以造天下士,曰国子学,曰大学。其生徒以大臣子孙为之,曰四门学。其生徒以朝臣子孙及凡民之俊秀为之,曰律学,曰算学,曰书学,其生徒以习其业者为之。而门下省有宏文馆,东宫有崇文馆,其生徒以宗室、功臣子孙为之。自京府以及诸道、州、县皆立学,其生徒以州、县之上、中、下为差,其时既聘名儒硕彦为学官,又不时临幸,命生徒讲经义。而新罗、吐蕃、高丽诸国并遣子弟入学。中宗时又设修文馆,元宗时又置广文馆,立学之盛,近古未有。宋初,立五学,曰太学,曰宗学,曰律学,曰算学,皆隶国子监。宗学又有六斋,曰贵仁,曰大雅,曰明贤,曰立庆,曰怀德,曰升俊。他学废置无常。自三舍法行,则太学始定,凡始入学,试补外舍。逾月,斋长书其行艺试之,优者升内舍。内舍试其行艺,优者升上舍。上舍又别为三等,上等授官,中等俟殿试,下等俟省试。其后,鹅湖、鹿洞讲学者闻安定先生分斋设课,得人尤盛,盖尔时各学并重,所以为科目者不一其格,犹有古时学校之遗风。今也不然,所以程士者,止有时文、试帖之一途,虽能文之士如司马迁、相如、董仲舒之徒,非是则无由进取。国家取士既偏重于时文,则所以为书院者自无不望风而靡,一意于时文、试帖而不暇乎其他。每观今日士子,句读稍明,文理稍通,父若兄即使从事于帖括之学,举一切有用之学、有用之书,皆秘之使不得闻,屏之使不得见,务以一其趋向,专其心志,以为非此不足以掇巍科而取高第也。逢师课、官课、月课,则聚书院,而课以文,推敲经营,尽一日之长,所属不过尘羹土饭,陈陈相因之语。平时散居里巷,酒食游戏相征逐,书院山长亦仅操衡文甲乙之权,而无师表训导之责。其有肄业院中,以经济实学相砥砺,而山长亦能以师道自居,循循善诱,范围不过曲成不遗者,盖一省之中不一二觏焉。夫治国以得人为先,得人以育才为急,本学校之意以立书院,固将以育才而期得人也。方今中外相通,有洋务,有交涉,有各种艺术之学,士之以幼学为壮行,本家修为廷献者,断非时文、试帖所能包涵(该)〔概〕括,而一以时文概之,所习者非所用,所用者非所习,此中西人才之所以不相及,而不能不叹息于书院之立法有未善也。泰西各国无不有书院其为教也,自语言文字以及天文、地理、历算诸学,靡不切其讲求,而若矿务、农政、商务、水师、武备、算学,更有专设学堂,以资教授。故其国既多博雅淹通之才,而专门名家者亦复不少。日本区区岛国,而其国中男女大小书院有三万余所,尝考日本工艺学堂之设,至今仅十有七年,设立大学院亦不过十年,而目前由学塾以升入学院者已形济济,于工艺一道已无不造其精微。此皆广设书院教育得宜之功也。中国之大,反多不及,是中国之耻也。苟欲发愤自强,留意人才,莫若尽书院而整顿之,远师唐宋,近法泰西,各省所有书院一律分斋设课,聘名师,精教授,务为有本有用之学,兼综今古,条贯中西,小以成小,大以成大,不沾沾于时文,以锢蔽其聪明、闭塞其心志。教之者不一其程,取之者不一其格,用之者不一其途,以渐复古时学校教人之意。而又因时变通,先其所急,夫而后人才于以振兴,国家于以强治矣。此整顿书院之举,当局所宜急起立行者也。

载 1893 年 12 月 18 日《申报》,第 1 版,45 卷 729 页

77. 甄别纪闻

中江书院为皖南四府一州生童肄业之所,每年仲春时由道宪命题甄别,录取高才生送院肄习,按月考课,给予膏奖,以为寒畯之助。意至良,法至美也。本年甄别,经芜湖道袁爽秋观察示期于十二日举行。是日,适遇致祭文昌帝君,于五鼓排导诣文昌宫致祭。礼毕,退入尊经阁,危坐待旦。钟鸣七下,应试生童已齐集院前,观察遂升座,督同王、崔两广文点名给卷。应试士子约共六百余人,惟此邦人士向来于点名时喧嚣拥挤,纪律全无,甚至有巍然高坐公案几被掀翻者,故前任监司恒不自临点,而委学师庖代。此次袁观察不以为然,躬自临点。讵点未及半,诸士子故态复作,较前更甚。书吏再三喝止,依然狼突豕奔。观察勃然大怒,将未点生童全行扣考。后经学师婉转代求,始得挨次点毕,仅将当前作俑者扣除二十余名,以示薄惩。是日,生题:智者乐,仁者寿。诗题:赋得"水村山郭酒旗风",得"旗"字。童题:游于艺。诗题:赋得"黄文节,滴翠轩",得"翁"字。按,书院经费仅恃水田数百亩以资膏火,是以超等第一膏奖仅得银饼三枚。袁观察乐育人才,近日正议宽筹经费,增建院舍,令肄业生童悉住其中。又将院后民基购进,添建楼宇,为山长下榻之所。再增置产业,以助膏火,广储书籍,以资弦诵。甫经规划就绪,乃诸士子于点名时仍作狂奴故态,不大负观察之雅意耶?又闻是日有某生故捏"袁观察"三字为名,观察知其侮弄,传至案前,略加申斥,仍给课卷,是亦爱才之一端也。

载 1894 年 4 月 5 日《申报》,第 9 版,46 卷 581 页

78. 中江试士

芜湖中江书院于上月十二日举行甄别,应试生童共有六百余人。兹由观察与山长悉心评阅,南金东箭,尽多远到之器,就中择其尤雅者,计得三百余人,于本月十六日扃门考课。并先期出示晓谕诸生:现由本道捐廉添设经古季课,按年四次,专课经文及诗赋、策论。诸生不乏通理学古之士,务各先期报名,听候示期甄别。按,芜地士习,除八股外,每置十三经、二十四史于高阁,今得贤监司,毅然振起,提倡有方,从此人才蔚起,共趋实学,观察之乐育人才,洵非风尘俗吏所能望及肩背矣。

载 1894 年 4 月 30 日《申报》,第 9 版,46 卷 749 页

79. 皖抚沈奏筹捐书院经费添课经古并创设孝廉堂折

头品顶戴安徽巡抚臣沈秉成跪奏,为安徽省城书院筹捐经费,添课经古,并创设孝

廉堂,以励实学,恭折仰祈圣鉴事:窃维国家储才之道,首重学校,而秀良所聚,涵育熏陶,以为学校之辅者则赖书院。各大省会或二三处,或三四处,分科设教,士气奋兴,体用兼备之才大都出于其内。安徽省城向惟设一敬敷书院,咸丰初年毁于粤匪,匪平以后,择地重建,经费不充,规模狭隘,巡抚及藩臬道府轮流考课,肄业者惟生监,而举人不与焉;专习者惟时文试帖,而经义古学罕讲焉。臣莅任之初,循查月课,察知士多寒苦,根柢之学未深,因将月课考取前列诸生在臣署中添设内课,于应制文字之外,试以经史、论说、词章、杂文,捐廉加奖。又增孝廉课,专考各属举人,优其礼貌,厚其膏火,士有慕名发愤之机,而窃虑无以持久也。光绪十八年间,学政臣吴鲁按试安庆,与臣共论造士之法,亟宜整顿扩充。当议别营讲舍,添聘名师,选士之才俊,而有志者引之,以治经稽古,立孝廉堂于其中,以课乡举之英,借为后进之导,冀其观摩获益,有以昌其学而成其才。只以物力艰难,费无所出,臣与学臣各先捐廉银二千两,并函知所识皖省搢绅之族为大吏于各省者,恳其相助。大学士直隶督臣李鸿章首为之倡,各处闻声相应,陆续先后集捐银一万四千余两,照部议,先建讲舍,分此款以应工需,则于士林转鲜实惠,自以先行开课为宜,而课试所需,如但就款开支,亦复虑其易竭,遂交藩司发典生息,一面订立章程,于敬敷常课之外,就该书院每月添经古一次,各作经解、策论、诗赋,定额五十名。并在院内创设孝廉堂,亦定月试之期,膏奖均量为加厚。其校阅课卷,则添延淹雅之师相与讲求实学,定章以后举行数次,课艺颇为可观。由此循名责实,行之久远,人文蔚兴,不仅以专攻制艺、弋取科名为能,庶几仰副圣朝作人之化于万一。所有掌教束脩、士子膏火,即量岁收息款以备供支,并不动本银,冀堪经久。规划粗定,相应奏明立案。至于建置、斋舍、蒐买书籍,一时力未能及,尚待续筹,次第兴办。所有筹捐书院经费、添课经古,并创设孝廉堂缘由,谨会同安徽学臣吴鲁恭折具陈,伏乞皇上圣鉴。谨奏。

奉朱批:知道了,钦此。

光绪二十年六月初七日《京报全录》第四千八百五十号,甲午年六月十七日《申报》附张

载1894年7月19日《申报》,附张第3版,47卷580页

80. 安徽学政观风纪

安徽学政李筱岩宗师,于上月廿八日行抵姑孰接篆,已志前报。兹闻宗师下车伊始,□□□□□□□□(注:此处缺失多字)六日始进驻节辕。兹已举办观风,行文各州县学校。题目录下:

子曰:事君敬其事二章。七旬有苗格。赋得"受孔子戒",得"廉"字,五言八韵。汉文帝赐南越王赵佗书赋,以"使贾驰谕告王朕意"为韵。屋漏解。问历代海战。王扑论。汤十一征考。拟李义山为荣阳公贺老人星表。太白酒楼记。采石矶怀古,七言,古不拘韵。七言律四首:吕虔刀、王祥履、陶侃甓、祖逖鞭。限于年底缴卷,呈由学官封呈节辕,以观人文之盛。

载1894年12月6日《申报》,第9版,48卷703页

81. 作育人才

芜湖道袁爽秋观察,经济文章久为当世所共称,仰之如泰山北斗。自莅芜以来,尤以振兴文教、作育人才为己任,以中江书院向来只有月课膏火,而无住院肄业之膳修,有志之士因饥驱而阻于上进者不乏其人,每引以为深憾。兹适有钞关书办每次升补在房常川进呈公费,积有千余金,例为观察津贴,乃竟一尘不染,悉数移捐书院。并增鹤俸,将院规大加扩充,俟考试甄别时,挑选前列高才生八人,常年住院肄业,每人月给薪水资五元,使其赡顾身家,专务穷经,以致大用。又从各省采购经史百家有用书籍,使诸生博观约取,学识闳通,不致沾沾于八股一门。所延山长本为旌德吕筱苏太史,今特改聘黟县汪仲伊贤书宗沂接主讲席,约花朝左右可以适馆。观察特委县学王瑞臣广文为监院,并委陈小泉少尹会同制办桌椅床帐、灯屏帷幕等件,并雇工将院中房屋大加修整,丹垩一新,以便山长终年下榻其中,与诸生讲解切磋。非若向时之山长优游私邸,或远隔山河,届时聊阅数篇,甚至错认颜标作鲁公,贻笑通都,播为奇谈也。又闻观察尚须就院后添建藏经楼一座,藏诸所备各种书籍,并辟地数弓,栽植花木,使诸生横经讲业之余,借以怡情悦志,加惠后进,汲引人才,洵可谓无微不至矣。肄业者可不努力精进,以副观察之期望哉?

载 1895 年 2 月 24 日《申报》,第 2 版,49 卷 283 页

82. 幼童蒙赏

芜湖访事人云,李筱岩宗师于正月二十二日秉节出辕,按临宁国府,当未出辕时,曾亲自肩试翠螺书院肄业生童,报名入场者共三百余名。中有曹姓幼童,年仅十二,温文尔雅,秀外慧中,宗师奇赏之,命立案前面试。童不假思索,落笔成文,且字亦娟媚可爱,宗师挈至上房,令夫人赏给荷包,并洋银两枚,勉励一番而出。一时与试者无不为之艳羡不置。

载 1895 年 2 月 25 日《申报》,第 3 版,49 卷 290 页

83. 神山红杏(书院一新*)

中江书院今年经袁观察改聘歙县汪仲伊孝廉主讲,扩充院宇,增设驻院肄业生童八人,优给薪水,使专务经学以致大用。日前,山长已由珂里就道,琴装剑盒,古意盎然,望而知为士林之山斗。当即卸装讲院,所需灯屏帷帐及一切服用器皿,均由监院王广文委员陈少尹逐一置办,即肄业生八人房舍并邺架琴床,亦复丹漆髹垩,位置井然。道宪近已还辕,甄别之期即在目前,负笈来游者已云蒸霞蔚,专候玉尺衡量矣。

载 1895 年 3 月 18 日《申报》,第 3 版,49 卷 422 页

84. 鸠江烟雨(雪天应试＊)

中江书院今年经袁观察慨捐巨款,大加整顿,拟俟甄别,考取前列高才生八人,留院肄业。兹闻院中已整备洁净,观察遂示期于二月二十日甄别。是日,恰值漫天大雪,应试诸君于凌晨时咸冠其冕而蓝其衫,伺候于门墙之外,虽不至立程门之三尺,却亦厚可没胫。俄闻锣声鞺鞳,喝道声喧,则袁观察已命驾而来,降舆升堂,督同监院王广文点名给卷,扃门出题。诸生方入坐构思,其奈雪花飘拂,等于落红成阵。而中书君、即墨侯,亦以冰为骨,不任驱使。观察目睹情形,只得仍令诸生携卷归去,但限于本日缴卷耳。

载1895年3月29日《申报》,第2版,49卷495页

85. 试题汇录

敬敷书院按月经各宪轮流课试,上月二十四日,应轮臬宪课期,今将署臬宪丁潜生廉访示题列后。孔子曰:"为此诗者,其知道乎！能治其国家,谁敢侮之?"赋得"小卯出耕",得"耕"字。

载1895年4月30日《申报》,第9版,49卷707页

86. 皖水涛声(抚宪补试＊)

安庆敬敷书院按月各宪轮流月课外,每年由抚宪考取四季经古。本月十五日,抚宪福中丞补行上年冬季经古,题照录于后:陆剑南夜读了翁遗文有感赋,以"吾曹千载,世论百年"为韵。赋得"梦中夺得松亭关",得"关"字,五言八韵。李二曲、顾亭林学术异同论。《三朝北盟会编》书后。

载1895年6月22日《申报》,第2版,50卷341页

87. 课期未定

安省敬敷书院每月各宪轮流应课,每届月之二十四日出题,次月中旬评定甲乙,悬榜奖赏。今岁闰月,经抚宪福少农中丞添试孝廉一课,录取各属举人。第一名鲁泮林,奖银八两;第二名徐荧,奖银六两;第三名余受之,奖银五两。其余四两、三两、二两、一两至五钱、四钱为止,共取三十三名。又录取各属廪贡生员,取超等三十名,特等一百名,一等三百七十三名之多。录取诸生,无不同声感颂,惟六月二十四日课期应轮升任藩宪王方伯命题,府署礼房预先告白云:本届应轮藩宪之课,适逢接任公事繁多,须候接任后再为定期。及今多日,尚未悬示,而握毛锥以砚耕为业者,无不引颈而望。

载1895年9月2日《申报》,第2版,51卷7页

三 传统教育机构——私塾、府学、州学与书院

88. 方伯补课

安省敬敷书院按月轮流应课,六月二十四日应轮升任藩宪王介艇方伯命题,因方伯接任之时公忙无暇,于七月初八日补行课试。其题曰:吾闻用夏变夷者,未闻变于夷者。诸生卷齐,方伯亲自较阅,评定甲乙,发房缮案矣。

载 1895 年 9 月 22 日《申报》,第 2 版,51 卷 143 页

89. 鸠兹鸿雪(屋归书院*)

皖南牙厘总局已于今秋裁撤,所有该局屋宇,现经关道袁观察详奉抚宪批准,赁与江省米厘总局,每月租金三十四两,禀请拨归中江书院,以资诸生膏火。该屋亦即归书院执业。仰蒙抚宪嘉惠士林,悉已俯如所请,从此讲舍宏开,益见观察培植后进有加无已矣。

载 1896 年 1 月 19 日《申报》,第 2 版,52 卷 115 页

90. 鸠兹鸿雪(扶植书院*)

袁观察莅任数载,每以振兴文教、作育人才为己任,前既捐廉添设经古季课,亲自与诸生讲解条理外,又就中选拔高才生八人,住院肄业,精其膳饮,厚其膏火,俾得日就月将,郁为他年大器。近又捐资广购各省名家及局刻经史子集百数十种,贮之尊经阁,以便肄业诸生讲诵。其中并请准抚宪,将皖南牙厘局房屋拨归书院执业,征收租税,以充膏火。传闻观察尚拟将院后荒废民基价买,增修屋宇,扩充讲舍,俾多选高才生肄业其中。似此汲引后进,以视历任监司临去薄加数百金奖赏以博口碑者,其用心相去奚止上下床之别耶!

载 1896 年 1 月 19 日《申报》,第 2 版,52 卷 115 页

91. 书院课题

皖省敬敷书院按月轮流应课,上月二十四日系藩宪课期,题为:趋造于朝,我不能识能至否乎?诗题:赋得"惟有垂柳管别离",得"离"字。

载 1896 年 1 月 19 日《申报》,第 9 版,52 卷 119 页

92. 襄垣近事(尊经阁成*)

道宪袁观察前出公私泉布二千余缗,委员俞少尹于中江书院内添造尊经阁,云斤月斧,邪许声喧,刻已美轮美奂,爰庆落成。登楼觞咏,则见远眺白马,近挹江光,朝晖夕阴,气象万千。因颜其楼,曰"远景"。即将督、抚二大宪所颁及各家捐送之书籍百有余种,贮之楼中,以被肄业诸生横经讲舍。兹又仿国朝前皖抚朱公石君西湖三祠之例,就

楼下分建先觉、正气、遗爱三祠,供设皖南自宋、元、明以及国朝诸先正,如朱文公、江慎修、戴东元、金辅之诸先生木主七十余位。于上月二十八日五鼓,偕同芜湖县李大令、山长汪太史、监院王广文,鸣驺入阁,分司爵献。并命庖丁预备猪一羊一及水陆珍羞十六碗,敬谨大祭。肄业诸生亦预其事,彬彬乎有文,秩秩乎有礼,洵作育人才、振起世教之盛典也。并闻此后已注定每年三九月由地方有司择期大祭,平时朔望则由山长、监院带领肄业诸生拈香云。

载 1896 年 1 月 28 日《申报》,第 2 版,52 卷 169 页

93. 赭岭晓钟(气象一新*)

中江书院前经袁观察慨捐廉俸,添设经古季课,近又增设驻院肄业生八名,美其斋舍,厚其膏火,俾得一意进取。并禀请大宪颁到各省局刻经史子集百数十种,储之院中,俾肄业者留心披览。客腊停课后,汪山长仲伊遄回珂里,今岁花朝始蒲轮适馆,观察遂示期十五日甄别,怀瑾握瑜之士,咸不远数十百里而来,以冀假阶前盈尺地激昂青云云。

载 1896 年 4 月 7 日《申报》,第 2 版,52 卷 561 页

94. 大观亭题壁(课试推迟*)

安省敬敷书院于甄别后,每月各大宪轮课一次,每届二十四日为课试之期,正月分系抚宪之课,是日因考棚为怀宁县考正场,故改于二月初四日补行。而二月二十四日应轮藩宪课期,又适府试,是日亦怀宁正场,故再将试期改于三月初四日云。

载 1896 年 4 月 15 日《申报》,第 3 版,52 卷 610 页

95. 书院汇志

安徽敬敷书院正月二十四日乃藩宪课期,因是日府试怀宁正场,故改期二月初二日。今将于方伯所命题照录于左。题云:息邪说。义字辨。诗题:"旧学商量加邃密",得"量"字,五言八韵。又,孝廉试题:见贤思齐焉,见不贤而内自省也。赋得"杏花消息雨声中",得"花"字,五言八韵。

二月十八日,课案发出,计超等三十名,特等一百名,一等百七十名。超等:朱宏煐、陈懋棠、郭万英、胡国荣、汪凤埙、杨大鈊、喻九一、何球、朱乾、李可发、王绍阳、杨仁铎、王景奇、喻汝谐、金脩愚、刘时雨、萨炳、储浴、刘灼、郝承斗、吴邵赓、方干、汪端六、孙良辅、李炳熙、江桂山、余震、金铭、王廷槐、杨昆甫。特等前十名:鲁壮猷、杜敬亭、王泽、杨守训、王仲梓、方士坤、贺寅清、陶载赓、冯汝箴、李训诰。

又,各属孝廉录取三十名。第一名李德星,奖银八两;第二名金翊运,奖银六两;第三名姚中林,奖银五两。其余由四两递至一两,又有五钱、四钱者。

又,敬敷书院除每月轮课外,每年分四季考取经古。去年因冬季未考,今于二月十八日补行。试题:释易答音。汉重太守论。清厘隐田议。拟曰香山赋,赋以"立意□文

兼综并举"为韵。赋得"长江绕郭知鱼美",得"江"字,五言八韵。

载1896年4月28日《申报》,第9版,52卷695页

96. 桃李盈门

芜湖访事人云,关道袁爽秋观察为地方培植人才,特于上年举行季课,厚给膏奖,并于中江书院内添设讲舍,派前茅诸生住院肄业。去年所派住院之六生,内有郭君丛经选补学官,观察随于今春补入周孝廉冕忠及添补诸生徐元善、阚宝书二名住院肄业。并于本月初八日举行季课,黎明时派王、崔二广文点名给卷,投考者一百余人。题目录后:《禹贡》疆域包碣石、弱水、流沙、黑水、昆仑,其时诸州贡道悉达河输都,能揣定其方向否?道里远近是否与后代漕运同谊?宋富彦国、刘原父、沈存中先后使契丹论。拟颜延年三月三日曲水诗序一首。滴翠轩修禊。千湖踏青,七律二首,不限韵。初十日酉刻交卷。

载1896年5月1日《申报》,第9版,53卷5页

97. 襄垣谈屑(中江课士*)

芜湖访事人函云,袁爽秋观察于上月甄别中江书院,日前业已发案,计录取三百余人。兹于十六日考试三月分课,黎明时委芜湖县学王广文莅院,点名给卷。生题:又尚论古之人,颂其诗,读其书,不知其人可乎?是以论其世也。赋得"铜似士行",得"铜"字,五言八韵。童题:或学而知之,或困而知之,及其知。赋得"陈言务去",得"韩"字,五言六韵。

载1896年5月10日《申报》,第1版,53卷57页

98. 鸠江琐缀(鸠江甄别*)

李明府示期三月二十三日甄别鸠江书院肄业生童,以后每月皆以十三日课试。

载1896年5月11日《申报》,第2版,53卷63页

99. 书院月课

皖省敬敷书院每月除斋课外,各宪轮流官课一次。兹三月分应轮臬宪,月之初二日,赵廉访命题录左:

文题:子贡问曰:"何如斯可谓之士矣?"子曰:"行己有耻。"

论题:学者为气所胜,习所夺,只可贵志。

诗题:赋得"学然后知不足",得"知"字,五言八韵。

载1896年5月22日《申报》,第2版,53卷141页

100. 书院汇述

安庆访事人函称，敬敷书院向有山长每月官斋两课，评订甲乙，奖给膏火，所有肄业诸生在院在寓，各随其便，□往一人□□，或倩人捉刀，或将所取之名转售于人，己又求考，弊端叠出，甚至在院不安本分，手谭拇战，结伴嬉游，种种恶习，已非一日。顷福大中丞、于方伯、赵廉访会商，妥立新章，札委潜山县、巢县丁、王两广文协助山长督率，名为院长。复谕首郡各学遴选老成典型，可以表率诸生，使之住院约束肄业诸生，谓之学长。嗣后，凡应课者，定由各学注册，转咨到院，届期甄别，以杜朦混云云。

又，书院每届课卷不下千余本，向例领卷回寓，限期交卷，违者不录。奈日久弊生，买名更名，其弊不可胜言。本月初二日廉访月课，命题后限日交卷，廉访亲自检阅，查出雷同卷一百八十五本，发交监院收存备查，概不给还。另有扣卷二本，共一百八十七名，由礼房抄录，黏贴照墙。

上月分臬宪官课，十二日发案，录取超等三十名，特等一百名，一等二百四十名。今将超等录左。

超等：郑衍炜、冯汝简、黄修礼、王镂、朱宏焜、周汝怀、赵之麒、丁汝霖、方履中、王廷谊、王泽、徐石麟、陈世杰、刘宗唐、胡梦元、邰怀□、沈新甲、李德临、李介寿、王仲梓、陈养先、储溶、王乃杞、梅岑、李宏铨、余璆、石秉庚、丁少青、王廷栋、胡琳。

又，臬宪孝廉课案录取超等五名，特等十名，一等十五名，录后。

超等：方凤池、余兆锋、郝秀观、李炯、赵继椿。特等：董其芳、李德星、袁光祖、王汇冕、姜赞襄、童文梓、胡远瀍、沈元鼎、储一燃、周毓萱。一等：胡远芬、张灿奎、段继辉、喻思贤、檀鸿钰、程正枢、吴砺金、徐焜、胡世昌、查文渊、孙汝镒、章其铨、查兆桂、姚中林、沈少琦。

载1896年5月11日《申报》，第11版，53卷227页

101. 襄垣杂志（观察月课*）

袁爽秋观察于本月十四日考试中江书院肄业生童，乃四月分月课也。生题："万室之国"至"故二十取一而足也"。赋得"蔡中郎篆势"，得"文"字，五言八韵。童题：今曰性善。赋得"麦天晨气润"，得"天"字，五言六韵。

载1896年6月7日《申报》，第3版，53卷246页

102. 书院月课

安庆敬敷书院每月官、斋两课，于本月十六日为赵山长斋课之期，题列于后。

高明所以覆物也，悠久所以成物也。律中蕤宾赋，以"仲夏之月，律中蕤宾"为韵。诗题：赋得"程表朱里"，得"融"字。又，经古题：宾载手仇，室人入又，申毛郑义。直庇推句疵利发，申许郑义。田畴、管宁、诸葛亮论。公沙与荀爽割席赋，以"爽违初约，仕至司空"为韵。读昌黎获麟解柳州，观八骏图说。拟昌黎读东方朔杂事诗。

十八日悬题,限二十日酉戌时交卷,逾限不收。

载 1896 年 7 月 6 日《申报》,第 3 版,53 卷 430 页

103. 书院课案

据安省访事人云,敬敷书院五月分应轮首府课试,府尊王汝砺太守于月之初二日扃试,已纪报章。兹补录孝廉文题:序爵所以辨贵贱也。诗题与廪贡同,系以学愈愚,得"愚"字,五言八韵。望日出案榜示,计录取孝廉三十名,廪贡生员仍照曩例,录取超等三十名,特等一百名,一等二百四十九名。

载 1896 年 8 月 2 日《申报》,第 2 版,53 卷 605 页

104. 试题汇录

安庆采访友人云,皖省向有两书院,一曰敬敷,一曰凤鸣,按月官师两课。今岁适应科试,以故凤鸣停课数月。兹经怀宁县吴云涛明府出示晓谕,定于上月十四日开课。生题:"子曰:君子无所争"两章。赋得"绿阴生画静",得"阴"字。五经为众说郢赋,以题为韵。童题:素以为绚兮,子曰礼后乎。诗赋题同。至六月二十四日,敬敷师课,经赵山长援笔命题,黏贴院壁,令诸生回寓作文,限即日酉戌二时交卷。题为:"子曰:君子上达"三章。赋得"风定轩窗飞豹脚",得"飞"字。置经义、治事二斋赋,以"安定胡氏之教如是"为韵。

载 1896 年 8 月 31 日《申报》,第 3 版,53 卷 792 页

105. 滴翠轩尘谭(大令出题*)

代理芜湖县朱蕙卿大令出示观风,洋洋数千言,大有整顿学校士习之意。因篇长不及备录,仅将各题抄录于下:

"夫仁政必自经界始"至"谷禄不平"。朱丝营社,释庄二十五年。毛董最得圣贤之意说。管子治齐、商鞅治秦、诸葛治蜀、王猛治秦优劣论。青苗社仓议。水陆兵制变通得失议。原才。原强。问芜邑利弊。百里奚为典属国赋,以"公卿在位,咸得其人"为韵。赋得"疏雨滴梧",得"疏"字,五言八韵。少温谦卦,尺木离骚图,圭斋唫舫,天池铁画,不拘体韵。

此外,尚有算学题数首,限三日交卷。果有高才硕学,廉奖之外,定须破格提倡。

载 1896 年 9 月 6 日《申报》,第 2 版,54 卷 33 页

106. 迎江寺铃语(两司课士*)

安省大、小两书院,每月轮流应课,向系散卷,现经臬司赵廉访尔巽改章,定例每月初二日在书院扃试。上月初二日系抚宪课期,因事改二十四日举行,少帅因在请假期

内,未及亲临,特委两司命题监课。是日黎明,于方伯、赵廉访先后呵殿临场,府、县学、府尊、提调官及县尊在考棚头门点名给卷,各士子衣冠鱼贯而入,点名后封门出题。投考者约三百余名,每人给发中点,场内委员梭巡极严,诸生交卷,仍分头、二、三牌升炮而出。于方伯、赵廉访至日暮清场后,始各排导回衙。

载 1896 年 9 月 7 日《申报》,第 2 版,54 卷 39 页

107. 敬亭山色(敬敷课士＊)

安庆采访友人云,敬敷书院本月官课应轮藩署举行。初二日清晨,于方伯荫霖亲诣试院命题课试。孝廉题:"诚者,非自诚己而已也"一节。赋得"大田多稼",得"田"字。生题:习相远也。赋得"竹解虚心是我师",得"虚"字。

上月二十四日,福大中丞课试敬敷书院,至本月初四日出案,录取各属举人二十六名,贡监□秀超等三十名,特等一百名,一等二百四十五名。计孝廉前十名:胡远芬、汪镇第、沈元鼎、方凤池、徐淡、沈兆琦、何其敬、汪伯璠、王汇宽、周毓萱。诸生超等前十名:郭万英、施淮琛、王泽、冯汝简、李介春、倪汝楫、吴葆桐、何安澜、汪恭恒、王乃桢。又,上月十六日山长课期,至本月初八日出案,录取超等三十名,特等一百名,一等一百九十四名,计超等前十名:徐炜、杨大铨、金奉璋、王造五、傅梦良、杨承休、马承融、罗厚瀛、邱嘉年、施淮琛。

载 1896 年 9 月 22 日《申报》,第 2—3 版,54 卷 133—134 页

108. 中江浪影(添造斋舍＊)

中江书院近又大兴土木,添造斋舍十间,分颜之曰经义,曰治事,俾驻院肄业者大加推广。并拟就皖南所属府、州、县录取高才生,各设学长一人,导以进取,蔚为后起栋梁云。

载 1896 年 10 月 4 日《申报》,第 2 版,54 卷 207 页

109. 练潭秋影(明府命题＊)

安庆省垣采访友人云,凤鸣书院每月向有官、师两课,连年因彼处他事未及举行。本年七月,前任怀宁县吴云涛明府以事同告朔之饩,未容遽废,因又依期课试,俾多士收以文会友之功。兹者,署县陈明府兆庆于上月二十四日接任后,首先莅院观风。生题:忠信重禄,所以劝士也。童题:斯民也。诗题:赋得"满城风雨近重阳",官韵未详。

载 1896 年 10 月 19 日《申报》,第 3 版,54 卷 306 页

110. 龙眠山卧游记(敬敷师课＊)

安省敬敷书院每月官、师两课,本月十一日为师课期。兹将赵山长命题照录于后:

"今吾于人也"至"非尔所及也"。赋得"黄菊清樽对晚晖",得"朱"字。三寿作朋解。拟陶渊明九日闲居诗,次原韵。

载1896年10月31日《申报》,第3版,54卷382页

111. 皖公山色(书院甄别＊)

安省大书院曰敬敷,每月初二为官课,十六〔日〕为斋课。小书院曰凤鸣,亦按月官、斋两课。前怀宁令吴云涛明府因正值岁科考试,遂将课事暂停。今岁七月间,始举行甄别,因投考卷多,约计有千余本,适是时吴明府升调广德州牧,其卷延至八月中始行出案。现任陈大令于八月二十四日到任,即于九月初补行八月月课,十四日又行本月官课,出示命题。闻以后每月仍归十四〔日〕定例不移矣。兹将题目录左:人人亲其亲,长其长,而天下平。童生题:尽信书。诗题:赋得"一片冰心在玉壶",得"心"字。

载1896年11月9日《申报》,第3版,54卷438页

112. 鸠江雁宇(聘定主讲＊)

前通政使司浙江瑞安县人黄漱兰大银台,现经皖省大宪聘定,明年主讲省垣敬敷书院,并将院宇加大,以便春风化雨,宏奖通儒。月前,大银台特从珂里泛棹来皖,相度规制。旋由于方伯荫霖札调现当芜湖关查船委员娄午峰少尹回省监造,袁观察以少尹现办查船事务,不能立刻委员庖代,是以禀请稍缓月余,将经手事宜一一清理,然后给咨催返省垣。九月十八日,大银台由皖省附招商局"江孚"轮船,言旋珂里。道经鸠水,观察亲诣轮舟拜会,畅叙移时。

载1896年11月10日《申报》,第3版,54卷第446页

113. 舒城红叶(补行课试＊)

敬敷书院每月定期初二日官课,本月轮应道署课期,前任丁廉访已升授浙江臬司,新任道李观察廷箫甫于本月初六日接任,至十二日即补行课试。是日黎明,亲诣试院,启门开课。试题为:或学而知之,或困而知之,及其知之一也。赋得"月上忽看梅影出",得"梅"字。

载1896年11月28日《申报》,第3版,54卷564页

114. 鸠江冬旭(中江课士＊)

芜湖访事人云,道宪袁爽秋观察于本月十六日补试中江书院九月份肄业生童月课。生文题:子庶民则百姓劝,来百工则财用足。童文题:曰吾闻秦楚拘兵。诗题:赋得"拔茶植桑",得"张"字,五言八六韵。

载1896年12月7日《申报》,第3版,54卷618页

115. 襄水寒鳞(返省接差＊)

芜湖钞关查船委员娄午峰二尹岳书，前奉藩宪于方伯咨调回省，监督大书院工程。袁爽秋观察以二尹经手事件未完，暂行咨留，已纪前报。兹经观察查有前曾办理查船之俞平甫参军锡麒驾轻就熟，堪以委令接办，详请前抚宪福大中丞批准，参军随捧檄于上月下浣到差。二尹卸事后，即摒挡行装，向权辕禀辞，于本月朔日起程回省矣。

载1896年12月20日《申报》，第1版，54卷695页

116. 神山鹤梦(鸠江冬课＊)

中江书院除月课四书文艺外，经袁爽秋观察捐廉，添设经古季课，试以论议、表判、解考、序记、史汉、骚选及各种西学等类，以经义、治事分门。本届冬季课之期，袁观察牌示本月十五日亲临书院，扃门考试。是日，观察适因要事赴省公干，随将所命各题发交监院王广文点名扃试。

经义斋题："中孚"至"复六日七分"解。《论语》：四子侍坐言志，分任兵农礼乐说。《贾生明申商论》。谢元晖高斋赋，以"窗中远岫、庭际乔林"为韵。李阳冰篆势。赞太白读书台诗，不拘体韵。

治事斋题：李文饶论。问贾侍中。《左传》说旝为发石车，为炮车之始；《孙子》有五火篇，《通典》即其目备，举历代沿用火攻之法，其制若何？金元明以来，火器何时渐精？论司马温公不应罢《雇役法》。考南宋经总制钱得失。跋前明徐文定《农政全书》。三续《畴人传》义制。

载1896年12月25日《申报》，第3版，54卷726页

117. 皖省杂闻(明府命题＊)

本月十八日为皖江凤鸣书院课期，陈明府兆庆所命之题照录于后。生题：不降其志，不辱其身，伯夷、叔齐与。童题：季随。诗题：赋得"吹葭六琯动飞灰"，得"冬"字。

载1897年1月2日《申报》，第3版，55卷8页

118. 照录芜湖中江讲院现设经(谊)〔义〕、治事两斋章程

一、讲院延聘主讲一位，掌讲授诸生训故、义理、经制、词章之学。仿菊坡精舍、学海堂例，额设学长二员。经义斋定额：正课五名，附课五名。治事斋定额：正课五名，附课五名。外用厨夫一名，门丁一名。院中大小事件以及尊经阁抖晾书籍，借书、还书，不许携出院门一步，以防散失。春秋祭朱子栗主及三祠，以及朔望行香，皆由学长会同监院之县学教谕谨恪司事，呈明主讲办理。

一、院中有尊经阁，阁上藏《四库》书，阁下恭设光觉、正气、遗爱三龛，崇奉先贤朱子

栗主，冠先觉祠之首。阁上藏书于甲、乙、丙、丁四部而外，兼蒐本地方志及乡贤著述未呈进而可传述者，以及象胥貉隶之编、三岛四洲之志，近日津局、沪厂、粤局、京师同文馆所刻西学、方言、格致、化学、天文、测算、灵台仪象、水陆军操、机器、制造、植物、商务、公法、律例等书。教者、授者先要识得何者为体，何者为用，要在正本以御末，不可骛华以绝根。

一、近日书院、学堂、州县庠校、公私义塾最苦难得经师、人师，经济之师往往不在馆时多，即在馆亦茫无授受启拨，俨同病坊冷署，只为颐养之地。此纵高才名士，亦为误人子弟。厚貌深情，心地最不可问。近世名师若李申耆之主暨阳，钱衍石之主大梁，唐确慎之主钟山，陈兰甫之主菊坡，先师刘中允之主龙门，友人朱鼎甫之主广雅，黄元同之主南菁，乃为修己治人，朴实头地，孜孜讲授，多士乃能受益，可举为主讲之法。至于肄业弟子，但贪图月领膏火，俨同干馆，即使每月读书札记，不过撦剿陈言，东抄西撮，罕有心得，一览易见。此等积弊宜与痛除，否则且为泰西各邦学堂执为笑枋，不亦可耻之甚乎？现定掌教老夫子岁修漕平四百八十两，膳敬八十两，节敬分多寡有无，视岁会时以肄业生功课之进退为斟酌。学长二名，岁饩一百五十元。正课肄业生每月廪五元，附课月廪三元，以四季考课优劣为进退。正课缺则补附课，附课缺则以备取补之。学长年终有酬劳，勤者重酬，惰者斥退。诸生勤者如有才识非常、道艺渊茂、拔萃异等之材，准予详请大宪，钦遵光绪二十一年饬下各疆吏荐辟奇才异能谕旨，奏保人才，达之朝廷，听候考验录用。次优者禀请大府嘉奖。又次者准予留斋学习。惰者斥革。四季甄别，巡道扃门面试，有事则委贤员代办。

一、《大戴礼记》曰：人生少而不学，长而无能也；老而不教，死无思也。是故，君子少思长则学，老思死则教。又曰：其少不讽诵，其壮不论议，其老不教诲，亦可为无业惰游之人矣。荀子曰：为学有四要，诵数以贯之，思索以通之，为其人以处之，去其害者以持养之。司马温公、朱子皆本此义以读经史，以教生徒，为其人以处之，知人须论世，不可妄下雌黄也。去其害者以持养之，忿欲害性，平日要于日用事物上，无论动静，独居之地，一面省察克治，一面持静涵养。此即集义养气，开物成务；远大功夫，所植基局。如此，方是真正康庄大路。今日之山长，安知异日朝廷不下征召之敕书，备经筵之顾问？今日之学长诸生，安知异日不膺巷遇之殊荣，通朝籍以序进？且陈先生礼，就本籍诏加五品卿衔矣；唐先生鉴，则奉敕重编《朱子全书》于钟山书院矣。师严道尊，弟子列春官录者，往往皆安定门人，而安定亦奉召长成均备顾问。此皆故事，尽人知之，或出或处，际遇何常！岂非处逸大儒际会特达，有时而为，在位通人，师生交荣，身名俱泰，岂非千古美谈？而乃颓然放倒，视为冷局乎？（此稿未完）

载1897年1月3日《申报》，第3版，55卷14页

119. 接录芜湖中江讲院现设经(谊)〔义〕、治事两斋章程

一、学术同归而殊途，一致而百虑，道混成而自然，术同源而分流。圣门四科造材，温公十科取士，学各成家数，艺各立专门。六官之任，平世必当量材而授；四望之建，闰朝犹知分设为宜。古今学术、治术，最忌笼统、雷同。扬子言，由于独智乃能入自圣门。

心之精微,谓之圣。凡艺事无论何项,皆有圣处独到工夫也。韩愈作通解,斥圆通雷同者为大谬,取特立独行者乃可用。此为近世俗学痛下针砭也。至于明人讲学,拈立一宗旨,妄自尊大,槌提澜辩,竟类于临济喝德山棒之所为。又若墨守一先生之言,或形声名物,或骈散文字,浅学小谞,以此自雄,尤为陋劣。是岂古者三物、四术、六艺、十四学,官分门服习之规制哉?雷同笼统,胸中实不明理,一若一身可以历六官,而实未通晓一官之事,此累代时文之弊也。拈提宗旨,一似传镫授钵,五宗血脉,智者倡,愚者和,是非之心太胜,而阴以济其把持之私。高心空腹,尊己事人,生心害政,贻误学子。此明人语录之弊也。至近来俗学琐碎,竞于文词之弊,又斗筲不足论矣。即如世士指金溪宗旨为尊德性,而以道问学,称朱子此谬悠之说也。德者,内得于己、外得于人之谓。乃有心得而遁世无闷之事,不可言尊性具吾心。若尊性则与释氏之尊心何异?壶公师谓,"尊","遵"古通假字。中庸本意乃谓遵德性,必济以道,问学致广大,必敛之又敛,以尽精微。极高明必复归平实,以道中庸。修温故之业,非知新安有心得;秉敦厚之姿,非崇礼恶能成材?如《虞夏书》之宽而栗,柔而立,愿而恭,直而温,刚而无虐,简而无傲,上下意义,和沛相成,与此文正同词同物耳。若拈提致广大,极高明以为宗旨,岂非词义不完,试问古今有此学问乎?金溪知荆门州讲《洪范》敛时五福;在鹅湖讲君子、小人、喻义、喻利之界限判然,朱子叹为切中学者隐微深痼之病,闻者莫不悚然动心。然则金溪曷尝不道问学乎为学,自八岁习朱子《小学》,稍成人则道于《近思录》。迨此以习四术、六艺、驯至乎三德,铢积寸累,数十年心力,自致淹贯蛊□、陵节躐等,一超直入工夫。今山长诸生皆幸生于朱子之乡,朱子中年治《易本义》《诗书四子集传》,而晚年诲学者,勿言空理,不如言礼,乃为平实。于是有修《仪礼经传通解》之作。而江氏永本之,为《礼书纲目》;徐氏乾学,秦氏蕙田广之,为《五礼》《读礼通考》,理一而分殊,际天而蟠地。汪氏绂及近儒夏燮亦于朱子之学多所发明。学者正朝夕必视北辰,入哄市必立之平,非考亭之归而谁归乎。

一、书院壁间榜示《白鹿号院学规》,所以使学者体认朱子穷理居敬、铢积寸累,工夫由此入门也。至于整齐百家,分析门目,使人人学焉而各得其性之所,近则近出之《輶轩语》,为最简明切要,宜人置案几一本。语中分行、学、文三纲领,乃用保氏乡三物,教人之古义。而又仿汪龙庄言吏治书体裁,将大段节目利病一一爬梳。而又以"书目答问",举出人生必读与备查之书部居系别,示人津梁。故言吏治莫善于学治□说,言学术莫善于《輶轩语》也。近刻《经籍举要》,窃取斯义,故"輶轩"二书,学者不可以不刳心焉。久之,自然造广大;又久之,自然造精微矣。(此稿未完)

载1897年1月4日《申报》,第2—3版,55卷19—20页

120. 赭岭冬旭(诸生待试*)

芜湖访事人函云,道宪袁爽秋观察前因要公赴皖垣,谒见各大宪。兹于上月廿四日乘"江孚"轮船还辕,属吏员弁及水陆防军俱出队至江干恭迓,旋赴道辕禀安。闻观察所创中江书院将于日内甄别,定期明年入院肄业之额。诸生咸磨砺以须,以待及锋而试。

载1897年1月4日《申报》,第3版,55卷20页

121. 接录芜湖中江讲院现设经(谊)〔义〕、治事两斋章程

一、两斋诸生，人给日记簿一本，有颁行格式，计每日行事。日记一本，每日读书日记又一本，每日行事、读书，有敬义分数多少，有怠欲分数多少，必详记之，以为自讼改过张本。有心得则札记，勿剿袭成言，勿有意求深，勿作闲冗枝叶，语须鞭辟近里，著己非实有所得，勿妄下笔，尤忌妄论古人前辈长短，逞空臆以张其谬论，既不切情事，又长虚骄之气。此最恶习也。五日一呈学长，由学长评阅后，再呈山长批改，以存亲师取友、教学相长之古义焉。《四书》义，月一课，常年十课，秋赋之年加《五经》义一首。每季课以古学，不拘论议、表判、解考、序记、史汉、骚选、时务、算学、西学丛书内各出一题。常年四课，以每课六题为率，如经义斋出六题，治事斋亦出六题，愿报考何斋者听。由山长评定甲乙，而有司第其最优、次优、劣等，以差次颁发奖、赠刀、布焉。入院肄业以四季考课为进退，在院学生三次考劣则斥出。

一、经义斋分课：经学，理学，词章之学，经制之学，《周髀》及十种算经之学。

一、治事斋分课：史事通鉴学，三通学，掌故学，时务学。近屡奉朝廷功令，敕所在设立西学书院，现遵采西域专门之实业，镕入中夏大备之成规，斟核名实，别择精英，胪为八门：一曰算学，二曰方言，三曰格致，四曰律法，五曰制造，六曰商务，七曰水陆兵法，八曰舆地测绘。

一、陈同父言："扶危济否之运，有时天地鬼神之力亦穷不能易之。而卒能易之者，人定胜天也。"范蠡杜口于沼吴，葛公晦迹于吞魏，张良先学礼于淮阳，房杜亦从游于汾水，卧薪尝胆，非一朝夕一口耳之功。今世有危言高论者，自诩气节，日饮亡何，而以精卫、刑天自比，空作慷慨激昂之状者，特客气之士为客气所使耳。设使朝廷用此辈人，必大误国事；设使诸生效法此等态度，必无益世道而先履危机。此岂仁人志士、智勇深沉者之所为哉？子贡曰："无报人之志而令人疑之，拙也；有报人之意而使人知之，殆也。"事未发而先闻，危也。今山长、学长、诸生，但使一命之士，存心利济于事，大小必有所裨。亭林先生所谓：士预有责焉者也。博观而约取，厚积而薄发，但当下切实坚苦之功，植根忠孝先务自治，切勿故作激诡叫嚣之行，托迹昌狂，大言欺世，如石介之流，吾无讥焉。

一、朱子论程门高弟，如上蔡定夫龟山，皆入禅学，惟吕规叔不入禅。吕氏初学于横渠，湛深礼学，故根柢厚。朱子答林择之云："比因朋友讲论，深究近世学者之病，只是合下欠，〔却〕持敬工夫，所以事事灭裂。其言敬者，又只说能存此心自然中理，至于容貌、辞气，往往全不加功。设使真能如此存得，亦与释老何异？又况心虑荒忽，未必真能存得耶。程子言敬必以整齐严肃、正衣冠、尊瞻视为先。又言未有箕踞而心不慢者。如此乃是正论。而先圣说克己复礼，寻常讲说于'礼'字，每不快意，必训作'理'字然后已。今乃知其精微缜密，非常情所及耳。"朱子门人黄干等，奉师训，纂辑《仪礼经传通解》三十七卷，续二十九卷，即本集答林择之书之意也。后来慎修江先生作《礼书纲目》《周礼疑义举要》《仪礼释官》，谱《礼记训义择言》《深衣考误》。双池汪先生作《参读礼志疑》辅之。金先生作《礼笺》，易畴程先生作《宗法小记》《考工创物小记》《丧服文足征记》，胡氏

匡衷作《仪礼释官》，次仲凌先生作《礼经释例》，竹村胡先生作《仪礼正义》《燕寝考》。今讲坛改牌曰学礼堂，盖秉朱子及黔中诸老先之遗教也。诸生顾名思义，习礼为先，大树下，茅蕝前，皆可服习；入孝出弟，亲仁爱众，日用饮食，动静语默，无一非礼意之所贯注，无时不当省察克治，何必入庙而后知敬哉！（此稿未完）

载 1897 年 1 月 5 日《申报》，第 2 版，55 卷 25 页

122. 接录芜湖中江讲院现设经（谊）〔义〕、治事两斋章程

一、朱子沧州精舍谕学者云："书不记，熟读可记；义不精，细思可精。唯有志不立，直是无着力处。"如贪利禄而不贪道义，要做贵人而不要做好人，皆是志不立之病。故贺布政长龄辑《皇朝经世文编》，首卷学术门，第一篇即载历城张先生尔歧《辨志论》，大圣大贤之智，不偏物而急先务。颜子所乐乎，箪瓢陋巷者，见其大而忘其小，见其大则心泰，心泰则无不足。学人惟能立志，斯之谓见大，斯之谓不偏物而急先务。吾曹当共勉之。

一、识时务者存乎俊杰，知古而不知近，则不通古今之变，谓之陋儒，乃井蛙拘方之士也。《易·大传》曰：通变者，趣时者也。史称因时为业，据势为资，时势之利病，可不出户窥牖而知之。其惟读《时务报》乎。唐孙樵有读《邸报》文，曾文正每日以圈报一本列入日课。今师其意，山长诸生均月买上海四马路《时务报》三本，传观参究，以洗拘方一曲之陋，以药空谈时务之病。

一、中江讲院规制苦于经费本绌，近年稍稍扩充，人事因循，亦未立延师课士节目，且俟筹得有著之款，经费稍充，仍当仿照鄂垣章程，分设自强学堂，兼聘西师，专肄西学，与讲院分苑设，绝不相掺杂。现在所以姑立两斋者，缘物力太绌故也。至尊经阁藏书甲、乙、丙、丁四部而外，戊方志，己西学丛书，稍引其端，尚未全备，有司之物力、日力不济可知。然使后任同志赓续为之，可以力能支持开拓。日计不足，月计有余，以书籍益人神智，以人材羽仪邦国，是所望于后来之良司牧匡其陋劣不逮焉。光绪二十二年龙集丙申秋，七月初三日丙申写定。

补一条 一、欲通知古今利病，以究心本朝之官书为急先务。读史亦当详近而略远，近则于利病较切，远徒供猎取词藻，胡益哉？且一部廿四史，博而寡要，劳而少功，必卷卷为之校勘，人亦安得有如许日力精力也？每一朝成败利病数大按必须考订，则有远祖先机仲府君之记事本末义例在，其余琐细不足科，而亦烦考据，镂冰画脂，果何用乎？窃以《皇朝方略》不能家有其书，若《圣武记》《啸亭杂录》《石渠余记》，浙局近刊之《皇朝三通》，白云司校刊之《律例编注集成》，礼部校刊之《会典》《通礼》，王氏先谦校刊之《九朝东华录》，以及彭氏绍升之《测海集》《良吏述》，钱氏仪吉之《名贤碑传录》《续良吏述》，钱氏林之《文献征存录》，李氏布政元度之《先正事略》，王大令炳燮之《国朝名臣言行录》正编、二编、三编，皆近有刻板，易于购致，细心绌之，于学术治体皆有先路之导，裨益士大夫神志匪浅。夫玄圣素王未从事百廿国宝书，先治鲁十二公史记，所见所闻之世，倍切于所传闻之世。先务通知宗国利病、时政得失，身为本朝之搢绅，服习一王之制，作天职所当，治分内所当尽者然也。上圣且然，而况吾侪中材以下乎？退之自言于前古，当

今之故,能识其一二大者焉,吕成公编《宋文鉴》,黄漳浦撰《博物典汇》,黄文孝编《明文海》,家有《胜朝实录》《邸抄》,黄陶庵馆钱氏多阅国故《邸报》,故为文深明大略,不为空言。近左文襄馆安化陶公家多识掌故地舆,年四十九始出受军任,涉历疆寄,遂为勋臣。往迹可睹,已若泥古不化,而又不通今日当务之急,欲求免为构瞀陋儒,得乎哉?

安徽巡抚部院福批:前据具禀已批饬照办在案。兹据将所拟章程开折禀呈前来,本部院详加批阅,均系学求根柢,体用兼权。但能教授认真,多士既资造就,人才庶见蔚兴。仰即督饬委员赶将两斋精舍妥速建造完工,购备中西各要籍,访延学行优异之主讲、斋长,择期开办,随时具报查考。仍补禀督部堂并候批示,缴折卷存。九月十四日。

载1897年1月8日《申报》,第2版,55卷43页

123. 鸠江冰影(观察甄别＊)

中江书院新辟经义、治事两斋,挑选高才生,讲求中西有用实学,以开皖南风气之先,俾拘墟陋儒不致于寻章摘句之外,如坐十重云雾,别无闻见。所有章程、院规已录前报。袁观察初拟十一月望日甄别,比因公干,予役皖城,改期于本月初二,有志观光者咸担簦负笈而来。计考经义者六十余人,考治事者四十余人。黎明时,观察排导而来,点名给卷,扃门命题。经义:北江中江南江说。白沙阳明学术论。慈姥矶箫竹赋,以"箫缘所生江南之墟"为韵。牛渚怀古,不拘韵体。治事:武侯治蜀、王猛治秦论。东三省边防考。论测经纬度新法。跋元人《测圆海镜》。

观察因时下诸生于经义、制艺外每多不知西学为何物,是以初次命题皆就目前习惯、易于考核者,俾人思进步,渐导以钩深索远。乃不谓其中竟有东三省不知为某某三省,边防不知为某边疆,展转求问者,烛尽见跋尚多只字不成之卷。是亦可见今世俨然自命为通儒者,语以五洲万国治平之要,辄如两耳塞豆,一叶迷山。今得贤监督苦心造诣,捐廉倡导,想其中自不乏通时达用、应运而出之才,加以磨砺,蔚为朝廷桢干之用,则观察造福学校之功,岂在文翁化蜀之下哉。

载1897年1月27日《申报》,第2版,55卷第153页

124. 皖水锦鳞(课士风波＊)

安庆访事人云,敬敷书院按月一课,每年由抚宪甄别后,藩、臬、道、府各宪挨次轮课。本月初二日,为抚宪邓中丞甄别之期,辰刻,诸生齐赴考棚,应名接卷,衣冠楚楚,鱼贯而入。俄闻喧闹声如鼎沸。询之,知因人数过多,所备试卷不敷散给,未领卷者恐不得肆其且夫尝思之才以博膏奖。于是所谓无哗战士衔枚勇、下笔春蚕食叶声者,乃先反其意而用之,为载号载呶之咏。幸经某廪贡面禀监院及府尊杨太守,饬礼房赶紧补卷,诸生始各归坐,摇头闭目,咿唔构思。是日,文题:能尽其性六句。诗题:赋得"运甓习勤",得"勤"字。

载1897年3月12日《申报》,第3版,55卷第388页

125. 鸠兹近事(山长抵院＊)

中江书院经袁观察筹捐巨款,添建经义、治事两斋,并加广住院肄业额缺正、附课各十名,已于客腊甄别,每斋先选六名,余俟今春开课时再为补足。兹闻汪仲伊山长已于正月下旬蒲轮适馆,卸装甫定,即开洗尘之筵,诸生亦欢迎恐后。观察拟于花朝左右亲莅书院扃试。春风化雨,桃花宏栽,有志者盍亦磨砺以须乎。

载 1897 年 3 月 18 日《申报》,第 2 版,55 卷第 429 页

126. 皖公山色(中丞课士＊)

本月初二日,安徽抚宪邓小赤中丞甄别孝廉书院。文题:居是邦也,事其大夫之贤者,友其士之仁者。诗题:赋得"一片承平雅颂声",得"平"字,五言八韵。

载 1897 年 3 月 19 日《申报》,第 2 版,55 卷第 435 页

127. 牛渚诗情(中江甄别＊)

中江书院于上月初八日扃门甄别,负笈而来者共三百余名,尽多菁莪械朴之才,殊觉南金东箭,美不胜收。道宪择其尤者于上,已前一日登诸蕊榜,旋即牌示,定于三月初六日扃门试月课。惟闻即须举行春季经古季课,使高才生不致专拥高头讲章,侈然自足也。

载 1897 年 4 月 14 日《申报》,第 2 版,55 卷 593 页

128. 皖江官话(方伯课士＊)

本月初二日,乃敬敷书院藩宪课期。是日黎明,于方伯亲莅考棚,应课诸生携筐负笈,群聚听点,由府尊及监院官点名给卷,随即扃门命题。文题:知耻近乎勇。策题:问自强宜以何者为基本?诗题:赋得"所愿弦歌闻十室",得"闻"字,五言八韵。同日,孝廉课文题:斯民也,三代之所以直道而行也。赋题:陆机二十作文赋,以题为韵。试题:赋得"士先器识",得"先"字,五言八韵。

载 1897 年 4 月 15 日《申报》,第 13 版,55 卷 600 页

129. 鸠兹锦宇(整顿书院＊)

中江书院自袁观察莅任,一再捐廉培植,既设经古季课,复又添设住院膏火,讲求中西各有用实学,以期蔚为廊庙清才。数载以来,夏弦春诵,人皆争自濯磨。前岁,观察又捐资就院宇东厢建造尊经阁,广收各省官私名版书籍数百种,庋之阁上,以备住院诸生考核之用。楼由某梓人所包造,约定五年之内不需修理。乃寒暑甫更,墙壁即东坍西塌。乃深斥监造之委员之不善办事,已另委按司狱娄午峰参军重新拆造,务期工坚料

实,经久不渝,始称不负委任。自前月中浣兴工以来,云斤月斧,昕夕声喧。闻一两月内即须落成,缘讲舍已开,诸生莘莘济济,所有书籍皆收藏箧笥,亟候完竣,始可展读。观察作育人才,虽贤父兄之于子弟亦不是过矣。

载1897年4月17日《申报》,第13版,55卷614页

130. 皖江鸭绿(敬敷师课*)

安庆采访友人云,敬敷书院每月分官、师两课,本月初二日为甄别之期,十八日由黄山长举行师课。文题:居是邦也,事其大夫之贤者,友其士之仁者。诗题:赋得"燕语莺啼春事半",得"春"字。

载1897年4月29日《申报》,第2版,55卷685页

131. 皖水双鲤(敬敷书简*)

安徽访事友人来函云,皖省敬敷书院每月官、斋两课,今届丁酉正科,秋间与课诸生均须赴省应试,故府尊方太守(轸连)〔连轸〕出示晓谕,将四、五、六、七等月官、斋两课提前考试。所有四月十六日山长斋课提前四月十二日举行,五月初二日应轮道宪官课提前四月二十二日举行,五月十六日山长斋课提前五月初二日举行,六月初二日轮应府尊官课提前五月十二日举行,六月十六日山长斋课提前五月二十二日举行,七月初二日轮应抚宪官课提前六月初二日举行,七月十六日山长斋课提前六月十二日举行。至八月官、斋两课归九、十两月补试,本府官课照章投考一次,以后不准投考。

本月初二日,敬敷书院应轮臬宪官课之期,是日赵廉访亲莅,点名给卷。其题录左:"孟子曰:尊贤使能,俊杰在位"全章。扬雄论。赋得"山深四月始闻莺",得"深"字,五言八韵。

载1897年5月10日《申报》,第3版,56卷58页

132. 书院落成

安省本有敬敷书院,因基址狭隘,于北门外重为改建。时越一载,工程始竣,计正房二进及东西两廊有房一百余间,每房床铺、桌凳、器具皆备,以为诸生肄业之所。山长亦休息于中。据云,此次工程约费一万六千余金,从此比舍弦歌,讲求中西有用之学,数年以后,必有魁奇特达之士,以副国家造就人才之望矣。

载1897年9月5日《申报》,第1版,57卷25页

133. 廉访课士

安省敬敷书院每月官、师两课,今值大比之年,所有四、五、六、七等月之课业已预先提考。本月初二日,应轮臬宪课士之期,是日清晨,赵廉访亲诣书院点名,命题课试。兹

将题目录左。文题:"孔子曰:益者三友"全章。诗题:赋得"地不爱宝",得"兴"字,五言八韵。策问:今之保甲如此綦严,而盗贼之多如故,有何良法可以绥(静)〔靖〕闾阎,保卫商旅?

载1897年10月13日《申报》,第2版,57卷261页

134. 中江书院课题

芜湖采访友人云,此间士子向除八股五言之外,每置十三经、二十四史于高阁。至于策论、词赋、诸子百家,更视为无足重轻,习之者目为阔疏迂远。自袁爽秋观察莅任后,以提倡风雅为己责,月课之外加考经古。每季合皖南二十三州县挑选高才生,课以经史、策论、舆地、天算诸实学,慨捐鹤俸,优给膏奖之资。其有得列前茅者,将课卷刊以行世,得以士风丕振,人文蔚兴。数年来,登乡榜,捷南宫,平步木天,出宰名邑者已若而人,咸谓械朴菁莪,得自名师之陶育也。本届秋季课题,已于九月中浣晓示,仍分经义、治事两斋计。

经义斋题　经学:《易》与太元卦气相准说。在治忽,《史记》作来始滑解。读《墨子》,证以《易》、《论语》义。理学:敬义夹持说。漆雕开已见大义论。词章:拟扬州箴。黄山云海诗,不拘体。

治事斋题　史学掌故:明市舶开禁、封禁得失若何?恰克图尼布楚市场考。时务学:姚石甫以联庄法办保甲说。厘金与关税弊孔孰多议。算学:今有大小二立方体,大方边、小方边之和三十三尺,二方体相减之余,积以大小方边较除之,得八百一十九尺,问大小边,试以天元衍之。勾股弦设数三、四、五,之外另求整数,无奇零不尽,当用何术?西学:跋列国岁计政要。公法为平战条规说。

载1897年11月1日《申报》,第2版,57卷383页

135. 观察课题

安省敬敷书院本月初二日应轮道宪课试。是日黎明,李廷箫观察亲临考棚,命题监课。兹将题目录左:

国家闲暇,及是时,明其政刑,虽大国必畏之矣。

诗题:赋得"塞鸿声急欲霜天",得"天"字,五言八韵。

载1897年11月18日《申报》,附张第1版,57卷491页

136. 银台课士

安庆采访友人云,省垣敬敷书院每月官、斋两课。本月某日,轮应斋课,山长黄漱兰大银台命题云:《秦誓》曰,若有一个臣。赋得"铜琵琶、铁板,唱大江东去",限韵未详。

载1897年11月18日《申报》,附张第1版,57卷491页

137. 示期观风

皖江凤鸣书院向有生童月课，前经停止。自代理怀宁县袁学昌明府莅任，即示期举行。其示曰：照得凤鸣书院生童月课，前据该司事禀请前县暂行停考在案。兹本县莅任，定于十一月十四日课试，合行出示晓谕。为此示，仰七乡生童一体知悉，尔等务于课期前一日买备印卷，亲身交至公所，以凭填册。是日，各具衣冠，黎明至院，听候点名给卷，毋得观望自误。切切。特示。

载1897年11月26日《申报》，附张第1版，57卷541页

138. 中江书院课题

芜湖采访友人云，中江书院自袁爽秋观察捐廉扩大后，除月课膏奖外，尤注意于经古季课，仿胡安定之例，分经义、治事两斋，实则经史掌故，舆地天算，时务西学，无一不橐括其中。而算学一门，则尤为观察所首倡，由勾股而代数而开方，习此者已有二十余人。从此，风气渐开，日新月盛。他日者，声光电医诸学以及制造机器，均将于此肇其端焉。本月十六日为冬季课期，扃门考试。

经义斋题　经学：真古文《太誓》说。未知，焉得仁？班郑义。理学：朱子驳陈同甫义利双行、王霸并用说。皇极经世辨。词章：代陈伯之答邱迟书。拟曹彬江南句当公事复命谢表。

治事斋题　史学兼掌故：仿陈卧子删节《农政全书》凡例。朵颜三卫考。时务学：土药加厘议。《各国水师兵舰表》书后。西学：铸金银铜三品币制，其轻重之权说。考植物学。曲线说。算学：今有勾股和五百七十五尺，勾弦较二百二十五尺，求勾。试以代数衍之。西法互视即中法四率比例说。设弧矢法，有弦一百五十步，圆径二百五十步，求矢。试以代数衍之。

载1897年12月18日《申报》，第2版，57卷669页

139. 书院课题

安徽怀邑凤鸣书院向有月课，前经停止，现代理怀宁县袁大令学昌仍复举行，示期本月十四日□□□□。兹将题目录左。

生题：子曰：吾尝终日不食，终夜不寝，以思，无益，不如学也。

童题：从吾所好，子之所慎：齐、战、疾。经文：故天不爱其道，地不爱其宝，人不爱其情。诗题：赋得"新松恨不高千尺"，得"堂"字。

生童经赋同题。

限是日西戌二刻交卷，逾时不收。

载1897年12月18日《申报》，附张第1版，57卷673页

140. 山长论兵

芜湖采访友人云，中江书院由新安汪仲伊孝廉主讲席，已数载矣。孝廉心存君国，时以安内攘外为要图。兹闻德人(估)〔占〕据胶州，遂慷慨激昂，拟赴京师，呈请总署，允其带兵前往决战。已于本月初二日返新安珂里，料理行装矣。又闻孝廉以各国有瓜分中国土宇之谬吒，拟在芜湖先练团兵一支，效曾文正公故事，并自言著有《太公兵法逸文》《诸葛武侯八阵图》《李卫公兵法》《云气占候》等书，尤精于奇门剑术，能御枪弹，使不伤人。其然？岂其然乎！

载1898年1月4日《申报》，第2版，58卷19页

141. 龙眠画意(抚宪课士*)

安庆采访友人云，邓小赤大中丞示期二月初二日甄别敬敷书院肄业生。黎明亲莅贡院，点名给卷。迨命题后，始排导回衙，委安庆府方太守连轸监课。是日，文题：能治其国家，谁敢侮之？诗题：赋得"雷起双龙万物春"，得"春"字。

载1898年3月4日《申报》，第2—3版，58卷349—350页

142. 龙眠画意(上丁释菜*)

本月初三日为上丁释菜之期，怀宁县袁明府及府县广文先生，咸于先一日率同致祭诸生演习礼乐。迨是日黎明，邓大中丞以下各员亲谒大成殿，陈设俎豆，敬谨将事，骏奔趋走，肃静无哗，诚大典也。

载1898年3月4日《申报》，第3版，58卷349—350页

143. 示期甄别

芜湖访事友人云，中江书院为皖南四府一州人文荟萃之区，历经道宪袁观察捐廉，于月课之外增设经古季课。又扩充院宇，考选在院肄业生十三人，常年供给膏火。今年观察又重整院规，原聘汪仲伊山长专科经义外，又添聘浙江夏孝廉为治事斋山长，更延举人胡泳堃、岁贡程文伊二君为两斋之长。兹特示期于二月初八日甄别，想文龙诗虎又有一番酣战矣。

载1898年3月5日《申报》，第2版，58卷355页

144. 鸠兹问俗(书院甄别*)

芜湖访事友人云，中江书院于二月初八日甄别，与试者共七百余名，道宪亲临书院，点名给卷。时则春光明媚，柳舞花娇，院中几净窗明，颇足以助文兴也。

载1898年3月18日《申报》，第3版，58卷448页

145. 中江季课

中江书院经袁观察捐廉添设经古季课，仿胡安定分斋教士之法，列经义、治事二斋，命题参以天算、舆地、格致、声光等西学。数载以来，文风不盛。先时，算学一门报名应课者阒其无人，自观察捐廉，广购中西算法书籍，以备肄业诸生学习，自是应课之卷自四五名渐增至十数名，今年更增至二十卷。本届春季肄业者多半回籍岁试，故迟至本月既望始行举行。题目照录于下：

经义斋　经学题：丹书敬义之训。夫子于《坤》六二《文言》发之说。霍山为南岳考。理学题：董子所以度越诸子论。跋温公潜虚。词章题：季咏为执金吾赋，以题为韵。寻山谷寺石中洞题名诗，不拘体。

治事斋　史学掌故题：桑维翰晏延广论。问舟师水战之制起于何时策？时务题：团防议，禁种莺粟虑妨五谷民食议。西学题：论电气吸铁镀金之理。□□□《全体通考》所得新理与明堂铜人针灸图□得失若何？算学题：今有米三万六百石，大小二种船各载其半，但知大船少四十只，而每只所载较小船每只多一百六十石，问大小船只及每只所载石数各若干。今有工程一处，始用工人三百二十名，继发工钱九千二十四百文，但知每工钱数为共用人数七分之一，问其用人□□数及每工钱数各若干。

载 1898 年 5 月 14 日《申报》，附张第 1 版，59 卷 83 页

146. 中江季课

芜湖访事友人云，中江书院经古季课系升任江宁藩宪袁方伯榷芜时创设，专以提倡实学开通风气为先，其课程一以胡安定《经义治事两大纲》为端，而以经史、理学、掌故、词章、西学、格致、时务、算学八门为指归，是以每季课题以此为正鹄。又虑诸生骤难抵于宏通，特于院中创建藏书楼，搜罗各省官私诸刻本及近年译成华文诸西书数十百种，藏置楼中，专供诸生揣摩。更另造斋舍，考选高才生十余人常年肄业其中。数载以来，风气宏开，人才蔚起，皆方伯作育之功也。今者方伯秩晋薇垣，荣行在即，各生感念栽培，情殷芹献，特捐膏火之资，制牌、赠伞、匾额并德政碑一方，镕金伐石，镌刻成文，已于日内衣冠鼓乐，树立院前。非方伯在芜宏奖乐育、嘉惠士林之盛德，曷克臻此！其夏季课题为方伯交卸前所命，兹特照录于左。

经学：大《易》一兼四益说。仁者，人也。读如相人偶之人解。理学：无欲故静说。周子本孔安国注《论语》仁者静。孔明庶几礼乐论。词章：拟颜鲁公放生池记。跋涪翁池州焦笔岩题名。以上经义斋题。

史学掌故：问朱子社仓法可行否？考前明屯卫养兵中监实边得失若何。时务：救荒策。江防海防议。西学：中西钱币考。论重学压涨二力之理。算学：九章勾股法弦和较即为容圆径，试以图解明之。旁要夕桀名义释。以上治事斋题。

载 1898 年 8 月 12 日《申报》，第 3 版，59 卷 704 页

147. 方伯课士

安庆访事人云,本月初二日敬敷书院课期,由署藩宪李廷箫命题。策问:中国者绥四方之地势,合四方之风土,人情而皆协乎中,斯谓之中。然同乎中而不中道,殊难为治矣。五帝以前之史,荒远无征,《尚书》独载尧以来,尧授舜曰:允执其中。舜授禹曰:惟精惟一,允执厥中。汤绍禹之传,懋昭大德,建中于民。武王访范于箕子,论五皇极曰:无偏无党,无反无侧。不明言中,而宅中建极之义备焉。执中固前圣心法,千古莫易矣。而或者曰:自西自东,自南自北,各自为其风气,未可拘于往训。然乎否乎?多士读书研礼,宜求至当,必有能辩之者。论题:经正则庶民兴。

载1898年10月5日《申报》,附张第1版,60卷251页

148. 皖江杂录(臬宪课士＊)

安省敬敷书院向例每月官、师两课,本月初二日为署臬宪郑廉访课期。题为:"子曰:君子和而不同,小人同而不和"至"乡人皆恶之如何?子曰:未可也"。赋得"共荷发生同雨露",得"生"字。

载1898年10月27日《申报》,第3版,60卷408页

149. 皖江课士

安庆访事人来函云,省垣敬敷书院每月除官、师两课外,又有四季加课,例由抚宪命题。兹将冬季经古课题录左:释家有磁针,所指之北极与地球之北极有少差,其理安在?椭圆大小径求周说。问《国语》内政可仿行否?书《汉书》"游侠传"后。又,本月二十一日敬敷书院课题:孟子曰:舜之居深山之中三章。赋得"深丛见孤黑",得"丛"字,五言八韵。

载1899年1月11日《申报》,附张,61卷65页

150. 中江课士

芜湖访事友人来函云,中江书院为皖南道所属四府一州生童肄业之所。前关道袁观察莅任后,创设经古季课。复选高才生十余人常川驻院,分列经义、治事两斋,使诸生中西并进,体用兼赅。并购置经史百家及泰西政治、兵法、舆地、天算各书数万种,存置院中,以备诸生分头讲习。因是数载以来,人文蔚起,斐然可观。现任道宪吴观察亦以振兴人才为己任,凡院中经费由道署捐廉付给者,皆萧规曹随,毫无更易。仲春望日为甄别之期,诸生与试者约六百余人,观察亲自莅院扃试,题为:万物并育而不相害。赋得"千门万户皆春声",得"声"字。童题:仁者无敌。赋得"梅柳渡江春",得"春"字。

十八日为鸠江书院甄别之期,鸠江为本邑士子肄业之所,非他邑所得搀越,故人数较少于中江。是日,吴邑尊亦亲自诣院扃试。生题:"孟子曰:君子所以异于人者"至"人

恒敬之"。童题:"尊德乐道"至"故汤之于伊尹"。通场诗题:赋得"绿杨红杏满春城",得"城"字。

载 1899 年 4 月 5 日《申报》,附张第 1 版,61 卷 569 页

151. 龙眠画意(臬宪命题＊)

安庆敬敷书院每月官、师二课,四月官课应轮臬宪命题。兹将题目录左。子曰:古者言之不出,耻躬之不逮也。子曰:以约失之者鲜矣。子曰:君子欲讷于言而敏于行。赋得"谁识南讹长养功",得"功"字,五言八韵。

载 1899 年 6 月 12 日《申报》,第 2 版,62 卷 323 页

152. 皖公山色(概准与考＊)

安庆访事人云,敬敷书院每月官、师两课,每岁春初由抚宪甄别,录取高才生留院肄业,其余则按月与考,择优给奖。五月初二日,官课应轮道宪命题,毓观察秀以甄别无名之各士不能与课,未免向隅,爰先期晓谕,略谓,五月初二日应轮本道课期,凡读书士子有志观光,无论甄别有无名字,概准与考,并不扃试,限三日交卷。

载 1899 年 6 月 21 日《申报》,第 3 版,62 卷 394 页

153. 皖垣杂录(山长课士＊)

本月十六日为省垣敬敷书院课士之期,由山长命题课试。文题:子曰:"里仁为美,择不处仁,焉得知?"赋题:笔非秋而垂露,以题为韵。试题:赋得"亲贤如就芝兰",得"芝"字,五言八韵。

载 1899 年 8 月 29 日《申报》,第 3 版,62 卷 874 页

154. 鸠江谭荟(书院月课＊)

芜湖中江书院月课向由道宪举行,今届七月课,吴季卿观察定于二十日考试。生题:冯道论米利坚国近与菲律宾岛人争战,如米人胜,则将代治其地;岛人胜,则岛人自治,其治理与米人孰优?童题:狄仁杰论。问议院、学堂、报馆三者为西政之枢纽,中国果能仿行,当以何者为先?

载 1899 年 9 月 5 日《申报》,第 3 版,63 卷 30 页

155. 皖公山色(府尊课士＊)

本月初二日,皖省敬敷书院官课应轮藩宪主政,适汤方伯忧抱采薪,委府尊方太尊庖代。题为:是故,君子先慎乎德,有德此有人,有人此有土,有土此有财,有财此有用。

用德者本也,用财者末也。赋得"月到中秋分外明",得"明"字,五言八韵。

载 1899 年 10 月 1 日《申报》,第 3 版,63 卷 212 页

156. 皖公山色(敬敷课士＊)

安庆访事友来函云,省垣敬敷书院每月官、师二课,本月初二日系道宪毓观察秀课士之期。题为:《尚书》真伪考。潘季驯、刘东星论。问庆寿之典昉于何时,庆贺之仪何代最盛,粤稽今古,其详征之。轮船、轮车、电灯、电线利弊说。寒梅著花未赋,以"十月先开岭上梅"为韵。

载 1899 年 11 月 16 日《申报》,第 2 版,63 卷 535 页

157. 鸠江浪影(中江课士＊)

中江书院月课之外,向设经古季课,以便诸生讲求实学。兹届冬季课期,吴观察于本月十四日莅院命题。论阿文成谏阻加兵事。问近日英搭战事有关大局否?假如海岛在望,欲测其高,远立前后两表,各长三丈,相去五百丈;乃从前表退行六十丈,又立三尺短表,人目与短表齐平,望短表及前表与岛峰参合;复从表退六十二丈,又立三尺短表,望短表及后表与岛峰参合,岛高远若干?

载 1899 年 11 月 24 日《申报》,第 2 版,63 卷 593 页

158. 皖垣小志(敬敷课试＊)

安庆府方太守示期本月初二日课试敬敷书院肄业士子。题为:问伊古儒教独尊,间亦不废释、道两教;自西人来我中土,又有基督教。而诸教中复各自分宗旨,互相诟病,阴肆簧鼓,非剖析其源流派别与其所以得失之理以折衷一是,不足以正人心而维风俗,试各抒心得,勿摭浮闻。泰西议院今日中国是否可行论。一贯解。江间波浪兼天涌赋,以题为韵。拟王文成咏佛郎机遗事,七古。

载 1899 年 12 月 15 日《申报》,附张第 1 版,63 卷 753 页

159. 皖垣杂录(抚宪甄别＊)

敬敷书院向例每年由抚宪甄别一次,取列前茅者准留院肄业。本月初二日,安徽巡抚邓小赤大中丞循例举行。文题:人人亲其亲,长其长,而天下平。试题:赋得"雷乃发声",得"声"字,五言八韵。

载 1900 年 3 月 17 日《申报》,第 2 版,64 卷 432 页

三 传统教育机构——私塾、府学、州学与书院

160. 皖垣琐缀(方伯课士＊)

安省敬敷书院每月官、师二课,本月初二日为藩宪汤小秋方伯课士之期。题为:"有所不足不敢不勉"至"不愿乎其(位)〔外〕"。赋得"暮春之初",得"初"字,五言八韵。

载 1900 年 4 月 17 日《申报》,第 2 版,64 卷 665 页

161. 皖省官场纪事(方伯课试＊)

皖省敬敷书院每月官、绅二课,均应在考棚扃试,以杜弊端。本月二十二日,轮应藩宪汤方伯举行课试,因考棚驻有兵勇,遂令诸生领题回寓,限即日戌刻交卷,逾限不收。

载 1900 年 7 月 24 日《申报》,第 3 版,65 卷 610 页

162. 中江课士

芜湖采访友人云,中江书院为袁爽秋京卿任监司时所建,中分经义、治事两斋,专课经古、策论以及时务、算学。其考列前茅入院肄业者,谓之内课,月支薪水若干。若外课,则虽得与考,不能留宿院中。嘉惠士林,诚可谓无微不深矣。今值冬季课试之期,徽宁池太广兵备道吴季卿观察示期本月中旬某日亲诣书院,给卷命题,限期缴阅。

经义斋题:晋爰田解。所氏得姓考。韩太保不诣延英启事赋,以"摧刚直枉惟在公"为韵。拟杜工部《洗兵马》,用原韵。

治事斋题:读《汉书·张冯汲郑列传》书后。京官用守令说。西域天文始入中国考。弧、三角、边角相求。设如冬至后一日,躔黄道一百零六度,问距纬几何?

载 1901 年 1 月 18 日《申报》,附张第 1 版,67 卷 107 页

163. 鸠兹春景(拟复旧章＊)

芜湖访事人云,中江书院为原任太常寺卿袁爽秋京卿备兵芜湖时所建,迨吴季卿接任后,一切章程仍如畴昔,惟在院肄业诸生日渐寥落,大抵以经义、治事固为根本之学,然当大比之年,仍宜专力于八股,是以监院拟禀明观察重订章程也。

载 1901 年 3 月 14 日《申报》,第 3 版,67 卷 386 页

164. 芜湖双鲤(期待开榜＊)

芜湖中江书院向设经义、治事两斋,在院诸生向以冬季甄别为定。讵本年甄别案至今未出,故诸生无不望眼欲穿也。

载 1901 年 3 月 16 日《申报》,第 3 版,67 卷 400 页

165. 芜邑官场纪事（更定章程＊）

中江书院向归徽宁池太广兵备道主政，兹经道宪吴季卿观察另定新章，不日当出示晓谕矣。

载 1901 年 3 月 19 日《申报》，第 2 版，67 卷 417 页

166. 鸠邑官场纪事（摊补公款＊）

去岁拳匪滋事，省中敬敷书院山长汪欵庐先生经上宪委赴歙县原籍兴办乡团，颇资得力。及事平遣散，亏缺公项至二千余金。事为藩司汤小秋方伯所闻，檄饬皖南各州县分别摊补。

载 1901 年 3 月 22 日《申报》，第 2 版，67 卷 435 页

167. 鸠邑官场纪事（书院课试＊）

鸠江书院为芜湖阖邑生童肄业之所，现经芜湖县陈云湘大令定期二月初二日扃门课试，先期出示晓谕，俾众周知。

载 1901 年 3 月 27 日《申报》，第 2 版，67 卷 467 页

168. 鸠水客谭（山长回院＊）

中江书院山长薛君现已由皖回芜，开课之期大约在二月中浣。

载 1901 年 3 月 28 日《申报》，第 3 版，67 卷 474 页

169. 神山春黛（拟行春课＊）

徽宁池太广兵备道吴季卿观察，定于本月二十日举行中江书院春课，报名应试者实繁有徒。

载 1901 年 4 月 10 日《申报》，第 3 版，67 卷 552 页

170. 神山春黛（仅限皖南＊）

芜湖中江书院向准各省士子来此肄业，本年徽宁池太广兵备道吴季卿观察深恐喧宾夺主，因改定新章，非皖南人不准入院。

载 1901 年 4 月 10 日《申报》，第 3 版，67 卷 552 页

三 传统教育机构——私塾、府学、州学与书院

171. 整顿学校议

欧美望国之治民也,曰教,曰养。中国惟养而已矣,其于教尚未备。何则?中国各府州县弟子员例得隶于学官,以期考课。顾为学官者,学术既乖,流品更杂,类皆卑鄙龌龊、庸安迂疏,但知岁时征敛学租,学使按部所至,伺候奔走,争论新生之贽,自谓职分内所有之事,余非所问也。弟子员数百人,所识面者不过十余廪生,余皆视如陌路。具报优行,以钱为媒,谓为国家设此辈以教育人才,听闻实骇。至各省府州县之有书院,似略存尊师重道之义。苟当轴者能实事是求,课以时务有用之学,当或不无小补。乃所习不过帖括,不及经史;所治不过文艺,不及道德。朔望考课,官师分举,官课则无聊署客,听鼓属吏,灭裂卤莽,苟且校阅。山长名为讲学,实则非位置亲朋,即徇情请托,借讲堂为退老之田园,举桌比为投赠之琼瑰,坐令青衿佻闵辍业荒嬉,群聚萃处,永画纵博,长夜呼饮,甚且横行街市,游手好闲。偶有一二自好之流,攻苦加功,然终朝咕哗,不出三科之墨,罔闻六艺之名,谓为国家养此辈,以冀收大用名义,不亦大乖哉?昔宋晏殊知应大府延范仲淹教授生徒,犹今书院也。其后因其制为学校。然则学校之初固如是。后乃陵夷衰微,以至于今。今之所谓无文无行、无学无教、无足重轻之各府州县学,盖已尽失当时教士之精意矣。今欲植人才、收宏效,必自整顿学校始;欲整顿学校,必合学校书院为一始,议于各省府州县书院,拓精舍可容一二百人,州县书院遴选乡子弟之颖秀者,省府书院各以其地之秀才、举贡,集而肄业焉,礼聘致仕缙绅、学行并懋者,归教其乡,各主本处书院,不论前之官职大小,皆与地方官长抗礼,示尊师也。专任教导,参预选举,其余皆不与闻。教分四科:曰性理学,曰古事理学,曰今事理学,曰物理学。性理学习孔孟老庄及昔贤语录,古事理学习内外史传,今事理学习现行律例、近时章奏及外国现行律例、各国公法、交涉、年季旬日各报纸,物理学习新译欧美人所著各种物理书。其黜陟略用宋、元、明三舍积分法,而变通之法以大课名次并计,以得数多少为先后,造积分册随课升降,岁终简州县书院积分居最、立品优长者升府书院,为秀才。府书院积分居最、立品优长者升省书院,为举人。省书院考其业三,升而皆积分居最、立品优长者,咨于本省督抚,以贡于朝,即会试于礼部,成贡士。各省、府、州、县书院旧有之月课,更定其章程,以待士子之有志上进。而无力居院者,依以上所分四科之目类出一题,试以策论,停止膏奖,有优异者调考相符,一律予以秀才、举人名目。然此特一时权宜之计,但为目前急切而言之。俟新学大明,教术大备,人有专学,学有专教,扩充之、损益之,是在神而明之者耳。近闻粤省督抚陶制军、德中丞合词疏请变通学校科举,借获真才,以济时变,有以知觉斯民为己任者乎,不禁拭目而俟之已。

载 1901 年 4 月 13 日《申报》,第 1 版,67 卷 569 页

172. 芜邑官场纪事(观察课士*)

本月初十日,为徽宁池太广兵备道兼芜湖关监督吴季卿观察考试中江书院之期,委吴可实广文点名给卷。生员文题:"宽则得众"至"感而不猛"。诗题:赋得"莺翔凤翥众仙下",得"仙"字,五言八韵。童生文题:射不主皮。诗题:赋得"古壁有丹青",得"青"

字,五言六韵。限次日六点钟交卷。

载 1901 年 4 月 13 日《申报》,第 2 版,67 卷 569 页

173. 芜邑官场纪事(大令课士＊)

本月初二日,署芜湖县陈大令考试鸠江书院肄业生童。

载 1901 年 4 月 13 日《申报》,第 2 版,67 卷 569 页

174. 龙眠山色(恪守八股＊)

安庆访事人云,余侍御诚格在家读《礼经》,经安徽巡抚王芍棠大中丞延主敬敷书院讲席。侍讲性极迂固,盖擅长八股而不知他学者也。

载 1901 年 4 月 13 日《申报》,第 3 版,67 卷 570 页

175. 芜邑官场纪事(课试改章＊)

芜湖访事友人云,鸠江书院官、师二课向无定期,士子之应课者不免有无所适从之憾。迩者,芜湖县学教谕吴广文可实、训导吴广文士登,援照钟山、敬敷之例,转商芜湖县陈云湘大令,定期每月初二、十六举行,大令允之,据情详禀道署。道宪吴季卿观察俯如所请,刻已立案施行矣。

载 1901 年 5 月 2 日《申报》,第 2 版,68 卷 7 页

176. 书院改课实学议

科举既罢之后,学堂未立以前,开拓风气、培养人才、消弭时变,责尤在书院之山长。按,中国上自京师、省会,下至府县、乡镇,莫不有书院,规抚各异,教术亦纯驳不同,大率切实训迪者十只二三。新政谕下,论者乃有以书院改为学堂之议。窃谓,改书院为学堂,事有数难,不如就书院中改课实学,事不劳而易集,功反手而可成。盖省府县镇各书院无不有资产,即无不有经管资产之人,巨者数万,少亦数千,经管薪水岁或百金、数百金,一旦骤欲改选而更张之,势必胥令洁身引退,其难一。诸生肄业,寒畯为多,官、师两课,恃膏奖为挹注之资,砚田坐食,利券久操。今更定课程,尽变旧制,肄业者必当入院,入院者必限定额。曩日操觚之士、握管为生者,至此皆无从染指,安得万千广厦大庇天下寒士尽欢颜耶? 其难二。山长修脯岁入千百金,承其乏者类多优游养望、旷佚名高,非必如学堂中教习之口讲指画,永夕永朝,劳佚相悬,几如霄壤。改书院为学堂,必易山长为教习,如许山长将何从位置得宜乎? 其难三。至此而欲调剂得中,权衡至当,其惟令为山长者实心课士,屏去词章,改课实学,化无用为有用,斯公私两有所裨益,而时论不至诉病丛兴乎? 考各处书院,本有专课经史、时务、策论者,肄业诸生类多宏通淹雅,于书院造士之义犹为未远。今一律仿照实学书院之例,就经史、时务专门命题,分类角

艺,在山长固衡校稍烦,而多士从此势不能不涉猎有用之书,聪明自好者流益将精研根底之学,上之为朝廷作育人才,下之为乡里化导子弟,其嘉惠士林,裁成后进,功用不但不让于学堂,直视学堂尤推而远之。苟山长人人宏其愿力,大其陶成,数年之后,士风丕变,人尽知学,更何必革除书院,另设学堂哉？本月十四日,本报略谓各书院均设讲堂,俾山长按期讲学,然已视为告朔饩羊。兹者,粤华书院山长丁太史示谕在院肄业生童,大旨谓:学之不讲,圣人所忧。现定于四月十三日开讲,愿听者辰刻诣院静候。讲毕,仍许质问疑义,以为教学相长之资。嗣后,每逢师课期准此。特谕。云云。旨哉言乎,太史殷殷与吾党相期之盛意,盎然流露于楮墨之间。吾知肄业诸生必将观感兴起,有相与奋发于不自已者。使凡为山长者皆以太史之心为心,学术昌明,人才蔚起,富强之效,实基于此。因不禁欣然色喜,而推论之如此。

载1901年6月8日《申报》,第1版,68卷229页

177. 神山夏黛(观察课士*)

芜湖中江书院向章每月二十日考课,兹适太平府举行试事,以故道宪吴观察改于本月初二日举行。届期委吴广文点名给卷。生题:夫颛臾,昔者先王以东蒙主,且在邦域之中矣,是社稷之臣也。赋得"有道带经锄",得"经"字,五言八韵。童题:吾欲观于转附、朝舞。赋得"水影摇丛竹",得"摇"字,五言六韵。

载1901年7月1日《申报》,第3版,68卷368页

178. 皖省官场纪事(中丞课士)

七月初二日,为抚宪王芍棠大中丞课试敬敷书院肄业生之期。生员题:百姓足,君孰与不足？诗题:赋得"邑有流亡愧俸钱",得"钱"字。孝廉文题:水由地中行,江淮河汉是也。诗题:赋得"重农贵粟",得"农"字。

载1901年8月28日《申报》,第2版,68卷717页

179. 赭岭晚钟(改用策论*)

中江书院向章,每月课试时艺。兹者,钦奉上谕,一切考试废八股而用策论,监院吴可实广文因拟于下次月课改命策论诸题。

载1901年9月19日《申报》,附张第1版,69卷113页

180. 芜邑官场纪事(暂缓课士*)

中江书院七月课,轮由徽宁池太广兵备道吴季卿观察主政。时观察方驻节书院,至期饬监院吴广文给卷,暂免点名扃试。

载1901年9月23日《申报》,第3版,69卷134页

181. 书院改章

安庆访事友人云,自科举之制诏废八股、改试策论,各省书院因之一律更章。本月初二日,安徽藩司汤筱秋方伯课试敬敷书院,所命二题,按切时势,非同陈陈相因。一为:昔汉高祖雄才大略,能定暴秦,能亡西楚,而不能制伏匈奴;唐太宗英武明决,能佐高祖得天下,而不能加威高丽,岂天赐智勇亦有时而愚、有时而怯耶?抑有故存其间耶?各抒所见而申论之。一为:问日本改用西法以致富强,其入手处何从,得力处安在?试举其政事之大端而详言之。

载 1901 年 9 月 28 日《申报》,第 1 版,69 卷 163 页

182. 灞上秋光

本月省垣敬敷书院轮应藩宪主政,某日,汤筱秋方伯莅院点名,扃门考课。题为:生财有道义。有天道焉,有人道焉,有地道焉义。选贤兴能策。

载 1901 年 10 月 29 日《申报》,第 3 版,69 卷 362 页

183. 芜邑官场纪事(山长辞职*)

八月某日,中江书院薛山长举行师课,以《近思录》序四子书为六经根柢论命题,误"子"为"字"。诸生见而大哗,山长遂力辞讲席。现由龚幼甫观察另聘高才,宏施化雨矣。

载 1901 年 10 月 31 日《申报》,第 2 版,69 卷 373 页

184. 螺矶寒鲤(中江试士*)

徽宁池太广兵备道龚幼甫观察,择于本月初十日观风中江书院。题为:志于道四句义。关石和钧解。周公营洛土圭测景表。郑韩为春秋战国枢纽论。释卄人。周秦楚汉皖中兵事考。王导、谢安优劣论。《唐书·大食传》补注。程子谓"读书为格致"之一事说。物体凝流二质论。明治维新成于处士说。算法古疏今密,古拙今巧,试详证之。拟刘彦和序志九华山赋,以九华今在一壶中为韵。皖省筹防策。皖南先贤赞。限一月交卷,逾期不收。

载 1901 年 12 月 5 日《申报》,第 3 版,69 卷 588 页

185. 龙眠画意(书院考试*)

本月省垣某书院山长课题:惟善以为实论。管仲为救时相论。通商综核表载:进出货价,惟光绪初元中赢于西,自后每岁不能不绌,试筹一补救之法。既而,抚宪王芍棠大

中丞举行冬季经古课,题为:赵广汉、张敞、尹翁归、王尊论。拟任彦升为萧扬州荐士表。筹满州兵民生计策。拟试经济科章程。印花税行于中国利弊所在议。拟谢宣远集别诗。拟颜延年五君咏。限二十日西刻交卷。

载 1902 年 1 月 7 日《申报》,第 2—3 版,70 卷 49—50 页

186. 鸠邑官场纪事(观察观风＊)

署徽宁池太广兵备道兼芜湖关监督龚幼甫观察下车伊始,循例观风,共得五百余卷。现已寄至省垣,请通人评阅,大约须岁杪始发案也。

载 1902 年 1 月 28 日《申报》,第 2 版,70 卷 163 页

187. 芜水嬉春(观风鸠水＊)

芜湖采访友人云,前署徽宁池太广兵备道兼芜湖关监督龚幼甫下车伊始,即召集多士观风,合徽宁池太广五属生童多至三四百卷。未几,即卸任而去,应试诸士子咸以为江花邱锦付之废纸篓中矣。乃去腊,忽将案发到学中,始知海底珊瑚咸归铁网,且所给膏奖格外从丰。如观察者,真可谓爱才如命矣。

载 1902 年 3 月 14 日《申报》,第 2 版,70 卷 398 页

189. 芜水嬉春(饬改学堂＊)

中江书院分经义、治事两斋,为前徽宁池太广兵备道袁爽秋太常所创,以文章经济甄别士流,并慨捐鹤俸五千金,供诸生膏火,有不足则取诸米厘局以济之。去腊,吴季卿观察来接道篆,奉旨将常关归并税司经理,深恐此后米厘无出,因移书监院,拟即裁去薪水,改作学堂。刻尚未知若何定夺也。

载 1902 年 3 月 14 日《申报》,第 2 版,70 卷 398 页

190. 龙眠画意(改设学堂＊)

安庆访事人云,怀邑凤鸣书院已改为凤鸣学堂,代理怀宁县周大令启运与正、副两广文商定,于月之初九日举行甄别。

载 1902 年 4 月 27 日《申报》,第 3 版,70 卷 692 页

191. 螟矶夏涨(亏欠被控＊)

鸠江书院一切经费向由黄某经理,近被亏欠甚多,被人扭至芜湖县署,控请追究。未知县主柳大令若何核办也。

载 1902 年 5 月 23 日《申报》,第 2 版,71 卷 153 页

192. 安土重迁

安庆访事人云,皖省书院旧址,兵燹后无可查考,久为民间盖屋居住,迄今已四十余年。近忽由赵太(吏)〔史〕禀诸当道,请为清理,以归公用。奈是处居民百余家,安土重迁,咸怀观望之意。日前大宪札委刘大令兆熊暨诸葛少尉庆,促令及早迁移。居民不得已,联名禀请府宪桂太守设法转圜。太守不允,遂诣抚辕陈请,未知能如愿以偿否也。

载1903年8月19日《申报》,附张第1版,74卷781页

193. 皖省仿办存古学堂

皖省大吏现与江督所派调查皖省学务之某观察,议仿湖北存古学堂办法,在省垣藏书楼亦设一存古学堂。现已筹划一切,行将举办矣。(咸)

载1905年4月27日《申报》,第9版,79卷855页

194. 芜湖私塾改良会纪事

芜湖私塾改良会刻已成立,于本月十六日开特别会,到者三百余人。先由会长吴君松亭发明开会宗旨。次,王君孟斋恭祝颂词。次,来宾演说。然后,分送《私塾改良章程十二条》。是日,邑尊沈益斋大令亦乘舆到会,捐助龙洋一百元,以作为开办经费。(九)

载1906年2月19日《申报》,第9版,82卷341页

195. 补纪怀远县真儒学堂冲突事

上月二十四日,怀远县官立真儒学堂副教习杨伯臣偕宫见祖暨该学堂监督宋恒森、教习钮纯斋、杨正甫,至田八澡堂洗澡,并在该处小饮。坐有新学董宋嘉纳者,素有断袖癖。宫见祖知之,密唤娼妓小许、狡童赵三侑酒。宋与赵三有旧,一见恋恋不舍,遂在澡堂欢聚达旦。后被宫泄其事于该堂学生,学生大哗,以教习、监督演此丑行,有坏名誉,誓力去之。迨杨、宋归校后,正拟上课,诸生即面斥其品行不端,彼此争论,几至挥拳。迨二十六日,于县令闻悉此事,反以诸生不应与教习争闹,斥退学生六名。于是,怀邑学界大动公愤,该校全体停课。闻有拟控陈省宪之说。未知如何了结也。(多)

载1906年4月26日《申报》,第9版,83卷255页

196. 苏皖绅士条陈接收贡院事宜之批词

江督端午帅近接苏、皖两省绅士折呈《齐集商会会议接收贡院事宜》,当即详晰批

复,云:查拟建南洋大学堂,将贡院房舍拆卸,什物变卖,改辟市场,岁收地租,佐助修建及常年两项经费。业经会同具奏在案。前接来牍,以贡院自科举停罢,未经检查,恐板片、什物、砖瓦、木料不免时有窃取等情,具见筹虑周详,自应点交商会接管。兹诵《会议接收贡院事宜各》条,尤见悉心擘画。惟内载地基或卖或租,卖则每方约银十两,及两省绅士亦得组织公司承买贡院地皮两则。核与原牍暨原奏不符,应仍照前议,专事招租,收其租息,以作常年经费。至每年每方租银若干,应体察情形,酌定租价,总期商务日见振兴,学堂多所挹注,方为有裨。咨准学部咨开《议复筹建南洋大学堂》一折,奉旨"依议,钦此",咨行前来,应札饬江藩司、宁学司、商务局,督同看管委员,将贡院屋宇什物各项逐一点交江宁商务总会接管。如有短少,惟该委员等是问。并派鄘道光典、吴道学廉、魏守家骅、潘令升、王令元辅、张训导是保、夏举人家瑞、梁廪生荄,认真稽查,以免散失,而昭慎重。希将基地丈量清晰,砖瓦木石分别勘估,规划马路,经营市场,逐项开折绘图具报。并将变卖各物价值、酌定地租银两详细报查。此复。(敬)

载1907年5月16日《申报》,第4版,88卷200页

197. 调查私塾改良

安省沈提学以教育普及须先改良私塾,昨委文大令启赴江西调查私塾改良情形,以资仿效。并兼查《留学生考验章程》云。(孔)

载1908年1月24日《申报》,第2张第4版,92卷282页

198. 改良芜湖私塾

芜湖县地方为商贾荟萃之区,经绅商富贾极力赞成,创办学堂已属不少,乃乡村集镇私塾办法课科与订章不符。现经郑令寿彝调查私塾功课,会绅筹款,一并照章设法改良,并另设师范传习所,以期教育普及。刻已具详抚台立案矣。(政)

载1908年5月19日《申报》,第2张第3版,94卷236页

199. 私塾改良会举行毕业

安省私塾改良会前经吴绅季白、郑君子惠组织成立,开办已及两学期,理应举行初次毕业。故该会刻已停课,特派各会员调查各私塾改良与否及学生程度优劣,并由会长禀请学宪派委会同考试。现奉批示,订于本月二十日举行。

载1908年12月22日《申报》,第2张第3版,97卷788页

200. 私塾改良发给文凭

安省私塾改良会附设师范研究所,上年经会长吴季白君、庶务郑子惠君热心创办设立,县学明伦堂内担任教科诸员,全系义务肄业各蒙师。现届一年期满,客腊分别考试,

经会长禀请学宪颁发文凭,刻于三月初六日在清节堂内育正学堂发给,各生祗领矣。

载1909年4月30日《申报》,第2张第3版,99卷868页

201. 政界醉心旧学之一斑

湘省王壬秋太史为吾国耆宿,著书立说,不求闻达。昨经江督端午帅电邀赴宁,小作勾留,借览六朝山色。旅宁政、学两界纷纷假座公园开欢迎会,以志钦仰。兹悉太史由宁过皖,经沈子培方伯留宿藩署,一时关于年谊、友谊诸君莫不昕夕过从,诗酒缔欢。顷由旅皖湘宦公布传单,订于初五日就湖南会馆开欢迎大会,抚藩以次各员均莅会,觥筹交错,履舄往来,颇极一时之盛。

载1909年7月25日《申报》,第2张4版,101卷366页

202. 筹议私塾改良之苦心

芜埠经孝廉日前提议私塾改良办法,拟首先责任塾师,次责任学生之父兄,凡入私塾肄业,须在改良会报名,以便调查课程。如私塾收徒在三十人以上者,教授合法,每学期受劝学员之检查倘能合格,即认为初等小学,并筹百金以资津贴。

载1910年7月17日《申报》,第1张后幅第4版,107卷274页

申报

清末安徽教育史料辑录

下

周乾 编著

时代出版传媒股份有限公司
安徽教育出版社

四 学政、劝学所、学务处与教育机构

1. 安徽学政祁奏恭报接印日期折子

翰林院侍讲学士安徽学政祁世长跪奏,为恭报微臣接印日期叩谢天恩事:窃臣于五月二十三日钦奉恩旨,简放安徽学政。六月二十二日具折请训,谨即束装就道,八月二十九日行抵安庆府驻扎衙门。九月初二日,准前任学政臣景其濬委员赍送安徽学政关防一颗并文卷书籍等件前来。臣恭设香案,望阙叩头祗领,即于是日到任。伏念学政一官因地施教,有转移风化之责,安徽人文素称朴茂,惟经兵燹后急须加意培植,臣质性庸愚,学识浅陋,惟有廉谨持躬,朴诚教士,以期仰副朝廷教育栽成之至意。所有微臣接印日期并感激下忱,理合缮折叩谢天恩,伏乞皇太后、皇上圣鉴。再,庐州、凤阳、颍州、六安三府一州课试,业经前学臣景其濬考讫,臣谨当赶紧出棚,次第接考,合并陈明。谨奏。

军机大臣奉旨:知道了,钦此。

同治十一年十月初五日《京报全录》,壬申十月廿七日《申报》
载 1872 年 11 月 27 日《申报》,第 4 版,1 卷 718 页

2. 内阁学士景恭报卸事日期折子

内阁学士臣景其濬跪奏,为恭报微臣卸事日期仰祈圣鉴事:窃臣于六月二十四日将考过科考五棚情形奏报在案,嗣于七月十三日由凤阳府起身,二十二日回省。新任学臣祁世长于八月二十九日抵皖,九月初二日接篆。臣即委令安庆府学教授张承庆赍送乾字二千九百八十七号关防一颗,并一切文移档册,均交与学臣祁世长祗领。臣即于是日交卸。所有微臣交卸日期理合缮折具奏,伏乞皇太后、皇上圣鉴。谨奏。

军机大臣奉旨:知道了,钦此。

同治十一年十月初五日《京报全录》,壬申十月廿七日《申报》
载 1872 年 11 月 27 日《申报》,第 4 版,1 卷 718 页

3. (皖抚英)又奏恭报学政幕友姓名籍贯夹片

再,学政幕友姓名、籍贯例应奏明,兹准新任学政臣祁世长来咨,共延幕友四人:一蒋世奇,广西桂林府全州举人;一张堪庶,湖南长沙府醴陵县举人;一钱寿霖,湖北黄州府蕲县拔贡;一华泽钧,湖南常德府武陵县附员。均非籍隶皖省等因到臣,除函嘱严密

关防外,谨附片具陈,伏乞圣鉴。谨奏。

军机大臣奉旨:知道了,钦此。

同治十一年十一月十五日《京报全录》,壬申十二月十七日《申报》

载 1873 年 1 月 15 日《申报》,第 5 版,2 卷 51 页

4. 皖抚英代奏学政到籍日期夹片

再,翰林院编修郭怀仁于交卸广西学政后,请假四个月回安徽原籍营葬。恭奉谕旨允准,当即由粤起程,于四月初七日到皖,俟假满即行回京供职。现由该编修请将到籍日期据情代奏前来。臣复核无异,理合附片具陈,伏乞圣鉴。谨奏。

奉朱批:知道了,钦此。

同治十三年六月初九日《京报全录》,甲戌六月廿二日《申报》

载 1874 年 8 月 4 日《申报》,第 5 版,5 卷 119 页

5. 教官署事苦况

归来居士稿

广文一职,每年仅有俸银四十两,不足以养一身,全赖新生束脩,以作在官食用。今皖省捐纳试用者不下数百人。上宪见其人多,定以署事一年,即行改委,往往有委于闲空之年未曾送考而即改委者。又有实授人员一到而即使卸事者,以致因官受累,负债难偿。但吾儒一世读书,煞费许多气力,博得一官而犹半路向隅,沿途托钵,殊足令阛阓子而笑读书之无能谋生也。且朝廷命官,原为荣人,而因官受累反为轻士,是所望于上宪筹立善章,使无觖望,否则尽有署事一年,未曾送考,衣裳典尽,负累多人。种种情形,笔难尽述,恐读书者亦当为之气沮也。

载 1875 年 3 月 29 日《申报》,第 3 版,6 卷 278 页

6. 二月十三日由皖城搭载轮船前赴五河县学任所偶成

陶园主人甫稿

携将书剑附飞轮,快作乘风破浪人,两岸好山看不尽,壮游犹是苦吟身。 广文不算宦途人,首蓿盘飧那厌贫,且脱金貂还酒账,融融天气已回春。 藩垣丝竹耳祈倾,俟尔莺鸣出谷声,从此郑虔名及远,长官两命掌文衡。 风光明媚雨初晴,桃李欣欣又向荣,莫道芹宫官不贵,朝廷宠命作先生。

载 1875 年 4 月 2 日《申报》,第 3 版,6 卷 294 页

7. 书前报《教官署事苦况》后

月前,本报列有"教官署事苦况"一则中云:皖省现今捐纳试用之教官不下数百人,

上宪见其人多，定以署事一年，即行改委，若委署不在办考之年，仅得俸银四十两，因此受累负债者甚多。是所望于上宪筹立善章，使无觖望云云。昨有友人谈及此事，以为为上宪者，凡在部下候补之人，均宜代筹善章，使无觖望，不徒候补教职一班已也。予曰："子真可谓明于责人而暗于责己也。夫皖省教官之缺，不过百余，今候补之人乃有数百，是以数人而候一缺矣。如令尽将实缺之人撤任，改委候补之人员，署事仅以一年为期，亦必须数年而后方能一轮。若再宽其岁月，必待办考之后方令卸事，反至实选人员候其完竣，岂非候补者反似实缺，实缺者反为候补。有是理乎？若令署事已经一年，惟未经办考，再行补委，必令其办考而后已。是名次在前者屡次连委，名次在后者终身不能望得一委。又有是理乎？今为候补之人责备上宪不筹善章，倘使候补之人一旦得为上宪，恐亦难筹善章也。子果有何妙术能筹善章，使候补之数百人人人皆无觖望乎？天下之事，便于此者，必不便于彼，此一定之理也。人少则易于位置，人多则难于调停，亦一定之理也。使果今日候补教官仍如昔日之少，则轮委自易，即久任亦不难也。何也？彼时则十缺仅有候补之一人，今日则一缺而有候补之数人，缺不加多而人则日益，恶在其有善章也？然捐教而候补者，身在本籍，当有旧业，有田者尚可躬耕，无田者亦可笔耕。若不改寒酸气象，尚可无困窘情形，较之匏系一微官，蓬飘数千里者，尚属有间。吾最不解今之捐官者何心也，动则怨望上官不肯调济下僚。不知彼为上官者，又安能神通广大，使一缺化为十缺，一差化为百差哉！明知一省之缺有定，一省之差无几，而故身入其中，以作万有一然之想。及至缺既不得，差亦绝望，不悔己身之所谋不臧，反怨上官之所待太薄，不亦慎乎？兵法云：知己知彼，百战百胜。今之捐官者先昧于知己知彼矣，又安望百战百胜乎？子夏曰：学而优则仕。今之捐官者，岂皆学优之人而必勃勃欲试乎？亦未见其然也。夫捐官之人岂无得意者乎？然失意者多，得意者少，得意者偶，失意者常。奈何见偶然之得而甘为常然之失，竟忘其失者之多必能为得者之少乎？此亦未免自欺也。故吾谓其不解也。古者，四民之子各世其业，今虽无此限制，然奈何不拘何色之人尽欲为仕宦之人乎？岂非以仕宦为财利之场？不知其反为冻馁之地乎。故吾愿世之捐官者，勿先暗于责己、明于责人，而动怨上宪不筹善章，曷不易地而居，己亦能代筹善章否乎？"

载 1875 年 4 月 10 日《申报》，第 1 版，6 卷 321 页

8.（安徽学政祁世长）又奏请给假回里扫墓夹片

祁世长片：再，臣父隽藻下世十有一年，臣服阕离乡已逾入稔，渥荷恩累迁（竣）〔峻〕秩，更承简命视学皖省，岁已四周。今年任满交卸北上，道经直隶之阜城县，距臣籍山西计绕道仅五六程。〔合〕无仰恳天恩，赏假一月，俾臣得旋里祭扫，稍尽孺慕之诚，则感戴仁慈，实无涯涘。一俟假满，即行入都，恭复恩命。所有臣请假省墓下忱，理合附片具奏，伏乞恩准，不胜战栗屏营之至。谨奏。

军机大臣奉旨：祁世长着赏假一月，钦此。

光绪二年十月十一日《京报全录》，丙子十月廿八日《申报》
载 1876 年 12 月 13 日《申报》，第 4—5 版，9 卷 566—567 页

9. 皖抚裕奏为新任学臣因病出缺折子

安徽巡抚臣裕禄跪奏，为新任学臣未及到任，因病出缺，请旨简放，恭折仰祈圣鉴事：窃据署凤阳府宿州知府匡森林申称，据新任安徽学政杨鸿吉家丁报称，家长杨鸿吉由己未科进士签分吏部主事，洊升大理寺少卿，本年八月奉旨简放安徽学政。九月三十日行抵安徽宿州，因途中感受寒湿，染患病症，服药罔效，于十月初八日因病出缺等情，由该州申请具奏前来。除饬该州将该学政身后事宜妥为料理，护送回江苏丹徒县原籍，并咨现任学政臣祁世长查照外，所有安徽学政一缺相应请旨简放，以重职守，谨会同两江督臣沈葆桢由驿驰奏，伏乞皇太后、皇上圣鉴训示。谨奏。

奉旨：已录。

光绪二年十一月初六日《京报全录》，丙子十二月十一日《申报》
载 1877 年 1 月 24 日《申报》，第 4 版，10 卷 82 页

10. 安徽学政祁奏交卸学政日期折子

内阁学士兼礼部侍郎衔安徽学政臣祁世长跪奏，为微臣交卸学政日期恭折具陈，仰祈圣鉴事：窃臣于九月初三日已将代办江南文闱监临出闱日期恭折奏报在案，初四日即由金陵回太平府驻扎衙门，办理武生监录科，并清厘各属批发案卷及日行事件。新任学臣龚自闳于十二月初一日行抵太平府，臣谨将安徽学政关防一颗并卷册、书籍等件于初四日委员赍交，学臣龚自闳敬谨接受任事。臣即于是日交卸，翌日起程北上。再，臣前于奏报出闱日期折内附片吁恳赏假一月回籍，已蒙恩准，拟行抵直隶时，臣即遵旨绕道回籍。所有微臣交卸学政日期并回籍感激下忱，理合缮折具陈，伏乞皇太后、皇上圣鉴。谨奏。

军机大臣奉旨：知道了，钦此。

光绪三年二月初三日《京报全录》，丁丑二月二十日《申报》
载 1877 年 4 月 3 日《申报》，第 4 版，10 卷 294 页

11. 安徽学政龚奏为接印日期折子

新授安徽学政内阁学士臣龚自闳跪奏，为恭报微臣接印日期叩谢天恩事：窃臣蒙恩简放安徽学政，当即在江苏途次拜发谢折后，星驰就道，十二月初一日行抵安徽太平府学政驻扎衙门。初四日，准前任学臣祁世长委员赍送安徽学政关防一颗并文卷、书籍等件到，臣恭设香案，望阙叩头祗领，即于是日到任。伏念臣一介庸愚，叠司文柄，学政一官有转移风化之责，皖省人文素称朴茂，兵燹之后尤宜培养人材，惟有严密关防，矢勤矢慎，以期仰答高厚鸿慈于万一。所有微臣接印日期并感激下忱，理合缮折恭谢天恩，伏乞皇太后、皇上圣鉴。

军机大臣奉旨：知道了，钦此。

光绪三年二月初三日《京报全录》，丁丑二月二十日《申报》
载 1877 年 4 月 3 日《申报》，第 4 版，10 卷 294 页

12.（皖抚裕）又奏学政幕友姓名籍贯循例奏明夹片

裕禄片：再，学政幕友姓名、籍贯，例应奏明。兹接准新任学政臣龚自闳来咨，共延幕友五人：陈克劬，江苏举人；彭湘，江苏廪贡生；张明健，湖南附生；朱傅元，江苏岁贡；张维崧，江苏举人。均非籍隶皖省。所有姓名、籍贯，遵例开单咨送到臣。除函嘱严密关防外，理合附片具陈，伏乞圣鉴。谨奏。

军机大臣奉旨：知道了，钦此。

光绪三年二月二十三日《京报全录》，丁丑三月十一日《申报》
载1877年4月24日《申报》，第4版，10卷366页

13. 皖抚裕奏学臣因病出缺循例兼署并请简放折子

安徽巡抚奴才裕禄跪奏，为学臣因病出缺循例由奴才暂行兼署，请旨迅赐简放，恭折驰陈，伏乞圣鉴事：窃奴才于四月初八日接据太平府知府沈镕经禀，据家人陈升禀称，家长原任安徽学政工部右侍郎龚自闳，系浙江仁和县人，自去冬考试完毕，气喘旧疾复发，延医调治，日渐痊愈。不意于本年闰三月复中风寒，牵动旧恙，咳喘交作，医治罔效，于四月初一日酉刻因病出缺，呈递遗折一扣，并将学政关防封固，同文卷等件呈府，由该府委员赍送前来。奴才查龚自闳自简任安徽学政以来，首以端士习、维风化为急，按临之处，关防严密，弊端尽除，披阅文卷，恒夜以继日，拔取公允，尤为士林悦服。兹岁科两试业经考毕，遽因感受风寒，旧恙复发，遂致不起。查其身后肃条，有逾寒素，已由奴才循例于四月初八日暂行兼署外，所遗安徽学政员缺紧要，相应请旨迅赐简放，以重职守。所有学臣因病出缺及奴才循例兼署缘由，理合恭折由驿具陈，并将其遗折恭代呈递。伏乞皇太后、皇上圣鉴训示。谨奏。

奉旨：已录。

光绪五年五月初六日《京报全录》，己卯五月十九日《申报》
载1879年7月8日《申报》，第4版，15卷30页

14. 皖抚傅奏为循例陈明学政幕友姓名籍贯夹片

傅庆贻片：再，学政幕友姓名、籍贯例应奏明。兹接新任学政臣孙毓汶来咨，共延幕友六人：熊祥谦，四川举人；吕光，云南举人；范轼，湖北拔贡；张毓冀，山东副贡；顾光昌，江苏廪贡；韩景儒，江苏副贡。均非籍隶皖省。所有姓名、籍贯循例开单咨送到臣。除函嘱严密关防外，理合附片具陈，伏乞圣鉴。谨奏。

军机大臣奉旨：知道了，钦此。

光绪五年九月十二日《京报全录》，己卯九月廿四日《申报》
载1879年11月7日《申报》，第5版，15卷519页

15. 皖学政孙奏查明抚臣被参各款复陈折

安徽学政臣孙毓汶跪奏,为遵旨查明抚臣被参各款据实复陈仰祈圣鉴事:窃臣于三月二十一日恭奉寄谕:"有人奏安徽巡抚裕禄信任劣幕陈应璥、余青照,盘踞把持,物议沸腾等因,钦此。"臣跪读之下,仰见我皇上整饬官方、严防弊混之至意。当即备录原参各节,密札布政使卢士杰、按察使胡玉坦,确据见闻,详稽档册,缕晰声复,以凭核办。兹据该司等会衔禀复,并开具按款详查清折前来。据称,查陈应璥,年六十四岁,浙江绍兴府人,向在安徽游幕多年,经前藩司吴坤修于署理巡抚任内延请入幕,办理钱谷事宜。裕抚院并非与其有旧,因闻其人品学尚优,素不与人交接,是以照旧延请,并非盘踞把持,亦无声名狼藉情事。余青照系俞青照,年五十□岁,浙江山阴县人,前任广东巡抚张任皖藩时延办钱谷,裕抚院由藩司升任,遂延抚署,仍办刑钱事宜。抚院事必躬亲,紧要事件皆与司道公同定议,或手书密商,审择而行,幕友不过随办例行公事,校对档案。至加盖图章,系各处幕友向来如此,无关轻重,而画稿定案皆系自行裁决,并未闻有惮幕不惮官之说。如果幕友肆行贿赂,物议沸腾,则在省司道以下各官亦岂毫无闻见?原奏所谓信任纳贿各节实无确据。又,查已革道员裕庚,本系安徽候补人员,光绪元年随英前抚赴粤,因案革职回京,经直隶总督李委办赈务,平棠出力,奏奉谕旨赏还布政使衔。五年冬间来皖,裕抚院因虑江防有事,该员久在皖营,情形熟悉,是以留于防营,借资差遣。七年,饬委会办报销事件,该员勤慎自守,绝不与闻地方公事,即司道亦并未时常见面。原奏所谓交结州县,能无招摇而不通声气等语,原系拟议之词,不能指有实据。至报销事宜,均系循照例章办理,其截数造报,向由藩司核明盖印,详咨裕抚院。任内报销之案,由历任藩司会督局员先发,办过五案均已奉到部复核准,其一切用款迭经奏咨裁并,如各营长夫、马夫、委员杂项等款,均经分别裁减,确有案据可凭。现在用款几如数米而炊,销数亦如画地自限,既无滥支滥应之弊,则报销之案一切实用实销,无所用其弥缝。且该员亦止于查造册籍,勾稽数目,并不经手银钱。所有原奏弥缝销款各节实无其事。又,查彭禄本系安徽候补同知,于同治九年到省筹办协饷出力,经钦差大臣左奏保补缺后,以知府用。同治十三年,委办转运局。光绪二年,调办捐输局。五年,过知府班,请咨引见,十二月二十七日回省,六年正月初五日委署宁国府事。因新疆军务平定,筹饷出力,案内经钦差大臣左奏保补缺后,以道员用,其委署宁国府事系在引见回省以后,原奏所称,未经回省派委署事等语,实无其事。又,卷查皖省捐输前经部议,只准在本省设局收捐,收数本亦无多,旋于光绪五年停捐撤局,皆系随收随解,有档可凭,捐生缴捐例有定数,无从侵渔,何能陡致巨富?至候补知县沈鉴,现在皖省厘局当差,光绪元年因开办芜湖关务,派令赴部抄录册案章程,二年派充芜湖关委员,五年十二月委署巢县,六年八月交卸。因新疆平定,筹饷出力,经钦差大臣左奏保补缺,后以直隶州用。七年九月,始委办盐河厘局。其先后奉委差缺年月均有间断,并非络绎;而委解税册,委解吉林饷银,皆非优差,尤为人所共悉。原奏所谓纷纷传说"幕中有人好作官"等语,委无其事,其彭禄、沈鉴二员,所得西路奖案,钦差大臣左因新疆底定,奏明查取历年各省关筹办西征协饷各员,择其尤为出力者,准予保奖,由陕西抚院咨皖查开,汇案保奏。该二员历办厘税、转运捐输，实系历年筹饷尤为出力之人员，是以由前署藩司王思沂开单，呈请裕抚院咨送保奖，俱有案卷可查，实无徇私冒滥情弊各等语。以上各条，臣详加复核，该司等所称尚属实在情形，伏念臣自到皖以来，两周通省，再至省垣，每遇接见地方官吏，佥称抚臣廉正持躬勤明，率属三年之久，并无异词。比与抚臣闲晤，谈及各属民风吏治，曲折周知，其并非专任幕僚，毫不加杂，自难逃圣明洞鉴。至原参陈应璈款内之"盘踞把持、声名狼藉"，余青照款内之"肆行贿赂，物议沸腾"，裕庚款内之"交结州县，声气招摇"，彭禄款内之"办捐致富，豫委署事"，沈鉴款内之"纷纷传说幕中有人"，据该司等确查，均无其事，臣亦未有所闻。其裕庚办理销案并无弥缝，该彭禄、沈鉴筹解甘饷实有劳绩，皆按籍可稽，不容虚捏。至于督抚衙门不无一二亲信旧幕襄办稿案，其得力属员差委较多，亦系事理之常，但无偏纵弊端，均可毋庸置议。惟查报销一局，为皖省军需销款，出入总汇之地，剧要甲于各局。今裕庚以离省已革之员，在局办事，虽据查并无原参劣迹，而外论易启猜嫌，可否请旨饬下抚臣，将裕庚开去报销局差，抑或饬令回籍，以息浮议之处，恭候圣裁。所有臣奉旨查办缘由，据实缕晰复陈，是否有当，伏乞皇太后、皇上圣鉴训示遵行。谨奏。

奉旨：已录。

光绪八年五月十五日《京报全录》第一百二十一号，壬午五月廿五日《申报》附张

载1882年7月10日《申报》，附张第2版，21卷59页

16. 校官自缢

皖省含山县张校官，六安州人，该州风气强悍，官其地者素借董事为羽翼。张耳濡目染，未免威福自擅，遂受武断乡曲之名。上年得选是缺，以该县学署被毁，相沿乔寓于运漕地方，该镇有素稔张者，遂借张之伎俩，引张为护身符。张于是又声名（藉）〔狼〕藉矣。适有流寓某姓一女，年已及笄，张延之署内，未几即纳为箧室。嗣被女家诇知，上控皖抚。裕中丞大怒，谓教官为彝伦物，则所系扶持名教犹恐不及，岂可使若辈灭裂一至于此？严饬道州查核，一面委员提省。张教官知斯文扫地，与其受辱，不如自尽，遂举尺缕缢于署内。闻中丞已将情形入告矣。

载1882年12月8日《申报》，第2版，21卷967页

17. 新皖学政徐奏恭报到任日期折

新任安徽学政臣徐郙跪奏，为恭报微臣到任日期，叩谢天恩，仰祈圣鉴事：窃臣蒙恩简放安徽学政，于八月二十九日跪安，仰蒙训诲周详，莫名钦感。臣当即束装就道，于十月初八日行抵安徽太平府驻所，十一日准前任学臣孙毓汶委员赍送关防，臣当即恭设香案，望阙叩头，祗领任事。讫伏念臣江南下士，知识庸愚，渥荷生成，备员禁近，忝跻卿贰，屡掌文衡。兹复仰沐隆施，祝学兹土，臣惟有恪遵圣训，于阅文防弊一切认真办理，以冀上答高厚鸿慈于万一。所有微臣到任日期，理合缮折具陈，恭谢天恩。伏乞皇太后、皇上圣鉴。

奉旨：知道了，钦此。

光绪八年十一月初六日《京报全录》第二百八十九号，壬午十一月廿八日《申报》附张

载 1883 年 1 月 6 日《申报》，附张第 2 版，22 卷 33 页

18.学政孙奏为交卸起程日期折

安徽学政臣孙毓汶跪奏，臣本任文武考试一律全完，谨将交卸起程日期恭折陈明，仰乞圣鉴事：窃臣于四月十五日奏报科试完竣一折，奉旨"知道了，钦此"。臣于七月初九日驰赴江宁录遗，本年安庆各属水灾，赴试士子较上届少到千余名，臣仍按额录取。士子均安静入场。七月二十九日，循例会同督臣左宗棠、抚臣裕禄复试优生。八月初二日发榜，共取六名。臣于初七日回署。九月初一日接办武场录遗，现亦蒇事。兹新任学臣徐郙行抵太平，臣当将关防、案卷于十月十一日敬谨移交，即日起程回京，恭复恩命。所有微臣考试全完、交卸、起程日期，谨恭折具陈，伏乞皇太后、皇上圣鉴。谨奏。

奉旨：知道了，钦此。

光绪八年十一月初六日《京报全录》第二百八十九号，壬午十一月廿八日《申报》附张

载 1883 年 1 月 6 日《申报》，附张第 2 版，22 卷 33 页

19.皖抚裕奏查报学政幕友姓名片

裕禄片：再，学政幕友姓名、籍贯例应奏明。兹准新任学政臣徐郙来咨，共延幕友六人：田乃翕，甘肃举人；黄介，江西拔贡；周宗乐，江苏拔贡；孙瑛，浙江副贡；翁大烈，江苏岁贡；叶声骏，江苏廪贡。均非籍隶皖省。所有姓名、籍贯循例咨送到。臣除函嘱严密关防外，理合附片具陈，伏乞圣鉴。谨奏。

军机大臣奉旨：知道了，钦此。

光绪八年十二月初二日《京报全录》第三百十五号，壬午十二月十九日《申报》附张

载 1883 年 1 月 27 日《申报》，第 9 版，22 卷 151 页

20.皖学政徐奏为谢恩折

安徽学政臣徐郙跪奏，为恭谢天恩事：窃臣于徽州棚次接准吏部行咨，十月初四日内阁奉上谕"徐郙着调补礼部左侍郎等因，钦此"。当即恭设香案，望阙叩头谢恩。伏念臣受恩最渥，秉性至愚，瀍直禁廷未竭涓埃之报，衡文皖省备承雨露之施。乃荷甲命之优隆，俾佐寅清于典礼。忆昔岁曾权是职，久愧鹓濡蚁悃。所有微臣感激下忱，谨缮折叩谢天恩。伏乞皇太后、皇上圣鉴。谨奏。

军机大臣奉旨：知道了，钦此。

光绪十年正月廿九日《京报全录》第六百九十三号，甲申二月十一日《申报》附张

载 1884 年 3 月 8 日《申报》，第 10 版，24 卷 357 页

21. 襄垣琐事(务须禀报＊)

向章在籍候选教职人员遇有丁忧及游学等事,应随时禀报地方官,以便转详藩宪。迩来报者绝无仅有,致藩司委署檄下,往往无从查悉其人。日前,皖藩张方伯由五百里排单札府行县查办,当经芜湖县邹隽之大令援引成例,出示通衢矣。

载 1885 年 7 月 21 日《申报》,第 2 版,27 卷 121 页

22. 芜湖杂缀(学宪赴宁＊)

安徽学宪徐颂阁宗师定于七月初四日自太平府起程,往金陵督办上江录科事宜。

载 1885 年 8 月 12 日《申报》,第 2 版,27 卷 253 页

23. 皖学政徐奏请回籍修墓折

安徽学政臣徐郙跪奏,为微臣交卸在即,吁恳赏假回籍修墓事:窃臣接准吏部文咨,八月初一日内阁奉上谕"安徽学政着贵恒去",钦此。臣应俟新任学臣到任,交卸入都。伏念臣籍隶江苏嘉定县,自光绪元年丁本生母忧,回籍三年服阕,入都供职迄今已阅八年,遥望松楸,不胜系恋。近接家乡来书,因本年雨水过多,祖茔亦应修葺。可否吁恳天恩,赏假三月,于交卸后就近回籍修墓,一俟假满,即行回京供职,不敢稍事稽延。所有微臣请假缘由理合恭折具陈,伏乞皇太后、皇上圣鉴。谨奏。

军机大臣奉旨:着赏假三个月,钦此。

光绪十一年十月十三日《京报全录》第一千三百二十一号,乙酉十月廿一日《申报》附张

载 1885 年 11 月 27 日《申报》,附张第 3 版,27 卷 916 页

24. 学使将临

当涂县华邑尊荣萱探悉新任安徽学政贵坞樵大司寇文旌将到,即饬工修整学署,预备驻节。近闻学宪有本月十五日接印之说,邑尊因于是日偕学师及各员出境恭迎。至前任学政徐颂阁大宗伯奏请给假回籍修墓,已蒙俞允,赏假三个月。大约卸篆后即须遄回嘉定原籍也。

载 1885 年 11 月 29 日《申报》,第 2 版,27 卷 923 页

25. 安徽学政徐奏交卸启程回籍日期折子

安徽学政臣徐郙跪奏,为谨将交卸启程回籍日期恭折陈明仰祈圣鉴事:窃臣于八月二十七日奏恳赏假回籍修墓一折,奉旨"着赏假三个月,钦此"。感荷天恩,悚惶无地。自新任学臣贵恒行抵太平,臣当将关防、案卷于十月二十日敬谨移交,即日起程回籍。所有微臣交卸、启程日期除恭疏禀报外,谨缮折具陈,伏乞皇太后、皇上圣鉴。谨奏。

军机大臣奉旨：知道了，钦此。

光绪十一年十一月廿七日《京报全录》第一千三百六十四号，乙酉十二月十五日《申报》附张

载 1886 年 1 月 19 日《申报》，第 9 版，28 卷 113 页

26.安徽学政贵奏接印任事日期折子

新任安徽学政奴才贵恒跪奏，为恭报奴才到任日期，叩谢天恩，仰祈圣鉴事：窃奴才蒙恩简放安徽学政，于九月初五日跪聆圣训，钦感难名。随即束装就道，于十月十九日行抵安徽太平府任所。本日准前任学臣徐郙委员赍送关防，奴才当即恭设香案，望阙叩头，祇领任事。讫伏念奴才才识有限，学政责任匪轻，况安徽自兵燹以来，元气尚未尽复，文风士习亟宜鼓舞振兴，奴才惟有恪遵恩训，严防弊端，庶几培植人才，殊除积习，以冀仰报高厚鸿慈于万一。所有奴才到任日期除恭疏具题外，理合缮折叩谢天恩，伏乞皇太后、皇上圣鉴。谨奏。

军机大臣奉旨：知道了，钦此。

光绪十一年十一月廿七日《京报全录》第一千三百六十四号，乙酉十二月十五日《申报》附张

载 1886 年 1 月 19 日《申报》，第 9 版，28 卷 113 页

27.皖抚吴奏报学政幕友姓名籍贯片

吴元炳片：再，学政幕友姓名、籍贯例应奏明。兹接准新任学政臣贵恒来咨，共延幕友六名：宗晋源，顺天举人；萧世濂，顺天举人；陈明慎，江苏附贡；赵钟铨，江苏附生；宗照，顺天副贡；沙履康，顺天附生。均非籍隶皖省。所有姓名、籍贯循例开单咨送到臣。除函嘱严密关防外，理合附片具陈，伏乞圣鉴。谨奏。

军机大臣奉旨：知道了，钦此。

光绪十二年正月十二、十三日《京报全录》第一千八百九十七号，丙戌新正三十日《申报》附张

载 1886 年 3 月 5 日《申报》，附张第 2 版，28 卷 339 页

28.襄垣琐志(官场传闻＊)

官场传述安徽学政贵坞樵文宗有奉召入都办理军机事务之旨，然尚未见明文也。

载 1886 年 7 月 16 日《申报》，第 2 版，29 卷 91 页

29.芜湖官场纪事(禀请考验＊)

广德州学正吴广文慎荝六年期满，就近禀请徽宁道考验。双观察牌示，仰于本月初

六日赴辕察看。

载 1886 年 8 月 13 日《申报》,第 3 版,29 卷 264 页

30. 襄垣琐志(教谕被盗*)

前任太平县教谕马素臣广文卸事后,慕泾县茂林邨之胜,遂移家于此。日前由芜湖遵陆前往,行经距南陵五十里之地草坑地方,是夕投店旅宿。随行有数车装载行李衣箱,途中被宵小所窥,一路随行,至夜半窃取细软衣衫,撬门而遁。(翼)〔翌〕日,广文检点所失,实属不赀,惟行囊中洋银凭照尚存,亦不幸中之大幸矣。广文随命旅店细察贼踪,报信以凭追究。

载 1888 年 5 月 25 日《申报》,第 2 版,32 卷 839 页

31. 鸠江情话(教谕去世*)

芜湖县教谕李仁山广文英元,泾上人也,年逾古稀,苜蓿一盘,供养十载。十一夜,偶尔气闭痰迷,阅一点钟时,溘然长逝。由其哲嗣亲视含殓,一面禀报上宪。

载 1888 年 7 月 31 日《申报》,第 2 版,33 卷 211 页

32. 鸠江涛信(教谕接印*)

委署芜湖县学教谕曹凤冈广文梧,于初六日抵芜,旋于初七日午时接印。

载 1888 年 9 月 19 日《申报》,第 2 版,33 卷 537 页

33. 鸠江秋汛(教谕出殡*)

芜湖县学教谕李仁山广文疾终任所,于上月杪出殡,化雨春风,芳徽已邈,青蝇白鹤,吊客偏多。灵輀登舟后,由诸公子扶回泾县原籍。

载 1888 年 10 月 13 日《申报》,第 2 版,33 卷 687 页

34. 鸠江纪要(典试浙闱*)

新简安徽学政钱穉庵阁学典试浙闱,业经揭晓,学辕巡捕官等先期派人赴杭迎接。屈指岭上梅开时,文旌可临姑孰也。

载 1888 年 10 月 23 日《申报》,第 2 版,33 卷 749 页

35. 鸠江琐志(文宗抵皖*)

新任安徽学政钱犀庵文宗于浙闱揭晓后,早经学署派人赴杭迎迓。闻文宗请假一

月,回泰州原籍省墓,一俟假满,即行来皖履新也。

载 1888 年 11 月 26 日《申报》,第 3 版,33 卷 962 页

36. 鸠江谈屑(文宗到任＊)

安徽学政驻节太平府城,日前官场探悉新任学政钱穉庵文宗道出邗江,当涂县金明府随饬丁差预备供张。文宗随于本月初七日行抵郡城,各属僚纷纷在郊外迎迓。文宗接见后,当即乘轿进辕,示期初九日接印任事。前任贵坞樵文宗交卸学篆后,即当驰驿进京,恭复恩命也。

载 1888 年 12 月 16 日《申报》,第 2 版,33 卷 1085 页

37. 皖学政贵奏试毕交卸日期折

安徽学政奴才贵恒跪奏,为奴才试毕交卸日期,恭折仰祈圣鉴事:窃奴才于本年七月考录太平府遗才后,初十日前赴江宁府办理通省录遗,并会同两江督臣曾国荃、安徽抚臣陈彝复试优生。试毕,八月初六日回署,二十二日接准吏部行知,八月初一日奉上谕"安徽学政着钱桂森去,钦此"。奴才遵即清理经手事件及武场录遗竣事。兹新任学臣钱桂森亦抵太平府,奴才于本月初九日派太平府学教授章世臣将学政关防暨文卷赍交钱桂森接收讫。奴才交卸后,即于是日起程回京,恭复恩命。所有奴才试毕后交卸日期,除恭疏题报外,谨缮折具陈,伏乞皇太后、皇上圣鉴。谨奏。

奉朱批:知道了,钦此。

光绪十五年正月十八十九日《京报全录》第二千九百三十号,己丑二月初六日《申报》附张

载 1889 年 3 月 7 日《申报》,附张第 3 版,34 卷 324 页

38. 皖学政钱恭报到任日期折

安徽学政内阁学士臣钱桂森跪奏,为恭报微臣到任日期,叩谢天恩,仰祈圣鉴事:窃臣蒙恩简放安徽学政,当于浙江乡试揭晓后,恭折谢恩,并陈明遵旨即赴新任在案。旋偕副考官臣吴树梅由浙起程,行至扬州,臣即赶紧将学政任内应行预备各事宜妥速料理,分道赴皖,于十一月初八日行抵安徽太平府驻所。初九日,准前任学政臣贵恒委员赍送关防前来,臣当即恭设香案,望阙叩头,祗领任事。讫伏念臣江淮下士,樗栎庸材,渥荷浓施,屡持文柄,私衷循省,愧悚交并;况皖省当兵燹之余,元气尚未尽复,振文教以端风化,整士习以正民心,学政所司责无旁贷,臣惟有矢勤矢慎,于阅文防弊一切认真办理,期稍副圣主振兴学校、培植人才之至意,以冀仰答高厚鸿慈于万一。所有微臣到任日期,除恭疏具题外,理合缮折叩谢天恩。伏乞皇太后、皇上圣鉴。谨奏。

奉朱批：知道了，钦此。

光绪十五年正月十八十九日《京报全录》第二千九百三十号，已丑二月初六日《申报》附张

载 1889 年 3 月 7 日《申报》，附张第 3 版，34 卷 324 页

39. 襄垣新语(瀛眷抵芜*)

安徽学政钱穟庵文宗瀛眷尚在京师，兹于本月初六日抵芜，换坐红船在江中小泊。翌日，解维驶赴太郡。并闻成观察之瀛眷亦于初六日抵芜云。

载 1889 年 7 月 10 日《申报》，第 2 版，35 卷 59 页

40. 鸠江纪事(教谕病逝*)

署芜湖县教谕毛豫丰广文偶染微疴，遽登仙箓，九月二十二、三日治丧，二十四日发引。庠序中人执绋往送，素车白马，络绎于道。

载 1889 年 10 月 29 日《申报》，第 2 版，35 卷 747 页

41. 鸠江晴浪(谒见学宪*)

叶孝廉光祖谒见学宪，投写亲供，顺道至芜湖，暂驻西门内某广货铺。一夕有梁上君子破扉而入，书箱、衣箧搜括一空，及晓查知，立即赴县禀报。王明府委邵少泉少尉亲临踏勘，比捕缉追。

载 1889 年 11 月 23 日《申报》，第 2—3 版，35 卷 899—900 页

42. 鸠江近事(委任教谕*)

前署芜湖县教谕毛广文因病出缺，藩宪檄饬新选芜湖县教谕王呈祥驰赴任所。广文即奉檄莅芜，谒见道宪，拜会各寅僚，旋择吉十月初七日接印任事。

载 1889 年 11 月 26 日《申报》，第 2 版，35 卷 917 页

43. 鸠江寒涨(学宪抵芜*)

新任安徽学宪吴肃堂宗师鲁请训出都，由驿南下，于月初行抵太平府辖，诹吉十二日接篆。瀛眷则由天津航海抵沪，换坐"长安"轮船，溯江而上，于初七日安抵芜湖。先期由县署分派家丁，预备红船迎迓。迨抵岸，暂驻长源泰客栈，旋雇满江红多艘，奉载鱼轩，定于初九日由芜起碇，向姑孰进发。

载 1891 年 12 月 15 日《申报》，第 2 版，39 卷 1013 页

44. 试院火灾

客有从太平府来者,云及新任安〔徽〕学政吴肃堂文宗于上月十二日接篆,前任钱文宗交卸后,于十七日命驾回珂乡,待来春入京复命。至试院,另在府属甬道东首,平时兽环双锁,阒其无人,上月某日清晨,无端火起,大堂、花厅等处顷刻尽付劫灰,东西文场尚保无恙。说者(为)〔谓〕,离为火,主文明之象,文宗为前科殿撰,以故有文曲星降临。是耶非耶?

载 1892 年 1 月 10 日《申报》,第 3 版,40 卷 58 页

45. 皖学政钱奏敬举经明行修之儒恳恩奖励折

安徽学政内阁学士臣钱桂森跪奏,为敬举经明行修之儒吁恳天恩奖励以维风化,恭折仰祈圣鉴事:窃皖省为文献之邦,鸿儒硕彦代不乏人,其束修自好之士,砥行力学,闻达不求,亟宜仰吁褒嘉,俾资激励。臣按试所至,留心采访,查有太平县举人孙璧文,品端学粹,孝友性成,居贱食贫,澹于荣利,专以经史自娱。生平著述甚富,最著者为《新义录》《考古录》二书。《新义录》一百卷,《考古录》十卷,均能贯穿经籍,综核名实,洵不愧为好学深思。而气节过人,遇有地方要务、事关大局者,见义必为,尤以保全名节,培植寒畯为汲汲,以故里党咸敬重之。该举人甫于光绪十三年身故,迹其嘉言懿行,实卓然可传。又,合肥县恩贡生李联奎,志洁行芳,躬求实践,孝友睦敦,人无间言,平日笃守宋儒之学,动履规绳,不苟言笑,生平足迹不入官府,其教授乡里,必以立身植品为先,而文艺次之。同治初年,曾膺孝廉方正之举,前学臣朱兰复以品学兼优,力敦实行,登诸荐牍。而该贡生静退自怡,淡于仕途,闭门养疴,翛然城市之外。论其行谊,实能笃行谨守,足以风厉敦俗。以上二人均经该县在籍绅士联名,呈由该处地方官胪叙事实详报前来。伏查历任学臣奏举笃学耆儒,吁恳恩施,迭蒙赏给京职各衔。今太平县举人孙璧文学有本原,明体达用;合肥县保举孝廉方正李联奎品端学邃,怀履洁清,均堪矜式士林,未便听其湮没。合无仰恳天恩,将已故举人孙璧文应如何特加追奖,孝廉方正贡生李联奎应如何加恩奖励之处,出自圣裁,微臣未敢擅拟。臣为维持风化,表扬耆宿起见,是否有当,理合缮折具陈,伏乞皇上圣鉴训示。谨奏。

奉朱批:另有旨,钦此。

光绪十七年十二月十八日《京报全录》第三千九百五十四号,壬辰年新正月初八日《申报》附张

载 1892 年 2 月 6 日《申报》,附张第 3 版,40 卷 170 页

46. (皖学政钱)又奏保训导各员片

钱桂森片:再,臣职司风教,所属教官果有学行卓著之员,自应择尤请旨奖励,以资激劝。查有内阁中书衔太湖县教谕汪润烈,品端性粹,学有渊源;太平训导曹琼,持躬廉谨,课士精励;蓝翎同知衔、拣选知县、青阳县训导周赟,学有根柢,守洁才优。俱为皖省

教职中出色之员,可否仰恳天恩,将中书衔教谕汪润烈赏加五品衔,训导曹琼赏给国子监学正衔,其同知衔训导周赟一员已由举人拣选知县,应如何恩施奖拔之处,恭候圣裁。谨附片陈明,伏乞圣鉴训示。谨奏。

奉朱批:另有旨,钦此。

光绪十七年十二月十八日《京报全录》第三千九百五十四号,壬辰年新正月初八日《申报》附张

载1892年2月6日《申报》,附张第3版,40卷170页

47. 皖学政钱奏恭报交卸日期折

安徽学政内阁学士臣钱桂森跪奏,为恭报微臣本任文武考试一律全完,谨将交卸日期恭折陈明仰祈圣鉴事:窃臣前次于六月间曾将岁科全竣情形具折奏报在案,嗣于七月十四日驰赴金陵办理录遗。旋奉恩命,代办文闱,监临一切,循照旧章,敬谨防事,已将入闱出闱日期恭疏具题亦在案。臣于九月十二日回署,接办武场录遗。既已竣事,兹新任学臣吴鲁行抵太平,臣当将关防、案卷于十一月十二日敬谨移交。所有微臣考试全完、交卸日期除恭疏题报外,谨缮折具陈,伏乞皇上圣鉴。谨奏。

奉朱批:知道了,钦此。

光绪十七年十二月廿四廿五日《京报全录》第三千九百五十八号,壬辰年新正月十二日《申报》附张

载1892年2月10日《申报》,附张第4版,40卷194页

48. 新授皖学政吴奏恭报到任日期折

安徽学政臣吴鲁跪奏,为恭报微臣到任日期,叩谢天恩,仰祈圣鉴事:窃臣蒙恩简放安徽学政,当于陕西乡试揭晓后,恭折谢恩,并报遵旨即赴新任日期在案。兹于十月二十九日行抵安徽太平府驻所,十一月十二日准前任学臣钱桂森委员赍送关防,臣当即恭设香案,望阙叩头,祇领任事讫。伏念臣闽中下士,樗栎庸材,叠荷隆施,俾司文柄,私衷循省,兢惕时形。况皖江为文献之邦,学政有陶甄之责,黜浮华而崇实学,当恪持取士之衡,振文教以正民风,期上副作人之治。臣惟有矢勤矢慎,勉竭愚忱,于阅文防弊一切认真办理,以仰答高厚鸿慈于万一。所有微臣到任日期,除恭疏具题外,理合缮折叩谢天恩,伏乞皇上圣鉴。谨奏。

奉朱批:知道了,钦此。

光绪十七年十二月廿四廿五日《京报全录》第三千九百五十八号,壬辰年新正月十二日《申报》附张

载1892年2月10日《申报》,附张第4版,40卷194页

49. 襄水绿波（训导赴考＊）

新选芜湖县训导赵春晖籍隶泾县，为某科名孝廉。今者，适逢会试之年，遂援例详由省宪咨部开缺，俾可□偕北上云。

载1892年3月4日《申报》，第2版，40卷327页

50. 皖抚沈奏报学政阅文幕友姓名籍贯片

沈秉成片：再，学政幕友姓名、籍贯例应奏明，兹准新任学政吴鲁来咨，共延幕友六人：陈荣仪，福建举人；刘庆庵，湖北副贡；董春彩，陕西副贡；黄赞清，江苏拔贡；王颂清，江苏廪生；吴绍祖，福建增生。均非籍隶皖省。所有姓名、籍贯循例开单咨送到臣，除函嘱严密关防外，理合附片具陈，伏乞圣鉴。谨奏。

奉朱批：知道了，钦此。

光绪十八年正月廿七日《京报全录》第三千九百七十九号，壬辰年二月十九日《申报》附张

载1892年3月17日《申报》，附张第6版，40卷413页

51. 螮矶春柳（命题观风＊）

安徽学宪吴甫堂宗师去腊莅任，命题观风，牌行各属教官，传令诸生各抒所得，限于今年二月底一律缴卷，汇由各学申送节辕，以便详定甲乙。所有题目补录于下。

天何言哉？四时行焉，百物生焉。天何言哉？

在璿玑玉衡，以齐七政。

赋得"数点梅花天地心"，得"心"字，五言八韵。

恭读《圣谕广训》赋，以"道一风同，迩安远肃"为韵。

拟恭进奉敕纂修平定回匪方略表。

《生民》首章，鲁毛异同解。

王通续命论。

徽国文公家世赞。

安汉、望溪两先生合传。

《海国图志》跋。

放歌台观瀑布，不拘体，不限韵，拟谢朓之宣城出新林浦向板桥诗。

载1892年4月5日《申报》，第9版，40卷537页

52. 螮矶春柳（训导开缺＊）

芜湖县训导赵春晖司训鸿，以恩科进士部选冷宫。本届春闱复试，禀请大宪咨部开缺接篆。兹奉批准，司训遂即束装于二月杪航海北上，所遗之缺奉藩辕牌示仍委前署此

缺之汪霁坪司训署理,业于二月下浣接篆矣。

载 1892 年 4 月 5 日《申报》,第 9 版,40 卷 537 页

53. 中江潮信(广文宣讲＊)

王瑞臣广文慨乡约之典久不举行,禀明道宪,每逢朔望在明伦堂认真宣讲,乡曲愚民初尚骈肩接踵而来,环集聆听。迨三五次后,几同魏文侯之听古乐,倦而欲卧,相与望望然去之。广文遂变通其法,将讲坛移至城隍庙中,迟至日午,乡人荟萃,然后开讲,北面而听者果多于前。安得天下之司铎者仿而行之,挽回世道人心,岂有限量哉。

载 1892 年 4 月 28 日《申报》,第 1 版,40 卷 675 页

54. 鸠江杂俎(广文接篆＊)

新授太平府学训导黄少卿广文裕筱后,奉藩宪饬知赴任,于本月初八日接篆。按,广文系浭水优行明经,诗古文词,素推文坛飞将。今者振铎姑孰,后进誉髦当共沐春风化雨矣。

载 1892 年 6 月 15 日《申报》,第 1 版,41 卷 293 页

55. 鸠江纪事(训导卸篆＊)

新任芜湖训导崔枝仙广文涓吉廿五日接事,汪灵坪广文卸篆后出洋与否,计尚未定。因广文医学深邃,久为此邦缙绅所悦服,一闻远游,多有遮道挽留者。不知广文将如华元化之活人济世耶,抑效班定远之投笔封侯耶?

载 1893 年 4 月 12 日《申报》,第 2 版,43 卷 589 页

56. 学宪回省

安徽学宪吴肃堂文宗于初八日早八点钟回皖,德静山方伯、嵩书农廉访、丁潜生观察及道府县各官均至江干迎迓。文宗饬文武巡捕挡驾,钟鸣十点钟,命驾入城,由东门走天后街、高井头、二郎巷、四牌楼、梓潼阁,迤逦进辕。经过之处观者为之塞途,盖以文宗曾大魁天下,故争以望见颜色为幸也。

载 1893 年 6 月 4 日《申报》,第 9 版,44 卷 259 页

57. (皖抚沈)又奏请将训导议处并敕部重刊印记片

沈秉成片:再,据凤阳县详报,准定远县儒学移开,上年九月内学政按临,岁试凤阳府属生童,该学教谕朱彝、训导王士翘携带印记一同来郡送考,租寓刘姓屋内。十月十四日考试事竣,正拟束装回县,是夜三更后,邻人马金草棚失火,延烧该教谕等寓所。时

值风狂火烈,扑救不及,将印记遗失,遍寻无着等情。报经该县亲诣查勘属实,讯供通详。臣以印记关系重大,宜如何加谨收藏。乃以邻居不戒于火,延及行寓,虽当深夜未能设法抢护,火熄之后,似不难按路检寻,期于早日就获,何致四处访查,杳无踪迹可寻?究竟是否被火毁失?即经批饬凤阳府就近确查,提同该学、书斗人等严加勘讯,一面先将该教谕、训导一并摘顶,勒限查缉。去后,兹据该府县查明,该学印记系被火遗失,日久无获,讯取书斗人等供结,并将失火之马金提案责惩等情,由藩、臬两司会详前来。臣伏查该教谕朱彝等行寓被火延烧,当时疏于防范,不克妥为保护,致将印记毁失。事后又不实力寻查,日久杳无报获,实属咎有应得。除饬该教谕朱彝业经另案参革,请免置议,一面咨部查照外,所有定远县儒学训导王士翘相应请旨敕部照例议处,以示惩儆,并请敕下礼部重刊定远县儒学印记一颗,颁发来皖,以便转给祗领,敬谨开用,俾昭信守。谨会同两江督臣刘坤一、安徽学政臣吴鲁附片具陈,伏乞圣鉴。谨奏。

奉朱批:著照所请,该部知道,钦此。

光绪十九年十二月初七日《京报全录》第四千六百六十九号,癸巳年十二月廿二日《申报》附张

载1894年1月28日《申报》,第12版,46卷182页

58. 署安抚德奏请学政代办监临折

头品顶戴暂署安徽巡抚布政使奴才德寿跪奏,为援案陈请由学政代办乡试监临。恭折仰祈圣鉴事:窃照本年甲午正科举行江南文闱乡试,轮应安徽巡抚入闱监临,新任抚臣李秉衡尚无来皖确音,奴才暂署斯篆,未便远离,即新任抚臣于七月内到任,势亦难分身入闱,因复电商督臣,亦以为是。溯查前届丙子、辛卯等科,江南乡试均请安徽学政代办监临。现任安徽学政臣吴鲁,品学声名士林信服,此次文闱乡试,为期迫近,所有监临事务相应援案奏明,请以安徽学政臣吴鲁入闱代办,奴才为慎重科场兼顾地方起见,拜折后即将文卷咨送核办。除分咨外,谨会同两江总督臣刘坤一恭折具陈,伏乞皇上圣鉴。谨奏。

奉朱批:著照所请,礼部知道,钦此。

光绪二十年八月十六日《京报全录》第四千九百二十三号,甲午年八月二十五日《申报》附张

载1894年9月24日《申报》,附张第3版,48卷154页

59. 鸠兹晚眺(祭奠孔子*)

上月二十七日为至圣先师孔子诞辰,芜湖学校中人向设有洒扫会,诸生躬自拥篲将大成殿及两庑扫除干净,结彩张灯,并陈乐舞于庭。届时,各爇心香一瓣为尼山上寿。本届仍循曩例,由学官王瑞臣、崔枝仙两广文为领袖,一时蓝其衫而雀其顶者雾集云从,不下数百,彬彬秩秩,跄济一堂,诚盛典也。

载1894年10月6日《申报》,第3版,48卷223页

四 学政、劝学所、学务处与教育机构

60. 文星将莅

客有从太平府至芜湖者,言于访事人云,新任安徽学政李筱岩宗师请训出都,其瀛眷已先行南下,本月初二日由金陵行抵太平节署,前任吴肃堂文宗随命将署内上房腾出,以便卸下行装。宗师则大约望前后可抵金陵,二十后即可按临姑孰矣。

载1894年11月13日《申报》,第3版,48卷462页

61. 鸠江寒信(学政过芜*)

芜湖访事人云,新任安徽学政李筱岩宗师由京请训南下,学辕书差人等咸至芜湖迎迓。旋闻星轺由河南折而过桃源、滁州等处,迳抵和州,渡江莅太平节署。接差者乃纷纷前去。

载1894年11月29日《申报》,第3版,48卷560页

62. 蟂矶寒吼(宗师接印*)

新授安徽学政李筱岩宗师由京南来,将次履新,已纪前报。兹悉宗师行旌由江苏之桃源绕道滁州而抵和州,于上月廿七日渡江戾止姑孰,当即进驻节辕。次日上午,由前任吴宗师派员将文卷、关防、旗牌等赍交前来。李宗师恭设香案,望阙叩头,行接篆礼。吴宗师交卸后,即于是日命驾登舟,扬帆下驶,由维扬北上晋京复命。所有明年乙未科岁试,闻李宗师须俟明正开印后出棚考试。

载1894年12月9日《申报》,第1版,48卷621页

63. 皖学政李奏报到任日期折

安徽学政臣李端遇跪奏,为恭报微臣到任日期,叩谢天恩,仰祈圣鉴事:窃臣蒙恩简放安徽学政,于九月初五日跪请圣训,并陈明新城、雄县一带阻水,由通州自行雇船至德州,改归旱路驰驿赴皖。兹于十月二十五日行抵太平府驻所,二十八日准前任学政臣吴鲁委员赍送关防,臣当即恭设香案,望阙叩头,祇领任事。讫伏念臣海东下士,山左庸才,叠荷隆施,典试江浙。兹复皖江督学,责任愈专,莅文献之名邦,膺甄陶之重寄,臣惟有矢勤矢慎,勉竭愚忱,防弊认真,阅文求细,观士风以觇士习,勖彼儒修;振文教以拔真才,蔚为国器,以冀仰答高厚慈恩于万一。所有微臣到任日期,除恭疏具题外,理合缮折叩谢天恩,伏乞皇上圣鉴。谨奏。

奉朱批:知道了,钦此。

光绪二十年十二月十五日《京报全录》第五千零四十号,(已)〔乙〕未年二月十九日《申报》附张

载1895年1月30日《申报》,附张第11版,49卷142页

64.皖抚福奏报学政幕友姓名籍贯片

福润片：再，学政所延幕友姓名、籍贯例应奏明，兹准新任学政臣李端遇咨称，延请幕友六人：许鸣皋，江苏举人；张家骥，江苏举人；方尔咸，江苏举人；王颂清，江苏廪生；陈海臣，山东附生；孙肇莹，山东副贡。循例开单咨送前来。奴才复加查核，均非籍隶安徽本省。除随时稽查外，理合附片具陈，伏乞圣鉴。谨奏。

奉朱批：知道了，钦此。

光绪二十一年正月十二三日《京报全录》第五千零五十四号，乙未年二月初四日《申报》附张

载1895年2月28日《申报》，附张第2版，49卷312页

65.学政李奏为检举请旨折

安徽学政臣李瑞遇跪奏，为检举请旨恭折仰祈圣鉴事：窃臣甲午秋蒙恩简放安徽学政，有侨寓涿州之同乡、前江南道监察御史因案降调魏廼勷来京相晤，述其主讲该州书院，颇甚拮据。当时臣无能代筹。迨抵皖后，拟选刻《皖中校士录》，念魏乃勷文字尚优，因函商其愿否操选？魏乃勷回书愿允，并无异说。皖南岁试既毕，择生童佳卷另行抄录，封交指差便带涿州魏乃勷将卷收下，仍无异言。及皖北岁试又毕，寄选卷内有经古复试一百余本，承钞书吏胡梦桃以此卷向不解部，折差行期已迫，抄录不及，恐误选刻，遂连抄开具数目清单一并封寄。诅魏乃勷二次收卷后，忽来信勒借巨款，臣不知因何中变，复书婉却，一面信致在京同乡任克占，就近往涿理劝。奈魏乃勷不容置喙，逼勒愈甚，并将原卷扣留，将为居奇，即从丰给修亦不还卷。臣初以请人操选，事所恒有，乃因此被挟，实非意料所及。伏思选文本非公事，无关考试弊窦，何敢率渎宸听？但生童原卷不可听其终扣，又不敢不陈于君父之前。为此声明请旨，可否饬令顺天府转饬涿州知府，向魏乃勷照交清单数目取回原卷，由该州径寄安徽太平府驻署。不胜悚惶，待命之至。至承抄书吏胡梦桃封寄前卷，虽因抄录不及，恐误选刻，究属希图省事。该吏先于去年正月因案革卯，无可再惩，惟臣当时失检，未将原卷撤去，致被要挟，处理实属错误，咎有应得，应请将臣交部议处。所有微臣检举请旨缘由理合缮折具奏，伏乞皇上圣鉴。谨奏。

奉朱批：另有旨，钦此。

光绪二十三年九月十七日《京报全录》第六千号，丁酉年九月二十九日《申报附张》

载1897年10月24日《申报》，附张第5版，57卷335页

66.文宗起程

前任浙江学政徐季和大宗师交卸后，择于本月初二日起节赴皖新任，先期亲往各处辞行。省中官绅例有祖饯之礼，宗师以行色匆匆，概行辞谢，其赴署送行者亦大半挡驾。

是日已刻,排导出署,至下码头登舟。省中官员俱命驾相送,宗师延至舟中,略谈片刻,即行告别,随命解维开行。水师防营特派炮船二艘,一路护送。

载 1897 年 12 月 29 日《申报》,第 1 版,57 卷 735 页

67. 文斾过禾

嘉兴采访友人云,新任安徽提督学政徐季和宗师交卸浙江学政关防,于本月初二日由省垣乘官舫带以小轮船赴皖莅任,禾郡各官咸于初三日清晓乘舟往杭州塘恭迓。嘉协两营汛兵暨嘉防后旗亲兵亦皆在塘边站队,楚湘水师炮艇则以次排列江干。午后,宪舟鼓浪而来,各营官遂纷纷投递手版,各兵亦枪炮齐鸣。及宪舟抵西门外官码头,宗师接见各官,茗谈片刻,旋解维望北丽桥进发,各官仍恭送如仪。

载 1897 年 12 月 30 日《申报》,第 1 版,57 卷 741 页

68. 文星照皖

皖江访事友来函云,新任安徽学院徐季和宗师,文章、经济久为海内〔景仰〕,宗师自奉量移皖江之命,皖之人士即皆欣欣然,有泰山北斗之思,翘企幨帷已匪朝夕。闻新任浙学衔命南下,已将次履新,徐宗师俟将浙学关防交代后,定于本月某日起程,用小轮拖带,由浙江迳渡洞庭(注:原文如此),绕道苏台,复由镇江直抵姑孰。闻已诹吉腊月十五日接篆,所有节辕房舍已修饰一新。至前任学宪李筱岩宗师,则俟徐宗师莅止,交代完竣,即回山左珂里度岁,来春再赴神京复命。

载 1897 年 12 月 30 日《申报》,第 2 版,57 卷 741 页

69. 安庆官场纪事(教谕赴任＊)

池州府铜陵县教谕李广文钊因事撤省,刻经藩宪于方伯委试用训导沈广文可训前往署理铜陵县教谕。新选怀宁县教谕舒广文济,现经饬赴新任供职。

载 1898 年 1 月 10 日《申报》,附张第 1 版,58 卷 59 页

70. 皖学政徐奏为到任接印日期折

新任安徽学政臣徐致祥跪奏,为恭报微臣到任接篆日期,叩谢天恩,仰祈圣鉴事:窃臣奉命视学安徽,十二月初二日由浙起程,十四日行抵太平府驻扎处所,十五日准前任学臣李端遇将关防一颗、文卷案件委太平府学教授欧阳大观移动前来。臣当即恭设香案,望阙叩头,祗领任事。讫伏念臣素性迂拘,行事憨拙,视学两浙,补救毫无,愧悚方深,涓埃未报,乃荷圣恩稠叠,移任皖江,□异数忝邀,私衷滋惧。查皖省为东南一大都会,人才渊薮,有宋朱子集恒理之大成,国朝方苞树文章之宗派,至若经学、史学、韵学、休宁、婺源、宣武各擅专门,堪寻坠绪。如臣愚陋,奚足语斯!惟有矢慎矢勤,任劳任怨,

抉剔弊窦,力挽歧趋,俾先正之是型,庶人文之继起,勉答生成于万一,吁聆训诲于九重。臣明岁正二月间即出棚,依次按试皖南各府,一切考试情形届时再行其奏,合并陈明。所有微臣接篆日期,除恭疏题报外,理合缮折叩谢天恩,伏乞皇上圣鉴。谨奏。

奉朱批:知道了,钦此。

光绪二十四年二月初二日《京报全录》第六千一百二十号,戊戌年二月十九日《申报》附张

载 1898 年 3 月 11 日《申报》,附张第 4 版,58 卷 404 页

71. 皖省官场纪事(委任学官＊)

委署池州府铜陵县学训导沈广文可训,经吏部选授潜山县学训导。所遗铜陵训导员缺,经藩司于方伯札委试用训导夏广文华梁署理。

宿州学正姜广文继襄请咨会试,遗缺经于方伯遴委试用训导姚广文继昌署理。

霍山县学教谕施广文化龙、定远县学训导郑广文楷人,先后因病出缺,所遗篆务经藩司于方伯委试用训导张广文君召、曹广文甡署理。

载 1898 年 4 月 5 日《申报》,第 3 版,58 卷 566 页

72. 芜湖官场纪事(学宪行程＊)

芜湖访事友来函云,安徽学宪徐季和宗师试毕安庆,转旆回姑孰节辕,举行本郡岁试,已纪报端。兹悉,宗师于四月二十二日由皖垣秉节过芜,地方文武各官咸赴江干迎谒。宗师一一接见,寒暄数语,展轮下驶。闻当晚即抵太郡。

载 1898 年 6 月 25 日《申报》,第 2 版,59 卷 355 页

73. 皖省官场纪要(代理教职＊)

徽州歙县教谕黄广文病势淹缠,禀请交卸。藩司于方伯札委试用训导查广文当礼署理。

载 1898 年 7 月 2 日《申报》,第 2 版,59 卷 407 页

74. 皖省官场纪事(署理训导＊)

安庆访事友人来函云,徽州祁门县训导殷广文先拔在任病故,遗缺经藩宪于方伯札委试用教谕童广文益升前往署理。

载 1898 年 7 月 13 日《申报》,第 2 版,59 卷 489 页

75. 皖省官场纪事(教谕互调＊)

怀宁县教谕舒广文前奉上宪札委与太平县教谕周广文互相调署,舒广文奉札后适值县试之期,现已试竣,随即交卸,诣辕禀知,驰赴调任。怀宁教谕周广文不到任之先,委任汪广文忠畅代理,上月二十六日汪广文已接印任事矣。

载 1898 年 11 月 15 日《申报》,第 2 版,60 卷 543 页

76. 皖省官场纪事(教谕履新＊)

太平县教谕调署怀宁县教谕周广文尔润于十五日到省,筮吉于十五日清晨接印任事。

载 1898 年 12 月 9 日《申报》,第 2 版,60 卷 707 页

77. 皖省官场纪事(委任训导＊)

试用训导方广文镜,经李方伯委署太湖县训导。陈广文景福委署怀远县教谕,试用训导张广文鹭委署潜山县训导。

载 1898 年 12 月 15 日《申报》,第 2 版,60 卷 747 页

78. 文宿韬光

芜湖采访友人云,提督安徽学政徐季和大宗师按试安庆既毕,忽报清恙,于三月初十日由省垣回太平节署,礼延浙江郭姓医生前来诊治。兹悉文宗系气虚癃闭,医者误进八正五苓等散,以致日渐沉重,无可挽回。延至二十七日清晨,骑鲸而去。八百孤寒,同声下泪。

载 1899 年 5 月 12 日《申报》,第 1 版,62 卷 81 页

79. 文星复朗

芜湖采访友人云,提督安徽学政徐季和宗师,自三月初十日由安庆扶病回太平节署,缓和迭召,未奏奇功,延至二十七八等日,几濒于危,以致道路传言,咸谓凶多吉少。刻有人自十咏亭边,欣悉宗师自进续命之汤,日有起色,本月初一日已转危为安。从此天上文星依然朗照,士林中人无不额手而颂矣。

载 1899 年 5 月 16 日《申报》,第 2 版,62 卷 111 页

80. 皖省官场纪事(暂代学篆＊)

安徽提督学政徐季和大宗师于本月初六日病终节署,公子将关防送交太平府,转交

抚宪邓大中丞。本月十二日，中丞依礼接受，所属员弁叩贺如仪。

载1899年5月26日《申报》，第3版，62卷190页

81. 皖省官场纪事（广文履新＊）

本月某日，新选芜湖县教谕吴广文增春，经汤方伯札饬赴新任供职。

载1899年5月26日《申报》，第3版，62卷190页

82. 鸠兹官场纪事（文宗丧事＊）

安徽提督学政徐季和宗师于本月初六日寅时在太平府节辕因病出缺，经公子择定翌日未时大殓，署中一切丧事由太平府杜太守及当涂县吕大令妥为照料，并将宗师因公积劳病原及弥留时口授遗折据实陈报，以便上达九重。想朝廷褒直旌忠，必有非常旷典也。

载1899年5月27日《申报》，第2版，62卷197页

83. 龙眠夏景（改委县学＊）

委署芜湖县学训导金广文懋荣在籍劝办积谷，公务羁身，不克赴任，呈请藩宪汤小秋方伯改委试用训导程广文洙前往署理。

载1899年6月1日《申报》，第2版，62卷237页

84. 皖省官场纪事（饬赴新任＊）

安庆访事人云，新选定远县训导程广文步鳌，现经藩司汤方伯饬赴新任。

载1899年6月12日《申报》，第2版，62卷323页

85. 鸠兹官场纪事（阁学赴皖＊）

芜湖访事友人云，提督安徽学政徐季和宗师因病出缺，朝廷简放绵建斋阁学瓜代，业已请训陛辞，本月初八日命驾出都，初九日节抵天津，即日附轮船南下。皖抚邓筱赤中丞因派"登瀛洲"兵船赴沪迎迓，太平府学辕文巡捕张君亦即前往伺候。

载1899年6月26日《申报》，第2版，62卷433页

86. 鸠兹官场纪事（祭奠宗师＊）

原任安徽学政徐季和宗师作古后，公子择期本月十八日开吊，然后扶柩回太仓州嘉定县珂里。门生故旧暨各省戚族、交游，有不远千里而来亲奠生刍一束者，于此可见宗

师之流泽孔长矣。

　　　　　　　　　　　　载 1899 年 6 月 26 日《申报》,第 2 版,62 卷 433 页

87. 文星照还

　　芜湖访事友人云,新任提督安徽学政绵建斋阁学于本月初八日陛辞出都,抚宪邓筱赤中丞特派"登瀛洲"兵船赴沪迎迓。十三日阁学由津抵沪;十四日即溯江上驶,道经白下,小作勾留。当涂县吕大令闻之,飞禀抚辕,料理接篆事务。

　　　　　　　　　　　　载 1899 年 6 月 28 日《申报》,第 1—2 版,62 卷 449 页

88. 皖抚邓奏学臣因病出缺代递遗折折

　　头品顶戴安徽巡抚署布政使臣邓华熙跪奏,为学臣因病出缺,循例由臣暂行兼署,并代递遗折,恭折仰祈圣鉴事:据署太平府知府杜恩荣禀,据学院家人王永禀称,家长安徽学政兵部右侍郎徐致祥光绪二十三年十二月到任,二十四年分安庆等十三州属岁考均已完竣,本年二月初一日出棚,举行安庆府属科考,事毕患病,具折请假,于三月初十日回太平府驻署调理,冀可渐痊。不料病势旋复加重,医药罔治,于四月初六日寅刻因病出缺。病笃之际,口授遗折,令嫡长子正三品荫生候选中书科中书鼎襄、出嗣嫡次子四品荫生鼎康、长孙正三品荫生篯寿、出嗣次孙䇹寿等谨遵缮就,并将学政关防封固,同文卷等件一并呈府,由该府委员赍送前来。臣查故学臣徐致祥自蒙简放到皖一来,洁清自矢,诸事精勤,孜孜于教士培才,其衡文以清真雅正为宗,上年考过各属,关防严密,校阅认真,取中公允,士论翕然悦服。臣于年终附片已电请总理各国事务衙门代奏,将所遗员缺请旨迅速简放在案。现据送到关防、文卷,臣循例于四月十二日暂行兼署,并将遗折恭代呈递,谨缮折具陈,伏乞皇太后、皇上圣鉴。谨奏。

　　奉朱批:知道了,钦此。

　　光绪二十五年五月十四日《京报全录》第六千五百九十号,己亥年五月二十二日《申报》附张

　　　　　　　　　　　　载 1899 年 6 月 29 日《申报》,附张第 6 版,62 卷 463 页

89. 皖省官场纪事(移交关防*)

　　安庆访事友人云,原任安徽提督学政徐季和宗师在太平府节署病故后,所遗学政关防由抚宪邓筱赤中丞循例暂为接管。近闻新任学宪绵大宗师请训出都,将抵任所,因委候补直隶州英直刺华赍送,前往移交宗师接受。

　　　　　　　　　　　　载 1899 年 7 月 4 日《申报》,第 2 版,62 卷 493 页

90. 皖省官场纪事(任委学官＊)

安庆访事友人云,新选潜山县训导王广文文彬于上月某日经上宪饬赴新任。

上月某日,本任怀远县训导倪广文先庚、怀远县教谕沈广文丰瑞,均经上宪饬回本任。

试用训导崔广文元勋,经藩司汤方伯委署灵璧县教谕,上月某日已牌示辕门矣。

载 1899 年 7 月 12 日《申报》,第 2 版,62 卷 549 页

91. 皖省官场纪事(委署训导＊)

灵璧县学训导夏广文病故,遗缺经藩宪汤方伯委试用训导刘广文从元署理。

载 1899 年 7 月 21 日《申报》,第 2 版,62 卷 617 页

92. 螺矶延爽(学政丧事＊)

原任安徽学政徐季和大宗师于四月初六日在任作古,五月十八日就署中开吊。事毕,于六月十二日扶柩回嘉定原籍。道出石头城下,小驻丹旐,故吏、门生咸具生刍往吊,素车白马,络绎于途。约略数日,灵幡即发。

载 1899 年 8 月 8 日《申报》,第 3 版,62 卷 736 页

93. 皖省官场纪事(委署教谕＊)

试用训导吴广文炳凯,现奉藩宪汤方伯委署宿松县学教谕。

载 1899 年 8 月 9 日《申报》,第 2 版,62 卷 741 页

94. 皖省官场纪事(署理教谕＊)

望江县教谕孙广文丁艰,遗缺由上宪委试用训导许广文琳署理。

载 1899 年 8 月 27 日《申报》,第 2 版,62 卷 861 页

95. 皖省官场纪事(教谕赴任＊)

新选东流县学教谕冯广文景和,近已抵省,奉饬赴任。

载 1899 年 9 月 4 日《申报》,第 2 版,63 卷 23 页

96. 皖省官场纪事(委署教谕＊)

试用训导龙广文春晖,经藩宪汤方伯委署潜山县学教谕。

载 1899 年 9 月 17 日《申报》,第 2 版,63 卷 115 页

97. 皖省官场纪事(札署教谕＊)

安庆访事友来函云,候选教职吴(文广)〔广文〕慎彤,现奉藩宪札饬署繁昌县学教谕。

载1899年9月26日《申报》,第1—2版,63卷177页

98. 皖省官场纪事(饬赴新任＊)

新选安徽石埭县学教谕王广文拔萃,现奉藩宪行知,饬赴新任,随即诣辕禀谢,择吉履新。

载1899年10月3日《申报》,第2版,63卷225页

99. 皖省官场纪事(教谕赴任＊)

新选英山县学教谕汪广文,经藩宪汤小秋方伯札饬赴任。

载1899年10月17日《申报》,第3版,63卷320页

100. 皖省官场纪事(教谕履新＊)

新选潜山县教谕宗广文德天,奉藩宪汤方伯饬赴新任。

载1899年11月20日《申报》,第2版,63卷563页

101. 皖省官场纪事(饬赴新任＊)

升补宁国府学教授亓广文毓章,近由藩宪牌示,饬令即赴新任。

载1899年11月28日《申报》,第2版,63卷625页

102. 皖省官场纪事(饬回本任＊)

调署泗州虹乡学训导、本任宣城县学训导张广文国镛,经藩宪饬回宣城本任,新选泗州虹乡学训导吴广文祖棻饬赴新任,均已于某日牌示辕门矣。

载1899年12月4日《申报》,第2版,63卷669页

103. 皖省官场纪事(派委代理＊)

安庆访事友人云,潜山县学训导王广文友彬丁艰,遗缺经藩宪汤筱秋方伯委试用教谕费广文克恂前往代理。

阜阳县学训导戴广文丁忧,遗缺委试用训导李广文世徽署理。

庐州府合肥县学训导遗缺,委试用训导黄广文梦绂署理。
望江县教谕吴广文丁忧,遗缺委试用训导汪广文忠畅代理。

载1899年12月17日《申报》,第2版,63卷763页

104. 皖省官场纪事(代理学正＊)

广德州学正吴广文蘅生因病请假,遗缺经上宪委试用训导王广文树人署理。

载1900年1月6日《申报》,第2版,64卷31页

105. 皖省官场纪事(广文履新＊)

试用训导吕广文贤模近由大宪牌示,委署青阳县教谕,想不日即须履新也。

载1900年1月9日《申报》,第2版,64卷49页

106. 皖省官场纪事(饬委署理＊)

合肥县训导黄广文梦绂莅任未久,因病出缺,遗缺经藩宪汤方伯札委试用训导丁广文仁燿署理。

载1900年1月17日《申报》,第2版,64卷105页

107. 皖省官场纪事(改派训导＊)

委署合肥县学训导丁广文,不知何故缴回委札,遗缺经汤方伯委试用训导聂广文植模署理。

载1900年2月17日《申报》,第2版,64卷253页

108. 皖省官场纪事(委派教谕＊)

安庆访事人云,新选休宁县教谕朱广文宇辉,经藩宪汤筱秋方伯饬赴新任,新正初七日诣辕禀谢。试用训导许广文开绍,经方伯委署阜阳县学教谕,日内须择吉履新矣。

载1900年2月22日《申报》,第2版,64卷279页

109. 皖省官场纪事(派委学官＊)

试用训导陈广文耀南,由汤方伯委署广德州学学正。
安庆府学训导章广文定建请假省亲,遗缺由府尊方太守札委怀宁县教谕周广文尔润暂行兼理。

载1900年3月14日《申报》,第2版,64卷407页

110. 皖省官场纪事（派委教谕＊）

安庆访事友人云,安徽试用训导章广文光宝,接奉藩宪汤筱秋方伯饬知,委署颍州府学教授。

建平县学(校)〔教〕谕何广文于本月某日因病逝世,遗缺经藩宪汤筱秋方伯札委试用训导汪广文肇镕署理。

载 1900 年 3 月 28 日《申报》,第 3 版,64 卷 512 页

111. 皖省官场纪事（饬速赴任＊）

本月初二日藩宪牌示,新选望江县学教谕程佐衡饬赴新任。

新选望江县学训(道)〔导〕姚广文道生,接奉藩宪饬知,速赴新任,以重职守。

载 1900 年 4 月 17 日《申报》,第 2 版,64 卷 665 页

112. 皖省官场纪事（新委教谕＊）

安庆访事友人云,本月初二日安徽藩司汤筱秋方伯牌示,新选宿松县学教谕程佐衡饬赴新任,不虞书吏误宿松为望江,事为方伯查知,饬再悬牌更正。

新选望江县学教谕姚广文道生,于本月初十日接奉藩宪汤方伯行知,饬赴新任,随诣辕谢委,涓吉十二日驰往履新。

载 1900 年 4 月 18 日《申报》,第 2 版,64 卷 673 页

113. 皖省官场纪事（训导赴任＊）

安庆访事友人云,试用教谕程广文凤三,现奉藩宪汤小秋方伯委署歙县学训导,已饬赴任所供职矣。

载 1900 年 4 月 24 日《申报》,第 2 版,64 卷 721 页

114. 皖省官场纪事（派委庖代＊）

安庆访事友云,署建平县学教谕某广文因病求医,禀请交卸,经藩宪汤小秋方伯委试用训导刘广文瀛滨前往庖代。

载 1900 年 5 月 20 日《申报》,第 2 版,65 卷 151 页

115. 皖省官场纪事（派委署理＊）

宿松县学训导欧阳广文鏳陈请终养,遗缺经藩宪汤小秋方伯委试用训导龙广文春

辉署理。

载 1900 年 5 月 25 日《申报》,第 2 版,65 卷 191 页

116. 皖省官场纪事(不得拒委*)

教职各缺,瘠苦者多,一经轮委,往往有辞不赴任者。前月某日,怀宁县陈大令奉藩宪汤方伯札饬晓谕,略谓:各属投效、委用、试用以及各项捐纳教职,凡丁忧、病故以及修墓、游幕、就馆一切事故,均应随时报县,由县专案详司,以俾稽考。前经札饬各属遵照在案。乃近来又有委署教职,延至委札缴后,始呈明事故,禀请改委,殊属不成政体,理宜停委记过。姑再宽容,札饬各属晓谕,凡各属教职有甚事故,均应随时在该县呈报,由县专案报司,俾委署之时有所稽考。倘仍于委署后,始呈明事故、禀请改委者,定将该教职记过停委。

载 1900 年 5 月 27 日《申报》,第 2 版,65 卷 207 页

117. 皖省官场纪事(教谕调署*)

贵池县学教谕万广文国霖,接奉藩宪汤方伯饬知,与建德县学教谕吕广文贤栋调署。

载 1900 年 6 月 18 日《申报》,第 2 版,65 卷 377 页

118. 皖省官场纪事(派委学官*)

寿州学正委试用教谕桂广文传道署理。

新选青阳县教谕苏广文锡蕃、选授广德州学正吴广文慎旉、新选阜阳县训导胡广文玠,均奉藩宪饬赴新任。

载 1900 年 7 月 11 日《申报》,第 3 版,65 卷 534 页

119. 皖省官场纪事(饬赴新任*)

新选潜山县训导张文杰广文饬赴新任。

载 1900 年 7 月 23 日《申报》,第 2 版,65 卷 603 页

120. 皖省官场纪事(广文赴任*)

安庆访事人云,本月初十日,新选安徽灵璧县学训导姜广文荫森,奉藩司汤小秋方伯饬赴新任供职。

载 1900 年 8 月 16 日《申报》,第 2 版,65 卷 745 页

121. 皖省官场纪事(委署训导＊)

安庆访事人云,安徽试用训导洪广文启人,经藩宪汤小秋方伯牌示,委署繁昌县学训导。

载 1900 年 9 月 14 日《申报》,第 3 版,66 卷 76 页

122. 皖省官场纪要(广文履新＊)

试用训导吴广文炳凯近接藩宪饬知,委署霍邱县教谕。广文奉札后,当即择吉履新。

载 1900 年 9 月 15 日《申报》,第 2 版,66 卷 81 页

123. 皖省官场纪事(派委庖代＊)

安庆访事人云,安徽定远县学训导某广文因事开缺,藩宪汤小秋方伯札委试用训导唐广文汝环前往庖代。

载 1900 年 11 月 13 日《申报》,第 2 版,66 卷 433 页

124. 皖省官场纪事(广文赴任＊)

新选灵璧县学教谕胡广文楫伍,奉藩宪汤方伯饬知赴任供职,当即部署行装,禀辞就道。

载 1900 年 11 月 28 日《申报》,第 2 版,66 卷 521 页

125. 皖省官场纪事(饬即赴任＊)

安庆访事人云,新选宿州学训导崔广文树藩,奉藩宪牌示,饬即赴任,遂屏挡行装,择日就道。

载 1900 年 12 月 13 日《申报》,第 2 版,66 卷 611 页

126. 皖省官场纪事(派充教谕＊)

宁国县学教谕某广文因事开缺,本月二十二日,藩司汤小秋方伯牌示辕前,委试用训导赵广文平钧前往署理。

载 1900 年 12 月 20 日《申报》,第 2 版,66 卷 653 页

127. 皖省官场纪事(委署教谕＊)

试用训导马广文兆兰,迩经藩宪汤方伯委署旌德县学教谕,想不日即可莅任矣。

载 1901 年 1 月 1 日《申报》,第 3 版,67 卷 2 页

128. 皖省官场纪事(更委教谕＊)

安庆访事友人云,泗州五河县教谕余广文前因擅受民词,经凤颍六泗道某观察详请撤任。遗缺经藩宪汤方伯委试用训导石广文景章署理。既而,石广文以双目失明呈请扣委,方伯遂更委教谕桂广文传署理。

载 1901 年 1 月 10 日《申报》,第 2 版,67 卷 55 页

129. 皖省官场纪事(解交各款＊)

本月初二日,候补府经历王参军槐森,由汤方伯委解安徽提督学政养廉等款,随于初四日解赴太平府学院交纳。

载 1901 年 1 月 30 日《申报》,第 2 版,67 卷 175 页

130. 皖省官场纪事(忽令改委＊)

泗州五河县学教谕遗缺,前经藩宪汤小秋方伯札委某广文署理。既忽又牌示,试用训导吕贤模委署五河县教谕。

载 1901 年 2 月 13 日《申报》,第 3 版,67 卷 260 页

131. 皖省官场纪事(派委署理＊)

太平府教授欧阳学博因病请假,遗缺经藩宪汤小秋方伯札委试用训导秦广文宗祐署理。

去岁腊月十九日,藩辕牌示委用教职段昭融委署旌德县教谕。

载 1901 年 3 月 6 日《申报》,第 3 版,67 卷 338 页

132. 芜邑官场纪事(禀商章程＊)

本月十二日,芜湖县学教谕吴广文趋谒道辕,谒见道宪吴观察,禀商书院章程。

载 1901 年 3 月 14 日《申报》,第 2 版,67 卷 385 页

133. 皖省官场纪事(委署教谕＊)

试用训导聂广文植模,经藩宪汤方伯委署定远县学教谕。

载 1901 年 5 月 4 日《申报》,第 3 版,68 卷 20 页

134. 皖省官场纪事(饬赴新任＊)

本月初八日,藩宪汤方伯牌示,新选霍邱县学教谕郑庚饬赴新任。

载 1901 年 5 月 6 日《申报》,第 3 版,68 卷 32 页

135. 学政丰裁

芜湖访事人云,从前学政出辕时,凡贸迁有无之流相率勾结书差,携带货物,即可免完厘税,又省沿途载运之资。奸狯营私,此风盖非一日矣。今岁安徽提督学政绵大宗师由太平府起节时,有某某等商托书吏某甲私运洋油二三百箱及绸缎、磁器各若干。事为宗师所知,饬将货物解交当涂县暂收,俟讯明托带之人,从重核办。

载 1901 年 5 月 7 日《申报》,第 2 版,68 卷 37 页

136. 皖省官场纪事(广文赴任＊)

新选颍州府学教授周广文备五,经藩宪汤方伯饬赴新任,当即禀辞,前往供职。

载 1901 年 6 月 5 日《申报》,第 2 版,68 卷 211 页

137. 皖省官场纪事(广文履新＊)

本月某日,安徽试用训导吴广文祥英,奉藩司汤小秋方伯牌示,委署定远县学教谕,随诣各宪辕禀辞,整理行装,择吉履任。

载 1901 年 8 月 9 日《申报》,第 2 版,68 卷 601 页

138. 皖省官场纪事(委署教谕＊)

十月二十九日,藩辕牌示,试用训导李世徽委署芜湖县学教谕。

载 1901 年 12 月 15 日《申报》,第 3 版,69 卷 672 页

139. 芜邑官场纪事(兼掌教谕＊)

芜湖访事友人云,安徽芜湖县学教官向设教谕、训导各一员,近日教谕吴广文禀报丁艰,遗缺由太平府龚太守檄委训导吴广文兼理。

载 1901 年 12 月 25 日《申报》,第 2 版,69 卷 707 页

140. 皖省官场纪事(代理教谕＊)

宣城县学教谕某广文调省，遗缺藩宪汤方伯委试用训导许广文开劭前往代理。

载 1901 年 12 月 26 日《申报》，第 2 版，69 卷 713 页

141. 芜邑官场纪事(不再兼差＊)

代理芜湖县学教谕吴士登学博，兼摄中江书院监院，办理认真，士论翕然。惟实缺李广文闻将到芜，大约不日当交卸矣。

载 1902 年 1 月 3 日《申报》，第 3 版，70 卷 14 页

142. 皖省官场纪事(委任学官＊)

安庆采访友人云，正月某日，新选安徽定远县学训导于广文葆先接奉行知，饬赴新任。

新选凤阳县学教谕章广文猷琳，于正月某日接奉上宪札，随即赴任供职。

载 1902 年 3 月 18 日《申报》，第 3 版，70 卷 426 页

143. 皖省官场纪事(派委学官＊)

上月十八日，藩辕牌示，试用训导胡际昌委署建德县教谕。同日牌示，试用训导胡广文俊委署庐州府训导。

载 1902 年 5 月 6 日《申报》，第 2 版，71 卷 39 页

144. 皖省官场纪事(札委学官＊)

安徽试用训导周广文肇熙，奉藩宪汤筱秋方伯行知，委署望江县学训导。

试用训导方广文学模，奉藩宪汤方伯委署含山县学训导。

新选宣城县学教谕王广文兰，于上月某日由京领凭来皖，翌日藩宪汤方伯即悬牌饬赴新任。

载 1902 年 7 月 1 日《申报》，第 2 版，71 卷 413 页

145. 皖省官场纪事(派购文庙乐器＊)

日前，寿州学正方广文显允，奉凤阳府裕太守札委办理文庙乐器。广文奉委后部署行装，即赴金陵选购。

载 1902 年 9 月 30 日《申报》，第 2 版，72 卷 195 页

146. 芜湖官场纪事(升任教授*)

徽州府教授吴猷卿广文病故,遗缺奉吏部咨文,以青阳县训导周广文山门升迁。

载 1902 年 9 月 30 日《申报》,第 3 版,72 卷 196 页

147. 皖省官场纪事(署理训导*)

试用训导舒广文景衡,奉藩宪联星樵方伯札饬署理池州府训导。

本月初□日,藩辕牌示,试用训导齐来芸委署含山县训导。

载 1902 年 11 月 24 日《申报》,第 3 版,72 卷 588 页

148. 皖省官场纪事(委署训导*)

定远县学训导某广文因病出缺,本月初七日藩宪牌示,委胡广文第署理。

载 1903 年 1 月 14 日《申报》,第 2 版,73 卷 79 页

149. 皖省官场纪事(广文对调*)

安庆访事友人云,本月某日安徽藩宪联方伯牌示辕门,饬凤阳县学教谕章广文献琳与宣城县学训导张广文国镛互相调署。

天长县学训导遗缺,经藩宪联方伯委教职胡广文远浚署理。

载 1903 年 1 月 17 日《申报》,第 2 版,73 卷 97 页

150. 皖省官场纪事(派委学官)

安庆访事友人云,南陵县训导叶广文逢源、舒城县训导鲍广文小琴、寿州学正方广文显允,均以请咨会试,禀准交卸。上宪檄委窦广文凤翱署理南陵县训导,王广文元方署理舒城县训导,葛广文廷芳署理寿州学正,已于日前接铃视事矣。

载 1903 年 3 月 26 日《申报》,第 3 版,73 卷 482 页

151. (两江总督魏)又奏为设立两江学务处并派员办理情形片

魏光焘片:再,查接官卷内前署督臣张之洞以近年屡奉谕旨,饬令各省建设学堂,亟应钦遵,切实筹办。江南地大物博,人才渊薮,应设学堂,若不详考东西各国学校制度,规模不能完备。现当筹办之初,必须设一总汇之所,以资经划考察。应即于江宁省城设立两江学务处,所有省城及各府厅州县高等、中、小学堂暨民间私设学堂以及出洋游学各生,统归经理、稽察、考核。凡各学堂课程门目、毕业年限、管理人员职守、异等者应分

立章程,同等者应会通划一。又,延订华洋教习,核阅编译教科书本,均责成学务处公同筹商妥办。札委江宁布政使李有棻、江安督粮道胡延、江南盐巡道徐树钧为总办,江苏候补道志钧、江苏试用道俞明震、江苏候补道刘世衍为会办,江苏候补知县张预为总提调,并刊发两江学务处关防一颗,饬即筹拨款项,在于江宁省城设立开办,遇事会同筹商,督饬提调张预认真办理。兹据江苏布政使李有棻等会详,已由司筹备款项,于光绪二十九年正月初五日设局,于二十四日启用关防,遇事公同会议,切实讲求,悉心筹办,次第举行,详请奏咨移交前来。臣复核无异,除分咨礼部、政务处、管学大臣查照外,谨会同江苏抚臣恩寿附片陈明,伏乞圣鉴。谨奏。

奉朱批:另有旨,钦此。

光绪二十九年四月十九日《京报全录》第七千三百六十九号,癸卯五月初三《申报》附张

载1903年5月29日《申报》,第1版,74卷191页

152. 皖省官场纪事(饬回本任*)

本任宿松县教谕程广文佐衡,现奉行知,饬回本任。

载1903年8月9日《申报》,第3版,74卷702页

153. 皖省官场纪事(派充教职*)

安庆访事人云,繁昌县训导现经上宪委候补训导窦广文荫丞前往署理。

新选宿州学正童广文文梓,现奉上宪行知,饬赴新任。

载1903年8月17日《申报》,附张第1版,74卷765页

154. 皖省官场纪事(训导对调*)

安庆访事人云,日前安徽藩宪札饬安庆府训导童广文廷建与宁国府训导胡广文维翰互相调署。童广文接奉行知,即将印信交教授刘广文庆涛兼理,然后诹吉赴宁国新任。

载1903年9月2日《申报》,附张第1版,75卷13页

155. 安徽学政绵奏例遵报满折

安徽学政奴才绵文跪奏,为遵例报满事:窃奴才才识疏庸,仰蒙圣恩,简畀安徽学政,于光绪二十五年六月初三日任事,矢公矢慎,兢惕时深。今岁科考已周,例应报满,恪遵成式,谨将剔除十弊之处循例分晰具奏。一、考试童生,并无府册无名径取入学之弊。二、考试悉遵定额,并无滥取拨学之弊。三、弥封编号印簿,并无收著私查之弊。五(注:原文如此,缺四)、考案俱奴才手定,并无出入吓诈之弊。六、考试童生,未奉旨停止武场之先,各取各额,并无以文充武之弊。七、各府俱系亲临,并无惮劳远调之弊。八、

教官不许私谒,并无纵容包揽之弊。九、考试凭文去取,并无曲徇情托之弊。十、部册俱照原额,并无预补朦混之弊。凡兹十弊,奴才俱实心剔除,并无捏饰。至于宣扬圣德,整饬士风,振拔孤寒,崇重实学,凡事关学政者,奴才皆竭力遵循,惟材质庸愚,未能少效涓埃于万一。除将各府州属学前列原卷咨部磨勘外,理合循例具奏,伏乞皇太后、皇上圣鉴。

再,此件例应具题。光绪二十七年八月十五日内阁奉上谕:嗣后各项本章改题为奏,以归简易钦遵办理。理合并陈明,谨奏。

奉朱批:知道了,钦此。

光绪二十九年《京报全录》九月初六初七日,第七千五百九十六号,《申报》附张
载1903年11月18日《申报》,附张第4版,75卷558页

156. 皖省官场纪事(广文履新*)

试用训导程广文鼎初,奉上宪委署太平府学训导,行将涓吉履新矣。

载1903年12月30日《申报》,第2版,75卷825页

157. 皖省官场纪事(教谕赴任*)

安庆访事人云,升任安庆府学教谕孙广文传树,奉藩宪联墨樵方伯饬赴新任,已于本月初三日接印视事矣。

载1904年2月8日《申报》,第3版,76卷222页

158. 皖省官场纪事(委署训导*)

试用训导许广文开诏,奉上宪委署建平县学训导。

载1904年4月21日《申报》,第3版,76卷650页

159. 皖省官场纪事(调补府学*)

桐城县学训导黄广文与绥,奉吏部调补庐州府学训导。

四月三十日藩辕牌示,候补同知王寿堃委署庐州府同知,试用训导储闰委署盱眙县学训导。

载1904年6月26日《申报》,第2版,77卷385页

160. 皖垣学务批示二则

日前皖垣学务处悬出批示二则,兹将录于下:

据旌德县附生朱懋第禀恳补送出洋,饬县筹解学费由。批:据禀已悉。该县有无的

款可以拨充出洋学费,本处无从查出,仰即会商绅董,筹定款项,禀请从县给咨申文可也。此批。

学生董嘉会禀为皖籍黔生,恳请本省津贴缘由。奉批,据禀已悉。查该生原系本堂学生,上年由贵州抚部院咨送京师大学堂考取肄业,历经贵州抚部院、京师大学堂总监督、广西抚部院咨明有案,与非本堂学生自行赴京投考者自有区别。所称家境太贫、无力接济、势难赴京卒业等语,自系实情,姑准自本年夏季按月给予津贴银六两。该生按季承领,他人不得援以为例。此批。(诗)

载1905年8月12日《申报》,第9版,80卷869页

161. 安徽学务处纪事

全省学务处用项,每月只系借拨学堂银一百两。日前,学务处提调及余绅等以科举已停,急应振兴学务,请拨给经费,以资支用等情。闻旋又经皖抚宪札知该处,亦以科举已停,急宜仿照两江、两湖学务处章程办法,仰即妥议详复,并速筹的款,禀候饬遵。(墨)

载1905年10月26日《申报》,第4版,81卷468页

162. 皖藩派员查察学务

署理藩司学务处总办毓方伯以科举已停,急应督饬各属振兴学务,近就各属禀报文牍详细列表,派员赴各府属按表查察。已办者饬加改良,并谋扩充筹设;未办者,即督饬兴办。兹将派往各府属查察员名抄录于左:安庆府六属直隶李会棻,徽州府六属知县万云松,宁国府六属知县许崇贵,池州府六属知州谭祖纶,太平府三属知县田毓璠,庐州府五属知县林炜琨,凤阳府七属知县魏有声,颍州府七属直隶州邓承沛,泗州三属知县吕溶墬,六安州二属知县李祖泰,滁州二属知县张传鸿,和州知县张奎汉,广德州知县陈兆煊。(诗)

载1905年11月2日《申报》,第3版,81卷530页

163. 皖省学务处新章仿照湘省办理

皖省学务处拟订新章一节已纪前报。兹悉皖省大吏以财政太窘,拟仿照湘省办法,添设审订、考验二科,各以绅士一员充之,月薪百两。其旧日支应委员改名会计科,月薪五十两;另添派襄办绅士一员,月薪三十两。文案委员改名文案科,月薪五十两;另添帮办一员,月薪四十两;核对收发一员,月薪三十两。共成四科,提调则仍以候补知府许晋祁承充,薪拟七十两,原五十两,拟加夫马费二十两;总办仍以藩臬兼充,不支薪水。该处已将办理情形禀陈抚宪。旋经批准,略谓:财力支绌,一切学务事宜诚难与湖北相提并论。现据该处参酌湖南章程,暂先分设审订、考验、会计三科,并以审订、考验两科各设专办绅士一员,以免官绅格阂之弊。案核一切章程,亦尚妥洽,应准办云。(诗)

载1905年11月3日《申报》,第4版,81卷538页

164. 札饬查办荒谬学官

日前有凤阳府举人等联名投藩辕具控凤阳县张教谕强奸陈姓处女及其仆人,入则夫妇,出则主仆,种种荒谬,有关风化等情。藩司毓方伯即批饬凤阳府查办,略谓:据该举等所禀,张县学与家丁吕升奸赌,一切无所不为。本年春丁祭之期,复敢擅离职守,身居教职,竟敢如此妄为。如该举等所禀非虚闻之,殊堪发指。该举等志在精勤,各有事业,果能忍受,决不至大声疾呼,为士林贻诮,谅为情所难隐,势所逼迫,以至联名具禀,群起而攻。现在该家丁吕升既经凤阳府县严提责押,该县学何能置身事外?自应一体查究,以肃官方而正风化。仰凤阳府先将该举等所禀情形逐细查复核禀,一面即提该家丁到案,切实处究。如讯供与所禀相符,即详请撤参,以示惩儆。并查明该举等平日有无与该县学挟嫌情事,一并附复察办,毋稍徇隐。(诗)

载 1905 年 11 月 24 日《申报》,第 2 版,81 卷 717 页

165. 皖省学务处添设参议

皖抚诚中丞以科举已停,学务须大加扩充,爰拟仿照江宁学务处章程添设参议,即以皖绅方太史履中为常驻参议员,并请李经如、蒯光典、赵曾重、方能叔四巨绅为函商参议员。闻日前已照会各绅矣。(诗)

载 1905 年 11 月 26 日《申报》,第 9 版,81 卷 741 页

166. 凤阳议设学务公所

郡人武君杰臣、李君锡九等以凤阳七属除寿州一属学堂粗备外,其余多未兴办,因拟邀集同志,组织一学务公所。日前已在文昌宫会议,不日即须开办。(诗)

载 1905 年 12 月 14 日《申报》,第 17 版,81 卷 897 页

167. 皖省学务处添设审订考验科委员

皖省学务处前拟添设审订、考验、会计三科,各派绅士一员,已经皖抚批准照办。日前学务处又拟于审订、考验两科添派委员,已札委知县卫献瑶任考验科,知县张朝辅任审订科,均于日前到差矣。(诗)

载 1905 年 12 月 18 日《申报》,第 4 版,81 卷 929 页

168. 饬造学生品行分数表册

日前,〔皖〕学务处接奉抚宪札准管学处咨开,申明学堂按期须汇造学生表册等情,略谓:学生以品行为先,苟品行有缺,虽才学美备,亦无足取。本部院前曾奏请颁发学

律,亦即有鉴于此。仰通饬各堂于品行分数确实考核,毋稍瞻徇,均按学期汇造表册,以凭察核云云。现已出示通晓各学堂一体遵照矣。(诗)

载 1906 年 1 月 1 日《申报》,第 3 版,82 卷 2 页

169. 江督周札饬学务处及各学堂文——为严禁联结把持聚众退学等事

为札饬事:照得学生入堂肄业,自应勤力向学,日起有功,将来成就,大则蔚为国器,次亦足以荣名资生,何可缅规越矩,有负期望?查得《奏定学堂章程·管理通则》内开有学堂禁令十二条,声明如有犯此者,各学堂应即照章惩儆,不可稍涉姑容,致滋流弊。前经本署部堂札饬学务处通行遵照在案。乃风闻近来江南各学堂有生徒联结,把持挟制,并创立会名,纠众聚议等弊,以毫不干己之事暨传闻无据之言,聚众多人,纷纷议论。费财失业固属可惜,长骄习傲尤为可忧。更闻有人意在抗官,把持公事,务使令不能行,课不能督,以为得计。如诸生有不愿者,慑于凶暴威力,亦即隐忍听从。似此情形,如果属实,尤属胆大妄为。查诸生学费出于公家,本属难得之遇,现在筹费艰窘异常,各州县生徒向学情殷,纷纷求入学堂,因限于额数,不能多选,将来如何办理,应候咨商学部订章通行。各学生既已入堂上课,尤应分阴是惜,岂可自误误人。倘有以上不法情事,若不将为首之人查明惩办,何以端士习而重学规?除随时派员严密查访外,为此札饬各学堂总办、监督,将此意普谕诸生,务各专心向学,闭户自精,切勿听人指使,干预非分。即使学堂中有应行改革事宜,应将情节呈请教员查明核办;学堂以外之事概不得违背章程,越分妄为。如或躁妄生事,暗唆聚众退学,只可遵照《奏定章程》,将为首及最不率教者革退,断不姑息,致坏风气。各总办、监督暨教员等亦宜勉尽义务,剀切提撕,以保学生名誉,毋负本署部堂殷殷期望之意,毋违。此札。(云)

载 1906 年 2 月 19 日《申报》,第 10—11 版,82 卷 341—342 页

170. 会议裁撤学政

近有顺天学政陆宝忠侍郎折奏以科举停废,各省兴办学堂,自应本省督抚专管。所有学政一缺应请裁撤,谨将顺天学政关防送交直督暂收,请旨办理等语。日前有交片命学部议奏。学部各堂会议拟请即令裁撤各省学政,所有学堂事宜责成各该生大吏管辖,其功课之事应由本部遴派熟悉各该省情形之司员前往该省,充当监督之任,并拟监督差使作为四品实官,与司道平行。大约不日即行复奏。(吕)

载 1906 年 2 月 26 日《申报》,第 3 版,82 卷 394 页

171. 皖垣学务

去冬,皖省大宪以学务处为全省学务纲领,必须大加改良,特札委候补直隶州张直牧赞巽前赴湘、鄂调查一切章程,藉资仿办。刻张牧已事竣返皖,将查考情形禀复各宪。

想学务处办法或有更改矣。(士)

载 1906 年 3 月 5 日《申报》,第 9 版,82 卷 461 页

172. 学务提调易员

学务处提调许太守炳榛现已撤差,月初由大宪札委候补知府郭振埔太守接办。(士)

载 1906 年 3 月 30 日《申报》,第 9 版,82 卷 713 页

173. 皖省学务处新拟投词章程

皖省学务处近以投票者日多,若漫无限制,不足以昭慎重。初十日曾牌示章程六条,略谓:本处总理全省学务,凡有来处呈递禀词,无不随时分别准驳批示在案。乃近来赴处具禀者纷至沓来,或假公济私,或挟嫌攻讦,及至行县查复,率多捏言虚诬,甚至不具姓名、挖填姓名。种种荒唐,无从究诘,实属不成事体。兹经本处拟订章程六条,除通饬各属出示晓谕外,合行牌示,仰各属投递禀呈人等一体知悉,务各遵照后开章程,毋得再有以上情弊,致干查究,切切。

计开章程六条:

一、本处定于三、六、九日为收阅呈禀之期,自午前十点钟起,至午后二点钟止,均可由号房投递。其具禀人须觅省内熟人担保确系本身,指明寓处以备。传问不到及由邮局投递者概不准理。

二、地方学务事件应由地方官核准转详,听候办理。如地方不予详办,方准来处具禀。倘未经禀由地方官批饬,迳自来处越禀,概不准理。

三、出洋及各学堂学生条陈学务事宜,应由各监督代达本处,否则概不准理。

四、学务紧要事件如须电禀者,应由本地学务公所或地方官转达,否则概不准理。

五、禀内不具姓名及挖填姓名者,概不准理。

六、不关学务事件,无论曾否在地方官衙门具禀,概不准理。(丁)

载 1906 年 4 月 8 日《申报》,第 9 版,83 卷 75 页

174. 学部政务处会议裁撤学政请设直省提学司折

奏为遵议裁撤学政请设直省提学司俾重事权以宏教育恭折具陈仰祈圣鉴事:窃准军机处抄交直隶总督袁世凯奏陈《学务未尽事宜》一折,奉朱批:"政务处、学部议奏。"又云南学政吴鲁奏请裁撤学政一折,奉朱批:"学部议奏,钦此。"臣等伏查国初沿前明旧制,各省设提学道,雍正年间改为提督学政,仰见列圣建置具有深意,要在因时制宜,初不拘乎成例,现在停止科举,专办学堂,一切教育行政及扩张兴学之经费,督饬办学之考成与地方行政在在均有关系,学于督抚为敌体,诸事既不便于秉承;于地方为客官,一切更不灵于呼应。即有深明教育之员补苴一二,为益已鲜。且各省地方辽阔,将来官

立、公立、私立之学堂日新月异,势不能如岁科各试分棚调考之例,而循例按临更有日不暇给之虑,劳费供张,无裨实事,学政旧制自宜设法变通。上年奉旨设立学部以来,臣荣庆等已筹议及此,而督臣袁世凯及学臣吴鲁先后陈奏,皆以裁撤学政为请。袁世凯所陈已极详;吴鲁现任学政,身居局中,所言尤为洞中利弊。是学政之应行裁撤,内外臣工意见合同,但袁世凯原奏主规复提学道之制,近来地方有司办理新政,恒视上司督催权力所及以为进退,藩臬两司统辖全省道员,则范围已溢,权限稍轻。若学政改设提学道,恐体制大异于从前,督饬或难见效。至吴鲁原奏,责成督抚办理,封疆大吏一切吏事、兵事、财政皆其统筹兼顾,势不能专心教育。臣等公同商酌,拟请裁撤学政,各省改设提学使司提学使一员,秩正三品,视按察使统辖全省地方学务,归督抚节制,于省会地方置学务公所,分设总务、普通、专门、实业、会计及图书六课,每课设课长、副长、课员,分曹隶事,仿汉代辟召之例,选官绅之有学行者,由提学司详请督抚札派。另设学务议绅四人,由提学使延访本省学堂较崇之绅士充选,设议长一人,由学部慎选奏派。其提学使司养廉一仍学政之旧,仍量加公费以资津贴。僚佐薪费皆以公款支给。所有从前之棚规供应一概禁绝,其旧有学政衙门之胥吏尤当一律裁革。以上各节,名实既符,权限自明,于袁世凯折内所谓定统系四端,吴鲁折内所谓广筹经费四事,斟酌而损益之实力而推行之,但使任用得人,职务咸理,庶几地方学务日有起色,而教育之发达不难矣。一俟提学使司设立之后,其各省学务处即行裁撤,所有学务处绅士及办事委员,其佐理学务实有成效者,应留充学务公所,议绅及课长各员之选,均由提学司届时斟酌分别办理。如蒙俞允,即由学部筹拟其细官制及办事权限章程,续行具奏请旨。其提学使员缺,应由学部博求深明教育、素有阅历者开单请简。其各省学政既经裁撤,自应饬令回京供职。提学使未经到任以前,各该省学校事宜暂由督抚饬学务处人员认真经理。所有遵议裁撤学政请设提学使司缘由谨会同恭折具陈,伏乞皇太后、皇上圣鉴训示。再,此折系由学部主稿,会同政务处办理,合并陈明。谨奏。(难)

载 1906 年 5 月 2 日《申报》,第 3 版,83 卷 312 页

175. 江督致赣苏皖三抚电——为联衔电学部请示考优办法事

南昌胡抚台、苏州陈抚台、安庆恩抚台:洪。各省新设提学使未到之先,学政似不便即回京。因学务上游一切交代,况本年夏初又考优贡,是否仍照向例开考,仰候新提学到再拟联名电请学部示遵,以归划一。乞速复再电。馥。歌印(顾)

载 1906 年 5 月 4 日《申报》,第 3 版,83 卷 330 页

176. 学政咨请皖抚考优

日前,皖学毓宗师莅省,与抚宪商办考优一事,讵忽奉旨裁撤学政,毓宗师遂回节署,旋即咨请抚宪谓,本届皖南北考优并生贡考职等事,均请贵部院主持,示期考试。并闻拟即回京供职云。(多)

载 1906 年 5 月 12 日《申报》,第 9 版,83 卷 411 页

177. 疏通教职办法

安省教职教授、谕训候补人员,异常拥挤,近藩司冯方伯查各属教职等,往往有本学正副兼署,以致候补人员难以插署,日前具详抚宪,嗣后凡教官因故开缺,即归候补班署理,不得兼属,以免壅塞。(多)

载 1906 年 5 月 12 日《申报》,第 9 版,83 卷 411 页

178. 学部奏陈各省学务官制权限折

奏为遵议各省学务详细官制办事权限并劝学所章程恭折仰祈圣鉴事:本月初二日,内阁奉上谕"《政务处、学部会奏遵议裁撤学政,请改提学使司》一折,现在停止科举,专办学堂,所有学政事宜自应设法变通,著即照所请,各省改设提学使司一员,统辖全省学务,归督抚节制。一切详细官制及办事权限章程,着学部妥议具奏等因,钦此",仰见圣明注意学务,慎重官常,莫名钦服。窃维兴学之道期于普及,而各省幅员辽阔,风气不齐,全赖办事官绅通力合作,广施诱掖、劝导之方,徐收划一整齐之效。惟是地方官应办之学务,统系不定则推诿恒多,权限不明则侵轶可虑。臣等谨就各省现在办学情形,参以东西各国地方兴学制度,凡提学使司以下人员厘定职司,提挈纲领,〔明〕晰科目,以专责成,合官绅而筹任使,尤重在教育行政与地方行政之机关各有考成,不许扞格,期于实力奉行,徐图推广。至现在风气初开,办理学务之员于教育学、教授管理诸法及教育行政、视学制度,皆须随时研究,以谋补充识力。其各厅、州、县,凡有劝学之所,皆当遵照章程,妥筹办法,城乡市镇一律推行。尤宜定期宣讲教育宗旨,俾资遵守,庶几经正民兴,邪慝不作。此则臣部任督催统率之责而日兢兢焉者也。其各省学务详细官制、办事权限并劝学所章程,谨分缮清单,恭呈御览。所有臣部遵议各省官制权限缘由,谨缮折具陈,伏乞皇太后、皇上圣鉴。谨奏。

光绪三十二年四月二十日奉旨:依议,钦此。

谨拟就《各省学务详细官制及办事权限章程》缮具清单,恭呈御览。

一、每省设提学使司提学使一员,秩正三品,在布政使之次,按察使之前,总理全省学务,考核所属职员功课。其旧有学务处,俟提学使到任后,即行裁撤,以专责成。(江宁、江苏向有布政使二员,应于江宁省城设提学使一员,江苏省城设提学使一员,照布政使管辖地方例管理学务。其吉林、黑龙江、新疆三省,均添设提学使各一员)

一、各省提学使司提学使员缺,拟由学部以京外所属学务职员开单,奏请简放。

一、此次提学使创设,需员甚多,拟由翰林院人员品端学粹、通达事理及曾经出洋,确有心得,并京外究心学务,素有阅历之员,不拘资格,一律擢用。其现在各省学政暨学务处总办,果系素谙学务、办事认真者,并由学部奏请改任提学使,或补或署,以资熟手而广任用。

一、提学使自到任之日起,每三年作为任满。任满之前,各督抚将其平日所办事项详细咨部,本部证以三年内派其视学官切实考察者,该司办理学务果有无振兴实效,详

晰胪列奏闻，或留任，或升擢，或调他省，或调回，本部请旨遵行。

一、提学使由四、五品京官及实缺道员简任者，升转与臬司同；其由他项人员补授者，应俟三年任满，列入升转；由他项人员署理者，俟实授后，扣除任满年限，列入升转。

一、提学使照各直省藩、臬两司例为督抚之属官，归其节制考核，一面由学部随时考查，不得力者即行奏请撤换。

一、地方学务，凡系按照定章，复经督抚筹定举办者，提学使当督饬地方官切实举办，力除向来因循敷衍之积习。其有延宕玩视并办不以实者，提学使可具其事状，详请督抚分别记过、撤参，毋稍徇隐。其有办事实心、卓著成效者，亦可具其事状，详请督抚从优奏奖。每届年终，分别所属府厅州县兴学考成，出具考语，申详督抚办理。

一、提学使于通省学务应用之款，应会同藩司筹划，详请督抚办理。

一、提学使所办事务，除随时禀报督抚，由督抚咨报学部外，每学期及年终将本省学堂办理一切情形详报于学部，以备考核。如有重要事件，仍可随时径达学部。

一、提学使如遇有紧急事件，应行出省考察，须先期电达学部，经学部允准后，方可出省考察，但仍当轻骑简从，勿受地方供应。

一、提学使衙门仍用旧有之学政衙门，所有旧日吏役人等概行屏除，其有学政向不与督抚同城者，均应改归一律。至各省业经裁撤之学务处，即改为学务公所，提学使督率所属职员，按照定章，限定钟点，每日入所办公，不得耽误。所有学政衙门案卷、学务处公牍，均移送提学使衙门，毋得遗漏，以便稽考。

一、学务公所设议长一人，议绅四人，佐提学使（参）〔筹〕划学务，并备督抚咨询。议绅由提学使延聘，议长由督抚咨明学部奏派。须择端正绅士通学务者。

一、学务公所分为六课：曰总务课，曰专门课，曰普通课，曰实业课，曰图书课，曰会计课。其各课所掌事务分列于下：

总务课

掌理机密文书事件，收发一切公文、函电、案卷、册籍，编纂统计报告及各种学务报告，并编印教育官报，检定教员，考核所属职官、教员功过及其任用、升黜、更调，核定关于本省学务全体之规则、章程，并掌理佣聘外国人，考查公所人役一切杂项事务。又，各学堂卫生事务亦归管理。

专门课

管理本省高等学堂及各种专门学堂教课规程、设备规则及关于管理员、教员、学生等一切事务，并保护、奖励各种学术、技术及海外游学事务。

普通课

掌理本省优级初级师范学堂、中等学堂、女子师范学堂、女子中学堂、小学堂教课规程、设备规则及关于管理员、教员、学生等一切事务。又，通俗教育、家庭教育、教育博物馆及与中小学堂相类之学堂一切事务，均归管理。

实业课

掌理本省农业学堂、工业学堂、商业学堂、实业教育讲习所、实业补习普通学堂、艺徒学堂及各种实业学堂之设立，维持教课规程、设备规则及关于管理员、教员、学生等一切事务，并考察本省实业情形，筹划扩张、实业教育费用。

图书课

掌理编译教科书、参考书，审查本省各学堂教科图籍，翻译本署往来公文、书牍，汇录讲义，经理印刷，并管图书馆、博物馆等事务。

会计课

掌本所经费之收支、报销，核算省会及各府、厅、州、县教育费用是否合度，并稽核各学堂。凡各学堂建造营缮之事，亦归考核经理。

一、各课设课长一人，副长一人，其课员视事之繁简，由提学使酌量详派，限定人数，少则一员，多不过三员。

一、各课课长、副长、课员，以曾在中学堂以上毕业或曾习师范，并曾充学堂管理员、教员，并有劳绩者充任。此时创办，应予变通，暂就本省官绅办理学务积有阅历、学望素高者，由提学使详请督抚札派。

一、提学使下设省视学六人，承提学使之命令，巡视各府厅州县学务。各省省视学由提学使详请督抚札派，曾习师范或出洋游学并曾充当学堂管理员、教员，积有劳绩者充任。其巡视区域及规则，另详专章，由学部奏明办理。（未完）

载 1906 年 6 月 9 日《申报》，第 9 版，83 卷 681 页

179. 续学部奏陈各省学务官制权限折

一、课长、副长、省视学，如无官者均给予职衔，课长五品，副〔长〕及省视学均六品。其有资深劳著者，准以京外相当之学务官员调用。

一、课长、副长、省视学及各课员，年由督抚会同奏咨一次。以上各员应领薪水，均比照旧有学务处人员列支。

一、各省提学使养廉均比照学政原有养廉支给。其署任人员若署无人之缺，养廉全支，加给公费，其数目由督抚奏定。所有学政旧有之规费、供给等项一概禁绝。

一、课员以下可设司事、书记，其人数视事务繁简为定，皆开支工薪，不作缺底公役，尤宜限定人数。

一、各厅州县均设劝学所，遵照此次《奏定章程》，按定区域创办小学堂，以期逐渐推广，普及教育。此为当今切要之图，提学使务严督地方官限期速办，实力推行，并于劝学所内定期约集学会，绅衿宣讲教育宗旨以资遵守外，品行端方、曾经出洋游历或曾习师范者，由提学使札派充任，经常驻各厅州县城，由地方官监督办理学务，并以时巡察各乡村市镇学堂，指导劝诱，力求进步，给以正七品虚衔，其办理实有成效者，准其擢充课长、副长，以示鼓励。

一、各省设教育官练习所，由督抚监督，由提学使选聘本国或外国精通教育之员讲演教育学、教授管理诸法及教育行政、视学制度等，以谋补充识力。每日限定钟点，自提学使以下所有学务职员至少每星期须上堂听讲三次。敬谨拟《劝学所章程》，缮具清单，恭呈御览

一、总纲　各厅州县应各于本城择地特设公所一处，为全境学务之总汇，即名曰"某某劝学所"，每星期研究教育，即附属其中。凡本所一切事宜，由地方官监督之。

一、分定学区　各属应就所辖境内划分学区，以本治城关附近为中区，以次推至所属村坊市镇，约三四千家以上即划为一区，少则两三村，多则十余村，均无不可。在本治东，即名东几区；在本治西，即名西几区，推之南北亦然。由第一区至数十区，可因所辖地方之广袤酌定。

一、选举职员　劝学所以本地官为监督，设总董一员，综核各区之事务，每区设劝学员一人，任一学区内劝学之责。总董由县视学兼充，劝学员由总董选择本区土著之绅衿品行端正、夙能留心学务者，禀请地方官札派，其薪水、公费多寡，各就本地情形酌定。

一、统合办法　劝学员于本管区内调查筹款、兴学事项，商承总董，拟定办法，劝令各村董事切实举办。此项学堂经费，皆责成村董就地筹款，官不经手，劝学员但随时稽查，报告于劝学所。每年两学期之末，由劝学所造具表册，汇报本地方官，一面榜示各区，以昭核实。若提学司派遣省视学查验时，应由劝学所总董，将各学堂情形详述，以便省视学酌赴各区调查。

一、讲习教育　各区劝学员应先于本城劝学所会齐，开一教育讲习科，研究学校管理法、教育学、《奏定小学章程管理通则》等类，限两个月毕业，再赴本区任事。以后每月赴本劝学所会齐一次，须预定日期，如每月第一星期为东乡各区劝学员会集之期，第二星期即西乡各区，第三星期即南乡各区，第四星期即北乡各区。以此类推，呈交劝学日记，由总董汇核。有商订改良各事，即于是日研究条记，携归本区实行。凡会集之期，地方官及总董必须亲到。

一、推广学务　劝学员既系本区居住之人，自于本地情形熟悉，平时宜联合各家及本村学董，查有学龄儿童，已届入学年岁，学（第）〔董〕随时册记，挨户劝导，并任介绍送入学堂之责，使学务日见推广。每岁两学期，以劝学生多寡，定劝学员成绩之优劣。其办法有五：一、劝学。婉言劝导，不可强迫，一次劝之不听，无妨至再至三。说明学堂为培养学童之道德，并不得误认新奇，自生疑阻。宣讲停科举兴学堂之谕旨，使知舍此别无进身之阶，说入学于谋生治家大有裨益，说入学之儿童可以强健身体。遇贫寒之家，可劝其子弟入半日学堂。遇（科）〔私〕塾塾师课程较善者，劝其改为私立小学堂，并代为禀报。遇绅商之家，劝捐助兴学，裨益地方。对所劝之家，劝其复向亲友处辗转相劝，并于开学时引导。〔二、兴学〕。各乡均须立若干初等小学，计各村人家远近，必须立于适中之地。查明某地不在祀典之庙宇乡社，可租赁为学堂之用。定明某地学童须入某学堂。筹划某地学堂屋宇多寡，可容若干人，为分班之数、颁行课程、延聘教员选用。稽查功课及款项。设立半日学堂。每学期制学堂一览表。以上为本村学堂董事之责，惟须与劝学员会议。三、筹款。考察迎神赛会、演戏之存款，绅富出资建学，为禀请地方官奖励，酌量各地情形令学生缴纳学费。以上为劝学所总董之责，惟须据劝学员之报告，联合村董办理。四、开风气。访有急公好义、品行端方之绅耆，倩其襄助学务。择本区适中之地，组织小学师范讲习所，或冬夏期讲习所，组织宣讲所、阅报所。有好学之士可介绍于本府初级师范学堂或本城传习所，使肄业科学。以上由劝学员随时报知本劝学所总董办理。五、去阻力。各地劣绅地棍之阻扰学务者，各地愚民之造谣生事者，颓陋塾师禁阻学生入学堂者，娼寮烟馆等所之附近学堂有妨管理者。以上由劝学员查出，通知本城劝学所，禀明地方官分别办理。

一、实行宣讲。各属地方一律设立宣讲所，遵照从前《宣讲圣谕广训章程》，延聘专员，随时宣讲。其村镇地方亦应按集市日期派员宣讲。一切章程、规则，统归劝学所总董经理，而受地方官及巡警之监督。

一、宣讲应首重《圣谕广训》，凡遇宣讲圣谕之时，应肃立起敬，不得懈怠。

一、忠君、尊孔、尚公、尚武、尚实五条谕旨，为教育宗旨所在，宣讲时应反复推阐，按条讲说。其学部颁行宣讲各书，及国民教育、修身、历史、地理、格致等浅近事理，以迄白话新闻，概在应行宣讲之列。惟不得涉有政治演说一切偏激之谈。

一、宣讲员由劝学所总董延访，呈请地方官札派，以师范毕业生及与师范生有同等之学力确系品行端方者为合格。如一时难得其人，各地方小学堂教员亦可分任宣讲之责，其不合以上资格者概不派充。

一、宣讲时无论何人均准听讲，即衣衫褴褛者亦不应拒绝，惟暂不准妇女听讲，以防弊端。

一、宣讲时限、日期，得由劝学所总董随时酌定。

一、宣讲员每期宣讲事项，应簿存记目录，以备地方官、劝学所总董随时稽查。

一、宣讲附在劝学所，或借用儒学明伦堂及城乡地方公地，或赁用庙宇，或在通衢。

一、凡宣讲时，巡警官得派明白事理之巡警员旁听，遇有妨碍治安之演说，可使之立时停讲。

一、详绘图表。劝学员应商同本区各村董事就所辖地方，遵照学部颁行格式绘成细分各图，注明某地旧有学堂几处，每学若干斋堂，随时报明本城劝学所存查。其学生班次人数、课程及出入款项，分别造具表册，分期报明本城劝学所汇齐，另造表册交由地方官申报提学衙门，每半年一次。

一、定权限。各属劝学所总董与劝学员及各村学堂董事，均为推广学务而设，不准于学务以外干涉他事。如有包揽词讼、倚势凌人者，经地方官查实，轻则立时斥退，重〔则〕禀明提学司究办。

一、明功过。劝学所各员如办理合法，著有成效，应随时记功。其有特别劳勚者记大功，年终按记功之多寡，由地方官禀明提学司予以奖励。其因陋怠惰或办理不善者，随时禀撤另举。

载 1906 年 6 月 10 日《申报》，第 9 版，83 卷 691 页

180. 咨请严禁冒充学务委员

日前学部咨照皖抚，略云：近来学务渐兴，有等棍徒假冒上司委员前往各州县查勘学务，若遇民立、私立学堂，即需索川费。现经本部查悉，咨请各省督抚转饬各州县，遇有形迹可疑假冒委员，定行严拿惩办云云。（多）

载 1906 年 6 月 12 日《申报》，第 9 版，83 卷 711 页

181. 宁苏皖赣致学部礼部电(为考优事)

前奉旨,各省学政一律裁撤,均著回京供职,各该省学校事宜暂由各该督抚督饬学员妥为经理等因。又准礼部咨,本届各省考取优贡,俟报齐后,即由各该提学使秉公甄录等因。查向例,学政遇有事故离任,新学政未到,即由巡抚接印代办。现各学政回京,提学使未到,所有一切学务遵旨由督抚办理,即用督抚之印,各学政送来印信应即封存缴部。至考优一事,应遵部文,俟报齐后,由提学使查照向章,甄录正备取,再由督抚复考。江宁藩司所属即归江督办理,苏、皖、赣即由各抚办理。是否如斯,请示复。(甲)

载 1906 年 6 月 27 日《申报》,第 3 版,83 卷 854 页

182. 地方官学务考成准由提学使与藩臬二司会详

学部附片奏称,兴学为地方要政,久已列入考成,实与钱谷、刑名并重。查各省地方官员补署举劾等事,向系藩司会同臬司具详。现既添设学司,拟改为藩学臬三司会同具详,庶地方人员各顾考成,与兴学育才不无裨益云云。此片已于六月初六日奉旨"依议"矣。(渠)

载 1906 年 8 月 18 日《申报》,第 3 版,84 卷 474 页

183. 学部续拟提学使办事权限章程折

学部谨奏,为《续拟提学使办事权限章程》恭折具陈,仰祈圣鉴事:窃查《各省学务官制、办事权限并劝学所章程》,前经臣部于本年四月十二日奏准通行在案。现在提学使将次到任,所有选用僚佐,旌别属官以及管理驻防学务、聘用外国教员各事宜,为前次章程所未备者,现经臣等公同商酌,定为十一条,缮具清单,恭呈御览,俟奉旨后即由臣部通行各省一律遵照办理。所有续拟《提学使办事权限章程》缘由恭折具陈,伏乞皇太后、皇上圣鉴训示。谨奏。

光绪三十二年六月初六日奉旨:依议,钦此。

谨将《续拟提学使办事权〔限〕章程》恭呈御览。

一、课长以下各员由提学使给札委派,一面申详督抚。惟此项人员非通悉学务之员不克胜任,除就本省官绅选用外,准由提学使详请督抚分别调用京外人员相助为理。查《奏定章程》,办理学堂,必须充当总理或监督总分教习者免扣资俸。此项课长、副长人员职司全省学务,尤为重要,应请一并不扣资俸,不停升转、铨选,以广任用。

一、阖省学务人员每越一学期由提学使详报学部一次,以凭察核。

一、提学使于通省学务用款,除会同藩司筹划外,其盐运司、盐粮关道以及税厘、银元、铜元各项局所,但有经理财政之责者,均应合力通筹,详请督抚核定。

一、课长、副长及视学、劝学所总董等,如无官者,照章给与五品、六品、七品职衔,惟经提学使派充之后,须视任事久暂,略加区别,必勤慎无误满三年者,由提学使详请督抚咨明学部给予执照,并咨吏部注册。如有异常得力之员,因事故未满三年,而于学务实

有裨益者,准由提学使声叙事实,详请督抚咨明,一律给照注册。

一、自课长以及劝学所总董,一年一次札委,均于年前下札。平日如有敷衍因循者,应由提学使随时撤换,不得容隐,并详请督抚转咨学部立案。

一、各课人员如一时不能尽得其人,准以他课人员兼充,任缺勿滥,以昭慎重。

一、议长、议绅应给予薪资,常川驻省,赞划学务。其人品学识亦由提学使密陈督抚,转咨学部察核。

一、自高等学堂以至小学堂监督、堂长、教员等,皆由提学使分别聘用委派,并受提学使节制。其平日办事功过,由提学使随时详请督抚以凭举劾。

一、各省驻防学堂概归提学使管辖,以期推广而昭一律。惟旗营有设陆军学堂者不在此例。

一、劝学所总董事务繁重,由地方官酌量情形给予薪水,禀报提学使核办。

一、延聘外国教员,其合同格式由学部酌定,交由提学使颁发,各学堂照办。外国教员归提学使及本学堂监督节制。所有延聘、辞退等事,每越一学期详报督抚转咨学部立案。

载 1906 年 8 月 18 日《申报》,第 4 版,84 卷 474 页

184. 预备提学使衙署

(抚皖)〔皖抚〕迭奉学部咨催,建设提学使署。恩中丞因需款甚巨,将协署修理改作提学使衙署,而协镇则将守备衙署改充。其守备衙署则在中军署旁空地建设,现已将次告竣矣。(多)

载 1906 年 8 月 30 日《申报》,第 9 版,84 卷 593 页

185. 两江学务处通饬各学堂文——为严禁改装剪辫事

照得学堂为养成国民、造就人才之地,教员、学生皆有当守秩序,即至冠服形式之末,亦当束身规矩,以为社会表率。本处近见出洋留学员生,往往改用装束,且将发辫剪去。当其负笈异域,意在与彼族居处相习,不妨徇俗从同。迨乎学成回华,各在内地办事,犹是国民,即宜还我初服。其在本地各校之员生,既未派往游学,更不得相率效尤,淆人观听。近来各属借端毁学之案层见叠出,无识之人往往疑学校为教堂,指装式为慕外,风潮之起未始不由于此。甚至子弟年龄合格,父兄视为畏途,不敢令其入校者。此虽文告频频,终无以解其惑而钳其口。查《奏定章程》内载,各学堂学生冠服宜归划一,以昭整齐,令人望而知重,尤须严禁奇装服式等语。今如一校之内,彼此形状参差,又或游行各处,使人不知其为何国民族,实与定章严禁奇装之意相背。且定章学堂教员皆须列作职官,学生毕业效用亦必荣以章服,假使余发种种,体制何以相称?夫发肤受之父母,无故不敢毁伤;服色定自皇朝,凡民莫不遵守。极之学问之道,为己为人,古有明训,际此争存时代,尤当共求实际,不袭虚文。现闻北洋所用留学生无辫发者均能一律蓄还,足征爱国思想。两江为南省总汇,现奉督宪面谕,应一律仿照办理,不得自为风气,

合亟札饬札到该学堂,即便转饬在校教习、学生,万万不可轻剪发辫,改易装服,一面详为劝导,随时约束,以息浮言而符定制。此事于教育前途关系甚重,且宪谕谆谆,尤当师诏弟勉,不得视为具文,致蹈不逮。切切。(云)

载 1906 年 9 月 6 日《申报》,第 17 版,84 卷 667 页

186. 颁给各省提学使《敕书》

各省提学使由政府颁给敕书一道,其式系黄纸,用满汉合璧文书写,周围系龙纹花边,已由内阁请用御宝,交学部颁给各该省提学使。原文列左:

敕某省提学使:朕维唐虞三代之世,胶庠塾序,制度厘然,其教养也至善,其董劝也至专。唐宋以来,制科斯设,沿袭既久,专尚词章,读圣贤书,不求实践,以至学非所用,用非所学,既乖初意,何补时艰?用是停罢科举,建立学校,斟酌古今之宜,博采东西之法,爰设专官垂为定制。兹以提学重寄,命尔驻扎某省城,统辖全省之学官,宣布朝廷之文化。尔其克端趋向,风示仪表型,崇尚经术,提倡实学,毋标新领异,自蹈奇邪;毋畏难苟安,自甘简陋,俾济济多士共进文明;元元兆民咸受教育,佐我维新之治,企成富强之图,以副朕因时制宜、兴学育才之至意。所有该省学务悉责成尔经理,知府以下听尔节制,厅州县各官办理学务听尔据实考核,所属课长僚佐听尔辟置,该省官立、公立、私立学堂生徒听尔约束,教科课程听尔稽查,毕业升学听尔考校。所有奏定学堂章程,〔尔〕当切实举行;遇有传谕整饬学务事宜,尔当恪遵奉依;所裁撤学政衙门事宜有应归尔管理者俱照例管理,尔仍听督抚节制,年终将行过事件造册申送督抚衙门咨部察考。与藩、臬两司接见礼仪往来文移,俱用平日。尔受兹委任,须严绝情面,一秉虚公,振拔英多,宏敷教化,慎防流弊,改正旧法,期民智日开,士民丕变,时惟尔功。如或因循推诿,违命溺职,已惟尔罚,其慎之,故敕。(闻)

载 1906 年 11 月 14 日《申报》,第 3—4 版,85 卷 390 页

187. 芜湖劝学所成立

芜湖县沈益斋大令月前会同查学委员朱子澂明府创办劝学所,已纪前报,现该所已于初一日成立。是日辰刻,监督沈邑尊率同讲员汪越仲、卢伯荪两君暨董事吴松亭等诸君以及各区学董、各劝学员三十余人,齐集劝学公所行开校礼。各劝学员即于是日起住所讲习云。(九)

载 1906 年 12 月 29 日《申报》,第 9 版,85 卷 801 页

188. 提学使派委课长名单

皖省沈提学近以应办各事头绪纷繁,特派课员多名清理一切。兹将衔名列下:普通科课员曹振常,会计科副长兼总务科文案赵镜源,副课长恽棨森,收发兼核对周吉云,会计科课员钱印绶,普通科课员冯汝简,总务课收掌档册吴千里,会计科课员钱振家,学务

公所图书课课员王迈常。(士)

载 1907 年 2 月 17 日《申报》,第 10 版,86 卷 395 页

189. 派员考察学务

日前,沈子培提学以安省学务尚未布置,札委图书课课长夏曾佑直牧往上海调查各项学堂办法。闻夏直牧已于初六日首途。(化)

载 1907 年 2 月 24 日《申报》,第 9 版,86 卷 471 页

190. 调查学务回京

旅芜旌德绅士吕筱苏太史佩芬去腊来芜调查皖南学务,现已事竣,于前月二十一日回京。(内)

载 1907 年 3 月 17 日《申报》,第 9 版,87 卷 173 页

191. 委员赍领提学使印篆

皖抚恩中丞接礼部咨文,请饬派员来京,赍领安徽提学使印信。中丞已派员赴京祗领矣。(化)

载 1907 年 3 月 31 日《申报》,第 11 版,87 卷 332 页

192. 学使创设图书仪器馆

日前沈提学使子培拟在学务公所费内酌提款项,就原设学务处地方创立图书仪器馆,购置图书仪器及各标本型模,广储其中,以备教员实验之用,并委候补知府管象晋为提调,昨已详请抚宪遵示开办矣。(孔)

载 1907 年 4 月 19 日《申报》,第 10 版,87 卷 563 页

193. 添造学署房屋

皖省提学使署去年就协镇旧署暂为驻节,故所有各科以及应用各(颇屋)〔屋颇〕不敷用。现沈曾植学使于日前禀请抚台拨银一万两,添建署屋,业已奉恩中丞批准,想不日即可兴工矣。(贤)

载 1907 年 5 月 14 日《申报》,第 12 版,88 卷 180 页

194. 皖藩筹拨学务公所经费

安徽学务公所常年经费异常支绌,日前由该所禀请皖藩设法筹补,现冯方伯拟于考

试科场未曾报销各款内酌量拨用,以维持学务,业已具详上台批示遵行矣。(化)

载 1907 年 6 月 4 日《申报》,第 11 版,88 卷 446 页

195.咨复学务公所另选议长

皖省学务公所议长,前经皖抚檄委正任淮海道蒯理卿观察充任,并咨报学部查照在案。现准复咨,蒯道业由江鄂两省举为留欧学校各生监督,安徽学务议长一缺应另选在籍绅士接办云。(若)

载 1907 年 6 月 4 日《申报》,第 11 版,88 卷 446 页

196.江督照请两江学务总参议

江督端午帅昨照会张参堂仲炘,略谓:两江为江海要冲,幅员辽阔,育才兴学,经纬万端,矧世界交通文明大启,科学新理层出不穷,非有通儒硕学,遇事咨询不足以广益集思,改良进化,素养贵参堂经术精深,规模宏远,前经周署部堂订为宁属师范学堂总教习,惟是总教一席仅足沾被一堂,未能统筹全局,应改订为两江学务总参议,凡遇苏皖赣三省学务事宜,足资赞划,以期教育普及云云。(首)

载 1907 年 8 月 2 日《申报》,第 11 版,89 卷 394 页

197.江督札饬提学使分派书籍

江督端午帅札宁、苏、皖提学使,饬购《日本议会史》《英国会史》。文云:照得预备立宪以地方自治为基础,而自治之制以创设议会为权舆。惟议会之设必先参考各国成宪,养成法学人才,庶不致冥行歧误。兹准江苏教育总会长张殿撰函开,前曾译印《日本议会史》《英国会史》,拟请饬发每州县官绅各二分,责令研究等因,自应照办。俟该书寄到,即由宁、苏、皖三学司分别札派各属州县官绅,一体购阅,以资借镜。(王)

载 1907 年 8 月 7 日《申报》,第 11 版,89 卷 454 页

198.绩溪禀请开办劝学所

绩溪县令近晋禀皖宪,拟就该境创办劝学所,并附设传习所,另举教员及董事主持,借植人材而开风气。

载 1907 年 8 月 7 日《申报》,第 11 版,89 卷 454 页

199.批驳禀拨学务所经费

无为州廪生卢茂林等,前在提学司署禀请筹款兴学,即经沈提学批谓:查复拟官洲租课,前据该州禀称,除缴府中学银二千两及税课并辛资各项外,仍缴银二千两留拨该

州高等小学经费等情。当经批饬,候抚宪暨藩司、垦牧树艺局批示录报在案,迄未据报到司,无从核办。且该州前禀拟请此款拨充州城小学经费,今该生禀称欲专归劝学所一切之用,既与州禀不符,而以一劝学所之成立至需银二千两之巨,亦非经久办法。既称已禀该州,仰候该州禀到再行核夺云。(女)

载 1908 年 1 月 11 日《申报》,第 2 张第 4 版,92 卷 126 页

200.札饬学生不准干预政事

皖抚近准学部咨开,奉都察院代奏,各省学堂学生务须安心向学,不得干预政事,开会演说。相应咨行贵省一体钦遵办理等因。冯中丞已札属转饬各学堂遵照办理。(孔)

载 1908 年 1 月 13 日《申报》,第 2 张第 4 版,92 卷 150 页

201.请拨劝学所经费

芜湖劝学所常年经费不敷甚巨,现由学董吴云拟将煤油捐款拨作该所经费,业已禀请芜湖道转详皖抚核示矣。(孔)

载 1908 年 1 月 14 日《申报》,第 2 张第 4 版,92 卷 162 页

202.劝学所经费之募集法

芜湖劝学所因经费不敷,禀准抽收肉捐在案,现该所又禀请邑尊郑大令出示晓谕,并传集各屠户至劝学所面议,均已认可。刻闻该所绅董议于日内率同县差、地保,挨次调查,录数注册,以便照收。(古)

载 1908 年 3 月 27 日《申报》,第 2 张第 3 版,93 卷 348 页

203.劝学所开会举董

芜湖劝学所总董吴君松亭因学务所事繁任重,决意辞退,本月初六日由学界中人特开大会公议另举。是日到会者约百余人,先由吴君松亭宣布开会宗旨,言明决意辞退,请另选贤明担任。旋由众投票公举周君佐臣为总董兼县视学官,计共六十五票。已由该县郑仲常备文,详请提学使给予照会,以专责成。(□)

载 1908 年 4 月 13 日《申报》,第 2 张第 3—4 版,93 卷 590 页

204.添派学务佐治员

皖藩沈方伯拟添派各州县学务佐治官,详奉抚宪批示:所陈州县玩愒情形实堪深恶,该司拟于各州县添委学务佐治官一员,牧令来请委派者札往赞助,能自经理者不复再派,暂定简章五条,酌定薪水月五十金,试办一学期后再行增订,于劝惩两穷之外,设

此整顿促进之方,区划具见苦心。惟皖省实缺瘠苦居多,一岁骤增六百金恐难持久,似不如每府选委一员,周历各县,专办学务。在佐治员所辖之区域不广,监督易周,在牧令所出之经费无多,担负亦易。似此一举两全,较更周备,余均照来详办理。(必)

载 1908 年 5 月 24 日《申报》,第 2 张第 3 版,94 卷 302 页

205. 新任提学使莅皖

新授安徽提学(民)〔使〕吴同甲文宗,于二十二日乘"江裕"轮船莅皖,定于二十八日接篆履新。(友)

载 1908 年 5 月 26 日《申报》,第 2 张第 3 版,94 卷 330 页

206. 学司委定省视学

学部定章,提学使下设省视学六员,承提学之命,巡视各府厅州县学务。安省早经提学分别委充。现吴棣仙学司以省视学缺额两员,又委大挑知县万云松、歙县廪贡生吴棣承乏,日前已详报抚宪矣。

载 1908 年 7 月 25 日《申报》,第 2 张第 3 版,95 卷 336 页

207. 札委学务佐治官

皖省吴提学据宁国府禀称,所属各州县办理学务,事甚殷繁,应请派委学务佐治官,以资佐理。兹查有试用县丞王作崇,堪以派委该府学务佐治官,以资襄助。

载 1908 年 9 月 9 日《申报》,第 2 张第 3 版,96 卷 112 页

208. 休宁改举劝学总董

徽州休宁教育会于去岁开会二次,尚未禀报立案。前由劝学员韩熙发起,拟举余正宜为劝学总董。现学界以余学识不足,难敷众望,拟改举郭伯铭为总董,而以韩熙、汪缉之、汪鸿、朱剑秋四人为之副。

载 1908 年 9 月 26 日《申报》,第 2 张第 3 版,96 卷 358 页

209. 教官需索之一斑

科举废后,教职已成冷官,今岁适逢考试优拔,寒士之谋出路者无不联袂而起。教官衙门忽又热闹,宁郡太平县教官贺人汛广文并颁成例,凡上户报考须洋六十四元,中户四十八元,余以次例设。上户中之较殷富者除成例外,必须另酬百元,方准与考。如该教职者,可谓别开生面矣。

载 1909 年 8 月 20 日《申报》,第 2 张第 4 版,101 卷 758 页

210. 东流宣讲员之愤激

东流县宣讲员何某,前奉学司委赴该县,晤商杨令光诒,筹办宣讲之方法。该县即以地方瘠苦,无从位置,继以一味不理,推诿绅董,而绅董复推诿该县。宣讲员睹此情形,殊属难忍,遂晋省禀各当道,请示核办。

载1909年9月30日《申报》,第2张第4版,102卷438页

211. 禀请移拨军饷以助学费

合肥县劝学所模范学堂及城东西等学堂成立以来,应需经费或拨官款,或抽常捐,大都勉力筹捐,移缓就急。近因该县风气大开,教育界日益发达,如各学堂加增学额、学款等项,乃经济上一大问题,亟宜另筹补助。顷该县胡大令据情上禀,将原有凑解报效练兵、赔款等费,拨充助学所、模范学堂及城东西等学堂经费等语。惟案关军饷,未识省宪若何批示云。

载1909年10月19日《申报》,第2张第3版,102卷724页

212. 五河组织劝学所

五河县治近来风气渐开,凡城乡绅商富户皆注意开办学堂为要义。惟劝学所尚未举办,不足以维持教育。顷经该县梁令会绅集议,筹款设立劝学所一所,公举文学兼优者为该所总经理员董。刻正拟具规章,详禀上宪法立案。

载1909年11月26日《申报》,第2张第3版,103卷406页

213. 安徽祁门劝学所复旅宁方兆鳌君书

敬肃者:前阅《申报》来函栏内循诵箴言,莫明感佩,吾乡风气闭塞,群情涣散,民智所不易启瀹,学务更难期发达。既落人后,恐居劣败,清夜思之,方深怨恨。兹蒙垂训,谨遵台命,纠集同志,互相提倡,各尽其心之所能,谋各视其力之所能。至机轴之联环大小,应似指臂之掉运,呼吸皆通,从此合力坚持,悉心担任,订□□会章程,宣布进行宗旨,组织一切基础,既立雄图,奋发急追,于教育前途,实大有裨益,以仰副明公惓惓责望之苦心也。伏念执事系复旦之高材生,现任中国学会暨沪江协赞会干事员,阅历最深,识见必卓,兴学事项,洞悉无遗,仍祈关注桑梓,宠锡教言,补助吾济之不逮,推广学所之规模,以期教育之普及,而成文明之治化。吾邑学务后来居上,皆属明公提挈之力,赞助之德,有以致之也。祁门劝学总董谢庆余启

载1910年1月19日《申报》,第1张后幅第4版,104卷338页

214.咨填教员事实表式

学部昨咨行皖抚,以各学堂教员讲授科学,管理员经办事项,其不旷职守固不乏人,而因怠惰者亦所难免。兹由部拟订《教员管理员应办事实表式》,请转饬提学使司,通饬一体查填报部,以凭考核。倘有教员延旷授课钟点,管理员办事废弛,将来毕业概不给奖等因。朱中丞准咨后,当即转饬各属遵照。

载 1910 年 1 月 27 日《申报》,第 1 张后幅第 3—4 版,104 卷 474 页

215.省视学提倡善举之诚恳

省视学彭孝笙君上月二十八日由省奉吴学使委派来芜,查池、太、广各属学务,住城内劝学所。月之初二日,即将芜埠中、小各学堂一律查竣,每一学堂除发给学堂一览表,令各校照填外,并送湖北沔阳水灾册一本,劝募赈捐。各学堂以彭君热心善举,未便拂其来意,均各踊跃捐助矣。

载 1910 年 4 月 21 日《申报》,第 1 张后幅第 3 版,105 卷 822 页

216.各县纷纷提倡学务

建德县张令以该县风气渐开,学堂亦逐渐兴办,然劝学所未经创设,仍不足维持学务。当集绅会议创办,公举赵绅镕为视学员,徐绅传钵为总董。所有应需一切经费,亦经公同筹划,抽收油坊捐以充经费。刻该县已将筹办成立日期具禀抚宪核示立案矣。

载 1910 年 4 月 22 日《申报》,第 1 张后幅第 3—4 版,105 卷 838 页

217.筹划劝学所教育会经费

皖绅洪思亮前经遵章创设劝学所及教育会,因无经费可筹,当具呈前任怀宁县俞令炳章筹拨的款,俾资开办。该县据呈后,一再筹划,既无官款可拨,又无捐款可抽,旋纠集各乡绅董集议,拟于漕米串票项下带收钱文济用。当经各乡董认可,刻已禀请上台立案。

载 1910 年 6 月 23 日《申报》,第 1 张后幅第 4 版,106 卷 872 页

218.太平县组织劝学所

宁属太平县梁大令近以该县风气渐开,各项学堂逐渐举办,惟劝学所至今尚未设立,终不足以促学务之进行。日前特邀集县中绅士会议,组织劝学所,公举员董,遵章妥为劝导。刻已拟具简章,详请皖抚冯中丞核示立案矣。

载 1911 年 1 月 21 日《申报》,第 1 张后幅第 3 版,110 卷 326 页

219. 学部改订劝学所章程

第一章 设置及委任

第一条 府厅州县城治设劝学所,佐治府厅州县长官办理学务。府厅州县自治职或所属城镇乡自治职未成立以前,所有地方学务均由劝学所按照法令代其执行。

第二条 劝学所设劝学员长一人,秉承该管长官办理劝学所一切事务。劝学员长得兼充县视学。

第三条 劝学所设劝学员,秉承该管长官及劝学员长,分任劝学所及所属学区事务。劝学员员额由该管长官申请,提学使核定,劝学所遇有必要情形得置临时学务员,但其任期至多以三个月为限。

第四条 劝学所得量事之繁简,设书记一人至三人。

第五条 劝学员长及劝学员之资格依学务法令之规定(如《奏定学务总纲》所载《办学员绅及检定中学、小学教员章程》所载受检定者资格之类)。

第六条 劝学员长及劝学员由该管长官就本籍合格士绅保选若干员,开具履历清单,申请提学使派充,并报部立案。前项人员有不合资格先经委任者,得由提学使随时查明撤销。现任地方议事会议员者不得兼任劝学员长或劝学员。

第七条 劝学员长及劝学员均以三年为任满。

第二章 职权

第八条 劝学所应办事项如左:一、官立学堂及其他教育事业之设置及稽核。二、关于官办学务经费之核算。三、本地方学龄儿童之稽核。四、对于学龄儿童之父兄为应受义务教育之劝导。五、官立学堂学额、学级、授课时间之分配。六、官立学堂教员、职员之进退。七、关于官立学堂之建筑及设备。八、关于学堂卫生事件。九、关于学堂管理、教授指导改良事件。十、关于学堂考试事件。十一、学务图表及统计之编制。十二、私立学堂及改良私塾之认定。十三、教育研究所之设立及维持。十四、关于《地方学务章程》第五条事件。十五、关于《地方学务章程》第七条事件。十六、关于《地方学务章程》第八条第二项事件。十七、关于《地方学务章程·施行细则》第五条、第八条事件。十八、关于《地方学务章程·施行细则》第二十三条事件。十九、地方自治职未成立以前,按照《地方学务施行细则》第二十八条、第二十九条执行事件。二十、阻挠学务及妨害学堂之防维。

第九条 劝学所应办事务须经该管长官核定,所有文件以长官名义行之。

第十条 学部视学官或省视学莅境视察时,劝学所应将所有学务情形详晰报告。

第三章 经费

第十一条 劝学所经费由该管长官筹定,申请藩、学两司公核,报部立案。

第十二条 劝学所各员月薪数目由该管长官核定,申报藩、学两司备案。劝学所各员不给月薪者为名誉学务员。临时学务员不给月薪,由该管长官给以相当之公费。

第十三条 府厅州县办理学务一切经费,得由该管长官委任劝学所经理。

第十四条 自治职未成立之前,地方学务由劝学所代其执行者。关于经费之收支及公款之筹集、处理,应按照《地方自治章程》《地方学务章程》及施行细则办理。

第十五条　前条事项每年由劝学所拟具预算，呈请该管长官核准施行，并造具决算，呈候该管长官检核。预算、决算核定之后，由该管长官榜示劝学所及各学区。

第四章　待遇及功过

第十六条　劝学员长及劝学员原无官职者，得分别给予七八品职衔。

第十七条　劝学员长及劝学员任期三年以上仍连任者，得加给月薪。

第十八条　劝学所人员不得于学务以外干涉他事，如有逾越职权、借端生事者，照《府厅州县地方自治章程》第三十二条分别办理。

第十九条　劝学所人员功过事实，每年终由该管长官开具详册，申报提学使核办。

第二十条　府厅州县官制未经改订施行以前，所有官办学务悉照本章程办理。

第二十一条　劝学所办事细则由该管长官拟订，申请提学使核定，报部备案。

第二十二条　本章程如有未尽事宜，由学部随时改订。

载 1911 年 2 月 12 日《申报》，第 1 张后幅第 4 版，110 卷 593 页

五 新学起源

1.振兴学校论

　　梦畹生喟然而叹曰：嗟乎，我盖观于日本各学校规模，而知我华古制虽亡，犹可求诸海外也。古者，家有塾，党有庠，术（其）〔有〕序，国有学。比年入学，中年考校，一年视离经辨志，三年视敬业乐群，五年视博习亲师，七年视论学取友，谓之小成；九年知类通达，强立而不反，谓之大成。而又教之以秋版春戈，俾知武事不可不讲求，更以弦歌抒其郁勃。法良意美，回越寻常。自后世，风教日非，有力之家各自延师以课子弟；穷氓编户食力尚虞不给，安能筹修脯之资？遂坐令子弟目不识一丁，竟罔知天地古今为何事。日本则异，是学校皆由国家设立，子弟甫胜衣，即就傅有，不送令入塾者，科父母以应得之愆。于是，通国无不识字之民，即贱若舆台犹且暇则手一编，研求义理，而尚何有逆伦犯上、显悖王章者哉？友人南摩纲纪，高等学校教谕也，尝以校中章程见示，其大略分为三科，一曰理化学，二曰博物学，三曰文学，皆修学三年，始得卒业。而又每科中分为数目：理化学中有教育学、伦理学、英语、数学、物理学、化学、手工、图画、音乐、体操；博物学中有教育学、伦理学、英语、数学、化学、矿物学、地质学、植物学、动物学、生理学、农学、图画、音乐、体操；文学中有教育学、伦理学、国语、汉文、英语、地理、历史、理财、哲学、音乐、体操。其意图先授以教育、伦理二端，俾知淑世持躬自有大道。然后各专一业，以为进身之阶。而又于闲暇之时，教以鸣琴、赋诗，使之怡情悦性。迨午饭后，则有数时习武，以强壮其筋力，不致萎靡衰颓也。洎乎学业既成，则复遴入师范学校中，俾知为师之道。其学分为三类：一曰寻常小学科，二曰高等小学科，三曰寻常中学科。其寻常小学科及高等小学科所授生徒有男有女，盖年方髫龀，两小无猜也。及至寻常中学科，则皆男子矣。计寻常小学科分九目：曰读书，曰作文，曰习字，曰算术，曰图画，曰英语，曰手艺，曰唱歌，曰体操。入此者四年而卒业。高等小学科分十二目：曰读书，曰作文，曰习字，曰算术，曰地理，曰历史，曰理科，曰图画，曰英语，曰裁缝，曰唱歌，曰体操。入此者亦四年而卒业。寻常中学科分十五目：曰伦理，曰国语，曰汉文，第一外国语，曰第二外国语，曰地理，曰历史，曰数学，曰博物，曰物理，曰化学，曰习字，曰图画，曰唱歌，曰体操。入此者，凡五年始卒业。推其原始，大约仿自泰西，而其法实与中国古时暗合。所谓体操，即泰西学校中午后纵令学生至隙地嬉娱，蹴鞠秋千，随心所欲。日本则教以技勇，距跃曲踊，跃马横戈，虽王谢名流，金张子弟，亦无不短衣窄袖，与士卒为俦。日人之重武功，不于此可见乎？顾小学虽兼收女子，然除缝纫之外，皆为男子之所为。于是另设女子学校于其旁，俾右族娇娃得以专心肄习。其一为女子高等师范学校，分科目为十七：曰伦理，曰教育，曰国语，曰汉文，曰英语，曰数学，曰簿记，曰地理，曰历史，曰博物，曰物理，曰化学,曰家事,曰习字,曰图画,曰体操。凡四年而卒业。一为高等女学校,分科目为十三:曰伦理,曰国语,曰汉文,曰英语,曰数学,曰理科,曰地理,曰历史,曰家事,曰习字,曰图画,曰唱歌,曰体操。凡五年而卒业。一为幼稚园。此园之设,专使女子高等师范学校中生徒研究保育之法,园中所收幼女皆在三龄以上,六龄以下,分课程为二十:曰修身,曰物名,曰积片,曰排版,曰排箸,曰排环,曰画,曰刺纸,曰缝,曰剪纸,曰织纸,曰折纸,曰豆制,曰搏土,曰系线,曰数,曰读书书字,曰唱歌,曰游嬉。尝谓中国女子不能读书识字,以致于纲常伦理未免有亏。然仅读书,则织纫缝纫任将谁属?虽有纸阁芦帘之乐,其如酒浆中馈何?今于读书识字之余,复使之修身以知礼节,授之缝纫以习女红,俾他时三日入厨,不致一筹莫展,而其始则以积片、排板等事开豁其心思。女子之心灵,灵则易于解悟;女子之性静,静则独具聪明。他时赋茗颂椒、流传佳话,何莫非此学校肇其端哉?故愚以为我中国于学校一端必不可缓,而女学校尤为当务之急,所当变通尽善,一律推行。因就南摩君所示章程推广言之,以告有师保之责者。

载1890年6月23日《申报》,第1版,36卷1023页

2. 论宜广设学校以裕人才

古者,里有塾,党有庠,乡有校,栽培士气,乐育人才,械朴官人,菁莪起化,靡不实事求是。其求贤之法,论秀书升,乡举里选,小乐正选之于大乐正,大乐正进之于大司马。论定后官,位定后禄,而要皆从党庠学校而来,每年造士,简不率教者极之郊,遂屏之远方;帅教育者则由渐而升,录为国用。一时闻风遐听,乡党自好之士争相濯磨,以勉为善良,成璞玉浑金之选。故位当其学,用得其人,天下草偃风行,百废具举,贤者在位,能者在职,无尸位素餐之消,有励精图治之麻,人才之多,悉本教育。皇初之世,八元八恺,已不可考,而陶唐氏陟位以来,侧陋明扬,始端已兆,有虞氏发祥沩水,有上庠下庠之目,夏立东西序,殷分左右学,典隆养老,凡以为乐育计也。姬周建四代之学,三年大比,考其德行,由秀士而为选士,由选士而为俊士,由俊士而为造士,由造士而为进士。其人才之多,皆本储才之得法也。后世教养之法不甚讲求,士风虚矫,渐少实学,上之求才渐以辨给取士,春秋管晏,战国仪秦,口给御人,创为合纵连横之说。于是,下之所习与上之所期,皆非正轨。炎汉继兴,人才渐盛,高帝即位,首下求贤之诏,公卿司隶各举贤良方正一人,郡国户口盈二十万者举孝廉一人。相国下诸侯王,御史法吏下郡守,其有意称明德者,必身为之劝驾,遣诣相国府,或长史亲造其门,公车蒲轮,千旌束帛,相望林泉。其时草野贤才自相勉励,气象为之一新。自是而造就人才无微不至。虽奸如莽、操,亦以礼贤下士为心也。魏晋六朝承汉旧制,远方式化,多有闻达之士,文章德性,典雅风流。天启皇唐,治隆上下,人才奋起,有云蒸霞蔚之观,创为诗赋取士,而学校之法渐废。武后登朝,创为殿试,有状元、探花等目。厥后取士虽盛,然有名无实,教化大衰,偶不关防,朋党相推,转滋流弊。五代学校大衰,几乏读书之士。赵宋兴起,理学之儒,四方相应,兴国二年,赐及第举人绿袍靴笏。太宗之言曰:择群才,大者为栋梁,小者为榱桷。高宗之言:得一士如拱璧。于是学校之中翕然振起。元明之朝,教术不精,人才甚少。吾朝沿明旧制,化育有方,经术昌明,大开风教,人才之盛,远轶汉唐。慨自晚近以来,登

明选公之法已废,人才遂至不兴。试观近时各直省学校徒有其名,几同虚设,虽有月课考经之说,而夏弦春诵并无人肄业其中。士子家塾读书入泮之后,一拜老师即退而废学,日就荒嬉。浅见者以为一领青衿,学问渊博,夜郎自大,目中无人。甚至乡曲偶尊,干预讼事,不守卧碑之训,大疏礼教之防。迂拙者日抱高头,讲章子曰诗云,终身为蠹;或为村馆学究,童蒙求我,酸味熏天,斯文扫地,终年从未一至学宫,甚有欠考不还给还衣领者。所有教授、教谕、教导各官,视为末秩,闲置冷宫清职,半以龙钟年老者为之,即其中间有才优学裕者,亦复随波逐流,不自振作,惟于岁科两考,默察某新生为富家,某新生为贫士,择肥而噬,厚索贽仪,务取其盈而后快。所谓陶才聚学,校行开黉,如文翁训迪之风,曾不一见。秉铎者如此,而欲下之人率教化、求实学,其可得耶?即使各处书院林立,率皆课以八股时文,且夫尝谓云云,何当经济?若阅文之人眼光如炬者,尚可得通达之人。无如高列前茅者未必皆是真才,或徇请托之私情,或顺乡绅之威力,优劣倒置,黑白混淆,寒士仰屋咨嗟,掷笔叹息。即使幸列上等,而膏火奖银甚薄,仍不足以赡其身家,何能为媚学穷经之计?其岁科乡试所取之士,亦未必尽属通儒。乡试一途尤少把握,甚至有场中不论文之说。夫文以载道,道以见学,既不论文,何为多此一举乎?有虚文而无实效,务浮藻而失真才,致令饱学之儒埋头终老。此有心之士所为痛哭流涕,不能自已者也。为今之计,宜一仿古制,专务实学,于各处学校大加振作,可按照德国学堂之制,所有儒学之中皆选良师,分课天文、算法、舆图、格致、制造,一切有用之学,凡有士子,均须肄业其中,州县小学中各门均课。又于省中开设大学,分课各门,每人只习一项,先在小学肄习三年,考列后于大学再专习三年,学成给予凭据,经费不足,可向该生酌取若干。事求其实,学取其真,不能滥竽充数。由是虚名废而实学行,伪儒去而真才出,作人雅化何难媲美前朝耶!

载 1891 年 12 月 20 日《申报》,第 1 版,39 卷 1043 页

3. 论中华祛弊变法必先以学校为本

呜呼!居今之日,处今之世,一腔热血,而欲将祛弊、变法二事坐而言,起而行,次第就理,不綦难哉!中华自古至今,为声名文物之邦,地广财富之域,数千年以来闭关自守,尊而无上,几不知海外尚有何事,所有记载外国闻见之书籍,亦不过等诸稗官小说,供酒后茶余之谈,助开文人学士之襟怀耳,安见有人精心考察各国之兴衰治乱,取以为鉴,舍我之所短,而用人之所长哉!岂不以中国自有圣人,举凡三纲五常、礼乐兵农之制已握要而探原,生聚教训之法具有成规,不烦言而已解。虽历秦汉以迄于今,治时少而乱日多,而天下已定,晏然无事,岁物丰登,休养生息。为天子者,拱己无为;为百官者,惟有除暴安良,承宣德化;为四民者,只知熙皞击壤,歌咏太平哉。然而,天下之大局不能终古不变也,五洲之人民不能永远隔绝也。我虽不愿往,而彼自能来也;彼欲扣关以求互市,而我亦不能强拒而不纳也。交接之下,未免相形见绌,通商之货彼富而我贫,武备之资彼强而我弱,制造之物彼巧而我绌,著书之家彼多而我少。此犹其显著者也,甚至有游历外洋者考其风俗,察其民情,闻其政事,知其教化,与彼都人士相周旋,则知其各有执业,或擅一长,或兼数艺,谈论之间,极合于规矩准绳,而绝无强不知以为知之弊。

及观于其朝,则整齐严肃,固不待言,而又有礼以节之,乐以和之,庄敬之心生,自不至有厌倦之容矣。又观于其野,则田塍沟洫秩然不紊,果蔬树木欣然向荣,田家终岁之入供,仰事俯育而不虞匮乏。故其妇子力作绝无忧愁困苦之见于面者,而又无旷土,无游民,名为农夫,而新闻纸及一切应用之书,多能观览。此何也?因其幼年皆入学塾,必有数年作读书写字之工也,推之市廛都邑,厂肆园林,虽或肩摩毂击无喧哗之声,或居肆成事无偷惰之习,或辍业以嬉无流连荒亡之行。所谓少长有礼,纳于轨物之中者,可当之而无愧色焉。如欲究其何以得此之由,则亦非一朝夕之故,而必有圣贤之人作之君,作之师,修其政教,裁成辅相,而后渐至于富强。我中朝使臣之观政于彼都者,轺车所至,例有记载;及期满还朝,当必有撮其大要入告我后者。成法具在,急起直追,何难与之并驾齐驱哉!然此二十年之内,虽讲求武备不遗余力,创设海军不惜国帑,又复建筑炮台,购置师船,广备军械,所费银钱不知几千百万,而与倭奴开战以来,屡次溃败,失地丧师,不一而足。北洋之海军几于消磨殆尽,至万不得已而遣使求和。又复割地贻饷,惟命是从,创巨痛深,至于如此。说者谓,自今以后,中国朝野上下自当勤力同心,尽祛积弊,变法以图自强,与民更始。庶几,国威可振,元气可复,民心可定,外侮可遏,数十年之后,国富兵强,虽欲报仇以雪我耻亦非难事。而不然者,国势日益弱,民心日益离,强邻窥伺于外,会匪煽动于中,万一倭奴再有寻衅之举,将与之决一死战乎,抑即遂其所欲为乎?事势至此,其为难必有过于今日者,而可不熟虑之耶!显是说也,知之者恐万人中不得一人焉;知之而能言之者,恐十万人中又不得一人焉;言之而又能行之者,恐百万人中更不得一人焉。即使果有其人,而事权或不属,则不能行;事权属矣,而不能需之以岁月,则又不能行。况祛弊之事必有改革,有不便于金人,宵小者必结党而攻,或掣其肘,使之不得安于其位以去。变法之中有新人耳目者,能使智者疑,愚者惊,民志嚣然而不靖,万一稍有流弊,则选事妄言之辈不权利害之重轻而肆口讥讪,亦足以偾事。凡若此者,皆意中必有之事,而显可谓祛弊变法二事,不难望之于今日哉。说者又谓,西国议院之设,所以通上下之情,集才智之士,凡兴革(捐)〔损〕益之举,必聚议院人员会议,其舍少从众之例,实合于三人从二之旨,永久奉行,实少扞格之弊。中国盍仿而行之,则对曰可。惟是西国议院人员皆从大书院出身,一切经济之学操之有素,出而经理国事,自能措置裕如。中国书院较少,且所学多非所用,弊患滋多,人才因以消灭。今有设立议院之意,请先广设学校,大开义塾,以培植人才而后可。

载1895年6月1日《申报》,第1版,50卷203页

4. 论以西学培植人材为急务

今夫佳花美木,天之所生,虽山陬海隅,人迹罕到之所,亦皆有之,特以无人物色,任其自生自灭于榛莽荆棘之中,而人遂谓天之不生佳花美木也,可乎哉?苟有人焉迁而至于名园广囿,培植顺其性,浇灌得其宜,则向之所视为寻常植物者,今皆成为佳花美木,而园囿亦因之生色矣。国家之于人材也亦然。今中华土地之广大,人民之众多,甲于五洲,冠于四海,宜其人材迭出不穷矣。然而,欲求理财之材则无有也,欲求格致之材则无有也,欲求出奇制胜之材亦无有也,欲求折冲御侮之材更无有也。幸而承平无事,则

寂寂无闻,昏昏而过耳,不幸而倭人背盟启衅,则藩封任其灭绝,边陲任其虔刘,海军任其倾覆,名城任其残破,生灵之祸未有穷期,险象环生,匪言可喻。皇上顾全大局,息兵睦邻,使老臣相国屈志求和。于是膏腴之地数千里弃如敝屣,府库之金三百兆用如流沙。呜呼!以我地大物博之中华与彼区区数岛之日本较量,大小冥霄十倍于彼,即谓我弱彼强,而牛虽瘠偾于豚上,其畏不死,而今竟至于斯者,其故何耶?说者谓,我之致败由于船舰之不速,枪炮之不新,士卒之未练,粮饷之未充,故耳。而不知此皆末也,非本也,我军致败之由,由于无人材也。苟无人材,船舰虽速,谁其驾之?枪炮虽新,谁其用之?士卒虽练,谁其统之?粮饷虽充,谁其运之?自古以来,国家有人材则兴,无人材则败。此乃历历不爽者。虽然,岂中国之果无人材哉?盖未尝培植于平时,至临事乃不免张皇耳。古圣贤人深知此意,故设为庠序学校以教之,无人不入学,无地不生材,所以三代之治,独隆于千古。自秦焚书坑儒,昔贤培植人材之法渐灭殆尽。汉时虽有茂才异等之诏,孝弟力田之科,终不能比于古昔隆盛之时也。有明以来,专以八股取士,于是所习非所用,所用非所习,率天下之聪明才力尽销磨于清奇浓淡之间,不亦大可惜耶?虽然天地不能终古而不变,治法尤贵因时而制宜,以今日之中国而欲闭关自守,势有所不能;而以今日之时势而仍用旧法取士,更有所不可。何也?方今欧洲诸国互相争雄,器械日精,机巧日出,恃其船坚炮利,干预亚洲各国之事。倘有违言,即以干戈而易玉帛,而我乃无以应之,其能免外人之觊觎耶?危急情形至于如此,为中国向来未有之奇局,不得不以培植人材为先务,而培植人材之法尤以西学为当务之急。或者曰:"如子之言,其将废时文而以西学考试耶?必以西学考试为培植人材,是以时文考试不足以培植人材也。然何以数百年来,国家承明之制未尝变易,况近时如胡文忠、曾文正诸公皆以词科出身,掌握兵权,平定发捻,功烈垂诸竹帛,名声传播于寰区。此数公何尝从西学中一为考究耶?况今京师则有同文馆,各省则有广方言馆,水师、武备等学堂,以西学培植人材可谓盛矣,然卒未闻有杰出之士、非常之才,有裨于国计民生者出乎其间。然则西学之效果何在欤?"余曰:"不然,方今各国之人航海东来,实创千古以来未有之局,而一切交涉之事,亦数千百年以来所未有者,而犹拘守旧法,蹈常习故,其将何以御外侮而固邦本哉?且以西学与时文较,则时文重而西学轻也。上之所重,下必有甚焉者矣;上之所轻,下必有不屑为者矣。是以时文虽不遽废,而亦不可偏重也。以其重时文者而移其重于西学,俾人人知所趋向鼓舞而振兴之,数年之后有不人才济济者,吾不信也。至于胡、曾诸公虽由词科出身,平大难,立大功,此非时文之能得人才,乃人才中之能时文者耳。况广方言馆,水师、武备等学堂仅设于通商口岸,为数无多,苟能由此类推,各省设立西学馆,广储西书,购置器具,集聪颖子弟讲习而研究之,日有课,月有考,岁有迁,安见无有志之士乘时奋发,为朝廷备缓急之用哉?呜呼,亚洲之事亟矣,祸亦不远矣,吾愿国家之于人才,幸无使其同于佳花美木之与榛莽荆棘同朽于荒僻之地,庶几其有豸乎。"

载1895年7月6日《申报》,第1版,50卷431页

5. 宏学校以育真才

今夫学校者,人才之根本也;格致者,学问之根本也。非宏学校无以广收人才,非崇

格致无以大明学问,故培养人才必自学校始,讲求学问必自格致始,而后所得人才乃为真才,所成学问乃为真学。中国学校之设,独有文字一途,而所为文字者,不过曰时文而已,不过曰试帖、诗赋而已。夫文字虽系为学之源,而此种文字非归实用,当其入门之初,始基已误,既不能见之于措施,又不能通之于事理,实效不存,空谈无补,是率天下之民而出之于无用者也。世之为学者一事一物,且有真际,幼而学之,壮而行之,出其家修,以为廷献。今日之所学,即他日之所用,治国平天下之本,胥在于是。且也为陶为冶,必有专门,攻石攻木亦多专业,为冶者不能为陶,攻石者不能攻木,易一事而为之,而其巧拙、精粗、长短、美恶判然矣。语云:"耕当问奴,织当问婢。"今欲用兵而与白面书生谋之,安得不蹶乎哉!今中国之士,胥出于时文帖括一途,消磨天下之人才于无用之文字中,及其出而筮仕也,则所学俱非所用,问以钱谷不知,问以兵刑莫对,而国家乃望其周历三台,尽兼六部,欲其无丛脞,无废弛,安能得乎!古人之为学,必材通文武,学贯天人,本末兼赅,中西一致。自科甲之风行,文字之用绌,国家率以空文取天下之士,而士无真士,亦无真学,学校中所教文武既无分途,于是用人亦无把握,文而可为武使之治军旅,武而可为文使之佐治理。夫使其人而果能文武兼优,才非世出,以之致君泽民,岂不甚善?然而,为上者固未尝试之而遽畀以职也,内先无以取信于己,外究无以取信于人,徒以资格声望以取之而已,其不至于败事者几希。其可以为国家幸者,究不可以常幸也。今将一反其积习,必先增广学校,讲求格致,以常胜之道为国,而立中国于不败之地。用以拔取真才,罗致真学,先宜下令国中各府州县俱立学校,每省发一大员为学部大臣,以总其成,每年成材者登诸册簿。取士之道分为数科,而不拘一格,先以中国文字为一科,以为进身之阶,入门之基,凡欲学以下各科者,必先学此。此外,以外国语言文字为一科,以万国公法为一科,以中外律例为一科,以中外医道为一科,以舆图算学为一科,以步天测海为一科,以格物化学为一科,以机器工务为一科,以建造营垒房屋为一科,以创制船舶为一科,以驾驶轮船为一科,以铁路建法为一科,以开矿炼磺为一科,以农务树畜为一科,以电气制用传法为一科,以陆军练法为一科,以水师练法为一科。凡州县乡镇中愿学何科者,其数得二十有五人,则为之专设一师,其有兼学数科者听之。凡有中国人学习西法,经西国考试给以凭照者则延以为师;如无其人,则专聘请西士,须学识精通,方能居此师席也。学者每年两次考试,由师命题,以答问之法为之,能问十答五者,是为通才,其师给以执照;问十而不能答五者,置之明岁再考。由县而得执照者谓之秀才,注以科目,进之于府。由府而得执照者谓之举人,进之于省。由省而得执照者谓之进士。大抵于县府省各学三年,积九年之功,无有不通者。国家有公事,则选此等人以办理,欲为议员者则议公事,欲为官员者则办民事,一县一府一省中无人不可以为官,何须捐纳为哉?此即古者乡举里选之遗意也。呜呼,一国之人才视乎学校,学校隘则人才乏,学校广则人才多。中国各县各府无不有学,县学、府学之外,则有书院,宜乎人才之多且盛矣。而不知所以教之之道未也,使天下之人才而尽出于一途,士子虽有奇材异能,非此末由进身及其猎得科名,则无论其若何,率皆用之不遗,朝登贤书,夕升仕板,取之之途隘,用之之途广,欲其得真才也难矣。今则取之也非一途,用之也非一事,取之公也,用之专也,而人才有不自奋者哉?

载1895年8月5日《申报》,第1版,50卷621页

6. 千湖秋泛（提倡西学＊）

袁爽秋观察文章经济，久为都人士所推崇，而西学则尤无所不窥，尝谓格致兴作虽以算学为根柢，而天文、舆地、公法、律例尤为士子所应悉。其电学、光学、重学与医化、声气、机器等学，则当分为次第，循阶渐进，但得精通一二，已为有用之才。公余之暇，每召中江驻院肄业诸生讲解指授。近又捐廉购置译成华文之西书二百余种，发交监院王广文，储之远景楼，以备肄业生弦诵之余，各择性之所近，潜心研索，为将来讲求西学之先声。又拟别筹常款，专请教习，仿金陵之同文馆、上海之广方言馆，辟为西学专院云。

载1896年8月30日《申报》，第2版，53卷785页

7. 鸠兹雁字（创办中西学堂＊）

芜湖访事人云，芜湖为皖南各属门户，水陆交衡，地大物博，向设中江书院以造育人才，其中大堪造就者殊不乏人。关道宪袁爽秋观察前曾倡捐廉俸，拟就书院内开创中西学堂，广收聪颖子弟，延请中西教习住院，教授格致之学，俾有志之士日就月将，可以渐收实效。当经委员就书院后添设精舍两楹，经之营之，现已告厥成工，即（访）〔仿〕胡翼之先生在湖州成法，以经义名其古学之舍，以海事名其西学之舍，一俟书籍购齐，主讲聘定，即先就在院肄业诸童中选择年幼才敏者，提入两舍，分别才质，就近认真教授。再俟纲举目张，规模大定，仍拟添招扩充云。

载1896年12月2日《申报》，第3版，54卷588页

8. 示期甄别

芜湖采访友人云，袁爽秋观察素以培植人才为己任，曾慨捐廉俸加广中江书院住院肄业生额缺，并就院内添建精舍十椽，分设经义、治事两斋，课以中西各业，俾诸生笃志励学，蔚为华国之才。兹者，斋舍已庆落成，定于明春开课，先于本月十五日举行甄别。日内，诸生咸赴监院王广文处报名注册，以期春风化雨，同登宗师之门。先期三日，适观察因公赴省，爰改迟至本月下旬回辕后再定时日，今先将示谕录诸报简，俾阅者见观察讲求实学、振起文风之苦心焉。其示曰：为甄别事，照得芜邑旧有中江书院，为道属士子月课之所，兵燹以来，规模具备，本道莅任后扩充讲舍，延聘山长，挑选高材生住院肄业，添设季课，募庋书籍，借以培植人才，讲求实学各在案。本道夏秋间选奉奏饬：通商口岸宜设立西学学堂，俾开风气。本道斟时酌宜，拟复捐廉，凑集巨款，添建书院精舍，分设经义、治事两斋。经义斋课经学、理学、词章、经制、周髀及十种算经之学。治事斋课：史学通鉴、三通掌故、时务及泰西各种实用之学。每斋考取正课，附课生各五名，月给廪饩，留院肄业，以期因材成器，明体达用。亦禀请抚宪批准在案。兹值斋舍落成，理合先期甄别，定取来岁肄业诸生。除行芜湖县学外，为此示，仰徽池宁太广五属举贡生童一体知悉，尔等有志肄业者，均准赴兼充监院芜湖县学处，报明籍贯，以便造册备卷。定于

本月十五日黎明,务各衣冠齐整,齐集书院,听候本道点名给卷,扃门亲戒。其各凛遵,毋违,切切,特示。

载 1896 年 12 月 25 日《申报》,第 2 版,54 卷 725 页

9. 螃矶垂钓（西学渐兴＊）

芜邑士子讲求西学,近已风气渐开,凡子弟胜衣就傅,于中学之外兼习西文,而尤以官场及缙绅巨宅为得风气之先。惜足资师范者无多其人,是以当道中如袁观察、钞关税务厅张大令等,现议于海上燕浙等处广为物色。果有其人,不惜厚币以聘,为诸公子先路之导,并为芜邑士子广为风气也。

载 1898 年 6 月 5 日《申报》,第 3 版,59 卷 220 页

10. 振兴教化

安庆访事友来函云,自奉上谕饬各省疆臣转饬各属广建学堂,培养英俊,地方官奉到札文,无不从速办理。皖北颍州府阜阳县共有义塾四十七处,兵燹后大半荒圮,致公产多被人隐吞,邑主王大令访知,督饬董保认真稽查,详细开报,现已将各义塾地基房产一律清厘,责成董保择日开办,并呈报抚宪邓大中丞,详请立案。从此,中西兼贯,人才当蒸蒸日上,大令之造福斯民岂浅鲜哉!

载 1898 年 8 月 16 日《申报》,第 2 版,59 卷 731 页

11. 芜城秋色（广设学堂＊）

芜湖访事友人云,前此朝廷所颁新政,近日谕旨虽略有更动,然各县遍设小学堂乃为京师大学堂、各省中学堂培植人才之始基,势必力底于成,似难中止。芜湖县前曾奉抚宪排单递到加紧公文,饬速筹议开办小学堂,并限令是日内先将所议开办章程详议禀复。邻邑亦同奉此文。当涂县谢大令已遍令城乡僧尼祠庙克期缴屋,以作堂基;裁并公款作为经费。一切已议有端倪,当不至半途而废矣。

载 1898 年 10 月 11 日《申报》,第 3 版,60 卷 292 页

12. 龛赭江声（创办西学＊）

年来西学盛行,子弟咸中西并学,是以西塾渐兴。然拥皋比者大都如三家村重子师,粗得皮毛,未暇升堂入室。有志之士心焉憾之。前出使日本大臣李伯行星使因纠约晋康公司王绅等,醵资在西湖北大宫山麓购地一区,起造西学堂,币聘英国宣道会牧司毕君为教习,规模业已粗定,想明年定当弦诵琅然矣。

载 1900 年 1 月 25 日《申报》,第 2 版,64 卷 153 页

13. 西学创兴

芜湖采访友人云,此间为通商大埠,华洋杂处,而西学尚未设有学堂。有王君廓青者,籍隶合肥,向在泰西大书院肄业,于声光、化电、测算诸学靡不刻意研求,去冬新横街沈子陶司马创设英学堂,延请王君为教习,一时从游者经其指授,罔不融会贯通,是亦可谓当务之急已。

载 1902 年 2 月 18 日《申报》,第 2 版,70 卷 251 页

六 初等教育(小学堂、蒙学堂与简易识字学塾)

1. 振兴蒙学示

钦加五品衔、赏戴花翎、升用同知直隶州、特授安徽望江县正堂加一级记大功十二次何,为出示晓谕事:照得蒙养乃人生之始,学塾为教化之原,欲求一邑之俗美里仁,必令四民皆诵书识字。本县踌躇经岁,现已得一简便易成之术,厘定义塾章程,先由城内开学试办。惟四乡小民幼而失学、目不识丁者实繁有徒,以致心地糊涂,不能明理,鄙陋之行,笔难罄述。此无他,教化不行之过也。昨于下乡巡查保甲之便,与封职余绅仁宾等计议,凡村内有烟户数十家者,附近必有公庙祠宇,亦可仿照城中义塾办法,或独自认捐,或数家公凑,延师招徒,不必限定额数,亦分读书、识字两项办理。余绅等深以为然,志在必行,除摘叙章程外,合行出示劝办。为此示,仰该村军民人等一体知悉,即按照章程实力劝办,务底于成。本县于该村有厚望焉,毋违,切切,特示。

计开章程:一、一村之中,或于宗祠,或借庙宇,或香火堂,设立学塾一所。查望邑各族各有公堂、公产,各寺;各甲又有公局,如同仁、敦善等,名目不一,无非为地方善举,何妨酌分有余之公款,即充作延师之脩脯,聘请循循善诱塾师到塾教读,收赤贫之童子入塾读书,或听其附从问字。每年所费脩金不过二三十千文,而贫家子弟获益无穷。各绅耆等务宜实力奉行,毋负本县殷殷劝办之诚,是所厚望也。

一、问字各学生约以十人为一班,每日预定时刻到塾,分班教授,各认四个字。如资质稍次者,即两个字或三个字,亦属不妨,总以日日认字为要。认毕,缮上大人粉牌一次,即望俗称"水牌"是也。缮毕,即听其散学。又更一班,如前法教之,所认之字,必须孩童所能称名而不识其字者为准,盖孩童五六龄时,如天地、父母、兄弟、叔伯、吃饭、吃粥及鞋帽、衣衫、田地、房屋、鸡犬、马牛等类,均所已晓而不识其字者。执此教以认之,随时晓以字义,所谓由浅及深,再逐渐告以忠孝节义,俗语中之大体,编成四字句,令其认识,每年以三百日计之,能不间断,可识一千余字,三年可得三千余字。将来该孩童成立后,无论为农为贾,亦不致帝虎不分,鲁鱼莫辨矣。而各孩童在塾不过一二点钟时,散学后仍可归家,各操本业。此本县冀吾邑中无不识字之人,能个个知纲常(各)〔名〕教,号称仁里,岂不美哉?

一、望邑寒士居多,苦无地可以教馆,即有馆可教,所得束脩亦复无几,由于从学者少。今本县创设问字学塾名目,每年只收问字学生束脩钱至多四五百(丈)〔文〕,节礼、请酒等费概予删除,不但贫家小子可以识字,即素不识字之丁男亦可从师问字,穷一日之久,可教七八班,在为师者并不十分吃力,即以每人每年四百文束脩计之,约共可得三四十千文,较之寻常二十余千文之馆,此犹愈于彼也。在学生,所费甚廉,不致吝而不学;在先生,集少成多,且免无路谋生,好弄刀笔,流为讼师,致干宪典,洵称两便美法。前者,本县周历各乡,查办冬防,兼亲催正赋之便,凡接见各绅耆,谆谆劝谕次年实力举办学塾,并呼令各居民子弟到案前,亲书浅近字块,教而识之,不下数百名之多。而各子弟颇愿受教,足见人心向善,同此秉彝。当时各绅耆允遵照办,第恐面从心违,再谆谆示劝。所有绅耆姓名均已一一存记于册,来春本县即往密查,如果言行相符,劝办确有明效,本县不惜花红奖励。倘竟置若罔闻,亦不能不加以白眼。尤望诸绅耆共以物恒为勉,幸甚,幸甚。

此示未毕,明日续登。

载 1900 年 3 月 23 日《申报》,第 1—2 版,64 卷 471 页

2. 续振兴蒙学示

一、问字学生自备空白纸本一册,以便将每日所认之字书入册内。认毕,各自携回,不准涂抹扯损。

一、各村向有之学堂,平日专收读书上进之学生者,今亦不妨兼照本县所定办法,附收问字学生,以开风气而借资小补。但学生须知不敬先生,天诛地灭;而为先生者亦当知误人子弟,男盗女娼。此先哲联语,惊心动魄,窃愿师若弟共勉旃。

一、查乡学脩金俗规,极贫之家开蒙学生每年须洋银一元,另有四月八及端午、中秋三次送师节礼,仍设席请先生一二次,合而计之,每年须钱二三千文不等,有力者尚不仅此,以致肩挑手艺穷家子弟多无力读书,即或间有读书者,塾师无非教以小学诸书,或开蒙即读四书,因其初学并不与之讲解,纵使熟读如流,仅得口传句读,如"人之初,性本善"等类,虽烂熟在胸,而叩其何以谓之"人之初",何以谓之"性本善",则茫然也。似此读书与不识字无异。在父兄花去三五年有用之银钱,在子弟学了几句不明之文字,何补身心?今本县劝设学塾,专为贫家子弟问字而起。吾人一生不识一字,犹之有目盲人,不知吃了多少苦楚。设置一产,契据内若何字句,既不识又不明,而不肖之徒往往欺朦,刁钻者借以生非。此其一端,类乎此者不一而足。兴言及此,本县为不识字者痛哭流涕而甚惜之焉。现本县创设问字学生名目,每年花钱四五百文,费廉益广,凡有子弟者均须从师问字,如果父兄不遵照而行,系自甘暴弃,查实后定干未便不贷。如有力之家能延师教读者,仍听自便,不拘此例。

一、学生如愿读书者,照常听其读书,束脩照例酌定致送,功课由塾师自定,但各学生有十分姿质者,只可定八分功课,留有余精神,使其温习,其不致十分太苦,使无知幼小畏难逃学。凡初学者,每日仍须酌认浅近字块十五字,讲明字义,必使认一字能得一字之用。

一、各学生当散学时,务望塾师训以入孝、出弟、洒扫、应对、进退各节,并于每旬中敬谨宣讲《圣谕广训》,闲时须询各学生尚能记述否,能则嘉奖,不能则申饬之。塾师当不惮烦琐,详告毋倦。人生蒙养之初,尤当端其根本,为第一要义。

一、先贤格言"惜谷与惜字并重"。查望俗,每于吃饭毕,必留少许饭米于灶台,名曰"子孙饭"。其饭经庖丁、厨娘涤碗时,必致抛弃,于惜谷之义大相刺谬。本县于判牍时

见争议之案累累,既人人均留子孙饭,何以血食仍馁?本县籍隶江苏,稔知俗训,凡父兄必不任子弟有颗粒饭米遗留抛弃,特为家教,咸知遵守,而户口稠密甲于天下,即此可破望俗留子孙饭之谬矣。本县屡因公接见各绅董,谆谆告诫,并谕周绅恩炯、聂绅植模、龙绅蟠、于绅党等,互相传谕劝戒。塾师为启蒙之基,且为乡里所矜式,务严训弟子,此后破除积习以副惜谷与惜字并重之义。风气转移,本县有深望于各塾师焉。

载 1900 年 3 月 24 日《申报》,第 2 版,64 卷 479 页

3. 芜邑官场纪事(创兴学堂*)

舒城县万大令祖恕创兴斌农学堂,首捐洋银一千圆以为士民倡。月前胪列章程,通禀各大宪,旋经安徽臬司联星桥廉访批其牍尾曰:"下车伊始,捐廉俸创设斌农学堂,统四民而兼收,法中外而并学,按日课功,循序渐进,将来风化日新,能不颂贤有司之德政耶?"既而,府尊某太守亦批示曰,"该令到任未久,即兴建学堂,以农为本,辅以武艺,延教习于东瀛,选人才于乡里,购器械,试种植,广开地利,造就隽良,耳目一新足自奋。所定章程均臻妥善"等因。按,大令即前办宣城垦务者,今兹所设学堂,实师三代古制,专主寓兵于农云。

载 1901 年 8 月 12 日《申报》,第 2 版,68 卷 620 页

4. 皖省官场纪事(谕查寺田*)

改寺院为学堂,南皮制军曾创此议,各省多有遵而行之。滁州府熊鞠生太守以学堂为储才急务,谕令董事查得府属各寺院所有腴田,每岁约可征租米三千余石,用以栽培寒畯,当绰乎有余矣。

载 1902 年 3 月 6 日《申报》,第 2 版,70 卷 348 页

5. 龙眠画意(书院更名*)

安庆访事人云,怀宁凤鸣书院已改为凤鸣学堂,代理怀宁县周大令启运与正、副两学监又商定,于月之初九日举行甄别。

载 1902 年 4 月 27 日《申报》,第 3 版,70 卷 692 页

6. 螮矶夏涨(拟建小学*)

芜湖访事人云,县主柳小汀大令现拟于城内设立小学堂。惟苦经费不敷,除捐廉津贴外,并准酌收脩金以资弥补。

载 1902 年 5 月 23 日《申报》,第 2 版,71 卷 153 页

7. 鸠江兴学

芜湖访事人云,芜地应设学堂,前因经费难筹,将前办筹防一款提出银二千两,拨充此款,尚余四千为修理费。无奈兴学造士需款浩繁,芜湖关道刘葆良观察爰饬所属,将一切庙宇不入典祀者一律变价,以重学务而省要需。

载 1903 年 3 月 30 日《申报》,第 2 版,73 卷 511 页

8. 学费难筹

安庆访事人云,前者三祖、铁佛两寺住持僧广参以不守清规,经怀宁县绅士冯孝廉等禀请驱逐,将寺产拨充尚志小学堂经费等情。嗣以僧神通广大,虽由县而府多方禀控,终未能如愿以偿。迨后具禀抚辕,诚果泉中丞批饬安庆府详复,既而孝廉等又具禀学务处,当经批饬怀宁县详复,久之,亦无动静。孝廉等乃递禀两江督辕,督宪李勉帅批示云:据禀已悉,酌提庙产拨充学费,事属可行。惟查阅该举人等所称现办尚志小学设在何处,开学几年,学生若干人,现有经费若干,及铁佛、三祖两寺产业几何,均未详细开列,仰安徽学务处详细查明妥议,禀候核夺,勿延等因。于是学务处见怀宁县郑大令屡札不理,乃札饬安庆府督令该县查复。今者,勉帅已骑鲸西去,不知此事能免变端否也。

载 1904 年 11 月 6 日《申报》,第 2 版,78 卷 453 页

9. 皖山夕照(学费争执*)

桐城县崇实小学堂系去岁绅士孙、方诸君募捐创设,额收学生 120 名。迩者,孙绅因经费支(拙)〔绌〕,议拨永惠仓积谷捐,以资弥补。格于众议,事迄无成。堂中诸绅闻之,指为吴绅及某甲从中阻挠,号召同志欲兴问罪之师。吴亦聚众数十人,戒严以待。嗣经官绅竭力调停,始得无事。

载 1904 年 12 月 29 日《申报》,第 3 版,78 卷 802 页

10. 芜湖(禀添学堂*)

芜邑绅士经题臣、季次受、彭佩文等,禀请地方官添设小学堂,就鸠江书院公款项下酌提数百元为每年经费外,复收取学生膳费,以资不足。刻已奉邑尊批准矣。

载 1905 年 2 月 21 日《申报》,第 10 版,79 卷 303 页

11. 安庆(茶厘贴学*)

日前,祁门县廪生谢庆余等,在县南乡集资设立小学一所。因常年经费无着,禀请学务处拟于应完本地茶厘内,加抽学堂经费,以资津贴。旋奉批准,谓:该生等皆系茶户,以自捐之款自办学堂,究竟应否归茶厘局员代为照引扣存,有无窒碍?抑或由该生

等选举董事,呈请县谕自行扣收,以省周折之处。仰祁门县迅速督饬该生等公同体察情形,悉心妥议,禀复核夺。

载 1905 年 2 月 27 日《申报》,第 10 版,79 卷 351 页

12. 芜湖(招考学生*)

芜湖襄垣小学堂招考学生,本籍三十名,客籍二十名。昨奉邑尊萧策吾大令出示晓谕,订于正月二十四日局门考试。

载 1905 年 2 月 27 日《申报》,第 10 版,79 卷 351 页

13. 芜湖(缓办半日学堂*)

商务局乔小鹤观察拟筹款仿办半日学堂,为商业中人开通智慧,出示晓谕外,并传集各帮绅董,演说半日学堂便于商人课学之利。无如诲者谆谆,听者藐藐,观察遂决议俟商会办成后,再行续议办理。

载 1905 年 2 月 27 日《申报》,第 10—11 版,79 卷 351—352 页

14. 芜湖学务

芜邑绅士曾假广仁局开办襄垣小学堂,而广仁局系商业十三帮措资公建者。现商董杨裕亮、任鹤年等拟就局改为商会公所。于是绅商龃龉,各执一词,爰具禀道宪童瑶圃观察。观察无术调停,闻须具详抚宪请示办理矣。

载 1905 年 3 月 11 日《申报》,第 4 版,79 卷 444 页

15. 皖省学务

日前,有回教中人郑某等拟在南门清真寺创设半日学堂,邀集同志,分任算学、国文字课各项功课,设学生四十名,已定于二月朔日开学矣。

近年皖中怀邑与池郡东流县交界江面有涨滩若干顷,因近东流江岸已为东流县民执业,去岁,怀邑某绅等禀县,争之再三,竟为所夺,所有洲课请拨给怀邑小学堂常年经费。日前,府尊裕太守已特委候补知县李振远大令前往勘丈矣。

载 1905 年 3 月 11 日《申报》,第 9 版,79 卷 447 页

16. 皖省学务

去岁省城有汤某、胡某等在西关外黄家庵旁创设半日学堂,原定额六十名,今岁因扩充学额,已至一百二十名。又,城内清节堂内向延有教读四人,专教节妇子弟,今正堂董某君仿照蒙学堂办法,添办各种教科书,以资教授。

今正天方教中人郑君子惠邀集同志,在南门清真寺侧创设清真蒙学社,定额三十二名,已择于二月初五日开课矣。

载1905年3月13日《申报》,第11版,79卷464页

17. 戏园捐助学费

芜湖髦儿戏馆为前巡警总办童次珊观察禁绝。现观察甫经交卸,留春园髦儿戏馆即重整旗鼓,订于二十日开演。闻巡警总办黄再香观察仍饬以女伶之内不得杂以优童,并示明淫戏多出不准演唱,微示限制。并令每日缴洋两元以充小学经费。(恒)

载1905年4月5日《申报》,第17版,79卷661页

18. 移拨米厘津贴以充学费

芜湖襄垣小学堂为邑绅筹款创办,颇具教育精神,惟苦经费不敷,规模不能宏敞。日前,邑绅鲍筱琴广文禀请米厘局,将米厘津贴育婴堂一项拨入学堂,以充经费。盖育婴堂虽亦地方善举,而常年经费绰乎有余,以羡与补不足。广文此请,洵善策也。(困)

载1905年5月24日《申报》,第3版,80卷210页

19. 学务处札文之顽梱

芜湖县襄垣小学堂系县绅鲍文镶等创办,已于二月开学。前该绅晋省,在学务处呈请立案,当经批示。兹又札饬芜湖县,略谓:该学堂所拟章程大致尚属周妥,惟学科、课程钟点核与奏定章程诸多不符。查《学务纲要》内载,小学堂勿庸兼习洋文,惟高等小学堂如设在通商口岸附近之处;或学生中亦有资敏家寒,意在改习农工商业,不拟入中学堂,以上各学堂者,可于学堂课程时刻之外兼习洋文。童子正在年幼,仍以圣经根柢为主,万不准减少读经、讲经及中国文字功课钟点等因。该堂学生既系十六岁以下之学童,本不必兼习洋文,惟该县地处通商口岸,应行酌量变通,于定章学科程度每星期三十六点钟之外,姑准每星期上课洋文数小时,作为随意科目,不得将原列各课钟点私行减少。至音乐一门,已将读有益风化之古诗歌列入修身功课之内,毋庸另设专科。仰芜湖县迅将前发《奏定章程》检出一部,发交该堂查阅,饬令该举人等按照章程另行改订,随时由该县督率考核,认真课授,以冀造就,而植人材,并将开学日期、教习、学生名单履历详送察核。(咸)

载1905年7月1日《申报》,第10版,80卷531页

20. 兴办蒙学

府尊(注:安庆)裕太守以皖中蒙学未兴,拟设城东、城西、城中等处蒙学堂五所,以开风气。嗣因经费一时难筹,只就府中各义塾基础并合设一蒙学堂,以期日渐

推广。(墨)

载 1905 年 8 月 30 日《申报》,第 9 版,80 卷 1023 页

21. 鱼篓捐碍难照准

夏间尚慈小学堂冯汝简因该堂经费奇绌,禀请怀宁县陆令抽收鱼篓捐(按,每届冬季之运往上海、镇江约在三四千篓,秋夏无,春季运之不过一二十篓云)充作经费。陆令据即饬渔户包收。讵日前渔户郑某等具禀藩辕恳免。藩宪批云,就鱼篓捐兴办小学,本该绅等分所应为之事,惟据称渔业一项本利微薄,捐输重叠,不宜再加抽收,仰安庆府饬县会商绅董体察情形,妥为办理。(诗)

载 1905 年 9 月 11 日《申报》,第 9 版,81 卷 89 页

22. 祁门县兴学

徽郡祁门县地居偏僻,民风朴陋,又为著名瘠缺。现胡梅轩大令莅任未及三月,诸务整顿,而兴学育才一事尤为注重,创设高等小学堂,招生五十名。因地方公款无多,又别无经费,酌收脩膳金每名每岁二十金。继念各生类皆寒素,复捐廉津贴各生每年各龙洋十元。每日必到校一二次,其民间凡议立蒙小学堂者无不捐廉资助,祁邑人士类皆颂之。(缚)

载 1905 年 11 月 10 日《申报》,第 9 版,81 卷 599 页

23. 上控教谕阻学

霍山县沈可大等以该邑创办小学堂系公延姚训导为监院,该县庆教谕因妒生怒,往往遇事生波,任听其子滋扰学堂。业经上控藩署,兹奉冯方伯批示,略谓:所禀各节如果非虚,实属有玷官箴,其中有无挟嫌情事,仰六安州迅饬该县查明,据实禀复,以凭核办。(墨)

载 1905 年 12 月 31 日《申报》,第 3—4 版,81 卷 1030 页

24. 商界兴学

月前,郡(注:庐州)内钱、布两业筹集经费,拟设一高等小学堂,聘请教习于明春开学。日来杂货、广货、粮食、磁器四业亦谋设一学堂,现方集议筹款,拟聘留学日本吴君阳初为总理,明春亦可开办。(克)

载 1906 年 1 月 7 日《申报》,第 9 版,82 卷 53 页

25. 桐城吴女士承遗命捐产兴学

安徽桐城吴芝瑛女士为已故郓城县吴宝三之女公子,其弟宗保早卒,抚族弟吴驹之子超为宗保之后,亦早殇。母氏吴张氏伤痛成病,旋即病故。吴张氏在时,一(禀)〔秉〕亡夫之遗志,时以兴学勖乡之后辈,方疾革时,遗命女士将所有田产,除业经捐入祠堂及周给族中贫苦外,所余住宅及唐钱庄、戴庄田产各项,尽数捐建学堂。即以山庄住宅为课舍,以庄田岁入为经费,计其遗产约值银一万两。女士仰承遗命,即就唐钱庄开办初等小学堂一所,仍山庄旧名,即名鞠隐初等小学堂。所拟章程甚为简当,学科分修身、读经、国文、算术、体操各门为必修科,图画、手工为随意科,当即禀请江督核准立案代奏。旋奉批准,并拟会衔奏请给奖,以为捐产建学者劝。(副)

载 1906 年 1 月 29 日《申报》,第 10 版,82 卷 173 页

26. 谕设族学

刻因学部行文饬催广设蒙小学堂,沈大令(注:芜湖)奉文后,因城乡内外近虽陆续禀请设学,惟乡间风气未开,必须由各族设立族学,以次提倡。刻已照会各乡绅士,并出示晓谕士民,限三月内赶紧设学,毋再玩延。(法)

载 1906 年 1 月 31 日《申报》,9 版,82 卷 189 页

27. 安庆学务

日前,怀邑绅士及学界中人,以怀宁首县为全省首善之区,仅一县学堂,教育殊难普及。因议筹公款,就各乡各设高等小学堂一所,另于县学堂附设小学师范一班,以广造就。(士)

载 1906 年 1 月 31 日《申报》,第 9 版,82 卷 189 页

28. 未准再抽茶盐两捐兴办小学

安省筹办全省矿路,议于盐、米、茶等项抽捐,徽郡行销浙盐及所出产之茶,亦经大吏奏准加价。日前,有黟县舒某具禀学务处,亦请在徽郡抽收茶盐两捐,以充该府兴办小学经费。旋经批示,略谓:安省开办矿务、铁路,奏准盐米茶厘均一律加价,所请再抽茶、盐两捐,本处未便准予,仰候详请抚宪札知徽州府查照。(多)

载 1906 年 2 月 4 日《申报》,第 3—4 版,82 卷 218 页

29. 含山县学界之恶感情

含山县小学堂去腊杪英文教习汪某与王生有隙,忽借某事遽将王生拷打收禁,现由该县学界中人公函驰告省中各学堂,略云:英文教习汪大荣,含山县令之胞弟也,本细思

出身,学生王恺銮问难,屡为所窘,由是仇视王生。严冬寒冷,众学生常川围炉,上月二十二日,大荣竟借此诬王生放火,嗾其兄差拿王生,掌责二百,钉镣收禁,并罪其父兄,一律严刑拷责,锁押在狱。呜呼!此不特一人之辱,抑亦全体之忧,弟等目睹心伤,已开特别会,拟公禀督抚宪申理。诸君一视同仁,当亦有不平之憾,因此飞函驰告,力求补救之方,同人幸甚,学界幸甚等语。闻各民立学堂接函后,拟不日会议云。(多)

载 1906 年 2 月 8 日《申报》,第 4 版,82 卷 250 页

30. 补纪怀远县毁学情形

怀远县人杨启泰、李小亭等借城内土地祠创设养正小学堂。开办未久,本年正月初二日,江南各学堂学生年假回家,拟设怀远学会,集议于土地祠。有李大顺之子李大常、小常兄弟二人因学生各著操衣,指为洋教徒,又以学堂侵占庙宇,均由不便,遂嗾其党羽张某、刘某、田某等鸣锣聚众,将养正学堂什物击毁,抢去书籍、仪器等件。又率众撞留学日本韩君世瑛之门,石棍交下,幸门坚不得入。复蜂拥至将弁学生王君克仁家,将其侄旅宁公学学生王某从家中拽出,褫去衣服,尽力凶殴,头面俱受重伤。是晚,养正学堂教习姚君家大门亦被毁坏。次日,学界中人恐祸势蔓,相率鸣官。适县尊于大令上省未返,捕厅虽派差弹压,然闹学之人则并不敢拿办也。(士)

载 1906 年 2 月 21 日《申报》,第 3 版,82 卷 354 页

31. 皖垣学务

去冬有某君等组织一普通教育馆,办法尚称完善,旋以经济困难,作为罢论。

省中近添蒙小学堂已不下十余处,就中以尚志学堂开设为最早,其名亦最著。日前,又出示招考,本县学费八元,外县外籍加半,已于二十四五等日考验矣。

清节堂改良私塾向仅为堂中节妇子弟而设,现办理人拟加扩充,日前已刊布章程,招收学生,每月学金一元二角。

有大学堂某君等组织一公立两等小学堂,已于去冬刊布章程,每月每生收学费二元。已择定西门外太平寺左近房屋开办。

前在正谊官书局所设之蒙学会,去冬拟改为正谊两等小学堂,每月收学费二元,亦已报名考验,不日开学。

五路初级小学堂今岁拟各广额二十名,已于正月二十四日将报名各生详加考验矣。(士)

载 1906 年 2 月 23 日《申报》,第 9 版,82 卷 373 页

32. 凤阳学务录要

凤郡兴办学堂,绌于经费,乃公议将城南明陵余荒招人开垦,即以该租款作为兴办学堂之费。现南面六十四顷已为怀远林某纳款领作畜牧场;北面现亦有人纷纷报名承

领。大约三年后每岁可收租钱千串左右云。

郡人某君等在城中组织一朝阳小学堂,已于二月初开办,其经费系由学生每名每年出学金十元。课程计八门,办事诸人于表面上颇有精神,惟未悉其内容如何。

怀远县今正有杨、王诸君竭力在该邑运动,于城中筹设小学四区,现已于北门设立养正小学,西门设立萃华小学,南门设立立端小学,办法均照钦定章程,功课亦尚完备。怀远风气当为一变矣。(多)

载 1906 年 4 月 6 日《申报》,第 9 版,83 卷 55 页

33. 批控侮辱学生案

天长县小学堂学生某某等,前被游民后某戏侮并扰及学堂,禀经学务处派员查明确情拟办。日前,又有该邑施荣炳等禀控天长县玩忽学务,恳请严查究办。即经学务处批云:此案现经本处派委查明,该游民后三前曾戏侮学生,数日后复敢亲往学堂滋扰,实属玩横不法,亟应惩办,以儆效尤。业经札饬新任董令,迅即严拿后三到案,并提同董冠群从重究办,毋稍纵延。该绅等应即劝谕各学生照常上课,非有事故请假,不得擅自出堂,爱惜景光,勤求学业,勿得借故散学,受人唆使,致干查究。(丁)

载 1906 年 4 月 8 日《申报》,第 9 版,83 卷 75 页

34. 批查寺产请充学堂经费

寿州李君等前曾在该邑创办小学一所,议就城内崇福寺基址建造校舍。日前又具禀学务处,请将该寺拨入清节堂之产,仍行提还,借充学堂常年经费。当经批示云:该生等就崇福寺地基创建民立芍西小学堂,以寺租作常年经费,已由州谕城绅孙毓筠等查复等语。究竟孙毓筠等如何禀复,曾否由州批准立案,无从悬揣。所请将崇福寺拨入清节堂之田,仍归学堂充用,是否与恤嫠善举并无窒碍?仰寿州确切查明,悉心妥议禀复。另单所陈亩捐、谷捐、盐捐、庙捐各项办法是否舆情允洽,有无流弊,并由该州体察情形,妥筹禀办。(士)

载 1906 年 4 月 17 日《申报》,第 9 版,83 卷 165 页

35. 禀请抽税兴学

东流县张溪镇地方为该邑巨市,有吴绅等拟设一初等小学以兴教育,经费议就所出土产木棉诸类按价酌抽学捐。已禀准该县转详大吏候示遵办矣。(士)

载 1906 年 5 月 16 日《申报》,第 9 版,83 卷 451 页

36. 批饬查办阻学

泾县朱保祺等在学务处控该县劣绅左振生、赵文冕等,刁棍汪大喜等,结党毁学,恳

请惩办等情。当经批云：据陈，左振生、赵文冕把持公款，汪天（注：前文为大）喜污辱学生。如果属实，尚复成何事体？仰泾县迅将书院公款切实核算，汪天喜既经斥退，学堂帐目系举何人接管？并查明有无侵渔情弊。嗣后不准左振生、赵文冕等干预学务，一面饬传汪天喜到案，从严惩办，以儆效尤。（多）

载 1906 年 6 月 10 日《申报》，第 9 版，83 卷 691 页

37. 侵蚀公款被控

桐城师范学堂学生傅德良等，日前在学务处禀控该县丰乐书院于光绪三十年改设养正小学，其经费系书院各款充用。该院每年进款至少约二千金，被书院董事六人把持侵蚀，以至学童迄今两年尚未开学，欲为整顿，非裁革学董不可，恳提究追等语。当经该处批谓：仰桐城县督同该县中学堂管理各员将该书院历年支收款目核实结算。倘有侵渔等弊，即行从严究追，一面会同城乡绅耆，公选廉慎之人，认真经理，迅速开学，毋任抗延。（士）

载 1906 年 6 月 14 日《申报》，第 9 版，83 卷 731 页

38. 批斥兴学被阻

宣城县文生隗寅万在该乡组织一小学校，被张肇垣阻止，近在学务处具禀。旋奉批示云：该生拟办乡学，究系如何筹备，张肇垣因何阻挠，未据明白声叙，其中显有别情，仰即禀请该管地方官核办，毋庸越渎。（士）

载 1906 年 7 月 13 日《申报》，第 10 版，84 卷 121 页

39. 襄垣小学改良

襄垣小学堂自暑假后，因管理员鲍君与收支员李君意见稍有不合，幸由监学周君佐臣竭力调和，可免决裂。近又添聘教员，改良课程，英文、体操二门仍与安徽公学公聘。至堂中学额，日内当可补招足数。（九）

载 1906 年 8 月 18 日《申报》，第 9 版，84 卷 477 页

40. 署两江总督周奏为推广设立简字半日学堂片

周馥片：再，伏查《奉颁学堂章程》内开，"各国言语，全国皆归一致，故同国之人其情易洽，实由小学堂教字〔世〕〔识〕拼音始，中〔国〕民间各操土音，致一省之人彼此不能通语，办事动多扞格。兹以官音统一天下之语言，故自师范以及高等小学堂，均于中国文一科内，附入官话一门"等语。又，准学部咨开，给事中刘学谦片《奏请饬广筹经费设立半日学堂》，奉旨"学部知道，钦此"，咨行查照办理在案。窃维欲教育普及，必文字简易；欲语言统一，必普习官音。由上音以学官话，惟字母拼音最为便捷；使小民皆得受学，惟

半日学堂尤为相宜。近京城出有拼音官话书报，所用字母极为浅显。不识字者习之，即能写字达意；不通官话者习之，皆能口操官音。简而易学，实为广开民智之良法。闻直隶总督袁世凯、盛京将军赵尔巽，俱已饬属试办此项学堂，臣上年亦在江宁省城试设简字半日学堂，收教贫寒子弟。因江南各属土音最杂，学官话最难，将京城字母原本酌加增订，俾学者以土音为阶梯，以官话为归宿。试办数月，收效颇易，业已毕业数班。现在通饬江苏、安徽各府州县推广办理，以期愚贱尽能识字，乡曲胥能官音，渐臻亿兆同风之盛。除将字母章程咨送学部立案外，理合会同江苏抚臣陈夔龙、安徽巡抚恩铭附片陈明，伏乞圣鉴，谨奏。

奉朱批：学部知道，钦此。

《京师汇录》闰四月初一日初二日、闰四月初三日，《申报》附张第八千四百六十七号、第八千四百六十八号

载1906年8月26、29日《申报》，第20、16版，84卷558、586页

41. 纪商会总理侵占学基殴伤教习事

芜湖商会总理李仲絜观察近因襄垣小学堂购买基地一方，为赶造斋舍之用，业经禀县立案。乃李始则勾串游民黄姓，私行盗卖，迳行扞界；继则率领家丁，将学堂石界毁去；现又私行动工，擅将学基用土填镇作为己业。经学堂董事周佐臣禀知巡警总办黄润九观察，并谒李仲絜，约定七月初七一句钟当面分界。届时堂董周佐臣、甘小秋及舆地教习谢师程同往履勘。讵知李仲絜率家丁数十人，各持凶械，伺周等至，蜂拥而上，周、甘、谢见势不佳，躲避附近居民屋内，周、甘幸免，谢则被家丁拖出，持械攒殴，击伤两腿、腰胁各部，而尤以头额伤为最重，伤口横五分许，长四分许，深三分，在脑壳右。当时血流淋漓，遍体皆赤，痛绝昏晕，不省人事。居民恐其毙命连累，遂将帮凶扣留一人，复将谢舁归学堂。旋经邑尊沈大令、关道冯观察、巡警黄观察同往，验伤属实，谕令延医诊治。据医称，实系铁械所伤，但与脑相近，一时恐难奏效，刻已电禀商、学两部暨督、抚两院查办，一时在芜士民同动公愤。邑尊沈益斋大令当将扣留帮凶某甲带回研讯，供认不讳，饬责六百板收押，一面将情形电禀督抚宪核示。芜湖学界定于初八日一句钟在育婴堂开特别大会，到者二百余人，当由襄垣学堂董周佐臣宣布李仲絜在芜平素之横暴，谢教习被殴之情状，并将谢教习受伤之小影及血衣检出，公同验视。一时同人咸谓李仲絜既占学基，又逞凶暴，实属暗无天日。当时所议者由各学堂先行电禀商、学两部，一面禀追李仲絜到案，具保孤状，再行开会公议。到者各书名签字，均愿始终赞成，以伸公理云。兹将公电录左：

商、学部堂宪鉴：芜湖商会总理李絜强占学堂基地，拆屋兴工，伪约清界，喝使家丁粗工持械攒殴教员谢师程，伤重命危，群情愤激，乞严行查办，以伸公理而维学务。皖江中学、安徽公学、徽州公学、乾行等学堂暨旅芜学界全体公叩。（九）

载1906年8月31日《申报》，第3版，84卷600页

42. 补记溧川毁学情形

　　徽州歙县溧川学堂，今春由罗凤藻等在罗氏宗祠之旁，造房舍七八间，招生开学。所有开办经费均由同志诸人分担，并无派捐情事。乃开办之初，武生罗文英及罗烶基、詹灶发已有仇学之意。今年三月文英唆出匪徒，将学堂门房所悬牌示捣去，并谣言诬学堂将收人口捐、菜子捐、米捐、牛猪捐等项，煽动众听，俾人人皆有仇视学堂之心。六月初一日，议决赛会演戏（溧川向例，六月十五日供奉瘟神，名曰保安会），今年缓期两月举行，而文英即借此大起蛊惑，突于初三夜纠同痞党罗社高等数十人，吹号鸣锣，明火执仗，蜂拥直至学堂，将堂中一切物件捣毁净尽。随（时）〔后〕拥至凤藻家，用石撞开大门，将厅内器具肆行打毁。凤藻子会珪（即堂内教员）只得突围，逃至城中，急请邑尊临勘。黎明又复来聚众至各教员搜获，拥至赛会公处，勒写悔据，永远毋许再开学堂，永远毋许赴城控告。至午刻，邑尊到村临勘，匪等将邑尊拥至学堂，复将新造学舍七八间拆毁，旋一面率同乱党又复拥至凤藻家内，举凡一切器用财物捣毁无存，并又打至罗军松家。及至天晚，邑尊回署，并不请兵解散。故该乱党按日至各家查点，不许私逃一人，离村一步。而凤藻等，直至十五日赛会之时，陆续逃遁内地。民智如此，诚教育前途之忧也。（望）

　　　　　　　　　　　　载 1906 年 9 月 1 日《申报》，第 3 版，84 卷 610 页

43. 襄垣学堂谢教习受伤案议结

　　襄垣学堂教员谢师程因分学堂界址被商会总理李仲絜之家丁用械殴伤，致动学界公愤，曾纪前报。皖抚恩中丞接到电禀，误以为商学龃龉，当派方玉山太史、陈劭吾观察来芜，会同关道冯星岩观察妥为理处。芜湖学界向与商界和洽，此次仅系襄垣学堂与李仲絜二人私事，与商会、学会两无干涉。前月某日，集议于德仁里安徽矿务总局，关道冯观察、巡警黄观察、方太史、邑尊沈大令、襄垣学堂董周佐臣暨李仲絜均到。兹将是日所议八条录下：（一）电抚辨明，与商、学会无干涉。（二）谢教员伤患由李仲絜请赫医生（珍）〔诊〕诊治，一切医药等费概由李仲絜担任。（三）事了，李仲絜应赴襄垣学堂及谢教习处服礼。（四）芜湖县应将李姓基地与学堂基地及甘姓坟地毗连界址勘明定界。（五）芜湖县应即从重惩处程、孙二凶犯。（六）房客秦姓见事不救，应由芜湖县查明惩办。（七）当场解救谢教习居民三人应酌量给赏，每人洋二十元。（八）除学堂基地照契管理，赶造斋舍外，其与李姓毗连之东南方，应将李姓界内地址让出一丈，以免纠葛。以上八条系矿务局定议，关道冯观察拟稿，方太史执笔，李仲絜当面承允，并有学界同人在座云。（九）

　　　　　　　　　　　　载 1906 年 9 月 25 日《申报》，第 3 版，84 卷 844 页

44. 皖抚批徽郡闹学案

　　徽郡歙县罗绅设立之溧川小学堂被族人罗文英等纠众拆毁，皖抚据歙县官绅先后

禀报,因委徽州府查复。兹已将闹学情形复到。日前,恩中〔丞〕批示云:此案前据歙县禀,以该学堂被罗文英、罗社高等鸣锣纠众拆毁学堂,并将罗凤藻家器具打毁,迭经该令驰往弹压。查问之际,胆敢愈集愈众,情势汹汹等情。业经批处,饬县勒拿罗文英等到案,研讯录供详办,不准迟延徇纵。至演戏酬神,迷信神道,亦属恶习,足见该处村民毫无知识,风气未开,并饬该县亟为劝导,或选派学务中人排期分赴各村,以白话演说;或选宗旨纯正之报纸书籍,立阅书报社于四乡,俾识字者皆得寓目;更于各村皆令立蒙学一所,以期逐渐开通。并饬将办法拟定章程呈阅在案。嗣据中学堂监督庶吉士许承尧等禀,无赖、棍徒仇视学务,捣毁漤川学堂器具,该县亲临,不服弹压,致官办、私立岌岌可危,请委澈究严办等情,亦经批处,饬县于文到五日内勒拿到案,讯取确供,通详察办在案。察核来禀,仅据该教谕查明打毁属实,而于滋事为首之人含混其词,实属有意开脱,岂不思学堂为当今要政,考成攸关,若不严拿惩办,将来办学堂者视为畏途,于学务大有关系。仰学务处饬即遵照前批,依限勒拿到案,讯供详办,毋迟干咎,切切。并将该教谕朱度成移司,先记大过一次,以示薄惩。(士)

载1906年10月1日《申报》,第3版,85卷2页

45. 襄垣学堂纠葛案已结

芜湖襄垣学堂与商会总理李仲絜因学基缪辖一案,迭纪前报,兹闻李仲絜前占之地现已退出,本月初五日,经邑尊沈大令督同两宅及巡警总办黄润九观察暨学界多人,三面分界,并允给谢姓医药及讼费洋八百元,业于前日如数收到。除去正项用费外,尚余洋二百元,悉数充入创办全皖学会经费。(门)

载1906年10月2日《申报》,第9版,85卷13页

46. 凤阳学务

凤阳县凤临小学堂前次全堂退学,该县将教习、办事人等一律斥退,随将情形禀报大宪。兹奉恩中丞批云:据禀已悉。学生停课,要挟教习,司事指挥播弄,最为恶习。该县将教习、司事斥退,办理甚是。惟旧班学生仍复劝谕上课,难保不此后尚有风潮。仰提学司饬即认真随时察看,毋稍迁就。嗣后,无论何项学堂,如有全班散学停课事,即行概予开除,另招新生。或系教习、绅董播弄指使,轻则撤退,重则禀究,均无所用其调停,以儆刁风,而维学务,并即通饬遵照云。(丁)

载1906年11月4日《申报》,第17版,85卷301页

47. 派员清查学款

黟县小学堂开办以来,经济困难,地方旧有公款均被劣绅侵蚀,无可挹注。兹奉大吏特委胡登松明府前往该县彻底清厘,以维学务。(士)

载1906年11月13日《申报》,第9版,85卷383页

48. 倡办湖北旅芜小学

旅芜湖之湖北籍绅胡召南、黄少兰君等，刻邀同乡仕商于本埠南北两岸各设小学一所，学额定六十名，择期明春开校，不纳学费云。（起）

载 1906 年 12 月 20 日《申报》，第 17 版，85 卷 717 页

49. 旅学将兴

徽郡五道街级向有绩溪会馆一区，以备岁时联络、桑梓聚议之所。近由本邑志士王君子乾以绩邑在郡人士甚众，理宜设学以培子弟，遂发议就会馆开办两等小学一所。闻已经多数赞成矣。（外）

载 1906 年 12 月 28 日《申报》，第 9 版，85 卷 791 页

50. 简字流通

前由（注：徽州）绅士就张文毅祠宇设立简字学堂，一时来学者甚众。现已教授四月，各生均能自阅简字报册，因于日前举行毕业式，各人授以优次两等文凭有差。（李）

载 1906 年 12 月 28 日《申报》，第 9 版，85 卷 791 页

51. 芜湖泾县公学招生广告

本学堂高等小学、初等小学并置一所两等，各招生四十名。资格：凡同县各姓子弟，无论在家在外，资质聪颖者均可来学。年龄：自十岁以上，二十岁以下为度。校舍：现租定芜湖城内青石街坐南朝北新屋一所。课程：谨遵《奏定两等学堂章程》办理。膳费：每人每年仅留午膳者，收龙洋二十四元，分两学期缴清。报名：在本学堂事务所，自十二月初一日起，至来年正月二十止。汇齐甄别，择日开学。

载 1906 年 12 月 29 日《申报》，第 1 版，85 卷 797 页

52. 志士兴学

屯镇地方虽大，而民情顽固异常，风气十分闭塞，至今年始有上海经香阁书坊分一支店于此，本地又添设振学、恒丰两书铺，稍稍有知买阅新书者。顷有志士罗君尊、沈君钰、方君华特热心发起两等小学一所，即借罗宅开办，额定三十名，准于明年正月杪开课。业已刊布章程招考矣。

载 1906 年 12 月 29 日《申报》，第 9 版，85 卷 801 页

53. 捐米助学

寿州南乡民立尊西学堂系李姓捐囊建设,其中教员均属同志各尽义务,已历二年,而造屋置物及购办书籍在在需款,颇形窘迫。附近尚有几处公款可筹,又为城乡诸绅所阻,以致困难万状。今幸有寿州诸生朱玉昭,因该学堂办法颇善,不忍坐视,慨捐米八十余石,以解燃眉。鲋僵辙内,得水重苏,诚可谓热心教育者矣。(共)

载 1907 年 1 月 22 日《申报》,第 9 版,86 卷 205 页

54. 纪学司批斥越渎控案

前有黟县士民禀控该县小学堂堂长汪某不谙学务,经抚宪批饬不准。刻又有该县举人余葆源等在学署禀控汪某劣迹,请另举公正绅士接充。当经沈学司批斥,并饬该县嗣后如有越控等案,须按名究办,以免健讼云。(说)

载 1907 年 1 月 28 日《申报》,第 9 版,86 卷 265 页

55. 寺僧禀立小学

去腊,舒城县观音寺住持僧静修禀请提学司,拟就该寺内设僧立初等小学堂一所,自行筹款开办,恳请立案。当经沈学司批饬,先行将房宇、经费、学科规则、教员等情,禀由该县转详,再行准予立案。(多)

载 1907 年 2 月 18 日《申报》,第 9 版,86 卷 407 页

56. 女学堂添设幼稚园

芜湖江口河南岸安徽女学拟于今年大加改良,延潘畹生女士为学监。闻国文一科因女员程度不及男员之优,故拟改聘男员充当。并在邻近租赁民房一所,添开幼稚园,招聘保姆十人,先行学习课程,由翟又新、黄健六两君担任教授。闻四月内即可开办矣。(少)

载 1907 年 2 月 20 日《申报》,第 9 版,86 卷 429 页

57. 小学堂改名迁移

芜湖西门外襄垣小学堂近因校舍狭隘,迁入城内文庙,并改名为芜湖小学堂,定本月下旬开课。(少)

载 1907 年 2 月 20 日《申报》,第 9 版,86 卷 429 页

58. 侵占学堂基址被罚

芜湖关帝庙基地现归襄垣学堂执管,该堂董事周佐臣前日查知此项基地被驳船头

柏祖鑫侵占,盖屋出租多年,因即嘱令拆让,并将历年租金缴还学堂。柏置之不理,业已禀由县主沈大令断令罚洋一千元了案矣。(少)

载1907年3月1日《申报》,第9版,87卷5页

59. 藩属附设学堂

皖藩冯方伯煦于地方教育要政无不实力提倡,兹就本署仪门内之号房大加修葺,创设蒙学堂一所,刻下正筹划经费,妥订章程。(非)

载1907年3月13日《申报》,第10版,87卷129页

60. 幼稚园行开学礼

芜湖河南岸安徽女学附设之幼稚园,于本月初一日行开学礼。是日,商会总理李仲絜观察、铁路会办孙季筠观察、邑尊沈益斋大令皆到堂观礼,男女来宾亦有六十余人云。(少)

载1907年3月20日《申报》,第10版,87卷205页

61. 监学易员

芜关公立小学堂监督文化舒大令,刻由省宪委署绩溪县缺,遗差由关道杨若臣观察详委杨雨时大令接办。(少)

载1907年3月26日《申报》,第10版,87卷271页

62. 不允拨给简字学堂经费

江南简字学堂毕业生宇文尉等,禀恳提学司札州拨款以普及教育。当奉沈提学批云:简字学堂系为贫穷子弟而设,且此项学堂将来能否通行尚未可必,何能收费每月至本洋一元之多?现今一切经制学堂明载奏章者,犹因筹款艰难,未尽设立。所请拨给该堂经费之处,应毋容议。(内)

载1907年3月30日《申报》,第11版,87卷320页

63. 商会收回广仁局

芜湖西门外广仁局系十三帮公建善堂,前经鲍绅山琴等借办襄垣小学,已阅三年,刻因各帮索还,该学遂移至城内学宫内开办。至该局屋宇,已由商会收回。

载1907年4月6日《申报》,第12版,87卷404页

64. 专电·电四·安庆(三月二十三日辰刻)

凤阳府怀远县官立小学堂前日大起风潮,全体学生相率退学。昨日省中得信,沈提学即派员驰往查办。(盛)

载1907年5月6日《申报》,第3版,88卷72页

65. 怀远小学堂罢课风潮

凤阳府怀远县官立小学堂冲突,已略见二十四日本报专电。兹悉该学堂此次风潮因有学生嫌堂中饭菜不堪下箸,屡请撤换厨役,率未准行,是以有卢树生等七名鼓动全体学生一律罢课。怀远县令以各学生意在挟制,随即禀准提学使派员查办。现皖抚恩中丞亦据该县禀报,加札提学使详细调查,禀复核办。(周)

载1907年5月8日《申报》,第4版,88卷100页

66. 怀远小学堂罢课风潮续志

凤阳府怀远县官小学堂罢课风潮已志昨报,兹悉此事已由该县黄大令瑞勋禀知督帅。奉批,准将为首之卢柳生等七名斥退,一面追缴学费,以为不守学堂禁令者戒,并饬该县嗣后务须督同堂长严加约束,不准再有此等举动,以肃学风而养人格云。(育)

载1907年5月9日《申报》,第4版,88卷114页

67. 禀办五区小学

宁国县令拟在境内开办小学十三处,划分五区,以固蒙学基础,业已禀请抚宪恩中丞筹款兴办。(政)

载1907年5月14日《申报》,第12版,88卷180页

68. 条陈兴学办法

阜阳县绅董丁绪贤、陈子贞、袁子初三君,于日前联名具禀县署,条陈办理学堂及私塾改良办法。汪大令当即照会各学堂监督及各学董,会同详议具复,并转禀学宪核夺遵办。(类)

载1907年5月18日《申报》,第11版,88卷230页

69. 拟设保粹小学堂

师范毕业生张歧山日前具禀提学使,拟就梁园镇开办保粹小学堂、就地筹款等情。当奉批饬与地方绅董悉心妥议,切实兴办。闻秋间定可成立云。(时)

载1907年5月19日《申报》,第11版,88卷242页

70. 详请斥革武生

泗州武生许九多素行不端,日前又哄闹该州小学堂,以致学生解散。当由绅耆具禀该州王懋勋直牧,请严究办。当奉批云:该武生似此不法,实为庠序败类,拟先行详请学宪斥革衣顶,再行严惩,以端士习而重学校。(取)

载 1907 年 5 月 21 日《申报》,第 12 版,88 卷 270 页

71. 禀请拨款助学

省城务实小学堂系江苏补用道郑辅东观察所创。刻因经费困难,拟在司库项下动拨若干,借资挹注。昨已赴提学司署具禀示遵矣。(俗)

载 1907 年 5 月 30 日《申报》,第 11 版,88 卷 386 页

72. 两等小学禀请立案

休宁县屯溪镇绅士宁恩等自筹款项,就该镇创办两等小学堂一所,业已拟订章程,禀请省宪查核立案。(政)

载 1907 年 6 月 5 日《申报》,第 11 版,88 卷 458 页

73. 禀办劣绅把持学务

泾县廪生潘骏等日前具禀学辕,略谓:泾县两等小学堂董事潘长卿等侵蚀公款,阻扰兴学,恳予提究等情。当经提学使批云:据该生等前此所禀,业已批饬逐款查明,并令该村公正绅耆秉公集议开办在案。兹又据称,潘长卿等侵蚀阻扰,如果属实,亟应彻底根究,仰泾县迅速提案审讯,毋任劣绅盘踞把持,致碍学务。(化)

载 1907 年 6 月 5 日《申报》,第 11 版,88 卷 458 页

74. 批斥妄控堂长

当涂县廪生王士吉等日昨具禀学辕,控该县小学堂堂长李梁生教法腐败,恳恩饬退。当奉提学使批示云:所禀该堂长一切腐败情形如果属实,该县身任地方兴学,是其专责,何以未经禀报?难保非(狭)〔挟〕嫌攻讦,借遂私图。所呈经史、修身各科讲义,索垢寻瘢,已嫌过当,信笔指驳,尤觉滋讽,"啣"当作"衔",本字书之正体,"椓"虽误"椂",落笔之偶疏。少府本有冀官,太守原为吾彦。该廪生等平日于经史文字略不研求,肆口讥评,自呈诸谬,似此何足以谈学务?著即严行申斥。(夷)

载 1907 年 6 月 5 日《申报》,第 11 版,88 卷 458 页

六 初等教育(小学堂、蒙学堂与简易识字学塾)

75. 禀控劣差抗匿文牍

繁昌县吁俊小学堂经理李梯云,日前在学署禀控繁昌县差役吴守端将颁发日本学章图式一册抗匿不发,请为饬究等情。沈子培学使阅禀后,以此案如果属实,实堪痛恨,因即札饬该县严行根究。(美)

载 1907 年 6 月 11 日《申报》,第 11 版,88 卷 532 页

76. 批准学堂警局酌拨经费

颖上县高等小学堂及巡警公所用费均极支绌,昨由该县蓝大令邀集绅商会议,拟就境内开设产行酌提三成行用,拨作两项办公经费,业已申详抚宪批准照办矣。(化)

载 1907 年 6 月 13 日《申报》,第 10 版,88 卷 555 页

77. 禀请推广学堂基址

芜湖永福庵小学堂近因学生逾额,所有讲堂不敷应用,昨由芜湖关道文仲云观察勘悉中江书院基址相宜,并拟邀集绅商推广女学地址,业已将情禀请上宪核示矣。(时)

载 1907 年 7 月 9 日《申报》,第 11 版,89 卷 102 页

78. 批准抽捐充作学费

徽州府休宁县学董日前因学堂经费不足,拟抽契纸捐与猪肉捐以资接济。禀由该县转详藩、学两司,会禀抚宪察核。昨奉批示云:该邑学费不敷,现据该学董议抽收前项两捐,众情乐从,应即照准,转饬遵办云云。(孔)

载 1907 年 7 月 9 日《申报》,第 12 版,89 卷 102 页

79. 芜关小学未便迁移

芜关小学堂本就中江书院旧址开办,前因绅商集议拟将该小学迁入河南永福巷,以便将安徽公立女学迁入书院。然该堂学生已逾百名,永福巷狭隘,不便迁移。闻已禀请关道文仲云观察核示矣。(仪)

载 1907 年 7 月 18 日《申报》,第 12 版,89 卷 214 页

80. 皖抚饬查善堂积弊

安省清节堂经董舞弊,被教育会中人查明禀控,已志前报。兹奉皖抚冯梦帅批示,略谓:该堂征信录久不照章刻送,未免贻人口实。至堂内育正小学,专为教育节妇之子而设,何竟与附额学生伙食均不能一律,竟有忍饥上课情事。所禀是否属实,自应彻底

清查,以全善举。仰布政司选派正绅,遴委干员,会同将该堂逐年进出各项簿据调齐,核算究竟有无弊混,一面按照所禀各情,据实禀复核夺。其育正小学究应如何整顿改良之处,并即移会提学使,妥拟章程,会详立案。(化)

载 1907 年 7 月 30 日《申报》,第 10 版,89 卷 357 页

81. 两等学堂附设小学

芜湖二街徽州公学自上学期改设两等小学以来,教法颇为完善,刻由该学同人公议另添普及小学一所,招收学生六十名,以现年八岁至十六岁为合格,不取学费,不留膳宿,其教科悉遵奏定章程编次云。(私)

载 1907 年 7 月 31 日《申报》,第 12 版,89 卷 370 页

82. 请提串捐充作学堂

霍邱县高等小学堂经费不敷,拟由丁漕串费项下分拨若干,以资挹注。日前,该县令具禀抚辕,请予酌提应用,并恳给示立案,俾可永远遵行。(若)

载 1907 年 8 月 25 日《申报》,第 11 版,89 卷 670 页

83. 舒城县广兴小学

舒城县以小学为教育之基础,拟创办各等小学堂,以期普及。业已筹有的款,次第开办,并将开校日期呈请省台查核。(上)

载 1907 年 8 月 25 日《申报》,第 11 版,89 卷 670 页

84. 江西景德镇徽帮教育分会浚哲两等小学堂成立

自科举停办后,学会、学堂到处林立,景德镇风气较迟,旧冬绅士何廷芝等起而倡之,禀请浮梁县及驻镇分防府立案,筹款兴办。今已成立,业于五月间分别造册,禀请提学使允准立案矣。合登之,以为学界告。

载 1907 年 9 月 12 日《申报》,第 1 版,90 卷 133 页

85. 祁门高等小学校长劣迹

劣绅程际隆,学既荒陋,品尤卑污,专以刀笔为能,宗族、邻里为所陷害,衔恨刺骨者不知凡几。其长技在阴结官丁胥吏,内则代有苞苴,外则怙恃权势,包揽词讼,历被邑人杨士樾、江长贵等以讼棍上控有案。甲辰秋,伊同父异母弟被伊贼害,曾将该劣绅平日代人把案词稿数十纸遍示邑人,意将首之于官。旋经亲友解劝而止。该劣绅鱼肉乡里,同室操戈,其人品已可概见。今春谢邑尊到任,蒙蔽请托,得充本邑高等小学校长,于全

堂事宜种种腐败，姑不具论，半年以来，意气骄横，如虎傅翼。近又以其疯女之故，吓制族弟程沂，且恃身充校长，以官势济绅势之不足。闻沂不服，已据实呈诉，并将该绅为人把案亲笔词稿及伪造谋占司族坟山契稿，首之当道。该绅内行剧损，蚕食族邻，原非局外人所能干预，惟念学堂为培植人材之地，堂长为诸生矜式之资。如此品行卑污，尸位其间，近则为学界之羞，远实贻风气之害，现经同邑学界联禀府尊，恳将该绅程际隆堂长撤去，以端学德。用再揭举大要，陈诸报端，倘蒙各大宪俯恤下邑，设法维持，地方幸甚，学务幸甚。

祁门学界公启

载1907年9月14日《申报》，第1版，90卷157页

86. 阜阳开办成达学堂

阜阳县职贡李国渠等公立成达学堂，附设预科，现已开学，所请教员及学生、年貌、姓名并章程，均已列表，由该堂县令禀请上台立案。（上）

载1907年9月16日《申报》，第11版，90卷186页

87. 禀设半日学堂之批词

安省无为州附贡生汪卓源，刻拟在芜创设半日学堂，专教贫民子弟，具禀关道，恳拨款资助。当奉批示云：据禀，该绅现因乾行学堂停办，拟即就其地址，借其器具与一切合用之教科书籍，改设半日学堂，并请饬由芜关小学堂校长就近兼理。所有延聘教员、招收学生等事概行商同妥办，具见热心教育。惟半日学堂所收皆系贫民子弟，大半急谋生计者多，其学科程度，除修身、经学、国文、习字、历史、物理、算术、体操外，尤宜以农工商各实业最浅近之知识、技能，参酌教授，使其切于实用，更可为将来入各实业之基础。第此种学堂既免征收学费，自应酌筹公款，以资开办，仰候先行札饬芜关小学堂校长兼理半日学堂，协同该绅将开校一切事宜妥为商办，一面由道设法拨款，并饬芜湖县一体筹集可也。（锡）

载1907年9月21日《申报》，第11版，90卷246页

88. 批奖刊印《蚕桑浅说》

宣城县陈谔以求实小学堂刊印《蚕桑浅说》呈请江督鉴核，当奉端午帅批示：王生慰时编辑《蚕桑浅说》，言栽桑饲蚕诸法甚为奸民，乡民易晓。黄绅秉钧出资刊印亦属热心公益，均堪嘉许。仰安徽提学司转饬该县谕发各乡，研究如何改良，并通饬各属一律仿办，以期实业振兴、教育普及是为至要。（商）

载1907年9月24日《申报》，第12版，90卷282页

89. 禀准提拨学费

皖南宁国县田令以五区小学堂常年经费不敷,邀集绅商筹划,拟将该境向有无益用款银两罚充公产,盈余各项悉提入该区学堂,以资扩充。该绅商均各允洽,日前已禀经省台批准遵行矣。(化)

载 1907 年 9 月 28 日《申报》,第 12 版,90 卷 330 页

90. 宣城县添设模范小学

宣城县陈令近以邑内止有官立小学堂一所,公立小学堂二所,殊不足以期教育之普及。因拟添设一模范初等小学堂,延聘教习二员,学额暂定四十名,每年所需经费约七百余元。本年一切学费概由该县照给,自明年第一学期起,在漕捐盈余项下拨助。业已由该县拟具简章,禀请皖抚核示矣。(上)

载 1907 年 11 月 25 日《申报》,第 2 张第 4 版,91 卷 320 页

91. 祁门县高等小学校长被诬缘因

校长程际隆被诬之由,因伊族富豪程膏渥积欠公项,此公款系即县城高等小学生息项下经费也。始因该姓公祠出具典租,代该豪保地,多年未缴,后经故贡生程鹏遵照向章核算明晰,粘据在匣,频向催取,该豪抗不□缴。今春,程君际隆承充本城小学校长,综核常年经费,恐有不足,向该豪索讨数次,以充学堂经费。而该豪竟从此怀恨,申缘程君之弟程沂,乘程君之疯女,窃出什物,捏词兴控,谓:程君锢锁疯女之屋,乃系伊产,犯科于纪,灭理逆伦。现经县宪签提程沂,胆敢到府越控,其所以有恃无恐,实倚该豪贿通污捏,预登报章,为程沂之先声耳。然词讼公断,自有官长,不应□闻。第该豪霸占公产,反捏词登报,未免有违公理,敢为代雪,质诸当道大人赏鉴。

祁邑学界绅界公启

载 1907 年 11 月 27 日《申报》,第 1 张第 1 版,91 卷 339 页

92. (皖抚冯煦)又奏多设半日学堂片

再,地方自治为立宪之初基,教育普及实自治之首务。国度之强弱视乎民,而民智之通塞视乎教。教育一日不普及,则民智一日不开通,即国度一日不完善。皖省风气渐开,自省内推及各属,凡高等学、中学、小学均已粗有规模,(摺)〔缙〕绅子弟与凡民之秀异者,莫不彬彬向学,争自濯磨。然而,偏远之乡,孤寒之士,或困于生计无入学之资,或迫于时间无入学之暇。其柔者安于愚贱,为董戒所不及;其强者外于名教,且暴弃以自甘,臣窃悴然忧之。查半日学堂,因乡镇之社会有学堂之规条,无论士农工商,下至厮养之役,凡有余力,皆可乘隙入学,或兼习,或补习,卜昼卜夜,各适其宜,为时暂则无玩愒之虞,为用省则无筹措之苦。法既不烦,事亦易举。凡乡镇僻陋为教育所不及者,极宜

因地制宜,酌量设立,俾有观摩而增进化。臣当已饬提学使迅速筹建,先自省始,遍及各属,若何分配学区,划一教科,遴选教员,或概归官理,或奖励民立,妥定章程,即日一律开办,将民智日辟,国度日强,庶仰副诏旨立宪之至意。除咨部查照外,谨附片具陈,伏乞圣鉴训示。谨奏。

十月十九日奉朱批:学部知道,钦此。

载1907年12月5日《申报》,第2张第2版,91卷,443页

93. 提学使批准撤退校长

芜湖两等小学堂校长周弼忠嗜好未除,经高等学堂学生禀请提学使即行撤退。当奉批饬,芜湖县会同学界另行公举接充。现该县郑大令已照会各学堂知照。(川)

载1907年12月8日《申报》,第2张第4版,91卷480页

94. 禀请查办把持学费

皖省舒城县南乡向设一初等小学堂,一切经费全恃庵产田租接济。现有张某把持佃户,不准缴租,当经该县饬差拿办。张乃畏罪远飏。现将阻扰情形具禀省台核办矣。(上)

载1907年12月8日《申报》,第2张第4版,91卷480页

95. 批饬滁州李牧设立小学

滁州李牧于北乡三都六保设立初等小学堂,业经开办,刻由该州牧禀请立案。当奉皖抚批饬,将该堂经费及一切详情禀复核办,并责令该州牧不得敷衍粉饰云。(政)

载1908年1月8日《申报》,第2张第4版,92卷90页

96. 批驳滁州牧禀筹乡学

滁州李直牧会荣,日前将三六都保设立初等小学情形禀奉皖抚。冯中丞批示云:该州于北乡三都六保之回龙庵设立初等小学,于十月初一日开办,自应准予立案。惟查核来禀简略不备,大都笼统其词,该堂常年经费每年共需若干,不一提及,一若款项之赢绌,学校之兴废,皆无预于该牧者。然试问有此办法否?新建设之学校如此,则该州城乡之旧有八校概可知矣。办理学堂应守定章,初等科目凡八,若阙略不备,是为简易。今该堂学科不全,该牧曾未复视,遽行禀报,亦属疏忽,乡辟风气未开,原不妨量从简略,应查照简易科定章,切实办理。至体操一科必应补入,以符三育之旨。该牧务当振励精神,勉率乃属,以期无负委托之至意。(孔)

载1908年1月10日《申报》,第2张第3版,92卷114页

97. 禀控侵吞学款

建平县小学堂常年经费全恃本地捐款,现该堂司账董岑德凝因帐目不清,被该邑文生祁文照具禀皖抚,请饬清查,以维学务。(政)

载 1908 年 1 月 23 日《申报》,第 2 张第 4 版,92 卷 270 页

98. 请提盐局中饱充作学费

皖省师范学堂学生金文德等公禀皖抚,请提滁州盐局盐斤中饱款项充作学堂经费,以兴学务。未知冯中丞能准如所请否。(孔)

载 1908 年 1 月 23 日《申报》,第 2 张第 4 版,92 卷 270 页

99. 分区设立蒙小学堂

石埭县地属偏僻,向仅官立学堂一二所。现经该邑令实力提倡,邀集四乡富绅会同妥议,分区设立蒙小学堂,拟即就地筹款,以期永久而资普及云。(贤)

载 1908 年 2 月 8 日《申报》,第 2 张第 4 版,92 卷 378 页

100. 县令劝办蒙学

黟县四乡小学尚未遍设,该县胡大令去腊特传集乡绅富户,极力劝导。现各乡绅议定,就地筹捐,并妥议规则,延聘教员,设立碧山、环山初等小学堂。业由该县具详皖抚,分别立案。(盛)

载 1908 年 2 月 9 日《申报》,第 2 张第 4 版,92 卷 390 页

101. 颍上县蒙学之发达

皖北颍上县宋大令毓衡莅任以来,热心学务,前曾邀集士绅劝办各乡蒙学,闻去岁年假时调查各小学校已有三十余处之多。(孔)

载 1908 年 2 月 12 日《申报》,第 2 张第 4 版,92 卷 426 页

102. 开办旅皖初等小学

皖省职员朱廷杰以鄂人侨寓芜邑者甲于他省,拟开办初等小学堂,并附设半日学堂,以为贫寒子弟就学地步。现经该职员会商宦绅商各界,量力捐输经费,以资开办。(周)

载 1908 年 2 月 27 日《申报》,第 2 张第 4 版,92 卷 606 页

103. 批斥芜湖县妄请学费

芜湖县郑寿彝大令具禀皖抚,请将煤油捐款拨充学堂经费。奉批谓:查接管卷内,芜湖商务总会李道等转据商学绅董以蕞背原议,建造油池,公叩据理力争,消弥隐患等情据禀在案,劝学所董吴云列名其内,侃侃陈词,深明利害。事未一年,今又请以美孚煤油捐款拨充学费,昔见其害,今则因以为利,前后如出二人,殊堪诧异。中国人为外人所轻,皆由于见利不能思义,不明公理,只便私图,足以败坏风气。本部院为砥砺廉隅起见,不得不予以薄惩,仰芜湖道转饬该县,另举劝学所董事,并将吴云详明提学司,先行撤换。该县令不查明此事原委,率予转详,殊属不合,亦一并申斥。(非)

载 1908 年 3 月 3 日《申报》,第 2 张第 3 版,93 卷,30 页

104. 详革阻挠兴学之生员

石埭县北乡前由该县倡捐经费,谕令文生汪浚源等劝铺户集捐创办小学堂一所。讵有怀宁县文生何楚材从中把持,抗不认捐,并倡言兴学有害。现该县已据情详请省台饬将何楚材褫革衣顶,以示惩儆。(贤)

载 1908 年 3 月 15 日《申报》,第 2 张第 3 版,93 卷 176 页

105. 堂长侵吞学堂经费

铜陵县属各小学自设立以来,一切办法均未妥善,堂长章家祺经理款项,一味侵吞。现为皖抚冯中丞查悉,已札饬该县查明确实,禀复核办。(周)

载 1908 年 3 月 24 日《申报》,第 2 张第 3 版,93 卷 300 页

106. 禀请撤换小学堂长

铜陵县两等小学堂,前奉提学司札委师范传习所毕业生杜同寅为该堂堂长。现该县杨令绳藻以该生声名狼藉,被控有案,特禀请学宪改委接充,以重学务。(孔)

载 1908 年 3 月 28 日《申报》,第 2 张第 3—4 版,93 卷 362 页

107. 请提寺产兴学

庐江县师范学堂毕业生许逢甲等具禀提学司,开办小学一所,所需经费拟提实际寺田地若干亩作为经费。未知能否批准。(孔)

载 1908 年 3 月 31 日《申报》,第 12 版,93 卷 410 页

108. 组织初等小学

来安县官绅现拟于城内组织东、南、北三区初等小学堂各一所,以庙寺为校舍,额设三十名,延聘教员,分门课授。此外再设一半日学堂,以便贫寒子弟就学,每人酌贴学费洋两元。业已禀请皖抚核示矣。

载 1908 年 4 月 6 日《申报》,第 2 张第 4 版,93 卷 494 页

109. 改办半日学校

安庆府恽太守现拟将原设之五路小学堂分别归并后,改设官创半日小学二三区,以为贫苦子弟就学之所。昨将改设规章科学等项详请皖抚核示。

载 1908 年 4 月 11 日《申报》,第 2 张 3 版,93 卷 562 页

110. 南、北两区小学缓设

合肥县沈令到任后,极力提倡兴学,邀绅会议,公举王绅善达、殷绅葆田等为劝学员,创设劝学所。现经该所于城内创设西、北、中三区小学,其南、北两区款未筹定,拟下学期开办。此外,各乡集镇亦渐创设各小学,均经禀请开校。(女)

载 1908 年 4 月 20 日《申报》,第 2 张第 3 版,93 卷 686 页

111. 绩溪学界近情

绩溪县属学堂及各乡私塾共三百二十八所,学生共三千九百余名,而教法科学未能完备。现经该县令文化舒饬令各私塾逐渐改良,以期进步。昨已禀呈抚署,查明备案。(友)

载 1908 年 4 月 22 日《申报》,第 2 张第 3 版,93 卷 718 页

112. 准提典规拨充学费

阜阳县汪令承祖日前具禀皖抚,请将该邑典规拨充城内四区小学经费。奉批谓:该县四区小学,开办三月,年终校阅,功课均极认真,体操亦颇纯熟,良深欣慰。该县办理学务首筹款项,不惟目前之展拓,兼为来日之维持,爰举例受之陋规移充四区之经费,意美法良,尤堪嘉尚。惟此等规费既已拨入学堂,若令名目犹存,保无后任规复,异日典商既捐学费,复缴陋规,虽裨于学堂,转以病商。仰藩学司即饬颍州府转饬该县转谕典商,嗣后即将此项改为学堂典捐,由劝学员按月支领,分期造表,永除衙门典规,以恤商艰,而杜流弊。(孔)

载 1908 年 5 月 1 日《申报》,第 2 张第 3 版,94 卷 6 页

113. 婺源县办理学务之认真

婺源县魏令驯日前将城西明伦堂改办两等小学堂及各学堂所定规则,详请皖抚查核。奉批谓:察阅章程,以城西明伦堂改为两等小学堂,办理为最有特色。初由名誉员捐资试办,仅恃学生学费支持五年,今则来学日多,几有额满见遗之憾,可见士绅果能热心教育,办理认真,经济虽艰,亦能发达。近来,各州县颇有借兴学之名为生财之道者,阻碍学务,流弊实多,对此能无惭恧? 沱川小学以二十人为定额,名数甚少,而所提经费甚宽,曹门小学则并不言数目,而但浑其词,曰经费由各村筹办,均恐糜费无实,徒扰乡井。仰即饬令格外撙节,有余之款存作教育基本金,以为将来取息增学之用。所有一切规章,仰提学司一并核饬遵照。(孔)

载 1908 年 5 月 17 日《申报》,第 2 张第 3 版,94 卷 212 页

114. 颍上县办理学务之认真

署颍上县宋令毓衡近因交卸在即,将该邑兴办各学堂及筹费情形开具表册,详奉皖抚冯中丞批谓:颍上风气向锢,该令到任以来,委任县视学兼充学务总董,设立劝学所,遴派劝学员,分区劝办。全境七十余保,共办初等小学三十四所,已开学者十四,筹定经费者二十。课程悉遵定章,款项筹之地方,课本购自南京、上海,设法提倡,各极周详。而又虑愚民之误会也,设宣讲员,以布宗旨,而祛阻力。虑各乡之观望也,谕保长皆兼学董,以专责成;虑管理教授之不合也,创师范传习所,以造教员。立教育会长,以资研究;设调查员,以就近考证,统筹兼顾。该令之于学务,具有苦心,仰提学司即饬实任者,令认真董率,勿堕始基,是为主要。(孔)

载 1908 年 5 月 20 日《申报》,第 2 张第 3 版,94 卷 248 页

115. 劝捐增设小学

宣城县地处偏僻,风气未开,兴创学堂仅于城内创设一二所,而四乡集镇上户富豪乃仍相沿旧习,设馆延师,教读其子弟。现经该邑刘令邀集绅董周埜,再四筹商,劝捐学费,于四乡镇市中增设小学数所,遵照定章,酌定课科,一俟筹有的款,再行推广学堂,扩充学额。顷该县已禀省台查核立案矣。(周)

载 1908 年 5 月 20 日《申报》,第 2 张第 3 版,94 卷 248 页

116. 寺僧捣毁学堂

合肥县淝西劝学员孔宪矩等,前以小学课堂窄狭,商假白露寺僧屋一间作为课堂,分拨学生二十名,教习三人,暂为上课处所。实于该寺秋毫无犯。讵有长镇坊祯祥寺僧人法文出头干预,竟敢率领僧众入堂滋闹,并将书籍桌椅等物捣毁一空,院中推积柴草亦被焚毁,教员、学生幸未受伤。业由该县郑令往勘属实,禀报省台核示遵办。

载 1908 年 7 月 16 日《申报》,第 2 张第 3 版,95 卷 210 页

117. 盱眙开办四区小学

盱眙县陈大令禀报省台,以该县民风固陋,财力素窘,兴学尤难,现经邀集地方绅士就地筹捐,于县城内创办初等小学四区,一切科学均遵定章办理。

载 1908 年 7 月 25 日《申报》,第 2 张第 3 版,95 卷 336 页

118. 两等小学定期开学

安庆五路小学堂现经恽毓龄太守酌拟归并,改为两等小学,即就经历衙署量为修葺,并委虞署经历监督建造,刻已工竣。定额学生一百名,亦已陆续招足,拟定七月初间开学。昨特禀明皖抚批示立案。

载 1908 年 8 月 9 日《申报》,第 2 张第 3 版,95 卷 544 页

119. 专电·公电·庐州

各报馆鉴:肥西小学迭被焚毁,郑令含糊不究,匪更猖獗,顷复纠众持枪,堂长被絷,学界同危。合肥学界公电

载 1908 年 8 月 30 日《申报》,第 1 张第 4 版,95 卷 832 页

120. 巡检条陈学务可嘉

巡检杨才达具禀学署,条陈学务办法。昨奉批云:查该员陈论侃侃,甚属可嘉。惟条具各节尚有须待商榷者,初等小学以前有《蒙养院、家庭教育法》,此定章所载,诚采本之要图。至今日情弊,各属举办初等小学,已苦多方困难,若再于初等小学外增设蒙养院,令四岁以上未届学龄之童稚,尽入院受学,恐非今日风气闭塞之时所能骤致。惟冀女学潮兴,保姆幼稚园以次递设,乃可望耳。至教员之分正、副,定章本有明文,学舍取之寺观、祠宇,经费抽提公款、闲款,亦系各属现行办法,均毋庸筹及。统计立表之法,现于学务公所设统计处,即为全省学务总汇之区,各属造立表册,务使整齐划一,即为统计基础,事在必行,与该员所陈颇相符合。至谓办事在能得人,经理得人则无侵蚀之弊,教员得人则无旷废之弊,视学得人则无循例生平之弊。言之慨然,足征留心学务,洞悉世情,本司当随时斟酌,以期取效于后也。

载 1908 年 9 月 3 日《申报》,第 2 张第 3 版,96 卷 34 页

121. 县令捐廉推广蒙学

泾县地处山隈,风气不开,历任县令兴办小学均以款绌未能推广。现经该县包令惠畴,邀集董事,于城内创办蒙小学堂二所,所需开办常年经费由县捐廉补贴,此外均就地

筹捐，以资济用。至延聘教员，一切规模，均遵部章办理。

载1908年9月7日《申报》，第2张第3版，96卷84页

122. 乡董祈雨毁学之荒谬

皖省宁国县属十三都乡董从九、邓昌云等，因天时旱干，率同农民百余人，赴该都小学堂邀请在事员绅随同祈雨。该堂管理员以学生正在上课，请其稍待片时。讵意该乡董等蜂拥撞入堂内，将斋舍桌椅器具等件一律拆毁。现经该县禀详抚宪，恳将该董等衣顶斥革，提案讯究，以为阻挠学务者戒。

载1908年9月11日《申报》，第2张第3版，96卷140页

123. 禀控董事侵吞学款

天长县境内（桐）〔铜〕城闸集镇，前经该邑令督同绅董创设蒙小学堂一所，一切规模办理完备。兹有该堂职董程增彦具控抚辕，谓董事王正铺从中把持，侵吞学款，种种情弊不堪言状，学务逐渐腐败。恳予饬县严提究办。未识中丞若何批示也。

载1908年9月12日《申报》，第2张第3版，96卷154页

124. 蒙城县官绅阻挠学务之怪现状

蒙城县僻处边壤，风气锢蔽，该邑王令树鼎又视学堂为寇仇，日前省垣法政学堂招考，大宪通饬各属保送，而该邑令竟将札谕秘匿不宣。迨有邻邑过境赴省投考法政者，始邀各绅向王令禀请备文申送，又经劣绅等从中阻挠。更有蒙邑小间集自戊戌土匪猖獗后至今无一读书之人，曾有热心某绅等自行捐款，在于该集组织两等小学堂一所，定名曰普通求是义塾，借祖师庙基址，不收学费，当将办理一切章程禀县转详学宪备案。讵有劣董丁仰叔、丁企绪等素来仇视学堂，屡经聚集棍（乘）〔徒〕，（徒）〔乘〕间破坏，经管理人以善言劝免，寻又禀县弹压。乃该县并不查究，以致该劣董更无顾忌，仰叔意呼集乡愚，牵牛于讲堂上，企绪率众聚于讲堂，呼卢喝雉。随又假奉县示，强将该学堂改为饥民放饭厂，所有图书仪器动置什物，尽被劣董等毁坏。该学员等迭次禀控到县，而王令仍不闻问，故兴学人士尽为灰心也。

载1908年10月12日《申报》，第2张第3版，96卷598页

125. 调查亳州学务之现状

皖省省视学调查亳州学务报告云：三十一年宗牧能征创办高等小学一所，历数年规模粗备，前谭牧祖纶任用华大峰、吴嘉祥为该堂教员。吴之学术甚浅，国文鲜通，即所授英文亦多舛谬，颇贻笑于众，该员业已辞退。华则教授算术，惟品行太劣，嗜好甚多，前在该境流娼文林家寄宿，与某学生遇，渠尚以教员自负，某生大愤，即至城守营内控送该

娼,并邀地棍数人殴辱。大峰旋闻风逃避,又亲谒城守营,贿赂数十千,始将文林赎出。嗣自新任李牧维源抵任后,即请候补盐大使李由敬为该堂堂长,由敬转荐腐儒沈长龄为教员兼管理员,且李由敬原系阔少,不通学务,兼有烟癖,故全堂事务均属沈一人把持。沈乃(着)〔著〕名腐儒,恶视新学,兹利该堂馆谷甚丰,遂就之,故授修身科内曾云:"以无凭无据之西文,乱我子弟,岂不可痛?"又辩西人不曰心力而曰脑力,严禁学生阅看报章,云报乃咒世浮文,颇惑心思等语。又,该堂厨役某甲,系由敬之私□,平素饭食污秽难咽,学生有欲要更换者,而厨役竟敢凶横,率领众厨役殴打学生,以致受伤者二三人。众大愤,请堂长惩办,堂长辞以他故,不获与闻。往禀总理,总理辞以病。于是,公愤大动,立即解散,后因风潮大起,堂长即将厨丁假送自新所,以为稍掩学生耳目,始寝其事云。该堂种种之腐败,笔难罄述。

载 1908 年 10 月 29 日《申报》,第 2 张第 3—4 版,96 卷 850 页

126. 寺僧毁学之抚批

庐江县附生郑家驹等以寺僧毁学各情具禀皖抚。旋奉抚批云:查该学堂于本年五月间据廪生郑家骥(注:原文如此)等禀,灵泉寺僧秀清藐视等情,业经冯前院批司饬县查复。去后,迄今四月有余,尚未具复,实属玩延已极。查罗溪小学拨提寺产,寺僧情不甘服,彼此积成嫌怨,地方痞棍又从中生心,遂酿成此次殴毁情形。托词教民横生枝节,该令对于郑生之为人及其办学实况何以漫无察觉?积久不治,致起争端,万一歧之又歧,酿成巨案,谁执其咎?据禀,许学耆等聚众攒殴,并牵涉朱奎、尹献夫仇学情事,必有原因,亟应彻底根究,以清讼源,毋稍偏纵。仰提学司速即委员前往该县,秉公查办。

载 1908 年 11 月 13 日《申报》,第 2 张第 3 版,97 卷 196 页

127. 电禀夔梅学堂罢学情形

正阳关夔梅学堂系以盐款捐作经费,监督李时敏莅堂未久,即有学生等反对罢学。现经总办徐棨调停,幸未全体解散。兹将禀呈江督及提学原电录后。

督宪学宪钧鉴:夔梅学生许荫恩函谤监学,有意多事;学生袁家修与许荫恩反对,以罢课电禀,挟制监督,均不安分。已商明李监督,一并退革,余令回堂。特闻。

载 1908 年 11 月 14 日《申报》,第 2 张第 3 版,97 卷 212 页

128. 札发模范小学教授纲目

江督札宁、苏、皖、赣四学司文云:照得本部堂于署内创办模范小学,所以示各学以准则也。现由该堂总理左训导全孝编辑《模范小学教学纲目》呈请札发前来。查现在各属所立小学,办理合法者固当不少,而凌躐无序、等级淆乱,或开学数年而毕业无人,或已届毕业而程度不及,或学堂同一年级而教授各异,以致按级升学程度不合。不独小学办理非法,即中等、高等各学亦皆隐受影响,自非亟谋整齐统一,学堂终难合法。本部堂

此次所发教授纲目,其编辑大意,各属均宜遵办,其间所用之教科书,所定之时间,所列手工一科,照章系随意科,各学有未设此科者均可匀析时间,变通仿行。盖此书为足资参考之本,并非颁发通饬奉行之本。至近来学科教科书业已颁行,各属学堂教员、管理员能查明年限、钟点,按照原书以分节目,呈由本省学司核定,尤于学务有益。总之,历何学年,当有何等程度,实为现在整顿学堂一定不易之法。除通行各厅州县外,合行札饬札到该司,即便转发省城各小学参考应用,以维学务。

载 1909 年 1 月 25 日《申报》,第 3 张第 3 版,98 卷 214 页

129. 宿松县滋闹小学案之抚批

宿松县高等小学,前因劣绅石寿龄等唆令学生石春栐在饭厅滋事,复率众凶殴堂长,以致全体解散。嗣经吴提学遴委张令翎六前往会县确查。旋据禀复并拟办法数端,详请皖抚核示。当奉朱中丞批云:吴祥泰被殴一案,既据该委员查明,石春栐纠众肆殴堂长,情形重大,较寻常学生犯规不同,应即归案惩办。又,石麻子等听纠帮凶,亦属胆大妄为,目无法纪。石寿龄虽无喝令凶殴实迹,然托名全体,刊布传单,意在涡乱事非,及吴堂长被殴之后,又复袒护石生,足为主谋之证,学宫一款不候县示,竟敢私收租稻九百余石,其平日横行乡里,概可想见,应一并重惩,并饬令石寿龄将所收租稻尽行交出,嗣后不准干预地方公事。惟此案冲突原因,全在财政,若不从此解决,将来纠葛尚多,仰即迅饬该县,勒限会集正绅,通筹全局,将每年入款核实清厘,并预算列表,宣示于众,以垂久远,而断葛藤,一面饬令该堂长教员等招集生徒,重新整理,克期开学,务使焕然更新,一洗积久玩忽之习。

载 1909 年 2 月 10 日《申报》,第 2 张第 3 版,98 卷 430 页

130. 县官不理学务

石埭县职员杨自谐等具禀省台,以该县官立岭下两等小学堂费绌力艰,现任地方官置若不理等情,〔禀〕奉朱中丞批云:查该县学务情形,前据徐令禀报,所议改良归并各节尚能核实,业经批饬遵办在案。兹据该职员等所禀情形,与徐令禀报大相悬殊,实堪诧异。兴学储才为今救时要策,地方官何能以地瘠民贫为借口之资,遂致一生不招,一学不办?即地方士绅亦何能借口敛费,自便私图,徒与人以口实。总期官绅联络,各尽厥职,共挽时艰,庶于地方公益不至贻因噎废食之讥,亦不至开挟嫌诬告之习,则是本部院平日殷殷求治之心也。仰提学司转饬该县邀同地方公正绅士相衷商议,妥为办理。

载 1909 年 3 月 23 日《申报》,第 2 张第 3 版,99 卷 320 页

131. 禀办半日学堂

铜陵县属之大通和悦洲镇董汪廷楫以该镇虽经设有小学堂一所,而贫寒子弟无力就学者颇不乏人,自未便听其向隅。当经该绅禀由皖岸督销局批准,在于盐斤项下月筹

经费银六十两,创办半日学堂,广收贫寒子弟入堂肄习,遵章授课,俾资教育普及。刻经该令将开学日期并拟订章程详请皖抚批示立案。

载 1909 年 3 月 31 日《申报》,第 2 张第 3 版,99 卷 434 页

132. 霍邱学务之纷争

霍邱县附生李扬芬等禀陈抚台,以就款兴学,恳究豪吞等情。奉批云:据禀,迎水寺文昌社庙田亩既系公产,并非私财,又有成案可稽,何以周德芬等认为家庙,屡以兴办族学为词,藉资搪塞。前据该职等来辕具禀,本部院犹复谆谆劝勉,勿令置身事中,贻人指摘,自应遵照成案,勿再干预。乃竟置若罔闻,隐示把持,殊属不知自爱。惟蒋开径、刘勋防所设敦化两等小学教员之资格何如,学生程度之何如,亦必有成绩可观,始能受公家之补助,应由该县会同劝学所公正绅董详查,禀候核办。至该生等新设广益小学,并未立案,即先开校,无非欲借办学名目,为竞争公产地步,岂诚热心教育之人?所请拨款,碍难照准。查此案构讼经年,各执一说,滋扰不休,实堪痛恨,仰提学司立饬该县,会同劝学所公正绅董博稽成案,广征舆论,将该处田亩提充公款,即以振兴学务之资,不准擅自移作他用,并另举绅董,妥为经理。所有案内涉讼之人,皆不许出头预闻,以息争端。

载 1909 年 4 月 5 日《申报》,第 2 张第 3 版,99 卷 510 页

133. 抽捐兴学之竭蹶

南陵县教育会职员黄家锐,以该县经济困难达于极点,各项新政多以经费难筹遂为中止。现该邑彩票店共有二十余家,月售各省大小彩票甚伙,拟于每张大票抽捐洋二角,小票抽捐洋一角作为该邑小学、蚕桑学堂及教育会经费,以期永远,而维学务,特据情禀请县令转详省台核办。

怀、潜两县绅董前曾联名公禀省台,内称:兴办小学,经费难筹,拟请抽席簋捐,每条捐钱一文,作为小学常年经费,借资挹注。业奉批准在案,惟由绅等自行设所抽收,诚恐奸商刁贩把持,滋酿事端,拟恳饬由牙厘局转饬石牌厘卡,代为筹捐,另行存储,由该绅等承领应用。

载 1909 年 4 月 17 日《申报》,第 2 张第 3 版,99 卷 686 页

134. 贵池高等小学之腐败

省视学员钱令焕绮奉吴学司札委,前往池郡调查学务。兹已竣事返省详复,以贵池高等小学开办四年,学生计七十余人,该堂管理规则漫无限制,学生异常放荡,有数星期不到堂者,有年余不到堂者,即在堂亦公然聚赌,肆行无忌,种种恶习,不堪枚举。今春学宪派师范毕业生接办,数月以来,颇能认真办理,力加整顿,而学生冥顽如故,迭经管理诸员拿获赌具,请地方官示惩。该令素视学生如虎,置若罔闻。似此学务腐败,地方

官漫不觉察,力图改良,致现今管理诸人莫能振兴,成败所在,名誉攸关,咸有退志。恳请札饬该县迅为整顿,以期教育日有进步。

载 1909 年 4 月 18 日《申报》,第 2 张第 3 版,99 卷 700 页

135. 湘人组织旅芜小学

皖抚朱中丞据芜湖县学务总理李振标等呈请开办湘人旅芜小学等情,即批示云:禀及章程均悉,教育以蒙养为先,尤以普及为要。该参将等急公好义,能以乡先达公所所余资为湘人子弟谋公益,不使有用之财挪诸无用之地,所见极大。且能于数月之际,章程草订,校舍连横,尤堪嘉尚。方今预备立宪,士大夫倘为合群之说,破除省界,团结人心,自是一定之政见。惟于原定学额外加增二十名,其常年经费所差尚巨,拟即开募船捐。如商人能共表同情,解囊慨助,更收众擎易举之效。事关义举,尚希好自为之,不可虚糜误学,亦不可苛派病商。仰提学使核饬遵办。

载 1909 年 4 月 22 日《申报》,第 2 张第 3 版,99 卷 756 页

136. 禀筹亩捐开办警学

泾县具禀省台,以据该邑职绅朱度成呈称,境内地瘠民贫,每于举办要政辄以无款可筹,遂而中止。现邀集城厢绅民公同会议,订定章程,抽筹亩捐作为开办小学校经费并设地方巡警之用,用以兴学务而卫地方,爰特转详,请为核示遵办。

载 1909 年 5 月 8 日《申报》,第 2 张第 2—3 版,100 卷 104 页

137. 高等小学罢学之抚批

祁门县以高等小学已辞教员王彬来堂扰乱,率众退学等情,禀奉抚宪批云:该县前禀,教员李训诰纠众罢学情形,当经批饬查办在案。兹据禀称,复有辞退教员王彬无端需索,扰乱学堂秩序。怂恿学生多数散归,溯厥由来,仍系李训诰暗中主使,为之骇然。李训诰斥退之后,不自爱惜声名,辄思寻衅报复,欲将该学堂破坏而后已,是诚何心?应由该县随时约束,不许再出干预。倘敢仍蹈覆辙,即当禀请严惩。又,王彬品行不端,行同无赖,尤足为学界之玷,候饬提学司委提讯究,以儆效尤。至各散去学生,年在三十内外,尚充高等小学学生,已难造就,况复遇事生风,尤为可恨,即令中途退学,何足可惜?并应由该县追缴学费,毋庸宽假。惟将来招考学生,一切资格俱应查照定章,严慎选择,即堂内规则亦应切实整顿,力振学风。此后倘再起风潮,该令亦不能辞其咎也。仰提学司转饬遵照。

载 1909 年 5 月 16 日《申报》,第 2 张第 3 版,100 卷 216 页

138. 禀报学生罢课原因

东流县高等小学堂学生张济舟、冯子英二生于十三日出外夜游，及归，堂门已闭。该生等竟逾墙入内。比经教习张培基闻知，面传申斥。张生不服，辄举章维藩等四人代表，要求管理员屏退教习，革除门役。未遂其意，复又纠同全体罢课散学，以致该堂员司目下全行告辞。现经杨邑令访查其故，确系师范生章取才欲谋教习之事，出而主使全堂学生寻衅滋闹。昨已将此情形上禀省宪，请示核办矣。

载 1909 年 5 月 20 日《申报》，第 2 张第 3 版，100 卷 272 页

139. 批示辨诬侵蚀公款之学董

绩溪小学职员胡荣瑺以被控侵吞公款具禀辨诬，恳饬查究等情。禀奉抚宪批云：据禀，该职管理各账毫无侵蚀，何以该县前派查账员公同清算该职并无确实报告？仅将李前县户房盖有戳记收条呈阅，随即收藏，不肯交存公众，与各项簿据查对笔迹，显有弊端。又据称无非李前县病故，无从对证，借以寻仇报复等语。细加考察，实不尽然，且难保非该职借此自图狡展地步，地方公款岂容经管董事擅自侵吞？仰提学司飞饬该县立限勒追，并案议结。该职勿再玩延，自干重咎。

载 1909 年 6 月 2 日《申报》，第 2 张第 3 版，100 卷 456 页

140. 宁国毁学结案情形

宁国县监生邓昌云等上年因天旱求雨，率领乡民赴庙行香。适庙中小学堂上课，阻其入内。该生等唆令乡愚拥进，捣毁物件。比经前县令禀报省台批饬严惩在案。兹闻邓昌云等已知悔悟，情愿捐洋四百元助学赎罪。呈由秦令锡光禀请皖抚核准，批提学司饬遵照办。

载 1909 年 6 月 11 日《申报》，第 2 张第 3 版，100 卷 588 页

141. 筹拨盱眙高等小学经费

盱眙县高等小学堂常年经费，开办时曾由官绅等议将该县书院经费拨充该堂以及办理他项学务之需。嗣因所有该县扩充小学及筹拨游学经费均在该款内提拨，以致该堂经费甚为不敷。现经该邑廪生林益卿纠约同志筹议，拟将裁缺训导田租以及捕厅所抽渔船稽查费，每年共约得数百千文，尽数提拨，专为高等小学经费。业已禀奉皖抚批饬提学司妥为核议，详复察夺矣。

载 1909 年 6 月 17 日《申报》，第 2 张第 3 版，100 卷 676 页

142.禀控劣绅把持茶捐

婺源县城西两等小学堂常年经费,禀奉批准抽收毛茶捐,藉资挹注。自组织以来,(舍学规校)〔学舍校规〕均称完善,现有程绅培基欲饱私囊,把持不拨。此等举动实与学校前途大有窒碍。刻经附贡生程搏据情禀恳皖抚究办。

载 1909 年 7 月 9 日《申报》,第 2 张第 3 版,101 卷 126 页

143.梅南学堂之状况

徽州祁门县梅南学堂自本年春间由祁邑官绅公举胡耀华君为该校堂长兼任国文、历史教员,形式、精神均有进步。经学、算术教员杨君祚祺系安徽高等学堂毕业生,理化、格致教员胡君维周系留学日本师范毕业生,音乐、体操教(育)〔员〕李君西樵系安徽师范学堂毕业生,修身、地理教员胡君斐如系紫阳师范学堂毕业生。学生四十四人,分甲、乙两班。又设初等小学一所,教科亦由诸君担任。前省委陈元瑞大令来堂参观,极为嘉许。兹于五月十四日至二十二等日分科考试,二十六日举行暑假礼,全体职员、学生至礼堂行礼毕,由堂长发给修业文凭,并讲"修业"二字之意义。次,诸教员授训词。次,校董展览成绩。次,由会计员王孔章报告上学期度支表。

载 1909 年 7 月 26 日《申报》,第 2 张第 3 版,101 卷 380 页

144.官署学校之争持

怀宁县石牌镇今春创办初等小学堂,因经费支绌,禀准借用同仁局公所为校址。惟该局屋宇系长枫司陈巡检借住,当由该管理员商请迁移,该员不允。乃由士绅联名公禀上宪札饬即速迁让,以维学务。

载 1909 年 9 月 28 日《申报》,第 2 张第 3 版,102 卷 406 页

145.贡生控告徽君之抚批

黟县恩贡生舒文贵条陈学务,并指控该县程徽君仲威等情。当奉朱中丞批云:该生等蒿目时艰,热心教育,自应留资采择。惟指控程徽君仲威各节,伐异党同,显分门户,巧言乱德,君子勿为。查徽君名山绩学,著作等身,究心濂洛关闽诸子之书,继起江、戴、方、姚群贤之后,荐章屡列,士论所归,本部院下车之初,延接搢绅,采访耆旧,靡不翕然称道,足为此邦矜式。乃该生等同居里闬,既失郭世道避名之礼,复贻何邵公操戈之讥,肆口雌黄,辟为伪学。在昔西山讲道,了翁说经,当时亦有真小人伪君子之目世风不古,微言绝而大义乖。此韩退之所谓事修而谤兴,德高而毁来,无足怪也。惟该生等既以兴学自任,即有扶植彝伦,挽回风气之责。乃以兴学之故而构讼筹款之故,而争产之至欲以私家团体推倒乡贤,纵非私嫌,亦忤公论,本部院窃所不取。仰藩学两司转饬黟县,慰留徽君,主持该县一切学务事宜。至碧阳小学办法,即谕该堂长切实整顿,应兴者兴,应

革者革。虽不必以悠悠之口遽尔动摇,而办事亦当以诚心实力为主,以期毋负徽君创设之初志。此固本部院所殷殷属望者也。至该生等筹办乡学,如由该县考核确有成绩可观,亦应会商绅董,设法补助。并谕令和平办事,勿涉嚣张,致启争议,讼则终凶,未可意存尝试也。

载 1909 年 11 月 12 日《申报》,第 2 张第 4 版,103 卷 182 页

146. 巡检霸占校址之纠葛

怀宁县治石牌镇之长枫司巡检陈文质,自到任后办理地方一切事宜,多与绅董反对,意气不合,办事诸多掣肘。该绅董创办小学一所,禀准借该地公局为校址。讵该巡检先已借居是处,经绅士向伊说明,请其迁让。该巡检一(昧)〔味〕支吾。嗣经该绅董禀控上宪衙门,恳予札饬让出。该巡检不但不让校址,且与该绅董极意为难,阻挠学务。刻经该绅又上禀当道查办,未知此事如何办结也。

载 1909 年 12 月 8 日《申报》,第 2 张第 4 版,103 卷 598 页

147. 宣城学款支绌之现状

宣城县创办模范小学,各学堂经费及委员薪水银两,所有原捐之款,核其所需,实入不敷出,又无别款可筹,赔累甚巨。现经该邑沈令拟请统归公款内支销,俾免缺乏。刻已上禀抚台核示祗遵矣。

载 1909 年 12 月 20 日《申报》,第 1 张后幅第 3 版,103 卷 808 页

148. 县令捐廉添设小学

五河县梁令到任后,视察各乡镇集,调查学务,颇为注意。惟因该县地瘠民贫,多限于财力,小学未能推广,殊不足以普及教育。旋经该令会同当地绅董一再筹议,由该令捐廉一百串文,购置书籍器具,于城内添设菁莪小学堂一所,其教授科学均遵部章,延聘教员如法教授,以宏造就。刻已抄录订定规章,详禀抚宪核示立案。

载 1910 年 1 月 11 日《申报》,第 1 张后幅第 3 版,104 卷 186 页

149. 学部奏遵拟《简易识字学塾章程》折

奏为遵拟《简易识字学塾章程》,恭折仰祈圣鉴事:本年闰二月,臣部具奏分年筹备事宜,单开颁布《简易识字学塾章程》。业经宪政编查馆复核,奉旨允准在案,自应钦遵办理。窃维今日教育之困难,属于办学者有二,属于就学者亦有二。民瘠则经费难筹,地僻则师资缺乏,此办学之难也。生计操作之鲜暇,书籍用品之无资,此就学之难也。宪政编查馆有鉴乎此,于立宪九年预备单内奏设简易识字学塾,欲以辅小学教育之不及,而期以无人不学为归,规划极为周至,惟此项学塾既以简易为名,则一切章程必使易

知易从，而后不背乎委曲变通之旨。臣等公同商酌，拟请凡官立、公立、私立各项学堂经费稍裕者，皆令附设此项学塾，则期月之间，较旧设学堂之数可以骤增一倍。此外，推广设立者并得租借祠庙及各公所另行开办，但经费务须极力从省，其图书器具不必求备，但以略可敷用为主。此项教员科学亦不必求全，但使文理通顺，略具普通知识者即可取为师资，庶无经费难筹、教员缺乏之弊。至学生一律不收学费。其毕业年限，定为三年以下，一年以上；其授课时间，定为每日三时或二时，庶贫寒无力入学之子弟及年长失学之人，皆可节缩其操作之光阴以从事于修业，庶无就学困难之弊。所有此项章程颁行之后，凡地方官吏及各项学务人员皆应通力合作，认真考核，庶学堂多一读书之人，即地方多一明理之人，实于宪政前途裨益非浅。兹将拟具章程谨缮清单，恭呈御览，伏候命下遵行。所有臣等遵拟《简易识字学塾章程》谨缮折具陈，伏乞皇上圣鉴。谨奏。宣统元年十一月二十九日奉旨：依议，钦此。

谨将酌拟《简易识字学塾章程》缮单，恭呈御览：

一、简易识字学塾，专为年长失学及贫寒子弟无力就学者而设。其课程专教部颁简易识字课本，国民必读课本，并酌授浅显算术（珠算或笔算）。教授二书完毕，即准作为毕业。至其毕业年限，定为三年以下，一年以上。（年长失学、急于谋生，入此项学塾者，或三年，或二年，或一年，均可听便。家贫年幼入此项学塾者，自以三年毕业为宜。如力不能学至三年，亦可酌量变通）每日教授钟点定为三小时或二小时，应由劝学所详查各学塾办理情形，汇呈督学局或提学司备核。

一、此项学塾三年毕业者，如愿升学，得升入初等小学第四年。

一、此项学塾毕业生均发给凭单，注明肄业年限及识字若干。

一、此项学塾得酌授体操，作为随意科。

一、简易识字课本计分三种（遵照奏章，一种三年毕业，一种二年毕业，一种一年毕业），国民必读课本计分二种（一种较深者，一种较浅者）。应用某种课本由各学塾择其力所能至者选用教授。

一、此项学塾视经费所自出分为官立、公立、私立三种。每县城（州治、厅治同）及著名村镇，务须先由官设立一二所，以资提倡。其绅富捐助巨款创办者，准与捐助学款一律请奖。

一、督学局及提学司自章程颁布之日起，预定此数年每年推广办法，分饬地方官及学务人员逐年赶办。

一、此项学塾应由劝学所总董认真经理，每三个月应将境内学塾数目及每期学生增减之比较，在京呈报督学局，在各省呈报提学司察核。督学局及提学司每半年汇报学部一次，以凭稽考。

一、设立此项学塾为地方官及劝学所总董之专责，地方官及自治会并应任筹款之责，即以此事作为地方学务考成，由该省提学司认真考核，其成绩较优者量加奖励，不力者轻则记过，重则详请督抚参撤。

一、此项学塾可租借祠庙及各项公所，除黑板讲台自应新置外，所有椅桌器具亦可赁借应用。

一、凡已设之官立、公立、私立各项学堂岁入经费较为充裕者，均应附设此项学塾，其学生人数多寡不必拘定，由督学局及提学司督劝办理。

一、此项学塾可仿日本二部教授法，以上半日、下半日分班，并可增设夜班。

一、此项学塾附设各项学堂之内者，授课时间应定为晚七点钟至九点钟，或午后四点钟至六点钟，以及星期、年假、暑假，讲堂闲旷之日，均得多定钟点，酌量授课。

一、此项学塾应按学生年龄及所认毕业年限，分班教授。如学生人数无多，程度亦复不齐，则用单级教授法合班教授。

一、学生不收学费，应用书籍物品概由塾中发给。

一、此外所有未尽事宜，应由督学局及提学司就实在情形量为更定，呈部备核。

载1910年1月29日《申报》，第2张后幅第2版，104卷517页

150. 亳州学堂采购图书

皖北亳州官绅近将高等小学大加改良，并设师范传习所，以养教材，俟其毕业，再行推广小学。兹禀明皖抚给照，来申添购地图、仪器及东西洋所译各种书籍，以便带回应用。

载1910年1月31日《申报》，第2张第3版，104卷406页

151. 端本学堂请拨公款

宣城县附贡生张汝龙以该邑创办端本学堂，虽有奉拨官款补助，无如近来百物昂贵，需用较繁，核计出入相抵，实属有绌无盈。刻已据情上禀皖抚，恳予札饬该县，暂挪公余款项先行接济。未知能邀准否。

载1910年2月19日《申报》，第1张后幅第3版，104卷760页

152. 组织简字半日学堂

宣城县附生吴桢纠约同志，兴办简字半日学堂，其订定规章以及教授各科学，悉遵定章办理。现该县沈大令已据情禀请吴提学核示立案矣。

载1910年2月22日《申报》，第1张后幅第4版，104卷814页

153. 教习果无劣迹乎

霍邱县高等小学堂教习李演旭，近被某某等以该教员营私揽讼各节，禀奉皖抚朱中丞批，饬该县切实查复，如果不堪胜任，立予退换，以重学界名誉。兹据该县复称，委无营私揽讼实据，并称该教习办事认真，尚堪充任，应恳批饬销案，以免讼累。

载1910年3月15日《申报》，第1张后幅第3版，105卷230页

154. 典铺存箱提充校费

和州第四区小学堂成立之初,所筹经费尚足敷用。近以百物翔贵,且又扩充学额,以致出入不敷。顷该堂校长沈廷琛禀恳将该州典铺存箱二文提拨该堂,俾资挹注。未识能达其目的否。

载 1910 年 3 月 19 日《申报》,第 1 张后幅第 3 版,105 卷 294 页

155. 休宁县学堂请款维持

休宁县崇实小学堂应需经常各费,全恃捐款为挹注,近年来因扩充教育,用度较前浩繁,以致入不敷出。顷由该堂经董孙树人等公禀抚军,恳予拨款接济,以维学务。

载 1910 年 5 月 24 日《申报》,第 1 张后幅第 3 版,106 卷 374 页

156. 奖励捐款兴学职员

芜湖县境河南小学堂应需经费全恃捐款为挹注,现因需用浩繁,以入抵出,颇形支绌。顷有职衔许仁热心学务,愿捐巨款,拨充该堂作为学费。经该堂堂长吴云呈请芜湖县转禀省台,酌予奖励,以昭激劝。

载 1910 年 6 月 4 日《申报》,第 1 张后幅第 4 版,106 卷 554 页

157. 皖南北学务之一斑

望江县高等小学堂禀奉准拨各项经费,仅敷该堂抚用,若他处再行分拨,即不敷周转,刻经该堂员董呈请该邑县令转禀应宪,嗣后无论该县举办地方各项事宜,不得分拨该堂经费,俾资挹注。

载 1910 年 6 月 21 日《申报》,第 1 张后幅第 4 版,106 卷 838 页

158. 组织男女小学之毅力

皖省金保门外养平初等小学堂,原太平局义塾所组织者,闻该塾创办于光绪十三年,系张绅墨卿发起,倡捐巨资,募化邀会,不知几费经营,始克成立。客岁,张绅以养心局址凤与该塾毗连,且西城辽阔,学校少而私塾多,乃纠集局绅将养心局与该塾组合为一,改名养平小学堂,其宗旨专收极贫子弟,学费概免,业于去春禀请立案。其校内管理一切,皆系张子云帆、侄荫森担任,所延教员亦属纯粹义务,其教育循循有序。附近贫寒子弟乐于就学者,几至座无隙位,其经费不济,张绅力为弥缝,省垣小学当以此为冠。

载 1910 年 6 月 22 日《申报》,第 1 张后幅第 3 版,106 卷 854 页

159. 核准小学毕业奖励

皖抚顷准学部咨复,以皖属霍山等县初等小学堂现届毕业,据称考核该堂学生何治德等科学程度尚称完备,自应准予照章核奖,以资鼓励等因。朱抚准咨后,即转行学司遵照。

载 1910 年 7 月 7 日《申报》,第 1 张后幅第 3 版,107 卷 110 页

160. 怀宁又演捣毁学堂之惨剧

怀宁县属高河埠有棍徒张云轩,素行不法,专肆欺压愚民,私开灯吸,聚赌抽头,为乡里所深恨,莫敢伊何。适值该埠创办小学校,讵该棍徒以其与官场交通,惟恐泄漏情事,请县拿办,遂怀忿恨,乃纠集党羽,将该堂捣毁。顷由该堂校长胡乙藜等公呈皖抚,恳予按名拿办严究,以儆效尤。

载 1910 年 7 月 10 日《申报》,第 1 张后幅第 4 版,107 卷 162 页

161. 元宁旅学考试毕业

江苏元宁旅皖两等小学堂高等班学生现届毕业,经提学司吴文宗督同在事人员及教员,分门考试,各项科学均称完备,刻已评定分数,分别等第,造具清册,呈由提学司转详抚院,恳予咨部核奖,以示鼓励。

载 1910 年 7 月 25 日《申报》,第 1 张后幅第 3 版,107 卷 406 页

162. 泾县小学筹款之计划

泾县高等小学堂因经费不敷难乎为继,刻经该堂堂长朱度成拟抽县境出产竹木行用,借资挹注,禀由该县转详抚宪,恳予批示祇遵矣。

载 1910 年 8 月 13 日《申报》,第 1 张后幅第 3 版,107 卷 714 页

163. 桐城令组织简易学塾

桐城周大令声洋,以筹备宪政事宜,于设立简易识字学塾,各州县一体限于本年成立。钦限严迫,不容缓图。刻闻已于城内筹款组织此项学塾,所有订定一切章程暨教授各项科学,均谨遵部章办理。现已钞录章程及成立日期,详请上台立案矣。

载 1910 年 8 月 17 日《申报》,第 1 张后幅第 4 版,107 卷 778 页

164. 休宁士民禀请查办小学堂长

休宁县高等小学堂堂长吴容发沾染烟瘾,废弛学务,当此禁烟严厉之时,于学界名

誉实属有关,刻经该邑文生孙树人等条举该堂长恶言数条,上诉皖抚,恳予札饬查办,以重学务。

载 1910 年 8 月 26 日《申报》,第 1 张后幅第 3 版,107 卷 922 页

165.宣城棍徒毁学

宣城县北乡储英学堂,日前有当地棍徒无端纠集多人赴堂滋闹,将堂内家具捣毁一空。该堂董以似此凶横,目无法纪,若不严饬拿办,曷足以昭炯戒而重学务？顷已禀报省台,严饬拿办矣。

载 1910 年 9 月 23 日《申报》,第 1 张后幅第 4 版,108 卷 358 页

166.遣送筹办学堂一览表

凤阳县尹令宏庆于本年正月到任后,举办各项新政,兴利除弊,无不力任其艰,并设法筹办各学堂共计三十六处。兹该令将各学堂办理规模并需要经费造具一览表,呈请抚宪核示立案。

载 1910 年 9 月 23 日《申报》,第 1 张后幅第 4 版,108 卷 358 页

167.学部核准霍山高等小学奖励

学部咨复皖抚文称：霍山县高等小学堂考试毕业列入优等之朱思仁等五名,应准作为增生,中等之李舜卿等六名作为附生,其下等何治遐等三名未便奖励,准其留堂补习,续行考试毕业,以符部章。朱抚奉文后当即札司转饬该县,分别知照。

载 1910 年 9 月 29 日《申报》,第 1 张后幅第 3—4 版,108 卷 454 页

168.催办简易识字学堂

皖抚昨准学部来咨,以各省推广简易识字学堂列入本年筹备宪政期内,各属州县均须普(通)〔遍〕成立,关系最为重要。究竟各省府厅州县已否创设若干,均未据情报部,殊属玩延。刻皖抚已转饬学司,督催进行举办,不得稍涉玩忽,致干严惩。

载 1910 年 10 月 14 日《申报》,第 1 张后幅第 4 版,108 卷 694 页

169.创办初等小学

太平县附生师范毕业生项翱,近于该县创立三门蒙小学堂,现经该县令详禀抚辕立案矣。

载 1910 年 10 月 22 日《申报》,第 1 张后幅第 3 版,108 卷 822 页

170. 小学教育改良刍议

婺源 江谦

中国何为而亟亟言教育，教育何为而亟亟需普及，此全国学界所当警念之前提也。今日所持之教育是否足以普及，教育之作用是否足以开民智而救国危，此尤全国学界所当讨求之结论也。前提之说，吾知全国学界人人能知之，至于结论之果能与否，则上自学部以至各省之提学、各府州县之视学员、各小学之教师与夫办学之绅董略有经验者，则皆私吁窃叹，口不敢言而心焉鳃鳃，忧其不可者也，经验愈深者，忧之愈深。然而不敢言者，则或为时风之所鼓舞，或为私便之所寄存，或为学部法令之所压迫，或为目前舆论之所把持，以是有偕亡之戚而盲进依然，有胥溺之危而群趋若鹜。谦受职通州师范学校，襄助教育七年，于盖亦窃附于经验者流，始即疑豫，意谓中国文字非教育之飞车，非有变通，殆难适用。既而师范生毕业，附设小学，遵照部章，实验教授，益感其难，然犹研究方法，以求破困难之的，收易能之功。数年以来，小学林立，毕业升学莘莘于乡，教育之声啧啧于外，似小效矣。而谦沈观既往，豫验将来，以为按之社会应用不免相歧；期以救弱图存尚为无当，而普及之奢望则以为必不可能。盖今日学部法令者，实耗至宝之力而策天下，以必不可成之功，误至亟之谋，而贻中国以必不可救之祸，而犹浪拾陈言，毛举细故，苛之至屑，责以无违，虽欲恪守，如经验何知而不言，如国危何不揣狂言？愿为忠告，条举重要，以证全国学界经验诸君心理之同，可乎？

案一，初等小学前三年，非主用合声简字国语，则教育断无普及之望。理由一：文字之于学术智识，犹货币之于百物也。货币非百物也，而操是可以得所求之物。文字非凡百之学也，而操是可以得所求之学，易言以明之曰，媒介之作用而已。货币有等，文字亦有等，上焉者《左》《史》《庄》《骚》，唐宋八家，以及近世归、方、姚、曾之文，其为值重而得之也难，犹金币也。其次，今世报纸之论说，文士之书札，其为值犹重而得之较易，犹银币也。又其次，学生之文，商贾之信，得之尤易，为数最多，犹铜币也。至于合声简字，其犹钞票乎，其为质也，非金非银非铜，而用与之等；其造币也，不事采矿，不事化分，不事鼓铸，但一印刷而已，而携之尤便。曩者，从事六书文字，终岁诵读写作，而能为最次之文，如铜币者，非十年不成，而能之者不百之十。若更上而能为文，值如银币者，必二十年；若欲如金币者之文，则求之不可计年，而得之不能遽必也，其成之难若此。今所谓合声简字者，习字母，解拼音，不过兼旬；诵而熟之，不过三月；应之于用而左右裕如，不过一年。过此以往，读简字书，阅简字报，作简字信，演简字论说，盖无所之而不能矣。如此者，可以通之。小儿通之，妇女通之，农工小商通之，年长失学之贫民成之之易而行之广也，非纸币之比乎？而或有疑者，以为六书文字流通久矣，譬之康庄，周于全国，达于四裔。今合声简字，虽有能者而不能通之，人人毋乃凿山而通道欤，安必其四达也？曰：合声简字之用之通滞，视纸币之通滞而知也。夫纸币者，当其未流通之时，则持大清银行数圆之钞票，以适荒陬小市，曾不能易斋酱，掷之大道等于废纸。及其通也，则兑换者、贸易者，或数百圆，或数千数万圆，将不愿得金币、银币，而唯纸币之求。合声简字亦犹是也，今学士大夫鄙而夷之，曾不耻于不知，而不屑一问。夫使假以政府之力，先定法令，次造师范，次布于各省，通于州县，可以不三数年而风靡全国也。以之输入学术观念,则为文明之空气霿霈而四塞;以之引起国民思想,则如返魂之灵药上呼而下应。吾知异日者教育家、政治家所馨香崇拜,啧啧称道,以为国民教育之利器者,必此之文也。今未流通,则学士大夫之不知而鄙夷之也,曷足病乎!夫日本习汉文,尊如国学数百年矣,至明治维新而不废,而普及教育必用拼音假名,专习国语,行之三十年,而民志隶通,战胜中国,教育之誉,追步欧西。此真简字之成效大验。而利用纸币,以济金银币之流通之良谋也,此非日本之创识也,欧西各国所用为教育之机关者,无不如是。今我国兴办教育,一切编制首师日本,兼采欧西,而独于最利便、最重要之机关,忽不加察,而欲以五千年实地试验所未经普及之六书文字,虚存愿望,以待之将来,庸可得乎?其为不善学而成绩之无著,可断言矣。(未完)

载 1910 年 10 月 29 日《申报》,第 1 张第 2—3 版,108 卷 929—930 页

171. 小学教育改良刍议·续

婺源　江谦

理由二:普及教育者为中流以下一般人民之公计,而非中流以上少数家庭之私权也。一国之中,所谓中流以上之家庭者,百不逾十。此百之十者,国家即不兴办教育,其家之子弟未至尽失学也。国家即办教育而不效,其家之子弟不虑无成也。何者?初等小学毕业无效也尚可,更入高等小学而无效尚可,更入中学,习师范,其上者至能习高等专科或大学,必成而后已。若夫百之九十所谓中流以下之家庭者,求其能毕初等完全五年之业者,且不可多得,大都或四年,或二三年而止,而无效则终身焉。夫此百之九十者之受教育,不能加于五年,而中国之六书文字,非四五年初等小学之学力所能运用,断断无疑。而普及教育又实为此百之九十者谋之,而使之无效与不教育等,则是所谓教育者,实为百之十者之家庭之私利,而其九十者直无与焉。岂谋事者之始意乎?而以其所操之术,推之其实,事之必至此,又无可疑。今若以合声简字行之初等小学之二三年,中至四五年,乃渐授以六书文字之观念,则此百之九十者之子弟受赐无穷矣。

理由三:且今东西各国之所谓普及教育者,非谓此三四年或五六年之小学课本,使之终身诵之,可以应用而无尽也。谓其受此数年之教育,而此后自能阅书、阅报以增进常识,通知国情,国会之所议决,政府之所施行,地方自治之所规划,以及国际之交涉,战时之警告,无论妇孺,无论农工商兵、佣保杂作,皆得解数钱手一报而知之,夫以是国民之思想油然而生,一国之文明勃焉而进。而其所谓书报则简易国语也。今中国之普通国文,既非十年不办,而此后之由初高两等小学以至中学或师范毕业,其习国文时间,按照定章计之,视前此之专习者五年而不足,则将来中学或师范毕业,于今日各报馆之论说,且未能尽通。至于初等小学五年,国文时间较多,而亦才当各学科之半,视专习生之二年半而已,其不能阅书、阅报固宜。如此则虽受三四年或四五年之教育,识字而已,而于国家之行动,世界之交涉,非得之传说,则茫无所知,爱国图强之心无自而发。夫以仅略识字为国民教育,宁有当乎?今如以合声简字为初等初二三年之教育,吾知不十年而简字之小说案必一编,简字之新闻邑必一社,学士之谈,政府之议,自治之进行,世界之现状,盖无日不往来吾国民之脑中矣。

理由四：而或疑简字之用通于今而背于古,利于北而阻于南,宜于中流以下之社会,而无益于学士大夫之家者。此正吾所欲为解释之问题也。合声简字者,通今通古,宜北宜南,利于中流以下之人民,而更利于学士大夫之子弟者也。通今之事二,普及教育与统一国语是也。普及教育之便,前既言之,若夫中国语言咙杂极矣,同府同县之人往往互异,同省之人至不能相通。曩者交通希绝,苟非行商游士,或服官异籍者,则往往老死不去其乡,国民无所交接,不感其困难也。去岁,各省咨议局成立,议员提议辩论,不免土音,语意不明,往往误为争执,已忧之矣。然犹曰同省,犹有能从而解释之者。近者,资政院业已开院,国会召集亦将不远,议员言语各省而殊,至于青海、西藏、内外蒙古之议员,其不能相通,尤若天命,吾不知提议之时,以何而听别；表决之际,以何为适从。其困难之状,又过于咨议局矣。人有恒言,不尝曰：中国四万万人皆同胞乎,立宪精神在国会乎,夫安有聚言语不通,情意不达之议员,而得为国会？合言语不通,情意不达之部落而得为同胞者？则统一言语,实筹备宪政之重要事也。(未完)

载1910年10月31日《申报》,第1张第2—3版,108卷961—962页

172. 婺源小学禀准二成茶税

婺源县明伦、四旅两小学堂,前因经费不足,当经各该堂员董具禀皖抚,请拨茶税二成。当奉朱中丞批,仰学司核议。兹闻学司复称,以该堂所禀经费不敷,尚系实情,应请照准,以资挹注。

载1910年10月31日《申报》,第1张后幅第3版,108卷966页

173. 歙县高等小学奖案业已核准

学部咨复皖抚宪,略谓：歙县高等小学堂毕业,既经学司将该堂毕业试卷详加评阅,程度、年限又属相符,自应核给奖励。所有列入最优等及优等者,均照章给奖,以示鼓励。朱中丞当即行知学司遵照。

载1910年10月31日《申报》,第1张后幅第3版,108卷966页

174. 小学改良刍议·二续

婺源　江谦

昔日本各藩言语不一也,自用假名国语为教育,而全国妇孺识东京音。德奥各联邦言语不一也,威廉第一以统一言语为唯一之政策,遂固邦联。成法具在,盍取而行之。而合声简字,则正统一语言之机械也。简字之声母、韵母,综括音性,既足迁合各省方音之殊。简字之教科读本、报纸论说,与检查之字典,一准京音,尤足以收举国同风之效。迁合方音,所以便乡邑小民之讯问；标准京音,所以便全国智识之交通。若六书字典,于广韵、唐韵、集韵、正韵之下,加注简字京音,则此后六书文字之读音且趋一致,岂非尤快意事乎？通今云者通之国矣,而尚何南北之疑？若夫通古之事,而尤便于学士大夫之家

者。则由是而可以知反切通训诂是也。昔家慎修氏论反切之用,曰:读书而不知切字,误读必多;教人而不知切字,授读必误;著书而不知切字,流传必谬。知反切固读书之第一义也,而求之今日之小学国文教员,百不一二。以见溪、群、疑、张、真、宗、珠等字,皆已合之音,非纯粹之母,辨别较难会通,故不易也。知简字,则知声韵;知声韵,则知反切之根。略涉韵书,便窥奥窍。故简字风行,而古来反切等于无用,以其繁也。然简字风行,而反切之事亦人人能知通其本也,经籍训诂、转注假借,大都双声,盖源于《尔雅》。汉儒毛郑诸家,承授如一,刘熙释名,尤为专书。朱子注经,所引率本汉儒,俗学承诵,莫知所以。知简字知声韵,则古人转注假借之方,考而求之,心通其故,而他日之从事文学专科者,经学之盛,国粹之昌明,必倍于曩时,断可知也。夫合声简字之通今通古,利北利南,宜于中流以下之人民,而尤宜于学士大夫之子弟也。如此,或者可无疑于吾言矣乎?桐城吴挚父氏,固近世学士大夫之尤贤者,当学部未设,奉命往日本调查教育,惊其进步之速,与日本学士屋胜浦伊泽等谈论,而知其假名文字效用之神,即欲归国主张,推行合声简字以助教育。夫以吴子之精通旧学,裒然巨子,而心往简字教育,若此诚见之通也。惜其归国遽见凋谢。使吴子者而主持学部之教育以至今,吾知简字教育之风靡而响应藉藉于时矣。

推广简字教育之办法:夫吾主张利用简字教育之理由,周悉如是,然而难者犹曰推广难。前此都城、直隶、江宁皆设塾教授,学焉而未广,风焉而未行,非其征欤?而不知夫未广之由:教育法令未定也,字典未编也,小学课本未颁也,各省之师范学堂未遍习也。今使学部招取已习简字毕业兼通韵学、教育学之士,使之编辑简字字典及小学简字教科书,并增订六书字典,加注简字京音。书成而为之令,曰:凡初等小学初二三年皆用简字国语教授,三年后乃教授国文。又令曰:凡遵限筹备之简易识字学塾,专用简字国语课本教授,更名为简字学塾。又令曰:凡京师及各省之初级优级师范生,皆须习简字国语,为必修科,并研究实习简字国语之教授法。凡师范毕业,已当小学教员而未习简字者,须于暑假、年假期内就师范学堂补习之,领有简字国语补修证书方许为小学教习。又令曰,凡学堂教授简字国语读法、作法及报馆登著简字论说,必依据国定简字字典,悉用京音。惟乡民通讯往来,亦许以方音拼合。又令曰,凡小学三年后教授六书文字时,于每课生字必须旁列国定六书字典(即《康熙字典增订》)加注简字京音,使全国儿童之国文读音趋于一致。夫如是,法令实力提倡于上,地方实力奉行于下,期以十年而教育不能蒸蒸日上,初等小学毕业不能阅报作讯,国语不能通一,则阻碍教育发达之罪,谦愿尸之。不如是而教育之无效与永不能普及,亦谦所敢决言也。当事者择吾言乎?则固改良教育之第一事也。(完)

载1910年11月1日《申报》,第1张第2—3版,109卷1—2页

175. 皖省幼稚园开学志盛

皖省幼稚园前因办理不合法,学生报名入学者甚属寥寥。兹经吴绅传绮接办,选聘教职各员并日本女教习,认真保育,汰除陋习,以养体质,启知识为智育根本,业于日前开学。(一)来宾参观,男宾由吴君本强、周君兆熊接待,女宾由马女士接待,均设有招待

室。来宾齐后,由招待指引参观校舍暨一切布置。(二)全堂举行谒圣礼。毕,向各师行鞠躬礼。(三)吴氏家塾女生整队唱歌,并作游戏、体操,以引起幼稚生乐趣,俾资向学。闻是日到者女宾尤占多数,颇极一时之盛。

载 1910 年 11 月 20 日《申报》,第 1 张后幅第 3 版,109 卷 310 页

176. 铜陵县筹备简易识字学塾

铜陵县杨令以各直省厅州县筹办简易识字学塾,为本年筹备宪政期内应行举办事宜,现特遵奉部章设法筹款,会集绅商,先行开办简易识字学塾四所,所有一切规则,悉遵奏定章程办理。刻已将组织成立各情形具禀省宪,核示立案。

载 1910 年 11 月 27 日《申报》,第 1 张后幅第 3 版,109 卷 422 页

177. 电催各省筹办小学

皖抚顷接学部来电,云:各省筹设初等小学并简易识字学塾,均列为筹备宪政第三届内,不容稍缓。且现在各省代表团请速开国会,业奉谕旨,允准缩改宣统五年开设议院,是前项初等小学、简易识字学塾尤应赶为筹办,免误宪政期限等因。朱中丞接电后,即转饬提学司分饬各属遵照,不得因循玩忽。

载 1910 年 12 月 6 日《申报》,第 1 张后幅第 4 版,109 卷 566 页

178. 宣城禀设简易识字塾

宣城县俞令炳章,现遵照筹备宪政第三期内应行事宜,会绅集议筹款,分区设立简易识字学塾,一切规则均确遵部章办理。日前,兹将办理情形详禀抚台,核示立案。

载 1911 年 1 月 6 日《申报》,第 1 张后幅第 4 版,110 卷 86 页

179. 堂长侵吞学款被控

徽州府属六邑学界张凤标等近在抚辕呈控休宁县附生张裕杰,素性乖谬,善于夤缘,现充屯溪公立两等小学堂堂长,自任事以来,专在学款项下苛尅侵吞,以肥腰橐,凡关于堂内一切事宜并不振刷精神,改革整顿,学务废弛,不堪枚举,恳请饬予革退,以重学务云云。不知朱中丞如何批示也。

载 1911 年 1 月 23 日《申报》,第 1 张后幅第 3 版,110 卷 358 页

180. 和州小学业已核准给奖

皖抚近接学部复文,以和州官立城东两等小学堂学生既经提学使考试,各门科学及成绩、毕业年限均属相符,应准奖给,以示鼓励。昨已行札提学司,传知该州知照。

载 1911 年 1 月 24 日《申报》,第 1 张后幅第 4 版,110 卷 374 页

181. 六安高等小学内容之腐败

皋城高等小学堂今岁系朱君焘承允该学堂堂长,讵诣堂后,遂全弛已故前堂长种种规定,日与该堂教员某君课余无事,到处叉麻雀。驯至上行下效,学生皆不就范围,终日不叉麻雀,即打茶围。校内亦公然摆设赌局,甚至商贾相戒曰:渠系高等先生,勿忤触彼等之怒,以自招污辱。故皋城一时颇有流氓学生之号。

载《申报》1911年1月26日,第1张后幅第3版,110卷406页

182. 清真学堂改革之失当

皖垣清真两等小学堂,去岁因与警察争收牛捐致酿风潮。事平后,该堂堂长郑君子惠即决计乞休,当由公众举定马君德树为堂长。马君任事伊始,大改前辙,专事铺陈,以壮观瞻,就管理室而论,本应设在学生出入之孔道,以便纠察勤惰而肃堂规。乃马君迁管理室于高、初两等教室之后进,改教员预备室于学生出入之孔道,管理室内古玩、书画、墨床、茶灶,陈列一新,大有嘉道间名士之概。职员除堂长外,复另设教务长一员,督率各科教员之勤惰,凡各科讲义有不明之处,皆归教务长解释云。

载1911年2月11日《申报》,第1张后幅第3版,110卷570页

183. 简易学塾无款之办法

繁昌县境地地瘠民贫,财政困难,奉饬筹办简易识字学塾因无款可筹,难以开办。兹闻该县朱大令会商劝学所及小学诸绅集议,暂附城内公立各小学堂内就课,一俟筹有经费,再行组织开办。刻已将招生开课情形详禀抚宪核示立案矣。

载1911年2月26日《申报》,第1张后幅第4版,110卷810页

184. 各省简易识字学塾之成绩

学部调查各省简易识字学塾之成绩,以四川为最。该省此项学塾小学附设者一千六百七十塾,学生二万九千一百三十七人,就祠庙公所特附设者九百二十六塾,学生一万八千四百七十四名,改良私塾照三年简易科办理者七千五百零四塾,学生一十万三千三百八十名,遵照四年简易科办理者六千二百一十四塾,学生九万四千四百八十九名。直隶共设塾四千一百六十塾,学生六万九千四百零五名。河南共设备二千五百余塾,学生五万九千余。湖北、浙江设塾各在一千以上,山东设塾九百以上,福建、湖南、陕西设塾各在五百以上,黑龙江设塾三百以上,奉天、吉林、江西设塾各在二百以上,安徽及江苏之苏属设塾不及二百,江苏之宁属设塾不及一百云。

载1911年6月5日《申报》,第1张后幅第2版,112卷613页

185. 潜四小学禀请改办高等

庐江中小学堂均已开办,惟西乡公立之潜四初等小学开办一载有余,各生科学均有进步。该堂堂长现拟改作高等小学堂,所有一切规模悉遵部章办理,昨已禀由该县令详请抚宪核示立案矣。

载 1911 年 7 月 25 日《申报》,第 1 张后幅第 3 版,113 卷 400 页

186. 中央教育会会员提案——实行强迫以补义务教育之不及

按,兴学数年,法令迭颁,通都大邑略具形式,穷乡僻壤尚属狉獉。就学务实在情形而言,废学者日多,识字者渐少,宪政预备期内微特百分之二十赶办不及,即原有识字学儿之数亦恐无以保存。此实国家之隐忧而教育绝大关键问题也。现查部定《义务教育章程》及联合会议决《预备义务教育议案》,洞见积弊,挽救将来,惟此项《义务章程》以受教育者为主体,施教育者为客位,劝导义重,责任心轻,如此推行,恐学童放弃义务无从纠绳,专管任意推诿有所借口,极完备之良法,败于奉行者之不力,殊可惋惜。谨拟实行方法条列于左:

甲、实行预算

一、各城镇乡地方自治公所设学务专员。(依《联合会义务教育预备案》第一条办理)

二、调查学龄儿童总数,就学龄儿童之家庭生计上区分为上、中、下三级。

三、就调查成数于各学区规定应设之初等小学若干所。

四、推广教育研究所。(招集旧有塾师及备初等教育员资格者为研究员)

五、限制私塾。(办法另提议案)

乙、实行限期

一、于设备第一年迫令上级学龄儿童就学,第二年迫令中级学龄儿童就学,第三年迫令下级儿童就学。

二、限制期内应就学者不得延迟展缓。

丙、实行维持补助

一、任事:地方长官与自治各员均负完全责任。

二、经费:地方各学区有分担设学经费之义务。(依《地方教育经费章程》办理,国家须有设学经费之补助)(依《国家补助初等小学经费章程》办理)

丁、实行劝惩

一、各州县地方学区所有学龄儿童依限一律就学,长官、学员奖以应升官阶,其家庭奖以最优名誉。

二、应就学之学龄儿童及期失学长官、学员列入下等考成,甚者撤换。其家庭酌收罚金若干。

提议者:石金声、王炳樽、王景禧、赵正印、王朝俊、鞠承颖

载 1911 年 8 月 4 日《申报》,第 2 张后幅第 2 版,113 卷 573 页

187. 安徽·劣董侵吞公款

桐城小学曩由学董史推恩管理，讵该董日久弊生，侵吞公款，为数甚巨。现经该邑职绅马秉钧等查明舞弊情形，联名公禀抚宪，恳恩彻查追缴，以重公款。

载 1911 年 9 月 4 日《申报》，第 1 张后幅第 2 版，114 卷 60 页

七　中等教育

1. 大将修文

芜湖访事友人云,长江水师提督程从周军门以近日钦奉上谕,著将各处书院改设学堂等因,深恐一时经费不敷,(孤)〔辜〕负诸生向学之志,爰拟捐银一万两,并请津门某军门亦以万金资之,俾建立学堂经费无虞支绌。如军门者,诚天下之有心人哉!所冀勿违初愿而河汉其言也。

载 1901 年 10 月 3 日《申报》,第 2 版,69 卷 193 页

2. 兴学述闻

安庆访事人云,朝廷创设学堂,培植士子,各州县苦于经费不足,多未举行,惟安徽颍州府联太守福特捐鹤俸,创建颍州府中学堂。马军门玉崑籍隶颍州,闻之而喜,慨捐银一万两,俾得早日告成。

载 1902 年 3 月 25 日《申报》,第 2 版,70 卷 473 页

3. 斌农开学

安庆访事人云,去岁,安徽舒城万大令祖恕筹集巨款建造学堂,经之营之,至腊月中旬始报工竣,颜曰"斌农学堂"。旋定于前月下浣开塾,所定课程虽兼授华文,而实偏西学,盖非此不足以趋时也。

载 1902 年 5 月 4 日《申报》,第 2 版,71 卷 23 页

4. 鸠邑官场纪事(筹设中江中学堂*)

署理徽宁池太广兵备道兼芜湖关监督刘葆良观察开办小学堂,考取正副师范生各八人。刻又拟建中江中学堂,招取高材生,住院肄业,闻已禀请上游宽筹经费矣。

载 1903 年 3 月 15 日《申报》,第 2 版,73 卷 407 页

5. 潜江浪影(筹款艰难*)

安庆访事友人云,桐城吴京卿汝纶由日本回国,与邑侯蒋大令创设学堂,暂招学生

六十名肄业，其中经费除各项捐款外，以童生券结及乡会宾兴、公车等资津贴。刻下，京卿谢世，大令从士绅之请，仍前筹办，惟经费无从筹出，恐难历久不沦也。

载 1903 年 5 月 29 日《申报》，第 3 版，74 卷 186 页

6. 鸠江琐纪（创设学堂＊）

芜湖地方官拟设中、小各学堂，小学堂即以中江书院扩充为之，中学堂则由前任芜湖关道刘观察度地赭山之麓兴工创建。大约榴花照眼时可望落成矣。

载 1903 年 5 月 30 日《申报》，第 3 版，74 卷 194 页

7. 余款兴学

芜湖访事友人云，此间沿江两岸悉皆圩田，江北一带全恃黄四滩一堤为保障，前经工振局苏观察办理黄四滩圩工，事竣之后，将余款兴建工振学堂，栽培寒畯，诚当务之急也。

载 1903 年 5 月 31 日《申报》，第 2 版，74 卷 199 页

8. 安徽巡抚聂奏职员捐助学堂巨款恳恩奖叙片

聂缉椝片：再，户部奏准嗣后捐助学堂经费，准予奖给衔封等项，咨行遵照在案。兹据布政使毓秀详据庐州府知府龚镇湘禀，据二品顶戴、江苏候补道李榘禀称，郡城庐阳中学堂开办伊始，经费支绌，仰承故父一品封典记名盐运使追赠太常寺卿李昭庆故母一品封典李郭氏遗志，捐助银一万两以助经费等情。由该府禀司，详请核奖前来。臣维国势强弱系乎人才，方今诏旨叠颁，殷殷以奖学储才为急，臣屡次敦促，而各该府县中小学堂每以经费难筹，以致未能一律开办。该绅李榘乃能仰体时艰，克承先志，慨捐巨款，俾庐郡中学堂得以早日开课，洵于学务大有裨益。查上年丁忧候补三四品京堂李经迈之生母李莫氏捐助顺天学堂经费银一万两，曾经顺天府府尹陈璧奏蒙懿旨恩准，赏给正一品封典。此案情事相同，款亦相埒，合无仰恳天恩，俯将已故二品封典记名盐运使追赠太常寺卿李昭庆、已故一品封典李郭氏赏给正一品封典，以示旌奖而昭激励出自鸿施。除分咨吏、户二部查照外，理合附片陈请，伏乞圣鉴训示。谨奏。

奉朱批：著照所请，该部知道，钦此。

癸卯年闰五月二十一日《京报全录》，第七千四百四十八、七千四百四十九号，光绪二十九年六月十三日《申报》附张

载 1903 年 8 月 5 日《申报》，附张第 5—6 版，74 卷 677 页

9. 芜邑官场纪事（檄委总教习＊）

中江大学堂在赭山之巅，颇据形胜，现由大宪檄委前任徽宁池太广道兼芜湖关监督

刘观察葆良为总教习。

载 1903 年 10 月 25 日《申报》,第 2 版,75 卷 385 页

10. 螺矶寒色(暂假书院＊)

芜湖兴办中江学堂,因屋宇尚未告成,暂假中江书院经义治事,此斋为学生栖迟之地,原议额设六十名,先招三十名入堂肄业。惟尚未知何日始能开学也。

载 1903 年 11 月 13 日《申报》,第 3 版,75 卷 516 页

11. 鸠邑培才

芜湖访事人云,皖省大学堂及芜湖中学堂,由前署徽宁池太广兵备道刘葆良观察总理。刻下,观察奉大吏调赴沪上,商办销场税,无暇兼顾学堂。抚宪诚果泉中丞因札委现任徽宁池太广兵备道童观察就近办理。观察奉札后,查得堂中缺额甚多,特于上月十四日出示招考,应考者约有八十余人。

载 1903 年 12 月 25 日《申报》,第 2 版,75 卷 795 页

12. 安徽巡抚诚奏为命妇李邓氏承故夫遗命捐银一万两归入中学堂并请予合郡学生外增额十名归李氏子弟叙补片

诚勋片:再,合肥县一品命妇李邓氏以氏夫一品封典候选道李凤章,系商业起家,慷慨好义,尝念李氏族中寒畯子弟每因无力延师,难以教养成材,拟捐设义塾一区,俾资造就。未及举办,赍志而殁,遗命氏于分拨氏子财产外,另提存银一万两,成此义举。前年正议兴办,适值朝廷推行新政,饬各直省府厅州县改书院为学堂,因思义塾与书院相同,书院改为学堂,则义塾章程亦当变通,与学堂直接,是以暂从缓议。近闻本郡开办中学堂,经费支绌,除氏侄李榘遵奉遗命捐助万金,业经禀蒙详请奏咨在案外,仍计不敷甚巨。氏静居私念故夫遗命,捐设义塾,原为栽培合族子弟,而合族子弟之入义塾者,终须递入本郡学堂。现在学堂经费既尚不敷,拟即将提存义塾之万金改助学堂,悉数捐入,以资开办,并请合郡应设学堂名数外另行增额十名,永归李氏合族子弟叙补,期与氏夫遗意不背,而合郡中学堂亦得早观厥成。质诸夫属宗亲,均称妥协,谨陈始末,遗抱呈乞,转恳详请奏咨立案,以垂久远等情。经县府详由藩司具详前来,奴才查命妇李邓氏承故夫遗命,捐银一万两归入庐阳中学堂,并请合郡应设学生名数外另增十名,永归李氏合族子弟叙补,既系公私兼尽,洵属两有裨益,似此好义急公,堪为乡里矜式。虽不敢仰邀奖叙,自未便没其苦心,除咨部外,理合附片具陈,伏乞圣鉴,勒部立案,核复施行,谨奏。

奉朱批:该部知道,钦此。

甲辰年三月二十一日《京报汇录》第七千八百八十六号,光绪三十年四月十七日《申报》附张

载 1904 年 5 月 31 日《申报》,附张第 5 版,77 卷 221 页

七　中等教育

13. 皖城杂志

安庆访事人云,皖中学堂经费奇拙,上月杪,抚宪诚中丞面谕候补县郑大令劝兴烟酒捐,以资津贴。大令奉谕后,会商酒业、烟业各董,现已商定,酒业每年捐银一千五百两,分四季缴清。烟业每年捐银一千二百两。

载 1904 年 9 月 30 日《申报》,附张第 1 版,78 卷 203 页

14. 滁州学务

芜湖访事人云,滁州直隶州知州熊菊荪直刺创办学堂,就城内之钟鸣寺改为学舍,延英文、算学教习各一人,中文教习二人,学额三十名,试办将近一载。刻因奉到奏定章程,拟极力推广,务期按照中学堂规则一律完全,爰将城乡各庙产彻底清查,酌提数成拨充学堂经费,并仿照泰西拍卖法,将物产召买,俾集资较易,办理不至迟延。业经详请学务处并各大宪,一俟批准,即当设局开办矣。

载 1905 年 1 月 27 日《申报》,第 2 版,79 卷 157 页

15. 鸠兹杂俎(学堂大考*)

前日,芜湖中学堂举行年终大考。考毕,即择于十五日散学。各生归心似箭,已纷纷束装就道矣。

载 1905 年 1 月 27 日《申报》,附张第 1 版,79 卷 161 页

16. 安庆(开办中学堂*)

皖中安庆府中学堂业已拟定章程,俟高等学堂移入新建府学堂后,即以所余房屋开办。日前,府尊裕太守委定候补知县贾士骏为监督,巡检解崇辉为提调,示期二月初一日考试,所需书籍、仪器委贾大令赴申购办。

载 1905 年 2 月 27 日《申报》,第 10 版,79 卷 351 页

17. 皖湘官权消兴

近数十年来,督两江者湘人十九,故两江之优差要缺大半为湘人所占。今署江督周玉帅自莅两江后,颇以摘除湘人权柄为心,今观潘芸孙观察署理盐法道,庆西园观察总办支应局,徐厚余观察总办三江师范及高等两学堂兼两江通省洋务局,三观察皆系皖籍,是可见湘皖消长之机。又,皖绅禀请将芜湖旧有之中江书院改为中学堂,请于米厘中月拨六百金,以充常年经费,迭赴督辕具禀,前督魏、李、端诸制军均批驳不准,而玉帅欲为皖人普兴教育,据禀后即饬驻芜米厘局抽拨。安徽会馆考选出洋学生,亦经玉帅给

咨前往。皖人于此,佥称颂不置云。

载 1905 年 3 月 5 日《申报》,第 4 版,79 卷 396 页

18. **皖南学堂招考**

皖南中学堂原额定百二十名,前因学舍不敷故减其半。兹以赭岭新建堂屋工竣有日,关道童瑶圃观察特行出示,招考六十名,以符原议,定期本月十八日取齐,二十二日考试。(恒)

载 1905 年 4 月 3 日《申报》,第 3 版,79 卷 638 页

19. **学堂难办**

滁州开办中学堂将及两载,颇著成效,惟每年开支不下两千金,仅恃书院田租一项,甚觉不敷。故熊菊荪直刺查得城乡庵庙林立,半属淫祀,拟提产变卖,以充学费。当详奉学务处批准造册照办在案。讵今忽奉大宪通饬,庙产应一律保护,变卖之举顿成画饼,故该学堂有不可终日之势云。(恒)

载 1905 年 6 月 8 日《申报》,第 10 版,80 卷 345 页

20. **芜湖(大考案发*)**

皖南道所设中学堂于前月杪暑假大考。案发,算学冠军乃甫来堂肄业月余之徽州周生,时论颇不谓然。闻总教习顾直刺自念才力不胜,已辞差晋省矣。(行)

载 1905 年 7 月 22 日《申报》,第 9 版,80 卷 701 页

21. **皖省学务述闻(筹办中学*)**

徽州府紫阳中学堂系本年春间筹办,迄今监督尚未延定何人。日前,该府某太守请绅士翰林院庶吉士许承尧为监督,禀请抚宪奏咨立案,仿照钦定章程,仍与在京进仕馆一律,不扣资俸云。(墨)

载 1905 年 7 月 27 日《申报》,第 9 版,80 卷 741 页

22. **芜湖(修理工竣*)**

皖南道所设中学堂修理工竣,定于七月十四日暑假开学。其堂中总教一席,现由经学教〔习〕张尔常暂行兼摄。

载 1905 年 8 月 23 日《申报》,第 17 版,80 卷 965 页

23. 契捐藉充学费

颖州府中学堂由该府饬颖属各就地方筹款担任经费。现颖属之颖上县禀江督,略谓:地方贫瘠,无款可筹,又无公款可拨,惟有在本地税契尾每张加钱三百文,无论契价银数多寡,均按照定数一律加取,俾充中学堂经费,外则无可筹措等语。旋奉督抚批饬,皖省学务处如查无窒碍,则准其照行。(诗)

载1905年8月31日《申报》,第3版,80卷1028页

24. 皖抚奏举学堂监督

歙县翰林院庶吉士许承尧,经皖抚奏充中学堂监督,总理全堂事务,并请照奏定章程与进士馆毕业学生一律办理,并免扣资俸。闻已奉旨允准。(师)

载1905年9月21日《申报》,第3版,81卷174页

25. 芜湖苏省学生致上海江苏学务总会电——为旅学事

江苏学会鉴:皖江中学排逐苏生,占据苏款,前两禀督宪,求拨回自办旅学,核议未准,乞鼎力成全。旅皖苏省学界百叩。(颎)

载1906年1月2日《申报》,第2版,82卷9页

26. 江苏学务总会绅士致江督函——为芜湖苏籍旅学事

玉帅大公祖大人阁下,敬启者:昨接芜湖来电(电文如上,从略),查芜湖之有中学堂始于刘前署道树屏,将中江书院改为皖南中学堂,定额一百名,本籍八十名,皖北各属及各省客籍二十名,先就中江旧址招考四十余人,于癸卯四月间开学。其时,本籍、客籍均相得甚欢,毫无畛域,盖当时皖籍诸生方感刘道之开通风气,固无省界之可言也。自童道德璋接办,皖绅蒯道光典等恐后难为继,爰禀准月拨芜湖江宁米捐银七百两,作为常年经费,以皖南命名于义太狭,客籍二十人,皖北亦在内,未免向隅,因更名为皖江中学堂,本籍合皖南、皖北共八十名,客籍仍为二十名。此该学堂沿革之大略也。今年照章扩充学额,除皖省外,其客籍之人自以苏人为最多,一则交通便利,一则月拨米捐借苏省为挹注,故苏人士干干而往者亦居之不疑,迥非喧宾夺主之比。嗣因购操衣微故,彼此龃龉,绅等调查情形,不敢尽谓苏生之悉协事宜,但以从前皖生相得甚惧之情形,比之其对待苏生亦不可同日语矣。总之,此项学堂既经月拨米捐至七百两之多,设或拨回自办,实绰乎有余。绅等不敢拘拘争执者,盖省界之说愈分明,则愈戟刺,此我不欲加诸人者也。今旅芜学生函电纷至,伏乞帅裁。如以分办为是,则拨回此项米捐,原不为过;如团结主义,借免畛域之分,可否照常办理。但苏省协费既巨,则占额自应格外从宽,以示优异,而弭纷竞。刍荛之见,即请鉴核。再,旅芜学生不无言论失实之处,如以"皖江"二字,皖为安徽,江为江苏,以及琐琐之谈,无关宏旨,不辨自明。除由绅等驰函劝导外,合

请肃陈,即请勋安。

敬再启者:绅等议宁垣校事,内有数校,以二成归外省,八成之中苏六皖四,与芜中校以二成归外省情事相侔,但八成之中俱应如宁垣对待皖省办法,易地参观,作为皖六苏四,方为平允。其余各节业经晤商凤楼观察矣。合再泐陈。复颂勋安。(颊)

载1906年1月2日《申报》,第2版,82卷9页

27.皖江中学堂学生与教习之大冲突

芜湖赭山之皖江中学堂自江苏学生退学后,堂中仅有皖籍学生三十余人,经驻宁安徽学会公举皖绅程劼吾观察为监督。上月,观察由大通来芜,招考足额,已于本月初二日开学。初,程监督重整堂规,辞易某教习,旧班学生出为干预,冲突一次。十一日,有违章请假开除之学生张玉相、徐公鼎两人,号召多人至总教邓纯侯室内大肆咆哮,欲拖邓总教下山谈判时,适安徽公学、徽州公学教员李德膏、陈仲甫、鲁仲龙、潘赞化及出洋留学傅家珍等均在座,见之不服,傅某失手,将张玉相殴伤,因此旧班学生三十余人一涌而上,亦将邓总教殴伤,并将邓室打毁。安徽、徽州两公学诸教员均散,学生亦齐至道署喧扰。童观察当即传谕,回堂听候程监督核办。(九)

载1906年4月12日《申报》,第3版,83卷112页

28.皖江中学堂冲突余闻

芜湖赭山皖江中学堂三月十一日学生与教习冲突,已纪前报。监督程劼吾观察即于十一日到芜,连日彻底根究,实系学生不合,总教邓绳侯尚未痊愈,故程监督已将学生不法情形禀请江督核示,并拟将旧班开除十余人,以示惩儆。(九)

载1906年4月23日《申报》,第3版,83卷222页

29.移局核议学捐

皖省郑某等组织成达中学堂,以经济困难禀请藩司在盐河、大通、华阳三水卡略加学捐,俾能支持。冯方伯批示,盐河、大通、华阳三卡,每钱千文加钞一枚之处,事关厘政,是否可行,须应移请牙厘局商后再行核办。(多)

载1906年5月2日《申报》,第17版,83卷319页

30.收缴学费之风潮

民立成达中学堂开办已有月余,学生百人,每生一学期收经费洋十二元。定章先缴半费,三个月后缴全。十一日,该堂管理忽向诸生收缴全费。诸生不允,彼此争执,经教员等向学生陈说情形,并将收缴全费之事作罢。(士)

载1906年5月9日《申报》,第9版,83卷381页

31. 桐城绅士之冲突

桐城绅士史推恩、陈英锐、姚孟振三人，前充该县中学堂董，将每年进款七千余金及津贴学款之租息二千余金侵蚀过甚，近又将积谷售出，以致乡民有首"史陈姚三人打死"之谣。幸经各乡绅士婉言劝导，风潮始息。现为学界不服，公禀大宪请究。不知如何了结也。（多）

载1906年9月9日《申报》，第4版，84卷690页

32. 续纪桐邑绅士之冲突

桐城劣绅史推恩、陈英锐、姚孟振等，前串通该县马其昶、姚永概，将积谷售罄，阳充学堂经费，阴图分肥，致各乡绅士大起风潮，迭控上宪等情，已纪前报。现大宪批饬，仍将积谷照数收回。讵该绅等缘前款业已用罄，百计营谋，无可搜刮，近又拟抽猪羊捐以充前款，不知各业户能否应允也。（多）

载1906年9月15日《申报》，第17版，84卷755页

33. 桐城绅士之冲突又起

桐城中学堂董史推恩等侵蚀学款一节，由该县绅士等迭控大宪请究，业已批饬将银缴还。现闻该董等除抽各捐外，又拟苛取学生学费，不遵定章，任意罗掘，以致学生有退学之势。刻闻合邑绅士复行上控矣。（丁）

载1906年9月18日《申报》，第9版，84卷779页

34. 补志芜湖学界庆祝立宪事

芜湖三圣坊二街安徽公学、徽州公学于本月初六日齐集赭山皖江中学堂，举行庆祝立宪礼。襄垣学堂学生全体与会。是日，绅商到者甚伙，芜关小学、乾行学堂教员亦到。凡各校学生到堂，由皖江中学学生列队体操场行接待礼。九下钟开会，该堂副监督张伯纯君演说宪法大意及地方自治。徽州公学教员鳌孟姜君演说立宪后之利益。是日，绅商界亦到多人，至十二点钟始摇铃散会。

祝立宪词：

四千年睡狮兮，一醒黄粱；千万世皇基兮，永奠宪章。海陆军之振起兮，国是以强；教育之发达兮，民智大启兮。四百兆虎狼飘飘龙旗兮，全世界飞扬。前途进步兮，瞬息千丈，文明大业兮，条举目张。猗欤，我神圣宪法兮，万寿无疆。盛哉，我亲爱同胞兮，顶祝无量。

万岁歌：

吾国民万岁，吾国民万岁，勉为今日之预备；吾同学万岁，吾同学万岁，沉酣狮忽大吼；吾皇上万岁，皇太后万岁，四百兆民齐额手。

贺立宪歌：

请看一群群虎狼耽耽在卧榻旁，回顾雄狮起榜徨，一声大吼震八方，欧云也收藏，墨雨也休狂。大好消息振聋起育，欣逢政界破天荒。

其二　立宪立宪，思量思量，大家常作模样。回溯英日政体改良，几多社会费磋商，几历恐怖乡，几经腥血阳。今我国猝图自强，行看明诏兮煌煌。

其三　国民国民，两个字样，今担责任身上。宰相阁老不擅主张，莫怀常日旧思想，吾权吾扩张，吾治吾地方，(弩)〔努〕力前途有望，中国长寿兮无量。

附电镐

北京学部各宪钧鉴：奉立宪诏，学界欢忭，谨举祝典。伏祈代奏。芜湖学界陈惟彦、李德膏、洪阊叩。(多)

载 1906 年 10 月 2 日《申报》，第 9 版，85 卷 13 页

35. 桐城学界教习学生尽行告退之大风潮

桐城县中学堂英文教员胡某于上月念七日在丙班课堂上课，有二班学生数人拦入嬉笑，丙班生拒之，旋即走出。胡乃向丙班生厉声呵斥，以致两下争执，言语愈激愈谬。次日，全体学生向总理史某要求辞退胡教习，否则全体退学。胡教习亦向总理要求革除数生，否则与他学堂客籍教员同时告退。桐城县陈大令闻此情形，当即到堂慰留胡某，监督史某当即开除几名以息其愤。讵该堂全体学生不可，而师范、崇实、高等诸学堂学生亦深表同情，群起反对。胡教员与他学堂客籍教员遂相率告退。于是，中学、师范、高等、崇实四学堂一体停课，风潮甚急。现陈大令与各校总理、教习人等均上省赴学务处申白矣。(困)

载 1906 年 10 月 26 日《申报》，第 3 版，85 卷 210 页

36. 皖江中学堂风潮已平

芜湖赭山皖江中学堂上月中旬因监督陈劭吾观察之公子与某生冲突，该堂各教员遂相率辞退。陈监督在大道督销差次，闻信来芜，极力调停，并在堂内设宴邀请学界同人，请副监督张伯纯君同堂商磋一切。复经各校长出为调处，事遂寝息，刻已照常上课矣。(州)

载 1906 年 10 月 26 日《申报》，第 9 版，85 卷 213 页

37. 宁郡中学公举监督

宁国府中学堂于本年七月二十七日开学，由府委前太邑教谕周广文为监督，奈全堂学生不允公认。遂于前日遍发传单，邀同合郡学界，禀请嵩太守将周辞退，另举江曳庄太史补充。现太守已准如所请，延聘江太史来郡矣。(起)

载 1906 年 10 月 27 日《申报》，第 10 版，85 卷 223 页

38. 来函·胡衡青来函

桐城中学堂风潮之原因与鄙人毫不相干,其事起于上月二十一日下午,当时丙班所上之课非英文课,乃国文课也。当课者乃国文教习吴君,非鄙人也。其时确有一班学生一人闯入讲堂,不久即出,并无嬉笑等事。且当一班生某闯入课堂之时,丙班生并无拒之者,吴教习亦不作一声。至于谓鄙人向丙班生厉声呵斥,以致两下争执等语,更属子虚。当风潮激烈时,鄙人曾出调停,后诸学生以一班生某事挟私嫌,欲驱逐学监兼国文教习房君。事不果行,丙班诸生遂纷纷退出,又出无理之条约四则。鄙人愤学生之胡闹,遂决去志,于二十八日离桐,同行者仅管理包君一人。中学算学教习莫君,江苏人,并未告退。其他师范、崇实、高等诸客籍教员均仍在桐照常上课。所谓向总理史君要求开除学生,否则与他学堂客籍教员同时告退,以及与他学堂客籍诸教员相率告退等语又属不实。开除学生之事,系出于史君之意,鄙人绝不与闻,自二十一日起风潮,至二十八日鄙人去桐,师范、崇实、高等诸学堂,并未停课一日。若陈令与总理上省城挽留鄙人及包君,且当时来省挽留者除陈令及总理二人外,尚有中学、师范两校学生代表及芜湖安徽公学教员学生,计有一二十人。鄙人以不愿再留,于本月初返沪,并未与桐邑诸君有伤感情。此当时实在情形也。

载1906年10月30日《申报》,第10版,85卷251页

39. 续纪桐邑教习与学生冲突事

桐城县中学堂胡教习与学生冲突情形,已纪前报。兹悉邑尊陈大令以客籍教习纷纷上省,因亦于初五日上省,以冀挽留。旋有人调和其间,客籍教习均不告辞,只胡教习一人告退,胡君并允介绍一英文教员来桐。于是,其事始寝云。(丁)

载1906年11月4日《申报》,第9版,85卷297页

40. 封闭成达中学堂

成达中学堂学生张某前日失去衣物,请由监督郑懋官将全堂学生逐一搜寻。讵有孙姓学生大不谓然,即将张某用刀削破头颅,幸未毙命。张某族人即禀报皖抚并学务处,饬委首县查勘,遂将该堂封闭。(士)

载1906年11月22日《申报》,第3—4版,85卷460页

41. 皖抚致江督电(为成达学堂滋闹事)

南京大帅端钧鉴:洪敬电悉,已立成达学堂寿州孙生殴伤桐城张生,经他生报县往验,校长不允,强而后可,验得受伤属实,不准抬受伤张生出堂医治,亦不准□凶。桐邑诸生咸愤,皖绅亦请封究。正在饬司查办,先此电复,另函详。铭宥(正)

按：此案业经怀宁先将该堂发封，并将监理员郑君逮县讯，已见前报。

载 1906 年 11 月 24 日《申报》，第 4 版，85 卷 478 页

42. 安庆中学堂冲突详情

安庆府中学堂学生上月十六日偶因细故在饭厅上击破碗盏八席，经监督郑洤查明，为首学生三人饬赔洋二元八角，学生不服，遂起风潮。十七日，各学生要挟该堂发给操衣。总办龚镇湘太守以定章所无，未允。遂不上操。至二十六日，郑监督商于监学〔生〕王傅柱，拟将学生择尤开除。王以郑到堂未久，恐有冲突，极力阻止，一面通告学生，谓操衣一事不符定章，争之无益，各学生即应允上课。二十七日，龚太守莅堂，学生以为必有开除，大半请假外出，在堂者不过十数人，亦不上课。是日傍晚，请假学生纷纷回来，相率呼噪，经教员、管理员调处息事。二十八日，郑监督复悬示，谓：学生与其受同学之呵叱，不如受监学之压力。学生大为不服，均不上课。王监学左右为难，随即辞差。念九日，各学生听人劝慰，仍复上课。至本月初六日，郑监督饬令学生金杰等五人退学。诸生以五人中惟沈某家教甚严，恐开除后或有不测，代为求免。郑监督云：尔等自顾不及，遑问他人。各学生又复不服，旋即罢课，自请退学，索还膳费，并云：汝终日吸食洋烟，不合为学堂监督。群情汹汹，几至用武。郑大惧，出堂三日未归。教习、管理员皆无所适从。后经旁人劝释，学生遂于十一日入堂。后一日，监督亦到。十三日上课。现在教习、管理员皆拟相率辞退云。（士）

载 1906 年 12 月 3 日《申报》，第 3—4 版，85 卷 556 页

43. 更易监督

芜湖赭山皖〔江〕中学堂监督张伯纯辞职后，业已由皖绅蒯礼卿观察举江宁龚艾堂广文来芜接办，所有各科教习均分别另请于前日次第到堂任事矣。（九）

载 1906 年 12 月 17 日《申报》，第 9 版，85 卷 687 页

44. 捐金助学

府中学堂经费本极支绌，近有歙县巨富程龄生君由上海回籍扫墓，监督许承尧面请补助，当即允以二千金助入学堂云。（外）

载 1906 年 12 月 28 日《申报》，第 9 版，85 卷 791 页

45. 皖江中学腐败

皖江中学自聘龚君乃保为监督后，教科日渐腐败，选科学生算学已习至几何，而所聘算学教员沈君转授以命分。地理教员亦系龚氏私人，讲授之时，言日绕地球，非地球绕日，以致学生有志者均相率退学。校中所有学生计二百人，及放校时留者不及四十人

云。(外)

载 1907 年 1 月 22 日《申报》,第 9 版,86 卷 205 页

46. 磋商建造府中学堂

安庆府中学堂前借工农局开办,已阅二载。嗣皖绅请以小关帝庙、多宝仓等处建造。业经详准,拨款承修在案。现在桐城县附生阮熊飞等拟将坊祠基地捐建,禀请提学。奉批,仰安庆府会同六邑绅士妥筹办理。(士)

载 1907 年 2 月 5 日《申报》,第 3 版,86 卷 345 页

47. 清节堂禀请附设中学

皖省清节堂义塾自前岁改为两等小学堂后,成效颇著。现该堂以高等学生将次毕业,须入中学。惟节妇子弟多属寒素,若移送府中学堂,则贴缴膳费,力有未逮。因禀请提学司,恳请准予在该堂附设中学一班。未知能准如所请否。(仕)

载 1907 年 3 月 2 日《申报》,第 10 版,87 卷 17 页

48. 购地建造中学堂

安徽龙门考棚原系府属公建,前奉停止考试时,由绅等禀请改设安庆府中学堂。嗣拟改为全省师范学堂,至中学堂拟设小南门内之多宝仓。兹查多宝仓基地狭隘,不敷应用,闻已购定北门内隙地,另行筹款建筑矣。(斋)

载 1907 年 3 月 8 日《申报》,第 9 版,87 卷 79 页

49. 李京堂回芜监试

安徽铁路总办李伯行京卿前日由沪回芜,闻因庐州中学堂现届考试英文学生之期,府尊因函请京卿旋里,监视一切云。(少)

载 1907 年 4 月 27 日《申报》,第 11 版,87 卷 662 页

50. 专电·电四·芜湖

皖江中学堂昨日大起风潮,现未平静。(少)

载 1907 年 4 月 29 日《申报》,第 3 版,87 卷 686 页

51. 皖江中学堂之风潮

皖江中学堂于十五日大起风潮,已志十七日本报专电。兹悉此事因监督龚乃保之

至戚吴某滥充算学教习,豫科学生商请舍监王某等另行延聘,竟为怒叱,遂致大起冲突。所幸冲突之后,各学生均照常上课,且自治规则较从前尤为严密。现惟公举代表,报告南京本省教育总会,并由全体公拟意见书,通告学界,请评曲直。(意见书因限于篇幅,明日登入来件门)(支)

载1907年5月2日《申报》,第11版,88卷20页

52. 皖江中学全体学生意见书

窃闻一家有严君而后一家治,一乡有长老而后一乡治。夫以学堂之大,学生之多,必有洞明学务,热心办事者,而后一堂治。皖江中学居皖省中央,为学界之重心点,其关系有甚重焉,苟办事非人,不惟鸠江学界日形退步,即全皖学界亦终无起色之日矣。有心人应为痛哭流涕者也。爰就学堂腐败现象缕呈,全□改良隐衷,望惟我同志垂鉴焉。

一、不承认监督。监总督为握全堂机关者也,苟放弃责任,则全堂自形颓败。忆龚监督自去秋应聘来堂,及今半载,腐败尤加,斯上负廉访之重托,下负学生求学之苦衷。推原其故,盖始握此权便视为奇货可居,其非真有办事之热心也,故所用之人非亲即友,不问其学术何如、品格何如,但属亲友,即令插入。子婿、表侄用之于前,胞弟、内弟、侄婿继之于后,皖江中学堂俨为龚氏私产焉。然非怪其滥用私人也,昔蒙正举侄、奚其举子,苟其人可用,亲亦何避?奈所举诸人品既不端,学又不纯,而复依凭城社擅作威福。自本月十七日星期一,学生邀求功课,妄事恐骇,激烈变生,衅端自启。而龚不以反躬自责,而复更加威迫,厉声曰:笑骂任他笑骂,监督我自为之。嗟夫,皖江中学已成势利场矣。此全体所不承认者一。

一、不承认学监、舍监。学舍监有选择教员、考察学生,以及自修室内之勤惰、寝室内之起居,义务甚重,毫不容懈。而王、蔡等竟视为漠然,惟知堂中纵酒,马路挟妓,夜尽始归,晨酣不起,贻误后起之英年,败坏学界之名誉。此全体所不承认者二。

一、不承认管理龚。此管理为学堂枢纽,必熟谙管理之法,而后可以充之。奈龚用其胞弟充当是职,庸庸碌碌,不识不知,其举止形状与木偶无异,不但不足为学生法,而应用斋夫亦常常坐卧管理室中,毫无忌惮之心矣。此全堂所不承认者三。

一、不承认地理教员吴。地理一科亦为重要,为教员者必洞悉中外形势而后可以充之。奈吴某每次登台,除目瞪口呆外毫无所长。此全体所不承认者四。

一、不承认体操教员沈。体操为体育所关,今春自二月初一开课,迄今上课只五点钟,而口令又甚漠忽。此全体不承认者五。(此人今已退)

一、不承认会计李。会计一席必殷实老练而后可以充之。奈李某嗜欲甚深,雅好洋烟,又乐酗酒,月初往鸠江醉月楼酗酒,依势欺人,毁坏馆东器具,后经巡警牵去,大损学堂名誉。至于账目不清,尤其余事。此全体不承认者六。

复有特别腐败特录于下:

一、体操沈某退后,学生请监督另聘,渠答以毕业在即,体操一课各人在自修室温习可也。

一、上星期一,学生闻铃上课,登堂良久,寂若无闻。值日生请示舍监,而王某尚高卧而叱之曰:"星期游散,疲倦大睡,学堂皆然,汝辈游学多年,尚未闻乎?"学生对曰:"此

古今罕闻,学生安得知之?"

一、有某学生问管理以历史讲义者。答曰:"什么?"复问之。答曰:"兄弟。"又有问以几何讲义者,答曰:"几多?"学生曰:"否。"管理曰:"我昔在上海马路工程局,学务之事概不与闻,望大家勿作难于我。"

一、预科学生因吴某算术太浅,公不浅认。学舍监等曰:"吴教习系龚监督之至戚,由两江高等毕业,若不承认,即将全班开除。"此奴隶之性质,而仍以奴隶视生徒也。冲突之由,曲直自见矣。

学堂既起冲突,龚监督自来堂袒护亲属而专责学生,厉声而言之曰:"任去关道处告我,去午帅处告我,我都不怕。"夜郎自大,今始见之。

以上所呈种种腐败,无数怪状,因不堪为诸君道,然有不得不言、不忍不言者,以经款系皖省之脂膏,学生系皖省之子弟,曷任一般不伦不类之人物为之搬弄,不惟学界蒙尘,是直学生全无心肝矣。嗟乎!欲罄南山之竹,恐伤我忠厚之名;不加博浪之椎,又任兹鸮风日长,恶感丛集,反动斯生。聊希求改良私衷,缕呈内容腐败形象,我学界诸君子其亦拯救于斯,造幸福于后进者,宁有极耶。则吾同学诸人所宜馨香祝祷者也。(少)

载1907年5月3日《申报》,第20版,88卷38页

53. 皖江中学堂之风潮续志

皖江中学学生与监督冲突一节已纪前报,兹闻该堂学生随举代表四人赴宁,面谒安徽教育会总理蒯礼卿观察,报告冲突原因。观察当允将龚监督乃保辞退,另易蒯君寿田为监督,以期改良一切。现代表人均返芜,各科教员知难久留,昨已一律迁出。关道文仲云观察前日亦亲莅该堂,调查一切,并登台演说约一小时之久。各生环听,颇为感动云。(少)

载1907年5月10日《申报》,第11版,88卷132页

54. 中学堂逐渐改良

皖江中学自起风潮后,经蒯理卿观察另聘张君心培为监督,蒯君寿田为管理,已纪前报。兹悉张、蒯二君已于上月杪到堂视事,所有堂内规则现均一律改良。闻二君之意,拟俟本科师范两班学生毕业后,再行力加整顿,一变从前积习云。(少)

载1907年5月16日《申报》,第11版,88卷218页

55. 中学堂附设师范

宁国府中学堂开办虽久,而大讲堂尚未起造。现由嵩太守禀请抚辕筹款兴筑,并附设师范学堂,以宏造就。(美)

载1907年6月2日《申报》,第11版,88卷422页

56. 查学员面斥监学

部派查学委员罗振玉等抵皖调查,已志前报。兹闻罗君等日昨至中学堂调查时,学生均不在校。询之监学,则谓各生适赴旅行。罗委员以其借端搪塞,大加申斥。(美)

载 1907 年 6 月 2 日《申报》,第 11—12 版,88 卷 422 页

57. 札饬筹捐池州中学堂经费

江督端午帅日前札饬张道广生、陈道惟彦、桂守殿华,略谓:"据池州知府松墀禀称,'卑府督办中校,深愧稽时,虽经率属捐廉,而工程浩大。幸玉帅汇到倡捐四千金,得资接济。现在已将斋舍完理,计西式楼房上下二十八间,讲堂、饭厅、厨房、寄宿舍各要工均限九月杪一律告竣。所需什物、器皿、书籍、仪器,已饬购办,一面招生开校。但学额原定二百四十名,因限于经费,仅敷一百二十人。前禀茶、盐两厘,既奉议驳,则常年更无的款。查现款只足供本年开校之资'等情。查该府中学堂校舍将次竣工,书籍、仪器各项亦已购办。惟常年经费无着,自应通力合筹,以资持久。该道府等均籍隶池州,谊关桑梓,育才兴学,同其热心,应即首先倡捐,一面分饬同乡文武各员量力输注,倘能捐助巨款,当即照章奏请给奖,用昭激励。合行札饬遵照办理云云。"(商)

载 1907 年 10 月 15 日《申报》,第 11—12 版,90 卷 536—537 页

58. 桐城中学毕业

桐城县中学堂开办已及五年,兹定于年终考试毕业。昨沈提学已札委准补太和县田毓璠大令前往会考,给发文凭矣。(孔)

载 1907 年 12 月 27 日《申报》,第 2 张第 4 版,91 卷 708 页

59. 派员会考学堂毕业

芜湖中学堂及安徽公学头、二两班学生,均届毕业之期,各由该堂监督禀奉沈子培学使派委钱焕绮大令会考中学,学务公所图书课课员成君宪会考公学,以便给发文凭。(孔)

载 1908 年 1 月 2 日《申报》,第 2 张第 4 版,92 卷 18 页

60. 皖江中学仍拟开办

赭山皖江中学自上学期各生毕业后,迄未续行招考,以致停办。现上宪以该堂规模阔大,弃置可惜,〔饬〕于来春设法开办,一面仍延请张君心培为该堂校长云。(隐)

载 1908 年 1 月 4 日《申报》,第 2 张第 4 版,92 卷 42 页

61. 饬拨捐款以助学费

太平府中学堂常年经费不敷甚巨,现由该府具禀皖抚,请饬繁昌等县再行酌拨捐款,以助学费。(美)

载 1908 年 1 月 25 日《申报》,第 2 张第 4 版,92 卷 292 页

62. 接办皖江中学堂

芜湖赭山皖江中学堂上年下学期因事停办,现关道文仲云观察筹集款项,另拟章程,决计接办,额定一百六十名,由皖南州县升送。并札委候补知府李永镇太守为监督。闻开校之期约在二月中旬云。(仪)

载 1908 年 2 月 20 日《申报》,第 2 张第 3 版,92 卷 522 页

63. 催缴箔捐以充学费

徽州府新安中学堂前因推广学额经费不敷,曾由许太史承尧援照江苏宝应成案,抽纳箔捐一成以充学费,禀奉各宪批准在案。现箔商等抗不遵缴,该绅因特具禀皖抚,请饬该商迅将此项箔捐如数缴纳,以重学款。(孔)

载 1908 年 3 月 26 日《申报》,第 2 张第 3 版,93 卷 332 页

64. 通饬选送中学学生

颍州府中学堂开办伊始,原定学额一百零八名,现因尚未足额,由该府通饬所属,各就高等小学堂内挑选申送,以备补入插班。(美)

载 1908 年 5 月 3 日《申报》,第 2 张第 3 版,94 卷 30 页

65. 颍州中学招补缺额

前颍州府禀报学司,以该府中学堂原定额一百八名,迄今开办数年,从未招考足额,现经通饬所属各县,查照所短额数,即由高等小学堂挑选程度能入中学者呈送考验,插班上课,以补缺额。(孔)

载 1908 年 5 月 6 日《申报》,第 2 张第 3 版,94 卷 70 页

66. 学堂米捐改抽办法

宁国府中学堂经费所抽芜湖米厘一款,零星抽收,汇齐解缴,转辗稽延,不免有需时日。顷该堂拟将前项所抽米厘改由砻坊收捐,以归划一,而免耽延。刻已据情禀请抚台核示祗遵。(女)

载 1908 年 5 月 19 日《申报》,第 2 张第 3 版,94 卷 236 页

67.徽州中学抽捐之困难

徽州府新安中学堂前因扩充学（请额经）〔额，经请〕学董许太史承尧抽收该府出产箔捐。嗣因商铺反对，又经绅等禀饬街口厘卡严行催收。兹据省城厘局详复，以抽捐兴学，本地方公益之事，自应仍由徽州府督饬经理，以免该商等借口刁抗。（孔）

载 1908 年 5 月 30 日《申报》，第 2 张第 3 版，94 卷 384 页

68.请饬绅士催收箔捐

徽州新安中学堂前拟扩充学额，经绅董许太史承尧仿照宝应县抽收箔捐成案，将该府所出冥箔加捐一成，以充经费。各商铺极力反对，又经该绅等具禀皖抚，请札饬街口卡严行催收。兹据牙厘局详复，以抽捐兴学，本地方公益之事，自应仍由徽州府督饬绅董经理催缴，以免该商有所借口，任意刁狡，理合详请饬府遵办。（美）

载 1908 年 6 月 1 日《申报》，第 2 张第 4 版，94 卷 412 页

69.电查颍州中学罢课事

吴提学为颍州府中学罢课事致联守电云：据颍郡学界电称，颍中学堂国文教员挟嫌唆胁学生，妄攻监督，已罢课等因，是否属实？乞查明妥办。盼复。同庚印

载 1908 年 6 月 12 日《申报》，第 2 张第 3 版，94 卷 560 页

70.学堂坍塌饬匠赔修

芜湖皖江中学堂在赭山之顶，楼房高耸，近忽被风吹塌，伤及学生二人。该堂教习、学生以校屋高建山巅，恐将来仍有坍卸之虞，特联名公请迁地另造。关道文观察亲诣查勘，以迁地另修，工大费巨，拟将原建楼房一律拆去，庶几屋势稍低，可免风患。刻已议定，暂行由道筹款，委员监督复修，务于暑假期内完竣。一面详明冯中丞，批饬照办，惟须责令原建堂之工匠人等照数赔修，以为偷减工料者戒。

载 1908 年 7 月 27 日《申报》，第 2 张第 4 版，95 卷 362 页

71.怀宁中学风潮

怀宁县凤鸣中学学生前日旅行集贤阁外，讵有何树藩、朱少碓二人于半路离队，私往戚属。该校舍监杨仲明回堂时，将该生均各记小过一次，而何树藩竟将记过示条擅行撕毁。杨舍监出条令伊自行退学。旋何生邀集戚友数人，要求该舍监请权留在堂以观后效，舍监未允，故于二十三日何生假全堂学生之名，遍布传单，同学等都不认可，又遍发公启，请学界议筹办法。

载 1908 年 10 月 20 日《申报》，第 2 张第 3 版，96 卷 716 页

72. 宁国中学堂学生之哀鸣

宁国府中学堂全体学生撰就说帖,散布阖省,略云:全省教育会及各学堂同学诸君鉴,仆等就府中学堂计百余人,自闻贵福来宁,仆等死在眉睫,于暑假后纷纷投考各处学堂者固不乏人,虽有仍来学堂者不过十余人,但仆等以本省官立学堂均额满,不能投考,欲赴他处学堂,又以费多不能就学。奔走无门,不得已迫请学界前辈可否俯赐矜恤,或在各处学堂添班教授,或请贵福他迁,仆等有逃死之地,不胜待命之至。

载 1908 年 10 月 29 日《申报》,第 2 张第 3 版,96 卷 850 页

73. 饬查堂董与学堂冲突原因

皖省清节堂董胡远勋前被洲佃上控侵吞公款一案,节经前抚批府委查,已详前报。兹悉此项洲地原系新涨,初归怀宁小学堂执管,旋因胡某觊觎其利,极力运动,竟将该洲占归清节堂公产,故名曰清节洲。历年进款皆归胡绅经理,任意弊混,以至侵蚀甚巨。前年府中学堂因经费无出,曾将该洲划除一半作为常年经费,并以清节堂目前经费甚厚,不仅恃此区区,而划拨公产办理亦属无妨。业经禀明各大宪批准立案。乃胡某屡次抗违,措不交割。前月廿九日,中学堂派人往洲,砍取柴木,胡某胆敢喝令乡人肆行殴辱,伤及夫役数人。昨日已将受伤数人送怀宁县相验。陈令饬暂带回调养。是日,首府豫太守特派陈令亲赴该洲查明禀复,一面拟将该绅训导详革,并撤去商会协理,以凭归案讯办。

载 1908 年 12 月 28 日《申报》,第 2 张第 3 版,97 卷 874 页

74. 严办学生倡言罢课

庐州府属庐阳学堂向省临时考试之例,或按月一次,或间月一次,均由监督教员随时酌定。上年腊月十二日为该堂考试之期,突有两班学生鲍如明、李廷彦、沈英等四人倡言要求免考。经教员驳斥,乃该生等辄行耸令同班各生停课退学,以图挟制。兹被逼胁各生已由监督等一再开导,照常上课。其鲍如明等四人亦经斥革,并函请提学司分咨各属及邻省学堂,概不收录,一面禀报督抚院查照立案。

载 1909 年 2 月 8 日《申报》,第 2 张第 3 版,98 卷 404 页

75. 皖江中学堂定期开学

芜湖赭山中〔学〕校现在重加修理,规模益臻完备,定期二十日照章开校。惟因国制未满,拟二月初二日始行开校礼,每期膳费减为英洋十六元,须先赴本街万祥钱庄缴清,取有收条,始准入堂。

载 1909 年 2 月 11 日《申报》,第 2 张第 3 版,98 卷 442 页

76. 腐败监督之告发

霍邱士绅窦以珏等以颍州府中学堂监督汪调鼎癖嗜烟赌,学务腐败,上禀皖抚,当奉批云:鸦片流毒中国,久已悬为厉禁,监督为全堂表率,何得躬冒不韪,贻人口实?至蒲樗之戏,不特荒课费时,尤为坏人心术,且有营缘求谋,贿赂书役种种腐败情形,大足为学务前途之害。惟据禀一面之词,仰提学司委员往查,禀候核办。

载 1909 年 4 月 14 日《申报》,第 2 张第 3 版,99 卷 644 页

77. 营兵学堂之冲突

和州中学堂在邑庙左近,庙内有运漕镇拨来中路巡防第四营勇丁三十名驻守,学堂后门向通邑庙,因住有营勇,现已钉闭。讵本月初九日有该勇两人私将后门撬开,闯进学堂内,擅入体操场盘杠,适学生课毕,在体操场游戏,见之斥出,该勇不受詈骂而去。当饬斋夫往请该哨官到堂商议办法,该勇等遂将斋夫痛殴。斋夫喊救,学生出护,该勇等复蜂至学堂门首,将年龄较小躲避不及之学生郑元凯揪去打伤,复又各持树柴入学堂,打毁一切,并伤及于教员胸部、戴书记头额。州尊闻信,出为弹压,当即专函请该管带到州会同办理,该管带仅交出滋事勇丁一人,因一面檄知撤防,一面将该勇押交城守处。讵撤防时竟将该勇劫去,因再函请该管带来州办理。旋据来函道谢,并严办服礼。

载 1909 年 4 月 19 日《申报》,第 2 张第 3 版,99 卷 714 页

78. 咨查学生课科表册

学部咨复皖抚文云:和州中学堂学生任综长等,经皖学司派员会同考试毕业,造具各该生年学课程表式,请予核奖。当即查阅,先后送到各该生课表,多有未符,事关奖励,不容含混,应请转饬学司确切查明,声复本部,以凭查核等因。中丞奉咨后即行学司遵照办理。

载 1909 年 4 月 27 日《申报》,第 2 张第 3 版,99 卷 826 页

79. 禀请催缴箔捐助学

徽州新安中学堂经费,前经绅士程锦龢禀请批准,抽收箔捐为学堂常款,饬由街口厘卡代为抽收在案。兹闻该箔商景昌等号,异常狡(滑)〔猾〕,抗不遵缴。现在该堂需款甚殷,该绅等又据情禀陈省台,合札饬街口厘卡,切实代收,倘再延抗不缴,即将该货扣留,俟缴清捐款,始准放行,以维学务。

载 1909 年 4 月 29 日《申报》,第 2 张第 3 版,99 卷 854 页

80. 勇丁与学堂冲突之结果

署安徽和州任廷枚、学务佐治官李训熙禀督抚文云：防营勇丁殴伤中学堂教员、学生人等，并打毁窗格玻璃什物一案。兹准该管带张春元驰抵和州，会晤直知州等，当经前往中学堂复加查勘所有被毁物件。该管带面认赔偿受伤之教员、学生等，业已一律平复，照常上课。先是该营勇丁已由哨官陈福寿于闰二月二十一日接准直知州移文后，即行撤防回运所，交滋事勇丁汪惠元一名，本在城守营汪守备衙门看管，自撤防后，即经汪守备转送卑州衙署管押在案。兹据管带张春元面称，伊此次由庐江运漕而来，查出该哨滋事勇丁共有五人，业经一并责革。在押之滋事勇丁江惠元虽已斥革，尚应责惩，以示儆戒等语。随由直知州与该管带曾会提江惠元到案查讯，从重责惩，并立刻派差将该革勇押逐出境。维时绅学两界无不同声称快，咸谓该管带张春元办事切实，毫不袒护，伊等已深感激。所有堂内毁坏物件，该管带虽认赔偿，伊等不忍以哨官之事累及管带，请愿由学堂自行筹修买补，诚非知州等初愿所及也。

载1909年6月22日《申报》，第2张第3版，100卷752页

81. 整顿祁邑官校之通告

启者：吾国自《兴学令》下，大自都会，小至乡曲，无不建设学校，集学子敷教材，盖所以揭去旧社会之蔽障，而为当世铸造新国民也。吾祁门处大江以南之高原，山岭蚘回，激刺稀而进步塞。然环视吾乡土历史，武功文学代不乏人，何今之世与古之世遽相悬绝若此？毋亦吾父老兄弟各放弃其责任而未尽提倡之道耶？邑中学堂固造士之源泉，而乡校之圭影也。乃开办四年之久，岁费三千余缗之巨资，养口铁血而行童骏之。学生六七人，成绩无论也，端阳过矣，而寒食之假未销；饭钟铿然，而宿舍之梦未醒。加以荐绅各怀意见，置堂长如弈棋；教员屡易其人，视学堂为传舍。如是以言，办学不几如南辕而北辙哉！夫吾祁邑夙号为贫瘠之区，财力正复有限，今诸父老兄弟不惜捐糜顶踵，掷其点点滴滴血汗之金钱以供邑中学校之滋养料者，无非欲培植多数佳子弟，为吾祁之光荣而效国家任使耳。今乃腐败至此，吾父老兄弟试熟思之，其甘袖手作壁上观，忍而与此终古耶？抑将急起直追，策群力以救正之也。走等或执鞭学界，或游学四方，历观各处教育之事业，其文明程度实令人可敬可羡，而我祁门乃犹泄泄沓沓，表示如斯之怪现状，窃为诸父老兄弟羞之。因乘暑假之隙，约我城乡诸人以五月二十六日开正式谈判会于邑城曾文正公祠，专研究邑校善后问题，务期铲除种种之污点，使成一完全之学堂而后已。嗟嗟，桑榆未晚，请再绵坠绪于东山；天演方新，幸勿蹈当年之故辙。大夫君子，邦人诸友，尚进而教之。

祁门学界公启

载1909年7月31日《申报》，第3张第4版，101卷456页

82. 桐城中学经费支绌情形

桐城中学堂系吴京卿汝纶所设立，各员役薪工等款，向在五乡公局书院原有崇文洲课项下提款三百余串，田租三千余石，作为常年经费。嗣因该县创办高等师范以及各等小学堂，所需一切经费亦由前项款内分拨应用，以致该学堂颇形见绌，实有入不敷出之势。顷该学堂总理马其昶据情禀请该邑令转禀当道查核云。

载 1909 年 8 月 7 日《申报》，第 2 张第 3 版，101 卷 556 页

83. 务实小学改添中学文科

皖省务实高等小学经理员，以该堂甲、乙两班学生于去今两年次第毕业，拟于明年裁撤初等小学，添设中学文科。特于本年七月初一日招考新生六十名，其宗旨学科悉遵定章办理，附加英文等科，年龄以十四岁以上、十六岁以下，资格以体质强健，文理清顺，粗通诸等算法为合格。

载 1909 年 8 月 13 日《申报》，第 2 张第 3 版，101 卷 652 页

84. 皖江中学监督滥费之状况

芜湖皖江中学堂由关道督办，每年常年经费约计万金。自李守镇监督该堂三学期内，滥费干没数达五六千金，其中，以去年国恤期内在该堂请酒酬客开支一款最为骇人闻听。关道郭子华观察已派王、曹二委员，会同皖南教育会调查员稽查属实，关道即将教育会照复情形札饬该监督自行明白禀复云。

载 1909 年 8 月 15 日《申报》，第 2 张第 3 版，101 卷 682 页

85. 府中学经费有着

安庆府中学堂前以经济困难，曾由该堂具禀抚宪筹拨在案。兹赈捐局拨银四千两，请将该堂提拨庙产抵作局产，刻已呈报皖抚查核矣。

载 1909 年 8 月 23 日《申报》，第 2 张第 3 版，101 卷 806 页

86. 禀请严饬整顿学务

芜湖皖江中学堂学生宋文清等会议，该堂自李监督接办后，其堂内一切事宜颇形腐败，讲义亦不完备，若非大加整顿，不足以维校务，且该堂将来教育尤恐难冀发达。爰特联名上禀抚台，饬加整顿，以维学务。

载 1909 年 11 月 5 日《申报》，第 2 张第 3 版，103 卷 70 页

87. 英山邑绅组织中学堂

皖省英山县地瘠民贫，城内仅设小学一二所，各生毕业时并无奖励，以致各户子弟报名入学者多观望不前。兹有该邑绅士安济才热心教育，纠约同志，捐款于该县设立中学堂一所，其教授科学及堂内一切规则，均遵定章办理。刻已禀由该县转禀省台立案矣。

载 1909 年 12 月 3 日《申报》，第 2 张第 3 版，103 卷 518 页

88. 斥退要挟罢课之学生

颖州府中学堂学生王鹤龄等，月前因微细事故集众辱师，并赴该府衙门哄闹。经该府分别斥退以为要挟罢课者戒，其余学生又经该府及学堂经理各员剀切劝导，照常上课。刻该府已据情上禀提学司查核示遵矣。

载 1910 年 1 月 5 日《申报》，第 1 张后幅第 3 版，104 卷 78 页

89. 筹助学堂经常费

太平府中学堂应需经常等费，专恃所属州县摊款济用，近来该堂需用浩繁，几有无以应付之势。现闻该府拟将芜湖水族鱼捐全数拨充前项经费，俾免困难。

载 1910 年 1 月 5 日《申报》，第 1 张后幅第 3 版，104 卷 78 页

90. 更举中学监督

皖北颖州府颖清中学堂李监督迭次被控，现已辞退。兹经学界开会公举陆鹏举充任监督，已由皖省教育会呈请皖抚札委派充矣。

载 1910 年 2 月 19 日《申报》，第 1 张后幅第 3 版，104 卷 760 页

91. 皖江中学殴辱监督之恶风潮

芜湖赭山皖江中学堂，经前皖南道文仲云观察接办后，改委李恺人太守为监督，改订章程，保送学生。无如李视为利薮，一面敷衍学生，一面侵吞学款，嚣张之气较前更甚。去冬，经教育会觉察，公举王君多辅接办，甫三阅月，极力整顿，规则颇严，而放浪之极，陡欲收束，势且有所不能。突于上月二十八日，因晚餐细故，大起风潮，一唱百和，竟将监督逐出堂外，追至山下，护送斋夫均受砖石重伤。旋由王监督面禀督办李梅坡观察，电达抚宪，报告教育总会秉公查办。日前，遂由李梅坡观察责令班长面询一切，已谕饬暂行停课，并将为首滋事之学生孙学盛、李克存、胡樾、濮镛、刘超、朱明开、秦震东、黄文森、濮晟、王勋、孙世辅、张能安十二名革除出堂。其情节较重之孙学盛、李克存、胡樾、濮镛、刘超、朱明开六名，仍在外听候查办，其余诸生概勒令安分在堂听候监督示期

上课，不得受人挟制，聚(重)〔众〕要求，致累全体。

　　　　　　　载 1910 年 5 月 18 日《申报》，第 1 张后幅第 3 版，106 卷 278 页

92. 皖抚惩办学生殴辱监督之严厉

　　皖江中学堂监督王多辅，日前被学生等纠集全体殴辱、罢课、要挟等情，当即陈诉抚宪，恳请彻查严究，以正学风。兹奉批云：此案前据皖南道电禀大概情形，业已电饬详查禀复核夺在案。兹阅来禀，该堂学生种种野蛮行为，实属骇人听闻，若不严加惩责，何以警戒来兹？仰提学司、皖南道迅即按照所禀各节确切查明，如果属实，即将为首学生照殴辱师长例惩办，并查明学生黄樾等业经太平府中学堂革除，行文各学堂不准收考有案，何以仍任其更名投考？则当日职员之办事敷衍亦可概见。闻该生等现仍不知愧悔，广布传单，四出寻殴，并将学堂缮印处纸张等件一掠而空，监督箱箧什物尽行击毁，实属无理取闹。在该生等不过以全体罢课为最后要挟之计，若竟听其挟制，恐此后学堂规则全坠，动辄逞凶，其患曷可胜言？查学部定章于管理学生规则三令五申，日益严密，并声明如有情节重大，学生要挟全体罢课，即可听其退学，追缴学膳书籍操衣各费。法律綦严，不容宽假，现在该生等如果挟有此等成见，即由该司道禀请电达学部，任其退学，并责令保证人、该管地方官，追取学膳等费，仍查取该生等姓名相片，行文各省及本省各学堂，不准再行投考，所有摔毁学堂器具、纸张及监督衣物，责令为首者赔偿，万勿轻纵，致长嚚风。本部院维持教育，体恤生徒，期望时殷，故遇有好学守法之学生，则奖进之不暇。若其沾染恶习，紊乱秩(叙)〔序〕，亦断不稍事姑容，致阻全堂进步也。并由学司速移教育总会知照。

　　　　　　　载 1910 年 5 月 21 日《申报》，第 1 张后幅第 3 版，106 卷 326 页

93. 来函·和州旅皖留学同乡会布告书

　　皖属和州中学堂学生近届三班毕业，近忽被浅陋无学之教员陈同桢悍然破坏。原因于该教员授课时屡授别字，如博物课中"橙黄色"，该教员读作"登黄色"；又如"花瓣"该教员谓为办事之"办"；又如破绽之"绽"字、梅花之"梅"字，该教员谓为"定"字、"麻"字。又兼授地理，诸生问以五大洲之流域及面积，该教员则茫然不知所答。诸生咸以将届毕业，均相戒隐忍而未与计较。于是该教员误认为学生可欺（其实均相砥砺以守规则，绝不蹈嚣张之气），遂于今年开学复竭力提倡中学分文、实二科，陈遂百般运动学生，意在认伊实科为主课（陈教员所授之科学系物理、算学、音乐、体操，如诸生认伊为主课，伊之薪金必倍蓰。诸生本有认实科者，后思该教员教授别字，遂改文科）。诸生签认文科，陈以诸生未遂其欲，着着以威吓为进行之方法，始则以恐吓开除为主义，胁诸生认伊为主课；终则以强迫之手续逼诸生认伊为实科主课。诸生被迫无奈，遂要求监督暨文科主课以筹善后之策。于是陈益咆哮如牛，大骂监督只知吃鸟烟而不顾教员将失啖饭之苦，亦任学生如此（钮监督、魏总办均吃鸦片烟，以早为陈同桢所侦知，故敢百般压迫诸生，挟制总办、监督）监督闻陈道其隐，随即改变方针，逼勒学生书承认陈同桢为实科主

课字样。诸生含泪而散，各以教员、监督无端压迫，遂相率停课，报告于地方议事会、教育会。于是该教员陈同桢遂挟令监督钮木头挂牌开除学生四十余人。州中各界哗然，随开会提议陈教员之蛮横、钮监督之荒谬，均各签名，公禀上宪。又，开除为首之学生潘文富以无端被迫，心实不甘，遂于次日潜服烟膏，至劣绅朱广涛家而毙（主开除之谋者，即朱广涛也）。现敝会已派代表四人返里，先与钮监督交涉，次与朱广涛交涉，陈教员已于潘生丧命之日不知逃往何处。敝会已派人至芜宁探访。夫学会说过以不守规则而开除，则应当开除，今敝州中学学生以守规则而被压迫，承认浅陋无学之师而开除，尚欲恐吓提办父兄。天下竟有此公理乎？呜呼！世界之黑暗未有如敝州之甚也。现敝会同人已公同联名上禀各宪，是非难逃公论，敝会同人不得不再呼吁，伏希鉴核。

和州旅皖留学同乡会王泗俊、王大瑶、倪谦公启

载 1910 年 6 月 1 日《申报》，第 2 张后幅第 3 版，106 卷 514 页

94. 中学生欤？窃贼欤？

怀宁凤鸣中学堂地势居卑，邻右颇高耸，故该校楼窗适与邻右王姓内室窗户相对。前夜四更时分，王姓房窗忽来黑衣人一，欲图伸手拿物，家人惊觉，大呼拿贼，黑衣人跳屋而上入中学之楼窗。比经王姓称学堂有贼，该校会计李君披衣起查各生寝室，查竣，只见某生身衣黑衣，殊属形迹可疑。现以此事关系学堂名誉，尚秘而未宣。闻该校吴监督拟将该生开革。

载 1910 年 6 月 8 日《申报》，第 1 张后幅第 4 版，106 卷 622 页

95. 和州中学罢课原因

和州中学学生私立会章，罢课要挟，业经本堂监督开除为首肇事学生，自是正当办法。讵惩戒学生后，反抗之风仍不稍戢。兹探其原因有三：一、由于该堂帮教鞠育因事辞退，遂挟私破坏，所以有鼓动学生之行为。一、由于开除学生禹诚旺之父世洲现运动为城议事会议员，召集提议，具有权力，故各生有所恃而不恐。一、由于教育会员鲍孝先、陈福昌、朱开庸等，既属党类，而陈又夙与该堂暨劝学所反对，朱复为禹所驱使。有此种种原因，是以该堂永无宁日。经州牧魏有声洞悉前情，业将学生被唆及反抗情形禀明学司，昨经遴派盛委德金驰往严查，秉公核办矣。

载 1910 年 7 月 9 日《申报》，第 1 张后幅第 3—4 版，107 卷 144 页

96. 移查中学滋事学生年龄籍贯

芜关道李梅坡观察刻准学司移开，略谓：案查皖江中学堂学生暴动一案，前准贵道移称，已将滋事之孙学盛等十二名分别革除惩办等因，自应由司查取各该生履历，分咨各省及通饬各属，一律不准更名投考。惟卷查名册，孙学盛、刘超二名系己酉年上学期新考之生，虽有名册，而无年龄、籍贯可查，无凭核办，亟应备文移贵道，请烦查照，迅即

转饬该堂查明孙学盛、刘超二名年龄、籍贯、三代,刻日交邮,移送过司,以凭核办等因。李观察昨已照会该学堂监督,请将孙学盛、刘超二名年龄、籍贯、三代开送来道,以凭转移矣。

载1910年7月28日《申报》,第1张后幅第3版,107卷454页

97.太平府中学监督不孚众望

太平府当涂县自治公所职员沈方维等,以太平府中学堂监督张维办理学务毫无成效,况劣迹昭著,全堂共知,若不撤换另委监督,不足以振学务。顷经该员等上请议书,请由咨议局代呈皖抚核示斥退,以维学政。

载1910年7月29日《申报》,第1张后幅第3版,107卷472页

98.开除学生纷纷请伸冤抑

芜关道刻准学司移称:据皖江中学开除学生周濂、方洵良、杨鋆、朱泽敷、刘文晋、万溥金禀称,生等或请假回里或在省考试游美学生,均不在堂,前次风潮亦被开除,请伸冤抑等情。闻观察已移该堂监督,将该生等行谊、分数册及请假簿送道,以便移复。

载1910年7月29日《申报》,第1张后幅第3版,107卷472页

99.劝业会场之见闻录·教员独居匠心之一斑

安徽宁国府中学教员齐君宗浩于图画、手工两门素擅专长,大江南北莫不耳其名。刻齐君于课余之暇,制有粘土细工、竹本细工及五种图画陈列工艺、教育两馆,一时观会游人见之无不赞美,以为匠心独具也。

载1910年7月31日《申报》,第1张后幅第3版,107卷503页

100.和州中学滋事之结果

和州中学堂学生潘文富等滋事一案,经巡检盛德金据实查复,折呈抚院,当奉批云:察核全案情节,学生潘文富等七名,种种无理举动,实为学堂败类。惟业经斥革在案,仍由该州照章追缴学费,以示惩戒。鞠育、吴朝荣二人,因谋充教习未成,竟敢唆使学生,酿成闹学风潮,推原祸始,咎无可辞,应由该州照例严办。鲍孝先身居自治局职员,不能顾名思义,于鞠、吴等唆弄学生一事,又复推波助澜,从中为之主持,该董迭经被人指控有案,其平日行为已可概见。其余如朱开庸、陈福昌、禹世洲、刘焯等辄挟子弟,已被开除之嫌,或与该堂办事人各存意见,登报泄忿,颠倒是非,殊属不法,均应一并大加申斥。教员陈同桢,既据该员查访明确,教授各科尚无不合,自宜仍旧留充教席。惟前据该教员禀请辞退,察其辞气去志甚坚,究竟能否再行来校,无从臆揣,并由该州酌核办理。转瞬即届开校之期,该州牧有监督学校之责,均须先事筹备,

免致旷误。仰即遵照。

载 1910 年 8 月 12 日《申报》,第 1 张后幅第 3 版,107 卷 698 页

101. 皖省学务汇纪

学部咨行〔皖〕抚,皖江中学堂毕业乙班学生未满三年程度者,断不足副高等本科之选,自未便遽准与其应升之学考试,以符定章。除师范简易科准照章程办理外,所有乙班毕业,应饬学司遵照部章,分别准驳,造册送部,以凭考核等因。朱中丞接咨后,即行学司遵照办理矣。

载 1910 年 9 月 20 日《申报》,第 1 张后幅第 3 版,108 卷 310 页

102. 中学堂学生挽留监督

安庆府中学堂开创有年,自前监督吴光华去后,继任者迭事更替,几有席不暇暖之势。今春吴绅传绮接充该学堂监督以来,于教育上颇有进步,且该绅纯尽义务,具见热诚。现因该堂经费支绌,该绅忽萌退志,宣布辞职。昨由全体学生宗旭等联禀抚院,请为挽留矣。

载《申报》1911 年 1 月 8 日,第 1 张后幅第 3—4 版,110 卷 118 页

103. 凤阳县开办中学

凤阳县教育分会现以该县高、初两等小学办理有年,毕业数次,惟中学尚未开办,于学生升学殊多不便。爰公同集议,开办中学一所,拟将江南试馆变卖,作为开办费。已由该县详请督宪咨部立案矣。

载 1911 年 5 月 13 日《申报》,第 2 张后幅第 4 版,112 卷 198 页

104. 凤阳府中学请提典款

凤阳府中学经费向恃五河县义大典存储款项按月取息,以资接济。现因该典封闭,该堂员绅恐将来的款无着,于学务前途大有妨碍,爰特具禀皖北道,详请抚宪咨明学部仍将所存该典本利银两如数提回,以维学务。

载 1911 年 6 月 30 日《申报》,第 1 张后幅第 3 版,112 卷 1038 页

105. 凤阳中学腐败情形之披露

凤阳自治公所管理员朱菱溪等以凤阳中学堂自开办以来迄今毫无成效,推原其故,皆由办事者不得其人。该堂监督武世安,毫无任事之才,只知植党徇私,遇事敷衍,所有教职各员多系该党,滥竽充数,以致教科不完全,设置亦不良善,校规更不严肃,种种腐

败情形不堪言状。职等义关桑梓,情难坐视,不得不将该堂之武世安劣迹多端及败坏各情联名禀控省台,请委员查办,以维学务。朱中丞据情后,即批饬吴学使按照该职员等所控各节委员查明详复矣。

载 1911 年 7 月 8 日《申报》,第 1 张后幅第 4 版,113 卷 122 页

八　高等学堂

1. 建造学堂

安庆访事人函云,抚宪邓大中丞讲求实时务,在天台里之施家塘创设中西学堂。是处基地极为广阔,业已勘丈估工,委候补知县张廷权大令为监修,府经尹瑞麟参军为帮办,并饬候补知县周启运大令赴湖北采办木料,一俟运到,即可兴工。

载1897年7月9日《申报》,第2版,56卷419页

2. 皖抚邓奏为安省创建学堂提款应用缘由折

头品顶戴安徽巡抚邓华熙跪奏,为安徽省创造学堂提拨专款以应工需,恭折仰祈皇上圣鉴事:窃臣于上年十二月具奏"添设学堂酌拟切实办法"一折,经总理各国事务衙门会同户部、礼部议复,准如所请,其拨款一节应由该省妥定办法,奏明请旨等因。咨行到皖,臣随即委员在安庆省城将建立学堂基址勘明,原定价买于民。一面绘具屋图,议拟造法,确估工料,逐款钩稽。通计地价、工价共需银二万余两,堂中应置器具及中西书籍、格致仪器等件不在其内。兹先给价购料,选匠开工,一切需用之资,亟宜指提专款,以便及时营造,免致作辍迁延。查有查抄合肥县革员赵怀业、卫汝成房产变价银一万七千两,前抚臣福润于光绪二十一年七月奏准提银一万两解存藩库候拨,其余七千两留为庐州府修城工用。嗣因该府城工原估需银二万余两,不敷甚巨,一时难以兴修,据藩司详准,暂行缓办,将拨留之七千两提解司库存储。现在创建学堂,系为培养人才要计,惟有移缓就急,特前项抄产银一万七千两尽数提拨,以应建造学堂工程要需,其余不敷银两另筹足用,以竣全工。据署布政使于荫霖详请奏咨前来,除饬办工委员核实支用,毋稍虚糜,并咨部查照,其学堂常年经费俟妥议定数,另行奏明请拨外,所有创建学堂提款应用缘由理合恭折具陈,伏乞皇上圣鉴,饬部立案施行。谨奏。

奉朱批:该衙门知道,钦此。

光绪二十三年七月十二日《京报全录》第五千九百三十六号,丁酉年七月二十五日《申报》附张

载1897年8月22日《申报》,附张第3版,56卷706页

3. 皖抚勘工

安徽抚宪邓大中丞于天台里建造中西学堂,闻由某匠头包定一万余工,现已工满,

不能告竣,经委员禀请中丞酌加工资,中丞于初八日命驾至学堂勘验后,再为斟酌施行。

载1898年1月7日《申报》,第2版,58卷37页

4.实事求是

安庆采访友人云,安徽巡抚邓小赤中丞蒿目时艰,力图振作,谓目今之局非得精通洋务者不足以攘外侮而致富强。于是创建学堂,榜其楣曰"求是"。去秋大兴土木,并日经营,刻已竣工,委候补道张观察总理其事,召集聪慧子弟,延名师教授东西各国学问、语言。迩者,各州县申送学生多至一百七十五名。中丞牌示,自本月初四日起,每日考试二十名,令各携笔砚,无许夹带书籍,各按牌示日期当面考试,或作四书文,或作论,遴选六十名为正课生,十六名为附课生。正课生分头、二、三班,入堂肄业三阅月后,复甄别以定去留。其留堂者,头班每月膏火银二两五钱,二班二两,三班一两五钱;附课并无膏火。如遇正课缺出,即以附课生补之。其教习调自京津大学堂,英文为同知衔吏部即补司务兼稽勋司行走李玉山联璧,法文为五品衔即补主事都察院经厅司笔帖式德有轩昆。

载1898年4月6日《申报》,第2版,58卷571页

5.续考学生

安徽巡抚邓小赤大中丞度地省垣天台里,起建求是学堂,招聪颖子弟入堂肄业,此已纪诸报章者也。兹得安庆采访友人来函云,中丞示期三月初四日起,至十二日止,每日考试学生二十名,旋录取三十名。又据怀宁等县申送诸生,示期二十日起,至二十四日止,每日仍考试二十名。当点名时,亲叩年岁、籍贯,令各归坐次,款以茶点,然后命题作文。

载1898年4月21日《申报》,第2版,58卷665页

6.皖省官场纪事(总办易人*)

安徽候补道总办求是学堂张观察锡寿,浙江人,久居湘省,去年瀛眷来皖,侨居任家坡头。兹因水土不服,遂请假送回。求是学堂事务已委候补道郑观察代之矣。

载1898年6月20日《申报》,第2版,59卷319页

7.皖省官场纪事(另委帮办*)

帮办求是学堂候补同知龙司马凤镳,奉抚宪邓中丞委赴湖北公干,所遗求是学堂一差委候补知县罗大令接办。

载1898年11月29日《申报》,第3版,60卷640页

8. 皖抚邓奏为派皖教习恳恩免开部俸片

邓华熙片：再，安徽省会奏准设立求是学堂，教授中西实学，经臣咨请总理衙门拣派同文馆教习即选主事都察院笔帖式德昆、同知衔吏部即补司务李联璧于本年二月到皖，派委德昆充当法文教习，李联璧充英文教习。旋据德昆禀称，接到家信，知都察院笔帖式底缺已于四月间开去。向来各部院实缺人员奉派出差，例不停扣资俸，更无开缺条理，恳请转咨，无论何衙门遇有蒙古笔帖式缺出，即行补还等情。臣据禀咨请总理衙门核办。兹准总理衙门咨复，据情咨准吏部复称，《奏定章程》内开，仅行咨调办团并随营差遣以及自行呈请投营投效之员。凡未奏明请旨调往、派往者，在京以起程之日，在外以咨文到部之日，实缺人员即行开缺，候补人员即行停其资俸，俟回署后再行接算俸次序补等语。德昆系由皖省咨调，充当学堂教习，并未奏明请旨，是以按照新章，将该员笔帖式开缺。所请仍予酌量补还接算。原咨之处应俟该员差满回署后再行核办等因。查都察院笔帖式德昆因调赴安徽，充当学堂教习，开去底缺，未免向隅。该员如果训迪得力，自应由臣奏明办理，以重要公，而与吏部奏定之章亦合。至同知衔吏部即补司务李联璧，系与德昆同调赴皖之员，应否一并奏明免停资俸，咨明查照核办等因。臣查德昆、李联璧二员，自到皖省分充求是学堂英法文教〔习〕，启发学生颇称得力，因系咨调而来，未经奏明有案。德昆都察院笔帖式底缺既经吏部开去，恐李联璧即补司务资俸亦在应停之列，均属向隅。学堂教育人材，为目前当务之急，正当激励教习，以期启迪尽心。相应专案奏明，仰恳天恩俯准，敕下吏部将开缺都察院笔帖式德昆遇缺酌量补还，吏部即补司务李联璧免停资俸，以示鼓励出自鸿慈。除咨吏部查照外，谨附片陈请，伏乞圣鉴训示。谨奏。

奉朱批：著照所请，吏部知道。钦此。

光绪二十四年十二月二十三、二十四日《京报全录》第六千四百六十五号，己亥年正月十七日《申报》附张

载 1899 年 2 月 26 日《申报》，附张第 4 版，61 卷 308 页

9. 皖省官场纪事（委署府篆＊）

总办求是学堂兼商务局刘太守沛然，现经上宪委署太平府篆。

载 1900 年 5 月 27 日《申报》，第 2 版，65 卷 207 页

10. 皖省官场纪事（总办易人＊）

安庆访事人云，皖南营务处高观察蔚光于月之某日报丁外艰，所遗营务处差使经抚宪王芍棠大中丞札委求是学堂总办、两江候补道乔观察联宝接办，递遗求是学堂差使委候补道陈观察永懋接办。

载 1901 年 4 月 6 日《申报》，第 2 版，67 卷 527 页

11. 薇垣课士

安庆采访友人云,上月二十六日,安徽藩宪汤筱秋方伯月课省垣大学堂附课诸生,试以策论各一。论题:昔魏太武驻军瓜步,睹长江波涛汹涌,即叹为天限南北;今者海禁宏开,轮船往复,四十余昼夜经数万里海程,即由泰西达中国。古今人见闻,广狭固有不同,然而时会变迁,开旷古未有之局,观天心之启辟,似乎不得不然。思人事之绸缪,胡能自安自诿,试申论之。策题:问今言西法者,曰平权,曰自由。而究其指归,言平权则近乎无君,言自由则近乎无父,中国无此伦理,泰西又安有此政教乎?试即之二者真实确切之理,与夫不善学者纰缪歧误之故详言之。

载1902年6月16日《申报》,第2—3版,71卷315—316页

12. 龙眠画意(示期考验＊)

皖垣敬敷书院,前已改为大学堂。今春,抚宪聂仲芳大中丞照章甄别,择其尤者留堂肄业,并准各州县保送学生。刻已由各属先后送到数十名,提调某君示期本月十七日考验。

载1902年7月2日《申报》,第2版,71卷421页

13. 安徽巡抚聂奏为求是学堂已届三年著有成效恳恩照章给奖折

头品顶戴安徽巡抚臣聂缉椝跪奏,为安徽省求是学堂教习学生三年期满,均有成效可观,照章请奖,以资鼓励,恭折仰祈圣鉴事:窃照光绪二十二年,前抚臣邓华熙奏明于安徽省城设立求是学堂,酌拟学额、课程,并请量予奖励一案,经前总理各国事务衙门会同户、礼二部议复,学生三年学成后,照广东同文馆定章,汉人世家子弟准其作为监生,一体乡试;各教习著有成效,照新疆俄文馆成案,系有官职人员准保加升阶一层等因,于光绪二十三年二月十八日具奏。奉朱批"依议,钦此",咨皖钦遵办理,续将教习衔名、学生额数清册咨部查照各在案。兹经督办求是学堂布政使汤寿铭、会办试用道陈永懋详称,自光绪二十四年闰三月开学,扣至二十七年三月,已届三年期满,经前抚臣王之春莅堂大考,先之以算学、策论,次及英、法语言文字,均能条对类举,各尽所长,择优取录学生王琳等十三名。复经调院面试,日新月异,确有成效,各该教习等在事三年,诲迪不倦,实属著有勤劳,拟请照新疆俄文馆成案,凡有职官人员保加升阶一层;其录取学生并拟照广东同文馆定章,汉人世家子弟准作为监生,一体乡试。至原系生监者,拟请给予八品翻译官,备充翻译差使。现均留堂学习,以期学益深粹。前抚臣王之春开缺交卸,未及核办,详请具奏前来。臣查设立学堂,为当今培植人材切要之举,皖省求是学堂开办已逾三年,尚属认真其事,前抚臣录取学生王琳等十三名,臣莅任后复加甄别,均有成效可观,拟乞圣恩俯准,饬部照章核议给奖,以示鼓励。除将履历、试卷咨呈外务部暨吏、礼二部查照外,谨缮清单恭折具陈,伏乞皇太后、皇上圣鉴训示。谨奏。

奉朱批:该部议奏单并发,钦此。

光绪二十八年五月二十三日《京报全录》第七千零六十四号,壬寅年六月初八日《申报》附张

载1902年7月12日《申报》,附张第4版,71卷500页

14. 学堂迁地

安庆访事人云,安徽省垣北门外敬敷书院,前由大宪改为皖中大学堂。迩者,抚宪聂仲芳大中丞以其地离城太远,考察难周,特饬提调某君将学生归并东门内求是学堂,而以大学堂改为武备学堂,旧时武备学堂则改为皖省商务局。

载1902年7月31日《申报》,第2版,71卷623页

15. 中丞课士

安庆访事人云,本月十九日抚宪聂大中丞举行七月分大学堂课试。首题:卢梭、伯伦知理合论。次题:问泰西各国学校其教育之旨约有三端,曰体育、智育、德育,能折中古义而详言之欤?限当日戌刻交卷。惟各士子不知卢梭、伯伦知理出处者,故查阅书籍,遍询同人,颇有千言易就,一字难成之景象也。

载1902年8月2日《申报》,第2版,71卷637页

16. 皖公山色(补录学生*)

今春,安徽大学堂学生经抚宪聂仲芳大中丞甄录若干人留堂肄业,兹又由各州县保送高才生七十余名,中丞因于本月初十日续加甄别,题为:向戌弭兵论;问中国通商口岸计三十余处,试列表以记之。

载1902年9月1日《申报》,第3版,72卷2页

17. 皖省官场纪事(出任教习*)

直隶州同知朱司马谦,奉抚宪聂中丞委充大学堂伦理科教习。

载1902年11月16日《申报》,第2—3版,72卷529—530页

18. 皖省程材

安庆访事友人云,迩者,省垣大学堂总办查得肄业生尚缺额二十名,因之招人投考。迨届本月初八日考期,报名应考者共三百余名。题为:问西汉循吏六人,而宣帝时居其五,何人才萃于一时也?及观班固赞曰:"信赏必罚,综核名实,可谓驭得其道。"齐杜弼言:"政事之要,莫过赏罚。"高澄以言虽不多,于理甚要。试推其意。

问中国各口租界,外国人处其中,多不逾千,少不及百,其制度厘然,隐若敌国。吾闽广民走南洋、美洲者,所在以万计,终不免为人奴隶,被人驱策。其得失之原安在? 试纵论之。

安徽大学堂上梁文"秦人以急农兼天下,汉武以屯田定西域"论。

载1903年4月11日《申报》,第3版,73卷592页

19. 整顿学堂议

自奉旨兴学以来,各省学堂合大、中、小三等计之,吾不知其几千万所,而要以京师大学堂为总汇。朝廷郑重学务,特命张冶秋尚书总揽宏纲,一切课程责令悉心厘定,颁发各省一体遵行。自开办迄今,瞬将两载,所收学生不为不盛矣,所縻帑项不为不多矣,而环顾各学堂中才识俱优、磊磊落落者,虽亦不乏其人,然甘心革命流血,主张平权自由,意气嚣陵,动以立会演说为事者亦所在多有。学堂之效未著,学堂之祸已滋。是岂人心浮动,关乎风会所趋欤? 抑康梁之毒焰未除,有以潜相勾煽欤? 论者每归咎于教习之启迪未善,监督之约束不严,因流溯源,彼固无可置喙,然观今日学生之举动,教习、监督亦有退处无权者。试观学生遇有龃龉,动辄胁众四散,如上海之南洋公学、浙江之大学堂,覆辙相循,皆以教习、监督为难而起。若教习、监督而必临以尊严之位分,其心当更不平。不知教习有造就人才之责,监督有主持学术之权,为学生者自宜恪守范围,罔敢或越。其悍然不顾、而敢与相抗者,非必尽由诸生之桀骜不驯,殆亦当日所定章程尚未妥洽,遂至流弊若斯耳。朝廷洞悉情形,力图挽救,会尚书以京师大学堂关系重要,请派重臣会商,特于闰五月初三日下颁纶绰:命南皮张香涛宫保将一切事宜会同商订,所有各省学堂章程亦一律厘定详悉具奏,务期推行无弊,造就通才等因。钦此。宫保谙练时务,深悉近日学生之弊,必有挽回良法,使之趋正轨而返迷途。此次在京稽察学堂,特勖仕学师范诸生曰:"吾人界限不可不明,学生有学生之界限,学堂以外之事不可分心,诸君将来作事之时正多,现方伏案揣摩,总以不损害学堂声名为主。"盖有鉴于广西及东三省之事,各学生倡议拒法、俄,众口哓哓,殊失圣人思不出位之义,故谆谆以"界限"二字惕之也。夫近来各学生之所以立会演说,横议国政、到处哗然者,正为不知界限耳。孔子言,"不在其位,不谋其政";孟子以位卑言高为罪,是皆士人当守界限之明证。今各学生飞扬跋扈,大言炎炎,非惟有背圣贤垂训之意,抑亦大乖宫保劝学之心。况如日本留学生之煽惑二百余人,创为特派班义勇队运动部诸名目,潜入长江一带图肆逆谋,其情尤堪发指,不亦与圣主殷殷造士之本怀大相刺谬哉! 虽然人类不齐,邪正未可概论,惟能辨其邪而去之,则正者不扶自植,否则误邪为正,混正于邪,势不至伐异党同、有邪无正不止。夫牧人之豢马也,害马在所必除;农人之护苗也,稗莠在所必去。学堂培植后进,而不亟驱逐嚣张叛乱者,可乎? 善夫朝廷之特命沿江沿海各省督抚将学堂败类严密查拿,随时惩办也。盖此举虽以两江总督魏午帅奏陈上海爱国学社狂悖之事而发,而圣意复推及于各省学堂,并令将学堂条规督饬认真整顿,力挽浇风,杜渐防微,深得要领,诚使各督抚实力从事,奉谕后即派明干道府分投侦查,见有沾染恶习如剪辫易服及侈谈自由平权、革命流血诸邪说者,立时斥逐,不准逗留。其学问精通、心术纯正者,不

次超擢,以示优荣。务使各学堂所储悉属正人志士,而放僻邪侈者无从混迹其间。其有委员所不及查知者,准驯谨学生胪列事迹,密陈学务处。教习、监督有意徇庇,则惩罚有差。庶鸱枭去而凤凰来,豺虎除而麒麟至,由是讲求为学之道,不论中学西学、旧学新学互相砥砺,互相切磋,共成扶危济变之才,以副保国安民之望。由京师推之各省,得人之效于是乎收。若仍忽忽悠悠听其自然,不知振作,纵使章程已臻美善,其如学生之不知遵守何,其如教习监督之不善办理何,吾未见其可也。

载 1903 年 7 月 16 日《申报》,第 1 版,74 卷 531 页

20. 整顿学堂平议

呜呼! 东亚大势谈者色变,神州时局言之心寒。以现象观之,四万万方里,四百兆人民,虽庞然立于员舆,而泰东西各国以侵略为宗旨,以势力为范围,无一日不肆其攫拿欺骗之手段。回观我国,则上下之玩忽依然也,朝野之泄沓如故也,民气之嚣张,风俗之鄙陋,无一毫变更也。危乎殆哉,其终罹于瓜分豆剖之祸乎。吾闻经世者之言曰:昔者,德意志为法蹶,干内政,限兵额,如穷逐之鸟,困窜之兽,皇皇岌岌,无以自存。不数年而绥丹一战,割爱尔兰萨斯、洛伦,偿五十万亿军费,佥不曰由威廉第一扩拓学校、刻意教育所致。日本当明治初政,敌舰逼内港,浪士倡覆幕,上下畸龁,内外扰攘,危亡之机悬于眉睫。不数年而维新功成,欧美惊叹,蕞尔一岛邦,骤跃而为世界一等之强国,佥不曰由明治天皇设立文部,编定学制,辑教科书,重普通教育所致。然则,学校之有益于国家不亦昭然若揭哉? 中朝自庚子八月三日降诏以来,教育之名遍于国中,综各省官立、私立,计其大者无虑数千,学堂如林,学子如鲫,岂非今日独一无二之绝大冀望乎? 有此冀望在前,虽以今日之肉食者鄙,未能远谋,百僚大夫酣嬉于颓屋,歌咏于漏舟,不知卧薪尝胆为何义,不知自强变法为要图。而职位之稍卑者,更奔走营营,衣食而外无事业,妻子而外无恋念,不爱国,不合群,全国上下,沈沈醉梦,亦尚不足为中国兴亡之枢机。何也? 教育之效果彰,则无穷之愿望,无穷之冀幸,固皆集于此也。虽然我闻此语而释然自慰者再,我闻此语而戚然有感□亦□,值此智力竞争之世界,远鉴欧西,近规日本,均以学校之多寡、学生之文野为一国兴亡、强弱之比例。吾国积弱已极,而今海内一行省有学堂数百区,一大县有学生数百人,家诵欧美之文,人习格算之学,诚不可谓非佳气象也。然而学堂如模范,然今日学堂之程度如何,他日人才之造就亦如何,靡论我国古先哲王教人之道以礼正其性,以乐和其情,彬彬然,秩秩然,务泯傲偯陵乱嚣张之弊;即泰西学校亦最重规则,最严秩序,故学生未尝不言自由,而有规则之自由,无暴乱之自由;未尝不言平等,而有秩序之平等,无陵轹之平等,整齐严肃,遵守学制。所谓学堂者,与法律相合而成者也。既入此学堂,即守此法律。以视我国之学生何如乎? 数年以来,因学堂而滋事者几于铜山西崩洛钟东应。远者不必论,试举近者赫赫首创之南洋公学,泼一墨水瓶而合院易散;皇皇著名之浙江大学堂,失一衣服而全班退学。自外接踵而起者,不可偻指计。非总办、提调与学生相龃龉,即监督、教习为学生所不容;不曰压制即曰顽固,不曰奴隶教育即曰专制政体;今日某处学堂散学之公案未终,明日某处学生哄堂之风波又起。呜呼! 何其纷纷扰扰,靡所底止乎。

此议未毕,明日续登。

载 1903 年 8 月 7 日《申报》,第 1 版,74 卷 687 页

21. 整顿学堂平议·接昨稿

　　主张新学者曰:是学生之能合人格也,是学生之能知合群也。学生之智识程度视总办、教习已高数级,而总办、教习反钳制之,压服之,其群出而相争也亦宜。主张旧学者曰:此少年血气未定,本性易漓,沾染民权自由之说,浸润平等革命之风所致也。不争学问争意气,不务远大务琐碎,异日流弊所滋正不知伊于胡底。故变法而不崇实、不去弊,转不如不变。呜呼,彼主张一说者之诚各有所偏举也。吾固不敢武断各学生滋事悉由总办、提调、监起居、教习措置失当所致,吾亦未能尽责各学堂衅端悉由学生浮躁举动所成,特以全国学校而屡有此等风波,无论曲在总办、教习、提调、监起居与曲在学生,惟以若此之无规则、无秩序,异日其能造就转移时势之英雄,培植左右国家之才俊,以副此希冀,偿此愿望乎?其能如德意志之倚之以中兴,日本之资之以自强乎?吾一念及,而不能不为当世惧;吾一念及,而不能不为前途危。欧美各邦学堂数万区,学费数千万,学生数十万,中国步武外人,议广开学堂,尚百不得其一二,犹大辂之椎轮耳,岷江之滥觞耳,而先现此浊乱恶劣之象,为旧者借口,致新者灰心,十年以后势必至丝毫无补于时局,而徒贻东西人士哑哑之笑。夫天下万事有因必有果,造种种因然后结种种果,一时有一时之因果,一事有一事之因果,今日学堂之乱象亦因也,他日将结如何之果尚难臆断,而今日学堂之景象亦果也。前日曾造如何之因而致结此果,则固可以复寻,能由今日之果以上推昔日之因,得其本原,及时而补救之、更易之,他日所成之果,决不若今此之溃败决裂也可知。吾请为在上负教育责任者进箴言,曰首务谦抑。孟子有言:訑訑之声音颜色,拒人于千里之外。故虽位势崇于我,闻望隆于我,而必倨傲放恣、时轹一切,则令人难堪。今之学堂总办、提调非司道即府县,教习非编检即科道,官场气习积染既深,所行者无非颐指气使之状态,所喜者无非奴颜婢膝之屈伏。苟万一而以此施于学生,则强者怒于言,弱者怒于色,积之既久,一旦启微衅,亦足爆烈矣。因不必实行压制手段、束缚主义而后致祸也。次戒情面。"情面"二字中国古今之通病,一学堂中,学生百人,必有与总办同乡焉,必有与教习戚串焉,或年谊世谊焉。平居无事,他人已耳而目之曰:某也,与总办为桑梓;某也,与教习为葭莩。盖无时无地不以私意相揣测,而惧其扶植之援助之果也,尚所属目者。一旦月考置优等,分班置前列,则哗然不平,抨击纷起矣。更请为在下受教育规则者贡直词,曰:平意气,勿恃势盛而不论曲直可行以挟持,勿倚人众而不论是非动出以纷扰,勿徒訾总办之顽固、教习之迂谬,而但返求诸己果能开通否,果能文明否。又况生今之时,处今之世,欲为异日膺国家之艰巨,非实有刻苦坚忍之志,深沉强毅之概,不足以语此。而欲以饮食细故开巨衅乎,而欲以轻举妄动败大局乎?再曰:辨学说。中外交通以来,东西各邦之以实学导中国者日新月异,而学生中能得其新理新智者殊属寥寥。若夫平等、独立、自由、权利诸语,则已成为口头禅。呜呼!平等、独立、自由、权利,固彼中巨儒先哲所经验有得、至宝至贵之学说也。特一说有一说之界限,一说有一说之真正宗旨。抑即以自由论,西儒谓真自由乃能服从。服从者何?服从法律

也。今学生言自由者,其亦知服从法律之义乎? 吾见有评花品者,有嗜烟剧博,规语之,则抗言曰我自由;禁抑之,则反唇相稽曰压制我自由。浸假而借口细故,挟胁同类以兴震天撼地之风波,犹曰我争自由,我争自由。谬种流传,贻毒已甚。呜呼,其可不博学详说,慎思明辨,以挽此狂澜耶? 以上四说,粗举崖略,虽未罗举(该)〔概〕括,而皆足以致学堂溃裂之原因。殷鉴不远,来轸方遒,学堂中人其以斯篇为河汉也,吾听之。或以为刍荛一得也,吾亦听之。

载 1903 年 8 月 8 日《申报》,第 1 版,74 卷 693 页

22. 安徽巡抚聂奏皖省筹款建造高等学堂折(二十八日)

头品顶戴调补浙江巡抚安徽巡抚臣聂缉椝跪奏,为皖省高等学堂大纲已举,谨将办理情形恭折具陈,仰祈圣鉴事:窃照皖省前以省城敬敷书院改为大学堂,经前抚臣王之春将筹办大概情形奏奉朱批"著聂缉椝妥定章程,核实办理,钦此",钦遵。伏念时艰孔急,需才甚殷,开办学堂以造就真才,实为当务之急。惟经营伊始,必须规划尽善,未敢稍涉苟简。臣迭与司道筹商,现大纲已举,敬为皇太后、皇上陈之。查省学堂为各府州县观瞻所系,体制宜崇,臣先因求是学堂房屋较敬敷书院为宽,且同一培植人才,归并办理易于措手,当将求是学堂改为省学堂,遵照钦定章程更名曰安徽高等学堂,于上年七月间开办,而以敬敷书院改为武备学堂。嗣因该学堂斋舍尚须添建,无可开拓。复饬据该司道等查得,高学东偏敬敷书院旧址,地势垲爽,建造学堂洵为合度,现已饬令兴工,计明年春初当可报竣,拟俟落成后,即将该学堂迁入,以期规模完备。此建造学堂之情形也。该学堂开办之初,诸务殷繁,藩臬两司恐难兼顾,经臣派委候补道刘树屏为住堂总办,各教习及执事各员亦经考察,分别聘委。学生阶级分正备两斋,现督同先就各属保送学生内考取百名,并于求是学堂学生中挑选五十名,俟将来学堂落成,再行扩充。应设师范学生,俟在堂诸生卒业后,挑选分课。所有课程教法及各种规则,饬令恪遵《钦定高等学堂章程》办理。求是学堂既已归并,所有前抚臣原设之附课生一百二十名与不能入堂之孝廉、生童,均作为堂外附课生,按名课以经义、策论,以励实学。此酌定办法之情形也。建造学堂,核实估计需银四万八千两,以前抚臣原筹用存并书院历年节省共三万两抵支,尚不敷一万八千两,由臣饬筹议公所于所收芜湖米捐项下拨解济用。至常年经费,虽有求是学堂及敬敷书院移拨两款,合计仅一万八千余两,不敷尚巨,臣复于支应局内每月加拨银一千两,除闰扣等一千两,仍不逾前抚臣原奏三万余两之数。求是学堂原设司员一律裁撤,以节糜费。此酌筹经费之情形也。窃维中西之学理本同源,伦常之道千古不变。该学生等读书立志务求正大,当敬遵前奉谕旨"以文行交修,讲求实用为立,一切奇邪险怪之说均宜辟除"。该教习等本身作则,更宜认定宗旨,持论中正。臣将赴调任,惟有谆饬总办随时稽查,遇有志趣纯正者优加奖励,倘习染浮嚣者即行撤退不假借,以冀储为他日桢干之选。至中学堂,惟芜湖、凤阳已经臣饬据前署芜湖道刘树屏及凤颍道张成勋先后筹款禀办,庐州府城亦已建堂开学,一应课程、学规均遵照《钦定中学堂章程》办理。此处各府州县中小学堂大都因筹款维艰,尚难遍设,然事关兴学要举,岂容延缓。臣当严催,从速筹办。蒙养学堂为学校始基,亦当谆饬地方有司劝谕绅

商,广为设立,务期群相策励,共敦实学,以仰副朝廷造士作人之至意。所有皖省高等学堂择地建造、筹款办理缘由,除分咨军机处、政务处、礼部暨管学大臣查照外,谨会同两江总督魏光焘、安徽学政臣绵文恭折具陈,伏乞皇太后、皇上圣鉴训示,谨奏。

奉朱批:知道了,著诚勋切实筹款、认真讲求、期收实效,片并发。钦此。

光绪二十九年八月二十八、二十九日《京报全录》第七千五百八十九号,光绪二十九年九月二十五日《申报》附张

载 1903 年 11 月 13 日《申报》,附张第 6 版,75 卷 521 页

23. 革命又萌

芜湖访事人云,前者,安徽滁州全椒县邱瑞甫孝廉纠约同志,在明伦堂东偏开设阅报馆,嗣忽被县主刘大令饬差封闭,一时人皆莫悉其缘由。后有知其事者谓,邱日在彼处升堂演说,多涉不经,并在门上署一联,曰:自由钟动,革命旗开。始恍然于获咎之故,而服大令防范之严。并闻省城大学堂诸生亦颇有沾染自由革命恶习者,以致与教习为难之事时有所闻。即芜上中学堂为皖南各州县学生肄业之所,亦往往眼笼西镜,口衔雪茄,窄袖短襟,履声橐橐,已非复本来面目矣。呜呼! 国家不惜帑金千百万以培植人才,乃人才未成,人心已一变至此,可胜叹哉!

载 1904 年 3 月 15 日《申报》,第 2 版,76 卷 415 页

24. 大学试士

安庆访事人云,正月二十四日,安徽大学堂举行甄别,共作一论一策。题为:唐高骈能平南诏而不能制黄巢,明徐达能复中原而不能服蒙古论。问皖省据全吴上游,北界楚豫,南连赣越,江淮流贯其中,应如何控扼水陆形势,以固封守策。

载 1904 年 3 月 16 日《申报》,附张第 1 版,76 卷 425 页

25. 皖江杂志

皖省大学堂建于府学宫,中学堂设于藏书楼,求是学堂改为农工商务学堂,北门外武备学堂、吕家坡营兵学堂,现均增设警务一门,上月二十二日在武备学堂招考,题为:问巡弁宜如何约束巡兵,试言其要。

载 1904 年 5 月 21 日《申报》,第 3 版,77 卷 146 页

26. 皖省官场纪事(咨送京师*)

安庆访事人云,本月十五日,皖中大宪亲临大学堂考试师范生,录取十名,咨送京师大学堂肄业。

载 1904 年 7 月 11 日《申报》,第 2 版,77 卷 479 页

27. 安徽巡抚诚奏请恩准将候选同知李联璧以知府尽先前选用，试用直隶州知州德昆以知府归候补班前选用片

诚勋片：再，安徽省求是学堂，经前抚臣邓华熙于光绪二十二年奏准设立，二十四年闰三月开学，参酌中西教法，严定章程，延聘教习，分班课授，并咨请前总理衙门，由同文馆拣派英文正教习李联璧、法文正教习德昆来皖，派充教习，以资臂助。均于二十四年二月到皖，旋即入堂任差，由前抚臣督饬该教习等实心授课，训迪多才，于二十七年三月三年期满。业经前抚臣聂缉椝援照《奏定章程》，分别奏请奖叙在案。嗣由二十七年四月起，扣至三十年三月止，又届第二次三年期满，虽求是已归并高等学堂，而先后授课究无二致。兹据布政使联魁详请奏奖前来。奴才查该员由京奏调来皖训课六年，成效昭著，堂中优等学生派往各州县充当学堂教习，并由外省调翻译委员者颇不乏人。自前年春季求是学堂归并高等学堂，加增学生额数，所授功课较前愈繁，不无微劳足录。合无仰恳天恩，俯准将候选同知李联璧请以知府，不论单双月尽先前选用；试用直隶州知州德昆请以知府，仍留原省，归候补班前先补用。如蒙俞允，出自逾格鸿施，除抄片分咨外务部、吏部查核外，理合附片具陈。伏乞圣鉴训示。谨奏。

奉朱批：该部议奏，钦此。

光绪三十年七月十七、十八日《京报汇录》第八千零二十二号，甲辰八月初八日《申报》附张

载 1904 年 9 月 17 日《申报》，附张第 6 版，78 卷 121 页

28. 皖垣兴学

安庆访事人云，皖省高等学堂系将前求是学堂改建。上年以斋舍狭小不敷布置，择地另建，栋宇宽宏。近将工竣，因由总理出示招考学生，略谓：高等学堂原设额三百名，因斋舍不敷，尚未考补足额，今新堂年内可以报竣，本籍学生可补足二百名，另设外籍四十名。查旧例，招考学生均由各属保送，今仍循旧办理，准于明正二十日考试，所有保送公文截至正月十八日止，逾期概不收考。至于外籍学生，每名每年应贴修膳费漕平银一百两，亦须由同乡印官保送。本学堂为体恤寒士起见，所订考期决不更改。

载 1904 年 11 月 6 日《申报》，第 2 版，78 卷 453 页

29. 求免停课

安庆访事人云，皖省向有敬敷书院，按月官、师两课，由大宪轮流监考，分别等第，奖给膏资。自改设高等学堂以来，师课先行停止，其款并入学堂，而官课仍更名高等学堂附课生，照常课试。现因学堂经费大绌，大吏拟于明春将附课一律停考。日前，举人黄经阁等具禀抚辕恳免停止，以恤寒畯。中丞发出批示云：前据高等学堂附课生、太平县附生刘世涵、南陵县举人张择仁等吁免停课、藉惠士林等情同日具禀，业经批由学务处会同布政司议明详复，谓：东西各国学校如林，向无由公家给予膏火之事，亦无专恃公家

贴给膏火之人,士子读书务期实用,若膏(膏)火银两始克用功,不但无以坚向学之诚,反足以启喻利之渐等情,业经批示如详办理在案,诚以学堂附课存之既鲜实效,裁之又无关得失。读圣贤书当期远大,该举人等自当务远者大者,谅不至因此鸡肋若将终身也。

载1904年11月9日《申报》,第2版,78卷473页

30. 皖省官场纪事(促造校舍＊)

安庆访事人云,皖省大宪自奉振兴学堂之谕,除将求是学堂改为大学堂外,复于今春就敬敷书院故址建造高等学堂,委员督同都料匠,估计经费银四万八千两。经营数月,迄未告竣,而款已一扫而空,因禀乞抚宪诚果泉中丞筹拨数千金,俾赶紧将工告竣。

载1904年11月25日《申报》,第2版,78卷585页

31. 招考师范

安庆访事人云,皖省大吏前议停止高等学堂附课膏火银,拨充出洋师范生经费。于是附课诸生怅然若失,具禀各宪恳恩,未蒙允准。日前学务处已将淘汰膏火银章程刊发晓谕,本月初十日又出示曰:前经本处会同藩宪议停高等学堂附课膏火,拨充出洋师范生经费。查此项膏火共银二千七百八十两,合龙银四千元,以每人每年三百余元计之,可派十二人出洋。查速成师范一科,业经本处札饬各属筹款选送,年内可以选送,兹拟稍予变通,就所停膏火银两选送学习完全师范科六人,学习实业科六人,连同各属选送师范生,一律于明年正月内,详请派员监督出洋,仰合省举贡生监一体须知悉:本处定十二月初十日在高等学堂内扃门考试,如有自愿出洋,合此次所定格式者,务须先期取具地方官印结保,送来本处,听候考试,幸勿观察自误。

载1904年12月27日《申报》,第3版,78卷789页

32. 安徽巡抚诚奏为高等学堂费用不敷,拟请于铜元局盈余项下,明年为始,每年加拨一万两,按月由该堂支领片

诚勋片:再,皖省高等学堂前因斋舍不宽,住堂肄业学生仅有百人,常年经费只存银三万余金。查新建学堂年内可以落成,明岁定须迁入。规模既广,学额宜增,应将本籍学生补足二百名,另招客籍学生四十名,以期造就人才而备国家之用。所有员绅、教习薪水,通堂火食,以及购备图书、仪器一切活支杂用,较前计加一倍,费用不敷甚巨,拟请在于铜元局盈余项下,自明年为始,每年加拨库平银一万两,匀分十个月,按月由该堂支领,以资用度等情,由办理学务处布政使联魁、按察使濮子潼会详请奏前来。奴才复核无异,除咨部查照外,理合附片具陈,伏乞圣鉴训示。谨奏。

奉朱批:户部知道,钦此。

甲辰年十一月二十一日《京报全录》第八千一百五十二号,光绪三十年十二月初十日《申报》附张

载1905年1月28日《申报》附张,第3—4版,79卷90页

33. 严杜招摇

芜湖访事人云,前月,某武职大员署前某客栈,寓有太平县人李某,携带川资二百余金,旋与大员之孙某甲交游,意以为近水楼台易于得月,恳谋录入高等学堂。甲许之。越数日,伪缮堂中教习某君八行书,称需规费若干。李一一遵从。由是,晨夕与共,寻花问柳。约阅一旬,甲忽踪迹杳然,李心窃疑之,将伪信送往学堂请验。堂中执事某君向李究问,尽悉前情,立即知会某大员,某大员急向某君缓颊,并将规费如数还李,李遂无言而去。本月初,高等学堂及学务处连出两示,严禁此项事情,爰为之照录如下。高等学堂示云:为出示晓谕事,照得本处学堂自明年为始,将本籍学额补足二百名,另设客籍四十名,定于光绪三十一年正月二十日考试,业将考试日期刷印告示,分送各州县张贴在案。本学堂评定试卷,均系延请通儒校阅,凭文去取,并须呈送各大宪审定,不容有所请托,亦别无操衣各项费用,即该生等赍投公文,向不准号房人等需索分文。诚恐远道投考诸生未悉堂章严肃,致为不法之徒所惑,冒称本学堂执事人员,在外招摇撞骗,受累非轻。除由本学堂随时查察外,合行出示晓谕,仰各属投考学生,一体知悉,须知本学堂为国家造士,首重品行,凭文甄录,弊绝风清。请各安分自爱,如有前项棍徒在外招摇,以及需索规费等情,查出立即饬县究办,决不宽贷。既而,安徽全省学务处、布政司联方伯、按察司濮廉访会衔出示晓谕,曰:照得本处招考出洋学生,就所停膏火银两,选送学习完师范科六人、实业科六人,定于十二月初十日考试。业将酌定格式、考试日期示谕在案。查此次考选游学,岁糜公家巨款,原期造就人才,为他日归国效用地步,必须品行端谨、中国经史确有根底者,方为合格。本处校阅试卷,均延聘通才,悉心评定,一秉至公。果系文理优通,不难共见共闻,自无所用其请托;即该生等赍投公文,亦不许号房人等需索分文。诚恐有不法之徒冒称本处执事人员,在外招摇撞骗,亟应先期出示严禁周知,合行处示晓谕,仰各属投考学生一体知悉,如有前项棍徒借端招揽以及投文时需索规费情事,许即扭送来处,定行发县严惩,决不姑宽。该生等亦务须安分自爱,停候甄录,毋得妄事揣测,致贻后悔,其各懔遵,切切。特示。

载 1905 年 1 月 28 日《申报》,第 2 版,79 卷 163 页

34. 安庆(创建校舍*)

皖省高等学堂前借求是学堂暂行开办,嗣以斋舍不敷,就府学左近拓地另建大厦。刻已告竣,闻共费银数万两,现定正月二十八日迁入,所遗房屋,即归安庆府开办中学堂之用。

载 1905 年 3 月 12 日《申报》,第 11 版,79 卷 456 页

35. 学堂严禁需索

去岁,皖省高等学堂号房需索曾经出示严禁。日前,该堂招考时,号房等于投文及

新生进堂索取诸费,自小银钱数角至大银元一二枚不等。堂中监督洪太史之仆某甲即向号房索借,未遂所欲,因将种种弊窦和盘托出。太史及学务处恽太守察知核实,即将号房江某二人送县重笞数百板,并收押勒缴所得诸费,其余亦一律革除,另行更换。旋又牌示再三申戒,严禁需索。(减)

记者曰:学堂每以昔日衙役充当各职,无怪其需索敲诈,固行其素也。各省官学何处非安庆之相?若学生为此区区微费不妨市惠于小人,而身膺监督学堂之事者不当反观自鉴,先事预防,毋使虎冠而虿毒者得逞其志?况学生阅历不深,罔识世故,切齿其仆从,几将移怨其主人,热心教育者往往不谅于学生格格不相入者,非若辈阶之厉耶。

载 1905 年 4 月 7 日《申报》,第 10 版,79 卷 675 页

36. 管理缓派

安庆望江、东流两邑交界之莲花洲近涨沙滩一方,去岁高等学堂曾禀学务处司道立案,将来即归该堂营业,以充学费。乃前月杪,有生员丁某具禀该堂,恳派充管理,以专责成。旋经批示,略云:该洲现仅沙滩水影,其请派充管理之处应从缓议。(减)

载 1905 年 4 月 13 日《申报》,第 9 版,79 卷 729 页

37. 记高等学堂风潮

皖省高等学堂惠字斋学生黄某喜谭时事,语多激愤,素以个人自治颇著精神,与西史教习秦君善,久为各学生、教员所注目。午节前,黄日记上书有某某等别号数名,为总教某所见,疑黄为革命党,陈于监督。初六日监督即传黄,面索革命党簿记。经黄理论再三,其事始白,黄即自请退学。秦见如此腐败,万难再留,亦于次日向监督辞退。监督第云,俟暑假后听便,并未决意挽留。故秦已辞出他往云。(减)

载 1905 年 6 月 17 日《申报》,第 3 版,80 卷 416 页

38. 安徽学政奖励退学应试

池州府学生杨锡莺茂才,今春入省城高等学堂,肄业后复艳心科举,乃于学宪按临池郡时,请假回籍科考,居然高列前茅,大为毓宗师所激赏。及至优场,宗师未见该生投卷,因传诘其故,则称现入学堂,无暇学习书法,欲退学专习小楷,则定章须罚缴学费,寒士无力缴还。宗师因令速备册卷入场,学费当由本院备文,移行安抚免缴。该生考试事竣,赍赉文到省,欲求退学,学务处则以有违定章,虽宗师得意门生,事当别论,然亦须待暑假,再行定夺也。(恒)

载 1905 年 6 月 23 日《申报》,第 3 版,80 卷 464 页

39. 安省高等学堂学生全堂愤散——本馆安庆专电

本日寅刻,接安庆访友来电云,高等学堂学生因事愤争,全体散校。(咸)

载 1905 年 6 月 26 日《申报》,第 2 版,80 卷 487 页

40. 安省高等学生全堂愤散之原因

安省高等学堂学生全堂愤散,已据安庆访友专电记诸二十四日报端。兹悉愤散之由,因二十二日斋务长顾以卫虐辱学生周某,又因庶务长田某大骂学生为犬吠。于是本籍、外籍各生无不大忿,遂于二十三日一律退学,无一留者。闻解散虽因此事,而原因尚多,容再探明详录。(咸)

载 1905 年 6 月 29 日《申报》,第 2 版,80 卷 511 页

41. 皖省高等学堂全体学生退学始末记

皖省高等学堂今岁风潮迭起,迨五月二十四日,竟至全体解散。噫!破坏者改良之因也。五月二十三日退学者,皖省学界之大纪念也!进步耶,退步耶?是在安徽人自为之而已。记者调查其原因并当日退学情形缕述如下:

一为学生因饮食污秽而斥厨役,学生反革,厨役反留,此足征其管理之一斑也。

二为多数学生拟去某教员,暗投书函,而焦生被诬,某某生等退学,又足征其教员之一斑也。

三为日记簿而启革命党之疑,黄生退学,秦教习辞席,更足征总教习(见前月十六日本报)教育之一斑也。其种种怪状,犹不胜枚举,积此种因,遂造成全体决裂之一大结果。

五月十三日,高等学堂斋务长顾以卫因学生多服白领陈请监督示止。其日,遂有禁服白领之牌示(略云:学堂现未定有划一服色,诸生衣服自当以守旧式为是,近来风气所趋,大裯夏衣多服白领,中国向以白领为丧服,非丧而服,此甚觉无谓,抚宪不日临堂,诸生可将白领拆去,以正观瞻)牌示数日,而诸生之白领犹在。(此二十二日以前事也)

二十二日下午六点钟(即礼拜六日)课毕,有舒城县学生周光弼外出,适行至大讲堂,遇斋务长顾某,即叩周生如何擅自外出。周答:"向例礼拜六课毕可以出去,且此刻出去不止学生一人。"顾某谓:"吾乃执法者,尔何得不受法?"周答:"君虽执法,予亦未尝违法。"顾某谓:"尔何得说不违法,监督牌示着拆白领已历数日,尔白领犹在,此非违法么?"厉色曰:"听我就在此地拆去!"周对以"未去白领者不止予一人,君必欲予去白领,予可返斋就拆"。顾乃不由解说,呼茶房一拥而上,围住周生,并呼监学官梁某制周之手,亲自将白领扯下,曰:"任你去告监督罢。"顾比亦至监督处。

周生因愤愤返斋,随具条至洪监督处告退,而顾已在坐,仍言词粗暴,且谓:凡白领者,予将一一代行扯去。诸生见如此情形,皆大愤,遂至监督处据理辩论。监督答曰:"诸生不去白领,亦无甚要紧,而顾从周生身上强行拆下,诚为过当,但诸生来堂求学总

以能忍为是。"诸生听洪监督如此劝解,事已寝。

适有顾某同乡庶务长田毓璠从旁谓:诸生不遵牌示,又复聚众争辩,似此举止,诚无人格。诸生听此语愈加忿激。(此二十二日傍晚之事也)

诸生返斋,均有与顾、田不两立之势。有龚生虬等顿足谓:"我安徽何不幸,容此辈败坏学务,且侮辱吾等。"其时,顾窃跟诸生后,听此语,返向监督说龚生等肆口嫚骂。(未完)

载1905年7月2日《申报》,第1—2版,80卷537页

42.皖省高等学堂全体学生退学始末记(续廿九日)

诸生回斋计议谓:吾等此次之见监督,并未分辨明白,又为彼庶务长所侮辱,遂仍率同向监督处申辨此事。于时监督在顾房,而与顾同乡之学务处提调恽守毓龄、庶务长田及文□、赵某均在坐,见诸生之来,遂厉色问当先之许生、沙生姓名,二生以姓名对。恽、田谓:"尔诸生屡次辩论,究何用意?"二生答云:"学生等此来无他意,不过因侮辱过甚,情实难容,请监督秉公办理。"恽乃厉色而言曰:"尔等自难容,则惟有自退而已。"二生答:"学堂者,安徽之学堂;学生乃安徽人,如果曲在学生,情愿退学;若曲在彼,则我等退将安往?"恽又厉声曰:"尔等可知奏定章程,奇巧衣服载在禁例否?"许某答云:"奇巧衣服固章程之所禁,而白领亦并非奇巧。"恽云:"尔何得谓白领非奇巧,尔以白领为非奇巧而不去,则尔等何不去此更适文明地?此地非文明,自不应有此文明服。"诸生犹再三理论,恽与田无语支吾,田乃骂曰:"你们如此强辩,犹如犬吠一般,可恶!可恶!"诸生见如此情形,势难辨白,遂返,皆忿忿有去志,拟退学后再作计议。

此学生退后,有体操教习刘乃荣(系巢县人,武备学堂毕业生)造恽处询问端委。恽捏词以告,且谓:"两次之来,当先者均合肥学生龚虬、许凤岐、沙德生、王炳常、宁德麟、龚克类,而嫚骂争论者亦为彼等。似此狂妄学生,实不堪造就,虽不全行开除,而龚虬、许凤岐、沙德生三人断不可以不开除,□示警罚。"刘某唯唯而去。(以上均系二十二日傍晚事)

次晨,庐州府合肥六生、舒城四生全行告退,于是凤阳府合府学生张树荣等亦表同情,全行告退,颍州府学生亦续退。

恽守辰刻来堂,见三府学生退学后,尤责洪监督不能压制学生,以振学务,遂悬学务处牌示,开除学生十二人。诸生见牌示,气愈愤,本籍客籍学生二百五十余名一律告退,该堂为之一空,有搬至家中者,有家不在省中及外属学生等多搬至大房泰来等客栈者,亦有告退尚未搬出者。而未告退者,止外籍一人,本籍凤文骐三人而已。(以上二十三日上午事)

比学生告退时,洪监督氏见此风潮愈鼓愈激,乃向恽曰:"此事全是阁下庇护一己之私人,破坏全省之学务,大宪见责,谁任其咎?"恽昂然曰:"老兄勿忧。"于是"三日回堂"之牌下(略云:照章学生在堂应遵约束,管理人一切示谕均宜遵行勿怠,且学生不准聚众与管理人抗论有所要求。昨有高等学堂学生龚虬、许凤岐、沙德生、黄乃源、王炳常、张树荣、李鸿逵、宁德麟、沙相警、石茂才、顾怀慎、龚克类,涂抹牌示,聚众要求,肆口嫚骂,种种狂妄,似此举动,试问东西各国有如此学生乎?龚虬等均一律开除,并行文地方官

追缴学费,其为所迫胁出堂者倘能悔悟,准其三日内仍来堂,如过期不到,即行文地方官追缴学费),盖冀各生之复返也。

学生告退后,龚生、张生等(开除之十二生及他十余生)返向监督辞行,行三礼。张等曰:"学生系自退,何以独出牌开除我等?"洪曰:"此事全是恽一人主持。"张生曰:"开除学生是监督之权,恽何得干预?"洪曰:"你去至恽辨白,我也不能作主了。"(仍未完)

载1905年7月3日《申报》,第1—2版,80卷545页

43. 皖省高等学堂全体学生退学始末记(续初一日)

张生等又至恽处,恽倨坐,顾家丁曰:"彼系何人?"学生等答曰:"某等。"恽曰:"来此何为?"张答曰:"特来辞行,一因老师开除牌有涂抹牌示字样,此牌示挂于路口,老师怎见是学生所为? 学生亦非看守牌示者。"恽曰:"既未抹牌,何又聚众。"张生曰:"二百余人全来,何独指某等聚众?(指二十二晚而言)。真是欲加之罪,何患无词。"恽语塞,乃曰:"你何为出堂?"张曰:"全堂均散,某何独留?"恽曰:"因你出堂,所以开除。"张生曰:"退学非止某等,既开除,又何独诬加涂抹聚众罪名开除? 某等老师太把学生不当人了。"恽怫然起去,大怒曰:"你们这一班东西,本不像有人格,我又何必把你当人。"乃随走随说曰:"诬了就诬了,你去在上宪告咱罢。"恨恨而去,尚厉声似骂,其语不可辨。

时张等与恽争辩,学生、教员、丁役围绕门外者不下二百余人,学生有已经告退尚未搬去者,见无可挽回,退志遂决。

时有中史教员胡君、国文教员于君亦愤向学生曰:"似此行为,诚视诸君为犬马,若再留恋不顾,诚无人格矣。"(此系对怀宁学生而言,此时告退犹豫未去者以怀宁县学生占多数)

此时,田庶务长见事涉于己,乃入斋挽留告退未去之学生。学生曰:"君昨说某等是犬,何又不以人类自居而与犬类言?"田乃誓白其无,语极动听。学生不答,田乃返。

傍晚,洪监督及田、顾见事不了,乃邀农工公司实业学堂坐办陈绅小山及方绅守彝又某君三人等挽留诸生。诸生答曰:"一须将革除十二生牌示收回,一须将顾公卫斥去,田毓璠入斋赔礼,否则决无挽回之望。"绅等答以晚十点钟回复。

绅等乃赴恽处具陈学生等意见。恽言革除之牌既挂出,决无收回之理,顾某与兄弟同乡斥去,似与兄弟脸面有碍。绅等只得退去,故亦未将其言回复学生。是夜,学生多未睡,清理物件后计议办法,直至天明。(以上二十三日事)

次日天将破晓,诸生依次搬运物件,适是日为该学堂大考之期,届时抚、藩、臬均须莅止。六点钟,首县首府及文武员弁均来堂伺候。恽守至此,举止失措,即托首府裕守代白中丞云,近期天气过热,请展缓考期。裕依言,各文武员弁亦次第散去。

午后,恽守等返堂,将三日不来开除追缴学费之牌示撤去,其开除十二生牌仍悬,随又悬放暑假之牌示。(牌云:现因天气炎热,即于二十四日放假,本学堂定于七月十五日开学,诸生务须先期来堂。特示)

三下余钟,学生等拟致电于京师同乡官、江督、日本留学生三处外,一面拟稿通禀江督抚藩臬三宪,六下钟乃发致江督电云:学务处恽提调奇辱学生,全堂退学。七下钟又

电致京师同乡官云：安徽会馆同乡官鉴，某等遭奇辱，全体退学，乞致。大学生高等生公电（以上二十四日事）（未完）

载 1905 年 7 月 4 日《申报》，第 1—2 版，80 卷 553 页

44. 皖省高等学堂全体学生退学始末记（续初二日）

次晨，有诸绅见恽如此行为，颇动公愤，拟相约诣大宪处申理。午后二下钟，抚宪诚中丞忽接到江督及北京管学处两电（江督电云：安徽抚台诚藩臬台鉴，"高等学堂恽提调奇辱学生，致令全堂退学"等语，不知何人所发，此案究不知如何情节，总宜秉公查办。学生为将来自强之基础，应时力学，爱惜分阴，倘教员管理失宜，尽可据情陈诉，听候裁断，切勿散学，自窒进步，望婉谕之。馥电）（管学处电云：安徽抚藩臬鉴，据贵省高等学生来电，学生屡受奇辱，以致全堂退学，如果系堂员管理不善，自应设法挽回，免致阻挠学生之进步。北京管学处□电），即传询藩臬两司。

此时，恽已得督电消息，大恐，使某某两教员诣学生寓处说各学生，曰其开除十二人可以一二告退，余均准一律复入，如有学生回籍缺乏路费，可具名领银；如愿留堂过暑假者亦可。学生等置不答。

五下钟，抚宪询问藩、臬两司，究竟高等学堂学生如何退学，该提调等禀词多涉掩饰，仰即查明，以便回复制军。藩、臬两司遂返署。

傍晚，藩司传见恽、田二人，切责数语，令自挽本地绅士向各学生婉劝。恽乃于是晚奔走各绅之门，哀乞调停其事。

十下钟，绅等数人诣学生寓处，持江电询问学生（学生至此始得督电消息），并劝各学生不必退学、寝事等语。

是晚，臬宪亦委警察总局欧阳述观察往各绅处调停其事。（以上二十五日事）

次日，藩臬两司拟传恽、田、顾三人及龚生等十二生在学务处各伸理论，由学务处为之裁判曲直。诚中丞甚以为然，有即于明日办理之说。

下午，学务处忽有开复十二生之牌示（略云：查前次革退学生十二人，本因诸生少年气盛，又据皖绅公函，今询各教习，佥称十二人资质纯粹，分数甚好，若一旦任其星散，未免可惜，均著一律开复，于二十七日全班回堂，听候本司等分别面谕）。外府学生见此牌示，知为笼络计，多相约翌晨潜至他处暂避。（以上二十六日事）

次晨六下钟，两司至学务处，恽、田及安庆府裕守均在坐，两司令各教员率人至各寓处将学生龚生等强拽至学务处，其时已有安庆学生二十余人先到，计共四十余人。各生均雁行立，行三揖礼。两司略诘数语，皆南面话也。各生唯唯无他词，仅有某某二人称求大人培植而已。

两司询问后，即命姚教员演说，中国现在旧学将亡，新学未兴，惟在诸生静气力学，以期自强云云。学生退，两司乃下从宽照常肄业之牌（牌示事，斥退之十二生本日经本司详加考察，种种原因，虽非一端，该生等未能克己，徒知责人，亦乖敬业乐群之义，现经本司婉言晓谕，尚能领悟，均著一律从宽，照常肄业。该生等须仰体朝廷兴学育才之至意，地方官筹款办事之苦心，务各自保名誉，切勿弁髦公德，本司于该生等有厚望焉）两

司返署,各员亦次第散去。

下午,各学生一律遣返原籍,有附轮至芜者,有至宁者,并闻有至宁续禀江督之说,惟未知究竟,然皖省高等学堂学生全体退学之事至此寝矣。(以上二十七日事)

记者述皖省高等学堂学生退学始末竟作而言曰,自设学堂以来,风潮迭起,然从未有如此次之甚者,成或为士习之嚣张,或疑为教员与管理之法不善,记者均不论。窃以为事甫创始,波折必多,困难迭经,人才方出,理固如是,无足异者,记者惟愿,自是以后,学堂日渐改良,学界日有进步,则中国前途之幸也,抑岂徒于安徽一省有厚望哉!

载1905年7月5日《申报》,第1—2版,80卷561页

45. 皖垣学务处批示二则(二)

日前皖垣学务处悬出批示二则,兹并录于下……学生董嘉会,禀为皖籍黔生恳请本省津贴缘由。奉批,据禀已悉,查该生原系本堂学生,上年由贵州抚部院咨送京师大学堂,考取肄业。历经贵州抚部院、京师大学堂总监督、广西抚部院咨明有案,与非本堂学生自行赴京投考者自有区别,所称家境太贫,无力接济,势难赴京卒业等语,自系实情,姑准自本年夏季,按月给予津贴银六两,该生按季承领,他人不得援以为例。此批。(诗)

载1905年8月12日《申报》,第9版,80卷869页

46. 江督批办结皖省高等学堂散学事

皖省高等学堂学生于五月间因被斋务长窘辱学生全体退学,即经江督电谕秉公办理,其详情已纪报端。前月学务处司道将情形详禀督宪,并云学生不自知学生之分际,故行为言论动越范围,乞奏请颁定学律等语。旋经江督批云:学堂为自强基础,国家岁耗巨金。设堂教育,原为培养人才起见。乃该学生等不知堂规,不知学生分际,辄因细故,纠合全堂退学,殊属任性妄为,大负期望。现在,既据该司等谕令回堂,分别办结,应毋庸议。至所称近日学生风气嚣张,请奏颁学律一节,候行知两江学务处会同各学堂核议详夺。(诗)

载1905年8月16日《申报》,第3—4版,80卷900页

47. 皖省高等学堂定期开学

五月间,高等学堂因斋务长顾某辱待学生大起冲突,全堂退学。经藩、臬两宪调停寝事,本拟于七月二十日开学,而各生退学后大半誓不复入,迨七月望前,报到者仅十余人,外间遂有招补新生之说。至望后,陆续来堂者不下百余人,故该堂于日前悬牌,定期八月初开校。闻现在旧生之返堂者,尚未有已,想无须招考新生矣。(诗)

载1905年8月31日《申报》,第3版,80卷1028页

48. 监督赴宁会议学额

此次江苏士绅争持学额,皖中学务处于日前奉到江督著派学员赴宁会议之札文后,即派高等学堂监督洪太守赴宁,俾两学务处得以(安)〔妥〕商定额。洪太守已于二十二日起程矣。(若)

载 1905 年 9 月 28 日《申报》,第 3 版,81 卷 230 页

49. 又添监学帮办

高等学堂自前次冲突后,本省各孝廉咸垂涎堂中管理各席,故暑假后斋务长即更换合肥举人李君,监学官即换怀宁举人丁君。日前,监督洪太守又因监学官职司稽查学生功课,事甚繁杂,急需添设帮办,帮同照料,即以某观察推荐之怀宁县举人张□充当斯席。从此,该堂中每年将须多糜数百两经费矣。(羊)

载 1905 年 9 月 28 日《申报》,第 9—10 版,81 卷 233 页

50. 禀请扩充学额

日前,农工学堂绅董余德铨具禀学务处,以科举已停,急宜扩充高等、中、小学堂学额及推广蒙小学堂,以兴学务。高等学堂仅恃现定额数,实难以容全皖士子云。(羊)

载 1905 年 10 月 5 日《申报》,第 9 版,81 卷 291 页

51. 警兵与学生之大冲突

二十三日,安庆警察总局出示重申警察法令,略云:现大街小巷均有便桶、大便厕处,亦饬匠涂有"厕所"二字,嗣后,凡在街巷大便及晒秽物者均罚小洋四角,小便罚洋二角,由警兵查见,即带至分局照罚。如不遵罚,即拘至总局听候核办。二十四日傍休沐日停晚时,有高等学堂师范生韩某,怀宁县人,现充本城五路初级学堂义务教员,回堂时路经佑圣观巷,在僻处小便,突有警兵二人向之唾骂。韩谓此系僻处,并非路旁。警兵告以现已出示不准在路小便,遂将韩拘至西门三段警察分局曹委处,一路声称必须重办,亦不允罚了事,意存敲诈,实尚不知为学生也。惟在途中时,适遇高等学生张生、丁生等五人,见系同学,立即随至段委处,为韩(伸)〔申〕辩。讵曹委竟用南面话恫喝之,而诸生辩之愈力,该委乃挥令十余警〔一〕面将韩拖入内,一面用木棍击逐诸生。此时,观者如睹,传至高等学堂,该堂学生闻之大愤,乃一拥而出,监学丁某、帐房陈某知之,立将诸生阻止,愿为学生代表赴曹委处理论。该委谓,学生既违警章,又击警兵,殊为不合。丁、陈二君拟赴总局理论。未几,警察总办欧阳观察闻信莅止,始犹固执,不允归咎警兵,继见诸生不散,因径往高等学堂与洪监督商办,允即枷责该兵,将曹撤委,韩生以轿送回。而诸生犹未允。旋经教员姚某等将张生等劝回,诸生遂拟于二十四日合高等、五路、初级各学堂停课一日,伸理此事。此二十三晚事也。(诗)

载 1905 年 10 月 26 日《申报》,第 2—3 版,81 卷 467—468 页

52. 续纪警兵与学生之冲突

警兵与学生冲突已详前报，兹悉二十五日辰，高等诸生即一律罢课，拟与理论。监督洪太史即赴抚宪两司等处禀陈此事。两司及警察总办欧阳道亦同赴抚署面陈源委，后又偕皖绅陈道尧斋至高等学堂与洪监督磋商和平了结。欧拟将警兵枷号示众，曹委即日撤差，韩生用官轿送回。监督即以欧道办法传白诸生。诸生以曹委、欧道轻视学生已极，须将曹悬牌，叙明侮辱学生撤委之原因，始可了事。于是一面通知韩生切勿返堂，一面公举代表人预备伸理，并传布公启于各学堂。午后，警察总局即将二警兵枷号于高等学堂门首，未几又释去，诸生闻而大哗。至晚，又复枷号如前。各学堂接阅公启后，均表同情，定于二十六日一律罢课。如警察、武备、中学、凤鸣小学、尚志小学、半日等各学堂均举代表人，于二十六晨至高等学堂会议办法。其五路小学堂教员系高等生担任义务者，是日亦罢课。其后，洪监督与陈道再三劝导，诸生浮议渐息。二十七日晨，学务处即悬一牌示，略谓：二十四日四段巡警兵呵禁高等学堂学生小便，以致诸生愤抱不平，赴段局理论。该段委员复不能和平解释，业由警察总局将该巡兵枷责示众，并将该委员撤差，仰全堂诸生一律上课，切勿自误云云。未几，韩生亦由该段新委之吴委员用官轿亲送到堂，礼貌备至。至傍晚，枷号之巡兵二人亦以三日期满释去，各学堂于是晨闻有和平消息，因遂一律开课。该堂亦于午后开课，其事遂已。当风潮盛时，外间腾议于学生者，异说蜂起，皖中上下，官民深为惶惑。是亦学界中之怪现象也。呜呼！此事已矣，然后之办警察者其奈何？后之办学堂者其奈何？（诗）

载 1905 年 10 月 30 日《申报》，第 3 版，81 卷 504 页

53. 警察总办移学务处文——为请学生不能违犯警章事

为移请事：窃照敝道奉抚宪诚札委，总办安庆省城巡警事宜，遵于九月初六日接办在案。旋奉抚宪面谕，以巡警为新政要务，饬即认真整顿，凡保全治安、卫生诸事，必须督率各员弁，按照督办濮臬司前所订之法令规条切实办理。敝道曾将禁止当街小便污秽街衢告示饬贴，重申禁令而重卫生。尚恐地方不能尽知，复刊刻告白，挨家分送。讵二十四日适当星期下晚，高等学堂学生在街小便，不受巡兵禁止，互相扭结，遂致有全堂学生围聚四段分员大哄之事。敝道闻信，自往婉言劝散，而诸生恃其势众，逾分要求。敝道不惮烦言，执公与之析辩。旋经学堂贵监督并堂内管理员绅出面调停，敝道又多方查察，知委员咎无可辞，巡兵罪有应得，乃允将巡兵枷责，委员撤差，和平息事。其中委曲情形，已于二十五日会同藩臬两司面禀抚宪。复又同到高等学堂，与监督及全堂管理员绅，并邀请地方巨绅办结。敝道以学生应在优待之列，且办事各有权限，是以自将出言不逊之巡兵枷责，并将办理不善之委员撤差，而不复请贵处追问学生聚众之咎。平情自问，亦可告无罪于诸生矣。乃不意是日官绅去后，该学生等又生异议，全堂停课，多事要求，敝道理难允准。该学生遂遍发传单，捏辞诬谤，喧嚣二日，直至二十七日学务处牌示催生上课，始各回堂。敝道以学务处自有办法，不复过问。惟近日据各段巡员纷纷禀

称,此二日屡有犯禁当街小便之人。巡兵上前禁止,则必自称学生。巡兵戒于前日之事,莫敢究诘。是"学生"二字几成为不守法律野蛮自由者同得借用之名称,不惟重违朝廷设学储才之至意,恐亦为文明学界所羞愤不容。敝道职任警务,若竟听其破坏法令,上既负抚宪委任之重,下亦无以率属僚而服平民。现特通饬各员弁,如遇再有违犯禁令之人,无论何项人等,仍一律照章惩办。除分别札知奉行外,理合备文移请学务处,请烦通谕各学堂诸生,无过者幸勿效尤,已过者毋蹈前辙。学界幸甚,巡政幸甚。(诗)

载1905年11月6日《申报》,第4版,81卷564页

54. 警察与学生冲突之余闻

前日,高等学生与巡兵冲突。事平后,该生又以起事之孙家飚,当事未了时,独不与附和,反请上课,即于二十八日将孙逐出。旋经大宪所闻,颇不满意于学生。诸绅亦以屡次调停,均受该生等所窘,因于学生不免均有责言。故于本月初学务处悬牌,严斥各学生,择尤开除十三名。于是留堂诸生见势穷词绌,无可争持,各怀去志。闻自开除各生外,请长假者又有十余人。(墨)

载1905年11月8日《申报》,第3版,81卷580页

55. 敬告今日之为学生者

日本教育家深井鉴一郎之论教育曰:学堂者,法律所构成者也。教务员、事务员以至学生,无一人不在法律之中。吾国教育之精神,全在乎人人能守法律。譬之觇国者,纲纪肃肃,法令划一,若是者,其国必兴。觇兵者,行伍整整,节制严明,若是者,其兵必胜。觇学风者,岂有异者焉?夫学校既为法律所组成,则为事务、教务员等诚不能违法律而恣行专制;而为学生者,亦不能叛法律而纯任自由。此其理在,稍知教育者固人人能言之者也。我中国数年前初办学堂之时,为教务员、事务员等鲜知教授管理之法,诚多以压制习惯之手段施之于学生者;而为学生者自视身份甚重,不能稍忍。于是群起而与之冲突。外间舆论又复提倡之、鼓动之,务使为教员、事务员者,知学生之□可以奴隶视之而肆其压制,必改其平昔之手段而后止。以故,当时之学堂旋起旋仆。此诚办理学堂者有所未善,而不能以之责备学生者也。乃不料为学生者,即以此反对冲突为学生之能事,苟有不起风潮之学堂,则必目之为奴隶学堂,无人格之学堂,不问学堂之善否,而惟以兴事为亟,几视反对冲突之名词为学生最尊无上之名誉,以为学问可以缓求,而反对冲突不可一日稍缓者也。而办理学堂者,又鉴于各学堂风潮之为患而苦无术以息之。于是,不得不以宽纵之法为牢笼之计,事事听命于学生,而任其自由。而学生乃益以为得计,一切无谓之要求,无理之反对,无规则之冲突,日益加多,苟稍不遂意,即以全堂散学为挟制之具。犹以为势力未厚,则并要约各学堂停课,以冀必偿其要挟之愿而后快。呜呼!破坏学堂,吾诚信诸学生之才力有余裕矣,然为学生者,亦计今日所处之时势为如何时势乎,亦计今日学堂之成立颇不易易乎;亦计中国今日之命脉全系于学堂之一线,而不可再如从前之挫跌乎;亦计今日之世界为学生求学最急之时,而不可须臾稍缓

者乎；亦计今日学生之仔肩甚重，而不可自轻其价值乎！

记者之为此言者，初非谓今日之办理学堂者绝无专制之手段者也，亦非谓学生之可施以专制者也。惟每观近日各处散学之风潮，往往不由专制而起，如安徽高等学堂之风潮，松江融斋师范学堂之风潮（此特举一二处耳），推其原，或由于学生之先自违犯规则，或由于无关得失之一言，立即要集各堂，遽起哄学。初不计及散学之利害关系一身，关系家国，而贸然为之。昔日学堂之弊在学生之不自由，今日学堂之弊在学生之太自由。东西各国学生之自由，自由于法律之中。今日中国学生之自由，自由于法律之外。学生不先自守法律，而第责办事者之守法律，已与学堂为法律所构成之言大相刺谬，况办事者未必违反法律耶！记者窃恐长此以往，则教育之进步阻碍正多，学生之名誉丧失正大，学界之前途真可忧耳。为学生者，其亦翻然而思及此耶。

载 1905 年 11 月 21 日《申报》，第 1—2 版，81 卷 693 页

56. 论今日学堂停课之风潮

今日者，人人皆知兴学一事为挽回国势之基础，振兴民气之关键，急急焉注全力以办之矣。我朝廷废科举，设学部，饬各省推广学堂者何事乎？各省官绅及有志之士，咸以创设学校，协力劝办为亟者，何事乎？即各处学生莫不欣欣然负箧担囊奔走入校者，何事乎？其故盖已不言而喻矣。自数年前兴办学校之初，各省学生纷纷闹学，推原其故，或由于学生程度之未至，或由于教员教授之不善，或由于经理管理之不当。至于今日学生之程度渐高，教员之教授、经理之管理，亦已渐合于规则，宜若哄学之事日少矣，乃何以一究近来学界之现象，实足令人心惊胆裂而不胜叹异者？今试分析陈之如下：

一、合全国之留学生停课

留学日本者，我国全国之学生所聚焉者也，即全国教育之根本所系焉者也。我国留学生，而知其关系于全国之教育，当必稍为隐忍者也。而今乃以取缔之故，已全体一律停课。

一、合数省之学生停课

江宁三江师范等各学校，我国数省之学生所聚焉者也，即数省教育之根本所系焉者也；我数省之学生，而知其关系于数省之教育，当必稍为和平者也。而今乃以争学额之故，各学堂已一律停课。

一、合一省之学生停课

安庆之高等学堂、苏州之师范学堂，我江南全省之学生所聚焉者也，即江南省教育之根本所系焉者也。我全省之学生，而知其关系于全省之教育，当必稍为步让者也。乃安庆之高等学堂曾于月前以警兵互殴之故，而全校一律停课；苏州之师范学堂，亦于今日以失物之故，而下四府学生一律停课。

一、合一府之学生停课

松江郡城融斋师范学堂，我松一府之学生所聚焉者也，即松江一府教育之根本所系焉者也。我松一府之学生，而知其关系于一府之教育，当必稍为瞻顾者也。而今乃以经理一言之故，而亦曾于月前一律停课。

一、合一县之学生停课

高等小学堂者，一县之学生所聚焉者也，即一县教育之根本所系焉者也，然县学堂之纷纷停课者，则更不暇悉举，如泰兴县学闹事之类。虽衅端不尽开自学生，而其全体散学，则一也。

以上所述，记者只就关于我江南省之学堂调查而分列之，他省学堂之停课，则尚略而不举。然其停课之风潮，自全国，自数省，自一省，自一府以至于一县，已达于极点。有心人试一览之，能不失惊长叹，而为中国学界之前途危耶？

记者曰：往者已矣，不可追矣。继自今我国学生苟思及之而以为危者，盍亦稍加郑重焉。夫学问之事不可与之抵抗者也，而今日之学堂，尤为存亡绝续之交，而不可稍有间断。苟起一风潮焉，生一阻力焉，则一落千丈矣。破坏之易，我人固知之矣；创办之难，为学生者亦知之乎？不忍一朝之悻悻，在他国者，起而与他国人之管理学堂者抗，是非与管理学堂者抗也，直与学问抗耳。在本国者，起而与本国人之办理学校者抗，是非与办理学校者抗也，直与学堂抗耳。苟为学问计，为学堂计，为中国之前途计，其思之，其重思之。

载1905年12月27日《申报》，第1—2版，81卷997页

57. 皖垣学务（聘订严复＊）

去岁，大宪聘订侯官严几道观察为高等学堂监督，兼总教习及学务处参议两席。现严观察已于月之初三日莅皖。闻自到堂后，已将教员换去多人。（士）

载1906年3月5日《申报》，第9版，82卷461页

58. 皖垣学务（推迟开学＊）

高等学堂本拟二月初一日即行开学，因自正月半后阴雨连绵，年假回籍诸生尚不能一律到堂，因即改期十五日开学，于日前悬牌示知矣。（士）

载1906年3月13日《申报》，第9版，82卷539页

59. 大学生恳留津贴

京师大学堂之安徽学生前曾禀准皖抚，著各原籍州县每月津贴膏火银六两在案。去腊，各属申详各宪称，大学诸生大都出于世家，并非寒素，此项津贴殊乖体恤之道，与之亦未免伤惠，应请自光绪三十二年正月起一概停给。刻闻各学生亦已禀陈抚宪，请仍旧照给。不知抚宪批准否。（说）

载1906年3月19日《申报》，第9版，82卷599页

60. 高等学堂考试申送学生

高等学堂缺额无多,去腊外间有该堂拟于今年广额之说,故日前各属申送投考者有二百余人。学务处乃于十八日牌示,略谓:高等学堂现本不收考,惟以近日各属申送投考者俱系远道来省,若不变通办理,殊非体恤寒畯之道,今定于二十日一律考试,嗣后若遇招考,须俟刊刷告示定期,遍行晓谕,各属始准申送。(多)

载 1906 年 3 月 20 日《申报》,第 9 版,82 卷 609 页

61. 高等生纷请开复

去岁,高等学堂学生与警察兵冲突一事,事后高等学堂开除学生十余名。上月初,有怀宁举人胡某禀请学务处,以开除之王、杨、沈三生在堂功课甚优,近颇悔过自新,弃之未免可惜,恳准开复等情,已准入堂肄业。又有凤阳学生黄乃源,亦由该邑贡生武世安禀请藩宪恳准开复。当经冯方伯批示谓:学生在堂,理宜潜心向学,不应干预外事,兹据凤阳副贡生武世安禀称,学生黄乃源去年为人受过,致被斥退等语。事成既往,正不必哓哓置辩,惟念该生各科功课均列优等,出堂以来,亦复好学不倦,并非不知改悔自甘暴弃之流,移商学务处转请高等学堂监督收回原堂,令其随班照常上课。该生务宜争自磨琢,无负本司弃瑕收录之至意。(多)

载 1906 年 4 月 2 日《申报》,第 9 版,83 卷 15 页

62. 欢迎学堂监督

高等学堂监督严几道观察于本月十六日莅皖,十七日到堂演说。高等学堂全体学生特开会欢迎,并致颂辞。是日,抚藩各宪均莅堂观礼,并闻抚宪有拟聘严监督为顾问官之说。(多)

载 1906 年 4 月 16 日《申报》,第 9 版,83 卷 155 页

63. 纪严监督考试高等学堂各题

侯官严几道先生应安省高等学堂之聘,于十六日到堂,十八日在堂考试诸生国文,计论题一道,问题三道。兹录于下:论义利之辨。问古今言理,通病有二:一曰天地对举,二曰分配五行。天地对举尚为中西古人所同,至五行分配,则中国所独。至所发明,一无可据,然惟周易于前两者皆无所犯。诸公能疏其说欤?问春秋之贤,最富于今世思想莫若郑之子产,其于立宪自由,皆所论及。至于辩理外交,所以保护主权,抵制强大,察其词旨,即在今日,亦为无伦。能征引以证兹说欤?问古人著书往往相发,如《论语》首章之与《大学》三纲领,《庄子》十七篇之与《道德》首数章,寻其意旨,皆若吻合。试为比附言之。(多)

载 1906 年 4 月 17 日《申报》,第 9 版,83 卷 165 页

64. 皖省学务汇纪(不准补录*)

日前有高等备取学生郎鸿钧、郑象堃二人,在学务处禀请权宜收学,以宏造就等情。当奉批云:查本堂各班功课皆系一线到底,由浅而深。若学生(旅)〔屡〕入(旅)〔屡〕出,程度不均,不独教者无从施功,于学者亦毫无益处,郎、郑两生所禀各节爱莫能助,碍难准行。仰仍静候师范学堂开办,前往该堂分班肄业可也。

凤阳县高等学堂开除学生年延龄,亦于日前在学务处禀称向学情殷,恳恩收入,以雪前污等语。亦奉批云:查禀中情形,前次开除自是被人顶冒,但顶冒之事未必为该生所不知。刻下,堂中斋舍已满,班次已定,不能收入,致碍功课,仰俟添招时再行投考可也。(士)

载 1906 年 6 月 4 日《申报》,第 9 版,83 卷 631 页

65. 教员控被短给修金

高等学堂师范生何霖煦、姜绍陈具禀学务处称,充颖州教习,暑假散归,该守短给修金,并不发川资等情。经该处批谓:现届开学,该生应即迅速前往,分任各科,认真教授,幸勿计较锱铢,敷衍塞责,致贻口实,为学界所诟病,其束脩俟札饬该府,照章补送。(士)

载 1906 年 9 月 11 日《申报》,第 9 版,84 卷 713 页

66. 纪皖省高等学堂近事

高等学堂监督严几道观察,本年四月间莅堂后,即将各班学生逐一考试,分为师范、预备两班,预备定七年毕业,师范定四学期毕业。暑假开学,已照此办理。乃日前沈提学到皖,则谓师范既已另设专校,高等学堂又设师范,未免复叠。且该堂由从前之求是改为大学,又由大学改为高等,开办已逾十年,尚未举行毕业,现又定七年毕业,则将来各处中学毕业生从何推升?业已将前情详告监督,将甲乙班学生改为高等速成班,定于此学期一律毕业。其预备班则改为五年毕业,不复再设师范矣。(士)

载 1906 年 10 月 11 日《申报》,第 9 版,85 卷 87 页

67. 严监督移提学使文

日前,高等学堂严监督移提学文谓:窃照本学堂学生额定三百名,前因斋舍不敷,先行录取二百四十名入堂肄业。查将年岁较长之学生另列速成师范一班,分别课授。兹查本堂添建斋舍,将次完工,速成师范学生亦于年内修业期满,应于明年上学期内添招本籍学生一百四十名,客籍十名,补足名额,以宏造就。现经遵照学部订立《征收学费、膳宿费、书籍、操衣等费章程》,体察皖省情形,量为核减,酌定本籍学生每年缴学费漕平

银四十两,客籍八十两,均分为正月、七月两期呈缴。为此合移贵司,请烦查照,希即札饬各属,申送中学堂学生,年在二十以下者,限于明正二十五以前齐集省垣,候考录入堂肄业等因。刻兼署提学冯方伯已札饬各属遵照矣。(士)

载 1907 年 1 月 14 日《申报》,第 9 版,86 卷 133 页

68. 考试毕业生揭晓

皖省高等学堂自严又陵监督莅堂后,编为预备、师范两班。现师范毕业届期,该监督偕同提学使于月之初一、二、四、六等日考试诸生,刻已揭晓,计取六十二名,分为最优、优等、中等发给凭单云。(说)

载 1907 年 1 月 27 日《申报》,第 9 版,86 卷 255 页

69. 示期考试高等学生

安徽高等学堂例于本年上学期添招新生,考选足额,业经示谕各属一律申送。兹严又陵监督示期于十七日考试本、客籍各生,十八日考试备取各生,以便分别去取。(正)

载 1907 年 4 月 3 日《申报》,第 11 版,87 卷 368 页

70. 皖省高等学堂大起风潮

十三日,高等学堂各生齐集饭厅时,因饭菜不佳,向斋务长周献琛陈说。周呵斥云,倘嫌饮食不佳,当即斥出。各生怒不可遏,群起相攻,并将饭桌掀翻,向周云:"以全皖之脂膏,养尔不通之斋长,速即出去。"周且羞且怒,立即出堂。各生复撰成谏文,小启丑历史多件,遍贴校内,一面并赴提学司署禀报。未识若何办理也。(盛)

载 1907 年 5 月 28 日《申报》,第 11 版,88 卷 362 页

71. 续志高等学堂冲突事

安徽高等学堂学生大起风潮,逐退教务长等情已纪前报,现接到监督严又陵由沪来电,谓学堂伙食欠佳,应责成庶务员。学生恃众滋闹,应查明记过等语。究竟如何办法,大约须俟严监督莅皖,始可定夺云。(时)

载 1907 年 5 月 30 日《申报》,第 11 版,88 卷 386 页

72. 专电·电四·安庆(四月十九日酉刻)

皖抚今日接严又陵观察由沪来电,力辞高等学(生)〔堂〕监督,请另派员接办。(先)

载 1907 年 5 月 31 日《申报》,第 2 版,88 卷 393 页

73. 再志高等学堂冲突详情

十四日，安省高等学堂全体学生斥退斋务长，已两志前报，兹又接到访函，较前尤为详尽，特再节录如下：

该堂自去岁严监督莅堂后，即将高等学生分别师范、预备两科，就师范者，以两年半毕业；就预备科者，以五年毕业，专重英文、英语。其时考试，录取甲班预备生28名，乙班生80余名。去冬大考，又剔退甲班生16名，乙班生30余名，各学生已咸怀怨恨，而该堂斋务长周某又恃与监督交好，多方欺压。其实周固一西崽之流，去岁曾充师范科西史教员不能，下一句读至讲"地中海"三字，不知究在何处，讲"雅典"二字为人名，训"亘古"为"旦古"，"魑魅"为"魑鬼"，"墨"读为"黑"，"逵"读为"达"，其余不堪胜述。至若西文亦不通，如 whom 居受事之位用之于施事 were doing，本 active voice 动字之施事者，而以为受事 passive voice。此大较也，其他不通之处不可枚举。而其办事又任性妄为。该堂请假章程，越五星期应即开除，而学生徐某素附和周者，请假越五星期，既不开除，又不记过。又，学生陈某亦与周有私情，私行出外宿娼，被号房查出，周亦置之不问。又，学生方某请假仅两星期，因与周不合，遂记大过两次。又，学生张某，英文素称卓卓，缘细故与周争论，大考时被暗扣分，数日予开除。此周之办事概可见矣。近且有拟将甲乙两班六十四名于暑假时开除五十名之说，各学生闻之愈形忿忿。适十四日午餐被周呵斥，遂大起冲突。其时，周知犯众怒，即向诸生曰：请勿暴动，我当辞去，如不去，即以手比龟誓之。众人勒之退出，始抱头鼠窜而走。现该堂全体学生已将行李各自搬出，谓："免得监学零碎开除也。"（独）

载1907年5月31日《申报》，第11版，88卷398页

74. 通信·安徽高等学堂全体学生对于严监督之公愤书

风潮原因

侯官严子挟其学术，翩然来皖，吾党咸欢迎之，以为将有大影响于皖学也。乃不数日即去，去而斋务长周献琛来。周来而严遂不复闻问矣，盖周之来也，实为严之代表，严惟周言是听，不加驳诘。于是，吾党咸属望于周。既而，鲁鱼莫辨，黑墨不识，于是吾党知周之不识汉文。既而，受事 OBJECT 与施事 SUBJECT 不分，刚声 ACTIVE VOICE 与柔声 PASSIVE VOICE 莫辨。于是，吾党知周之不识英文。既而专逆横行，奴隶学子，倾倒规则，任意逞威，于是吾党不堪忍耐，然犹望周以一人改良加惠我全体也。自吾党新入者来堂，其苛责之情，尤难缕数，愤郁不平，日积于胸，不待审虑而后发，全校一致犹向周辨明，请其悔过改良。讵周肆意狂暴，拂衣而去。吾党犹相率上课，不敢稍犯堂章。讵闻严来将大不利于吾皖，而吾党亦以严不足为监督，决以去留争之。夫学界不振莫皖若矣，吾党处此艰难之日，宜如何同心协力，建德立名，以为我学界光，或可挽回古先哲经济文章之名誉，又岂皆妄行暴动，蹈野蛮之覆辙，阻文明之进步，贻海内之大羞哉！特是退而思维，吾党处此校，为海内负责任者几何，为全校负责任者几何，为乡邑家族以及一身负责任者几何？长此终古，过隙之驹，〔时〕光忽忽以后，德民之资格不立，普

通之学术无成,乃复变此不定之规则,承此腐败之师资,享此残缺之末学耶?我躬之不恤其如后人,何况对于海内、全皖、乡邑、家族及一身之责任又安在也?海内大人先生及吾等同志于严之品学必能尽悉,而于其负我皖人之咎或未周知,即吾等此日之举动,或不闻其详,不谅其衷,而大加责备,容或难免。用是公愤聊献之书严公之罪因之以定,吾等之心或可稍白,倘蒙父老不以吾等为浮躁为横逆,而因从而鉴原之,合力改良,焕然一新,则幸甚幸甚。(未完)

载1907年6月2日《申报》,第20版,88卷426页

75. 通信·安徽高等学堂全体学生对于严监督之公愤书(续)

一、放弃责任

严公于去二月初受吾皖聘,月修六百两,至三月半始来,未及暑假而返沪两次,假期已届而尚未回堂。诸生因候渠大考,强半病暑。迫电催,而严惮远行,即复电停考放假。秋后到堂,未浃旬,又走京师,寒假始回,住一星期许。今正月招考新生,各处学子麇集千余,候渠一人竟至二月杪始来,多半因资斧告匮,试期尚远,而太息废学以去者。考竣未久又赴沪,迄今未回。统计三星期,用银万两余,在堂仅两月。而两月在堂,又高拱深宫,学生欲一睹容颜、一闻声欬,而不可得秘密踪迹之所,惟烟缕缕自户外出,香气扑鼻端而已。所以新生居数月,尚有不识监督为何许人者。其课程教育可知矣。呜呼!学堂贵身教,而严公之身若此,使夜气偶萌自问,当亦惭汗矣。

一、奴隶学生

自去岁下学期,高等学堂即分为数等阶级,每有要事,由严之跟仆指挥斋务长周献琛,周之跟仆号召学生。学生虽有婚丧大故,亦不能直接请假,须递禀候批,始能作定。去冬,师范生周孝达父死,禀请奔丧,竟谓大考在即而不能照准,以致周君痛哭流涕,几不欲生。今岁,新生某因母病危笃,电令速归者,具禀请假。阅十数日,始行批出,而该生已郁愤成疾,不能归省。种种隔阂,毫无爱情。尤可恨者,周之对待学生专以鄙笑辱詈为能事,甚至上堂时蹴翻校具,以示其横暴之威,使学生屏息惧慄,不敢一语。至渠辈饮食器物,视学生优异数倍,如主仆之不能一致,犹其末焉者。由此观之,其子弟我也,奴隶我也,不待智者而后知也。吾皖以十数万之巨款,请渠辈制造奴隶。倘有林肯其人者,吾三百同学均当俎豆馨香以奉之。

一、虚糜光阴

去岁上学期于预备科中,辟一师范左右班,右班多新生,未曾习英文、算术;左班在堂日久,即程度浅者,英文亦读过《国学文稿》三集,而算学亦学至代数。而周献琛令回误〔读〕字毋〔母〕,复学加减,半年功课,只温英文启蒙十课、算学乘除。迨下学期,又废去英文一科,而左右两班之光阴均虚牝矣。呜呼!往者不可谏,来者犹可追。孰云今岁之新生又如去岁之教授矣,其害伊于胡底乎?不宁惟是,去岁甲班既经任意开除,零落不成班次,今年遂将乙班并入,程度参差,已难收效,而又迫令回读二集《帝国读本》,文法以《英文汉诂》为读本,此书为严于烟灯下仓卒纂就,教习因其不合□□,讲授不便,复从汉文译成英文,其后互相矛盾,以致教习、学生两困而毫无实效。严来乃贸贸然谓:学

生用功不勤。抑更有甚者,去岁严到堂,新增音乐一科,聘一英国人教授,月俸二百余金,购乐器仅三十六件,而其价竟需二千余金,合计教习薪水、乐器价值共费四五千金。左右全堂仅三十二人学习,且暮鼓吹,寒暑不休,冬季考成,得足分者居多数,竟尔开除大半,致不成班。况堂中可学者不只此三十二人今年开课,竟不提及(音乐)一事。以学堂数千之公款,学生一载之辛苦,弃若弁髦,毫不之顾。吾不知其是何居心也。

一、信用私人

严公所用之人非亲戚子侄,即门生故旧。使若辈果能称职,正如古人所云"内举不避亲"也,于吾皖何损?奈周献琛等中文不通,英文复劣,其平日误"绵亘"为"绵旦",呼"洪邃"为"洪达",读"句主"为"勾主",谓"春蒐"为"春鬼",甚至写"气盛言宜"之"盛"为"甚"。种种讹误,学界已传为笑柄,吾同学犹曲为之原,谓英文尚佳,当节取其长,不能以寸朽弃达抱也。前月,视学考问,竟无一人敢应。查所授之音义,又多错讹。视学去后,周献琛上堂首次考卷以受事位用于句立位,二次出题认施事刚声为受事柔声,此皆有试卷及题目足凭者。推原其故,渠等大半系北洋水师卒业生,距今二十年,风气未开,凡文字稍有根据者,皆例重科目而不肯就,渠等从此出身,此中学所以不通也。历时已久,当日之所学又多遗忘,于军书旁午、海舰灰烬之余,酒地花天,藉道咄咄,各种科学不复有心过问。此西学之所以亦劣也。中西俱劣,故于教育心理上毫无研究,惟知谄事严公,冀以附青云而骗金钱。严公身性骄傲,易于蛊惑,遂畀之重责,任其以腐败气习、野蛮手段对待诸生而不之顾,以至黜陟颠倒,新生以一年程度而师范毕业,旧生以数岁功勤而多数开革,将高等之士气摧折殆尽。犹复盘踞侮傲,以为长久之计,此吾等之所由公愤也。噫嘻,今日之咎严公者多矣,吾得一言以蔽之,曰:"信用私人,贻害学务也。"谓予不信,请公调查。

一、浪费公款

严公去岁到堂时,代学堂购书籍、仪器,支款甚巨,闻所到之书只值二三万金。冬月又支银五千两寄英国购书,查伦敦至中国不过两月路程,何以自去岁迄今已逾五月,而书仍未到。尤可异者,乐器一项,本堂购价买费千六百金,而督练公所止用八百余金竟将全副购来。然此或别有原因,亦未可知,姑不具论。论先生以公款济私人,如斋务长薪水向系四十两,自换周献琛一跃而增至百七十两;监学官薪水向系三十两,自换严家骥一跃而增至百余两,其余旧有之教英文者,不过六十两、八十两,惟严公所请之人虽教字母,亦未有在百两内者。至于饮食用度之靡费,加增数倍犹其末焉者也。吾不知先生来皖之初衷,其欲栽植人材乎,抑欲调尔私人也?其欲达教育之目的乎,抑欲骗金钱之主义也?呜呼,先生尚尔,何怪教育之腐败耶。呜呼,先生若此,犹望学界之振兴耶?

载1907年6月3日《申报》,第20版,88卷438页

76. 高等学堂监督回省

高等学堂连日大起风潮,经提(司学)〔学司〕电促,监督严又陵观察回省等情,迭志前报。兹严监督于二十二日乘轮抵省,已面谒抚宪、学司,商议一切矣。(盛)

载1907年6月6日《申报》,第11版,88卷470页

77. 议举高等学堂监督

　　安省高等学堂监督严又陵观察辞退后，暂由王提调咏霓兼理。现皖绅暨学生等于上月念九日会议慎选监督之法，闻日内即须投票公举云。（政）

　　　　　　　　　　　　载 1907 年 6 月 13 日《申报》，第 11 版，88 卷 556 页

78. 高等学堂已放暑假

　　安徽高等学堂自严监督辞退后，由恩中丞会同沈提学暂委提调王咏霓太守为该堂监督，各学生（于即）〔即于〕前月二十九日回堂上课。乃闻初四该堂已放暑假，以致各学生行李又搬运一空。似此情形，下学期恐难乎为继也。（化）

　　　　　　　　　　　　载 1907 年 6 月 22 日《申报》，第 11 版，88 卷 664 页

79. 详请寒士免缴学费

　　安省高等学堂客籍学生顾光樵入堂以来，于各科学颇多进益，乃因家贫，拟即废学。恽毓龄太守以该生赋质聪颖，殊为可惜，故特转详上台，请予该生免缴学费，俾成学业。想冯中丞当能体恤寒儒，准如所请也。（盛）

　　　　　　　　　　　　载 1907 年 9 月 19 日《申报》，第 11 版，90 卷 222 页

80. 高等学堂委定斋务监学

　　安省高等学堂自今春与严监督冲突，暂委王咏霓太守监视开学，全体学生亦一律上课，不数日即放暑假，所有前次浙帮教员亦皆辞退。现闻暑假后经抚宪冯中丞聘定前浙江衢州府洪太史思亮为监督，其余教习、庶务各员均饬提学司使考察，酌夺委用。现沈子培学宪禀明皖抚，该堂斋务长已委中书科衔霍山县优廪生蓝晋琦，监学员已委湖北候补县丞孙发绪，均到堂任事。（化）

　　　　　　　　　　　　载 1907 年 9 月 28 日《申报》，第 12 版，90 卷 330 页

81. 札饬学生不准干预政事

　　皖抚近准学部咨开，奉都察院代奏，各省学堂学生务须安心向学，不得干预政事、开会演说，相应咨行贵省一体钦遵办理等因。冯中丞已札属转饬各学堂遵照办理。（孔）

　　　　　　　　　　　　载 1908 年 1 月 13 日《申报》，第 2 张第 4 版，92 卷 150 页

82. 核奖高等甲班生

皖省高等学堂甲班生腊年考试毕业,后经沈学使照章禀请皖抚咨部核奖在案,现准学部咨复,以该堂甲班毕业生所请奖励,核与奏章相符,应准如详办理。(孔)

载 1908 年 3 月 12 日《申报》,第 2 张第 3 版,93 卷 138 页

83. 札委官报调查员

皖省高等学堂监督,近奉抚宪札开,委该学堂文案厉州判蓉青为官报调查员,并令选择文牍,编译成书,呈送察核等因。现该堂监督已照会该文案遵照办理。(孔)

载 1908 年 4 月 5 日《申报》,第 2 张第 4 版,93 卷 478 页

84. 皖省学界大风潮再纪

皖省理化传习所罢学风潮已纪前报,现得访函,述其详细原因及最近情况云:理化专修科系提学沈子培所办,甫于上月初开学,惟该校不设宿舍,学生每日持听讲券到堂,早聚晚散。先是有刘汝喆者,以训蒙为业,某甲劝其弃馆入校,谓毕业后所得将数倍于训蒙。刘然之。时理化已开学多日,甲遂给以现有曹生,虽经考取,尚未到堂,汝能出洋二十余元,即可持渠听讲券入堂,俟毕业时再更尔名不迟。刘本寒士,多方张罗,得二十三元交甲。甲以伪券给刘,遁去。刘不知也,贸贸然持券到堂,诸生以曹到堂多日,何得复有?曹生即禀知管理员朱镜,挥之出堂,刘见不能听讲,忿甚,直言券系买来,并向朱索买券原洋。朱怒其伧野,几至殴斗。刘遂忿忿出堂,以朱某合谋诱骗等词投禀抚署鸣冤桶控诉。冯中丞乃批:仰首府恽守传讯。恽守奉批,不察细情,立出差票拘朱。初八日早,府差又往该校守提,于是学生大愤,全堂罢课,将差票、差役扣留不放,一面禀报沈提学。沈即将差发县责办,该堂又发行公启,布告各学堂,午后并邀请学界中人在该校公议办法六则:(一)要求教育总会开会。(一)禀明抚、藩、学三司。(一)电禀江督、学部。(一)请藩司撤首府任。(一)刘某诬控应反坐。(一)地方学务归教育会研究,提学司管理,应请学司通饬各属,以后如遇教员管理及学生等或因学务被人诉讼,地方官必先知会各地方学会及各学堂堂长,不得擅自著差入堂拘传。并议以上数条目的如不能达,全体退学云。初九日,全省师范、高等、府中三学堂亦均停课协议。该校学生要求教育总会开会,惟洪会长不赞成,遂改初十日在皖北教育会会所研究对待之法。

又,另一访函云,理化传习所与恽守冲突一案,官学两界至今相持未下。不料一波未平,一波又起,事因传习所于初八日停课后,同时大学堂及师范各学堂亦停课协议。乃大学堂监督洪思亮为邀功谢过、保全禄位之计,即上院面谒冯中丞,谓敝堂生停课,实为师范生所鼓惑。冯抚信之,意颇不怿,适初十日大学堂上课之时,有师范学生二名至大学堂寻友,洪监督竟唤警兵将师范生逐出。该生等以无故受辱,心实不甘,遂忿忿回堂告知,全体大为愤懑。闻拟一律罢课,向洪监督诘问理由,而大学堂学生因狐兔之感,亦有罢课之说。尚未知若何了结也。

载 1908 年 5 月 14 日《申报》,第 1 张第 5 版,94 卷 171 页

85. 学司批斥学生停课要求

皖省理化专科大起风潮已迭志前报,兹悉学司批理化专科控恽守禀云:朱教员被诬一节,业经抚宪饬司秉公申理,生事之差亦已交县重究,已臻极端。该生等又复哓哓不休,延不上课,意欲何为? 良所未喻,风闻并有开会集议之事,诸生究何苦自荒学业,为此不文明之事,将置朱教员于何地耶? 仰朱教员力劝该生等一律上堂授课,毋得自外裁成,借端阻学,致干开除,各宜自爱。又批云:尔傥幸欲入理化专科,冒顶他名,先以贿进,实属咎由自取。既由吴襄甫从中申骗,则此案虚实自以吴襄甫为最要关键,候饬传到案,质讯明确,秉公核办。(女)

载1908年5月16日《申报》,第2张第3版,94卷200页

86. 高等学堂附设统计处

安徽高等学堂监督呈报皖抚文云:本堂现拟遵照部章,禀请添设统计处,就该管事项拟定表格,依类编订,随时移送调查局来辑。即就本学堂礼堂西侧设立办公处,派文案、会计、检查各员办理统计事务,业已开办。

载1908年6月8日《申报》,第2张第4版,94卷504页

87. 学生殴辱教习

高等学堂学生徐杰昨至育正小学参观,徐原系该学肄业生,素与该小学教习江雨时意见不洽。晤江,江问曰:"尔出入堂内,尔何瞅目以待我。我原无心,旁观者颇为訾议。"徐答谓:"我礼你何为?"江怒詈。徐抢前扭江发拖地。众劝止,江衣被撕裂。江命役人拿送提学惩治。复经众拦阻,乃拟开学会,要求高等监督议处。以后不知如何调停。

载1908年8月18日《申报》,第2张第3版,95卷674页

88. 皖省亦无大学资格学生

皖省提学司前奉沈护抚札准学部电咨:京师大学分科,明春开办,饬令考选高等合格毕业学生数名。又奉饬续办预科,考取各省中学毕业各生咨送到京复试,以便饬令分班授课等因。惟查皖省高等学堂尚无合格毕业各生,应毋庸暂定名数。至预科考取中学毕业各生,自应遵照通饬各属晓谕应考中学学生,限于十一月初十以前到省,以备届期考选。

载1908年11月8日《申报》第2张第3版,97卷116页

89. 捐产助学之抚批

指分安徽县丞蒋德涵现将原置全椒县田地一并捐入高等学堂,上禀皖抚。当奉朱中丞批示云:据禀,该员自置全椒在乡界首坊王圩庄田三千四百余亩,并大王庄等处基地,随同各处佃房及添置农具等项,共约值银八千余两。中稔之年,约可收租一千五百余石,情愿全数归省城高等学堂,以充经费。具征热心公益,嘉惠士林。披览之余,良深慰佩。惟前项田地界址曾否清楚,能否不致别生纠葛,仰藩学两司速饬全椒县克日亲诣查勘明确,先行造具顷亩四至细数清册,详送查核,以凭饬令收除过户,借济要需。

载1909年3月25日《申报》,第2张第3版,99卷348页

90. 高等学堂呈复无员可裁

皖省高等学堂复抚宪文云:查本堂教员、管理员,类须访聘士绅,其学问与本堂程度相合,其办事于学务经验已久者,始克充选。惟因经费支绌,以致各员之薪水未敢拓充。访之江、鄂邻省较为减少。现因开办本科,程度渐高,教员中尚须酌量加薪添聘,似难再予核减。至挂名津贴,本堂向无此种名目,而滥竽充数亦无其人,委实无从裁汰。

载1909年5月16日《申报》,第2张第3版,100卷216页

91. 高等预科毕业请奖办法

皖省吴提学据高等学堂洪监督呈复高等预科甲班毕业请奖,照原案奏咨转详抚院。当奉批云:该堂预科甲班请奖一案,迭经指驳,实以等级参差,多与定章未合,与其干驳于后,不若审慎于先,故饬令按照部颁表格填列,其不满十学期之学生,另拟详表随文申送,以凭复核。兹据详称,此次加分定等,似已一再从严,与各省请奖成案毫无违背,及奉发学部表格理应填注。惟与新章微有未合,应请免予造送等情。查此次该学堂请奖,除已满十学期之学生例应给予奖励外,即八学期之学生,亦可援照各省成案通融请奖,惟须声明毕业在前,定章在后。若六学期以下之学生,并欲援例请奖,碍难照准。虽云比照成案,加分定等,实非定章所载,况并无表册可稽,率行咨部,亦必在驳斥之列。在该堂广劝学生之志,善善不妨从长,在学部定计年之法,分级不容或紊,即参考东西各国学制,亦皆年级整然,无能躐等。虽教育学家著书辨难,迄未实行。是学堂所注重者在年限,不在加分,且即以加分之法而论,用于八学期之学生尚觉持平,若施之于十学期者则已嫌刻,施之于六学期以下者则又嫌宽。虽概给文凭,原可无庸置议,究应分别填表造册,以凭核定,咨部请奖。十学期之学生照章奖励,再将八学期之学生比照成案,请示通融,此系一定办法。至六学期以下之学生,年限未满,似未便一概从同,或仍照章补习,或请准予升学,应将前据表格照填呈送,转详核办,俾昭核实。

载1909年5月24日《申报》,第2张3版,100卷328页

92. 安庆高等学堂罢学风潮

安省高等学堂迭酿风潮,去岁五月,学生为饮食率众罢课。日前,该堂学生又因早餐恶劣,相率搁箸。监学潘某闻信即面传申斥,讵该生等不服劝谕,骤以野蛮手段,即将饭厅器具捣毁一空,复与潘某为难。潘即见机避匿,诸生遂将潘之办公室器具全行捣坏。监督洪绅思亮见斯情状,当即谩骂。诸生于是群情愈形汹涌,拟以老拳奉敬。洪遂窜去。翌日,诸生集议,以洪信用私人,素飧尸位,如汲引毛博泉等(毛系洪之内亲)分任学务等事,流品混淆,有玷名誉,遂据情刊布传单,遍贴通衢,并欲驱除监督,另行公举。闻洪已禀明学宪,拟将为首滋事学生余堃、程演生两名开除,以示惩戒,并劝令各生一律上课。然究不知此事能即平息否。

载1909年6月22日《申报》,第2张3版,100卷752页

93. 高等学堂罢课续闻

安省高等学堂学生与监督冲突一节,已志昨报。兹闻洪监督业已上禀抚宪及学司,该生等亦已联名禀诉,各执一说。朱经帅以为首滋事之余、程两生既已革除,余可概免深究。至洪监督为诸生侮慢,应令班长率领全体赴洪私宅恭迎来堂,借平监督之气;潘监学暨毛博泉既为各生所嫌,亟应更易,惟须由监督自行遴派他员接充,该生不得要挟,务各遵守秩序。虽此案经帅拟如斯办理,究未识学生能服从否。

载1909年6月23日《申报》,第2张3版,100卷768页

94. 杂评·罢学风潮之可虑

皖赣各学堂近因饮食细故迭起风潮,使竟因此散学。为学生计,亦甚可惜,有可以忍耐者,宜稍稍忍耐之。而办学之人,有管理厨役之责者,于饮食尤宜格外注意。天气炎热,(贩)〔饭〕菜不洁,大与卫生有碍,乃闻某学堂之管理员非但不责厨役,反从而包庇之,以与学生为难。此习不除,窃恐罢学风潮正未有艾。有办学之责者,宜稍留意焉。

载1909年6月26日《申报》,第2张4版,100卷812页

95. 学司惩戒学堂之风潮

安徽高等学堂学生与监学等冲突一节,已纪前报,兹经学司颁发牌示云:学堂禁令,惩罚綦严,学部定有专章。又查光绪三十三年十月,学部议复陈编修整顿学务折内曾经奏明,嗣后京外各学堂如有纠众罢学情事,其为首滋事之学生即行斥革,抗不遵办者,即全体解散,亦所不惜各等因,久经通饬各学堂,揭示在案。凡为学生者,应如何服从规章,讲求学识,以仰副朝廷训士作人之至意。乃近据高等学堂报告,该堂学生以饮食细故,竟至捣毁饭厅,破坏器具,并将监学检查等室损坏,全体罢课,显与管理为难。本司闻之不胜诧异,嗣经委员一再查实,此次纠众罢课,虽多数为人迫胁,非出全体同意,而

当本司茬堂训饬之际,竟有徐杰等出头抗辨,妄陈意见,其平日目无官师已可概见,现虽陆续签名,一律上课,但此次举动浮嚣,若不将倡首之人确切查明,从严惩罚,非特败群可虑,恐将来学风日渐嚣凌,学堂尚安有整顿之时耶? 兹查有徐杰、高毓莘、胡序贤、凤文炳、余中藩、方本中、马朝柱等,均系此次为首滋事之人,应即斥革,照章追缴学费,并分别移行各处学堂,不准更名收考。至损堂中器具,均应责令赔偿,惟该生等保人是问,俾儆效尤。已经上课各生,如内有不安分者,仍应候监督随时察夺办理。现距暑假不远,学中例应举行考试,倘有托故不考或另生枝节者,均应按名开除,以肃学规而资整理。为此牌示,仰诸生等一体知悉。

载 1909 年 7 月 2 日《申报》,第 2 张第 3 版,101 卷 22 页

96. 高等学堂议准之为难

学部前次复试本省高等学堂毕业生,因程度过低,一概不取。经东省商请,改列中等各情。兹悉学部以校阅试卷平均分数均不及六十分,英文一门分数至多者且不过二十分,成绩过劣,万难准其毕业。决议令该生等仍回原堂补习二年,届时再行切实考试。

载 1909 年 8 月 14 日《申报》,第 2 张第 3 版,101 卷 666 页

97. 海军捐之发起

皖省高等学堂发起认筹海军捐,每班举代表两人经理此事,议先将本校捐务办定,然后联络省垣各校,共议推广办法,以为渐及全国地步。十三日议从本校一律实行,定自十月十一日起,每日每人征钱五文,十日一收,是为常年捐。其特别捐,则任人量输,不加限制。十四日实行征收。并函致各校,约举代表数人,于十六日下午一点钟齐到本校,磋商推广方法。会所即设本校理化堂,举招待员六人,书记员四人,纠察员二人。十六日届时到会者有:师范学(生)〔堂〕代表十一人,法政学堂代表三人,高等巡警学堂代表四人,府中学、县中学代表各四人,测绘学堂代表四人,陆军小学代表六人,而江苏旅皖公学亦先期报告到会,至是来代表二人,巡警教练所代表一人,参观者甚伙。齐集后摇铃开议,由该校王寿炯、汪泰霖、汪准、叶鼎铭诸人报告会议宗旨并研究办法。是日,公同议决者数件:一、本校每日每人征钱五文,起自十月十一日;一、各代表极力提倡特别捐;一、集款暂存代表处;一、广布传单于各府州县,以期一律举行。决议后摇铃散会。十七日,各校代表均有报告书到该校,所有各同学均同声认可,慷慨解囊,并热心提倡,以期普及全省。十八日,该校以简明办法日前固已议决,其有详细办法尚未议决者约有数端,遂拟议案若干条,陈达各校议复,俾公决施行,以持久远。其传单约分二种,分寄各州县及各省大学校者,均附简章;而分布绅商各界者,则请其极力提倡,以冀一律担任,已由该校公拟付刊,不日将分布各界矣。至该堂斋夫、厨役、跟丁人等,闻亦发起一会,大约每日每人二文,以尽国民一分子之义务,其认筹海军捐之议案,容后续录。

载 1909 年 12 月 8 日《申报》,第 2 张 2 版,103 卷 597 页

98. 海军捐之闻风兴起者

皖省高等学堂发起海军捐详情已载昨报,兹悉江苏师范学生亦已闻风兴起,昨日上监督呈云:国家规复海军,以期争雄海上,凡我国民同深欢忭,但国帑支绌,筹款綦艰,成立之期,颇难预卜。窃惟远则西汉武帝时,卜式以牧羊贱夫输财助边;近则东邻日本因日俄之战举国同心,虽下至妇人、孺子,亦争出其所有以饷战士,生等不才,窃愿希光先哲,踵武邻封,以为我四万万国民倡,全体学生除无力捐助不能勉强外,其愿捐者,都二百三十一人,每人每日捐钱五文,自下元日始,十日一缴,师师众志,岂徒一木之支?混混源泉,聊效细流之助,从兹敌忾同仇,定有闻风而起者,庶几整军经武可期不日以成之。为此,具呈统希监督大人鉴核。

载1909年12月9日《申报》,第2张第2—3版,103卷613—614页

99. 皖商学界发起国民海军捐

安庆商务总会协理胡远勋以皖省学界已先行发起创办海军捐,各省绅商学界有闻风响应者,我皖商界亦应从速发起,拟于初八日在商务总会集议,用尽国民一分子之义务,以襄助我国海军之成立。现已刊布传单,遍分各行商,届时齐集,会议一切办法。

高等学堂各代表劝输特别捐,除管理员、教员尚未劝捐外,捐者共一百五十元,而各校学生、管理、教员亦相继认捐。旋开谈话会于该校,商定存款总机关处,公议定名为"劝募海军义捐会",会长、书记、会计即以总教育会会长、书记、会计兼任,其责各府州县捐款汇集时,一律由此会转交海军收款处。明定专章,以昭公允,传单由该校公拟,会章则由法政学堂公拟。自月初传单会章拟成后,各校一律认可,公请会长童绅茂仙、吴绅季白斟酌发行,并请为本会会长,俾令极力提倡。现定初七日开劝募海军义捐大会于明伦堂,凡绅商军警学各界一律准予到会,其传单已刊就广布矣。

载1909年12月22日《申报》,第1张后幅第2版,103卷843页

100. 皖省海军义捐大会纪事

安徽高等学堂提倡海军义捐,日前在县学明伦堂开会,各界到者数百人,以高等、巡警、法政、陆军、测绘暨巡警教练所各学堂之学生占多数,而师范学堂学生因是日朱中丞校阅该堂军学操典,故未预会。闻该校连日集议,倡捐亦甚踊跃,兹将开会次序及认捐数目录下:(一)主席吴君季白宣布本会宗旨。(一)高等学生王君寿烔宣布本会简章。(一)会员王君泷淳、法政学堂教员尹君起凤、陆军协统余君大鸿、商界会员周君兆熊,次第演说。(一)主席吴君季白提议事件:(甲)各团体各举经理二人;(乙)各团体各拟意见书一通,限三日内送交本会假设所,以便采择施行,禀请立案;(丙)下星期开各界全体大会。闻是日各界每人认常捐外,高等学堂认特别捐一百四十元,法政学堂认特别捐一百五十元,自治研究所认特别捐一百五十元,陆军学堂认特别捐五百余元,其余数目未详。并闻商界亦于十五日开全体大会,集议办法云。

载1910年1月1日《申报》,第1张后幅第2版,104卷5页

101. 专电·电五·北京

各省高等学堂毕业生，学部定四月初八日复试，限三月二十日前到京。

载 1910 年 4 月 22 日《申报》，第 1 张第 4 版，105 卷 834 页

102. 投考高等学堂之限制

湘提学司吴文宗日昨接到学部电开：高等学堂必中学毕业生方准考入，此项《奏准实行章程》，各省必应遵守。遇有京外高等各学堂招生时，不准令中等学堂未经毕业学生变通投考，致多妨碍。

载 1910 年 9 月 26 日《申报》，第 1 张后幅第 3 版，108 卷 406 页

九 师范教育

1. 芜邑拟设速成师范学堂

由湘移芜之安徽公学,其教育精神允为全皖特色。近其理事方君守秉、李君德膏等并拟在芜创设速成师范学堂,即以公学教习兼担教育义务。各教员亦均乐赞成。一俟校舍赁定,暑假后即可开办矣。(行)

载1905年7月3日《申报》,第3版,80卷546页

2. 芜湖(公立师范招生*)

安徽公立师范学堂现已广告招考,定于十三日报名截止,十七日开考,八月初一日入学。

载1905年8月27日《申报》,第10版,80卷997页

3. 江督批优贡生吴云等请抽米厘兴学禀词

现科举既停,兴学为目前要务,该生等创办学会,传习师范,改良私塾,足为教育普及起见,殊堪嘉尚。本处江广米厘公所抽收米厘,能否专拨地方兴学之用,仰芜湖道会同米厘局(卡)〔下〕道查明,通详核夺。此批。(见)

载1906年1月1日《申报》,第2版,82卷1页

4. 安徽公学附设师范

芜湖二街安徽公学正月杪考取新班生,定于二月初六开学。自本年起,每人岁收学膳费、操衣、课本费洋四十八元,客籍六十元。该学附设师范科,暂租公学附近房屋,合并办理。俟暑假后再行推广。(州)

载1906年2月27日《申报》,17版,82卷409页

5. 怀宁师范开学

怀宁中学堂今年于堂中特设小学师范一班,限一年毕业,以备小学教员之用。前已招考取定学生五十名,本择月初开学,嗣因诸生因贴膳用各费,磋议数日,直至十六日始

行开校,准二十日上课。(多)

载 1906 年 4 月 16 日《申报》,第 9 版,83 卷 155 页

6. 赶建全省师范

日前,恩中丞接学部咨催速设师范学堂后,当即饬学务处速将所议就考棚改建师范,赶紧兴工,期暑假后举办。现该处已(纠)〔鸠〕工庀材,派员赶速督建矣。(多)

载 1906 年 5 月 3 日《申报》,第 9 版,83 卷 325 页

7. 皖抚札饬速办师范

日前抚宪恩中丞札饬学务处,略云,案准学部电开:洪,方今振兴教育,以小学堂为基础,而教员亟须养成,故师范尤要,应请迅将省城师范名额尽力推广,至少设一年卒业之初等简易科生五百人,以养成小学教习。并设二年卒业之优级选科生二百人,选科中分四类:一、历史地理;二、理化;三、博物;四、算学。每额学生五十人,以养成府立师范学堂、中学堂教习。并须附设五个月卒业之体操专修科,授以体操、游戏、教育、生理教授等法,名额百人,以养成小学体操教习。如何筹办,先请电示,其游学预备科如未设立,暂可从缓。现在请以全力注重师范,五个月内,本部当派视学官分省巡视,专此电商效等因到本部院。准此。除电复洪密效电,悉皖省师范学堂甫议未办,本部院到任后,已饬一面筹款,一面将考棚改修校舍,六个月计可落成,约容三百余人,暑假后即可开学。又于高等学堂,尽中文最优者,分为师范一班,约百二三十人,如款能多筹,仍当尽力推广,以宏教育,漾译发外,合亟札行札处,即便知照。(士)

载 1906 年 5 月 15 日《申报》,第 4 版,83 卷 438 页

8. 皖省学务处通饬晓示师范简章

日前,学务处通饬各属云:皖省师范学堂议将考棚改修,业已鸠工庀材,催趱赶办,约七月底可以落成。现经本处酌拟暂定简章暨调考学生格式,详奉抚宪批准在案,及应将所拟办法先期择要明白宣示,俾众咸知。计选科学生分历史、地理为一科;算学、理化为一科;博物、图画为一科;教育、音乐为一科。二年卒业。简易科学生遵照《奏定章程》办理,一年卒业。额定学生三百人,应由六十州县均匀考送,无论路程远近,统限七月二十日齐集省垣,听候详请抚宪示期,复加考试,察看学生程度,分别选科、简易科取录,入堂肄业。逾期概不收考。此外,附设体操专修科,名额百人,限以五个月毕业,不收费,不住宿,不给餐。此项学生,不拘籍隶何县,届时由师范学堂监督行文省城官立、民立各学堂,就近选送,毋庸由各州县调取,致费周折。即应刊刻告示,通饬各属,通行张贴云云。(士)

载 1906 年 6 月 19 日《申报》,第 3 版,83 卷 776 页

9. 师范科毕业志盛

芜湖安徽公学附设师范科于上月二十五日行卒业礼。是日,江宁学务处、安徽学务处均派专员来芜。本地官绅、各学堂代表暨各学生来堂观礼者约五百余人。(九)

载 1906 年 6 月 27 日《申报》,第 9 版,83 卷 857 页

10. 师范更定考期

安省开办全省师范,学务处前(刊曾)〔曾刊〕刻示谕,颁发各州县,准于七月二十齐集省垣,择期考试。现以学堂工程浩大,一时未能工竣,因又通饬各州县,改为明正二十五以前来省,听候考试。(多)

载 1906 年 8 月 18 日《申报》,第 9 版,84 卷 477 页

11. 师范学堂校舍将成

芜湖河南岸师范学堂于月前开工,现已将次落成,计用去银三千六百余两,楼上下房屋约共六七十间,其一切装修尚未完备,再须三千金方可告竣。闻预算开办及常年经费约三千余金,以故近来该堂董筹款甚为亟亟云。(九)

载 1907 年 1 月 16 日《申报》,第 9 版,86 卷 149 页

12. 徽州师范毕业

旅芜徽州公学今岁招师范生五十人,授课已近一年,定于日内行毕业礼,凡在校各生一体均给文凭云。(先)

载 1907 年 1 月 22 日《申报》,第 9 版,86 卷 205 页

13. 师范展期开学

皖省师范学堂校舍已建造工竣,招生投考初订于廿五日以前一律到省,兹因尚未到齐,拟展至二月中旬开校,学额则定为三百名云。(周)

载 1907 年 3 月 8 日《申报》,第 9 版,87 卷 79 页

14. 学堂用品运皖

师范开校在即,应置各品业已拨给官款,速予购办,日前已将电学、化学各仪器,植物、动物各标本配齐运皖,交该堂监督验收。(美)

载 1907 年 3 月 13 日《申报》,第 10 版,87 卷 129 页

15. 西文教习得人

皖省师范学堂汉文、算学各教员业已由姚监督延订，惟洋文教习甚难其选。日前，姚监督访悉，前在约翰书院卒业生张仲寅大令振镛品学夙优，遂特致书敦聘。张君愿略尽义务，故日前已由该学堂订定矣。（非）

载1907年3月15日《申报》，第9版，87卷151页

16. 师范分期考试

本月初一日为考试师范之期，因各属保送学生正形拥挤，姚监督划分期限，次第考核。已定初一日考试安庐滁和各属，初三日考试徽宁池太各属，初五日考试凤（颖）〔颍〕六泗各属，即示谕各生一体遵行。（美）

载1907年3月19日《申报》，第9版，87卷195页

17. 请将功德米捐拨充学款

芜湖学董吴云等，近以初级师范学堂经济困难，禀请提学司将驻芜宁皖两省米厘局功德一厘米捐拨充该堂学款。现沈提学已移请徽宁道会商该两局，妥议具复矣。（化）

载1907年3月21日《申报》，第10版，87卷215页

18. 师范生定期复试

皖省招考师范已纪前报，刻各属考案均已揭晓，计取三百八十名，于初十日复试。（化）

载1907年3月26日《申报》，第10版，87卷271页

19. 高等师范生之价值

安徽高等师范生于去冬毕业五十余人，日前该生等具禀学宪，恳予派事。沈提学即派往各州县见习，充顾问、助教等员，遇有教员缺出，再行请补。薪水优者十元，次者六元，可谓廉矣。（化）

载1907年3月28日《申报》，第10版，87卷295页

20. 另设师范传习所

提学使沈曾植近就高等学堂内原设学务处屋宇改创师范传习所，招生一百名，不收学费，顷已示谕各举贡生监，于念一日、念三日报名。（时）

载1907年4月5日《申报》，第11版，87卷392页

21. 全省师范生分期入堂

全省师范学堂考验各属申送诸生业已揭晓,计取三百名。现该堂以人数众多,拟以分期入堂,庶可查对相片,以免顶冒。因特牌示凤颍六泗各生十七日缴费,二十日入堂;徽宁池太广各生十八日缴费,二十一日入堂;安庐滁和各生十九日缴费,二十二日入堂。(若)

载 1907 年 4 月 8 日《申报》,第 11 版,87 卷 428 页

22. 师范学堂定期开校

皖省师范学堂现由姚监督定期于二十七日行开校礼。是日,并请皖抚暨提学司到堂观礼,以昭慎重。至本堂学生毕业年限,原订三年,兹又由姚监督改订四年云。(盛)

载 1907 年 4 月 11 日《申报》,第 11—12 版,87 卷 466 页

23. 皖省添设师范传习所

安徽师范学堂于二月初一日开学,因人数众多,又将旧有学务处添设传习所。闻肄业各新生已于本月十五日由监督命题,扃门面试矣。(孔)

载 1907 年 4 月 30 日《申报》,第 11 版,87 卷 704 页

24. 考职案揭晓

皖省考职于上月十六日由沈学使分别扃试等情已志前报。兹悉本月二十八日揭晓,计取一等吴席珍等三十二名,二等蒋章美等三十八名,上游溢额姜元等二十二名,即作为备取,挑入师范传习所肄业。(政)

载 1907 年 5 月 14 日《申报》,第 12 版,88 卷 180 页

25. 师范生准予补考

皖省沈提学创设师范传习所,招考各生,业经取定在案。日前,有报名未考数人具禀学署,恳予补考。当奉学宪批准,已于十五日到所补考矣。(风)

载 1907 年 5 月 28 日《申报》,第 12 版,88 卷 362 页

26. 师范学堂又起风潮

皖省师范学堂学生丁某于上礼拜六邀同课毕诸生出外,堂长以未经请假,略加申斥,该生等群相辩论,以致大起风潮,一哄而散。现堂长已自行辞退,禀请姚学监查办核

夺矣。（化）

载 1907 年 5 月 30 日《申报》，第 11 版，88 卷 386 页

27. 中学堂附设师范

宁国府中学堂开办虽久，而大讲堂尚未起造。现由嵩太守禀请抚辕筹款兴筑，并附设师范学堂，以宏造就。（美）

载 1907 年 6 月 2 日《申报》，第 11 版，88 卷 422 页

28. 冒称学生聚众滋事

安省城内狮子大街方永升雨衣箪席铺，日前忽有投考陆军学生之潜山县廪生孙竹梅、监生杨际春等携带篾箪数条，诣该店售作用费。当时较论价值，两生即忿忿而去。乃未及片刻，率领二十余人，自称师范学生，不由分说，闯入柜内，将店伙一一扭打，货物亦均捣毁，掷诸街心。当晚，并往三段警局，自开名姓、寓所供单一纸，拟请巡委究问。该委即饬传方到局面询，知系师范学生，乃请该堂查核。旋据查得均系冒充，实属败坏学生名誉，因饬将该生等迅即拘送到堂，转详学宪究办。（孔）

载 1907 年 6 月 11 日《申报》，第 11 版，88 卷 532 页

29. 陆军学生改习师范

陆军学生徐文杰，去岁年终大考，以各项课程分数均优，录在前列。惟年龄较长，似非合格。刻经该堂监督禀请学司，改入师范传习所，以免违碍定章。当奉沈学宪批示，仰该生务于三月内照章缴费，随即前往该所领取讲券，一律上课，毋误。（孔）

载 1907 年 6 月 11 日《申报》，第 12 版，88 卷 532 页

30. 请送北洋学习武备未准

安省师范生李培勋日前禀恳该堂督办姚君咨送北洋速成武备学堂肄业。当奉批云：该生前由地方官遴选申送到司，颇费周转，既经考试收入师范，理应安心肄业，力求进步。兹又禀恳新图，见异思迁，方寸惑乱，殊非专攻实学之士。所请未能照准。仰即仍就师范笃志研究，毋再干冒云。（若）

载 1907 年 6 月 27 日《申报》，第 12 版，88 卷 724 页

31. 批斥不准学习师范

无为州监生马班如日前具禀提学使，略谓有志学习师范，恳求收录。当奉批云：察阅禀词，别字既多，文理更谬，与前次试卷显系两人笔墨。且师范传习所之设，原为造就

学问已成之士,似此荒窒冒顶、自欺欺人,所请应毋庸议。(若)

载 1907 年 6 月 30 日《申报》,第 11 版,88 卷 760 页

32. 师范学堂行暑假礼

安省师范学堂现届暑假之期,日昨由姚监督禀请(抚皖)〔皖抚〕于十一日起,至十六日止,分班考试,以定优劣,然后于十八日行暑假礼。(若)

载 1907 年 6 月 30 日《申报》,第 11 版,88 卷 760 页

33. 米捐拨充学费之为难

劝学会董事吴云等具禀江督谓:芜湖师范学堂常年经费,经生等预算,岁需七千余元,现仅筹有一千余串,所短甚巨,拟请于米行所收一厘义捐拨作该堂常年经费。当经端午帅批饬各行户等遵照办理。兹据行董陶廷燮等禀复,以所收一厘义捐不敷本公所每月坐支,实无余款可以扩充学费云。(少)

载 1907 年 7 月 17 日《申报》,第 11 版,89 卷 202 页

34. 请拨学堂公款未准

安省师范学堂亳州学生杨栗庵等,日前具禀学辕,请拨亳州学堂公款,以资津贴。当奉批示云:查师范学堂毕业后,于本籍有应尽之义务,此时即由本籍筹款津贴,亦无不可。惟必须地方公款足敷官立学堂之用,方能酌拨。该州学堂经费是否充足,禀中所称东洋留学公款续未派人,能否匀拨,仰亳州会商学务正绅妥筹办理,禀复核夺。(少)

载 1907 年 7 月 27 日《申报》,第 11 版,89 卷 322 页

35. 归并学堂造就师范

奏准监督留美学生蒯理卿观察,刻因出洋期近,而皖江南北学务半未就绪,特于日前来芜,会商学界中人,拟将皖江中学与安徽公学归并,改建师范学堂一所,招生六百人,分华、洋文两科教授。惟择地建校在在需款,一时实难筹措,安徽公学堂长李光炯爰于日前偕观察赴宁会商筹(歇)〔款〕事宜。(仪)

载 1907 年 8 月 17 日《申报》,12 版,89 卷 574 页

36. 师范生请款津贴未准

皖省师范学堂学生汪振书日前具禀提学司,请将本籍祁邑学务公费内酌提余款津贴寒士(情等)〔等情〕。当奉沈提学批云:查学部定章,凡肄业各学堂学生,均不得给予津贴。所禀碍难照准。惟所称祁邑每年经费所入不下三千余金,又南京、祁门试馆租金

约七百余元,均被劣绅侵霸等情,是否属实,仰祁门县迅即查明,具报核夺。(孔)

载1907年10月8日《申报》,第12版,90卷450页

37.师范学堂呈送成绩表

皖省师范学堂自开校以来,颇见进益,所有考验第一学期成绩,学生程度均尚及格。刻由该堂监督将第一学期成绩表呈送提学司,转详抚宪冯中丞查核。(盛)

载1907年10月23日《申报》,第11版,90卷638页

38.师范学堂停课原因

皖省师范学堂近接沪电,有将苏浙铁路互易浦信铁路暨铜官山煤矿,借以抵偿而免交涉等语。当由该堂全体学生开会集议,以谋挽救之策,遂于廿二日一律停课,一面分电京外官绅,合力拒绝,并举定代表一员赴宁会议,翌日仍照常上课。(孔)

载1907年12月2日《申报》,第2张第4版,91卷406页

39.师范传习所将考毕业

安省师范传习所学生百余名现届毕业,已于初十日停课,预备考试。闻该所明春开校时拟添设理科专修班云。(孔)

载1907年12月22日《申报》,第2张第4版,91卷648页

40.禀请彻究斋夫殴毙学生

宁国府肄业安徽师范学堂学生梅藻等公禀皖抚,谓宁国府属学堂斋夫陆三,竟敢以口角细故殴毙叶生,实属凶恶已极,应请彻究等语。冯中丞以事关人命,且于教育前途大有影响,爰即批饬提学司,遴派热心教育、不徇情面之员,飞速前往该县,彻底根究,务得确情,禀候核办云。(政)

载1907年12月28日《申报》,第2张第3版,91卷720页

41.皖省师范传习所毕业案揭晓

皖省师范传习所于上月二十日考试卒业,二十七日揭晓,二十八日行卒业礼。是日,沈子培学使亲自莅堂给发凭单。兹将所取各生姓名录下:理化科最优等七名:卢前训、刘兆林、江龙光、江蕃、王正衡、俞化鹏、何维藩。优等十五名:雷其临、查任华、唐俊、何治湘、华宗彝、徐道传、张家庆、陈干臣、龙任辅、舒啸、潘菊延、汪致祥、葛敬清、葛道升、龙郁文。博物科最优等一名:张文焕。优等八名:王孝芬、何天衢、陈康瀛、张文清、王孝枢、杨以深、戴毓英、张子沛。(德)

载1908年1月6日《申报》,第2张第3版,92卷66页

42. 聘请师范监督

芜湖十三帮各商号所设之师范学堂监督一差,迄未聘定,现由芜关道文仲云观察函请李永镇太守前往接充。

载 1908 年 1 月 19 日《申报》,第 2 张第 4 版,92 卷 222 页

43. 调查芜湖学界

视学官沈戟仪现奉皖学使札委来芜调查学务,于十八日到芜,连日至各学堂考察。是时,芜学界适有创办师范传习所之议,沈君极力赞成,并于二十日在明伦堂开会演说,以期传习所之成立。闻调查芜邑学务后,尚须赴太平调查。(水)

载 1908 年 3 月 26 日《申报》,第 2 张第 3 版,93 卷 332 页

44. 专电·公电·安庆

《申报》馆、安徽旅沪学会及各报馆公鉴:安徽理化专修科开除冒名之学生刘汝喆,挟嫌诬控该校管理朱君镜波。刘并贿通首府恽毓龄,差票迭次辱校拘传。全学界哗愤停课。安徽众学界同叩。

载 1908 年 5 月 8 日《申报》,第 1 张第 3 版,94 卷 92 页

45. 安徽师范学堂运动会纪略

安徽全省师范学堂于本月初五日在北门外前武备学堂操场开运动会,抚宪及三司均莅会并致祝词。省城大小学堂均排队到场,男女宾来观者亦甚众。(女)

载 1908 年 5 月 8 日《申报》,第 2 张第 3 版,94 卷 96 页

46. 专电·公电·安庆

教育会以刘汝喆诬控朱镜波案,恽府迭次差拘,学界哗愤停课,特于今日午刻开会,公决对付办法。

载 1908 年 5 月 9 日《申报》,第 1 张第 3 版,94 卷 104 页

47. 理化传习所罢课风潮

安庆师范学堂附设之理化传习所前次招考学生有刘汝楣(控禀改"刘汝喆"),因未录取,挟嫌在学司捏控该所总理朱镜波吞没学堂经费,办理不善。朱系学司委充,当即批饬不准。该生又在抚院捏控,当由冯中丞将原禀交署首府恽毓龄查办。初七日,恽签

差一名,至所传朱。朱即面谒学司辞职。各学生即行停课,并开会演说,大旨谓:朱总理即有弊端,首府亦应访查确实,再行核办。乃公然出票差传,不惟玩视学界,且朱系学司委充,此举亦不免干预学务。非恽守到所服礼,将原告之学生刘汝喆交出,我等决不上课云云。闻朱系皖北人,性情鲠直,忿极不能言语,见学生演说,惟上前书"请从此辞"四字而已。初八日,全体学生具禀抚、学两署,风潮甚烈,冯梦帅、沈提学已派员到所调处。初九日午前,理化所印散传单及府票式,并要求三事:一、撤恽守任;二、交刘汝喆;三、要恽守到所服礼。于是,省城各学界咸于本日一律停课。该所即日分电各处学界及学部,以雪朱某之辱。

载1908年5月11日《申报》,第1张第6版,94卷133页

48. 拨解师范学堂经费

皖省师范学堂常年经费向在土药项下筹拨,按季解用,兹值应解该堂夏季四、五、六三个月学费银一万两,已由土药局移解提学司转给该堂收领。(孔)

载1908年5月19日《申报》,第2张第3版,94卷236页

49. 寿州创办师范传习所

署寿州牧赵镜因该州学务腐败,曾经设法筹捐,创办小学数所,现又邀集当地绅董商议筹款,创办师范传习所,业已议有端绪,所定延聘教员、教授学科各章程,悉遵部章办理。

载1908年6月7日《申报》,第2张第3版,94卷490页

50. 师范生考试卒业

皖省师范学堂向分简易、预备两科,今届简易科毕业,业经姚监督永概禀请提学司示期莅堂考试,俾给卒业执照。闻该堂此次大考,须两礼拜竣事。

载1908年12月3日《申报》,第2张第3版,97卷502页

51. 师范学堂考试预备生

安徽师范学堂预科新生考验多未合格,当经学司禀请皖抚电咨学部,请予变通办理,迄未奉复。兹由院司查取当日投考诸生,拟就合格者先行考试,俟接奉大部复音如何办理,再为规定云。

载1909年3月7日《申报》,第2张第3版,99卷90页

52. 一班师范生之可怜

皖省师范学堂毕业生方国屏等具禀抚宪,恳请饬司录用等情,当奉抚宪批谓:求为可知尼山为己之学,志为人师邹峰警世之言。今该生等不思待价而沽,急求表暴,既违漆雕未信之旨,不免毛遂自荐之嫌,本部院心甚惜之,尚愿闭门讲学,力图进步,鼓钟于宫,声闻于外,该生等宜静以俟之仍候。一面檄饬提学司,会商该学堂监督,留心察访,择尤录用可也。

载 1909 年 3 月 30 日《申报》,第 2 张第 3 版,99 卷 418 页

53. 创办简字师范学堂

简字学堂为初级教育之一端,亟应极力提倡,冀收普及之效。怀宁县廪生杨岳生等有见于此,首先创办简字师范学堂,现已拟妥简章,禀呈学宪转详抚宪立案。经帅阅禀后深为嘉许,当即批准,并通饬各属一律遵办。

载 1909 年 6 月 2 日《申报》,第 2 张第 3 版,100 卷 456 页

54. 千仓师范学校请予立案

调任直隶总督前江督端咨学部文云:据南京千仓师范学校校长、江苏候补道李宗棠禀称,职绅前于光绪三十二年夏间在颍州阜阳县东乡永兴集地方捐办千仓义塾两所,是年七月开学。业经阜阳县知县详奉会奏咨部在案。本年二月,职绅又在南京创设千仓师范学校,亦已呈请奏咨立案。查此项师范专为增广义塾,造就教员计。现在阜阳县东乡永兴集原设之千仓第一、第二两义塾拟请并为南京千仓师范学校之附属学校,以便将来增设第三义塾,俾归一律而副初心。今该义塾及师范学校皆职绅一人创设,例应归并,并无不合,乞赐批准,咨部立案等情。除批示外,相应备文咨请贵部查照立案施行。

载《申报》1909 年 8 月 2 日,第 2 张第 3—4 版,101 卷 482 页

55. 绅办千仓师范之部驳

前任江督端奏皖绅捐办千仓师范学校,恳恩敕部立案一折,现由学部复奏略云:原折内称,据安徽教育会会长、二品顶戴、江苏候补道李宗棠呈称,职绅世居皖北,服官江南,现拟就江宁省城赁屋设立千仓师范学校,注重中国文学及舆地、历史、算术各科学,先设简易科,二年毕业。递设初级师范、优级师范,悉遵奏定章程办理等情。当饬宁学司查明详称,该校现设简易科,以后添设初级、优级等科,次第秩然,与部章符合,自应据情奏请敕部立案等语。窃查该绅李宗棠以独力捐办千仓师范学堂。洵属急公好义,卓然可风。惟臣部《奏定师范奖励章程》,初级简易科必须由官设立,年限在二年以上,成绩优著者,方准给奖。上年旅京豫学堂师范简易科毕业请奖,因非官立学堂,曾经京师督学局驳复在案。千仓简易师范事同一律,所请将来毕业后给奖一节碍难照准。据该

绅原呈内称,简易科毕业后尚将递设初级、优级师范等语,是该绅志愿甚宏,初非安于小就。查臣部前次办理广东教忠初级师范学堂毕业成案,以该堂系属绅办,归提学使管辖,一切教授管理均恪遵定章办理。当经臣部核准,比照官立学堂毕业,奏请奖励在案。千仓师范学堂与教忠学堂同属绅办,如果简易科毕业后接办初级师范完全科,妥订章程,送部核准备案后,将来毕业应准照官立初级师范学堂奖章办理,以昭激励。至优级师范,无论为本科或为选科,定章每省止设一所,均应由官设立,以收统一教育之效。该绅所请接办优级师范一节,应勿庸议。八月二十九日奉旨:依议。

载1909年10月31日《申报》,第1张第5版,102卷913页

56. 学部奏安徽师范学堂初级简易可毕业请奖折

奏为安徽官立师范学堂初级简易科毕业照章请给奖励恭折仰祈圣鉴事:七月二十日内阁抄出安徽巡抚朱家宝奏《师范学堂初级简易科学生毕业照章请奖》一折,奉硃批"该部知道,单并发,钦此",钦遵到部。原奏内称,"安庆官立师范学堂所设初级简易科于光绪三十三年二月开办,前经分别奏咨立案。现据署提学使吴同甲详转,据该学堂监督呈称,初级简易科至三十四年终,肄习期限已满二年,举行毕业考试,将所得分数列为表册,计取最优等七十四名,优等四十六名,中等一等,拟请照章给奖前来。复查该学堂开办以来,管理教授均尚合法,学生亦能黾勉求学。查定章,初级师范简易科由官设立,年限在二年以上,成绩优长者,得请奖励。此次该学堂毕业,恳请照章给奖,激劝"等语。并据该抚咨送学生履历分数表册到部。臣等查核,该学堂毕业请奖核与定章相符,除考列中等者例不给奖外,所有列入最优等之张汝言、方国屏、吴在新、杨继诚、丁价臣、欧阳孔锐、李祥、王理铭、蒋大为、张学翰、葛润琦、王炳炎、章其焕、刘永乐、黄彦邦、许魁昌、邵兆夔、牛志清、汪泽、姚毓松、欧阳良金、王明、金鹏翔、杨乃毅、葛樊封、胡汝霖、彭坦、刘灼、张琼英、林廷瑛、张同庚、苏泽芳、李扨藻、汪计六、徐学诗、盛兆恩、孙奎、曹秉燮、王士吉、张廷飏、江镜人、姚有章、胡有章、李五弼、刘金波、王锡来、李芬、江孔修、汪抡元、韦炳坤、董万孚、戴锦标、周庆余、徐宝树、陈怀德、刘昭熙、杜维桂、胡肇国、金淦、王尚宾、刁泽钟、陈藻、姚培芳、程世鉴、吴克浚、王冕、何治廷、杨栗庵、夏鼎彝、史建中、周汝治、姚能惠、金作砺、杨杰英等七十四名,应比照初级师范中等奖励,拟请作为师范科贡生,以训导用,令充小学堂及程度相当之各项学堂正教员,俟义务年满,以应升之阶,尽先升用。列入优等之来振清、徐谷兰、张采芹、刘金三、洪经、程佐廷、万里庆、柏文佐、许宜春、郑炳熊、张传烜、朱耀斗、章取材、翟翊、罗亨渊、汤臣尹、马殿英、冯锦文、马昌鼎、孙祖熙、郑鸿胪、余必昌、刘裕国、程崇洛、朱行敏、何质甫、戴春芝、许家铖、金献书、丁锡禄、姚厚鉴、夏裕万、汪玉森、王启禹、刘原溥、江舫、江鹏、李维堃、潘祖荫、黄中、黄钟毓、郝忠楷、徐念先、姚能忠、刘淦如、牛联芳等四十六名,应比照初级师范下等给与及格文凭,令充小学堂及程度相当之各项学堂副教员,俟义务年满,作为师范科贡生,奖给训导衔以资激劝。如蒙俞允,即由臣部行知该抚遵照办理。所有安徽师范学堂简易科学生毕业请奖缘由谨恭折具陈,伏乞皇上圣鉴。谨奏。宣统元年十月二十九日。

奉硃批:依议,钦此。

载1909年12月31日《申报》,第2张后幅第2版,103卷1013页

57. 通饬限制简易师范

学部顷咨行各省文云：各省旧设优级师范选科，不准再招新生，俟现时肄业各生毕业后，改办优级完全科。至简易师范，除边远地方，风气初开，教员缺乏，暂准办理外，其余各省亦均自本年一律停办，俟在堂各生肄习毕业后，仍改办初级完全科。所有订定各项科学、派委讲员、教授课科，务须认真办理，以资造就等因。朱中丞奉咨后，当即行知学司遵照办理。

载 1910 年 4 月 17 日《申报》，第 1 张后幅第 3—4 版，105 卷 758 页

58. 各县纷纷提倡学务

东流县令近遵章会同学界绅董，创设师范传习所初级简易科，附设于官立高等小学堂内，招收学生，每名谨收膳学费十元，所有延聘讲员教授各项科学，均遵部章办理，以资造就。顷已将开办情形详禀皖提学核示立案矣。

载 1910 年 4 月 22 日《申报》，第 1 张后幅第 3—4 版，105 卷 838 页

59. 师范研究所无人授课

私塾改良会设有夜班师范研究所，应演讲之教习均由推举各学堂教习充当义务教习，又每日分派值日员四人监视各塾师听讲一切事宜。讵日前星期之晚讲授教授法，原定杨君绍传，杨不愿任，各塾师候至两三句钟之久，未见一人上堂授课，群起哗然，相索讲义，几有动武之势。刻闻吴会长拟定星期日再行开会，集议善后办法。

载 1910 年 6 月 8 日《申报》，第 1 张后幅第 3 版，106 卷 622 页

60. 皖抚刻划借学敛财之真相

皖学司日前详复核议中书科中书李庆芬等禀办初级师范学堂立案一案，当奉皖抚朱中丞批云：据详，该学堂拟定简章，核与部颁师范学堂新章不符，所请立案之处，应不准行。查京外创设学堂，照章应由提学司核准，详咨立案，该学堂并未呈报该司，径请立案办理，已属不合，且该学堂学生王香浦、高俊等屡以彭少楷拐骗学费，禀请追究，可见该学堂并未筹有的款，专恃敛资抵注，迨至支持不易，无力开学。是该学生等未受学课，已先耗学费矣。查近来私立学堂随时搭设，如果热心教育，切实举办，亦足补助公家，借收普及之效，本部院未尝不殷殷企之。乃有借学堂以渔利，营业者虚设一堂，重征学费，甫请立案，旋报毕业，贻误学生殊非浅鲜，深堪痛恨。该学堂既未筹的款，又不合新章，应由该司饬县勒令停办，所收学费并应追缴，发还学生具领。嗣后，凡遇学堂呈请立案之件，应先由地方官或教育会将办学人资格及所筹经费、办法确切查明，再将章程、表册详加考核，始准详请立案，以杜虚冒，而昭核实。

载 1910 年 9 月 27 日《申报》，第 1 张后幅第 3 版，108 卷 422 页

61. 练习所学员参观学校

皖南单级教授练习所开办已及三月,前由皖南教育会函致各小学堂,以该所学员现届实地练习之期,应先行参观各校,以资效法。

载 1910 年 11 月 11 日《申报》,第 1 张后幅第 3 版,109 卷 166 页

62. 优级师范慎重国文之通饬

学部近日咨行皖抚,以优级师范学堂各科课程均应按照定章切实讲授。以后无论毕业或复试等项,国文一门不得要求免试,以重定章。朱中丞准咨后,即行知提学司转饬优级师范学堂遵照办理矣。

载 1911 年 6 月 3 日《申报》,第 1 张后幅第 4 版,112 卷 582 页

63. 杂录·各省优级师范全榜复试名单

学部为榜示事:照得各省优级师范分类科毕业生及选科最优等毕业生,前由各该省送部复试。经本部按照所习科目,分场考试各在案。兹各科试卷业经校阅完竣,将各门分数平均计算,并照定章核定等第,除俟本部专折奏奖,以资鼓励外,为此先行榜示各该生一体周知。其原有官职仍愿以原官用者,务于日内将执照呈验,听候核办。

江苏　优级师范第二分类科　最优等二名:顾光英、刘骏。优等六名:姚人龙、王寿纲、史礼绶、孙同□、胡集云、朱曾福。中等六名:顾敦福、张钊、刘钟瑛、黄景虞、郭熙、许起儒。

山东　优级师范第二分类科　最优等五名:李恒赞、高槐卿、宋鸣鹭、邵珣、郭葆珍。优等三十七名:秦少文、王世栋、姜庄然、鞠承颖、李英才、刘毓芹、李鉴绅、于明信、徐宝田、于德恭、胡维藩、邓树屏、沙明远、纪家骥、李敦中、蒋士侗、李观涛、王殿楹、王昭勋、张光宸、谢恩祐、郝士琳、方轮升、沈枚、王德亮、张其瑶、吴梦周、范鹤龄、张悦诰、张仁镕、吴梦兰、马焕奎、战铭勋、胡增荣、李麟卿、石际良、王如璋。中等十七名:孙培琪、霖如、孙联庆、赵德栋、臧鸿臣、戴存厚、许继广、潘一江、李树棪、胡学乾、鸣凤、周仲昌、薛维庸、张风占、刘玉珠、王赞廷、刘文瑞。

直隶　优级师范第三分类科　最优等三名:靳永清、黄德滋、郭熙洽。优等十八名:谢家德、张仲炎、马伟、王宪章、赵本荫、丁德合、陈启舜、何世经、袁清杰、步以梠、王泽敷、王书亭、高光奎、安明、张灿、张肃尊、钱凤阁、邵□骐。中等二十二名:赵心会、郭景岱、易彦心、邓蕴甫、张荣先、孙秉钧、郭景恒、张凤翔、崔士桢、张毅堂、宋克奂、郝希曾、姜风蓊、王培德、刘统正、宋廷蔚、陈衍、李洞明、郭毓琳、阎簌明、高义方、张福星。

山东　优级第三分类科　优等十七名:王士楷、史兆监、□秉秋、田象孚、李方岳、吴桂萃、李泽滨、王居敬、陈铭熊、曹学海、赵同源、郑玉田、胡承宜、赵炳恭、于守祝、姚临安、李元亮。中等三十七名:胡承烈、张德昌、高云庆、庞信一、崔荫田、朱国桢、赵良瑛、

蓝人份、商铭德、陈恩璞、吴光□、李肇、荣宝录、郝兆森、卢登鹏、乔尚辰、宝培义、冯延福、宋春熙、孙墨□、马锦章、宋□□、邱尊之、邓树赟、崔□符、张永彬、于焕章、刘蓝田、□兰斋、张砚台、张葆驹、侯正方、任履祥、张日训、高继曾、窦亦贞、刘宝桢。

江苏　优级第三分类科　　最优等一名：许幕。优等十二名：吴中望、周商金、沈润洲、王霞、陈国俊、壮琛、蒋奎玢、吴兰泽、宗曜、汪洵、李世杰、严维镛。中等九名：茅恩炳、刘君唐、殷人镜、张国仁、沈邦光、申作霖、徐文烂、程安时、汪增祚。

两江　优级第三分类科　　优等一名：汪树德。

直隶　优级第四分类科　　最优等八名：胡宗熙、吴椿、康式成、张棣诚、韩起万、刘洪山、王尊德、孙松铣。优等十五名：杨葆光、刘竣峰、吴佩锷、阎翰昇、张鸣烈、徐涛、魏金声、戴止瑂、王育才、杨铨、陈济瀛、张贻铭、谭相先、赵保申、王□哲。中等十八名：王卓午、常秀岩、崔圻、刘基敬、李希白、李世钧、方毓琳、李遇鳌、崔毓琨、靳如□、陈韶鸣、黄廷升、赵国昌、朱培松、杜桢、董景常、马靖宇、张树彬。下等一名：余师衡。

江宁　第四分类科　　优等一名：郭澄江。

两江　优级师范历史地理选科　　最优等一名：王家吉。优等十名：刘鲁璜、陈亦卢、柳肇嘉、耿昶棠、程永成、施保昌、张国翰、蒋贞金、袁顺湘、潘兆瑞。中等三名：姚□、钱振椿、黄圣时。（未完）

载1911年7月14日《申报》，第1张后幅第4版，113卷220页

61. 杂录·各省优级师范复试名单（续）

湖北　优级师范理化选科　　最优等二十名：钟英、李清、秦昱、陈克明、王世杰、熊国藻、熊说岩、陈仁利、杨步云、黄昌谷、余国华、饶汉秘、金宗鼎、魏勋士、张星辉、闵雄飞、熊真吉、程元祜、熊道璜、沈宝忠、胡咸吉。优等八名：李道生、周之德、何宗彝、安道敦、孙志道、朱家树、李宗唐、丁庆康。中等三名：刘敦厚、陈鑫、祝鸿钧。

湖南　优级师范理化选科　　最优等五名：龙常、张锦云、蓊盖南、陈时杰、皮鋆。优等二名：王泰钟、王昌麟。

四川　优级师范理化选科　　最优等四名：谢龙骏、朱映瑀、郑国彦、何国荣。优等五名：林焕奎、吴步蟾、苏在田、黄光显、冯慕良。

山东　优级师范博物选科　　优等五名：张庭芳、鹏翔、辛懋谦、刘著镛、董丙甫。

河南　优级师范博物选科　　优等三名：房松坛、王谋、满化雨。中等五名：高自明、刘□、申崧生、润禄、闪庆槐。

浙江　优级师范博物选科　　最优等一名：陈振鳌。优等一名：薛丛青。中等一名：陈□薰。

福建　优级师范博物选科　　优等三名：李兆芬、杨绍棠、吴亮。

湖南　优级师范博物选科　　优等六名：王曾第、蒋式嘉、向鑫、周毓璜、刘乙照、曹寅。中等一名：李本渊。

四川　优级师范博物选科　　最优等一名：朱彦。优等七名：黄文林、任乃雄、余维翰、罗春华、敬怀善、姚大俊、陈鸣书。中等六名：杨涤光、李启绪、杨希震、余英、季庚、萧

相如。

  陕西 优级师范博物选科 优等一名：董永清。
  安徽 优级师范博物选科 优等九名：胡炳衡、张翼翔、唐葆真、戴圣德、史毓琨、沈凤威、贾怀瑜、姚尔昌、何从义。
  江西 优级师范博物选科 优等二名：胡家骥、王履泰。
  山东 优级师范数学选科 最优等二名：周家坦、王国钦。优等三名：夏炳文、刘文卿、毕德芸。

    载1911年7月17日《申报》，第1张后幅第4版，113卷268页

62. 杂录·各省优级师范全榜复试名单（续）

  河南 优级〔师范〕数学选科 最优等一名：郑树桐。优等五名：孙遇吉、赵宣化、张维俊、王振鑫、刘毓章。中等二名：王祒、魏允祥。
  浙江 优级师范数学选科 最优等一名：黄鹤如。优等三名：姚鉴、张衡、朱权。中等三名：孔昭明、郑道寿、张干。
  湖南 优级师范数学选科 最优等一名：曾冲。优等三名：吴观明、徐祖干、李文英。中等一名：向丙。
  四川 优级师范数学选科 最优等一名：李林。优等八名：张禽、曾镕、张治统、徐凯、岳忠国、董秉钧、谢怡辛、王玉。中等七名：黄丕基、刘人杰、王访周、李奇禄、黄泽、曾树藩、刘帆舟。
  广东 优级师范数学专科 中等一名：冯允烘。
  奉天 优级师范数学、理化选科 最优等十名：范先炬、林成秀、冯广民、佟兆元、张旭升、栗宗周、王崑龄、刘东藩、武绍文、曲宗海。优等一名：李友兰。
  两江 优级师范数学、理化选科 最优等一名：朱焕章。优等一名：张沂。中等一名：李洁。
  广东 优级师范国文专修科 最优等二名：关朝栋、李朝俊。优等一名：关孟熊。中等一名：雷茂钵。
  广东 优级师范英文专修科 优等一名：容卓志。
  直隶 优级师范图画、手工选科 优等一名：钟庆。
  两江 优级师范图画、手工选科 最优等七名：姜丹书、陈琦、黄镇平、潘景洛、李健、王景祥、孙□受。优等十二名：夏焕云、潘宗张、钟祥莺、储灏□、程用宾、邓观涛、汤有光、利德芹、尹士珍、朱太阴、王希庄、徐保和。中等四名：朱辂、郑燕、罗鼎新、唐尧臣。
  京师大学堂 优级师范第三分类科 中等一名：范梁。

    载1911年7月19日《申报》，第1张后幅第4版，113卷300页

63. 中央教育会议案·初级、完全师范学堂改由省辖

  按奏，初级师范学堂暂定省城以三百人为足额，各州县以一百五十人为足额，以后

审量扩充等语。数年以来，各省除省城设有两级师范学堂，繁富地方间有合数府州设完全初级师范者，其余不但州县能设完全科者甚少，即每府、直隶州所设师范学堂，大都仅能设立简易科。虽奉部饬停止简易，改办完全，勉强设立，而款项既绌，设备不完，教授管理多难合法，名实不易相副。其僻瘠之郡则并此不完全之师范而无之，教育前途至为可虑。且师范学生全须官费，需款倍于中学，各省中学由府州设立，目前现象，其属县较少之府州，已因款绌，困难滋多。师范为教育根本，补救图维尤宜从速。查直隶两三年来，各府州设师范完全科者约近十处，然款项俱苦困绌，实际均不完全，因于上年另行筹设第一至第四完全初师四所，每所定额多者十班，少者五班，按形势便利分设四处，略分区域，而仍准通融就学。江苏现亦分设第一至第三等处初级师范，此外各省查光绪三十四年学部统计表，山东、云南、湖南、广东、四川等省，府州县立完全初师最多十处，少者四五处，其经费多不甚充裕。其河南、江西、福建、湖北等省，府县立者止二三处。山西、广西、贵州、甘肃，府县立者止一二处，安徽、新疆乃竟无有。而合省公共之完全师范，除湖南有三处，江宁有二处外，其余只有一处，安徽乃并无有。夫府州所立，或徒有完全之名，或迄无成立之望，而合省公共者又不能推广。此急须变通补救者也。谨拟办法如下：

一、由部定为各省官立完全初师学堂全归省辖之制，以本省地方行政教育费拨充，其应行添设之处，列入全省担负，编列预算，决算归咨议局核议决行。

一、由提学使就地势、财力、人数，全省酌定若干处，以第一、第二、第三等依次编定名称。

一、编制班级，每堂少则五班，多以十班为度（师范最重管理人数，不宜再多），其附属小学须设多级、单级两项。

一、略依设立所在地方，酌分区域，匀派名额。倘分定区域名额势有妨碍者，得就各省情形酌宜办理。

一、财力充裕之府州县，于负担全省经费以外，另行筹款，设立完全初师者，由提学使查核相符，准予设立，仍由提学使统辖。

至完全初师，虽经通筹设立，但各省推广初小应需教员孔多，完全初师需费颇巨，虽力筹推广，仍难同时成立多所。其府州县旧设之师范学堂及拟设师范而款未充足之处，均可留办简易师范，以补完全师范之未备。

按，部饬不准再设二年简易科，似为限制、降等、给奖及不办完全科而但办简易科者起见，当非概予禁止设立也。

载1911年8月9日《申报》，第2张后幅第2版，113卷659页

64. 优级师范生之好消息

皖省各学堂教员其合教授资格者固不乏人，而滥竽充数者亦复不少，皖抚朱中丞顷接学部来咨，以安徽优级师范毕业生人数甚多，应亟查该堂未能合格与不甚得力之教员，自应由学司分别撤换，另委优级师范毕业生接充，以期教育进步云。

载1911年8月14日《申报》，第1张后幅第3版，113卷734页

十 女子教育

1. 论女学

棣华书屋稿

昨与友人同游格致书院,时方薄暮,院门已闭,不克升堂,第见院旁空地甚广,均筑围墙。据闻李中堂曾许发银万两,领到后便可起造花纹大铁屋,安置格致诸器,将开塾讲解云云。窃思上海一邑之地,书院林列,其所以造就人才者无不兼备,而格致一院搜泰西有用之学以教导后进。诸君不辞劳瘁,集腋而成,实属难能可贵之事,其功德较诸施衣施粥为尤大,制器尚象其利溥哉。原夫格致书院之设,系中外官绅士商捐助,与女学无相干涉,然故兰布登两小姐亦助银两,具见西国女子乐成人美之雅意,异日必有格致分院,延请女师以专教女学者,两小姐兆之矣。中国三代以上,早已振兴女学,降及后世,此事渐费考证,女学之盛衰自有专书,兹不具论。泰西诸国亦向有女学,而今则日盛一日,即如英国南北两学书院规条,男女皆准入学,而北学中另设一馆以教女子,且将考试女科、选擢女士。美国各书院中女师女徒多至三百余万,可谓盛矣。德国女子生八岁,例必入塾,故德之女学院教法殊备。万国人民以中国为最多,妇女中不乏天资敏悟之流,惟无以倡之,终归隐没耳。维皇降衷,若有恒性妇女之灵性,与男子同有高明者、有沈潜者,均可随质施教,并非身为女子遂尔秉性阴柔,别为一类。第教男而不教女,是得半之道也,何则? 天下男女之数大略相当,半为男而半为女。若不有教无类,则十人只作五人之用,岂不有负大造生人之意乎? 溺女之事,世所时有,推原其故,因女子无学,人皆贱之,为人莫作妇人身,良可慨已。夫天先地,男先乎女,为千古不易之经,何以"阴阳"二字不曰"阳阴"。意者殷易首坤,故相沿如是,从可知阴阳之不可偏重,男女之必需并学矣。盖万物先阴后阳,不有女也,男何以生? 设家家溺女,人类不几于绝乎! 人之爱子有同情也,溺之何为? 庄子华封三祝,曰多福、多寿、多男。子释之者曰:"男谓男子也。"子则男女之通称,是三祝也,而似乎四祝。试征诸孟子,则更有足据者。孟子帝使其子,九男事之,二女女焉。尧之子,共十一,九男二女,皆其子也,使天下妇人皆知,所生男女,不分畛域而皆为其子,则弄璋固喜,弄瓦何伤? 待女子学业有成,或为女学山长,品重席珍;或著书立说,传之后世,皆足以显亲扬名。即不然,一技一艺,堪为糊口之资,家贫亲老或借女子以沾升斗。故女学兴而溺女之惨不禁而自止,否则,虽禁之而仍有阳奉阴违者。且女学兴,而男学亦臻臻日上。儿在襁褓与母尤亲,故儿有痛痒,恒呼其母。一切语言都母教之而非父教之。语言可教,文字独不可教乎? 少成若天性,习惯成自然,家垂母教,即国储贤才,不但此也,女子学即所嫁之男子亦学,则夫妻同学,愈切观摩,是夫妇也而兼朋友之谊矣。女子学而所嫁之男子失学,则枕席之规箴更胜父师之约束，一若以夫子为弟子也。由是循循善诱，则为之夫者自顾须眉有惭巾帼，不禁积惭思奋而恐后争先。古有媒氏之官，掌判万民，觇学业之高下，为之择配门第相当、年纪相若，容貌亦符，王道本乎人情，所以内无怨女，外无旷夫，如是则才子念佳人、美人思名士之风可以息矣。盖婚姻各有定率，无可妄想也。富贵之家多蓄侍女，使之歌舞，以为戏乐，悖谬已甚。即广置姬妾，亦属有害。一夫不耕或受之饥，一女不织或受之寒，一男或娶数女，有类豪强兼并天下，于是乎多鳏夫，盖人未有不好色者，而好色亦当存恕道，夫妇为人伦之始，讲女学者必计及之，亦平天下之要道焉。天文、地舆、算法诸学非专心致知不能深明其义。男子既壮，或出仕，或经商，日无暇晷。而女子在家料理家务外，仍可讲求诸学，况女子心静而专，转有特过男子之处。苏若兰回文诗，读之宛转循环，俱堪成诵，如或用此心思制成一器，必有大用。今夫女学之要原，非女工一端可竟其业，凡格致、治平之道亦宜通晓，庶学不限于小成。若徒以工刺绣、司酒食为能，则失之远矣。盖刺绣所以悦目，酒食所以适口，均是人也，奈何仅予以悦目适口之能，而不施教化耶？语云：女子无才便是德。斯言误矣。夫所谓才者，岂惟咏风云月露之词而已哉！以是为才，宜其无德，士也。先器识而后文艺，女也。何独不然？果能读书明理，则妇道由是立焉，而何致怀惭于妇德。斯皆女学当然之理，并非仿照西法，盖今之西国女学，适与（音）〔昔〕之中国暗合，夫亦犹行古之道也。然而，西国女学则更有可异者，有盲女也，印凸字书，使摸而认之。有声哑之女也，以手指伸缩为字母之形，使之熟识，便可显达词旨。残疾之人书算俱佳，不特世无弃材，且可补化工之缺陷。其尤异者莫如育婴之法，学养子而后嫁，西国之创举也，我中国未之前闻。其法若何？则有如去湿就燥，怀抱提携，洗涤儿体，脱换儿衣，嚼食必细，断乳有期，儿已种痘通风气以散毒，儿将出牙擦牙面以止啼，种种调摄，务合其宜。与儿（喜）〔嬉〕戏，则有打燕、打球、打榜、走冰、放耀、着棋、执石子、剪公仔、执交加、藏金鸡、捉山鸡、盲公捉哑佬等事，皆所以活动其血脉，舒畅其心神，令儿壮健。女师时时讲论，俾得熟闻，庶日后生子不致儿生疾病，免受终身之累，殆亦保赤之意也夫。

载 1876 年 3 月 30 日《申报》，第 1—2 版，8 卷 285 页

2. 书《论女学》后

悟痴生

谚云"女子无才便是德"，又云"女子无才便是福"。一言天下古今有才之女，无不咏风花雪月之词，习为纤巧淫亵之语，以至丧贞失德者有之，故不如无才之为愈也。一言有才之女，多流俗不偶，故不如无才为之愈也。然所谓"才"者，岂止今之所谓"才"哉！棣华书屋主人极言女学之当兴，固已无庸赘辞矣，余谓女学兴而风俗人心可以大正，切指之，则有四端焉。女子禀性阴柔，诚见愚督，既无读书明理之人，尤易为流俗所惑。今之烧香拜佛者，原无论男女皆有之，但男子中皆愚蠢庸俗之徒，未曾读书明理者。若女子，则上自大员官眷，下至村妇妓女，无不皆然。此非女子无学之明证乎？耕作之辈少时读过《百家姓》《千字文》，略识自己名姓，即已弃而勿读，杂处于或男或女之中，无一非蠢人，故习为皈依朝拜之事耳，甚有归教会。而男女混杂者，或有宿山门而行奸寺内者，

其流弊不可胜言。至于大家妇女或防范偶疏,僧尼抄化,邪说横行,惑人听睹,轻则罄囊而赠,重则入寺烧香,为奸僧尼所愚蛊,害无底止。然从未闻有僧尼而能惑士夫家之男子者。今女学既兴,则上等之家,其女子固无不读书明理,渐而人知贵女子。即中人产以下,亦无不知学,而僧尼诱引之风可以渐绝。此其一也。女子性多静,既无他事扰其心思,仅刺女红、司酒食,以为完其职分。然聪明者智巧无所施,乃专于儿女情中作工夫,调脂抹粉也,装新样袜履也,梳好光头也,自昼至夜无非为蛊惑夫男,取媚为容起见。若夫大家婢妾,更易为功,着于身者,由布而绢而绸而缎;饰于首者,由银而金,由金而珠而翠,玩物丧志,习为华丽,而风俗日形奢靡矣。今天下一二品官笥有衣值二千金,奢矣,而夫人首饰珠宝可以值万金。此皆闲居无事,钩心斗角之所由渐致也。今既读书,则夫妇相庄,俨如师友,各有所事,而一切外好不足以纷其心,荆钗布裙何贵珠绣哉,而夸多斗靡之风可以渐绝。此其二也。妇人既不读书明理,其沈潜者能自安分,若禀资桀骜者,则其鸷戾之性无可驭制。于是有忤姑嫜者,不敬丈夫者,妒婢妾者,不睦妯娌者,甚有为人后室而虐待前妻之子者,怂恿愚夫求与兄弟分产者。又有乡间蠢妇骂邻里者,抛头露面打街骂巷者。若女学既兴,则必无无伦无理之人,即穷乡僻壤不读书者,亦如村夫聚打,理喻可散,断无悍泼性成、无法无天之态。谚云"男不斗女",言女子无理可讲也。一妇直前,千夫退避,往往有之。若男女并重,而皆兴学,则女之不读书犹乎男之不读书,理尚可讲也,而撒泼猛戾之习可以渐除。此其三也。不重生男重生女,古诗慨之,仍言女不足重也。于是有生女而溺者,有鬻为婢者,有货为妓者。夫溺女敝风也,作婢苦命也,男女并重,何乐乎溺,即何乐乎作婢。若货为妓,是于生女无所用之中特设一用之之法。有媒以售之,有鸨母以养之,有教坊人以教之,涂面而使之冶艳,歌舞而使之酬应,一若天地生女人专以媚悦男子。吾恐大造之本心不若是也,所以然者,以生女养嫁之费不资,不耻为娼之父母与溺死之狠父母、鬻婢之苦父母,其心稍异耳。今男女并重,谁其爱女之心不若爱子之心哉?而淫荡妖冶之习可以渐除。此其四也。凡此四者,皆于风俗人心大有关系,质之棣华主人,以为然否?

载 1876 年 4 月 7 日《申报》,第 1 版,8 卷 313 页

3. 再论女学

前报刊列棣华堂主人《论女学》一篇,又悟痴生《书〈论女学〉后》一篇,极言中国女学之废不如西国训女之另设女学也,盖中国今时之人深以女子能有才学为讳,故虽富贵之家,延师训女,不过令其识字记数而已,其余则不训之。若西国之女学,诸书具备,令其诵读,其他姑无具论,即以算学一事而言,其女子之能著书立说、设馆授徒者已属不少。至于日用应读之书,其女子之能通其文义,现设塾于中国教授华人者亦有数人。若中国女子能通文义可以授徒者实不多见,江浙之中偶有一二,他省则难得也。夫天下之人,无论男女,仅有生质之美不必读书,而为人行事能暗合于古人者能有几人?若中人以下,必从事于学焉,而后可望其知礼明义也。故女学废而女子之能知礼明义者鲜矣。尝见富贵之家,其妇女往往视其夫家之兄弟子侄泛如陌路,疾如仇仇者,其故何哉?皆由于不学使之也。古昔圣帝明王知女子之当学同于男子也,故内则等书同列,学校皆所以

教阴也。尧使二女以观舜，若使二女不学，又安能知舜之贤否？文王有刑于之化，若使后妃不学，又安能从文之教化？迨至汉时，诸后常有从大臣以受经者，曹大家学冠一时，汉后命为宫人之师，令宫人从学焉。唐时宫女有题诗于红叶上者，有藏诗于征衣内者，帝得知皆以赐其得诗之人。是昔人之教女，虽宫中不废，而民间亦不待言。惟昏乱之君令宫人与朝臣倡和，未免太荡闲逾检矣。自宋儒兴，而后有女子重德不重才之说。从此女学遂废。然有德之人而又能有才以济之，不更为全备乎？但训女之学不必令学风云月露之词，惟当令学礼乐诗书之事，是虽才也，仍不外乎德矣，又何必定使女子废学乎？西人常曰：中国之待妇女如待狱囚，日禁闭于闺阁之中，亦同犴狴无殊。而父兄之严厉者，并不准其识字读书及其究也，每至不明义礼。故凡人有卑琐不堪之行，辄嗤之曰：此等见识，真同妇女。夫妇女岂皆卑琐不堪之辈哉！不教之学而始如此，今反归罪于妇女，岂不冤乎？至妇女当以女工为重，今中国妇女其能自制衣裳者有几？甚至鞋袜等物尚须倩人而成，吾不知日囚闺阁所作何事，既不令其读书，又不令其制作，惟日闭之，何益也！至于礼乐等事，本当男女皆知，今有妇女能通音律，反笑为娼妓之流，然则钟鼓乐之、琴瑟友之，何以文王后妃之同好，又见咏于风诗之首哉？若夫亲友之谊，本可见其妻孥，今若如此则谓之曰不避嫌疑。然则妇女一举一动皆用防闲，直使妇女毫无生人之趣矣。此中国风俗之异也。倘使女学大兴，凡有妇女皆令读书识字，必能知礼明义，则泼妒之风可化，勃溪之事可无，不但此也，妇女皆知礼乐，则男子出游四方，非徒可以持家，而且可以训子。及男子一旦归来，则闺中自有良友可以共谈，可与同乐，或鸣琴而戒旦，或举古以证今，闺房已为极乐之国，不必再为狭邪之游、博局之赴，岂不美哉？乃说者曰：才如文姬，犹至屡次失身，女子何贵有才？不知此实风气使然，与才何与！使汉时之重贞节，亦如今日，则匈奴必不以为妻，曹操必不使再嫁，文姬又何能醮人哉？岂可因文姬一人，而遂使世之妇女皆不令其知学乎？无乃因噎而废食也。虽然积弊已深，实非一朝所能挽回，吾恐女学之举虽有此言，仍终无其事也。惟男主阳教，女主阴教，从古至今，皆宜并重，不可偏废，安可使不学无术之妇女，而亦令主阴教乎？是女学之举，似亦不宜竟废也。

载1876年4月11日《申报》，第1版，8卷325页

4. 女学堂议

天地之道，始于阴阳；帝王之化，先于男女。男子束发受书，从师负笈，有书院以甄陶之，有义塾以作育之，俾之明道德、知礼义，制诚善也，法诚备也。彼为女子者，独不当明道德乎？独不当知礼义乎？乃观名门大家、乡绅世族之女子，从事于拈针刺绣、烹鲜调羹斯已耳，未闻有延师设塾，授之诗书，课之材艺者。至于茅舍蓬庐，挽车椎髻，手自缝纫，躬亲井臼，以为尽女子之能事，遂致蠢蠢然、无知无识，荡检逾闲，竟不解贞为何物，节为何物。如杭垣某氏女者，以赖婚起见，致其婿受诬。经萧廉访昭雪冤案，主持姻事，俾从一而终，不致贻羞于再醮。为女子者当承戴仁慈，自知改悔，不宜复萌暌离之念，而乖好合之情矣。乃不意结缡弥月，唤入内廂，竟敢于廉访前明目张胆，以不愿从婿为词，并求施再造之德，定终身之事。暨夫人剀切劝谕，又置若罔闻，哀求作主，何其为

女不贞,为妇不节,寡廉鲜耻至于此极耶!顾吾思之彼倡言于大廷广众之中而毫无所忌,毫无所讳,则并非渎乱人伦,售奸渔色,习披猖之性,染淫佚之风者可知,不过小家碧玉,熏心于锦绣之辉煌,绮罗之炫耀,因而婆贫生厌,操作生憎,视其婿如赘疣,弃其夫如敝屣。此皆未习《闺箴》,未娴《内则》,一若失贞失节之事甚属寻常,无关轻重。故不事二夫之大义,耳提之而不遵,面命之而不受耳。然则,女学堂之议将以挽浇风、易陋俗,所当汲汲而不容已者矣。或者曰:古无女学堂之名,其何自昉乎?曰:古者,上至王后及公侯之夫人,莫不受学周礼云,以阴礼教六宫,以阴礼教九嫔,以妇职教九御是也。如女史、女祝、女巫,则各以职业为学,如男子之专艺而守官者然。下至委巷之女,亦莫不有师傅云,贤而四十无子,则为人间女师。是三代以上女教如此其隆,女学如此其备也。至于今,则中华不复行,而泰西灰有行之者。英法普美诸国,其通都大邑皆设有女学堂,规模宏敞,制度严肃,其女学生从师受业彬彬守礼,为之师者,量其才能,课其功程,考其学问,皆无异于男子。至于制造、纺织诸所,亦间有用女子司事者。是以泰西之通才博学、奇技异能,尝有女子而过于男子者,职是故也。或又曰:从来越礼逾分之事,往往弄文墨、骋才华者优为之,故谚有云"女子无才便是德",是女学堂又何裨于风化?何益于政教耶?曰:女学堂者,固将教之以夫妇之伦、妯娌之和、亲族之礼、男女之别、内外之严、贞淫之辨而已,举凡骄奢靡侈之习不得一交于耳目,惝心佚志之术不得一接于燕闲。夫岂驰骛于才华以导其淫乱,游戏于文墨以开其情欲也哉!彼今之所谓佳人才女者,吾知之矣,弄月吟风、熏香摘艳,聊寄于缘情绮靡之作,谬托于斯文气类之通,放诞也而以为风流,纤佻也而以为雅丽,狂荡也而以为倜傥,轻薄也而以为聪明。或传傅粉之丽词,或著画眉之佳句,居然自命为卓文君、朱淑贞一流,甚至赠芍同归,标梅有感,订《陌上桑》间之约,寻花前月下之盟,谓天下有情人当如是耳。呜呼!至此而风俗政教尚可问乎?乃有鉴其弊而矫其失者,则又执"无才便是德"一语,辄欲困其材力,囿其心思,相安于猱狁浑噩之天,渐流为村俗庸愚之辈,以为可以保其贞,全其节。不知此亦因噎废食之谋,而非穷流溯源之论也。夫弄文墨、骋才华之女子,其弊不在学,而正在于不学。彼之所谓学者,非吾之所谓学也,使有女学堂以启发之、熏陶之,充其材力心思纳之于道德礼义,守身不字、矢志不嫁之旨知之稔、闻之熟,安见有越礼而逾者哉!或又曰:女学堂之所裨于风化,所益于政教者,既闻命矣,然经费之所当筹划也,章程之所当参酌也,谈何容易,行之维艰,安得漫然议之。曰:凡事之难于始作首创者,不独女学堂为然也。今虽未能如泰西之规模宏敞、制度严肃,不得已而思其次焉。名门大家、乡绅世族当设一女学堂于家,经费则从省也,章程则从简也,延明师,定日课,以教其宗族、乡党中之女子,有茅舍蓬庐之女子愿受业于门者听,务须实事求是,底于有成,毋事虚文,毋事宽纵,毋浅尝而中止,毋泛骛而不专。其愚鲁者,谆谆命之,循循诱之,俾识德言容功之大意;其秀颖者,明道德,知礼义,卓然为宗族乡党光。其法已立,其效已著,必有慕其风,仿其制,踵而行之者,则女学堂可与男子之书院、义塾并重于世。由此渐摩沦溃,虽游女荡妇亦知所耻而矢死靡他。庶几,安于室者不屑为凯风之母,下堂求去者不复学负薪之妻乎。

载1888年1月5日《申报》,第1版,32卷27页

5. 育闺才议

中国之文教盛矣，中国之人才众矣，上而盈廷济济，凡百臣僚，伟论宏词，陈善补缺，名臣奏议，援古证今，付之枣梨，几与日星同炳。次之而名儒宿学，皓首穷经，竭毕生之才力精神，考订钻研，经经伟史，垂诸后代，奉为楷模。其有僻嗜词章、富于文藻者，则又吟风弄月，俪白摘黄，探讨夫汉魏三唐以迄乎宋元明国朝，集众长以成一家言，亦足以藻绘山川，丹青宫徵，麟麟炳炳，可谓盛矣。而独至绣户娇娃、金闺幼女，则但令其描龙刺凤，掠鬓扫眉，从不使入塾读书，从师受业，不特蓬门弱息借耕织以谋饔飧者断不能目识一丁，稍知文义，即缙绅右族、阀阅名门，亦从未见有花下吟诗、帘间作字者。间或有之，亦不过十中之一二耳。问何以故？曰：古称"女子无才便是福"。试观古今说部中所载，如苏若兰、霍小玉、上官婉儿、威光哀姊妹等，类皆天才隽妙、绮思纷披，而或则怨起仳离，遇人不淑；或则长门深锁，蕙泣珠啼，曾不若一窍不通、心如茅塞者，犹得倡随偕老，毕世无灾，福与慧难兼，何忍令掌上明珠因识字而折尽庸福耶？且识字则情窦易开，自来逾闲荡检之流，皆因识字而起，李清照之以晚节而失身驵侩，朱淑真之谱"月上柳梢，人约黄昏"一阕，步非烟之属意赵生，崔莺莺之私奔。元稹、薛涛本营妓也，而十离成诗，风流旖旎；鱼(元)〔玄〕机本女冠也，而江边咏柳，哀感风华。大抵不枒才人，多半中途失节。简编所载，积秽如山，诗书误人，岂独堂堂男子哉！是以宁填藕窍之玲珑，无使杨花之飘泊耳。仆则曰：嘻！是殆误矣，古来女子之不端，岂尽由于识字哉！由于略解之，无不通文义耳。彼夫泰西诸大国，无论男女，幼时即教之读书，以故闺秀之才无地蔑有，不特吟诗作赋，借以消遣韶华。且有以女子而作医生者，作船主者，为日报馆主笔者，充议政院议员者。彼男子操奇计赢，专以经商为务，独此扫眉才子偏得天地秀灵，佳话流传，人皆艳羡。日本，一岛国耳，而大家女子亦无不识字知书，客言有女子年仅垂髫，能作擘窠大字。去年见有小字阿桑者，于扇面作墨兰，亦颇楚楚有致。海外诸邦可谓闺才鼎盛矣，而桑间濮上，苟合淫奔，事所希逢，反不若中国之淫风日炽。然则女子果何害于有才哉，岂真有才而皆无行哉！窃谓女子之不端，莫患于惟知庸恶陋劣之盲词小说。幼时读书一二载，字义犹未洞明，授以诗书，茫然莫解，惟于花晨月夕，取《玉芙蓉》《落金扇》《锦香亭》《倭袍》《三笑》等淫词艳曲，随意闲观，生平惟知月下传情、星前私订，而不端之事乃由此作矣。友人尝言：若得小女儿，当教以看《西厢记》《牡丹亭》《红楼梦》等说部之最佳者，庶长即失检亦必择一少年名士、才貌兼全者，不致与市井屠沽红丝暗系。此虽戏语，亦或有所见而云。然愚则以为女子之心静，静则灵，灵则为学易于解悟。人苟以课男子之法课之，自四书十三经以迄百家诸子，朝夕讲贯，俾尽精通，驯至三纲五常，了然明晰。更以余事下及于诗、古文、词，则虽不必如泰西之为医生，为船主，为主笔，为议员，以巾帼而作须眉之事，而既知大义，自能厚重端庄，上事翁姑，下睦妯娌，贤孝之誉噪起乡间。其丈夫而通文才，则纸阁双声，芦帘共砚，赖有闺房如学舍，一编横放两人看，清才艳福几如天上神仙，丈夫而阘茸无能，则笺记可代操，簿籍可代记，主持一切，更不必假手他人。然则女子之才正多用处，又何必多所顾虑，不令其肆业芸窗耶？且今之穷乡僻壤，生女而溺毙者多矣，诚以家徒四壁养此赔钱货，反觉受累难堪。是以蔑理忍心毙之，以免贻累耳。苟知女子与男子并重，果能颂椒赋茗，独擅清才，戚族亲邻亦俱敬重,则且将抚之育之之不暇,而忍令弃之如遗乎?因作《育闺才议》,以告梦兆虺蛇者、友人何吴门挹翠莽词客,是为此议者。沪上宾红阁外史也。

载1889年2月18日《申报》,第1版,34卷217页

6. 女学堂余议

尝谓:天地之道,始于阴阳;帝王之治,先于男女。故作《女学堂议》,章程、规例悉仿泰西,教之以技艺,课之以工程,责之以事功,授之以禄位,视其才智之高下、志量之广狭而区别之。及其长也,皆有以自立于当世,安知天地菁华、山川灵秀,必不钟于女子乎。所虑者,首事之经费过巨,则创造匪易,而持久尤难。平时之约束不严,则徒尚虚文,而无关实际耳。至今思之,女学堂之设于泰西已见成效,设于中国尤合时宜,请重言以申明之。我中国文物声明自古称盛,版图式廓,生齿日繁,有非泰西之所能几及者,约计中国一省之民数可以抵英吉利一国,中国一国之民数可以抵欧罗巴一洲。夫众者,富国强兵之本也,顾中国之民数如此其众矣,而国未见富,兵未见强者,何哉?大抵泰西之民,男多于女,为女子者不患无夫;中国之民,女多于男,为男者不患无妻。中国惟男为少,而女为多也,故富者贫而强者弱耳。夫中国之女子独非天地菁华、山川灵秀所钟毓者乎?何害于国,何害于兵而贫且弱也?抑有故焉。从来关雎鹊巢之化,以幽闲贞静为主,葛覃为后妃之职,蘋蘩为夫人之职,至于民间妇女相与采此苄苢为事,固非若《兔置》之野人,犹可以为公侯之干城、公侯之腹心也。泊乎后世又惑于"女子无才便是德"一言,举一切读书识字皆摒弃而不之教,加以缠足为千古虐政,使不敢胡行乱走,凡世故人情、事机物理,又何从寓于目、会于心?若夫政治之盛衰,风俗之得失,尤不得薄言往愬,末议相参,日惟调脂弄粉,刺绣穿针以为尽女之能事。由是十指巧而才技愈拙,双眉长而知识愈短,粉白黛绿立于街衢之间,望之者以为神仙。及闻其言,见其行,则蠢蠢然与鹿豕等。间有众口相传,称之为贤内助,富者治家不过问舍求田、数盐计米而已;贫者相夫不过挽车椎髻、举案齐眉而已。其寡妇、孤女则号之为没脚蟹,犹面墙而立,一步难行之谓也,女子若比将焉用之。古人云:我若不是妇人生,天下妇人当杀尽。又云:使男子后庭生育,天下可废妇人。夫岂与女子为怨为仇,而为是言欤!诚有见夫女子之无益有害,实为天壤之废材、国家之弃物也。天下惟废材足以害材,惟弃物足以害物。何以言之?人生世间皆有所用,劳心食人,劳力食于人,无奢侈无俭啬,皆当通功易事以羡补不足。苟其才足以及物,智足以兼人,虽作威作福、玉食万方,不得谓过;若其为废材弃物也者,则虽一粥一饭、半丝半缕,皆当斥之为暴殄天物、虚縻天禄。今中国之为女子者,未嫁则仰食于父兄,已嫁则仰食于夫婿,尸位素餐,无所事事,是非暴殄天物、虚縻天禄,而何?其父兄、夫婿既以全力赡其身家,又安得余力以及于他人乎?而女子之不安于室者,或且藐视其父兄,虐待其夫婿,束缚之驰骤之,交谪相闻,勃溪时作,是非徒无益,而又害之而何?一家如此,一邑可知;一邑如此,一国可知。是以中国之民数虽众,男居其半,女居其半,得半之道不足为众,而女子又非特无益已也,虐待夫婿,藐视父兄,暴殄天物,虚縻天禄,其为害也不可胜言。既失其众,又有所害,则国虽富而贫,兵虽强而弱矣。向使中国省会城镇设有女学堂,聚贵贱贫富之女子以教之,与男子一视同仁,无稍宽假,

勿以姑息爱人，勿以苟且从事，学成而后，皆有以自立于当世，可使中国民数之众有益无害，不致为废材、为弃物，其所裨益岂浅鲜哉！创议之初，经费虽巨，待其行成业就，犹有取偿之时。既有泰西之章程、规例可以仿效，实事求是，垂诸久远，可以免约束不严之弊。夫如是则国可以富，而兵可以强矣。

载1889年2月22日《申报》，第1版，34卷241页

7. 中西女塾说

人有子弟，幼时莫不知教以诵读书写，少长则士农工商，各教之以其业。虽教法相沿不无流弊，而尚不失其为教也。惟生有女子，则教之者少。虽名门闺秀间有咏絮高才，而宏通博雅，才德兼优者究不可多觏。俗语有云女流之见，盖言女子之识见浅隘也。岂女子之生异乎男子？亦男子读书者多，而女子读书者少耳。或者曰：男子以天地四方为己任，宜有大经济、大学问素裕于胸中，以故而读书穷理，以故而博学无方。而女子无门外事，所谓无非无仪，惟酒食是议可矣。且针黹操作在在须学，何必读书然后为学哉。又，凡女子略识之无，往往私阅盲词小说，以致荡检逾闲，反不如目不识丁之为愈。古人致有"女子无才便是德"之语。不知此究过激之谈，未可因噎而废食也。小说诸书虽足以伤风败俗，然试问迩来之伤风败俗者果尽系粗通文墨，能阅盲词小说者乎？我知其中绝无而仅有也。可知风俗使然，不得归咎于识字。而女子不但识字，并欲令其读书，并欲令其尽读男子之书者，亦自有说。夫女子曰内助，夫人而知之助之云，何井臼乎，缝纫乎，仰事而育乎？然也，不尽然也。有大者，在古来有志之士，奋发有为，可与言忠，可与言孝，推其量不难造圣贤之域，乃因娶妇不贤，识见浅陋，凡事苟安，遂牵率而不能复振者有之；夫本凡庸，妻益卑鄙，相率而入于下流者有之。良以至亲，莫如夫妇，感召捷于影响，由此推之，夫虽不能立志，得有有识之妻，晨昏相勖，尚不失为有用之人，何况夫本有志，更得贤淑之妻以相辅，其成就讵有尽耶？使女子而不尽读男子所读之书，其志趣即出男子之下，不能赞成之，即有以牵率之矣。且人之智愚贤否，习也。子女之生，惟习其母，亦惟母之言为先入，为易入。少成天性，习惯自然，所以古之贤母，子未生有胎教，子既生，謦笑嬉戏，无不寓之以教。迨成童就傅，胸中目中早已了了。根基既厚，负载自宏。使女子而不尽读男子所读之书，将虽欲教子女而不知所为，其何能循循善诱，坐收养正之功哉！历观伊古帝王受命而兴，大都得力于后妃，史迁所谓外戚之助是也。而后世之亡国破家相随，属者亦莫不由。故天下多一才德妇人，即多数辈才德男子；才德妇人日益多，即才德男子日益盛。故欲一国大治，必一国之女子尽受教而后可；欲天下大治，必天下之女子无不受教，而后可移风易俗，道在乎此。今人第知男子当教一为之，推本穷源，知女子之当教尤不容缓。奈我华狃于晚近习俗，施教独略于女，致人心日漓，世风日偷，徒令有心人有莫可如何之叹。泰西诸大国向于女子亦仅教以女红杂艺等，而于学问一道但求稍通笔墨，足备酬应而已。近则专设大书院，无书不读，无理不研，与男子教法并驾齐驱，略无偏枯之弊，诚以男女禀性相同，灵明各具，皆当讲求上理，不虚天之所畀。况助夫教子，更有默化潜移之妙用哉。且以愈用愈灵之心，而移之于庶务，则有条不紊；其于女红杂艺，亦必加人一等。此所谓本末兼该者也。所惜我华近虽借法泰

西,尚未讲求及此。美国进士林君乐知在华日久,利弊洞然,以为欲兴百废,教化宜先。此中西书院所由设也。院中专教我华子弟,储材以为国用。但其设院初意,男女原不偏废,而措施不无先后之分,囿于势也,目今男书院业有成效,女书院自当创始,前经禀请本国派下大书院女师傅海淑德等来华,并鸠集巨款为建女书院之费。刻已于三马路泥城河边兴工起造,一俟落成,先开女塾试办,专收我华幼女,教以中西文字、女工针黹及一切有裨实用之学,内外交修而不偏尚词华,免致仅成弄月吟风之末枝。其有不欲习西文者,儒书而外,举凡西国有用之学,其有译出之书,在文字虽殊,义理一也。开塾时自必明定章程,刊诸日报,以供众览。惟现设女塾,专为女书院始基,在在求精,非寻常女塾比。事系创举,窃恐有女之家视为无足轻重,以致观望不前,用将关系极大之处,先行代为揭出。总之,易于乐成,难于图始,人之恒情也。俟女塾学有可观,即行扩充书院规模,异日成就既多,信从日众,安知我华不且到处仿行哉?化行俗美,当拭目俟之,则谓中西女塾为之权舆也可。

载 1890 年 2 月 23 日《申报》,第 1 版,36 卷 271 页

8. 论中国宜广设女学塾

近来华人皆欲仿行西法,以西人各种学问皆从学校而出,故各处皆创行学塾,延请教习,中西并习,其意原偏重于西。夫天下之事,无不从读书识字而来,学塾固不可不设,且不可不多设。即不习西学,亦不能不使之皆读书识字也。李提摩太君曾核五洲之人之读书识字者,以中国为最少,大抵中国惟士为重,余皆不求甚解,而妇女更无论矣。西人不特士农工商同此学业,即妇女亦同此学业,俾皆为有用之才,是能生之者众,食之者寡,而国驯至于富强。中国地大物博,人民独多,而通商以后势力日见屈于外邦。此皆由于不能人人读书识字之故。然男子即不皆读书识字,虽其中不无游惰之人,要之尚有一业之可执。若妇女则不能不仰给于男子,至妇女而皆欲仰给于男子,则统核中国四万万人之数,其一半皆为无用之物。而能执业之一半之中,犹有游惰而不知自好者当居其十之二三。有业而不欲学,有食而不能谋,则亦不能不仰给于人矣。待食者如此之多,谋食者如此之寡,由人而及家,由家而及国,以一人而养数人,且有养数十人者,中土虽地大物博,国安得而不贫,国安得而不弱?虽人学有深浅,才有大小,业有高卑,有一人而养数十人而力尚处于有余,有一人而养数人而力已见为不足者。似不能一概而论。然虽有一人而养数十人者,要未必其皆应得之钱也,执业最高者宜莫如官,为官之眷属,其呼奴使婢,养尊处优较胜于平人,奚止倍蓰。试问官之所入,除廉俸之外,何一为应得之钱?若惟恃此廉俸之所入,恐为之眷属者亦未必能呼奴使婢、养尊处优也。由此而推,则一人所谋之食,安能养及数十人哉!即养数人,亦尚恐其力有不足也。至力有不足,则一身之累愈多,谋利之心愈重。于是为官者不能忠于君,为士者不能勤于学,为商贾农工者不能各尽其心力。一言以蔽之曰:家累害之也。家累之害,因妇女之皆须坐食也。妇女之皆须坐食者,因妇女无业可执之故。妇女之无业可执,皆因未尝读书识字之故。妇女之不皆读书识字,实因中国各处不设女塾之故。虽现在中国妇女未尝无读书识字者,然必有力之家幼时使之入塾,而入塾读书者亦不过三年五载,且此三年五载之

中，父母师长以为女也，故亦不甚督责，往往出塾之后，仅能识字而不知文理。即有稍知文理者，亦不过吟风弄月，而群已目为才女，非但不受读书识字之益，而反受读书识字之弊。故世有"女子无才便是德"之谚。于是，因噎废食，皆以为女子不必使之读书识字，且不可使之读书识字，相习成风，牢不可破。现在风气虽开，而尚未闻有设立女塾者，故不得不为之发聋而振聩矣。说者谓：中国素重男女之防，若欲设立女塾，妇女之中读书识字者既少，延请教习不亦甚难？曰：初创之时，女师固一时难聘，然不妨延请老成持重、品学兼优之辈以教之。数年之后，则此日之女学生即他日之女教习也，愈推愈广，十年之后必无须男子矣。且设立女塾，亦须中西并授，中国女师虽人才缺少，而西国妇女则固无一不能为教习者也。不观夫彼国基督教之来于吾华者，到处设立教堂，设立男女学塾，以教吾华男女幼童。彼教中之妇女，类皆亲自为教习，孜孜不倦，要皆可取以为法者也。惟创行之事，断非易易，第一须先筹款，或禀官筹费，或地方公捐，或由有力者先行垫款，必须斟酌尽善，可以持久，可以扩充。若草率为之，半途而废，则不如不设之为愈矣。华人于子弟之读书尚靳靳于束脩之多寡，谁复肯出钱以培植其未嫁之女？故世有尽肯千金嫁女，断不肯百金延师之谚。华人舍本逐末，积习已深，非善于变法，毅然而为之，恐谈时务者虽多，而仍徒托空言，未能见诸实事也。寄语生女者，毋为女仅计目前，当为女计及日后也可。且毋为一人一家计，当为一国计也可。

载 1897 年 4 月 30 日《申报》，第 1 版，55 卷 691 页

9. 振兴女学议

嘻，我壹不知中国之视女子何以竟与男子迥殊哉，犹是血气，犹是灵明，而独不令其博通典坟，熟谙经史，坐令深闺锁闭，日惟与佣妪使婢杂居，所职者惟缝纫，所议者惟酒食。即有之无稍识者，亦只粗知帐目，解阅通书而已。古所称咏絮颂椒、清才淑望，迄今已不可多得。而欲求如男子之穷年矻矻，惟日孜孜，菲史枕经，上下千古者，千万人中曾无一二焉。岂女子果不堪造就欤？夫亦无学塾以为之涵育熏陶耳。若泰西则不然，女子自幼即入塾攻书，富室大家往往不惜金赀悉心培植，故有学成而为船主者焉，为律师者焉，为医生者焉，为主笔者焉。此外，则天文师、图绘师，以及学塾教习、公署译史亦无不有女子参错其中，甚且有不甘以巾帼自拘，求入议院为议员，或请当出使大臣之任者，见诸日报，具有明征。噫！以彼则才识独长，以我则聪明自囿，我中国四万万黎庶岂不因此而一半成为废材乎？闻之西国名儒谓，彼中女子年及五六龄未有不送之入塾者，盖女子才能本与男子无异，男子须学道以明义理，读书以增识见，岂女子而独不能？此女子之宜学者一。男子在家时少，女子在家时多，子女成行，端资母教，母苟未尝学问，子女曷赖以陶成？此女子之宜学者二。女子不识字，则所司者惟中馈耳，曷以知中馈之外天壤间尚有义蕴无穷乎？天既畀之以灵明，而我自汩没之，是逆天也。逆天者不详，此女子之宜学者三。女子苟心如顽石，目不识丁，他日或适通人相对漠然，安所得帏房之乐？惟幼既入学，斯画眉余暇，讨论古今，相友相师，别饶乐趣，即桑弧蓬矢，男子志在四方，而绣罢红窗，一编相对，亦足以消永昼而遣离情。此女子之宜学者四。顾仆则以为中国古之女子亦何尝无学问哉！《周礼》九嫔掌妇学之法，以教九御。汉班昭著《女诫》，

唐宋若昭著《女论语》,长孙皇后著《女则》,博至三十卷,是非深明礼义,为学闳深,乌能下笔成文,垂示后世乎。近世桂林陈文恭公辑《训女遗规》,漳浦蓝鹿洲先生辑《女学》之二书者,亦颇淹贯详明,大旨谓,女子惟识字知书,而后能明大义;明大义而后能正心诚意,以齐其家,先正名。言诚哉不磨之论也。自乡曲老学究有"女子无才便是福"之语,于是为之父母者咸不令女子解诗书,藏之深闺,几如珍玩。他日者及笄而嫁,惟是骄其心志,纵其性情,悍者或且视舅姑如路人,叱丈夫若奴隶,生有子女,亦沾其习染,洎长成而乖戾骄矜,岂非女子不入塾阶之厉耶?如谓女子一知文义,每喜观淫词艳曲,以致吟风弄月,时露闲情,屏角灯唇,偶传绮语,越礼之事即自此而兴。殊不知此惟略涉文墨之女子则然耳,我辈文人亦当少有才无行者,是必牖之以礼义,范之以规矩,导之以德言,勉之以伦纪,而后乃能绳趋矩步,四德兼全。古称王化始于闺门,女教所关不綦重乎?况今者风气亦较从前大变矣,自天足会女教士劝人家不可令女子裹足,于是一唱百和,多有女子大足为合宜者,意盖谓足大则行步从容,与男子无异,凡男子所为之事,女子皆可任之。然仅效男子之大踏步出门,而胸中仍无些须文墨气,岂不将纵成强矫,几与海滨挑盐妇无殊哉。静焉三思,夫亦可发一噱矣。抑又闻之日本,一海东岛国,而女子无一不识字通文,国中学校如林,就仆所知者,有华族女学校、高等女学校、寻常女学校、女子师范学校,外此而为民间私立者更不可以偻指终,以故彼国男子多刚暴性成,独女子则无一不于柔顺婉愉中微露方家举止。岂以我堂堂大国而教育女子之道反可以逊于日人乎?愿与留心阴教者一商之。

载1897年7月11日《申报》,第1版,56卷848页

10. 兴办女子实业学堂

皖绅方元衡等,近集股本八千金,创设女子师范学堂,注重手工、蚕业、医业各项,具禀抚、藩两宪,均奉批准。该绅等旋又以章程具报,请给关防,亦已批令照办矣。(孔)

载1905年11月23日《申报》,第9版,81卷713页

11. 皖绅禀办女学医学

日前,皖绅方君等禀准抚、藩各宪,集资兴办女医院、女学堂。禀中略谓:职等曲体同乡绅民之意,邀约本省及旅宁官绅集资数千金,延请高明女医师与外洋考究医学回国者六人,即在省城、芜湖、江宁开办女学堂三所,每日在堂送诊二点钟后,教女学生与男孩医学、药品、书算、技艺,为一省开通风气。但创办固赖集资,究必援照官医局章拨款若干,专办送诊药材,乃为持久之计,理合黏章禀请大人鉴核立案,赏准于铜元局月拨钱七十串文,由女医学堂董事领办,常年送诊药材,年终造报。其余学堂一切开支,皆以职等集资内动用。试办有效,再行推广各府州县照章劝办云云。(诗)

载1905年11月30日《申报》,第17版,81卷777页

12. 安庆学务(筹办女学＊)

郡人何君、张君等筹办之竞化女学堂，业已募有捐款数百金，俟今春租屋开办。日前，已遍贴广告，招生报名矣。(士)

载 1906 年 1 月 31 日《申报》，第 9 版，82 卷 189 页

13. 安徽公立女学堂成立

芜湖大通督销〔局〕陈劭吾观察、巡警局黄润九观察等集资创一安徽公立女学堂，学额八十名，幼稚生二十名，学费每年洋银四十八元，定于本年八月初一日开校。上月二十七日，官绅学商界在湖南会馆会议此事，输捐颇为踊跃，李伯行京堂认捐洋三千元，为捐款中最巨者。公举陈劭吾为总理，李仲絜、张伯纯、李光炯为副总理。现已在城内选择大厦，并购地建造幼稚园。(九)

载 1906 年 6 月 26 日《申报》，第 9 版，83 卷 847 页

14. 安徽公立女学开校有期

芜湖安徽公立女学堂成立等情，已纪前报。开办经费约五千余金，李伯行京卿倡捐三千金，嗣官绅学商各界继捐者颇为踊跃。兹又由官绅禀请江督在苏米捐项下月拨银三百两，作常年经费。刻下，业已租定河南岸民房为校舍，报名投考者实繁有徒，职员、教员照章一律延聘女士，准于八月朔日开学。所聘女士皆海内名媛，女学之兴不难拭目俟之。(九)

载 1906 年 9 月 1 日《申报》，第 9 版，84 卷 613 页

15. 公立女学开校改期

芜湖河南□街安徽公立女学堂，本定八月朔日开校，旋因新建讲堂尚未工竣，开学之期须缓数日。(九)

载 1906 年 9 月 24 日《申报》，第 9 版，84 卷 837 页

16. 巡警提调热心女学

安徽巡警学堂提调潘晋华君之太夫人畹生女士，于客腊来芜，充当安徽女学学监。故潘君亦随侍来芜，并与学界诸君参订女学规则及课程，一切业已事毕，于初六日回皖。(内)

载 1907 年 2 月 20 日《申报》，第 9 版，86 卷 429 页

17. 学部议复女学堂章程折

奏为详议《女子师范学堂及女子小学堂章程》，恭折具陈仰祈圣鉴事：窃中国女学本于经训，故《周南》《召南》首言文王后妃之德，一时诸侯夫人、大夫妻莫不恪秉后妃之教。风化所被，普及民间，《江汉》诸篇言之尤备。孔子曰：人而不为《周南》《召南》，其犹正墙面而立也与。盖言王化始于正家，倘使女教不立，妇德不修，则是有妻而不能相夫，有母而不能训子。家庭之教不讲，蒙养之本不端，教育所关，实非浅鲜。此先圣先王化民成俗所由，必以学为先务也。方今朝廷锐意兴学，兼采日本欧美规则，京外臣工条奏请办女学堂者不止一人一次，而主张缓办者亦复有人。臣等每念中外礼俗各异，利弊务宜兼权，自钦派学务大臣以至设学部以来，历经往复筹商，亦复审慎迟回，未敢轻于一试，故前年《奏定学堂章程》将女学归入家庭教育法，以为先时之筹备。上年明定官制，将女学列入职掌，以待后日之推行，惟近日臣等详征古籍，博访通人，益知开办女学在时政必要之图，在古制亦实有吻合之据，且近来京外官商士民创立女学堂所在多有，臣等职任攸关，若不预定章程，则实事求是者既苦于无所率循，而徒务虚名者或不免转滋流弊。臣等用是夙夜思维，悉心商酌，谨拟《女子师范学堂章程》三十六条、《女子小学堂章程》二十六条，凡东西各国成法有合乎中国礼俗、裨于教育实际者，则仿之；其于礼俗实不相宜者，则罢之；不能遽行者，则姑缓之。现在京外各地方如时女教习难得不能开办者，务须遵照前章，实行家庭教育之法，以资补助；其已开办各女学堂务须遵照此次《奏定章程》以示准绳，倘有不守定章，渐滋流弊者，管理学务人员及地方官均当实力纠正，总以启发知识、保存礼教两不相妨为宗旨，以期仰副圣朝端本正俗之至意。如蒙俞允，即由臣部督饬京师督学局并通行各省将军、督抚一体遵照办理。所有详议《女学堂章程》缘由谨恭折具陈。伏乞皇太后、皇上圣鉴训示。谨奏。

正月二十四日奉旨：依议。（贡）

载1907年3月26日《申报》，第2张第9版，87卷271页

18. 女学立案保护

芜湖安徽女学堂总理陈君将开校日期及报销清册禀报提学司，恳予立案给示保护。当经沈提学批：该绅等组织女学，为家庭教育之基，良深钦佩，所请给示晓谕之处，自应照准，候札发该县张贴，以昭郑重。（若）

载1907年4月6日《申报》，第10版，87卷403页

19. 女学将兴

皖省大中小各学堂均已次第设立，而女学独付阙如。兹沈曾植学使拟就本城创一女学堂，并照章附设幼稚园，现正筹划经费，俟有的款，即妥拟章程，示期开办。（盛）

载1907年4月11日《申报》，第12版，87卷466页

20. 通饬女学概聘美国教习

近日学部会议,中国女学方在萌芽,必当取法乎上,方有进步。查京外各女学堂汉文教员华人尚堪胜任,其余东文、英文、体操多延日本女士充当,以致学生不能得高等之学问,而先染东洋之流风。拟通饬各省女学堂,除中文汉学自延中国女教习外,其余英文、绘图、体操等教习一律延聘美国教会女士充当,以图进步,而杜流弊。(术)

载1907年5月7日《申报》,第12版,88卷90页

21. 学部密饬妥议聘用西女教士

中国女学堂教习聘用外国女教士一节早有是议,兹闻学部将实行其事,近日已有密札颁布外省各提学司,嘱为妥议,惟不得不格外秘密,恐外间知之,或有烦言,尤多窒碍云。(铜)

载1907年6月5日《申报》,第3版,88卷454页

22. 勘定女学校舍基址

河南岸安徽女学堂今春由在京同乡官吕筱苏太史等提议,以该校校舍狭隘,有碍卫生,非迁地改良不可,特函商前关道冯星岩观察,拟就中江书院改建校舍。嗣以芜关小学无地迁移,以致未果。刻由劝学所会董吴云等勘定基址二处,一在西门城内丰备仓,一在芜采营后,以之建筑女学,颇为合宜。闻已禀请关道文仲云观察拨款兴筑矣。(少)

载1907年8月18日《申报》,第12版,89卷586页

23. 妥筹兴办女学经费

婺源县附生汪开宗拟创兴女学校一所,抽收茶厘作为常年经费,业已具禀上台批准照办。

载1908年3月2日《申报》,第2张第4版,93卷18页

24. 函催女学经费

河南岸安徽公立女学因经费支绌,势将停办,客岁由皖绅李宗棠观察禀请皖抚援照皖江中学、安徽公学之例,在驻芜米厘项下按月拨给二百元,以资补助。梦帅当即复函允可。不料延至今日,此项津贴仍未拨定,观察爰于前日函催沈提学,请即日饬拨,以维学务。(无)

载1908年4月27日《申报》,第2张第3版,93卷788页

25. 芜湖女学议迁省城

皖南教育分会于二十日开会集议，到者数十人，佥以皖省女学尚付缺如，应将芜湖女学移设省城，以资提倡。闻皖省教育总会对于此事尚须开会集议。（上）

载 1908 年 4 月 27 日《申报》，第 2 张第 3 版，93 卷 788 页

26. 女师范初次考验

安省绅学界吴君等组织之女师范已禀奉大吏立案，拨予经费接济，该堂校舍即就旧日学务公所房屋修改。现闻报名者已有二百六十余名之多，现定于廿三、廿四两日考验，分本科、预科两班，共收学生一百二十名。

载 1908 年 8 月 21 日《申报》，第 2 张第 3 版，95 卷 714 页

27. 创办女子化俗小学

枞阳为桐城县首镇，人烟稠密，学龄女子不下百计。现有该镇绅李德膏拟于该处创办化俗女子初等小学一所，以倪景范之姑母梅仙所办之女子私塾归并为一，即以梅仙为监学员，主持堂内一切事宜，所有科学课目，均照章办理。闻该董等已将拟订简章并开学日期，禀经县令详请学司转禀抚宪批示立案矣。

载 1908 年 8 月 24 日《申报》，第 2 张第 3—4 版，95 卷 754 页

28. 女师范学堂开校

安徽女师范学堂业经传集诸女士，于上月二十三、二十四两日分题扃试，念六日发榜揭晓，计正取张汉杰等一百四十名，填明证书，预缴半年学费，听候入堂肄业。兹已于初三日行开校礼。又闻该堂发起人吴绅传绮以与考诸人须严密查察，务使身家清白，俾免混淆，因又扣除两名，其中尚有数卷亦在可除之列。

载 1908 年 9 月 1 日《申报》，第 2 张第 3 版，96 卷 6 页

29. 女学生耶野叉娘耶

日前，女师范招考时，有某太守之侄女恽琦者，年约十四五，前来投考，未予录取。旋外间传言，该女素有野叉娘之名，经该堂监督访悉，所以未取。该生闻之，颇觉不平，特具禀申辩，经监督批示云：据禀各节均悉。查该生试作，气象蓬蓬勃勃，词意慷慨激昂，有才有胆，可泣可歌，儿女天性，英雄本领，于此可见一斑。我中国女子果皆有此识见，何患不转弱为强？惟词近国民教育，与本校家庭教育宗旨不合，是以割爱弗录。该生青春英杰，绝顶聪明，此刻何妨校外自修，俟他日风气大开，女枝林立，有小学相当之席，推荐该生主之，一吐巾帼之气，似亦未晚，女丈夫光明磊落，何必信狂徒谰言，琐琐申

辩,以争一时之得失耶?

载 1908 年 9 月 3 日《申报》,第 2 张第 4 版,96 卷 34 页

30. 学堂发达之障碍

安徽女师范学堂学生,多系大家闺秀,每日下午散课,率皆徒步而行。奈无赖之徒沿途围观,任意嘲笑,虽经巡警道出示保护,而若辈仍置若罔闻,亦女学发达之一障碍也。

载 1908 年 9 月 11 日《申报》,第 2 张第 4 版,96 卷 140 页

31. 皖省女学现状

皖绅吴传绮试办女师范学堂,以奉拨官款无多,经费不足,不免因陋就简,各科教员订定一次日给小洋四角,学生颇多,计有百数十名。闻学生中有年长者数人,写尚能及格,此外年轻者仅够蒙学程度,应予四年卒业,俾得循序渐进。

载 1908 年 9 月 15 日《申报》,第 2 张第 3 版,96 卷 196 页

32. 女教员教授之妙法

皖省女师范学堂程度均甚微浅,故各教员资格亦鲜有高尚者。兹闻有历史兼舆地教员刘女士,每当上课时间不准学生问难,以为藏拙之地,稍有违犯,辄以厉声相加。如此教员,恐于女学前途难期进步也。

载 1908 年 10 月 10 日《申报》,第 2 张第 3 版,96 卷 568 页

33. 皖省女师范之缺点

安徽女师范学堂,内分正、预两科,创办以来稍有成效,昨经该堂经理吴绅传绮传集全体学生同摄一影,借志纪念,且刊印证书百份,按名给发。但该堂有缺点二端,殊为前途障碍,略举如左:(一)节省经费,教员不克得人,且系间接课授(男教员编译课本,转授女教员),不无隔阂之虞,似宜慎选教员为急务。(二)无寄宿舍,每当学生下课,徒步而归,时有不法棍徒迎立学堂门首及潜随学生,肆意调笑,殊属有干例禁。

载 1909 年 4 月 23 日《申报》,第 2 张第 3 版,99 卷 770 页

34. 萃英女学组织成立

皖省女师范为吴君季白创办,近经其夫人毛女士大加整顿,颇有成效。继复创办吴氏家塾,其课程专注重女子初等教授。兹该家塾义务教员丁君瀛特,另组织初等女学一所,名曰萃英,专收十岁以下七岁以上之女生,一切规则均遵定章。现特广告通城,定于

本月二十日举行开学。

        载 1909 年 8 月 28 日《申报》，第 2 张第 3 版，101 卷 882 页

35. 择地建筑女学校之计划

  芜湖安徽公立第一女学，开办已届四年，成效可观，迄今尚无校舍。前经关道李梅坡观察拟将警局禀奉批准充公之出世庵改建女学校。当即照请皖南教育会决议，以便饬拨在案。刻由该会邀集女学校管理员协商，以该校半系走读女生，自以城内为宜，出世庵僻在东门城外，往返维艰，且兴造芜屯铁路车站相近，尤非所宜。决计仍用城内梦日亭公地建筑。惟该地内有芜采营地火药库一所，仍恳移请道宪迅赐饬迁，以便兴工而免危险等语。现已经教育会移请道宪李观察饬遵矣。

        载 1910 年 3 月 8 日《申报》，第 1 张后幅第 4 版，105 卷 118 页

36. 组织男女小学之毅力（二）

  又，南门内大麦子巷萃英女子小学，系丁君剑君独行组织，业于去秋开办，就己居之厅屋一幢为讲堂自修室，专收十岁以下七岁以上之幼稚女子，教以浅显切当之科学，使之受自然保姆之教法，为将来高等女小学之预备。学费概行不收，其各科教习全系担任义务。兹届暑假，已满两学期，特将办理成效情形禀呈学宪立案。惟丁家原寒畯，独力难支，尚望热心教育者有以继其后也。

        载 1910 年 6 月 22 日《申报》，第 1 张后幅第 3 版，106 卷 854 页

37. 女师范成绩奖品会之怪现状

  皖省女师范学校前以学生成绩陈南洋劝业会，得有奖品证书。该校监督吴传绮意兴勃发，特于本月二十二日假文明影戏公司开特别大会，征集各界来宾，将奖品证书转给学生受领，借资鼓励，诚盛事也。但会场面积不过二百平方尺，日前发出入场券二千余张，并有阖第统此字样。及至是日，竟有多人共持一券入场者，统计男女人数不下数千。俄顷之间，场内不堪容膝，场外来者尚络绎不绝于途，遂变招待之仪而为谢绝之举，闭门却客。一时内外大哗，秩序紊乱，咸咎吴传绮不事预算，率尔操觚，人声嘈杂，不堪入耳。吴不得已，于是未至开会时即振铃闭会，并由吴亲自当场宣布改期原因，俟妥为布置，重行开会。众以乘兴而来，不能遽散，幸有抚署卫队及巡警以威力恫吓，众始怏怏而去。

        载 1911 年 3 月 26 日《申报》，第 1 张后幅第 3 版，111 卷 406 页

38. 当涂邑绅创设女学

  当涂士绅鲁建侯以女学为家庭教育根本，拟创设女子小学一所，招收女生，年在十

四岁以下八岁以上为合格。惟经费无著,爰纠约同志,集议抽收该境饭铺捐作为经费。现已拟定讲授科学并简章,呈由教育会转详提学司核示立案。

载 1911 年 4 月 8 日《申报》,第 1 张后幅第 4 版,111 卷 614 页

十一　法政学堂

1. 法律学堂开办有期

刑部前经奏请设立法律学堂,嗣因筹款维艰是以延缓未办。日前,葛大司寇商之各堂云:此事业已奏准,设立应由京师倡首,以资表率,未便任意稽迟,应于本部经费项下提拨若干,再向户部通融接济若干,即于六月中旬开办。(讼)

载 1905 年 6 月 29 日《申报》,第 2 版,80 卷 511 页

2. 派员查抄仕学章程

日昨课吏馆总办杨道详复两司,略谓:日前接奉宪札,准政务处咨开直督《奏请各省一律兴办法律学堂仕学馆》一折,饬即会商筹办等因,皖省刻拟遵办,急应先行派员赴直查抄该省法律学堂、仕学〔馆〕速成章程,咨询办法,以便参酌章〔程〕筹款仿办。拟委令候补直隶州判储凤韶前往,逐一详细调查抄录〔章〕程具复云云。闻大宪已经核准,不日当札委矣。(丝)

载 1905 年 10 月 24 日《申报》,第 9 版,81 卷 453 页

3. 皖省课吏馆改设法政学堂

前者,皖抚接到政务处咨开,直督奏请各省一律举办法律学堂并仕学速成馆,因札饬解饷委员储凤韶于过天津时,查抄仕学法政学堂章程,刻已返皖,将调查情形等禀复皖抚。业已饬将课吏馆停办,妥筹设立法政学堂事宜矣。(诗)

载 1906 年 1 月 13 日《申报》,第 3 版,82 卷 98 页

4. 法政学堂开办

安省法政学堂议将课吏馆改设,现大宪拟一面改建校宇,一面于四月初一日就课吏馆旧所先行开办,日前已委候补知府胡逢恩为法政学堂教务长,候补直隶州魏有声为庶务长,候补知县陈兆煊为书记员,巡检章复祖为会计员,并饬兼监修新校工程差。(士)

载 1906 年 3 月 30 日《申报》,第 9 版,82 卷 713 页

5. 奉饬考察法政办法

皖抚因办法政学堂,日前饬文案李诚太守前往湖北考察法政办法,已于日昨起程。（多）

载 1906 年 9 月 25 日《申报》,第 9 版,84 卷 847 页

6. 委办法政提调

法政学堂提调胡逢恩前奉委街口厘卡,遗差经大宪札委抚署文案李诚接办。（多）

载 1906 年 10 月 30 日《申报》,第 9 版,85 卷 251 页

7. 皖抚札委三司总办法政学堂

皖省开设法政学堂,房屋工竣,克期开学。现皖抚特札藩司,略谓:查藩、学、臬三司均有察吏育才之责,堪为讲求法政者之表率,合行札委该司即便遵照,会同提学、按察两司总办法政学堂事务,照依章程所定职任,切实经理,迅即传知在省候补正佐各员,刻日报名,定期考试,选取入堂肄习。仍将奉文考试各日期详报查考。（士）

载 1906 年 11 月 30 日《申报》,第 9 版,85 卷 533 页

8. 皖抚批三司会详法政学堂章程

皖抚札饬藩司会同提学、按察两司总办法政学堂事务,已纪昨报。兹悉三司已议定章程,会详抚院。当奉批示云:查阅所议办法及管理员、讲员员数、学科、课程、经费开支各节,大半参酌各省章程,就皖省财力及现在情形量为核拟,较之前次该学堂详拟各章渐臻完密,准即照此次详定章程办理,仰候本部院分别奏定立案,一面照会监督,札派藩、学、臬三司总办该堂事务,讲员及提调、监学以下各员,即由该总办等分别照会加札,克日传知。在省候补正佐各员一律报名,听候考取入学。惟近值预备立宪之时,除官员外,所有士绅、幕僚均须通晓政法学理,方足供佐治之选。据称讲堂狭隘,暂不招考士绅、幕僚,原系权宜办法,此后应如何扩充校舍,或分别添设学堂之处,仍宜通盘筹划,详请核夺。至该堂常年经费,前经暂拨铜元余利,嗣后有无此款,尚不可知,所需之每年二万两,应由何项筹拨,并仰藩司妥筹的款,俾敷开支之用。其筹议公所原拨之一万四千余两,共用若干,尚存若干,此次接办各员务须划清界限,仍将已用之款,赶饬前办经手各员,造册详报,以凭查考,而免混淆。此缴。（士）

载 1906 年 12 月 1 日《申报》,第 9 版,85 卷 541 页

9. 法政学堂定期考试

皖省法政学堂现已工竣,定期二十二日在藩署传考正、佐各员,以备拨入该堂肄业。

闻以取六十名为度,正、佐两班,各得其半云。(士)

载 1906 年 12 月 6 日《申报》,第 9 版,85 卷 585 页

10. 法政学堂改期考试

皖省法政学堂本定于二十二日传考,定额六十名,嗣因考期已届,报名者仅有州县三员、佐贰二十余员,因改期十一月初二日考试。若再观望,拟照章一律停差云。

载 1906 年 12 月 13 日《申报》,第 9 版,85 卷 649 页

11. 法政学堂暂缓开学

安省举办法政学堂,已于初二日考试正佐各员,尚未揭晓。现因该堂款项支绌,拟于明正再行开学云。(士)

载 1906 年 12 月 31 日《申报》,第 9 版,85 卷 821 页

12. 法政学堂揭晓

法政学堂已于初二日考试正、佐各员,现藩、学、臬三司校阅,呈送皖抚评定,于日前揭晓,计取正取十四名,佐班三十名,佐班附取十六名,定于十五日开学。(士)

载 1907 年 1 月 4 日《申报》,第 9 版,86 卷 35 页

13. 饬筹法政学堂经费

安徽法政学堂常年经费向在铜元局余利项下酌拨补助,现因铜元停铸,而该堂经费颇形竭蹶。日昨将情禀奉抚宪饬司筹款,以资接济。(盛)

载 1907 年 7 月 8 日《申报》,第 12 版,89 卷 90 页

14. 法政学堂停课之原因

安省法政学堂暑假期满,已于前月中瀚开学上课。乃忽于前日牌示停课,外间误传为风潮之所致,现闻实因该堂学员感冒、时疫等症者十有五六,该堂提调锡太守庚与王直刺诒善亦有不豫,故特禀知上台,停课二日,以免分请病假。(孔)

载 1907 年 9 月 25 日《申报》,第 11 版,90 卷 294 页

15. 皖省选送法政学生

皖抚准学部咨开,请各省按照奏定额数,于该省法政学堂内挑选合格学生,申送京师法政学堂考验,以便录取后入堂肄业等因。冯中丞当即转饬沈子培学使查照办

理。(孔)

载 1907 年 10 月 4 日《申报》,11 版,90 卷 402 页

16. 皖省扩充法政学堂

皖藩连方伯,近以安省法政学堂规模太隘,拟先将该堂校舍扩充,再行添设绅班,其官班学员亦拟认真督课,以期早收实效云。(孔)

载 1907 年 10 月 7 日《申报》,12 版,90 卷 438 页

17. 招考法政学生

皖省法政学堂所招绅班学生,前经皖抚到堂考试,共取一百二十名,俟各州县申送齐集,即当示期开学。(孔)

载 1908 年 5 月 20 日《申报》,第 2 张第 2 版,94 卷 247 页

18. 法政学堂招考

安省法政学堂于暑假后添设绅班,前已招考一次,尚未满额,现由该堂通行各属,按照定额备文加倍申送,以便择尤选取,入堂肄习。该堂已定于廿四日考验各属学员。

载 1908 年 8 月 20 日《申报》,第 2 张第 4 版,95 卷 702 页

19. 投考法政学堂之困难

皖省设立法政学堂,原为地方自治起见,前仅有官而无绅,今岁暑假后增设绅班,学额定以大县五名,中县四名,小县三名,均由各州县送考,堂内概不报名。昨有小学教员二人诣首县陈大令处,禀恳送考。不意连上二禀,竟为该署收发处傅某压搁,需索送考费不遂,以致延迟未送,某某二人均未与考。其收发处之权亦可谓大矣。

载 1908 年 8 月 22 日《申报》,第 2 张第 2 版,95 卷 727 页

20. 酌减都署租费

皖省城守都司衙署,业经改为法政学堂,其新选是缺之张季昆都戎刻已到省,不日履新,既无衙署可居,自应另赁民屋,为办公之所。兹经沈藩司核议,以其衙署既为法政学堂圈入,则此项租款应按月由法政学堂照送,以清界限。

载 1908 年 11 月 9 日《申报》,第 2 张第 4 版,97 卷 132 页

21. 发起监狱讲习所

皖省留学日本警察毕业生黄象离等,纠约同志,发起监狱法律讲习所一区,以为异日改良内地监狱之基础。开办经费已由该生自行倡捐,惟常年经费尚无着落,昨特据情公禀省台请拨。

载 1908 年 11 月 16 日《申报》,第 2 张第 2—3 版,97 卷 243—244 页

22. 专电·电四·安庆

今日(初四)法政学堂开演习选举式会。

载 1908 年 12 月 27 日《申报》,第 1 张第 4 版,97 卷 856 页

23. 详筹法政经费

安省法政学堂自开办迄今已届两载,所需经费均由司库筹拨接济,该堂计额支月需银一千七百余两,活支计需银二百余两,共计月支银二千两,并无专款可恃。现经藩司上详抚宪,以该堂尚在扩充学额,自应筹定经费,以济急需,每年由司库筹拨漕平银一万二千两,并商由筹议公所、牙厘总局每年各筹银六千两,遇闰再由司库拨银一千两,筹议公所、牙厘总局再筹银五百两,俾资款有着落,以期经久。

载 1909 年 3 月 12 日《申报》,第 2 张第 3 版,99 卷 160 页

24. 商学会组织法政讲习所

皖路查账员潘伟人、度支部郎中胡伯午,于本月十八日就芜湖皖南教育会与吕仰南、胡夔文、黄倬如、潘伯和诸君筹议在芜埠开办法政讲习所,以为将来实行地方自治之预备。拟择福建会馆为校所,学科分为长期、简易两班,其经费由商学会担任,如有不敷,公请关道补凑,日内当可发布章程,定期收考,聘请教员。开校之期约在三月中旬。

载 1909 年 3 月 17 日《申报》,第 2 张第 2 版,99 卷 231 页

25. 法政学员请补官费

两江法政学堂附正科肄业生方翀系宣城籍,已入堂半载,惟家计贫寒,时虑经济难敷,半途退学。现该堂官费生李学果因病回籍,昨特上禀皖抚,恳补李生缺额,以恤寒微。

载 1909 年 4 月 25 日《申报》,第 2 张第 3 版,99 卷 798 页

26. 皖抚设立书吏法政讲习所

安徽抚署军政科书吏求入法政学堂肄业，禀奉朱经帅批云：该堂二班学员开学既久，讲授之功课已多，若再插班，必至课程悬殊。而该书等向学情殷，未便阻其进步。是以拟在本署另行组织法政讲习所一区，祗令该书等自行检理房屋一所，其开办经费、延聘教习等事，悉归官为筹划。刻已饬令该书〔吏〕等拟具章程，并拟稿札行府县一体拣送书吏附堂听讲。大约五六月间即可开学。

载 1909 年 6 月 3 日《申报》，第 2 张第 3 版，100 卷 469 页

27. 借学骗财之新奇

合肥周玉章系高等巡警毕业生，以运动芜湖巡警差事未就，不得已改变方针，以创办法政研究所为名在芜招生，应者无人。旋来省广行招徕，报名者约共四十五人，定章先缴纳证金一元及预缴一月之学费。周又暗使甲乙某作伥，力为运动各生，能缴多金者取列前茅。于是，有某生愿输巨资助学，慨然缴纳。考毕，揭晓时无分优劣，悉行取录。各生问其何时开学？曰下学期。问校所何在？曰芜湖。刻有某生到芜探询，始悉并无斯举。迨返皖后，邀同各生寻周责诘。而周某已杳如黄鹤矣。

载 1909 年 6 月 28 日《申报》，第 2 张第 4 版，100 卷 842 页

28. 合肥周玉章来函

贵报五月十一日登有《借学骗财之新奇》一则，捧阅不胜骇异。今将鄙人与芜湖法政学校之关系为贵报一述，请即登入来函一门，不胜盼祷。鄙人自今年三月到芜，在周味西廉方处遇潘君伟人，即为潘君邀至法政讲习所内居住。四月中，议改讲习所为学校，拟将扩充办法以宏教育，商令鄙人赴皖招生。因先函托盛君柳堂代出广告。数日间，报名投考者七十余人。鄙人到省试验，录取者五十四人。查本校定章第十四条，报名时预纳保证金洋一元，以学校在芜，故暂行减收，共计收入此项保证金洋二十七元，不足之数，俟其入学时再行补缴。此鄙人赴省招生之原因及办学之实在情形也。按，芜湖设校是潘君主持，皖省招生是盛君赞助，不难切实调查，何至骗财？且前经在省录取诸生，业由校长于五月二十日汇案榜示芜校门首，订期于暑假后七月初十日开学，被取诸君未识亦有所闻否。鄙人于五月初间回芜后，即赴宁养疴。昨潘君自芜来，持五月十一日贵报见示，鄙人始悉。因特述略如上，即祈鉴察为荷。

载 1909 年 7 月 31 日《申报》，第 3 张第 4 版，101 卷 456 页

29. 禀请创办监狱学堂

监狱学一科，泰西各国莫不视为要素，而中国向未讲求，致多腐败现象。考皖省各州县虽经改良监狱，一切办法多未完备。兹闻江南监狱传习所卒业生陶镇东集资六百

元,拟就皖垣创办监狱学堂一所,延聘谙练教员,招收学生入堂教授,以为将来改良监狱之基础。刻已上禀抚台请示遵办。未识朱抚帅能批准否。

载 1909 年 8 月 10 日《申报》,第 2 张第 4 版,101 卷 604 页

30. 筹办审判研究所纪闻

皖省设立审判研究所,拟具规章,详奉抚宪批饬开办在案。闻该所玉监督查照定章,学员资格分选派、考录两种,以八十名为率,府厅州县五十人,佐贰杂职三十人,四学期毕业。惟筹办审判在即,亟需养成裁判人材,拟先开办简易科一班,两学期毕业,顷已出示招考。又该所所需经费,业经臬司议定,开办经费四百两,每月经常费四百两,详奉抚宪批准,由藩库支领。兹闻该所以每月经常费拟援照法政学堂成案,按季备文领,移请藩司动拨,以期便捷而省文牍。

载 1909 年 8 月 21 日《申报》,第 2 张第 3 版,101 卷 774 页

31. 监狱学堂开办有期

江南监狱传习所毕业生陶镇东、王肃然等,拟具规章,在省城设立监狱学堂一所。业经禀由皖抚批准在案。兹奉藩宪批云:该生等合筹私款,拟仿宁省监狱传习所例,试办安徽监狱学堂,足见热心提倡,深堪嘉尚。所有该堂常年经费,准由本司每年筹助龙洋五百元,以资津贴。仰即遵照妥为办理。刻下,该堂已出示招考,开学之期约在八月初云。

载 1909 年 8 月 29 日《申报》,第 2 张第 3 版,101 卷 898 页

32. 法政开校纪事

皖省法政学堂现因暑假期满,所有官绅各学员业已陆续报到。故该堂已择于十三日举行开学礼。是日,抚台以下各员均行到堂。至第一学期试验全案,订于日内揭晓,并闻夜班学员约在本年冬季即行大考毕业矣。

载 1909 年 9 月 4 日《申报》,第 2 张第 2 版,102 卷 49 页

33. 监狱学堂行开校礼

皖省开办监狱传习所,考取合格学员二百余名,于日昨开校。是日,官绅如臬司玉廉访、首府豫太尊暨师范学堂监督姚叔节等均各莅所行开学礼,各员相继演说,颇极一时之盛。

载 1909 年 10 月 10 日《申报》,第 2 张第 3 版,102 卷 584 页

34. 皖江法政学校成立

芜湖组织皖江公学已略志本报，兹悉该校筹办时，由皖绅四品衔江苏候补通判潘世杰等具禀提学及皖抚，略谓：立宪期迫，办事需才，公筹设立皖江法政学校，呈请准予立案，并颁发钤记，以资信守云云。旋经吴提学批云：来牍及简章均悉，现值预备立宪，限年进行，若谘议局及府县参事会之议员，城镇乡地方自治团体之职员等，必得有多数谙晓法政之人才赞襄其间，方能举措裕如，以免贻误。查皖省法政只有省城官立一堂及教育会内附设绅立法政讲习一所。所以皖省数十州县，似此寥寥少数学员，即令全数毕业，出而担任地方义务，诚有如来牍所云，事事需才，处处有乏才之叹。惟是学堂因贵于振兴，而官款实艰于应付，必赖有贤士大夫筹集多款，组成公立学堂，以辅官立之所不逮，同襄盛举，共济时艰，乃能筹成多数法政之人才，助成国家之治化。贵绅等群见及此，于芜湖创设皖江法政学堂，先开讲习科及附设自治科，以应时需，好义急公，实深纫佩，所拟规章、课程，查与定章尚属符合，自应援照省城法政讲习所成立，准予立案，并准由堂自刊钤记启用，摹式报查备案，以资信守，毋庸由司颁发，以省虚文云云。继又奉皖抚朱批云：该绅等在芜湖创设法政学校，经费则由同志兼筹，课程则聘专门分授，办法甚善，足以推广法学，补助公家，殊堪嘉尚，应即准予立案，仰提学使转饬照办，仍将筹备情形随时报查。至请领钤记一节，即由该绅等自行刊用，摹式呈报备案可也。

载1909年12月24日《申报》，第1张后幅第4版，103卷880页

35. 县令培育法律人才

宣城县令以举办地方自治筹设审判厅，自非研究法律不足养成裁判人才，顷该县会绅集议，即将该县公立第二所小学改设法政讲习所，延聘教员，教授一切科学，俾资造就。刻已上禀省宪核示立案矣。

载1910年2月4日《申报》，第1张后幅第3版，104卷616页

36. 皖省审判研究所近事

皖省审判研究所自上年七月间创设成立，招考本省候补官员入所肄业，曾经一学期考试，各学员成绩颇有可观。现闻该所因本年上学期即须毕业，惟恐科学不能完备，业择于本月二十二日开学，二十六日上课，俾各学员将来考试毕业时课程完备云。又，该所有旁听员曹运昌、储之儒、黄自炳、王桂森等七员，于学期年终大考，该员等颇有心得，尚堪造就，兹经该所监督将该员一律改为正额，随同上课，以备将来考试毕业时分别给予文凭，以资鼓励。刻已牌示该员等遵照矣。

载1910年3月7日《申报》，第1张后幅第3版，105卷102页

37. 法政学堂之怪现(相)〔象〕

皖省法政学堂今岁续开二班,仍于夜间授课。兹闻于二十九日,有学员张兆桂到堂,在所认定坐次将名牌书具安置妥毕。讵有后到学员邓元鉴,强踞张之坐次,因此互相冲突,竟致用武。张之头颅被邓击破,登时血流如注。张负此重伤,投鸣该堂监学,而监学不置可否。刻闻张已据情禀请上台究办,未知将来如何了结也。

载 1910 年 4 月 15 日《申报》,第 1 张后幅第 3—4 版,105 卷 726 页

38. 派送官生入法政学校

芜关道李梅坡观察,刻送法政官生曹树培、韦承元、濮永熙、刘钟麟、沈秉仁、徐寿昌、李家骏、王邦庆、陈元彬、徐曾景、严开运、陈凌汉、卞祖琛、黄大章、杨煌撒、凤翔归、宗元吾、兰墀、程启曾、张绶藻、马锡彤、牛允政等二十二名,于十一日入皖江法政学堂肄业。

载 1910 年 6 月 23 日《申报》,第 1 张后幅第 4 版,106 卷 872 页

39. 皖抚对于学生毁辱职员之政见

宣城县法政讲习所所长张汝龙禀:教务长徐光模等,耸动学生,毁辱职员。当奉朱抚批云:近日学界风潮层见迭出,学生对于职员稍有不洽,轻则辱詈,重则毒殴,(凌)〔陵〕竟之风至此已极。学校为培植人才之地,道德堕落,根本已失,即科学完全,亦无足取。况生徒性情未定,即养成嚣张习惯,又安望谨守校规,专心向学耶!此等恶习若不严加惩戒,不惟任学务者人人视为畏途,人心、风俗所关,尤非浅鲜。本部院怒焉忧之。至职员意见不合,耸动学生滋闹,破坏全局,殊属不知大体。来禀所称该堂风潮全由徐光模挟私唆使,是否属实,仰提学司札饬该府逐节查明,从严究办,切勿宽纵,致长嚣风。

载 1910 年 7 月 24 日《申报》,第 1 张后幅第 3 版,107 卷 390 页

40. 续办监狱学堂

皖省监狱学堂开办已届一年,所有肄业学员业于本年上学期考试毕业。兹闻该堂人员仍拟接续开办,所需经费由经理人员公同筹款,并不请拨官款。业已详请朱中丞核示矣。

载 1910 年 10 月 18 日《申报》,第 1 张后幅第 4 版,108 卷 758 页

41. 学员以吸烟被斥

日前有法政学堂及高等巡警分数处学员吕文尉、王化等八人在同升客栈开灯吸烟,毫无忌惮,经警务公所总稽查探悉,立即报告巡警道,知照该堂速将该学员等斥革,以重

禁令。

载 1910 年 10 月 22 日《申报》，第 1 张后幅第 4 版，108 卷 726 页

42. 审判厅请开法政专修科

皖省审判研究所业已奉饬停办。兹闻审判厅检察长郭观察振墉以该所之设原为审判厅造就人材起见，将来各州县普遍成立审判之时，自必需员办理，非精选法律人员难资委任。刻又拟具章程，援照京师法律学堂办法，详请抚宪拟请开办法律专修科，招收官绅两班学员一百一十名，以备任使。

载 1910 年 11 月 6 日《申报》，第 1 张后幅第 3 版，109 卷 86 页

43. 请奖审判研究所职员

皖省审判研究所开办简易科，招考本省候补人员百余名入所肄习，以一年毕业，预备省城、商埠高等地方审判厅成立之时，择尤委用。计自上年七月间开办起，扣至本年七月间，已届毕业，所有该所职员、教员刻已经该所监督上详皖抚，恳予酌委各一次，以示鼓励。

载 1910 年 11 月 21 日《申报》，第 1 张后幅第 4 版，109 卷 326 页

44. 皖北道设立法政学堂之规划

皖北道豫观察以皖北地方距省窎远，凡各属士民赴省求学者多以道路绵长，跋涉辛苦，兼之来往川资筹措不易。现由该道妥筹经费，于凤阳府城内设立法政学堂，订定一切科学，派委讲员，分门教授。所有规则均遵照部章详加严定。刻已将开办情形及学生、教员年岁、姓名、履历造册，呈请皖抚咨部立案矣。

载 1910 年 12 月 23 日《申报》，第 1 张后幅第 4 版，109 卷 838 页

十二 实业教育

1. 皖兴商务续闻（拟设商务学堂＊）

芜湖访事友人云,安徽巡抚邓小赤中丞拟设商务分局,考察各处商情、物产,择利兴办,以为富强之基。兹悉是局归芜湖道兼理,而以现办皖南土药总卡刘子运大令驻局提调。除已禀准添委佐杂二员,分赴各处察勘矿产外,并准开设商务学堂,招选聪颖子弟二十名,肄习化学、矿学、舆地、书算、关榷、懋迁等事,以便学成派赴各处为商人领袖,广浚利源。所需教习中西兼聘,中教习则专课舆地、书算、会计、账目,西教习则以日本商学出身人员主之。客腊,刘大令在沪时已订定日人某君,不日至芜,书籍、仪器亦多置备,惟学堂房屋尚未择定,拟暂赁民房先行开办,俟集有巨款,再建专所。并闻皖北宿州有一煤矿,煤质极佳,由省垣澄清营统领徐月亭参戎之侄公子来芜,禀请道宪行文宿州准予开采。刻下,尚未定夺,而皖北镇郭善臣军门之侄公子亦来芜,禀请承揽,并遵章呈验资本。道宪批示,须候派员往勘,然后准行。而外间传说当轴已允令两人合办之意,使互相砥砺。至前报纪提调刘大令拟赴广德州勘验矿商情形,旋因学堂开办在即,头绪纷繁,故须缓至花朝前后再行首途。

载 1899 年 3 月 18 日《申报》,第 1—2 版,61 卷 431 页

2. 论振兴商务宜设商务学堂

自来国之盛衰系乎强弱,而国之强弱在乎贫富。国而富未有不强,国而贫未有不弱,此一定不易之理。故欲为国立自强之基,当先为国谋致富之道。虽谋富之道不一端,而要不外农、工、商三事。中国自古及今,无不讲求农务,故通商以来,西人虽精于种植之学,然尚不以为非,非但不以为非,华人所植之物,西人亦必购取。可知中国虽墨守旧章,而人力未尝稍逊也。惟工则远不逮西人,盖西人精于格致,无物不以机器为之,出货既多,销场亦广,而商务遂兴焉勃焉,驾乎亚洲矣。如是而中国谋富之道宜先致力于工。不知工与商相为表里,未尝讲求商务,则工亦无从下手。西人游历各国,博采旁搜,商贾遍天下,详究所产之物及所产之方,以及各国之好恶、各路之销场,故其制物也无废弃延搁。每见洋货之来吾中土也,华人无不视为新奇而争相购买,其实非华人之好奇,盖西人默猜华人之意而为之,已预知华人之必购也。此但就其出口之货言之,至其进口之货亦必多方挑剔,不使有一毫蒙蔽。所以商务日旺,而商之利日增,商之权日重,利增权重,而国势亦于是日强。中国于工商向视为末务,故至今日步步落后,一听西人之转移,以致利源外溢,国势日弱。然则商务之关系岂非浅鲜哉！前报纪（西江）〔江西〕访事

714

友人来函云,江西藩司张筱船方伯接奉两江督宪刘岘帅札文,谓振兴商务贵在官商一气,上下相联,而联络之法又非各业公举商董,共立商会不可。凡物产之盈虚,行销之旺滞,必应遇事讲求,互相考较,冀可抵制洋货,实为最要关键。上海地方业经选举各业总董,以期联络、咨询,其余各属亦次第举行,庶商务可期蒸蒸日上。越日,又接岘帅札文,谓商报一端为开通内地商人风气,以辅商会、商学之不及。盖不行商报,则各埠行情、出产不能周知;不译刊外洋商报,周达内地,则土产各货不知外洋之能否销行;不译外洋最新、最善商学之书,则内地无所师承,不能精求商学。惟约计办报用度,每月一千分,每分四十页,需用洋银五百四十五元,每年共需六千五六百元,约计江苏、安徽、江西三省各厅州县二百余处,每处各立商务支会,各派报五分,每分报费四元,凡计一处可得二十元,合计入款仅抵三分之二。所有短少当以通商口岸销行之报费弥补。目前须筹垫三千元,供半年之用,当由商务局先行按月垫办,俟各厅州县报费解到归还。如此实力振兴,商务庶有起色云云。岘帅之整顿商务,可谓不遗余力,惟蒙意商务亦须实学,则商学自宜讲求,欲讲求商务,则商会、商报虽不可少,恐于商学未必遽能精进。大抵商会、商报不过以广见闻,而究不能专心习学。讲求商务之西人,大半皆由学堂出身,故能毫末无遗。中国亦宜设立学堂,延请西人教习,三四年后,教习既多,推广自易,且译报等事皆出自学堂,不更较为亲切耶？现在无论内地商人尚须俟阅报而始知商务,即商局、商会中人于商务恐亦未必遽有心得,若设立学堂,则将来商局、商会中人无一不从学堂出身。所学既有根本,则办事自有头绪。已有先我而行之者,日本是也,现在商务几欲与西人并驾,即学堂之明效大验也。或者谓,事必次第推行,岘帅既兴商会、商报,想学堂之设即在目前矣。蒙意学堂之设宜在商会、商报之先,大约经费难筹,故岘帅迟迟有待欤。

载1899年4月15日《申报》,第1版,61卷635页

3. 芜湖双鲤(创办劝农学堂*)

办理宣城县垦务万游臣大令,现拟酌提款项,设立劝农学堂,专课农学一门,并广搜欧美各种新书,翻译华文,以资后学。惟不知果能集事否也。

载1901年3月16日《申报》,第3版,67卷400页

4. 皖兴农学

安庆访事友人云,去腊皖人孙绍光拟出巨资开垦本省各属荒地,每年报效十万金,禀蒙抚宪批准,设局城北洪家巷,名曰农务学堂。招集十四岁以下二十岁以上聪颖子弟,于本月二十六日考试,以定去留。

载1902年4月30日《申报》,第2版,70卷709页

5. 皖水秋涛(倡导农学＊)

　　候选道孙观察于去冬禀陈各大宪,就省垣创设农务学堂,开垦各属荒地。今春三月考选聪颖子弟入堂肄业,研究耕耘之学。现闻某处所垦之地收得早稻一百余石,孙观察爰拟将此项稻谷变价,为每月课试膏奖之资,业已具禀各大宪核示矣。

载 1902 年 9 月 24 日《申报》,第 3 版,72 卷 156 页

6. 皖江撷要(传授实学＊)

　　安庆访事人云,建德县李长郁大令以县属某书院改为课实学堂,延曾伯舟孝廉为教习,并聘精于西学之士传授各种实学。兹于二月初一日招考录取学生二十七名,评定甲乙,留堂肄业。

载 1903 年 4 月 25 日《申报》,第 2 版,73 卷 695 页

7. 创设农工学堂

　　去岁,皖省改建高等学堂,请以旧址开办农工实业学堂。兹悉议集股本,创设农工公司,农则购置荒亩,垦开栽种;工则取材本地,改良制造。另请筹拨官款四万元,分存公司作为农工学堂股本,即以官股岁入应得之租息余利作为学费,不足由公司筹补。业经批准。现闻绅股亦集有数万元,公举湖北候补道周学铭专董其事。日前,呈请学务处转详抚宪,禀请移交鄂省咨调周道速即来皖,以董其事,大约四月间,即可招考学生开办矣。(咸)

载 1905 年 4 月 5 日《申报》,第 4 版,79 卷 654 页

8. 皖省筹设商业学堂

　　日前商务局移文学务处,略谓:奉抚宪诚札开,照得时局艰难,商务关系重要,自应认真讲求,因时兴革,期收成效。兹查上年准商部咨厘剔官荒民荒,饬填表册造报。又咨农工商各项局厂学堂公司刊颁表式,饬令照填。又咨江苏补用同知佘显谟拟在休宁屯溪创设织布机厂,有无窒碍。又咨各属货种数,确查按表填注。又咨美国煤油采制得法,应参考试验。又咨办理路矿情形,按照表示填报。又咨左参议王清穆请设商业学堂,妥筹兴办。又咨晋康煤矿公司应查地界、亩数、完税情形。以上各案,均经先后行饬遵办,由局核详在案,迄今积有岁时,未据一案禀详,合亟札催等因到局。奉此,查上年十一月间奉准商部咨左参议王清穆请设商务学堂,妥筹兴办一案,当经钞单备文,移请贵处主持筹办在案,迄今尚未准移复。奉饬前因,除分别移行并申复抚宪外,合再备文移会。既而,学务处复文云,查前据省城众绅呈请,创办农工学堂,声明商医学堂暂从缓议,现此农工学堂甫据众绅公举江西候补道周学铭经理,该道现将到皖,尚未议定章程,前项商业学堂势恐一时不及开办。(咸)

载 1905 年 5 月 10 日《申报》,第 4 版,80 卷 82 页

9. 咨调道员办理农工公司

皖省农工公司系官绅合办,官本四万元,绅股六万元。现绅股将次招足,上月由余绅等禀请皖抚咨调江西候补道周学铭来皖办理,周道已于前日来皖,该公司拟定本月二十四日开办,然学生尚未招考云。(咸)

载 1905 年 5 月 28 日《申报》,第 3 版,80 卷 246 页

10. 批准四省铁路学堂立案

陈阁学宝箴前呈商部,拟设闽粤皖浙四省铁路学堂,招集学生多名,学习铁路工程等事,以备将来调用,免致借材异域等情。昨经该部批示,准予立案矣。(交)

载 1906 年 4 月 26 日《申报》,第 3 版,83 卷 252 页

11. 办理医学

皖绅方君前禀江督批准开办医学堂,业已在节孝祠内设立,于日前招考,录取正取二十余名,备取三十余名。近又于初六续考。闻开学之期定于初十日云。(多)

载 1906 年 8 月 29 日《申报》,第 17 版,84 卷 587 页

12. 五续农工商部丙午年纪事简明表

....
安徽农工实业学堂　皖绅赵曾重等筹设,八月二十九日安徽巡抚咨部立案。
....

载 1907 年 3 月 27 日《申报》,第 9 版,87 卷 283 页

13. 札饬议设实业学堂

皖抚近准农工商部咨称,出使大臣黄诰奏请广设机器学堂,肄习专门实业,计分四门,曰矿学、化学、机器、商学等,请饬属速办等情。恩中丞当即分行藩司及商务总局,速即筹议详办,以广造就,而兴实业。(先)

载 1907 年 4 月 6 日《申报》,第 12 版,87 卷 404 页

14. 教员骗银之奇闻

颍州府属蚕桑学堂上年聘有江苏教员某某二君,始到颍时,均尚热心,故于堂中各事颇能整顿,学生等亦颇有感情,年假时全体学生禀请该县挽留,并请酌加来岁薪金,以

重教育。魏大令即准如所请,并于二教员回籍时另给银两若干,托办桑秧。讵二月间该堂接得来函,有去岁所托代办桑秧之银俱属假伪等语。此亦学界中之一大奇闻也。(败)

载1907年5月14日《申报》,第12版,88卷180页

15.录取蚕桑学堂新生

阜阳县蚕桑学堂系由某绅士筹款兴办,禀由该县转详学宪批准立案。初六日,汪大令特将报名各生在署考试,计取赵宏基、吴益仁等五十名,已于十八日揭晓,闻日内即可开学云。(先)

载1907年6月9日《申报》,第12版,88卷506页

16.皖省拟设机器学堂

皖省大宪现拟创办机器学堂,招生肄习各项机器。惟学堂处所尚未勘定,开办经费及招生规则胥待筹谋,故开办尚延时日。(贤)

载1907年8月7日《申报》,第12版,89卷454页

17.安徽铁路公司招考铁路学生广告

现在安徽、福建、江西三省在上海地方公办铁路学堂,每省定额三十名,除已选定皖籍合格生五六名外,如内地有英文六年以上,算术普通,年龄二十以上,二十五以下,愿与考者,尽十月底至芜湖铁路公司投考,送沪复试,以凭去取。此白。

载1907年10月7日《申报》,第1版,90卷433页

18.太湖县禀准开办劝工所

太湖县陆承镐大令禀陈倡办劝工所办法,并筹垫经费情形。当奉冯中丞批示云:劝兴工艺,先从纺织入手,开乡愚之风气,杜洋货之灌输,用意至为深远。所称建造房屋,制备机架,共用漕平银四百四十七两四钱,由该令挪款垫办,分作五年匀摊,列入交代,自应如禀立案。惟现时试办,仅令押犯入所习艺,将来风气大开,仍须设法劝导,实力扩充,凡游惰之民,孤贫之子,悉可收入,俾之练习一艺,足以自食其力,不至流为匪类,较之罪犯习艺,迁善自新,更为探本之治也。至办理章程,应即妥议,详候核夺。(孔)

载1907年11月11日《申报》,第12版,91卷136页

19.皖抚批奖扩充习艺所办法

安省习艺所提调前曾禀请皖抚酌拨经费,添收游民,以为扩充之地。当奉冯中丞批示云:察阅所禀,情词恳切,所拟办法各条亦均完善。该员办事认真,于此可见。省垣市

中无业游民及幼孩之无依者,所在多有,前经札饬该所先收百名,俟足额后,再议推广,应即迅速举办。惟人数既多,需款自巨,所请于常年经费外筹定万金,随时提用,并声明专购料本,不准别项挪动等语,自是正办。应候札饬布政司设法筹措,另储备用。至所中制造各货,总以日用所必需者为主,销路畅通,周转自易。该员于货品出入专心考究,尤属难得,所中工徒名数分别有罪无罪,制造物品分别已销未销,仍须详细列表呈核。会计一差,关系固重,既称阴庆楷办事得力,应准每月加给薪水银十两,以示鼓励。(孔)

载 1907 年 12 月 15 日《申报》,第 2 张第 4 版,91 卷 564 页

20. 皖路学生开考广告

三省铁路学堂招考皖籍学生已登前报,兹经监督订于本月廿三日在沈家湾本学堂考试,上午九(钟)〔时〕至十二(钟)〔时〕考算学,下午二(钟)〔时〕至四(钟)〔时〕考英文,以别去取。所有芜湖遣送暨留沪报名各学生统望届期一体投考,幸勿自误。

载 1907 年 12 月 27 日《申报》,第 1 张第 1 版,91 卷 703 页

21. 创办医学之计划

婺源县境地居僻壤,向不讲求医学。现经该邑附生金在中拟就地筹捐,创设医学馆,招生肄习,以资普及。刻已具禀省台,请示祗遵。

载 1908 年 3 月 3 日《申报》,第 2 张第 4 版,93 卷,30 页

22. 创设工艺学堂

芜湖县郑令拟设工艺学堂一所,额设二十名,定两学期毕业,每名仅收膳费四个月,所有堂内一切杂支,均由县暂垫。现已拟就章程,禀请省台立案。(政)

载 1908 年 3 月 18 日《申报》,第 2 张第 4 版,93 卷 216 页

23. 郑道请设习艺所

日前,芜湖巡警局总办郑观察禀详皖抚云,芜湖商埠近日风俗日竞侈靡,无业游民痞棍流氓所在多有,拟开办习艺所,凡有游手好闲之徒,一概拘入,学习手工。开办经费,拟请准予移拨捐存工艺厂款项,先行动用。(无)

载 1908 年 4 月 25 日《申报》,第 2 张第 3 版,93 卷 760 页

24. 请拨习艺所开办经费

芜湖巡警局创设一习艺所,专收无赖学习工作,开办及常年两项经费,现由该县具禀皖抚,拟将捐存备拨工艺厂项下移用。未识能允准否。(美)

载 1908 年 4 月 28 日《申报》,第 2 张第 4 版,93 卷 802 页

25.黟县兴办习艺所

黟县万山丛地方,现经该县募集捐款,创设一习艺所,收留无业游民,学习纺织毛巾、布匹等项工作,于上月开办。已将举办情形禀报皖抚查核。(孔)

载 1908 年 5 月 14 日《申报》,第 2 张第 4 版,94 卷 174 页

26.实业学堂均归提学管理

皖抚近接学部来咨,以森林、农业各学堂管理一切规则,均为提学司职守所关,断难置诸不问。以后凡专门实业教育,亟应重申定章,不得以经费筹自他处,致将权限划归他处管理,以符部章。

载 1908 年 9 月 13 日《申报》,第 2 张第 3 版,96 卷 168 页

27.筹拨工业学校经费

皖藩详抚宪文略谓:前奉饬设立中等工业学堂,曾呈明共需经费二千三百二十五两七钱四分,常年经费六千五百二十三两二钱,已由司筹拨银二千二百两,委员购办器具在案。惟常年经费尚未筹定的款,现在即须开办,自应设法妥筹,拟请仍由牙厘局筹议,在厘金等项下各半分筹,按年解司存储,由该堂领用。

载 1908 年 10 月 18 日《申报》,第 2 张第 4 版,96 卷 688 页

28.实业学堂请免桑税

太和县禀皖抚文云:该县自开办蚕桑学堂以来,颇著成效,该堂监督徐拱北曾于上年筹款购办桑秧二万株(栽)〔栽〕种。兹该监督拟力图扩充,并饬学生备款,派委庶务员徐诚修前赴浙江石门地方再购桑秧五万株,以期振兴实业。所有经过江苏等省沿途关卡(试)〔诚〕恐留难阻滞,有误行程,应请缮给护照,咨请江苏抚院转饬各关厘卡,一体验照放行。

载 1908 年 11 月 9 日《申报》,第 2 张第 3 版,97 卷 132 页

29.安省工业学堂招生

安徽全省工业学堂已于八月间开办,学生定额八十名。前已招收四十名,现拟于明春再招四十名。刻已刊布招生广告,定于明年正月二十日取齐,听候考验。惟须由各州县备文申送,方准收考。

载 1909 年 1 月 1 日《申报》,第 2 张第 3 版,98 卷 6 页

30. 南陵县组织习艺所

南陵县俞大令炳章在该县创办习艺所一所,应需织布各项机件以及开办经费均由该令自行捐廉开办,惟常年经费尚无的款可筹。现拟在契税盈余项下每两酌拨十文作为常年经费,遇有交替,即行移交后任,循旧办理,以免中辍。刻该县已据情上禀省台,恳予批示立案矣。

载 1909 年 3 月 2 日《申报》,第 2 张第 4 版,99 卷 20 页

31. 工业传习所之批示

皖桐工业传习所,前经候选道姚旭明等创办组织一切,渐有成效,但经费不足,势难持久。日昨,该绅等上禀皖抚,请饬桐城县妥为筹划,酌提公款若干,作为常年费用。当奉抚宪批云:振兴实业,实属当今要务,该道等夙习工业,学成归国,于本县开办工业传习所,洵属热心教育,深堪嘉尚。惟工业一事,造端宏大,断非一手一足之烈所能集事,其中包括学科甚广,非普通学粗有门径者不能深造有得。更非传习数月可以出而任事,若仅招集贫寒子弟,授以织布等粗浅工艺,办法尚易奏效,但现在各处学款支绌异常,省中筹办工业学堂,规模尚未完备,该县有无余款可以接济,并办理是否得法,仰提学司会同劝业道核议,转移知照。

载 1909 年 3 月 3 日《申报》,第 2 张第 4 版,99 卷 34 页

32. 组织农业学堂

休宁县农业公司自光绪三十年禀奉批准开办,(裁)〔栽〕种桑秧等树木,颇著成(政)〔效〕,惟未有专门学堂,借资研究。现经该公司员董等筹议,拟附设农业学堂以及蚕桑速成科,招生肄习,并延聘熟谙农务蚕学教员,照章教授各项科学,以期多得通晓农工人才,预备将来推广森林任用。刻经该县据情上禀当道查核矣。

载 1909 年 3 月 31 日《申报》,第 2 张第 3 版,99 卷 434 页

33. 工业学堂罢课风潮

皖省中等工业学堂,前因某某两学生与该堂号房稍有龃龉,竟将该号房辱骂批颊,经教习闻知,禀由监督将该两生斥革。同堂学生要求免革,监督不允,学生乃纠合全体于十八日罢课,意图挟制。闻此事现经劝业道出为调停,饬令照常上课,仅革去学生一人,其事始寝。

载 1909 年 5 月 12 日《申报》,第 2 张第 4 版,100 卷 160 页

34. 禀请附设医学专科

法政学员杨庆霖近日上禀皖抚,略称:方今学堂林立,科学肇兴,而医学一科尤关紧要,拟请于省城高等学堂附设医学专科,以为将来设立医官之预备。所有各府州县医学等职,请于改变官制案内升其阶级,略与儒学名位相同,以曾派出洋或在医院毕业得有文凭者补之。省会设立医学博士一员,以期振兴全省医学。凡从前医士均分别谕令改良,并预备《全体阐微》《万国药方》等书,按期宣讲,办有成效,荣以徽章,酌给津贴。如不得力,即立予撤参。似此一转移间,于强种卫生不无裨益。

载 1909 年 5 月 20 日《申报》,第 2 张第 3—4 版,100 卷 272 页

35. 禀请开办蚕桑学堂

江苏蚕桑学堂毕业生吴江等,以皖省居长江之中,物产丰富,地土膏腴,条陈抚宪,请开办蚕桑学堂,延聘教员,招生肄习,毕业之后分赴沿江各处,兴办蚕桑,以兴实业。想朱中丞必乐于赞成也。

载 1909 年 6 月 20 日《申报》,第 2 张 3 版,100 卷 720 页

36. 咨请仿办蚕桑研究所

皖抚准度支部咨,以顺直官绅湖南岳州府知府魏震,现纠约同志,拟于京师设立蚕桑研究所,于产桑省分广购桑秧,招收女生入所肄习。研究所所需经费,并具禀大部筹款,现已核准,并咨皖省一体仿办,以兴实业。

载 1909 年 6 月 20 日《申报》,第 2 张第 3 版,100 卷 720 页

37. 禀请开办工艺学堂

盱眙县典史张开甲,以当今竞争商战时代,而工艺一门洵为挽回利权第一要政,拟将该典史衙署岁修经费一项化私为公,尽数提出,开办工艺学堂,延请工师,招收贫寒子弟入堂肄习。所有一切规则,悉遵定章办理。刻已据情禀详抚院核示立案。

载 1909 年 8 月 11 日《申报》,第 2 张第 3 版,101 卷 620 页

38. 灵璧建设习艺所

皖省灵璧县建设习艺所,计需经费三百八十九两,共计建盖前后两进,前进招收贫民子弟入所习艺,后进为罪犯习艺之所。所有应用器具及延用工师,业经齐备,已于六月朔日开办,当由该县李令派委县学训导为该所提调,并上禀皖抚核示。

载 1909 年 8 月 25 日《申报》,第 2 张第 3 版,101 卷 838 页

十二 实业教育

39. 芜湖习艺所禀添经费

芜湖警务公所参议官沈守定前在芜创办习艺所一区，计需经费一千余金。现在开办伊始，需款甚殷，该守具禀皖抚，恳予札饬观察筹拨商务局原有捐存工艺银两，提解作为第一年经费，其余均由该守另行筹拨。朱中丞据情后，即札劝业道童观察查明遵办。

载 1909 年 8 月 30 日《申报》，第 2 张第 3 版，101 卷 912 页

40. 详请附设蚕桑学堂

六安州方直牧永昺，以当今讲求实业时代，放养蚕桑尤应力加研究，方足以浚利源。现拟就该州溥利蚕桑公司内附设自费蚕桑学堂，招生入堂肄习，所有教授一切科学，以及学堂规则，均遵定章办理。刻已拟具章程，详禀当道批示立案。

载 1909 年 11 月 9 日《申报》，第 2 张第 3 版，103 卷 134 页

41. 设立育蚕试验所

太和县令以该县民智朴塞，风气初开，现拟试办蚕桑为振兴实业之计，特会绅集议，在于北乡中聂湖高家庙，先行设立育蚕试验所，俾资研究。刻已拟定章程，上详抚宪立案。

载 1909 年 11 月 21 日《申报》，第 2 张第 4 版，103 卷 326 页

42. 咨明汇解实业学费

邮传部通咨各省文称，上海高等实业学堂取定各省学生，每年应由各省摊派学费，应分上下两期，正月期内应作为第一期，七月期内作为第二期，按期汇解该堂兑收，以应要需而维学务。顷已咨请皖抚查照矣。

载 1909 年 11 月 29 日《申报》，第 2 张第 3 版，103 卷 454 页

43. 洲地拨归学堂管理

皖省农工学堂拨定繁昌县治大沙凸、关门洲两处洲地，令其缴价执业，以充经费。业经该堂遵章缴价，并由皖绅公禀抚院，札饬繁昌县传谕佃户，换立承佃约据，缴押承佃款项，一面饬差弹压保护。

载 1909 年 12 月 4 日《申报》，第 2 张第 3 版，103 卷 534 页

44. 灵璧筹办习艺所

灵璧县遵章设立习艺所，应需购置机器、一切动用家具、员司薪费，款项甚巨，所筹之款不足敷用，该邑财政困难，又无他款可筹。顷该邑李大令会绅集议，拟借仓谷存款作为前项经费，每周年按一分起息归仓，禀请皖抚核示。

载 1909 年 12 月 18 日《申报》，第 1 张后幅第 3 版，103 卷 772 页

45. 工艺厂添招学生

皖省工艺厂提调叶令善镕自到差后，整理一切，颇属认真，而制造物品亦均美备。惟限于经费，仅招艺徒五十名，现在有志投厂习艺者颇形踊跃。该提调变通办法，拟再招艺徒五十名，每月收取膳费洋三元，减期毕业，以广造就。刻已禀由劝业道转详抚宪核示立案。

载 1910 年 1 月 16 日《申报》，第 1 张后幅第 3 版，104 卷 276 页

46. 照会开办实业学堂

芜湖关道李梅坡观察刻接吴提学移开《立宪分年筹备事宜折》内，有宣统二年拟令安省及芜湖、正阳筹设高等实业学堂一所等情。闻关道已照会皖南教育会同商会妥议办理。

载 1910 年 1 月 26 日《申报》，第 1 张后幅第 4 版，104 卷 456 页

47. 皖省学界南北风潮动机

皖垣东门外设有蚕桑讲习所，所招生徒均系皖南北人，讵两皖之间龂龂争界，动辄龃龉，几致两不相下。日前不知因何细故，北党开会集议，专以排斥南党为主义。南党旋亦开会抵制。两党聚众相率殴打。现闻安庆府中学教员等对于此事欲与北党大开谈判云。

载 1910 年 5 月 26 日《申报》，第 1 张后幅第 4 版，106 卷 406 页

48. 皖南北学务之一斑

徽州府属茶业董事职员洪廷前经纠约同志，捐款创办公立初等农业学堂，当即延聘熟谙农学教员，订定各项学科，招生入所肄业。现已组织成立，规模甚为完善，刻经该府守详禀当道，核示立案。

六安州创办劝学所及改良监狱，应需经费银两为数颇巨，现因该州财政困难，委实无款可筹，只得将该州城工捐输项下挪借济用。刻经该州牧具禀抚宪，拟将借拨前项银两由兵荒款内分年解还，以重公款。

载 1910 年 6 月 21 日《申报》，第 1 张后幅第 4 版，106 卷 838 页

49. 颍寿组织实业学堂

颍上县某令现经会商绅董，集款开办实业学堂一所，所有订定各项科学，延聘教员，招收学生，一切章制规则均遵部章办理。刻已具禀抚台，核示立案。

寿州教育会会长柏文佐，以实业一项关切民生日用，中国素未讲求实业专门，方今为世界交通时代，自应实力普设实业学堂，招生研究，以为将来筹办实业之基础。顷经该堂长拟在该州境内创办实业学堂一所，应需常年开办各费，闻已具禀抚宪，拟在该州课桑存款项下拨用。一俟奉准批示，即可布置开办。

载 1910 年 7 月 23 日《申报》，第 1 张后幅第 3—4 版，107 卷 372 页

50. 茶商组织茶务小学堂

徽州府属向以茶业为出产大宗，农人土户大半仰为生计。惟种植焙制多沿旧法，不思改良，不足以兴大利。刻有茶商筹款组织茶务初等小学堂，并延聘教员，招考学生，入堂研究，俾资造就，以维茶业。

载 1910 年 9 月 12 日《申报》，第 1 张后幅第 3 版，108 卷 182 页

51. 蚕桑学堂请拨官契价银

太和县境前设立蚕桑学堂，自开办迄今颇著成效，惟奉筹各款不敷甚巨，现该县方令具禀抚宪，拟将奉饬存留官契纸价余银拨为该堂经费，俾资挹注。不知朱中丞如何批示也。

载 1910 年 12 月 2 日《申报》，第 1 张后幅第 3 版，109 卷 502 页

52. 组织求实女医学堂

芜湖谢女士林凤以方今女学昌明，学堂林立，独于活人要术弃而不讲，甚为学校缺点。该女士昔在金陵，曾从美国女医章女士游历，深得泰西医理，凡求诊者无不立起沈疴。刻经同志多人怂恿，女士在芜发起求实女医学堂，业已拟定简章，计分国文、医学两科。一俟校舍奠定，即当招生开办矣。

载 1910 年 12 月 27 日《申报》，第 1 张后幅第 3 版，109 卷 902 页

53. 茶商学堂部已核准立案

农工商部近咨皖抚，内开：徽州府茶商洪廷俊创设茶商学堂，研究〔裁〕〔栽〕种、焙制，诚为振兴茶税、补救利源要政。所需经费系由地方捐款。该府复于其中提倡，规划得以成立，均堪嘉尚，自应照准立案，仍将办理成绩随时报告本部查核。

载 1911 年 1 月 10 日《申报》，第 1 张后幅第 4 版，110 卷 150 页

54. 皖省禀请开办茶务讲习所

皖省劝业道童观察上年筹设茶务讲习所，因开办、常年两项经费无款可筹，曾援江宁办理成案，请拨皖南茶税济用。嗣奉江督核饬，以茶税项下无款腾挪，咨请皖抚归入南洋并办。兹该道以此项讲习所系遵奉筹备宪政事宜办理，揆之定章，碍难并入南洋合办。刻又具情呈请皖抚咨商张制军，查照前案，核饬皖南茶务局分拨茶税济用，俾资开办。

载 1911 年 3 月 1 日《申报》，第 1 张后幅第 4 版，111 卷 6 页

55. 皖劝业道开办蚕桑讲习所

皖省劝业道童观察，前拟筹设蚕桑讲习所，招生入所研究，以资造就。嗣因所需开办经常等费为数甚巨，藩库又无的款可筹，是以未经开办。现闻童观察会商各商董，酌抽丝业茧捐作为该所经费，俾获克期开办，而免筹款为艰。刻已详请朱抚核示立案矣。

载 1911 年 3 月 18 日《申报》，第 1 张后幅第 4 版，111 卷 278 页

56. 农工学堂公然护符耳

皖省有所谓农工学堂者，创议于光绪乙未丙午间，因芜湖上游三十里关门洲、大沙洲地方江心突涨数千顷，皖省大吏拟招人垦荒，以辟利源。讵皖绅某某等因恐利为官夺，遂虚构一农工学堂名目，六七年来并未成立，去年春间该绅等又在沙凸洲架草屋数椽，树垦务局旗号，设总办、会办名目，借以收取洲租，号称开支学堂经费。其经收洲租各事，即以该堂庶务吴南岩、会计黄玉璜兼理，前因争芦柴细故，枪毙三山学堂工人张、王两命，并刀伤数人。一时乡人大动公愤，电禀省宪。彼等惧成大故，乃出广告招生，借以抵塞命案。后，皖抚朱中丞屡次饬交凶犯，吴、黄等暨该堂总办刘某四出运动，经繁昌朱令为之多方庇护，卒未归案讯办。

载 1911 年 3 月 23 日《申报》，第 1 张后幅第 4 版，111 卷 358 页

57. 筹拨茶务讲习所经费

皖属六安茶务讲习所自上年开办以来，经常费用月须八十千文，向来仅由皖南茶税局每月拨银三十两，实属不敷甚巨。现查蒙城县聚泰、永成两钱庄倒闭后，尚欠皖北土药局存款一万二千余两，判定分十五年还清，计每年应缴银八百两有奇，拟请拨充该所经费。具禀劝业道，当由童观察据情详请抚院核示矣。

载 1911 年 5 月 5 日《申报》，第 1 张后幅第 4 版，112 卷 70 页

58. 蚕桑讲习所更定新章

皖省蚕桑所开办有年,成效卓著。现经该所更定新章,完全科三年毕业,简易科年半毕业,其毕业后之奖励,拟援照京师优级师范降等请奖。凡最优等毕业者照优等请奖,优等毕业者照上等请奖,上等毕业者照中等请奖。业由该堂监督具禀劝业道,详请皖抚咨部立案矣。

载 1911 年 5 月 14 日《申报》,第 2 张后幅第 4 版,112 卷 218 页

59. 商业学堂开办之先声

芜湖商业学堂现已着手开办,日内即可出广告招生。该堂系初等商业程度,与高等小学相同。现拟暂招本、预科学生各一班,教员除聘商业专门一人、国文及普通科二人住堂外,英文、体操均请他校教员兼任。其会计、庶务各席,该堂因系小学,会计、庶务并无多事,均由教员兼理,并不另置,以节经费。

载 1911 年 6 月 20 日《申报》,第一张后幅第 4 版,112 卷 868 页

60. 皖绅接办实业工科传习所之进步

皖省实业甫在萌芽,欲谋提倡之法,非培养人才,研究工学,不足以收发达之效。上年据湖北试用巡检杜芬等禀请在省城创设实业工科传习所,招生传习。嗣因该所经费支绌,几致停止。复由该职等禀请续举总理吴绅传绮、协理王希曾、所长王斌担任,筹办经费二千元,接办该所,切实整顿,添招新生。当经前劝业道童观察批示保护在案。兹据该所吴绅等呈称,所中一切应行改良事宜现已整顿就绪,应请颁发钤记一颗,以昭信守,并将办事章程以及管理员、教员、学生姓名,分别造具履历清册,呈由劝业道详请抚院立案矣。

载 1911 年 6 月 27 日《申报》,第 1 张后幅第 4 版,112 卷 986 页

61. 全椒创办商务学堂之草率

全椒县商务分会经理江绍禹,本一市侩,于学务毫无智识,只知经商而已,日前会同该县邵令于城内筹款,创办初等商业学堂一所,招收良家子弟数十名,考取后入堂肄业,一切办法虽遵照部章,而访聘教习不问程度之高下,只取曾经毕业者即可充当教习,一味草率,不知振作。现已禀由学司详请抚宪咨部立案矣。

载 1911 年 8 月 5 日《申报》,第 1 张后幅第 3—4 版,113 卷 582 页

62. 茶商改办农业学堂

农工商部咨复皖抚文称,徽属茶叶董事洪连俊等请在屯溪附近阳湖地方开办茶商

两等小学堂,旋遵改初等农业学堂,章程、课表等件既经遵照定章更正改订,自应照准立案。至学生洪宝儒等能否准予迳入初等农业本科毕业,一体奖励之处,事关学务,应由学部核办等因。朱中丞准此,当即札行提学司转饬该学堂遵照办理。

载 1911 年 9 月 29 日《申报》,第 1 张后幅第 4 版,114 卷 502 页

十三　军事教育

1. 论各县宜设武备学堂

　　古者，寓兵于农，兵农合一，皆于农隙以讲武事，车徒、马牛、甲兵出自民间，兵以卫民，民不畏兵，兵民两相习，自不至两相凌。且文武不分途，取士必于泽宫，六艺则娴射御，与今日之文臣不知兵，武士不晓事者大相径庭矣。国家取士，名为文武并重，其实武试一科视为具文，竟同虚设，况复弓刀石三者不过奉行故事，所习非所用，所用非所长，曷若即以武生充行伍，即令以之卫乡里。今日各营之兵徒有其名，大抵虚额十之四五，甚或五六，老弱十之一，炊爨洒扫之夫十之一，实可备战阵者不及其半。况又不能望其折锐冲锋、同仇敌忾也。国家又何赖此兵士为哉？今日至捷之法，莫若寓兵于士，即以武生充兵，有数善焉：人有名籍，有年貌，虚额老弱不能冒，而又不肯为炊爨洒扫之役，诸弊不绝而自绝。且令其识字读书，使之稍知自爱。惟在今时右文左武之见太重，而循名责实之道不讲，加以承平日久，文吏视武弁如奴仆，武试不能得真才。于是武科一途，衣冠之族每不屑与，力士多出藜藿，而试事之费十倍于文，寒素者不能预其间。历来大将立功，行伍多而科甲少，武科之不得人视文科尤甚。今莫如一变其制，在各邑设立武备学堂，随时加以训练。前时，武职均有教师为之垄断，非其素识，无门可入，穷乡僻壤每不得与。今宜一反其弊，凡民间有愿习武者，令其先赴州县报名，自成童以上，力能举若干斤者，书之于册，县官命其入学，肄习武事。近闻有人拟集资设立武备学堂，先自捐廉以为倡，始择邑中考试武科生童，一月两试，教之以坐作进退之方，步伐止齐之法，不但取其技艺，必当具有血诚者，方可入选。至演放枪炮，打靶射鹄，命中及远者，犹其余事，盖必有忠君爱国之念，然后具杀敌致果之心。平日则令其观览韬略，考校舆图，逮考试之期，尤必与之面为讲论，俾其忠义勇敢之气油然而生。如是庶足以称得士焉。得数十人则可为数十人之用，得百人则可为百人之用，一旦猝遇事变，自不至皇然骇走，可以御小寇即可以当大敌，而地方中又何虑盗贼横行，奸宄滋(至)〔生〕也哉！诚令各省各邑皆如是实力奉行，十数年中，又何患不成劲旅哉！且以武科取士者亦以功名鼓舞之也，各邑武备学堂亦予以三年一考校，由秀才以至进士，一如旧例，惟不限以省分，不示以定额，其得中进士选者，送部引见，授职内用者留京营学习，外用者留省营学习。其作为举人生员者，或愿作营员者听，如是则可保卫地方，不特寄干城腹心之选，可收实效，兼可清伏莽之源而弭无形之患，盖天下勇猛之士不可不以术牢笼之，又不可不以礼教渐渍之。夫骁雄悍鸷之徒，既优之以礼貌，复荣之以科第，更使之食禄于营，以养其身家。所谓以虚文縻之而不足者，以实惠抚之而有余，而人自无不为我所用矣。我诚能推心置腹，即使彼捐躯绝胆、赴汤蹈火而不辞，又何至望风逃遁、临阵哗溃也哉？此不独抚绥武

729

士如是,即驾驭营兵亦何莫不然。去岁倭人一役,统兵诸将平日何尝加以训练,临事又安怪其仓皇。所谓训者,不独教之以忠勇,又必绳之以法律也。所谓练者,不独练之以艺能,又必练之以胆识也。试问今之统帅能如是也否耶? 古如春秋之世,其择帅也,必曰说礼乐而敦诗书。子路之治兵也,必曰有勇知方。今诚能于州县设立武备学堂,凡民间有愿习武艺而有膂力者,皆使入塾肄习,延名师为之教导,时其考核,重其奖赏,其艺有成,则优其拔擢,人才有不日盛乎哉? 外以御侮,内以戢奸,国家之兴,可立而待也。

载 1895 年 10 月 7 日《申报》,第 1 版,51 卷 239 页

2. 中国宜广设武备学堂议

医者之治病也,有急则治标之说。诚以沉疴既久,(原)〔元〕气大亏,外邪易入,苟或迁延不治,或虽治之而取经迂远,不能速为奏功,未有不缠绵床第,且或因以致毙者。于此有善医之人为之投以要剂,待其稍瘥,然后徐图滋补。此固医家之要道,而治国之大纲亦于此寓焉。夫中国之在今日民穷财尽,疾中膏肓,其不可苟安之情形,固不待智者而知之矣。英伺其西,法瞰其南,俄踞其北,虎视鹰瞵,实逼处此,其外邪之日深又已彰彰著明矣。中日战后,时事益艰,皇上宵旰忧勤,时图自强之计。于是内而宰相尚书,外而督抚司道,下及郡县之搢绅先生,无不仰体圣怀,纷纷奏请设立学堂,选聪颖子弟从事于所谓开矿制造、声光化电诸学,以扩中国振兴之基。夫此数者,诚今日欧美诸邦富强之要务,而亦中国所急宜效法者也。然至极迫之时,虽同一当为之事,亦不能不权其轻重,筹其缓急。彼西学者翻译书籍,聘请洋员,种种繁琐,诚难言喻,其视为具文、始勤终怠者无论矣,即或极意振作而创其事于数十年先,收其效于数十年之后,中朝之元气暗削,而外族之侵迫日深,缓不济急之谓何? 吾恐彼方断断焉兴矿务,盛制造,习声光化电之学,而卧榻之旁早已为他人鼾睡矣。然则,今日之事奈何? 曰:惟振兴武备,使人人皆习战阵之务,或稍足以雪国耻、振国威。项读浙抚廖中丞片,内述及钦奉谕旨"武备学堂能否于各省一律添设并著妥筹等因,钦此"。大哉王言,是诚中国转危为安之机,而薄海人民所闻而兴起者乎! 考武备学堂之设,以天津为最先,然荏苒十余年,未闻有魁奇特达之士出而任干城腹心之寄者。岂果天之或斲其才欤? 诚以创设之初,未尝慎简英俊,惟集子弟之粗谙文墨者以充其数,司其事者又不能竭力倡率之。于是,良莠不齐,成功难睹。然此皆立法之不善,而终不可因噎而废食也。今春楚督张香帅以中国欲御外侮,必先备将材,于是创设武备学堂,招多士之已有出身而又身体坚强、才识明达者,额取百二十人,聘洋将以为教习,其课程则有若体操、若测量、若舆图、若军士职守、若各国战事以及试枪命中、驰马逞能,凡有关战阵之用者,无不身亲阅历,事则由易而入难,学则由浅而入深,如是行之十年而尚抱无才之虑者,吾未之信也。夫胜败本常事,强弱无定形,前德国之败于法也,偿款之巨,为从古所未闻;疆域分崩,人民离散,使德皇无立锥之地,而且限其兵额,不得自行招募,以绝其自强之机。是其受创之情形,固已数倍于中日之役矣。而德之君若臣卧薪尝胆,密运机谋,不数年间默乘其衅,突出奇师,一战而赔款还,再战而侵地返,于是国耻雪,国威振,恢恢乎为地球上一强国。今之言陆军者,以德国为首屈一指焉。然则转败为胜,反弱为强,固由乎人力之图谋,而不得委为国家之气

运也。今使中国各省大吏振刷精神,上以体皇上宵旰忧勤之意,下以法楚督实事求是之怀,广设学堂,分门督课,使之涉历险要,亲习勤劳,迨武备既整,虽不必角逐海上,而海上各国自不敢肆其侵陵,然后兴矿务,盛制造。盖富与强有相因之机,既强固未有不富,既富则益臻强,转移之间,捷于影响。斯则薄海人民所祷祀以求,而尤臕下书生急愿先睹者也。有军国之责者,其亦以斯。

载1897年8月21日《申报》,第1版,56卷1366页

3. 邓大中丞议奏变通武试章程折

头品顶戴安徽巡抚臣邓华熙跪奏,为遵议武科改试枪炮并设武备学堂,敬陈管见,恭折仰祈圣鉴事:窃臣接准兵部咨会议奏改武科章程一案,光绪二十四年二月十六日奉上谕"国家设武备与文事并重,原期遴拔真才以备折冲之用。现在风气日新,虽无庸另设特科,亦应参酌情形,变通旧制,著照该大臣等所议,各直省武乡试自光绪二十六年庚子科为始,会试自光绪二十七年辛丑科为始,童试自下届为始,一律改试枪炮;其默写《武经》一场,著即行裁去,所有一切未尽事宜及各省应如何设立武备学堂之处,著该衙门随时奏司办理,嗣后主试各大臣及各省督抚、学政尤当加意讲求,认真考核,务在作其忠勇,开其智识,平时则严督功课,校试则秉公去取,毋得奉行日久又成具文,致负作育人材至意。该部即遵谕行等因。钦此。备录原奏,通行令尚未设立学堂省分迅速酌量情形,将如何建立,如何教练之处报部核办等因。当经恭录行司,通饬各属晓谕遵照,又准部咨议复广西巡抚黄槐森奏《武场改试枪炮并考取中式后分别选用案》,内行令各省督抚就见闻所及详细奏明酌办等因,于光绪二十四年三月十八日具奏,奉旨"依议,钦此",钦遵咨行到皖。臣维武科取士以军谋之洞达为先,枪炮用时与弓箭之旧章回异,弓箭从容柔缓,鲜有意外之虞,枪炮则一发难收,为患异常猛烈,大凡武童应试,由州县而府而院,草茅卤莽之辈为多,平日不知营务,未能遽语止齐。改章之初,教师亦少,考时擎枪就列、装药待施,枪口如何防避,多未周知。当点名时,人多拥挤,机簧误碰,立即伤人,可虑者一。应名后,按排序立,应放几枪,皆须翻装子药,智愚杂沓,未必人人熟娴,偶失向背之宜,主试及执事各官且恐危机莫测,可虑者二。武童细故忿争,事所恒有,倘遇临场交哄,若辈性成强悍,难保其枪不妄施,酿成人命重案,可虑者三。有此三虑,固宜审慎加详,而各省取进武生,本多游手无业,其不安本分者或仗势而鱼肉乡愚,或恃符而扛帮讼事,非徒无益,且滋事端。历考前朝举行武童试者,曾不数见皆未久而即辍。现在武生、武童止有岁试而无科试,值此因时改制,拟请并岁试而免之,若虑习武之人无发轫进身之路,则营伍兵士其年犹少壮,略知文字者,无异武童,三年乡试之期,即由本营挑选,申详督抚,咨送学政收考,录取者即作为武生,给以生员顶戴,限以定额,任缺而无滥,贵精不在多,并以复试为录科,准其一体应武乡试,略仿文闱教职送考之例,派本营员弁带往,胥以兵法部勒,断无他虞。凡欲习武应试之人,皆可预先投营入伍,常时训练,咸识营规,与兵部原奏武童派武职官考课,武生尽数入营等词正相符合,而其演习之枪炮,入营已给,可无虑令民自备,流弊滋多,皆给自官,需费难筹也。其送考录科一事,宜分两途:一由各营选送兵生,一由武备学堂选送学生,并进兼收,秉公考取,出路既广,

自无遗才。绿营及防练各营必须合而为一,以期兵法营制划一整齐,又必先将武备学堂规划建置,招选学生,多方教练,简校成材,分派入营,充当教习,日聚兵丁,照章训迪,使营兵各谙中西操法,兼习字义,不然如前之目不识丁,武科内场默写《武经》,浮文无补,诚属可裁。胡燏棻请改试策论,虽未经兵部议准,而臣以为改定新章,加意教育,不徒在武力之可用,而尤在将才之奋兴。策论一场,非但不宜删除,且须认真考校,尝考宋宝元三年诏武科以策略定去留,技艺定高下,其意以策略为本,盖深知武之轻重者矣。今以枪炮考武士,则以讲求炮表为先,远近测量为重,非令粗通算法,恐施放难有准绳。而审形势、绘舆图亦非识字明算不可,以及中外行军之法,水陆号令之宜,平时皆令研求,以开智慧。临场考试策论以验才能,由是登明选公,庶可收得人之效。伏读康熙四十八年上谕:直隶省旗绿营兵有通文艺,愿就武乡试者,于充任地方该营将弁申送巡抚,一体乡试,不中仍令归伍。又,各营千总、把总,有愿应会试者,该督抚、提镇给咨赴部,一体会试,不中者仍归原职等因,钦此。又,康熙五十二年上谕:"文生员内愿就武场,武生武举内愿就文场者,各听其应试等因。钦此。"神谟广运,博采兼收,务令文武士人咸怀韬略,师出以律,不至有勇无谋。今部议寓营制于科举之中,意在考试与操防通融定制,则武备学堂之建设,实整军经武之始基。而学堂事宜又重在分门学习,水师陆军各有程途,习水师者兼陆军之事易,习陆军者兼水师之长难,而水师又分内河、外海两端,内河易而外海难,非素习风涛、胆质俱壮者不足以为将,不足以为兵,必其人惯行外海,曾涉重洋,能于洪波巨浪之中如履平地,为管驾者方可望其从容布阵、如意指挥;为弁兵者,亦可冀其表线周详,炮无虚发,必须于沿海省分另立海军学堂,方为周备也。(此折未毕)

载1898年8月29日《申报》,第1—2版,59卷827页

4. 续录邓大中丞议奏变通武试章程折

今绿营弁兵,人皆诋为无用。非果无用也,粮饷薄不足以糊其口,训练弛不足以作其气耳。若以其不得力而议尽裁,则分汛之地面皆空有城而谁司启闭,有警而谁与传烽,解饷而无以护行,遇盗而无人缉捕。欲责之地方团练,其势散若搏沙,徒托空言,事必无济。所有各处汛地,不如仍就各营分派,每阅两月,轮流换防回营,各兵仍交教习勤加训练,不容一事怠荒。现下挑练之兵,饬仍各归原营;本来存营之兵,亦均照章加饷,大加淘汰,去弱留强,选简将才,严明功罪,由武备学堂遴派成材学生住营教习,按兵数之多寡定教习之员数。若能教导尽心,著有成效,即将该营员弁之缺为教习之升阶,与考取之武举、武进士参照并用。久之,士承将教,将识士心,有若师之与徒气谊融洽,倘使疆场有事调遣,除另派总统外,仍令教习同行,未有不如身使臂,如臂使指者。似此变通措置,洋员教习只须聘往学堂,经费省而事易行,教就学生由十一而传千百,泰西练兵良法渐遍中华,武备之振不难蒸蒸日上矣。臣管见所及,拟请旨饬交各衙门会同酌议采择施行。至安省应设武备学堂,筹款既属艰难,定章非可草率,臣正在筹划,一俟得有端绪,另行奏明办理。所有遵议武科改章缘由,除咨兵部查照外谨缮折具陈,伏乞皇上圣鉴训示,谨奏。奉朱批:"该衙门议奏,钦此。"

谨将变通武科,谨就管见酌拟八条,恭呈御览。计开:

一、试士宜专用火枪也。快炮、快枪价值既昂，过用则松，不用则锈。且子弹非购自原厂，不能合膛，若随时用以演试，合省生童数万余人，必须多为添置，出之官则款太巨，责之练习之人则寒士向隅。且快枪系一人施放，优劣显分，易于取中。若快炮，必须合数人之力始克演放，难别等差，即为中国抬炮，亦非独力所能胜任，似考试宜专以火枪为衡。拟请除乡试遵用南北洋议定快枪外，其学政及府县试，即用土枪。盖土枪之笨重，虽不若快枪之轻灵，然能用笨重之枪百发百中，改用轻灵快枪自更得心应手，愈显稳准。

一、火器宜加意稽察也。例禁綦严，不便遽弛，既议令归武职衙门教习，即可就该管营本有之土枪演练，倘有欲自置者，或一人独买，或数人合买，开具姓名、三代、籍贯、住址及族邻保结，报县移营，代为制办，将姓名刻于枪杆之上，仍交教习之武职衙门收存，以资操练，按四季由教习将所存细数造册，移县查验，报府备核。如生童私自携回家中，滋生事端，惟教习是问。其有借学习为名，自向别处购得枪炮子药，私相演放者，责成营县查禁追缴，仍根究买自何处。如营汛兵勇有私售情事，讯明严行治罪。

一、应试不准自携枪件也。从前武试硬弓刀石均由官为置备，当堂演试。此后武科乡试应用快枪子药等件，拟比照此法，由军装局备办，先期造册，移送监试员弁收存，考试之日，当堂发给演放，试毕还局。惟子药需价甚巨，拟令应试诸生酌缴子药价值，归局查收造报，以充制购之费。县试即用教习衙门，该童自购土枪子药，届期由教枪武营移送，学政及府试皆由县备文移取，签差协同营兵呈解。试毕，均即发还，如有留难需索者，准其禀请究追。凡乡试及学政、府、县试，武生童不得自携别处购来新式洋枪应试，致有歧异，违者不录，仍照私藏火器例究惩。

一、校阅宜分别等第也。乡试拟用马上六枪，分两次跑，以全中红心者为上等，仅能中靶不能皆在红心者为二等。马必飞速，缓则扣除。必须中四枪以上，方为合式，准入步枪场。步枪连放三枪，亦以中红心为等第，必须中二枪以上为合式，准其入技勇场。至马步枪靶宽窄尺寸、远近弓数，应请饬部酌定示遵。其学政、府、县试，马步各三枪，均以二枪为合式，所有马步枪中只准装用单子，如有暗中取巧多装者，即扣除以不合式论。

一、送考宜责成造册也。武童县试，拟由现充教习之武职衙门造册移送，学政及府试仍照向章由州县册送，皆须由教习偕同，廪保出具并无过犯及身家不清切结，方准与考。入学后无论愿否入营，应仍归教官管束。武生监乡试均照向章申送，防营勇丁有愿乡试者，查系本省籍贯，准由该管官移送地方官造册，附入生监之后，仍须饬令报捐武监生，以符定例。

一、教习宜慎选也。查武生童改试火枪，必须预为演习，而教习为诸生童表率，自应慎选技艺杰出之人口授训练，以期人材辈出。惟习练必在学堂，不准托名习武，私置火器，随处滋生事端。如违照例治罪。

一、寻常教习可就本汛衙署也。查设立学堂，费巨事繁，各省惟设立于省会，其各府、厅、州、县未能遍立，如有愿习火枪者，即可就近在各该地方官衙门报名注册，移送武职衙门，查验汉仗膂力，即以汛署为学堂，归营中教习按期训练。该教习只准收受束脩，不准勒索，违者参办。

一、技勇宜循旧考试，以验膂力也。查弓刀石原为考校膂力起见，以运用矫捷者为合式，分别双单，好选择取中。现既重于马步枪，则弓刀石原可无须，惟外省并无速骥，其从容缓走,即六枪亦甚易中。拟仍以弓刀石验其膂力,则考生之能否举重可知。再核以考试火枪,庶准头、力量相□,不致偏废,或分别等第较易也。理合陈明。

载1898年8月30日《申报》,第1—2版,59卷835页

5. 学堂工竣

安徽访事人来函云,皖省抚宪邓大中丞以时局艰难,非培植人才终难为自强之计,于是在省垣先建求是学堂,招生肄业。嗣又在抚署东首建造武备学堂,自八月初起鸠工庀材,经营不暇,现已一律工竣,规模闳敞,足壮观瞻。中丞于本月初三日亲历箭道,勘视一周,闻已札委韩军门大武,由各营拣选壮兵一千名,入堂操演技艺。并由南洋武备学堂内挑选学生十名以为教习。闻此项兵丁所练,专以跳沟逾墙等事,凡入堂之兵每名加饷五钱。

载1898年11月25日《申报》,第2版,60卷613页

6. 皖抚邓奏为遵旨设立武备学堂筹办情形折

头品顶戴安徽巡抚臣邓华熙跪奏,为遵旨设立武备学堂,谨陈筹办情形,恭折仰祈圣鉴事:窃臣以经武整军实振奋自强之首务,明耻教战在多培良将以为师翊。今时事之多艰,尤必安怀之并策,中外臣工疏陈武事,惟冀将才辈出,请设武备学堂。臣钦奉谕旨饬将如何设立之处奏明办理,已于六月间遵议武科折内陈明,悉心筹办在案。臣维周官司马祁政有经,坐作进退之方,旗物金鼓之节,行其教于四仲,言教而学在其中。兵事非学不精,古今理无二致。近来泰西各国皆挟兵力争雄,其将领尽由学堂出身,其士卒悉在学堂肄业,兵阵、技艺练习俱精。又有驯炮、快枪、精雷、巨舰供其运用,故能日进于强。水师以英国为最精,陆军以德国为最胜,舆论昭著,确有明征。中国外患叠生,兵防紧要,返弱为强之策,在采其精而习其长。凡彼之纪律、营规、枪法、炮表及测绘、营垒、战阵等事,节目繁多,非专设学堂、分门教练不可。而此堂之设,意在储备将才为宗,盖必有将兵之人,而后可收治军之效。虽安省帑项支绌,亦亟宜量力经营,必自省城先立规模,以期拓扩。臣督同司道,详细妥商,查看臣署东偏,原有演武厅一所,操场宽广,为平时校阅弁兵之区,尚有余地空闲,已经委员勘定,就旧屋重为修改,再添造四十余间,于八月内兴工,催趱速办,限以冬间告竣,即作为武备学堂学生,拟以四十人为额,招考贡监生贡及文武候补、候选员弁以至官绅子弟,性质聪颖,形体壮足者,本省人由地方官加结保送,其外省人取其同乡官印结保送,考验合格取入学堂,教授兵书。一切市井粗人不得投考。安省财力所阻,且缓延聘洋员,拟即咨请北洋大臣在陆师武备学堂拣派由学生出身、历练成才、堪充教习,并通晓泰西语言文字及测算、图绘之华士二人,于来年正月到皖,分充教习。另选通史事、兵书及晓测绘、地图者一人为汉文教习,参酌南北洋教法,订立章程,定期开学。每列内堂课程,外场操演,各限晷刻分班指授,循序研求。派知府一员为总办,再派州县佐贰二员,分司稽查、管堂、支应各事。堂与臣署密迩,亦可就近查察。堂内功课,在读中外之军书,究奇正之兵法;考枪炮之远准、速率,审度方

舆形势而兼测算、图绘之工；讲求战守机宜而明台垒壕堑之制。外场操练,在步伐整齐、枪炮命中,通知变化阵法、壕垒工程,兼娴击刺、跳纵技艺。教习如尽心训课,成效昭彰,应请由臣选择其尤,酌量保奖。学生月课、季课,年终亦由臣督同委员、教习,分别认真考校,就其学业浅深以定班次等第,而行赏罚升降之差,自可由粗及精,次第卒业,请予照章奖叙,量能录用,借储将领之才,以备干城之选。遇有出堂空额,随时考选补充,以期日就月将,裁成渐广。至目前修造房屋工料、购置中西图籍仪器,制备各项器具,从省约计需银一万数千两,其常年应发委员、教习薪水,学生伙食、操衣鞋帽以及书役、辛工、考课奖赏暨纸笔油烛,一切杂支等项,亦不下一万两。安省库储竭蹶,筹措维艰,然事关讲武培才,与选兵改操同系筹防要图,相为表里。与其另拨正款,重烦文移,不如仍就防军设法挹注。臣于复奏《挑选练军改习洋操折》内陈请,应加饷项,将派还英法俄德本息拨凑之支应局防饷,裁节银六万两,全数留局,以充此两项之用。另由司库筹补洋款,不致贻误。而学堂用款有着,庶期措置合宜,仍当撙节,动支皆求实济,归于防军报销案内,另册造销。其余未尽事宜,容再随时奏明办理。除咨总理各国事务衙门暨户兵二部查照外,所有遵旨筹设武备学堂缘由,谨缮折具陈,伏乞皇太后、皇上圣鉴训示。谨奏。

奉朱批：该衙门知道,钦此。

光绪二十四年十一月十二日《京报全录》,第六千四百二十五号,戊戌年十二月初一日《申报》附张

载1899年1月12日《申报》,附张第6版,61卷72页

7. 培植将才

安庆采访友人云,安徽巡抚邓小赤大中丞,夙以培植人材为先务,曾就省垣创设求是学堂,招集聪颖子弟肄业其中,又将抚署东偏演武厅改造武备学堂,罗致英俊少年,备他日干城之选。当经始之时,出有告示,略谓：欲作军心,宜培将领,矧逢时势多艰,兵防尤要,近来诏书屡降,饬各省设立武备学堂,以教将士,自宜钦遵谕旨,实力经营。本部院现就抚署东偏演武厅操场空旷余地,增建新宇,修造旧庐,即作为安徽武备学堂诸生讲舍、住房及操练、打靶处所,均已布置妥帖。此堂之设,以储备将才为宗,盖必有将兵之人,而后可收治军之效。现在学生定额四十人,应考选举贡生监暨文武候补、候选员弁,官绅世家子弟,年在二十左右,文理通畅,形体壮足者,送堂肄业。其学堂教习已咨请北洋大臣在陆师武备学堂拣派历练成才头等学生二人来皖,分充教习。另选深通史事、兵书及晓测绘地图者为汉文教习。参酌南北洋教法,订立章程,分别内堂功课、外场操演。内堂读中外之军书,究奇正之兵法,考枪炮之远近、速率。审度方舆形势,而兼测算、绘图之工；研求战守机宜,而明台垒壕堑之制。外场在步法止齐、枪炮命中,通知变法、阵法、壕垒工程,兼娴击刺、纵跳技艺,分班依类,循序致功。非文义明通,未易得其精要；非身体坚实,不能耐此勤劳；更非志行专一朴诚,仍难望其深造、可以展转传授,有备于经武要图。为此示,仰文武举贡生监及文武员弁、官绅世家子弟一体知悉,如有年在二十岁左右,文义明通,身体坚实,立志向学,素行谨饬者,各即备具甘结,取殷实人保结。本省人由地方官加印结,外省人由同乡官加印结,赴武备学堂投呈报名,听候造册,

示期考试,录取入学。不论有无功名,均作为学生,须遵教习所定课程,认真学习。并须遵提调及稽查委员约束,其有言行谬妄、违犯学规者,立即摒除。入堂三月之后,考试甄别,以定去留。其留堂肄业者,月给赡银四大圆,仍由堂供备伙食。其月课、季课、年终大课,并按名次高下酌量奖赏。倘三年之后,学业有成,本部院必援各省学堂奏准奖叙定章,择尤请奖,并酌量差委,以资鼓励。此举为遵旨造就人才而设,非以津贴贫员寒畯。所期来学之士努力向前,磨炼成才,共备干城之选。倘或意存浮慕,但为口腹之谋,则不必冀幸滥竽,以免于甄别。至于市井粗材,文理未通,或身家不清,均不收考云云。现经各属先后送到学生多至五六十名,中丞业已悬牌,示期考试矣。

载1899年5月2日《申报》,附张第1版,62卷13页

8. 皖省官场纪事(武备招考*)

抚宪邓大中丞近以时事多艰,必须讲求武备,爰于省垣设立武备学堂,招集聪颖子弟入内肄业。本月初旬已挑选数十名,委候补府杨太守奎绶复加考核。太守奉委后,示期二十二三等日考试。

载1899年5月7日《申报》,第2版,62卷45页

9. 皖抚邓奏为筹设武备学堂片

邓华熙片:再,安徽省遵旨筹设武备学堂,就臣衙署东偏原有演武厅一所,操场宽广,余地空闲,量将旧屋修改,添造四十余间,于上年八月兴工,即作为武备学堂,参酌南北洋教法,订立章程,学生以四十人为额,报考本省、外省员弁及官绅子弟,肄习兵学,咨即北洋陆师学堂出力历练成才之二人分充教习。臣拟定办法,于上年十月具折奏准在案。该学堂工程,臣先期委派候补知府许以增勘估绘图,呈阅核定,饬令举办,共计新旧房屋修改二十四间,并葺修演武厅及照墙、门楼等处,添造四十一间暨新增门座、照壁等项,均于是年十一月一律完竣,报臣札行藩司,委员验收,均系工坚料实,并无草率偷减,取具保固切结存查。其工料价值共计库平银八千九百余两,饬在防军支应项下先后动支应用。臣照奏案遴派总办、稽查等员经理该学堂事务,北洋大臣拣选教习二名,于本年二月咨送到院。各处应考学生照额取定,于三月间赴堂肄业。臣就近稽察,教学认真,复经南洋大臣订延东洋将佐一员来堂教习,以期艺业精进。每月应需经费在于奏留防饷裁节款内核实开支,给发领用。现据该府许以增将前项武备学堂工程物料用过银数开单,由督办支应局布政使汤寿铭详请先行奏咨立案,声明饬造报销注册,请俟送到再行详咨核销等情来。臣复核无异,除咨户部查照立案外,理合附片陈明,伏乞圣鉴。谨奏。

奉朱批:该部知道,钦此。

光绪二十五年七月二十二日《京报全录》,第六千六百五十七号,己亥年八月初一日《申报》附张

载1899年9月5日《申报》,附张第5版,63卷35页

10. 皖垣杂志(巡查学堂＊)

安徽抚宪邓大中丞以日来秋高气爽,正宜校武之时,爰调集武备学堂诸生,校其技艺优劣,并调阅各防营,谕令认真训练,诚今日谋国之要图也。

载 1899 年 9 月 18 日《申报》,附张第 1 版,63 卷 125 页

11. 皖抚邓奏报销武备学堂经费片

邓华熙片:再,安徽省奏设武备学堂,前经饬委候补知府许以增,在臣衙署东边演武厅操场内度量地势,添造房屋,并将旧有各屋重新改造,由该府绘具图式,呈请核定,于光绪二十四年八月兴工,至十一月一律工竣。所需工料价值共计库平银八千九百一十两二钱五分一厘,在支应局防军项下如数动拨。业经臣奏咨立案,一面饬造报销在案。兹据布政使汤寿铭详据该府许以增造具收放各款细册,并绘具图结呈送,详请奏咨核销前来。臣复核无异,除将送到图结清册咨送户工二部查核外,附片陈明,伏乞圣鉴。谨奏。

奉朱批:该部知道,钦此。

光绪二十五年十二月初三日《京报全录》,第六千七百八十六号,己亥年十二月十六日《申报》附张

载 1900 年 1 月 16 日《申报》,附张第 4 版,64 卷 104 页

12. 开学有期

安庆采访友人云,安徽巡抚邓小赤大中丞见时事多艰,武备亟宜整顿,因于前年就演武厅畔创建武备学堂,挑选精壮子弟,演习战守事宜。既落成,即由北洋大学堂礼延教习某君指授戎韬,而以候补知府杨太守奎绶为监督,去腊封印日为始,暂停功课,至正月某日,太守奉中丞面谕,定于开印后开学。凡子弟之回家度岁者,著赶紧襆被来堂。

载 1900 年 2 月 27 日《申报》,第 1 版,64 卷 309 页

13. 皖抚邓奏报皖省武备学堂情形片

邓华熙片:再,安徽省遵旨设立武备学堂,教授兵学,以练将才,于光绪二十四年八月修造,十一月工竣,参酌南北洋教法,订定章程,学生定额四十人,教习先由北洋大臣拣选天津陆师学堂出力历练成才之善士,并经南洋大臣订延日本武员分任其事。常年经费及工程用款在于防军支应项下核实支用,过工费当饬造册报销。臣先后奏咨在案。查该堂学生照额取定,教习相继到皖,传齐入堂,于二十五年四月开学,兵家各项艺能分门肄业。添派华员分授经史、算术等学,以充报抵。至年底,阅时八月,内堂功课,外场操演,各限时刻,分班练习,均已粗具规模。只以款项艰难,应用仪器、图籍尚多未备,将

来次第购置，其价值之多实难以预计，其必需之书籍、器皿、操衣、帽靴，随时购制给发，系属活支，无从悬计数目。至月支委员、教习薪水、学生膳银、逐日饮食及书役工食一切杂支等项，计每月应需银八百余两，常年共需银九千余两，系照奏案在于防军支应项下按月支给，应与活支购置书籍、衣帽等款按年造销。据该堂提调委员候补知府杨奎绶将每月开支各项开具清折，由布政使汤寿铭详请奏咨立案前来，臣复核无异，除清折咨送户部查照外，理合附片具陈，伏乞圣鉴。谨奏。

奉朱批：户部知道，钦此。

光绪二十六年四月初九日《京报全录》，第六千八百九十六号，庚子年四月十八日《申报》附张

载1900年5月16日《申报》，附张第5版，65卷126页

14. 皖垣杂录（谢绝返国＊）

安庆访事友人云，本月十五日傍晚，时有日本某兵轮船一艘驶抵皖江，就小南门外江干下碇。船中管带某君诣抚辕，谒见王大中丞，请将武备学堂两教习携之回国。中丞以瓜期未届，且堂内学生渐著成效，亦未便半途而废，爰即婉辞却之。十六日，武备学堂提调杨太守、府尊方太守、县主陈大令特设盛筵，请管带赴宴，以尽地主之谊。是日，主宾欢洽，直至日落崦嵫，始兴辞回舟。次晨，即放碇径赴九江。

载1900年7月24日《申报》，第3版，65卷610页

15. 皖公山色（参观日舰＊）

安庆访事友云，日本某兵舰于本月十五日由京江上驶，停泊省垣南关外招商局码头，管带某大尉偕大军医某君、安徽武备学堂教习晴气君市三，赴抚辕谒见王芍棠大中丞。中丞以武备学堂肄业诸生向未演习海洋放炮之技，爰请晴气君带赴兵舰演放。

载1900年11月15日《申报》，第2版，66卷445页

16. 皖公山色（堂规严厉＊）

安徽创设武备学堂，招集聪慧子弟入堂肄业，预储国家干城之选，所订堂规十分严肃。某日，某学生出游忘返，经提调官悬牌斥革，追缴操衣。于是，各学生不复敢驾言出游、形骸放浪矣。

载1900年11月15日《申报》，第2版，66卷445页

17. 皖省官场纪事（检阅洋操＊）

安庆访事人云，皖省地居长江上游，防务最关紧要，抚宪王芍棠中丞于今岁夏秋之交募集楚勇十五营分驻各要隘，以资防守。上月十八日，调集楚军统领黄军门呈祥、淮

军统领韩军门大武部下各勇认真校阅,赏赉有差。迨二十八日清晨,命驾莅武备学堂,阅视肄业生洋操,历三点钟之久始回辕。整军经武分宜尔也。

载 1900 年 12 月 29 日《申报》,第 2 版,66 卷 707 页

18. 皖省官场纪事(教习回国＊)

武备学堂教习日本人晴气君,近以小(极)〔疾〕请假两月,回东京就医,已于本月十一日起程矣。

载 1901 年 1 月 10 日《申报》,第 2—3 版,67 卷 55—56 页

19. 水师招考

金陵访事友人云,江南水师学堂开办多年,成效颇著,诸生除肄习管轮、驾驶外,并分班学制水雷、鱼雷,研精覃思,颇有蒸蒸日上之势。迩者,总办方启南观察闻下关江面泊有某国兵舰,特饬水雷、鱼雷两厂教习前往,考察一切规制及运用之法,以资摹仿。旋堂中肄业生将次毕业,出洋游学,虽有二、三班学生依次升补,而额外待补者尚多,因特出示晓谕,略谓:士民如有身家清白,年在十五岁以外,二十岁以内,资质颖悟,华文通顺者,准令报名,听候考试。俟录取,取具保人甘结,克日入堂,教以中西文字语言。惟诸生先需自备膳资,俟学至三月以后,考取优等,始由学堂授。我国家讲求武备,培植人才,庶于此望之矣。

载 1901 年 9 月 26 日《申报》,第 2 版,69 卷 151 页

20. 派员东渡

安庆访事人云,本年七月日本陆军少将福岛君因事过皖,拜谒抚宪王芍棠大中丞,语及日本于九月中大操军士,请派知兵员弁东渡一观。中丞允之。旋即奏派武卫楚军统领黄镇军呈祥、候补道李观察光观、联观察恩、候补县严大令国栋如期而往。月之二十日,镇军诸人已由皖起程,所遗统领事宜暂归前营邱副戎兼管。

载 1901 年 10 月 9 日《申报》,第 2 版,69 卷 231 页

21. 皖兴测绘

安庆访事人云,日前抚宪聂仲芳中丞讲求省城舆地,特饬武备学堂教习某君督率诸生细加测量,绘图呈览。某君奉谕,遵即周历城厢内外,规划一切,俾免丛脞之虞。

载 1902 年 11 月 15 日《申报》,第 2 版,72 卷 523 页

22. 皖省官场纪事(派充提调＊)

候补知县薛大令临正,奉抚宪聂中丞委充武备学堂提调。

载1902年11月16日《申报》,第3版,72卷530页

23. 皖水涛声(改设学堂＊)

安庆访事人云,楚军正左营向驻北门外南庄巅,迩来大宪以是处基址宽畅,改为武备学堂,饬左营于本月初八日移驻西关外。

载1903年10月5日《申报》,附张第1版,75卷245页

24. 皖抚聂奏报武备学堂头班优等学生考校卒业援案请奖折

头品顶戴调补浙江巡抚安徽巡抚臣聂缉椝跪奏,为皖省武备学堂头班优等学生考校卒业,谨与教习委员分缮清单,吁恳天恩,敕部照章核议给奖,以示鼓励,恭折仰祈圣鉴事;窃查安徽省武备学堂,经前抚臣邓华熙于光绪二十四年十月奏准设立,二十五年四月开学,参酌南北洋教法,严定章程,延聘教习,分班(课授)〔授课〕,并遴派委员督率稽查。复经臣奏调熟谙东西兵制之江苏特用知县谭学衡来皖,派充提调。嗣以该学〔堂〕设立已逾三年,当将头班优等学生逐一核阅,均有成效可观,奏恳敕部先行立案,俟考校卒业事竣,再行照章开单请奖。恭奉朱批"该部知道,钦此"。本年四月,臣销假回任后,当督同司道亲谒学堂,将头班优等学生复逐一严加考校,内堂功课,如军书兵法、方舆形势及测算绘图之法、营垒壕堑之制,均能深知窾要,条对详明。外场功课,如步伐之止齐,枪炮之命中,阵法之变化,行队之划一,以及壕堑工程、击刺跳纵,亦更纯熟,实属成效昭著,堪以卒业。即分别等第,填给凭照,酌予津贴,由臣量能录用,以资任使。其二班以下学生仍当督饬该委员、教习等照章授课,认真训练,以期次第有成,储为干城之选。兹据兼理武备学堂布政使联魁将教习、委员及卒业学(堂)〔生〕援照直隶、江南奏定章程,分别请奖前来。臣查时事多艰,安攘之策首在多储将才,盖必有将兵之人而后可收治军之效。皖省武备学堂设立早逾三年,所有头班优等学生经臣一再考校,学问、技艺均有可观,实已昭著。该教习等历三年有余之久,循循善诱,诲迪不倦,均属著有勤劳,论其功绩并无轩轾可分。该委员等督率稽查,始终罔懈,亦不无微劳可录。查直隶、江南水师学堂三年期满,历将委员、教习及毕业学生奏奖有案,皖省武备学堂事同一律,自非援案分别保奖无以策励将来,谨分缮清单,恭呈御览,合无仰恳天恩,俯准敕部照章核议给奖,以示鼓励出自鸿施。除提调谭学衡另行附片奏奖,将各该履历清册咨呈政务处、外务部及分咨吏、兵二部查照外,理合恭折具陈,伏乞皇太后、皇上圣鉴训示。谨奏。

奉朱批:该部议奏,单二件并发,钦此。

谨将(院)〔皖〕省武备学堂毕业学生姓名、出身及拟奖官阶,缮具清单,恭呈御览。

今开一等九名:王观镐,由附贡生拟请奖以府(归)〔经〕历,不论双单月,归部尽先选用。李承邺,由六品顶戴拟请奖以千总,归安徽抚标尽先补用。马林,由经历职衔拟请奖以

府经历,不论双单月,归部尽先选用。顾忠深,由县丞职衔拟请奖以县丞,不论双单月,归部尽先选用。潘泽培,由文童拟请奖以千总,归安徽抚标尽先补用。刘乃荣,由县丞职衔拟请奖以县丞,不论双单月,归部尽先选用。王烟林,由县丞职衔拟请奖以县丞,不论双单月,归部尽先选用。邱志龙,由五品顶戴拟请奖以千总,归安徽抚标尽先补用。陈元恺,由县丞职衔拟请奖以县丞,不论双单月,归部尽先选用。

二等十五名:葛光廷,由府经职衔拟请奖以府经,不论双单月,归部选用。贺金寿,由文童拟请奖以把总,归安徽抚标补用。胡锡蕃,由文童拟请奖以把总,归安徽抚标尽先补用。伍云超,由蓝翎尽先拔补把总,拟请奖免补把总以千总,归安徽抚标补用。白云汉,由附生拟请奖以从九品,不论双单月,归部选用。金润生,由县丞职衔拟请奖以县丞,不论双单月,归部选用。潘维翰,由监生拟请奖以从九品,不论双单月,归部选用。丁宪栋,由世袭云骑尉,拟请奖以守备,归安徽抚标尽先补用。丁绪,由府经职衔,拟请奖以府经,不论双单月,归部选用。王国翰,由文童拟请奖以把总,归安徽抚标尽先补用。沈建勋,由文童拟请奖以把总,归安徽抚标尽先补用。薛福孙,由监生拟请奖以从九品,不论双单月,归部选用。刘国栋,由文童,拟请奖以把总,归安徽抚标尽先补用。留继芳,由府经职衔,拟请奖以府经,不论双单月,归部选用。徐梦生,由文童拟请奖以把总,归安徽抚标尽先补用。

三等五名:叶林新,由附生拟请奖以从九品,不论双单月,归部选用。夏尔玛,由府经职衔,拟请奖以府经,不论双单月,归部选用。陈泮藻,由安徽抚标拔补千总,效力武举,拟请将免补千总以守备,仍归安徽抚标补用。张恒得,由安徽抚标候补把总,拟请免补把总以千总,仍归安徽抚标补用。徐全禄,由府经职衔,拟请奖以府经,不论双单月,归部选用。

奉朱批:览,钦此。

谨将皖省武备学堂教习、委员衔名及拟保官阶缮具清单,恭呈御览。

今开:武备五品顶戴、县丞职衔郑祖年,拟请以县丞,不论双单月,归部尽先选用。算学教习、在任候选县丞、调署安徽怀宁县丞开顺巡检董祖修,拟请以知县留于安徽补用,并加同知衔。武备测绘教习、五品顶戴、府经职衔何文华,拟请以府经,不论双单月,归部遇缺即选。华文兼舆地、历史教习、安徽大挑知县刘兆熊,拟请以知县归候补班前,仍归原省补用,并加同知衔。算学教习、安徽试用县丞黄昭声,拟请以知县仍归原省补用,并加同知衔。专办文案兼稽查委员、四品衔安徽试用同知朱有宽,拟请俟补缺后以知府补用。专办收支兼帮办文案委员、同知衔,安徽补用知县朱存理,拟请俟补缺后以同知直隶州在任补用。东文翻译、安徽试用县丞吕联垣,拟请俟补缺后以知县补用。

奉朱批:览,钦此。

《京报全录》八月二十七、二十八日,第七千五百八十八号,光绪二十九年九月廿五日《申报》附张

载1903年11月13日《申报》,附张第5—6版,75卷521页

25. 皖抚聂奏武备学堂提调勤奋有为请旨奖励折

聂缉椝片：再，皖省武备学堂经臣邓华熙奏准设立，悉心筹办，具有规模。臣莅任后，复督同藩司扩充学额，添聘教习，宽筹经费，并以提调一差为合堂领袖，委非其人不足以资督率。当奏调江苏特用知县谭学衡来皖，派充提调。该员系广东博学馆水陆师学生出身，历充中西教习，南北洋水师、陆师差使，于泰西兵制本所熟谙，而又能耐劳苦，不染习气，自到堂后，必躬必亲，切实整顿，不特学生咸知淬厉，帖然就范，列入头班者得以依期卒业，即各教习亦翕然悦服，分科教授，罔敢或懈，自非该员本身作则，始终勤奋，不克臻此。臣前请将该员改归安徽省，仍按原班补用，业蒙恩准。上年据报丁忧，臣以武备紧要，接手难得其人，饬令百日后仍回堂供差。合无仰恳天恩俯准，将丁忧同知、前安徽补用知县谭学衡俟起复补缺后，以同知直隶州在任尽先补用，并恳赏加四品衔，以昭激励而励勤能出自鸿慈。除饬取履历清册分咨查照外，理合附片陈请，伏乞圣鉴训示。谨奏。

奉朱批：该部议奏，钦此。

《京报全录》八月二十八、二十九日，第七千五百八十九号，光绪二十九年九月廿五日《申报》附张

载1903年11月13日《申报》，附张第6版，75卷521页

26. 皖抚聂奏皖省创设武备学堂练军恳恩饬部立案折

头品顶戴调补浙江巡抚安徽巡抚臣聂缉椝跪奏，为皖省创设武备学堂练军，恳恩饬部立案，恭折具陈，仰祈圣鉴事：窃维时局多艰，安攘之策首在讲求武备，况叠奉谕旨，谆谆告诫，未敢视为缓图。皖省防练各营虽已改习洋操，惟各勇类多椎鲁之夫，徒袭外场，未能深造有得。查武备学堂所习外场功课与营中操法本属一致，该堂优等学生经臣一再考校，技艺均有可观，若创设一军，隶于该堂，以备授兵法、教练技艺等事，任诸毕业学生，收效较速，而该学生等历练有资，亦可望蔚成将才。与司道熟筹，拟招募练勇丁三百名，以身家清白、文理粗通而又体质强壮、不染习气者为合格，即作为皖省武备学堂练军，编成左右两队。该堂提调谭学衡、武备教习郑祖年、彭毓麟，均熟谙练泰西兵制，能耐劳苦，即以谭学衡为统带，郑祖年、彭毓麟为管带，并以毕业学生分任哨弁、营书等职，责令该统带督率，认真训练，限以一年，毕业后择其艺术精熟、明白戎机者，或派往各营充当弁目，或挑入武备学堂肄业，或仍留营练习高等技艺。其余发回原籍，听候调遣。营中缺额另行招募。似以更番募练，则饷不添筹而可得多兵之用，与德国征兵之法亦相符合。所有建造营房及开办经费，约须银一万余两；又常年饷糈及添支各项，约须银二万数千两，拟由再筹议所于芜湖米捐项下拨解，转发统带具领，撙节支用，核实造报。一切营制、饷章、教练课程悉令参照江南、湖北洋操章程办理。除饬该统带克日招募成军，督率认真训练，期收成效，并分咨军机处、政务处暨户、兵二部查照外，所有皖省拟创设武备学堂练军缘由，谨会同两江总督臣魏光焘恭折具陈，伏乞皇太后、皇上圣鉴，敕部立案施行。谨奏。

奉朱批：该部知道，钦此。

《京报全录》九月初一日，第七千五百九十号，光绪二十九年九月廿七日《申报》附张

载1903年11月15日《申报》，附张第5版，75卷535页

27. 皖抚聂奏核定武备学堂常年经费请旨饬部立案片

聂缉椝片：再，据兼理武备学堂布政使联魁详称，安省武备学堂光绪二十四年冬间开办，当时草创经营，规模粗具。二十六年将原额学生四十名增至八十名，添聘教习，加购器械，量为扩充。遂核定学堂常年经费每月银一千一百两，每年共银一万三千二百两。置办军装、书籍、仪器各项活支，每年约用银七八千两。上年添招学生，多延专门教习，加给脩膳膏火等项，原定额支均属不敷，详蒙批准，常年经费按月加给银四百两，每年共准支银一万八千两，各项活支经费一切较巨，应请随时酌量情形，择要添购，每年支用不得逾一万两之数，详请奏咨立案前来。伏查安省武备学堂需用常年、活支两项经费，叠经前抚臣奏请在防军项下支给在案，先后两次扩充学生，已较原额加增至一倍有半，所有教习薪膳、学生膏火、日用各项军装、器具，无不逐一加增规模，较将来成就自必较多。皖省虽帑项奇绌，断不宜惜至此区区为仅顾目前之计。所需常年经费应请即以一万八千两为定额，活支经费每年不得逾一万两之数。仍照案由支应局在防军项下陆续拨给，以资应用。除咨户部查照立案，并饬该堂仍随时撙节动支，核实造销，不得以定有额数稍涉浮冒外，理合附片陈明。伏乞圣鉴，敕部立案施行。谨奏。

奉朱批：户部知道，钦此。

《京报全录》九月初一日，第七千五百九十一号，光绪二十九年九月廿七日《申报》附张

载1903年11月15日《申报》，附张第6版，75卷535页

28. 扩充武备

安庆访事人云，武备学堂提调谭大令以堂内诸生业已毕业，禀奉抚宪诚果泉大中丞另招学生三百名，即令此项毕业生勤加训练，期以一年，务娴各种操法，并就在北门外建造营房，现已大工告竣矣。

载1904年3月4日《申报》，第2版，76卷341页

29. 皖江杂志（招募学生*）

皖省武备学堂加训夜操，每夕炮火连天，如临大敌。既而，抚宪诚果泉中丞又选派毕业生赴舒、庐一带招募学生三百名。

载1904年3月14日《申报》，附张第1版，76卷413页

30. 武备抡才

安庆访事人云,本月二十一日,安徽藩宪联方伯命驾至武备学堂甄别诸生。嗣以投考者不下四百名,堂中位置不敷,因将后到之一半于二十三日另考。是日,方伯仍诣堂监视,以昭郑重。题为"修身为本论"。

载1904年3月16日《申报》,第3版,76卷422页

31. 皖江春涨(举行补考*)

省垣武备学堂已于正月二十一、二十三等日两次考试,二十七日复补考一场,题为"行圆智方论"。

载1904年3月29日《申报》,第3版,76卷504页

32. 皖省官场纪事(赴堂阅兵*)

本月十四日,抚宪诚果泉中丞亲诣武备学堂校阅警察兵,盖以训练已久,当有成效可观也。

载1904年7月11日《申报》,第2版,77卷479页

33. 龙眠画意(不准请假*)

城北营兵学堂招集精壮三百名,充当武备练军学生,平日督理甚严。近有丁某者,惮于劳苦,托病乞假回家。事为提调谭大令所闻,以为此风断不可长,严饬保人交到,以便究惩。

载1904年8月1日《申报》,附张第1版,77卷621页

34. 安徽巡抚诚奏为皖省武备学堂三年期满教习委员学生勤劳卓著恳恩饬部仍照原拟核奖以资观感折

头品顶戴安徽巡抚奴才诚勋跪奏,为皖省武备学堂三年期满,教习、委员、学生勤劳卓著,恳恩敕部仍照原拟核奖,以资观感,恭折复陈仰祈圣鉴事:窃照安徽省武备学堂于光绪二十四年奏准设立,二十五年开学,参酌南北洋规制,延聘教习,分班课授,并遴选委员,督率稽查。开办以来,时逾六载,上年经前抚臣聂缉椝将头班优等学生一再考校,学问技艺均有可观,堪以卒业。即援照直隶、江南成案,将教习、委员、学生分别开单,奏请给奖在案。旋准吏部咨以天津武备学堂及南洋水师学堂三年期满请奖,均以九员为率,于九员中准其援照异常劳绩酌保一二员。今皖省武备学堂期满,请奖教习、委员、学生二十四员,核与成案不符等因,当经转行遵照。去后,兹据兼理武备学堂布政使联魁声明成案,详请复陈前来。奴才查皖省武备学堂系属创办,该委员、教习等昕夕从公,始

终不懈,历三年有余之久,用能成效昭然,洵属辛勤备至。吏部臣实事求是,原系慎重名器,但发轫之初,若不酌予优保,曷以策励将来？况查天津武备学堂及南洋水师学堂期满奖叙,其教习、委员虽均以九员为率,而毕业学生均系另折请奖。皖省拟保文职内有学生十六名,委员、教习亦仅止九员,似与成案相符,且本案所保武职学生已准兵〔部〕核复照准,似未便令文职各员独抱向隅。谨分晰缮具清单,恭呈御览,合无仰恳天恩俯准,饬部仍照原拟核给奖叙,以昭激励出自鸿施。除分咨查照外,理合恭折具陈,伏乞皇太后、皇上圣鉴训示。谨奏。

奉朱批:该部议奏,单二件并发,钦此。

谨将皖省武备学堂提调、教习、委员衔名及拟保官阶缮具清单恭呈御览。今开:提调兼武备练军统带、同知衔丁忱、安徽特用知县谭学衡,拟请俟补缺后以同知直隶州在任尽先补用,并加四品衔。武备教习兼武备练军左队管带、五品顶戴、县丞职衔郑祖年,拟请以县丞,不论双单月归尽先选用。算学教习、在任候选县丞、调署安徽怀宁县丞、开顺巡检董祖修,拟请以知县留在安徽补用,并加同知衔。武备测绘教习、五品顶戴、府经职衔何文华,拟请以府经,不论双单月归部遇缺即选。华文兼舆地、历史教习、安徽大挑知县刘兆熊,拟请以知县归候补班前,仍归原省补用,并加同知衔。算学教习、安徽试用县丞黄昭声,拟请以知县仍留原省补用,并加同知衔。专办文案兼稽查委员、四品衔、安徽试用同知朱有宽,拟请俟补缺后,以知府补用。专办收支兼帮办文案委员、同知衔、安徽补用知县朱存理,拟请俟补缺后,以同知直隶州在任补用。东文翻译、安徽试用县丞吕联垣,拟请俟补缺后以知县在任尽先补用。

奉朱批:览,钦此。

谨将皖省武备学堂毕业学生姓名、出身及拟奖官阶缮具清单,恭呈御览。今开一等:王开镐,由附贡生,拟请奖以府经,不论双单月归部尽先选用。马林田,由府经历职衔,拟请奖以府经,不论双单月归部尽先选用。顾忠深,由县丞职衔拟请奖以县丞,不论双单月,归部尽先选用。刘乃荣,由县丞职衔拟请奖以县丞,不论双单月归部尽先选用。王炳琳,由县丞职衔拟请奖以县丞,不论双单月归部尽先选用。陈元恺,由县丞职衔,拟请以县丞,不论双单月归部尽先选用。

二等:葛光廷,由府经历职衔拟请奖以府经,不论双单月归部选用。白云汉,由附生拟请奖以从九品,不论双单月归部选用。金润生,由县丞职衔,请奖以县丞,不论双单月归部选用。潘维汉,由监生拟请奖以从九品,不论双单月归部选用。丁绪,由府经历职衔,拟请奖以府经,不论双单月归部选用。薛福荪,由监生拟请奖以从九品,不论双单月归部选用。苗继芳,由府经职衔拟请奖以府经,不论双单月归部选用。

三等:叶懋新,由附生拟请奖以府经,不论双单月归部选用。徐全禄,由府经职衔拟请奖以府经,不论双单月归部选用。

奉朱批:览,钦此。

《京报汇录》八月十四、十五日,第八千零五十四号,光绪三十年九月初五日《申报》附张

载1904年10月13日《申报》,附张第5版,78卷289页

35. 皖省武备

安徽武备学堂自今夏添设武备练军以后，所有堂中学生，即以此军兵士升入。前月，铁宝臣侍郎来皖校阅，颇为称赏，有照练兵处章程，将安徽武备学堂改为武备中学校。武备练军定额三百名，现拟汰去百名，改为武备普通小学校，或将练军营酌量扩充。尚不知如何定局也。

载 1905 年 2 月 13 日《申报》，第 9 版，79 卷 239 页

36. 铁良奏遵查江苏等省营伍、炮台及武备学堂情形折

....

安徽省武备学堂在安庆府省城北门外，光绪二十五年四月开办，额设学生八十名，新增二十名，洋教员二员，华教员六员。提调兼练军统领丁忧，安徽试用知县谭学衡。委员五员内堂课，以养兵秘诀、步兵操典、枪之保存、体操、教范、数学、世界地理及卫生、测绘、战术、营垒、兵棋等门；外场教以步操、枪操、柔软体操、器械体操、行军、打靶、剑术等门，均分年教授，以三年为卒业。查该学生年少质美，气习毫无，且动作娴雅，彬彬有礼，布列兵棋，所拟方略，攻守各见心思。外场各项操法亦皆精美。该学堂提调谭学衡办理得法，其大队操法，即系自发口令，进退分合，秩然有序。且勤恳耐劳，素为学生敬服。惜堂基系书院改建，局势未宏，人数无多，款项不裕，自应设法扩充。

....

载 1905 年 3 月 19 日《申报》，第 1 版，79 卷 517 页

37. 武备学堂之冲突

皖省武备学堂学生去岁第一次毕业后，皖抚即添设武备营，募集年轻粗通文字者入营肄习，一年为限。现于四月间已届卒业之期，乃前日有孙、王二生闲谈启衅，致相殴击，王额受微伤。事为谭提调所悉，遽将孙鞭挞。学生大噪，提调恐酿事端，婉劝各生次第散去，将孙押入黑房，尚未释放。闻诸生咸怀不平，多有去志云。（咸）

载 1905 年 4 月 30 日《申报》，第 3 版，79 卷 880 页

38. 武备学堂毕业

前月杪，皖垣武备学堂举行第三次毕业。是日，抚、藩、臬三宪均亲临考试，至下午三下钟始毕。闻汉文各卷中以俞世昌、王铸人、陈养先、张佩绅等四名为最。至毕业班次，刻下尚未揭晓也。（咸）

载 1905 年 5 月 22 日《申报》，第 9 版，80 卷 197 页

39. 将弁学堂拟改陆军小学

署督周玉帅前准练兵处来咨,请设陆师小学堂,以立京师陆军学堂之基础。以无从筹费,初拟将陆师学堂改办,致有全堂退学之事。兹又准练兵处来咨催办,昨特传集九学堂总办会议,欲将将弁学堂改之。现尚待详加斟酌云。(豫)

载 1905 年 6 月 3 日《申报》,第 3 版,80 卷 298 页

40. 禀请加给经费

去腊,武备学堂提调兼练军统带知县谭学衡,以营中置备书籍、仪器,详请抚宪加给银两。抚宪诚中丞特专折奏准,每年拟加增银一万二千两,合之常年饷糈以三万五千两为度,仍由筹议公所于芜湖米捐项下拨解支应局发给。日前,中丞已饬知谭令遵照矣。(咸)

载 1905 年 7 月 1 日《申报》,第 10 版,80 卷 531 页

41. 委充武备学堂提调

安省大吏以武备学堂提调一差,自谭令去后已悬数月,因于日前札委该堂管堂委员、候补直隶州旭恺兼充。(多)

载 1906 年 2 月 3 日《申报》,第 9 版,82 卷 213 页

42. 长江水师游击吴家位上程提宪禀——为长江水师请专设学堂事

日前,长江水师淞口镇中营游击吴家位上提宪程军门禀,略云:长江水师素称劲旅,惟各营官兵皆非学堂出身,究难精通新操奥妙。刻虽遵饬遴派弁兵送入江南将备学堂肄习,奈官兵太多,终难普及,似非专立一水师学堂不可。但国帑支绌,请款为难,亟宜合力自筹。谨就管见所及,逐条缕析陈之。

一、学堂处所。除汉标业拟禀办,岳标须另筹不计外,提标择采石矶之三公祠,瓜标择镇江之彭公祠,湖标择石钟山之昭忠祠,以上三处均滨临大江,屋宇宽宏,原系水师捐建,今改作水师学堂,洵属相宜。

一、筹开办经费。拟自副将以下各官捐全廉一月,以湖标计之,约可捐银一千三百五十余两,以之购买书籍、体操器具、卫生衣件以及操衣、操帽、操靴等物,所差无几。其前项捐银各官遇有升调事故,仍匀作三年摊派,以昭平允。

一、筹常年经费。查提、瓜、湖三标每操存瓜栈生息办公成本银一万两,周年八厘行息。今拟仿照岳、汉两标办理,提回由营发商,每月一分五厘行息,每标岁获此项息银一千八百两,全归学堂常年延聘教员以及添办应用器物经费。至各营所需办公经费无多,可由营格外撙节,另行筹备。但各队官所获廉俸甚微,实属异常清苦。此后,除营中正项开销,不得不按季分别等次摊派外,其遇将领喜庆、馈送苞苴、添置器物以及各色人员

747

来营措资告帮等事,一概禁绝,再不准摊扣队官丝毫,以示体恤。

一、延聘教员。须在江南将备学堂考取程度最高之毕业生充当。

一、功课。现在我水师官兵天资聪颖者少,鲁钝者多,须先从浅近兵学入门,教以口令步伐、洋式体操、测量绘图以及枪炮瞄准诸学,容俟学有根柢,再求进步。

一、我水师原系水陆兼操,今派官兵入堂肄习,所聘教员势不能教习此项水操。查近年改练新操,所募之新兵多半年轻,不谙驾驶,应由营另派熟悉驾驶之员入堂兼教,并令着卫生衣练习水性。

一、学额。每班每哨亦可派官一员,兵二名,入堂肄习,方与汛防无碍。其入堂之兵,须稍知写算,年在三十五岁以下者为合格;官则暂勿拘定。以湖标计之,每班学生,官二十员,兵四十名,限以六个月毕业为一班。

一、学生伙食。仍照常自备,每官月备伙食银三两,每兵月备伙食银八钱。以湖标计之,每月共银九十二两,合(银)〔钱〕一百四十余串,归堂经办。

以上数条,不过略举大概。如蒙采择,尚祈厘定妥章,通饬遵照办理,一面分别奏咨立案,洵为公德两便。(本)

载1906年2月22日《申报》,第4版,82卷362页

43.程军门函商长江水师学堂办法

日前,长江水师提督程从周军门致湖口杨镇台函,略云:昨接贵标中军吴游击禀请专设水师学堂并条陈办法(原禀录前报),均尚可采,我水师可以因此研究人才,并可练成劲兵,水陆兼用,有事则可兼御外患,平时则可力振内防,建威销患,举基于此。所称捐廉一节,弟自应首先提倡,水师虽无款可筹,然各省皆争先举办,我水师岂能独后?惟所筹常年一节,拟提回瓜栈生息成本办公银一万两,由营发商一分五厘行息,全归学堂经费云云。虽属因公济公,但此项究竟能否由道库提回,有无窒碍,尚祈公同酌议。如麾下有别项办法,亦祈筹示。(本)

载1906年3月3日《申报》,第3版,82卷440页

44.陆军考验投考生

皖省陆军小学堂现在报名,投考者多至二千人,以皖北人占多数。日前,武备学堂牌示,定于二十日截止报名,于二十二三两日考验身体后,再行示期复试。(多)

载1906年3月21日《申报》,第9版,82卷621页

45.札委绘图教习

安省测绘学堂拟于四月初举办,学生由高等学堂拨送,已纪前报。日前大宪以开办在即,札委高等学堂算学教员解崇辉兼充该堂绘图教习,不日即在督练公所内开办。(多)

载1906年4月6日《申报》,第9版,83卷55页

46. 移送安省地图

安省督练公所测绘学堂不日开学，备文移请支应局将前次绘图局所绘安省地图移送二十四部，以资参考。该局已如数检出移送矣。（多）

载 1906 年 4 月 16 日《申报》，第 9 版，83 卷 155 页

47. 陆军小学更调人员

皖省陆军小学，前经藩司札委候补人员派充该堂各差。现皖抚恩中丞以各委非由学堂出身，颇不谓然，闻有更调之说云。（士）

载 1906 年 4 月 26 日《申报》，第 9 版，83 卷 255 页

48. 考验测绘学生

督练处附设之测绘学堂已于三月初四日开办，曾由督练处详准，未开学以前，每月暂定开支二百八十余两。学生本拟由武备、高等两学堂拨送各二十名，嗣因两学堂学生均不愿往，遂由提调王直牧于本月初三在督练公所内考验投考生，计赴考者共有七十余人。（多）

载 1906 年 5 月 3 日《申报》，第 9 版，83 卷 325 页

49. 安徽巡抚诚奏为所有武备练军停办日期片

诚勋片：再，皖省武备学堂练军创设于光绪二十九年，惟招募营系三十年二月，维时建造营房及开办经费约银一万余两，其常年饷糈暨活支各项，以三万五千两为度。业经前抚臣及奴才先后具奏在案。嗣武备练军兵士一年毕业，又经详加考核，将艺精熟者照章派往各营，充当弁目，其余分别挑拔。正饬另行招募，以补缺额，适准练兵处电咨《奏定陆军小学堂章程》来春即须兴办。皖省限于财力支绌，只得移缓就急，将武备练军停办，腾出饷项为陆军小学堂之用，遂于八月间一律截止。计自三十年二月起，至三十一年八月止，所有饷糈及活支各项共用银四万一千三百七十九两零。又，未成军以前发给小口粮及津贴与夫购办器械服装等项共用银一万五百九十一两零。查三十、三十一两年，共需全年饷银七万两，除已支用外，尚剩银一万八千余两，将来陆军小（未完，待续）

《京报汇录》二月初五、初六日，第八千四百念二号，光绪三十二年四月十一日《申报》附张

载 1906 年 5 月 4 日《申报》，第 16 版，83 卷 336 页

50. 安徽巡抚诚奏为所有武备练军停办日期片·续

学堂拓地建屋及开办经费，皆取支于此。其开办以后，常年用款以武备练军饷银全数拨充。如有不敷，再行设法筹补，饬造销册分咨查照外，所有武备练军停办日期，理合附片陈明，伏乞圣鉴。谨奏。

奉朱批：该衙门知道，钦此。

《京报汇录》二月初七、初八日，第八千四百念三号，光绪三十二年四月十三日《申报》附张

载1906年5月6日《申报》，第16版，83卷356页

51. 安徽巡抚诚奏为皖省开设陆军小学堂 谨将变通办理情形折

头品顶戴安徽巡抚奴才诚勋跪奏，为皖省开设陆军小学堂，谨将变通办理情形恭折，仰祈圣鉴事：窃维时事艰难，兴学储材为中外观感所系，练兵处《奏定陆军小学堂章程》业已咨行到皖，亟应钦遵办理。惟常年经费为数甚巨，前经奴才奏明停止武备练军，即以此款移作小学堂之用。原因皖省库储奇绌，筹措维艰，不得不酌量变通，以资兴办。而学堂图式，练兵处尚未颁到，若建筑或乖程法，改良又费经营。查武备学堂与陆军小学堂，名异实同，特是小学程度轻浅，武备学堂则毕业已三次，成效昭著，堂内优等学生皆堪膺小学教员之选，该堂规模本尚完备，矧堂外犹可扩充。惟第四、五班武备学生需一、二年后毕业，筹思至再，拟先拓地推广，届时不再续招，即将陆军小学堂移入，则既有兼收并蓄之良，复有事半功倍之益，其建造未成以前，饬于武备练军营稍事修改，预为开办。查营与武备学堂近在咫尺，其委员教习人等，事可兼司，教无歧异，用款亦可资节省。所需经费，即于停止练军薪饷项下动用。至书籍、仪器、服装等类，在所必须，开办之初应择要购置，俟武备学堂办后经费稍有盈余，再逐渐购齐。据兼武备学堂布政使详请奏咨前来，奴才查陆军小学堂为练将始基，当此需材孔亟，开办不容稍缓，而安省度支竭蹶，另筹建筑，力实未逮。惟有变通办理，以期仰副朝廷经武培才之至意。所有皖省开设陆军小学堂缘由，除分咨练兵处、户部外，谨会同署两江总督臣周馥恭折具陈，伏乞皇太后、皇上圣鉴。谨奏。

奉朱批：该衙门知道，钦此。

《京报汇录》二月十三、十四日，第八千四百念六号，光绪三十二年四月十七日《申报》附张

载1906年5月10日《申报》，第16版，83卷394页

52. 陆军学生与警察总办之冲突

安省陆军小学暂就从前之武备练军营，于前月开课。该营校系照新制建造，布置宽宏，颇为合式，进大门两旁为号房行数武，即为学生斋舍（即兵士房）。过斋舍为教习居室，过教习居室其中为中军帐，两旁一为学生会客厅，一为监督办事人之会客厅。盖中

军帐会客厅为一列,而居于士兵房分为两斋,列于两旁,中间系一操场长道。向例,大宪莅堂,以该营大门内逼近斋舍,故于大门内斋舍之前即步行入内。本月十八日,陆军学生甫体操散队归斋时,有省城警察总办欧阳观察述莅堂,拜会监督李太守诚,乘舆直至礼堂谒圣所(即前中军帐)门首,始舍舆而出。当肩舆已过斋舍,逼近礼堂之时,诸生以似此无礼,群起叱之,有将其拖下之语。即经教员人等摇手止声。李守向欧道歉,延入内坐。该生等旋又上国文讲堂,未几,欧偕李亦至讲堂阅看。有领班生某见教习已下讲台,点首致敬,即呼全班立正,以表敬意。讵欧视若无睹,诸生颇为赧颜,有"好大派头"一语。欧去后,李监督即传领班生,追究其事,曰:"今日之事,实为学生之过,吾与诸生师与弟,犹父与子也,焉有父肃客,而子能慢之乎?"敦嘱查询首叱之人。次日(即十九日)为星期放假。至二十日(礼拜一日),李监督查人甚急,询系某客籍生一人,本籍生三人。迨二十一日早即下条,著某二生今日勿上课。未几,体操课毕,又下一谕,开除二生,诸生皆不谓然,以咎在欧道无礼,学生只可记过,乃相率罢课,而练军旧学生争之尤力。李监督乃传站队之令,站队后,有兵学刘教习即向练军旧生王某大骂,以其力争此事,厉声传护勇拖下照办。全体学生大愤,登时鼓噪,群欲殴刘。刘乃避入某教员室。李监督办事人等,亟力劝诸生入斋再议。于是,诸生一拥出堂者约三分之二。其时,已过讲堂点钟。监督等旋又将诸生一一曳上讲堂,其出堂诸生即声告于武备学堂及各新营,于下午返堂,拟于二十二日集资电告练兵处及江督等处,陈诉此事。惟是日天适大雨,不知果发电否。(用)

载 1906 年 6 月 16 日《申报》,第 3 版,83 卷 748 页

53. 续纪陆军小学与警察总办冲突

陆军小学与警察总办冲突,已纪前报。兹悉二十二日晨,诸生即将情形禀诉抚宪。午刻,李监督复向诸生云,若再多事,即照军令重办,并谓:"须将全堂学生开除,另招学生。"至二句钟,又促学生上课。学生谓:"既欲将我辈开除,何必上课?"监督大怒,痛斥学生。学生有拟出堂请抚、藩宪察核者。监督见事已决裂,即令护勇将头门封锁。于是诸生一涌而出,即将头门挤开,径往抚宪求见。抚宪以诸生人数太多,不便传见,嘱将情形再行开呈核夺,慰谕诸生回堂。迨诸生回堂,而李监督亦已驰赴抚、藩两署禀诉矣。闻两宪均责李监督办理不善。至二十三日,诸生尚未上课。不知查办后如何了结也。(多)

载 1906 年 6 月 17 日《申报》,第 3 版,83 卷 768 页

54. 陆军小学尚未开课

陆军小学冲突罢课,迭志前报。兹悉上月二十三日诸生至抚、藩两署陈诉后,二十五日大吏即派首道石观察前往该堂查办。是日,石观察将监督、教员、学生一律传至讲堂质问颠末。各生据理争辩,不稍屈挠。监督、教员略陈数语,唯唯而已。石观察查复去后数日,尚无办法。至二十八日仍未开课云。(多)

载 1906 年 6 月 23 日《申报》,第 3 版,83 卷 816 页

55. 皖抚办结陆军学堂冲突札文

为札办事：本月二十一日，据陆军小学堂练军旧班学生胡济仁、平鼎、汪毓秀、李允弼四人呈递二十一人联名公禀；二十二日据该总办两次函禀，附折三扣，并监督李守诚，偕同提调面禀；又据全体学生朱淮右等公禀。随饬巡捕面询，将胡济仁、汪毓秀、李允弼、朱淮右口称各节，详开三纸呈阅。当将各件一并札饬石道镇认真查办。去后，二十四日，又据胡济仁、李允弼两人呈递手折，又据监督李守递禀各一扣。二十八、二十九等日，又据该总办先后转呈该班学生恳请开课禀二扣，均各在案。兹据石道禀复，该学堂下轿处所或前或后，向无一定，沈修锐等肆口妄言，王化赞激生事端，并纠多人向教习寻衅。王化赞、滕绍勋居前，尤为失礼。出堂禀控，系胡济仁在前率众为首。刘教员教诫学生，语欠斟酌等情，参以本部院连日所访闻，详略虽殊，大致则一。查《奏定陆军小学堂章程·学生规则》第三条云：服从乃军纪之本根，玩忽号令，兵家最忌，横生议论，紊乱秩序，是为犯上，乃军纪之罪人，法律所决不容者也。诰诫严切，该生等宜如何懔遵？此案欧阳道来堂，系在甬道下轿，并未抬入礼堂。沈修锐、王元震破口喝骂，陈开勋、王佐从而附和，为各生亲笔供认。沈修锐、王元震，业经该总办悬牌黜退，无庸置议。陈开勋、王佐仅予记过，不足示惩。王化赞于吹号之时喝令各生不准上堂，且出村言以辱胁之，经刘教员乃荣斥其不应主使，有饬小队拉出之语。王化赞遂纠同练军旧班学生一、二十人至刘教员室中滋闹，王化赞、滕绍勋居前，殴击刘教员左颊致肿，均属强横犯上，大干军纪。胡济仁倡结团体，于二十一日偕同练军旧生具禀来辕。次日又倡议联名，偕同胁令各斋长□报姓名，遽行停课。监督等逐斋劝导不听，且面詈监督，哄动全堂破门而出，新班有不愿者，辄拖发辫殴之，使行来辕递禀。复至藩署，并有"查办不公，仍须电禀练兵处"之说。既派查办以后，胡济仁、李允弼又复来辕呈递手折，是具禀、停课、散学、破门，皆系胡济仁率众为首，尤难曲宥。至迫胁全堂散学以及拖辫破门之人，虽未经一一指实，然初次来辕呈递二十一人〔联〕名公禀，除胡济仁外，尚有汪毓秀、李允弼、平鼎三人。二次胁同全班来辕具禀，朱淮右列名居首。当本部院饬巡捕询问情由，亦系朱淮右、胡济仁、李允弼、汪毓秀四人出头陈说，余均无辞。第三次呈递手折，则系胡济仁、李允弼二人。是汪毓秀、李允弼、平鼎、朱淮右四人者，显系以代表自居，与胡济仁同一甘冒不韪。又，新班生初次恳请开课，复有多人不依，施野蛮手段，除胡济仁、朱淮右、陈开勋外，内有陈砚卿一名，情形亦属可恶，按照奏定章程，紊乱军纪，品行不端，即应黜退，所有陈开勋、王佐、王化赞、滕绍勋、胡济仁、汪毓秀、李允弼、平鼎、朱淮右、陈砚卿十名，均仰该总办即行黜退，分别移行本省暨江南文武学堂存记，不准投考，并照例按在堂月日追缴所领津贴暨火食等项。王化赞、滕绍勋、胡济仁情节尤重，并行知该籍地方官严加管束，毋许滋事。其初次具禀列名未到之熊士缙、刘桢、汪兆贤、杨岱云、孙泽、郑星舜、时棣芬、罗时雍、田崁、留骏、成时权、吴文衡、张文萍、郑德琳十四名，并仰该总办随时察看，如果沾染恶习，不堪造就，即行革除。二次具禀之学生多因迫胁而来，且迭次恳请开课，足见为势所挟，倘属可恕，著即日上课。该总办务须严饬该生等潜心向学，自安本分，须知本部院此次办理系按《陆军小学堂奏定章程》，并未苛刻，若援照弟子殴受业师及军士骂本管官律,罪名更重,该生等恐不能当此重咎。以后各学堂若再有似此情事,定即执法严惩。教习刘乃荣斥责王化赞,尚无不合,第出语殊欠斟酌,该总办务令嗣后以理训戒。至胡脩(注:前为济)仁、李允弼所控各节,如不教楷字日文,无医官药料、算学教员年老,监督在礼堂宿室会客及上饭厅自带茶碗,所发军帽不成军帽等语,虽系撼拾细故,仰该总办督饬该监督等认真考察改革,以重教育。又,李守自请撤差一节,照章监督应由陆军出洋学生内遴选,一时尚未得人,应仍饬李守暂行照常办理,并仰将此札文行知本省大小文武各学堂,一体知照。除将所有禀折存案备查外,合行札饬札到该总办即行遵办,勿得迟延,毋违。特札。(多)

载1906年6月30日《申报》,第4版,83卷884页

56. 举办将校研究所

抚宪恩中丞以开办征兵,添练新军,急需熟悉陆军之材,特饬督练公所另设一将校研究所,以研究武备。月之十四日,督练公所牌示云,不日开办研究所,研究骑、炮、辎重、工程、高等战术。除本所内各科提调及常备三营炮队各官长毋庸报名外,凡裁撤各营官弁及武备学堂、练军学堂毕业各生,十五日内来本所报名,听候汇齐,呈送抚宪核办。(多)

载1906年7月13日《申报》,第9版,84卷121页

57. 将校研究所考验揭晓

安省督练公所开办将校研究所,以储将才,特于月初两次考验学员,业于十二日揭晓。计正取三十六名,另取四名,备取十六名。并出示晓谕,略谓:照得开办研究所,为开办征兵之用,且从来兵士之服,全在下级将校之教育,所取学员,不独须才学兼优,尤贵品行端谨。此次与考学员,业已调查品行分数,兼之文卷浅深,评定甲乙,所有正取三十六名,听候酌给津贴,开堂上课;另取四名,归入弁目养成所学习,亦给津贴。其备取各生,则听候传补云。(多)

载1906年8月7日《申报》,第9版,84卷371页

58. 练兵处咨皖抚电——为派送振武学生稍缓事

前练兵处已电咨皖抚,谓送振武学生暂为停缓。恩中丞接电后,故未派送。近该处又电咨请缓。原电录下:

恩抚台:洪。本处送振武学生,前电请缓送。兹准杨使咨,仍希查照前电,暂缓送处。至(昐)〔盼〕。练兵处。冬。(士)

载1906年8月28日《申报》,第3版,84卷570页

59. 陆军小学续招新生

皖省陆军小学于本年四月间因事革退学生十六名，所缺之额现于本月十二日考选充补。闻投考者有八九百人，入彀亦颇不易易也。（多）

载 1906 年 9 月 4 日《申报》，第 9 版，84 卷 643 页

60. 将校研究所续准补考

督练公所近附设将校研究所，业经该所考取毕业人员，分科研究，以备征兵之用。闻该所深为体恤，有毕业生禀求补考者不下数十人，均可准补。近又有张廷聘，系练军毕业生，经该所面试，学术尚优，准即补入研究所寻常科研究，并出牌示知照该生，于月之念四日到所，随即上课云云。（多）

载 1906 年 9 月 15 日《申报》，第 17 版，84 卷 755 页

61. 咨准设立长江水师学堂

长江水师自兼练新操后，颇著成效，惟经费浩繁，不无竭蹶。前虽挑选弁兵送养成所随同学习，亦以人数过少，不敷分布。且所学程度较浅，将来未必能胜教习之任。长江提督程军门爰拟于太平府城外设立水师学堂，以提、瓜、湖三标向归淮南总局交商生息之公款五万两，悉数提回，照岳、汉两标章程，发交各营，取息一分二厘，每年计得息银七千二百两，先以一半建造房舍，以后即将此项息银专供学堂一切经费。学生定额七十名，由三标十四营挑选粗通文义弁兵轮流学习。业已由军门咨请督院核准，札饬江南盐巡道转行淮运司饬淮运局遵照矣。（良）

载 1906 年 9 月 19 日《申报》，第 3 版，84 卷 786 页

62. 取定兵士分科练习

日前，督练公所所考兵士刻已揭晓，计分步、马、炮三科，定于初十日一律到所练习专门。兹将所取分科名数列下：步队一百六十四名，马队五十名，炮队六十名。（多）

载 1906 年 9 月 28 日《申报》，第 9 版，84 卷 873 页

63. 续志长江水师学堂筹款事

长江水师提督程军门拟在太平府城外设立水师学堂一事，已详本月初二日本报。兹江南盐巡道以淮南局发商存本银五万两，八厘生息，每年约有息银四千余两，所有提、瓜、湖三标每年公费银二千四百两，通、海二营每年恤赏银三百二十两，又长江提台每年出巡津贴银二千两，均在此项息款内开支。若将存本提回，则此后即无款应放等情。详经江督咨复程军门。军门复请设法另筹，每年指拨五千金，并声明如江南财力不充，可

否咨商皖、赣两省协力代筹,以成此举云。(良)

载 1906 年 10 月 10 日《申报》,第 3 版,85 卷 76 页

64. 皖省拟开陆军小学

皖省武备学堂四班生现届毕业,初二日由皖抚苾堂命题考试,给发文凭。此后,即拟遵照新章,将该校改为陆军小学,另招新班入堂肄业。(多)

载 1906 年 10 月 24 日《申报》,第 3 版,85 卷 194 页

65. 警部咨调武备毕业生

日前,皖垣大吏接到警部来电,咨调武备学堂四班毕业生黎宗华到部,充当该部巡警营管带差。黎生刻已奉文赴京矣。(士)

载 1906 年 11 月 12 日《申报》,第 9 版,85 卷 375 页

66. 陆军学堂甄别揭晓

陆军小学堂于今春开办,暑假前本例应甄别,因闰四月间学生与前监督李冲突,停课多日,旋因已届假期,遂即放假,改于九月初甄别。日前,业已揭晓,计取优等黎在第、徐鸿恩、方仁梓等三十五名,上等六十九名,中等二十七名,下等五名。其下等五名,均行开除。另有不合定章、年齿较大之学生十人,监督以资质均堪造就,因商请总办藩司,移送两处将校研究所,并出牌示,略谓:查该生等内外场均有可观,品行素端,向无过犯,惟年龄较大,于陆军定章不无参差。本监督为惜才起见,业已禀请总办,将方维、金均、徐文杰、檀琛、李源滨、叶席珍(五)〔六〕名咨送新军巡防将校研究所学习,汪兆贤等五名咨送督练公所将校研究所学习云。(多)

载 1906 年 11 月 12 日《申报》,第 9 版,85 卷 375 页

67. 举办防营将校研究所

安省大吏以各旧营官弁多不谙军学,又难概弃不用,因拟设一新军防营将校研究所,以曾隶抚标之都守、千把各员考选入所,研究战术,设额四十名,定以两年毕业。毕业后派充各防营官长。刻已拟定章程,一俟陆军小学迁入武备学堂,即就陆军学堂遗屋开办,以裕将才云。(多)

载 1906 年 11 月 13 日《申报》,第 9 版,85 卷 383 页

68. 程军门创设水师学堂

长江水师提督程从周军门,现拟在太平府城外设立水师学堂一区,额定学生一百二

十名,并通饬沿江各总镇于提标各营内挑送粗通文义之弁兵入堂肄业,以备将来派充水师教员之选。日昨,瓜洲镇总兵高荩臣镇军奉札之下,已遵照办理矣。(特)

载 1906 年 11 月 14 日《申报》,第 3 版,85 卷 390 页

69. 三志筹款设立长江水师学堂

长江提督程军门饬提淮南局发商存息之本银五万两,悉数缴还,由营生息,备充设立长江水师学堂之用,已两志前报。兹淮南局以迩来银根太松,尽数追缴恐碍市面,先行提拨三万两,呈由运库转解。其余二万仍由各商按季缴息,以供支用。现军门已准如所请,札饬各营妥议生息办法矣。(宫)

载 1906 年 11 月 22 日《申报》,第 4 版,85 卷 460 页

70. 复考将校研究所备取学员

皖省新设将校研究所,前经督练公所考取练军毕业生已将正取收入练习。兹备取马飞腾等九名及陆军小学移送五名,亦已于十七日复行考验,择尤补入矣。(士)

载 1906 年 12 月 8 日《申报》,第 9 版,85 卷 603 页

71. 传考备取学员揭晓

督练公所研究所于十七日传考备取学员并陆军移送练军毕业生数名,现已评定甲乙,于日昨揭晓,计备取学员二名,准入弁目炮队科学习;练军生六名,准入寻常科学习,并出牌示,定于二十七日一律入所肄业云。(多)

载 1906 年 12 月 10 日《申报》,第 9 版,85 卷 623 页

72. 未准公举人员入所肄业

督练公所之研究所学员陈某等,近因前在练军有同学何斌曾经公所甄别未取,公恳请入肄业。当奉该所批谓:该生等体念同志,请准入〔所〕肄业,深为嘉尚。惟何斌前次试验程度太劣,未曾录取,然称该生精心武备,而该所原为造就将才而设,况该生已在三营充当排长,事因不合未久撤换,该生等必已闻之。所请碍难照准。(丁)

载 1906 年 12 月 12 日《申报》,第 9 版,85 卷 641 页

73. 程军门创设水师学堂四志

长江水师提督程从周军门前会同周玉帅,奏请于太平府城外设立水师学堂一区,定额一百二十名,已三志前报。现由军门通饬所属五省二十二营各将官,挑送粗通文义之弁兵入堂肄业,以备造就水师教员之选。日昨,孟河图由江阴水师各营游击奉札之下,

均随即挑选营兵申送提辕,听候考验。(拜)

载 1906 年 12 月 25 日《申报》,第 4 版,85 卷 758 页

74. 武备修业生开课

督练公所前次移送武备学堂五班修业生,曾奉抚军札饬该所另设讲堂,以示分别。兹以高等科另加丙科,于初二日一律上课云。(多)

载 1906 年 12 月 25 日《申报》,第 9 版,85 卷 761 页

75. 札委陆军小学会办

总办陆军小学堂藩司冯方伯,近以所任要务纷繁,恐有贻误,特面商皖抚,请添会办一员,俾资参议。现恩中丞已札委试用道徐锡麟观察充当矣。(多)

载 1906 年 12 月 26 日《申报》,第 10 版,85 卷 771 页

76. 五志长江水师设立学堂事

长江水师筹款设立学堂一节,已四志前报端。兹悉端午帅以现在正拟整顿长江水师,设立学堂应从缓议,昨已谕令江南盐巡道将淮南局缴来之款如数发回,仍旧发商照章生息。刻下,朱菊尊观察已遵照发还,据报收到,遵照办理矣。(才)

载 1906 年 12 月 29 日《申报》,第 4 版,85 卷 798 页

77. 安徽督练公所详皖抚宪文——为给发洋教习薪水事

窃准武备学堂移称:窃敝堂现已停办,所有教员薪水均自是月底停支,惟洋教习二员由公所请去教授高等科学,理应请照章发给。查佐久间浩洋教习薪水每月洋三百五十元,火食银二十两;岸峰治郎副教习薪水每月洋二百元,火食银二十两,即请查照等因。准此,查武备学堂既已停办,其洋教习薪水、火食等项自应由职处移领,以资发给。仰祈札饬支应局照章给领,实为公便。(形)

载 1906 年 12 月 30 日《申报》,第 9 版,85 卷 811 页

78. 会议设立武备中学堂

陆军部各堂官前日会议设立武备中学堂办法,拟在天津、江苏、湖北、陕西四处各设一所。天津兼收山东、山西、河南及东中省小学毕业生,江苏兼收江西、浙江、福建、广东小学毕业生,湖北兼收湖南、云南、贵州、广西及荆州驻防小学毕业生,陕西兼收甘肃、四川、新疆小学毕业生。俟中学毕业,即由各督抚保送京师武备大学校肄业云。(受)

载 1907 年 1 月 24 日《申报》,第 3 版,86 卷 222 页

79. 添招陆军学生

皖省遵照部章创办陆军小学堂，业经奏明设立。现该堂又定于本年四月间添招新生，挑补足额，不日即当晓谕各属矣。（政）

载1907年3月26日《申报》，第10版，87卷271页

80. 详报讲武堂学额津贴

皖省督练公所日前申详皖抚，略谓：查督练公所附设将校研究所既改为讲武堂，应即将原有各科各班学员分期考试，酌定去留。兹经职道等公同商酌，拟定高等科学员二十名，高等补习科学员二十名，寻常科学员二十名，至各该学员原支津贴多寡不等，亦应另定数目，以昭划一。拟自此次考试后，取列高等科者每名月支津贴银八两，高等补习科者每名月支津贴银六两，寻常科者每名月支津贴银四两，而汇总核计，研究所原给津贴银数每月实少银四百余两。职道等并拟于定额之外，酌量附取若干名，作为额外科，不给津贴，俟有出额，挨次提补。理合具文详报云云。（上）

载1907年3月29日《申报》，第11版，87卷308页

81. 武备毕业学生请奖被驳

前者，皖省武备学堂二、三、四、五班学生毕业，曾经皖抚咨部请奖，今陆军部以与定章不符，特行驳复。内开：上年十二月二十二日，内阁抄出安徽巡抚恩奏"武备学堂二、三、四、五班学生次第毕业"一折，奉朱批：该部知道，钦此。当交军学司核复。兹据复称：查《奏定陆军毕业学生考试授官暂行章程》第二条内开，各省武备学堂学生在政务处具奏文武学生送考以前毕业，业已委充各项军职。尚未补有实官者，由该管大臣开具出身、履历、学业、年分、任差、资劳，取具毕业文凭，咨送练兵处考验，观其议论才识，察其办事成绩，核定等第，并按所充军职，复加核订，分别奏准充补后，再各按军职等级，查照《陆军补官章程》，会同兵部奏明办理。又，第三、第四两条内开，各项学生在定章以后毕业者，必须经练兵处分别考试，方准照新制请补官阶。各项毕业生应由各省将军、督抚或出使大臣察其操履，谨伤志虑纯诚、合武官资格者，开具切实考语及平时考课品格表、三代履历清册，咨送练兵处考试各等语。兹皖省武备学堂头班学生二十九名，业经分咨立案，应毋庸议。至二、三、四、五班学生，虽已次第毕业，然均未分别送京考验，所有在定章以前毕业者，查与章程第二条殊有未合；其在定章以后毕业者，核与定章第三、第四两条亦不相符。所请立案之处，似难照准。至委员、教习人等请照章保奖一节，查定章各武备学堂应俟学生毕业，成就在六七十人以上，送京考验相符，方准将在事人员请奖等因。今该省武备学堂虽经五次毕业，其成就人数之多寡究无由悬揣，仍应照章将历次毕业各生随时送部补请考验，核其成就人数是否与定章相符，再行分别给奖，以示限制等情。据此，相应咨行贵抚查照办理。（化）

载1907年4月4日《申报》，第12版，87卷380页

82. 兵备处委员校阅书籍

皖省督练公所以今春改设讲武堂,所有刷印陆军应用书籍自应派员详加校对,(裨)〔俾〕免遗漏。业由兵备参谋教练处派委江西试用巡检舒鹤寿充当校对之任,其按月薪水银两拟在该所活支经费项下给领云。(化)

载 1907 年 4 月 27 日《申报》,第 11 版,87 卷 662 页

83. 江督咨派学员肄习规模队

江督端午帅开办南洋讲武堂规模队,以为武员及陆军毕业生研究地步,拟饬江、皖、赣三省通力合作,各派学员赴宁肄习,每员每年缴学费洋二百元。昨特电商皖抚,转札督练所遵照。兹据恩中丞复称,以皖省新军开编之初,训练约束尤关紧要,该员未便远离,请免为派送,以资教练云。(非)

载 1907 年 5 月 12 日《申报》,第 11 版,88 卷 156 页

84. 拨款添购讲武堂什物

皖省新兵均经各局选募足额,陆续到省,自应编立成军,以便操练。惟各营讲武堂应用桌、凳、床铺等件需银甚巨,现由督练公所详请抚台札饬支应局筹拨银一万两,俾得派员购办。(非)

载 1907 年 5 月 12 日《申报》,第 11 版,88 卷 156 页

85. 督练公所裁汰教员

皖省督练公所讲武堂原派教习八员,除寻常科教习曹敏勋、潘象乾两员现已派充标营队官外,所有该堂教习,自四月分起一律裁撤,以节经费。现督练公所已禀报上台查核示遵矣。(夷)

载 1907 年 5 月 27 日《申报》,第 11 版,88 卷 350 页

86. 咨送陆军速成科学生

皖省陆军学堂日前甄别大考,择其程度最优者挑取数名咨送京师陆军速成科肄业,以广教育而宏造就。(政)

载 1907 年 5 月 30 日《申报》,第 11 版,88 卷 386 页

87. 选定咨送陆军学生

皖抚恩中丞前接北洋陆军大学堂咨，饬选送皖省陆军小学堂学生四十名肄习高等科学。现由该堂监督等分别考试，选定王以铎等四十名，详请抚台定于端节后咨送北洋肄业矣。（化）

载 1907 年 6 月 2 日《申报》，第 11 版，88 卷 422 页

88. 学兵拨归工程队

安省弁目训练所现已考试卒业，除拨充各营差务外，尚有二十四名未有位置，昨由督练公所兵备、参谋、教练三处详请上台，将该所未派差遣之学兵拨入工程队再加学习，以资造就。（败）

载 1907 年 6 月 2 日《申报》，第 11 版，88 卷 422 页

89. 考试陆军学生

安徽陆军小学堂新招二班学生业已齐集，由本堂监督蒋舆权订期于二十四日扃试，照额选取，分别揭晓。现已禀知抚宪查核矣。（作）

载 1907 年 6 月 7 日《申报》，第 11 版，88 卷 482 页

90. 讲武堂招考新生揭晓

安省督练公所讲武堂新招各生已于十六日考试，计取四名，于日昨揭晓，并示即日赴堂随班研究。兹将所取姓名照录于下：董肇麟（准补高等科额外学员）、龚蓬马、树义、焦士俊（准补寻常科额外学员）。（取）

载 1907 年 6 月 10 日《申报》，第 11 版，88 卷 520 页

91. 裁汰训练名目

皖省各标营既有教练官弁，复有学堂讲授。督练所原有之训练科无事可司，徒糜款项。故皖抚恩中丞已谕令督练公所三处将训练科提调等名目一律饬裁，以期节省而昭核实。（贤）

载 1907 年 6 月 10 日《申报》，第 11—12 版，88 卷 520 页

92. 毕业生禀请测绘全省地图

皖抚恩中丞据江南陆师学堂毕业生测绘教习池涵光禀称，按照皖省测绘学生名额，拟即实地测绘全皖府厅州县地图，悉用简易办法。并拟条陈数则，呈请察核。（作）

载 1907 年 6 月 26 日《申报》，第 11 版，88 卷 712 页

93. 详拨北洋陆军学生旅费

皖抚前准部咨,将陆军小学堂内挑选合格学生四十名派赴北洋陆军学堂速成科肄习在案。兹闻该生等及随员、夫役一切旅费,约需银一千二百余两,势难筹备。昨由冯梦华方伯具详省宪,准由裁撤武备学堂存款项下拨给,以济急用。(适)

载 1907 年 6 月 29 日《申报》,第 11 版,88 卷 748 页

94. 翻译员不能翻译

皖省督练公所高等科系聘日人讲授,另有翻译一员,由该所派叶君担任。讵叶不谙东语,亦不识东文。十八日,随同日教员上堂,不能转译一句,仅照读中文讲义而已。次日,学员知其程度甚浅,不免存轻视之意,又将中文讲义稍晦之处请其解说。叶亦默无对答,以致全堂学生咸有积不能容之势。叶已自觉惭色,于日昨自行告退矣。(孔)

载 1907 年 7 月 7 日《申报》,第 11 版,89 卷 78 页

95. 电汇北洋陆军学生用费

安徽陆军学堂选送北洋速成肄业学生四十名,委员护送到津,曾纪前报。现闻该生等所需学费及一切用款均未照章先期付给,不免时形缺乏,昨由该堂总办蒋太守据情详请抚军冯梦帅,请即迳由商号电汇,以济要需。(化)

载 1907 年 7 月 31 日《申报》,第 11 版,89 卷 370 页

96. 详准毕业学生选充军官

两江督练公所具详江督,略谓:据教练处详称,兵士升充官长之弊害等情,相应呈请札饬严加甄别,而以本籍外省毕业学生量予试补。以后各营排长均应遴选有经验之学生任之。即一时无相当之学生,不妨照现行代理之例,暂以他员兼任,或命学习官代理。其称职者,即行札补。至弁目升阶,除特别优异复请甄别外,不得滥保应选,骤充官职。当奉端午帅批示云:查军队之整否,全视军官、军佐为转移,队官、排长各员,与兵卒相直接,所关尤为重大。东西各国下级军官必由陆军小学堂、中学堂、军官学堂迭次卒业,课业修学,累积十余年始有一排长资格,犹须先入军队,充学习官数月,详查其品行、志趣、学术、体力,如均能合格,而后授以官阶。其在军兵士,受有特别教育者,始准充补正副目,然犹有上等兵教育、长期下士教育、短期下士教育之分。其曾经上等兵教育者,不能升充伍长;虽受短期下士教育者,亦难骤擢军曹。盖军中自将佐以及弁兵,阶级既有高下,职责自有轻重,则其学术、材力皆宜与阶级、职责相逞,而事斯举。南洋成军未久,人材亦稀,破格擢升,固足以感奋士卒,鼓励人心。惟现在补授下级军官者已逾七十余人,未免过滥,倘不再予限制,则新军之名器将以绿营之官弁视之矣,于新军前途大有关碍。

该公所请将此项官弁严加甄别,所见甚是,具陈弊害各节亦属切要,仰候札饬徐镇绍桢,将此项学兵升充官弁,其非由学堂出身者,严加甄别,量予试用。嗣后,凡补用官弁皆宜遵照前练兵处《奏定补官制略》办理。该公所仍当督饬考功科,随时查核,以昭慎重,而符定制。(提)

载 1907 年 8 月 20 日《申报》,第 11 版,89 卷 610 页

97. 陆军学堂监督易委

皖省第一标统带彭育骐,自接办以来,营纪整肃,为冯梦华中丞所器重。现中丞特将陆军小学堂监督一差委令担任。其原委,该堂监督蒋与权,则调充第一标统带云。

(申)

载 1907 年 9 月 5 日《申报》,第 11 版,90 卷 54 页

98. 工辎学堂开学

皖省标营各项军队大致编立完备,所有工辎学堂前经督练公所详准,即就各营挑选目兵,以资造就。现已于枭署前义渡局公所内开学习业矣。(孔)

载 1907 年 9 月 13 日《申报》,第 11 版,90 卷 150 页

99. 禀准撤销监堂人员

皖省督练公所讲武堂监堂委员万烘垣禀陈皖抚,称监堂只视寻常科事务。现寻常科止二十名,人数无多,且有教员稽其勤惰,庶务员筦其事务,监堂人员实如赘瘤,恳请销差。刻冯中丞已如详批准矣。(周)

载 1907 年 9 月 29 日《申报》,第 11 版,90 卷 342 页

100. 详请购办器具银两

安省督练公所附设讲武堂高等与寻常及补习各科,所须绘图仪器、印字机器等件,前经教育科提调陈某购办,计共值价京平纹三百二十余两。现由该所具详院台,请由该堂活支滚存经费项下动支给还,并请批饬核销云。(若)

载 1907 年 10 月 2 日《申报》,第 12 版,90 卷 378 页

101. 测绘学堂停办

安省测绘学堂头班生五十名,已于九月初毕业。现皖抚派前列三十名,以七人为一班,前往淮北一带详细考察,测绘形势,并令仍留学生二名,听候随时派委。其余各学生均饬一律暂回原籍,原有测绘学堂暂行停办,以节经费云。(孔)

载 1907 年 11 月 9 日《申报》,第 12 版,91 卷 108 页

102. 学员分派各营学习

皖省督练公所讲武堂高等、寻常两科学员,日前由冯中丞亲莅该堂,(瓯)〔甄〕别优劣,以便派差。现已揭晓,计取高等科优等七名,二等十名,三等六名;寻常科只取三等十二名。闻不日所取各学员均一律派往各营充当学习官,另饬由各营管带申送队官、排长、事务长,分别到堂讲习军学,将以优等学习官派往代理队官,二等代理排长,三等代理事务长之差云。(孔)

载 1907 年 11 月 13 日《申报》,第 12 版,91 卷 164 页

103. 测量先派三班之原因

皖省此次测量毕业学生,原拟分为甲、乙、丙、丁四路测量,现因该堂仅有仪器三副,拟先派三班出测。甲班测量安庆、庐州、凤阳、颖州,乙班测量六安、和州、滁州、泗州,丙班测量徽州、宁国、池州、太平及广德。余俟仪器购到,再行派往云。(美)

载 1907 年 11 月 19 日《申报》,第 12 版,91 卷 244 页

104. 禀准学习骑兵专科

安省骑兵弁目训练所优等毕业生李舜臣,前经皖抚派入讲武堂肄业,乃入堂两月奉谕停办。现该生自备资斧,禀请给咨赴南洋讲武堂学习骑兵专科。已奉冯梦帅准予咨送矣。(贤)

载 1907 年 12 月 1 日《申报》,第 2 张第 4 版,91 卷 394 页

105. 筹解购办仪器银两

安徽督练公所前向荣华洋行购办齐普雷格耳仪器一(付)〔副〕,计价银四百两;又测绘图板、指南针各二十个,计价银三十七两四钱六分。现该行已将各件运送抵皖,当由督练公所呈请皖抚冯梦帅札饬支应局,将此项价银照数筹解云。(上)

载 1907 年 12 月 4 日《申报》,第 2 张第 4 版,91 卷 444 页

106. 电咨选送陆军速成学生

皖抚冯中丞近奉直督杨莲帅电开,保定陆军速成学堂所定皖籍学额尚未足数,应请咨送等因。冯中丞当即转饬遵照矣。(俗)

载 1907 年 12 月 15 日《申报》,第 2 张第 3 版,91 卷 564 页

107. 批准咨送军官学堂肄业

皖省二标三营学习官凌昭近闻北洋军官学堂招考学员，特具禀皖抚，请予备文咨送。冯梦帅以该生向学情殷，已批饬遵照矣。（政）

载 1907 年 12 月 17 日《申报》，第 2 张第 3 版，91 卷 588 页

108. 学习官派习炮术

日前，抚台冯中丞札饬一、二两标（标），各选本标学习官五员，派往南洋讲武堂专门研究炮术，以便养成炮队专门之才。所有该标选派学员十人，已拟于冬月二十九日即行赴宁入讲武堂肄习炮队专科矣。（孔）

载 1908 年 1 月 8 日《申报》，第 2 张第 3 版，92 卷 90 页

109. 陆军讲武堂开学

安省督练公所裁撤后，改为陆军督办处，其原有之研究所现改为讲武堂，已于初二日由皖抚莅堂，督率各委员举行开学礼。（孔）

载 1908 年 1 月 14 日《申报》，第 2 张第 3 版，92 卷 162 页

110. 陆军学生咨遣回籍

皖抚顷准陆军部咨开，保定速成武备学堂大考甄别，皖籍学生刘德沛不堪造就，当即咨遣回籍，应请查照等因。冯中丞已札行遵照矣。（孔）

载 1908 年 1 月 21 日《申报》，第 2 张第 4 版，92 卷 246 页

111. 讲武堂请给军械

安省陆军讲武堂，由各营分派排长、司务长入堂肄业，于初三日开课。惟教授操法非用军器不足以资演习，且教员亦无从指挥机宜。刻经该堂监督详请上台札饬军械所发给快枪二十五杆，以资演习。（孔）

载 1908 年 1 月 22 日《申报》，第 2 张第 4 版，92 卷 258 页

112. 讲武堂添委教员

陆军讲武堂监督陈华详称，该堂章程所定学课繁多，所有教习不敷教授。兹有江南讲武堂补习所毕业第一名学员杨璿堪以委充义务教员。（女）

载 1908 年 1 月 26 日《申报》，第 2 张第 4 版，92 卷 304 页

十三 军事教育

113. 筹拨弁兵学费

皖抚准江督咨开,客冬选派官弁兵士七十六员(名),咨送南洋肄习骑、炮、工辎等兵科。业经饬令入堂肄习。惟所用仪器、图书各项品物并六个月伙食等费,约需洋一千余元,请饬速行筹汇等因。冯中丞当即移知陆军督办处查照筹拨。(贤)

载1908年2月12日《申报》,第2张3版,92卷426页

114. 奏定测绘学堂章程

皖抚准陆军部咨开,奏准《全国陆军地式并测绘学堂章程》七十条,纲目分为七类:一、总则。二、编制。三、职任。四、堂规。五、课程。六、考试。七、经费。相应咨行查照等因。冯梦帅当即转饬各营遵照办理。(孔)

载1908年2月18日《申报》,第2张第3版,92卷498页

115. 陆军学生请拨旅费

皖籍留学保定陆军速成学堂全体学生公禀皖抚,略谓:直省距皖甚远,来往川资费款较巨,每届年暑假期欲归梓里,惟因家道寒微,措备资斧颇非容易,恳恩提拨公款,以资津贴等情。奉批,仰提学司详复核夺。(周)

载1908年3月12日《申报》,第2张第3版,93卷138页

116. 电请筹解讲武堂用费

江督电致皖抚,略谓:皖省咨送讲武堂肄业生七十六名,所需学费杂用应由皖省筹解,前已咨达。兹据该堂开具预算清单内称:薪饷、马干及采购鞍具项下共需银一千七百六十八两零,连同前开学生杂用银七百八十一两,合计需银二千五百三十两一钱五分,现在需用甚急,请先筹解来宁,以便代办等因。除将清单咨送外,合先电开请饬筹解云云。冯中丞已转饬藩司遵照办理。(贤)

载1908年3月19日《申报》,第2张第3版,93卷228页

117. 陆军小学招生

安省陆军小学现届招考三班学生之期,计定额七十名。日前,该堂总办王观察出示招考格式,并申明须由原籍地方官考试合格,给咨送考,定于五月中旬齐集省垣,听候择期考验。(孔)

载1908年4月17日《申报》,第2张第3版,93卷646页

118. 咨订考试军佐章程

陆军部咨皖抚文云：军医、马医、经理各学堂毕业生系属军佐，自应仿照《陆军毕业生章程》办理，凡考列上等者，准补同副军校；中等者，准补同协军校，以示区别。俟各该学生考试毕业见习期满后，即由本部分别等第，拟补同副协军校等官。嗣后，各该堂考试毕业均照此办理。当经冯中丞札饬督办处遵办。（女）

载 1908 年 4 月 23 日《申报》，第 2 张第 3 版，93 卷 732 页

119. 电商工辎弁目附学事

皖省督办处致南京第九镇徐统制电云：皖省附学讲武堂之工辎弁目五十名，前由顾副参议奉商派营练习，已蒙慨允，铭感何极。皖省五月成协，弁目急于速成，我公体国公忠，视江皖若一家，必俯从前请，昨已电复舒总办，并托许总办回宁代陈一切。（美）

载 1908 年 4 月 27 日《申报》，第 2 张第 3 版，93 卷 788 页

120. 江督咨催学兵经费

江督咨皖抚略云：前准贵部院咨请工辎弁目五十名，于二月初间入营，充当学兵，以资历练。查该弁等入堂除年假未足四十日，所学无几，入营难资历练。若仍欲速成，至早亦须四个月。盖学术两课均系按六个月拟订，碍难过于减缩。所有该弁目等未经入营以前，在堂各项经费自应按月核计，仍由皖省承认汇寄，咨请贵部院查照立案。（安）

载 1908 年 5 月 15 日《申报》，第 2 张第 3 版，94 卷 188 页

121. 陆军小学请拨经费

安省陆军小学堂月支经费计共三千余两，现因招考三班学生所需购置仪器各款，为数甚巨，该堂总办已禀请皖抚饬局拨给，以应急需。（孔）

载 1908 年 5 月 19 日《申报》，第 2 张第 3 版，94 卷 236 页

122. 变通测绘学堂考试章程

陆军部咨行皖抚文云：测绘学堂年考时，各门分数中有一门考取零分及毕业时有一门考取四分以下者，不问平均分数若何，概作不列等。年考时有一门考取四分以下者，应革除学级，留堂学习，俟下届年考，分数均能合格时，方准照所考列入学级。咨请转饬一体遵照可也。（必）

载 1908 年 5 月 25 日《申报》，第 2 张 3 版，94 卷 318 页

123. 陆军小学毕业有期

皖省陆军小学堂头班生禀称，年底即须毕业，恳请监督、提调转嘱各教员将课程赶班教授，以便明春升送中学堂肄习。刻经该堂彭监督等禀由总办王观察明德，将该堂毕业之期详请抚宪咨部备案矣。（孔）

载 1908 年 6 月 2 日《申报》，第 2 张第 3 版，94 卷 424 页

124. 学生请给文凭不准

安徽骑兵弁目训练所毕业生金振华晋禀抚辕，谓有友人邀同至粤投营肄业，惟恐人地生疏，难寻保结，如无文凭呈验，则必疑其为开革逋逃之辈，恳请赏给前日未发之文凭，俾得便于肄业等语。当奉批示云，该生前已由督办处示期考试，未蒙取录，自应另图生计，何得来辕屡渎。且果系当日毕业之人，当亦给有文凭，何须补领？所请著不准行。

载 1908 年 6 月 25 日《申报》，第 2 张 3 版，94 卷 730 页

125. 皖抚重视陆军小学

皖省督办处副参议顾忠深，现奉冯抚札委混成协统领官，遗差原委陆军小学堂监督彭毓骐接充。现在冯帅以学堂监督关系重要，一时颇难选择，故于日昨又饬彭仍供原差，以资熟手。其督办处副参议差使亦须另委接办。

载 1908 年 8 月 9 日《申报》，第 2 张第 3 版，95 卷 544 页

126. 讲武堂与旅学校舍互易

陆军讲武堂监督陈华以该堂房屋狭小，拟请移设巡警学堂，以资扩充。上禀皖抚，批饬学司核议。经吴提学查明，巡警学堂校舍于沈提学任内详明拨归旅皖第四公学，似未便复议纷更。但讲武堂为造就军将要图，又难漠视。刻拟通融办法，将现在讲武堂房屋即归该堂永远租赁，拨作第四公学校舍，腾出巡警旧校舍即作为讲武堂之用。庶几两善均备。刻已详请皖抚冯中丞批准照办。

载 1908 年 8 月 14 日《申报》，第 2 张第 3 版，95 卷 616 页

127. 讲武堂借地之纠葛

皖省第四公学，本系专课旅皖官商子弟，其校舍前经禀奉冯抚批准，借设于巡警学堂。旋因陆军讲武堂校宇狭溢〔隘〕，亦指拨该堂，以资拓充，由吴提学出（而）〔面〕调停，准令讲武堂迁设巡警学屋，每月认租金六十两，由支应局截留归公学，按月领取，另自租屋开办。当时讲武堂监督等以公学系旅皖人之公学，与官立之讲武堂有异，坚不承认。现吴提学又禀详皖抚，谓公学承借在先，应照前议，饬讲武堂遵办，以昭公允。尚未识若

何批示也。

载 1908 年 9 月 3 日《申报》，第 2 张第 3 版，96 卷 34 页

128. 部饬陆军学习官到差

皖抚近接陆军部咨开，北洋陆军学堂学生金吾毕业后，经部考列军械科上等，已奉签分第五镇学习官事，该生自应领照到差。今辄以系属皖人，应办皖学为辞，避劳就逸，殊属非是，应令该生仍速来津供职等语。皖抚准咨后，当即转饬遵照矣。

载 1908 年 9 月 6 日《申报》，第 2 张第 3 版，96 卷 70 页

129. 陆军师范学堂变通办理

天津前日招考陆军速成学堂，安省业于陆军小学内拣选程度较深者四十人，咨送入堂肄业。现准部咨，以该堂屋宇狭小，迁建需时，因拟变通其法，即以现在所收学生四百名为定额，将来咨选二班学生亦照此额。惟各省旗咨送学生必须遴选普通学已成者，方为合格，不得再于陆军小学选送，以致教育为难等语。沈护抚准咨后，已分饬各属遵办矣。

载 1908 年 9 月 24 日《申报》，第 2 张第 3 版，96 卷 330 页

130. 责令赔偿学堂失物

皖省陆军小学堂前因兵变时，凡有枪枝、银洋、衣物、钱米等类被兵民抢劫殆尽。当时朱中丞曾面谕该堂收支委员查开具报。乃竟延至半月以外，始由总办王明德观察详院。朱抚以其详内仅叙所失枪枝，而钱米余物均涉含糊，且事后寻获各物亦未开明件数，因即批饬责令赔偿，以儆玩愒。

载 1908 年 12 月 22 日《申报》，第 2 张第 3 版，97 卷 788 页

131. 监督兼摄总办篆务

安徽陆军小学堂总办王道明德刻已请假回籍，朱中丞以该堂监督彭毓骐莅差有年，颇称稳练，昨特札饬该监督兼摄总办篆务，以一事权。

载 1908 年 12 月 26 日《申报》，第 2 张第 3 版，97 卷 846 页

132. 请免赔偿陆军小学损失

安庆陆军小学堂月前因马炮营兵变损失甚巨，当经朱中丞一再谕令，该堂总办王道明德详细开报后，以声叙含糊批饬责令赔偿各在案。兹闻该堂王总办业已遵批将失物及未失物并事后搜寻物件数目分别造具清册，具文详复，恳请免予赔偿等因。未卜朱抚

军能准所请否也。

载 1908 年 12 月 30 日《申报》,第 2 张第 3 版,97 卷 902 页

133. 陆军学堂经费暂行减半

陆军小学堂代理总办前因马炮〔营〕变乱,学生虽已暂行散归,开春尚须招令入堂,补习卒业。届时三班学生接续开学,所有堂中书籍、仪器急待备办。且委员人等均尚留堂,一切薪水费用应仍照旧支给。业已一再详请皖抚饬发经费银六千两。朱中丞以经济困难,该堂既在散学期内,自应诸从节俭,爰批支应局暂发银三千两,仍令实用实销,毋任虚糜。

载 1909 年 1 月 11 日《申报》,第 2 张第 2—3 版,98 卷 131—132 页

134. 教习请追修金

皖省所设随营学堂头班学生已经毕业,其二班学生甫行开学,即值马炮〔营〕兵变,会办杨游击缘令中辍,文武教习脩膳亦分文未馈,致令在省久候,虚糜旅费。爰经该教习张矩田、熊有德二员于去腊上禀皖抚,请即批示严追。

载 1909 年 1 月 31 日《申报》,第 2 张第 3 版,98 卷 302 页

135. 陆军学生补授军职

直隶陆军速成学堂三班学生去腊已考试卒业,即经陆军部照章奏请补授军校等职,分发皖省者共计七人,日昨皖抚接准部咨,并颁札七道,当即注册,分别饬遵。

载 1909 年 2 月 6 日《申报》,第 2 张第 3 版,98 卷 376 页

136. 札委筹办讲武堂

皖省讲武堂自去冬被获党人后,旋即解散。近闻朱抚军以该堂为研究军学之地,自应妥筹善法,俾收后效。特札委留学日本陆军毕业生叶荃,调查筹办该堂一切事宜。一俟筹定办法,即行电商陆军部核复办理。

载 1909 年 2 月 10 日《申报》,第 2 张第 3 版,98 卷 430 页

137. 陆军小学添聘教员

陆军小学总办聂庆恭,以前次陆军部咨送来皖副军校通国陆军毕业生吴经理等七员,业经上台分拨督练公所及陆军混成协等处差遣,爰特禀请抚宪拟将吴经理、霍廉敬二员调充该堂教习,俾得通国陆军教育收划一之效。

载 1909 年 2 月 10 日《申报》,第 2 张第 3 版,98 卷 430 页

138. 测绘学堂请授三角术

前安徽陆军测绘学堂教员、江南陆师学堂毕业生彭超上禀抚院，请开办测绘学堂，并以兼授平弧三角为言。经朱中丞批：该生以开办测绘学堂为请，其意在于测绘全省舆图，非如绘军用略图可以简易从事，必须先定各基点为起测之端，次作大三角形，以为之界，然后于内作无数小三角形，逐一详绘，始臻精密，而其中测量算三事有一不备，则其用不周。盖量者，必身至其地，不能至者，量无所用矣；测者必目见其物，不能见者，测无所用矣；惟明于三角术理者，虽未躬履其地，可据测量草簿之数，推演慎备，以成细图。可见三角一术，实较地形学尤为宏括，测绘生之于三角，犹农之耒耜，渔之网罟，而不可须臾离者也。据禀，前期各生所有者仅为地形学，未能尽习平弧三角各术，则是仅能备分段填补加密之用，难以测量大三角形，不但无此恢阔规模，而所用之器械，实亦鞭长莫及，不能不量为变通。该生拟请兼授三角，洵为扼要办法，应即准如所请。惟章程未能尽臻周密，候由督练公所妥议复夺。

载 1909 年 4 月 6 日《申报》，第 2 张第 3 版，99 卷 524 页

139. 武备学员与余协统之意见

日前，余协统出示招考武备毕业生，如持有正式毕业文凭者，尽可来协司令部呈验，准予量才委用等语，已志前报。兹闻安徽武备学堂毕业生，对于此举颇不为然，拟欲集合同学辈，不应协统之考验，公禀抚宪，请经帅面试，以便量予委用。

载 1909 年 4 月 17 日《申报》，第 2 张第 3 版，99 卷 686 页

140. 挑选测绘学生之计划

皖省混成协余统领大鸿，现因安徽测绘学堂将次招考，该学堂培养人才，原为预备陆军实地测量之用，各标营目兵不乏文理通顺之人，拟即酌量挑选入堂肄习，以示优异。且安庆正值开办标兵，似于征兵前途不无影响，而该目兵等在营练习操课，精神较为健全，以之从事测量，于行军时更为便适。业已详请抚宪核示云。

载 1909 年 5 月 5 日《申报》，第 2 张第 3 版，100 卷 62 页

141. 陆军小学之危状

皖省陆军小学自去岁被叛兵劫掠后，至今岁二月中始行开学。兹悉该堂文案陆某系密派员，近与该监督意见参差，时多龃龉情事。闻前夜有防营围布该堂，以觇动静之说。故日来该堂学生咸有惧心。又闻经帅前赴北门外阅操，道经该堂，阅视一周，见某生等在自修室勤奋用功，深为嘉许。翌日，加奖书籍各事。该生等于谢赏时，经帅并谕云：学生勤者，吾甚喜之；惰者，吾甚恶之。务袪除前此恶习，以期勉成俊杰云云。

载 1909 年 5 月 14 日《申报》，第 2 张第 3 版，100 卷 188 页

142. 皖抚考试陆军人才

皖省武备毕业生及各标营之学习官,前经兵备处唐总办暨余协统分别考试。兹朱经帅又于十九日亲莅新移之督练公所,传集前考各生,当堂复试科学,并于二十日齐赴演武厅校阅操法,以便评定甲乙,预备将来全协规复,委充军官、军佐之职。

载 1909 年 5 月 18 日《申报》,第 2 张第 3 版,100 卷 244 页

143. 录用将弁学员

北洋将弁学堂毕业学员宣象离,前次报效来皖,当由抚宪移请陆军督办处传考该员,以备录用在案。兹闻朱经帅接准督办处移复文称,该学员战式军学颇有心得,人品亦甚端详,堪以留皖备用,俾供驱使。

载 1909 年 5 月 18 日《申报》,第 2 张第 3 版,100 卷 244 页

144. 陆军小学堂头班肄业生毕业

安徽陆军小学堂头班肄业生,于本年四月间为毕业之期。现经该堂监督汪莹择于二十四日起至二十九日止,将历年所授课程分别考试,并详请皖抚亲莅该堂监试,以定优劣。

载 1909 年 6 月 11 日《申报》,第 2 张第 3 版,100 卷 588 页

145. 陆军小学举行毕业式

陆军小学堂头班肄业生于本年四月间毕业,已于二十九日考毕。刻经该堂总办汪莹恭禀请皖抚于五月初三日莅堂,举行毕业式,宣布训词,发给凭单,并率同总办、提调、教员、学生合摄一影,以志纪念。

载 1909 年 6 月 22 日《申报》,第 2 张第 3 版,100 卷 752 页

146. 皖省经济之一斑(经费难筹*)

皖省陆军小学堂开办之始,所需经费系由筹议公所在于赔款案内抽收米厘盈余项下按月拨款接济。现该公所所收米捐亏短甚巨,该所无从筹拨,该堂四五两月分总办以至差役薪工均未发放。迭经该堂汪总办莹详请筹款接济,无如饬司议复,万无可筹。闻节前已由该堂收支员向裕皖官钱局暂借银五千两,以济眉急。说者谓,恐将来不免半途停办之虞云。

载 1909 年 6 月 29 日《申报》,第 2 张 4 版,100 卷 858 页

147. 陆军小学客籍卒业生办法

皖省陆军小学堂头班客籍学生现已考试毕业,经皖抚缮发咨文,札饬该堂总办汪莹,分给各该客籍学生亲持回籍,赍报本籍陆军小学堂转送应送之中学堂肄习,以便免缴学费。

载 1909 年 7 月 17 日《申报》,第 2 张第 3 版,101 卷 244 页

148. 皖省陆军小学之近闻

皖省陆军头班肄业生自四月底考试毕业后,放给暑假,当由该堂总办汪莹饬令各生于六月初齐集到堂,以便择期申送北京陆军中学堂。闻该生中有籍隶皖北者,道途远近不一,恐未能一律到齐,现经该堂汪总办改定于月之十三日,令诸生束装就道,如果再有延误期间者,决不展限。又闻,头班毕业生送入中学后,亟应查照部章,再行添招四班学生,拟通行各州县出示招考,约于暑假后一律送省云。

载 1909 年 8 月 3 日《申报》,第 2 张第 3 版,101 卷 496 页

149. 测绘学生小过被革

皖省测绘学堂某学生,近有某教员之友来堂睡晤,适某教员外出,某生与某友相熟,遂代为接谈。会天气酷暑,该生呼茶房购荷兰水数瓶。茶房某甲即购于四海珍,不意携至半途触坏一瓶。某甲返至该店云,此瓶原系破坏。该店不认,互相詈骂。旋经巡警排解,令买卖各认其半。原订以洋元存押,俟饮毕计数照算。某甲返以白该生,该生怒。值友已去,遣甲退还。该店允退,即将洋元扣除数十文作为赔偿损坏。某甲不应,遂请某生与彼理论。某生怒甚,大为咆哮。事为总办觉察,立即斥革。某教员以事因己起,央人向总办缓颊。总办不理。现各教员以该生如此无辜开革,殊属有乖名誉,拟欲停止上课,俟调停妥当,再行上课。

载 1909 年 8 月 27 日《申报》,第 2 张第 3 版,101 卷 868 页

150. 防军开办随营学堂

皖省北路右翼二营彭大松管带具禀皖抚,拟于营内添设随营学堂,讲授一切军学,俾资教育兵丁。其所需款项因无从筹措,拟将每月截旷项下拨充济用。

载 1909 年 9 月 3 日《申报》,第 2 张第 3 版,102 卷 36 页

151. 陆军学生投考踊跃

皖省陆军小学堂本年四月间头班学生业已毕业,兹经该堂汪总办遵照部章,接续招考第四班学生入堂肄业。闻皖属各州县学生赴省投考者颇形踊跃,数日之间,几千余

人,现在来省者仍络绎不绝。考试之期,约在二十前后云。

　　　　　　　　　　载 1909 年 9 月 5 日《申报》,第 2 张第 3 版,102 卷 64 页

152.禀请添设随营讲堂

　　南路巡防统领李振标参戎,在皖办理军务有年,操防缉捕极为认真,日昨具禀皖抚,以当此讲求武备之际,各该兵丁虽多粗通文字,然于军学不无隔阂,自应添设随营讲堂,于操典巡防外教授军术,以资研究。

　　　　　　　　　　载 1909 年 9 月 8 日《申报》第 2 张第 3 版,102 卷 106 页

153.陆军小学定期招考

　　皖省陆军小学堂于上年夏间已招至第三班入堂肄业。兹因四月间头班业已卒业,应遵照部章续招第四班学生。闻皖南北各属投考学生早经陆续到省,计有两千余名。刻经汪总办定于廿五日考验皖南各属报考各生外场,廿七八等日试验皖北各属报考各生外场。俟外场评定后,再行考试内场,以定去取。

　　　　　　　　　　载 1909 年 9 月 13 日《申报》,第 2 张第 3 版,102 卷 178 页

154.陆军学堂考试冲突

　　皖省陆军小学堂于八月初一日考试,四班新生内有怀远籍某生冒考灵璧县籍。至点名已毕,突有皖北某籍生从中鼓动全体,将冒考者哄出堂外,饱以老拳,闻受伤甚重。幸该堂总办汪莹、提调焦杰臣督率教员极力拦阻,尚未酿成命案。

　　　　　　　　　　载 1909 年 9 月 19 日《申报》,第 2 张第 3—4 版,102 卷 268 页

155.军咨处招考学员

　　皖抚朱经帅据军咨处大臣咨开,本处军官学堂速成科二班学员将届毕业之期,现经具奏,续拟选派学员入堂肄业,以一百二十名为定额,由各省选派武备学堂以及相当各学堂之毕业员,并限于九月三十日以前取具履历,咨处查核。至该员川资均由各省发给。其考验合格入堂肄业者,仍将各该员在本省所当差使薪水照常汇给应用,不再开支。

　　　　　　　　　　载 1909 年 9 月 21 日《申报》,第 2 张第 3—4 版,102 卷 330 页

156.陆军毕业生禀请录用

　　近畿陆军第六镇随营学堂毕业生徐光照,来皖具禀督练公所,投效皖军,以尽义务。当奉兵备教练处传谕该生命题考试,察核所著于军学尚有(地见)〔见地〕,堪予录用。业

经兵备处派充三等学习官,发往协司令处,用资考镜云。

载 1909 年 10 月 7 日《申报》,第 2 张第 3 版,102 卷 542 页

157. 京师近事(陆军中学堂分区设立＊)

陆军部铁尚书因全国设立之陆军中学堂四处,所有该堂收受之学生应行划定就学区域,以昭清晰。京师第一陆军中学堂现已开办,故将收受学生省分,拟定直隶、山东、山西、河南、安徽、奉天、吉林、黑龙江、察哈尔、绥远城等处之陆军小学堂毕业生,皆准送入京师中学堂;第二陕西中学堂,系〔收〕陕西、甘肃、四川、新疆;第三湖北中学堂,系收受湖北、湖南、云贵、广西等省学生;第四江苏中学堂,系收容江苏、浙江、福建、广东等省学生。

载 1909 年 10 月 15 日《申报》,第 1 张第 3 版,102 卷 659 页

158. 陆军小学经济之竭蹶

陆军小学堂经常的款系在筹议公所抽收芜湖米厘项下拨给动支,近因收数减色,除奉派赔款外,实无余款拨给,该堂月支款项为数亦属不赀,月复一月,为日甚长,无款挹注,以致异常艰窘,实有无米为炊之虑。该堂总办、提调、收支各员甚为焦灼,亦属无从措手,再不设法接济该堂应用,一旦伙食,数百人口,将难免哗溃之忧。筹议公所昨特具详抚宪,以该堂学款委因捐收支绌,无项可拨等情,未识朱中丞当如何设法挽救也。

载 1909 年 11 月 22 日《申报》,第 2 张第 3 版,103 卷 342 页

159. 严定各属捐款功过

皖省陆军小学堂经费向由筹议公所拨济,按期给领,现因各州县各项捐款因循不缴,兼之芜湖米厘收数短绌,以致该所无款可拨,大有难乎为继之势。现经该所严定各州县捐款功过,通饬按季如数完解,倘再遗误,重则参处,轻则记过示惩,并移芜湖米捐局认真稽征,以济要需。刻已上详抚宪核示矣。

载 1910 年 1 月 11 日《申报》,第 1 张后幅第 3 版,104 卷 186 页

160. 优待军官学堂学员

军咨处以军官学堂由各省选送学员考取留堂肄业,所有在各省当差应支薪水仍按月如数照发。至未曾考取各学员,仍遣回原省当差,尽先委用,以示体恤。当即据情咨行皖抚,移督练公所转饬,一体遵照。

载 1910 年 1 月 22 日《申报》,第 1 张后幅第 3 版,104 卷 384 页

161. 选派员生分道测量

军咨处前次咨达皖抚,拟订调查各省山川道里表式,饬由各省妥为测量,分晰填注送处,系为考核行军输运交通利便起见。当经朱抚准咨后,以测量各府州县山川道里为行军紧要机关,自非选派熟谙测量员生前往各处,认真考察,细心测量,不足以昭郑重。现已饬由陆军混成协兵备处挑选差遣以及候补熟谙测量员生二十二名,分别程途远近,酌给川资夫马等费,札委各员于初五日起程,前往各属,按表切实测量。一俟调查测量完竣,即行回省呈候,编列填注,咨送军咨处考核。

载 1910 年 3 月 23 日《申报》,第 1 张后幅第 3 版,105 卷 358 页

162. 皖省之假贵胄

皖省测绘学堂学生倪鸣皋,前因陆军部电请皖抚考选大员后裔,送赴陆军贵胄学堂肄业。该生即起意冒充某大员之子报名投考。旋被某道员侦知,即飞禀皖抚,恳予扣留,不准与考,并请查究。中丞据报后,即札行测绘学堂,将该生严行申斥,牌示开除,不准更名复充,以示惩儆。

载 1910 年 5 月 17 日《申报》,第 1 张后幅第 4 版,106 卷 262 页

163.《教育》杂志·第五期

目录:安庆陆军小学堂野外测量实习摄影。

载 1910 年 7 月 5 日《申报》,第 1 张第 1 版,107 卷 71 页

164. 教演马术准借炮营马匹

皖省陆军讲武堂各学员所习各项军学操典战术颇有进益,现在教演马术,惟实施练习不免需用马匹。闻该堂总办已详督办陆军朱中丞批准借用炮营马匹,随借随还,俾资练习。

载 1910 年 9 月 10 日《申报》,第 1 张后幅第 3 版,108 卷 150 页

165. 筹拨陆军小学经费

皖省陆军小学堂所需经费银两,当开办之始,将前武备学堂经费拨用,不敷之款在于芜湖米厘项下补助,按月拨济应用。嗣因芜湖米厘收数减色,无款应付,以致该堂异常窘迫。旋经该堂总办汪莹禀明抚宪,准由财政公所向庄号代借银九千两以应急需。兹闻财政公所具详抚宪,请将代借前项银两饬由筹款项下划还,以符原案而免虚悬。

载 1910 年 10 月 24 日《申报》,第 1 张后幅第 3 版,108 卷 854 页

166. 王总办陆军东文之奇谈

皖省测绘学堂王总办金海自到差以来,尸位素餐,不理公务,突于日前散步至东文教员某君室闲谈现在东语已否授完。该教员答:"业已授完,现在教授东文。"又问:"老兄所教授的还是陆军东文,抑是他项东文呢?"该教员忍笑不答,相对多时,陪坐各教员大笑而散。该总办始行退出。噫!测绘为军事上最要之部分,而总办该堂者如此亦可异矣。

载 1910 年 11 月 3 日《申报》,第 1 张后幅第 4 版,109 卷 198 页

167. 皖省陆军小学堂风潮平息

皖省陆军小学堂总办、提调互控,以致学生停课一事,日前抚宪委派督练公所总办唐道启尧暂行兼理该堂事务,并派讲武堂教练官江煌接充提调,风波始平,各学生已一律于本月初三日照常上课。惟汪莹与李德瑚虽已销差,听候下文,而朱中丞尚未发表,究不知将来如何了结此桩公案也。

载 1911 年 5 月 5 日《申报》,第 1 张后幅第 4 版,112 卷 70 页

168. 呈请裁撤讲武堂

安徽督练公所总办唐观察日前上禀皖抚,谓陆军部颁发宣统三年预算案,各省所设讲武堂应一律停办。现皖省讲武堂经费已绌,自应照章停办,惟该堂学员有差者,仍应饬赴原差,无差者亦须酌量委用,应请核示遵行云。

载 1911 年 5 月 16 日《申报》,第 1 张后幅第 3 版,112 卷 254 页

169. 专电·公电·安徽

报馆俱进会转各报鉴:代理总办唐启尧妄调军队,拘拿学生,肆行殴打,世界黑暗。乞代持清议。皖陆军小学学生倪文松等泣叩。

载 1911 年 5 月 23 日《申报》,第 1 张第 4 版,112 卷 382 页

170. 陆军小学堂又起风潮

安徽陆军小学堂自前总办与提调大起冲突后,南北界限甚深,昨有皖南学生江天镜等三人因礼拜六晚停课,遂进城往谒前总办汪莹,因平日感情甚深,坐谈稍久,不料城门已闭,未便出城,迨天明入堂。新总办唐道启尧以该生有犯堂规,当将该生学籍开除。皖南学生大为不平,以该生等无大过失,况唐总办接差未久,即开除皖南学生,必系皖北学生鼓动,况堂中有皖北学生数人平日颇不安分,凡有冲突,皆系倡首。现皖南学生已结团体,要求唐总办亦将皖北某学生一并开除,以昭公允。唐总办不允所请,各学生不

免言语冲撞,大肆咆哮,将唐围住。唐总办弹压不下,即打电话抚辕,请速派兵队四十名前往该堂,将聚众学生三十余人尽行提解督练公所。闻内有学生一人并受责罚。现在陆军小学堂及督练公所均用卫兵看守,断绝学生交通,并闻该堂左右均派有巡防营前赴,以防再有暴动。翌日唐总办莅处,当堂严讯,各责手心数百下,并拟将该生等一律开除,罚缴学费银四百两。时有某生与之辩理,愈触其怒,令先锋官稽光恩重责军棍。该先锋延未动手,唐自执军棍重责,致血溅肉飞而后止。讯毕,旋禀请抚宪拟该生等以监禁之罪。朱中丞当以事属细微,未便科此重罪。现该生等仍禁锢营仓云。

载 1911 年 5 月 26 日《申报》,第 1 张后幅第 3 版,112 卷 442 页

171. 文案撤差反唇

安徽测绘学堂总办王观察金海以文案逾假不归,贻误公牍,禀院请撤,朱中丞尚未批示。昨为该堂文案所闻未到堂销假,先具禀抚辕称:因事请假,经总办允准始行出堂,并非擅离职守。且总办为一堂领袖,对于所属各员无论何因均有去留之权,本无待先禀长官而后实行,只因总办平日恶劣行为,凡令文案行于笔墨者概未遵从,以故积忿存心,今以请假误公,借口禀请撤差,意在位置私人,以便横行。文案既与长官相处不宜,自应销差,何敢烦渎?惟是事出无因,不能甘服,请即核夺示遵。

载 1911 年 5 月 27 日《申报》,第 1 张后幅第 4 版,112 卷 460 页

172. 陆军派员收受公文信电

陆军学堂为独立机关,不准列入政治结社及议论集会,历奉明诏,自应钦遵。现经陆军部严定办法,凡属军界一律派员专司收受公文、来往信电,并准先行拆阅,然后分别发交,以资考核而杜弊端。朱中丞准咨后,即移请督办处札饬所属营队、学堂遵照办理矣。

载 1911 年 6 月 11 日《申报》,第 1 张后幅第 3 版,112 卷 716 页

173. 鼓励陆军小学毕业生

陆军部近日有咨到皖,谓陆军小学堂学生毕业,仅予以执照,升入中学,未经议及改良。现经奏准,援照学部定章,文科小学毕业生优上中等者,以廪增附给奖,一律照办,以资鼓励。朱中丞准咨,转饬该小学堂一体钦遵查照矣。

载 1911 年 6 月 11 日《申报》,第 1 张后幅第 3 版,112 卷 716 页

174. 陆军小学生奉文升送中学

陆军部日前咨行到皖,谓陆军小学堂毕业学生务于七月初间一律送到南洋第四中学,听候考试,入堂肄业。其各生升学应用服装,除照准带制服褂裤靴帽等件外,一概不

准多携云。朱中丞准咨后,当即转饬该小学堂遵照矣。

　　　　　　　　载1911年6月14日《申报》,第1张后幅第4版,112卷766页

175.陆军部派员校阅陆军教育

　　陆军部日昨咨行到皖,以本部军学处科长沈郁文、科员袁华选,检察官吴昭麟、雷振镛等派往皖省校阅陆军第三十一混成协各项教育情形,并考察陆军小学堂近日事宜。朱中丞准咨后,即行督练公所转饬混成协及陆军小学堂知照矣。

　　　　　　　　载1911年7月4日《申报》,第1张后幅第4版,113卷57页

176.陆军小学堂之特色

　　皖省各学校学生近因鄂乱全行则借势如瓦解,惟陆军小学堂学生安静如常,每日仍照常上课,极力讲求军人资格,足见该堂办学之功为皖省之特色。惟经济问题时形竭蹶,全赖庶务员张罗补苴。近日市面交通阻滞,该堂大有炊烟不继之势,诚可叹也。

　　　　　　　　载1911年10月28日《申报》,第1张后幅第4版,114卷1010页

十四　巡警学堂

1. 螺矶寒色(开办巡警学堂＊)

芜湖访事人云,开办巡警学堂,由任克庭二尹悉心教习,刻已有百余人能将所定章程背诵如流,遂拟每日将声光、化电、格致诸学略为讲解,以开智识,俾不致徒以勇艺见长,亦可见教导之有方矣。

载 1903 年 11 月 13 日《申报》,第 3 版,75 卷 516 页

2. 龙眠画意(创立警务学堂＊)

臬宪濮紫泉廉访督办警察事务,近拟力加推广,初定在臬辕东厢创立警务学堂,嗣以基址狭隘,禀请抚宪诚中丞,移设桐城小学堂内。盖以是处本系武备学堂,当聂仲芳中丞抚皖时,饬将武备学堂移至北门外大学堂后,遂借与桐邑育才兴学。兹已札饬赶紧迁让,以备警兵入此肄业矣。

载 1904 年 5 月 30 日《申报》,第 2—3 版,77 卷 209—210 页

3. 龙眠画意(警务学堂招生＊)

皖省举行警察,由督办濮紫泉廉访创设警务学堂,招考学生五十余名,先将正取三十名留堂学习,月给龙银三元,期以一年毕业,盖仿照日本成规也。

载 1904 年 6 月 12 日《申报》,第 3 版,77 卷 298 页

4. 安徽巡抚诚奏为皖省添设警务学堂并酌加巡兵以咨习练而期周密谨将办理情形折

头品顶戴安徽巡抚奴才诚勋跪奏,为皖省添设警务学堂并酌加巡兵,以资习练而期周密,谨将办理情形恭折,仰祈圣鉴事:窃查巡警为安民之要务,学堂尤警务之初基。皖省以经费难筹,故上年先设警察,业将创办情形奏陈在案。惟是警察之举,各国规制甚繁,当考其办法,如行政、保安诸务悉隶警部,所用巡捕必由学堂出身,盖警察之等级非次第练习莫能奏效也。皖省开办之初,经奴才严饬在事各员,首以防范盗贼,不扰民生为宗旨。迄今已逾数月,规模粗具,奸宄不兴,似(以)〔已〕颇有成效。然警兵由营伍改充职者较少,于法令条规尚多未能领会。且幅员辽廓,原设三百名,分布难周,亟应添设

警(察)务学堂,酌加巡兵,责令分班学习。更考选学生,讲习警法,庶可逐渐推广,绥靖间阎。惟兹事体大,筹款维艰,不得不于慎重警务之中,为撙节度支之计,爰与警察局司道熟商,拟于驻省练军副营内拨出勇丁二百,编入警察兵队,重加淘汰,挑留四百二名,即作为安庆省巡警定额,饬令分班轮值,各按地段,日夜梭巡。仍更番操习,俾收实用。并就臬署东廊量加修葺,设立警务学堂,遴员教习,考取学生三十名肄习,其中毕业以后分别挑补弁目,拨充各属教习,以资熟手。至设立学堂经费,添派巡兵薪粮,计每月共需银一千一百余两。即以副底营的饷照数抵支,其余不敷,饬由藩司暂行动拨,将来一并核实造报,作正开销。除将学堂章程分咨政务处及户、兵二部查核外,所有皖省添设警务学堂并酌加巡兵以资防练缘由,谨会同两江总督臣魏光焘恭折具陈。伏乞皇太后、皇上圣鉴,敕部立案施行。谨奏。

奉朱批:该衙门知道,钦此。

《京报汇录》七月十七、十八日,第八千零二十二号,光绪三十年八月初八日《申报》附张

载1904年9月17日《申报》,附张第6版,78卷121页

5. 警察学生毕业委差

皖省警察学堂去岁四月初一日开办,定章一年卒业,现届期满,由该局总办分别等次给凭,即将优等毕业生十二名先行派充各段巡弁,每月薪水银八两,办公费二两。其余张麟一名委充高等学堂体操助教,华锡爵一名派往芜湖教练巡兵。(咸)

载1905年5月30日《申报》,第9版,80卷265页

6. 警察学堂招考

皖中警察学堂近以头、二、三班学生均届一年期满毕业,次第派充警察。现拟招考第二次学生,定于本月二十七日到堂考验,已于日前出示招考矣。(墨)

载1905年8月30日《申报》,第9版,80卷1023页

7. 警察考补学生

省城警察学堂缺额六名,报名投考者即由堂内各生具保,于二十三日考验。与考者共计百余人,即于二十五日揭晓。正取六名,即著具保单,到堂肄业;备取十名,著回家听候传补。(即)

载1906年3月28日《申报》,第9版,82卷693页

8. 警察学堂之腐败

皖省警察学堂已经卒业一次,嗣以经费不多,日渐腐败。去冬尚有教员二三人,今

春各科仅由刘某一人担任,即监学名目亦刘兼之。刘又性好冶游,恒不归校,学生二十余人颇极自由。而日前放假,即草草举行卒业式,发给凭单。闻皖抚以无可改良,有另办一警察学堂之说。(多)

载 1906 年 7 月 17 日《申报》,第 9 版,84 卷 161 页

9. 皖省巡警学堂告成

皖省巡警学堂经藩、臬两司会商皖抚,准拨库银一万两,在城北百花亭购定基址,雇工建造,现已工竣,定下月招生肄业。(多)

载 1906 年 11 月 26 日《申报》,第 9 版,85 卷 497 页

10. 巡警传习所改良

芜湖巡警总办黄润九观察原拟开办警务学堂,延聘日本留学警察高等毕业生倪旭初、翟又新两君在芜充当教员。现因局所尚未告成,一时难期开办,因留两君于局次参赞警务事宜,并就巡逻队营设立之传习所,提选巡弁、巡士之合格者,暂由两君教授。闻所内课程颇为完善云。(九)

载 1906 年 12 月 18 日《申报》,第 9 版,85 卷 695 页

11. 巡警学堂招考文告

督办巡警学堂毓廉访近因该堂校舍业已落成,特定章程招考。兹特将示文录下:照得皖省办理警察所,派站岗巡士,均系随时招选,教育多未完全。本处现奉抚部院札饬择地建设巡警学堂,为改良警察地步。兹经购定城北百花亭房屋一所,改建讲堂校舍,延聘教习,讲授警察相当之功课,以三个月为毕业期限,衣物、膳费概归本堂制备。毕业后考试定列等次,给予凭照,编为巡长、巡警,分派站岗,并随时察其服务之勤惰,以为升降,用示劝惩。凡有志来堂,经考选合格者,入堂之后,均须遵守本堂所定章程,服从命令,毕业之后,均须查夜站岗,不惮劳苦。倘有不服所派职务及五年之内未经本处允许擅往他省谋事者,除向保人追缴在堂费用,分别情形惩治外,并行文所到之省,追还凭照,断不轻纵。须知本堂章制森严,最重秩序,一切均以兵法部勤,非有坚卓守法之性者,切勿轻于尝试,致贻后悔。合特出示招考。为此示,仰绅商军民人等知悉,凡有合于后开各条目,自愿投考者,无论本籍客籍,均限□月□□日起,至□□日止,亲赴本处报名,开具年貌、履历,并填明确实保人,听候分期试验,合格者另行示期考试。经录取后,须准入堂。其旧设学堂停课诸人及现设警兵内如有合格愿考者,一体准予报名投考,切勿观望自误。切切,特示。

投考合格各条附左:

一、身家清白,平日无他过犯,且无别项嗜好者。

一、年龄在二十岁以上,三十五岁以下者。

一、五官齐备,仪表端正,身体强壮,耳目聪明,无残暗病者。
一、身材高四尺八寸以上者。
一、发音洪亮,言语便利者。
一、粗通文字及知加减乘除之算法者。
一、本人具志愿书,注明自愿勤务五年,不以一身之故自行辞退者。(丁)

载 1906 年 12 月 22 日《申报》,第 9 版,85 卷 733 页

12. 巡警校练所将次开办

芜湖巡警总办黄润九观察,近将巡逻队营内之传习所改为校练所,委总巡臧少香大令监督其事。惟所有巡士稍形腐败,拟另招新生五十人,须身体强壮,粗通文字,年在二十以上,三十五岁以下者为合格,实行校练六个月,毕业再分等次站岗。臧大令竭力赞成此举,并有留东警察毕业生翟又新愿担任教练,倪旭初君担任管理,以专责成云。(九)

载 1906 年 12 月 30 日《申报》,第 9 版,85 卷 811 页

13. 巡警学堂添招警官

皖省巡警学堂业经开办,已于日前招考警兵。兹督办世伯先廉访又拟添招警官学员分班教授,定为半年毕业,额设六十名。其学员以本省同通州县佐杂并外省候补官以及本省绅士之有候选官职者充当,分为官费、自费。惟均须先行考验云。(多)

载 1907 年 1 月 18 日《申报》,第 17 版,86 卷 171 页

14. 考试巡警揭晓

皖省巡警学堂初三日考试巡警生,初六日考试高等学生,均见前报。现督办世藩台、会办何观察,会同评定,于十六日揭晓,计取巡警生甲班二百名,乙班二百名,备取十名。官学生本省候补正取三十名,备取六名。外省候补以及本省士绅之有官职者,正取三十名,备取二十名,附取修业生十一名。其甲班巡警生、正取官学生均定明正十六日一律到堂肄业,而乙班备取俟甲班正取卒业后,再行入堂肄业。(士)

载 1907 年 2 月 6 日《申报》,第 9 版,86 卷 355 页

15. 教练所定期开学

芜湖巡警教练所自去腊二十四日放假后,现定正月初九日开学,并须添课英语,以期完全云。(起)

载 1907 年 2 月 18 日《申报》,第 9 版,86 卷 407 页

16. 巡警教练所开校

芜湖巡警教练所于去腊散放年假，兹订于本月初九日开校。（少）

载 1907 年 2 月 20 日《申报》，第 9 版，86 卷 429 页

17. 巡警学堂开校

皖省创设之巡警学堂业已由总办禀请皖抚于十六日莅堂行开校礼。（美）

载 1907 年 3 月 4 日《申报》，第 9 版，87 卷 39 页

18. 巡警学堂定期开学

皖省巡警学堂去腊考取之甲班生二百二十名，定于二十四日由臬司世廉访禀请皖抚莅堂开学。尚有乙班二百名，则俟甲班毕业后再行补入。（虚）

载 1907 年 3 月 9 日《申报》，第 10 版，87 卷 89 页

19. 巡警学堂添委照料

巡警学堂添招官学生已纪前报，兹该堂梁提调以兵生、官生同一学堂，事务更繁，因禀请督办札委按司狱王德渊帮同照料。（化）

载 1907 年 3 月 13 日《申报》，第 10 版，87 卷 129 页

20. 巡警学堂委员名单

提调：大挑知县梁昌骏，湖南长沙人，前充湖南保卫局名誉员。副提调兼总教：候选同知潘世琛，桐城人，留学东洋宏文学校卒业生，前充南洋巡警局警务科长。外场总教：赵廷玺，湖北武昌人，北洋警察毕业生，原充安徽督练公所执法科长提调。分教员：候补典史胡作宾，湖北江夏人，留学东洋法政、警察诸科卒业生。分教员：孙为霖，江南镇江人，东洋速成警察毕业生。分教员：昌延平，日本宏文学校卒业生。部长五员：候补巡检张合富，南洋警官学堂卒业生；候补典史徐本立，南洋警官学堂卒业生；马志远，怀宁人，日本速成警察卒业生；傅润生，无为州人，安徽武备学堂卒业生；候补千总许国恩，镇江人。

载 1907 年 3 月 28 日《申报》，第 10 版，87 卷 295 页

21. 巡警学生之冲突

安省巡警学堂已于月初开学，所招高等、寻常两科生，入高等科者为官生班，入寻常科者为兵生班。惟官生傲睨兵生，以致屡起冲突。日前，某官生又与兵生龃龉，兵生率

众鼓噪,群欲将某官生革退,后经提调梁大令及各教员出为劝阻,其事始息。然某官生刻下尚未到堂上课。(化)

载 1907 年 3 月 31 日《申报》,第 3 版,87 卷 328 页

22.续纪巡警学生之冲突

安徽巡警学堂官学生与兵学生冲突一事已纪前报,兹闻事因饮食启衅。该堂厨夫意存攘利,每飧均购糙米,浸以石灰水,使之洁白,菜蔬亦甚恶劣,而独于官学生则不然。于是,各兵生合筹一对付之法,于日前面恳提调梁昌骏大令,令将厨夫斥退,饮食改良,否则碍难上课。梁提调未准,于是兵学生咸怀愤愤。

越日,有官生张某,身著常服,在堂闲步。兵生见之,以为违犯堂规,痛斥其非礼。张反唇稽之,两相用武,经和解始已。

越日星期,兵生相约至西门外大观亭开演说会,谋反对之策,到者甚伙,公拟通禀院司,意在归咎于提调。事为梁提调所闻,急派班长前往谕止,并云,提调准于七日内辞差。众始相率散去。

现在总办世皋司以学生开会议抗,显背学章。况动辄挟制官长,此风断不可长。而该提调于事前毫无觉察,复临事不加约束,亦属咎有应得。闻业将提调申斥,一面将兵生班长择其首要者开除十余名,以示惩儆。各生咸惧,已照常上课矣。(政)

载 1907 年 4 月 2 日《申报》,第 3 版,87 卷 352 页

23.开革巡警学生

安省巡警学堂于上星期有该堂兵(甚)〔生〕数人,偕往西关外大观亭议立自治规则,有报告提调者,谓该生私自结社。提调梁令即赴皋署禀知,当经世廉访传谕该堂总办,以各生擅违警章,将班长七名兵生九名开革。闻被斥者以无辜遭辱(生)〔深〕为不平云。(□)

载 1907 年 4 月 2 日《申报》,第 12 版,87 卷 356 页

24.巡警学堂又起风潮

安徽巡警学堂三月之间冲突数次,上月二十七日晚五句钟,各学生至饭厅晚膳,见饭桶中有一物状似蛇头,各生以毒饭难尝,各回校舍。后经卫生教习队长等实力劝解,并将桶中之饭先食碗许,以释群疑。于是西斋各生遂相率同食,而东斋各生仍不遵从,且痛詈西斋生不已。日内未识能照常上课否。(非)

载 1907 年 5 月 14 日《申报》,第 12 版,88 卷 180 页

25.巡警学生将考卒业

皖省巡警学堂将届卒业,日前由臬宪世廉访传谕该堂,定于本月中旬莅堂考验,及

格者给予文凭,派充各路站岗。(上)

载 1907 年 5 月 19 日《申报》,第 10 版,88 卷 241 页

26. 校练生拟充巡长

芜湖巡警校练所开办以来,进步颇速,现因将届毕业,冯观察以该生等程度颇高,拟俟毕业后分派各区充当巡长,为各巡士之模范云。(仪)

载 1907 年 6 月 1 日《申报》,第 11 版,88 卷 410 页

27. 巡警学生试行站岗

安徽巡警学堂寻常科学生将届卒业,拟于城外酌设东、西两区,遵照新章选派巡官,率领学生先行演试站岗,俟二班学生秋间毕业,即将省垣改定区划,概令学生站岗,以为改良巡警之计。(美)

载 1907 年 6 月 6 日《申报》,第 10 版,88 卷 469 页

28. 巡警学堂提调易委

安徽巡警学堂提调梁昌骏,经抚宪恩中丞札饬销差,现由督练公所特派府经朱丙尧照料标营工程兼办讲武堂核对差务。(非)

载 1907 年 6 月 8 日《申报》,第 12 版,88 卷 494 页

29. 巡警学堂易委提调

皖省巡警学堂提调梁昌骏日前因事辞退,所遗差缺现由署臬毓廉访檄委南洋陆军毕业生赵廷玺接充。闻赵君于警政一门素所谙悉,该堂学生咸有较胜于梁之说。(若)

载 1907 年 6 月 10 日《申报》,第 11 版,88 卷 520 页

30. 批准标营警察展期毕业

江督端午帅批寿春镇总兵陶森甲禀云:据呈送本标七营警察学生及附课名册清折均悉,仰即查照章程,督饬龚游击等认真办理。现在经费不敷,暂由制办军装及柴洲微息项下挪用。所请将六个月学期定为每年一届,系为款项支绌,借资周转起见,应即照准。每届毕业,其有功课及格、程度较高之生,自应分别奖励,以昭激励。其分数未能足额者,亦即无庸给奖。至以品学较优、警务最熟之学生,保送新军宪兵司令部一体委用,是否可行,并候饬行督练公所核议复夺。(□)

载 1907 年 6 月 10 日《申报》,第 11 版,88 卷 520 页

31. 禀准绿营开办巡警学堂

安庆协标各营官弁、士卒，虽改名巡警，仍多敷衍。现杨协戎大章拟饬所属各在薪饷内捐助经费，创办巡警学堂一所，挑选及格兵弁入堂肄习，以备他日改良地步。业已禀准上宪，不日开办。（上）

载 1907 年 7 月 4 日《申报》，第 11 版，89 卷 42 页

32. 皖省警务汇录

皖垣警政现由巡警学堂会办徐道等定于本月杪将巡警学堂寻常科学生大考毕业，从中挑选巡弁二名，书记长二名，巡长十六名，余均一律取列巡士，并拟试办东、西两区。东南城外地方短狭，即合为东一区；西城外地方宽阔，即西一区，各于区内设警局一所。闻东局勘定小南门木里局屋宇，西局则以玉虹门之小营。修筑两局工程约需款一二千金。此外尚须添置路灯、木棚等项。俟组织完全，即命此次列取之各学生试办站岗，统归巡官节制。

巡警学堂卫生各生不可轻视，并自著卫生讲义一部，刊印成帙，分给各生细心研究。

皖抚恩中丞谕饬巡警人员分赴试办区域处所详加复勘，以期预备一切，俾开办是推行尽利云。（贤）

载 1907 年 7 月 8 日《申报》，第 10 版，89 卷 89 页

33. 详请酌派警察教员

督练公所以皖省绿营现议开办警察学堂，将来南北两镇及左右各营必须添请教员，因拟在该所高等、寻常两科中酌派委充，已由三处总办详请抚院示遵矣。（败）

载 1907 年 7 月 9 日《申报》，第 11 版，89 卷 102 页

34. 皖抚冯中丞优待巡警学生

皖抚冯梦帅札行警察总局新总办，略谓：查五月二十六日之变，该堂高等科学生当场均保护前部院回署，于乱事并无干涉，应予优叙。着将未满六个月之各学生补习两个月，期满后准给予修业生凭照，再行酌夺派用。其寻常科学生，彼时误为徐匪诱逼、胁从至军械所者，业经分别办结，应置勿论，其未被诱胁者，准照新章派令站岗，三个月后，一律归该局酌量委用。（化）

载 1907 年 9 月 4 日《申报》，第 4—5 版，90 卷 38—39 页

35. 开办陆营巡警学堂

皖省陆营操练废弛，现经城守协杨大章协戎，禀请开办陆营巡警学堂，即于所属营

汛酌量捐助经费，挑选年富力强之兵弁数十名入堂肄业，其学舍即就防江营守备署内，择于本月中旬开学云。（美）

载 1907 年 9 月 24 日《申报》，第 11 版，90 卷 282 页

36. 巡警学生准予大考毕业

皖省巡警学堂自徐案出后，当道乃将甲班高等科学生各与修业文凭，一律退学。该生等以未满毕业期限，联名禀请巡警总办各宪，同愿入堂肄业，补足期限。业已准如所请，择吉扃试甄别，各与毕业凭单。（周）

载 1907 年 9 月 25 日《申报》，第 11 版，90 卷 294 页

37. 议驳咨送巡警学堂

六安州附生王必宣前具禀抚宪，恳请给咨赴民政部高等巡警学堂肄业，当经皖抚札饬巡警局议复。兹经该局复称，民政部奏设巡警学堂折内，并无准各省咨送学生赴部明文，皖省亦无派送成案，该生所请给咨赴部肄业一节应毋容议。（时）

载 1907 年 11 月 11 日《申报》，第 11 版，91 卷 136 页

38. 批准派员会考警察毕业

皖南镇吴总兵继培近因警察学堂将届毕业，呈请江督派员会考。当奉端午帅批示云：该标警察学堂自遵章开办后，已届六个月毕业之期，所有该班毕业学生，自应派员前往秉公考试。其程度较高，果能及格者，应准给发文凭，照章饬回各原营，并予择尤存记，以示鼓励。如有未能及格或不堪造就者，亦应认真甄别，或留堂补习，或立予开除，未便稍涉迁就。候札饬江南巡警局何道即日遴派谙练警学之员，迅速前往考察，分别等第，发给凭照，以昭慎重。除饬行何道遵照外，仰即查照饬遵。（商）

载 1907 年 12 月 22 日《申报》，第 2 张第 3 版，91 卷 648 页

39. 警察毕业不再考验

安省巡警学堂寻常科学生五月间遭徐锡麟变故后，仍陆续至各区投效，现已站岗三月，照章应发毕业文凭。刻闻皖抚冯中丞已饬巡警总局刊发普通毕业文凭，即由各区长按名给领，不再考验分别等次矣。（孔）

载 1907 年 12 月 25 日《申报》，第 2 张第 4 版，91 卷 684 页

40. 皖省警察学堂毕业案揭晓

安省警察学堂高等补习科现届毕业，已由该堂总办分门考验后，呈奉臬司评定甲

乙,于初五日将案揭晓。计取最优等一名,优等九名,中等六十名,休业生三名。(孔)

载1908年1月13日《申报》,第2张第3版,92卷150页

41. 教练所巡兵毕业

安省警察总局教练所,前由各区选送巡兵四十名入所训练,现届三个月毕业之期,已于初九日分门考试,给发文凭矣。(孔)

载1908年1月24日《申报》,第2张第3版,92卷282页

42. 巡警学费之筹划

安庆营协标巡警学堂开办之初,所筹常年经费不敷尚多,当由该营禀请抚宪拟将潜山营天堂镇地方营基酌量加租以充经费。即经上台饬县勘估禀复核办。刻据详勘,该营基址共有三十七家,均系自行建盖房屋居住者,经该县同潜山营游击切实估值,分为上、中、小三则,酌量加捐,约可得四十千文,以充前项费用。(女)

载1908年3月2日《申报》,第2张第3版,93卷18页

43. 考试巡警毕业生

皖抚冯梦帅于十九、二十两日考试本省巡警学堂高等、寻常科,以及外省投效留学日本各毕业生,分别录用。

载1908年3月29日《申报》,第2张第3版,93卷378页

44. 绿营警察生卒业

安庆督标杨协戎大章于上年组织一绿营警察学堂,挑选本营及潜山两营兵士数十名入堂肄习,现已六月期满,举行甲班毕业,特详由江督咨请皖抚就近派委巡警道下观察考验,如果合格,即行给发文凭,俾与巡警高等、寻常两科卒业生一体录用。

载1908年6月25日《申报》,第2张第3版,94卷730页

45. 随营警察学堂之效果

江督端午帅前饬皖省绿营援照江阴办法,一律开设随营警察学堂在案。旋经抚标左右两营公立学堂,自上年开办至今已及六月。现该堂总办曹凤仪参戎等照章详请冯中丞派委巡警道观莅该堂考验,以定优劣。

载1908年8月5日《申报》,第2张第3版,95卷486页

46. 补习巡警高等生之办法

安徽巡警学堂高等学生前曾分别给予卒业、修业文凭，派往各属训练警政。乃该生等程度尚低，难胜教练之任，间有不守法令及干预地方公事等情。刻经卞观察调查确实，拟仿山西办法，将从前寻常、高等两名视为一律，另设学堂，遇有学术未优各生仍令返省入堂，补习初等、中等、高等科学，学成之后，再行予以出身，庶于慎重名器之中，兼寓造就人材之意。但兴学以筹款为先，举凡教习办事人员及伙食等项核计，每月至少需银一千数百金始能济事，爰据情详请抚台俟筹有的款即拟详细章程，禀请开办。

载 1908 年 8 月 25 日《申报》，第 2 张第 2 版，95 卷 767 页

47. 巡警道开办学堂

皖省巡警道卞柳门观察现拟照部章开办巡警学堂，特禀请大吏先委监督一员，警务、庶务、提调各一员，以便拟定章程，出示招考开办。至省城教练所，亦应遵章设立，招生入所肄业，以一年为毕业期，然后派拨区位站岗，尽义务一年，再行发给文凭。

载 1909 年 2 月 21 日《申报》，第 2 张第 3 版，98 卷 570 页

48. 营警学堂经费之难筹

协标安庆营警察学堂经费不敷支用，当经该营副将刘利贞详请抚宪饬司筹款补助在案。沈方伯以皖省财政困难达于极点，现在举办各项要政，需款浩繁，尚在无处筹拨，所请补助该堂经费，委系无款可筹。刻已据情详复，并请札饬该营遵照。

载 1909 年 4 月 29 日《申报》，第 2 张第 3 版，99 卷 854 页

49. 武员阻兵送学之顽锢

皖省绿营巡警学堂早经开办，其安徽抚标之游兵营向系挑送兵生数人附入安庆营学堂肄业，每年酌解经费若干，以资津贴。所有头班学生业已毕业，领照回营。现值挑送二班之期，该营游击姚文焕乃以经费难筹上禀皖抚，请即变通成法，以头班毕业各生在营轮流教练，免其挑选等语。实属意存推诿，有碍练兵进步。中丞昨已严批申斥云。

载 1909 年 5 月 24 日《申报》，第 2 张 3 版，100 卷 328 页

50. 高等巡警学堂开校

安徽高等巡警学堂前经赁定臬署西首义渡局公产，刻已量为修葺，屋宇宽大合宜，定于十一日将报名拣送各省先行考试，并由监督卞道悬示该堂门首，严饬各生按照报名及送拣次序点名给卷，不得争先落后，致紊秩序。

载 1909 年 6 月 1 日《申报》，第 2 张第 3 版，100 卷 442 页

51. 创设催眠学堂

京师巡警〔学堂〕毕业生周堃一纠约同志，筹集经费，在皖省城为创设催眠学堂一所，其教授一切科学均遵定章办理。刻已拟定简章，详禀皖提学司核准批示立案。

载 1910 年 1 月 5 日《申报》，第 1 张后幅第 3 版，104 卷 78 页

52. 毕业生请办镇乡巡警

安徽协标巡警学堂毕业生丁烈杨等以举办镇乡巡警，均列为筹备宪政期内，不容置为缓图，而皖属怀宁县石牌镇、潜山县之黄泥港均为该邑首善之区，人烟辐辏，商务亦极繁盛。况值冬防吃紧，难保无匪党棍徒溷迹其间，兼之近年皖南北各处水旱奇灾，逃荒灾民结队成群，纷至沓来，地方居民铺户惊恐异常，实难安枕，若不迅速赶办巡警，招募巡士，分段站岗，轮流巡逻，不足以消隐患而保治安。日前，该生等已上禀抚台，恳予札饬该县妥速设法举办，如经费不充，愿效绵力，以尽义务。

载 1911 年 2 月 4 日《申报》，第 1 张后幅第 3 版，110 卷 458 页

53. 皖省高等巡警分校之小风潮

留学日本警监学堂毕业生段瑞兰归国后，禀请开办高等巡警分校，并附设夜班补习科，得充该校监学兼提调一缺。段抱金钱主义，滥收学生，计日、夜两班学生共有六百五十余名之多，每名每学期本籍收学费十八元，客籍收学费二十四元，总计年收学费二万二千八百六十元，尚有陆续收考者无从查计。该校一切用度颇为俭省，以致内容腐败，即应发学生讲义，亦因省钱概不发给。讲员、学生啧有烦言。日前举行临时试验，段先期特颁手谕，凡学费未经缴齐者不准与考。适有朱抚内戚杨生亦在欠缴之列，立将此情禀之朱抚。朱抚即传巡警道顾观察及段瑞兰至署，大加申斥，立将杨生学费四十八元交段携回。段辞不敢领，相对良久，俯首谢罪而退。

载 1911 年 4 月 4 日《申报》，第 1 张后幅第 3 版，111 卷 550 页

54. 皖省巡警学生大闹初级检察厅——厅官糊涂耶，学生卤莽耶？

皖省高等巡警学生程寿祺，全椒人，在省肄业。其叔程德庄近亦考入法政学堂，均因各该堂不备膳宿，分赁平心桥范姓房屋居住，相处甚得。范本系小家，其妻常向该生之叔借挪，后范闻其妻有暗昧情事，未敢与之交涉，即托故向丁姓叔侄二人退租，以寝其事。讵范尚欠龙洋一圆，寿祺之叔即向其追索，挟嫌口角，互相殴打。寿祺见其叔被殴，乃从旁劝解，亦受微伤。当即扭赴三区，呈诉区官熊应昌，以面受微伤，不予理处，即饬赴初级审判厅，赴诉该厅。检察官陶忠杭尚未明悉理由，即劝以学生名誉攸关，况一元细故，何致涉讼？后询知中有暗昧情事，当谓非调查实据，不足以资判决，饬令彼此听候

传讯,以昭公允。寿祺之叔遂恨恨而返,惟时已五句钟,适巡警各学生下课,遂由丁宝莹、刘东之等六人约集同学至初〔级〕审判厅检察官陶忠杭办公室,与之理论,谓同人被殴赴诉,因该厅为司法行政,自应保护,何得以细故置之不问。陶见人众,其势汹涌,难以理喻,遂谓该生等似此野蛮聚众,何不自至地方审判厅,再请究办。一时旁观大哄,谓该厅送学生至地方审判厅究办,人声鼎沸。而各学生遂七手八脚,将陶扭到地方审判厅,一路随声附和,拳打足踢。幸经该厅及警察解救,而陶已伤其目,拔其须矣。刻经该厅检察长面禀抚宪,并将为该生代表之丁宝莹等六人扣留警务公所,听候核办。今日巡警学堂各学生均已停课,尚不知此事将来如何了结也。

载 1911 年 4 月 15 日《申报》,第 1 张后幅第 2 版,111 卷 725 页

55. 皖省巡警学生与审判厅冲突再志——法官之威可怕,学生之命可怜,已矣,且看开会讨论之结果如何

皖省高等巡警学生与初级审判厅冲突一节,业志前报。兹悉当时拘获代表刘东之等六名,由高等审判厅严加审讯,钉镣收监。昨晚闻法部已有电复,按照青皮聚众殴官例,分别拟以斩立决,绞监候等罪。该校闻此消息后,全体悲愤,哭声震天,闻者流涕。十六日晨,各学堂一律停课,均以罪名与事实为不合,该厅不应陷害至此。各举代表,要求咨议局及教育总会开临时大会,讨论对付方法。刻,各堂代表已齐集高等学堂集议,而咨议局及教育总会亦同时开会讨论矣。

载 1911 年 4 月 17 日《申报》,第 1 张后幅第 2 版,111 卷 757 页

56. 皖省法官诬陷学生之悲愤——三尺法,六条命,一般舆论

皖省巡警学生与检察厅冲突一案,讯断不平,大动公愤,业已详志本报。兹悉地方审判厅连日提集巡警学生程寿祺等六人质讯,始则各生坚不承认,继则各生谓系程寿祺先行动手,而程亦谓丁揪扭发辫。彼此互相推诿。于是沈厅丞随禀提法使,以咆哮公堂,殴打法官,拟定分别斩绞之罪,由吴提法使面禀抚宪,请示朱中丞谕以何种办法,悉听主持。一时,巡警各生闻之,颇为惶恐,谓丁宝莹实系公举代表,今为人获罪,不免无辜,乃要求巡警道顾观察力为救护。而法政各生亦哀求提学使吴文宗保全。并有学界一分子沿街遍贴血书,谓审判厅诬陷巡警学生,摧残学界,草菅人命,通告各学界筹议对付方法,保全人命,故各学堂学生见此血书,即一律停课,公举代表数十人,有任调查者,有任侦探者,有任查律者,各执一事。当日下午,齐集高等学堂会议,谓审判厅所拟之罪,误引抗粮殴官之律,定以绞决各生,意欲俟彼判决后,再为计议。如引用适当,即可作罢,否则至高等审判厅控诉。再判决不公,则赴大审院上告。亦有人谓,此事之曲首在检察厅,盖程等起诉时,证据显著,乃陶检察应受理而不受理,其责固不可辞。然程等亦有不合者,彼初级既不受理,可至高等起诉,何遽以野蛮对(代)〔待〕?研究法律之人而行此无意识之举动,其与无知愚民何异。咨议局各绅现已开会,提议决定三等办法:(一)学生从轻处罚;(二)陶检察应请撤差;(三)范姓为肇事祸首,不能无罪。十七日,教

育会亦开会,提议谓:审判厅诬陷学生,今日务要求减轻办理,决不令程生等受死刑之判决。一面由会函致各学校学生,从速上课。现各学校已照常上课矣。

载 1911 年 4 月 19 日《申报》,第 1 张后幅第 2 版,111 卷 789 页

57.巡警学生与检验厅冲突之结果

皖省高等巡警学生与初级检验厅冲突一案,法部电复照青皮聚众殴官律加等治罪,已详前报。嗣因全省各学堂以罪名与事实不符,全体罢课,要求咨议局及教育总会开会挽救,并据情禀请抚法各宪从宽办理。兹法使已饬地方审判厅,将为首程寿祺从轻禁锢,其余代表倪则枚等数名已一律释放矣。

载 1911 年 4 月 21 日《申报》,第 1 张后幅第 4 版,111 卷 822 页

58.巡警补习科不准请奖

民政部近咨皖抚,谓安徽高等巡警学堂附设晚班补习科,前经该堂监督将该生等名、籍、课程列表报部,应即准予立案。惟毕业后只准给予补习文凭,不得与日班同视援例请奖,以示区别云云。朱中丞准咨后,即札行巡警道遵照办理。

载 1911 年 5 月 13 日《申报》,第 1 张后幅第 3 版,112 卷 198 页

十五　其他办学形式

1. 余款兴学

芜湖访事友人云,此间沿江两岸悉皆圩田,江北一带全恃黄四滩一堤为保障。前经工振局苏观察办理黄四滩圩工事,竣之后将余款兴建工振学堂,栽培寒畯,诚当务之急也。

载 1903 年 5 月 31 日《申报》,第 2 版,74 卷 199 页

2. 旅湘公学移芜

安徽旅湘公学堂原拟在湖南省城建设,专为皖人需次及侨寓各家子弟就学之处,议定学生额数一百名。嗣以办理未能得人,因议迁归皖省,而皖抚诚果泉中丞则以省城各学堂已备,爰饬移就芜湖开办。现已在安徽米厘项下拨提一千数百金,其余经费则须向各皖商筹措云。

载 1905 年 3 月 4 日《申报》,第 4 版,79 卷 388 页

3. 芜湖学务(公学简章*)

安徽旅湘公学改为安徽公学,移就芜湖开办。兹将简要章程录后:学额(本省百名,外籍二十名),学费(本省不收,外籍每月二元),膳金(每月制钱二千),学科(伦理、国文、英文、算学、经学理化、博物、图画、体操、历史、地理、卫生、经济、法制、唱歌,共十五门),年龄(十五岁以外,二十二岁以内),资格(身体强健、心地诚朴、汉文明畅、志趣远大),年限(三年卒业),出身(照奏定章程中学堂条例)。

载 1905 年 3 月 10 日《申报》,第 4 版,79 卷 444 页

4. 京官捐资大兴旅学

安徽同乡京官捐集巨款,就孙公园安徽会馆之旁院房屋设立皖学堂,系孙燮臣相国倡办。江西同乡之在京者亦有设立赣学堂之议,闻已租定琉璃厂南八宝琉璃井巷内房屋,不日即拟开学。

载 1905 年 3 月 22 日《申报》,第 3 版,79 卷 538 页

5. 组织普通教育社

皖中王君、舒君,现拟纠集同志,组织一普通教育社,并邀请热心教育者担任义务教员,教授各种普通学,以造成蒙小学校教师之资格。刻已刊布章程,遍募捐款,不日即须开办矣。(悲)

载 1905 年 11 月 10 日《申报》,第 9 版,81 卷 599 页

6. 教育馆开学

皖中普通教育馆自在平心桥赁屋开办以来,由发起人王浩如、舒铁香、沈百泉等竭力经营,现已组织完备,遍出广告,报名者尚不乏人,因即择于二十四日先行开学。(羊)

载 1905 年 11 月 27 日《申报》,第 9 版,81 卷 749 页

7. 谕设族学

刻因学部行文饬催广设蒙小学堂,沈大令奉文后因城乡内外近虽陆续禀请设学,惟乡间风气未开,必须由各族设立族学,以次提倡。刻已照会各乡绅士,并出示晓谕士民,限三月内赶紧设学,勿再玩延。(法)

载 1906 年 1 月 31 日《申报》,第 9 版,82 卷 189 页

8. 皖垣学务(元宁旅皖公学*)

城中杨家塘地方向有元宁公所,系江苏上元、江宁两县旅皖者公建。现该公所董事以同乡子弟流寓于此颇不乏人,因拟就该所房屋纠集同志,创设学校一所,即命名元宁旅皖公学,已于日前开课。闻教习系聘武备学堂毕业生云。(士)

载 1906 年 3 月 13 日《申报》,第 9 版,82 卷 539 页

9. 芜湖学务(创办徽州公学*)

芜湖新安公所同人筹拨公款,在二街三圣坊后创一徽州公学,定额六十名,内外籍十名,学费每年三十六元,延安徽公(堂)〔学〕李德膏君经理一切,已定期三月初一日招考,闻报名者甚为踊跃。

载 1906 年 3 月 28 日《申报》,9 版,82 卷 693 页

10. 纪开差营兵殴伤学生事

芜湖驻防常备二标一营奉督练公所文调赴省城,该营管带李葆林定于本月十八日开差,临行时兵士骚扰殊甚。十七日,该营兵聚众至曾家塘地方滋闹,适有安徽公学学

生王君由医院回校,见营兵无理,向之申斥。该营兵非但不从,反将王君击伤甚重,并失去洋十二元,银表一枚。次日上午皖江中学、徽州公学均以此事关系全皖学界,倡议停课,要(日)〔求〕巡警局将该队官禀详革职,重惩兵士,并赔偿失物。巡警总办黄润九观察当即亲莅公学,抚慰受伤学生,并劝各学生照常上课,允照所请办理。午后,即将队官方作霖禀请督练公所严办,又以为首之兵士枷号该校前示众。该校李监督亦不愿多事,故可自此了结矣。(九)

载1906年6月18日《申报》,第2版,83卷768页

11. 安徽公学拟建学舍

芜湖二街安徽公学,现由经理李光炯君筹有的款二万金,拟在弋矶山左近择地另建校舍,闻来春即可开工云。(州)

载1906年12月27日《申报》,第9版,85卷781页

12. 安徽旅沪公学招生

程度:高等小学、中学、师范三科。学费:每学期十五元。校址:北浙江路晋康里三街后洋房。考期:如愿就学者,请至本校取阅章程,随到随考,至二月十五日截止。

载1907年3月5日《申报》,第5版,87卷47页

13. 僧人拟设学会

皖省沈子培学司近据扬郡普通僧学校长希文禀称,拟就本省创办僧小学堂、僧教育会,庶免释教涸当闭等情。奉沈学使批示,俟咨取江苏僧学全案察核酌办。(美)

载1907年3月16日《申报》,第10版,87卷163页

14. 劝办族学

日前,提学司以安省多未设立族学,因特札饬各州县会同学董,各就村乡市镇殷实富户,劝其兴办族学,以期教育普及。(孔)

载1907年3月28日《申报》,第10版,87卷295页

15. 僧学禀请立案

寿州五福寺僧会兰创设僧学,禀请立案。当奉提学司批云:该僧果能实心兴学,办理得法,何虑官绅阻挠?据称教习均已聘定,仰即回州,迅速开学,此时不必空言。至禀请立案,俟开学后再行禀州详夺。(孔)

载1907年4月4日《申报》,第11版,87卷380页

16. 安徽公学开会纪念

芜湖安徽公学成立已届三年，前日该堂发起人李光炯君特柬招学界同人至该堂开第三年纪念会，到者颇不乏人云。（少）

载1907年4月27日《申报》，第12版，87卷662页

17. 军学两界争执营基

安徽公学李德（高）〔膏〕前次电恳江督，拟以芜湖武校场改办学堂，当经电咨皖抚转饬营务处核议在案。旋据复称，芜湖巡防各营无地操练，请以芜采营旧教场拨归公共操习之用，即经皖抚电复江督查照。乃江督近又咨行皖抚谓：芜采营教场现在军学两界争持不下，究竟该地合何用处，请斟酌裁复云云。大约学界中人犹不满意于此地也。（非）

载1907年5月6日《申报》，第12版，88卷76页

18. 组织理化讲习所

浙江武仲英君于月前到皖，已被举为浙江旅皖公学总经理。闻武君于理化一科颇有心得，曾在江苏旅皖公学充义务教员。现拟推广办法，禀请沈提学准在江苏公学内附设理化讲习所，额定四十名，毕业后给予凭单，充当教习。当经学宪批准，定期五月初开学。（孔）

载1907年5月14日《申报》，第11版，88卷180页

19. 学使批驳僧学立案

江苏扬州府僧学堂校长文希日前具禀安徽提学司，请设安徽僧立教育会，附设僧小学堂，恳予立案等情。当奉批云：查此案前经移请江宁提学司饬抄原案查复，再行核办。兹准提学司移复：该僧遵章改立江南佛教教育会，当经督宪批准等因到司。江宁是该僧所创教育会，业经成立。惟查江、安两省既经分设提学，凡关于两省学务自应划分区域，各担责任。该僧住持扬州府寺院，于安徽僧教教育事宜恐难兼顾，应候该僧将江苏僧教教育会及僧立小学堂办理就绪，著有成效，亲自来皖，会同安徽寺院住持协商妥筹，禀候核夺。（风）

载1907年5月20日《申报》，第11版，88卷256页

20. 催查开办族学

日昨，沈学宪札饬桐城县，略谓：该县候选县丞方干等禀请开办族学，恳给示谕等因。查此案前经批饬该县转饬该族，慎选学董，妥议章程，禀县详候核夺。此次该职等

并不由□申,转率行来司具禀,殊属冒昧。该县迭奉批札,宕延不复,又系何故?究竟教习拟聘何人,族中有无曾习师范之士?仰一并查明,克日详复,以凭核夺。(孔)

载 1907 年 5 月 22 日《申报》,第 11 版,88 卷 284 页

21. 星期演说学堂章程

皖抚恩中丞日前准学部来咨,议复汴抚奏请速定《学律》一折,当即札行学司,通饬所属一体遵照。现安省各学堂监督、总教各员会议所定《学律》与原奏定章不甚相异,但学生入堂肄业除研究课程、演习体操外,其于学堂规章恒未闻见,以致常有逾分越理之事。今既《学律》妥定,拟于每星期六演说一次,俾各知所遵守。(颜)

载 1907 年 5 月 27 日《申报》,第 11—12 版,88 卷 350 页

22. 饬议拨款建筑校舍

安徽公学现因建筑校舍经费不敷,拟在租界无主地价内借银一万五千两充作经费。日前,由教育会总理蒯理卿观察禀奉江督批饬皖学司会同关道议复核夺。(仪)

载 1907 年 6 月 5 日《申报》,第 11 版,88 卷 458 页

23. 慎重开办乡学

庐江县贡生汪翰臣等拟酌提公款,开办乡学,日前具禀学署,恳请立案。当奉学宪批驳,略云:该生等酌提公款,兴办族学乡校,洵为知识时务,惟已定期开学,恳予立案,并未先行具报该县转禀来司,殊属冒昧。查《奏定专章》,初等小学完全科内分列修身、讲经、国文、算术、历史、地理、格致、体操八门,又另有简易科,于历史、地理、格致三项酌减其二。该生黏单所开于此三项并无其一,似嫌缺略,但乡学开办之始,原不必过求完备办理,然亦不宜失于简陋,仰即遵照定章,仍须先在该县禀请查核,以便转详立案。(若)

载 1907 年 6 月 7 日《申报》,第 11 版,88 卷 482 页

24. 江苏旅皖学堂开纪念会

江苏旅皖学堂开办迄今已届一载,特于上月念七日开纪念会,并柬请冯方伯莅堂同襄盛举。旋由办事诸君依次演说,其词旨不外祝教育之前途云。(非)

载 1907 年 6 月 12 日《申报》,第 11 版,88 卷 544 页

25. 江苏旅皖公学纪念会歌词

昨报纪江苏旅皖公学借新军二营操场,于上月二十七日开纪念会等情。兹将是日

演说歌词照录于下。歌曰:学界竞争,弟弟昆昆,同人振励精神。忆我苏校,劫于皖城,荟萃多少群英。嘤嘤鸟鸣,来求友声,须知组织艰辛。一周纪念,摄影留形,惠我国民。国民欢声,人天有闻,必先发愿,炉冶群贤。诸君有幸,学海无边,休教腹负便便,如登高峰,如涉重渊。此中阶级递迁,日月不淹,尚其勉旃,转瞬又是一年。(若)

载 1907 年 6 月 13 日《申报》,第 11 版,88 卷 556 页

26. 派员会考学堂

安徽公学及芜湖中学堂均届大考之期,昨禀由沈提学派委王太守咏霓、成大令宪分赴两学堂,会同考试。(在)

载 1907 年 6 月 23 日《申报》,第 11 版,88 卷 676 页

27. 安徽公学大考毕业

安徽公学甲班学生现届毕业之期,由省委王咏霓太守分科考试,业已考竣,于日昨行毕业礼。闻太守日内又须赴皖江中学考试毕业云。(曲)

载 1907 年 7 月 1 日《申报》,第 11 版,89 卷 6 页

28. 安徽公学推广教育

安徽旅沪公学拟于下学期扩充规模,已志前报。兹悉该公学已于本月廿六日由老垃圾桥迁入爱而近路均益里,新赁校舍,并举定吴君志猷为管理员。本拟廿八日开学,惟教科多系专修,均需妥为部置,因展期八月初二日,以期推广教育云。(川)

载 1907 年 9 月 7 日《申报》,第 19 版,90 卷 82 页

29. 派员勘验校舍基地

安徽公学前拟在东门外芜采营校场建筑校舍,当经禀呈各宪在案。刻闻江督端午帅特派某道来芜勘验基地是否合建校舍之用,务当详细禀复,以凭核夺。(少)

载 1907 年 9 月 13 日《申报》,第 12 版,90 卷 150 页

30. 阜阳开办成达学堂

阜阳县职贡李国渠等公立成达学堂,附设预科,现已开学,所请教员及学生年貌、姓名并章程,均已列表,由该县令禀请上台立案。(上)

载 1907 年 9 月 16 日《申报》,第 11—12 版,90 卷 186 页

31. 请提差规拨充学费

安省清真学堂校长郑君瀛，现因经费不敷，拟将宰屠牛羊各户应送差役例规，拨归该堂应用，业已禀准省宪札饬遵办矣。（孔）

载 1907 年 12 月 16 日《申报》，第 2 张第 4 版，91 卷 576 页

32. 泾（学）〔县〕公学之风潮

芜湖泾县公学前日某学生因堂中缺课，向堂董某要求添补。该董大加申斥，谓学生不应要求功课。学生答以出钱求学，无功课理应要求。堂董即肆口大骂："禽兽，禽兽！"学生群起鼓噪，答曰："汝性情贪鄙，官为参革，此真禽兽！"（堂董曾任某省知县，被参，故言。）堂董无辞以对，狼狈遁去。学生遂一律停课。嗣经堂长潘君出为排解，翌日始各上课如常。（古）

载 1908 年 1 月 2 日《申报》，第 2 张第 4 版，92 卷 18 页

33. 开办直隶旅学

安徽藩司连方伯日前在八旗会馆倡议设立直隶旅学，以便旅皖之官界子弟入堂肄业。除在该会馆内酌提公款以充经费外，并劝北京同乡量力捐助。闻定期明春举办云。（孔）

载 1908 年 1 月 4 日《申报》，第 2 张第 3—4 版，92 卷 42 页

34. 创设湖北旅学

湖北旅芜人士最占多数，现经郑仲常大令禀请道宪，创设旅芜公学，于前日约同该会馆董事向君哲卿、韩君莲庵、胡君召南、朱君柏杞等至署会商，并由道宪文观察及大令首捐巨款，极力提倡。闻已择定基址，建造校舍矣。（无）

载 1908 年 1 月 23 日《申报》，第 2 张第 4 版，92 卷 270 页

35. 筹解上江公学经费

皖省认筹上江公学经费，去腊经藩司在各属征解漕捐项下动拨筹解，以资应用。刻已呈报抚宪查考，订期放解云。（周）

载 1908 年 2 月 5 日《申报》，第 3 张第 5 版，92 卷 341 页

36. 创设旗籍学校

前皖藩连方伯因寄皖旗籍子弟并无学堂教育，不免终日游荡，特暂借八旗会馆，组

织旗籍学校,现报名投考者已有四十余名,不日即当开学。(孔)

载1908年3月10日《申报》,第2张第3版,93卷114页

37.公学争产之纠葛

徽州公学与徽商争执书院公产一案,涉讼已久,迄未议结。日前,两造又赴道辕禀控。奉关道文仲云观察批示云,徽州公学之设,原因经费出于徽州公产,凡是徽商子弟,均可入堂肄业,并无改为商业小学之理,着即遵照。(具)

载1908年3月19日《申报》,第2张第3版,93卷228页

38.公学请给关防

前皖藩连方伯创设旗奉直西北十二省旅皖公学,业于上月中旬开办。惟创办伊始,往来文牍颇为繁重,自应刊刻关防,俾资信守。昨由该公学移请提学司转详皖抚核示矣。(孔)

载1908年4月5日《申报》,第2张第4版,93卷478页

39.组织十二省旅皖公学

皖省新设北西十二省旅学,因八旗、奉天、吉林、黑龙江、直隶、山东、河南、山西、陕西、甘肃、四川、云南、贵州旅皖之官幕士商距籍甚远,皖省虽有官学,无如限于定额,致子弟不能入学肄业。现由皖臬王廉访邀集同乡会议,合力捐助,已集有二千余金,附设于八旗会馆内,定名为"北西十二省旅学",暂分高等、初等两科,北西等省学生暂定八十名,外省学生亦得附入,以二十名为限。俟经费充足后,再添中学,增设学额。日前联名具禀皖抚,请拨的款,以作常年经费。当奉冯梦帅批准,按月拨给二百金,以资需用。现公推王秀峰廉访为该校总理,张龙光太守为协理,杨云峰为校长,学生已有五十余名,于上月二十一日开学。

载1908年4月14日《申报》,第2张第3版,93卷604页

40.公学续招学生

徽州公学吴郁侬君经皖抚调往安庆,充当学务处科员后,另派卢君仲农为该堂监督。卢于前日到堂视事,见该堂学额尚缺,特悬广告招补,膳费每年洋二十四元,学费本籍免收,客籍六元。(无)

载1908年4月24日《申报》,第2张第3版,93卷746页

41. 创办七省旅皖公学

王守咏霓上年创设浙江公学,禀由沈学司详奉皖抚批准在案,并照奉直北西十二省〔公学〕成案,拨经费二百两,以资开办。惟两湖、两广、闽赣六省旅皖官商子弟亦多向学,每以学堂未能遍及为憾。现沈提学拟将浙江公学改为浙江、两湖、两广、闽赣七省公学,校舍不敷,即以旧巡警学堂,酌量修改,以前半为七省公学,后半留为修建恩忠愍公祠之用。将来各省旅皖小学毕业,仍可将此校宇为开办二十一省中学之地。刻已报请冯中丞批示立案矣。(贤)

载 1908 年 6 月 1 日《申报》,第 2 张第 3 版,94 卷 412 页

42. 元宁旅学研究法政

江宁上元所设旅皖学堂开办将逾两载,成效可观。刻闻该堂诸员以现当预备立宪时代,尤宜有普通法律思想,爰即发起于该堂内附设一法政研究所,教员、学生均无薪水、学费,业已厘订章程,开所肄业。

载 1908 年 6 月 5 日《申报》,第 2 张第 4 版,94 卷 464 页

43. 皖抚化除省籍之卓识

前署提学沈方伯具详皖抚,请将浙江旅学改为七省公学一案,经见前报。现奉冯中丞批示,略谓:皖垣旅学始于江苏,旗奉继之,浙江又继之。据详拟将浙江合两湖、两广、赣闽为七省公学,自系为化除畛域、节省库储起见。惟查所拟办法仍与部章不尽相符。学部通咨河南孔学司,《旅学章程》但分高、初中学,不问省籍,统名公学。来详虽属化除畛域,然仍留省籍之名,不如以成立之先后,定学堂之次第。江苏最先,立为第一公学,旗奉次之,浙江又次之第三,另于此外创设一所为第四。其办法仍以公款接济捐款,以示与江苏、旗奉、浙江三学事同一律。其余人数较少省分,于数学堂任其选择,庶几不背大公。但经始之初,不容不慎。此议是否妥协,仰该司会同署提学迅速筹商,详候核夺。果其数省合并,风俗、习惯、语言、饮食毫无窒碍,将合办二十一省公学。接续提议,不厌求详,本部院并无成见,但期学堂之有成效而已。至另详就巡警学堂旧地改为七省公学一节,若办一第四公学,自应如详办理;若办一七省公学于义尚有未安。仰再详勘议复。

载 1908 年 6 月 12 日《申报》,第 2 张第 3 版,94 卷 560 页

44. 十二省旅学拟添中学班

今春,皖臬王廉访创办之十二省旅学,校长杨云峰经理合法,颇著成效。现闻该校长以就学者日多,决议于下学期添设中学一班。

载 1908 年 6 月 18 日《申报》,第 2 张第 3 版,94 卷 636 页

45. 旅芜湘人兴学

芜采营兼防军帮统李葆林参戎，湘人也，因各省旅芜者均已次第办学，独湘省无人提倡，殊形退让，现拟联合旅芜官商，组织湘省旅芜学堂，刻正筹划经费，订定章程，决于下学期开办。

载 1908 年 6 月 19 日《申报》，第 2 张第 3 版，94 卷 650 页

46. 皖抚对于客民兴学之批词

日前，贵池、石埭两邑客民何明凤等，拟请将该处客民公所开办学堂，以兴教育等情公呈。皖抚批云：该生等以千余户之客民，拟于六邑公所另设学堂，与土民划分两事。按之时势，殊为不合，且详阅来禀，仅有立学之空言，并无实在之办法，所呈规条又多干涉地方自治权限，惟禀称该邑学堂有名无实，此语切中近今情弊，各州县于兴学要政漠不相关，积压视为固然，玩愒传为秘诀，一遇上司督责，反以此等任付之劣监刁绅，科费殃民，无恶不作，此又该生等狂言吓诈，畏之如虎之所由来也。仰提学司转饬贵池、石埭两县，确查该处接壤之区，果系该客民聚旅而居，抑尚有土民杂厕其间，其公所积蓄若干，学堂应如何开办，一并详细禀复核夺。

载 1908 年 6 月 25 日《申报》，第 2 张 3—4 版，94 卷 730 页

47. 会议开办旅芜公学情形

太邑旅芜绅商前日在仙源公所会议开办旅芜两等小学一事，缘旅芜小学曾由崔绅提议开办，嗣以捐款未集，事遂中止。嗣崔绅作古，后人因家事涉讼，先后呈请报效银二十六万两为兴办公益之举。该邑绅商拟禀呈道、县，就此项报效款内酌拨若干，以为开办旅学之用，特于日昨遍发传单，邀集该邑全体绅商，定期二十六日会议，以冀达其目的。

载 1908 年 6 月 27 日《申报》，第 2 张第 3 版，94 卷 756 页

48. 旗奉直北西十二省旅皖公学添设中学科广告

本校自今春由同乡组织，在八旗会馆创办两等小学。开堂以来，均遵《钦定小学章程》办理，课程尚称完备，在堂诸生亦能细心听授。然仅设小学，往往有同乡子弟程度稍高者，辄视为浅近而不一人，殊非宏远造就人才之道。是以同乡磋商，添筑屋宇，增设中学一科，学额暂定四十名，就原有高等科学生，程度合于中学资格者，一律选入。然挑选本堂学生恐难满定额，特刊广告，凡我同乡旅皖子弟，可按期报名考试，录取肄业，所有高、初两科亦与同时招生插入。本校暂订招考简章数条，附录旧有高、初两科章程不赘。资格：品行端正，国文精通，身体强健及无沾染嗜好者。学额：暂定四十名。年龄：以十六岁至二十四岁为合格。籍贯：旗、奉天、吉林、黑龙江、直隶、山东、河南、山西、陕西、甘

肃、四川、云南、贵州十二省为本籍,余省为客籍。学科:遵照《钦定中学课程》。学费、膳费:本籍每月学费一元,客籍每月一元五角;住宿生每月三元,走读生每月一元五角。卒业:遵照《钦定中学章程》限期。校址:旗奉直北西十二省旅学内。报名:在本校内。考期:七月初八日。

载 1908 年 6 月 28 日《申报》,第 2 张第 1 版,94 卷 781 页

49. 筹定七省公学经费

吴提学拟组织七省旅皖公学,业经禀准,开办在即。惟经费现尚不敷,特移行藩司详议,请照第一、第二、第三旅皖公学成案如数筹拨,以资辅助。现经沈方伯议复,略云:第一、第二、第三公学皆系就已成之局面开办。惟该公学之设,所以慰旅人子弟向学之心,应照各该公学之成案如数拨给。

载 1908 年 7 月 12 日《申报》,第 2 张第 3 版,95 卷 156 页

50. 旅学经费统归支应局

江苏、浙江旅皖公学之经费向在盐斤价项下拨用,现又添设十二省旅学以及七省公学,月需筹拨经费统计全年约有万金左右。查盐斤项下未必确有此数,故支应局拟于统归支应项下按月分拨给领应用。

载 1908 年 8 月 16 日《申报》,第 2 张第 3 版,95 卷 646 页

51. 不允筹拨芜湖公学经费

芜湖上江公学经济困难,业经方君皋商准皖抚,札饬筹议公所于米厘项下按月拨给银三百两。兹该所复称,现在财力困窘,举办新政,均已力任其难,该公学请拨前项银两,未便据以为例,请饬由芜湖米捐局在米厘项下每年助拨一千两,若再不敷,请饬皖南道设法妥筹,以资补助。

载 1908 年 9 月 1 日《申报》,第 2 张第 3 版,96 卷 6 页

52. 旅皖公学定期招考

旅皖第四公学原系郭太守振镛等所组织,现拟就曾文正公祠暂行借住,于本月十一日招考学生,分高等、初等两班,每班四十名,每名每年膳费二十元,卒业期高等四年,初等五年。一俟招考足额,即行定期开学。

载 1908 年 9 月 4 日《申报》,第 2 张第 4 版,96 卷 46 页

53. 湖南旅芜小学成立

皖省李定明军门以湖南绅、宦两途侨居芜湖者甚多,拟在该埠创办旅芜初等小学一所,学额六十名。所需常年经费,经该提督议向在芜各商界量力捐助,俾资经久。业已禀请抚宪批示立案。

载 1908 年 9 月 13 日《申报》,第 2 张第 3—4 版,96 卷 168 页

54. 禀请惩办散学学生

寿州公学日前具禀抚宪,略云:该公学图画科教员曾于本年三月间聘定北洋高等工业学堂图画科毕业生刘世光来堂教授,嗣该生不(暗)〔谙〕绘法,仅上课堂评论讲解,不记分数。甲班生索阅图画成绩,当即交给阅看,诸生以课本后教员未加点窜,遂大肆喧哗,于下课后又到管理员室内哄闹。有乙班中之插班生以教练体操不与高等一律,遂向教员商改,当即允许今日如果操练整齐,明日即换授操法。讵该生等以教员未肯立从其言,心滋不悦,次日上课即相事不入操场,辱骂教员,声称非辞退教员决不甘心,当即全体散学。禀请照章惩办,以端士习。

载 1908 年 10 月 20 日《申报》,第 2 张第 3 版,96 卷 716 页

55. 组织僧俗学堂

涡阳县西乡义门集龙兴寺僧悟太,拟于所住持之庙宇改为僧俗学堂,本乡庙产变为常年经费,现已增修庙宇,聘请教员,期于明年正月开学。昨将所拟章程详细妥订,呈请学宪立案。当奉批准开办。顷闻该僧又与亳州丛林咸平寺住持僧本月会议,拟将组织皖北僧人教育分会,会所设立咸平寺内,以辅助省垣敕建迎江禅寺所设安徽僧人教育总会之不逮。刻已刊布传单,定于宣统元年二月初二日开会集议。

载 1909 年 1 月 9 日《申报》,第 2 张第 3 版,98 卷 110 页

56. 寿州体育之发达

寿州阜财学校体操教员潘君云卿,以体育为各科首要,会商各同志,设体操专修科,不收学资,招集生徒四十名,教以完全体育学术,冀为异日广储教材地步。

载 1909 年 4 月 17 日《申报》,第 2 张第 3 版,99 卷 686 页

57. 湘人组织旅芜小学

皖抚朱中丞据芜湖县学务总理李振标等呈请开办湘人旅芜两等小学等情,即批示云:禀及章程均悉,教育以蒙养为先,尤以普及为要,该参将等急公好义,能以乡先达公所余资为湘人子弟谋公益,不使有用之财掷诸无用之地,所见极大。且能于数月之际章

程草订,校舍连横,尤堪嘉尚。方今预备立宪,士大夫倡为合群之说,破除省界,团结人心,自是一定之政见,惟于原定学额外加增二十名,其常年经费所差尚巨,拟即开募船捐,如商人能共表同情,解囊慨助,更收众擎易举之效。事关义举,尚希好自为之,不可虚縻误学,亦不可苛派病商,仰提学使核饬遵办。

载1909年4月22日《申报》,第2张第3—4版,99卷756页

58. 僧教育会筹款问题

安庆绅士昨致江督电云:皖省缁流甚众,必须教育早兴,已于初八日开会,到者甚众,捐款亦多。绅等现禀蒙抚藩列宪允准拨款为助,务求大公祖俯赐协拨,实为厚感。迎江寺僧月霞品学兼优,经公举为会长,并陈盼复。洪思亮、姚永概、赵继椿、赵曾重、余锡畴、孙多祺同叩。江督即电复云:电悉。皖省僧教育会,敝处当助开办费四百元,即拨汇钧处,转交该会具领。并望转告姚、赵、余、孙诸君,方感。

载1909年6月10日《申报》,第2张第3版,100卷574页

59. 禀提祠田开办族学

合肥县监生葛邦举等拟提祠田、义学等租,开办族学等情具禀抚院。当奉批云:该生以先人公积余资提倡族学,具征热心,自应准予立案。惟其先人创造维艰,积蓄不易,亦宜撙节动用,按期核实造报,呈送该县考核,一洗借学敛费之积弊,庶上可以继承先志,下亦可以杜绝悠悠之口。查阅所列表格,会计用至三人,既难统一事权,尤易开滥支之渐。仰提学司转饬该县,即令设法归并,其余各条厅间有与定章未合之处,并饬按照更正为要。

载1909年6月16日《申报》,第2张第3版,100卷660页

60. 梅南学堂之状况

徽州祁门县梅南学堂,自本年春间由祁邑官绅公举胡耀华君为该校堂长,兼任国文、历史教员,形式、精神均有进步。经学、算术教员杨君祚祺系安徽高等学堂毕业生,理化、格致教员胡君维周系留学日本师范毕业生,音乐、体操教(育)〔员〕李君西樵系安徽师范学堂毕业生,修身、地理教员胡君斐如系紫阳师范学堂毕业生。学生四十四人,分甲、乙两班,又附设初等小学一所,教科亦由诸君担任。前省委陈元瑞大令来堂参观,极为嘉许。兹于五月十四至二十二等日分科考试,二十六日举行暑假礼,全体职员、学生至礼堂行礼。毕,由堂长发给修业文凭,并演讲"修业"二字之意义。次,诸教员授训词;次,校董展览成绩;次,由会计员王孔章君报告上学期度支表。

载1909年7月26日《申报》,第2张第3版,101卷380页

61. 宣讲传习所定期宣讲

吴提学顷以宣讲一事原为开通人民智识,增广见闻,俾日进于文明。前已遵章开办宣讲传习所,业已招生研究,卒业札派分往各属宣讲。查省会为各属之表率,自应先事开演,以为模范。现城内外已派定宣讲员徐念先、吴维垣勘定五城宣讲所基址,特定于十六日开讲,轮番宣演,务期民间风气渐次开通云。

载 1909 年 10 月 3 日《申报》,第 2 张第 3 版,102 卷 486 页

62. 监狱学堂行开校礼

皖省开办监狱传习所,考取合格学员二百余名,于日昨开校。是日,官绅如臬司玉廉访、首府豫太尊暨师范学堂监督姚叔节等,均各莅所行开学礼。各员相继演说,颇极一时之盛。

载 1909 年 10 月 10 日《申报》,第 2 张第 3 版,102 卷 584 页

63. 族学改为公学纪闻

桐城县西乡前有监生唐玠等,筹款创办敦本族学一所,自开办以来,各科章程颇形完备,合族子弟入学肄习者亦甚踊跃。现该生等又拟推广办法,改为合保公学,应需一切经费亦由合保摊筹,所有前订课科堂规,仍斟酌损益增改,以期完善而宏教育。刻已禀由桐城县转禀上宪立案。

载 1909 年 11 月 26 日《申报》,第 2 张第 3 版,103 卷 406 页

64. 凤阳兴办敬业学堂

凤阳县贡生孙庆培等以兴办一校每因经济困难议而中止,致教育不能发达,现该贡生等纠约同志,会议提拨粮行私加斗厘捐款,兴办敬业学堂一所,其科学教员一切章制均遵部章办理。刻已拟具简章,详禀皖提学核示祇遵矣。

载 1910 年 1 月 21 日《申报》,第 1 张后幅第 3 版,104 卷 366 页

65. 寿州体操专修科毕业

寿州学校体操教员潘云卿、胡耕九两君,向称热心教育,今春创设体操专修科,由两君担认义务,招集生徒二十余名,已于本月初八日毕业。州主马禹文暨劝学会绅董会集公学,发给文凭,并试演器械、兵式等操,尚武精神甚为完足,来宾参观者叹赏不置。

载 1910 年 2 月 2 日《申报》,第 1 张后幅第 4 版,104 卷 582 页

66. 端本学堂请拨公款

宣城县附贡生张汝龙以该邑创办端本学堂,虽有奉拨官款补助,无如近来百物昂贵,需用较繁,核计出入相抵,实属有绌无盈。刻已据情上禀皖抚,恳予札饬该县暂挪公余款项,先行接济。未知能邀准否。

载 1910 年 2 月 19 日《申报》,第 1 张后幅第 3 版,104 卷 760 页

67. 支应局拨给学费之报告

皖省支应局以该局所收皖岸督销局盐厘加价、练军、偿款等项,按月拨给各公学经费,尚未详咨报部。若不先行声请立案,将来造销时必干部驳,爰将拨给各款查明开折,详请抚院核咨立案。

载 1910 年 2 月 21 日《申报》,第 1 张后幅第 4 版,104 卷 796 页

68. 募捐开办皖北高等公学

皖北高等公学,自去年蒯礼卿京卿及窦子敬、程绍周、王兰庭、李斐君等各绅,拟取皖北适中之正阳关东门外刘帝城地方开办,学额拟定二百名,并附设中学,以备补助。常年经费由沈方伯允拨六千金,前江督端制军亦允在正阳盐厘项下筹拨若干,尚无确数。霍邱薛华芳暨侄笃光又慨捐沃田千亩,以为常年经费。朱中丞当已允为专折奏奖,以为捐产兴学者劝。惟开办经费仅筹有万金,即常年经费亦不敷尚巨。现已刊印筹捐公启,遍托劝募,务底于成。并闻定于今年春间履勘校址,以便兴工开办。

载 1910 年 2 月 27 日《申报》,第 1 张后幅第 3 版,104 卷 896 页

69. 旅芜湘学裁撤办法

湖南旅芜学堂刻因经费支绌,由堂董李葆林参戎商同关道,详抚宪朱中丞核示。当奉批云:据禀已悉,李参将勇于任事,筹设旅芜湘学,培植湘人子弟,以武员提倡学务,诚不易得。惟现在款绌人少,以十数子弟专立一校,未免得不偿失,自应裁撤,以节经费。所有湘籍学生成绩尚优,中途缀业,未免可惜,或移并省城第四公学,或即就近送入程度相等之学堂肄业,由该道会同该参将酌量办理,余俟查复到日,再行核夺。仰即转移知照。

载 1910 年 3 月 7 日《申报》,第 1 张后幅第 3 版,105 卷 102 页

70. 咨请招考贵胄学堂

陆军部以开办贵胄学堂,业已拟定章程具禀,奉旨允准,钦遵在案。现在开办在即,电请皖抚查照章程,挑选合格生员送部考选,以便录取入堂肄习等因。朱中丞准咨后即

移督练公所查照办理。

载 1910 年 3 月 7 日《申报》，第 1 张后幅第 4 版，105 卷 102 页

71. 乾南公学组织成立

繁昌县境小淮窑地方镇市繁盛，人烟稠密，民间子弟仍多相沿旧习延师教读，实不足以振兴教育。顷由该镇士绅纠约热心学务同人，筹措捐款，创立乾南公学一所，遵照定章，延聘教员，招收学生，以期教育普及。已将兴办该学成立日期上禀学宪，核示立案。

载 1910 年 3 月 20 日《申报》，第 1 张后幅第 3 版，105 卷 310 页

72. 允交安徽公学建筑经费

芜湖安徽公学前以建筑校舍，经费不敷，承蒯礼卿京卿禀请督抚筹拨该公学建筑费八千五百金，当时即由蒯京卿经理存店生息。嗣后，蒯京卿请假回宁，该公学职员迭次赴宁商取前款，并禀奉督院批饬安学司移知蒯京卿照拨在案。日昨，各同乡在宁垣安徽会馆开会，提议安徽兴革事宜，始由蒯京卿当众宣布此事原委，允将前款本息不日拨交，以为公学建筑之用。

载 1910 年 4 月 3 日《申报》，第 1 张后幅第 3—4 版，105 卷 534 页

73. 创办存古学堂之布置

安徽存古学堂业已勘定东门内奎星阁左近基地，鸠工建造。皖抚朱中丞以甫经筹创，经营伊始，造端宏大，举凡布置事宜不免纷繁。顷已照会该堂程监督力任主持，以资完备。

载 1910 年 8 月 20 日《申报》，第 1 张后幅第 3 版，107 卷 826 页

74. 力争学堂经费

皖省清真学堂自开办以来，即抽收屠牛捐以充该堂经费，每头捐钱八百文。开办以来，各屠户均乐于捐纳。兹因巡警道创办屠牛场，禁止私宰，并每头捐钱六百文，各屠户等遂报告该堂，谓屠户等既认学堂捐款，则屠牛场之捐不能奉缴。若两捐并缴，屠户实所难堪。该堂即具禀警道，恳予缓办。奉批：事关公共卫生，未便从缓。现该堂业已停课，邀请教育会与警道争论矣。

载 1910 年 10 月 16 日《申报》，第 1 张后幅第 3—4 版，108 卷 726 页

75. 续办监狱学堂

皖省监狱学堂开办已届一年,所有肄业学员业于本年上学期考试毕业。兹闻该堂人员仍拟接续开办,所需经费由经理人员公同筹款,并不请拨官款。业已详请朱中丞核示矣。

载 1910 年 10 月 18 日《申报》,第 1 张后幅第 4 版,108 卷 758 页

76. 争捐风潮

皖省清真学堂以争捐停课业志本报。兹悉此事之原因,巡警道卞观察前以省城回教每多屠宰病牛,殊于卫生有碍,特设公所一处,招雇兽医,按日令宰户将应宰牛羊送验,如确未受病,方准宰售。其公所经费,按每牛一头捐钱六百文,羊捐钱百文收捐,后给予执照,无照者即以私论。讵该宰户等前已认捐清真学堂之款,较此捐为多,只因认此捐竟置学捐不顾,该堂执事闻之,指为私宰,立即送县惩究,致各宰户不服,报经警局,率领多人,前往该堂理论。该学堂亦率学生等约二百人,赴学司处喊禀,两不相下。未知张提学、卞观察将如何断结也。

载 1910 年 10 月 21 日《申报》,第 1 张后幅第 3 版,108 卷 806 页

77. 皖省存古学堂禀报成立

皖抚朱中丞筹设存古学堂,原为保存国粹起见。业经饬司筹款,妥为开办,并招考生员入堂肄业在案。兹闻藩司吴方伯已将筹款开办情形详请抚台奏咨立案矣。

载 1910 年 11 月 28 日《申报》,第 1 张后幅第 4 版,109 卷 438 页

78. 皖省又将开办存古学堂

皖省筹办存古学堂,业经招考学员,评定甲乙,分别录取。目下该堂开办在即,由朱中丞札委提学司兼任该堂监督,以便督率执事人员悉心筹划,认真经理,俾资克期开办。吴文宗奉札后,即择吉莅堂视事,顷已将启用关防,到差日期,详报抚台查考矣。

载 1911 年 4 月 3 日《申报》,第 1 张后幅第 4 版,111 卷 534 页

79. 中央教育会会员提议案——废止存古学堂

按,存古学堂创于湖北,各省多仿照设立,本年学部修订章程,通咨各省遵办。查学部原奏内载,此项修明古学之人,即为将来经师大儒之选,吾国古学精深,比之他项科学研究更为不易。试如原奏所云,无论世所谓经师大儒修明古学之人其能适用于今之教育与否,而有经科、文科大学、通儒院之设,古学已不虞湮没。查《奏定存古学堂章程》第一条载:存古学堂以养成初级师范学堂、中学堂及与此同等学堂之经学、国文、中国历史

教员为宗旨，并以预备升入经科、文科大学之选。但《奏定师范学堂章程》优级师范第一类以中国文学、外国语为主，第二类以地理、历史为主，是两级师范、中学堂之经学、国文、历史教员已不患无才。又存古学堂中等科学生，以高等小学四年毕业生考取升入，又准暂招读完五经、文笔通适之生，旧日贡生、生员亦准插入，举人准考入高等科。中等科五年，高等科三年，在学共八年。而优级师范以初级师范毕业及普通中学堂毕业生为限，已自高等小学堂卒业，又有五年中学或初级师范程度，而公共科一年，分类科三年，以是之年限、程度、资格与收入举贡生员、高等小学毕业生之年限、程度、资格相较，其成就不可以道里计。揆以教育现状，已无必须存在此存古学堂始足造经学、国文、历史教员之理。且冠以存，则不亡者已，仅名以古，则与今者不适。又参照他项学堂章程，加入他项学科，如法制、理财、博物、理化、农工、商业各项学科，不古不今，名实均失，至升入文科、经科大学之选，则吾高等学堂毕业生日渐增多，尽可升，更无须此存古学堂代为储备。据此理由，谨拟废止办法如左：一、现有生徒，考验程度，分别入师范分类科、公共科及初级师范。（一）现有校舍、经费改办实业或他项需要学堂。（一）所有存古学堂名目及章程即时奏请废止，明示天下，使确知朝廷兴学维新之至意。

提议者：石金声、王景禧、王朝俊、王炳樽、赵正印、鞠承颖。

载1911年8月4日《申报》，第2张后幅第2版，113卷573页

80. 安徽·中国公学停拨经费

皖省各学堂、医局向由厘金项下拨助，前奉部饬删除惟中国公学经费，只准另筹闲款应付。当经各校电请抚宪极力维持，咨部在案。兹奉部复，仍照前电办理，所称公学经费既无闲款筹付，应即一律停拨。朱中丞准电后，转饬各校遵照办理矣。

载1911年8月28日《申报》，第1张后幅第4版，113卷988页

十六　皖省在外教育

1. 招考告示

钦加布政使衔、总办江南筹防局兼管水师学堂事宜、前准淮扬海兵备道桂,为出示招考事:照得本道奉南洋大臣两江爵督部堂曾札开,准总理海军事务衙门咨行,创设水师学堂,挑选学生,教以海军诸学等语。南洋筹办海防,自应广为造就,以储他日御侮之选,合亟札饬遵行等因。奉此,当经本道择于江宁省城仪凤门内建造水师学堂一所,延募中英水师教习,挑选聪颖幼童一百二十人,分授驾驶、管轮之学。现在屋宇落成,亟应招考学生,以备选用。除刊发简明章程俾众周知外,合行出示晓谕。为此示,仰士民人等一体知悉,无论本省、外省寄居良家子弟,年在十三岁以上,二十岁以下,资质聪颖,已读两三经,并曾习英文三四年,情愿应考者,开明籍贯、年貌、三代,先赴江南水师学堂招考处报名,听候本学堂提调示期面试。如仅粗识洋文,不必投考。凡入选者,取具本人家族甘结并绅士保结,入堂习试四个月,分别去留,酌定班次,照章给予赡银,每年按季考校,奖赏有差,五年期满,学业有成,自应择优咨送海军衙门,转咨北洋大臣选拨练船,再加学习船课,照章咨部给奖,量才器使。须知今日之学生,即他年之将佐,饮食教诲皆仰给于公家,事业勋名是所望于继起,毋或观望。其各奋兴。特示。光绪十六年八月日。

按,水师学堂提调沈仲礼司马昨已抵沪,寓后马路景行里,应考者请阅后幅告白。本馆附识。

载1890年10月11日《申报》,第3版,37卷656页

2. 招考学生

江南创设水师学堂,拟招已通中英文字学生,身体结壮良家子弟,年在十三岁以上,二十岁以下,望应考者即来报名、挂号。定于本月二十八起,每日自九点钟至四点钟止,挨次考试,以免拥挤。远处学生望于九月初十前赶到,庶不致误。招考处在英租界后马路景行里。特此告白。

载1890年10月11日《申报》,第5版,37卷657页

3. 加惠英才

江南水师学堂招考,必先试以英文、翻译、地理、算学,四门皆有可观,方能中选。现

在第一案及近日所取精通洋文者皆出自中西书院、万航渡虹口英文书院、麦家圈诸学堂,西师教法精勤,人才辈出,其中学生间有帮教得力之人为西师所殷殷惜去者。江南学堂原定章程须试习四个月,第其资质进境,再给赡银。惟沪上诸生均系通习洋文,学有成效,闻现定新章,此等学生到堂无庸试习,即给赡银,以示优待。招考已展期至二十日左右,可免珊网遗珠之憾。我国家讲求防务,侧席求贤,广招俊义,黾勉五年,即成大器。此为江南数十年未有之际会,时乎不再,有志请缨者想必奋袂兴起也。

载1890年10月18日《申报》,第3版,37卷698页

4. 招考水师学生

江南水师学堂除考取第一案外,尚须身体结壮,曾读英文二、三年,良家子弟,年在十三岁以上,二十岁以下者数十人,倘愿应考,速来报名排号,每日自九点钟至四点钟止,挨次考试。俟陆续取足后,即带赴金陵(肆)〔肄〕业。学堂开办在即,远近各生务望速至。除出示晓谕外,特此告白,招考处仍在后马路景行里。

载1890年10月18日《申报》,第10版,37卷701页

5. 招考续闻

水师学堂第二案考选学生三十二人,江苏最多,粤东次之,浙江又次之。其榜示已登后幅告白。闻此项学生均系精通中英文字、舆地历算诸学者,堪充驾驶、管轮。头、二班学生到堂,除给饭食外,分别给银以赡亲属。每季考试月有加增,五年学成,富贵功名可以立致。一俟第三案出,即行截止。其取定各生,准于九月十九日由委员带同赴宁肄业。有志者幸早著鞭,勿瞠乎其后也。

载1890年10月21日《申报》,第3版,37卷718页

6. 水师学堂提调示

今将第二案取定各学生名次开列于后:周邦正,苏州;朱礼琦,宁波;李新全,上海;赵道行,上海;奚清如,上海;黄春涛,宁波;唐绮华,广东;沈有臣,苏州;姜文熙,川沙;李贞元,广东;伍云海,广东;唐见齐,广东;麦振亨,广东;卓文蔚,广东;章锦元,上海;陆锡章,上海;邓仕钧,广东;乌绪润,宁波;曾期英,温州;艾曾恪,上海;朱揆心,广东;谭宝贤,江宁;林朝曦,福建;于基万,太仓;丁君才,苏州;李子林,安徽;徐茂祥,上海;石彬浩,广东;唐裕森,宁波;张应鸿,广东;沈林昌,上海;方元熙,安徽。以上考取及第一案取定各生,于中英文字、舆地、算学各有专长,均堪充头、二班学生,自到堂日起,除给饭食外,分别给银以赡亲属。著该生等即邀同亲属、保人,齐赴招考处,具结领照,束装候船,前赴金陵肄业。除榜示外,合行传知。

载1890年10月21日《申报》,第4版,37卷718页

7. 水师学堂示

本学堂第一、第二两案取定各生,除唐养泉即宝濂,经哲医生验明体质不宜,应即扣除另补外,其余务于十五以前均来具结,逾期另行选补,幸勿自误。此外,尚须已通英文学生四十人,务祈速来投考。

载 1890 年 10 月 25 日《申报》,附张第 2 版,37 卷 748 页

8. 江南水师学堂示

招考第三案取定学生姓名开列于后:吴耀南,广东香山县人;黄国英,广东香山县人;何忠贤,广东番禺县人;虞觐光,浙江慈溪县人;吴珮琼,广东香山县人;戴礼谮,江宁上元县人;周光昌,江苏上海县人;唐文森,广东香山县人;郑泰升,广东香山县人;姚念先,江苏南汇县人;苏本铫,江苏上海县人;奚景仲,江苏上海县人;马生全,江苏宝山县人;董大发,安徽婺源县人;黄仲则,福建闽县人;李乃模,江苏上海县人;陆有麟,江苏上海县人;郑文南,广东香山县人;施仁耀,江苏上海县人;朱揆忠,广东香山县人;吴颂平,广东香山县人;樊锦泰,广东番禺县人;邓致祥,广东番禺县人;周瑞山,广东香山县人;甘金波,广东东莞县人;蔡国,广东香山县人;赵光熊,江苏上海县人;滕顺生,江苏金匮县人;唐启南,广东香山县人;唐曾钜,广东香山县人;张朝佐,江苏上海县人;汪元祐,安徽歙县人;沈继芳,福建闽县人;李文虞,浙江仁和县人;林士宏,广东香山县人;刘观文,浙江鄞县人;李树森,广东番禺县人;董宝庆,浙江鄞县人;杨芝棠,浙江鄞县人;李崇光,广东大埔县人;顾斐章,江苏七宝县人;石宝庆,浙江宁波人。

载 1890 年 10 月 30 日《申报》,第 4 版,37 卷 774 页

9. 建业钟声(赴堂监试*)

江南水师学堂自桂方伯总办以来,功课加严,近届年终,循例举行甄别后解馆度岁,方伯诣辕禀知,择于上月二十七日开考操演、打靶、测量、机器等学,并饬"登瀛洲"兵船何管带心川前赴学堂监试。

载 1897 年 1 月 13 日《申报》,第 2 版,55 卷 73 页

10. 建业钟声(储才学堂招生*)

推广同文馆更名储才学堂,一俟房屋建竣,添招子弟百二十人入堂肄业。惟同文馆所有诸学生应于年终甄别奖励,是以总办杨诚之观察定于初三日到馆考试西文,至三日乃毕。

载 1897 年 1 月 13 日《申报》,第 2 版,55 卷第 73 页

11. 学堂试武

　　金陵采访友人云,江南水师学堂每届半年,例得聚各学生而考之,以定殿最。本月某日循例开考,先试以汉文、西学诸课,各学生依题献艺,斐然可观。既而,堂中提调、监督、教习各员面请总办,定期演武,桂芗亭方伯据情禀知刘岘帅后,即亲莅操场校阅。既升座,管轮、驾驶两院生咸擎枪列队而前,步伐整齐,坚如壁立,一声令下,即举枪打靶,务期命中摧坚。更有数生,猱升桅巅,以试胆力,方伯颇为称赏。迨阅毕,奖赏有差。

　　　　　　　　　　　　　　载1897年1月26日《申报》,第1版,55卷第149页

12. 白门近事(观察试生*)

　　金陵访事人云,前报载江南储材学堂总办杨诚之观察兆鋆提考学生,将报名人数汇齐,出示晓谕,定期在本公馆传见面试,并先行禀知督宪,共考十三日。兹悉,自初十日开考,每日下午一点钟时传到学生,以次进见。观察先叩其居址,察其年貌,约年在十三岁以下,十七岁以上者方为合格,否则面谕毋庸考试。其有合格而且能文者,则检取四子书命题,试以后股两比,或半篇起讲不等。间有年在妙龄而可原谅者,则仅试以破承题,或合作对背诵经书,即可收录。每次考时,必有同文馆中外教习轮值监场。所有试题照录于下:第一日题:得其所哉,得其所哉。第二日题:申申如也,夭夭如也。第三日题:文犹质也,质犹文也。第四日题:宜其蒙人,宜其蒙人。第五日题:象忧亦忧,象喜亦喜。余尚未悉。

　　　　　　　　　　　　　　载1897年1月26日《申报》,第2版,55卷149页

13. 储材学堂招考示

　　钦加二品衔、随办南洋洋务、督办江南储材学堂、存记出使、军机处记名、江苏候补道杨,为招考事:照得本道前奉督宪札委办江南储材学堂,招选各省身家清白、年幼聪颖子弟入堂,分习英、法、德、日四国语言文字,俟语言文字精通,仿照汉儒专经,分习律例、赋税、舆图、翻书、种植、畜牧、水利、农器、化学、汽机、矿务、工程、商务、钱币、货物诸学,均由各洋教习尽心教授,以期造就成材,为国家用。查各省有志生童来馆报名者有一百七八十名之多,前经本道禀明督宪,于去年十二月初九日起二十一日讫,每日延见十余人,每人察看问话约十分时之久,然后命题,试以文理,或嘱对背书,业已取得正取十八名,副取二十五名,尚未足额。查上海为通商最繁之区,子弟潜心洋文者不少,现定身家清白、文理通顺、年十四至十六者,准予投考,如已习泰西语言文字者则年至十九,亦准投考。为此示,仰各该生童知悉,尔等如愿来堂学习,须合以上所定年岁,务各取保人保其身家清白,写具本人名条来西门内西仓桥西首陈公馆报名,于本月二十九日截止。截止之后再行出示考试。其各照毋违,切切。特示。光绪二十三年正月初六日示。

　　　　　　　　　　　　　　载1897年2月16日《申报》,第3版,55卷第244页

14. 江南储材学堂传见考试单

钦加二品衔、随办南洋洋务、督办江南储材学堂、存记出使、军机处记名、江苏候补道杨,为招考事:照得本道于本年正月初六日出示,招选各省身家清白、年幼聪颖子弟入江南储材学堂肄业,报名者约一百六七十人,应照江宁考试程式,每日传见十人,察貌问话,每人约十分时,然后命题试文。除王涯、许先达、罗子建、马树棠、蒋锡恩、孙箭、张辅仁、翟宗藩、周秉炎、王鸿仪、许葆英、孙必荣、季善谟、陈炳勋等十四人就近在宁已试,归入此案办理外。为此示,仰各报名生童知悉,自三月初一日起至十六日止,尔等务各认明后开日期,即于是日午刻携带笔墨至大马路盆汤弄丝业会馆听候面试。其各照毋得迟延自误,切切。特示。

三月初一日,传见华鼎、石襄经、王镇功、张永泉、史国彬、杜元庚、严坤明、李廷俊、沈士英、王祖铨。

初二日,传见俞延龄、王文光、朱荫森、周敦福、艾文虎、吴宝礼、洪基、周晖庭、金逵、华毓麒。

初三日,传见王钊功、周庆舫、曹德馨、沈家熊、吴乃海、吴大桢、朱衍纪、朱家祥、王元、林玉衡。

初四日,传见王文庠、吴宝豫、朱衍科、王利、唐赓宸、江国平、郑国瑞、毛士骥、张汝镐、查文魁。

初五日,传见黄毓骥、孙毅、许葆彝、沈熙、郑目、施鸿翔、张玉生、陈应洙、宋英、李道铺。

初六日,传见史国桢、毛士鹏、杨釜、吴勤训、吴宗熙、何乃斌、张一鸿、陶荣年、贝祖年、苏以庄。

初七日,传见钱厚德、张一鸣、岳昭燧、贝富年、恩寿、方志钟、张锡同、潘安鼎、黄秉钧、陈天驷。

初八日,传见吴镜奎、汪铭笏、包颂煌、丁家榜、李家杰、苏以昭、潘安丰、周殿元、华鸣岐、沈秉彝。

初九日,传见徐崇钦、吴肇鑫、崔福钧、汪克峻、丁丕埙、陈申元、蒋祖荫、钱兆纲、赵锡恩、徐琳。

初十日,传见陈纲、金兰、胡文蔚、朱祥纶、陈福寿、章宗元、秦秋鉴、凌希曾、徐瑨、董昌骙。

十一日,传见金钟秀、陈方瀚、刘锡昌、王昌诏、阮鼎新、秦仁鉴、陈道濂、徐琮、凌企曾、周鸿钧。

十二日,传见徐宝书、戈钮璜、李文英、袁希濂、张文锦、赵锦章、沈家骐、朱学恕、沈继祖、杨韵珂。

十三日,传见席志贤、方炳文、奚景斯、秦福鉴、沈锡叚、阮炳星、吴宝义、沈家骖、朱学慎、周金声。

十四日,传见何国材、蒋简书、汤心豫、蒋中觉、王铨选、任宗城、张锡麟、范熙祥、向道生、陆文彬。

载1897年3月27日《申报》,第3版,55卷第486页

15. 为国储材

金陵储材学堂总办杨诚之观察在沪招考储材生，本馆曾登报牍。兹复出示曰：钦加二品衔、随办南洋洋务、督办江南储材学堂、存记出使、军机处记名、江苏即补道杨，为榜示事；案照江南奏请设立储材学堂，招选各省身家清白、年幼聪颖子弟肄习其中，以收树人之效。经本道于三月初一日开试，十七日试毕，与试者一百七十人，当传见时逐名详询参观，暗加记号，然后试以文字，业将各卷详慎品评，并记年岁，申呈督宪鉴定。兹奉批发回，爰将正副取及备取各生名次开列于后。为此示，仰各生知悉，尔等列在正、副取者，俟学堂落成，静候出示，传到肄业。其列在备取者，暂不传到，俟正、副取各生试习三月，后有裁汰者再行传补，仍在籍攻书，毋稍自弃，是所厚望，毋违，切切。须至榜者。光绪二十三年四月初十日示。

计正取十六名：金达、岳昭燧、郑目、刘锡昌、曹和溁、史久骏、金兰、李成元、许葆英、蒋祖荫、潘诵缓、罗之健、汤心泰、戈钮璜、陈天驷、孙必荣。

副取二十名：吴允朝、盛浩、蒋锡恩、洪基、钱厚德、史国彬、焦应奎、孙毅、吴宝义、邵家麟、何乃斌、余廷龄、范佐乾、吴勤训、马树桐、恩寿、李世俭、朱颐年、陈方铮、吴宗熙。

备取二十名：杨釜、吴迺海、王庆纲、张朝元、史久骐、陈炳勋、朱衍科、陈同寿、徐宝书、查又魁、史国桢、王昌诏、潘诵虞、吴宝豫、李道镛、吴大桢、李廷俊、施鸿翔、周金声、许先达。

载1897年5月16日《申报》，第2版，56卷第178页

16. 学堂已开

金陵建造储材学堂，于前月工竣，总办杨观察聘定裴君克雷为英文教习，于本月初三日莅省，拟即于初四日开堂。嗣因杨观察须于数日内复行考试各生，故易于十一日开堂教授。想我华不少聪明颖慧之士，他日学成，必有以副国家旁求之用也。

载1897年8月23日《申报》，第1版，56卷第1390页

17. 储材补额

钦加二品衔、随办南洋洋务、督办江南储材学堂、存记出使、军机处记名、江苏即补道杨，为晓谕事：照得前因在沪考取各生，尚未到齐，曾经出示，限于七月底到堂，并示悉如逾期不到，即著备取各生充补在案。查先后到堂学生计共一百十一名，尚有空额九名，急需补足。除将正副取未到学生扣除外，应将备取杨釜等九名充补足额，合行出示晓谕。为此示，仰备取学生刻日来堂肄业，勿得迟延自误，切切。特示。

计开杨釜，年十六岁，浙江乌程人；吴乃海，年十六岁，广东南海人；张朝元，年十四岁，江苏元和人；陈炳勋，年十五岁，江苏清河人；朱衍科，年十五岁，浙江定海人；徐宝书，年十四岁，江苏崇明人；查文魁，年十六岁，安徽泾县人；李道镛，年十二岁，江苏江宁

人；王庆纲,年十七岁,江苏丹徒人。

光绪二十三年八月初五日示

载 1897 年 9 月 11 日《申报》,第 2 版,57 卷 61 页

18. 储材甄别

金陵储材学堂早经总办杨观察出示,招考学生入堂肄业,继又延请中西教习先后到堂,禀知督宪于今岁仲夏月阅堂授业,一切情形屡详本报。兹悉观察振作人材不遗余力,本月十八、十九等日,命将全堂肄业学生悉行甄别,令中西各教习严核诸生功课,以定去取。其有不堪造就者,即行黜退。所遗之缺,即于前所招考备取学生内挑选充补,仍复分别等第高下,以示鼓励。其专攻中学,绝不谙通西法者,均难高擢优等,盖观察力矫同文馆之弊,以中学为经,西学为纬,体用兼备,始成救世之材。循是道,而行之十年教训,则人材杰出,当有不可胜用者矣。不禁拭目视之。

载 1897 年 11 月 21 日《申报》,第 2 版,57 卷 507 页

19. 详述储材学堂甄别事

金陵采访友人云,储材学堂设在省垣仪凤门内,自开塾迄今已届甄别之期,总办杨诚之观察示期集诸生课试,所命汉文题:西铭即中庸之理。论建文削藩。论孔子诏弟子以孝悌为本,而以余力学文;又,四教首言文,程子谓教人以学文修行而存忠信,忠信,本也,均是文也,其致力有先后,试申其说。老儒、老农、老僧、老仆,各诗一首。试毕,将中西各卷呈送刘岘帅评定甲乙。兹将前列姓名录后:

英文:邵家麟、何汝晋、孙毅。

法文:戴儒珍、吴宝义、彭天泽。

德文:戈钮璜、吴洒海、王景江。

东文:洪基、许葆英、谢登慈。

汉文:陈其采、孙时勋、闻国政。

观察又将诸生之不率教者斥退若干名,遗额另行招考,因出示云:为出示招考事;照得本堂学生试习三月期满,照章甄别,有汰退者亟应遴补,除在宁考取学生十五名,饬令到堂试习外,尚有遗额。为此出示招考,愿来应考者务须年在十四五六,文字清通,有人保其身家清白者,即至上海英租界腾凤里杨公馆报名,于十一月初十日截止,十二、十三两日在公馆面试,均各携带笔砚。习过西文者,并携西书。其各遵照毋违。特示。想西学为当今之急务,凡在青年子弟,当无不争先入试,俾春风化雨,蔚为有用之才也。

载 1897 年 11 月 26 日《申报》,第 2 版,57 卷 537 页

20. 储材示谕

钦加二品衔、随办南洋洋务、督办江南储材学堂、存记出使、军机处记名、江苏即补

道杨,为榜示事:照得江南储材学堂前以试习期满,汰退学生多名,除在江宁考选外,尚有遗额,经本道先行出示招考,今传报名学生于本月十二、十三、十四等日面试,论说制艺,并察看年貌,分别去取。为此仰后开正副取各生知悉,即行自备川资到堂试习,其备取各生现且无庸到堂,听候日后传补。其各遵照毋违。须至榜者。

计开:正取学生三名:范宗德、徐骝良、陈擎宇。副取学生六名:方舟、赵廷彦、李业庸、吴继杲、赵国彦、张令安。

载1897年12月9日《申报》,第3版,57卷616页

21. 储材开馆

金陵访事人云,省垣储材学堂分课英、法、德、日四国洋文以及中西有用之学,自去秋开堂教授至客腊封印以后,在堂教习、司事人等不无年事,遂禀明总办杨诚之观察暂行解馆,各学生亦各自返家度岁。刻已节近试灯,观察恐工课久旷,遂饬于初十日开馆,各教习、学生均于先一日担簦负笈齐集学堂。届日清晨,总办由公馆乘双轮马车莅堂,由教习诸君率领英、法、德、日四馆学生恭谒。礼毕,开馆教学。迨至红日衔山,诸生散学,观察始命驾而回。

载1898年2月6日《申报》,第1版,58卷185页

22. 江督刘奏为遵旨设立江南省府县各学堂折

头品顶戴两江总督臣刘坤一跪奏,为遵旨设立江南省府县各学堂,谨将筹办情形恭折具陈,仰祈圣鉴事:窃臣恭阅《邸钞》,光绪二十四年五月二十二日奉上谕:"前经降旨,开办京师大学堂,入堂肄习者由中学、小学以次而升,必有成效可观。惟各省中学、小学尚未一律开办,总计各直省省会及府厅州县无不各有书院,著各该督抚督饬地方官各将所属书院坐落处所、经费数目,限两个月详查具奏,即将各省府厅州县现有之大小书院一律改为兼习中学、西学之学校。至于学校等级,自应以省会之大书院为高等学,郡城之书院为中等学,州县之书院为小学堂,皆颁给京师大学堂章程,令其仿照办理。其地方自行捐办之义学、社学等,亦令一律中西兼习,以广造就。至各书院需用经费,如上海电报局、招商局及广东闱姓规费颇有溢款。此外,陋规滥费当亦不少。著该督抚尽数提作各学堂经费。各省绅民如能捐建学堂,或广为劝募,准各督抚按照筹捐数目酌量奏请给奖。其有独力措捐巨款者,朕必予以破格之赏。所有中学、小学应读之书仍遵前谕,由官设书局编译中外西书颁发遵行。至于民间祠庙,其有不在祀典者,著由地方官晓谕民间,一律改为学堂,以节靡费而隆教育。似此实力振兴,庶几风气遍开,人无不学,学无不实,用副朝廷爱养成材至意。将此通谕知之,钦此。"复于七月初四日奉电传谕旨:"前于五月二十二日降旨,谕令各省开办学堂,限两个月复奏。现在限期将届,各省筹办情形若何,著各督抚迅即电奏。钦此。"并准总理衙门将大学堂章程咨送前来。窃惟学堂之设为自强根本要图,我皇上作育人才,孜孜求治,屡发明诏于京师,创立大学堂,特派管学大臣妥议章程,克期举办,谕令各省一体实力奉行,洵足立当代之楷模,新斯民之

观听。臣受恩深重,图报情殷,何敢稍涉因循,自蹈咎戾。惟是造端伊始,考核不厌精详,经费有常筹划,尤须审慎。兹遵照大学堂定章斟酌变通,就江宁城先行开办,以期迅速集事,谨将筹拟情形为皇上详陈之。查江宁地方为东南一大都会,向来江苏、安徽两省于兹合闱乡试,此次设立学堂系为科举之梯航,俾知学术之阶级,则两省士子自应一视同仁,拟设江南学堂一区为高等省学堂。江宁府统辖七属,上元、江宁两县本系同城,拟设中等、小学府县学堂各一区,与京师大学堂一气贯注,层累递进,以符书升抡秀之规,通训学堂三处,员司、教习薪水,学生饭食、书籍、纸笔、月课奖赏以及各项杂支,每年非八九万金不足敷用,而开办之初,如经营学舍、延聘教习、购买中外书籍、图册、仪器等项,又非十余万金不办。当兹费绌用宏,度支告匮,如此巨款,实苦罗掘无从,而地方应办事宜更何敢轻言请款。伏思江南旧有储材学堂原议分设交涉、农政、工艺、商务四大纲,学额以一百二十名为止,又以学生未解西书,不得不以语言文字为途径,现在所学仅英、法、德、日四国语言文字,即使三年有成,不过备译人之选,而于律例、赋税、舆图、翻书、种植、水利、畜牧、农务、化学、汽机、矿务、工程、各国商务、中国土货、钱币、货物诸学均未讲求,仍须俟诸数年之后。定额既少,收效又迟,且与大学堂章程多不能相应。方今朝廷励精图治,百度维新,各省遍设学堂,一洗空疏积习,宏规茂矩,体用兼资,不患无翻译之才,而患无会通之士。臣之至愚,应迅设省府县各学堂,以植其本;另设农工商等学堂,以造其精。既为溥通学先立始基,即为专门学豫筹进境,庶几人才辈出,不致迟缓费时,拟将储材学堂改为江南学堂,推广学额,多延教习,其旧有学生严加考核,分别去留。并将旧有之钟山、尊经、惜阴、文正、凤池、奎光六书院并改为府、县各学堂。所有各该学堂、书院经费悉数拨给济用。至开办经费,储材学堂连年节省,尚有数万金可以提拨,如有不敷,容臣另行筹款,现已派委道员蒯光典总司其事,次第举行,此筹办江南省府县各学堂之实在情形也。若夫外府州县,虽已有数处设立中西学堂,而办理未能划一,章程难免参差,兹幸圭臬有资,自应敬谨遵守。惟各属学额之多寡,须视地方广狭、经费之优绌以为衡,碍难遽为悬定。业经臣将大学堂章程刊印分发,严饬各该地方官查照速办,将本有之书院一并改为学堂,经费不敷均著就地筹款,依限于一年之内一律告成。其有绅耆好义或捐资独建学堂,或合力分设学塾,俱照新章分别奏请奖励。总期渐推渐广,日起有功,仰副圣主殷殷告诫、振兴实学之至意。所有遵旨设立江南省府县各学堂缘由,理合恭折具奏,伏乞皇上圣鉴训示。谨奏。

奉朱批:管理大学堂大臣并该衙门知道,片一件并发,钦此。

光绪二十四年九月十六日《京报全录》,第六千三百七十号,戊戌年九月二十五日《申报》附张

载1898年11月8日《申报》,附张第4版,60卷498页

23. 学堂缓开

金陵访事友人云,省垣储材学堂现经督宪刘岘帅檄饬改为江南省高等学堂,将前次所收学生悉数遣散另招,总办杨诚之观察则另候差委,而以蒯(丽)〔礼〕卿观察主持其事。及蒯观察到差后,以此项高才生一时未易招集,不能克日开堂,函请江宁府刘太守

派委知县陈大令香祖将堂中所置中西书籍逐一验收,暂驻堂中,代为管理,俟定期开办,然后缴呈。

载1899年1月3日《申报》,第2版,61卷13页

24. 江南高等学堂简明章程

《内课简明章程》

一、本学堂名为江南高等学堂,堂地坐江宁省城仪凤门内三牌楼和会街地方。

一、内课学生定额一百二十名,上江六十名,下江六十名:江宁府八名,扬州府八名,淮安府五名,徐州府四名,苏州府八名,松江府六名,常州府八名,镇江府三名,海门厅一名,海州二名,通州三名,太仓州四名,安庆府八名,庐州府八名,凤阳府六名,颍州府五名,徽州府七名,宁国府七名,池州府五名,太平府四名,滁州二名,和州一名,广德州一名,六安州三名,泗州三名。以上学额皆按府州厅加倍录送,俟本学堂再行甄别,其该府州于甄别学生时,但当择尤录送,不必拘定县分。

一、学生专收举贡生监。监生系指廪增附捐贡监者而言,非指俊秀。其吸食鸦片烟者不得录送。

一、学生年岁以二十岁以内为合例,倘所学实在优长,则年逾二十者亦可录送,惟不得逾二十五岁。洋文已卒业者,准逾二十五岁,仍不得逾三十岁。

一、所收学生以中学优长者为主,倘中学稍逊,而洋文、算学擅长及曾习溥通格致者,亦可录送,但须由该府州厅分晰出具考语,以便查照甄别。

一、学生由外府州厅文送,来宁甄别,皆由本学堂按路途远近酌给川资,每站给银五钱。其由籍来宁,川资先由本生垫用,俟投到后,验文发给。其无力自垫者,即由该地方官暂行垫给,文内声叙明白,俟投到后,由本学堂拨还。甄别不录者,并酌发回籍川资。

一、学生来宁甄别后,或照额酌量多取若干名,入堂试习三月,再行甄别,以定去留。其身体、性情、姿质、口齿与本学堂章程不能相宜者,随时剔退,不必定待三月。

一、学生投文后,未入堂之前,按日给旅资银一钱。入堂试习期内,每月火食给银四两。

一、学生试习期满,甄别留堂后,每人月给火食银五两,另挑第一级学生,以示鼓励,名数随时酌定。其挑选之法,以中文、洋文、算学为三项。一项列入第一级者,加给火食一两;二项列入第一级者,加给火食二两;三项均列第一级者,加给火食三两。

一、学生应用中外书籍、纸笔、画图器等,均须自置。其可以公用者,由官购备应用。其斋房内床榻桌凳及斋夫,每二十人派用一名,均由官备。加设自来水火,亦不摊扣。

一、学生约分八班,每班约十余人,随时升降,以资鼓励。

一、学生功课不可间断,势难再应科岁考,应由督部堂咨名学政,凡在堂之廪增附,均免其科岁考。至乡会试,一概准应。

一、学生例假外,再行请假,即停给火食银两,惟因三年之丧给假,准给火食半分,以示体恤,其银须俟到堂后方准给领。至疾病则轻者由本堂官医诊视,药炭自备;重者由官医验明,或在堂医治,或请假出外调理,但在堂则火食照发,出堂则一概停给。

一、学生请假之期以四个月为限,逾限即开缺另补。开缺后到堂者,准其自备火食学习,遇有缺额,再行收补。

一、学生来学者,须自具甘结,呈该地方官加其印结,汇送本学堂,结式附后。

一、学生课程除专门及高等算学挑取学生另习外,其通行课程为经史理文、中外政治、掌故、舆地、洋文、算学、体操、试验、格致、化学、攻金、攻木、测量、绘地图、绘机件图等事。

一、洋文各学生同习一国,以便多分班次,挑习专门。

一、专门学暂设格致、商学、律例三门。格致所包至广,先就其中挑出三项:一工程,一制造,一化学,各延专师。

一、本学堂先〔等〕〔设〕高等算学一门,其数学、代数、二次式以前几何、前六卷三角、测量定法之类,是为通行课程。算学过此以往,则深代数、代数几何、微积、重学、天重学。其寻常天文、重力、水火等学仍归入溥通格致,是为高等算学。如志在他项专门,即无须进习高等算学;若志在工程、制造,必须进习高等算学。

一、汉文堂上功课,除督课外,刚日作札记一条,柔日由教习命题作答问一条,呈送教习批阅。

一、每月考月课一次,每次给奖银六十两。期年大考,倍给奖银。此项大考,应请督部堂亲试。倘由督部堂另加奖银,不在此数。

一、本学堂以专门为归宿,以通行课程为阶梯。通行课程限三年卒业,届时由督部堂考定,仿照同文馆、南北洋各学堂章程,奏请奖叙。专门亦限三年卒业,届时再由督部堂考定,奏请奖叙。其尤优异者,派赴外洋游学。若已届考期,而学业未成之学生,由教习察看,如果再学一年可以卒业,则准其自备火食,留堂学习。倘卒业无期,概行剔退。其补习通行课程或径习专门之学生,分别提前办理。

一、学生暂由文送,此后遇大比之年,由本学堂招考,考取后按名次先后行文传补,不给川资。

一、学堂规条仿照大学堂、南北洋各学堂办理。再有章程,明日续登。

载1899年2月4日《申报》,第1—2版,61卷205页

25.续录江南高等学堂简明章程及结式

一、内课学生甘结由学生自具,送该地方官加结,黏连钤印,汇送本学堂。具甘结:某科生、举人、贡生、某姓某名、现年若干、系某府厅州某县人,自愿投考江南高等学堂,实属年例相符,亲身赴考,并无违碍、捏饰、枪替等弊。如蒙录取入堂肄业,自应遵守堂内一切规条,不敢违抗,理合出具甘结。所结是实。计开本身三代:曾祖父母、祖父母、父母,均注明:名氏、存殁,光绪 年 月 日具。

《附课简明章程》

一、本学堂招收附课学生一百二十名,不论省分,不拘出身,约分为三大班,每班之中再析班次。

一、习汉文、洋文、算学等项,以次学习中外溥通学。

一、补习溥通学,系经史理文、中外政治、掌故、舆地、洋文、算学、体操、试验、格致、化学、攻金、攻木、测量、绘地图、绘机件图等事。分别已习、未习及所已习之浅深,再分班次。其意有专主不全习者听。

一、习专门学详见《内课简明章程》。

一、习汉文、洋文、算学之初班学生,必须文理业已粗通。

一、补习溥通各门之学生必须西学、西文已知门径。

一、习专门之学生,必须洋文及溥通各学均已精通。

一、习汉文、洋文、算学之初班学生及补习溥通各门之学生,每月缴修洋三元,习专门学生每月十元。高等算学亦系专门,因用华人教授,只收修洋三元。每年按十个月计算,遇闰照加,分春秋两期,先行缴足,方准入堂。如因三年之丧辍业,按月照数算还修金。余事请假,概不算还。

一、学生如住堂内,饭食、茶水自备,学堂内章程规条须与内课学生一律遵守,住房两人一间,床榻桌凳及斋夫均由官给。其不住斋房者听。如设自来水火,不加修洋。

一、附课学生中如有上下江举贡生监屡考优等,俟正课额出,即按府准其补入。其籍隶外省者,概不准补。

一、附课学生每月月课、期年大考,与内课一例给奖,不分轩轾。

一、附课学生卒业,奏请奖叙,派赴外洋游学,均与内课一例。

以上二条均详内课章程。

一、以上各项学生如已习洋文者,不拘年岁,均可收录。如未习洋文者,年在二十五岁以上不收。

一、凡愿附学者,须由官绅出具保结,结式附后,其习专门之学生,并须加具甘结一分,声明学成后愿为国家效用,不得规避。结式附后。

一、凡愿附学者须各具保甘各结,亲到本学堂,持结报名。如住居较远,准其由邮局寄递前来登记入册,按名次先后传到。倘人数已满,俟有额出,即由本学堂挨次传补。

一、附课学生保结各具一分,由官绅签名或加印,具保结某某,今保得附课江南高等学堂某生某某,现年若干岁,某省某厅府州某县人,住某地方,实系身家清白,自愿亲身附学,并无违碍捏饰等弊。如蒙传到入堂肄业,自应遵守堂内一切规条,不敢违抗。理合出具保结,发给该生赴学堂报名,听候示期挨次传到肄习。所保是实。光绪 年 月 日具。

一、附课专门学生甘结,由附课专门学生自具。具甘结某姓某名,现年若干岁,某省某厅府(县)〔州〕某县人,住某地方,自愿附学江南高等学堂学习某某专门,实属身家清白,并无违碍捏饰等弊。学成之后,情愿为公家效力。倘公家暂时不用,本学生自谋生计,亦情愿不拘何时由公家调回,不得稍有规避。如蒙传到入堂肄业,自应遵守堂内一切规条,不敢违抗。理合具甘结,并请加具保结黏连呈堂报名。具甘结是实。计开本身三代:曾祖父母、祖父母、父母,均注明名氏存殁。光绪 年 月 日具。

一、附课专门学生保结,由附课专门学生名具一分,由官绅签名或加印。具保结:某某名,官阶,今保得附课江南高等学堂某某生某姓某名,现年若干岁,某省某厅府州某县人,住某地方,实系身家清白,自愿亲身附学某某专门,并无违碍捏饰等弊。学成之后,愿为公家效用。如蒙传到入堂肄习，自应遵守堂内一切规条，不敢违抗。兹据该生出具甘结，呈请保送前来，理合加具保结，黏连发给该生赴学堂报名，听候示期挨次传到肄习。所具保结是实，光绪年月日具。

载1899年2月5日《申报》，第2版，61卷211页

26. 江督刘奏为储材讲武折

头品顶戴两江总督臣刘坤一跪奏：为武举武生挑入学堂肄业，宜先于平时讲习兵法等学，以备甄取而育将才，恭折具陈仰祈圣鉴事。窃准部咨光绪二十四年九月十八日，钦奉慈禧端佑康颐昭豫庄诚寿恭钦献崇熙皇太后懿旨："科举之设，无非为士子进身之阶。至于训练操防，尤营伍学堂为储材之根本，所有武场童试及乡会试均著仍照旧制，用马步箭、弓刀石等项，分别考试。各省营用武进士及投标武举，悉令练习枪炮，酌定劝惩章程。所有未经入营武举、武生等，均著就近挑入学堂，学习格致、舆地等学及炮队、枪队、马队、工程队诸科，以备折冲御侮之用等因。钦此。"仰见皇太后、皇上权衡至当，因时制宜，于慎重武科之中，仍寓作育群才之意。跪诵之下，钦佩莫名。业经转饬一体钦遵。伏查江南陆师学堂于光绪二十二年开办，此项学堂各省尚未一律建设，目前库储拮据，大抵相同，仅能于各省会酌设学堂一区。至于府县地方，尚苦力有未逮。以通省之武举、武生萃于一堂，经费有常，不能不酌量挑取。而学堂内外场功课如兵法、营垒、军械、测量、算学、地势、绘图、地舆、洋文、洋语以及马步队、工程队、体操等艺，门类既多，肄习匪易，非文理明畅不能期其领悟，非资质聪颖不能得其会通，尤非兼习毕业不能收学堂之实效。各省武举、武生虽应试时默写《武经》场，而枪替代书在所难免，即稍稍识字，亦复粗浅鄙俚，无甚可观，以言弯弧击刺则有余，以言才识文义则不足。盖武科之制，本以弓马技勇为主，功令所重，风气随之，其势然也。江南初设陆师学堂，武举、武生何尝不一体收考，而甄别留堂者仅止武生一人，取才之难可为明证，若不于平日认真讲习，深恐将来挑无可挑，殊非朝廷实力振兴之至意。现经臣饬将陆师学堂兵法等课程厘定刊刻，颁行各府县学，广为传布，俾武举、武生在籍自行探讨，如能通晓大义，即由该府县详送省城学堂考试，择其文从字顺、持躬谨饬者挑选入堂，与学生一体采课，庶几始基既立，可无扞格之虞，进取有资，足备干城之选。可否请旨敕下各省一律照办，似于武备不无裨益。抑臣更有请者，学堂功课共有十余门之多，武举、武生入堂后讲解、诵读已觉日不暇给，于马步箭、弓刀石等艺不无偏废。现在武科既复旧规，士子奋志功名，恐仍不免舍此就彼，应否将此项武举、武生于学堂毕业后给予凭照，咨送兵部考验，分别酌予出身，以资鼓舞。伏候敕部议复施行。臣为储材讲武起见，是否有当，谨缮折具陈。伏乞皇太后、皇上圣鉴训示。谨奏。

奉朱批：另行旨，钦此。

光绪二十四年十二月十九日《京报全录》第六千四百六十二号，已亥年新正月十二日《申报》附张

载1899年2月21日《申报》，附张第4版，61卷278页

27. 学成致用

武昌采访友人云，湖北自强学堂开设至今，成效渐著。日前，湖广总督张香涛制军接准安徽巡抚邓筱赤中丞来文，以皖省现方招收武备学生，亟需选取精通洋文者为领袖，应给膏火，格外从优，请于鄂省学堂中酌量选派，爰即行知学堂提调某司马，迅速选取高材生二名咨送赴皖，以资督率。

载 1900 年 4 月 11 日《申报》，第 2 版，64 卷 619 页

28. 学堂招考

松江访事人云，江南高等学堂现已开办，日昨松江府许子元太守接奉江南派办处招考学生札文，即出示晓谕云：钦加三品衔赏戴花翎调补松江府正堂许，为出示晓谕事：光绪二十八年八月初二日，奉江苏派办处宪札，准江南派办处咨开，据高等学堂提调案呈，窃前奉督宪札开，筹办江南省各学堂大略情形，于光绪二十八年四月初八日会奏，五月初五日奉朱批"著即督饬认真讲求，随时考察，务得真才而收实效。钦此"。恭录札饬分别移行，一体钦遵等因。奉此，当经相度，得城内北极阁南空基，堪以建造江南省学堂。惟购地庀材尚需时日，奉准暂以钟山书院改建之府学堂借作高等省学堂，文正书院改建之县学堂借作府学堂，其县学堂暂将惜阴书院改建，委员勘估，督匠开工，统限八月内完竣。各学堂应行招考学生，现定期九月内一例考取。除府、县学堂另饬遵章办理外，查奏定章程内开：江南省高等学堂先收学生一百五十名，苏皖两省土著照额各半，匀按各府厅、直隶州摊派，并考收各省客籍，计上、下江十六府，每府六人，八直隶州每州四人，海门厅二人，江宁、京口驻防各二人，客籍十六人。又，省学准于正额外加收附课学生二十名，以备正额遇有事故缺出，随时拔补。省学学生限年在二十四岁上下之举贡生员，其额外附课及兼收客籍名额，则亦准监生投考。凡考选学生归各府厅、直隶州摊派者，应由各该府等先期考送，多选三分之一，到省复考。其余则均在省城招考。凡有已过考期报到者，不复收考各等语。现在高等省学堂应行调考苏、皖各属学生，自应一例遵照办理。惟查高等省学堂现系借用府学堂，所有斋房仅敷学生一百二十名住宿，若照额调取，万不能容，只可暂就斋房酌量减取。其府属原定额六名今减为五名，州属原定额四名今减为三名，海门厅二人，江宁、京口驻防各二人为数本少，应仍其旧。客籍原额十六人，今减为十人，以符现在学堂斋房一百二十人之数。其苏宁属应行考选学生，除由本处暨移苏派办处分别札调，并详请督宪转咨安徽抚宪通饬所属各府州厅一例遵照，先期考送，以便定期复考外，相应备文移请烦查照，希即转饬所属各府州一例遵照。此次减取额数，多取三分之一，限九月十五以前到宁，以便定期复考等因到处。准此；合就札饬等因到府。奉此合行出示晓谕，为此示，仰合属举贡生监一体知悉，如有愿赴江南高等学堂肄业者，由县先期考取，并令出具愿赴江南高等学堂切结一套，由县加具印结，黏连钤印送府。统限九月初三日以前齐集郡城，听候示题考取，以凭转送江南高等学堂考选录收。逾期送到，概不收考。毋得自误，切切，特示。

载 1902 年 9 月 27 日《申报》，第 2 版，72 卷 175 页

29. 师范须知

金陵访事友人云，江南高等学堂现奉署两江总督南洋大臣张香涛宫保饬改为江宁府属师范学堂，复另设三江师范学堂，以广造就。总办江南学堂事务之江安督粮道胡砚荪观察诚恐各生未及周知，爰于本月某日出示晓谕，曰：为饬知事，奉署两江督宪张饬改江南高等学堂为宁属师范学堂外，另设三江师范学堂一所，所有宁、苏、皖各属考送高等学生，暂时并归宁属师范学堂肄业，俟三江师范学堂开办时，苏、皖各学生再行拨入。现在宁、苏、皖各属投考之学生及投考之客籍学生人数已多，自应先行考试，其余未经赶入此次考试者，新年再行定期续考，俟考取后，统于明年二月内到堂肄业。兹定于十二月初六日在下江考棚考试，合行先期示谕。为此示，仰宁、苏、皖考送高等学堂之学生及投考之客籍学生一体知悉，该生等务于先期赴高等学堂公所报名，以便备卷。限十二月初四日截止，初六日黎明赴下江考棚，听候点名考试。幸勿观望自误。特示。

载 1902 年 12 月 28 日《申报》，第 2 版，72 卷 829 页

30. 保荐教员文告

太子少保、头品顶戴、兵部尚书兼都察院右都御史、湖广总督部堂署理两江总督部堂张，为保荐教员入堂练习事：照得各省钦奉谕旨兴办大中小各等学堂，业经通饬遵行在案。查各国中小学堂教员咸取于师范学堂，是师范学堂为教育造端之地，关系尤为重要。本部堂衙门兼辖江苏、安徽、江西三省，此三省各府州县应设中小学堂为数浩繁，需用教员何可胜计！若未经肄业师范学堂，延访外国良师讲求教授之法及管理之法，遽任以中小学堂教员，必致疏漏凌躐，枝节补救，徒劳鲜功。且详略参差，各学堂学派、学程终难划一。兹特于金陵省城创建三江师范学堂一所，凡江苏、安徽、江西三省士人皆得入堂受学。江苏省宁属定额二百五十名，苏属定额二百五十名，安徽省定额二百名，江西省定额二百名，共定额为九百名。先收六百名，俟三年后再行续收足额。其附属小学堂定学额为二百名。除学习师范之学生应俟今冬学堂造成，再行分饬保送考取外，现拟于第一年先行筹办练习教员之法，现已延聘日本高等师范教习十二人，并拟选派中学教习五十人，分门教授。日本教习专司讲授教育学及理化学、图（化）〔画〕学各科，中学教习分授修身、历史、地理、文学、算学、体操各科。开办第一年，先令东教习就华教习学中国语文及中国经学，华教习就东教习学日本语文及理化学、图画学，彼此互换知识，作为学友，俟一年后中国教习于东文、东语已经明习，理化学、图画学亦能通知大略；东教习亦能参用华文、华语以教授诸生，于问答无虞扞格，再行考选学生，入堂开学，分堂分班教授此九百学生。此举似乎目前学生上学较缓，而两年以后收效甚速，事半功倍无过于此。华教习借此一年功夫，可考求外国教育理法及理化学、图（化）〔画〕学门径，一年后并可轮流派往日本考察彼国各种学校规制、章程及一切有关教育事宜，以广见闻而资阅历，裨益实多。凡有志讲求学术教科者，必所乐为。惟此项中教习必须举贡廪增出身，品行端谨，学问优长，于经学、史学、地理、文学等术、体操各有专长可信者，以八十人为

率,不拘系何省人,亦不限其年岁,准三省官绅各举所知,切实保荐。外省官员如有所知,亦准保荐,务以得人为主,不得瞻徇情面。应荐之人,各该官绅开具出身、履历,注明所长何学,限于今年正月二十日以前到省取齐,以凭本部堂亲自分门考试,择尤选录。其本有著述文字可以呈览,及曾经中式进士、曾任实缺京外官者,即勿庸考试。此八十人内,以五十人备本学堂常年定额分科教习,以十人轮流派赴日本考察学校一切事宜,余二十人备一年期满时遇有事故,不能入堂,就此数内选补足额。入堂之日,每员各给薪水五十元,其实系品学著闻、众望交推者不在此限。合行示谕保荐,为此示,仰所属官绅及举贡廪增各生一体遵照,须知此举本部堂为慎重师范、教员得人起见,凡与有裁成后进之责,素抱育才兴学之志者,其各勉赴嘉□,仰赞国家兴教劝学、造就人才之大政,本部堂有厚望焉。特示。

载 1903 年 3 月 24 日《申报》,第 2—3 版,73 卷 467—468 页

31. 传见学员

金陵访事友人云,署理两江总督张香涛宫保饬属保荐三江师范学堂学员考试,先取八十一名复试,仅取二十名。兹悉宫保以考试仅凭文字,尚难知其品,概因特檄委学务处司道传见各员,觇其言论丰采,逐名加以考语,详候核夺去留。学务处遵于月之二十日传集各员,逐加验看,恐此二十员内尚不能无莠菲之遗也。

载 1903 年 3 月 25 日《申报》,第 2 版,73 卷 473 页

32. 署江督张奏为江南省创建三江师范学堂折

太子少保、头品顶戴、署理两江总督、湖广总督臣张之洞跪奏,为江南省创建三江师范学堂,以补教法而裕师资,恭折仰祈圣鉴事:窃照江宁省城遵旨改设高等学堂及府州县中、小学堂各一所,业经前督臣刘坤一、护督李有棻将筹办情形先后奏陈在案。惟学堂一事体大思精,其中议筹繁多,而次第秩然不可紊越,必须扼要探原,方有下手之处。查各国中、小学堂教员,咸取材于师范学堂,是师范学堂为教育造端之地,关系尤为重要。两江总督兼辖江苏、安徽、江西三省,此三省各府州县应设中、小学堂为数浩繁,需用教员何可胜计。若未经肄业师范学堂,延访外国良师研究教育之理、讲求教授之法及管理之法,遽任以中小学堂教员,必致疏漏凌躐,枝节补救,徒劳鲜功。且详略参差,各学堂学派、学程终难划一。经臣督同司道详筹度支,惟有专力大举,先办一师范学堂,以为学务全局之纲领,则目前之致力甚约,而日后之发生甚广。兹于江宁城北极阁前勘定地址,创建三江师范学堂一所,凡江苏、安徽、江西三省士人皆得入堂受学。查直隶督臣袁世凯奏建师范学堂,定全省学额为八百名,延聘日本师范教习十二人。兹为三省预储师范,学额自宜酌量从宽,现拟江苏省宁属定额二百五十名,苏属定额二百五十名,安徽省定额二百名,江西省定额二百名,共定额为九百名。其附属小学堂一所,定学额为二百名。所有师范生及附属小学生均由地方官出具印结,取具本生族邻甘结保送,考选入学。开学第一年,先招师范生六百名,三年后再行续招足额。前三年教小学堂之师范

生，约分三级，如一年速成科、二年速成科、三年本科，以便陆续派赴各州县，充承学堂教员。第四年即添设高等师范本科，精研教育学，现以教中学之师范生备各属中学堂教员之选。现已延聘日本高等师范教习十二人，专司讲授教育学及理化学、图画学各科，并选派举贡廪增出身之中学教习五十人，分授修身、历史、地理、文学、算学、体操各科。学堂未造成以前，暂借公所地方，于本年先行开办练习教员之法，令东教习就华教习学中国语文及中国经学，华教习就东教习学日本语文及理化学、图画学，彼此各为学友。东教习不得视华教习为弟子，在日本语此法名为互换知识。俟一年后学堂造成，中国教习于东文、东语、理化、图画等学通知大略；东教习亦解参用华语以教授诸生，于问答无虞扞格，再行考选师范生入堂开学，则不必尽借翻译传达，可免虚费时刻、误会语气诸弊，收效尤速。其购地建堂经费已据江宁藩司筹拨应用，其常年学堂经费，如华洋教习、各学生饭食、冬夏讲堂及操场、衣冠、靴带、卧具、纸笔、灯火、奖赏、监督、提调、监学、庶务各委员、司事人役薪工及一切杂用之属，每年需款甚巨，已议宜由江苏藩司于一年先协拨银一万两，以后每年协拨银四万余两；拟令安徽、江西两省各按学生额数每名每年协助龙银一百元，不过稍资津贴，不敷尚巨。所有全堂三省学生学费自应专筹的款济用。查江宁银元局铸造铜元销最为便民要政，行销颇畅，甚有盈余，现已由该司详请添购新机，增建厂屋，大加扩充，即以岁获盈余专供该学堂经费之用。此举为三省学堂根本，教员得人起见，虽江南财力支绌，不能不设法筹措，勉为其难。至学堂建造、规模及一切课程办法，经臣专调曾赴日本考察学校、熟悉教育情形之湖北师范学堂学生来宁，精绘图式，详订章程，总期学制悉臻完备合法，并于省城设立两江学务处一所，派委司道等员，会同综理，加意讲求，督催兴办，以仰副圣朝兴教劝学、造就人材之至意。据江宁藩司李有棻，会同学务处司道具详前来，所有江宁创建三江师范学堂缘由，谨会同江苏抚臣恩寿、江苏学政臣李殿林恭折具奏，伏乞皇太后、皇上圣鉴训示。谨奏。

奉朱批：管学大臣议奏，钦此。

光绪二十九年二月十七日《京报全录》，第七千三百零八号，癸卯年三月初一日《申报》附张

载1903年3月29日《申报》，附张第4版，73卷508页

33. 照录学务处续行招考三江师范教员咨文

金陵访事人云，案奉前署督宪张札饬，晓谕官绅保荐举贡廪增考充三江师范学堂教员等因。当将奉发示谕，遍贴晓示，并分别咨行三省司道府州，转饬所属一体遵照办理。所有保荐投考各生员经本处定期考试，并调取复试，呈蒙张前署督宪录取师范教员二十一名各在案。惟查所取师范教员人数尚未足额，且前次定期甚迫，江西、安徽两省各府州县距宁较远者均未能如期赴考。兹特再行考试一次，以广搜罗而昭公允。拟定于本年四月底齐集省垣，听候考试。其所以一再考试者，因振兴学校、慎选师资起见。凡官绅保荐，必须深知其人实系学问优长、品行端谨者，方可保荐，毋得瞻徇滥冒，使其徒劳跋涉也，为此咨请即烦贵司道饬属遵照，晓谕保荐。须至咨者。

载1903年4月25日《申报》，第1—2版，73卷695页

34. 管学大臣奏议复署江督张制军奏建三江师范学堂折

　　奏为遵旨议奏恭折仰祈圣鉴事：光绪二十九年正月二十八日，准军机处抄交署理两江总督张之洞奏《倡建三江师范学堂》一折。奉朱批：管学大臣议奏，钦此。并将原折抄交前来。查原奏内称：江苏、安徽、江西三省，各府州县应设中小学堂为数浩繁，需用教员何可胜计。若于江宁省城创建三江师范学堂一所，凡三省士人皆得入堂受学，现拟宁属定额二百五十名，苏属定额二百五十名，安徽省定额二百名，江西省定额二百名，共定额九百名等语。窃维教育普及必以中小学堂为初基，而造就教员尤为中小学堂之根本，各省书院自奉旨改设学堂，地方官多以旧日院长作为教习，于近时教授之法素未讲求，学者何能受益？教习乏人，即各府州县遍设学堂，终难求效。该督注意师范，洵为扼要之图，所拟定额九百名，开学第一年先招师范生六百名，三年后续考足额，将来（逾）〔愈〕推（逾）〔愈〕广，用之不穷，所谓目前之致力甚约，日后之发生甚广者，确有可据。应请饬下新任督臣魏光焘认真经理，以重教育，再由臣咨行各直省，酌量仿办。其未经奏报筹办师范学堂各省，由臣分别咨催迅筹照办。原奏又称，前三年教小学堂之师范生，均分三级，为一年速成科、二年速成科、三年本科，派赴各州县充小学堂教员，第四年即添置高等师本科，以教中学之师范生，备各属中学堂教员之选等语。伏查《钦定章程》内，各省师范生卒业，应予作为举人、进士者，由本省督抚咨送京师大学堂，复加考验，其及格者由管学大臣带领引见，候旨赏给出身。又，臣上年正月初六日奏准章程内，师范生卒业准作进士者，给予中学堂教习文凭；作举贡者，给予小学堂教习文凭。该督创建之三江师范学堂应俟学生卒业后，查照定章一律办理。原奏又称，选派举贡庠增出身之中学教习五十人，暂借公所地方，先行开办练习教员之法，令东教习就华教习学中国语文及中国经学，华教习就东教习学日本语文及理化学、图画学等语。查臣现办之速成一科，所定教法系日本教习上堂讲解，由精晓日文之助教译述，助教练习有素，尚不致误会语气，而虚费时刻诚所不免。又，日本教习研究科学者于中文多未深入，所编讲义时有词不达意之病，现今学生于认习西文外兼习东文，一年后通晓，大凡教者、学者可免扞格。该督所拟练习教员之法体会精审，洵为阅历有得，臣于师范生期望最切，但有可以速成之者，考求实际，择善而从，用以知该督用心之密。至所称常年经费由江苏藩司及安徽、江西两省统筹协助，并以江宁银元局岁获盈余专供该学堂经费之用，系为力筹久远起见，应请饬下各该督抚照数拨济，俾底于成。所有遵旨议奏缘由是否有当，理合缮折具陈，伏乞皇太后、皇上圣鉴训示。再，臣荣庆现出试差，未及列衔，合并声明。谨奏。

　　　　　　　　　　　　　　　　载 1903 年 5 月 10 日《申报》，第 1 版，74 卷 61 页

35. 高等开学

　　金陵访事友人云，江南省创设高等学堂，委江安督粮道胡砚荪观察总理其事，缪小山太史为总教习，陈御山太史为副教习，准宁、苏、皖三属举贡生监入堂肄业，自去冬考选一次，至本年四月初四日，复考试一次，择尤录取。至是月十三日，一体送入堂中，届

时两江督宪魏午帅命驾亲临,督同总办以下各员行开学礼,以昭郑重。

载 1903 年 5 月 23 日《申报》,第 2 版,74 卷 143 页

36. 教习偕来

金陵访事友人云,此间创设三江师范学堂,经前署南洋大臣、两江督宪张香涛宫保奏奉上谕,咨请驻扎日本大臣蔡和甫星使延聘日本名儒十二人,以备派充教习。兹经星使次第聘定,资送来华,日前已有九人抵省,一为菊池谦二郎,二为管虎雄,三为松原俊造,四为志田胜民,五为大生干藏,六为亘理宾之助,七为枌田隐,八为那原又熊,九为那郎武二。率同翻译,晋谒督辕。督宪魏午帅待以优礼,旋饬材官送赴学务处暂驻文旌。

载 1903 年 6 月 17 日《申报》,第 2 版,74 卷 309 页

37. 互相师友

金陵访事友人云,当南皮宫保开府两江时,就省垣创设三江师范学堂,奏定章程,考选华教习八十人,先令与日本(习教)〔教习〕十二人互为师友,一年之后,学有进益,始得坐拥皋比。旋复经陆师学堂总办俞恪士观察保送陆师毕业生十四人,由今督宪魏午庄制军亲加考试,录取三人。日前,日本教习已航海来华,制军爰定于本月初一日开学。是日黎明时,诣文庙拈香。毕,即率领两司暨学务处道员呼殿莅学堂,总办、提调、监督各员迎入厅事中,小憩片时,然后行开学之礼。从此中学、西学各抒心得,相与有成,融会贯通,新机日辟。今日之益友,即他日之良师。逖听之余,不胜厚望已。

载 1903 年 7 月 10 日《申报》,第 2—3 版,74 卷 483—484 页

38. 大学求师

安庆访事人云,某日,安徽提督学政绵达斋大宗师按临考试,牌示辕门,曰:准管理大学堂事务大臣张咨开,大学堂师范馆学生一项,行文各省督抚学政,会同出示,就近招考举贡生监。并额定大省七名,中省五名,小省三名,各生年岁俱取三十岁以内,开具三代、籍贯、年貌、履历及原取试卷,一并咨送本大学堂,以凭考试,收入师范馆肄业等因,前已咨商督抚部院。去后,兹经来咨,业经行司办理。咨复到院,合行牌示,仰即听候藩司招考,再行会办,特示。

载 1903 年 7 月 19 日《申报》,第 2 版,74 卷 551 页

39. 江督魏奏筹建三江师范学堂情形片

再,江南创建三江师范学堂以备江苏、安徽、江西三省士子入堂受学,于江宁省城北极阁前勘定基址,酌定学额。所需购地建堂经费由宁藩库筹拨应用,经前署督臣张之洞具奏在案。兹据江宁布政使李有棻详称,该堂原拟建造各项房屋须能容学生九百人,物

料装饰俱洋式,委员按式绘图,饬匠估计,需费银三十余万两。若照洋房间数改造华式,约需银十八万两左右。值此度支奇绌,匪独造屋无此巨款,即将来(当)〔常〕年经费需款浩繁,亦恐难以为继。现经会商学务处,以原定三省学额九百名,可分三班招集入堂,则建造房屋亦可次第增添。拟先就分班学生人数,择必不可少房屋,分别起造,酌用洋式,核实估计共需工料漕平银九万八千五百余两,拟于江宁筹备捐输款内解存库银五万八千余两,尽数动拨。其不敷银两,由司设法另筹,请先奏明立案等情前来。臣查原奏议建三江师范学堂规模较大,需费数十万,民间无此财力,即公家亦无此巨款可供挪凑。今该藩司求减节,拟分班次,择其必不可少之屋先行建造,督同员匠勘估,共需工料漕平银九万八千五百余两,(向)〔尚〕属核实,既为造就三省通才,综握学务全局纲领而设,亦不能不筹拨公款,俾资兴建,期早落成。所请在于江宁筹饷捐输款内尽数动拨五万八千余两,自应准予拨用。除饬司督令工员认真监造,不敷银两另再设法妥筹,陆续拨济,一(侯)〔俟〕工竣,将房屋式样、用过工料银数汇册报部外,谨会同江苏巡抚臣恩寿附片具陈,伏乞圣鉴。谨奏。

奉朱批:该部知道,钦此。

载1903年8月9日《申报》,第2版,74卷701页

40. 实业揭晓

京师访事人云,商部实业学堂于上年二十四日出榜揭晓,因将录取各省前列诸生姓氏摘录于后。八旗取六十六名:崔永鎏,正白;张天元,厢蓝;曾普,正黄;花连布,正白;黄锡恩,正黄。江苏取四十九名:王兼善,杨奂,钱诗桢,刘钟球,唐文寿。直隶取七十六名:苏世樟,杨湛霖,冯淑仪,孙树柽,刘保谦。顺天取四十二名:王绥圻,许联峰,孙纲,葛英,徐世一。安徽取二十二名:胡庆迨,刘传纯,黄均,吕靖民,马其初。江西取十四名:符鼎升,欧阳彦谟,曹燮,裘英灿,李述祖。浙江取三十二名:郑涛,朱兴华,叶鸿邃,沈承焌,陈乐信。奉天取三名:王之翰,张簧臣,孙香。广东取十六名:胡庆科,卢爵勋,冯绍忠,司徒衍,蔡洵。广西取四名:易寿一,邓庆,梁大诚,梁鸿年。湖北取十五名:王振毅,王治寿,童德禧,王绂卓,石山仪。湖南取六名:梁鸿燕,葛绍勋,谢开杰,郑鸿,袁朴,瞿绶。陕西取三名:许铭新,胡毓藩,赵述曾。云南取二名:朱纶,王懋文。贵州取九名:李兰馨,陈征祥,李用瑾,刘启泰,赵世绌。山西取一名:温兢。山东取八名:徐楷,王昭栋,赵汝钧,陈锡珍,王逵。四川取十六名:李于藻,邓属南,雷尚纶,邓献清,杨鸿通。福建取十八名:姜瀚霖,邱嗣曾,陈毓康,林凝晖,卓峰。河南取十七名:郑吟舫,沈豫善,张琪,周维榕,魏梁。

载1904年8月21日《申报》,第1—2版,77卷761页

41. 商部考试实业余谭

京师友人来函云,此次商部奏请创设实业学堂,自正月间即刊刷示文,遍寄各省,故赴试学生多至二千六七百名。比试期在迩,一时都下啧有烦言,佥谓非有大力人情,不

必入场云云。闻者疑信参半。及榜发,果然疑窦甚多,如兄弟三人同榜者刘式曾、刘式郢、刘式元,直隶京官之子;兄弟两人同榜者沈承焌、沈承煌,浙江人,刑部侍郎沈少司寇家本之子;花连布、花山布,内务府旗人,家号素封;梁大诚、梁鸿年,广东京官之子。以外类此者尚多,阅其姓名、籍贯自然明了了。其可疑者一。商部候补主事张璧田,遵化州人,其胞弟名锡田;靳学礼,河南人,其子名家伾,复试均列正取,然二生素无新学名。左侍郎陈玉苍之甥马恒干,素不能文,前在学堂肄业,被黜二次,此次复试前一日已得有题目,由外间倩人捉刀。是日,带稿入场,亦系正取。其可疑者二。传闻某生已交白卷,迨填榜时,某堂官见无其名,向阅卷者索取其卷,补入正取。其可疑者三。复试日,某生见同号一生题纸未下,已录就一艺,其可疑者四。又,某生见同号一生书写"皇上"二字误作单抬,仓皇失措,监场某君见之,教以改"上"字为"土"字,且云不妨不妨。其可疑者五。预示七月一日复试发榜,届期迟至黄昏,始贴门外,看榜者终日奔走,络绎往返,无得见者。其可疑者六。素称好手,正场取列前茅者,复试概不录取。其可疑者七。备取人数向来减于正取,兹正备同额,足见人材拥挤,故破格推广。其可疑者八。友人之所述如此,其出于忌者之口耶?或妄相悬揣之语耶?抑赫赫诸公果有朋比营私之意,而道路口碑,固不尽无稽耶?笔而述之,窃愿当轴者有则改之,无则加勉,而慎勿再贻人以口实也。

载 1904 年 8 月 22 日《申报》,第 2 版,77 卷 767 页

42. 京官捐资大兴旅学

安徽同乡京官捐集巨款,就孙公园安徽会馆之旁院房屋设立皖学堂,系孙燮臣相国倡办。江西同乡之在京者亦有设立赣学堂之议,闻已租定琉璃厂南八宝琉璃井内房屋,不日即拟开学。

载 1905 年 3 月 22 日《申报》,第 3 版,79 卷 538 页

43. 三江师范学堂聘定教习

盐城陈惕庵孝廉玉澍,文章行谊冠绝时流,所著《后乐堂集》三编及《民权释惑》等书风行寰宇,久为学界所欢迎。日前,江宁三江师范学堂特延聘孝廉到堂教授诸生。孝廉抵宁后,已于前日到堂授课矣。(容)

载 1905 年 4 月 30 日《申报》,第 3 版,79 卷 880 页

44. 皖垣学务批示

学生董嘉会禀为皖籍黔生恳请本省津贴缘由。奉批:禀已悉。查该生原系本堂学生,上年由贵州抚部院咨送京师大学堂,考取肄业。历经贵州抚部院、京师大学堂总监督、广西抚部院咨明有案,与非本堂学生自行赴京投考者自有区别。所称家境太贫,无力接济,势难赴京卒业等语,自系实情,姑准自本年夏季按月给予津贴银六两,该生按季

承领，他人不得援以为例。此批。（诗）

载 1905 年 8 月 12 日《申报》，第 9 版，80 卷 869 页

45. 三江师范学堂改设特别科

三江师范学堂定章向设速成科、最速成科以及甲乙丙丁四本科，分班教授。近以翻译一门为教育中至要之务，肄业诸生必须先通语言文字，而后能习专门，故稍为变通，将本科分出二科，改为特别科，专授东文、东语、算学、体操，以冀学识日增，较为速捷云。（云）

载 1905 年 9 月 22 日《申报》，第 2 版，81 卷 181 页

46. 监督赴宁会议学额

此次江苏士绅争持学额，皖中学务处于日前奉到江督著派学员赴宁会议之札文后，即派高等学堂监督洪太守赴宁，俾两学务处得以（安）〔妥〕商定额。洪太守已于二十二日起程矣。（诗）

载 1905 年 9 月 28 日《申报》，第 3 版，81 卷 230 页

47. 江苏绅士恽彦彬等请改正三江学额

呈请照三江师范学堂原奏章程行普及教育，以符定章，而昭公允事：伏查三江师范学堂创办于前督部堂张，原奏为两江总督兼辖江苏、安徽、江西三省，特于江南地方设立师范学堂，为三省改良教育之先导。其开办经费由江宁藩司筹拨其常年经费，由苏藩司每岁拨银四万两，又以江宁铜元局赢余为的款，专供该堂经费之用。其安徽、江西两省各按学生额数，每县每名协助龙洋一百元，不过稍资津贴，不敷尚多。所以原定学额九百名，宁、苏两属六十余州县，每属各二百五十名；皖、赣两省一百五十余州县，每省二百名。经管学大臣议复，"奉旨依议，钦遵在案"。后，前督部堂魏改为三次招集，略有变通，然以经费取给江苏省内，故学额一遵原奏，准情酌理，至公至平，三省士绅，咸无异议。嗣后招考时，奉行文书者不力，致僻远州县来学甚少，不得不厘订章程，以期教育普及。盖虑周详，至堪钦佩。惟闻此番扩充全堂学额加至一倍之多，经费骤增不可胜计，而江苏全省，宁属现额九十名，今仅为一百八名；苏属现额九十名，今仅为一百二名；皖赣现额各六十名，今皖则为一百八十名，赣则为二百三十七名。多者骤增三倍，少者只添十余人，是江苏与皖赣共担扩充之名，而安徽、江西独被扩充之实也。远隔他省者，亟与招徕，不问道途之间阻；近咫尺者，限于名数，致灰向学之初心，在大公祖为地方整顿学务，原无私意存乎其间，但每县分派，以致安徽、江西贴款少而学额独多，似近于喧宾夺主。可否请于原定分省之中，实行教育普及之意，宁苏各二百五十名，即以二百五十名额，每县均分；安徽、江西各二百名，即以二百名额每县均分，其或只招三百名，即照此差算递减。如此则与本堂定章相符，于每县三名普及之说亦不相悖，主客之势又不至过

于倒置。窃查江苏省六十多州县,学生何止数百万,大公祖前示堂内学额每县极少三人,明烛万里,同声感荷。惟是江苏财力供给三江师范已虞不给,势不能再行添设,规模完备。如今日之三江师范学堂,则改良全省教育机关全恃乎此,读管学大臣议复三江师范学堂一折,本有咨行各直省酌量仿办等语。现在科举既停,安徽、江西设立师范学堂自在意中,此时定额稍隘,不致有乏才之叹,似与江苏专取才于该堂者有别。刍荛之言是否有当,伏候大公祖裁示,照原定章改正学额,俾江苏、安徽、江西各得其平,实为公益。谨呈。(阳)

载1905年10月7日《申报》,第4版,81卷304页

48. 皖学堂公举总理校长

安徽全省政界学界诸君于本月初十日齐集省馆,用投票法公举皖学总理、监督、校长已纪本报。是日到者二百余人,举李袭侯荃曾为总理者得一百四十一票,举吕太史珮芬为监督者得九十六票,举胡商部宗瀛为校长者得九十六票,举马太守承融为副校长者得八十一票。同乡已一律公认矣。

载1905年10月18日《申报》,第3版,81卷398页

49. 三江师范学堂招考学生

三江师范学堂额收宁、苏、皖、赣学生九百人,去年已陆续考取六百人,入堂肄业。因斋舍仅敷住宿,未即续收。嗣经周督饬将校舍扩充,再将学额补足,委人监造,行将落成。适值科举已停,各处士子呈请地方官咨送及自行赴堂报考者,趾错踵接。总办李瑞清观察拟即订期考选学生三百人,以附定额。并虑苏、皖、赣各属人士及宁省人之远游于外者未能如期齐集,凡咨送投考有在试期以后者,准其随到随考,以免虚延时日,多耗川资。(问)

载1905年11月16日《申报》,第3版,81卷650页

50. 三江师范考试情形

三江师范学生添额招生已志前报。兹悉自初九日开考新班以后,人数不齐,以致展期,直至二十三日始行续考。宁皖两属应考者计五百余人,题为"小学教育与家庭教育并重论"。又,二十四日续考苏赣两属,应考者亦五百余人,题为"孔子三人行必有我师,子贡谓孔子何常师?近人谓儒家专守一先生之说。试辟其谬"。闻各属投文请考者现尚陆续不绝。顷已由该堂牌示,随到随考矣。(望)

载1905年11月23日《申报》,第3版,81卷710页

51. 江苏绅士张殿撰等致江督周玉帅公函
——为苏省学额事

玉帅大公祖大人阁下：敬启者。徐道来转致钧意，仰见维持学界之苦衷。比日面商，少有端绪。蒯道回宁，计已代达一切，其中原委，有不得不为大公祖大人剖（晰）〔析〕陈明者。查教育普及之理，本无畛域之可分，即中国以科举抡才，其试于礼部者，初亦不分省分。然风气参差不齐，往往东南数省中额独多，而偏僻之区舟车艰苦，转抱向隅。于是不得不明定省分以限之。是省界之说，实科举内容之一部分，非文明学校之通例也。学校省界之说，起于湘浙闽粤诸省，而江苏本省之学校亦率为此数省人占多数在校学生。鉴于外省界限之严，始瞿然翻悟，厪喧宾夺主之患，为惩前毖后之计。此江苏省界之说，实亦各省反动力有以激之，非江苏人创之也。然屈指江宁城内各学堂，其创建之性质既有不同，即额数之多寡自难一致，而苏皖统名江南，则两省分际自视他省为异。曾经蒯、徐两道详细酌订，绅等但求事理之和平，不复为意气之争执。谨一一条列于后，庶眉目易分，秩序不紊，其办法之应斟酌变通、核实整顿者，亦附说于后，以备采择。所有绅等参酌学额学务情形，敢布愚臆，伏乞钧鉴。绅謇本拟恭诣，久病不克首途，合并声明，肃请勋安。附节略两件。

公议江南省学校学额学务

学校性质因名称而殊，名称因地位而殊，此定理也。准此，可议江南省官立各学校之分额，总督为兼控苏皖形势之便，故驻江宁。今凡名江南某学者，皆总督权限内事，皆官立也。官立之中，又宜从财政上区别多任少任之分数，庶昭平允。今先就官立之属总督者言之。

（一）陆师学堂。现在征兵之区，以宁扬常镇通海属总督，非特不及皖，并不及苏，则此江南陆师学堂应改为江宁陆师学堂，名义方合。蒯道言，江苏布政司属如不再设立陆师学堂，则皖人不分占江宁现设陆师学堂之名额，是矣而未完全也。江苏巡抚实应另设一苏松太陆师学堂，江北提督亦应另设一徐淮海陆师学堂，事理方合。皖自一省，更不必论。此一说也。若练兵处派定江南止一陆师学堂，则此一学堂，实兼受总督、巡抚、提督三处征兵之区之人。皖省别自分府征兵，亦自应建一陆师学堂，不合再占江苏之额。而三处征兵之区兼有八府三直隶州一厅，凡十二属，每属四十人，则四百八十人；五十人则六百人。今之学额实觉不敷，应请推广。此又一说也。蒯道言，江苏不再设，则皖省不分。窃谓，巡抚于苏属，提督于江北，即各自特设。皖省亦不必分额，而可以合校，譬如宁属以宁扬常镇通海为征兵之区，每属五十人，为六百人。皖省合校按此数，另加四成或三成或二成，均可听便，惟建筑费须由皖省提拨款内支应。即如外省人亦可酌附，其建筑费可于各省学生学费内分年摊扣。其本省、皖省人亦一例纳斟酌适当之学费。将备学堂既须裁撤，以其校舍经费为陆军小学，则学额及总办均可遵照《钦定章程》。

（一）测绘学堂。不尽关系陆师，凡警察、农业、商业、地理之学无不以此为根本，名额不宜太少，其建筑及学费苏皖二省按名额分任，或四六，或三七、二八均可听便。

（一）水师学堂，既属南洋，蒯道所议以二八分成，八成归江南，二成归外籍。苏皖二省于八成内仍照三七分成，江苏得七，安徽得三可行。惟亦须一例纳斟酌适当之学费。

（一）高等学堂。目前学生尚不及适当高等之程度，则高等之设，特以为科举之替代、大学之阶梯而已。既为科举之替代，应仍照科举苏六皖四之旧。蒯道所议均分之说未允。其校舍须以贡院改造，可名"江南高等学堂"，其原就钟山书院所建之高等学堂应请作为宁属公立高等学堂，定额四百名。前此建筑费系由官筹，以后建筑费由宁属四府二直隶州一厅分任。若原有之高等学堂难于扩充，则须另建，建筑费由宁属府州厅任十之三四，官为补助十之六七，而原有之高等学堂可改为江宁府初级师范学校，其高等学生适当之学费由学生按名缴纳。（苏属已有高等学堂，故止言宁属。惟苏属学额亦应扩充，俟公议陈请抚院核办）若各外省愿附于本省高等学堂者，校舍由各外省建筑，学费由各外省学生认纳，亦无不可。

（一）实业学堂。此系新政府特设。蒯道议苏皖均分，今亦拟照高等学堂例，苏六皖四，建筑费亦按四六，由两省分任学费，按名由学生缴纳。若各外省愿附者，视高等学堂例，建筑费各外省任之，学费由学生按名认纳。

（一）三江师范学堂应请厘正名称，为两江师范学堂，名额暂不必增减，以新章每县三名计之，则江苏独少，喧宾夺主，众情未允。应请另设江宁府初级师范学校一所，可将算绘师范并入，以期划一而节经费。（学期四年，每年六十名，共二百四十名，七县分摊，每年每县八名，上江两县各加二名，合六十名）仍饬扬州、淮安、徐州、海州各设一初级师范学校，或淮扬合设一所，徐海合设一所。先由四府选派绅士考察通州、上海、苏州各师范学校〔校〕舍、课程及管理法，再往日本考察，归后即行举办。若皖省愿就三江师范学堂增师范生百名，亦无不可，惟建筑费与常年费应由皖省按额承认，即三江现有之名额，其学费应按全校每年所用匀摊，全校生每名应费若干，由各省官为筹解。查各国官立之师范学校生不纳学费，所以谋教育之普及也，故学费应由官出。至此校将来之办法，另议附呈。

以上属江南之官立学校学额。

（一）学务处请参仿直隶学务司例，官绅合任。官绅皆由学界公举，请督抚于公举中选任。（学务处拟章另呈）

（一）三江师范总办应由三省绅任，易总办之名为总理，以示区别。总理一人，协理二人，三省按次轮年迭为总协，由三省学界公请督抚选任。若公举及安徽、江西省人在江苏候补者，自州县至府道，一经选任，即作为绅，请给照会，不预衔参。

（一）各学校学生如派出洋留学，其出洋学费，学成之省与原籍之省各任一半，归后先在学成之省留尽义务三年，若不须学成之省担任半费，则无应尽义务之责，听学生自便。

三江师范应请变通办法以期改良进步议

三江师范内容之腐败，几于无人不知，而其根原先在廓落无可互换之知识，而有妄自夸大之命令，乃有月糜六十元之中国疑似教员，未有普通知识之补习，而即有完全师范之学科，乃有月糜数千金之日本场面教员。因此，廓落生出迁就，乃有种种不可思议之变相不可说。不可说之浪费，而腐败之名四溢矣。隐忍不改，浪掷公家每岁竭蹶而来之资财十余万两。可惜荼毒一省可造国民之青年；尤可惜夫以浪掷公财为荼毒国民之具，不仁孰甚此，而不思改良，是一省人全无心肝矣。谨拟变通之法（加）〔如〕下：

（一）请改官办为绅办，改总办之名为总理。绅由三省学界公举，督抚于公举中选任总理一人，协理二人。三省绅迭为总协。

（一）请汰中教员，必实能教授一二门学科者乃留，其有名无实者汰之。

（一）请于本年东教员期满时一例辞去，另行延订。若从前之医学教员，未尝一日有用，徒送俸金三年，即手工、农业，亦略具形式而已，其病皆根于廓落失，今不除则积腐未去，又从而加焉，非独败事耗财而已，教育之权亦恐倒持。

（一）请另立宁属初级师范以补苏省占额不及赣皖之缺。

（一）请按某省学生几人每年每人应摊学费若干，由各该省官为按额担任，于每年开学前解到。建筑费同。因此校乃官立，与公立、私立不同也。

（一）请查照原奏，认定现办是初级，此三年内将初级办完，至光绪三十四年春便可改为优级师范。优级师范常年一切费用较繁，拟请定为三省四布政司所辖，每一布政司定额一百五十名，共六百名，庶通州、苏州、上海、常州各处初级师范一二年后毕业生有升学之途，而三十七年以后每年常有一百五十名之毕业，亦可敷各中学校、初级师范教员之用，经费又不必加筹，上下互相贯注，计无逾此。（外）

载1905年11月26日《申报》，第3—4版，81卷738页

52. 江督复张殿撰函——为苏省学务事

季直仁兄大人阁下：九月二十七日奉手书诵悉。一是徐道、蒯道回宁，亦经面询会议情形，学校省界之说，本非文明之通例，洵如尊论，至当不易。然诸绅既经坚持，且生争竞主者，自当统筹兼顾，设法调停。查江宁城内各学堂历来之办法各有不同，现在之沿袭自难一致，已进堂诸生不能摈退，总当俟学期已满，始行更定。以后续招添换，自当照新定章程办理耳。节略两件已详阅，其中仍有待商者，如皖人不愿出学费，不愿出建造费，均须详细斟酌。至外籍收建造费，原属有词，但人数多寡不同，省分肥瘠各异，一律匀派，既欠公允，按名摊派亦觉参差，隔省催费有名无实，且外国修造之学堂不收华人建造费，邻省必收亦示人以不广。鄙意拟俟议定后，通行各省，商令于本省学堂内酌留江南名额，以为酬报较觉大方。至以地方之财办地方之事，即以本地之绅管本地之学，名义既正，情意易争，亟应照办。所虑者，此时程度犹有未足，委员管理不善，则大吏一檄撤去自易；巨绅管理不善则瞻徇更多，比肩共事之人惮于举发，此事不可不虑之于始耳。尊恙如痊，偕诸公来宁一行，会商要务，弟当扫径以待。专此布复。敬请台安。（外）

记者按：苏绅公议江南学务节略内开：苏省、皖省人一例，纳适当之学票、建筑费，自是极公极平之办法，而江督复函谓皖人不愿出学费，不愿出建筑费，其意以兴学义务苏人须独担其任，入学权益皖人可共享其成。意见一偏，遂成歧视。江督爱护乡土之私情非不深且挚也，其如公理之不合何？

又按：江督函称，此时程度未足，委员管理不善，则大吏撤去自易；巨绅管理不善，则瞻徇更多，惮于举发。此种议论，为历来官官相护之恶习。记者原不屑置辨，惟是立宪期近，主持学务为地方自治之要点，万不能再令听鼓人员污辱学界。如江督言，则江南学界之蠹贼，如水师监督蒋锡彤（甲申之败军犯）、陆师总办俞明震（吸食鸦片）等，何为

而瞻徇多年，未闻有大吏之一橄撤而去之也。江督躬冒不韪为把持计，岂以我国人能力薄弱，可长此默然听之耶？

载1905年11月27日《申报》，第3—4版，81卷746页

53. 江苏绅士上江督公函——论宁垣各校学额学务事

玉帅大公祖大人阁下：敬启者。九月杪谨肃一函附条陈各节，嗣奉钧谕，并于报纸中诵帅致京官论学额书，具见荩筹硕划，盛佩勿谖。复接外省及宁垣学界来函，连篇累牍，意见不无异同。今值台旌莅沪，绅等重行筹议，就钧论所及、各处函牍另折缮呈，以备采择，乞鉴定。再，绅等前上学部公呈于争竞学额，推原究竟，请撤销科第名目及请明定各省学额，以昭平允等。现正候批示，并抄稿呈鉴，乞卓裁并请勋安。

外清折各件。

载1906年1月6日《申报》，第1版，82卷41页

54. 江苏绅士再上江督清折——复议学额学务事

前函及折呈递后，经玉帅于折内逐条手批，仍交苏绅复议。苏绅遂将批示各条逐款声复。此第二次清折。所谓帅批云云，即指此也，前折不另录。江苏学务总会附识

一、陆师学堂

帅批：此本暂订章程，此学堂亦非久设等语。

按：既非久设，则绅等所议应即作为暂行章程。前议如下：帅复江苏京官函，苏得八，外籍得二。按：九月原议内觙道言，江苏不再设，则皖省不分。今遵钧函以来，苏省对于各省有分明融洽之心，无畛域乖离之见。惟苏省人在各省者，亦应在各省外籍二成之内。此意绅等上学部公呈内业经声明，俟部议定时，各省公共实行。

一、将备学堂

帅批：此本选营弁肄业，将来必撤等语。

按：此学堂必撤，前议已见及此。仍录前议如下：帅复京官函：此堂一二年后即裁撤，仍如前议，以其校舍经费为陆军小学，其学额及总办均遵定章办理。

一、陆军小学

帅复京官函：每年征收一百人，以三年递征为度。所选皆由江苏各州县考送，无外籍。谨遵。

按：此条无须更改。

一、宁属初级师范

帅批：现无房舍，无学费，难定额。已有之小学堂皆苏籍，何止二百人等语。

按：此条与绅等所议情事未符。绅等所议系拟以算绘师范扩充，并非指已有之小学而言。前议如下：拟请增设学科，暂定额二百名。（定名宁属，指建置之地言之，苏属亦可来学，犹苏属师范亦兼收宁属之人）至江宁府初级师范能否同时并设，或从缓议，请随时酌定。

一、水师学堂

帅批云：先无章程，故姑照此订等语。仍照前议如下：帅致京官函：江南七成，外籍三成。江南七成之中又定为苏六皖四，拟仍照蒯道前议：八成归江南，二成归外籍。八成之中可遵钧意，苏六皖四。

一、警察学校

帅批云：俟现办学堂规模大定，然后再议推广，每县三名可行，恐无费耳。若已收之人，碍难剔退等语。

按：绅等前议北洋办理警察著有成效，宁省现已举行，拟请整顿扩充，饬各属考送，每县至少以三名为率，为地方警政普及之基础。兹绅等复议，此项学堂，目前只须筹开办费，至常年费，除学生任纳膳学费外，其余不足者请官补助。此校就江宁省城建置，即定名为江南警察学校，定额五百名，仍系苏六皖四，由两省所属各州县匀派。如有此县人数不足，应由同属之邻邑酌量加派，以足其数，为将来学成归里，便于地方自治张本。已收学生无剔退之议，出额之时，应先尽本省人补足。如已足额，应即截止。

一、高等学堂

前拟苏六皖四，今拟视水师例，八成归江南，二成归外籍。八成之中，苏六皖四。惟苏省人在各省者亦应在该省高等二成之内。此意绅等业于学部公呈内声明，仍候部饬到时各省公共实行。

一、实业学堂

照水师，江南八成、外籍二成，〔八成〕之中苏六皖四，苏省人在外省者亦如前例。帅批云：以上两学堂，闻系刘前督任内订为苏皖各半，今可重订章程，但章程只能管以后事，以前所收学生剔退否等语。

钧裁至当，绅等复议，已收之学生自应俟其毕业，未便中途剔退。但将来出额之时，必须先尽本省人补足，外籍人不得逾于前所定之额数。已另附条议于后。

一、三江师范学堂

帅批云：三江即是两江，本无浙江在内，皖、赣每生学费一百元，原订名额亦混，似应分某州县几名为是。即如张任订苏生五百名，赣、皖各二百名，究竟每县若干，恐苏籍又援秀才名额相争矣，且无此经费等语。

按：两江总督兼辖江南、江西，故此项学堂应定名为两江师范，庶几名实相符，仍照前议厘正名称为是。前督部堂张原定额五百名，原因宁苏分为两属，故额数稍宽。帅意恐本籍自相争论，故定为每县三人，具佩钧裁。但江苏仅七十余州县，每县三人只得二百一二十人，视前督部堂所定额数几减十之五六，而江西州县独多，额数骤增，反在江苏之上。此学生视之所以疑为喧宾夺主也，绅等所为另议扩增宁属初级师范，补以苏额不及皖赣之缺者，在此倘扩增之议一时不能实行，应请帅意酌定，将苏额量为扩充，不至有相形见绌之势，庶士望翕服矣。

绅等又议，皖、赣两省奏定章程，每年每生贴费一百元，今仍其旧。苏省本不出费，今亦拟定每生每年各纳膳学费六十元，其腾出之款项应请即作为实行扩增宁属初级师范之用。

又闻徐属已设初级师范，淮海二属拟合设初级师范，扬州府属应请饬运司并扬州府筹设扬属初级师范为是。

三江师范俟此次毕业后，应请升为优级师范，三省四布政司所辖，每一布政司定额一百五十名，即在所属之各州县匀派，共六百名。如前议。

以上学额。

未完

载1906年1月6日《申报》，第1—2版，82卷41页

55.续江苏绅士再上江督清折——复议学额学务事

一、学务处

学务处请仿直隶学务司，各职员官绅分任，皆由学界公举，请督抚于公举中选任。苏皖赣三省绅均得轮流被选。

三江师范总办应请由三省绅分年轮替，易总办为总理，总理一人、协理二人，三省公举，一年任满，连举连任，无定限。若公举皖赣人在苏省候补者，自道府至州县，一经选任，即作为绅，请给照会，如前议。帅批：可行。

一、各校已进堂外籍诸学生

已进堂学生，诚如钧函无摈退之理，绅等亦本无此议，但出额之时，应陆续尽本省人补足，外籍人不得逾于前所定之额数，以免纷竞。绅等复议，现在亟应调查各省学生实数，分别足额或逾额，列为一览表。帅笔圈出"但出额之时"三句。

一、各校建筑费

绅等于学部公呈内请各省对于外籍学生均定名额，概不收建筑费，以示平允，应俟部议定时公共实行。帅笔圈出"请各省对于外籍学生均定名额，不收建筑费"二句。

一、各校学费

帅批云：水陆师有定额，应不收学费。若师范尚待斟酌，以学师范者太多，常有求考之人等语。

具佩钧裁，绅等复议，拟除水陆师不收学膳费外，师范则三江师范学堂皖赣每名原定百元，本属不敷，今姑照旧。苏籍照原章本不出费，今亦议每名纳费六十元，其余各处师范应一律照收膳费，而不收学费，以示区别。高等、实业各校外籍学生兼收学膳费，本籍则视外籍收十成之六。苏省人在外省者亦一律出相当之费。此意亦经于学部公呈内声明。

一、各州县送考日期

从前省垣各校调考各州县学生，仅凭公牍辗转稽延，往往各地方见州县文告之日已在省垣学堂考毕之后。以后无论何等学堂调考，应请函寄沪上各报馆，于一月前登报，俾期周知。按：此条无更改。

以上学务

再，蒙帅批有云，争名额者争学费耳，现在为争省界与外籍龃龉，恐省界定后，而本籍又不免彼此争论，如苏、皖、赣三省能定办法亦好。专候学部复文，不知何时到等语。荩筹硕划，钦佩莫名，绅等条议于本省额数悉，按照各州县均摊，即预杜将来争论地步。

至于苏生与外籍人龃龉,实外籍人之对待苏人先有予以龃龉之处,绅等不得不商一和平办法耳。部复恐一时难定,倘蒙采纳刍荛,迅赐卓断,尤为跂幸。至宁垣苏学生所争执与绅等意见本有异同,即如江宁省地位与苏州省地位截然不同,苏州可置皖于外省之列,江宁则不然,盖江宁为总督所驻,而"江南"二字兼辖苏皖。且皖省每年解项,亦仅至宁而不至苏也。惟皖绅所议辄谓,皖省每年所解之款在二百万以外,故于学额不肯少让。不知此项解款系政治界问题,岂尽补助校费?即如江苏,每年协饷至新疆、甘肃等省,又岂能于各该省照摊学额乎?况各国通例,义务与权利为对待之词,江宁赋重于皖赣,所得之利益不更当稍优乎?绅等不肯断断争执者,实于分明之中寓融洽之意,并不稍存歧视之心。至于学费一层,苏籍生援照前章,本不肯出,绅等以为欲谋教育之普及,断无不收学费之理,无论公家筹款,挹注终穷,且文明校制,学生纳费亦正所以坚其向学之心。惟贫寒子弟仍宜由各地方设法筹贴。以上两层,经绅等再三谆导各学生,口瘏音哓,言已尽此。吾帅于皖为桑梓之区,于苏为建节之地,必能俯鉴下情,俾学界中人同声翕服也。伏乞批赐备案遵行。

载 1906 年 1 月 7 日《申报》,第 2 版,82 卷 49 页

56. 学堂甄别

金陵采访人云,直隶候补道郭月楼观察总办金陵机器局,兼管同文馆事务。本月七八两日会同教习甄别各学生功课,分别命题,首以翻译为重,次算学,次天文,次地理。毕,评定甲乙,于十二日榜示馆中,计头班学生王慰曾,丹徒人;徐鸿熙,嘉定人;杜淮川,合肥人;凌森江,江宁人。二班学生韦汝聪,香山人;郁华俊,上海人;陶郅培,都昌人;罗肇熹,上杭人。三班学生谢登善,上虞人;甘联驹,古田人;唐建邦,巢县人;张德儒,巢县人;郁报三,宁波人。四班学生,程思万,歙县人;徐鸿钧,石埭人;王永福,上元人;江政德,上海人。五班学生钱国章,江宁人;郭文礼,合肥人;徐其辅,庐江人。六班学生王成德,盐城人;戴声颂,合肥人。先是江苏候补道杨诚之观察兆鋆赴督辕禀知,定于上月二十九、三十及本月初一日甄别城北同文馆学生,届时观察鸣驺诣馆,公服升座,握管命题,限初二日交卷。是日,汉文译法文题:"韩退之答吕醫山人书",法文译汉文题:"译《水之原委》";汉文译英文题:"韩退之与冯宿论文书",英文译汉文题:"译《空气说》"。汉文题:"原强""周郑交恶""判三鱷堂序并铭""问泰西文明后启其奉耶稣教也""近于墨其取为己也,近于杨其言性恶也,近于荀其略于君父而薄身后也"。又,"近于释孔子之道泯焉,今欲孔教西行,其策安在""张子房、张睢阳、张横渠、张江陵,各赋诗一首,不限体韵"。时文题"吾友张也为难也",试帖诗题"赋得孔子西行不到秦,得'行'字,五言八韵"。试毕,逐一评阅,拟取若干名,现已呈送张香帅鉴阅,计取列前茅者法文学生戴儒珍,上海人;彭天泽湘乡人;陈章彬,上海人。英文学生潘行让,湖州人;许福元,丹徒人;卓焌,四川人。汉文学生张振祥,上元人;郝尔泰,直隶人;沈长明,上元人。

载 1906 年 2 月 5 日《申报》,第 2 版,52 卷 215 页

57. 苏皖浙旅学拟改办法

前报所纪苏皖浙三省公立旅湘学堂一节,嗣因皖省在湘官绅集议,谓前年曾在湘省创设安徽旅湘公学,旋以经费不敷,即已停办。现在筹款亦属为难,遂向两省官绅辞复,自后即改归苏浙两省合办,仍系臬宪张廉访为之提倡。至从前所订章程,现亦略为更变,原拟每名岁收学费洋一百元,现改为六十元,即外省附学者,其学费亦不可苛求。闻刻下组织将成,大约即可开办。(旦)

载 1906 年 2 月 21 日《申报》,第 3 版,82 卷 354 页

58. 推广储材

金陵访事人云,南洋向无同文馆,自前左文襄公督两江时,允总办洋务局候补道刘治乡观察之请而设者也。自光绪九年八月开馆,迄今十有余年,原议试办数年即行禀请奏明立案,以为将来挑选人材地步,今由候补道杨诚之观察兆鋆接办馆务。现闻馆内肄业诸生中西并进,蒸蒸日上,每岁大考两次,均系酌古准今命题面试,甄别优劣,必须确有造就,方邀前列。每次洋汉课卷封送督宪批阅,迭经署督宪张香帅奖许至再。上年以创设练军延派洋员为教习,曾就馆内挑选优生五六名委充洋操翻译,数月以来无忝厥职。该馆仍在城北妙相庵内,所有肄业子弟半系成材。香帅到宁,知本馆规模未广,于去腊具折奏明,从此可与水师学堂相颉颃矣。正月初九日,恭录奏稿,札饬诚之观察遵设储材学堂,归并推广同文馆。观察奉札后随诣辕叩谢,并禀知到差。刻闻学堂大略章程,拟将南门外机器局内之同文馆归并妙相庵一处,延请学问宏博之西人充英法教习,兼设算学、博物等学,学生以一百二十人为定额,每名薪水银统归四两,不扣火食。俟学堂房屋落成之后,再行挑选。头班学生迁入储材学堂,每月八两、十两不等。大略如此,详细章程容俟续录。

载 1906 年 3 月 3 日《申报》,第 2 版,52 卷 341 页

59. 大学生恳留津贴

京师大学堂之安徽学生前曾禀准皖抚,著各原籍州县每月津贴膏火银六两在案。去腊,各属申详各宪,称大学诸生大都出于世家,并非寒素,此项津贴殊乖体恤之道,与之亦未免伤惠,应请自光绪三十二年正月起一概停给。刻闻各学生亦已禀陈抚宪,请仍旧照给。不知抚宪批准否。(说)

载 1906 年 3 月 19 日《申报》,第 9 版,82 卷 599 页

60. 两江师范学堂案揭晓

两江师范学堂于去年十月考选新班,十月二十日复试,又于十月十六日考补苏赣缺

额,及曾列备副取复试各生。今因添建堂舍,冬间可以告竣,此案未便久悬,现即作为考补最速成班缺额。兹将试卷评定去取,分别正备列榜宣示,并出示仰宁苏皖赣四属复试正取各生,于七月十六日暑假开学时一律入堂,如逾限一星期不到即行扣除,以此次备取挨次传补。无文者仍当由籍备文,以符定制。

(宁属正取十名)智贞益、柳大经、王秉衡、孙汉三、陶隆谦、朱振宇、胡光炜、葛家伟、张俊才、陆长庠。(宁属备取八名)卢文虎、邢超曾、黄奎辅、陈维国、陈景星、朱昌言、郑廷模、杨彭臣。

(苏属正取二名)吴怀林、金望巅。(苏属备取二名)王丹序、蔡燮臣。

(皖属正取四名)季光藻、朱克诚、吴席珍、刘寿曾。(皖属备取四名)万恩煦、任熙春、倪则均、王宗镜。

(赣属正取八名)项正莼、张炳驯、张起权、罗藻、黄圣时、李兆曾、王之屏、黄继农。(赣属备取四名)徐安石、周化南、蔡大枋、王朝祯。

(苏属曾经正备取补复各生)黄钟槐、王梦兰。

(赣属曾经正备取补复各生)彭育才、李健、刘祥钟、吴骏、吴世昌、范恽桂、彭学干、邓文辉。

又,去年二、三两次投考新班各生,因添建斋舍工程完竣尚需时日,前案未便久悬,最速成班尚有缺额,拟按空额选补若干名。现经监督将试卷评定去取,列榜宣示,仰录取各属学生准七月二十日来堂听候复试,不得逾期,一再渎请补复。

(宁属列取三十四名)贾先甲、杨承均、王效麟、吉世隆、施应生、刘荣椿、张楣、凌寿昌、薛冰清、刘钟璘、李丙麇、张培、陈连孙、魏琳、说树藩、杜廷绅、黄金科、汪寿序、徐庭贻、朱瑞年、易春宇、徐庭涧、吴振远、贡长泰、王杰、冒兴、王启锦、左友松、乔竦、鲍庆霖、王光福、杨蔚宗、顾炳麟、卞季昌。

(苏属列取三十二名)吴式蠡、钱青、华襄治、高士英、潘守权、贡儒珍、吴良澍、徐则林、戴濂、周征藻、周廷莺、朱焕章、周桢、杜文泳、鲍长叙、瞿祖雄、袁之翀、朱惟章、唐凤采、罗蓬瀛、孙似康、徐均、张瑛、归曾祚、俞殿华、李修则、周国南、杨定辅、席德馨、张杰、程廷晋、罗鼎新。

(皖属列取三十三人)朱长庚、金璧、王典章、郑震谷、胡炳麟、陈书、傅鹿、曹云、桂绍烈、方东、程策励、张树荣、程海鹏、王钟鳌、章尚璜、沈达、曹琳、冯景荣、莫如汉、余□□、汪学瀛、吴钟璐、汪迪哲、谢莹、凌锾、孙大材、桂赟、余鸿书、倪国华、穆海鹏、王宗兰、章光泰、郑铭潘。

(赣属列取二十四名)周久恒、欧阳咸、邹继龙、蔡震离、叶世楷、夏振清、陈赞成、谢炳龙、宋福群、胡鄂勋、屈轶、汤壮飞、王国辉、徐致和、张世英、易景中、蔡桢、夏景复、艾毓蕃、夏欣泉、蔡师襄、叶炳蔚、陈师亮、李道覃。

(京口驻防取列二名)炳元、延昌露。

载1906年8月15日《申报》,第17版,84卷451页

61. 江南中等商业学校添招新班章程

（一）学额：四十名，苏皖各四成，外籍二成。

（二）年龄：十四岁至十六岁。

（三）程度：国文清通，能作三百字以上论说。英文读《国学文编》二集。算术学至诸等命分，程度较高或不及者，皆不录。

（四）校费：每一学期缴膳宿费十五元，操衣费十元。

（五）考期：志愿入学者，尽七月初十以前来校报名，自七月十一日至十五日分班考验。

（六）学年：豫科二年，本科三年。

（七）学科：新班先习豫科，分修身、国文、历史、地理、算术、英文、物理、化学、博物、音乐、体操、图画十二科。

（八）校地：江宁省城复成桥商务总局内。（助）

载 1906 年 8 月 21 日《申报》，第 9 版，84 卷 505 页

62. 筹解水产学校经费

日前，皖抚接到商部来咨，据称在吴淞建设水产学校，沿江督抚均宜协力筹资，以期易举。恩中丞即饬藩司拨款运解，以兴商务而卫利权。（士）

载 1906 年 8 月 22 日《申报》，第 9 版，84 卷 515 页

63. 江南水师学堂复试取定名单

江南水师学堂招考新班学生，于本月初八日复试，评定甲乙。兹照新定学额按成摊取。所有正取学生五十名，准于本月十五日一律入堂，核对笔迹，重验目力后，即送入学。并著先于十二、十三两日，由各生父兄带同本生并保人来堂具结。其备取四十名，饬即开明住址，留堂存记，以便遇缺随时传补。兹将正备取各生照录如下。

正取五十名：

孙鼎原苏籍，陈先荃赣籍，梅庚岭外籍，刘纯经赣籍，张声涛皖籍，李文彬苏籍，杜翰章苏籍，程鹏皖籍，傅穗□苏籍，伍建威赣籍，王家燕外籍，李存硕皖籍，何南炳苏籍，阎家骥外籍，王旭煦苏籍，崇燮驻防，孙德镕皖籍，蒋瑜苏籍，韩树成外籍，刘蓉苏籍，蔡浩章苏籍，李纯文皖籍，戴希彭苏籍，张曾福皖籍，丁联第苏籍，额勒登额驻防，刘立成苏籍，黄文奎皖籍，孙丕烈苏籍，沙承钰苏籍，郭朴皖籍，李宣桓外籍，殷葆谦苏籍，春旸驻防，任治平皖籍，江光瀛苏籍，盛保生外籍，黄振赣籍，汪彬皖籍，陈道苏籍，阮诒经苏籍，尹邦盛皖籍，石日焜外籍，延年驻防，王炳灿外籍，梅光金赣籍，郭咏荣外籍，盛世奇皖籍，谢思证外籍，梅兆恒苏籍。

以上正取五十名，江南七成，计取三十五名。除江宁、京口驻防四名外，计苏籍六成，应十九名；皖籍四成，应十二名；赣籍一成，应五名；外籍二成，应十名，合共新定

额数。

备取四十名：

朱华龙苏籍，韦炳皖籍，陈承辉外籍，盛麟苏籍，张锡杰皖籍，汪继澧外籍，卢敏赣籍，锡权驻防，熊兆苏籍，丁堪皖籍，陈作梅苏籍，陶国珍赣籍，梅光栋赣籍，胡宗渊苏籍，柯槐外籍，王兆麟皖籍，曹家骐外籍，徐鹏苏籍，赵守正苏籍，戴诚杰皖籍，唐庆元赣籍，熊烈苏籍，朱宗筠苏籍，百年驻防，卢文祥外籍，孙立朝皖籍，孙新苏籍，沈献廷皖籍，林斯康外籍，孟慕庄苏籍，朱培基苏籍，王联伯苏籍，卢淦赣籍，汪积慈苏籍，高元第苏籍，张佺皖籍，盛琮外籍，陈峻皖籍，陶昀光外籍，丁延龄皖籍。

以上备取四十名，江南七成，计取二十八名。除驻防二名外，内苏籍六成，应十六名；皖籍四成，应十名；赣籍一成，应四名；外籍二成，应八名，合共新定额数。

附录取洋文插班五名：王超，朱宝清，黄恭威，朱藩，杜履端。（露）

载1906年11月5日《申报》，第9版，85卷307页

64. 京师皖学堂中学新班招生广告

本堂现拟招中学乙班四十人，凡有二十四岁以下，文理通顺，五经已读三四经者，无论本省外省，均可来堂报名，自腊月朔日起，至三十三年二月底截止，准于三月间择期考验。其合格者来堂领取保证书，填写履历，并缴第一学期学费，本省六元，外省九元，膳宿费三十元，两季操衣费二十元，图籍等物自备。所有各科课程，除遵照《奏定章程》外，兼设英法文两科，并习外国文之历史、地理教科等书。有志向学者幸勿自误。此白。

载1907年1月13日《申报》，第1版，86卷119页

65. 安(徽)〔徽〕旅沪公学成立

安徽旅沪学会同人组织旅沪公学，现由发起诸君筹备的款，拟就简章，遵照《奏定学堂章程》，参用东西洋实业教育规制，设预科、本科二级，并附设师范科。日前举定学董十五人，旋即选聘各科教员，决议明正开校。并举定副会长方守六君为监督云。（也）

载1907年1月18日《申报》，第17版，86卷171页

66. 北洋大学招收外省学生

安徽沈提学去腊钞接到直隶卢提学函开，北洋大学堂招考插班生，诚恐本省及格者鲜，现拟不分省分，但使学程相合，无不收录。皖省学务盛兴，必有高材俊秀从我游者，请即劝令就学云云。现已将附来招收告文遍发各属张贴矣。（化）

载1907年2月22日《申报》，第9版，86卷449页

67. 安徽旅沪公学招生

程度：高等小学、中学、师范三科。学费：每学期十五元。校址：北浙江路晋康里三弄后洋房。考期：如愿就学者，请至本校取阅章程，随到随考，至二月十五日止。

载 1907 年 3 月 5 日《申报》，第 5 版，87 卷 47 页

68. 上江公学禀准立案

江南上江公学开办以来颇有成效。日前，该校总董蒯光典、监督方臬将一切办法暨简明章程、逐日课表禀呈江督请予立案。当奉批示云：读书必先识字，小学最宜讲求，翻译多半失真，听讲贵能直接，国粹、欧化二者并重，洵为扼要之图，所订本科课程颇称完善，而从豫科入手尤能端励初基。其余规则均甚妥协，应准照办。仍将开学日期及教员、学生名籍详细开报，并候咨明学部立案，俟学生毕业时派员考验，如能合格，自当给予文凭，分别升入相当之各学堂肄业，以示鼓励。此缴。章程课表存。（巽）

载 1907 年 5 月 6 日《申报》，第 12 版，88 卷 76 页

69. 来件·两江师范学堂移江苏教育总会文

移会事：窃照敝堂前奉前督部堂魏奏定学额分班招集，第一次先招师范生三百名，三年后续招三百名，奉经转行遵办在案。兹查敝堂第一次招集三省师范各生，业遵定章分班教授，计算至本年第二学期止，适届三年期满，所有第二次续招师范生三百名自应照章先期由各省府厅州县考选备文，连同试卷、保结申送来堂试验，以便如额取录。兹定于七月初一日齐集来省，听候本堂定期牌示招考。除登报广告外，合亟备文移会，为此合移贵总会，请烦查照须移。

计招考章程

一、本堂此次系按照《优级师范章程》办理，所招新生须由中学堂及初级师范毕业考取升入。现在尚无此项毕业生，须通融办理。凡有与中学堂毕业之程度相当者即为及格，无论举贡生监，均可与考。

一、学生年龄自二十岁以上至三十岁为限，过幼者不胜师范，过长者人事纷心，均非所宜。

一、愿与考者各由本籍地方官或教育会具结保送，其在各本省或他府县不及回籍起文者，在省由本省教育总会或学堂出结咨送，在他府县由所在地方官或教育会具结咨送。

一、到宁后即行来堂投文报名，由本堂视人数之多少，分日考试。

一、考取入堂者均应遵照学部新章，纳保证金银十圆送堂，俟毕业后发还，并觅保证人来堂出具保证书。

一、入堂后听候分班授课，不得以己意辄请改易，应恪守本堂规则，毕业后应遵章担任教育义务。

一、学部新章，师范生所有各费一律免收，入堂后如中途退学，应按时日久暂追缴各费。

一、毕业后给与文凭，如有不尽义务及其他败坏行检违犯法律之事，查明将文凭追缴。

载1907年5月24日《申报》，第20版，88卷314页

70.安徽同乡会组织小学校

去岁，安徽旅镇同乡会成立后，本拟先设小学堂一所，以期造就同乡子弟，嗣因经费无著，事遂中止。现由诸会员相率捐助，集有成款，并举定王君为监学，陆君为庶务长，定期于七月间开办。（文）

载1907年7月8日《申报》，第11版，89卷90页

71.两江师范招考新班

两江师范学堂去岁四月间由学务处来堂扃试，皖赣两属投考新班，前因新建斋舍、讲堂尚未竣工，致未发榜。现定于七月初一日招考新班，所有前次考取诸生亦须一律复试。兹将名单照录如下：

皖属十八名：耿伯埙，欧阳佶，史秉书，谢觉东，齐宗洛，杨钟华，范高奎，汪开楣，雷雨生，胡晋林，方灼，张哲生，汪鸿昌，叶振麟，何慕仑，万致庆，凌锐，鲍光煦。

赣属十六名：王有华，黄日华，周道，江起，钟祥莺，程家祥，巫祺，董开勋，方挹芳，徐戴光，廖瑞宦，王锡畴，胡志周，刘世英，蔡吉士，刘铣。（川）

载1907年7月28日《申报》，第11版，89卷334页

72.来件·江苏教育总会咨复宁提学使陈文

咨呈事。六月十五日接准大咨，内开：案准两江师范学堂咨开，案照敝堂师范生学额前奉前督宪张奏明定为九百名，宁、苏属各二百五十名，皖、赣各二百名。嗣因经费难筹，分班招集，第一次先招三百名，三年后续招三百名。敝堂现届招考第二届师范生，业经先期粘呈招考章程，并订明齐集日期，咨会在案。惟查第一次招考由学务处详奉批定，宁苏属各九十名，皖、赣各六十名，江宁、京口驻防十名，即在宁、苏属内匀拨。经敝前监督遵照取定如额，并未按县匀摊。前督宪周有每县定额三名之议，虽未奉诸实行，然投考各士子即有以每县无人求补足额之请。而宁、苏、皖士绅会议学额，迄未决定此次考取新班学生究应如何按属核定，合先备文咨请苏、皖、赣提学司使外，为此合咨查照，酌夺见复，以便遵行等因到司，准此，除经咨会苏、皖、赣提学使核议外，相应备文咨请。为此合咨贵总会，请烦查照，希即从速议复，以凭会咨，望切施行等因。准此，本会公议应援照第一次招考，由学务处详定宁、苏属各九十名，皖、赣各六十名，江宁、京口驻防共十名即在宁、苏额内匀拨成案办理。惟按县匀摊及前督部堂周每县定额三名之议，

揆之事实,颇多窒碍难行,但师范为教育之母,如能县各有人尤为适宜。为此照复,即烦贵学司查察施行。须至咨呈者。

载 1907 年 7 月 31 日《申报》,第 20 版,89 卷 374 页

73. 批准两江师范禀请添置校具

两江师范学堂前日禀请江督端午帅添招新班,应添校具已先期定办,其余未定器具可否随办随禀等情。兹奉批云:该堂新建斋舍添置器具业已订办,应即照准。其未定各器具,姑念为时甚迫,亦准随禀随办,以免迟误。惟须详考售价,撙节订购,毋得稍有虚糜。(侯)〔候〕完竣后,请委验收,汇总核实造报,仰即遵照办理。(放)

载 1907 年 8 月 11 日《申报》,第 11 版,89 卷 502 页

74. 上江公学监督易人

江南上江公学监督方守六部郎任事以来,整顿校规,改良课程,成效卓著,忽因事决意辞职。同乡官绅无计挽留,已另举旌德江汉珊太守绍杰接任。江君系甲辰进士,品学俱优,素为学界所钦仰也。(本)

载 1907 年 8 月 21 日《申报》,第 11 版,89 卷 622 页

75. 江督饬议扩充两江师范学额

安徽教育总会会长、江苏淮扬道蒯观察光典,为两江师范学堂未定学额,呈请江督饬遵成议录取,以昭公允。当奉端午帅批示云:查两江师范学堂,初经前署督部堂张奏定学额九百名,江苏省宁属定额二百五十名,苏属定额二百五十名,江西省定额二百名,安徽省定额二百名。其常年额支经费由宁藩臬筹银四万余两,苏藩司协筹银四万余两,皖、赣两省各按学生定额数每年协助龙洋一百元,稍资津贴,不敷甚多,所有每年活支经费仍在江陵银元、铜元盈余项下筹拨济用。嗣因筹款不易,一时不能招齐。经前督部堂魏奏定,以原定三省学额九百名,分作三班招集。第一班宁、苏两属各九十名,皖、赣两省各六十名;第二班宁、苏两属各八十名,皖、赣两省各七十名。曾经按照所定名额招收第一班学生入堂肄习,后经前署督部堂周改为每省每县三名,以求教育普及。苏绅恽侍郎彦彬甚以皖、赣贴款少而学额多,宁、苏出费多而学额少,呈请仍照各省定额,再从各省州县平均摊派,均经前署督部堂周批饬两江学务处核议详复察夺在案。至今未见详复。兹据呈称,绅等与苏绅于两江师范学额屡议未成,拟除江西一省酌拨不计外,余均请照皖四宁六办理等情。系为皖省增广学额,培植人材起见,具见盛意。宁、苏、皖、赣同隶两江,本部堂亦断无歧视之意,惟应如何扩充学额,酌加经费之处,应由四藩司、四学司、三教育总会、两江师范学堂会同妥议,详候核夺。现在诸生云集,业经开考,来牍未免过迟。若俟各处议定,至早亦须一两月工夫,该生来宁与考者远或二三千里,断难在此旅候。再四筹商,此次应从权仍按照原定第二班招考章程,宁、苏两属各八十名,

皖、赣两省各七十名额数取齐,俾得早日入堂肄业。俟核议定后,即从第三班招考时照办,或随时筹加经费,酌添名额,以广造就而具师资,另行奏咨立案。除照会分行外,希即知照。(克)

载1907年8月26日《申报》,第4版,89卷678页

76. 江督咨催学堂经费

宁、皖、赣三省总师范学堂所需常年经费,前经江督定章,由三省筹拨接济各在案。刻闻端午帅咨行皖抚,谓该堂额用活支等款本属浩繁,待拨孔亟,请饬由司迅即筹拨汇宁,以济该堂急用。(未)

载1907年8月27日《申报》,第11版,89卷694页

77. 安徽公学推广教育

安徽旅沪公学拟于下学期扩充规模,已志前报。兹悉该公学已于本月廿六日由老垃圾桥迁入爱而近路均益里新赁校舍,并举定吴君志猷为管理员。本拟廿八日开学,惟教科多系专修,均需妥为部署,因展期八月初二日,以期推广教育云。(川)

载1907年9月7日《申报》,第19版,90卷82页

78. 派员勘验校舍基地

安徽公学前拟在东门外芜采营校场建筑校舍,当经禀呈各宪在案。刻闻端午帅特派某道来芜勘验基地是否合建校舍之用,务当详细禀复,以凭核夺。(少)

载1907年9月13日《申报》,第12版,90卷150页

79. 准予给咨肄业法政

皖南绩溪县训导余经权现拟往直隶法政学堂肄业,日前禀请署藩沈学宪转详抚宪给咨前往。已奉冯中丞批饬照准矣。(孔)

载1907年9月16日《申报》,第12版,90卷186页

80. 中国公学请助学费

中国公学创设以来,颇著成效,惟常年经费虽蒙宁、苏、赣、浙等省协助,然需用较繁,核计每年短绌甚巨。闻该公学已据情电请皖抚恳予援照宁、苏、赣、浙等省成案,饬司协拨银三千两,以资维持。想沈护院热心学务,必能俯准所请也。

载1908年9月23日《申报》,第3张第2版,96卷303页

81. 安徽公学暂行停办

安徽旅沪公学近因管理员吴志猷靡费公款，以致学生积不能平，全体解散。安徽同乡爱于日前开会集议，思筹补救之方。而吴君仍断断争持，并不辞职，遂议暂行停办。（川）

载 1907 年 9 月 29 日《申报》，第 18 版，90 卷 345 页

82. 电咨各省酌送法律学生

法部侍郎沈家本通咨各省督抚电云：京师法律学堂定于十月内添设新班，除在京招考外，请贵省酌送已有实官之员来京肄业，堂舍不敷，咨送人数每省定在十名以内，望由提学使详加考验，不论官绅，以年轻质敏、中文素优者为合格。本堂经费异常支绌，拟照学部定章，量收学膳费，请将咨送员数或不送员先行电复。

载 1907 年 10 月 2 日《申报》，第 11 版，90 卷 378 页

83. 皖省选送法政学生

皖抚准学部咨开，请各省按照奏定额数，于该省法政学堂内挑选合格学生，申送京师法政学堂考验，以便录取后入堂肄业等因。冯中丞当即转饬沈子培学使查照办理。（孔）

载 1907 年 10 月 4 日《申报》，11 版，90 卷 402 页

84. 催缴两江师范皖籍学费

两江师范学堂皖籍学生，照章每名年缴学费洋一百元，此款本定各州县就地筹解，现积欠计有一万四千余元。日前，江督函催皖抚饬司筹解。冯中丞当即行司筹议具复。兹据复称：皖省库款之绌，甲于他省，断难筹此万金，然仍令宁藩司独任其难，亦非平允。惟有请将前项欠款暂缓拨解，一面由司饬属补解，或有不敷，由司弥补。所有本年第二学期学费，即请在江宁代皖铸造铜元余利项下动拨等情。现冯中丞已据情咨明江督查照矣。（孔）

载 1907 年 10 月 11 日《申报》，第 12 版，90 卷 486 页

85. 两江师范新班开学之牌示

南京两江师范学堂近日牌示事云：本堂新班斋舍已经告竣，所有取定宁、〔苏〕、皖、赣四属各生一律于九月二十九日入堂，先行邀回保证人到堂填志愿保证书，并缴保证金，以十月十五日为限，如逾期不到者，开除另补。（木）

载 1907 年 11 月 4 日《申报》，第 12 版，91 卷 46 页

86. 安徽旅沪学生会开会纪事

安徽旅沪学会于本月十九日在美界均益里南清公学特开大会。兹将会场情形录下：(一)胡郁文君宣布开会宗旨，并痛陈铜官山矿约及浦信路线均为皖人切肤之祸，亟宜协力争回。(二)高君孟龙演说，从前照会种种缺点，以后须从实事上做去，不铺张，不倚赖，为本会唯一之目的。(三)吕君寄桑演说，此会中兴之后，将来有无限希望。(四)胡君洪骅演说，皖省以扬子江为之襟带，故文明发达最早，如皖北之武士道，皖南之理学文章，均占历史上之优点，足为同会诸人鼓励。以后更有王君子范、方君素存、章君正镡相继演说。既而，各会员复互商本会一切组织法及大会日期，因是日之会，并未先发传单，然到会者已有三十余人，并有桐城姚女士幽兰、歙县胡女士晓秋均签名入会，洵极一时之盛云。(望)

载 1907 年 11 月 25 日《申报》，第 3 张第 2 版，91 卷 323 页

87. 护送法政学员赴京

安省选送学员赴京师法政学堂肄业，曾记本报。现已选定绅班曹塈，官班倪炳、钟尚德、沈衍桐、吴树珊、张守靖、顾鸿林、董永昌、叶自纯、罗振声等，并由省宪札委法政学堂提调锡庚护送赴京，入堂肄业。(孔)

载 1907 年 12 月 2 日《申报》，第 2 张第 3 版，91 卷 406 页

88. 来件·宋观察廉复致江苏教育总会会长书
——为总会章程应增外省人入会条例

仰望龙门非一日矣，无缘一见，每用怅怅。前者，沭阳吴铁秋茂才欲入贵会，托复介绍，复自以本非会员，未敢唐突，因函托许久香观察为之先容。嗣接久香观察来札，知已蒙我公许其特别入会。太邱道广，教思无穷，甚佩甚佩。贵会章程复当受读，完密精美，无可置议，惟私意犹有所未安者，则以会员区域限于江苏一省，而他省之人曾不得与。愚蒙之见窃以为疑，请陈理由，质之左右。夫教育会之性质，所以维持教育之事，讨论教育之法者也。拒他省人之联合，维持固已隘矣。并禁他省人之直接讨论，不尤隘之隘乎？借曰维持固本省人之义务，不敢以烦他省，若讨论则他省自有他省之会在，是固然矣。然独不有闽、广、滇、黔之人旅居贵省，去乡万里求学，而无由者乎，贵会将何以处之？又不有本省之会未能成立，欲取资于贵会，以为转输计者乎，贵会又将何以待之？若谓虽非会员，讨论亦所不拒，是则无义务而有权利。人之求学诚不如我，窃恐贵会之书记员舌敝笔秃而无以应也。今教育方谋普及矣，学界日言合群矣，先知先觉，责在何人？而忍为畛域之分，昧向导之职乎？是则为扩充教育计，其不能不许他省人以入会者，一也。近岁以来，省界之风潮烈矣。昔者，外人尝有言：吾之十八省有如十八国。此旧日之思想，官场之积习，固无怪其然耳。不谓号称维新之学子，亦复如是且加剧焉。

往年江皖之争学额论者,颇引为口实,以为省界之见端。我公苦心深识,固早已辞而辟之,然与其垂为空言,不如见诸实事。今若于贵会会章特著此例,使禹域之内,承学之徒,皆得提携持扶,相与有成,国之人有所矜式,华离之风不期泯而自泯矣。其为益不亦大乎?是则为破除省界计,其不能不许他省人以入会者,二也。且凡办一事,必有一事之(之)经费,教育会之经费何恃乎?除会员所纳会费外,他无有也。窃见贵会近岁以来日形发达,地方之请愿日益加多,则机关不能不完,调查不能不广,与行政者之交涉不能不勤。凡此之类,皆需财而后举,若不及早设法维持,非来废弛之讥,即有解散之势。昨读报章,见贵会呈学部之文,欲本省大吏设法资助。然仰给官长,其势逆而难,不若推广会资,其势顺而易。且外省人入会所纳会费及常年会〔费〕并可视本省人稍增其数,以示区别,集腋成裘,更可收众擎易举之效。是则为维持会务计,其不能不许他省人以入会者,三也。夫此一举也,有三利而无一害,而贵会独付之阙如,不闻提议。岂其百密之虑遂有一疏。意者泥于"江苏"二字以为名义未符耳,然部章固有流寓该省可为会员之条。事非创举,例有可援,贵会又何疑乎?不揣固陋,敢以此请,伏惟裁酌。如蒙允许,增入会章会员之籍,请自隗始。复世居武昌,官游建业,故乡大好,谁为先路之登,仁里可依。愿借余光之荫,临颖待命,无任神驰,即维垂察,不尽缕缕。

载1907年12月16日《申报》,第3张第4版,91卷580页

89. 中国公学举行毕业式

上海中国公学开办二年,学生约三百人,学级分高等、豫科及中学科,另设速成师范班,以应内地兴办学务之需,修业期满,于本月十一日上午行毕业式。先由学务长黄兆祥报告毕业成绩;次,监督郑苏戡廉访授与证书,演说宗旨;次,教员杨千里、郑仲劲两先生相继赠言。兹将毕业诸君名籍录下。

最优等:陈泽霖,湖南澧州。

优等:戴维熙,广东归善;程德麟,安徽歙县;汪凤仪,安徽定远;龚从龙,四川江津;方模贽,安徽定远;潘家鋆,广东归善;广文柱,湖南澧州。

中等:张天怀,广西武宣;廖世骥,湖南益阳;钟声洪,湖南醴陵;汪道丙,湖南永定;巫绍咸,广西武宣;苏秉懿,江西萍乡;陈世暄,湖南永明;邹贡旬,湖南邵阳;张竟元,湖南永顺;胡炳中,湖南武冈;樊显元,湖南东安;刘策南,湖南益阳。

修业四名。(川)

载1907年12月17日《申报》,第3张第3版,91卷592页

90. 奏饬三省分解两江师范经费

江督片奏略谓:两江师范学堂关系三省教育命脉,所需常年经费奏准每年江苏藩司协筹银四万余两,安徽、江西两省各按学生额数每名协助龙洋一百元,由江宁藩司在铜元〔局〕余利项下按数拨支在案。乃自开办以来,赣省应协之款仅于三十年据江西藩司报解龙洋五千元,皖省则迄今五年丝毫未解,均由宁藩司陆续筹垫。本年按章添招新班

学生三百人，并增派教习各员，额支、活支需费甚巨，以三省公共之学堂而令江宁一省独任其费，于理固属不平，于力亦有未逮。叠据江宁布政使继昌以该堂经费无款可垫，详请另行核拨。惟有按照原案，严饬苏、皖、赣三藩司将应协各款按期报解，通力合筹。拟令苏藩司将每年应协银四万余两，分上下两学期，另筹的款汇解。上学期应解银两限定于正月解到，下学期应解银两限定于六月解到，不准稍有蒂欠。皖、赣两省按名津贴之款亦令如此办理，并饬将以前欠解银两一并筹解归垫云云。（辰）

载1908年1月18日《申报》，第2张第4版，92卷210页

91. 催缴两江师范学费

皖抚顷接两江端制军来咨，以两江师范学堂系苏、皖、赣三省共之，各省所派学生每名每年应筹助学费百元。现该堂需款甚殷，又届年关伊迩，用款更属浩繁，所有皖省派送学生应摊学费银两，请饬速为筹解赴宁，以济要需云。（政）

载1908年1月28日《申报》，第2张第3版，92卷324页

92. 全皖旅景公学年假纪盛

全皖旅景公学开办数月，科学完备，学生三十余人，其中中学一班均经由小学堂毕业程度，颇有可观，已于去腊十二月十六日在新安书院举行年假大会。是日，官绅商学各界到者二百余人，兹将会场情形探录如下：一、艾绍棠司马、张植庵大令同堂长、教员率学生诣礼堂谒圣礼，学生向官师行礼、二、奏风琴唱年假歌。三、展览学生成绩品。四、堂长康特璋君宣布训辞。五、教员以次宣布训词。六、胡郁文君演说公学前途，并致祝词。七、康特璋、胡郁文二君分赠学生奖品。八、会计员朱敬修君报告逐日收支，并揭示决算表，请校董核看。九、张植庵大令提议年假后仍请朱君驻校，以便经收捐款，为来年开校之预备，众赞成。闭会后全体退至延宾室，茶点而散。

载1908年1月28日《申报》，第2张第3版，98卷260页

93. 禀请学员津贴

民政部高等巡警学堂安徽学生王钟槐等四人，以三十二年考取学堂，留京日久，旅费匮乏，具禀省台，恳恩酌给津贴，俾得安心向学。（女）

载1908年3月17日《申报》，第2张第4版，93卷202页

94. 两江师范毕业展限

南京两江师范学堂原定五年毕业，计期约在明冬。兹闻监督禀明端午帅，展限一年，以六年为毕业之期。各学生无不怨声载道。闻其原因，以学生毕业即须为之代谋位置，目下府中学堂各毕业生请求派事者齐积，若将师范生早日毕业，则求事者更多，故展缓一年，以免拥挤。此说未知确否。（也）

载1908年4月13日《申报》，第2张第3版，93卷590页

95. 江督奏陈法政学堂办理情形

江督端午帅创办两江法政学堂业纪前报。现将办理情形专折入奏,略谓:为治端赖得人,吏材尤资培养。政治、法律之学非讲求有素,不足以深明原理,措注咸宜。江宁省城旧有仕学馆一所,科学既欠完全,办法亦未周妥。经臣督饬江宁藩学两司悉心筹划,改为两江法政学堂,并遴派调宁差委候选道田吴炤为监督,妥筹办法。兹据详请具奏立案前来。查法政学堂以直隶开办为最先,学部亦于上年开办法政学堂,其章程均经奏定在案。两江法政学堂办法谨就江南地方情形,参照学部、直隶两处奏定章程,略事变通,期臻完善。其大纲分为正科、别科两层,略与宪政编查馆《考验外官章程》所称速成、长期之办法用意相同,正科以造就完全法政人才为宗旨,先习预备学科二年,接习专门科学三年,共计五年毕业。其学生官绅并取,本年开办,招取百名。嗣后每一学年招考一次,均以百名为定额。五年以后,每年有完全法政毕业生一百人。招考之时,仿照两江师范学堂成案,宁苏皖赣一律兼收,以收普及之效。拟定苏属二十名,皖赣各十名,宁属六十名,由各该省藩司按照定额,每年每名补助学费一百元,毕业之后发归各属任使。其别科系为宁属造就佐理新政人才,专收宁属三十六州县举贡生员及宁属候补人员,二年毕业。此为速成办法,苏皖赣各有速成法政学堂,自应毋庸录取,以省繁复而示区别。(水)

载1908年5月9日《申报》,第1张第4版,94卷104页

96. 经纬学堂第五班卒业

经纬学堂普通班业于西历四月三十日午后一时举行第五次卒业证书授与式。是日,该校主事因病未到,临时委校中干事田岛君报告学事。次有木下学监之祝辞,及讲师总代表金井延之演说。后由校长法学博士岸本辰雄君对此次卒业诸生一一授与卒业证书,其姓名如左:

广东优等刘展雄;四川优等李元恺,四川优等吴夐,安徽蒯光勤,陕西陈祖蕃,广东梁英才,直隶刘鉴堂,浙江张翼燕,直隶焦增铭、朱养廉、王葆钧、贺延年、姚岘源,安徽曹金銮、吴荔生、蒯光承,江西徐道渊、李有甲、熊景运,江苏俞建华、陶麟勋、陆大鸿、程迈、马文英、蔡钟杰,山西安世蕴、李尚仁、刘橞□、李秉晋,浙江林达、杨湜,广东崔植森、苏秉灵、张乃璧、欧阳乐,陕西赵世钰、张丙昌,广西蒋道援、梁昌浩、邓鸣继,山东汪□川、丁鸿音、张体乾,四川王骧、吴国桢,湖北杨照□、刘懋辉、傅联勋,江西汪汝弼,福建李宣韩,贵州刘光烈。

载1908年5月10日《申报》,第1张第5版,94卷117页

97. 招考法政学生章程

江督端午帅参照学部直隶两处章程,创办两江法政学堂,分正科、别科两层,经记前

报。现该堂监督田吴炽以新造讲堂，添筑操场，渐有规模，预计六〔月〕内可以开学，特详准江督出示招考章程四条录下。

一、宁属候补人员自道府以下，遵照宪政编查馆《考验外官章程》，限于六月十一日起至六月十三日止，赴藩司报名，定于六月十六日由本部堂命题亲试取准，札到该堂，由该监督等分班学习。

一、宁属三十六州县，大州县申送六名，小州县申送四名，限于六月十五日齐赴法政学堂报到，听候该堂监督考验，合格详送本部堂复考，取准入堂，由该监督等分班学习。（以上二项学员均入别科）

一、正科学额，苏属二十名，皖赣各十名，除电请三省抚部院考取合格学生咨送来宁，即便入学外，均限于六月二十日到齐，以便归班学习。

一、正科学额宁属六十名，应须觅定保人，出具切结，限于六月十五日亲赴法政学堂报名，听候定期考试取准，归班学习。（以上二项学生均先入预科）

一、别科学员原定驻防四名，应请江宁将军京口副都统咨送到堂，并入宁属州县学绅办理。又，两处驻防应入正科学生，一律自行报名投考。

载 1908 年 7 月 5 日《申报》，第 2 张第 3 版，95 卷 62 页

98.两江法政学堂行开校礼

两江法政学堂于六月二十七日行开学礼，先期由监督田伏候观察、坐办吴康伯观察预备一切。是日午前十时，江督端午帅、提学使新委署藩宪陈子砺方伯均莅校观礼。

载 1908 年 7 月 29 日《申报》，第 2 张第 3 版，95 卷 390 页

99.廷寄饬查师范学堂寄宿舍

两江师范学堂前因添开新班，斋舍讲堂无从筹办，由该堂监督李观察瑞清借用该堂邻近之昭忠祠为新班学生寄宿舍，并设附属小学校。经前署江督周玉帅批准在案。近忽有人奏称，该堂借用昭忠祠，将其旧制半多拆改，以致春秋祭享几不成礼等情。七月初五日奉廷寄著江督查明办理。端午帅奉谕后，昨已严札该堂监督查明实在情形，以便据情复奏。

载 1908 年 8 月 28 日《申报》，第 2 张第 3 版，95 卷 808 页

100.大学堂分致各省要电二则

大学堂因明年续办预备科，并开办分科大学，特分电各省督抚。原电录后。

其一

本堂续办预备科。明正开学，贵治中学毕业，旗民学生，英法德一国文能直接听讲，年二十三岁下者，选送□名。候年内复试合格，分类入学。如程度不及，任阙毋滥。函牍另详大学堂。按，各省额数系奉天四名，直隶十名，江苏二十名，安徽十名，江西十八

名,浙江二十名,福建十八名,湖北十八名,湖南十八名,四川十名,广东十八名,广西四名,山东六名,山西五名,陕西五名,甘肃四名,河南五名,贵州四名,云南四名,共二百零一名。

函牍中紧要者,系每名学生每年须缴学膳费一百零六元,分上下两学期,上学期五十六元,下学期五十元,均于入学之先缴清。书籍、纸笔、衣物等费在外。

其二

本堂明年开办分科,贵治高等学堂毕业,能入分科大学者有若干人,祈电示大学堂。

载1908年9月7日《申报》,第1张第5版,96卷81页

101. 商业学堂之定名

委办江南商务局王观察燨日昨奉督帅谕云,高等商业学堂现就归并江南商务局与中等商业学校合并办理,其经费系由江南财政局、裕宁官钱局及通州大生纱厂官利项下拨解,范围应属江南,官定名为江南高中两等商业学堂,候饬财政局照刊关防开用。所有学生名额江南人应占多数,宜照江南高等学堂之例,苏省四成,皖省四成,外省二成作为附课。外省学生缴纳学费略较苏皖两省学生为多,以示区别而广造就。惟前经取定之银行专修科,外省学生上学期业已上课,未便绳以名额,令其退学,但缴纳学费须照附课学生数目。此系特别办法,嗣后招考各项学生不得援以为例云云。王观察业已遵照办理矣。

载1908年9月24日《申报》,第2张第3版,96卷330页

102. 皖藩垫拨旅京学生经费

皖藩司玉方伯详报抚院,略谓:旅京皖学电催常年经费银两,饬速筹汇等因。查此案向由筹议公所每年筹拨京平银五千两,分为两次移司汇兑在案。今岁应解前项经费,于七月间始准解到一半二千五百两,随即谕发号商其昌祥领汇,其余一半尚未解到,兹奉电催,只得先在司库闲款项下暂为垫汇,俟筹议公所续解到司,即行抵偿。

载1908年9月25日《申报》,第2张第3版,96卷344页

103. 旅景皖商组织公学

景德镇潜哲、安徽两校因上学期亏空停办,旋由浮梁县张植庵大令邀同商学两界同人于十九日开会,筹议组织旅景公学。当场公举康特璋为堂长,时雨农副之。康君因事赴沪,倩胡郁文代表,众皆赞成。遂议定名为商立全皖旅景公学,仍以新安书院为校舍,复举校董四十余员,分任经济。业已由县出示招生矣。

载1908年10月30日《申报》,第2张第3版,96卷866页

104. 皖省亦无大学资格学生

皖省提学司前奉沈护抚札准学部电咨,京师大学分科明春开办,饬令考选高等合格毕业学生数名,又奉饬续办预科,考取各省中学毕业各生咨送到京复试,以便饬令分班授课等因。惟查皖省高等学堂尚无合格毕业各生,应毋庸暂定名数,至预科考取中学毕业各生,自应遵照,通饬各属晓谕应考中学学生,限于十一月初十以前到省,以备届期考选。

载 1908 年 11 月 8 日《申报》,第 2 张第 3 版,97 卷 116 页

105. 两江法政学堂经费

两江法政学堂近以苏皖赣三省正科协款情形,并声明筹办寄宿等事,详奉江督批云:各省学生愿入正科肄业者,既经考验合格,未便因定额所限阻其向学之忱,应照别科附课办法一律纳费准其入堂肄习。苏皖赣三省正科协款,系照两江师范学堂成案办理。既因该堂情形与师范学堂有不同之处,所有仪器、药品等费自应连〔同〕在内,不再摊筹,候饬三省藩司按照所送学生名额,将本学期协款汇交该堂收用。至正科、别科生操衣、书籍、纸笔等件及附课生应纳各费,均应查照该堂章程分别办理,并将筹办寄宿事宜随时详报。

载 1908 年 11 月 15 日《申报》,第 2 张第 3 版,97 卷 228 页

106. 全皖旅景公学成立

浮梁县张植庵大令以景镇安徽、渚哲两学堂业已停办,因邀集康特璋、时雨农、胡李侯、胡郁文诸君发起全皖旅景公学,举定吴佩芬、江霭如、邵靖和、叶达泉、汪光远、董杰珊、张启东等四十余人为校董,担任筹款事宜,聘请胡维周、胡鉴丞、胡华苏、董墨仙、胡谷人、汪蔚之等六人为教员,学生分中学预备、高等小学、初等小学三班,举定先敬修为会计员兼管理庶务,业于十月廿六日在新安书院行开学式,全体摄影,以为纪念。

载 1908 年 12 月 3 日《申报》,第 2 张第 3 版,97 卷 502 页

107. 江督批奖两江法政学堂

两江法政学堂,近以开学后一切办法及支用款目详报江督。兹奉批云:所陈开学一切办法,纲举目张,具见良工心苦。至本省章程与部章微有不同之处,实因本省奏准在前,部章颁发在后。所请俟开招第二期学生之后,再照新章办理,办法甚是。详阅续拟增改各项章程,完密精周,益觉精当,应即照录两分呈送,一请咨部,一存本署备案,统俟呈送到日,再行分别奏咨,仰即知照。

载 1909 年 2 月 10 日《申报》,第 2 张第 3 版,98 卷 430 页

108. 法政学员请补官费

两江法政学堂附正科肄业生方翀,系宣城籍,已入堂半载,惟家计贫寒,时虑经济难敷,半途退学。现该堂官费生李学果因病回籍,昨特上禀皖抚,恳补李生缺额,以恤寒微。

载 1909 年 4 月 25 日《申报》,第 2 张第 3 版,99 卷 798 页

109. 筹解京师学生经费

皖省每年奉筹京师法律学堂经费银二千两,历经藩司详咨筹解在案。兹值本年分应解前项经费银两,经沈子培方伯如数筹足,上详抚宪缮给文批,饬令裕皖官钱局承领汇解,限期赍投京师法律学堂交收,以应要需。

载 1909 年 4 月 30 日《申报》,第 2 张第 3 版,99 卷 868 页

110. 禀报两江法政学堂办理情形

江督端午帅奏云,两江法政学堂系就江南织造处库使衙署该勇,添购附近基地扩充校址,增新葺旧,均按学校规制,并仿日本指定寄宿舍办法另赁房屋为学生寝息之所。学生分正科、别科两项:正科兼收宁、苏、皖、赣等省学生;别科专收宁属候补人员以及举贡生监。入正科者先习豫科二年,接习专科三年。上年四月即经出示招考,其时尚未接准部颁限制新章,所取豫科学生系查照《京师法政学堂章程》及奴才前奏章程办理,其有中学堂毕业凭照者固为合格,其虽无凭照而中学具有根柢者亦得从宽取录。此为新章未到以前招考豫科学生之办法也。本年夏季为第二次招考之期,自应查照新章以归划一。别科原定二年毕业,自部章展为三年,业已遵照改订。至附学一节,奴才前奏章程系为分别额外诸生而设,其有欲入正科,限于额满而年龄尚富、文理较优者,亦经仿照别科附课办法,一律缴费附入豫科,以副诸生向学之忱,而期教育普及之效。所需经费计建置购堂用银一万六千四百八十二两六分,圈购基地及拆让民房银二千三百八十二两九分零,内除由金陵关道筹拨银七百一十两外,计用银一千六百七十二两九分零。又,修改礼堂、饭厅门墙及增建休憩室、晴操场、游廊、围墙各项工程陆续用银九千二百八两十分零,开办迁移各费共银四千两,购置书籍暨排印讲义机器共四千三百八十七两一分零,开办学生寄宿舍、修葺屋宇、添置什物共银八百九十八两二分零。常年经费及额支、活支两项,每月约用银二千四百二十余两。所有以上各款,均由江南财政局之领,应请作正开销。据该堂总办荣恒、监督吴璆会同详请奏咨前来。奴才伏维,法政为立宪基础,尤近今切要之图,作事以谋始为难,立法以杜弊为急。查该堂办法暨增改章程均尚周妥,所用款目亦均核实,惟查该堂正科学生前定豫科二年,本年正月部咨有各省高等学堂所设豫科如原定期限不满三年应一律展至三年等语,应即饬令该堂遵照将豫科学生加增功课,匀配钟点,俾学底于完全,仰副朝廷注重法治之至意。

载 1909 年 5 月 2 日《申报》,第 2 张第 2—3 版,100 卷 19—20 页

111. 京师肄业学生立案

皖省各次咨送学生李鸿逵等升入大学豫科肄业,现准京师大学堂总监督刘咨称,业经复加试验,分别录取,将李鸿逵、李永福编入英文甲班肄习,汪启疆、朱型、陈玉清、胡昌炽、洪怀祖编入英文乙班肄习,鲍光祖编入德文班随堂授课等因。皖抚准咨后,即行提学司查照立案。

载 1909 年 5 月 11 日《申报》,第 2 张第 3—4 版,100 卷 146 页

112. 江南上江公学旅行

江南上江公学学生于上月二十九日旅行姑苏,全队计百余人,于是晚抵苏,寓安徽会馆,由同乡招待一切。次日参观各学堂,均极欢迎,尤以师范、高等、东吴各校为最,排队迎送,款待极优。初二、三两日,游览诸名胜处,步武从容,列队齐整,并由安徽同乡刘、汪诸观察为代表,假座留园,盛筵以待,各致颂词,尽欢而散。初四日始返江宁。

载 1909 年 5 月 28 日《申报》,第 2 张第 3 版,100 卷 384 页

113. 部咨招考高等实业

邮传部前奏上海高等实业扩充专科,挑选各直省中学毕业生入堂肄习,业经通行办理在案。朱经帅刻准部咨,嘱令选送前项学生,拟于暑假后七月初十左右开学,所有投考各生务于六月十五以前咨送到校,齐集之期无论远近统限七月初旬以前到沪,并抄送考试简章,以便照章挑选。昨已札饬提学司遵照办理。

载 1909 年 5 月 30 日《申报》,第 2 张第 3 版,100 卷 414 页

114. 法政学堂第二次招考学生

两江法政学堂监督吴观察前上江督禀云,两江法政学堂业于上年六月间开学,嗣奉学部《奏定各学堂招考限制章程》,内有本年六月为始,法政学堂正科属于高等教育者,概不得收未经中学堂毕业之学生等语。其时,该堂招考在先,当即变通办理,本届夏季为第二次正科招考之期,自应查照新章办理。现招新班,参照京师法政学堂章程开设补习科,分别补习东文、东语,其学额一节仍照前次奏案,苏属二十名,皖赣各十名,宁属六十名。现经午帅核准,已出示晓谕,限期招考矣。

载 1909 年 6 月 19 日《申报》,第 2 张 2 版,100 卷 705 页

115. 定期招考两江法政学生

江督出示招考两江法政学生文云:照得两江法政学堂定章,每一学年招考正科学生

一次，以一百名为定额，宁、苏、皖、赣一律兼收，计苏属二十名，皖赣各十名，宁属六十名。苏皖赣学生由各该省藩司按照定额，每年每名补助学费一百元，毕业之后，发归各省任使，曾经通行在案。去年夏季为第二次招考正科之期，自应遵照上届章程办理，惟查去年部定招考限制章程内，有本年六月为始，法政学堂正科属于高等教育者，概不得收未经中学毕业之生等语。当时，以两江法政学堂招考在先，部颁章程在后，变通办理，以与中学毕业有相当程度者为合格。本年招考，一遵部章，凡未经中学毕业之生，概不收录，又查京师法政学堂办法，于正科学生专收有中学毕业文凭者，不设预科，直入正科，如东文程度不足，分别补习一、二年，以能直接日本教员听讲为限。本年所招中学毕业学生，如东文程度不足，应照京师法政学堂章程，开设补习科，补习东文东语，以期直接听讲。所有宁属学生限于五月初十日起，二十日止，亲赴法政学堂报名，听候示期考验。至苏、皖、赣三处学生，由三省抚部院查照定额，遵照部定新章，选送学生来宁，一律入学，不再复考，并由各生随带中学毕业凭照，以凭查核。

载1909年6月23日《申报》第2张第3版，100卷768页

116. 闽皖铁路学生分站见习

上海闽皖商办铁路学堂，于丁未秋间开办，当时所招诸生于英文、算学二科均限定五年以上之程度，故迄今四学期成绩颇优。今年经邮传部调查，许为比较成绩远过他省。堂中课程分管理、工程二科，今夏管理科毕业，已经该堂监督王子仁君商准沪宁铁路总管权爱德君及副总管温司路君（温兼铁路学堂教员），将各生分派沪宁各车站见习铁道业务，业已由沪宁专车分送各站矣。

载1909年7月10日《申报》第3张第2版，101卷145页

117. 安徽公立学堂恳亲会纪盛

扬州花园巷安徽同乡会公立学堂自力行整顿后，学业蒸蒸日上。兹届暑假大考后，特于初三日上午九时开恳亲会，学商各界以天气酷热，到者约百余人。诸生演试成绩，共分十二门，以手工、体操两门最为特色，为扬州诸学堂冠，体操则步武整齐，规则严肃，更为他学校所未有。演至午后四时，始行散会云。

载1909年7月24日《申报》，第2张第3版，101卷350页

118. 学生恳请官费

京师大学堂正额学生李祖光等，以京师大学堂收取学膳等费，该生家况困难，远道求学，所需一切旅费及学膳等费每岁计共须洋四百元左右，东挪西措，乞贷无门，爰特据情呈请抚宪恳予筹给官费，以慰向学之忱。

载1909年8月28日《申报》，第2张第3版，101卷882页

119. 咨明汇解实业学费

邮传部通咨各省文称,上海高等实业学堂取定各省学生,每年应由各省摊派学费,应分上、下两期,正月期内应作为第一期,七月期内作为第二期,按期汇解该堂兑收,以应要需而维学务。顷已咨请皖抚查照矣。

载1909年11月29日《申报》,第2张第3版,103卷454页

120. 两江优级师范定期考试

江苏教育总会接南京两江师范学堂来电云:"江苏教育总会鉴:敝校招考优级本科,以中学、初级师范五年毕业为合格,定□月初五、十五考试,请预分告。"

江苏教育总会来函云,月上一字电码不明,恐系"本"字之误。

载1909年12月17日《申报》,第1张第5版,103卷751页

121. 两江师范招考期之误传

两江师范学堂复江苏教育总会函云:"敬复者:接奉来函,借悉敝校前次所发电码有误,查月上系'二'字,非'本'字。敝校此次招考,系定二月初五、十五两期,因皖赣多僻远之地,文牍未免稽迟,故先以电闻,容即备文分别咨会矣。合即肃复。"

载1909年12月21日《申报》,第1张后幅第2版,103卷825页

122. 学部奏译学馆乙级学生毕业循章请奖折

奏为译学馆乙级学生毕业循章请奖,恭折仰祈圣鉴事:窃查京师译学馆系于光绪二十八年经前管学大臣奏设。其甲级学生已于上年毕业,奏请奖励在案。乙级学生系光绪三十年下学期入馆肄业,计至本年上学期五年期满,由该馆监督呈请考试毕业等情前来。当经臣等定期于七月二十九至八月初五等日按照所学科目在臣部分场考试,除黄孝觉一名未经与考,秦中行一名未经完场外,应考者共六十九名,臣等督率司员将各科试卷评定分数,再照章与平时分数平均计算,计列最优等一名,优等十四名,中等四十八名,下等六名。所有主课系按照本年九月十九日臣部奏定新章计算,于九月二十四日发行该馆榜示在案。查《奏定译学馆奖励章程》内开,考列最优等者,作为举人出身,内以主事分部尽先补用外,以直隶州分省尽先补用。考列优等者,作为举人出身,内以内阁中书尽先补用外,以知县分省尽先补用。考列中等者,作为举人出身,内以七品小京官分部外,以通判分省补用各等语。此次毕业各生,除取列下等者,均应照章补习外,所有取列最优等、优等、中等之六十三名,均拟照章奖给举人出身,其龚积桢等五十六名呈请内用,冯农等三名呈请外用,并拟照章分别以主事、中书、知县、小京官、通判补用。又,译学馆章程内开,毕业考验后,其原系举人出身而有官职者,按原官优保升阶等语。上次该馆甲级学生毕业,其取列优等之杨敞等原系已有官职,惟非举人出身,经臣部奏请,

十六 皖省在外教育

原系试用者以原官补用,原系补用者以原官尽先补用,毋庸再保升阶。奉旨允准在案。此次张天元等四名均系原有官职,自应援照办理。又,李宝贤、陈士干、王树屏、杨会翱四名,现在丁忧期内,此次所得奖励应俟服阕后再行发给凭照,并咨照吏部分发,以符定章。谨缮具履历、分数清单,恭呈御览。如蒙俞允,即由臣部咨行吏部钦遵办理。所有京师译学馆乙级毕业学生照章请奖缘由,谨恭折具奏,伏乞皇上圣鉴。谨奏。宣统元年十一月二十九日奉旨:依议,钦此。

谨将京师译学馆乙级毕业生等第、履历缮具清单恭呈御览。计开:

最优等一名:龚积桢,年二十八岁,安徽人,毕业平均分数八十分八厘。以上毕业生一名,据呈愿归内用,拟请给举人出身,以主事分部尽先补用。

优等十四名:黄康年,年二十岁,湖南人,毕业平均分数八十五分四厘六毫,因国文主课不及七十分,降优等。张天元,年二十三岁,汉军镶蓝旗附生,分部员外郎,毕业平均分数八十五分二厘,因国文主课不及七十分,降优等。陆鸿逵,年二十三岁,江苏附生,毕业平均分数八十四分六厘六毫,因国文主课不及七十分,降优等。冯农,年二十六岁,浙江附生,毕业平均分数八十三分六厘,因国文主课不及七十分,降优等。王珽,年二十三岁,浙江人,毕业平均分数八十分七厘四毫,因国文、外国文两门主课均不及七十分,降优等。郑鹏,年二十四岁,浙江附生,毕业平均分数八十分四厘五毫,因国文主课不及七十分,降优等。郑恒庆,年二十五岁,直隶附生,毕业平均分数八十分二厘一毫,因国文主课不及七十分,降优等。陈柏年,年二十岁,浙江人,毕业平均分数七十八分三厘三毫。赖机,年二十三岁,四川人,毕业平均分数七十八分一厘九毫。李国钧,年三十岁,广东人,毕业平均分数七十五分四厘三毫。赵祖望,年二十五岁,江苏人,毕业平均分数七十三分五厘。郑庆澄,年二十三岁,福建人,毕业平均分数七十二分三厘。韩嘉树,年二十二岁,浙江人,毕业平均分数七十一分三厘七毫。冯肃恭,年二十五岁,直隶人,毕业平均分数七十一分三厘五毫。以上毕业生十四名,其张天元一名,原系分部员外郎,拟请给举人出身,仍以员外郎分部,俟学习期满,以原官尽先补用。其黄康年、陆鸿逵、王珽、郑鹏、郑恒庆、陈柏年、赖机、李国钧、赵祖望、韩嘉树、冯肃恭十一名,据呈愿归内用,拟请均给举人出身,以内阁中书(儒)〔尽〕先补用;其冯农、郑庆澄二名,据呈愿归外用,拟请均给举人出身,以知县分省尽先补用。

中等四十八名:杨曾翱,年二十一岁,江苏人,毕业平均分数七十九分九厘,因国文主课不及六十分,降中等。童德禧,年二十九岁,湖北附生,毕业平均分数七十九分六厘五毫,因外国文主课不及六十分,降中等。陈士干,年二十七岁,浙江附生,毕业平均分数七十八分六厘一毫,因外国文主课不及六十分,降中等。陈培襄,年二十三岁,福建人,毕业平均分数七十七分三厘三毫,因国文主课不及六十分,降中等。何清华,年二十四岁,湖南附生,毕业平均分数七十六分八厘三毫,因外国文主课不及六十分,降中等。张承枢,年二十四岁,浙江人,毕业平均分数七十六分六厘,因外国文主课不及六十分,降中等。杨毓珹,年二十七岁,安徽人,毕业平均分数七十六分四厘二毫,因外国文主课不及六十分,降中等。杨承谋,年二十七岁,湖南附生,毕业平均分数七十六分二厘,因外国文主课不及六十分,降中等。刘毓瑚,年二十三岁,直隶人,毕业平均分数七十五分五厘五毫,因国文主课不及六十分,降中等。裴维钧,年二十五岁,山西人,毕业平均分数七十五分四厘八毫,因外国文主课不及六十分,降中等。张辉曾,年十七岁,云南人,毕业平均分数七十五分一厘二毫,因国文主课不及六十分,降中等。(未完)

载1910年2月3日《申报》,第2张后幅第2版,104卷607页

123. 学部奏译学馆乙级学生毕业请奖折

曾念圣,年二十四岁,福建人,毕业平均分数七十五分零七毫,因外国文主课不及六十分,降中等。王治燊,年十八岁,湖北人,毕业平均分数七十五分零一毫,因国文主课不及六十分,降中等。周果,年二十八岁,湖南人,毕业平均分数七十四分六厘七毫,因外国文主课不及六十分,降中等。刘孚璋,年十九岁,江苏人,毕业平均分数七十四分三厘三毫,因国文主课不及六十分,降中等。陈德恺,年二十五岁,湖北人,毕业平均分数七十二分八厘三毫,因外国文主课不及六十分,降中等。谢开棨,年二十岁,湖南人,毕业平均分数七十二分七厘五毫,因外国文主课不及六十分,降中等。宋庚荫,年二十五岁,河南廪贡生,法部学习主事,毕业平均分数七十二分五厘四毫,因外国文主课不及六十分,降中等。朱维清,年二十三岁,江苏附生,毕业平均分数七十二分二厘四毫,因外国文主课不及六十分,降中等。陈履祥,年二十四岁,贵州人,毕业平均分数七十二分零三毫,因国文、外国文两门主课均不及六十分,降中等。黄濬,年十八岁,福建人,毕业平均分数七十一分六厘五毫,因外国文主课不及六十分,降中等。宗室海宽,年二十四岁,正蓝旗,满洲人,毕业平均分数七十一分三厘九毫,因外国文主课不及六十分,降中等。曹振中,年二十六岁,江苏附生,毕业平均分数七十分九厘三毫,因外国文主课不及六十分,降中等。沈宝璿,年二十五岁,浙江廪贡生,毕业平均分数七十分七厘七毫,因国文、外国文两门主课均不及六十分,降中等。沈觐宜,年二十五岁,福建附生,毕业平均分数七十分七厘六毫,因外国文主课不及六十分,降中等。罗癸身,年二十七岁,广东人,毕业平均分数七十分五厘五毫,因外国文主课不及六十分,降中等。张泰,年二十四岁,浙江附生,毕业平均分数七十分一厘,因国文、外国文两门主课均不及六十分,降中等。苏缙,年二十一岁,直隶人,毕业平均分数七十分零一毫,因外国文主课不及六十分,降中等。裘毓麟,年二十一岁,浙江附生,毕业平均分数六十九分三厘八毫。黄麟图,年二十岁,广东人,毕业平均分数六十九分零一毫。张铭勋,年三十岁,奉天廪生,毕业平均分数六十八分七厘四毫。曹启文,年二十三岁,江苏人,毕业平均分数六十八分六厘四毫。周诗蕴,年二十五岁,江苏人,毕业平均分数六十八分四厘八毫。李宝贤,年三十三岁,山东附生,毕业平均分数六十七分九厘四毫。张卓修,年三十二岁,广东人,毕业平均分数六十七分六厘八毫。徐焌,年二十七岁,浙江人,毕业平均分数六十七分六厘二毫。曹允臧,年二十六岁,福建人,毕业平均分数六十六分九厘五毫。秦夏声,年二十四岁,江苏人,分部主事,毕业平均分数六十五分四厘三毫。周湘,年二十五岁,广东人,毕业平均分数六十五分二厘三毫。张谌,年二十三岁,河南人,毕业平均分数六十五分一厘八毫。郑祖康,年二十六岁,安徽人,度支部候补主事,毕业平均分数六十三分二厘二毫。李庭兰,年二十七岁,河南附生,毕业平均分数六十二分九厘三毫。汪乐宝,年二十七岁,江苏人,毕业平均分数六十二分四厘二毫。舒龙标,年三十二岁,安徽附生,毕业

平均分数六十二分四厘。张绍轩,年二十五岁,四川人,毕业平均分数六十一分七厘五毫。王树屏,年三十二岁,直隶附生,毕业平均(数分)〔分数〕六十一分三厘四毫。谢震,年二十三岁,四川人,毕业平均分数六十一分一厘二毫。张大宾,年二十五岁,四川人,毕业平均分数六十分二厘九毫。以上毕业生四十八名,其宋庚荫一名,原系法部学习主事,拟请给举人出身,仍留原□□,俟学习期满,以原官尽先补用。郑祖康一名,原系度支部候补主事,拟请给举人出身,以原官归原衙门尽先补用。秦夏声一名,原系分部主事,拟请给举人出身,仍以主事分部,俟学习期满,以原官尽先补用。其杨曾翱、童德禧、陈士干、陈培襄、何清华、张承枢、杨毓珹、杨承谋、刘毓瑚、裴维钧、张辉曾、曾念圣、王治焘、周果、刘孚璋、陈德恺、谢开桼、朱维清、陈履祥、黄潽、宗室海宽、曹振中、沈宝璿、沈觐宣、罗癸身、张泰、苏缙、裴毓麟、黄麟图、曹启文、周诗蕴、李宝贤、张卓修、徐焌、曹允臧、周湘、张谌、李庭兰、汪乐宝、舒龙标、张绍轩、王树屏、谢震、张大宾四十四名,据呈,愿归内用,拟请均给举人出身,以七品小京官分部补用。其张铭勋一名,据呈,愿归外用,拟请给举人出身,以通判分省补用。

载1910年2月4日《申报》,第2张后幅第2—3版,104卷623—624页

124. 咨请招考贵胄学堂

陆军部以开办贵胄学堂,业已拟定章程具禀,奉旨允准,钦遵在案。现在开办在即,电请皖抚查照章程,挑选合格生员,送部考选,以便录取,入堂肄习等因。朱中丞准咨后,即移督练公所,查照办理。

载1910年3月7日《申报》,第1张后幅第4版,105卷102页

125. 宽筹两江师范生之出路

安徽教育总会以皖省所属州县近来风气大开,兴办学堂接踵而起,所有订定科学以及办理一切规则均称完备,惟各属延聘教员颇难一律,恐不足以维持教育。顷由该会拟定全行改用师范卒业生,特具陈抚宪,请饬两江师范毕业生回皖履行义务。

载1910年3月20日《申报》,第1张后幅第3版,105卷310页

126. 陆军速成生咨回原籍

保定陆军速成学堂二班毕业生张国威等十二名,于考试毕业后,发往北洋陆军各镇见习。现以见习期满,由陆军部按名垫发川资银二十两,咨回皖省,如有相当差缺,尽先委用。皖抚准咨后,即札行兵备处、混成协查照。

载1910年6月2日《申报》,第1张后幅第3版,106卷522页

127. 江苏教育总会附设单级教授练习所全体毕业听讲员答词

教育普及为立宪之基础,此义殆为识者所共知,然欲求教育普及,非广筹经济不可,顾以中国现时力量与人民程度而欲大兴教育,广设小学,恐无此无量数之经济,亦无此无量数之教员。会长与诸先生慨焉忧之,以为欲植宪政之基,不得不先谋地方自治;欲谋地方自治,不得不先谋教育普及;欲谋教育普及,不得不先谋经费节省,所以组织此单级教授练习所也。去岁开办一届毕业回里者,或办短期讲习会,或设模范小学,地方颇受其幸福。会长及诸先生以为仅传布一省,不足以流行全国。于是续办一届,以资普遍。同学等入所练习,欣欣然远隔数千里亦连袂偕来者,无非欲节省经济以谋教育之普及,使学龄儿童尽受义务教育,以养成完全之国民耳。入所以来,承诸先生殷殷训诲,半年于兹,实地之练习,得益良多。今届毕业之期,蒙会长及诸先生谆谆期勉,以达普及教育之目的。惟自问学问简陋,恐回里后未能如愿,然当尽其心力,振其精神,勇往直前,或可为地方上尽一分之义务也。伏祈会长诸先生赐嘉言,匡正不逮,则教育前途幸甚,宪政前途幸甚。

载 1910 年 7 月 7 日《申报》,第 3 张后幅第 2 版,107 卷 121 页

128. 又闽、浙、豫、湘、赣、桂、皖等省学员答词

宣统二年五月二十九日江苏教育总会附设单级练习所举行第二期毕业式,同志五十余人,学员等忝附骥尾,幸何如之。盖贵省提倡教育,洵足为各省先导,而各省教育会仰慕贵会文明之进步,亦竭力预备,欲与贵会同研究我国教育普及之法。是以各派学员亲赴贵会听受讲解。数月以来,蒙诸先生殷勤指导,各出其平日所研究、所考察、所经验者,举以讲授,学员等获益匪浅。今届学期告终,先生又(锡)〔赐〕以箴言,策励前进,学员等虽不敏,既已厕身学界,教育乃其天职,何敢妄自菲薄,放弃其义务乎?惟各省之风气、之地势、之经济各有不同,而单级教法之传布时期或不免有先后,学员等惟有谨志诸先生之言,实事求是,冀达其目的而后已。他日各省教育联合会成立,学员等再报告成绩,以慰诸先生之厚望。

载 1910 年 7 月 7 日《申报》,第 3 张后幅第 2 版,107 卷 121 页

129. 江苏教育总会附设单级教授练习所毕业、修业学员姓名、年岁、籍贯分数表

吴汉章,三十四岁,如皋,八十二分;顾晟,三十一岁,上海,八十一分;蒋昂,二十八岁,华亭,八十分;徐志熙,二十七岁,嘉定,八十分;沈澄清,三十岁,上海,八十分;陶亦孔,三十岁,昭文,八十分;胡万春,三十八岁,河南辉县,八十分;胡云,三十二岁,江西南昌,八十分;孙贤,二十五岁,长洲,七十九分;甘元桢,三十二岁,宝山,七十九分;李耀祺,三十八岁,安徽芜湖,七十七分;许翀,二十三岁,浙江钱塘人,七十五分;徐芳润,二十三岁,如皋,七十四分;唐炯,三十一岁,广西临桂,七十二分;邵敏求,三十六岁,通州,七十分;张守仁,三十六岁,通州,七十分;王惠,二十八岁,安徽南陵,七十分;林福穰,三

十五岁,福建闽县,七十分;张由经,二十六岁,江阴,六十八分;李尧封,二十六岁,太仓,六十八分;潘孝琪,三十岁,福建长乐,六十八分;黄梦庚,三十岁,江西靖安,六十八分;刘彬,二十八岁,安徽太湖,六十七分;田百撰,四十岁,河南新野,六十二分;程淑孟,三十五岁,武进,六十一分;许魁昌,三十岁,安徽怀远,六十一分;张汝楫,三十九岁,桃源,六十分;葛济川,二十九岁,清河,六十分;陈楚儒,二十四岁,常熟,六十分;戴奉章,三十五岁,桃源,六十分;朱允元,四十四岁,金匮,六十分;曹潜,二十二岁,阳湖,六十分;封铸球,二十八岁,广西容县,六十分;周志澄,三十岁,常熟,五十八分;武启蕃,三十岁,阜宁,五十七分;姬隆业,二十七岁,河南辉县,五十五分;葛为模,二十五岁,桃源,五十一分;周鼎,三十五岁,常熟,五十分;陈垲,二十八岁,山阳,五十分;张耀坤,二十岁,青浦,五十分;方霖,二十四岁,安徽太湖,五十分;徐特立,三十四岁,湖南善化,五十分。以上四十二人给毕业证书。

陆羽怡,三十岁,常熟,四十九分;黄盛启,三十岁,安徽合肥,四十九分;郭其俊,二十五岁,崇明,四十七分;黄倬,二十五岁,扬子,四十七分;顾德新,三十六岁,江浦,四十六分;沙葆彝,三十岁,镇洋,四十四分;宣猷,三十二岁,东台,四十二分;封树蕃,四十六岁,沛县,四十一分。以上八人给修业证书。

载1910年7月18日《申报》,第2张后幅第2版,107卷297页

130. 安徽旅京同乡公议维持皖学堂

安徽旅京同乡会于上月初四日开会,公举调查员调查皖学堂公款账目并各项功课。兹该堂监督已发布公启,声明告退。各同乡因于本月初三日午后仍在省馆开会,报告调查各件,并公举各属代表,筹议维持整顿办法。其所拟呈部禀稿照录如下:

为保存学款留本用息立案遵办以垂永久事:窃维学堂以经费为先,而经费以持久为要。皖学堂开办之初,由同乡京内外官绅捐集而成,艰难缔造,殊非易易。其常年经费,则本省每年筹拨五千金,此外则由印结局之捐助,每年约二三千金,并所捐集之存款利息每年约计千余金。前年又经崔故绅国(用)〔因〕捐助本堂经费一万金,又买自来水股票三千金,合共存款三万余金。现印结已成(努)〔弩〕末,募捐亦无把握,为学堂持久计,其常年经费除以本省之五千金为定额,并结局之外官捐外,至本堂现有之存款,计存于义善源者二万金,存于源丰润者一万金,计自来水股票三千元外红股三百元,公议将此存款之利息与股票之官利、红利均作为学堂常年经费之定额。因前去两年本堂开支较多,若任其逐渐销耗,殊非持久之道。为此公同协议,将此款呈报立案,以后无论何人承办,均应留本用息,永远不动本。又,存款之息折交本堂管理员收执,以便按日支取,归堂内应用,其存款底折,由京同乡公同验封,或由各府州代表轮管,或公推殷实重望京官收执,以期公共维持,互担责任。为此公请大部立案遵办,以重学款而期持久。

载1910年8月16日《申报》,第1张第4—5版,107卷758—759页

131. 江督经营实业奏片两则·其一

　　皖赣等省产茶最多,向运宁、沪出洋销售。宁垣为南洋适中之地,拟设茶务讲习所,专收茶商子弟及与茶务有关系地方之学生,延聘专门教员,编辑讲义,悉心教授。学科计分二级,先习普通科学一年,再入本科二年,所收学生以一百二十名为限额,定宁苏三十名,皖赣各三十名,其余省分三十名。所有开办暨常年经费均由皖南茶税局拨支。惟学生毕业,非优予奖励不足以鼓其向学之心。查农工商部奏定官缺,原有艺师、艺士等职均以得有专科毕业文凭者分别委用。此项讲习所系属茶务专门,将来毕业试验,拟请考列最优等者奖以一等艺师,以备派赴外国商场经理茶叶之选;考列优等者,奖以二等艺师,以备经理内地新法制茶之选;考列中等者,奖以一、二等艺士,以备派充产茶州县周巡讲授之选。庶款不虚糜,学归实用,而茶叶可期振兴,于国计民生不无裨益。

　　正月十一日,奉朱批:该部知道。

载 1911 年 2 月 20 日《申报》,第 1 张后幅第 2 版,110 卷 713 页

十七　出国留学和考察

1. 照登湖北出洋肄业学生名单

武昌来信云,张香帅遵旨遴派学生赴日本武备学堂肄习韬钤,刻已就两湖书院选派刘生邦骥,湖北人,图学、算学俱头班;田生吴炤,湖北人,图学、算学俱头班;铁生良,荆州驻防,图学头班、算学二班;刘生赓云,湖北人,图学、算学俱头班;顾生臧,广东人,图学、算学俱二班;吴生元泽,湖北人,图学头班、算学二班;吴生茂节,安徽人,图学、算学俱二班;卢生静远,湖北人,图学、算学俱头班;吴生祖荫,湖北人,图学、算学俱二班。又就湖北武备学堂选派高生会介,直隶人,二班;徐生传笃,江苏人,二班;易生中鹏,湖南人,头班;傅生慈祥,湖北人,头班;万生廷献,湖北人,二班;吴生绍璘,湖南人,二班;邓生承拔,湖北人,二班;杜生钟岷,贵州人,二班;吴生禄贞,湖北人,二班;文生华,荆州驻防,新班。此外,又有张生厚琪系张香帅之文孙,向日肄业两湖书院,以算学鸣于时,年甫一十八龄,早已升堂入室,此次亦相偕赴日。我知一经陶育,必更粲然可观也。

载 1899 年 1 月 12 日《申报》,第 2 版,61 卷 67 页

2. 派员东渡

安庆访事人云,本年七月日本陆军少将福岛君因事过皖,拜谒抚宪王芍棠大中丞,语及日本于九月中大操军士,请派知兵员弁东渡一观。中丞允之。旋即奏派武卫楚军统领黄镇军呈祥、候补道李观察光觐、联观察恩、候补县严大令国栋,如期而往。月之二十日,镇军诸人已由皖起程,所遗统领事宜暂归前营邱副戎兼管。

载 1901 年 10 月 9 日《申报》,第 2 版,69 卷 231 页

3. 奏请奖励学生

京师访事人云,游学日本毕业回国供差北洋各学生,现经直隶总督袁宫保援照新章,分别出考,缮具清单恭折具奏,请饬下学务大臣考验,照章给予举人进士出身,以资奖励。旋奉朱批:学务大臣议,奏单并发,钦此。兹将单开各生照录于后:

金邦平,年二十五岁,安徽徽州府黟县人,光绪二十年秋入南京汇文书院,肄业英文及普通学。二十二年春考入北洋二等学堂,肄业英文及普通学。二十五年春,经前北洋大臣裕禄派赴日游学,入日本华学堂,肄业日文及高等普通学。二十六年夏毕业,升入早稻田大学校,专习政治、法律、理财诸科。二十九年夏毕业,由该大学校给以头等全科

文凭。七月回国,经臣派委保定学校司随办兼师范学堂总斋长,八月调委洋务文案,该生才识明通,安详谨饬。

富士英,年二十五岁,浙江嘉兴府海盐县人,光绪二十一年夏入苏州中西学堂肄业英文及普通学。二十三年冬调入南洋入学,肄业英文及普通学,二十四年冬经督办铁路大臣盛宣怀派赴日本游学,入日华学堂,肄业日文及高等普通学,二十五年夏毕业,升入早稻田大学校,专习政治、法律、理财诸科,二十八年夏毕业,由该大学校给以头等全科文凭,复入日本帝国图书馆,专攻公法、理财。二十九年春,经户部尚书那桐调派随同赴东考察财政事务。差竣回国,经臣派委洋务随员兼翻译事宜。该生居心坦白,奋发有为。

高淑琦,年二十八岁,浙江杭州府钱塘县人,世袭云骑尉。光绪十九年,考入北洋水师学堂,肄业英文、普通学及驾驶、测量学。二十五年春,经北洋大臣裕禄派赴日本游学,入日华学堂,肄业日文及高等普通学。是年秋毕业,升入东京帝国大学校工科,专习机械学。二十八年夏毕业,由该大学校给以优等选科文凭。九月回国,经臣派委保定学校司随办。二十九年夏,加委师范学堂总斋长,随同学校司总理胡景桂赴东调查学制。该生品行端正,心地质直。

张奎,年二十六岁,江苏松江府上海县人,光绪二十一年冬考入北洋二等学堂,肄业英文及普通学。二十五年春,经前北洋大臣裕禄派赴日本游学,入日华学堂,肄业日文及高等普通学。二十六年夏毕业,升入东京帝国大学校工科,专习制造、化学。二十九年夏毕业,由该大学校给以优等选科文凭。十月回国,经臣派委工艺学堂办理学务。现经学务大臣调充进士馆教习。该生操行端洁,学业精深。

张锳绪,年二十八岁,直隶天津府天津县人,光绪十九年夏入北洋水师学堂,肄业英文、普通学及制造学,毕业。二十五年春,经前北洋大臣裕禄派赴日本游学,入日华学堂,肄业日文及高等普通学。是年秋毕业,升入东京帝国大学校,肄业工科机械专门。二十八年夏毕业,由该大学校给以优等选科文凭。随至各工厂游历。是年冬,经前湖南巡抚俞廉三调委平江金矿局总工程师。二十九年夏,经臣委派保定师范学堂总斋长兼教习。该生行止方正,性情笃实。

沈琨,年二十八岁,直隶天津府静海县人,光绪十八年冬考入北洋水师学堂,肄业英文、普通学及制造学。二十五年春,经前北洋大臣裕禄派赴日本游学,入日华学堂,肄业日文及高等普通学。二十六年夏毕业,升入东京帝国大学校工科,专习机械学。二十九年夏毕业,由该大学校给以优等选科文凭。七月回国,经臣派赴山海关内外铁路总局委用。九月,调委天津工艺学堂办理学务。该生专精铁道,学邃才明。

王宰善,年二十六岁,江苏松江府上海县人,光绪十九年春入上海育材学堂,肄业英文及普通学,二十三年冬毕业,二十四年春入上海博文学院专习英法文。二十五年,自备资斧赴日本游学,入东京高等商业学校,二十九年夏毕业,由该学校给以商法财政专门优等文凭。九月回国,经臣派委直隶工艺总局随员兼办考工厂。该生讲求商学,才思明敏。

载1904年9月25日《申报》,第2—3版,78卷169—170页

4. 招考师范

安庆访事人云,皖省大吏前议停止高等学堂附课膏火银,拨充出洋师范生经费,于是附课诸生怅然若失,具禀各宪,恳恩未蒙允准。日前,学务处已将裁汰膏火章程刊发晓谕,本月初十日又出示曰:前经本处会同藩宪议停高等学堂附课膏火,拨充出洋师范生经费。查此项膏火共银二千七百八十两,合龙银四千元,以每人每年三百余元计之,可派十二人出洋,查速成师范一科,业经本处札饬各属筹款选送,年内可以选送,兹拟稍予变通,就所停膏火银两,选送学习完全师范科六人,学习实习科六人,连同各属选送师范生,一律于明年正月内,详请派员监督出洋,仰合省举贡生监一体知悉,本处定十二月初十日在高等学堂内扃门考试,如有自愿出洋,合此次所定格式者,务须先期取具地方官印结保送来本处,听候考试,幸勿观望自误。

载1904年12月27日《申报》,第2版,78卷789页

5. 饬提学款

去岁冬间皖抚诚中丞曾札饬各属就地筹款,选送一、二人出洋学习速成师范,限今正一律申送省垣学务处,如有延宕事情,定即撤任示惩。日昨,全椒县绅士叶某在学务处禀请派送该邑生员胡承志出洋,并请饬县提款等因。旋由学务处批示云:该县书院宾兴项下既有的款可提,又经该职等公举生员胡承志堪以选送出洋,何以该县于拨款一节推诿因循,殊属不解。著该职等传知胡承志即日来处报到,听候示期考验。并候飞札全椒县速即照会管理书院各款绅士,将学费三百元、川资五十元如数划拨,由该县备文批解本处,转递出使日本大臣转给。如再借故迟延,定即遵照抚宪严札详请撤惩。

载1905年3月18日《申报》,第5版,79卷507页

6. 考派出洋学习完全师范

去岁,学务处详请抚宪将高等学堂附课膏火停止,作为派送东洋学习完全师范学生经费。计该项膏火只足派十二名之数,除招考外,札饬各州县就地筹款,选送十二人赴东学习速成师范,亦归学务处考定。十二日,学务处在高等学堂内一律考试,计考完全师范者仅七十余人,其余均系各属保送速成科之师范生云。

载1905年3月22日《申报》,第3版,79卷538页

7. 皖中考送出洋师范生全案

速成科师范生二十二名:刘照应、范献宗、谢家鸿、汤松年、刘镇、王建中、邵鄂元、杨立奎、许成才、王荣堂、卢味兰、吴承志、庄化西、张采臣、张石槎、章光昭、汪聿修、殷葆田、陈龙章、高道深、张棠荣、晋麟。

完全实业二科十名:鲍庚、胡清澍、刘裕堪、焦士英、张贻信、张起元、张家亭、王盛

明、吴景澄、黄建寅。

备取十二名:潘光祖、刘屏翰、王彬、陈炳经、黄波项、张公益、吴澄之、查俊、马承惠、张礼贵、傅卓夫、任起涛。(咸)

载 1905 年 4 月 5 日《申报》,第 4 版,79 卷 654 页

8.皖省选派出洋学生之改议

皖中选派出洋师范生已由学务处考试,曾迭纪前报。现以日本各学校学生拥挤,拟将各生暂留于学务处学习东文、东语,俟伏假后始行派员督送出洋。日前,学务处已悬牌出示云:此次考取各属保送出洋学习速成师范及完全师范、实业两科学生,均经分别去取,另行榜示在案,本拟详请抚宪给资派员监督出洋,惟查日本各学堂现在已过第一学期,恐无缺额可补,且该生等于东文、东语均未肄习,将来到东后,于教习上堂讲授扞格不通,势必补习东文,作为预备,方能以次渐入学堂,耗时日、縻经费,甚非计也。兹经本处酌定在停止附课膏火内提拨款项聘请东文教习,并另觅寄宿舍一所,作为该生等食宿之处,除教习薪水及房费膳费均由本处筹给外,每月每名给零用龙洋一元,所有此次考取学生刘昭应等二十二名,鲍庚等十名,均自三月二十一日起,一律齐到本处肄习东文东语,俟一学期后,语言文字渐臻娴熟,统于本年七月第二学期后遣送出洋,仰该生等于二十六日午刻来堂考验,分别班次,上堂听讲,并先期将行李、书籍等件移入寄宿舍内,以便专心用功。本处不惜巨款,为该生学业有成起见,倘有托故不到及任意荒嬉等事,届时考验未能及格,定将姓名扣除,另行考选,慎勿观望自误。(咸)

载 1905 年 4 月 5 日《申报》,第 4 版,79 卷 654 页

9.大清国留学生法政速成科第一回卒业试验成绩榜·明治三十八年五月施行

湖南　罗永绍;湖北　王运震;湖北　吴柏年;湖南　胡子清;湖南　彭兆瑛;湖北　陈武;湖北　朱家璧;湖北　刘燮臣;湖北　叶开琼;湖南　刘泽熙;湖北　何福麟;四川　周先登;湖南　陈嘉会;湖北　欧阳葆真;湖南　瞿宗铎;湖北　周仲曾;湖北　易奉乾;安徽　吕均;湖南　萧仲祁;湖北　谢炳朴;云南　孙志曾;湖北　李碧;湖南　毕厚;直隶　高俊彤;湖北　刘蕃;江苏　吴前枢;湖北　王崇铭;湖南　陶煦;湖北　朱友友;湖北　彭树棠;广东　钟铣;江苏　瞿钺;江苏　金庆章;湖北　廖维勋;湖南　陶思曾;湖北　班吉本;湖北　陈弼栋;江苏　瞿世琨;湖南　罗杰;江苏　王家驹;湖北　张昉;湖北　樊树勋;湖北　徐志绎;安徽　刘迺弼;湖北　郭斌;贵州　塞先絜;江西　贺国昌;湖北　张福先;湖南　周声汉;湖南　石润金;湖北　张知本;湖北　王寿田;湖南　陶懋颐;江苏　薛宜珽;湖北　王立猷;四川　唐宾;江苏　朱孔文;湖南　滕骧;湖北　邹麟书;湖南　李穆;湖北　顾恩戭;湖南　雷光宇;湖北　严献章;向国荣;湖北　魁续;湖北　曹履贞;江苏　薛宜璞。东京市麹町区富士见町六丁目司法省指定文部省认定私立政法大学。(余)

载 1905 年 7 月 1 日《申报》,第 3 版,80 卷 528 页

10. 保和殿考试出洋毕业学生提名

一等：张英绪　直隶；陆宗舆　浙江；曹汝霖　江苏；陆世芬　浙江；王守善　江苏；林棨　福建；金邦平　安徽；唐宝谔　广东。

二等：王宰善　江苏；钱承锘　浙江；高淑琦　浙江；沈琨　直隶；胡宗瀛　安徽；戢翼翚　湖北。

载 1905 年 7 月 9 日《申报》，第 2 版，80 卷 593 页

11. 允拨出洋游学生路费

去冬，有芜邑附生谢师程、谢师衡等禀请县尊拨书院余款一千金作为出洋经费，沈益斋大令已照会董事英松亭君，闻每人准拨三十金作为出洋盘费。（州）

载 1905 年 7 月 10 日《申报》，第 9 版，80 卷 609 页

12. 禀请提拨游学费

月初，有歙县贡生程炎震等在学务处禀请提拨公款，以便派生出洋游学。旋奉批示云，该县征信册费于钱粮正项内每两加收钱二十文，向来作何支销，曾否详奉批准移作别用？虽由藩司衙门主政本处无案可稽，候移请藩司查明原案，严札歙县据实禀明，从速提拨，毋任含混。（丝）

载 1905 年 7 月 12 日《申报》，第 9 版，80 卷 621 页

13. 皖垣学务处批示（饬筹学费*）

日前皖垣学务处悬出批示二则，兹并录于下：据旌德县附生朱懋第禀恳补送出洋，饬县筹解学费。由批，据禀已悉，该县有无的款可以拨充出洋学费，本处无从查出。仰即会商绅董，筹定款项，禀请从县给咨申文可也。此批。（诗）

载 1905 年 8 月 12 日《申报》，第 9 版，80 卷 869 页

14. 皖省留学生首途东渡

皖省学务处今春考取实业、师范两科学生十二名，及各属咨送速成师范科学生二十四名，又有自备资斧学生数名，日前由学务处牌示，著于十三日来处照用，即定十七日由安庆首途赴沪东渡。（羊）

载 1905 年 8 月 16 日《申报》，第 4 版，80 卷 900 页

15. 江督派遣出洋学员学生训条

一、本大臣此次力筹经费，派遣该学员学生等出洋学习制造，原为讲求军械起见，将来为本国工艺改良，得成新式精利之器。该学员学生及匠目等，务当潜心学习，学其制造之法，尤当明其立法之理。

二、凡事务广而荒，业精于勤，而精勤之功，尤须专一。该学员、学生等，既获公费出洋，本是幸事，自应专心各习一门，将来学成回国，可为本国制造中擅专门之艺，于枪炮、子药、炼钢等事各具专长。器械精良，自强之基亦由于此，切勿贪多务博以致泛滥无成。

三、该学员、学生等，此次由李道督率，出洋一切务遵李道及李、罗两委员指示训诫，在外洋出入行止一切务必遵守规矩，以免贻笑外人，尤不可沾染近时出洋学生恶习，为世诟病。

四、俟到外洋后，即由李道将该学〔员〕、学生及匠目等分派外洋各厂，务当尽心学习，不可抛荒日月，虚此一行。既入各洋厂，即应遵守该厂规条，以表严习之义。

五、该学员、学生等在外洋学习制造，一切目验手治及肄业功课、游学见闻，务必逐一详登日记，汇寄本大臣察阅，以觇心得。

六、该学员、学生等在外洋，尤当时时以本国为念，每逢本国万寿庆典以及元旦年节日，期务必前往出使大臣署内，随班行礼，以尽庆贺职分，而伸爱国之忱。

七、本国时宪书，各该学员、学生等必须各人随带一本，毋忘本国正朔月日，至有益身心伦理之书，已嘱李牧等酌量赏给，以备诸生阅览，既可勤习国文，亦可保全德育。

八、该学员、学生等均是有用之才，务须遵守训条，各尽义务，他日学成回国，各擅精能，本大臣定当从优奖励。倘不认真学习，虚过光阴，空耗经费，即是无志之人，大负众望，将来必无成就，已饬监学委员随时考查。倘若该生犯规越矩，除情节较轻按照西国惩治工程师之法，一律斟酌议罚外，如有重大情节，应即咨送回国，核例治罪，并将该生学资、路费、薪水等款如数追还，以重公款而昭炯戒。诸学员学生等切勿轻蹈此咎。（云）

载1905年8月18日《申报》，第17版，80卷923页

16. 皖省出洋学生名单

前次皖中派往日本学习各种之学生，定于本月十七日东渡，已志前报。十六日，抚宪诚大中丞传见各生，勉励数语。十七日，学务处派贵池县举人王君，督率诸生等乘"江裕"轮船赴沪东渡。今将各生姓名籍贯录下：

速成师范生：

汪聿修，宣城；徐本森，舒城；范献宗，宣城；谢家鸿，无为；张石槎，宁国；杨立奎，怀远；高道隙，贵池；王荣堂，宿州；刘镇，当涂；庄化雨，灵璧；陈龙章，合肥；张采臣，灵璧；殷葆田，合肥；汤松年，颍上；刘昭荫，舒城；刘屏翰，霍邱；晋麟，亳州；杨镕龙，霍山；张堂荣，滁州；徐方汉，庐江；吴承志，全椒；程维屏，阜阳；章光昭，来安；张海潮，凤阳；吴骥良，和州；胡遇璜，南陵；方新，婺源；汪树德，盱眙；陈炳经，宿州；李克贤，巢县；傅卓夫，

英山。

自费师范生：

胡宗翰,祁门;叶良,巢县;朱衣,凤阳(请假)。

实业学生：

鲍赓,歙县;张起元,桐城;吴景澄,太平;黄建寅,合肥;潘光祖,铜陵;胡清澍,祁门;张家亨,桐城;王盛明,怀宁;刘裕堪,霍邱;张贻信,全椒。

自费实业生：

汪宗尧,桐城;许成才,□□。

自备完全：

姚涣,桐城。(诗)

载 1905 年 8 月 21 日《申报》,第 4－5 版,80 卷 942－943 页

17. 各省将军督抚送考练兵处出洋学生名单

奉天:□□乐、□受唐、陈兴亚、臧式仪。

甘肃:包述佽、程献璧、李象德。

热河:容保、□濬。

江宁:鹏兴。

直隶尚未送到。

湖南:彭廷仪、杨洪图、陈复□、唐义梆。

湖北:李向荣、□楞图、屈锡瑞、阮楚材、张叙忠、殷学潢、雷宠锡、接宗。

山西:王炳□、井介福、余钦烈、郭休徵、刘思荣、孔系霱、驻防关松秀。

江西:余维谦、俞应麓、彭程万、廖但琅。

四川:龚廷栋、邓翊华、文祺、熊成章、李协中、陈经、曾承业。

浙江:文钟、黄郛、吴思豫、傅典藩、赵正平。

陕西:培模、彭世安、党基漳、霍色哩、李豫英、李熙臣、王天吉。

贵州:刘燧良、周□时、周燊儒、阮德炳。

安徽:孙象震、金鼎彝、郑遐济、江煌。

江苏:张鼎臣、何浩然、王文泰。

载 1905 年 9 月 27 日《申报》,第 4 版,81 卷 222 页

18. 禀请拨款出洋

日前,婺源县附生汪钟敖具禀学务处,原赴日本留学,请拨官款,给文咨送。当经该处批示,略谓:前据该县选送学生出洋学习速成师范,已经详请给咨遣送。现在该县宾兴项下是否尚有余款,本处无从查悉,仰仍回县禀,请地方官查实有无款可筹,给文申送可也。

又,绩溪县附生程某,亦系禀请拨款咨遣出洋。批示云:查该县宾兴项已拨入学堂,

此外是否尚有余款,仰仍禀请地方官妥筹的款,给文申送可也。(墨)

载1906年1月3日《申报》,第3版,82卷18页

19.安徽矿务局拟考送学生出洋

皖省矿务局现招安徽高等、南京实业并安徽公学各堂学生出洋。芜湖安徽公学刻拟将甲班学生全数保送,其未取者,由堂筹半费选送程度稍高者两人,每人岁贴洋一百五十元,余人分送南京陆师、实业、湖南修业、明德各学堂。如所送各学堂应纳学费,由堂每人岁贴四十元,余均自备贴费,以三年为限。(门)

载1906年2月25日《申报》,第3版,82卷386页

20.允拨出洋游学生路费

去冬,有芜邑附生谢师程、谢师衡等,禀请县尊拨书院余款一千金,作为出洋经费。沈益斋大令已照会董事英松亭君,闻每人准拨三十金作为出洋盘费。(州)

载1906年3月20日《申报》,第9版,82卷609页

21.批斥请筹官费出洋

日前,有凤台县附生朱某递禀学务处,请札饬该县筹拨官款,津贴赴东留习警察等情。旋奉批示云:查该生上年三月因未具公文投考出洋被斥。继请自备资斧,于七月考验时又不投到。去冬又以饬县提拨津贴恳请留学,朦禀江督,亦经批饬。兹又到处率请筹给官费,似此志趣不定,浮动异常,殊为不合云。(士)

载1906年4月17日《申报》,第9版,83卷165页

22.禀请拨解留东学费

日前,有无为州人武备学堂学生程茂材等在学务处禀陈,该州谢家鸿留东学费求款拨解等情。奉批:查谢家鸿,前经本处咨送出洋习学速成师范。嗣据该生面称,该州申送文结系声叙"完全师范"字样。当经本处札饬该州,迅速查明有无的款,按年接济。去后,嗣据该州申称,州境开办学堂,地方各款俱已罗入,所有速成经费已属勉强挪移,完全更无从措手。公款支绌,万难筹办,请将该生仍旧列入速成师范班内等情前来。业经咨明出使日本大臣在案。兹复据该生等禀称,该州积款甚巨,是否属实,本处无从悬揣,应由该生自行邀集,经董切实妥筹,如有余款,可以拟助,即由该州批解到处,以凭汇寄给领可也。(士)

载1906年5月27日《申报》,第9版,83卷553页

23. 县令禀请出洋

准补庐江县谢维喈大令禀请赴日留学政法,奉皖抚批准,刻大令已奉到咨文,不日出洋矣。(多)

载 1906 年 7 月 21 日《申报》,第 9 版,84 卷 199 页

24. 广文禀请出洋

日前,凤阳县训导窦广文凤□具禀藩宪,请给咨文赴东留学。冯方伯颇为嘉许,立即批准,并委训导缪广文景期接署。(士)

载 1906 年 8 月 22 日《申报》,第 9 版,84 卷 515 页

25. 清国留学法政大学银行科卒业名单

去夏,江苏道员但旭旦游学来东,要求驻日清公使转请本大学开银行科特班,计东修译费月需三百余元。当时入学者八十余人,每人收学费四元,仅足开支。开班后三阅月,适逢取缔风潮,留者仅二十余人,所收学费不敷开支,本应停课,因诸生成绩甚佳,不忍令其中途辍业,幸本大学其他各科尚有余款,遂每月津贴二百余元,共计千八百余元,以成就诸生之学问。兹于西历八月初八日毕业,第清国学生肄业银行科者以此次为开始,特将卒业诸生姓氏单照录于后:

刘泽熙,湖南善化;虞维铎,安徽合肥。以上优等生二名。

周先登,四川威远;姚华,贵州贵筑;萧仲祁,湖南湘乡。以上受赏品生三名。

彭兆璜,湖南湘阴;袁永廉,贵州贵阳;孙德全,浙江鄞县;胡瑞霖,湖北江陵;孔宪延,安徽合肥;林鹓翔,浙江归安;徐钟衡,湖南常德;姚生范,湖南慈利;刘鹤年,湖北江夏;黄笃衡,湖南湘潭;刘章侯,湖北长阳。

单习实务一科卒业:

施召愚,浙江会稽;齐树楷,直隶蠡县;广钟元,广西灌阳;杨春燫,直隶清苑;沈树敏,江苏青浦。(勋)

载 1906 年 8 月 25 日《申报》,第 9 版,84 卷 543 页

26. 警员东渡留学

芜湖巡警鲁港段员巡检张杰远,刻自备资斧,在省领咨,东渡肄业法政速成科。总办黄观察于初九晚在巡警局设筵祖饯,以示鼓励。(九)

载 1906 年 10 月 4 日《申报》,第 9 版,85 卷 29 页

27. 学使出洋

安徽提学使沈子培亟拟出洋考察学务,已请由皖抚委臬司陈廉访暂行代理,并选派学务处提调郭振镛、候补知县钱印绶、恽荣森充当随员,不日赴申,附轮东渡。(士)

载 1906 年 10 月 11 日《申报》,第 9 版,85 卷 87 页

28. 皖省武备生出洋游学

武备学堂四班生业已毕业。兹有该班毕业生项华黻、周锦堂、王璋、储莘、蒋业源、叶仰高、张其□等七名,自备资斧,出洋留学,已禀请大吏给咨,于二十日起程赴日矣。(士)

载 1906 年 11 月 13 日《申报》,第 9 版,85 卷 383 页

29. 知县出洋游学

皖省候补知县王用霖,现拟自备资斧,出洋学习法政。已禀准大吏给咨就道矣。(士)

载 1906 年 11 月 24 日《申报》,第 9 版,85 卷 481 页

30. 禀请官费出洋未准

安徽武备学堂毕业生王璋晋禀请发给官款出洋游学,当经提学使批示云,该生甫经卒业,即欲出洋,核与新章不符,且现在官款支绌,碍难准行。(美)

载 1907 年 3 月 4 日《申报》,第 9 版,87 卷 39 页

31. 法政大学行卒业式次序及卒业名单

日本东京麴町区富士见町法政大学于西历五月五日(即中历三月二十三日)下午二句钟在该大学第一讲堂行卒业礼。次序如下:(一)授各卒业生卒业证书。(二)授优等生奖赏品。(三)总理学事报告。(四)讲师总代祝辞。(五)清国杨公使祝辞。(六)来宾总代祝辞。(七)校友总代祝辞。(八)卒业生总代祝辞。礼毕,款以茶点,(撮)〔摄〕影而散。(卒业生姓氏列左)

张智远,四川;牟家□,山东;萧湘,四川;杨树谷,湖南;黄敦怿,湖南;王邦藩,浙江;汤化龙,湖北;刘显治,贵州;夏和清,河南;马光桢,福建;车钺,直隶;李家祥,直隶;楼兆梓,浙江;胡庆道,安徽;梁成哲,山西;王运嘉,湖北;范桂鄂,直隶;苏敬,广东;刘作霖,湖南;宋开敏,江苏;陆定,江苏;周安康,广西;薛登道,山西;胡挹琪,湖南;任绍选,湖南;李的,广西;陈瑞焌,广东;徐湃,江苏;裴子宴,山东;崔祥鸠,安徽;徐振声,江苏;钱维琪,湖南;傅长民,湖北;张心翌,湖南;郭宝清,山西;陈耀伪,福建;潘慎,四川;曾广

标,湖北;安茂寅,山东;林觐光,福建;俞峻,浙江;陈海□,福建;周代布,四川;周庆恩,山东;漆莲钧,贵州;覃有贤,四川;马光蔼,福建;许家恒,江苏;谭傅恺,湖南;钟达,福建;汤建中,浙江;顾恺,江苏;朱文劭,浙江;杨贵林,贵州;沈钧儒,江苏;余庆龙,浙江;唐汝声,贵州;周树标,山东;张知竞,四川;高桂馨,直隶;区枢,广东;周赓慈,湖北;王汝琳,江苏;徐沐三,湖北;张成修,河南;刘席珍,四川;罗德原,湖南;何雯,安徽;瞿鸿宾,湖北;张治祥,四川;梁善济,山西;陶峻,湖北;吴迪康,湖南;陈官桃,广东;夏曰琦,江苏;李□第,直隶;蒋敦世,广西;林志烜,福建;蒋继伊,广西;查履中,浙江;成应琼,湖南;王连科,奉天;黄雟,广西;习观枢,江苏;魏锡滋,福建;蓝宗鲁,江苏;黄宗麟,江苏;陈文中,湖北;吕存晨,广东;陈启棠,湖南;毕太昌,河南;沈幼丹,四川;邓耀明,广西;郑鸿基,四川;杨学□,湖南;阎秉贞,山西;陈梦藻,江西;夏道炳,湖北;陈寿祺,浙江;刘炳藜,湖南;俞树棠,浙江;杨德邻,湖南;姚明德,江苏;贺家耀,湖南;尹家庆,山东;刘镕,山西;张鸿藻,贵州;王恩博,湖南;余延泽,湖北;查厚培,浙江;柴守愚,陕西;刘鸿翔,直隶;熙栋,湖北;邵义,浙江;王祖郜,湖南;任祖荼,浙江;袁凤仪,湖北;何景新,湖北;张启后,安徽;刘天佑,四川;胡寅旭,安徽;李琳,贵州;张俊英,直隶;李盛华,直隶;蒋怡章,江苏;景龙澜,湖北;张家镇,江苏;罗超,湖南;吴道南,湖北;张□,湖南;宾玉瓒,湖南;龙瑞廷,湖南;李翔膺,湖北;宝昀,江苏;张裕藻,湖北;唐文霖,山东;保廷樑,云南;方大嵩,湖南;夏道辉,湖北;俞登瀛,湖北;黎祖健,广东;沈颂康,湖北;李增荣,四川;李继璋,山东;王立廷,江苏;马殿甲,直隶;彭芝芳,山东;李栋臣,湖北;赵林章,直隶;舒绍伊,安徽;黄震东,湖北;张绍骞,湖北;周廷弼,山东;赵鼎咸,浙江;邱正□,江苏;解永嘉,云南;李汉丞,湖南;刘慎铨,陕西;吴虞,四川;黄成霖,山东;丁树兰,湖北;陈正学,四川;姚桐豫,浙江;朱树森,湖北;吴绍璞,山东;王筌芗,山东;胡德炘,湖北;云书,江苏;顾黼华,山西;李秉善,山东;李钟濬,浙江;李之杰,湖北;王利用,湖北;袁湛,湖南;袁青选,湖北;黄怀清,湖南;沈周,江苏;李国棣,安徽;刘鹤年,湖北;程元济,湖南;刘应钧,湖南;李凿,湖南;马稣鸣,湖北;刘芝兰,湖北;谭虁飏,湖北;张雯焕,湖北;萧恩庆,山东;何炳庚,安徽;邱心荣,广东;陈天辅,广东;傅锡鸿,湖南;叶衍藜,广东;苏纬纶,广东;农锡琛,广西;宛长鸿,江苏;彭邦栋,湖南;鲍典瑞,安徽;吴涤源,湖北;顾文瀞,江苏;鲍述新,湖北;虞光祖,浙江;吴维翰,四川;徐道立,湖北;熊兆渭,四川;左仲远,湖南;刘章侯,山东;李照岷,山东;居正,湖北;徐连芳,山东;鲁煦,湖北;李若鹏,山东;田易畴,陕西;王嘉煖,湖北;夏王宾,湖南;李树义,湖北;洪荣圻,湖南;李清棻,四川;刘文宝,湖北;陈隉,福建;胡瑞霖,湖北;夏政,湖南;周声飏,湖南;焦润,湖北;徐凤标,江苏;姚龙光,湖北;马文释,山东;钱廷椿,江苏;詹翰藻,湖北;黄良弼,湖南;廖云藻,广东;俞成铣,浙江;蒙经,广西;潘瀛,湖北;王守贞,湖北;李正保,湖南;成藻,湖南;李毓芬,湖北;张象成,江苏。(荣)

以上共计二百三十八名。

载1907年5月14日《申报》,第10版,88卷179页

32. 详请酌给游学官费

北洋师范女学堂教员马君干日前具禀学署,请给官费游学日本,以备将来回国充任女学教员。现沈学司已据情转详省台,应否给予官费出洋游学,候示转饬遵照。(败)

载1907年6月8日《申报》,第11版,88卷494页

33. 江督示期考试送美学生

江督端午帅初一日发出牌示,略谓前饬宁、苏两学司挑选男女学生二十名赴美游学,当经分别札行在案。查现在财政支绌,拟督送男学生十名赴耶路、干尼路两大学肄业;女学生三名赴威尔士利女学肄业,均以在中学堂以上毕业程度较深,能直接听讲者为合格,定于本月二十三日饬宁学司署内报名。其由苏学司挑选之学生亦须咨送宁藩司就近同日汇考,以省周折而归划一。该生等如有以上所列程度者务须先期赴司报名,毋得观望自误。此次考试选择綦严,如自揣程度不能合格者,毋庸侥幸一试,徒劳往返也。(提)

载1907年6月17日《申报》,第4版,88卷600页

34. 留日学生准入联队

留东振武学校毕业生王化崇,日前禀请留学士官学校,愿入联队学习,并具禀皖抚请知照驻日杨钦使,以遂求学之志。恩中丞核与章程相符,业已饬遵办理矣。(作)

载1907年6月23日《申报》,第12版,88卷676页

35. 留学生请给官费未准

留学日本工业豫科学生龚才朗,近因自费不继,禀恳提学使请给官费。当奉沈提学批云:该生自费出洋,未经禀由本司详请给咨,及至资斧不继,始禀恳给官费,例难率准。并称考入大阪官立高等工业豫科,该生程度是否合格,未准出使大臣咨会,亦未便悬揣,应候明年暑假毕业,回国来司投呈,凭照听候考验,再行酌夺。(孔)

载1907年6月30日《申报》,第11版,88卷760页

36. 毕业学生量材录用

皖抚日昨接民政部咨开,查各国游学以及各省警察毕业各生,凡有志向学卒业者,若不酌量录用,殊非鼓励人材之道。拟嗣后凡呈验凭照申报本部考验合格者,准予给咨保护回籍,由各省督抚量材录用等因。当经恩中丞抄录原咨,分饬各属一体遵照。(盛)

载1907年7月6日《申报》,第12版,89卷66页

十七 出国留学和考察

37. 派员护送学生赴美

江督端午帅以宁、苏、皖三属考取赴美学生,亟应遴委妥员护送前往,特委候补道温秉忠照料男女学生前赴美国,安置妥宜,即行回国。至所有该员及各学生川资,已先期札饬宁、苏、皖三藩司筹备,即交该员撙节支用,核实报销。(克)

载1907年7月20日《申报》,第11版,89卷238页

38. 考试游学毕业生等第榜

学部为牌示事:照得本部考验游学毕业生业经按照学科分场考验,评定等第,合行榜示,须至榜者。计开:

最优等七名:章宗元,浙江乌程县人,由附生游学美国,习商科。王建祖,广东番禺县人,游学美国,习商科。邝富灼,广东新宁人,游学美国,习文科。熊崇志,广东嘉应州人,游学美国,习文科。程明超,湖北黄冈县人,由举人游学日本,习法政科。陆梦熊,江苏崇明县人,由附生游学日本,习商科。稽梦孙,江苏常熟县人,游学美国,习商科。

优等十七名:叶基桢,江苏吴县人,游学日本,习农科。李登辉,福建同安县人,游学美国,习法政科。施□本,荆州驻防,镶蓝旗满洲人,由附生游学日本,习法政科。吴桂灵,广东新安县人,游学美国,习工科。郑豪,广东香山县人,游学美国,习医科。李宣威,福建闽县人,游学日本,习工科。志庆,江苏上海县人,游学美国,习法政科。高种福,福建侯官县人,游学日本,习法政科。谭天池,广东新宁县人,游学美国,习农科。林志钧,福建闽县人,由附生游日本,习法政科。林蔚章,福建侯官县人,由附生游学日本,习法政科。蒯寿枢,安徽合肥〔县人〕,游学日本,习工科。孙海环,浙江章化县人,由附贡生游学日本,习工科。张鸿藻,湖北咸宁县人,由廪贡生游日本,习商科。钱应清,江苏崇明县人,由附生游日本,习法政科。邱中馨,福建长乐县人,由附生游日本,习农科。沈均,江苏娄县人,由附生游日本,习工科。

中等十四名:杨华,直隶天津县人,游日本,习工科。赵学,广东新会县人,游美国,习医科。陆家鼐,江苏崇明县人,游日本,习工科。郭钟韶,直隶深州人,由附生游日本,习医科。梁志震,直隶丰润县人,由廪生游日本,习法政科。虞顺德,江苏上海县人,游美国,习医科。秦岱源,江苏无锡县人,游日本,习工科。邓振瀛,湖北江陵县人,游日本,习农科。屈德泽,湖北东湖县人,由副贡生游学日本,习农科。宋发祥,福建莆田县人,游美国,习格致科。屠师韩,浙江秀水县人,由附生游日本,习农科。黎遇,贵州遵义县人,由附生游学日本,习工科。黄立猷,湖北沔阳县人,游学日本,习农科。易恩侯,湖北随州人,由附生游日本,习法政科。

九月初六日

学部为牌示事:考验游学毕业生,业经按照学科分场考验,评定等第,分别榜示在案。仰取列最优等、优等、中等诸生,于本月十二日巳刻亲身来部填写亲供,由本部给发及格文凭,并照原有官职,各备衣冠,以备演习验看礼节。此示。

学部为牌示事:本部考验游学毕业生,凡平均分数在六十分以上者,业经分取,列最优等、优等、中等,榜示在案。其平均分数在五十分以上之陆家鼐、吴洪元、安当世三名,

仍由本部照章颁发分数文凭,仰于本月初八日来部领取可也。此示。　　　九月初六日

　　　　　　　　　　载1907年10月20日《申报》,第4版,90卷596页

39.派员赴日考察工艺

皖抚冯梦帅现委章太守龙光前赴日本考察工艺,以便回国后兴办各项实业,并咨请日本杨钦使妥为照料云。(政)

　　　　　　　　　　载1907年10月29日《申报》,第12版,90卷710页

40.咨请筹给师范生官费

留学日本师范学校自费生杨立奎,现已考入高等学校,皖抚冯梦帅接学部咨文,请饬查照定章筹给该生官费,以资鼓励。(美)

　　　　　　　　　载1907年11月26日《申报》,第2张第4版,91卷332页

41.咨请改给留英学生官费

抚台冯中丞接驻英李星使咨开,留英皖籍学生刁承祖,今秋考入滑脱大学,专习矿务,约须五年毕业,在英学费颇形浩大,请查照学部定章改给官费等因。现冯中丞已转饬提学司查照办理矣。(孔)

　　　　　　　　　载1908年1月19日《申报》,第2张第4版,92卷222页

42.留学余款准予发给

江督准出使日本李大臣咨开,留学日本警监学校四组肄业官费生章锦墀等,自入该校以来,讲求科学,极为认真研究,各项课程亦颇有心得。惟该校原拟两年始行毕业,现已改为年半,即可考试毕业,除用去学费外,尚余半年学费二百元。该生仍恳各省发给作为考察监狱办法,以便回国条陈改良。查核所请事属可行,相应咨行查核等因。端午帅当即咨复照准,并咨请皖抚饬属遵办。(美)

　　　　　　　　　载1908年3月7日《申报》,第2张第3版,93卷78页

43.留学生准给官费

留学日本大学校理化科郭凤藻等,具禀皖抚请给官费。奉批谓:该生等家素寒微,每年自筹学费,力难支持,自系实情,应准酌拨津贴日币洋二百元,以示体恤。(政)

　　　　　　　　　载1908年3月26日《申报》,第2张第3版,93卷332页

44. 皖提学使查询学生履历

安徽沈提学据东洋留学生周贻春禀称，原籍休宁县人，向在上海约翰书院肄业，旋又充当该院教习，现在东洋留学，请给官费等情。沈提学以该生所禀各节无案可查，爰于日前移文沪道请为查复。昨，梁观察已移询约翰书院监院长迅速查明，以便转复核办。

载 1908 年 4 月 2 日《申报》，第 3 张第 2 版，93 卷 441 页

45. 商量增加留学额数汇电

提学使致皖路公司电

芜湖铁路公司孙季翁、南京蒯礼翁：西洋游学，合格颇多，官费只敷送六人，不免遗珠之憾，拟送十二人，学费如初议，官库与路矿各任其半，岁约万金，款由米捐划垫，诸生待命。速复。植

复安庆提学使沈电

安庆提学使沈大公祖鉴：路局原在上海与闽赣二省公立铁路学堂，明年即须送生出洋，正在筹款无着，万分为难。蒯礼翁路矿各半之议，又无斤纸知照在先，仓猝尤难照遵。所指米捐部案，专为保息，年欸无多，碍难改拨，乞恕。　鼎

教育总会致皖路公司电

芜湖皖路公司孙观察鉴：西洋游学，经学台录取正副共十二人，官费仅敷六人，尚系设法挪垫，余多英俊，向隅可惜。去年议由路矿款下各送十人，现所余仅六人，请如原议，路矿分任其费，岁只万金，将来裨益甚大，中丞、方伯已经电商学界，均翘盼此举，即乞俯允电复，无任企祷。教育总会洪思亮等公叩

复安庆教育总会电

安庆教育总会洪鉴：电悉，去年原议本不预知，路款奇绌，业将为难情形电复方伯，容即来省面详。　鼎

载 1908 年 4 月 7 日《申报》，第 2 张第 3 版，93 卷 508 页

46. 电催留学经费

蒯道光典由沪电致皖抚云：考取留欧学生皆到。前次议定由路矿两局认筹经费，祈饬迅速汇解，以济要需。（贤）

载 1908 年 4 月 26 日《申报》，第 2 张第 4 版，93 卷 774 页

47. 蒯道光典申皖抚文——为副取出洋学生筹费事

（上略）考录出洋留学正取六名，副取六名。其正取六名，已拟由官筹费咨送；副取六名，仍由路矿两局各半动拨。惟路局应行分认学费，未经议定照汇，而副取学生六名又已到沪。若按路矿局已认学费，先行分送学生三名前往，殊未便分别去留，且路矿事

同一律,此事办法未便歧异,除俟路局认定学费再行会同申请咨送外,所有矿局应行分担学费各学生,未能随同官费学生一律放洋,合行呈明。(政)

载 1908 年 5 月 9 日《申报》,第 1 张第 4 版,94 卷 104 页

48. 东京通信·经纬学堂第五班卒业

经纬学堂普通班,业于西历四月三十日午后一时举行第五次卒业证书授与式。是日,该校主事因病未到,临时委校中干事田岛君报告学事。次有木下学监之祝辞及讲师总代表金井延之演说。后由校长、法学博士岸本辰雄君对此次卒业诸生一一授与卒业证书。其姓名如左:

广东优等刘展雄,四川优等李元恺,四川优等吴复,安徽蒯光勤,陕西陈祖蕃,广东梁英才,直隶刘鉴堂,浙江张翼燕,直隶焦增铭、朱养廉、王葆钧、贺延年、姚岘源,安徽曹金銮、吴荔生、蒯光承,江西徐遹渊、李有甲、熊景运,江苏俞建苇、陶麟勋、陆大鸿、程迈、马文英、蔡钟杰,山西安世植、李尚仁、刘樾□、李秉晋,浙江林迻、杨湜,广东崔植森、萧容灵、张乃璧、欧阳乐,陕西赵世钰、张丙昌,广西蒋道援、梁昌浩。邓鸣继,山东汪济川、丁鸿章、张体乾,四川王骧、吴国桢,湖北杨照离、刘懋辉、傅联勋,江西汪汝弼,福建李宣韩,贵州刘光烈。

载 1908 年 5 月 10 日《申报》,第 1 张第 5 版,94 卷 117 页

49. 留日学生请咨回国

安徽留学日本官费生余际春现已游学毕业,呈请李星使给咨回国。闻李大臣已咨明皖抚查照矣。(心)

载 1908 年 5 月 16 日《申报》,第 2 张第 3 版,94 卷 200 页

50. 留美学生准给官费

休宁县周学浩,自费留学美国海文德耶路大书院,近禀请皖提学司给发官费,以期深造。刻经学使核准,详请抚宪饬司库筹拨矣。(孔)

载 1908 年 5 月 30 日《申报》,第 2 张第 3 版,94 卷 384 页

51. 咨饬留学生家属速筹学费

出使日本李大臣咨皖抚文云:湖北留学经纬学堂学生毕元藩自入堂以来,学费均家属汇给。去冬,因病就医,用费甚巨。不知其家属何故至今无分文寄东。查该生系安徽贵池县令毕登之子,请饬该令迅筹日币五百元汇交使馆,以便转给济用,庶全国体而维学务云。

载 1908 年 7 月 7 日《申报》,第 2 张第 3 版,95 卷 90 页

52. 提学司未准给咨赴考

留日学生张世荣禀由出使大臣备咨来皖,亲呈抚宪,恳请照章咨部考验。该生到省后,又具禀学宪请给咨文。当奉批云:查该生既由钦使咨明抚宪,应候抚宪给咨赴部投考,所请本司给咨之处,应毋庸议。

载 1908 年 9 月 2 日《申报》,第 3 张第 3 版,96 卷 24 页

53. 铁道毕业生咨部考试

合肥县留学日本东京铁道本科卒业生李振钧,禀请学使咨送邮部投考。奉吴提学批云:案查光绪三十二年七月十六日,学部奏准应考游学生,必以在各国大学、高等专门学堂毕业,领有文凭者为限,其肄习、速成或中学、寻常专门学堂者,或原系校外生者一概不准与考等因。历经札奉通饬,遵照在案,兹据该生禀称,于光绪三十二年冬入东京铁道大学校,于今年七月卒业,计时不过年半,适与学部奏定不准与考之速成及寻常专门者程度相同,照例毋庸详请咨送。惟据称系请照章送邮传部投考,本署司未奉邮部定章,自未便援照学部成案,严格相绳,阻该生进取之志,仰候将呈到出使日本大臣咨文一件,一并具文转详抚宪鉴核给咨,赴部投考可也。

载 1908 年 9 月 22 日《申报》,第 2 张第 3 版,96 卷 300 页

54. 请给医官留学学费

江督以英国使馆医官黄荣仁拟入英国医院肄习海陆军医学,俾日后回国得以效力,每年需用学费英金二百四十磅,禀请核饬筹拨等情。惟南洋经费异常支绌,且该医官籍隶安徽,特咨行皖抚,能否筹给,请转饬提学司核饬遵照。

载 1908 年 10 月 7 日《申报》,第 2 张第 3 版,96 卷 524 页

55. 江督批驳请给出洋津贴

宿松县留学生王钱选等禀恳饬给津贴。奉江督批云:查出洋游学须由该省学司考验及格,详请给咨,办理何等郑重。该生等全未照行,仅以一纸空言遽请饬县于宾兴馆、劝学所各项贴补该生等学费,是不过借出洋之名为觊觎公款之计,意存尝试,殊为谬妄。所请应不准行。

载 1908 年 10 月 8 日《申报》,第 2 张第 3 版,96 卷 538 页

56. 补入留学官费

皖抚近准出使日本大臣胡钦使咨开,以安省官费生早稻田大学政治经济科学生姚

焕,同校师范部理化科学生刘裕湛等,业于去年卒业回国,空出官费,悬未补入,自应查照学部章程,拟将考取东京农学实科肄业生潘赞化、胡遇璜补充官费空额。其鲍庚等三名余额,应俟阳历三月后考取官立农科各校生,照章补入等因。中丞准咨后,即行藩学两司查照备案。

载1909年3月3日《申报》,第2张第3版,99卷34页

57.为美国退还赔款选派学生赴美留学办法告全国主持学务书

浙东　性若稿

顷读常熟季君"选派学生赴美留学"一论,备极详确,洞中窍要,想为主持学务者所欢迎矣。惟将来如何平允选派,实为目今极应研究之问题。夫赔款出自各省,皆竭各省人民之膏血而来者也,赔累之苦,岂堪言喻!今美国既退还此款作为每年选派留学之费,若分派一不得法,则偏枯之弊在所难免,抑或若某星使广遣私人,虚占学额,不但为外人所窃笑,抑亦吾各省学子所痛心疾首者也。敬布管见三条,为全国主持学务者赘陈之。

(一)以各省所出赔款之几何,定学额之多寡。列表如左:

义和团事件各省分担偿金及此次分派学额表

省名	原认数	实付数	应派学额(每十四万得派一名)
江苏	二百五十万	一百七十五万	十二名
四川	二百二十万	一百五十五万	十一名
广东	二百万	一百四十万	十名
浙江	一百四十万	九十八万	七名
江西	一百四十万	九十八万	七名
湖北	一百二十万	八十四万	六名
安徽	一百万	七十万	五名
山东	九十万	六十三万	四名半
山西	九十万	六十三万	四名半
直隶	八十万	五十六万	四名
福建	八十万	五十六万	四名
湖南	七十万	四十九万	三名半
河南	六十万	四十二万	三名
陕西	六十万	四十二万	三名
新疆	四十万	二十八万	二名
广西	三十万	二十一万	一名半
云南	三十万	二十一万	一名半
甘肃	三十万	二十一万	一名半
贵州	二十万	十四万	一名

共计九十二名半,余额七名半,作为满蒙东三省学额数。

若照以上办法，想各省无不深表同情，其怀有私见者或以为不然，亦未可知。窃按庚子之役，惟东三省无赔款，若令该省不获选派，未免向隅，如表列额数除各省按派外，尚余八名，即以为满蒙东三省选派之额，似为平允，较之出款省分受惠多矣。或者谓分派虽极平允，其如边僻各省合格程度不能如额何？然现在西北诸省及此程度者固属不少，偶或不及，即以其腾出之额借补他省，仍俟将来扣足补还，亦无不可。或又谓，二十日《申报》内载邮传部曾申请学部留出学额十名，为派遣上海高等实业学堂学生地步，准否虽未咨复，然果如其言，则各学堂彼此效尤，实为占夺各省学额，各省必不乐赞成。然鄙意窃为无妨，盖无论其如何遣派，可即以其所遣派之人于其原籍应派省分额内，按名扣除可也。

（二）选派之学生，必遴选国文有根柢者，方与学部主张相为符合。往年游东，晤该国教育家谓：中国遣派留学赴东者，多有国文尚未通顺，将来学成回国，势必养成不中不东之人物，深为中国前途虑。夫日人且如此相劝勉，今当派遣留学之际，不可不加意此层。尝见留学欧美学生国文毫无根柢者，其旨趣必异常卑下，以致流品从此猥杂，有识者深以为忧。若此次应派之人国文毫无根柢，将来十年之内人数虽多，非惟无益于国家，抑且有害于社会，恐祸乱之来造端于此，诚有如辛有所谓不及百年，此其戎乎之慨，愿当局者注意及之。

（三）考试应用竞争试验，不拘定曾否毕业，有无文凭，由部饬令各省督抚，通饬各该府州县教育会、劝学所、中学堂以上之学校，遴选品学兼优者申送到省，试以国文一场，择其尤者，保部分省考验，按卷弥封，试以中英文字及各种科学。惟各科学均以英文考校，合格者许其赴美。或谓竞争试验未免轻视卒业学生。然近来办理学务，每以一纸虚文拘泥资格，实为中国教育界之一大阻力也。某曾毕业于上海某中学校矣，继赴日本卒业于某高等学校矣，又经回国考试，而得举人矣。然返躬自思，空无所有，诚不能与自修之士、学有根柢者可比。试问今日卒业生如某者岂少也哉！独不闻有买文凭与赠文凭之事乎？

以上三条不过管见所及，其中脱略之处仍不少，祈热心学务诸君匡其不逮，幸甚。

载 1909 年 3 月 14 日《申报》，第 4 张第 2 版，99 卷 195 页

58. 部咨按期汇解留学费

学部日昨咨行皖抚，略谓：安省应解留学日本经费往往不能按期解清，致向日本各银行息借，以致利源外溢，殊属非节国用以维学务之本意。嗣后，安省应解前次留学官费，无论如何为难，务当设法按期汇解清楚，勿再息借而损利源。

载 1909 年 4 月 20 日《申报》，第 2 张第 3 版，99 卷 728 页

59. 商给陆军学生赡家银两

陆军部咨，据选送留日陆军学生赵连科等禀请月给赡家银五两，当查定章，除咨学膳等费外，并无给予赡家银两。当据情咨请各该省旗酌核办理。此次赵连科等自应事

同一律,拟照皖籍合肥县选送留学陆军学生李应生名单,开请皖抚酌核办理。能否照准给予赡家银两,迅速声复本部查核。

载1909年5月30日《申报》,第2张3版,100卷414页

60.咨拿东洋毕业生拐逃巨款

保定陆军学堂毕业生刘海清系直隶玉田人,前曾经部奏补同协军校派委驻日留学监督经理科随员,所有该处一切进出款项皆归管理。讵料该员竟被拐用部发要款至日币三万元之多,私逃回国,实属目无法纪。刻经陆军部奏请革职并将该生照片分咨各省通缉。皖抚朱中丞准咨后,即饬巡警道及督练公所一体协缉,务获究办。

载1909年6月5日《申报》,第2张第3—4版,100卷502页

61.考试游美学生揭晓

应考游美学生,经游美学务处于二十、二十一两日在学部考试国文、英文、本国历史、地理等科,二十四〔日〕发榜,共取六十八名。兹将全榜录下:

裘昌运、王玨、魏文彬、唐悦良、严加驹、谢兆基、邱培涵、李平、李鸣龢、徐承宗、李进隆、方仁裕、陈朴、张廷金、梅贻琦、蒋攀清、王长平、曾昭权、何杰、汪懋祖、金邦正、邢莘、林廷锟、王士杰、贺楙庆、张准、戴湃、章鸿逵、戴修驹、邹应欢、张鸿仁、何宝书、黄道隆、袁钟铨、陆宝淦、蔡麟书、程义法、朱复、张福良、邝煦堃、王健、周维华、王仁辅、吴玉麟、罗惠伦、程义藻、高仑瑾、陈棍、杨永青、张元凯、张清澄、振顾卢、景泰、金涛、陈庆尧、吴清度、范永增、汪文纶、秉志、徐佩璜、司徒衍、朱维杰、陈世贞、张惠常、张天祥、胡刚复、钟家骧、宗鸿年。

又,闻游美学务处刻定二十五日起至二十九日止,五日间分别考试物理、化学、博物、代数、几何、三角、外国古代史、外国近世史、外国地理学诸科。凡前经取列各生均须赴考,其未取者则勿庸应考云。

载1909年9月14日《申报》,第1张第4版,102卷190页

62.派令学生赴东实习工艺

桐城工业传习所开办以来,经管理员招收各生徒均尚合格,教授工艺一切亦颇称完善。现在该所管理员益加求精,以备将来扩充,振兴地步,拟特派学生前赴日本,实习工艺,俾资借镜。

载1909年10月1日《申报》,第2张第3版,102卷454页

63.学部考取游学毕业生名单

最优等十三名:林大闾,浙江;项骧,浙江;林志琇,福建;刘镇华,云南;刘崇伦,福

建;濮登青,浙江;唐有恒,广东;吴匡时,江苏;程鸿书,湖北;王若俨,江苏;王焕文,直隶;王兆楠,福建;朱光焘,浙江。

优等五十二名:于树桢,山东;冯阅模,江苏;高近宸,福建;王兼善,江苏;陈训旭,福建;周藻祥,江苏;谢晓石,江西;梁志和,福建;陈步,江苏;潘承福,江苏;麟趾,盛京;彭望恕,江苏;李祖虞,江苏;王若宜,江苏;罗昌,广东;金保康,浙江;厉家福,浙江;彭树滋,江苏;汪振声,浙江;侯毓汶,江苏;王颂贤,江苏;金泯澜,浙江;曾耀恒,福建;唐演,江苏;张竞仁,浙江;朱颂钪,江西;陈尔锡,湖南;何骏业,江苏;钱汉阳,江苏;刘成志,江苏;辛汉,江苏;夏锡祺,浙江;单毓华,江苏;陈英才,湖北;周秉琨,山东;吴肃,河南;张谦,广东;耀山,广东;郭经,广东;向瑞焜,湖南;陈遵统,福建;刘勋麟,江苏;蔡耀卿,直隶;东焕奈,湖南;凌士钧,浙江;诸嘉猷,浙江;汪牺芝,安徽;徐天叙,湖北;钱家治,浙江;王恺宪,湖南;李家桐,直隶;杨汝梅,湖北。

中等一百九十名:林大同,浙江;胡晴崖,广东;廖治,四川;杨禧,湖南;金天梅,直隶;王国梁,广东;汪祖泽,浙江;郑钊,福建;谢健,四川;郭玉晴,福建;曹敦录,江西;袁荣炎,浙江;庄景珂,福建;胡第,山东;李怀亮,浙江;彭应蕃,江苏;朱文焯,江苏;冯国鑫,江苏;朱学曾,贵州;王侃,江西;孙润家,江苏;高方潞,河南;何奇阳,湖北;钟霞川,江西;梁宓,广东;王治昌,直隶;刘文嘉,湖北;刘荣泽,四川;虞熙正,福建;谈锡恩,湖北;袁翼,浙江;李成林,直隶;张毓骅,江苏;汤中,江苏;梁楚珩,湖北;沈祚延,浙江;曹潾湘,湖南;张清泽,湖北;刘懋昭,湖北;邓塄,四川;赵保泰,山东;章世炎,江苏;郭开文,四川;贺德深,直隶;吴经铨,湖北;春梁,满洲;张青樾,江苏;黄锡龄,江苏;曾贞,江西;张汶尧,广东;李庆芳,山东;过耀根,江苏;邱心荣,广东;郑祭平,浙江;安永昌,四川;王淮琛,安徽;黎炳文,直隶;黄鸣盛,江苏;杨湘,四川;彭光祐,湖北;杨永贞,汉军;褚辛培,湖北;张翅,浙江;汪芳绩,安徽;陈经,浙江;徐家瑞,江苏;朱彭年,广东;丁濈,福建;孙德泰,湖北;邱在元,福建;沈其昌,浙江;马彝德,四川;周祚章,四川;张更生,安徽;张景栻,湖北;刘重熙,江苏;熊城章,四川;陆龙翔,江苏;易翔,湖南;何崇礼,广东;张瑾雯,四川;孟继旦,湖北;赵曾翔,江苏;张青选,河南;曹祖蕃,江西;盛在珣,浙江;许万全,湖北;张云阁,直隶;王泰镕,湖南;康宝忠,陕西;许企谦,浙江;张务本,直隶;吴荣鉓,浙江;张德滋,江苏;沈秉阶,福建;盛在琨,浙江;余琛,湖南;张伯桢,广东;谢存,江苏;邵修文,山西;廖德与,湖北;刘彦卿,直隶;熊懋儒,江苏;赵翼云,直隶;薛光钺,江苏;江洪杰,安徽;傅振举,四川;叶衍华,广东;刘潘,湖北;杨光湛,四川;吴淞,山西;覃寿公,湖北;陈光,福建;陈学钊,贵州;邹本铨,江苏;郭卫村,奉天;马家麟,江苏;黄豫鼎,汉军;吴钥,江苏;刘昌明,云南;姚生范,湖南;李谠,广西;傅廷桢,湖北;谭汶鼎,江苏;萧度,湖南;孙荫兰,直隶;葛维辅,江苏;王庚西,直隶;区谦,广西;金均,广东;崔师哲,广东;刘德昭,江苏;王伦章,直隶;龚廷栋,四川;徐辉,浙江;董修武,四川;郝延钟,四川;郭宪章,直(随)〔隶〕;杨仰程,福建;毛邦伟,贵州;塞先絜,贵州;何道潍,福建;左文炬,江西;王双岐,直隶;石德纯,安徽;何膺恒,湖北;汪翔,湖北;徐景新,江苏;张文良,湖北;柯鸿烈,四川;黄希仲,湖南;萧友梅,广东;赵一德,四川;严维坤,湖北;王毓崑,湖南;王焕功,江苏;许孝绥,湖南;丁兆冠,云南;戴汝佳,江苏;陆近礼,山西;陈培琛,广东;赵鸿藻,江苏;林觐光,福建;傅定祥,湖南;沙曾诒,江苏;孙方尚,安徽;吴天宠,广东;张庆华,湖北;蔡寅,江苏;陈纬,四川;高彤墀,山东;狄梁孙,江苏;张文廉,江苏;冯世德,江苏;吴成章,安徽;董玉墀,湖北;张德馨,江苏;刘学成,广东;刘颂虞,湖南;金鸿翔,江苏;陈福临,江苏;金殿勋,汉军;吴达,江苏;涂寿田,湖北;汪郁年,江苏;骆通,湖南;戴彬,江苏;陈王辅,广东;李栋,直隶;李杭,湖北。

载1909年10月26日《申报》,第1张第5—6版,102卷831页

64. 学部会奏各省任解日本官立高等各校经费办法折

奏为各省任解日本官立高等各学校经费未能如期解清,拟妥定办法,以归划一,恭折会陈,仰祈圣鉴事:窃查光绪三十三年十一月三十日学部具奏"筹商日本官立各高等学校收容中国学生,请饬下各省分任经费"一折,奉上谕"著各省督抚按照原单分任经费数目,按年筹解等因,钦此"钦遵在案。臣等查从前游学日本之中国学生人数虽几及万,而其入官立高等各学校者百不一二,其在彼国大学毕业者尤属寥寥。是以学部与前任使臣杨枢往复电商,与彼国订明,自光绪三十四年起,十五年以内,第一高等学校每年添收中国学生六十五名;东京高等师范、东京高等工业、山口高等商业、千叶专门医学四学校,每年共添收中国学生一百名。第十六年以后,不再添收。合第一高等毕业须入大学者计之,此项学生至第二十二年悉皆毕业,故原约以二十二年为期,所需学费每人每年约费日币六百五十元,第一年共需日币十万余元,按年增添,以第八年至第十五年为最多,此时每年约需日币六十万元。当时经学部奏请由各省分任筹解,第一年大省任解日币五千八百五十元,小省任解三千九百元;第二年至第八年,大省每年添解九名之费,小省每年添解六名之费,以期易于集事。此项经费为数虽巨,然在最多之年,每年亦只须六十万元,比之近年各省官费学生每年经费共须七八十万元者,尚属有减无增,各省自应遵旨筹解,以济要需。乃上年与日本文部省订约收学以来,而各省所解之款未能一律解齐,以致使日大臣在彼国银行辗转息借,万分棘手。虽经学部与使日大臣叠次咨催,而上年各省欠解之款共一万零八百余元。本年六月底止,又欠解十四万三千九百余元。窃思现值第一二年所任之数尚少,已不能如数解清,倘至最多之年各省仍如此延宕,则积欠过巨,必致无可挪移,此际非特贻误要需,且恐有伤国体。臣等(返)〔反〕复筹商,现时各省财力虽属拮据,然此五校经费即在最多之年大省不过三万余元,小省不过二万余元,为数究属有限,且造就人才亦国家急不可缓之图,况又系奏准订约之案,无论如何为难,亦不得不设法筹措。上年陕西抚臣奏请将日本高等五校经费并以前之留东学费于常杂税入或厘金项下作正开销,已经度支部核准在案。臣等拟请援照办理所有各省任解日本五校经费并留东学费,但须无碍于京协各饷及凑拨洋款、本省防饷各项要需,即准其于常杂税入或厘金项下作正开销。嗣后,各省均应如期解清,不得稍有迟误,以归划一。仍应令遵照学部《奏定各省分任五校经费章程》,将以前自派学费挪作官立高等专门之用,以符原案。如蒙俞允,即由臣等通咨各省遵照办理。所有筹拟各省任解日本各高等学校经费办法缘由,谨恭折会陈,伏乞皇上圣鉴。再,此折系学部主稿,会同度支部办理,合并声明。谨奏。

宣统元年十一月初九日奉旨：依议，钦此。

载 1910 年 1 月 1 日《申报》，第 2 张后幅第 2 版，104 卷 13 页

65. 陆军游学生咨回本省

本届陆军游学毕业生胡万泰、李德瑚，现经陆军部考试，授以官阶，由部咨饬回皖，尽先差委。其垫给该生等川资银四十两，并咨请朱抚查照归垫。

载 1910 年 1 月 2 日《申报》，第 1 张后幅第 3 版，104 卷 24 页

66. 陆军部咨催留学经费

留日陆军学生应由各省摊派学费，旧欠尚多，现在待款孔急，经陆军部咨催皖抚将历年积欠学费转饬查照银数迅速拨汇，以应要需。

载 1910 年 2 月 26 日《申报》，第 1 张后幅第 3 版，104 卷 880 页

67. 外务部会奏第一次遣派学生到美入学情形折

奏为详陈第一次遣派学生到美入学情形，恭折仰祈圣鉴事：窃臣等于宣统元年五月二十三日具奏《收回美国赔款遣派游美学生办法大纲》，当奉谕旨允准在案。查第一年应送学生定额一百名，因时日迫促，不及如额取录，业就各处咨送学生分场考试国文、英文及各种科学，认真校阅，取定四十七名。经臣等委派外务部主事兼充游美学务处会办唐国安，于上年八月间护送出洋。现据游美学务处转据唐国安回京复称，奉委后，遵即督同学生四十七名出都，于十月初一日安抵美京，旋率诸生往士普令飞鲁，分入各埠学校。适值该地学校学期业已过半，且各生程度不一，势难概受同等教育，其优者固宜直入大学，俾无废时之患；其次者亦必及时预备，循序渐进，方无躐等之虞。当经会同驻美监督容揆将学生金涛等分别送入科乃鲁各大学暨罗兰士各高等学校，并亲往详细查察，所有教授管理诸法均甚相合，诸生亦皆安心向学等情呈报前来。臣等窃维，遣生游美就学，于中国教育前途大有关系，此次仓猝考试，虽未足百名之额，而所派学生四十七名程度均可观，年龄亦皆合格。现经学务处送入美国各大学暨各高等学校分班肄业，办理尚属妥协，因材授学，既未凌节而施，殊途同归，足收树人之效。所有第一次遣派学生到美入学情形理合恭折会陈，伏乞皇上圣鉴。再，此折系外务部主稿，会同学部办理，合并陈明。谨奏。

宣统二年二月初一日奉朱批：知道了，钦此。

又奏《请派学部郎中范源廉等充游美学务处会办》等片：再，臣等奏定《遣派游美学生办法大纲》，有设立游美学务处暨专设驻美监督各条，前由臣等会派前署外务部左丞右参议兼学部丞参上行走周自齐充学务处总办，业经奏明在案。该处事务殷繁，举凡考选学生、管理肄业馆、遣送学生等事，在在需人襄理。查有学部郎中范源廉、外务部主事唐国安。中西学问均属精通，堪以派充该处会办。至驻美监督，专管收支学费、约束生

徒,责任极为重要,查有驻美使署参赞、候选道容揆,曾在美国耶路大学毕业,历充湖北、江南、广东等省游美学生监督,于游学情形素为谙悉,以之派充驻美学生监督,尤堪胜任。除由臣等分饬遵照外,理合附片陈明,伏乞圣鉴。谨奏。

宣统二年二月初一日奉朱批:知道了,钦此。

载 1910 年 3 月 20 日《申报》,第 2 张后幅第 2—3 版,105 卷 317—318 页

68. 留东女生恳给官费

留东女学生范稻安,安徽休宁人,在东留学已属两年,所有应需一切费用均系自行筹备。惟该生家颇寒素,近以旅学等费实属款巨难筹,该生向学情殷,援照他省补给女生官费之案,禀恳胡星使咨请皖抚酌核办理等因。朱中丞准咨后,当即札行学司核议详复,以凭察夺。

载 1910 年 4 月 16 日《申报》,第 1 张后幅第 3—4 版,105 卷 742 页

69. 颁给陆军游学生毕业凭照

本届陆军游学各生经陆军部考试毕业,分别等第,奏请给予出身实官。奉旨允准,分别通咨各省遵办在案。所有毕业凭照札付学绩表,现已刷印齐全,刻闻陆军部分别查开各员原籍省分,将凭照等件发各督抚查照,传集各该员当堂给发,以昭郑重。顷已咨行到皖,朱抚接奉之下,遵即办理矣。

载 1910 年 4 月 17 日《申报》,第 1 张后幅第 3 版,105 卷 758 页

70. 专电·电三·北京

留美肄业馆,学部核定秋间开校,额四百名,由各省考送,限六月初十前到京。江苏二十六名,浙省十二名,皖省十名。

载 1910 年 4 月 19 日《申报》,第 1 张第 3 版,105 卷 786 页

71. 留学生与印刷

留学日本刷印学校毕业生李世元,以中国工业刷印一项多未讲求,当此商战竞争时代,若不创设学校,专门研究,不足以挽利权而振工业。现经该生集资,拟在皖省试创印刷学校,所有一切规划均遵定章办理。兹已上禀当道,核示立案。

载 1910 年 5 月 31 日《申报》,第 1 张后幅第 4 版,106 卷 490 页

72. 东京通信·最近留学生之调查

日本留学生人数日少,现得公使馆确实报告,知尚有官费生一千三百四十七名,下

半季官费应发日币三十四万二千九百九十八元,并银五千四百两。其各省官费生额数如下:

学部六名,邮传部三名,八旗念三名,奉天三十六名,吉林六名,直隶六十九名,江宁九十一名,江苏十七名,安徽十七名,江西一百六十四名,山东七十二名,山西四十七名,河南四十七名,陕西二十七名,福建五十四名,浙江八十二名,湖北一百九十五名,畿辅十六名,湖南一百八十名,四川七十一名,广东五十三名,广西三名,云南四十八名,贵州二十名。

以上皆官费生也。尚有津贴生六十四名,计:大学堂二十名,高等师范一名,直隶学司一名,江宁学司一名,安徽八名,山东二名,山西三名,湖北八名,四川一名,广东二名,云南十七名。

载 1910 年 7 月 10 日《申报》,第 1 张第 6 版,107 卷 159 页

73. 学部慎重女生游学

皖抚顷接学部来咨,女生游学为养成母教之基,关系至重。中国女学尚未发达,虽不能限以中学毕业程度,亦应慎重选择。嗣后,女生自费赴日,应由地方官呈请提学司考验,必须受过本国教育,文理明顺,品行聪淑者,方予给咨东渡,否则仍令入本省学堂肄业。至自费补给官费,应以考入东京高等女子师范、奈良女子师范、蚕业讲习所三部女校为限,照考取等第,挨次推补。其从前记名女生非考入以上三校者,一律除名,以归划一,而重女学。皖抚准文后,当即札司转行各属一体遵照。

载 1910 年 7 月 31 日《申报》,第 1 张后幅第 3—4 版,107 卷 504 页

74. 考试留美学生草案

游美学务处此次考试游美学生第一场,试卷均经校阅,凡平均分数及格者悉予录取,饬于二十日起至二十二日,每日上午六时前赴法政学堂听候考试各种科学,并于廿三日上午八时检察体格,取录学生二百七十二名,列下:

傅骕、朱进、张福运、陈延寿、陆守经、张元恺、易鼎新、戴芳澄、程延庆、胡适、吴康、林斯鋆、王预、张江林、成功一、陈大骥、宋庆瑺、朱录、谭颂瀛、陆懋德、杨锡仁、程闿运、苏明藻、赵元任、徐仁锖、胡宪生、金振、邵鸿宜、何斌、沈艾、张景芬、叶建柏、郑达宸、许先甲、孙庆藩、梅光迪、江山寿、胡继贤、李松涛、区其伟、席德炯、王谟、卫挺生、沈湖明、郭守纯、刘寰伟、张谟实、谭德圣、刘崇勤、徐中晟、邝翼堃、王绍礽、史宣、施瑢、周厚坤、邬忠桢、黄宗发、施赞元、韩作辛、柯成楸、邓树声、计大雄、钱崇澍、裘维莹、徐志芗、王松海、卓文悦、周象贤、吴家高、陈福习、徐志诚、陈茂康、徐堰、沈祖伟、陈藩、杨维桢、解显宗、许世箴、周开基、李蔚芳、顾维精、周明玉、张传薪、虞振镛、胡贻榖、郭尚贤、施銮、何运煌、高崇德、顾宗林、王文元、杨光弼、李平、许彦藩、陆元昌、罗邦杰、谭其蓁、胡宣明、霍炎昌、陆鸿棠、张彭春、孙学悟、邓宗瀛、杨哲、陈雄飞、赵毅、王景贤、稽铨、过宪光、李禄骥、吴宪、廖烈、孙恒、黄国栋、邱崇彦、陈器、严昉、高大纲、钟心煊、乐森璧、司徒尧、车

志成、陈长恒、史译宣、马官敬、郑辅华、黄材勋、赵文锐、黄明道、侯学成、宗建勋、杨伯焘、梁杜蘅、杨炳勋、叶建梅、杨孝述、竺可桢、高建璧、蔡翔、丁恩溥、吴观光、王鸿卓、胡博元、王承熙、张贻志、殷源之、何传骝、鲁邦瞻、凌启鸿、孙士俊、包锡年、刘乃予、张宝华、赵喜森、觧尔康、金剑英、刘长卿、侯襄、孙星詹、杨景松、陆汝匡、叶其菁、刘大成、梁基泰、康榕赓、陈承栻、吴宾驷、徐书、朱德展、龙夷、杨丙吉、顾振、吕信之、李祖光、程拱宸、盛廷元、欧阳耀、朱禧、卓乐思、何穆、原廷桢、江鸣歧、陆品琳、戈中、胡国兴、孙继丁、张竹恒、崔有濂、钱治澜、李盛豫、李锡之、陈福淇、吴大昌、谌立、周中砥、谢维麟、王湛中、廖虑慈、许珍、胡仕鸿、盛柱、周伦父、张霭裕、马仙峤、王克权、刘祖乐、朱颂明、陈明寿、王福坚、鲍锡藩、董邦霖、朱起蛰、徐乃莲、周铭、沈德先、周文勋、何庆曾、陈庆宗、郭翔、庄俊、陆费埕、费宗藩、郝叔贤、严宏谟、申致坤、路敏行、董成武、黄拓、毛文钟、祝方、姜蒋佐、鲍锡瓒、过科先、倪征旸、陈荣鼎、陈树、史泽波、胡达、孙慎修、黄衍钧、陆凤书、柴春霖、刘兆声、王家梁、薛次功、蔡业修、吴寿山、王元懋、朱铭、章元善、顾景昇、戴芳澜、钟文滔、程宗阳、阮宝江、陈嘉勋、徐宝谦、马祈善、简焕华、张承隆、王大猷、唐天民、程绍伊、符朝宗、徐震、王夏、陈德芬、彭嘉滋、周仁、王裕震。

载1910年8月5日《申报》，第1张第5—6版，107卷581页

75.游学毕业生等第名单

最优等六十二名：

张景光、严恩棫、陈祖良、叶可梁、俞同奎、朱保勤、吴乃琛、孙多钰、何育杰、刁作谦、汪果、罗忠诒、诸翔、朱公钊、杨德森、赵世瑄、刘庆绥、方擎、林葆恒、郑冕执、陈训昶、张修敏、华鸿、钟伟、林天民、董如奉、吴鼎昌、黄曾铭、谢培筠、朱天奎、高胜儒、薛宜琪、席聘臣、廖炎、黄瀛元、季新荃、凌鸿、崔潮、沈玉桢、屠密、胡骧、刘先莺、沈觐宸、王蔚文、张嘉森、江古怀、方时简、周启濂、韩楷、孙昌润、韩振华、杨寿桐、卢公辅、薛楷、梁赉奎、刘国珍、罗听余、唐在贤、赵建熙、钟世铭、刘崇侃、彭炳。

优等七十五名：

彭清鹏、祝长庆、杨刚、王麟书、吴在章、范季美、汪行恕、刘吉祺、徐善祥、秦铭博、翁敬棠、顾宝瑚、唐在章、何寿彭、杨景斌、吴瀓源、张明纶、李宣谏、金曾澄、余绍宋、孙庆泽、刘安钦、李景镐、孙嘉禄、郑桓、徐维震、何长祺、周锡经、薛宜璹、诸人龙、曾牖、李徽、邵长光、廖世功、杨彦清、韩荣昌、张正坊、万家璧、金泰、方兴楚、周步瑛、徐造凤、施霖、曹位康、朱斯芾、汪廷襄、程承迈、林祖绳、何陶、钱懋勋、严式超、郭宝慈、刘桐、岑兆麟、张嘈、钱均、叶昌寿、祝毓瑛、张大椿、蒋履曾、朱显邦、张廷霖、梅诒谷、周翰、朱叔麟、王道昌、郭登翰、杨熙光、杨汝骧、杜慎愧、张友栋、陈日平、佘名铨、黄以仁。

中等三百二十二名：

章家骏、张竞勇、郭秀如、魏斯炅、黄际遇、冯斯銮、周泽春、张竞立、伍学澧、郁华、王澄清、万勖忠、李涵真、马有略、许寿裳、李文熊、胡树楷、吴灼昭、郁应龢、袁旂、萧增秀、何焯时、沈鸿、仇预、薛天眷、刘石荪、祝撰望、雷震、但焘、汪汝梅、杨兆鹏、周苌臣、瞿祖熊、徐观、巫德源、方庚源、黄森、张金灿、荣升、赵之骕、张清槐、谢霖、余和治、龙灵、戴棣

龄、于翰青、薛良、张邦华、吴会英、陈文中、邬荣元、陈希曾、段世垣、姚履亨、马光护、尹耕莘、刘启晴、周秉钧、柴宗溁、马有恒、郑斯、金元润、黄冀、杜云程、王毓方、严少陵、吴锡忠、姚震、陆家鼐、胡光暮、金其堡、高巨缓、邓瑞槃、叶培新、孙世伟、吴燮、张万田、熊彦、陈佐汉、李尧楷、吴铎、郭章銎、顾时济、朱其振、程家颖、杨同衡、石福餕、周大钧、李耀忠、张炳星、童显汉、薛光锷、鄞更、刘孝纯、陈鸿慈、吴懿、黄传伦、陈彦彬、黄如栋、玉润、彭继昌、郭襄臣、王海铸、张家亨、李作宾、高仲和、卢柱生、陈国镛、经家龄、欧阳启勋、黄中垲、萧鸿烈、赵恒默、许文光、刘导、刘大魁、王靖先、李邦灿、李士炯、袁凤曦、晏才杰、黄公迈、冯沛、屈燨、胡光晋、胡薰、凌肇伦、胡传思、雷宝森、骆继汉、严端、后大经、孙寿恩、刘光笏、何蔚、邱开骏、启彬、钟铣、郭恩泽、夏嵩、廖恩煦、徐元诰、胡怿、黄宝森、杨荫乔、熊岹、邝维桢、高国瑛、马柱、孔绍尧、洪达、江忠章、李廷斌、张鸿鼎、余若琼、徐金熊、蒋莹英、张恩绶、徐麟祥、李柯、苏寿松、罗仁博、潘光祖、沈复、成祚、李维翰、黄眷、梁同恺、马英俊、曹桢、刘蕃、黄耀凤、唐宝镐、任秉璋、蔡元康、叶瑞棻、周达寿、胡国臣、光昇、陈受中、邹延芬、邱冠棻、李培銮、刘炤、张振铺、邹树声、王懋昭、潘大道、刘健、冀鼎铉、张天宋、黄容惠、刘杰夫、何超、张德宪、谢正权、杨耀卿、张福照、陈履洁、周鸿熙、庄浩、郑汝璋、范润书、田煜璠、张淑皋、陈模、王晓东、光晟、陈藻、张国栋、周衡、李培业、袁本贵、张继业、何宗翰、汪炳南、郝文灿、陈襄廷、宋仲佳、鲍□、郑宪武、俞仁愈、申钟岳、谢家鸿、孙钟、韩殿琦、唐士杰、龙图、杨拱、姚润仁、钱崇固、腾骧、徐藻楹、陈英、孙德震、瞿翔、邵文镕、李昀、夏国宾、王光鼎、孙景贤、池文藻、倪绍雯、钟宝华、高赞鼎、叶大荣、王邦屏、周宝銮、张冕光、黄德馨、张茋臣、沈秉成、刘镜箭、黄绍隽、王钟先、胡源鸿、张德潢、蒋羲明、吴秉诚、卢尚同、马光裕、邵箴、黄宗麟、萧露华、张耀、陈翱、陈佑清、黄行藻、蒋道南、王英潍、赵从懿、钱鸿钧、罗家衡、李国珍、严慎修、蹇先聪、周英、雷光曙、程鹏年、黄永孚、徐炳成、赵家璧、陈煦、党积龄、李协中、叶谆然、李盛鏳、杨勉之、李鹤经、黄凤翔、杨悌、梁元辅、陈福民、欧阳景东、黄甲、丁鉴修、熊兆周、俞道暄、阳光球、曾彦、岳秀华、李惠人、李钟泥、韦荣熙、洪荣圻、倪启端、袁家普、程愚、陈荣镜、王邕、关和钧、林莹、李世恩、胡善思、王铸、吴玉成、田汝翼、曹广涵、漆运钧、殷汝熊、曙邦彦、郑隆骧。

载 1910 年 9 月 25 日《申报》,第 1 张第 5—6 版,108 卷 387 页

76. 催缴欧美学费

皖抚接学部咨开,略谓:各省应解欧美游学经费,系经本部奏准摊派,不容丝毫蒂欠,所有皖省应摊之款自应如期汇解,以济要需,而免贻误。闻朱中丞已遵照办理矣。

载 1910 年 10 月 15 日《申报》,第 1 张后幅第 3 版,108 卷 710 页

77. 提议赴东考察实业

芜湖商务总会日前接上海赴东考查实业团事务所沈敦和、赵玉田来函,并议案禀稿等,谓定期九月初成行赴日本考查实业,邀请举员入团,借可扩充智识,转饷国人,想贵

会同人亦必乐表同情云云。该商（曾）〔会〕遂于十八日邀请各商董开临时会，提议此事。

载1911年5月20日《申报》，第1张后幅第4版，112卷328页

78. 留学生巴结老师之怪状·尚不如金邦平远甚

当金邦平应留学生考试时，闻者莫不唾骂之。乃后来骂金邦平者，又渐渐皆金邦平矣。然当时尚有不拜老师者，至近来则且以拜老师为荣矣。然千形万状，每下愈况，又未有如此次留学生举行同年团拜之甚。同年团拜，质言之，即巴结座师也，每人出资五元，定于十一日举行，其会场为湖广会馆，特订同庆、双庆各班名伶演剧一日，以博陆润庠、于式枚、刘廷琛、陈宝琛诸大座师之兴会。其签名者已达三百内外，内中劝人签名最力者为荣升、刘冕执诸人。甚至在学部演剧时，大庭广众，征收现洋。说者谓：与城市弄猴戏者，执盘求钱，其情态正不相上下云。

载1911年6月10日《申报》，第1张第5版，112卷695页

79. 中国留学美日之人数

《日本时报》载称，中国学生赴美国留学者近来日见其多，据最近报告，现在美国大学及高等学校肄业者，共有男学生五百九十八人，女学生五十二人。由广东省来者二百五十一人，江苏一百零八人，浙江四十五人，直隶二十一人，福建十八人，安徽、山东各十人，湖北八人，湖南、四川、广西各五人，江西二人，贵州、陕西各一人。留学日本者，目下共有三千二百三十七人，又有女学生二十人。

载1911年6月17日《申报》，第2张后幅第2版，112卷823页

80. 廷试游学生分部分省制签名单

外务部　主事一员：余绍宋。小京官三十员：张德宪、汪汝梅、孔绍尧、郁华、陈襄廷、周秉钧、陈模、陈英、卢柱生、钟宝华、龙灵、陈彦彬、陈履洁、高赞鼎、沈鸿、李廷斌、杨耀卿、姚润仁、刘镜清、黄宗麟、欧阳景东、方忠源、周衡、周英、胡薰、章显汉、鄞更、岳秀华、薛良、张淑岑。

法部　员外郎：但焘。主事一员：周翰。小京官二十八员：林祖绳、何陶、马英俊、郭恩泽、李维翰、邝维桢、李鹤经、何超、孙世伟、熊彦、李柯、田汝翼、孙德震、沈复、张炳星、滕骥、萧露华、石福钱、马有恒、陈国镛、何蔚、雷宝森、马有略、钱崇固、黄耀凤、徐金熊、卢尚同、翟翔。

民政部　郎中一员：张鸿鼎。主事一员：凌肇伦。小京官三十员：田煜璠、周达寿、范润书、杨同穟、陈希曾、郑文易、刘健、徐元诰、周鸿熙、徐观、黄德馨、洪荣圻、刘炤、吴灼昭、黄永孚、马柱、邱开骏、夏国宾、杨光球、关和钧、张福照、仇预、孙景贤、刘大魁、杨悌、尹耕莘、刘蕃、董森、冯需、戴棣龄。

度支部　主事七员：徐造凤、邵长光、梅诒谷、程愚、吴在章、谈荔孙、高彤墀。小京

官二十九员：钱鸿钧、熊崿、王邦屏、陈受中、萧鸿烈、林莹、胡善思、晏才杰、李国珍、金其堡、黄绍隽、陈翱、郑际平、宋仲佳、漆运钧、高巨瑗、魏斯炅、孙钟、蹇先骢、刘桐、李协中、蒋道南、何焯时、孙寿恩、冀鼎铉、刘石荪、黄传纶、张清槐、萧增秀。

农工商部　郎中二员：薛宜瑭、朱斯蒂。主事七员：汪爔芝、金泰、郭宝慈、李宣谏、范磊、唐在章、向瑞琨。小京官四十九员：余名铨、邹树声、韩殿琦、陈煦、俞道暄、杜云程、胡怿、邹延荣、李盛鐍、程家颖、王钟骕、骆继汉、胡光晋、罗家衡、殷汝熊、张明纶、杨熙光、郑桓、杜慎媿、许文光、黄公迈、吴锡忠、倪绍雯、杨兆鹏、吴燓、胡光普、瞿祖熊、何寿鹏、杨刚、钱均、徐家瑞、余焕东、施霖、武浚源、韩荣昌、祝长庆、张继业、诸人龙、李邦灿、陈佐汉、汪廷襄、钱懋勋、李士炯、张冕光、胡源鸿、李涵真、周宝銮、张金灿、张国栋。

邮传部　员外郎一员：蒋莹英。主事三员：李耀忠、陈训旭、周锡经。小京官二十九员：张嘈、潘大道、屈曦、张竞勇、伍学澧、叶瑞棻、张恩绶、谢家鸿、余和治、薛光锷、袁家普、叶谆然、丁鉴修、蒋羲明、陈佑清、陈藻、沈秉锴、孙庆泽、孙嘉禄、姚履亨、杨汝骧、曾牖、叶昌焘、陈日平、袁栴、张竞立、杨荫乔、张家亨、周荿臣。

陆军部　小京官一员：鲍铼。

海军部　主事一员：张大椿。小京官五员：万家璧、方兴楚、王靖先、邵文镕、刘导。

理藩部　小京官二员：启彬、玉润。

学部　主事十二员：张廷霖、彭清鹏、金曾澄、翁敬棠、徐维震、吴绎、汪行恕、蒋履曾、张正坊、张联魁、何长祺、李澂。小京官二十五员：曹位康、郭登瀚、王铸、许寿裳、张万田、陈荣镜、李培銮、王海铸、黄以仁、朱文熊、邓瑞粲、张邦华、胡树楷、廖世功、何竣业、严式超、荣升、胡国臣、周泽春、王麟书、朱显邦、岑兆麟、李景镐、秦铭传、邬肇元。

奉天　知县一员：李培业。

吉林　知县三员：李惠人、李钟濂、邵箴。

黑龙江　知县一员：吴玉成。

直隶　知县五员：段世垣、董荣光、李昀、申钟岳、王懋昭。

江苏　知县四员：马光萱、光晟、祝撰望、郑隆骧。

安徽　知府一员：赵之驌。知县七员：庄浩、吴会英、黄如栋、郑汝璋、黄甲、汪炳南、钟铣。

山东　知县六员：严少陵、周大钧、王毓芳、唐士杰、夏嵩、刘杰夫。

山西　知县三员：金元润、周步瑛、胡传恩。

河南　知县十一员：黄行藻、廖恩煦、谢正权、张荩臣、刘启晴、朱其振、严慎修、罗仁博、程鹏年、顾宝瑚、陈福民。

陕西　知县七员：雷震、梁同恺、郝文灿、吴秉成、袁凤曦、黄凤翔、邱冠菜。

甘肃　知县五员：黄霣、任秉璋、郭襄臣、王光鼎、黄中恺。

浙江　知县六员：冯期栾、王邕、徐炳成、叶大荣、张耀、陆家鼎。

福建　知县一员：曹桢。

江西　知县五员：吴懿、高国煐、倪启瑞、王道昌、潘光祖。

湖北　知县三员：李庆芳、龙图、张德潢。

湖南　知县六员：巫德源、王澄清、严端、张友栋、梁光辅、郑宪武。

广东　知县六员：黄炳言、熊兆周、杨拱、曾彦、池文藻、刘光笏。
广西　知县四员：顾时济、张振镛、赵恒默、杨彦清。
四川　知县六员：徐麟祥、唐文晋、蔡元康、党积龄、欧阳启勋、万勖忠。
贵州　知县七员：陈文中、曹广满、成祚、王晓东、袁本贵、刘安钦、王英潍。
云南　知县三员：后大经、苏寿松、黄宝森。

载1911年6月29日《申报》，第2张后幅2—3版，112卷1027—1028页

81. 留学生及第名单

最优等五十九名：周家彦、钟赓言、陈治安、陈发檀、王廷璋、杨锦森、严鹤龄、周诒春、蔡序东、殷祖恩、陶昌善、马泰钧、王弼、胡仁源、华南圭、周典、罗文干、陈同寿、潘敬、谢学瀛、印焕门、张保熙、王寿祺、马泰徵、潘瀛芬、丁榕、裴镁、谢刚克、沈式杙、王汝圻、张允耀、沙世杰、余主父、郭则寿、张履鳌、王勋卿、陈汝湘、周砥、周德鸿、黄云鹏、孙观圻、童世亨、张祥麟、潘承秉、彭世芳、赵天麟、丁文江、张景炜、章鸿钊、李四光、刘辅宣、朱大镛、莫永贞、邹德谨、吴宗潘、王明照、朱继承、张玮、王家莺。

优等一百二十三名：李赓星、钱永铭、吴道益、陈为麒、张荫棠、阮明新、梅土焕、载侗龄、林翰、张遵旭、赵廷彦、潘宗瑞、吴家骥、胡霖、刘希刚、张绍周、雷寿彭、陈国权、陈棫、谢祖元、刘皋卿、虞愚、黄恭辅、黄艺锡、熊辅龙、陈炘侯、凤高翥、王绍薪、李志敏、异裕焘、谭焕章、黄恭宪、徐家楣、麦应端、何缵、周烈、杨骞、恩崇、姚龙光、谢刚塞、洪彦远、高震、叶开琼、王国辅、萧信栋、王绍鏊、魏渤、雷以纶、蓝公武、王黻炜、陈伊炯、佘同信、李善富、牛献周、汝人鹤、陈洪铸、张乃壁、鲍文、解树强、伍鹏万、柏山、杨清贵、蔡家烈、毛席丰、梅伟杰、曹腾芳、黄璋、郑垂、张天培、聂熙、周世屏、陈锡璋、丛瑢珠、高梦熊、张锡之、贺黻冕、陈芙昌、陆安、王文泰、李嘉琼、况天爵、廖希贤、赵从哲、陈履泰、李炳琛、刘器钧、张仲山、周风古、龙裔禧、漆璜、沈竞、刘焕、江彤、任诚、燕世奇、李碧、潘赞化、陶镕、刘鼒煊、张文栋、徐梦兰、彭启莱、杨肇基、梁焕鼐、徐希骥、李震彝、林溥莹、杨立奎、王国祜、孙巩圻、赖庆辉、胡蕙、汪成骧、叶瑞国、马光援。

载1911年10月8日《申报》，第1张后幅第2版，114卷661页

十八 地方学务

1. 皖省官场纪事(寺产归学*)

改寺院为学堂,南皮张制军曾创此议,各省多有遵而行之者。滁州府熊鞠生太守以学堂为储才急务,谕令董事查得府属各寺院所有腴田,每岁约可征租米三千余石,用以栽培寒畯,当绰乎有余矣。

载1902年3月6日《申报》,第3版,70卷348页

2. 鸠江鲤简(洲地助学*)

繁昌县城西北地方有官洲焉,共田千余亩,向由王姓经理。近繁昌县陈大令因开设学堂经费无出,拟将洲地清查,以充堂款。王姓不从,事遂中止。现经繁昌绅士递禀太平府署,府尊龚太守批饬原县查明办理。不知大令将何以处之。

载1902年6月20日《申报》,第2版,71卷341页

3. 皖学肇兴

安庆访事人云,怀宁县学堂刻已开办,日前,县主陈大令亲临考试,以定去留。生员题:生之者众,食之者寡义。怀宁荒地平时无人过问,一议开垦,争端遂起,宜如何办理,方臻妥洽策。童生题:日省月试义。省城水井大半淤满,现议挑浚,并将人烟稠密之区添掘新井,而阴阳吉凶之说狃于习俗,宜如何办理方无窒碍策。

载1902年11月23日《申报》,第2版,72卷581页

4. 鸠江兴学

芜湖访事人云,芜地应设学堂,前因经费难筹,将前办筹防一款提出银二千两拨充此款,尚余四千为修路费,无奈兴学造士需款浩繁,芜湖关道刘葆良观察爰饬所属,将一切庙宇不入祀典者一律变价以重学务而济要需。

载1903年3月30日《申报》,第2版,73卷511页

5. 征租兴学

芜湖访事人云,安徽池州府属贵池县下三保乌上洲九甲外孩儿洲一带荡田,当升任凤阳府知府范太守葆廉绾县篆时,亲往勘丈,得六百五十余亩,拨给贫民陈某等人耕种,给有执照,持以为凭,凡赖此刈芦荻博养飧者不下千余户。近日,县宰周大令兴办学堂,苦无经费,拟将此田收回征租,以资挹注。陈等不服,联名赴省控陈。未知尚能转圜否也。

载 1903 年 12 月 10 日《申报》,附张第 1 版,75 卷 699 页

6. 滁州兴学

芜湖访事人云,安徽滁州直隶州知州熊鞠生直刺,以州属未设学堂殊非培植人才之道,而建屋筹费在在为难,爰拟就钟鸣寺左近另建草屋数十椽为诸生弦诵之地,延本地高才生吴秀侬、陈小山两茂才为教习。至西文教习,本拟请单君翼民,嗣以单君已就湖北某学堂之聘,遂改订某君。堂中额收学生十六名,每生须岁贴束脩洋银二十四元,盖苦经费支绌,不得已而为此也。

载 1904 年 3 月 22 日《申报》,第 2 版,76 卷 461 页

7. 龙眠画意(庵产争执*)

铁佛寺住持僧某前不守清规,经绅士禀控宪辕,请将庵产拨充学堂经费。僧不服,串出甲、乙二绅士而争持。日前,怀宁县郑大令带同书役至案详细稽查,以便秉公判断。

载 1904 年 10 月 26 日《申报》,第 3 版,78 卷 374 页

8. 学费难筹

安庆访事人云,前者,三祖、铁佛两寺住持僧广参以不守清规,经怀宁县绅士冯孝廉等禀请驱逐,将寺产拨充尚志小学堂经费等情。嗣以僧神通广大,虽由县而府多方禀控,终未能如愿以偿。迨后具禀抚辕,抚宪诚果泉中丞批饬,安庆府详复。既而,孝廉等又具禀学务处,当经批饬,怀宁县详复,久之,亦无动静。孝廉等乃递禀两江督辕,督宪李勉帅批示云:据禀已悉,酌提庙产拨充学费,事属可行。惟查阅该举人等所称现办之民立尚志小学堂,设在何处,开学几年,学生若干人,现有经费若干,及铁佛、三祖两寺产业几何,均未详细开列,仰安徽学务处详细查明,妥议,禀候核夺,勿延等因。于是学务处见怀宁县郑大令屡札不理,乃札饬安庆府督令该县查复。今者,勉帅已骑鲸西去,不知此事能免变端否也。

载 1904 年 11 月 6 日《申报》,第 2 版,78 卷 453 页

9. 滁州学务

芜湖访事人云,滁州直隶州知州熊菊荪直刺创办学堂,就城内之钟鸣寺改为学舍,延英文、算学教习各一人,中文(习教)〔教习〕二人,学额三十名。试办将近一载,刻因奉到《奏定章程》,拟极力推广,务期按照《中学堂规则》一律完全,爰将城乡各庙产彻底清查,酌提数成,拨充学堂经费,并仿照泰西拍卖法将物产召买,俾集资较易,办理不至迟延。业经详请学务处并各大宪,一俟批准,即当设局开办矣。

载 1905 年 1 月 27 日《申报》,第 2 版,79 卷 157 页

10. 把持公产

全真宫基址经前商务局总办许九香观察勘定,留待将来建造工艺局,已立有案。现芜邑绅士以开办襄垣学堂,款项不敷,禀请变卖以充经费。有住持道士某梗之,援案具禀,经巡警总办批准,仍照定案,不准变卖。按,学堂与工艺固皆为当务之急,然学堂已属垂成,而工艺尚无端绪,一急一缓,似可从权,彼游食缁黄,把持公产,岂真爱学堂不若工艺哉?何当局者为其所愚也。

载 1905 年 3 月 5 日《申报》,第 5 版,79 卷 397 页

11. 芜湖学务(校址争执*)

芜邑绅士曾假广仁局开办襄垣小学堂,而广仁局系商业十三帮措资公建者。现商董揭裕亮、任鹤年等拟就局改为商会公所,于是绅商龃龉,各执一词,爰具禀于道宪童瑶圃观察。观察无术调停,闻须具详抚宪请示办理矣。

载 1905 年 3 月 11 日《申报》,第 4 版,79 卷 444 页

12. 安徽全省学堂调查表

皖省近年风气虽行渐开,而各属县令能踊跃举办学堂者尚鲜。去岁,皖抚诚中丞特添设学务处,两次严催,各属始勉强举办,大半均系旧日书院,改装面目而已。查兴办学堂者以桐城为最多(该属绅民热诚者颇不乏人,其中小学堂均系绅等开办,而该邑县令亦与各属县令等),皖中各属次之,皖南北尤次之。各属开办学堂之最早,惟舒城斌农学校,于二十六年已行开办,余均前岁开办,而以去冬开办者为最多。今将各属官立、民立学堂曾禀报至学务处者编列一表,其民立学堂尚未禀报及已经禀报尚未开办者另为一表。

安徽高等学堂:省城府学宫旁,敬敷书院旧址,额二百名,客籍四十名,司道设立,经费四万三千两零。

武备学堂:北门外,额一百二十名,前抚宪邓设立,经费四万两。

警察学堂:附设臬署内,额四十名,臬宪濮设立,经费未详。

安庆府中学堂:城内柳巷,额一百二十名,尚在招考,署安庆府裕厚设立,经费二万

九千元零。

怀宁凤鸣小学堂:旧日书院改设,额三十名,怀宁县郑设立,经费二千三百元。

尚志小学堂:省城北门荣升街,额高等六十名,初等六十名,怀绅冯汝简设立,经费二千余元。

桐城中学堂:桐城北门内,额一百二十名,已故桐绅吴汝纶设立,经费约七千有零,按:该学堂系二十八年桐邑吴京卿所创,经费颇足,原名桐城小学堂,其功课程度与现时高等学堂相抗。去岁,该邑特另设崇实小学堂,将该堂改为中学堂,皖省各学堂功课以该堂为最优,其名誉殆为皖省学堂之冠。

崇实小学堂:西门外县署旁,额六十名,桐绅方某等设立。

南乡白鹤峰高等小学堂:枞阳镇白鹤峰,额四十名,吴受益等设立。

潜山梅城小学堂:旧日书院改设,额十八名,潜山县令设立,经费尚在筹款。

太湖熙湖小学堂:旧日书院改设,额廿四名,太湖县设立,经费尚在筹款。

宿松松滋小学堂:旧日书院改设,额廿四名,宿松县设立,经费尚在筹款。

望江雷阳小学堂:旧日书院改设,高等生四十名,寻常生四十名,望江县设立,经费尚在筹款。

徽州紫阳中学堂:旧日书院改设,额四十四名,徽州府设立,经费尚在筹款。

歙县碧阳小学堂:旧日书院改设,额廿四名,歙县邓设立,旧有书院经费一百余串现添筹有六百余串。

休宁海阳小学堂:旧日书院改设,额十五名,休宁县设立,经费尚在筹款。

婺源崇报小学堂:旧日书院改设,额十八名,婺源县设立,经费尚在筹款。

黟县问政小学堂:旧日书院改设,额十五名,黟县设立,经费尚在筹款。

祁门梅城南乡小学堂:祁门南乡,额四十名,祁绅李仲寅、谢翼廷等设立,经费一千二百余元。

绩溪东山小学堂:旧日书院改设,额二十名,绩溪县设立,经费六百千文。

宁国府中学堂:宁国府设立,经费尚在筹款。

宣城崇正小学堂:书院改设,额四十四名,宣城县何设立,经费一千七百余串。

(未完)

载 1905 年 3 月 21 日《申报》,第 9 版,79 卷 533 页

13. 安徽全省学堂调查表——接十六日稿

南陵养正小学堂:旧日书院改设,额三十名,南陵县傅设立,经费一千六百串。

泾县泾川小学堂:旧日书院改设,额三十名,泾县设立,经费二千元。

旌德东省小学堂:旧日书院改设,额廿四名,旌德县设立,经费一千余串。

宁国高等小学堂:宁国县设立,经费尚在筹款。

太平仙源小学堂:书院改设,额四十名,太平县设立,经费尚在筹款。

池州府中学堂:额六十名,池州府设立,经费尚在筹款。

青阳容城小学堂:书院改设,额十五名,青阳县设立,经费尚在筹款。

建德高等小学堂：额二十四名,建德县李设立,经费九百两。
东流菊江小学堂：书院改设,额四十名,东流县设立,经费一千一百余串。

石埭

铜陵

贵池

太平府皖南中学堂：芜湖赭山,芜湖道设立。
当涂天门小学堂：额五十名,当涂县设立,经费尚在筹款。
芜湖县小学堂：芜湖西门内恭署旁,额八十名,芜绅设立,经费一千四百元。

繁昌

滁州府丰山中学堂：书院改设,额三十名,滁州知州设立,经费尚在筹款。
来安高等小学堂：额十名,来安县万设立,经费尚在筹款。
全椒襄水小学堂：书院改设,额四十名,全椒县设立,经费尚在筹款。
泗州中学堂：额三十名,泗州余设立,经费尚在筹款。
盱眙敬一小学堂：书院改设,额十五名,盱眙县设立,经费尚在筹款。

天长

五河

六安州赓阳中学堂：书院改设,额三十名,六安州州牧设立,经费尚在筹款。
英山凌云小学堂：书院改设,额四十名,英山县设立,经费钱六百千。
霍山奎文小学堂：书院改设,额六十名,霍山县设立,经费一千五百六十串。
广德州中学堂：额三十名,广德州设立,经费尚在筹款。
建平复初小学堂：书院改设,额二十名,建平县设立,经费尚在筹款。
和州中学堂：额三十名,和州知州设立,经费尚在筹款。
含山易简小学堂：书院改设,额二十名,含山县设立,经费尚在筹款。
斌农小学堂：运漕厘卡旁,额二十四名,运漕厘金局设立,经费一千余元。
庐州府庐阳中学堂：书院改设,额八十名,庐州府归该邑李绅承办,经费二万四千两有零。
合肥高等小学堂：额五十名,合肥县设立,经费尚在筹款。
庐江潜川小学堂：书院改设,额三十四名,庐江县设立,经费尚在筹款。
（未完）

载 1905 年 3 月 22 日《申报》,第 9 版,79 卷 541 页

14. 安徽全省学堂调查表——接十七日稿

舒城斌农学堂：书院改设,额正斋生五十名,附课生三十名,由绅设立,经费三千余串。
无为州绣溪小学堂：书院改设,额四十名,无为州设立,经费一千余串。

巢县

凤阳府经世中学堂：淮南书院改设,额四十二名,凤阳府设立,经费二万余两。

凤阳凤临小学堂:城内仓巷,额十五名,凤阳县设立,经费一千余串。

怀远高等小学堂:额十五名,怀远县设立,经费六百两。

寿州高等小学堂:北门内循理书院旧址,寿州钱设立,经费四千余两。

羹梅中学堂:正阳关小东门外羹梅书院地基,额六十名,官绅合立,由盐厘项下抽有二,经费千数百两,书院旧有一千余串。

灵璧高等小学堂:额十五名,灵璧县设立,经费三百千。

凤台高等小学堂:额二十三名,凤台县设立,经费尚在筹款。

定远

宿州

颖州府中学堂:额四十名,原禀归阜(汤)〔阳〕县兼办,经学务处批驳,经费尚在筹款。

阜阳聚星小学堂:书院改设,额二十名,阜阳县设立,经费四百两。

颖上高等小学堂:书院改设,额二十名,颖上县设立,经费一千六百千文。

霍邱翠峰小学堂:书院改设,额二十五名,霍邱县设立,经费八十千文。

亳州柳湖小学堂:书院改设,额四十名,亳州宗设立,经费一千四百余串。

蒙城高等小学堂:书院改设,额二十名,蒙城县设立,经费尚在筹款。

涡阳阳义小学堂:书院改设,额二十名,涡阳县设立,经费尚在筹款。

太和

按:皖省八府五直隶州,均设有中学堂外,其余五十五州县,未行禀设者尚有十州县,其十州县之已经设立(典)〔与〕否,则不得而悉,此表系据禀报至学务处者也。

又据徽属人士云,徽州六属已有四县禀办学堂,然仅首县今正已经举办,其余则仅有此禀办之文牍而已。是耶？非耶？噫！皖省学界如是,如是。

载1905年3月23日《申报》,第9版,79卷549页

15. 安徽省民立学堂调查表——此系未曾禀报学务处者

安徽公学:芜湖城外三圣坊,尚在招考,皖绅李某等设立,经费收学费。

皖江公学:省城近圣街,尚在招考,汪绅次青设立,经费收学费。

怀宁清真学社:南门内清真寺,额三十名,怀绅郑子惠设立,经费一百余元。

半日学社:西门外黄家庵,额一百名现尚未足额,汤绅钊等设立,经费一百余元。

桐城高等小学堂:桐城考棚,额四十名,桐绅张家亨等设立,经费二百余元。

东乡高等小学堂:尚在筹办。

西乡高等小学堂:尚在筹办。

北乡高等小学堂:尚在筹办。

寿州阜财小学堂:州城内南门孙姓大夫第,额六十名,州城阜财面粉公司设立,经费一千串。

蒙养学堂:州城内北门大街僧王祠,额六十名,寿绅孙少侯设立,经费一千三百余串。

蒙学堂：南乡双门铺，离州城五十里，额一百二十名，李绅兰齐设立，庙产柑五十石约一千串。

皖省民立学堂当不止是，姑就调查所闻录之。　　　　　　　　　　　记者识

载 1905 年 3 月 24 日《申报》，第 9 版，79 卷 557 页

16. 江督饬编安徽全省学堂表

皖省学务处接到江督札文，饬将安徽全省学堂编列一表，备文呈览。并闻又饬江苏候补道陈际唐、蒯光典两观察来皖调查皖省学务，速即禀复。闻学务处所拟表式：一、校名，一、基址，一、学额，一、教员，一、经费，一、学科，一、开办时日。（咸）

记者按：安徽全省学堂经本馆调查列为一表，已登二月十六、十七、十九三日日报端。所立表式，与此仿佛，惟少教员、学科两门而已。

载 1905 年 4 月 5 日《申报》，第 4 版，79 卷 654 页

17. 大兴皖省学务

前闻学务处接奉江督札文，着禀报皖省学务情形，并派陈、蒯两观察来皖调查一节。兹悉两观察已经到皖，禀谒各宪，谓：奉江督之命，以皖省学校尚未大兴，特派来此，筹办的实巨款，专为全省办理学堂之用。闻抚宪极愿赞成，现两观察尚与绅士磋商，奈别无公款可筹，拟另收学捐，或于田亩及厘税项下带征。此诚皖学振兴之一大关键也。（咸）

载 1905 年 4 月 12 日《申报》，第 4 版，79 卷 718 页

18. 含山县因学务被控

和州含山县斌农学校，去夏由前署任万方钦大令创办。大令受代，继其任者实缺汪子元大令到任后，借口无款，竟至中止。今春，议改为蒙学，遮人耳目。邑绅力争不得，近已公呈于学务处，恳请规复。刻已奉批，派员查办。批云：查该县前署任万令办理学堂，向属认真。据该绅等禀呈，现在情形是将已成之局一切付诸废坠。如果属实，实殊于学务大有阻碍，仰候派员秉公彻查办理可也。（困）

载 1905 年 5 月 12 日《申报》，第 2 版，80 卷 99 页

19. 监督条陈学务

南洋驻日监督安徽试用州同沈兆祎，日前具禀皖抚诚中丞，条陈振兴学务。其大纲约分四端：一政法学之当研究；一武备学之当合筹；一教育学之当速成；一实业学之当分筹。闻诚中丞以所陈各条不无可采，已札仰学务处核议详复矣。（咸）

载 1905 年 6 月 1 日《申报》，第 9 版，80 卷 285 页

20. 皖省学务述闻(充补经费*)

日前,霍邱县劳天琦大令通详学务处暨藩宪,略云:据县绅翰林院庶吉士朱点衣禀,城内设立官钱铺,以书院项下六千生息开办,以二成作为花红,其余均充学堂经费,详请立案。现已由学务处及藩司批准矣。(墨)

载 1905 年 7 月 27 日《申报》,第 9 版,80 卷 741 页

21. 安庆(捐银助学*)

日前,学务处详请抚宪,略云:据霍邱县禀称,该县监生刘瑞云捐银八百两,充作学堂经费。现在各属学堂筹款维艰,该生能急公好义,应如何奖励之处,请批示祗遵。即经诚中丞批准,给"见义勇为"匾额,以示奖励。(传)

载 1905 年 8 月 12 日《申报》,第 9—10 版,80 卷 869 页

22. 札饬速争电灯利益

日前学务处奉到江督札文,转饬各学堂一律改用电灯,不用煤油,并云速宜自行兴办,勿让外人干其利益云。(诗)

载 1905 年 9 月 2 日《申报》,第 9 版,81 卷 13 页

23. 详请捐充学费赎罪

日前,霍邱县劳大令详请学务处暨各宪,略云:卑县西乡胡扈集有职绅范俊兴,其兄俊庆早故,孀嫂王氏扶二子守节已阅八年。去岁,俊兴与嫂有隙分爨,意存谋害,将嫂侄收入黑屋。讵被嫂弟王某所悉,拟即具控,始行放出。家有佣丁老范,某晚,俊兴父子乘渠熟睡,将老范捆起,声称有贼被拿。敲开寡嫂房门,改呼捉奸。到县,其嫂哭禀,老范年已六十五岁,历诉被诬情形。即经卑职将两造一律收押,逐一确查,实为俊兴暗害,意欲独吞家产,即将其嫂释出,拟以范俊兴从严惩办。讵俊兴自知罪无可赦,遂托绅再三恳求,愿将自己名下良田二顷,价值九百余两充作邑中小学堂经费,以为赎罪之金。卑职以学堂经费支绌,彼既知罪悔过,捐助巨款,应请从宽释放免究。听候批示云。(赞)

载 1905 年 9 月 20 日《申报》,第 9 版,81 卷 169 页

24. 奏奖捐助学堂经费人员

涡阳县地方瘠苦,兴学为难,经邑绅直隶提督马玉昆军门捐助湘平银一万两;又,河南试用县丞刘鸿儒捐助湘平银一千两,均充学堂经费,以资开办。日前,由皖抚奏请将马提督之孙马朝梁由俊秀奖给监生并郎中,不论双单月,分部行走;刘县丞刘鸿儒由俊

秀奖给监生,并以府经历双月选用,以示激劝。奉旨:著照所请。

载 1905 年 9 月 21 日《申报》,第 3 版,81 卷 174 页

25.奏准奖励捐助学款

前霍邱县监生刘瑞云捐助邑中小学堂经费数千两,曾由该县劳大令禀报抚宪,详请出奏给奖,以资鼓舞。闻刻奉朱批,奖给该生以府经历,分省补用。(诗)

载 1905 年 9 月 28 日《申报》,第 10 版,81 卷 233 页

26.皖藩派员查察学务

署理藩司学务处总办毓方伯以科举已停,急应督饬各属振兴学务,近就各属禀报文牍详细列表,派员赴各府属,按表查察。已办者,饬加改良,并谋扩充筹设;未办者,即督饬兴办。兹将派往各府属查察员名抄录于左:

安庆府六属:直隶李会菜;徽州府六属:知县万云松;宁国府六属:知县许崇贵;池州府六属:知州谭祖纶;太平府三属:知县田毓瑶;庐州府五属:知县林炜琨;凤阳府七属:知县魏有声;颍州府七属:直隶州邓承沛;泗州三属:知县吕濬堃;六安州二属:知县李祖泰;滁州二属:知县张传鸿;和州:知县张奎汉;广德州:知县陈兆煊。(诗)

载 1905 年 11 月 2 日《申报》,第 3 版,81 卷 530 页

27.札饬查办荒谬学官

日前,有凤阳府举人等联名投藩辕,具控凤阳县张教谕强奸陈姓处女及其仆人,入则夫妇,出则主仆,种种荒谬,有关风化等情。藩司毓方伯即批饬凤阳府查办,略谓:据该举等所禀,张县学与家丁吕升奸赌一切,无所不为。本年春丁祭之期,复敢擅离职守。身居教职,竟敢如此妄为。如该举等所禀非虚闻之,殊堪发指。该举等志在精勤,各有事业,果能忍受,决不至大声疾呼,为士林贻诮,谅为情所难隐,势所逼迫,以至联名具控,群起而攻。现在该家丁吕升既经凤阳府县严提责押,该县学何能置身事外?自应一体查究,以肃官方,而正风化。仰凤阳府先将该举等所禀情形逐细查复核禀,一面即提该家丁到案,切实处究。如讯供与所禀相符,即详请撤参,以示惩儆。并查明该举等平日有无与该县学挟嫌情事,一并附复察办,毋稍徇隐。(诗)

载 1905 年 11 月 24 日《申报》,第 2 版,81 卷 717 页

28.皖抚诚奏请颁行学律以端士习

日前,皖抚诚中丞以各省学堂学生漫无规则,特奏请颁行学律,略谓:方今科举已废,学校勃兴,此正天下人才消长绝续之机,而士子心思震荡发越之会也。此日入堂肄业,即备异时为国驰驱,表不正则影斜,源不清则流浊。朝廷立教,首重伦常;学子合群,

辄腾异说，此类大率以草莽新进、血气未定者居多，其识力高者不为所移，而椎鲁之资遂为所惑，袭西学之皮毛，鄙《诗》《书》为糟粕，借群居之盛气，凌师长以危言，甚或苟责微端，激成散学，故犯条约，别入他堂，借细故以煽风潮，托自由而蔑法度。如斯之弊，往往而然，奴才遇此等情事，虽经随时严密查禁，并懔遵训谕，申明宗旨。然相濡相染，流弊难防，国家縻巨帑以求才，窃恐习气既深而真才转不可得。拟请旨饬下学务处大臣，明定学律，颁行各省，庶士习正而人才兴，乃不负盛世作人之至意。（露）

载 1905 年 12 月 21 日《申报》，第 4 版，81 卷 950 页

29. 请拨米厘兴学

芜湖附生齐宗海等创设学务研究会，并议私塾改良办法，已禀明两江学务处立案。惟开办伊始，经费为艰，前日联名禀乞驻芜安徽米捐局卞柳门观察，请拨米业一厘义捐，以兴学会。旋奉批示，米业一厘义捐，系由商务局历次禀奉抚宪核准，如各帮米商公所经费余款存储，为举办商会公积之用。方今商务与学务并重，商业公款除常年支销经费外，凡有动拨均须报明商部核准，本总局无从指拨。（犹）

载 1906 年 1 月 1 日《申报》，第 9 版，82 卷 5 页

30. 芜湖（建造学堂 * ）

河南岸襄垣学堂，经学界诸绅筹有的款，勘定二街基（趾）〔址〕，已于月初兴工建造矣。（奉）

载 1906 年 1 月 11 日《申报》，第 10 版，82 卷 85 页

31. 请办盐捐兴学

桐邑枞阳镇，水陆要道，市廛繁盛。日前，镇绅具禀学务处，请就地抽收盐捐，兴办学堂以开风气，兴办警察以保商旅。当经批示，略谓：据禀，抽收盐捐充作学堂警察经费，是否商民均愿乐从，有无窒碍，仰桐城县确切查明，详候督抚宪批示，并申报本处暨藩司、警察总局、大通督销局查考。（多）

载 1906 年 2 月 5 日《申报》，第 3 版，82 卷 226 页

32. 皖垣学务

去冬，有某君等组织一普通教育馆，办法尚称完备。旋因经济困难，作为罢论。

省中近添蒙小学堂已不下十余处，就中以尚志学堂开设为最早，其名亦最著。日前，又出示招考，本县每年学费八元，外县、外籍加半，已于二十四五等日考验矣。

清节堂改良私塾，向仅为堂中节妇子弟而设，现办理人拟加扩充，日前刊布章程，招收学生，每月学金一元二角。

有大学堂某君等组织一公立两等小学堂，已于去冬刊布章程，每月每生收学费二

元,已择定西门外太平寺左近房屋开办。

前在正谊官书局所设之蒙学会,去冬拟改为正谊两等小学堂,每月收学费二元,亦已报名考验,不日开学。

五路初级小学堂今岁拟各广额二十名,已于正月二十四日将报名各生详加考验矣。(士)

载 1906 年 2 月 23 日《申报》,第 9 版,82 卷 373 页

33. 禀控把持学款之批词

学务处日前有无为州廪生王汝通禀称,该州学堂腐败,恳饬整顿,并请清查学款,以杜侵蚀等情。旋经批示谓:该州学堂腐(贩)〔败〕,前经札委密查确实,业已饬该州认真整顿在案。据称董事邢铎等侵蚀巨款,把持阻挠各节,仰无为州确切查复。所举虞蕙芳、丁葆光、丁翰清等办理学务是否徇谋佥同,应由该州县再行会同城乡绅耆公同集议,禀候核夺。(士)

载 1906 年 2 月 26 日《申报》,第 9 版,82 卷 397 页

34. 芜湖学务

芜湖新安公所同人筹拨公款,在二街三圣坊后创一徽州公学,定额六十名内,外籍十名,学费每年三十六元,延安徽公(堂)〔学〕李德膏君经理一切,已定期三月初一日招考。闻报名者甚为踊跃。

芜湖私塾改良公会现已成立,惟师范传习所邑尊沈大令与学务会长筹划章程,大约三月间亦可开办。(九)

载 1906 年 3 月 28 日《申报》,第 9 版,82 卷 693 页

35. 凤阳学务录要

凤郡兴办学堂,绌于经费,乃公议将城南明陵余荒招人开垦,即以该租款作为兴办学堂之费。现南面六十四顷已为怀远林某纳款,领作畜牧场,北面现亦有人纷纷报名承领,大约三年后每岁可收租钱千串左右云。

郡人某君等在城中组织一朝阳小学堂,已于二月初开办,其经费系由学生每名每年出学金十元,课程计八门,办事诸人于表面上颇有精神,惟未悉其内容何如。

怀远县今正有杨、王诸君竭力在该邑运动于城中筹设小学四区,现已于北门设立养正小学,西门设立萃华小学,南门设立端本小学,办法均照《钦定章程》,功课亦尚完备,怀远风气当为之一变矣。(多)

载 1906 年 4 月 6 日《申报》,第 9 版,83 卷 55 页

36. 禀控劣董干预学务

芜湖对江无为州学堂,经该州王活以劣董邢铎等侵蚀公款,阻挠学务各情禀控在案,由学务处委查确实,札饬州牧认真整顿,前次堂长、员董,均行斥退,永远不准干预学务。讵新任彭刺史为邢等所(朦)〔蒙〕,详请上宪复用邢铎,充当学董。州人大为不平,有复用邢铎,各家父兄均不许学生入堂肄习等语。未知将如何了结也。(九)

载1906年4月24日《申报》,第9版,83卷235页

37. 批饬查办阻学

泾县朱保祺等在学务处控该县劣董左振生、赵文冕等,刁棍汪大(注:后文为天)喜等,结党毁学,恳请惩办等情。当经批云:据陈,左振生、赵文冕把持公款,汪天喜污辱学生,如果属实,尚复成何事体?仰泾县迅将书院公款切实核算,汪天喜既经斥退,学堂账目系举何人接管?并查明有无侵渔情弊。嗣后,不准左振生、赵文冕等干预学务,一面饬传汪天喜到案,从严惩办,以儆效尤。(多)

载1906年6月10日《申报》,第9版,83卷691页

38. 侵蚀公款被控

桐城师范学堂学生傅德良等,日前在学务处禀控该县丰乐书院于光绪三十年改设养正小学,其经费系书院各款充用。该院每年进款至少约二千金,被书院董事六人把持侵蚀,以至学(董)〔堂〕迄今两年尚未开学,欲为整顿,非裁革学董不可,恳提究追等语。当经该处批谓:仰桐城县督同该县中学堂管理各员,将该书院历年支收款目核实结算,倘有侵渔等弊,即行从严究追;一面会同城乡绅耆公选廉慎之人,认真经理,迅速开学,毋任抗延。(士)

载1906年6月14日《申报》,第9版,83卷731页

39. 江宁将军诚奏为淮北盐斤加价拟请接续展限兴办本省学务折

头品顶戴新授江宁将军安徽巡抚奴才诚勋跪奏,为淮北盐斤加价,拟请接续展限,兴办本省学务,恭折仰祈圣鉴事:窃据皖省绅士一品封职余德铨等联名禀称,前以科举停止,请拨的款扩充学校,拟将安省考试内销、外销各款匀摊,按年拨给银二万七千余两,又于筹议公所淮北盐斤加价展限两年,款内动拨银二万两,亦作常年经费。业经奏奉朱批:著仍遵前旨,钦此。钦遵。并经学部电查科场内销、外销等费数目,以凭分别拨留,各在案。窃思考试各款今已不能指用,惟科举既停,士子愿入学堂者众,向日授徒之举贡生监,亦苦教授无方,造就师资势不容缓。拟请另筹的款,以便开办,而免稽迟。查筹议原案淮北盐斤加价展限两年,其三十一年加价,业经筹议支用,所余三十二年加价仅能支援一年。将来无以为继,明知库款支绌,势难再筹,但全省学务紧要,高等学堂亦

不能废于半途，再四筹思，拟将淮北盐斤加价展限十年，俟筹有别款，再请截止等情，禀由学务处藩臬两司具详请奏前来。奴才查淮北盐斤加价一项，本系截至光绪三十二年为止，现在学务处及高等学堂需用各款均系按年支出，必须预为筹定，方免临时竭蹶。查皖省库款现实万分支绌，几至筹无可筹，但值此学务紧要，势难为无米之炊，自不能不如其所请，据情陈奏，合无仰恳天恩俯准，将淮北盐斤加价自光绪三十三年为始，再行接续，展限十年，专作兴办学务之用，一俟筹有的款，即当奏请截止，以重学校，而顺舆情。除咨户部并学部查照外，谨会同署两江总督臣周馥恭折具陈，伏乞皇太后、皇上圣鉴训示，谨奏。

奉朱批：该部知道，钦此。

载 1906 年 7 月 3 日《申报》，第 20 版，84 卷 26 页

40. 批斥兴学被阻

宣城县文生隗寅万在该乡组织一小学校，被张肇垣阻止，近在学务处具禀。旋奉批示云：该生拟办乡学，究系如何筹办，张肇垣因何阻扰，未据明白声叙，其中显有别情。仰即禀请该管地方官核办，毋庸越渎。（士）

载 1906 年 7 月 13 日《申报》，第 10 版，84 卷 121 页

41. 禀控学书作弊

潜山县廪生王健骧，日前在学务处禀陈书斗王大中等徇庇，乞饬府提讯，以惩蠹役，而维学校等语。当奉批示云：该书斗余（注：前文为王）大中等代该生捏报丁忧，图卖廪缺，如果属实，殊堪痛恨，仰安庆府迅饬潜山县确查，据实禀复，毋稍徇隐。（多）

载 1906 年 7 月 13 日《申报》，第 10 版，84 卷 121 页

42. 积谷未便充作学费

桐城县城已设立师范、中学、小学四学堂，肄业者不下六百余人，该办理人等以经费不足，于日前会议，函请大吏，将该县积谷仓存谷四千余石，由学堂平价发卖，暂充学费。闻某绅耆等咸称，此款关系荒政，未便挪移。业经禀请该县详复云。（多）

载 1906 年 7 月 24 日《申报》，第 9 版，84 卷 229 页

43. 皖抚批池州府履勘各学校情形表

批阅表折，寥寥数语，于原札内指明各节，均未能一一切实考求，仅据各学堂所拟分开一表，且有并表而无之者，就所禀报参以本部院所访闻，该府按临各属，仅不过至官立之学堂，或翻阅其课本，或但看其体操，而于一切教授管理之法，学科、学额程度，经费以及校舍、操场、图书、仪器，全不细心调查。此外，公立、民立之学堂，则只凭一表一册，草草过目，并未一一履勘。即如青阳之灵岩学堂，乃一二劣董借学堂名目，为侵占官荒地

步,现复有人控其无教员、无学生,而该府仍为列表。试问,该府曾亲见之否? 又,建德公立之小学堂两所,学生多至三班,学科多至九门,而教员只各有一人,其为铺张失实,已可概见,该府曾计及之否? 该府由翰苑出身,著述颇多,当札派之初,本部院以为必能认真考查,设法整齐,不同于俗吏之所为。讵意草率敷衍至于如此,岂不屑置意耶,抑视为具文耶。奉行特札之事,尚且漫不经心,则地方之公事可知。无怪札中饬令考查地方利弊、吏治民生各节,绝无一字回复也。仰学务处移知布政司,即将该府记大过两次,注册饬知,仍饬该府将应设之中学堂克日兴办,并设师范速成科,以植教育基础,暨转饬所属各县,将已设之学堂迅为改良,未设者极力推广。倘尚不知振作,本部院惟有以白简从事,决不姑容,并由该处另派通达学务之员前往该府所属各学堂,逐细调查,详为禀复,以凭核办。(士)

载1906年8月29日《申报》,第3版,84卷580页

44. 皖抚批太、颍两守查勘学务禀

恩新帅前饬各守,将所属设立学堂若干迅速查勘情形备表呈阅,以期设法整顿。刻太、颍两守业经履勘列表具禀,奉批照录如下。太平府禀折批云:披阅另禀,意在根柢,经学所见极卓,近来各处学堂迭起风潮,至再至三,管理者或专事敷衍,或改用压制,而嚣陵之气迄不能除,全由授课之时,并不遵奏定章程。宗旨不纯,习气自坏,此非学生之过,而教学者之过也。仰皖南道于皖江中学、安徽公学、徽州师范各学随时督察,谕令改良。该府所属繁昌迄今仍未筹款办学,实属罔知振作,本应行司记过,姑予限三个月以观后效,倘再置之不理,定即从严撤参。至当涂、芜湖两属,据称惟公立芜关两等小学堂为最,其余虽粗具规模,科目既未完全,课程又复丛杂,均无成效可观。应由该府督饬该县等,赶紧会商士绅,按照章程,斟酌划一,宽筹经费,循序改良,勿任因陋就简,是为至要。

又,颍州府禀折批云:披阅禀表,朗若列眉,并见考察认真,深堪嘉尚,饬属仿照亳州,多办小学一语,尤为扼要。惟该府所属各州县学堂,或开办年余,或已经两载,现据该府按临考察,除霍邱、亳州办理妥善,而亦学额不足,学科不全,此外则少成效可观,甚至管理各员未谙办法。该令等所司何事,岂竟漫无觉察耶? 仰学务处转饬该府,督饬所属会商各地方士绅,按照学堂章程,斟酌划一,选聘教习,招足学生,学科务求完全,管理务求妥善。俟提学使到任后,再行檄饬按察。倘仍因循玩愒,不改旧观,定即分别撤参,勿谓言之不预也。切切。(多)

载1906年9月3日《申报》,第17版,84卷637页

45. 皖抚批广德州禀复查勘所属学堂情形

据禀,建平官立小学堂教授、管理均尚合法,校舍操场不甚宽敞,图书仪器尚未周备。此尚可逐渐拓充,惟度支出入不敷最关紧要,应即妥为筹划,并将花赛圩公田认真督率开垦成熟,务期岁有的款,方不至废于半途。其城乡各处,亦宜劝令绅民多立初等

小学，以辅官力之所未逮。至此次札令该直牧查学，非仅令其考查建平一县也，札内曾声明该州前任学堂废弛已极，原冀该直牧调查而整理之，乃竟于本州之学堂绝不提及，且于地方利弊、吏治民生亦复不着一字，与札文全不符合，足见其于公事漫不经意，殊属玩忽，均仰学务处转饬知照，并令将指出各节，迅即补查具报。倘或铺张蒙禀，一经查实，本部院决不宽恕也。切切。（多）

载 1906 年 9 月 12 日《申报》，第 9 版，84 卷 723 页

46. 提学使委员调查学务

新授安徽提学使现在尚未莅皖，特先饬湖北补用知县恽荣森大令来皖调查学务。（士）

载 1906 年 9 月 14 日《申报》，第 10 版，84 卷 743 页

47. 抚批青阳县禀复吴潭学堂暨筹办警察情形

青阳县绅士阮魁等前投抚署禀称，该县前以吴潭学堂学款拨充警察经费，恳请拨还等情。奉批：仰布、按两司饬县禀复。现县宰某大令已将筹款办法禀陈，当奉恩中丞批云："据该县禀称，吴潭学堂仅教习一员，学生十二名，而纷设监学、司账、管理诸名目，位置闲人，任情靡费，课程规则亦多未完善，必先求形式之成立，徐求办法之完善，开支之款尤当事事撙节，力图实济，洵为确当不易之论，自应饬令核实删除。惟该县既知绅办之学堂以一千一百元之款培植二十名之幼童虚糜可惜，而于官办之巡警以一千八百余串之经费养三十名之巡丁犹曰"尚属不敷"，且谓乡镇巡警尚须另筹，以此例彼，情事不甚悬殊，毋亦未能事事撙节，力图实济欤？究竟该县之各学堂应如何裁减度支、推广教育，该县之巡警应如何核实支发、厘订章程暨吴潭学堂之一成丝米捐应照数提拨，应仍仰布、按两司照前批酌核详办，再行饬遵。（多）

载 1906 年 9 月 21 日《申报》，第 17 版，84 卷 813 页

48. 批斥亩捐助学

宣城县陆大令近开亩捐，仿效湘鄂豫三省办法，每亩加钱四十文，即于柜上征收，以作学费。日前被该县学生张汝霖等在抚〔辕〕禀请严参。经皖抚恩批云：此举与加赋何异？且土民、客民何得强分畛域？该令辄行谕查湘鄂豫三省客民田亩，实属荒谬已极。仰布政司会同学务处迅即查明，是否禀报有案，严行查禁，以免扰累。（多）

载 1906 年 9 月 25 日《申报》，第 9 版，84 卷 847 页

49. 委员调查学务

安徽候补知县朱子久大令奉省宪札委，赴芜调查学务，邑尊沈益斋大令特于二十日

遍发知单,邀集芜邑学界于二十二日在明伦堂开特别大会,商议兴学事宜。(九)

载 1906 年 11 月 13 日《申报》,第 9 版,85 卷 383 页

50. 旌德县玩视学务撤任

皖省藩学两司日前会详皖抚,因旌德县王令家丕劝捐不力,玩视学务,请予参办。兹奉批示云:据详(据)宁国府知府嵩守禀揭,旌德王令劝捐不力,玩视学务,于本府劝捐中学堂一案,经该府迭札饬催,先则空文申复,嗣仅捐洋二元,迟延玩侮,请予严惩。查该县到任许久,于学务漫不经心,本年四月甫报开学,仅招生二十四名。复续禀暑假以后招致为难。似原有学堂,又复解散。而该县不曰筹办,而曰旌邑兵燹流亡,所存皆农工之辈。始以筹款为难,兹更招生不易等语。巧辞饰说,其玩视学务已可概见。不谓该府饬令筹捐,久之仅以两元搪塞,实属有心玩侮。著即撤任,仰布政司注册,留省察看,再行核办。(士)

载 1906 年 11 月 21 日《申报》,第 3 版,85 卷 452 页

51. 查学委员赴繁昌

朱子澂明府上月奉提学使札委,来芜查勘学务,除躬往各学堂调查外,并将前次府尊所查互相比较,尚属相符。现于前日已赴繁昌查勘,闻不日即须回芜。(起)

载 1906 年 11 月 24 日《申报》,第 10 版,85 卷 481 页

52. 筹款兴学之计划

怀宁县绅士张埙近拟将东门外斋墩湖基地五百余亩集资开垦,以为兴办学堂经费,业已禀奉学务处批示云:此产前经郑懋官等禀请,经垦牧树艺局查复在案,除移请藩司、垦牧树艺局查照外,仰怀宁县逐细履勘,查明禀复,再行核夺。(士)

载 1906 年 12 月 8 日《申报》,第 9 版,85 卷 603 页

53. 学堂冲突

合肥通正学堂系当地绅商组织成立,由张厚斋、李寰甫两君承办,教科完备,规则谨严,为庐属学堂之冠。乃日前有中史教习夏印龙因事与学生大起冲突,致学生全体停课。现经张厚斋、王兼之、李寰甫三君出为转圜,未卜能了结否。(泰)

载 1906 年 12 月 13 日《申报》,第 17 版,85 卷 653 页

54. 派员确查学生冲突

宣城县崇正学堂学生与县差冲突一事,业由江督批饬安徽提学使迅饬该县黄令飞

速明白禀复,以凭核办。兹提学使已札委候补知县黄瑞勋前往确查矣。(士)

载 1907 年 1 月 9 日《申报》,第 17 版,86 卷 87 页

55. 捐米助学

寿州南乡民立尊西学堂系李姓捐囊建设,其中教员均属同志,各尽义务,已历二年,而造屋、置物及购办书籍,在在需款,颇形窘迫。附近尚有几处公款可筹,又为城乡诸绅所阻,以致困难万状。今幸有寿州诸生朱玉昭因该学堂办法颇善,不忍坐视,慨捐米八十余石,以解燃眉,鲋僵辙内,得水重苏,诚可谓热心教育者矣。(共)

载 1907 年 1 月 22 日《申报》,第 9 版,86 卷 205 页

56. 芜湖学务汇志

芜湖劝学所北一区西路小学业已成立。兹该所会员与区董潘干臣、教员娄楚坪又拟在濮家店组织东路小学一所,就降福庙为校舍,举黄步阶、任宗棠为堂董,已于本月初二日开学。

城内薪市街泾县公学,系在籍绅士潘伯和君组织成立,已于本月初二日开学。

安徽公学系桐城李光炯孝廉所创,迄今已届三年,规模尚称美备。兹已于本月初四日开学。

赭山皖江中学堂学额一百二十人,因上年屡起风潮,名誉不甚完善,故初四日开学后,到学肄业者尚属寥寥云。(内)

载 1907 年 3 月 22 日《申报》,第 9 版,87 卷 227 页

57. 开校汇志

徽州公学改设之两等小学及安徽公学皆于十五日开学,河南岸之安徽女学亦于是日开学。惟女学上课之期因教员未到,尚须稍缓时日。(少)

载 1907 年 4 月 2 日《申报》,第 11 版,87 卷 356 页

58. 学界开会研究教育

庐和七属旅芜学界诸君日前开研究教育会,李仲絜观察、李景韩广文、李星垣明经、申南薰参军均先后到会,各私塾教员与会者亦七八十人,由汪君鹤秋、黄君有骏、曹君绩凝相继演说。闻此后每星期开会一次,似此悉心研究,其教育进步当无限量也。(内)

载 1907 年 4 月 27 日《申报》,第 12 版,87 卷 662 页

59. 禀请抽捐兴学

桐城县举人叶文英前日具禀提学司,略谓:地方遵办各等学堂,除提各处积存充公

罚款作为学堂经费外,尚觉不敷所用,自宜设法筹措,俾学务日见扩充。现查桐、怀两境内,惟鱼、木、油、柴四项向无抽捐行用情事,拟请饬令桐、怀两县同绅筹商议,详察四项销路情形,议定章程,饬遵办理等情。昨经沈学宪批示:据禀已悉,该举人究心振学,殊为可嘉。未知所请是否能行,候行该两县查明会议,具复核夺。(颁)

载1907年5月4日《申报》,第11版,88卷48页

60. 禀控阻扰寺产兴学

皖北寿州西南乡报恩寺产业颇富,向归当地绅士照管。去年该州附贡生周维藩等议于寺内设立芍西乡学一区,以该寺产作为经费,早经遵照定章,禀请州牧彭心斋核准开办,并饬该寺住持僧梵云,将寺内所有产业之契约等据,悉数交该绅点验,转付该校监学收执在案。乃近有劣董朱全元等合力阻扰,不遵定议,并阴耸佃民抗缴租课。日前,经周绅具禀学辕,恳予饬州究办,取具切结,以作乡校等语。当奉沈学使批示云:查该寺产业久为该绅照管,兹该绅倡议设立乡校,实为振兴教育起见,殊堪嘉尚。且经该州李牧核准立案开办,又将该寺契据由该僧检交该堂收执。该劣董等竟敢联合诡计,阻扰乡学,阴纵佃人抗缴租课,实属玩法已极。应即札饬该州迅将劣董朱全元等拘拿到案讯究,务令取具遵结,详复查核。(化)

载1907年5月6日《申报》,第12版,88卷76页

61. 捐助矿产振兴学务

东流县绅士施景琳等日前具禀皖抚,略谓:县治西南乡施家冲及龙虎山等地方原有祖遗矿产,矿质素旺,曾于上年招集股本,禀请杜前县给示开采在案。旋因该处居民以人烟稠密,冢墓累累,致有挖伤风水,恐肇衅端之说。窃思弃利于地,诚为可惜,若听该民阻止,实于矿政前途大有窒碍。兹职等愿以自有之利捐归学界,由官开采以兴学务等语。现皖抚已饬矿务局委员前往考察,禀复核办矣。(化)

载1907年5月9日《申报》,第11版,88卷118页

62. 条陈兴学办法

阜阳县绅董丁绪贤、陈子贞、袁子初三君,于日前联名具禀县署,条陈办理学堂及私塾改良办法。汪大令当即照会各学堂监督及各学董,会同详议具复,并转禀学宪核夺遵办。(颁)

载1907年5月18日《申报》,第11版,88卷230页

63. 饬查学务公款

安徽沈提学日昨札饬宁国县田大令,以该县附生汪投笔禀请清理公款,整顿学务。

当经学务处查复。上年闰四月,该生暨谢承恩、赖用宾等禀控中文教习余震一案,于该董洪兆奎并无贬词。嗣据该县查复,洪兆奎虽非学堂出身,而遇事虚心,素孚乡望,宁邑舍洪绅更无可办学务之人等语。兹又据该生等缕述,洪兆奎种种作弊,前后两歧,殊不可解。查该前县孔令禀报,宾兴存款一千三百二十余两,义学熟田二千四百余亩;书院熟田一百三十余亩,瘠田一百三十亩零,熟地一百一十亩零,尽数拨充官小学堂常年经费,核与来禀所称数目不符。该董洪兆奎由本司札充视学员兼学务总理,似非一二挟嫌之人所能诬控。惟事关学务公款虚实,均应彻究,仰该县按照原禀各节,确实禀复,并传该生等到案讯明,究系何人主使,有无盗名等弊,务得确情。如查有一字虚诬,即行禀请从严惩办,以端士习而挽浇风云云。(孔)

载 1907 年 5 月 20 日《申报》,第 11 版,88 卷 256 页

64. 查学员到皖

学部奏派前光禄寺署正罗振玉往各省调查学务,早志前报。兹悉该员于日前到皖,将全皖大中小学一律查取册籍,以便报部。闻俟调查事竣,即须赴宁云。(美)

载 1907 年 5 月 25 日《申报》,第 12 版,88 卷 322 页

65. 寺僧抗缴学费被逐

宁国县田大令以本邑寺产甚多,拟一律酌拨学堂,借充经费,讵有凤形山庙住持僧了智从中阻扰,抗不呈缴。日前,田令即将该僧签差提讯,驱逐出境,一面另举受戒寺僧住持该庙,以示惩儆。(周)

载 1907 年 5 月 26 日《申报》,第 12 版,88 卷 336 页

66. 准提亩捐充作学费

广德州张直牧近以城乡内外学堂林立,所需经费不敷尚巨,因特禀详抚宪,请于亩捐项下动拨若干以充经费,已奉恩中丞批准照办矣。(上)

载 1907 年 5 月 26 日《申报》,第 12 版,88 卷 336 页

67. 惩办阻扰学务之劣绅

泾县公学自今春成立后,屡为该县劣绅陈威堂、翟笔轩等赴省捏控,意图破坏。兹闻此事已由南京安徽教育总会会长蒯〔理〕〔礼〕卿观察,函请本省提学使札饬芜湖县沈益斋大令签提陈、翟等到案,惩以挠阻学务之罪。关道文仲云观察因陈、翟等屡次具禀攻击,前日特亲莅该堂调查一周,见其规则、章程并无不合,遂谆谆以力图进步为嘱云。(少)

载 1907 年 5 月 29 日《申报》,第 12 版,88 卷 374 页

68. 调查学务员赴宁

学部奏派调查各省学务员进士张煜全、光禄寺署正罗振玉二君十三日清晨由安庆来芜,当日即至皖江中学、安徽公学、安徽女学调查一周。十四日,至泾县公学、芜关小学、徽州两等小学、芜湖两等小学暨各民立小学调查。十五日清晨,即行(趁)〔乘〕轮前往南京。(曲)

载 1907 年 5 月 31 日《申报》,第 11 版,88 卷 398 页

69. 官绅争夺学费互控

定远县绅立各学堂因争论经费,被县令以挹款阻学禀控上台;而邑绅凌启文等亦申诉抚辕,谓官吏(朦)〔蒙〕禀,虚不足信,请派委密查,以杜中饱云云。(美)

载 1907 年 6 月 2 日《申报》,第 11 版,88 卷 422 页

70. 查学〔委〕员面斥监学

部派查学委员罗振玉等抵皖调查已志前报。兹闻罗君等日昨至中学堂调查时,学生均不在校。询之监学,则谓各生适赴旅行。罗委员以其借端搪塞,大加申斥。(美)

载 1907 年 6 月 2 日《申报》,第 11—12 版,88 卷 422 页

71. 批准寺产归并学费

寿州监生毕立成等以该州为列祀典之住驾寺所有产业并无僧人,住持与其为大众争肥,不若提充学堂经费等语。禀奉提学司批示云:该生等以不列入祀典之寺产提充学费,热心兴学,深堪嘉尚,应即照准,一律归并芍西学堂,仰即迅将该寺岁收租课各款详查禀报,并督同该堂校长等认真办理,以广学额而兴教育。(若)

载 1907 年 6 月 8 日《申报》,第 12 版,88 卷 494 页

72. 饬究贿匿学堂文件

繁昌县吁俊学堂管理员李梯云等禀控吴守端贿匿文件,妨害误公。奉提学司批示云:据禀已悉,吴守端等果将该县颁发学堂之日本学制、册籍、表式等件贿差隐匿,实属擅行妨害,仰该县即提吴守端等到案,讯明前颁文件因何拦截隐匿,饬令逐件缴还,并取具切结存案,毋任阻挠误公,准即详明,以凭核示惩究。(化)

载 1907 年 6 月 14 日《申报》,第 11 版,88 卷 568 页

73. 批斥禀请兴办学堂之取巧

日前歙县职绅萧政彪等为集款开设蒙学，禀请学署立案，以杜阻挠。当经沈学司批斥，略谓：近来学界之事变幻多端，往往借兴学之名，借以抵制他人之筹款。迨抵制既著，又巧为把持，居心叵测，固不堪言。该职等果欲兴办学堂，何不早为筹划，直至去腊议办劝学之时，始从而禀请立案，其为意存抵制，盖亦可知。今观来禀章程，既曰再议，教习拟聘三人，是分明学堂尚未开办，禀请立案，直空言搪塞而已。此案原委究竟若何，仰徽州府会同中学堂监督，秉公切实查明禀复，听候核夺，示遵办理。（风）

载1907年6月16日《申报》，第11—12版，88卷592页

74. 电饬访查学生剃辫

宣城端本学堂近被某君假名芜湖全体学界，于本月初五日发电江督，略谓：该堂教习主张学生剃辫，是否学部定章，请派员查。端午帅接电后，当即电饬芜关道文仲云观察转札宁国府，访查是否属实，详复核夺。现文观察已密札嵩太守访查一切。（仪）

载1907年6月26日《申报》，第11版，88卷712页

75. 禀请追缴把持学费

当涂县王廪生等日前具禀学辕，谓增贡生周宗培将承流坊曾田历年租谷把持阻挠，请饬县追缴等情。当奉沈学使批云：办赛会演剧无益之糜款，例应拨助学费。据禀各节，如果属实，自应追缴，仰当涂县饬提该贡生，勒令照缴，以充学费。（再）

载1907年7月1日《申报》，第12版，89卷6页

76. 禀请抽捐兴学

铜陵县属大通镇学董佘蕙芳等以学堂经费支绌，拟将姜蒜等物产抽捐若干，借充学费。日前禀由该县转详省台，当经恩中丞札饬商务局核议。（时）

载1907年7月2日《申报》，第12版，89卷18页

77. 详请酌提花捐补助学费

歙县土产向以珠兰花为上品，每年商贩行销进款约有数万金。前由该县蔡大令以劝学所常年经费不敷，邀集绅商议抽花捐以补学费。讵花户职员萧某抗不遵认。日昨由该县具详抚院，请转饬藩学两司察核办理，并给予告示，俾知遵照。（孔）

载1907年7月3日《申报》，第11版，89卷30页

78. 图画生毛遂自荐

寿州图画生张春台日前具禀学署,恳予考验录用。当奉沈学宪批云:查图画一门教科固属所重,该生既禀来司请验,自应准予传试,以觇能力。示著本月二十一日辰刻,携带笔墨仪器,前赴学务公所,听候面试。(若)

载 1907 年 7 月 4 日《申报》,第 11 版,89 卷 42 页

79. 详请抽收木捐充作学费

安省巢县官立学堂经费异常支绌,昨由该县查明城乡各木行,拟每行凡售木价值一两,抽收买客银二分,以补学费。业已详明抚宪察核示遵。(政)

载 1907 年 7 月 4 日《申报》,第 11 版,89 卷 42 页

80. 批驳请追缴费银两

桐城县学生胡壮恒以咨文被扣,恳恩追缴等词具禀学署。当奉沈学宪批云:据禀及粘单均悉,查此案该生既经禀奉前湖北巡警局总办黄道面谕,咨文寄交教育总会,银两移交冯观察代追,自应径赴教育会领咨,并静候巡警局追银给领,毋庸来司多渎。且省城与芜湖遥隔,一切殊难悬揣,未便遽信该生一面之词。惟事关吞没学资,姑准移请芜湖巡警局查明核办。(孔)

载 1907 年 7 月 6 日《申报》,第 12 版,89 卷 66 页

81. 禀办恃势强占之学董

桐城南乡枞阳镇所有埠岸码头、船行半系龙姓遗业。日前,有学董白松如、张淦甫、张贤福等与贡生龙步云挟有微嫌,爰借该镇白鹤峰学堂筹款之名,勒将该埠岸码头规费提归学堂。龙生以此费系为祖祠香火之资,碍难应允。讵该董等竟率领该学堂学生四十余人至该码头,将船行房屋捣毁,并将藩县告示及行帖执照一并搜掠而去。现该生已禀报藩县,请提究办矣。(孔)

载 1907 年 7 月 7 日《申报》,第 12 版,89 卷 78 页

82. 禀请抽收米麦捐兴学未准

徽州绩溪县绅士胡毅等禀办教育社,曾拟抽米麦二捐作为经费。日前奉现署藩司沈学宪批示,略谓:兴学总以筹款为第一要义,然必视民力所及与舆情之向背。若操切以从,恐滋后虑。该绅等拟抽米麦等捐为教育经费。惟开办之先,业经歙邑商会已议其后,是商情未洽,即此可知,且此案已据该府通禀,应办与否未便准理,尚须候两院批示

核办。(化)

载 1907 年 8 月 9 日《申报》,第 11 版,89 卷 478 页

83. 学费拟请十年摊缴

池州府所属州县历年摊派解缴中学堂经费,前经该府定章,议(接)〔按〕额支与活支各款项下捐拨在案。现闻该属之青阳县具禀,请将前项摊派银两拟分十年流摊,解缴该府。刻又申请上峰核夺批示,转饬遵照云。(孔)

载 1907 年 8 月 26 日《申报》,第 11 版,89 卷 682 页

84. 批奖条陈整顿学务

卸任舒城县彭鸿年,日前将整顿学务情形禀奉皖抚冯梦帅批示云:表册均悉,该令任舒期年于地方一切要政均能实心举办,为本部院所深知,而整顿学务尤属不遗余力,立劝习所总挈纲维,立传习所广造师范,又于四乡创设小学十二所。察阅综计各表,教科课程,亦皆秩然有序;所需经费,则以本区庙产与本区学堂,规划井然,办理尤甚得体。似此苦心经营,在皖省各牧令中诚不多睹,仰提学司核明立案,该令现已交卸,仍移明藩司,先记大功二次,以为实力任事者劝,并饬新任吕令认真接办,已成者勿使废弃,未成者力图扩充,是为至要。(孔)

载 1907 年 9 月 9 日《申报》,第 11 版,90 卷 102 页

85. 批斥校长擅典田产

安徽凤阳府临淮乡绅士吴信崇等,以凤临学堂堂长擅典田产等情控奉抚宪冯梦帅批示,略谓:查地藏庵房田各产拨充凤临学堂常年经费,业经批准有案。嗣因用度不敷,复禀垦明陵荒地以资弥补。董其事者理应力谋扩充,柳堂长何得擅将立案之产出典与人,使学堂少此田租经费,更形短绌。仰提学司即饬该府县勒令经手人克日备价赎回,永远不准典卖,以维学务。至朱良材久经斥革,仍复逗留,干预公事,亦即驱逐出境。该绅等又欲将此产改拨临淮小学堂,显系意存争竞,同室操戈。殊不知剜肉补疮,两无益,所请亦不准行。(若)

载 1907 年 9 月 15 日《申报》,第 12 版,90 卷 174 页

86. 批驳详请开办族学

署理桐城县许大令,前日因该县南乡会里方氏开办族学,详请抚宪立案。当奉冯中丞批示云:此案未据禀陈,本衙门无卷可稽。惟查来详内载,提学使批及禀牍似皆挟诈攻讦,控告不止一次,该县理应遵照学批详查,妥筹消结。今仅据方杰等禀称,率请立案。查原禀租账、租息,呈折尤为含混,学科十门不备教习,尚未延齐,遽称开学月余,其

为搪塞抵制,意图吞霸可知。仰提学司饬令该县迅即彻底清查,逐细详复核夺。(孔)

载1907年10月5日《申报》,第11版,90卷414页

87.饬查亳州牧(朦)〔蒙〕禀学务

亳州视学郭肖霆君,以该州高等小学堂校长白云汉被潭州牧捏词(朦)〔蒙〕禀等情,禀复皖提学。经沈子培学使批示云:禀悉,查此案前据该州潭牧禀,高等小学堂堂长白某意气用事,独断独行,种种谬妄,不一而足等情。正在核办间,兹据禀,该堂长白某到差以后,实无事不先与潭牧及学界诸人商办,惟潭牧心存成见,故与为难,请委员查办,以定是非,而维学务等情。是现在该处情形,白某固乏定评,即官绅问亦意见两歧,实非和衷共济办法。惟该堂从每年六千串之巨款,教四十名自贴膳费之学生,额少费多,已堪骇异。乃该牧既不自行清理,切实振兴学务,任令孙广麟视为利薮,历年盘踞,无一报销,而又不容另有他人代为筹办,不知是何用意? 此事与地方学务关系至为重要,亟应委查明晰,以昭核实,而筹善后。除委员刻日赴亳查办外,仰静候查明禀复,再行核示饬遵。至该举人视学兼学务总董一差,既为学界所公推,即有应担之责任,且地关桑梓,义不容辞,慎勿以稍有为难,致萌退志,切切。(南)

载1907年10月25日《申报》,第12版,90卷662页

88.禀请免拨学堂经费

安省支应局日前具禀皖抚,略谓:局中按月发放军饷以及历放额支、活支各款为数甚巨,近年厘金减色,铜元停铸,所需各款均归无着,以入抵出更属不敷,所有拨给各学堂经费可否饬县另筹的款,以资周转云云。(周)

载1907年11月1日《申报》,第11—12版,91卷6页

89.批驳请加税契捐拨助学费

江督端午帅批芜湖劝学所董事吴云等拟创办初级师范学堂,仿江苏加捐契税章程,恳予立案。禀云:该董事等创办初级师范学堂,请仿照江苏桃源县办法,于税契项下每两抽钱十文,以充常年经费等情。查此项学堂原系该董等踊跃从公,自行筹办,便系民立学堂性质。教育极重普及,官费苦于有限,得有二三志士倡立民校,开通风气,逐渐推广,最为地方幸福。但该堂自去年创议,为时已久,学舍未成,学生未招,办法未定,教员未聘,开办之期尚属遥远。乃三次来禀请费,殊与民校性质不合。再,查以税契捐每两加收钱十文,作为学费,经前署督部堂周饬宁属相地筹办在案,自系良法,皖属情形是否相同,亦须调查。仰皖提学司会同皖藩司查明该堂情形是否别有委曲,应否设法补助税契加捐,可否仿办,妥议禀复。(商)

载1907年11月3日《申报》,第12版,91卷32页

90. 请款建造学堂

盱眙县前以建造两等学堂,工程浩大,所有筹拨款项不敷尚巨。顷闻该邑文生李承雯已具禀省台,恳饬再拨官款以助工程急需。未识能允准否。(上)

载 1907 年 11 月 13 日《申报》,第 12 版,91 卷 164 页

91. 酌抽箔捐资助学费

皖抚冯中丞近以各学堂经费支绌,又无的款可筹,惟查有箔捐一项尚可酌抽若干,以资挹注,业已札饬徽州府速行举办矣。(政)

载 1907 年 11 月 21 日《申报》,第 2 张第 3—4 版,91 卷 268 页

92. 催缴箔捐拨充学费

安徽学界中人前拟筹办徽州箔捐,拨充学费,当经禀奉皖抚饬地方官筹议在案。现有内阁中书程锦鈢具禀抚辕,略谓:箔捐一项号各商抗不遵缴,应请饬县谕将此项箔捐从速汇解,以便扩充学务云。(贤)

载 1907 年 12 月 3 日《申报》,第 2 张第 4 版,91 卷 420 页

93. 禀请拨款添筑校舍

皖省尚志学堂校舍甚为狭窄,该堂校长葛怀民君特禀请皖抚冯中丞拨款添筑,以备扩充云。(政)

载 1907 年 12 月 3 日《申报》,第 2 张第 4 版,91 卷 420 页

94. 请提田捐拨充学费

宣(成)〔城〕县近因各学堂经费不足,拟将民田每亩酌提钱二十文,分拨各学堂充作常年经费,业已具禀皖抚批示祗遵矣。(政)

载 1907 年 12 月 17 日《申报》,第 2 张第 4 版,91 卷 588 页

95. 催提学务经费

皖省沈提学以年关在即,各属欠解省城学务经费为数不少,爰札委候补知县陈星海赴宁国府属,通判王颐赴颖州府属,知县张宗厓赴芜湖、当涂、繁昌三县,分别催解,不得再任推诿云。(孔)

载 1907 年 12 月 25 日《申报》,第 2 张第 3 版,91 卷 684 页

96. 批饬追缴铺捐助学

安徽繁昌县吁俊学堂系绅士李梯云等所创设，教员管理均尽义务，所需经费议定由该镇铺户量力捐助。近有吴守端等出为阻挠，借商会拟办葆善学堂之名，擅夺铺捐，以为抵捐之计。业由李绅等控奉皖抚批饬繁昌县，饬将各铺户所认捐款如数照缴，以重学务。（政）

载 1908 年 1 月 10 日《申报》，第 2 张第 3—4 版，92 卷 114 页

97. 沈方伯转饬学务之条议

安徽提学使、署理藩宪沈方伯详江督云：顷承明诏，有以地方学务责成州县各该牧令等语。顾各州县遵办，迄今其城乡所设学堂能达十所以上者，卒尚寥寥无几。余或开办一二官立小学堂以资塞责，亦复精神不具，形式不完。揆其致此之由，良以本官素未讲求，幕友复划学务于刑钱之外，平日无人过问，有事随意支吾，积压视为固然，玩愒传为秘诀。似此丛脞废弛，年复一年，成何事体！窃谓欲得实行之效果，非明定记过章程，无以振聩发蒙而为正本清源之计；非使各牧令先行练习，无以锻炼材智以利教育行政之枢纽。查《学部奏定提学使办事权限章程》，本有设教育官练习所一条，法美意良，亟宜遵办，并酌设扩充办法。现本司就公所房屋设立教育官练习所，选中外教员深明教育者，逐日上堂讲演，拟请自开办之期为始，除公所人员遵章听讲外，余凡同通州县，一经得缺，无论正途捐纳，均饬赴所，照章听讲，以资练习。极少以一月为短期，否则不得遽行赴任，庶他日学优而仕，于教育行政粗识纲维。其未及补署以至甫经到省人员，有愿听讲者，均准其来所长期听讲。毕业后，加以考验，分别优次，以备学务佐治官之选云云。闻端午帅已允准照办，并饬宁苏赣三学司一体仿办。（十）

载 1908 年 2 月 24 日《申报》，第 2 张第 3 版，92 卷 570 页

98. 批斥芜湖县妄请学费

芜湖县邹寿彝大令具禀皖抚，请将煤油捐款拨充学堂经费。奉批谓：查接管卷内，芜湖商务总会李道等转据商学绅董以蓦背原议，建造油池，公叩据理力争，消弭隐患等情具禀在案。劝学所董事吴云列名其内，侃侃陈词，深明利害。事未一年，今又请以美孚煤油捐款拨充学费，昔见其害，今则因以为利，前后如出两人，殊堪诧异。中国人为外人所轻，皆由于见利不能思义，不明公理，只便私图，足以败坏风气。本部院为砥砺廉隅起见，不得不予以薄惩，仰芜湖道转饬该县，另举劝学所董事，并将吴云详明提学司先行撤换。该县令不查明此事原委，率予转详，殊属不合，亦一并申斥。（非）

载 1908 年 3 月 3 日《申报》，第 2 张第 3 版，93 卷 30 页

99. 追缴芦利充作学费

皖省锭清洲芦利甚多,被蔡志宏等砍伐,约值洋四千元之谱。现经程教谕文龙等上禀省台,请饬县追缴,充作学堂经费。(贤)

载1908年3月26日《申报》,第2张第3版,93卷332页

100. 调查芜湖学界

视学官沈戟仪,现奉皖学使札委来芜调查学务,于十八日到芜,连日至各学堂考察。是时,芜学界适有创办师范传习所之议,沈君极力赞成,并于二十日在明伦堂开会演说,以期传习所之成立。闻调查芜邑学务后尚须赴太平调查。(水)

载1908年3月26日《申报》,第2张第3版,93卷332页

101. 提抽亩捐充作学款

泾县地方兴学款绌,经该邑舒绅鸿翔等具禀该县,略谓:向章花户完征,每田一亩付给册书规费三五斤不等。现拟酌定四斤为额,除给册书原稻二斤外,余无论稻价涨跌,以每斤十文为准,每年以县境民田计之,约收四千数百串文,除解府中学堂经费洋二千元外,余作县学专款。现经该县据情详请皖抚查考。(友)

载1908年4月4日《申报》,第2张第3—4版,93卷464页

102. 兴学禀抽姜蒜捐

铜陵县地瘠民贫,兴立学堂经费支绌。现经该邑绅士一再筹商,拟将土产姜蒜两项酌抽捐款,俾充学费,以兴教育。禀由杨大令纯藻转详省台,请示祗遵。(女)

载1908年4月10日《申报》,第2张第3—4版,93卷548页

103. 绩溪学界近情

绩溪县属学堂及各乡私塾,共三百二十八所,学生共三千九百余名,而教法科学未能完备。现经该县令文化舒饬令各私塾逐渐改良,以期进步。昨已禀呈抚署查明备案。(友)

载1908年4月22日《申报》,第2张第3版,93卷718页

104. 加抽米捐充作学费

当涂县各学堂因经费不敷,拟在所抽米捐之外再加洋四百元,以充作各小学堂及劝

学所经费,业已据情禀报,谕令各米商照数认缴。(政)

载1908年5月3日《申报》,第12版,94卷30页

105. 兴学不准抽收渔捐

歙县教育会劝学所经费不裕,众绅拟抽渔梁上水杂货捐,以资挹注。兹已联名禀由该县蔡令转禀皖抚。冯中丞以该县曾因兴学抽有箔捐,前据牙厘局具详,已批府饬县督董开办。既有此项捐款,尽可酌拨教育会劝(会)〔学〕所之用,余再拨入学堂。所请抽收渔梁杂货捐之处应毋庸议。

载1908年6月16日《申报》,第2张第3版,94卷612页

106. 禀请优奖助捐学费

广德州有州同衔监生李尚浓,捐助该邑学堂及巡警经费三千金,业经皖抚奖给"见义勇为"匾额。兹该州牧以李尚浓现已病故,其子廪生李树森尤能勉遵父命,如数缴清,实属嘉惠桑梓,昨复禀请皖抚咨部优予奖叙,俾示鼓励。

载1908年7月9日《申报》,第2张第3版,95卷118页

107. 串票费捐归学堂

石埭县陈令耕三具禀抚宪,略称:续办四乡各学堂,并创办县属乌台垅公立培本两学、岭下两等学堂及上五都十三都四小学,均乏的款。惟查向章,串票一纸收钱三文以为署内各友办公之资。兹已商允各友,悉数捐归该学堂。此项捐款即自本年起算,每岁约得一百十余串之谱,恳予立案,以维教育。昨日由冯中丞谕饬如禀办理。

载1908年7月22日《申报》,第2张第3版,95卷292页

108. 劣绅借学觊产

合肥县西乡劣绅程带业已革通判,程曾诚等前因族人程曾洪之父曾任徐州镇,微有薄产,遂为该绅等所觊觎,借办族学为名,捏称曾洪愿捐田一百八亩,赴县朦禀立案。旋被曾洪察知,据实禀销,并禀经沈学使饬将程带等拿办在案。乃事隔数月,该绅等贪心,复起辄又来省捏词诳禀。闻吴学使已洞烛其奸,发县究办,以儆刁风。

载1908年9月1日《申报》,第2张第3版,96卷6页

109. 查究枪伤学董

皖抚批合肥县寺僧毁学禀云:查学董孔宪举等未经禀县,遽在白露寺设学,强硬手段已见一斑,其提拨寺产未能办理和平,概可想见。及天会兴佛等寺僧众聚而抵抗,孔

宪举等复不从长计议，竟彼此持械争租，闹及学堂，并有枪伤王廷举之事。僧众固未被教育，而学董卤莽至此，亦属咎无可辞。王廷举究系何人所伤，亟应集案讯明，秉公核办。

载 1908 年 9 月 21 日《申报》，第 2 张第 3 版，96 卷 284 页

110. 舒城学界之丑态

安徽舒城县陆士奎，前将舒邑学务情形禀奉皖抚批饬会商视学员，切实整顿。兹经省视学员沈亮棨逐加考验，如中学堂名称较崇，糜款独巨，生徒不过二三十人，考试多不及格。其余皆一年级之蒙小学生，掺杂其间，不遵约束，动辄（缅）〔俪〕规错（巨）〔矩〕，转为各学堂之冠。其外如两公学、城南小学，亦皆毫无足观。至四乡小学，本由彭前令仓猝而成，其中纠葛纷纭，殊多荒陋可笑。业已择其最劣者黜之。又恐被黜诸人赴宁捏词控告，特将大略情由禀请江督严加批斥。奉批：仰安学司核饬遵照。

载 1908 年 9 月 24 日《申报》，第 2 张第 3 版，96 卷 330 页

111. 饬司查核毁学

宣城县姚廷烜等上控教育会会长周堃恃势阻学，经沈护院批云：该职绅周堃前请划区设学，消弭意见，经冯前院批准在案。该职等旧有洪林书塾改设初等小学，由县详司立案。周堃既热心兴学，理应彼此维持，何至纠众毁学，且又将黄榜私塾物件自毁，希图勒赔。事出不情，未能尽信。惟事关毁闹学校，情节较重，其中是否另有别情？既据喊县查验，希提学司飞饬该邑迅速查明核办。

载 1908 年 10 月 17 日《申报》，第 2 张第 3 版，96 卷 674 页

112. 电禀蘩梅学堂罢学情形

正阳关蘩梅学堂系以盐款捐作为经费，监督李时敏莅堂未久，即有学生等反对罢学。现经总办徐棨调停，幸未全体解散。兹将禀呈江督及提学使原电录后。

督宪、学宪钧鉴：蘩梅学生许荫恩函谤监学，有意多事；学生袁家修与许荫恩反对，以罢学电禀挟制监督，均不安分，已商明李监督一并革退，余令回堂。特闻。

载 1908 年 11 月 14 日《申报》，第 2 张 3 版，97 卷 212 页

113. 南陵筹措学款之新法

南陵县近详请皖抚云：据附生黄逢庚等禀，该县储才、求是等学堂，措筹经费异常支绌，另筹别款无从施措。拟纠集股款，租购小轮一只，行驶芜湖来往南陵一带，所得余利，除红利外，提回四成充作该县各学堂经费，以期经久，并请准予专利五年，不准他人行驶。

载 1908 年 11 月 19 日《申报》，第 2 张第 3 版，97 卷 292 页

114. 学堂仍须补课

上月兵燹后,各学堂学生教员仓皇请假回籍甚多,省城各学堂均相率于冬月初十外举行年考,二十日后即给年假。其间能稍持镇静者惟第二公学及女师范两校,尚照常上课。吴提学以各校冬月放假未免过早,因传令各校于腊月初一日仍须开课补习,然学生多已回籍,势难补课。

载 1908 年 12 月 29 日《申报》,第 2 张第 3 版,97 卷 888 页

115. 严办学生倡言罢课

庐州府属庐阳学堂向省临时考试之例,或按月一次,或间月一次,均由监督教员随时酌定。上年腊月十二日,为该堂考试之期,突有两班学生鲍如明、李延彦、沈英等四人倡言要求免考。经教员驳斥,乃该生等辄行耸令同班各生停课退学,以图挟制。兹被逼胁各生已由监督等一再开导,照常上课,其鲍如明等四人亦经斥革,并函请提学司分咨各属及邻省学堂概不收录,一面禀报督抚院查照立案。

载 1909 年 2 月 8 日《申报》,第 2 张第 3 版,98 卷 404 页

116. 部咨调查学务经费

学部咨行皖省,以办理学务经费,其报部只有总数,究竟动拨官款、公款、筹捐何项,常支若干,活支多寡,部中无从查悉,兹特刊定表式,咨行安省饬属查明,无论官立、公立、民立各学堂,务须详细填列,于六月以前报部核办。

载 1909 年 3 月 30 日《申报》,第 2 张第 3 版,99 卷 418 页

117. 整顿各属学务词讼

皖抚朱中丞日前通饬各属整顿学务词讼,略谓:查近年开办学堂以来,地方劣绅则争产之念多而急公之念少。地方有司衙门则兴学之事简,而理讼之事繁。公德不彰,私嫌易起,盖以功不己出,权不我操,则必以破坏为能。虽一切公益皆可抹煞而不顾,借端攻击,聚讼纷纭,案积连篇,衅寻累世,学务不能有进步,地方不能有起色,靡不由此。本部院心滋戚焉。嗣后,清理学务词讼,本部院一以扶植善类为宗旨,如各属办学士绅诚为实心任事、操守不苟之人,纵有一二好事之徒,心存觊觎,挟嫌诬告,地方官自应力任保护,不为摇惑,以端士习而振学风。

载 1909 年 4 月 3 日《申报》,第 2 张第 3 版,99 卷 478 页

十八 地方学务

118. 霍邱学务之纷争

霍邱县附生李扬芬等禀陈抚台,以就款兴学、恳究豪吞等情,奉批云:据禀,迎水寺、文昌社庙田亩既系公产,并非私财,又有成案可稽,何以周德芬等认为家庙,屡以兴办族学为词,借资搪塞?前据该职等来辕具禀,本部院犹复谆谆劝勉,勿令置身事中,贻人指摘,自应遵照成案,勿再干预。乃竟置若罔闻,隐示把持,殊属不知自爱。惟蒋开径、刘勋芳所设敦化两等小学堂教员之资格何如,学生之程度何如,亦必有成绩可观,始能受公家之补助。应由该县会同劝学所公正绅董详查,禀候核办。至该生等新设广益小学,并未立案,即先开校,无非欲借办学名目,为竞争公产地步,岂诚热心教育之人!所请拨款碍难照准。查此案构讼经年,各执一说,滋扰不休,实堪痛恨。仰提学司立饬该县会同劝学所公正绅董博稽成案,广征舆论,将该处田亩提充公款,即以为振兴学务之资,不准擅自移作他用。并另举绅董,妥为经理。所有案内涉讼之人,皆不许出头预闻,以息争端。

载 1909 年 4 月 5 日《申报》,第 2 张第 3 版,99 卷 510 页

119. 涡阳学界之蟊贼

皖北教育会调查员邓愚山月前道经涡阳,调查该邑学务腐败异常,如义门、楚町、西阳等集皆虚悬学校匾额,学董邓长海目不识丁,该员往晤时,劝其提倡学务,复将教育关于家国原理详为剖明,冀其极力研究,以树合邑教育风声。不意,言未竟,已触其怒,狂诋新学,且言邓非教育会职员,不应干预其事,拂衣径去。该集龙兴禅寺僧悟太等组织僧俗学堂,迭因邓长海及该集张巡检所把持,比闻调查员至,特邀同参观设备一切。讵邓长海唆使该集巡检带同差役来庙查看,指讲堂为教堂,洋装书本为洋书,图画标本为洋画,邓某为天主堂教士,随将人物一并劫掠而去。愚民无知,咸来观看,该员恐以讹传讹,酿成他故,径谒巡检,避匿不面,且饬役挥之使去。现已回省,据情报告皖北教育会转详提学使,饬委彻查核办。

载 1909 年 4 月 22 日《申报》,第 2 张第 3 版,99 卷 756 页

120. 宣城学绅被控之批示

宣城县附生张秉敬等禀控周堃营私罔利,恳饬免派讼费等情。奉抚批云:察阅所控周堃各节,悉由该绅建议创办书稻捐,提充学费,积未能平。或谓其重征扰民,或谓其借端敛费,大都为册书煽惑所致。至谓号召师范生窃负子弟而逃,而父兄以哭泣相从,及以道士充当教习,点授《三字经》《百家姓》等书,事同儿戏,尤属不近人情。又谓,派人赴乡勒捐讼费。查上年该绅赔垫学款为数甚巨,且能以一身担任,不愿众姓摊还,何至图此区区。查此案构讼日久,经委员会同该府县清厘数月,始有端倪。已据会禀办法十四条,以酌裁册书为第一要义,害根已除,讼端自(熄)〔息〕。而其余禁陋规、收公费、划学区、定学额,各款规划极详,已由本部院批准定案。该生等,谁无家庭,谁无子弟,地方之

学校林立,父兄之教育易谋,又何必出而阻挠？即册书生长该邑,亦当思社会发达,日进文明,于公于私,获益无尽,似不必以目前遽失生计为戚戚也。惟周堃屡次被人控告,尤宜实心任事,借以自省,并宜撙节学费,整顿学规,毋徒袭取形式之文明而不注重于精神之教育。虽不必以悠悠之口遽尔灰心,亦不可以本部院殷殷扶植遂至不恤人言,转以自恣。尚愿检束自爱,力图公益为要。

载 1909 年 4 月 28 日《申报》,第 2 张第 3 版,99 卷 840 页

121. 南陵学务纷争之批示

皖抚朱经帅批南陵县储材学堂学董郑文炳等禀云:该县土客杂居,由来已久,岂能复分畛域之见,自起纷争。且教育以普及为宗旨,与科举限制名额迥然不同,何事阻人进取,无论土客,求学者皆应援升学之例,办事者皆应有选举及被选举之权,何以该县教育分会成见未化一至于此？仰提学司迅速遴派干员,会同该县,查明土客情形,究系何人发难,何人主谋,据实禀报,以凭惩处。至应如何调停之法,始能杜绝后累,昭示大公,亦应由该委员等妥速筹议,禀候核办。

载 1909 年 5 月 12 日《申报》,第 2 张第 3 版,100 卷 160 页

122. 祁门禀请另委学董

徽州祁门县劝学所总董候选训导官贡生方振钧,自前年奉委任事后,至今仅条陈数事,并未劝办一学。该县杜令到任后,饬令该学董认真办理,讵料仍属放弃职守,实于学务前途大有窒碍。若再不另委接充,其腐败更不堪设想。刻经该县会同省视学员吴沂联衔会禀抚宪,另委接充,以兴学务。

载 1909 年 5 月 25 日《申报》,第 2 张第 3 版,100 卷 342 页

123. 部咨准购鲁省理化器械

皖抚朱中丞顷准学部来咨,谓理化器械为各学必需之品,山东省现设立理化器械所制物品。现经东抚奏报,亲加考验,价廉物美。嗣后,皖省各学堂如有必需之物,应向该所分别酌购。经帅准咨后,即行吴提学转饬一体遵照办理。

载 1909 年 6 月 16 日《申报》,第 2 张第 3 版,100 卷 660 页

124. 职绅耸动乡民祈雨闹学

宁国县以职绅从九邓昌雩等耸动乡民,借端毁学,提讯办理情形具禀抚宪。当奉批示云:查兴办学堂系为培植地方人才,开拓齐民智识,凡属绅民,均有保护维持之责。至雨泽多寡,关系天时,与学堂何涉？乃竟借求雨之名,滋闹学堂。乡曲庸愚,无足深责,邓昌雩等身为乡董,忝列士林,即民间有此浮言,亦应从旁劝导,以泯争端,何反耸动乡

愚，倡言毁学，谬妄之罪实所难逃。惟据称，现已自知悛悔，愿捐学费，姑从宽准其自赎，即令将所捐英洋四百元尅日清缴，充劝业所及各区小学经费，并取具永不滋事甘保各结附卷完案。

载 1909 年 6 月 18 日《申报》，第 2 张第 4 版，100 卷 690 页

125. 学堂攘夺祠产之争执

长江提督先后接准湖口等镇函开，旅皖湖南同乡意欲截留芜湖表忠祠例拨昭忠祠租谷五百石，并提洋一千元，以为学堂经费。查兴学固属当今切务，而昭忠祠香火亦不能听其湮没，应请将湖南会馆产业以及昭忠祠香产划清界限，各归各款，以免后来另生枝节。程军门刻已据情咨请江督转咨皖抚查照办理。

载 1909 年 8 月 5 日《申报》，第 2 张第 4 版，101 卷 526 页

126. 霍邱举行新政之近状

霍邱县各学堂自三十二年继续创办，规模尚属完备，嗣经各学堂管理力加整顿，近来稍著成效。惟经费支绌，大有因噎废食之虞。该县令筹划至再，拟于五谷米粮等项每石捐钱二分，买户捐出，行户代收，汇缴储存，尽数拨充学费，以资挹注，而期久远。刻已禀请抚台批示（祇）〔祇〕遵矣。又，该县境设立统计处，附设宪政筹办所，选订员绅，开办调查户口及办理一切新政。惟所需经费为数甚巨，该县乃会商绅董，酌收捐费，供应要需，拟向民间妥为劝导云。

载 1909 年 8 月 18 日《申报》，第 2 张第 3 版，101 卷 728 页

127. 东流宣讲员之愤激

东流县宣讲员何某前奉学司委赴该县，晤商杨令光诒筹办宣讲之方。讵该县即以地方瘠苦，无从位置，继以一味不理，推诿绅董，而绅董复推诿该县。宣讲员目睹此情形，殊属难忍，遂晋省呈禀各当道请示核办。

载 1909 年 9 月 30 日《申报》，第 2 张第 4 版，102 卷 438 页

128. 禀请移拨军饷以助学费

合肥县劝学所模范学堂及城东西等学堂成立以来，应需经费或拨官款或抽常捐，大都勉力筹捐，移缓就急。近因该县风气大开，教育界日益发达，如各学堂加增学额、学款等项乃经济上一大问题，亟宜另筹补助。顷该县胡大令据情上禀，将原有凑解报效练兵、赔款等费拨充助学所、模范学堂及城东西等学堂经费等语。惟案关军饷，未识省宪若何批示云。

载 1909 年 10 月 19 日《申报》，第 2 张第 3 版，102 卷 724 页

129. 贡生控告征君之抚批

黟县恩贡生舒文贵条陈学务并指控该县程征君仲威等情,当奉朱中丞批云:该生等蒿目时艰,热心教育,自应留资采择。惟指控程征君仲威各节,伐异党同,显分门户,巧言乱德,君子勿为。查征君名山积学,著作等身,究心濂洛关闽诸子之书,继起江戴方姚群贤之后,荐章屡列,士论所归。本部院下车之初,延接搢绅、来访耆旧靡不翕然称颂,足为此邦矜式。乃该生等同居里阎,既失郭世道避免名之礼,复贻何邵公操戈之讥,信口雌黄,辟为伪学,在昔西山讲道,丁翁说经,当时亦有真小人伪君子之目世风不古,微言绝而大义乖。此韩退之所谓事修而谤兴,德高而毁来,无足怪也。惟该生等既以兴学自任,即有扶植彝伦挽回风气之责,乃以兴学之故而构讼筹款之故,而争产至欲,以私家团体推倒乡贤,纵非私嫌,以忤公论。本部院窃所不取。仰藩学两司转饬黟县慰留征君,主持该县一切学务事宜。至碧阳小学办法,即谕该堂长切实整顿,应兴者、应革者虽不必以悠悠之口遽尔动摇,而办事亦当以诚心实力为主,以期毋负征君创设之初志。此固本部院所殷殷属望者也。至该生等筹办乡学,如由该县考核确有成绩可观,亦应会商绅董设法补助,并谕令和平办事,勿涉嚣张,致启争议,讼则终凶,未可意存尝试也。

载1909年11月12日《申报》,第2张第4版,103卷182页

130. 学部派员抽查沿江各省学务

学部奏云:臣部《奏定分年筹备事宜》内开,派视学官分查各省学务,并注明某年查某省,随时具奏等语。奉旨允准在案。惟是视学官一差为教育行政之枢纽,责任极重,条理极繁,所有视学专章须由臣部详细妥议,奏明施行。现虽草创粗就,尚待加意推求,奏派视学官须俟诸章规奏定之后,而沿江各省风气早开,兴学较盛。据各该省督抚、学司所报告,证以京外之传闻,程度不无参差,士习互有纯驳,设有名实不符,或者别滋流弊,转碍教育进步。自应遴派专员于视学章程尚未奏定以前,先行实地调查,冀能得其真际。现拟派臣部右参议戴展诚,轻车减从,前往两江、安徽、江西、湖南北各省,无论省城、外县,择要抽查。并派督学局行走翰林院编修张濂、内阁候补中书王祖训随同前往。其河南一省,亦拟令其顺道抽查。每查一省,即将该省办学情形呈报臣部,以凭查核。约计数月即可竣事。其所需旅居、夫马之费,均由臣部给发,不受地方官供张。总期官气扫除,来往便利,乃可获实地调查之益。如蒙俞允,即由臣部行知该参议等遵照。

九月二十九日奉旨:依议。

载1909年11月20日《申报》,第1张第5版,103卷307页

131. 请抽税契捐办学堂

泾县地瘠民贫,经济困难,办理学务无款可筹。现该县具禀抚宪,拟于税契项下抽收捐款,作为举办学堂经费,以维学务等情。当经朱中丞批饬提学司查明有无窒碍,众

情是否允洽,议复饬遵。

载 1909 年 12 月 14 日《申报》,第 1 张后幅第 3 版,103 卷 700 页

132. 咨订学堂统计新表

学部日昨咨行皖省,前颁各省学堂统计表及各项表式,虽据各省陆续填注到部,然核其填注事项,而错乱漏报者甚复不少。兹又另订表格式样,将所填事项按照逐一注明,应请通饬所属学堂一体遵照此次所颁表式,详细填明,不得再有错漏等因。朱中丞准咨后,即札行提学司分饬遵办。

载 1909 年 12 月 31 日《申报》,第 1 张后幅第 3—4 版,103 卷 1006 页

133. 展览会催送教育出品

安庆教育品展览会为出品协赞会之预备,业于本月十五日成立,比经禀告学司、道台暨绅学界诸君。恐未周知,特再申报告,凡关于教育者,望即饬送到会陈列,以供展览,俟本城教育品送过半数,当速出传单,开展览大会,借资比较而增进步。

载 1910 年 1 月 8 日《申报》,第 1 张后幅第 3 版,104 卷 132 页

134. 咨填教员事实表式

学部日昨咨行皖抚,以各省学堂教员讲授科学、管理员经办事项,其不旷职守者固不乏人,而因循息惰者亦所难免。兹经由部拟订教员、管理员应办事实表式,请转行提学使司通饬一体查填报部,以凭考核。倘有教员延旷授课钟点,管理员办事废弛,将来毕业时概不给奖等因。朱中丞准咨后,当即转饬各属遵照。

载 1910 年 1 月 27 日《申报》,第 1 张后幅第 3—4 版,104 卷 474 页

135. 详请学费归正开销

宣城沈益斋明府,以该邑模范各学堂常年经费及委员、监学、教习堂长薪水等款,核原有捐筹款资,赔累甚巨,实属入不敷出,且无款可筹,终不免望洋兴叹,节经会商绅士,亦无善策可筹,拟请归公款内作正开支核销,随案声明,附册汇报等情,通详省宪,恳请立案批示,以资把注。

载 1910 年 3 月 4 日《申报》,第 1 张后幅第 4 版,105 卷 54 页

136. 学部奏《增订各学堂管理通则》折

奏为《增订学堂管理通则》恭折具陈,仰祈圣鉴事:本年闰二月二十八日,臣部具奏分年筹备事宜,单开《增补学堂管理章程》。业经宪政编查馆复核,奉旨:依议,钦此。自

应钦遵办理。查光绪二十九年学务大臣《奏定学堂章程》，原有《各学堂管理通则》十三章，条目已极详晰，规制已极谨严。惟该项管理章程颁布尚在数年以前，其时臣部尚未设立，揆诸时势，既有今昔之不同垂之法守，当求变通以尽利，况现在京外学堂设立日多，一切整齐约束之方自应日益加详，以臻完备。兹由臣等就原定通则悉心厘订，核以京外各学堂现时情形，并采取东西各国管理良法，逐章增补。其原定各条中有不合于现行规制者，亦略加删改，以免纷歧而资遵守。如以后体察情势，有尤应加详之处，臣等仍当随时奏明办理。兹谨将增订管理通则缮具清单，恭呈御览，如蒙俞允，即由臣部通行京外各学堂均遵照此次定章办理。所有《增订各学堂管理通则》缘由理合恭折具陈，伏〔乞〕皇上圣鉴。谨奏。

宣统元年十二月二十八日奉旨：已录。

（乞）谨将《增订各学堂管理通则》缮单恭呈御览。

《学堂各员职分》章第一

第一节　凡学堂管理员、教员均各有一定职守，其分任事件，当各斟酌本学堂情形，详定节目，以便遵循。

第二节　各员按照所定职务任事，其有与他职守相关联者，当协同商酌办理。

第三节　学堂于定章各项职员外，不得另立名目，位置冗员。

第四节　凡管理员必须以通晓学务之人派充。

第五节　学堂当设会议室，以为随时会议之用，或教员会议，或管理员会议，或全堂职员会议。凡会议时，监督或堂长必须列席。

第六节　凡教员当各按该学堂科目程度，切实循序教授，断不可专己自是，凌躐紊乱，致乖教育之实际。

第七节　凡教员当按照所定日时上堂讲授，毋得旷废功课，贻误学生。

第八节　凡各学堂内管理员及本国教员，有不遵定章实力任事者，在京由学部或督学局、八旗学务处，在外由各省提学使司查明，分别撤退。

第九节　凡小学堂，每一班学生须有专任教员一人；中等以上学堂，凡主要学科，必须有专任教员，以重责成。

第十节　小学堂正教员除本学堂外，不得另兼他学堂教科。其余各项教员，凡近在一处有学堂数所者，亦可酌量兼任，惟系某学堂专任教员，则须得本学堂之监督或堂长许可，方能兼任。

第十一节　凡各学堂教员因事请假，逾两星期者应自行请员代理，逾一月者除亲丧及患病仍准自行请员代理，余应由该堂监督或堂长另聘教员接授。其初等小学，以教员兼堂长者，如有请假情事，即由该管学区学董报明劝学所总董，按照上开事项办理。

第十二节　学堂管理员、教员如有明倡异说，干犯国宪及与名教纲常显相违背者，查有实据，轻则斥退，重则革办。

第十三节　凡备有寄宿舍之学堂管理员，非有不得已事故，必须常川驻堂。

第十四节　学堂放假期内，办事人员仍有应办之事，不得相率全行外出，必须有一二人留堂。

第十五节　管理员、教员应确遵教育宗旨，并遵照部颁各项章程及该管衙门各项通饬文件,切实奉行。如实有与该堂情形不合者,应呈请该管衙门核夺示遵,不得阳奉阴违,视同具文。

第十六节　学堂遇有与外间交涉事件,除监督、堂长外,其他各项人员非经监督、堂长之委任,不得干预。

第十七节　各项学堂聘用外国教员,须由该堂监督遵照部颁式样与该教员订立合同,缮具三分,一存本学堂,一交该教员,一呈该管学务衙门。如学部直辖之学堂,即呈交学部核定存案。非学部直辖之学堂,在京呈交督学局或八旗学务处,在外呈交提学(使)司核定存案。以后与该教员续约或辞退,仍应由该堂监督报明该管学务衙门备案。

第十八节　凡京外各学堂各员职分详细节目,该堂自行订定后,在京呈明督学局或八旗学务处,在外呈明提学(使)司核定饬遵。如系学部直辖各学堂,径呈学部核定办理。

(未完)

载 1910 年 3 月 29 日《申报》,第 2 张后幅第 2 版,105 卷 461 页

137. 学部奏《增订各学堂管理通则》折·续

《学生品行功课考验》章第二

第一节　学生品行应由管理员、教员随时稽察,酌定分数,登记于册。榜示时照章汇入人伦道德或修身科分数,列于各项学科分数之首。

第二节　考核学生品行之法,应确遵定章,以言语、容止、行礼、作事、交际、出游六项,逐一考核。并遵照学部光绪三十二年九月通行《京外考核各学堂学生品行》之文,随时随事切实约束,不得稍涉宽假。

第三节　凡学堂考试及各科分数计算之法,应遵照学部光绪三十二年十二月初六日《奏改各学堂考试章程》及宣统元年九月十九日《奏定各项学堂毕业考试计分降等章程》办理。

《斋舍规条》章第三

第一节　学生在自习室、寝室俱宜遵循本章各条,并受管理员约束。

第二节　学生日间除上讲堂、操场外,俱宜在自习室温习功课。每一自习室每星期应轮派一人为值星生,传达条教。

第三节　除假期外,每日晚七点钟起至八点钟,自八点半钟起至九点半钟,为自习时刻。在此时刻内,学生务宜温习功课,不得擅离坐位。

第四节　学生在自习室内,无论何时不得聚谈喧笑。

第五节　如无自习室之学堂,可在讲堂温课,由管理员、教员轮流督视。如教员全不住堂者,由管理员按日督视。

第六节　每日早六点半钟起,七点钟早餐,晚九点半钟自习室毕课,十点钟一律息灯。视地方之情形、气候之寒暖,得将钟点量为挪移,惟相差不得过一点钟。

第七节　每一寝室每星期轮派一人为值星生,听从管理员之指挥,协同照料本室诸生之起居各事。

第八节　寝室中器具、被褥皆有一定位置,每日由值星生检点外,并受管理员之查验。

第九节　凡自习室规则不实行,寝室整理不清洁,皆惟值星生之责。

《讲堂规条》章第四

第一节　教员、学生一律遵奉光绪三十二年三月初一日《钦定教育宗旨》并光绪三十三年十一月二十一日《整饬学务谕旨》,每月朔由监督或堂长约同教员,传集学生,在礼堂敬谨讲述,期于互相遵守。

第二节　讲堂每日功课至多者,不得过六点钟以外;少者就本学堂情形酌定。

第三节　学生上堂、下堂,按讲堂坐位名次进退。

第四节　教员到堂时,全班学生同时起立致敬。课毕下堂时同。

第五节　教员每次上堂时,须携带学生姓名册,亲自点名一过,以验学生到堂人数。

第六节　讲堂坐位皆按派定名次,无得搀越。

第七节　讲堂上不得离位偶语及带功课外一切书籍。

第八节　听讲时务宜整肃,不可伏案瞌睡,不可欹侧,犯者记过。

第九节　教员如有诘问,须起立敬答。答毕就坐。诘问他生时,不得搀语。

第十节　学生如有疑义,除教员询外,俟正课授毕,起立质问,听受教员讲解。

第十一节　授课时如有宾客来堂参观,由教员知照,起立致敬,仍照常授课听讲。虽系亲友,均俟课毕下堂后,方能接见叙谈。

第十二节　闻上堂号音后,学生不得迟至三分钟后始上堂,教员不得迟至五分钟后始上堂。

第十三节　闻下堂号音时,教员下堂后,学生依次下堂。闻号音后,功课有尚未了结者,亦不得迟至五分钟后始下堂。

第十四节　凡学生因事迟到者,须俟得教员允许,然后入堂就坐。

第十五节　每日每讲堂轮派一学生为值日生,其上讲堂、上操场等礼节,皆听值日生口号,务求整肃。

第十六节　学生将上堂以前如遇有事故,必须请假,应向管理员陈明事由。如上堂后猝患疾病及其他不得已事故,必须下堂者,须陈由教员许可,方准退出讲堂。

《操场规条》章第五

第一节　闻上操号音即更换操衣。

第二节　更换操衣后即在操场整列,由值日生检察衣服整齐与否。

第三节　凡用器体操、兵式体操,皆顺次至藏庋处,取出器物,始到操场。

第四节　教员到操场时须亲自点名一过,以验明本日到操几人,请假几人。

第五节　操毕,服装、器物等皆须妥置原处,不得任意抛置。

第六节　学生如遇有事请假,仍照上章第十六节办理。

第七节　学生操服应遵照《学部奏定学生冠服章程》制备。

《礼节规条》章第六

第一节　行礼日期分四类:一为皇太后万寿圣节、皇上万寿圣节、至圣先师孔子诞日(以上为庆祝日),春仲秋仲上丁释奠(释奠礼节至繁,祭器、乐器,学堂必不能全备,宜酌采释菜礼行之)。二为开学、散学、毕业。三为元旦及每月朔日。四为本学堂开设纪念日等。

第二节 庆祝日应行礼节如左:堂中各员率学生整齐衣冠,诣万岁牌前,或至圣位前肃立,行三跪九叩礼。毕,各员西向立,学生向各员行三揖礼,散。如是日设有祝会,由各员或学生恭致祝词,宣讲尊崇孔教、爱戴大清国之义。

第三节 开学、散学、毕业礼节如左:堂中各员率学生整齐衣冠,诣万岁牌前及至圣位前肃立,行三跪九叩礼。毕,各员西向立,学生向监督、教员等行一跪三叩礼,由监督等施以切实训语,乃散。

第四节 月朔礼节如左:堂中各员率学生整齐衣冠,诣至圣位前肃立,行三跪九叩礼。毕,各员西向立,学生向各员行一揖礼,退。

第五节 学生冠服应遵用学部《奏定冠服》式样。

第六节 学生到堂时,初见监督或堂长、教务等提调、教务等长及教员各员,均行一跪三叩礼,其余堂中各员行三揖礼。

第七节 学生随时随地遇堂中各员,须正立致敬。

第八节 学生初到堂,应具受业名帖于监督或堂长、教务等提调、教务等长及各教员,其对于监学、检察诸员亦均应执弟子礼。 (未完)

载 1910 年 3 月 30 日《申报》,第 2 张后幅第 2 版,105 卷 477 页

138. 学部奏《增订各学堂管理通则》折·续

《放假规条》章第七

第一节 按房虚星昴各日为星期例假,听学生自便出入。但住寄宿舍之学生除回家外,至晚九点钟时仍须回堂。如其地并无家属,而在外住宿者记大过一次。设实有不得已事故,应由监督或堂长察核情形办理。

第二节 凡住寄宿舍之学生,每日晚五点钟后,七点钟前,为学生游息时刻,有事准其请假外出,然必在七点钟前回舍,免误温习功课。逾时始归者记过。

第三节 凡学生有事请假,除小学堂须由学生之父兄或戚族代请外,其中学以上各学生无论假期久暂,均须在监学处请准,领取假条,填明原由,交监学后,始准出堂。

第四节 恭逢皇太后万寿正月初十日、皇上万寿日正月十三日、孔子诞日八月二十七庆祝行礼后,放假一日。其端午、中秋节亦均放假一日。

第五节 每年以正月二十日开学,至小暑节前散学,为第一学期;立秋节后开学,至十二月二十日散学,为第二学期,计年假、暑假合七十日。遵照部颁假期表办理。惟各省气候不同,准由各该提学使酌量伸缩,但不得增加放假日数及全不放假。

第六节 中学以上各学堂如遇举行学期考试之时,先期停课二日;举行学年考试之时,先期停课四日,俾资温习。各项小学堂,此项停课日期应行酌减。

第七节 凡各学堂开设纪念日及各项重要之纪念日,与夫学堂所在之地关于风俗、习惯上必须放假者,亦可酌量放假,但此项假日,中学堂以上通年至多不得过十日,高等小学堂以下至多不得过五日。

《各室规条》章第八

第一节　学生在堂寄食,管理员应与学生在食堂同餐。闻号铃即须齐集,勿得迟留,致他人久待。

第二节　会食堂不得高声笑语,致起嘈杂。

第三节　会食时,无论管理员、学生均不得在会食堂提议别事。

第四节　憩息室为功课暇时息游并饮茶之所,谈话笑语俱无所禁,但不得喧呼戏谑,有伤学人行检。

第五节　阅览室为学生阅报章及图书之所。

第六节　盥漱室为早起或饭后盥漱之所,多人共用,务须先后顺次,不得搀越竞争。如学堂因屋宇不敷,不能备理发室者,除盥漱时间外,可兼作理发之所。

第七节　储藏室以藏图书、器具,凡中学以上学生欲取阅图书或器具时,须由教员监学率领取用,用后即行安置妥帖,不得独自往取,任意损污。

第八节　行李室以藏学生自带箱箧等物,严行扃锁。学生欲入室取物者,先告监学同往,或监学派人监视,不得一人私令取钥,尤严禁持火入内。

第九节　凡存放物品于行李室者,须于该物品上标明自己姓名,以免误认误取。至学生所带贵重紧要物品,仍须交由管理员收存。

第十节　学生应接所专为学生接待外客之所,每日功课完毕,有学生亲友来堂探望者,由门役报知,得在所内接见数分钟时,但该亲友不得擅自入内,学生不得因客出外。

第十一节　浴室于学生有澡身却病之益,天气炎热之时,尤宜一律勤浴,以助卫生。

第十二节　调养室为学生有病调养之所,堂中多人同居,小病验明后移居是室,以便调养。病重者出堂。

第十三节　厕室宜距他室稍远,应饬人役逐日涤除。厕外各处更宜严禁污秽。

《学堂禁令》章第九

第一节　学生在学堂以专心学业为主,凡不干己事一律不准预闻。

第二节　各学堂学生不准干预国家政治及本学堂事务妄上条陈。

第三节　各学堂学生不准离经叛道,妄发狂言怪论,以及著书妄议,刊布报章。

第四节　学生不得私充报馆主笔及访事人。

第五节　各学堂学生不准私自购阅稗官小说、谬报逆书。凡非学科内应用之参考书,均不得携带入堂。

第六节　各学堂学生凡有向学堂陈诉事情,应由值星生或值日生代禀本学堂监督或堂长,不准聚众要求,借端挟制、停课罢学等事。

第七节　各学堂学生不准联盟纠众,立会演说及潜附他人党会。

第八节　各学堂学生不准干预地方词讼及抗粮阻捐等事。

第九节　各学堂学生不准逾闲荡检,故犯有伤礼教之事。

第十节　各学堂学生遇有本学堂增添规则、新施禁令,概不准任意阻挠,抗不遵行。

第十一节　各学堂学生不准传布谣言,捏造黑白及播弄是非。

第十二节　以上各条犯者,除立行斥退外,仍分别轻重,酌加惩罚。

《赏罚规条》章第十

第一节　学生赏罚由教务、斋务各员或教员等摘出，请监督或堂长核定。

第二节　凡赏分三种：一、语言奖励。二、名誉奖励。三、实物奖励。

第三节　语言奖励者，监督、教员各员对各学生提出，以温语奖励之，或特班传见以勖勉之。其应得语言奖励者略如左：一、各门功课皆及格。二、对各员无失礼，在各处无犯规条事。三、对同学者有敬让，无猜忌交恶诸失德。四、于例假外无多请假。

第四节　名誉奖励者以讲堂坐位置前座或加考语送各学堂传观等皆是。其应得名誉奖励者略如左：一、各学科中有一科出色者。二、能恪守堂中规条，并能匡正同学者。三、立志坚定不为外物所诱者。四、用功勤奋，日有进境者。

第五节　实物奖励者，由堂中购图书文具暨诸学科应用物器以奖励之。其应得实物奖励者略如左：一、各学科中有二三科以上能出色者。二、能就各科研究学理者。三、品行最优有确据、为众推服者。四、得名誉奖励数次者。

第六节　凡罚分三种：一、记过。二、禁假。三、出堂。

第七节　记过者，记名于簿，以俟改悔。其记过之事略如左：一、讲堂功课不勤。二、于各处小有犯规事。三、对各员有失礼事。四、与同学有交恶事（犯此条者记两人过）。五、假出逾限。六、詈骂役夫人等，不顾行检。犯以上各条者，均记小过，其有情节较重者应记大过。

第八节　禁假者，于数日内无论何假不准出堂一步，或三日，或五日，或十日。俟监督、堂长判定后，监学奉行。其禁假之事略如左：一、志气昏颓，讲堂功课潦草塞责者。二、于各处犯规不服训诲者。三、对各员傲惰不服训诲者。四、詈骂同学好勇斗（很）〔狠〕者。五、假出后在外滋事者。

第九节　出堂者，由监督、堂长在讲堂对众学生宣其罪过，斥出本堂。其出堂之事略如左：一、嬉玩功课，借端侮辱教员，屡戒不悛者。二、性情骄纵，行为悖谬，不堪教训者。三、行事有伤学堂声名者。四、犯禁假之惩罚数次不悛者。

第十节　凡学生一学期不旷课者，记勤；三个月不旷课者，记次勤，均于暑假及年假时揭榜宣示。

第十一条　凡记小过三次，并作大过一次；记大过三次，应即开除出堂。（未完）

载1910年3月31日《申报》，第2张后幅第2—3版，105卷493—494页

139. 学部奏《增订各学堂管理通则》折·续

《经费规条》章第十一

第一节　经费分出款、入款二种。

第二节　入款分经常入款及临时入款；出款分经常出款及临时出款，均须各按年月详细列表，以便核计。

第三节　学堂内无论何款，概不准挪作学堂以外别项支用。

第四节　每月经费至月终，由会计员造具清册，呈监督、堂长查核。年终在京凡学部直辖之学堂径报部查核，非学部直辖之学堂由督学局或八旗学务处转报学部查核。

在外省者,凡提学司直辖各学堂径报提学司,非直辖各学堂由该管地方官或劝学所总董转报提学司,仍由司汇案,分报学部及督抚查核。

  第五节 出入款是否相抵,或有赢有绌,应于出款之末注明。

  第六节 凡出入款项,均折合银两计算。

  第七节 出入款填报表册,应按照部颁式样填写。

  第八节 凡管理学堂会计人员,如于经费有侵蚀情弊被人揭发,经该管学务衙门查明属实,除撤差外,即送交地方官按款追缴。若本堂监督或堂长以及别项人员扶同徇隐,确有证据者,应一律究办。

《接待外客规条》章第十二

  第一节 无论何项宾客,皆不得擅入堂内各地游览。

  第二节 凡学堂有客来参观时,应由管理员接待。

  第三节 参观人所带仆从不得随入讲堂、斋舍以内。

  第四节 学堂中除师生因学事或当节日聚会外,应酬一切外客但备茶点,无宴会礼。

  第五节 堂中人员亲友不得擅自入内,由门役通报,准在客厅接见。

  第六节 堂中人员亲友来学堂参观者,必由本员亲导,不得一人任意游览。

  第七节 学生亲友皆在学生应接所与该学生接见,不得擅入内探望。

  第八节 学生亲友有欲参观者,由该学生禀准管理员后,派员接待。

  第九节 学生亲友来堂时,在上讲堂时限内,门役不得通报。或学生见客时,闻上堂号音,厅役亦必请客暂退,不得妨碍功课。

  第十节 堂中无论何人亲友均不得在内歇宿。

《建造学堂法式》章第十三

  第一节 学堂地址不可在工场附近,以防有毒之煤烟尘埃等类;不可在发生瘴气之池沼附近,不可与茶馆、酒肆、戏园狎邪地方相近。此三者于道德、卫生均有大碍,必须避之。万不得已,亦须在半里以外。

  第二节 学堂地址之面积,以广阔为要,尤必向南。土地宜干燥,附近宜有沟渠,以便消湿。其体操场之位置,宜在学舍之南,否则东南方、西南方均可,不宜在北方。

  第三节 学堂宜择水泉清洁之地,必考究其附近之井泉河湖适用与否,严定限制,不得任意使用。凡掘井以深为度,内周以不渗水之材料以防淤水之侵入,上必用井盖,不可与便所及渣草堆秽水坑接近。

  第四节 学堂之周围宜多植树木,惟不碍室内光线及风向为要,万不可使室内有阴郁之气,当以落叶树与常绿树交互栽植。凡有毒之植物及果树万不可栽。

  第五节 凡学舍若有前后两进,则两檐间之距离至少必倍于其屋檐之高。

  第六节 礼堂占最大之面积,大约一千余平方尺(约纵横三丈以外),或二千余平方尺(约纵横五丈以外)。高等以上学堂宜再展拓。小学如不备礼堂,得在讲堂行礼。

  第七节 讲堂过大者,于学生视力及教员音声均有大害,其宽当以一丈八尺及二丈四尺为度,其长以二丈四尺及三丈为度,屋檐之高一丈二尺或一丈五尺为度。凡在南方卑湿之地,室内当设地板,其地板离地之高以二尺为度,下则四面设透风之穴,以透湿气。讲堂内油壁之色以淡黄及灰色为宜。寒气最烈之地方,凡窗户必设二重,地板宜用双缝,宜设暖炉。

第八节　物理、化学及博物之专用讲堂,其学生坐位宜用阶段之式,其各阶段之高以五六寸为度,并宜特设暗室。

第九节　窗下之缘离地以二尺五寸为度,窗门之高以五尺为度,窗之宽以二尺五寸为度。凡窗必开设于相对之两方为宜。若限于地势或限于结构,仅一方有窗者,则窗必位置于学生坐位之左方,不可设于学生坐位之前。凡挂黑板之壁不可有窗,万不得已,亦必在三尺以外,以使学生便于注视。凡窗之面积必有该室面积六分之一以上之比例。凡窗内必用浅色布幔以蔽日光。凡窗扇不可用开阖式,宜用左右推移式。

第十节　凡回廊以三尺深为度,不可过深,使碍光线。

第十一节　凡各讲堂,必备二门,以便出入,以防意外危险。

第十二节　凡各讲堂之门,宜用一扇以外开为度,其宽宜在三尺以上。　（未完）

载1910年4月1日《申报》,第2张后幅第2版,105卷509页

140. 学部奏《增订各学堂管理通则》折·续

第十三节　凡各室中之通行巷以六尺宽为度。

第十四节　凡楼梯之宽以四尺为度,每步之高宜五六寸,深宜八九寸,宜设手栏。凡建筑楼房十开间者,至少必备四梯,余以类推。

第十五节　自习室、寝室之窗、廊、门、巷、梯均与讲堂同。病室宜建于别所,以便疗养、免嚣纷为主。

第十六节　凡厕室与本室相距宜远,宜择空气流通之处,并留意夏季恒风之方向。其周围宜设屏墙,多植松杉等不凋之木,以吸收其秽气。厕室之户以上下透气为主,若在有井之处,宜相距二丈四尺以外。凡厕室在讲堂、自习室附近,每百人必备大便所五,小便所五;在寝室附近,每百人必备大便所十,小便所五。人数较多者,以此为比例。

第十七节　凡讲台之高以二尺为度,宽以八尺或一丈为度,深以六尺为度。凡讲堂学生之条桌、条凳,一人用者长二尺;二人并坐者,长四尺。条桌之高以二尺或二尺四寸为度,条凳之高以一尺或一尺二寸为度（小学所用之桌凳,宜按其年龄分别制备）。

第十八节　自习室之桌,以长二尺四寸、宽一尺四寸为度,下设二抽箱,以便储藏书籍图器及日用文具。自习室之坐凳,以上方八寸、下方一尺为度。

第十九节　凡寝床高一尺四寸,宽二尺五寸,长六尺,周围以板为栏,高三寸,下设二抽箱,以便储藏履写等物。

第二十节　凡共同寝室,每室以能容四人为度,深宜一丈五尺,宽宜一丈,以便四床两两相对。两床之端,设衣柜一座,高宜六尺,宽宜三尺,分上下两隔,以便两学生储藏衣物之用。每室必备方桌一、小凳四。

第二十一节　凡室内必设唾壶、字纸箱。

第二十二节　凡高等专门以上各学堂,所有应备之各科专用讲堂以及各种实验室、试验场,得由该堂自行拟具图说,呈请该管学务衙门核定建造。

附条

以上管理各则止具大要,所有未尽事宜仍应由各学堂体察情形,增订详细规条。又

如建筑学堂法式及他章所载各则,其有止宜用于中等以上各学堂,施之小学或不尽适合之处,亦准由各该堂就本处情形呈明该管衙门察核办理。

载 1910 年 4 月 2 日《申报》,第 2 张后幅第 2 版,105 卷 525 页

141. 省视学提倡善举之诚恳

省视学彭孝笙君上月二十八日由省奉吴学使委派来芜,查池太广各属学务,住城内劝学所。月之初二日,即将芜埠中小各学堂一律查竣,每一学堂除发给学堂一览表,令各校照填外,并送湖北沔阳水灾捐册一本,劝募赈捐。各学堂以彭君热心善举,未便拂其来意,均各踊跃捐助矣。

载 1910 年 4 月 21 日《申报》,第 1 张后幅第 3 版,105 卷 822 页

142. 各县纷纷提倡学务

建德县张令以该县风气渐开,学堂亦逐渐兴办,然劝学所未经创设,仍不足维护学务,当集绅会议创办,公举赵绅镕为视学员,徐绅传钵为总董,所有应需一切经费亦经公同筹划,抽收油坊捐以充经费。刻,该县已将筹办成立日期具禀抚宪核示立案矣。

东流县令近遵章会同学界绅董,创设师范传习所初级简易科,附设于官立高等小学堂内,招收学生,每名每年(谨)〔仅〕收膳学费十元,所有延聘讲员,教授各项科学均遵部章办理,以资造就。顷已将开办情形详禀皖提学核示立案矣。

载 1910 年 4 月 22 日《申报》,第 1 张后幅第 3—4 版,105 卷 838 页

143. 皖南北学务之一斑

徽州府属茶叶董事职员洪廷前经纠约同志,捐款创办公立初等农业学堂,当即延聘熟谙农学教员,订定各项学科,招生入所肄业。现已组织成立,规模甚为完善。刻经该府守详禀当道核示立案。

六安州创办劝学所及改良监狱,应需经费银两为数颇巨,现因该州财政困难,委实无款可筹,只得将该州城工捐输项下挪借济用。刻经该州牧具禀抚宪,拟将借拨前项银两由兵荒款内分年解还,以重公款。

望江县高等小学堂禀奉准拨各项经费,仅敷该堂抚用,若他处再行分拨,即不敷周转。刻经该堂员董呈请该邑县令转禀应宪,嗣后无论该县举办地方各项事宜,不得分拨该堂经费,俾资挹注。

载 1910 年 6 月 21 日《申报》,第 1 张后幅第 4 版,106 卷 838 页

144. 视学官查学回京之报告

学部所派视学官参议戴京卿展诚等前往河南、江宁、江苏、安徽、江西、湖南、湖北各

省查学,兹已查明,回京报告大概情形如左。

查视专门教育之报告　各该省高等学堂皆已设立,然事属创办,学生之程度未能合格,教员之设备又不完全,不足为大学之预备,是必严加整理,始有成效。至湖北、江苏之存古学堂,意在保存数千年相传之文学,然未免仍沿书院之旧习。其湖南之成德、达行、景贤三校虽冒法政学堂之名,并未照章办理,乃更加窳败,且每校多不过百人,少或数十人,徒滋糜费,毫无实益。此专门教育之应行整理改良者。

查视实业教育之报告　湘鄂两省农工商学堂,渐次创设,然仅略具端倪。江西有高等农业学堂,江宁有高等实业学堂,教科程度均未完善。其他各省简陋更甚。此实业教育之应行整理改良者。

查视普通教育之报告　师范学堂,省会均已设优级,选科繁盛。府治亦开设初级完全科,惟湖北之两湖师范、江宁之两江师范,规模宏远,成就较多。至中学堂,每府率各设一所,惟湖北文普通、开封、常州、松江、上海各中学教科较为完备。初等小学就教授管理论,沿江各省较胜于河南,而谋教育之普及,河南反较易于沿江各省,则以费用之撙节与浮滥而已。河南初等小学岁费不过四五十金,多亦不过百金。沿江各省小学岁费有逾千圆以上者,少亦须用三数百圆。至江宁、苏州官立小学特派道员或京官为总理,两湖、江西官立小学亦另设办事机关,冗费多,学生少,与教育宗旨大有违背,应令各省严汰冗员,以节经费,借资推广。此普通教育之应行整理改良者。

载1910年6月27日《申报》,第1张第5—6版,106卷937页

145. 繁昌官学争夺洲产风潮

三山公学电

皖抚学宪鉴:繁昌县杨令派差至三山公学锁押学员,既无控告主名,又无干犯罪状,无端奇辱,全堂解体,伏乞主持。余另禀。繁昌三山公学全体叩。

皖抚致繁昌令电

繁昌杨令:据三山公学电禀,该县无故锁押学员,全堂解体等语,究竟此事详情如何? 即速据实电复,毋稍讳饰。抚院佳印

繁昌令复电

抚宪钧鉴:佳电谨悉。姚传本把持农工学堂洲产,造谣阻挠,蛊惑佃户,并吊拷何满山,不准承租,访悉查拿,乃夺票驱差,鼓动学堂,遍发传单,希图挟制,业已通禀请究。现在暑假,并无全堂解体情事。繁昌知县杨兆斌谨复。

载1910年7月25日《申报》,第1张后幅第3版,107卷406页

146. 牌示学生毋得挟嫌妄控

皖抚朱中丞近牌示晓谕各属学堂学员、学生一体知悉,嗣后务各顾全名誉,凡非地方公益之事,不得借词上禀。倘有不肖劣棍,挟持私仇,借词妄控,伪捏全体学生之名,

赴省上控,借图抵制。一经查出,定予严拿彻究,以儆刁风。

载 1910 年 8 月 19 日《申报》,第 1 张后幅第 3—4 版,107 卷 810 页

147. 皖省学校汇记(禁止他拨＊)

皖省各属筹设各项学堂,所需常年经费或奉拨官款,或当地抽捐,或拨庙产,借资挹注,均经禀奉批准有案。其间各学堂稍有经费充足,有盈无绌者,不免他人觊觎,每每借口办理地方要政,具禀分拨挪用。甚至彼此互争,强迫分拨,致起冲突,实属有碍学务。刻经学司上详皖抚,嗣后凡有关于学务筹定之款,不得擅行拨作他用,俾重学政,免起讼端云。

载 1910 年 9 月 20 日《申报》,第 1 张后幅第 3—4 版,108 卷 310 页

148. 造送筹办学堂一览表

凤阳县尹令宏庆于本年正月到任后,举办各项新政,兴利除弊,无不力任其艰,并设法筹办各学堂,共计三十六处。兹该令将各学堂办理规模并需用经费,造具一览表,呈请抚宪核示立案。

载 1910 年 9 月 23 日《申报》,第 1 张后幅第 4 版,108 卷 358 页

149. 请加契税兴学

六安州绅士陈干臣等,以办理学务多因经费难筹,诸多阻滞,实于学务前途大有影响,爰禀请州署于买卖田房契税项下,每两加收钱二十文,俾资弥补。刻该州已据情转请当道核示。

载 1910 年 9 月 24 日《申报》,第 1 张后幅第 3 版,108 卷 374 页

150. 札派考察学务员来芜视学

皖学吴文宗刻派吴郁农君来芜调查学务,业已到芜数日。连日至安徽公学、皖江〔中学〕、政法学堂(中学)等各学堂考察一切,甚为认真云。

载 1910 年 10 月 2 日《申报》,第 1 张后幅第 4 版,108 卷 502 页

151. 劣绅侵吞公款

桐城县学仓囊由学董史推恩管理,讵该董日久弊生,侵吞公款,为数甚巨。现经该邑职绅马秉钧等查明舞弊情形,联名公禀抚宪,恳恩彻查追缴,以重公款。

载 1911 年 9 月 4 日《申报》,第 1 张后幅第 4 版,114 卷 60 页

152. 皖学界恢复学堂之规划

皖垣自光复后，迭遭变故，所有各学堂仪器、书籍及家具等项，或由公家借用，或则散失民间。现在南北统一，自应首重教育，以养成共和国民之资格。前日，学界同人禀奉都督核准，在府门口曾公祠内设一办事处，并布告民间，凡收有学堂器具、书籍等项者，一律送至该处，估价给领。倘若收藏不交，一经查实，定即呈请都督惩办不贷。

载 1912 年 2 月 27 日《申报》，第 6 版，116 卷，第 482 页

十九　教育会

1. 安徽京官投票举贤

闻安徽同乡京官为皖学事定于初十日在省会馆聚齐投票，公举学堂总理、监督、校长各一员。按此事与苏省京官会议，苏学请用投票选举办事，而陆总宪极不以为然者，大有文野之别。（月）

载1905年10月15日《申报》，第3版，81卷370页

2. 皖学堂公举总理校长

安徽全省政界学界诸君于本月初十齐集省馆，用投票法公举皖学总理、监督、校长，已纪本报。是日，到者二百余人，举李袭侯荃曾为总理者得一百四十一人；举吕太史珮芬为监督者得九十六人；举胡商部宗瀛为校长者得九十六人，举马太守承融为副校长者得八十一人。同乡已一律公认矣。（阳）

载1905年10月18日《申报》，第3版，81卷398页

3. 集议另立学会

皖中学界张、沈、何诸人，以安徽学会仅经一二巨绅附设于江宁，而于本省学界毫无影响，声气亦且不通，因纠约同志，于十四日在张公祠集议，另行在省城组织一安徽学会，并拟推广于外府各州县，以期联络一气。与议者有二百余人。又经某君提议，中日密约不认，有损中国主权。众皆签允，并拟于下礼拜再行集议。（诗）

载1905年12月17日《申报》，第9版，81卷921页

4. 芜湖创设学会

芜湖学界去腊二十八日已集众会议，公举吴松亭为会长。兹吴君约定正月十五六两日开会，约当涂、繁昌两属绅士公决会章，并公举各项职员。（九）

载1906年2月10日《申报》，第9版，82卷269页

5. 芜湖私塾改良会纪事

芜湖私塾改良会刻已成立,于本月十六日开特别会,到会者三百余人,先由会长吴君松亭发明开会宗旨,次汪君孟寿恭祝颂词,次来宾演说,然后分送私塾改良章程十二条。是日,邑尊沈益斋大令亦乘舆到会,捐助龙洋一百元,以作开办经费。(九)

载 1906 年 2 月 19 日《申报》,第 9 版,82 卷 341 页

6. 安徽学务总会议举各属学会分董简章

一、此项分董须用地方绅〔士〕公举,以投票多者入选。

一、中国民智尚未广开,公举又属创办,若泛用多数票决其选举非人者必至十之八九,现拟仿照各国通例,明定原举人及被举人资格,庶可稍杜流弊。

一、原举人资格:(甲)各学堂人员。(乙)各学堂学生。(丙)虽未曾入学堂,而知智开通或品行端正者。(丁)捐助学务经费在二十元以上者。以上各项人员皆须年在二十岁以上,能有选举之权。

一、被举人资格:(甲)各学堂人员。(乙)中学堂以上毕业学生。(丙)虽未曾入学堂,而心地纯正开通及讲求新学有素者。以上各项人皆须年在二十岁以上,方能入选。

一、各处分董举定后,即行通知总会,将住址详告,如经总会认可,再行发给公函,交与被举之董收执。

一、分董举定之后,如有同籍绅士訾其不当者,须将其如何失举之处详细开送总会,经总会查明属实,即将公函扣留不发,另行推举。

一、分董举定时虽并无人指摘,而在任后弊端叠出,劣迹昭彰者,或由地方举发或经本会调查,得有实据,即一面行文地方官,一面移知学务处,将其黜退另举。

一、各府州县分会虽由地方组织,本总会亦有随时考察之权。(助)

载 1906 年 2 月 23 日《申报》,第 9—10 版,82 卷 373 页

7. 芜湖学务

芜湖私塾改良公会现已成立,惟师范传习所,邑尊沈大令与学务会长筹划章程,大约三月间亦可开办。(九)

载 1906 年 3 月 28 日《申报》,第 9 版,82 卷 693 页

8. 禀复皖南学会情形

芜湖组织皖南学会,前曾投票举江夋庄太史、崔春江部郎为正副会长,已通禀督抚宪暨安徽学务处在案。近因在宁教习汪某等以私立学会妨害学务,禀控江督,请求解散皖南学会,由芜湖县照会皖南学会暨各学堂,令据实禀复。学界于十九日在育婴堂开会公议后,闻已据实禀复矣。(九)

载 1906 年 8 月 18 日《申报》,第 9 版,84 卷 477 页

9. 部咨教育会章程

学部前以教育普及为中国第一要着,因拟于各省会、府州县设立教育会,以期振起通国教育,曾订会章奏请颁发。日前,安省奉颁到一份,遵饬各属一体知照。(多)

载 1906 年 9 月 24 日《申报》,第 9 版,84 卷 837 页

10. 江南省安徽学务总会特别大会广告

本会因学部新颁教育会章拟改等务,总会为教育总会,所有商改会章,更举职员等事,择于十一月二十日开特别大会公决,务请内地学界代表人暨入会会员先期来宁,特开广告:一、名称。遵照部章,改称江南省安徽教育总会。二、会所。总会仍设南京,再于安庆设省会事务所。三、会期。十一月二十日。四、入会资格。甲、代表人:每府州县各举三人(学务董事,各地方学会会长,各州县人在本处及他处学堂充管理员、教员者,地方绅董声望素著者)。乙、会员:绅士于学务有关系者,绅士实能担任推广扶助学务者,兴办工商实业有成效者,以上均须年在二十五岁以上。五、会费。甲、入会费:入会时预缴入会费银六元。乙、常年费:会员每年缴常费银六元,于常会时预缴。常会后入会者即于入会时缴清。一切详细章程俟开会时再行议定。

载 1906 年 12 月 13 日《申报》,第 1 版,85 卷 645 页

11. 批斥自充教育会会长

日前,有六安州教育会副会长职员陈元淦在学务处禀称,遵照新章开办教育会,并拟定会规,恳请立案。当奉批斥云:该职充当学务分会副会长系经何人公举? 未据禀报到司,无凭查考。声称随同学务绅董李殿中等会商办法、联络一气等语。现据六安州详报,李殿中系学务财政所董事,另举涂彬儒为劝学所总董,各有权限,亦即各有责成,未可强混。所称租房舍、聘讲师、购书器、招传习生,宜应举办,拟由何项经费开支? 尤难悬揣。仰六安州转饬(职该)〔该职〕明白禀复,并邀集城乡公正绅耆查明会长、副会长各员是否文学兼优,全体公认,据实详复,再行立案。(士)

载 1906 年 12 月 31 日《申报》,第 9 版,85 卷 821 页

12. 教育会长调查学务

安徽驻京教育会会长吕筱苏太史,去腊回芜,调查全省学务,兹已事毕,闻月内即须北上云。(内)

载 1907 年 2 月 20 日《申报》,第 9 版,86 卷 429 页

13. 禀设学会

黟县劝学会总董李淦拟设教育会、图书馆、师范传习所，妥订章程，禀请沈提学立案。业已奉批允准。（周）

载 1907 年 3 月 8 日《申报》，第 9 版，87 卷 79 页

14. 禀准设立教育会

提学司沈曾植学使据和州廪生温玉乾禀称，拟捐资就州境设立教育会，并妥订章程，呈请立案开办。当奉批饬：仍宜遵照学部定章，向该地方官禀请立案，即行开办，毋得徒负虚名而无实际云。（美）

载 1907 年 3 月 19 日《申报》，第 9 版，87 卷 195 页

15. 学界开会研究教育

庐和七属旅芜学界诸君日前开研究教育会，李仲絜观察、李景韩广文、李星垣明经、申南薰参军均先后到会，各私塾教员与会者亦七八十人，由汪君鹤秋、黄君右骖、曹君绩凝相继演说。闻此后每星期开会一次。似此悉心研究，其教育进步当无限量也。（内）

载 1907 年 4 月 27 日《申报》，第 12 版，87 卷 662 页

16. 会议添设教育分会

安徽各属教育分会本拟逐渐添设，因经费困难，致未就绪。日前，该会员等以省垣为皖北总汇，只有一分会，恐难谋教育之普及。因于上月念九在明伦堂开会集议，妥商办法。（贤）

载 1907 年 6 月 13 日《申报》，第 11 版，88 卷 556 页

17. 议设安徽教育总会事务所

安徽教育总会于上月二十九日在明伦堂集议，拟设立分会于省垣。是日，绅士蒯礼卿、方玉山诸君均齐集演说，谓安庆地方未便设立分会，不如改设教育会事务所较为合宜。众皆赞成，遂投票选举洪君思亮为副会长，组织一切。（美）

载 1907 年 6 月 15 日《申报》，第 11 版，88 卷 580 页

18. 批准另举教育会长

黟县廪贡生程朝仪等，日前将另举之教育会会长禀请提学使立案。当奉沈子培学宪批云：据禀，该县教育会会长胡元吉以襄教省城，难以兼顾。现复公举候选训导程宗

保接充,以增贡生何宗敏为副等情,自系为学务需人起见,准予立案,并饬县会同儒学,移知该会,遵照办理。(败)

载 1907 年 7 月 4 日《申报》,第 11 版,89 卷 42 页

19. 批准皖省开设教育总会事务所

安徽教育会会长蒯观察光典等,为援照江苏办法,就省城开设教育总会事务所呈请江督立案,并发钤记。当奉端午帅批示云:来呈阅悉,所拟简章,甚为妥洽,应准如呈立案。所有事务所钤记,希候札饬安学司遵照刊刻,移送启用,以昭信守。(克)

载 1907 年 8 月 15 日《申报》,第 11 版,89 卷 550 页

20. 正阳教育分会立案

皖北距省窎远,政界、学界消息不灵,现北路士绅拟在正阳镇创立教育分会,以资联络声气,业已具禀提学司批准立案矣。

载 1907 年 12 月 7 日《申报》,第 2 张 3 版,91 卷 468 页

21. 集议开办教育会

皖北全体教育会,已于本月二十五日在省垣府学明伦堂开会,集议一切办法及选举职员。一俟章程拟就,即当开办云。(政)

载 1908 年 1 月 4 日《申报》,第 2 张第 4 版,92 卷 42 页

22. 建平拟设学会

建平县贡生张文楷,日前邀请地方富绅筹集款设立学会,以为劝办学堂之基础。业已禀请提学司立案矣。(孔)

载 1908 年 1 月 24 日《申报》,第 2 张第 4 版,92 卷 282 页

23. 安徽教育总会近事

安徽教育总会创设于南京,以安徽会馆为会所。去秋大会时,当场议决移设皖省,仍分设会馆事务所于南京,所有应办事宜由该会职员于去年全行办结。今正,各职员集议,拟推一职员将各分会底册、会员名簿及往来函牍稿件,送往安庆会长洪绅朗斋接办。适有安徽学务公所课员方君孝宽自皖赴宁,业由书记潘君伟人等将一切文件交方君带至安庆矣。至驻宁安徽教育总会事务所仍设原处,只办关于南京一部分学务与应禀承江督各事。闻总会本届春季大会,则在皖省举行云。兹将该会迁移会所呈请皖提学转详咨部立案文补录于下:

窃教育总会前会长蒯绅光典等，于光绪三十一年冬在江宁设立安徽学务总会，禀奉督抚宪批准在案。去年奉到学部《奏定教育会章程》，蒯绅等因又召集全皖士绅会议，改用教育总会名称，并酌改章程，选举职员。尔时，仍设宁垣者，一以学务总会设立已近一载，其间应兴应革、已办未完之事及宁垣各学堂关于皖省公同议决之事，头绪纷繁，均非一时所能办结。一以更名之时，提学司尚未简放，学务公所亦未设立，遽尔赶驻皖垣，无甚关系。若离去宁地，则窒碍殊多。此蒯绅等所以持仍设于宁之议也。更章以来，瞬经一载，虽不敢谓驱进文明，而诱起引导尚非一无影响。迨秋季常会时，所有旧办未完事件均已就绪，故由职员当场提议，遵照部章，将总会移驻皖省，于南京设立总会驻宁事务所，询谋佥同，理合声明设立移改缘由，合词书呈，伏希鉴察，实为公便。

载1908年2月27日《申报》，第2张第3版，92卷606页

24. 教育总会迁驻皖省

安徽教育总会移皖移宁屡议未决。现该会会长洪思亮等拟遵照部章，将总会移驻皖省，江宁则设立总会事务所，公举副会长两员，一驻安庆，一驻江宁。业已据情禀奉提学司批准，并刊发该会关防，以昭信守。（令）

载1908年3月22日《申报》，第2张3版，93卷272页

25. 劝学所经费之募集法

芜湖劝学所因经费不敷，禀准抽收肉捐在案，现该所又禀请邑尊郑大令出示晓谕，并传集各屠户至劝学所面议，均已认可。刻闻该所绅董议于日内率同县差、地保，挨次调查，录数注册，以便照收。（古）

载1908年3月27日《申报》，第2张3版，93卷348页

26. 安徽教育总会开会纪事

二十二日，安徽全省教育总会开春季大会，（一）会长洪朗斋报告开会宗旨，略谓，此次系由宁移省第一次开会，总须和衷共济，以图教育普及。（二）纠察员蒋君宣布会场规则。（三）书记吴君报告皖省事务所自去年九月起至今日止所办各事。（四）会计江君报告皖省事务所经费，自去年由宁会移来，常年费洋一千元暂存同新庄，六厘起息。（五）驻宁事务所书记潘君报告在宁会中职员不能皆来，应举在省人为代表。（六）驻宁事务所驻会书记许君报告江宁各种官立学校，凡冠以"江南"二字者，均已列入安徽学生名额，又报告驻宁事务所议办上江公学，经会长担任开办费八百元，常年费一千五百元，此外尚须另筹。又宣读驻宁事务所预算表，每月用费须八十元，活支不计，其法政讲习所及教育研究所各费尚不在内。（七）皖北教育会吴君报告成立。（八）皖南教育会报告成立。（九）修改会章第一章定名江南安徽教育总会；第三章事务所属总会办事机关，对于南北两会之州县教育会之联络。（十）会长推举吴春芳、吴光华为书记员，郭缉熙、江雨

时为会计员,多数认可。(十一)副会长方守六提议公举议长、议绅,当场投票,被举者方守六十票,姚永概八票,吴季白六票,李萼楼十四票,李赓虞十四票,胡奎文七票,议定开呈提学荷派。(十二)提议会中经费,副会长李萼楼起言,会中开办费先由南京劂礼卿会长禀请周督拨给三千元,今新移来皖,亦应接例禀请大宪拨给。至经常费,自去岁由皖北会发起,禀请提学由各州县拨取百元,以三分之一津贴总会,仍形支绌,宜另设法筹补。洪会长宣布总会与南北会经费,总会四成,南北会各三成,而江南事务所经费亦作十成计算,岁由总会拨给四成,南北分会分担六成。现在事务所预算表,岁须龙洋千元,总会应岁拨四百元,南北各三百元。(十三)方副长提议师范传习所决宜速办,又提议附设法政讲习所事。(十四)李会长宣布收取会费,议定岁收六元,于秋季大会时缴清。(十五)副长方守六宣布路矿事,谓上海路矿公会来电,以江宁发起,举袁杏南中丞担任矿总理,已表同情,本会亦表同情,并致电袁公及北京同乡。(十六)提议省垣宜设女学,经费不充,拟先设研究女师范办法,俟拟定章程再行宣布。

载1908年4月28日《申报》,第2张第3版,93卷802页

27. 组织教育分会

歙县地处偏僻,近日虽风气渐开,教育会尚未创设。兹经该处学务议绅许太史承尧纠合同志,组立教育分会一所,公举内阁中书程锦龢为会长,会所即附设劝学所,俾资联络。顷该县已将议订会章规则禀详抚台立案。(周)

载1908年5月25日《申报》,第2张第3版,94卷318页

28. 皖抚致教育总会之照会

皖抚冯中丞以太湖赵绅函述被诬情形并行提学司严拿匿名诬控之人惩办,以事涉学务,因照会教育总会,略云:前因匿名诬控太湖学事,涉及在籍赵绅,当以蜚语横加,惧损名德清望,照请贵会查明见复,借资昭雪,并一面饬拿匿名,以惩刁健。兹准赵绅来书备述颠末,情事了如,非惟谣诼之词,鬼蜮豁露,而赵绅之规划苦心,亦邦人共见矣。本部院披阅既竟,亟欲公之众览,用特移会贵会,以便传观。

载1908年7月5日《申报》,第2张第4版,95卷62页

29. 宁国府人抵制贵福

宁国府绅学界闻贵福将到皖,日前开会共筹对付之法。先由某绅演说贵福在浙种种不法之行为。次由某绅提议对付方法,计有四条:(一)要求政府再行迁调。(二)贵福允不到宁,所有一切用费宁人当集资归还。(三)如贵福决意到宁,宁人不纳。(四)贵福到宁,所有办学堂者一律停办,学生退学。次,商界某君云:贵福若到,我商界亦当一律歇业,以免遭祸。随即议决,签名散会。

载1908年8月1日《申报》,第2张第3版,95卷432页

30. 皖南教育会成立

皖南教育会，业经学界员绅拟定简章，呈请抚宪批准立案，并禀奉提学司刊就木质铃记发给该会，已于六月二十四日启用。现该会已将开办情形通报各宪矣。

载 1908 年 8 月 8 日《申报》，第 2 张 3 版，95 卷 530 页

31. 公电·安庆

各报鉴：贵福残暴，社会不容。被逐于绍，谋调衢州；衢人不纳，贵知皖弱易（渔）〔鱼〕肉，因之皖。宁人不幸，首蒙其害，宁人闻贵将至，惶恐异常，除合郡开会，筹抵制法，祈诸君子设法援助。宁国府绅商学界同叩

载 1908 年 8 月 18 日《申报》，第 1 张第 3 版，95 卷 670 页

32. 休宁改举劝学总董

徽州休宁教育会于去岁开会二次，尚未禀报立案。前由劝学员韩熙发拟举余正宜为劝学总董。现学界以余学识不足，难敷众望，拟改举郭伯铭为总董，而以韩熙、汪缉之、汪鸿、朱剑秋四人为之副。

载 1908 年 9 月 26 日《申报》，第 2 张第 3 版，96 卷 358 页

33. 禀控教育会长阻学之抚批

宣城县姚绅廷恒等以教育会长候选通判周堃恃势阻学，并将该县东乡四区学堂纠众殴毁等情禀陈皖抚，当经护抚沈中丞批云：教育会长周堃，前请划区设学，消弥意见等语。经冯前院批准在案，该职等旧有洪林生塾改设初等小学，由县详司立案。周堃既热心兴学，理应彼此维持，何至纠众殴人，又将黄榜私塾物件自毁反栽，希图勒赔，事出不情，未能尽信，惟事关阻学，情节较重，其中是否另有别情，既据喊县请验，希提学司飞饬该县，迅速查明，秉公办理。

载 1908 年 10 月 11 日《申报》，第 2 张第 3 版，96 卷 584 页

34. 皖南教育会议拒贵福

芜湖皖南教育会十二日假赭山皖江中学堂开成立会，举定职员，提议事件之后，宣布宁国府各学堂报告学生闻贵福将到，纷纷解散，请速维持。旋由皖北学界来宾演说，谓贵福若到，非仅宁国受害，亦安徽全体之辱，亦另发起拒福会，公议抵制方法。时已四时，鸣铃散会。随即续开拒福会，先由宁国学界提议，及各会员演说，次经反复辩论，决议办法数条，其抵制方法由会员全体签名，力守秘密，实行抵制，至日暮始散。

载 1908 年 10 月 12 日《申报》，第 2 张第 2 版，96 卷 597 页

35. 皖南教育〔会〕连日开会详记

芜湖皖南教育会本月十三日借赭山皖江中学堂开成立正式大会。是日，大雨如注，到者仅四十八人，来宾十余人，临时会长吕仰南君，招待员汪寿臣、胡夔文、谢景平、潘伟人，书记员吴松亭、于逊臣，纠察员王小山、潘伯和、谢景洛、洪泽臣，会计李怀之、潘秩斋，庶务黄卓如，于下午两句钟摇铃开会。先由胡夔文君宣布开会宗旨，演明本会性质，大略遵照部章，以补官力所不逮。次，吕仰南君告退临时会长之职任。次，公举正、副会长，用投票选举法，吕仰南君、胡夔文君当选。次举义务书记，于逊臣当选。次举会计员，潘伯和当选。次举评议员，系吴松亭、鲍小斋、黄卓如、谢景洛、潘秩斋、经伟臣六君当选。又次举调查员，朱芸生、王小山、吴少波、谢景平、陈香崖六君当选。五时，摇铃散会。

十四日，假安徽公学复议：（一）提议组织各属教育分会。（一）提议本会应办教育研究所、法政讲习所。（一）提议请催每属岁缴经费百元。（一）提议各属教育分会、劝学所应设法划分学区。（附议）咨议局成立，甚亟，各议属会员应辅助官力所不逮调查学界确合议员资格者，报告本会，以为预备。是日，小雨，到者比在赭山皖江中学堂稍多。午后二时，摇铃开会。

（一）副会长胡夔文君宣布提议四事：（甲）组织各属分会。已立者须报告本会章程若何，职员资格若何。未立宜从速组织，不可因循。查皖北已设七属。（乙）本会应办教育研究所、法政讲习所。研究会不设，则本会徒有形式，而无实际。法政于教育虽为两歧，而就事理上言，实有密切关系。若仅恃法政学堂，恐难谋其普及。查皖北已经设立，学生百人。（丙）协催岁纳金。各属函认岁纳百元，由学司转交。虽吴学使札催，而官场积习，有意延宕。宜由各属职员一面请官催促，一面躬自劝谕，庶经费有着。（丁）各属劝学所应（办）分划学区，谋教育之普及，必自初等小学始，谋设初等小学必自划分学区始。划分之法，不外沿因旧制，按照都图，查明户口，每区有户口若干，即知有学生若干，应设学堂若干，将来强迫教育，庶可实行。

（二）潘君伟人引伸提议四事，大致谓：甲条与丁条相联属而宜，以丙条为起点至丁条之划分学区一层，指日即须筹办。地方自治，则学区自然可分。至划分之方法，万不能不图整齐划一也。如教育研究会、师范传习所，皆系会务必办之事，如不设立，则本会必将解散。至若普及教育一层，鄙意宜由家庭教育与私塾改良，更言咨议局性质，即省会性质，欲普及法政知识，如图宪政成立，则法政讲习所势在必办，况咨议局限期甚促，若恃省城法政学堂造就议员，知能则迫不及待。若恃省城一讲习所，则又容额不多。此又不能不及早开办之理由也。

（三）经君伟臣以事繁辞退昨被举之评议员职。

（四）汪寿臣君提议教育之道，须从根本上讲求。皖南自开学堂以来，曰蒙，曰小，曰中，曰高等，不下数百处。除蒙学而外，其学科程级无所分别，一学之中，多者数百人，少者数十人，或英，或汉，程度不一，无以分班，学生奔走迁移，无以毕业，甚至开学堂数年，学科仍系第一期。急宜设法研究，力除此弊。

载1908年10月15日《申报》，第2张第3—4版，96卷644页

36. 皖南教育会复开谈话会

皖南教育会于十三、十四两日在安徽公学开成立大会,已纪前报。兹悉十五日又开谈话会,会议两事。(其一)宁国府中学堂代表吕吉堂君声称,该堂监督江朶庄观察现已辞退,拟请会长吕仰南君或副会长胡夔文君兼任该堂监督。两君以事繁不克分身,公推本会评议员黄卓如君往代。黄君亦以赭山皖江中学堂校务殷繁,势难兼顾,且因旅京同乡已举大学毕业生王德甫君将于明年南归,充任斯职,年内全堂事务暂由吕君等会同各职员,按照定章,和衷办理,无庸纷更。吕君犹坚以派员为请。后经众决议,准由吕君等兼摄,如有冲突,本会当任调处维持之责,并即函托府尊就近照料,决不(膜)〔漠〕视。吕君遂允诺遄回郡城。(其二)宣城端本学堂代表徐慎初君转递该县教育会长周培之君报告书一扣,据称,今年推广乡小学四十余所,学生至二千三百名之多,所需经费全恃禀定抽收书稻捐一款,今忽有查禁之说,不胜骇异,但此款向册书抽提,非加之于田亩,恳请维持等语。该会以宣城小学如此发达,允即派员调查,协力维持。

载 1908 年 10 月 16 日《申报》,第 2 张第 4 版,96 卷 658 页

37. 教育总会秋季大会第一日纪事

皖省教育总会订定九月二十一二三日在怀宁县学明伦堂开秋季选举大会。是日,皖南北各属代表到会者约百余人,所有提议事件,各挟意见,纷纷辩诘,莫衷一是。兹将第一日报告提议各事件录左:

一、报告事件

会长洪君思亮报告云:仆承乏斯席,愧无以副诸君之望,以会内经费异常支绌,故上季派调查员等事,多系义务,又在省会员单弱,似此恐难发达。诸君如有见教,及维持本会改良之处,务请勿吝。

书记吴君性园报告云:接手进出文卷,各有一百四十余件,上季职员会开十九次,其调查最要事件,如定远、太湖、合肥诸处,均经调查员呈右手折转详抚学宪。至会内经费,由南北两会协催,又曾有公呈至芜道,请给崔故绅遗款,总会一万,安徽公学一万,法政讲习所一万。

会计郭君启人报告云:前议江君澍亭司入,启人司出,而司出细账,有会内书记生登记,账簿可稽。

驻宁垣事务所书记许君竹岑报告云:宁垣事务所系本年二月成立,所有在宁办理各要件,一、学额事,曾调查各处学额列表填注,以便稽考;又,派调查事,颍上事,曾派王君良元前往;又,议职员选举事,以明年春季为限。

一、提议办法

本会办法:一、应改良者。二、应扩充者。汪君寿臣言:改良扩充,二者均无界说,无从陈白意见。潘君伟人言:会内未办有成绩可观,故亟应改良,以期发达。一在派调查员;一在谋经费充裕。应扩充者,大约系各属设立教育分会事。惟各属分会未易成立,

厥有数因:(一)不识集会之方法;(二)因选举事生种种之冲突。至调查事项,须有经费,现各属百元迄未办到者,均相观望,而总会复以无款事不克举,岂不坐误。然调查员应请官助若干金,特派数人,精密调查,方可希望发达云。后经公决提款办法,由本会派调查员,请学司加札兼提会款,并由本会会员在籍调查,协力筹措,再由学司通饬各属,从数方面下手,庶可得力。至调查费,仍请藩学宪拨给。(此条既经决定,俟开职员会时决行)

宣布会章

(议选举办法)议用复选法,先由南北初选会长、副会长若干员,申送总会,开大会时,或由公推,或由投票选举法,次日提议,又次日公决。

(议票权事)决定到会人数为限,不得因有多数会员委托代表,致一票可抵多票。

(提议驻宁事务所副会长选举)经众决定,用复选法,先由事务所选举,再经大会同人公决。

是日四点三十分散会。

载 1908 年 10 月 19 日《申报》,第 2 张第 2 版,96 卷 701 页

38.教育总会第二日大会纪事

二十二日,为该会开会之第二日,会员到者百余人,先由会长洪朗斋报告精力衰迈,央请辞职,由吴菊人宣读辞职意见书。继即投票选举,计当选者正会长李荫伯,副会长吴季伯、方守六,义务书记胡夑文,驻会书记吴性园,会计郭启人、江澍亭,庶务郑子惠、朱检之。五句钟散会。

载 1908 年 10 月 20 日《申报》,第 2 张第 2 版,96 卷 715 页

39.皖省商学界拒贵福电

宁国商学界致贵福电

安庆教育总会转贵太守鉴:公为社会不容,世所共知,宁人不敢戴公,宁地亦非乐土,公如他适,宁人感甚。宁国六属商学界等叩

又致皖省抚藩学宪电

安徽抚藩学宪钧鉴:贵福为绍衢不容,宁国亦不敢承认。豫守在宁,士民爱戴,乞缓迁调,以定人心。商学界叩

载 1908 年 10 月 21 日《申报》,第 2 张第 2 版,96 卷 731 页

40.安徽教育总会开会三志

二十三日为安徽教育总会开会之第三日,是日赴会者约百余人。十二句钟,摇铃开会,宣布第二日所选举各府之职员,经众认决者。兹将被选举职员名姓录左:(徽州府属)干事方振民,招待胡元吉,评议吴棣、汪开安、汪叔潜。(安庆府属)干事徐静白,招待

刘季威,评议邓执孙、洪润千、姚仲实。(宁国府属)干事方日新,招待吕志贞,评议汪寿臣、周培之、徐慎初。(池州府属)干事高炳麟,招待高道源,评议徐铁华、王惠连。(太平府属)干事吴云,招待鲍实,评议鲍植、谢师程、陶冠禹。(庐州府属)干事李克贤,招待查甄甫,评议张宇澄、何读青、杨鹤龄。(凤阳府属)干事方佐良,招待涂少由,评议孙陶仪、李孟平、朱镜波。(颍州府属)干事管笠,招待邓愚山,评议白云、汉窦宣甫、高标。(滁州府属)干事吴述庵,招待桓朝东,评议黄伯甫、黄润华。(和州府属)暂时干事阿仿山,招待(无),评议高攀桂。(广德州属)暂时干事蒋秋评,招待、评议均无。(六安州属)干事杨云庆,招待陈干臣,评议蓝晋琦、桂丹墀。(泗州府属)干事吴奎士,招待陶成,评议王韶九、刘鹤舫。宣布毕,各属报告学务情形事件。复由洪太史朗斋宣布路矿公会开会,临时选举职员之办法,继由吴太守季伯以路矿为全省人之命脉,应由教育界诸君担任。后由陈君重甫演说,略谓教育总会之办法,应由学务公所之改良,庶办理较易云云。刘君季威谓,应公举议长、议员,方可会议事件。演说毕,始将全体会员摄影闭会。

载 1908 年 10 月 22 日《申报》,第 2 张第 3 版,96 卷 746 页

41. 创设教育会之宗旨

安徽休宁县朱荣祺,昨以皖军猝然变乱,各省防获之革党多有牵及留学生者,学界前途深为可虑。拟在该县创设总教育会一所,专以演说国家大义,使无革命思想为宗旨。现正邀集同志,竭力组织,一面禀明皖抚核示立案。

载 1908 年 12 月 31 日《申报》,第 2 张第 4 版,97 卷 916 页

42. 派员调查皖南学务

芜湖皖南教育会,刻派省城师范毕业生桐城江卓斋君前往皖南各属,切实调查学务办法,力图改良。并劝导各属组织分会,期收联络统一之效。汪君已于十一日由芜起程。

载 1909 年 5 月 5 日《申报》,第 2 张第 3 版,100 卷 62 页

43. 望江设立教育分会

望江增贡生史佩仙以该县城乡内外,各等小学堂虽经渐次创设成立,惟教育分会尚未创办,不足以资维持。特纠约同志,联合各校,妥筹款项,创立教育分会一所,其规模悉遵定章办理,以维学务。

载 1909 年 8 月 18 日《申报》,第 2 张第 3 版,101 卷 728 页

44. 宁国设立教育分会

宁国府以该府所属州县创设学堂近虽接踵兴办,惟教育分会尚未成立,不足以资维

持。现集所属绅董,组织教育分会一所,以维学务。昨特据详学院核准立案,并请颁发钤记领用,以昭信守。

载1909年9月8日《申报》,第2张第3版,102卷106页

45.皖抚对于教育分会之审慎

皖抚批提学司详望江县请立教育分会禀云:劝学所与教育分会,同为地方学务机关,性质虽有异同,办法贵相联属,劝学所向由官绅合办,宜首先筹设,选举总董。再由总董或县视学员等发起成立教育分会。部章规定綦详,自应按照举办,况该县劝学所成立在先,总董范廉清辞职后,亟应先举正绅接充,再由接充之绅创办教育分会,方能联络一气,共谋学务统一之效。该令原详仅称成立教育分会,未据详细声叙,核阅章程,亦尚妥协,故特批准试办,惟查《奏定教育会章程》第八条第一项内载:会长、副会长须品学兼优,声誉素著,或于本地教育有功者,由会中公举,禀请提学司审察,确能胜任,方可允准选充是。提学司对于会长副会长公众举定后,尚有审察之权,且必待提学司审察确实,方为有效。又查第三项,会员资格须品行端正,有志教育者,方许充任。其余名誉会员以及书记、会计各员,皆有一定之资格,类须品学素优,或由会长、副会长特别委任。细绎部章,于会长、会员资格审慎再三,具有深意,现既据查该县教育会所举会员,不尽品学兼优,声望素著之人,若竟听其成立,恐人品既有不齐,是非必致淆乱,不惟无益学界,且恐为害地方,应准如详办理,亟饬该县速举劝学所总董,以便规划一切,徐图拓充,庶该县学务可望起色。此后各府州县创立教育分会,应先将详细会规及所举会长、会员名单呈由该司审察,确与部章相合,再行详请立案,且与部章第三条所订提学使审察权限相符,自应遵照办理,以期划一,而免歧异。仰即由提学司通饬各府州县,一体知照。

载1909年9月30日《申报》,第2张第3—4版,102卷438页

46.公电·安庆

各报馆鉴:安徽教育总会本日(二十三日)开秋季大会,举定正副会长童君挹芳、吴君传绮。余函详。

载《申报》1909年11月6日,第1张第3版,103卷82页

47.皖省教育总会秋季大会纪略

安徽教育总会兹届秋季大会,二十一日特假座明伦堂为会场。是日,大雨如注,赴会者寥寥,故应议事件均未宣布,至二十二日到会者计百三十余人,上午投票选举正副会长及各府干事、评议、招待、调查各员。下午,当众开甄揭晓,当选者正会长为童主事(芳挹)〔挹芳〕,得八十三票;副会长为吴征君传绮,得六十三票,继宣布各府干事、招待、调查、评议各员,于五句钟摇铃散会。

载1909年11月9日《申报》,第2张第3版,103卷134页

48. 教育会请缉戕毙校长之凶僧

安徽教育总会具呈皖抚文云：寿州文生赵凝祥前因办理学堂提拨庙产，被恶僧明山、明芝挟恨戕毙，迄阅半载，正凶尚未缉获。该生因公被戕，此等凶案至今尚未破案，实不足以雪冤抑，恳予札饬寿州，严缉凶僧明山等到案，提集一干人证，严行讯供，按律治罪，并请将该生酌予奖恤，以示优异而慰幽魂。

载 1909 年 12 月 19 日《申报》，第 1 张后幅第 2 版，103 卷 789 页

49. 蒙城组织教育分会

蒙城县境僻处边陲，近来风气迪启，教育一端，逐渐发达。惟教育会尚未成立，不足以维教育。顷该县士绅集议，组织教育分会一所，刻已拟订章程，详禀各宪批示立案。

载 1909 年 12 月 25 日《申报》，第 1 张后幅第 3 版，103 卷 898 页

50. 请款组织单级教授传习所

芜湖皖南教育总会前派学员两人赴江苏教育总会学习单级教授，以便组织皖南单级教授传习所。刻经该会正会长吕仰南主政咨呈提学司暨皖抚院，请拨开办经费，并请通饬各属选送学员入所肄业。

载 1910 年 4 月 8 日《申报》，第 1 张后幅第 3 版，105 卷 614 页

51. 凤阳令组织教育会

凤阳县尹令宏庆以该县近年风气渐开，所有各项学堂，均已接踵兴办，组织成立，惟教育会尚付阙如，殊不足以维持学务，爰特邀集绅董，筹议经费，拟于城内开办教育会，选举柳绅汝僖为该会总理，主持一切。刻已上详省台立案矣。

载 1910 年 9 月 4 日《申报》，第 1 张后幅第 4 版，108 卷 54 页

52. 单级教授练习所禀请拨款

皖南教育会以遵章开办单级教授练习所，成立伊始，需款孔多，该会日前具禀抚辕，请将崔绅报效捐款补缴三万两项下拨银一千两，以资应用。

载 1910 年 9 月 20 日《申报》，第 1 张后幅第 4 版，108 卷 310 页

53. 教育会呈请维持经费

寿州教育会自开办以来，所有在事员董经理学务一切事宜认真规划，竭力图维，颇

足维持教育。惟该会近因经费不敷,又无别款可拨,实有无米为炊之虞。刻经该会筹议,拟抽收银粮串票陋规作为经费,惟不得加之民间等情,顷已上禀抚台请示(袛)〔祗〕遵矣。

载 1910 年 10 月 3 日《申报》,第 1 张后幅第 3 版,108 卷 518 页

54. 安徽教育总会秋季大会记事

安徽教育总会于二十二、三两日假怀宁县明伦堂开秋季大会,首由会长报告近年情形及应办各事宜。次提议本会会所可否以咨议局旧屋作用,及停止旅皖各公学津贴,并单级教授应如何推广,教育杂志急宜兴办、应如何筹款。当经公同集议,一二两项议决赞成,三四两项俟筹有款项再行办理。惟正副会长均以经费困难,相继辞职,各会员再三挽留,仍请担任云。

载 1910 年 10 月 30 日《申报》,第 1 张后幅第 3 版,108 卷 950 页

55. 教育会筹办单级教授

安徽教育会开办单级教授(习练)〔练习〕所,系为造就小学师资而设,前经该会妥筹布置,招考学员入所肄习,并详拟章程,呈请抚台核示立案。所有该所需用经费均由该会向钱肆设法筹垫。现在需款甚殷,无处腾挪,该会拟请将崔故绅续缴捐款三万两内拨给千两应用,俾免缺乏而维学务。究不知朱中丞能批准否。

载《申报》1910 年 12 月 17 日,第 1 张后幅第 4 版,109 卷 742 页

56. 皖南教育总会添设事务所

芜埠皖南教育总会上月年会议决,另在安庆组织皖南教育会事务所,另举职员驻省办事,以期教育之进行。现已拟定章程,月内即可开办矣。

载《申报》1910 年 12 月 17 日,第 1 张后幅第 4 版,109 卷 742 页

57. 单级练习所举行毕业

皖省教育会附设单级教授练习所学员,前已考试毕业,所有各门科学试卷业经教员评定甲乙,分别等第,榜示知照在案。兹于上腊照章举行毕业典礼,并请朱抚及吴提学莅堂训戒,以资遵守。并闻是日该所教职各员整肃衣冠,恭迓各大宪行礼,颇极一时之盛。

载 1911 年 2 月 5 日《申报》,第 1 张后幅第 3 版,110 卷 474 页

58. 太平县创办教育分会

太平县梁大令兆献自上年奉委到任后,调查学务,兴办学堂,颇为注意。兹又会绅筹款,遵章创办教育分会,公举员董,妥善经理。已将筹办成立缘由详请朱中丞立案。

载1911年2月18日《申报》,第1张后幅第3版,110卷682页

59. 各省教育总会联合会章程

第一条　本会由各省教育总会同意组织,以公议关系全国之教育事宜,期于改良进步为目的。

第二条　本会以各省教育总会公推之代表为会员,每省各二人(教育会未成立省分,暂由咨议局公推之)。代表须于开会期以前到会,其到会凭证须载明姓名、年岁、住所、职务,并盖用本省教育总会钤记(或咨议局关防)。

第三条　本会提议事件之范围如左:一、全国教育方针。二、初等教育普及方法。三、高等教育及中等教育之规划。四、其他关于教育范围以内之事。

第四条　本会每年开会一次,以四月为会期,其会所轮设于交通便利省分之教育总会,于每次会毕时决定下一次会所及开会之日。

第五条　轮设会所之教育总会,其应执行之事件如左:一、本次开会之召集通告(于开会期三个月以前分寄)。二、印送本次议案及议事简表于各会员(于开会前一日分送)。三、本次议决案之通告(于开会后十五日以内印发,其下次轮设会所之教育总会应多送一份)。四、缮发本次议决案应请学部施行者之公文,并盖用钤记(以本次公推代表、到会之各教育总会会长具名,以轮设会所之教育总会会长领衔,无须盖钤。其由咨议局公推代表者于文内叙明代表姓名,于闭会后十五日以内缮发)。五、印送本次议案之案复文(于收到后五日以内印发,其下次轮设会所之教育总会应多送一份)。

第六条　本会每次开会以十日为度,如届期议事未毕,得展会五日以内。

第七条　本会议案由各省教育总会提出,送至轮设之会所。该会所收受议案,于开会期前五日截止,以备印送各会员(如有关系重大之议案,经会员五人以上认为可临时收受者,仍补行印送,但收受之期不得迟至开会期五日以后)。

第八条　本会不设会长,每届开会期内于会员中公推主席一人,副主席一人,其书记及干事即由轮设会所之教育总会职员任之。

第九条　本会议事以到会会员之过半数议决之。权数相等,由主席决定。议决之方法,用起立投票二种,由主席临时决定。

第十条　本会议决案之关于各省自谋进行者,各教育总会均负执行之责任。

第十一条　本会会员不纳会费,其赴会所需之费,得由本省教育总会公费内开支。

第十二条　各教育总会,凡更举职员及关于本省重要事件,应随时互相报告。

第十三条　本章程如有应行修正之处,于每年开会时议决之。

载1911年8月14日《申报》,第2张后幅第2版,113卷741页

60. 中国教育会章程草案

第一章　总纲

第一条　本会以谋本国教育之发达及其改良为宗旨,其纲要如左:一、应世界之趋势以定教育之方针。二、察社会之现状,以求教育之进步。

第二条　本会注意事项列举如左:一、国民教育之普及(男女无歧视)。二、人才教育之设施。三、女学以养成贤母良妻为主。四、提倡男女补习教育及职业教育。五、为年长者设短期教育以应社会之急需。六、提倡通俗教育。各种教育事业皆以致用为目的,并养成勤俭勇信之学风。

第二章　组织

第三条　本会会所设于京师,并设事务所于上海。

第四条　凡赞成本会宗旨者皆得为会员,惟须有会员二人以上之介绍。

第五条　本会职员及职务如左:会长一人,对外代表本会,对内主持会务,开会时则充议长。副会长二人,平时辅助会长,会长不到,则代理之。评议员十人乃至三十人,组织评议会,评议一切会务。干事员十六人以上,分别驻京驻沪,执行各种会务。以上各员皆自会员中公选,以三年为一任,任满续被选者仍得连任。评议员、干事员人数视会务发达状况,于大会时酌定。

第六条　本会每年开大会一次,于暑假期内举行。凡大会前及临时有重要事件,均开评议会。

第三章　会务

第七条　本会会务列举如左:一、关于教育行政及种种教育事项,随时发表本会意见,以建议于当局,或供全国教育家之参考,或唤起舆论。二、当局如有关于教育之问题咨询本会,本会当竭力调查研究,以供采择。三、随时延请中外名人开讲演会,讲演学术及关于教育之事项,许公众(傍)〔旁〕听。四、随时选派会员分往各处宣讲,以启发社会之知识。五、于暑假、年假内酌开教员讲习会,讲习各种学术,以资教员之补习。六、遇有教育上特别问题,本会特设调查会讨论研究。七、每年刊行会报一次,以志会务进行,将来拟发行杂志。八、附设图书馆,备置有关学术之图书,以供本会参考及公众阅览。九、酌编通俗书报,廉价发行。十、凡对于教育有功绩者,以本会名义表彰之。

第四章　会议

第八条　大会时,凡会员皆得提议事件。

第九条　凡会员提议事件,须于会期前十日送交会所,经评议会审查,认为应议者始得提交会议。

第十条　凡会议事件,以到会会员过半数决之可否。人数相等,则取决于议长。

第十一条　本会议议决事件由会长执行,或交干事执行之。

第五章　评议会

第十二条　评议会以会长、副会长及全体评议员组织之。

第十三条　评议会至少须有该会会员三分之一以上到会,方得开议。

第十四条　评议会会议事件,以到会人数过半决之可否,相同则取决于议长。

第六章　经费

第十五条　本会经费之收入分为四种,如左:一、会员常捐,每年三元,如一次交足三十元以上者,得永久免其常捐。二、会员特捐,自由酌捐。三、会外捐助,会外同志捐助财产款项于本会者,当随时登报志谢。以上二项在百元以上者,由本会承认为特别会员,榜示会场,以志高谊。千元以上者,则特制相片,永悬本会。四、国家补助,俟本会稍有成效,拟援外国成例,呈请国家补助。

第十六条　会员常捐,每年于七月朔以前,交至京师会所或上海事务所。

第十七条　本会收款皆由事务所擎取收条为凭,收支报告当刊入会报。

附则

第十八条　本章程于第一次大会通过后,即日实行。

第十九条　各种办事细则另行订定。

第二十条　本章程有应行修订者,须于开大会前十日提出,经评议会审查,再交大会议决。

发起人:张謇　江谦　杨度　王季烈　陈宝泉　谭延闿　王祖训　汪荣宝　严复　傅增湘　蒋炳章　高步瀛　陆瑞清　贾丰臻　沈恩孚　袁希洛　杨保恒　黄炎培　曹汝英　罗振玉　张祖廉　伍光建　谷钟秀　杜子梿　邵羲　姚汉章　侯鸿鉴　陈懋鼎　金邦平　陈文哲　陈清震　周绍昌　袁希涛　吴鼎昌　程树德　文斌　颜惠庆　恩华　孟昭常　顾栋臣　陆费逵　李瑞清　于邦华　林荣　陈佩实　王式通　陈培锟　陈应忠　陈敬第　张元济

载 1911 年 8 月 15 日《申报》,第 3 张第 2 版,113 卷 763 页

后　记

　　20世纪末,我与安徽省外事办公室沙林森同志主持《安徽省志·外事侨务志》编纂工作,之后又与安徽省政协文史工作委员会陈德辉等同志共同主持8卷本《安徽重大历史事件丛书》编纂工作,开始进入安徽近代地方史的研究领域,深感本省近代地方史料发掘不足,已经严重制约了研究工作的深入展开。21世纪初,因受老同学翁飞之邀,承担国家清史资料整理课题《近代报刊中的淮军》,只得不厌其烦地一张张翻阅1872—1912年的《申报》,从中发现《申报》不仅详细记载大量以李鸿章为首的淮系集团政治、经济、军事和其他活动史料,同样载有极为丰富的近代安徽史资料,可以弥补传统地方史料的缺失和不足。于是,我开始重视近代报刊在研究安徽地方史中的地位和价值。

　　21世纪初期,我承担安徽省哲学社会科学规划重大项目《安徽通史》及合肥市"十二五"文化建设重大工程项目《合肥通史》一些章节的撰写,多次利用《申报》中有关安徽与合肥市的近代史料。受此启发,我萌生了一个念头,按照政治、经济、军事、教育、外交、社会六大专题,系统地编纂《申报》中有关清末安徽的相关史料。由于《申报》资料浩如烟海,史料辑录工作犹如大海捞针,加上教学和科研工作繁忙,直至2014年退休,这项史料整理计划才开始启动。

　　退休后闲暇时间充裕,于是我集中精力率先辑录《申报》中与清末安徽教育和外交两大专题的史料,至2016年基本完成。次年,我与时任安徽教育出版社总编张丹飞博士相遇,向她详细介绍我正在进行的这项资料整理工作,得到张总编的充分认可和全力支持,时任安徽教育出版社社长郑可获悉后也表示支持。于是,双方签署出版合同。没有他们的支持,这两本资料集的顺利出版是不可想象的。在此,对他们的鼎力支持表示衷心感谢。